HISTOIRE

DE

L'ILE DE CHYPRE

SOUS LE RÈGNE DES PRINCES

DE LA MAISON DE LUSIGNAN.

HISTOIRE

DE

L'ILE DE CHYPRE

SOUS LE RÈGNE DES PRINCES

DE LA MAISON DE LUSIGNAN,

PAR M. L. DE MAS LATRIE,

CHEF DE SECTION AUX ARCHIVES DE L'EMPIRE,

SOUS-DIRECTEUR DES ÉTUDES À L'ÉCOLE DES CHARTES,

D'APRÈS UN MÉMOIRE COURONNÉ PAR L'ACADÉMIE DES INSCRIPTIONS ET BELLES-LETTRES.

Ex monumentis testes excitamus.
Cic. *De finib.* II, 21.

III.

PARIS.

IMPRIMÉ PAR AUTORISATION DE L'EMPEREUR

A L'IMPRIMERIE IMPÉRIALE.

M DCCC LV.

DOCUMENTS ET MÉMOIRES

SERVANT DE PREUVES

A L'HISTOIRE DE L'ILE DE CHYPRE SOUS LES LUSIGNANS.

Ire PARTIE. — DOCUMENTS.

II.

TABLE DES MATIÈRES.

		PAGES
Avertissement		I
XIV.	Jean II de Lusignan	1
XV.	Charlotte de Lusignan et Louis de Savoie	82
XVI.	Jacques II de Lusignan, *dit* Jacques le Bâtard	153
XVII.	Catherine Cornaro et Jacques III de Lusignan, son fils	348
XVIII.	Catherine Cornaro, seule	394
XIX.	Domination vénitienne	452
XX.	Domination turque	559

SUPPLÉMENT.

I.	Guy de Lusignan	591
II.	Amaury de Lusignan	598
III.	Hugues Ier de Lusignan	608
IV.	Henri Ier de Lusignan	610
V.	Hugues II de Lusignan	651
VI.	Hugues III d'Antioche-Lusignan	660
VII.	Jean Ier de Lusignan	669
VIII.	Henri II de Lusignan	Ibid.
IX.	Hugues IV de Lusignan	709
X.	Pierre Ier de Lusignan	741
XI.	Pierre II de Lusignan	759
XII.	Jacques Ier de Lusignan	767
XIII.	Janus de Lusignan	797
Notes supplémentaires		809
Table chronologique des Documents		857
Glossaire		885

AVERTISSEMENT.

Ce volume renferme les preuves appartenant aux derniers règnes de mon histoire et le supplément formé de documents nouveaux dont j'ai eu connaissance pendant l'impression de mon premier volume, ou que j'ai recueillis depuis.

Quelque considérable que soit l'ensemble de ces pièces, je dois dire que je ne les ai pas insérées dans mon recueil sans en avoir fait préalablement un choix rigoureux. J'ai éloigné un grand nombre de celles que j'avais à ma disposition, ou je me suis contenté de les indiquer sommairement, et j'ai mis une attention particulière à n'en admettre aucune, soit en totalité, soit par extraits, qui n'eût une utilité bien déterminée. J'ai même préféré restreindre en quelques points la partie inédite de mes sources, pour donner place à quelques pièces déjà connues, mais qu'il m'a paru nécessaire de rappeler ou de rapprocher d'autres documents, comme l'extrait des statuts de l'inquisition d'État de Venise, relatif aux droits de Catherine Cornaro sur l'île de Chypre et les actes concernant la traduction en italien des Assises de Jérusalem. Le nombre des documents réimprimés ainsi par exception, n'est au reste que de six sur quatre cents environ que contient le volume; et deux de ces six documents, les plus étendus comme les plus curieux, ont été publiés, il y a deux ans seulement, à l'étranger. Ce sont les dépêches écrites de Famagouste au sénat de Venise, en 1473, par l'ambassadeur Josaphat Barbaro, à l'époque de la mort du roi Jacques II et de la naissance du roi Jacques III, événements d'où date en réalité l'établissement de la domination vénitienne en Chypre. Cette correspondance, découverte par M. Henri Cornet à la bibliothèque impériale de Vienne, a été livrée à l'impression par ses soins dans l'année 1852.

J'ai joint le plus souvent à ces divers textes quelques observations historiques, pour en signaler l'objet et les rattacher aux événements auxquels ils se réfèrent, ou au milieu desquels ils ont été pour la plupart rédigés.

J'espère que mon rôle d'éditeur et le soin que j'ai mis à rechercher ces monuments dans des sources jusqu'ici peu visitées, n'en ont pas exagéré la valeur à mes propres yeux. On reconnaîtra, je le crois, avec moi, qu'une lumière toute nouvelle et qu'un attrait inconnu jusqu'ici peut se répandre, au moyen de ces documents, sur toute l'histoire gallo-chypriote, et s'étendre même sur quelques parties de l'histoire générale du moyen âge. J'ai surtout la confiance que les érudits et les historiens trouveront dignes de leur attention les pièces que j'ai retirées des registres à peu près inexplorés du conseil des Dix et du conseil des Prégadi de Venise.

Je n'ai pu abandonner l'histoire des Lusignans avec la vie du dernier prince de ce nom. Les institutions françaises dont ils étaient les représentants furent conservées, quoique bien modifiées, sous les Vénitiens; elles ne périrent entièrement qu'avec les Turcs, à la prise de Nicosie. Les espérances et les droits de la civilisation latine survécurent quelque temps encore à cette catastrophe, et j'ai dû rappeler les efforts que firent pendant plus de cent ans pour les sauver les princes qui en étaient les héritiers véritables. Cette question, éteinte depuis longtemps, peut renaître de nos jours, au milieu des hasards providentiels d'une transformation à laquelle l'Orient musulman semble être arrivé. En restant dans le domaine historique, plus on examinera les faits et les monuments, plus les droits de la maison de Savoie contre les prétentions de Naples, les plus sérieuses de toutes, et la possession de Venise, longtemps la plus redoutable, paraîtront certains et bien fondés.

La plus grande partie des pièces du supplément du présent volume provient du cartulaire de Sainte-Sophie de Nicosie, que j'ai retrouvé à Venise, et des archives de la couronne d'Aragon, que j'ai consultées à Barcelone.

AVERTISSEMENT.

Les chartes du cartulaire, complétées par quelques lettres apostoliques que Mgr Marino Marini a bien voulu m'autoriser à extraire des registres originaux du Vatican, nous rendent, avec les développements les plus satisfaisants, toutes les notions que nous avaient fait désirer les rubriques de la Vallicellane et de la Porte du Theil. Nous possédons maintenant, dans une suite non interrompue, les monuments mêmes qui ont institué l'église latine en Chypre, établi sa prééminence, assuré les possessions nécessaires à son existence. Nous y voyons se succéder jusqu'au XVIe siècle la trace des luttes qu'elle eut à soutenir d'une part contre les Grecs, dont elle plia l'orgueil à l'obéissance, sans jamais ramener les cœurs à l'union; de l'autre, contre l'autorité civile, qui méconnut souvent ses obligations vis-à-vis de l'Église, et couvrit plus d'une fois de sa protection les populations indigènes, au détriment de la foi et des intérêts catholiques.

Ainsi que je l'avais pensé, les archives de l'ancien royaume d'Aragon, où il ne m'avait pas été possible de me rendre avant la publication de mon premier volume, m'ont fourni des données qui augmentent très-utilement les notions connues sur les relations de la ville et des princes de Barcelone avec l'île de Chypre. J'ai été secondé, soit dans mes recherches, soit dans les travaux qui en ont été la suite, de la manière la plus bienveillante, par M. Manuel de Bofarull, archiviste général des archives de la couronne d'Aragon, titre que lui a transmis son digne père, M. Prosper de Bofarull, auteur de *Los condes de Barcelona vindicados*, et que M. Manuel de Bofarull doit en outre à de savantes publications. J'ai trouvé une assistance non moins empressée et non moins éclairée chez M. Antoine de Bofarull, attaché aux archives, auteur d'une édition avec traduction espagnole de la chronique de Ramon Muntaner, et chez M. Flottats, attaché aux mêmes archives, paléographe des plus expérimentés. Aux archives de la municipalité de Barcelone, M. Brunet, archiviste, a bien voulu m'aider lui-même en toute occasion, et m'a procuré quelques renseignements spéciaux qu'avait dû négliger Capmany, dans son ouvrage général sur le commerce et la marine de Barcelone.

Tous ces documents, principalement ceux des archives royales, ont de l'intérêt; quelques-uns apprennent des particularités intéressantes dont l'histoire du royaume de Chypre peut tirer grand avantage; d'autres éclairent des faits restés incertains et ignorés. Il faut reconnaître pourtant qu'ils n'ont pas cette importance historique si manifeste dans les pièces de Venise et de Gênes. Les rapports commerciaux et les relations politiques entre les royaumes de Chypre et d'Aragon ont été cependant des plus multipliés sous tous les règnes de nos princes, depuis la fin du XIIIe siècle jusqu'au XVe siècle, précisément parce que durant cette longue période de deux cents ans les Chypriotes furent en hostilités permanentes avec les Génois, ennemis naturels des Aragonais. D'autre part, les unions matrimoniales ont été assez fréquentes entre les deux maisons royales de Barcelone et de Nicosie; et le piquant mémoire de l'infant de Majorque, qu'une circonstance inconnue a fait retrouver à Paris dans les papiers de l'abbaye de Sainte-Geneviève, de même que la relation de Des Forn, insérée dans ce volume, semblaient nous promettre pour les règnes de Henri II, de Hugues IV, de Pierre Ier et surtout de Pierre II de Lusignan, où le rôle d'Éléonore d'Aragon reste encore assez douteux, une somme plus considérable de ces informations sûres et secrètes que révèlent tout à coup les documents diplomatiques et qu'ont ignorées très-souvent les chroniqueurs. Il y a là, je crois, à attendre encore quelque chose des trésors historiques de la couronne d'Aragon et de la gracieuse complaisance de ses gardiens.

Les archives du Gouvernement à Gênes ont perdu une grande partie des titres politiques de l'ancienne république, transportés depuis plusieurs années aux archives de la cour à Turin. Mais le dépôt de Gênes, où se trouvent encore 41,000 registres et liasses (*filze*), possède des actes nombreux sur les intérêts et la situation du commerce génois en Orient à diverses époques, que je désirai consulter. Toutes les facilités m'ont été données à cet égard par M. le comte de Somis de Chiavrie, directeur général des archives du Piémont. M. Cipollina Marcello, inspecteur des archives du duché de Gênes, ajoutant encore à cette faveur, a fait exécuter pour moi avec un soin extrême la transcription de divers documents concernant la colonie de Famagouste que j'ai placés dans mon supplément. Ces pièces, en permettant de connaître plus particulièrement la nature et les ressources du commerce et des douanes de Gênes en Chypre, ajoutent un ordre nouveau de faits plus circonstanciés aux pièces générales qu'a publiées Carlo Sperone dans la *Grandezza di Genova* et à celles que j'avais moi-même retirées précédemment des archives de la banque de Saint-Georges.

Dans mes fréquentes visites à ce dernier établissement, j'ai eu toujours chez M. Jean-Baptiste Belloro, premier archiviste, chez M. Rollero, archiviste-adjoint, chez M. Eugène Nervi, premier employé, ces soins prévenants, si favorables aux recherches de l'érudition, et précieux surtout pour un étranger; comme auparavant je les avais trouvés chez les regrettables Cuneo et Spotorno à Gênes même, Lauréani et Molza à Rome, Bettio et Priuli à Venise. Je croirais manquer à un vrai devoir en ne répétant pas ici combien mes travaux ont été constamment, en Italie et ailleurs, secondés par la plus attentive complaisance; partout et dans tous mes voyages j'ai été assez heureux pour obtenir, soit des directeurs, soit des archivistes, un peu plus que ne comportent les autorisations et les indications administratives, c'est-à-dire ces renseignements inappréciables et tout spontanés de l'expérience personnelle, qui évitent si souvent de vaines recherches et mènent au résultat par les voies les plus courtes.

On dirait qu'il se forme, en effet, de nos jours, dans les divers pays d'Europe, une sorte d'association bienveillante pour l'avantage et l'honneur des lettres entre les conservateurs et les éditeurs des documents de nos archives publiques. Bien loin d'être arrêté par ces réserves méfiantes et jalouses dont quelques savants se sont plaints autrefois, on est assuré d'y trouver aujourd'hui, autant que le permettent d'indispensables règlements, un loyal et franc concours. En ce qui me concerne, du moins, puisque je dois parler de ce qui m'est personnel, dans tous les établissements où mes recherches m'ont conduit et où les exigences de mon travail m'ont quelquefois commandé de multiplier mes demandes, de près et de loin, partout ces demandes ont été accueillies à mon entière satisfaction, et presque toujours dépassées.

J'ai nommé quelques-unes des personnes qui ont bien voulu seconder ces travaux dans les établissements confiés à leurs soins, à Barcelone et à Turin; mes remercîments doivent s'adresser encore et d'une manière toute spéciale, tant pour ce volume que pour le précédent, à Malte, à M. le docteur Louis Vella, archiviste et à M. César Vassallo, bibliothécaire; à Venise, à MM. Mutinelli, directeur général; de Solar, Foucard et Théodore Toderini, archivistes; à Naples, à M. le commandant Antoine Spinelli, prince de Scalea, et à M. le prince de Belmonte, successivement surintendants généraux des archives des Deux-Siciles; à Florence, à M. Bonaini, surintendant des archives de Toscane, dont l'amitié et le concours ne m'ont jamais fait défaut; à MM. Philippe Moïsé, archiviste général, et Louis Passerini, son adjoint.

Indépendamment de ses établissements publics, qui en font la source féconde par excellence et vraiment inépuisable pour l'histoire comme pour les arts, l'Italie possède un autre genre de richesses littéraires depuis longtemps anéanti en France et qui devient de plus en plus rare en Europe. Ce sont les archives et les bibliothèques particulières des couvents, des églises et des familles, trésors précieux, conservés, accrus et transmis soigneusement de génération en génération. Il n'est personne qui n'ait entendu parler des bibliothèques ou des archives des familles Albani, Ghigi, Corsini, Barberini, à Rome; Accaïuoli, Ricasoli, Capponi, à Florence; Brignole, Spinola, Doria, à Gênes; Barbaro, Venier, Zeno, Querini, Martinenghi, Sagredo, à Venise; et de tant d'autres à Naples, à Bologne, à Padoue, à Milan.

Ce qu'on en connaît, par des inventaires toujours insuffisants et souvent peu exacts, n'est que la minime partie des ressources historiques que renferme cette précieuse réserve de l'érudition. Il y aurait eu là pour moi toute une série nouvelle d'investigations à entreprendre et de résultats inattendus à recueillir sûrement, mais j'arrête mes recherches de ce côté. Sans répéter le mot de Vertot, sans négliger aucune des lumières nouvelles qui pourront m'arriver dans la suite de mon travail, je consacre dès maintenant tous les loisirs qui me restent en dehors de mes fonctions à la rédaction définitive de mon histoire, que les éléments mis au jour par les recherches de ces quatre dernières années me déterminent à recommencer en entier.

AVERTISSEMENT.

J'ai, du reste, recueilli déjà dans les collections privées de diverses familles d'Italie des renseignements et des documents originaux d'un réel intérêt. Mon premier volume renferme différentes pièces qu'ont bien voulu mettre à ma disposition M. le chevalier Roncioni et M. le comte Alliata, de Pise. MM. César et Alexandre de Saluces, MM. Fao de Bruno et de Robilant, officiers distingués de l'armée piémontaise, M. Paravia, professeur d'éloquence à l'Université de Turin, qui a voulu me montrer lui-même le Trévisan, les archives d'Asolo et le château de la dernière reine de Chypre; MM. Emmanuel Cicogna et Vincent Lazari, à Venise; M. Carlo Troya, à Naples; M. Agostino Gallo, à Palerme, m'ont mis à même de réunir, par leurs communications ou celles de leurs amis, les notions les plus variées sur les événements ou les personnages de l'histoire chypriote, intimement mêlée pendant quatre cents ans à l'histoire des villes et des familles d'Italie.

Je dois de particuliers remercîments à l'amitié de M. Rawdon-Brown, savant anglais fixé depuis longtemps à Venise, qui a mis à ma disposition toutes les ressources de sa bibliothèque et les précieux manuscrits relatifs à l'Orient, acquis par lui de la famille Tiepolo. Tout le monde connaît la valeur de la bibliothèque des Capponi, à Florence, autant que la cordialité et le rare savoir de M. le marquis Gino. Le *Liber secretorum* de Venise, de l'an 1363 à l'an 1366, que possède M. Capponi, m'a procuré quelques monuments très-utiles encore, bien qu'ils se rapportent aux époques les plus connues de la vie du roi Pierre Ier de Lusignan, alors en Europe. Ces documents sont insérés dans le supplément du volume que je donne aujourd'hui.

J'avais espéré qu'en arrivant aux dernières époques de mon histoire, les observations et les notes auraient pu être réduites plus qu'elles ne le sont dans le premier volume. Mes prévisions ne se sont pas justifiées. A mesure que je me suis avancé vers la fin du règne des Lusignans, les faits et les monuments ont été plus nombreux, le caractère et le rôle des hommes qui y figurent se sont détachés avec plus de personnalité. Il m'a fallu indiquer en quelques mots ce que furent ces principaux personnages, déterminer la valeur de diverses expressions et la nature de certains documents livrés pour la première fois à la publicité. L'invasion des formes et du langage de l'administration vénitienne dans le gouvernement de l'île, à partir de la mort de Jacques II, a été encore une occasion de commentaires et d'éclaircissements qu'il m'a été impossible de négliger, sous peine de laisser plusieurs de mes pièces dans une obscurité complète. Non-seulement mes notes se sont multipliées de la sorte bien plus que je n'aurais voulu, mais ces notes elles-mêmes sont devenues insuffisantes, et je me suis vu contraint de placer en appendice quelques dissertations supplémentaires qui n'auraient pu facilement trouver place dans le courant de mes textes. Le lecteur jugera si, malgré mes efforts pour ne rien donner que de précis et d'utile, j'aurais pu restreindre encore davantage ces explications.

Des notes semblables avaient été déjà insérées dans le tome Ier et dans le cours du présent volume : je réunirai ici l'indication des unes et des autres pour la commodité de quelques rapprochements.

TOME Ier.

I. Sur les extraits d'une continuation de l'histoire de Guillaume de Tyr, relatifs à l'établissement et aux premiers temps de la domination franque en Chypre [1].

II. Du diplôme d'Amaury de Lusignan, roi de Chypre et de Jérusalem, en faveur de la commune de Marseille [2].

III. Du transport des armes et des esclaves en Égypte pendant le moyen âge [3].

IV. Du meurtre de Pierre Ier de Lusignan [4].

V. Du traité conclu en 1370 entre le roi de Chypre, Pierre II de Lusignan, et le sultan d'Égypte [5].

VI. De la Mahone de Chypre et de l'origine de la banque de Saint-Georges de Gênes [6].

[1] Page 19.
[2] Page 25.
[3] Page 125.
[4] Page 342.
[5] Page 347.
[6] Page 366.

AVERTISSEMENT.

TOME II.

I. Du livre des remembrances de la secrète royale de Nicosie pendant l'année 1468-1469 [1].

II. De deux lettres de Gasparino Barziza que l'on croit adressées au roi Janus de Lusignan [2].

III. Des baillis, capitaines, civitains, châtelains, catapans et autres magistrats mentionnés dans le livre de la secrète de Nicosie [3].

IV. De la famille de Catherine Cornaro, reine de Chypre, et de la famille des Cornaro, seigneurs de Piskopi, en Chypre [4].

V. Du décret qui ordonne l'établissement en Chypre de cent familles nobles de Venise [5].

VI. Des conseils et des magistratures de la république de Venise, dont il est question dans les documents de l'histoire de Chypre [6].

VII. Des magistratures de l'île de Chypre sous le règne de Catherine Cornaro et pendant la domination vénitienne [7].

Le glossaire qui termine le volume est plutôt un simple index où j'ai inscrit les expressions qui s'écartent le plus du langage ordinaire du moyen âge. Le relevé de tous les mots des divers idiomes de ce langage, la comparaison et la discussion des différents passages où ces mots se trouvent employés dans ma publication eussent pris beaucoup trop d'étendue; j'ai dû forcément y renoncer. Mais j'ai cherché à expliquer dans mes notes, en renvoyant à ces explications par mon glossaire, les mots les plus essentiels dont il était nécessaire de connaître la signification.

On remarquera dans ces textes plusieurs mots et diverses acceptions manquant entièrement aux glossaires des langues latine et française du moyen âge. Ces acquisitions nouvelles sont dues principalement aux

[1] Page 184.
[2] Page 809.
[3] Page 810.
[4] Page 814.
[5] Page 822.
[6] Page 825.
[7] Page 840.

pièces d'Italie et aux documents concernant l'histoire intérieure de l'île de Chypre. Elles ont trait, les unes, aux pratiques du commerce, de l'industrie et de la banque; les autres, à la constitution et au mécanisme du gouvernement des états républicains de la péninsule et à certaines particularités du régime féodal en Chypre. Il existe à cet égard, si j'ose en faire l'observation, une lacune sensible dans le glossaire latin de du Cange, parce que du Cange et ses savants continuateurs n'ont eu à leur disposition que peu de documents provenant des archives étrangères, surtout des archives d'Italie, autrefois presque inaccessibles.

Les monuments grecs que je publie, l'un de la côte d'Asie-Mineure, les autres de l'île de Chypre, auraient pu fournir matière à de nombreuses observations philologiques. Ne pouvant remplir cette tâche avec une véritable utilité, je me suis borné à livrer les textes aux érudits compétents avec le plus de fidélité qu'il m'a été possible, en les accompagnant d'une version française. J'aurais été même arrêté souvent dans ce travail, ainsi restreint, sans les secours que m'a donnés, toutes les fois que j'y ai recouru, l'extrême obligeance de M. Hase et de M. Brunet de Presle, si familiers avec les dialectes vulgaires des populations grecques de l'Orient.

Décembre 1854.

HISTOIRE

DE

L'ILE DE CHYPRE

SOUS LE RÈGNE DES PRINCES

DE LA MAISON DE LUSIGNAN.

DOCUMENTS ET MÉMOIRES.

PREMIÈRE PARTIE. — DOCUMENTS.

XIV.

JEAN II DE LUSIGNAN,

ROI DE JÉRUSALEM, DE CHYPRE ET D'ARMÉNIE.

28 JUIN 1432. — 26 JUILLET 1458.

1432, 8 juillet. A Nicosie.

Le roi Jean, fils du roi Janus, donne procuration au cardinal Hugues de Lusignan, évêque de Palestrina, son oncle, pour s'occuper de tout ce qui pourrait intéresser le royaume de Chypre, et pour se rendre au concile de Bâle.

Florence. Bibl. Saint-Laurent. Mss. Strozzi, n° XXXIII, fol. 73 v°. Extr. de la substitution du 10 mars 1433.

In nomine Domini, amen. Noscant cuncti moderni videlicet et posteri quod anno a Nativitate ejusdem Domini. M°cccc°xxxii, et die viii mensis Julii, decime indictionis, pontificatus sanctissimi in Christo patris et domini nostri domini Eugenii, divina providentia pape quarti, anno secundo, princeps serenissimus et illustrissimus dominus dominus Johannes, Dei gratia Jherusalem, Cipri et Armenie rex, in testium meique notarii publici subscriptorum constitutus [presentia], sciens et spontaneus, pro suis ac ejusdem regni Cipri necessitatibus alleviandis, ut asseruit, et in melius reformandis, omnibus jure, via, modis et forma quibus melius et validius potuit et potest, fecit, constituit et solempniter ordinavit suum verum, certumque et indubitatum procuratorem, actorem, factorem et suorum quorumcumque negotiorum gestorem generalem et specialem, ita quod generalitas specialitati non deroget, nec e contra, reverendissimum in Christo patrem et illustrem dominum dominum Hugonem de Lucignano, divina miseratione episcopum Penestrinum, sacrosancte Romane Ecclesie cardinalem de Cipro vulgariter nuncupatum, ejus patruum carissimum, absentem uti presentem, signanter et expresse, ad supplicandum et interessendum penes sanctissimum dominum nostrum summum pontificem, pro sublevandis et minorandis oneribus gravibus quibus ipse serenissimus dominus rex et dictum ejus Cipri regnum presentialiter opprimuntur, ac evitandis scandalis verisimiliter inibi formidandis; nec non ad comparendum in sacro generali Basiliensi concilio; decretis, constitutionibus, statutis et ordinationibus quibuscumque in eodem editis et faciendis consentiendum pro eodem serenissimo domino constituente et ejus regno; aliosque procuratores unum aut plures loco sui substituendi, qui similem sive restrictam habeat seu habeant potestatem, et eosdem dum voluerit revocandum, presenti tamen procuratorio nichilominus in suo robore duraturo; aliaque universa et singula dicendi, allegandi, gerendi et exercendi que in foro contentioso judicialiter aut alio quocumque modo agendo vel defendendo requiruntur, etiam si talia forent que de se mandatum exigerent magis speciale. Promittens dictus serenissimus dominus rex, michi ipsi notario stipulanti, ad opus quorum intererit in futurum, se ratum, gratum et firmum habere ac perpetuo habiturum totum id et quidquid per dictum ejus reverendissimum procuratorem ac ab eodem substituendos actum, dictum, gestumve fuerit seu etiam quomodolibet procuratum, eosque ab omni satisdationis onere penitus relevare, sub ypotheca et obligatione omnium et singulorum bonorum presentium et futurorum, subque omni juris et facti renuntiatione ad hec necessaria pariter et cautela. De quibus omnibus et singulis supradictis voluit et peciit dictus serenissimus rex constituens dicto suo procuratori fieri publicum instrumentum per me notarium infrascriptum.

Acta fuerunt hec Nicosie, in palatio quod presentialiter idem serenissimus dominus rex inhabitat, anno, indictione, die, mense et pontificatu predictis, in presentia et testimonio illustris et magnificorum virorum dominorum Petri de Lucignano comitis Tripolensis, Jacobi de Caffrano marescalli regni Cipri, ac Francisci de Zenariis legum doctoris, testium ad premissa vocatorum, et mei[1] Antonii Benedicti de civitate Matisconensi, publici auctoritatibus apostolica et imperiali notarii constituti, dictique serenissimi domini regis Cipri secretarii; qui constitutioni memorie recolende serenissimi domini constituentis genitoris a novem citra et aliis premissis dum fierent una cum testibus prescriptis assistens, ex eis sumpta cedula, presens publicum instrumentum, mea scripta manu, extraxi, illudque sigillo recolende memorie serenissimi domini constituentis genitoris a novem citra diebus vita functi, cum nondum idem dominus constituens novum componi facere potuerit, ad uberiorem cautelam roboratum, meo consueto manuali signo signavi, requisitus in testimonium veritatis.

[1432, vers la Toussaint.]

Récit d'une ambassade envoyée au grand Karaman Ibrahim-Beg par le nouveau roi de Chypre. Extrait de la relation du voyage outre-mer de Bertrandon de la Brocquière[2].

Paris. Bibl. imp. Mss. français, n° 10025-2, fol. 186; n° 10264, fol. 29. — Bibl. de l'Arsenal. Ms. Histoire n° 676, fol. 191 v°.

Item trouvay en ceste dicte ville de Larande[3] ung gentil homme de Cypre que l'en nomme Lyachin Castrico[4], et ung aultre que l'en nomme Lyon Maschere[5], qui parloient assés bon françois. Et me demanderent dont j'estoye et comment j'estoye là venu. Je leur respondi que j'estoye serviteur de monseigneur de Bourgoingne, et que je venoye de Jerusalem et de Damas avec la carvane[6]; de quoy ilz furent bien esmerveilliés, com-

---

[1] Au Ms. *mis.*

[2] Bertrandon, originaire du duché de Guyenne, fut seigneur de Vieux-Château, en Bourgogne, conseiller et premier écuyer tranchant de Philippe le Bon. Son voyage en Orient était connu par la traduction qu'en a donnée Legrand d'Aussy dans les *Mém. de l'Acad. des sciences morales*, 1re sér. t. V. M. le comte de Laborde, qui prépare une édition du texte de cette curieuse relation, montrera au moyen de documents nouveaux la part ignorée que Bertrandon de la Brocquière a prise aux affaires politiques de son temps.

[3] Larendah, dit aussi Karaman, l'ancien *Laranda* de Lycaonie, au nord du Taurus.

[4] Castrico paraît être un des nobles étrangers que les Lusignans avaient dotés et retenus en Chypre. Voy. notre 1er volume des *Documents*, p. 273, note 1; p. 425, note 3.

[5] Il est probable que Léon Machère tirait son nom du Machera, région montagneuse de l'île de Chypre, qui s'élève au nord des ruines d'Amathonte, entre le mont Olympe à l'ouest et le mont Sainte-Croix à l'est.

[6] Ms. de l'Arsenal et Ms. 10264. Le Ms. 10025-2 de la Bibl. imp. porte: *cavarne.*

ment j'estoye passé jusques là. Ilz me demanderent où je vouloye aller; je leur dy que je m'en venoye en France, devers mondit seigneur, par terre. Ilz me dirent que ce seroit chose impossible, et que se je avoye mille vies, je les perdroye ainçois; et que se je voulloye retourner avec eulx, il y avoit là deux galées qui estoient venues querir la seur du roy [1], qui estoit mariée au filz de monseigneur de Savoye, et pour l'amour et honneur de mondit seigneur de Bourgoingne, ilz savoient bien que le roy de Cypre me feroit volontiers remener. Je leur respondy que puisque j'estoye venu jusques là, que, à l'aide de Dieu, je parfinniroye mon chemin, ou je y demourroye.

Adont je leur demanday où ilz aloyent. Ilz me respondirent que le roy de Cypre estoit mort n'avoit pas longtemps, et en son vivant il avoit tousjours eu tresves au grant Karman, devers lequel le jeune roy de Cypre et son conseil les envoyoit pour reprendre et reffremer les dictes aliances. Je leur priay que se j'estoye là quand ilz y seroient, que en leur compaignie je peusse veoir celluy grant prince, qu'ilz tiennent comme nous faisons le roy. Ilz me respondirent qu'ilz le feroient tres volontiers.

Mon mamelu sceut qu'il y avoit des Crestiens en la ville et pensoit bien qu'ilz avoient du vin. Si me pria que je ly en feisse avoir pour festoyer v ou vi jeunes esclaves cerkays [2] que nous trouvasmes là, et les menoit on au souldan. Je fis tant que j'en eus demie peau de chièvre, qui me cousta demy ducat, et l'aportay à mon dit mamelu qui en fist grant chiere. Et beurent tant celle nuyt que ledit mamelu cuida mourir landemain en chevauchant. Et ont une maniere de faire : que quant il commenca à desgorgier et mettre le vin dehors, il avoit une bouteille plaine d'eauve, et incontinent qu'il avoit mis le vin hors, il remplissoit arriere son estomach de celle, autant qu'il y en povoit bouter. Et tout ainsi qu'on laveroit une bouteille, il alla bien demie journée, tout lavant son estomach, et se garist ainsi.

Je trouvay en ceste dicte ville ung marchant de Cypre que l'en nomme Perrin Passerot, lequel est de Famagosce [3], qui est en la main des Jennevois et en la main du roy de Cypre, et a long temps demouré en ce païs, comme il me dist. Et de ceste ville de Larande m'en alay à une ville que l'en nomme Quihongne, que les Grecs appellent Quihongnopoly [4]. Et che

---

[1] Anne de Lusignan. Son contrat de mariage avec Louis de Savoie avait été arrêté à Nicosie, du vivant de son père, le 1er janvier précédent. Voyez Guichenon, *Hist. de Savoie*, t. II, p. 364, où les noms propres chypriotes, surtout à la fin, sont très altérés.

[2] Circassiens. Voy. notre t. Ier, p. 128, n.

[3] Les autres Mss. *Famagosse, Famagosche*.

[4] Aujourd'hui Konieh (*Iconium*), résidence des anciens sultans seldjoucides. Le prince qui régnait à la fois à Konieh et à Larendah, lors du passage de La Brocquière, était

vaulchay deux journées de ce beau païs toudis en la compaignie dudit mamelu, et trouvay assés de villages; mais il y a tres peu d'eaues, car il n'y a nulles rivieres jusques auprés de la dicte ville de Quinhongne, et n'y a nulz arbres que ceulx qu'on treuve auprés des villes qu'on y plante pour porter fruict. Et est ceste ville la meilleur ville que ledit Karman ait. C'est une grant ville et bien marchande, et si est tres bien fermée de bonnes murailles et assés bons fossés tous glaciés.

Je demouray en ceste ville iiij jours, et entrementés, ledit ambaxadeur vint; car ledit roy demeure en celle ville. Et appointay avec ledit ambaxadeur que quant il yroit faire reverence au dit seigneur, que je yroye en sa compaignie. Et ainsi fu, nonobstant qu'il y avoit iiij Grecz de Cypre qui estoient reniez, l'un estoit huissier d'armes; lequel demanda audit ambaxadeur que je avoye à faire de veoir ce roy et cuida destourner que je n'y alasse point. Touteffois ledit ambaxadeur dist que je yroye; car il veoit que j'avoye grant volenté de le veoir et il desiroit moult de me faire plaisir, et dist à ces esclaves que ce ne seroit point de mal que je veisse le roy.

Item fu mandé querir ledit ambaxadeur pour aler faire reverence au roy et dire son ambaxade et pour porter les presens qu'il portoit; car la coustume est par delà que nul ne parle aux princes, s'il ne leur porte quelque present. Et le vindrent querir deux huissiers d'armes et luy firent mener des chevaulx de ceulx qui estoient venus acompaignier le dit roy qui estoient devant le palays attendans leurs maistres. Et aussi firent venir gens pour porter les presens, c'est à savoir : vj pieces de camelot de Cypre, et ne sçay quantes aulnes d'escarlate, et environ xl pains de succre, et deux arbalestres, et une dousaine de vires, et ung faulcon pelerin[1]. Et vint ledit ambaxadeur à cheval jusques à la porte du palais, et là descendi. Et entrasmes en une grant salle où il povoit avoir environ trois cens hommes,

---

Ibrahim-Beg. Notre voyageur le nomme ailleurs, fol. 190 v°. Il avait succédé à son père Mohammed, en 1428; il mourut en 1459, laissant le trône à son fils Ishak. (Janus Lassen Rasmussen, *Annales islamismi*, in-4°; Copenhague, 1825, p. 47-48.) Les dispositions pacifiques que le prince Karaman témoigna aux ambassadeurs chypriotes ne durent pas tarder à changer; car, en 1448, il s'empara du château de Gorhigos, près de Séleucie, que les Lusignans possédaient encore, et menaça même l'île de Chypre. Voyez plus loin les documents de 1448.

[1] Faucon de chasse, comme le gentil, le tatarot de Barbarie, le gerfaut, le sacre, le lanier et le tanguisien ou tonnisien, sur lesquels on peut consulter le *Traité de fauconnerie et de médecine des oiseaux*, par Jean de Francières, commandeur de Choisy en l'île de France (Mss. de la Bibliothèque imp. ancien fonds, 7921, fol. 6 v°), chevalier de Rhodes, nommé dans une de nos pièces. Voy. p. 93.

et alasmes au long de la dicte salle; puis entrasmes en une chambre là où estoit ledit roy. Et le trouvasmes en ung coing, assis à terre sur tapis; car leur coustume est telle. Et estoit appuyé du coutte sur ung quarreau de drap d'or, et son espée d'encoste luy. Et estoit vestu d'un drap d'or cramoisy. Et assés pres de luy avoit assis trois hommes, lesquelx estoient de la dicte ville, ainsi qu'il me fu dit. Et si y avoit xxx de ses esclaves qui estoient autour de la dicte chambre tous en piez, et son chancellier estoit aussi en piez devant luy[1]. Et avant que ledit ambaxadeur entrast, lesdis presens passerent par devant le seigneur; de quoy ne fist à peine samblant qu'il les veist. Et puis ledit ambaxadeur s'avança ung peu avant et luy fist la reverence, et luy fist dire par ung trucheman ce qui s'ensieut; car il ne savoit point la langue de Turquie.

Et avant que ledit trucheman parlast, ledit chancellier demanda la lettre qu'il portoit. Et quant elle luy fu bailliée, il la leut tout hault. Puis fut dit au roy par ce trucheman comment le roy de Cypre l'envoyoit saluer, et qu'il luy envoyoit ces presens, et qu'il les voulsist prendre en amistié. Et ledit roy ne respondi oncques mot, mais fit-on seoir ledit ambaxadeur tout bas à leur guise et assez loing et au dessoubz de ceulx qui estoient assis. Et adont le roy demanda comment le faisoit[2] son frere le roy de Cypre. Et ilz respondirent que bien; et lui dirent que son pere estoit mort, et qu'il envoyoit devers luy pour le visiter et sçavoir s'il voulloit entretenir la paix qui estoit paravant entre sondit pere et luy et leurs païs; et en tant qu'il[3] touchoit audit roy de Cipre, qu'il en estoit content. Adont ledit roy respondi qu'il en estoit aussi content. Et demanda combien il avoit que le roy de Cipre son frere estoit mort; et on luy dist. Puis il demanda de l'eage de cestuy et on luy dist. Aprez il demanda s'il estoit saige[4] et on luy dist que ouil; et demanda se son païs luy estoit bien obeissant, et on luy respondi que oyl, sans quelconque contredit. Et lors dit le roy qu'il en estoit bien content. Et prestement on dist audit ambaxadeur qu'il se levast, et ainsi le fist; et prist congié du roy, lequel se bouga aussi peu au aler qu'il avoit fait au venir.

Et se parti ledit ambaxadeur. Et quant il fu à la porte du palais, on prist arriere des chevaulx qui estoient là et le firent monter sus jusques en son

---

[1] Tous ces usages, conservés jusqu'à ce siècle dans les cours musulmanes, s'altèrent insensiblement à Constantinople et au Caire par l'introduction des habitudes modernes et de l'étiquette européenne.

[2] C'est-à-dire comment se portait.

[3] Ms. de l'Arsenal et Ms. 10264. Le Ms. 10025, dans les cas analogues, a presque toujours *qui*.

[4] Homme de sens et d'expérience, prudent.

hostel. Et aprez vindrent lesdis huissiers d'armes demander de l'argent et il leur en fu donné par ledit ambaxadeur, car la coustume est telle.

Item pareillement fu mandé ledit ambaxadeur par l'ainsné filz du roy auquel aussi il portoit presens et lettres. Et quant il luy fist reverence ledit filz se leva en piez, et puis se assist et fist seoir ledit ambaxadeur audessus de trois hommes qui estoient assés prez dudit fil du roy. Et entre nous qui estions avec luy on nous fist seoir aussi bien arriere. Et je me veulz asseoir sur ung banc qui estoit derriere nous, mais on me fist bientot ployer le garet et seoir à terre tout bas. Et tantost retournasmes à l'ostel. Et pareillement vint ung huissier d'armes, comme avoient fait ceulx du roy, auquel huissier fu donné de l'argent. Et se contente de peu de chose. Et aprez ledit roy envoya de l'argent audit ambaxadeur pour despendre, car leur coustume est telle, c'est assavoir L aspres qui est la monnoye du païs; et ledit ainsné fil du roy luy en envoya xxx, de quoy ung ducat venissien en vaut L.

Item je veiz ledit roy chevauchier par la ville; et avoit en sa compaignie bien L hommes à cheval, de quoy la plus grant partie estoient ses esclaves; et avoit bien xiiii ou xvi archiers qui alloient de pié d'encouste luy, et portoit son espée chainte et ung tabolran[1] à l'arçon de la salle, selon la guise du païs; et aloit faire ses oraisons, et estoit vendredi qui estoit la leur feste. C'estoit ung tres beau prince de xxxii ans, et estoit bien obey en son païs. Il avoit esté baptisié en la loy grequesque pour oster le flair[2], et sondit filz aussi, duquel la mere avoit esté crestienne comme on dist. C'est ung grant seigneur; je chevaulchay bien xvi journées au long de son païs, lequel marchist sus la Perse devers northost[3], come on me dit, jusques au païs de ce Karman[4], que j'ay dit ci-devant qui est à Mourac-bay, que nous disons le grant Turc, qui sont bien xvi journées de long comme j'ay dit, et en a xx ou plus de large, comme on m'a dit. Item m'ont dit gens qui sont à luy qu'il est moult cruel homme et qu'il est peu de jours qui ne face aulcune justice

---

[1] Tambourin ou cymbales.

[2] La Brocquière revient plus loin sur cette circonstance, et assure même que la plupart des gens du pays faisaient ainsi baptiser leurs enfants. Les motifs que l'on donna à notre voyageur pour expliquer cette pratique sont assurément une fausse croyance populaire; mais l'usage du baptême dans l'intérieur des familles turques et karamanes a pu être plus commun qu'il ne semblerait d'abord, en raison du grand nombre de femmes grecques et chrétiennes qui se trouvaient dans les harems.

[3] Nord-est.

[4] Ce *Karman* ou *Kerman* est le prince de Kermian, résidant à Kutayeh en Phrygie, au centre de l'Asie mineure, et dont le territoire séparait les états du grand Karaman de ceux du grand Turc ou Ottoman. Le prince de Kermian, en mourant, avait légué sa principauté à *Mourac-Bay,* qui est le sultan Murad, vulgairement Amurat II.

ou mourir gens ou tallier piez ou mains ou nez; ou s'il a aucun riche homme en son païs, il le fait mourir pour avoir le sien. Et avoit fait mourir l'une de ses femmes VI jours avant que je y fusse venu, laquelle estoit mere de son ainsné filz, lequel n'en savoit encoires riens quant je le veiz. Il avoit espousé la suer de l'Amourac-bay, qui est le grant seigneur de Turquie. Et sont les genz de ce païs tres mauvaises gens et grant murtriers, car ilz tuent tres bien l'un l'aultre, nonobstant la grant justice qu'il en fait; et ce[1] sont grans larrons et soubtilz. Et me dist-on qu'il n'avoit point encoires VIII jours quant je y fu qu'il avoit fait tuer ung des plus grans de son païs et l'avoit fait estrangler au chiens; et me fut dit aussi qu'il avoit fait mourir tous les plus grans de son païs. Item m'a esté dist que une marche de païs nommée les Farsacz est à lui; et est sur la mer, et sont le meilleurs gens de mer qu'il ayt, lesquels se sont rebellez contre luy. Et est cedit païs depuis Tharse jusques au Courquo[2], qui est au roy de Cypre, et jusques à[3]... qui est dedans le païs III lieues; et si y a ung port que l'en nomme Zabari[4].

Item trouvay en ceste dicte ville de Quhongne ung homme nommé Anthoine Passeroit, banny de Famagoste comme dist est. Lequel Anthoine avoit servy le pere de cestuy roy de Cipre[5]; et quant il fu mort il servi depuis le fil. Il m'a compté tout l'estat du païs, et le gouvernement de ce seigneur, et la maniere comment il avoit pris Ramedang, qui estoit seigneur de Turquemanie. Ledit Anthoine est de Famagosce, et estoit banny de ladicte ville pour ce qu'on luy mist sus qui vouloit remettre ladicte ville en la main du roy de Cypre[6]. Et pour ceste cause luy ne son frere n'osoyent retourner audit païs de Cypre; et ont demouré longtemps oudit païs de Karman; et par male adventure, ainsi que pechié tient les gens depuis ung peu de temps, il fu trouvé avec une femme de leur loy, parquoy ledit roy l'a fait renier la foy catholique, nonobstant que sans doubte il me samble bon Crestien.

---

[1] Au Ms. *se*.

[2] Gorhigos ou *Courco*. V. ci-ap. p. 48, n. 2.

[3] Le nom est en blanc dans les deux Mss. de la Bibliothèque impériale et sur le Ms. de l'Arsenal. Je crois que l'on peut combler avec confiance la lacune par le nom de *Selefkeh*, l'ancienne Séleucie, à trois lieues environ dans les terres, et sur les bords du Guyuk-Sou, l'ancien Selef, où se noya l'empereur Frédéric Ier au mois de juin 1190.

[4] J'ignore quelle peut être aujourd'hui cette localité. De l'embouchure du Guyuk-Sou à Mersina, port de la ville de Tarsous, on ne trouve guère d'autres mouillages que ceux de Perschendi, Gorhigos, Ayasch, Lamas et Tedgé, de l'ouest à l'est.

[5] Jacques Ier, père de Janus.

[6] Diverses tentatives avaient été faites pour livrer Famagouste à Janus. En 1402, le capitaine de la ville lui-même, Antoine de Guarco, qui avait tenu le prince sur les fonts baptismaux à Gènes, favorisa un semblable projet, mais n'y put réussir. Voy. Amadi, *Chronica di Cipro*, Ms. de Venise, fol. 519.

Il me compta toutes ces choses, et comment, parceque ledit souldan n'osoit faire guerre audit Ramedang, il manda devers cestuy Karman que s'il ne le prenoit, qu'il feroit aller son frere contre luy pour luy faire guerre, lequel ledit Karman avoit chassé hors de son païs et s'estoit retrait devers ledit souldan à refuge; et pour ceste doubte, il ama mieulx faire ceste grande trahison que estre en adventure que son frere luy feist guerre. Il me dit aussi qu'il est lache de cuer et qu'il n'est point hardi, et toutesfois sont les gens de son païs bonnes et des plus vaillans de Turquie.

Item je suis passé prez du païs de Gaserie[1]. Et en est seigneur ung moult vaillant homme, comme ilz m'ont dit, que l'en nomme Turc Gadir Oli[2]; lequel a en sa compaignie xxx^m hommes d'armes Turquemans et bien cent mil femmes, qui sont tres vaillans femmes et aussi bonnes que les hommes, ce vueullent ilz dire. Et est cestuy païs touchant au païs de Turquemanie en celles haultes montaignes qui sont devers Tharse et devers le royaulme de Perse, et confine aussi de l'autre part au païs dudit Karman. Et m'ont dit aussi qu'ilz sont là iiij seigneurs qui font guerre l'un à l'aultre : c'est assavoir, cestuy Turc Gadir Oli et ung aultre qui a nom Quharaynich[3] et ung aultre qui a nom Quharaychust[4] et le fil Tamburlant[5] qui seignourit toute la Perse, comme il m'a esté dit. Et est le nom de cestuy seigneur du Karman Ymbreymbas[6]; mais ilz l'appellent Karman, pour ce que son païs a à nom Karman; et est baptisié à la loy grequesque, ainsi qu'il m'a esté dit, et son fil aussi; et tous les plus grans se font là baptisier, affin qu'ilz ne puent point.

Et me dit ledit Anthoine et promist de s'en venir devers monseigneur le duc, et qu'il ne demourroit point Sarrazin, et que le mot qu'il avoit dit, c'estoit pour eschever la mort; et craingnoit fort d'estre circuncis et l'atendoit de jour en jour, car son maistre le vouloit. Il est belle personne, de l'eage de xxxvi ans. Et me dit que ainsi que nous faisons les prieres aux dimenches

---

[1] Le pays et la ville de Kaïsarieh, l'ancienne Césarée de Cappadoce, près de l'Halys.

[2] Ainsi au Ms. de l'Arsenal, et plus bas dans les deux Mss. de la Bibl. imp. Ici, ces deux Mss. portent : *Tuer Turc Gadir-Oli*, et *Cur Gadiroly*. Le nom de *Gadir-Oli*, pour Kadir-Oghlou, le fils de Kadir, paraît se rapporter au prince de Marach, l'ancienne *Germanicia*, la Marésie du temps des croisés, ville qui appartenait à la famille des Dhoul-Kadrieh.

[3] Le Ms. 10264 : Quharamich. Ce mot semble une corruption du nom de Kara-Oulough-Othman, prince de la dynastie turcomane du Mouton-Blanc. Le fils de ce souverain, Hamza-Beg, régna sur les vastes contrées de la Mésopotamie et de la Cappadoce, de 1406 à 1444.

[4] Pour Kara-Youssouf, prince de la dynastie du Mouton-Noir.

[5] Le fils de Tamerlan. C'était le sultan de Perse Schah-Rokh, à qui Barsébaï, sultan d'Égypte, annonça la prise de l'île de Chypre. Voy. dans notre t. 1er, p. 514, n. 2.

[6] Dans le Ms. 10264 : Imbrymbas.

ès eglises parrochiales pour les princes Crestiens etc., ilz prient par delà en leurs mosquées que Dieu les garde d'un tel homme que fu Gaudeffroy de Buyllon[1].

[1433], 13 janvier. De Rome.

Lettre de Badin de Norès, maréchal de Jérusalem, au duc de Savoie, sur le mariage projeté d'Anne de Lusignan, sœur du roi Jean II, avec le comte de Genève.

Turin. Arch. de la Cour. *Regno di Cipro*, mazzo 1°. Extr. du n° 7. Copie du temps.

A tres hault et puissant prince, Amé, duc de Savoye, mon tres honoré seigneur. Tres hault et puissant prince, mon tres honoré seigneur, je me recommande à vous tant humblement comme je puis, tres desirant tousjours de savoir de vostre bon estat et santé, desquels vous plaise moy aucunes foys par vos lettres entretenir; car ce me sera tres parfaite et entiere consolacion de savoir et ouyr souvent bonnes et joyeuses novelles. Et se de moy vous plaist savoir, la mercy Dieu, je suis sain de la personne, comme je desire de tres bon cuer qu'il soit de vous et de tous les vostres.

Mon tres honnoré seigneur, pleise vous savoir que nagueyres, venant du royaulme de Pologne, suis alés à Naples, par devant monsieur le cardinal de Cipres, lequel m'a parlé de la dilacion du mariage de monsieur le conte vostre filz, don j'ay esté tres-dolent; combien qu'il m'a reconforté de la charge qu'il m'a donnée de fère diligence que sa niepce soit envoyée le plustot que fère se pourra; et ainsy luy mesmes a entencion d'aller par delà en Cipre pour acomplir ce qu'il at promis, car de se a tres-grant desir et tres-bonne volenté. Si vous prie et requiers, mon tres honoré seigneur, tant comme je puis, qu'il vous pleise toujours entretenir ledit mariage, comme j'ay parfaite esperance, et non prendre à desplaisir le retardement d'icelluy, qu'il est sourvenus par le douloureux treppas de bonne memoire feu Janus, roi de Cipres, qui m'a esté plus angoysseux au cueur que dire ne le pourroye; ayns vous pleise avoir compassion du grant arroy et despleisir que ont heu ceulx de son sanc, et de la grant turbacion qui a esté audit royaulme de Cipres. Et j'ay esperance que, au pleisir de Dieu, monsieur le cardinal fera tellement que tousjours serez bien content de luy; et je, comme loyal serviteur, me y employrey tellement que vous cognoistrez tousjours par effait que j'ay bonne et tres parfaite voulanté de vous servir et complaire, tres hault et puissant prince et mon tres honnoré seigneur. Plaise vous moy tousjours commander vos bons plaisirs pour les acomplir de tres-bon cuer à mon

---

[1] Au XIIIe siècle, le nom de Godefroy de Bouillon avait pénétré jusque chez les Mongols de la haute Asie. Voy. Ramusio, *Navigazioni e Viaggi*, t. II, fol. 243. Venise, 1563.

Iʳᵉ PARTIE. — DOCUMENTS. 11

pouvoir, priant Nostre Seigneur qu'il vous doint bonne vie et longue et acomplir ce que vostre tres noble cueur desire. Escript à Rome, le xiiiᵉ jour de Janvier.

Vostre serviteur, BADIN DE NORES, chevalier, mareschal de Jherusalem.

1433, 20 mars. De Naples.

Le cardinal de Chypre, Hugues de Lusignan, substitue les évêques de Rennes et d'Uzès à la procuration qu'il avait reçue du roi Jean, son neveu, pour se rendre au concile de Bâle [1].

Florence. Bibl. Saint-Laurent. Mss. Strozzi. N° XXXIII, fol. 73 v°. Copie du concile de Bâle, datée de 1453 [2].

Hugo, miseratione divina episcopus Penestrinus, sancte Romane Ecclesie cardinalis de Cipro nuncupatus [3], reverendis in Christo patribus dominis Guillermo Redonensi et Bertrando Uticensi episcopis, salutem in Domino sempiternam. Cum serenissimus princeps Johannes, Jherusalem, Cipri et Armenie rex, nepos noster, tam sanctissimi domini nostri pape quam aliorum quorumcumque et presertim sacri generalis concilii Basiliensis suffragio, favoribusque et auxiliis, pro supportandis oneribus sibi incumbentibus, obviandisque periculis, nedum sibi, sed etiam toti religioni Christianorum, cujus defensor ipse et sui predecessores extiterunt, imminentibus, non mediocriter egeat, ut intentioni damnate Sarracenorum Christi fidelium inimicorum capitalium, quorum diros insultus dictim supportare illisque resistere oportet, ac regnum suum Cipri, per quod liber ad Christianos patet aditus, assidue defensare, confisus de nobis, nos super hiis et aliis suum

---

[1] Les démêlés auxquels donna lieu le concile de Bâle mirent souvent plusieurs cardinaux en mésintelligence avec la cour de Rome, et leur attira même la déchéance de leur dignité. Telle était la situation du cardinal de Chypre, du cardinal de Saint-Sixte et du cardinal de Fermo, quand le pape Eugène IV, par une bulle du 15 décembre 1433, en admettant la validité des premières sessions du concile de Bâle, réhabilita dans leur titre les trois cardinaux que je viens de désigner. (Rinaldi, Annal. eccles. 1434, § 1, tom. XXVIII, page 164.) Hugues de Lusignan prit ensuite, au nom de la cour de France et du concile de Bâle, une part active aux conférences d'Arras, que termina le traité de paix du 10 décembre 1435, entre le roi de France et le duc de Bourgogne. (Monstrelet, Chron. éd. 1839, p. 695 et suiv. Olivier de la Marche, Mémoires, édit. Michaud, p. 359-668.) Dom Martène a publié plusieurs pièces relatives à cette difficile réconciliation. Voy. Amplissima collectio, tom. VIII, col. 861, 862, 869, 871, 881.

[2] Le Ms. Strozzi, n° XXXIII, est une copie complète des actes du concile de Bâle, exécutée en 1453 par Jean Doremborch, curé de Sainte-Marie de Deventer, au diocèse d'Utrecht, pour le cardinal de Fermo, du titre de Sainte-Croix de Jérusalem, à Rome.

[3] On a vu dans le 1ᵉʳ volume, p. 518 et suiv. divers actes concernant ses négociations en Italie.

procuratorem et protectorem constituerit, prout in instrumento cujus tenor inferius describitur, latius videbitis contineri; quia ad loca oportuna et presertim ad sacrum Basiliense generale concilium transferre presentialiter non possumus, ea de re, nos, similiter de vestrum cujuslibet prudentia, fidelitate et industria ad plenum confisi, vos et vestrum quemlibet absentes tanquam presentes, juxta ipsius instrumenti seriem, loco nostri substituimus et tenore presentium ordinamus, transferentes in vestrum quolibet omnimodam potestatem per nos ab eodem serenissimo domino rege nepote nostro attributam vigore dicti instrumenti, cujus tenor sequitur et est talis.

(Suit le texte de la procuration imprimée ci-dessus, p. 1.)

In quorum omnium et singulorum fidem et testimonium premissorum presentes nostras litteras fieri fecimus, nostrique sigilli jussimus et fecimus appensione muniri.

Datum Neapoli, in domibus nostre solite residentie, sub anno a Nativitate Domini m° cccc° xxxiii°, indictione xi^a, die vero xx mensis Martii, pontificatus sanctissimi in Christo patris et domini nostri domini Eugenii, divina providentia pape quarti, anno tertio. T. GANQUERII.

1433, 3 avril.

Instructions du conseil du duc de Savoie pour le héraut du prince envoyé à Venise et pour ses ambassadeurs envoyés en Chypre, au sujet du mariage projeté entre Anne de Lusignan, sœur du roi de Chypre, et le comte de Genève [1].

Turin. Arch. de la Cour. *Regno di Cipro*, mazzo 1°. Extr. du n° 7. Double copie du temps.

Sur l'ambassade de Chyppres a esté advisé le iiie jour d'avril m cccc xxxiii, en la presence de messire le chancelier [2], le Bastard [3], Manfrey [4], Loys [5], Nicoud [6], Grolée [7], Urbain [8], Robert [9] et Anthoenne [10].

---

[1] Dès le mois de mai 1432, le duc de Savoie avait désigné pour se rendre en Chypre le seigneur de Montmaycur, le seigneur d'Aix et Claude du Saix, seigneur de Rivoire. (Guichenon, *Hist. de Sav.* t. I, p. 521.) On ne sait si tous ces chevaliers firent partie de l'ambassade définitive à laquelle sont remises les présentes instructions du 3 avril 1433, ambassade qui rend compte de sa mission au mois de novembre suivant. Le mariage d'Anne de Lusignan s'effectua à Chambéry au mois de février 1434 (N. S.), et non en 1433, comme dit Guichenon.

[2] Jean de Beaufort, chancelier de Savoie.

[3] Humbert, bâtard de Savoie, seigneur de Grandcour et de Montagny.

[4] Le maréchal Mainfroy de Saluces.

[5] Louis de Savoie, prince de Morée.

[6] Probablement Nicod de Menthon, seigneur de Nernier.

[7] Antoine, seigneur de Grolée.

[8] Urbain de Cerisiers.

[9] Robert de Montuagnard, l'un des maîtres de l'hôtel du duc et membre de son conseil.

[10] Peut-être Antoine de Chiel, maître d'hôtel et conseiller du duc, comme Robert.

I.

1. Premierement que incontinent Savoye, le heyrauld, voyse à Venise, à tout lettres de remerciations et requeste au duc[1], Loys Courrayre[2], et messire Marc Zeno et ès aultres qui semblera estre expedient, pour requerir à la seigniorie une bonne gallée furnie du voyage de Flandres[3], pour aler en Chippres.

2. Item, par le conseil desdits messires March et Loys, qu'il ferme avec ung patron notable et seur de mener et ramener les ambasseurs en Chippres, sans aler aultre part, ne mener marchandise ne aultres gens, d'apprester la gallée et fere toutes aultres chouses neccessaires, exceptée tant seulement la dispense de boche desdits ambasseurs, au mellieur marchié que fere se pourra, par maniere qu'elle soye preste pour partir le premier jour de juillet prochain.

3. Item, qu'il rescrie, par son varlet, le plus plainnement qu'il pourra la pasche[4] par escript et baillie d'erres[5], le moyen que fere se pourra; mais que pour ce, l'appareil de ladite gallée ne se retarde; sache aussy quelz sauconduiz le patron vouldra avoir de monseigneur de Millan et des Jannois, à ce que, estre retourné ledit varlet, monseigneur les envoye querir.

4. Item, sache dudit Courrayre quant messire Badin[6] est passé, quant il passera; en le requirant qu'il veullie inster et avancer la venue de madame de Genève le plustost que fere se pourra, par maniere que tout soye prest à la venue desdits ambasseurs, et qu'il n'ayent occasion de gueres demourer en Chippres; et que se ledit Loys a aucune maniere de fere savoir toutes nouvelles à monseigneur, que tousjours la veuille fere, ainsi que monseigneur en ha en luy sa parfaite fiance; et luy rappourter l'apointement qu'a esté prins ou fait de la vayssell.

5. Item, que ledit herauld, pour sa dispense, pourte pour deux moys et demy et par change pour ce pour baillier lesdites erres v^c ducas, desqueulx ne bailliera èsdites eres se non le moyns qu'il pourra, comme dit est; le surplus gardera le marchand du change jusques à la venue desdits ambasseurs.

---

[1] François Foscari, dont la fin fut si triste, était doge de Venise depuis dix ans.

[2] Cornaro; il s'agit peut-être d'un Correr.

[3] Une bonne galère équipée, de celles qui faisaient les voyages annuels en Flandre.

[4] Le pacte qui devait se faire à Venise.

[5] La remise ou livraison d'arrhes.

[6] Le maréchal de Jérusalem, Badin de Norès, de qui l'on a vu précédemment une lettre datée de Rome. Voy. aussi t. Ier, p. 526, n. H était allé s'embarquer à Venise pour retourner en Chypre, où les ambassadeurs le trouvèrent.

II.

6. Item, cependant, face apprester mondit seigneur sesdits ambasseurs, pour maniere qu'ils soyent à Thurin le xv⁰ jour de juing.

7. Item, que messire Loys le Bastard[1] face apprester une nave à Thurin pour les mener par le Po jusques à Venise, et escrive monseigneur à Phelippe qu'il paye tout ce qui à ce sera necessaire.

8. Item, pourteront lesdits ambasseurs de monseigneur et de monseigneur de Geneve plaine poyssance pour expouser et fere toutes aultres choses à ce necessaires.

9. Item, empourteront pour leurs instructions l'instrument du contract et les copies de tout ce qui a esté fait en ceste matiere.

10. Item, estre en Chipres, lesdits ambasseurs, s'ilz voyent que la personne de la dame soit convenable, et qu'elle s'en viengne avecques eulx[2], feront l'esposalice et les contraicts de ses obligacions, caucions et promesses selon la forme du premier contraict qui fut fait à Chambery.

11. Item, estre lesdits ambasseurs en Chipres, se parforceront de savoir en toutes les meillieurs manieres qu'ils porront la disposicion de la personne de la dame; et se veritablement ilz pouvoient savoir que en sa personne ait deffault irreparable, ne procederont pas à l'esposalice, més, feignant d'aler premierement en Jherusalem, viendront à Famagoste et de là escriront au roy le deffault, en luy signiffiant, pour la descharge de monseigneur et de monseigneur son filz, qu'il ne sont disposé de proceder plus avant, ainz de soy en du tout despartir.

12. Item, s'elle avoit maladie tollerable dont en peu de temps puisse estre garie, attendront sa garison, puis faront l'esposalice, s'il sont seur de l'amenner; et s'ilz ne sont seurs de l'amenner, ne procederont pas à l'esposalice. Et s'elle avoit maladie tollerable, et sans peril d'elle ne pourroit bonnement venir avant l'iver, en celluy cas, demourront deux d'eulx et le secretaire, c'est assavoir messire Loys[3] et Symonin[4], attendant sa garison, et les aultres s'en retourneront. Et avant leur partie, arresteront de la fere venir au despens du roy, sans y plus ranvoyer, sitout qu'elle pourra sans

[1] Louis, bâtard d'Achaïe, seigneur de Raconis ou Racconigi, en Piémont.
[2] C'était toujours la condition essentielle. Les ambassadeurs ne devaient rien terminer avec la cour de Chypre, s'ils n'étaient assurés d'amener la princesse Anne en Piémont.
[3] Le bâtard d'Achaïe, seigneur de Raconis ou Racconigi, désigné ci-dessus à l'article 7.
[4] Simonin du Puy, souvent employé dans les affaires de Chypre. Voy. t. Iᵉʳ des documents, p. 523, 525.

peril venir. Et ceulx qui demourront, auront povoir de l'espouser quant elle vouldra partir pour soy en venir et non devant; car monseigneur veult que on ne l'espouse jusques l'on soit bien bien asseuré de sa venue et le plus prest que l'on pourra de sa partie; et pour ce fere leur est neccessaire un fisicien.

13. Quant au regart des payements, seurtée et habilliements, se parfourceront de les fere selon la fourme du premier contract; et se complir en celle maniere ne le voulloyent, tiendront tous les bons chemyns qu'il pourront à les reduyre. Et tout essayé, se la personne est convenable et preste de soy en venir, pour ce ne layront pas de l'espouser et admenner, faysant toute diligence d'obtenir tout ce que obtenir se pourra, avecques les protestations et reservations que seront neccessaires.

14. Et se elle est bien dispousée de venir, et ilz ne veuilloyent qu'elle venist avant l'année qui vient, en celluy cas, feront les protestations neccessaires et s'en retourneront sans riens fere, par maniere que à leur venue monseigneur de Genève se puisse aillier lay où mieulx luy semblera, car par telx deslays monseigneur ne veult point tenir mondit seigneur son filz en tel estat [1].

1433, 23 avril; 1449, novembre. A Rhodes.

Extraits des statuts et établissements de l'ordre de l'Hôpital relatifs aux commanderies de Chypre et de Lango.

Ms. de Malte, fol. 633 et 739. — Ms. de Paris, 7348-2.

Establissements de maistre Anthoine Fluvian, du XXIII avril M CCCC XXXIII. De l'union des commanderies de Chippre et du Lango.

Item pour subvenir à la sustantation du convent, affin que mieulx peust supporter ses charges, et pour eviter aussy moult de perils qui souvent adviennent par mauvais religieux, est estably et ordonné que les commanderies de Chippre et du Lango, avec l'isolle de Nisere, soient appliquées, unies et adjoustées au commun tresor de nostre convent de Roddes et prouffit d'iceluy, sans plus les recommander à aucun frere par collation; et desja par auctorité de ce present chappitre les y appliquons et adjoustons, sauf et reservé que nous maistre soions paié de ce que nous est dû sur les commanderies du Lango et ysolle de Nisere dessusdites, et que celuy qui est de present commandeur de Chippre en use et jouisse tout son temps

---

[1] Je rétablis ici, d'après une copie du temps (arch. de Turin, mazzo 1°, cahier n° 7), les noms propres du premier contrat de mariage du 1ᵉʳ janvier 1432, très-altérés dans Guichenon, *Histoire de Savoie*, t. Iᵉʳ, p. 364 : « Acta fuerunt hec Nycossie... in presencia

et sa vie durant, faisant son devoir envers ledit tresor de paier ses responsions [1] et touttes aultres charges, et aussy soustenir et maintenir tout ce que besoin fait ou sera en icelle, selon les bons utz, establissemens et coustumes de nostre religion.

Establissements de maistre Jean de Lastic, du mois de Novembre MCCCCXLIX. De l'arrentement de la grand commanderie de Chippre et du Lango.

D'icy en avant la grand commanderie du royaume de Chippre qui de present vacque et la commanderie du Lango, de Nisere et des aultres isles à eulx appartenans, quand legitimement vacqueront, soient arrentées à un frere, si on le trouve homme suffisant et bien seur et bon gouverneur; et si non, à deux ou trois freres, bons, prouffitables et suffisans, bien seurs et bon repareurs, le plus offrant; et le prix dudit arrentement soit apporté en Roddes franchement et nettement sans reparations ne aultres charges pour le tresor ou cil à qui il appartient, èz perils et fortunes dudit arrenteur ou desdits arrenteurs et pour chacun. Et si on trouve frere ou freres d'aucune langue, à laquelle, pour son tour, les dittes commanderies appartiendront, et qu'ils soient suffisans comme dessus, soient mis et receus devant les aultres audit arrentement pour pareil prix. Et ne pourra durer ledit arrentement que 5 ans; lesquels finis, par cette maniere ditte, soit pourveu d'aultre ou d'aultres pour l'utilité dudit commun tresor, et par aultre meilleure maniere, se on la peut trouver ou veoir.

« incliti et illustrium dominorum Johannis de « Lusignano ejusdem domini regis primoge- « niti principis Anthiochie, Petri de Lucignano « comitis Tripolensis, reverendorumque in « Christo patrum dominorum Anthonii Dei « gratia Paphensis, Nycolay Famagustensis et « Bartholomei Ebronensis episcoporum, ve- « nerabilium et etiam dignorum dominorum « Jacobi de Margato decani et Johannis Fro- « gerii archidiaconi Nicossiensis ecclesie, ac « spectabilium et egregiorum militum et do- « minorum Jacobi de Caffrano marescalli « dicti regni Cipri, Baldini de Nores mares- « calli regni Jherusalem, Hugonis Soldani « cambellani Cipri, Petri Pelestrini viceco- « mitis Nicossie, Henrici de Gibleto magistri « hospicii, Jacobi Urry, Domitii de Palude « et Mathei Rames ipsius serenissimi prin- « cipis consiliariorum, etc. »

[1] La responsion était le tribut ou pension que devait annuellement chaque chevalier à son commandeur et chaque commanderie au trésor général de l'ordre. En 1339, la totalité des responsions de la maison de l'Hôpital s'élevait à 180,000 florins, à peu près 2,160,000 francs en valeur absolue. La commanderie de Chypre versait à elle seule 20,000 florins. (Sanudo l'ancien, *Epist.* ap. Bongars, *Gesta Dei*, t. II, p. 315.) Mais, à l'époque où nous sommes arrivés, après les pertes que l'ordre avait éprouvées (tom. I, p. 377, n.), ses revenus étaient bien diminués. A la fin du xv° siècle, sa contribution variait de 4,000 à 4,500 florins. (Voyez ci-après, p. 92, n.) L'île de Lango, dont il est ici question, est l'antique *Cos*, aujourd'hui *Stanchio*; au sud se trouve l'îlot de *Niciro*. Les deux îles réunies formaient une commanderie.

[1433, novembre. De Venise?]

Rapport, en forme de journal, des ambassadeurs de Savoie chargés de se rendre en Chypre pour épouser Anne de Lusignan, sœur du roi, depuis le 17 septembre jusqu'au 16 novembre 1433[1].

Turin. Arch. de la Cour. *Regno di Cipro*, mazzo 1º. Extr. du nº 7. Copie du temps.

S'ensuivent les modes et partis qu'avons tenu despuis le xviie jour dou moys de septembre dernier passé que arrivasmes à Cherines en l'isle de Chippres. Et est loing de Nycossie où fait le roy sa demourance [six lieues].

Premierement, citoust que fusmes pres dudit lieu de Cherines par devers le roy, et qu'il fust de son bon plaisir de nous mander quant il seroit de son playssir[2]. Lendemain au matin nous envoya deux de ses chivalliers, lesquelx chivalliers nous firent tres bonne chiere, en disant que le roy avoit grant desir de nous voir et qu'il nous envoyeroit de chivaulx pour aler par devers luy. Et fusmes au chastel de Cherines tousjours à la dispense du roy.

Apres, quant nous vismes que le roy ne nous envoyeit lesdits chevaulx, nous requirèmes èsdis chivalliers qu'ils voulsissent trouver maniere que les puissiens tantoust avoir, à ce que la matiere pour quoy estions venus puisse estre acomplie dedens le temps qui avoit esté convenus, qu'estoit bien brief. Toutesvoyes, en nulle maniere ne peusmes avoir lesdits chevaulx jusques le samedy ensuivent, xixe dudit moys, au soir, bien tard, tellement que ne peusmes partir jeusques le lendemain bien matin, que alasmes à Nycossie au disner.

Et quant nous fusmes pres de Nycossie, qui est demy mille, il nous vindrent au devant messires les mareschaulx de Chippres[3], de Jherusalem[4], et toute l'autre noblesse de Chippres, qui nous firent tres joyeuse chiere et nous accompaignerent jusques à l'oustel de messire Jaques Urry[5], où avons estés logiés nous et nos gens tousjours à la dispense du roy.

Le lendemain lundy, xxie jour dudit moys, apres la messe, alasmes fere

---

[1] Les instructions données aux ambassadeurs le 3 avril se trouvent imprimées ci-dessus. On ne voit pas quelles furent les personnes chargées de se rendre en Chypre; nous apprenons seulement, dans ce rapport, que le seigneur de Raconis, Louis, bâtard d'Achaïe, faisait partie de l'ambassade, et que ce fut lui qui épousa, à Nicosie, la sœur du roi de Chypre, au nom du comte de Genève, fils aîné et héritier du duc de Savoie.

[2] Ainsi incomplet au Ms.

[3] Jacques de Caffran, nommé plus bas.

[4] Badin de Norès. Voy. ci-dessus, p. 13.

[5] Vicomte de Nicosie. Les Urry, que l'on

la reverence au roy et les recommendacions, etc., et bailliasmes la lettre de creance; qui nous feist tres bonne chiere, en nous demandant de vostre bon estat et de messieurs vos enfans.

Et ce estre fait, luy dismes quant il seroit de son plaisir d'ouyr nostre creance, lequel nous remist au lendemain apres disner. Estre partiz du roy, alasmes par devers nos dammes Agnès[1] et de Geneve[2], et feismes pareillement; lesquelles aussi nous firent, demenderent et receurent comme par le roy avoit esté faict.

Le mardy ensuivant, apres disner, ouy le roy nostre creance, en la presence de son conseil. Et dicte la dicte creance, le requerismes qu'il voulsist acomplir ce que par son pere, monseigneur le cardinal son oncle et ses procureurs avoit esté convenu, juré et promis. Lequel dist que son conseil et nous serions ensemble, et qu'il se feroit ce qu'il se devroit fere. De là alasmes par devers nos dictes dames et leur dismes la creance, en les requerant qu'elles voulsissent tellement inster par devers le roy, que nous feussions briefment despechiez; et lors respondit ladite dame Agnès qu'elle y feroit toute sa puissance, car estoit la chose du monde qu'elle desiroit plus.

Le mercredy ensuivant, xxiii° jour dudit moys, apres la messe, vindrent en nostre lougis messire Jaques de Caffran, mareschal de Chippres, Badin de Nores, mareschal de Jherusalem, Hugue Soudan, grand chambellan, Jaques Flory, auditeur et grand maistre d'oustel, et messire Jaques Urry.

appelait plus communément en Chypre Gurri ou Gourri, et qui prirent peut-être leur nom de la terre de Gourri, à l'ouest du Machera, étaient d'origine syrienne. Établis en Chypre, ils s'élevèrent à la liberté et à la fortune sous le protectorat génois. (Strambaldi, *Chron.* fol. 189.) Les gens de cette condition, tant qu'ils se trouvaient encore protégés génois, étaient ceux qu'on appelait *Génois blancs*. Jacques de Gourri, vicomte de Nicosie, assuré de l'appui de la reine Hélène Paléologue, se prononça en toutes occasions contre les projets ambitieux du prince Jacques le Bâtard, que le roi Jean II, son père, avait pourvu de l'archevêché de Nicosie. (Florio Bustron, *Chron.* ms. de Londres, fol. 176, 177.) Jacques, assisté de quelques partisans, força son hôtel, et le fit massacrer sous ses yeux dans la nuit du 1er mai 1457. Georges Bustron, *Chron.* fol. 8 et 9; Florio Bustron, fol. 177; Lusignan, *Hist. de Cypre*, fol. 159.

[1] Agnès de Lusignan, sœur du roi Janus et tante de la jeune fiancée. Elle accompagna sa nièce à la cour de Savoie, où elle paraît s'être fixée. En 1451, les chanoinesses du chapitre de Wunstorpen, en Westphalie, l'élurent pour leur abbesse (mazzo 1°, pièce n° 9, orig.); il est douteux néanmoins qu'Agnès ait, même alors, quitté les états de Piémont. Elle mourut en 1459 à Venasca, près de Saluces, et fut inhumée à Pignerole. Voy. Cibrario, *Mémoires de l'académie de Turin*, 2° série, t. I, p. 389.

[2] La princesse Anne de Lusignan, promise au comte de Genève, que les ambassadeurs de Savoie venaient chercher. S'il faut en croire quelques auteurs, c'était une des plus belles personnes de son temps.

Esquelx ouvrismes la matiere pour quoy estiens venus, en disant qu'elle estoit toute fermée et concluse par ledit monseigneur le cardinal, ainsi qu'il appert par instrumens, et qu'il n'y a riens à regarder, fors tant seulement se la personne de la dame estoit preste, et que le roy ratiffiast ce que ses procureurs avoyent promis. Lesqueulx furent moult hesbay, et dirent que le roy ne savoit point que monseigneur le cardinal ne ses procureurs eussent riens fait avecques vous, et qu'il n'avoit riens par escript, etc., excepté que bien avoit-il ouy dire que vous estiés content d'avoir seulement au premier payement dix mille ducas, et que vous deviés envoyer vos ambaxeurs envers ly par tout le moys d'aoust dernier passé; et come nous n'estions venus au terme, il ne s'atendoit plus en nous.

Auqueulx respondismes que ce n'estoyent point paroles pour estre tantoust despechié, en leur demoustrant qu'il ne falloit plus parler par audire [1] d'icy, car nous avions le double de tout ce qu'avoit esté fait, et que s'ilz le vouloyent veoir, qu'il estoit tout prest. Lesqueulx incontinent le voulsissent veoir; et quant ilz virent qu'il estoit autrement qu'il n'avoient dist, et que dedens dix jours apres nostre arivement, nous devions estre expedié, ilz furent tous merveillieux, car ils ne cuydoyent point que portassions les copies et originaulx desdits instrumens. Et nous dirent qu'ils iroyent par devers le roy et luy resporteroyent ce qu'ilz avoyent veu par escript, puis nous feroyent response.

Le jeudy ensuivant, apres disner, vindrent lesdits seigneurs en nostre logiz, qui nous dirent qu'ilz avoyent parlé au roy, et que actendu les charges et povreté qu'il a maintenant, il ne porroit nullement payer au premier payement que x^m ducas; et que les autres deux mille qui restoyent, nous les missions avecque l'ung des autres payemens, car il estoyent tous seurs que vous n'en seriez jà mechontent. Quant ès autres choses, le roy estoit prest de les ratiffier et acomplir. Esqueulx respondismes que nous n'avions puissance de fere autre chose que ce qu'estoit par escript concluz et juré. Et ilz dirent comme devant, et ils nous remirent au lendemain.

Le vendredy apres, xxve jour dudit moys, nous alasmes par devers le roy, et de rechief le requerismes qu'il voulsist acomplir ce que par son pere, monsieur le cardinal et ses procureurs avoit esté juré et promis, ou qu'il nous donna licence à ce que seurement nous en puisseons retorner avant l'iver. Lequel nous feist dire par ledit messire Badin qu'il nous feroit

---

[1] Par oui-dire.

fere response par son dit conseil, en nous requerant toujours que voulsissions estre contens desdits x^m ducas.

Le samedy ensuivant, vindrent en nostre logiz les dits seigneurs, qui nous dirent tout precisement qu'il n'estoit possible de payer au premier payement que lesdits x^m ducas. Esqueulx respondismes, apres beaucoup de paroles, que aulmoyns il estoit neccessaire d'y trouver quelque bon moyen; et que avant toutes choses, nous voulyons veoir nostre dite dame ainsi qu'elle se devoit veoir [1]. Les queulx dirent que jusques à ce qu'il fut conclus sur ce premier payement, que nous ne la verrions point. Et par telles paroles, nous on mené en tel estat jusques le dernier jour dudit moys, jà soit ce que tousjours leur missions avent quelque bon moyen, mais ilz ne le vouloient jamais prandre.

Et lors, quant vismes que ne povions riens besognier, nous fusmes quasi tous desesperés et dismes entre nous que mieulx valoit accepter ces x^m ducas que non riens fere, mais que quelque bon mercheant respondist de payer les autres deux milles ducas à aucuns convenable terme. Laquelle chose a esté faicte en la maniere qui s'ensuit. C'est à savoir que Loys Corrayre a promis et juré par bon instrument de payer lesdits x^m ducas tantoust, et s'en va par devers vous pour les baillier à Geneve; et les autres deux milles ducas dedans ung an prochain. Et autrement n'avons peu fere par riens, ou il fust tout demouré. Ce estre fait, le roy ratiffiat tout le contenu de l'instrument que dernierement fut fait [à] Annessy [2]; et avec ce feist les promissions et caucions neccessères; et fut publié ledit instrument et ceulx dudit Loys en la presence du roy, de son conseil et de ceulx qui vouloient venir, le joudy, apres disner, premier jour d'octobre. Puis apres alasmes veoir nostredite dame de Geneve, laquelle ilz nous monstrerent ainsi qu'elle se devoit monstrer, tant que nous fusmes content.

La dymenche apres, iiiie dudit moys d'octobre, disnasmes à l'oustel du roy; et apres l'esbatement, à heure de vespres, monsieur de Raconix [3] espousa nostredite dame. Et fut fait le sacrement de l'espousalice par monsieur l'evesque de Thurin [4]. Et ce estre fait, par la licence du roy, nous en alasmes en nostre logiz.

---

[1] Il est inutile de signaler autrement au lecteur l'ancien usage anténuptial auquel il est fait allusion dans ce passage et dans le paragraphe suivant par les ambassadeurs.

[2] Je n'ai pas trouvé cette dernière pièce.

[3] Louis, bâtard d'Achaïe, sire de Raconis ou Racconigi, près de Saluces, où la maison de Savoie possède un beau château royal. Il a été déjà question de ce seigneur.

[4] Aymon de Romagnano, fils du comte de

Le lundy ensuyvant, apres disner, alasmes à l'ostel dou roy, qui nous fist tres bonne chiere. Et vindrent nos dites dames Agnez et de Geneve, qui s'esbatirent jusques à l'eure de vespres, que le roy se voulsist retrayre. Et avant ce qu'il se retrahist, luy suppliasmes que pour le bien de sa suer, l'amour aussi qu'il a à vous et monsieur de Geneve, il nous en voulsist envoyer le plus brief que fere se porroit, actendu que nous avions beaucop demeuré, et que l'iver s'approchoit fort.

Lequel lors nous dist que nous esbatissions jusques le jeudy ensuyvant, et que ledit jeudy il estoit content que partissions, car sen nulle faulte il partiroit le vendredy apres de matin et ameneroit nostredite dame au disner à Cherines, et car autrement ne se povait bonnement faire. Par maniere que ne partismes de Nycossie jusques ledit jeudy, viiie dudit moys, bien matin, experant que ledit roy viendroyt ledit vendredy. Toutesvoyes ne mena-il nostre dite dame à Cherines jusques la dymenche ensuyvant au disner.

Ladite dimenche, estre diné le roy, alasmes par devers luy en disant qu'il n'estoit pas venus au jour qu'il nous avoit donné; et de rechief le requerismes que, veu la proximité du temps de l'iver, qu'est prohibé à toute personne de naviguer, il voulsist fere despechier nostredite dame, à ce que saulvement la peussions menner et conduyre. Et lequel nous disoit tousjours qu'elle partiroit demain; et demain en demain nous a fait attendre à Cherines jusques le jeudy ensuyvant xve dudit moys que partist nostredite dame et nous de matin. Et vint nostredite dame en vostre gallée au nombre de gens que dessoubs vous dirons, car le roy n'a baillié que une gallée soutil que n'é pas por mener dames.

Le dit joudy, au disner, par la deliberacion du roy, descendit nostredite dame et nous pres d'ung casal de messire Badin jad[1]. Et le roy vint par terre, et se disnerent ensemble audit casal; puis là, vers nonne, revint en gallée; et lors, à la rive de la mer, prist congié le roy de nostredite dame.

Quant nous vismes qu'il n'avoit point dyminué les femmes de nostredite dame, ainsi que à Cherines luy avions supplié, nous le requerismes de rechief qu'il ne luy voulsisset baillier que sept ou viii femmes des plus expers,

---

Romagnano, évêque de Turin, de 1411 à 1438. Ughelli ne parle pas de son voyage en Orient. Voy. *Italia sacra*, t. IV, col. 1056.

[1] *Messire Badin jad.* Il s'agit ici très-probablement de messire Badin de Norès, maréchal de Jérusalem, qui s'était occupé des négociations du mariage en Europe, et qui était alors de retour en Chypre. (Voy. p. 13, n. 6.) On ne voit pas ce que signifie le mot *jad. jadis?* à la suite du mot Badin; peut-être ce casal ou village avait il autrefois appartenu au maréchal de Jérusalem.

car les autres ne luy donneroyent que challeur et empechement. Toutesvoyes, il n'en feist ne mais ne mains. Pourque, nostre tres redoubté seigneur, nous vous nommerons ceulx et celles de sa compaignie, affin que vous y advisés et qu'il vous souviengne de vostre premiere opinion; car en bonne foy il ne vient femme, qui sont bien XXVI, que ne cuyde demourer en Savoye avecques nostre dite dame [1].

Ceulx et celles de sa compagnie estans en vostre gallée sont messire Phelippe Grenier, bottellier de Chippres [2], frere Jehan du Solier, Françoys de Genalis, docteur Symon Babin chivallier, Jehan de Montly [3] maistre d'oustel de nostre dite dame, sept ou huit escuyers et beaucop d'autres serviteurs.

Les femmes sont : la dame d'Aye [4] que tousjours a gouverné nostredite dame et est d'aige de LXX ans, et Ulna [5], la dame de Frugieres, la femme dudit messire Symond Babin, la nourrisse de nostredite dame qui meyne deux petis enfans qui donnent moult d'empechement; tant qu'ilz sont, que hommes que femmes, environt soixante, qui font leur despence, et nous faisons la nostre. Et pour dire qu'aions fait, ilz n'on voulu fere autrement.

Ceulx de la gallée du roy sont ou estoyent : l'evesque de Famegouste, qu'est demouré malade à Moudon, messire Jehan Baugier chivallier, capitayne de la dite gallée, el aucuns autres gentilzhommes et serviteurs, en peu de nombre.

Le lundy, XIX° dudit moys d'octobre, a l'oure de vespres, arrivasmes en Roddes, et fust logié nostre dite dame et ses gens à l'oustel du grant maistre, et nous en l'ostel de Sainte Catherine. Et y avons demouré par la force du vent contraire jusques la dymenche apres, XXV dudit moys, que partismes apres disner.

---

[1] Les chroniqueurs de Savoie, échos probablement des plaintes de la cour, s'élèvent contre cette suite nombreuse de Chypriotes qu'emmena la princesse, et blâment les dépenses dans lesquelles son amour pour Anne de Lusignan entraîna le duc Louis. Ils vont même jusqu'à prétendre, contre toute vraisemblance, que le prince, à l'instigation de sa femme, fit passer en Chypre des sommes considérables : « Hujus Ludovici tempore po-« tentiores minores devorabant...... Omnes « thesauros quos pater ei dimiserat in maxima « copia consumpsit, et quicquid habere potuit « illud ad regnum Cipri suasione uxoris man-« davit et patriam suam depaupcravit. Sem-« per egenus fuit. Ciprianos amore uxoris « magis quam proprios filios diligebat, omnes « quos bonissimus pater dilexerat et caros « habuerat exosos habuit. » Voy. la Chronique latine de Savoie. *Monumenta Patriæ. Scriptores*, t. I, p. 616. Turin. in-fol.

[2] Le nom de Morpho, seigneurie au nord de l'île de Chypre, à laquelle était attaché le titre de comte de Roha ou d'Édesse, passa vers cette époque dans la famille des Grinier.

[3] Probablement *Montoly*, pour Montolif.

[4] Peut-être la dame d'Haïa, aujourd'hui village turc dans la Messorée, à gauche de la route de Famagouste à Nicosie.

[5] *Ulna*. Ce nom nous paraît très-incertain.

Le samedy, septieme de novembre, arrivasmes à Criffo[1], et en partismes lendemain bien matin; et quant nous fusmes au golfe de Venise, il vient une fortune de vent qui nous bucta en l'isle de la Luasine[2], où avons demouré jusques aujourduyt, xvie dudit moys, que sommes partis biens matin, tant que, par la grace de Dieu, nous sommes cy arrivés environ my-jour. BOLOMIER[3].

[1435.]

Libelle renfermant les plaintes adressées par le cardinal de Chypre Hugues de Lusignan à la république de Gènes, contre le capitaine de Famagouste et les autres officiers de la république, en Chypre.

Turin. Arch. de la Cour. *Trattati diversi*, mazzo 5°. Pièce n° 51. Copie du temps.

Isti sunt articuli de quibus reverendissimus cardinalis Ciprii conqueritur de capitaneo et officialibus qui sunt pro inclita communitate Janue in Famagosta et regno Ciprii, contra pacta dudum inter regiam majestatem et ipsam communitatem inita.

1. Primo, quidam Opezinus de Gentilibus, civis Januensis, non attendens dicta pacta, nec Deum pre occulis habens, accessit Barrutum, et falso informavit ibidem officiales soldani et Sarrazenos, accusando et seu denunciando majestatem predictam et modernam causam esse principalem quod Catelani faciebant guerram in Suria cum navigiis suis, quia dictus rex in hoc favorem prestabat eis, consilium portando, victualia et allia eisdem Catelanis necessaria administrando[4]. Quo audito, dicti Sarazeni et officiales, ex dicta sinistra informatione, inceperunt guerram et eam disposuerunt prestam ad destructionem dicte majestatis et regni sui, et subito advisarunt dictum soldanum de predictis. Qui illico unam armatam gallearum cum multitudine gentium magna mandavit fieri ad destructionem dictorum

---

[1] L'île de Corfou.

[2] Nom douteux. Peut-être Lossini ou Lesina, sur la côte de Dalmatie; mais une demi-journée n'aurait pu suffire pour se rendre à Venise de la plus septentrionale de ces îles.

[3] L'un des secrétaires du duc de Savoie. On ne sait si c'est le même que Guillaume de Bolomier, devenu ensuite chancelier, et noyé par arrêt de justice dans le lac de Genève en 1446. (*Hist. de Sav.* t. I, p. 508.) Leur famille était de la noblesse du Bugey. Voyez Guichenon, *Histoire de Bresse et de Bugey*, t. I, p. 293; t. II, 3° part. p. 45.

[4] Les chroniques de l'île sont muettes sur les faits auxquels il est fait allusion dans ce document, et on ne trouve rien qui les éclaire dans les instructions du gouverneur de Gènes, adressées, le 3 février 1431, au capitaine de Famagouste, chargé de négocier un traité avec l'Égypte au nom de la république. Voy. *Notices et extr. des mss.* Rapport de M. de Sacy sur les archives de Gènes, t. XI, p. 71.

mayestatis et regni, precipiendo eidem armate ut cassalia dicti regni comburrerent et pejora que possent perpetrarent. Que guerra exequtioni demandata fuisset nisi, Deo permitente, pro alliis negotiis, quidam miles, nomine Domitius de Palude [1], feudatarius dicte majestatis, illo tempore, a dicto rege missus fuisset Barrutum ambassiator ad dictos offitiales et Sarracenos. Qui informatus de predicta iniqua delatione et informatione facta per dictum Opezinum, evidentissimis rationibus et cum omni humilitate eisdem de contrario aperte monstravit; ex quo ipsi et etiam dictus soldanus a dicta armata et contra dictam majestatem et regnum destiterunt [2]. Qui tamen Sarazeni ad custodiam partium suarum quinque galleas armaverunt, que non sine timore et dampno alliquo dictorum majestatis et regni fuerunt. Et cum postmodum dictus Opezinus reversus fuisset ad dictum regnum, dictam majestatem fecit peti a consule et alliis offitialibus Janue

[1] *Domitius* paraît avoir été le vrai prénom de La Palu, que l'on trouve nommé quelquefois Dominique. Il avait été, en 1425, ambassadeur à Venise. Voy. notre t. Ier, p. 516.

[2] Déjà, en 1434, des galères égyptiennes s'étaient montrées sur les côtes de Chypre, avaient débarqué à Kolossi, près Limassol, et pillé les établissements que la famille catalane des Ferrer possédait dans ce village. (Sanudo, *Vite de' duchi di Venez.* ap. Murat. *Script. Ital.* t. XXII, col. 1037.) L'agression dont parle le cardinal de Chypre dut être différée, bien que les dangers paraissent être devenus ensuite plus sérieux pour l'île. Le gouvernement de la république de Gênes, ne partageant pas l'animosité que le voisinage entretenait entre les Chypriotes et les Génois de Famagouste, et plus en état, par cela même, de sentir les conséquences funestes qu'une nouvelle invasion des Sarrazins pouvait amener sur l'île entière, chercha à appeler en Chypre les secours des puissances chrétiennes. Le 25 août 1437, le doge Janus de Campo Frégoso, acquiesçant à la demande des ambassadeurs du roi Jean venus en Europe, insiste auprès du roi de France sur la nécessité de réunir des forces considérables pour sauver l'île de Chypre de l'attaque dont elle est menacée de la part du sultan d'Égypte, et offre à la ligue qu'il désire voir se former à cet effet toutes les galères nécessaires et toutes les ressources de ses ports de mer de Syrie et d'Orient. (D'Achery, *Spicil.* t. III, col. 763. Reinhard, *Hist. de Chypre*, t. I, doc. p. 101.) Les événements ne justifièrent pas heureusement ces craintes. L'expédition préparée par Abou-Saïd-Djacmac se dirigea, en 1440, vers l'île de Rhodes, où elle fut vigoureusement repoussée. Les inquiétudes revinrent cependant bientôt. Dès le commencement de l'année 1443, le pape Eugène IV exposait aux fidèles, par une encyclique, les périls qui environnaient la petite chrétienté d'Orient, resserrée dans les îles de Chypre et de Rhodes. A la suite de l'ambassade du chevalier Étienne Pignoli, envoyé à Rome par le roi Jean, il signalait surtout l'armement d'une flotte considérable, qui semblait devoir subjuguer l'île de Chypre. (Rinaldi, *Annal. eccles.* 1442, § 13-19, t. XXVIII, p. 412.) Mais les chevaliers de l'Hôpital eurent encore à soutenir seuls la nouvelle agression des Musulmans. Si le royaume de Chypre était alors à l'abri des attaques de l'Égypte, grâce à son état de sujétion comme pays tributaire des sultans, il avait néanmoins à se préserver d'hostilités incessantes de la part des princes turcs et karamans de l'Asie mineure. Voy. ci-après les documents de 1448, 1450, 1453, 1460, et p. 114, n.

justitiam sibi ministrari de dicto Opezino; qui offitiales nedum justitiam de eodem voluerunt ipsi majestati ministrare, quin ymo, quod deterius est, capitaneus Famaguste dictum Opezinum ordinavit in consulem Januensem in civitate Nimosiensi, contra voluntatem dicte mayestatis, nec voluit dictus capitaneus audire ambassiatorem dicti regis qui super hoc missus fuit Famagustam, nec justitiam etiam facere de dicto Opezino. Qui rex, de justitia sibi denegata, protestationem fieri fecit in forma contra dictos capitaneum et offitiales.

2. Item, quod offitiales existentes in Famagusta, in dampnum et dispectum dicte mayestatis, consillium favent ut rustici seu servi regni dicte mayestatis a dominis suis fugam arripiant; et eosdem recipiunt, contra pacta et conventiones diu initas. Et quando rex mandat ut restituantur juxta pacta, extraneas responsiones fatiunt, dicentes noviter communitatem Janue constituisse unum decretum quod si dicti rustici seu servi fugiunt Famagustam vel ejus territorium, et non fuerunt restituti per capitaneum tunc existentem, quod successor non sit obligatus amplius ad restitutionem illorum. De quo decreto satis dicta majestas admiratur, cum sit contra conventiones in quibus habetur quod non solum capitaneus, primus successor, sed secundus et tertius etiam usque ad mille teneatur ad restitutionem dictorum servorum. Ymo dictis conventionibus continetur quod officiales Famaguste non debeant recipere nec a portu discedere aliquos qui fuerint ad stipendium dicti regis sine licentia vel buleta ipsius regis[1]; et hiis non obstantibus, hiis diebus ellapsis, non solum receperunt unum secretarium dicti regis qui sine licentia et buleta a dicto rege recessit, sed ipsum secretarium, in injuria dicti regis, offitialem suum fecerunt in Famagusta, dando ei sallarium; et, quod deterius est, ipsum ordinaverunt in judicem ejusdem questionis quam movebat quondam, bone memorie, rex Janus contra quondam Paulum de Salvagiis Januensem, in qua questione dictus quondam, bone memorie[2], rex Janus remansit de accordo cum dicto quondam Paulo quod certa bona ipsius regis remanserint depositata apud Teramum de Ymberiacis, donec Janue super dicta questione quid juris sen-

---

[1] Le traité de 1383, maintenu par tous les traités postérieurs, et par ceux de 1428, comme base des relations des Génois avec les Chypriotes depuis l'occupation de Famagouste, renfermait expressément cette déclaration : « Quod capitaneus et officiales te- « neantur non permittere aliquem subditum « vel districtualem serenissimi domini regis « exire de terra et portu Famagustæ nec de ali- « quo loco vel parte territorii dicte civitatis per « mare, sine licentia et buleta in scriptis con- « cessa per dominum regem, vel ejus officia- « les. » (Sperone, *Grandezza di Gen.* p. 135.)

[2] Il y a par erreur au Ms. *bone boemie*.

tentiatum foret. Qua sententia non expectata, fecerunt sententiari per dictum secretarium fugitivum in dicta questione contra prefatam majestatem et contra supradictam compositionem seu conventionem.

3. Item, quod dicti offitiales Famaguste, contra omne debitum juris, non vocata neque requisita dicta majestate, posuerunt in possessionem cujusdam casalis pertinentis ad dictam majestatem Paganum de Maximis, Januensem, in districtu Famaguste; quod dicunt fecisse de mandato inclite communitatis Janue, vigore cujusdam declarationis seu consilii dati dicto Pagano per dominum Damianum de Pallavicinis; ex quo dicta majestas de talli mandato mirata fuit et gravata, cum pluribus vicibus ollim bona memoria patris sui super dicto casali suo sententias per se obtinuit.

4. Item, Sandalus Gentilis, consul in Nicosia modernus, molestavit et inquietavit dictam majestatem, asserens eandem debere dare et solvere adhuc certam quantitatem pro Mahona[1] veteri, cum non videatur verum per rationes factas in tantum quod opportuit dictam majestatem, ut evitaret inconvenientia que possent sequi, consignare eidem consuli certos reditus percipiendos per ipsum consulem, facta protestatione per dictam majestatem, quod si, per offitium sancti Georgii, cognosceretur dictam majestatem non esse obligatam pro dicta Mahona[2] veteri, quod dicte pecunie dictorum redituum recepte et recipiende per dictum consulem poni debeant in defalcationem Mahone nove, nomine dicte majestatis.

5. Item, quod serenissimus quondam, bone memorie, rex Janus, pro[3] regni moderni et necessitatibus suis et pro satisfatiendo soldano, multas pecunias cepit ad uxuras; et inter allios incepit a Branchaleone de Barchatis de Janua octo milia et quingentos ducatos, cum hoc ut dicta majestas deberet solvere eidem decem milia de introytibus zuchari anni M CCCC XXXIII et M CCCC XXXIIII. Et cum majestas moderna de anno trigesimo tertio et tempore consueto, ut solitum est servari, fecit proclamari emptiones zuchari, sic intimari fecit factoribus dicti Branchaleonis si volebant ponere pretium zucharo pro dicto pagamento fiendo; qui adeo ita tenue et ville posuerunt, quod ad grave dampnum dicte majestatis tendebat; et etiam ipsi factores compositionem fecerunt cum aliis mercatoribus Januensibus ne majus pretium zuccharo ponerent. Quam malitiam eorum dicta majestas videns esse contra consuetudinem et in grave dampnum ipsius, zuccharum vendi mandavit alliis personis ad terminum decem octo mensium; tamen consignavit

---

[1] Au Ms. *Mavotia*.
[2] Au Ms. *Mavona*.
[3] *Primo* au Ms. où semblent manquer quelques mots.

dictis factoribus sibi de ipsis pecuniis integraliter solvi per dictos emptores; qui non fuerunt contenti de hoc, ymo protestati fuerunt de penna dupli contra eandem majestatem. Cui protestationi ipsa majestas debito modo respondit.

6. Et nunc autem videtur inclitam communitatem Janue de novo scripsisse offitialibus Famaguste quatinus non permittant transire aliquam mercantiam vel rem sue majestatis que unquam fuisset obligata allicui Januensi, quod certe injustum et indebitum et contra conventiones factas manifeste esse videtur. Et isto modo, majestas predicta, cui compatiendum foret, majores tribulationes habet cum offitialibus Januensibus et ipsis Januensibus existentibus in insulla Ciprii, majoraque scandala consequitur quam habeat cum infidelibus. Et contra omnes predicta eadem majestas protestari fecit publicationes et autenticha documenta in forma.

M CCCC XXXV° die XV^a Februarii.

Facte fuerunt hodie responsiones ipsis articulis per litteras hodie scriptas capitaneo Famaguste, et date fuerunt littere ipsi domino Lodisio ex Marchionibus Romagnani, legato domini cardinalis Cipri [1].

1444-1448. A Rhodes.

Pièces diverses relatives à la grande commanderie des Hospitaliers, en Chypre.

Malte. Arch. de l'ordre. *Libr. Bullarum.*

1444, 22 octobre.

Jacques de Milly ayant résigné l'administration de la grande commanderie de Chypre, par suite de sa nomination au prieuré d'Auvergne, le grand maître Jean de Lastic, charge frère Philippe d'Hortalls, *de Ortallis*, précepteur de Catalogne, de régir ladite commanderie de Chypre, qui restera unie au trésor commun de l'ordre de l'Hôpital comme par le passé [2]. *Lib. Bull.* XLI. ann. 1444, fol. 226 v°.

1445, 9 février.

Vente par le trésorier de l'ordre à Jean de Martini, Vénitien, de la récolte des poudres de sucre du casal de Kolossi en Chypre, à raison de 28 ducats de Rhodes et 16 aspres par quintal de poudres blanches et sans les pointes, « nete e « disavorate [3], » à la mesure de Rhodes. Ladite vente est faite à Jean de Martini pour quatre années, de l'an 1445 à l'an 1448, savoir : « Per lo presente anno mille CCCC qua- « ranta cinque e per altri tre anni proximi avenire. » *Lib. Bull.* XLI. 1444, fol. 228 v°.

---

[1] Je n'ai pas retrouvé ces lettres.   [2] Voy. ci-dessus, p. 15.   [3] Voy. ci-après, p. 88, n. 2.

1446, 7 août.

Lettre du grand maître à frère Philippe d'Hortalls, « comandador de la nostra « grande comanderia de Cipro. » Après avoir examiné en conseil les demandes de frère Arnaud de Coufita et de noble homme Jacquot de Toysi, patron de deux galères de monseigneur le duc de Bourgogne, le grand maître de l'ordre, Jean de Lastic, engage le commandeur de Chypre à payer la somme qu'il paraît devoir aux réclamants. *Lib. Bull.* XLIV. ann. 1446-1447, fol. 221 v°.

1448.

Instructions du grand maître de Rhodes à Jean de Marsenach, commandeur de Villefranche en Auvergne, se rendant en Chypre pour les affaires particulières de l'ordre. Marsenach devra faire mettre en caisse les sucres blancs et les poudres de sucre, « zuchari bianchi e polvere [1], » nouvellement récoltés sur les terres de la grande commanderie. Il devra veiller à la conservation ou, suivant qu'il lui paraîtra plus avantageux, à la vente des récoltes du coton et du vin. Le quintal de coton valait alors en Chypre 18 ducats de Venise, et le quintal de poudre de sucre, 25 ducats. *Lib. Bull.* XLVI. ann. 1447-1449, fol. 364.

1448, 2 août.

Le grand-maître Jean de Lastic, répondant à Pierre de Marcho, capitaine de Famagouste, promet de faire payer à Thomas Bibi, Génois, les assignations ou pensions qu'il avait sur la commanderie de l'ordre en Chypre. *Lib. Bull.* XLV, coté ann. 1447, fol. 222 v°.

1457, 24 avril.

Le grand maître Jacques de Milly accorde des lettres de sauf-conduit pour partir et retourner à Rhodes, en payant les droits accoutumés, à Obert Scarzafigo, Génois, patron d'un navire prêt à quitter Rhodes, à Napoléon Lomellini, capitaine de Famagouste, et aux hommes du navire tant maures que chrétiens. *Lib. Bull.* LIII. ann. 1457-1458, fol. 190.

1445, 11 mars. A Gênes.

Notification et confirmation par la république de Gênes du traité intervenu, en 1441, entre le roi de Chypre et l'office de Saint-Georges.

Gênes. Arch. de la banque de Saint-Georges. Reg. X, fol. 104 à 108.

Sur la requête du procureur de l'office de Saint-Georges, le vicaire du podesta de Gênes notifie la ratification faite par le roi de Chypre, en 1442, du traité arrêté à Gênes, le samedi 8 avril 1441, entre le cardinal Hugues de Lusignan, son oncle,

---

[1] Voyez le tome Ier de nos documents, p. 95, n. et ci-après, p. 88-90.

agissant pour le roi, et les représentants de l'office de Saint-Georges, et confirme ledit traité au nom de la république de Gênes.

Le traité du 8 avril 1441, inséré dans la notification précédente, ayant été publié en entier par Sperone [1], je me contenterai d'en donner ici une analyse sommaire.

1. Les négociateurs rappellent d'abord les traités et règlements intervenus antérieurement en 1383 [2], 1387 [3], 1391 [4], 1403 [5], 1420 [6], 1425 [7] et 1428 [8], entre les rois de Chypre, la Mahone, l'office de Saint-Georges et la république de Gênes. Ils constatent que le roi de Chypre, Jean, neveu du cardinal Hugues, n'a point payé aux échéances de 1435, 1436 et 1437, fixées par le second traité de 1428, les 34,500 ducats, dernier reste de la somme de 150,000 ducats, consentie dans le traité de 1425 comme totalité des dettes du roi Janus son père vis-à-vis de l'office de Saint-Georges; ils reconnaissent en conséquence que le roi, conformément aux clauses dudit accord de 1428, pourrait être tenu de payer toute la dette antérieure de 150,000 ducats et de plus une amende de 50,000 ducats. Toutefois, prenant en considération ce qu'a dit le cardinal de Chypre de l'épidémie et des autres circonstances qui ont empêché le roi son neveu d'effectuer encore les payements convenus avec le roi son père : « Propter epidimiam quæ fuit maxima in dicto regno et varios « casus qui sibi occurrerrunt [9], » les protecteurs de l'office de Saint-Georges, dans l'intérêt de l'ancienne Mahone de Chypre et de la nouvelle Mahone formée au sein de l'office, arrêtent avec le cardinal Hugues les conventions suivantes :

2. Afin d'éteindre toutes ses obligations et les dettes antérieures dont l'office de Saint-Georges lui donne quittance par le présent acte, le roi de Chypre s'engage à payer à l'office, à perpétuité, aux calendes de mars, une somme annuelle de 6,750 ducats de Venise. L'acquittement de cette somme est garanti sur les revenus de l'octroi de Nicosie et de tous les autres lieux du royaume, revenus que l'office pourra faire percevoir par ses préposés, s'il le juge convenable, conformément au traité de 1391, auquel les parties déclarent se référer de nouveau et expressément en tout ce qui n'est point abrogé par les traités postérieurs.

3. Il est néanmoins entendu que l'engagement de verser annuellement les 6,750 ducats ne libère point le roi de l'obligation de pourvoir au salaire du capitaine de Famagouste et de donner en outre chaque année 3,000 vieux besants de Chypre aux employés (massarii) des protecteurs de l'office dans l'île.

4. Les protecteurs de Saint-Georges se plaignent de ce que plusieurs des payements antérieurs n'ont pas été effectués par les rois de Chypre en besants de bonne qua-

---

[1] *Real grandezza di Genova*, p. 150-166.
[2] Publié par Sperone, *Real grand.* p. 116.
[3] J'ai publié cet acte en entier dans le tome Ier des documents, p. 412.
[4] J'ai donné une analyse étendue de ce traité dans le tome Ier des documents, p. 421.

[5] Tome Ier des documents, p. 466.
[6] *Ibid.* p. 496.
[7] *Ibid.* p. 512.
[8] *Ibid.* p. 521 et 522.
[9] Sperone, *Real grandezza di Genova*, p. 158.

lité, bien que ces besants aient été reçus à raison de quatre pour un florin, comme s'ils eussent été de bon aloi, ce qui est très-préjudiciable aux intérêts des compéristes ou associés de la Mahone, parmi lesquels se trouvent de pauvres gens et des établissements religieux [1]; aussi il est convenu pour l'avenir que si le roi de Chypre ou ses successeurs ne s'acquittent pas exactement chaque année, au terme indiqué et en bonne monnaie, du payement des 6,750 ducats, ils seront tenus de payer aux protecteurs de Saint-Georges, en sus de cette somme demeurant annuellement et perpétuellement exigible, un double dédit de 22,000 vieux besants qu'ils payaient à l'ancienne Mahone et de 25,000 ducats de Venise qu'ils payaient pour la nouvelle.

5. Le cardinal de Chypre promet de demander au roi Jean son neveu, avant les calendes de mars 1442, la ratification du présent accord, ratification qui sera faite par un instrument public dressé en présence des seigneurs formant la haute cour du royaume, suivant les us et coutumes de Chypre.

6. Les protecteurs de Saint-Georges s'engagent en retour à obtenir du doge et du conseil des anciens de Gênes l'entière remise des amendes que le roi a régulièrement encourues pour l'inexécution des anciennes conventions et en outre la confirmation du traité de ce jour, après que le roi Jean l'aura lui-même sanctionné.

7. Le tout, sous peine de 100,000 ducats d'or de dédit à payer par la partie qui manquera à l'un de ces engagements.

1446, 10 octobre. A Rhodes.

Ratification de l'accord conclu devant la haute cour de Nicosie entre le roi de Chypre et Jacques Accaiuoli, envoyé du grand maître de Rhodes, au sujet du remboursement des avances faites par l'ordre pour la rançon du feu roi Janus.

Malte. Arch. de l'ordre. Libr. Ballar. XLIV, fol. 211 v°.

Noverint universi et singuli hoc presens publicum instrumentum visuri, audituri et lecturi, quod anno ab Incarnatione Domini millesimo quadringentesimo quadragesimo sexto, indicione nona, die vero decima mensis Octobris, existens in presencia mei notarii publici et testium infrascriptorum, ad hoc specialiter vocatorum et rogatorum, venerabilis religiosus dominus frater Jacobus de Azarolis, locumtenens reverendissimi domini admirati sacri conventus Rhodi ac orator sacratissime religionis sancti Johannis Jherosolimitani, missus ad serenissimum principem dominum regem Cipri,

---

[1] « Maxime attento quod solutiones hactenus factæ de bisantiis non fuerunt factæ de bisantiis qualitatis et bonitatis quibus debuerant solvi; quæ solutiones nichilominus fuerunt computatæ ad rationem de bisantiis quatuor pro uno floreno; quæ re- missio tendit ad magnum incommodum dictarum comperarum et participum earum, inter quos sunt monasteria, personæ ecclesiasticæ, orphani, pupili et aliæ personæ miserabiles. » *Real grandezza di Genova*, p. 161. Voy. notre t. Ier des doc. p. 368.

presentavit, legit atque intimavit reverendissimo in Christo patri et domino domino fratri Johanni de Lastico, sacre domus Hospitalis sancti Johannis Jherosolimitani magistro dignissimo ac ejus venerando consilio, quedam pacta et convenciones facta et factas in Cipro cum prefata magestate ipsius serenissimi regis pro nonnullis quantitatibus pecuniarum alias per sacram religionem acomodatis, bone memorie, quondam serenissimi principis domini Jani, regis Cipri, genitoris moderni illustrissimi domini Johannis, Jherusalem, Cipri et Armenie regis, pro redempcione dicti domini regis tum e manibus soldani Babilonie. Que pacta et convenciones in papiro notata et notate erant, subscripta et confirmata manu propria ipsius serenissimi regis, ut ipse dominus frater Jacobus asseruit. Quorum pactorum et convencionum, vulgari gallico ciprico tenor de verbo ad verbum, nichil addito vel mutato, sequitur et est talis. Jhesus. Copie.

« Le venredi, le xxvie jour de August m cccc xlvi. Con ce soit chose que
« pour la raenson et delivrance de la felice memoire du tres hault et tres excel-
« lent roy Janus, que Dieus ait l'arme, monsieur le grant maistre de la mayson
« de l'Ospital de saint Jehan de Jherusalem et son convent ont donné et presté
« à sa seignorie ducas d'or quinze mille, selon que largement contient en les
« actes de la halte court en l'an m cccc xxvi, le viiie jour de fevrieier, sur cer-
« taines pactes et convencions largement contenus en les dicts actes; desquelx
« xv^m ducats furent payés une partie, et pour le restant la magesté du roy en
« la presence de partie de ses homes les dessoubz nommés, comme courch [1],
« pour sa seignorie et pour ses hoirs, et le noble et venerable religieux frere
« Jacomo de Achàliollys, lieutenant de l'amiral de Rhodes, embesseur et pro-
« cureur d'icelluy monseigneur le grant maistre, selon la procure que il pre-
« senta séellée du seau de plom à le usage du convent de Rhodes, sont ensem-
« blement accordés que le roy nostre seigneur soit tenu de paier le restant de
« ladite debte audit monseigneur le maistre et à son convent c'est assavoir : en
« l'année venant m cccc xlvii, sucre blanc d'une cuite du casal de Enbes et
« Lembes [2] de la rente de cest an present, qui se doit encasser en ladite anné

---

[1] *Comme courch*, c'est-à-dire formant la haute cour. Nous avons eu l'occasion de remarquer déjà que la présence de trois, et même de deux chevaliers, légalement convoqués devant le roi ou son lieutenant, suffisait pour constituer la cour et valider ses actes. (*Assises de Jérusalem*, t. Ier, p. 252, 584, n° 60.)

[2] Aujourd'hui Emva et Lemva, villages du district de Paphos, près de la mer. La culture du sucre se faisait en grand sur toute cette côte de l'île, depuis Paphos jusqu'à Limassol, et l'on voit encore auprès de quelques-unes de ses rivières l'emplacement des moulins qui servaient à la trituration des cannes.

« venant par tout sebtembre quintars quarante; lequel se doit vendre et balier
« la monnoye à icelluy monseigneur le grant maistre et ayans de luy cause. Et
« pour le restant jusques à compliment de la debte predicte, le roy nostre sei-
« gneur pour sa seignorie et pour ses homes, et en la presence de ladite court,
« donna en appault à icelluy monseigneur le grant maistre et de luy ayans
« cause le casal de Tarse[1], qui est en la contrée de Baffe, comancant de l'entrant
« du moys de mars M CCCC XLVIII, à tous ses drois, raysons, usages et apparte-
« nances, en terres labourées et non labourées, en vilans et vilanes et luers en-
« fans mermiaus, et en toutes les aultres choses que audit lieu apartienent ou
« appartenir doivent, si comme le roy nostre seigneur le a, tient et use, ou
« avoir, tenir et user pourroit, as convenances et condicions que frere Jehan
« Rames tenoit en appault ledit casal, selon que largement contient en les actes
« de la haulte court le Xe jour d'avril M CCCC XLI, entendant ce que là où il dit
« pour la guerre et mortalité se doit entendre se le cas entrevendra que ledit
« monseigneur le grant maistre et de luy ayans cause ayent povoir de rendre ou
« tenir ledit apault en termes de troys moys, lequel apault doit avoir selon le
« pris qui se fera pour V ans passés, commancans de l'an M CCCC XLIII et deffinans
« par tout fevrier de l'an M CCCC XLVII, metant le vin à besants quatre la some. Et
« faisant ledit pris, tout cela qui se trovera que ledit casal vauldra moyns de
« mille ducas l'an, que le roy nostre seigneur soit tenu de paier le dit moyns
« chascun an de la vente du sucre blanc d'une cuite dudit casal de Embes et
« Lembes. Et payé qui sera du restant de ladite debte, que ledit casal puisse
« retourner à la regale franc et libre sans nulle contradiction. Et pour ce que la
« dicte procure n'est plaine et sufficent pour la dite cause, ledit monseigneur le
« grant maistre et son convent soient tenuz de mander par tout novembre de
« cest an bonne et sufficiente ratification de toutes les subdictes choses. Et le roy
« nostre seigneur pour sa seignorie et pour ses hoirs mist en saizine ledit frere
« Jacomo de Achaliolis, lieutenant de l'amirail, embesseuer et procuruer d'i-
« celluy monseigneur le grant maistre, pour et ou nom dudit monseigneur le
« grant maistre et de son convent de tres ores pour adons[2] par la maniere dessus
« dite. Confermé. Les chevaliers qui furent presens : le conte de Jaffe, le ma-
« rescal d'Armenie, le bailly de la secrete, le visconte. »

[1] Il est encore question du casal de *Tarse* dans un acte du 18 juin 1449, analysé plus loin, p. 60, et dans un mandement royal du 4 mars 1468 (ci-après, Livre de la Secrète, 2e partie). Je ne connais pas de localité de ce nom en Chypre. Bosio n'en indique pas la situation. (*Stor. gerosol.* t. II, p. 236.) Jauna croit qu'il s'agit d'Arsos, gros village à sept lieues au nord de la grande commanderie, dans les montagnes de l'Olympe. Voy. *Hist. de Chypre,* t. II, p. 953.

[2] *De tres ores pour adons*, dorénavant.

Iʳᵉ PARTIE. — DOCUMENTS.

Que quidem pacta et convenciones postquam fuerunt lecta et lecte, ut premittitur, ipse reverendissimus dominus magister et ejus venerandum consilium, acceptantes et laudantes ea et eas, prout superius sunt narrata et descripta ac narrate et descripte, laudaverunt, approbaverunt, ratifficaverunt, et firma, rata ac perpetuo duratura ex eorum certa sciencia ac invicem maturo et deliberato habito consilio esse voluerunt et mandaverunt, supplentes omnes deffettus procurationis injuncte dicto domino fratri Jacobo, suo oratori, si qui in ipsa fuissent; et ipsa pacta et convenciones tenere et observare inviolabiliter promiserunt bona fide, sub ypotheca et obligacione omnium bonorum religionis prefate presentium et futurorum, rogantes me notarium quod, ad perpetuam rei memoriam, conficere debeam unum publicum instrumentum et plura, si opus fuerit, substancia facti in aliquo non mutata. Insuper eciam, ad robur et fidem omnium premissorum, supradictus reverendissimus dominus magister et ejus venerandum consilium hoc presens publicum instrumentum sua communi bulla plumbea, more solito, roboraverunt.

Acta fuerunt hec in collaco castri Rhodi [1], in camera paramenti pallatii

---

[1] *Collacum castri Rhodi*, le colac du château de Rhodes. On lit dans un autre document de l'Hôpital, du 27 octobre 1403 : « Ce « fu fait et accordé au chastel du Colac, à « Rhodes. » (Paoli, *Cod. diplom.* t. II, p. 110.) Il est question, ailleurs, de l'église du château du Collac de Rhodes, où l'ordre réuni prend une délibération : « in ecclesia nostra « sancti Johannis Collaci dicti nostri conven- « tus congregati. » (Doc. du 6 novembre 1460, imprimé, p. 108, sous le règne de la reine Charlotte.) Je ne trouve rien dans les glossaires ni dans les historiens de l'ordre qui donne d'une manière complète l'étymologie et l'explication du mot *Colac*. Peut-être cette expression, qui apparaît dans les monuments de l'ordre de Saint-Jean de Jérusalem pendant sa résidence à Rhodes, est-elle empruntée à quelque langue d'Orient; peut-être se rattache-t-elle au contraire à la fête et au nom de la Décollation de saint Jean-Baptiste, la plus grande solennité de l'ordre, que l'on nommait autrefois *la saint Jean de Colace*. Quoi qu'il en soit de son origine et du temps auquel elle fut pour la première fois employée par les chevaliers de l'Hôpital, la dénomination de *Colac* resta en usage dans l'ordre après son départ de l'île de Rhodes et son établissement à Malte. On trouve, dans Paoli, deux brefs d'Urbain VIII de 1624, relatifs à la construction d'un collac à Malte : « ut quæ de collachio « extruendo decreta sunt, executioni mandari « cures. » Et ailleurs : « Ut collachium juxta « formam constitutionum et deliberationis in « capitulo generali ejusdem Hospitalis factæ « si commode potuerit fieri, sin minus per « divisionem civitatis, ne dicti Hospitalis fra- « tres sæcularibus et mulieribus cohabitent. » (Paoli, *Cod. dipl.* t. II, 288, 289.) Dans ces derniers passages, *collac* a évidemment la signification d'habitation commune, de couvent ou d'auberge. Ce sens satisfait aussi aux textes précédents et à celui de l'accord passé avec le roi de Chypre. Le collac du château de Rhodes, où la convention faite avec le roi de Chypre reçoit sa dernière ratification, est peut-être la partie principale du château de Rhodes qu'habitait le grand maître avec quelques-uns de ses chevaliers.

prelibati reverendissimi domini magistri, ubi solitum est consilium teneri, presentibus nobilibus viris dominis Petro Barocio et Marcho Balbi domini Francisci, mercatoribus Venetis, testibus ad premissa vocatis specialiter et rogatis. Et ego Heliseus de Lamanna, publicus imperiali auctoritate notarius, etc.

1447, 8 juillet. A Gênes.

La république de Gènes cède pour vingt-neuf années la colonie de Famagouste à l'office de Saint-Georges [1].

Gènes. Arch. de la banque de Saint-Georges. Reg. X, fol. 95.

In nomine sancte ac individue Trinitatis, Patris et Filii et Spiritus sancti, beate Marie semper virginis et beatorum Johannis Baptiste et evangeliste, ac beatorum apostolorum Petri et Pauli, ac sanctorum martirum Laurentii et Georgii, patroni et vexilliferi excelsi communis Janue et protectoris comperarum sancti Georgii, ac totius celestis curie triumphantis, amen.

1. Quoniam boni presidis officium principaliter consistit in vigilando circa utilitates et commoda civium et subditorum suorum, et civitates ac loca ad-

---

[1] Au milieu du xvᵉ siècle, époque où nous arrivons, la république de Gènes, affaiblie par les luttes des factions, un moment unies pour se soustraire à l'obéissance du roi de France, voyait décliner rapidement son commerce, et abandonnait une à une les colonies que les ennemis ne lui enlevaient pas. En 1421, elle avait perdu les positions de Salonique et de la Cavalle occupées par les Turcs; peu après la cession de Famagouste, elle fut obligée de remettre encore à l'office de Saint-Georges les établissements de la Corse, de Péra et de la Crimée. Voyez Cuneo, *Del debito publico di Genova*, p. 138, et M. de Sacy, *Notices et extr. des mss.* t. XI, p. 81, qui a donné le contrat de cession de Caffa, en date du 25 novembre 1453.

J'ai parlé précédemment (t. I, p. 369) du bureau de Saint-Georges, office dans lequel on avait centralisé, en 1407, la perception des gabelles de la république de Gènes, affermées jusque là séparément. La compagnie, adjudicataire du fermage général, n'eut pas à se féliciter d'avoir étendu ses affaires à l'administration des possessions maritimes de l'état. Les établissements de la mer Noire, qu'elle ne put défendre contre les Tartares du Kiptchak, lui occasionnèrent de grandes dépenses, et, en 1456, elle se vit contrainte de suspendre pour trois années le payement des dividendes à ses actionnaires. (Cuneo, *Del debito*, p. 119.) Famagouste dépérissait comme ses autres colonies. L'on trouvera successivement les témoignages de sa décadence dans les pièces indiquées plus loin sous les dates du 21 janvier 1449 et 13 septembre 1462. La ruine du commerce de cette ville, autrefois si riche, était moins la faute de l'administration de Saint-Georges que le résultat d'un système de monopole trop exclusif établi dans l'île par les Génois, dès leur prise de possession de Famagouste. La compagnie de Saint-Georges reçut bien quelques secours de l'état, mais il lui fut impossible de relever le commerce de Famagouste; elle ne put même assurer la défense de la place, et, dix-sept années après l'acte de cession qui lui en assurait la possession pour vingt-neuf ans, la ville était enlevée aux Génois par le roi Jacques le Bâtard.

ministrationi et gubernationi ipsius commissas bene regere et disponere ad augmentum reipublice et universitatis locorum et terrarum subditorum et subditarum eidem reipublice, idcirco illustris et excelsus dominus Janus de Campo Fregoso, Dei gratia, Januensium dux, et magnificum consilium dominorum antianorum et spectabile officium Romanie civitatis Janue, animadvertentes quod jam pluribus annis elapsis civitas Famaguste subjecta fuit et hodie subjacet maximis periculis, et que dietim invaluerunt in tantum quod, nisi de remedio oportuno dicte civitati provideatur, verisimiliter dubitari potuisset ne detrimentum maximum pateretur; et novissime missi fuerunt a capitaneo, massariis et universitate Famaguste ad prefatum illustrem dominum ducem et consilium nonnulli notabiles cives, qui exposuerunt pericula et necessitates dicte civitatis, propter inopiam eris publici et multitudinem sumptuum, qui excedunt introitus et redditus dicte civitatis, et etiam modicitatem civium et incollarum; que omnia processisse dicuntur maxime ex malo regimine et administratione officialium preteritis temporibus transmissorum ad gubernationem dicte civitatis; et propterea his et aliis vero causis data est occasio electioni decem prestantium civium qui dicte civitati et imminentibus periculis de oportuno remedio providerent; de quorum electione constat scriptura publica manu mei Mathei de Bargalio [1], cancellarii, hoc anno, die [2]....; qui domini decem, diligentissima cura et studio, volentes providere saluti dicte civitatis, tandem, prehabito magno examine et tractatu, interveniente auctoritate prelibati illustris domini ducis, dixerunt et retulerunt utile esse reipublice Januensium et dicte civitati pervenire ad infrascriptam translationem de dicta civitate, et quasi hoc esse unicum et saluberrimum remedium.

2. Celebratisque superinde plerisque [3] consiliis per spectabiles dominos protectores sancti Georgii, obtentum est acceptandam esse hujusmodi translationem sub modis et formis infrascriptis. Ac etiam celebrato alio consilio plurimorum civium per prefatum illustrem dominum ducem et consilium obtentum fuit dictam translationem nedum utilem, sed necessariam fieri debere, prout de dicto consilio et deliberatione constat in actis publicis cancellarie, scriptis manu mei Mathei de Bargalio, cancellarii, hoc anno, die [4]...

3. Ecce quod prelibatus illustris et excelsus dominus dux, magnificum consilium dominorum Antianorum et spectabilia officia dominorum octo de

---

[1] Écrit quelquefois *Bargalia*.
[2] Lacune au Ms.
[3] Au Ms. *plerique*.
[4] Lacune au Ms.

moneta, dominorum octo Romanie et dominorum decem ut supra deputatorum, et quorum qui interfuerunt nomina sunt hec :

Ex dominis vero antianis, qui affuerunt nomina sunt hec : Brancaleo Marrufus prior, D. Andreas de Benigasio legumdoctor, Leonel Spinola de Luculo, Andreas Marchionus, Julianus Italianus, Nicolaus Guilionus, Basilius Asinellus, Daniel de Flisco, Benedictus de Nigro. Absentibus : Petro de Sarzano, Johanne de Camilla et Laurentio de Bargalio;

Nomina vero officialium de moneta sunt hec : Lodisius de Nairono, Johannes Scalia, Tomas Ususmaris, Bartolomeus Lomellinus, Demetrius Cataneus, Antonius de Ponte, Johannes de Castelliono et Brancaleo de Auria;

Ex officio autem Romanie affuerunt infrascripti, absentibus Boruele de Grimaldis et Lodisio de Casana : Raphael de Marco prior, Hyeronimus Murrus notarius, Petrus Baptista Lomellinus, Martinus de Castelliono, Antonius de Auria quondam Johannis, Conradus Imperialis;

Nomina autem decem ut supra deputatorum qui interfuerunt, sunt ut infra, absente solum Boruele de Grimaldis : D. Baptista Cigalla miles et legumdoctor, D. Andreas Bartolomeus Imperialis, Petrus de Montenigro, Raphael de Viviano, Guiraldus de Goano, Urbanus de Nigro, Paris Justinianus, Martinus de Castelliono et Antonius Lomellinus Mathei;

Agentes nomine et vice communis Janue, ex una parte, et spectabilia officia dominorum protectorum comperarum sancti Georgii anni presentis et anni proxime elapsi, quibus attributa est facultas et ampla potestas et balia ad infrascripta omnia et singula peragenda, vigore deliberationum scriptarum in actis dicti officii per Paulum Mainerium notarium anno presenti, diebus in eis contentis et quorum qui interfuerunt nomina sunt hec :

Nomina autem illorum de officio novo de xxxxvii° qui affuerunt sunt ut infra, absente tantummodo Alberto Spinula : Simon Justinianus prior, Illarius Grillus, Andalo Marrufus, Urbanus de Nigro, Guiraldus de Goano, Babilanus Ceba et Lodisius de Oliva;

Ex officialibus autem de veteri de xxxxvi° affuerunt infrascripti, absente solum Luciano de Grimaldis : Bartolomeus de Zoalio prior, Hieronimus Lercarius, Christoferus Tonsus, Manuel Salvaigus, Odoardus de Prementoro, Dominicus Bartholomeus de Auria et Antonius de Casana;

Agentes nomine et vice dictarum comperarum et participum earum, ex altera, sponte et ex certa scientia, nulloque juris vel facti errore ducti aut aliqualiter circumventi, pervenerunt et pervenisse confessi fuerunt sibi invicem et vicisim dictis nominibus ad infrascriptas translationes, conventiones, compositiones, promissiones et pacta, solemnibus stipulationibus hinc inde intervenientibus; renunciantes dicte partes, dictis nominibus, exceptioni dictarum translationum, conventionum, compositionum, promissionum et pactorum sicut supra et infra non factarum seu non factorum, rei sicut supra et infra non esse et non fuisse et sic se non habentis, doli, mali, metus in factum, actioni, condictioni sine causa vel ex injusta causa et omni alii juri.

4. Videlicet quia ex causa dictarum conventionum, compositionum, promissionum et pactorum prenominati illustris dominus dux, consilium et officia, nomine et vice prefati excelsi communis Janue, dederunt, tradiderunt, transtulerunt et mandaverunt seu quasi prenominatis dominis officialibus et protectoribus Sancti Georgii presentibus, stipulantibus, acceptantibus et recipientibus, nomine et vice dictarum comperarum et participum earum, et ad cautellam mihi notario et cancellario infrascripto, stipulanti et recipienti nomine et vice dictarum comperarum ac omnium et singulorum quorum interest ac interesse poterit in futurum, dictam civitatem Famaguste et dominium ipsius, cum suo territorio duarum leucarum; et cum pertinenciis ipsius et cum castro et fortiliciis, armis et munitionibus dicte civitatis et castri; et cum portubus, cabellis, introitibus et redditibus, ac juribus quibuscumque dicte civitati[1] spectantibus et pertinentibus et seu que eidem civitati spectare et pertinere poterunt in futurum; et cum mero et mixto imperio ac gladii potestate et omnimoda jurisdictione; et cum regalibus universis prefato communi Janue spectantibus et pertinentibus et seu que eidem communi spectare et pertinere possent in futurum, tam in dicta civitate Famaguste quam in tota insula Cipri, illo scilicet quantum ad cetera loca dicte insule attinet quam habuerunt et seu habere consueverunt capitanei Famaguste; et cum jure prohibendi ne fiant portus in dicta insula prout ante habebat dictum commune vigore conventionum que vigebant et vigent inter dictum commune et serenissimum regem Cipri[2]; et cum jure eligendi in dicta civitate Famaguste et territorio capitaneum, massarios et quoscunque officiales, arbitrio ipsorum dominorum protectorum sub modis et formis infrascriptis, et illos revocandi pro eorum libito voluntatis : qui capitaneus habeat potestatem, jurisdictionem, merum et mixtum imperium ac gladii potestatem in quoscunque cives et incolas dicte civitatis Famaguste

---

[1] Il y a au Ms. *dicte civitatis.* [2] Voyez le t. Ier de nos documents, p. 403, n. 2.

et territorii et in quoscunque Januenses et subditos magnifici communis Janue et etiam extraneos, habitantes et negociantes et habitaturos ac negociaturos in dicta civitate seu territorio Famaguste, vel in insula Cipri, et in quovis loco dicte insule in quo commune Janue habet, vel habere consuevit jurisdictionem, illam scilicet respectu aliorum locorum dicte insule quam habuerunt et seu habere consueverunt capitanei Famaguste et non ultra; et cum jure, auctoritate et potestate imponendi, colligendi et imponi, colligi ac exigi faciendi quodvis vectigal ac exactionem, impositionem, introitum sive cabellam et quamvis aliam prestationem de quibus et prout eisdem dominis protectoribus et quibuscunque successoribus suis videbitur et placuerit et in omnibus et per omnia prout ante presentem translationem poterat facere dictum commune, nihil juris penitus in se retento, durante tempore presentis translationis; eo sane intellecto quod commune Janue nullo pacto possit imponere novas cabellas nec impositas augere in dicta civitate Famaguste et pertinentiis suis, nec similiter officium Sancti Georgii, nisi cum auctoritate illustris domini ducis et magnifici consilii dominorum antianorum; ad habendum, tenendum, gaudendum, possidendum et usufructuandum, ac eligendum et disponendum ac exercendum predicta ut supra; et hoc per annos viginti novem inchoandos a die qua dicti domini protectores per se vel per legitimam personam pro eis adepti fuerint possessionem corporalem seu quasi dicte civitatis et jurium ipsius et per totum dictum tempus.

5. Possessionem quoque et dominium dicte civitatis Famaguste territorii ac pertinentiarum et omnium et singulorum predictorum prelibati illustris dominus dux, consilium et officia, dictis nominibus, confessi fuerunt prefatis dominis protectoribus et mihi notario et cancellario stipulantibus et recipientibus nominibus quibus supra corporaliter tradidisse.

6. Constituentes, prelibati dominus dux, consilium et officia, se, precario nomine, dictorum dominorum protectorum dictarum comperarum et participum, se tenere et possidere dictam civitatem Famaguste cum suo territorio et pertinentiis cum omnibus et singulis supradictis donec et quousque dicti domini protectores, per se et seu legitimam personam pro eis et seu nomine dictarum comperarum et participum, possessionem acceperint corporalem; quam accipiendi et acceptam retinendi eorum propria auctoritate et sine alicujus judicis vel magistratus licentia prefati illustris domini dux, consilium et officia contulerunt et conferunt dictis dominis protectoribus et seu legitime persone pro eis.

7. Insuper, ex causis predictis, prelibati illustris dominus dux, consilium et officia, nominibus jamdictis, dederunt, cesserunt et tradiderunt et mandaverunt seu quasi dictis dominis protectoribus presentibus ac stipulantibus, ac michi notario et cancellario infrascripto, officio publico stipulanti et recipienti, nominibus quibus supra, et in ipsos dominos protectores et me jam dictum notarium, stipulantem et recipientem, nominibus quibus supra, transtulerunt et transferunt omnia et singula jura et actiones utiles et directas, reales et personales, mixtas, rei persecutorias et penales et alias quascunque que et quas prelibati illustris dominus dux, consilium et officia et seu commune Janue conjunctim vel divisim habent et eisdem competunt et seu unquam melius competerunt et seu competere possent in futurum in dicta civitate et territorio Famaguste et in omnibus et singulis superius et inferius expressis, et hoc usque ad dictos annos viginti novem. Ac etiam cesserunt et mandaverunt, ut supra, omnem obligationem, omneque debitum ad quam et quod, quovis modo et ex quavis causa, teneatur et obligatus sit serenissimus dominus rex Cipri, prelibato communi, salvis remanentibus [juribus] dicto communi respectu penarum preteritarum seu jam commissarum; et etiam omnia jura, omnesque et singulas actiones que et quas prefatum commune Janue habet, vel ipsi quomodo libet competunt et competere possunt, tam in pecunia quam in honore et aliaquavis causa contra et adversus prelibatum dominum regem, cujuscunque condicionis existant; item omnia et singula jura quorumcunque librorum, cartulariorum et instrumentorum ac nominum debitorum et jurium quorumcunque spectantium et pertinentium et que spectare et pertinere possent communitati predicte.

8. Abdicantes ipsi illustris dominus dux, consilium et officia a se et a dicto communi, quantum pro dicto tempore dictorum annorum viginti novem, omne dominium, jus et jurisdictionem in dicta civitate, territorio, juribus et aliis supradictis, et in dependentibus, emergentibus et connexis ab eis et quolibet predictorum; ita ut dictis juribus et actionibus dicti domini protectores et dicte compere possint et valeant agere, experiri, exipere, replicare, transigere, pacisci, consequi et se tueri et omnia et singula facere que prelibati illustris dominus dux, consilium et officia et seu dictum commune facere possent, potuissent, potuerunt et seu unquam melius potuissent et seu potuisset; constituentes dictos dominos protectores nomine et vice dictarum comperarum et me dictum notarium et cancellarium stipulantem et recipientem, ut supra, in et de predictis juribus dominos et procuratores ut in rem suam propriam, et ponentes eos circa predicta loco dicti communis Janue.

9. Versa vice, prefati domini protectores, nomine et vice dictarum comperarum et participum earum, acceptantes predicta et infrascripta, promiserunt et solemniter convenerunt prelibatis illustri domino duci, consilio et officiis, stipulantibus et recipientibus nomine et vice dicti communis ac michi notario et cancellario infrascripto, tanquam publice persone officio publico stipulanti et recipienti nomine et vice dicti communis et omnium et singulorum quorum interest, intererit ac in futurum poterit interesse, dictam civitatem, castrum, fortilicia et territorium ac omnia et singula supradicta regere, gubernare, custodire et seu regi, gubernari et custodiri facere ad honorem illustris et excelsi domini ducis, excelsi communis Janue et spectabilis officii predicti, diligenter, fideliter ac bona fide, toto posse suo, per totum dictum tempus, sumptibus et expensis dicti officii, extrahendis ex redditibus et introitibus dicte civitatis, usque ad concurrentem quantitatem dictorum reddituum et introituum, si et quatenus fuerit oportunum; et ultra, exigente necessitate, expendere circa predicta ex pecuniis propriis dicti officii et dictarum comperarum, usque in quantitatem librarum decem milium Januinorum et non ultra, quolibet anno imminentis hujusmodi necessitatis, computatis expensis tam ordinariis quam extraordinariis. Et que expense fieri debeant per manus ipsorum dominorum protectorum presentium et futurorum vel deputandorum ab eis. Qua etiam necessitate imminente, dicti domini protectores etiam teneantur contribuere in expensis predictis [super] quecunque emolumenta que superessent vel obvenissent dicto officio ex introitibus dicte civitatis, deductis tunc quibuscumque quantitatibus pecuniarum ante exbursatarum de pecuniis dictarum comperarum.

10. In quibus tamen emolumentis conferendis nullatenus intelligantur includi pecunie que annuatim habere ac recipere debent dicti domini protectores pro Mahona Cipri a serenissimo domino rege Cipri, nec similiter id quod solvitur annuatim per dictum serenissimum regem pro contributione salarii capitanei et potestatis Famaguste [1].

11. Que tamen expense an fieri debeant vel ne, et quantitas ipsarum et an immineat necessitas predicta vel non, quocunque tempore et quocunque casu, sit et esse debeat in arbitrio et cognitione ac declaratione dictorum dominorum protectorum qui pro tempore fuerint, ita quod de predictis dictum commune nec illustris dominus dux, consilium et officia nullomodo possint se intromittere directe vel per indirectum, sed sint et remaneant pre-

---

[1] Voyez ci-dessus, au sujet de cette présente clause, l'acte du 11 mars 1445, p. 29, art. 3.

dicta arbitrio et cognitioni dictorum dominorum protectorum qui pro tempore fuerint; intellecto tamen et expresse convento inter dictas partes, dictis nominibus, quod si immineret necessitas, quam Deus avertat, in cognitione et declaratione illustris domini ducis et magnificorum dominorum antianorum et spectabilis officii dictorum dominorum protectorum, et hoc in pecunia que excederet dictas libras decem milia ex qua majores sumptus forent necessarii ultra quantitates superius expressas, tunc et eo casu, teneatur dictum commune supplere dictis sumptibus necessariis quicunque sint ultra quantitates superius expressas de propria pecunia dicti communis Janue, et hoc usque ad quantitatem necessariam pro dictis expensis, arbitrio tamen et in cognitione dictorum illustris domini ducis, consilii et officii dominorum protectorum; et quam supplectionem prelibati illustris dominus dux consilium et officia facere teneantur, et ita promiserunt prenominatis dominis protectoribus et mihi notario et cancellario infrascripto stipulantibus, ut supra, ad omnem requisitionem dictorum dominorum protectorum.

12. Eo acto et expresse convento inter duas partes, dictis nominibus, quod electio facienda per dictos dominos protectores de capitaneo et officialibus infrascriptis dicte civitatis debeat fieri hoc modo et ordine, videlicet quod, quolibet anno, quando dicti domini protectores voluerint eligere capitaneum, massarios, castellanum, cavallerios, scribas curie et massarie et custodem porte Limiso[1], debeant, parte dictorum dominorum protectorum, mitti in scriptis nomina quatuor electorum et approbatorum secundum formam statuendam per dictos dominos protectores pro quolibet officio ex predictis prelibato illustri domino duci soli et successoribus ejus in regimine; qui illico et sine ulla mora teneatur et debeat illum quem malit ex prenominatis quatuor nominare et eligere ad unumquodque officium ex predictis. Qui sic nominatus et electus eligi, confirmari et approbari debeat per dictos dominos protectores pro uno anno tantum; quorum electorum seu eligendorum terminus anni nullo modo possit prorogari, nec per rectum nec per indirectum, immo possit sic electus per dictos dominos protectores removeri, etiam ante completum tempus sui officii, si eis videbitur; et tunc deveniatur ad alterius electionem, modis et formis supra et infra scriptis.

13. Qui tamen sicut supra eligendi et jam electi pro anno presenti, et de quibus infra dicetur, expediri et habere litteras officiorum suorum debeant ab ipsis dominis protectoribus et in actis ipsorum, modis et formis inferius

---

[1] *Porte Limiso*, la porte de Famagouste du côté de terre, vers Larnaka. La ville a une seconde porte ouverte sur la mer, où se voit un lion colossal de travail grec.

ordinandis, et versus eos promittere et se obligare dicto officio de bene et legaliter exercendo eorum officia, et de parendo mandatis ipsorum dominorum protectorum, et demum se obligare in omnibus et per omnia, prout solebant se obligare et fidejussiones prestare versus dictum commune capitanei et officiales predicti, et prout et sicut videbitur et ordinabitur per dictos dominos protectores, et pro predictis satisdare cum idoneis fidejussoribus approbandis per dominos protectores antedictos; et in quos officiales et quenlibet ipsorum prefati domini protectores habeant illammet jurisdictionem et baliam, tam in civilibus quam in criminalibus, quam habebat commune Janue ante presentem contractum.

14. Et qui sicut supra electi nullo pacto possint excusari, nec eorum aut alicujus eorum cause recusationis acceptari vel admitti; immo teneantur acceptare et fideliter exercere officium sibi collatum, et ad id cogi possint per dominos protectores qui pro tempore fuerint, sub pena, penis et condemnationibus de quibus dictis dominis protectoribus videbitur et placuerit, ac apponendis in electione ipsorum. Et quas penas imponendi prenominati illustris dominus dux, consilium et officia tenore presentium eisdem dominis protectoribus tribuunt potestatem et arbitrium, illamque et illud quod habet commune Janue. Et que pene dicto officio sancti Georgii applicentur et applicate esse intelligantur, nec possint remitti, nisi tantum per dictos dominos protectores, absolventes se ad ballotolas albas et nigras, juxta morem dicti officii. Et in casu quo excusaretur ut supra, sit locus electioni unius ex tribus qui supererunt; et quem nominaverit et elegerit prelibatus illustris dominus dux[1], et sic successive usque ad ultimum fiat.

15. Et qui officiales predicti et alii quicunque dicte civitatis sindicari et puniri debeant in fine officii ipsorum et cujuslibet eorum per sindicatores ad hoc deputandos et eligendos per dictos dominos protectores, et secundum quod per eos ordinabitur et sub illis modis et formis ac potestate et balia de quibus dictis dominis protectoribus videbitur et placuerit. Nec ab ipsorum sindicatorum sententiis, condemnationibus vel absolutionibus possit appellari, reclamari, in integrum restitui, vel supplicari, quovis modo, vel nulla dici ad illustrem dominum ducem, consilium antianorum vel ad aliquod officium vel aliquem magistratum communis Janue, sed tantummodo possit reclamari ad dictos dominos protectores; ita tamen quod per talem reclamationem non retardetur executio sentential dictorum sindicato-

---

[1] Il manque ici nécessairement quelques mots au Ms.

rum. Nec possit talis reclamans prosequi dictam reclamationem, nisi prius facta solutione et satisfactione de condemnatione predicta. Quibus quidem officialibus dicti domini protectores possint et valeant salaria deputare, augere et minuere semel et pluries, prout eis melius videbitur et placuerit, sua propria auctoritate.

16. Item, quoniam mentio superius facta est quod qui ad ea officia eligentur litteras accipere debeant officiorum suorum ab ipsis dominis protectoribus, actum et declaratum est quod, facta electione ab ipso illustri domino duce unius ex quatuor, ut jam dictum est, fieri debeat scriptura ipsius electionis, et annotari ab uno ex cancellariis ipsius illustris domini ducis et communis Janue. Qui cancellarius teneatur et debeat, ad simplicem petitionem ipsorum dominorum protectorum vel officialis electi, tradere scripturam ipsius electionis quantum primum poterit, sed saltem et omnino intra dies quatuor. Qua sic data, liceat ipsis dominis protectoribus litteras officiali electo dare sempercunque voluerit. Que quidem conficiantur sub nomine ipsorum protectorum et officii sui tantum, ita tamen ut litterarum ipsarum exordium immediate post salutem, ut assolet in principio locandam, tale sit : *Elegimus et creavimus, cum licentia, assensu et auctoritate illustris domini ducis, Petrum* vel *Johannem,* quicunque fuerit electus. Ipse quoque littere exeant ex cancellaria ipsorum dominorum protectorum, solo eorum sigillo munite. Quod si forte cancellarius ipse illustris domini ducis et communis Janue requisitus negligeret, recusaret, aut alio quovis casu potenti non daret scripturam talis electionis, eo casu, dictis quatuor diebus exactis a requisitione numerandis, possint ipsi domini protectores litteras suas, sub verbis superius declaratis conficiendas, ipsi officiali tradere, nonobstante quod scriptura electionis a cancellario data non fuisset.

17. Item, fuit actum et expresse conventum inter dictas partes, dictis nominibus, quod a quibuscunque sententiis, tam interlocutoriis quod diffinitivis, ferendis per dictum capitaneum, vel ejus vicarium, aut alium magistratum dicte civitatis, a quibus, secundum formam statutorum et ordinamentorum communis Janue et secundum stilum et consuetudinem curie Famaguste, poterat appellari in Janua, appelletur et appellari debeat ad dictos dominos protectores; qui soli sint et esse debeant judices predictarum appellationum, ipsasque causas, per se vel delegandos ab eis, possint et debeant cognoscere et sine debito terminare. Nec aliquis alius magistratus possit de dictis appellationibus se intromittere, neque de aliquibus actibus gestis vel gerendis in dicta civitate, territorio et insula per officiales dicte civitatis,

etiam pretextu alicujus injurie, aut alia quavis causa, que dici vel excogitari possit.

18. Item, acto inter dictas partes quod dicti domini protectores presentes et futuri possint et valeant, ac eis liceat, nonobstantibus supradictis, eorum propria auctoritate et semper et quantumcunque voluerint, cassare, tollere et annullare quevis officia dicte civitatis, territorii et insule; etiam ex predictis et alia de novo instituere, si maluerint, arbitrio suo tantum; ita tamen quod in locum removendorum, si alius quivis officialis eligatur vel surrogetur sub quovis nomine, observetur forma supradicta. Quo casu, respectu talis officii sicut supra annullati, non sit locus transmissioni et electioni predicte, immo eo casu cesset in totum collatio dicti officii sicut supra annullati, nisi postea dicti domini protectores tale officium de novo instituerent, que institutio sit et remaneat in eorum arbitrio et voluntate; salvo tamen et specialiter reservato quod Petrus de Marco, jam electus capitaneus, Damianus Lomellinus et Franciscus de Ligiolis, jam electi massarii, et scribe ac cavalerii et custos porte Limiso etiam jam electi, possint et valeant officia eis collata exercere, pro anno uno tantum, sine aliqua prorogatione temporis eis concedenda. Qui tamen teneantur se expedire et litteras accipere promittere, idonee cavere, et sindicatui subici, et dictis dominis protectoribus ac eorum mandatis parere, ac demum ea omnia facere prout superius dictum fuit super officialibus eligendis.

19. Item, acto quod dicti domini protectores possint statuere et ordinare sub qua forma procedi debeat ad electionem et approbationem mittendorum ad prelibatum illustrem dominum ducem pro dictis officiis, et in premissis facere quascunque constitutiones et ordinationes voluerint, que debeant inviolabiliter observare.

20. Item, acto et expresse convento inter dictas partes quod dicti domini protectores non teneantur in aliquo creditoribus dicte civitatis et massarie sue jam tansatis[1] ante presentem translationem et adeptam corporalem possessionem ut supra, nisi quatenus sufficiant vires massarie et debitorum ejusdem temporis preteriti, de quibus debitoribus et pecuniis exinde exigendis possint et debeant satisfacere dictis creditoribus, nec ulterius cogi possint ad

---

[1] *Tansatis*, réglés, assurés; c'est-à-dire que les protecteurs de Saint-Georges, en recevant la possession de la colonie de Famagouste, et en s'obligeant à payer les créanciers de la ville et de l'administration dont les dettes avaient été reconnues avant la présente cession, n'entendaient s'engager que jusqu'à concurrence des revenus de la masserie de Famagouste et des créances qu'elle pouvait avoir à faire rentrer actuellement.

aliquam solutionem, exceptis de dictis debitoribus vel pecuniis exactis a dictis debitoribus per dictos dominos protectores; et si quid supererit, perveniat in commune.

21. Item, acto et expresse convento inter dictas partes, quia aliter dicti domini protectores non pervenissent ad presentem contractum, quod de aliquibus non expressis in presenti instrumento et etiam de expressis, nisi quatenus ut supra disponatur, illustris dominus dux, consilia et officia, neque commune Janue, conjunctim vel divisim, non possint aliqualiter se intromittere de gestis vel gerendis per dictos dominos protectores vel successores eorum, neque de pertinentibus ad jurisdictionem suam, nec contra predicta vel aliquod predictorum aliquid ordinare vel precipere; et si quid fieret in contrarium, sit irritum ipso jure, nec debeat observari quovis modo. Et si que controversia verteretur et seu oriretur inter dictas partes occasione presentis contractus, vel dependentium ab eo, talis questio debeat decidi et terminari per illustrem dominum ducem, magnificum consilium dominorum antianorum et spectabile officium sancti Georgii ac officium salis, cum duobus eligendis per dictum officium sancti Georgii; et dentur voces ad ballotolas, ita quod major pars dictarum vocum obtineat ad ballotolas.

22. Item, acto et expresse convento inter dictas partes, tam in principio, medio quam in fine et qualibet parte presentis instrumenti, quod per presentem contractum vel per aliqua contenta in eo non derrogetur nec intelligatur aliquo modo derrogatum juribus que habebant dicti domini protectores et compere ac Mahona vetus et nova in dicta civitate, territorio et insula ante presentem contractum, sed sint et remaneant dicta jura in eis statu et gradu quibus erant ante presentem translationem.

23. Item, acto et expresse convento inter duas partes quod dicti domini protectores teneantur et debeant, finito tempore dictorum annorum viginti novem, restituere et libere relaxare dictam civitatem, castrum et fortilicia ac territorium Famaguste et jurisdictionem ac omnia et singula in eos translata virtute presentis contractus dicto communi Janue, vel legitime persone pro eo, libere et sine aliqua exceptione, in eo statu ac gradu et seu conditione quibus reperta fuerit dicta civitas et pertinentie apud dictum officium eo tempore et non aliter.

24. Acto et expresse convento quod dictum officium teneatur et debeat contribuere et solvere pro salario consulis Nicosie eo modo et forma et tantum quantum solita est solvere et contribuere civitas et seu massaria Famaguste

consuli predicto pro salario suo. Intellecto tamen, nonobstantibus supradictis, quod collatio dicti officii consulatus Nicosie, finito tempore presentis consulis, spectet et pertineat illustri domino duci pro annis duobus tunc proxime venturis; et talis electus vel eligendus non possit removeri a dictis dominis protectoribus durante dicto biennio, nonobstantibus supradictis. Quibus duobus annis finitis, sit in electione et arbitrio dicti officii sancti Georgii segregare dictum officium consulatus ab officio massarie Nicosie [1]; quo casu, facta seperatione, servetur in eligendo dictum consulem forma superius tradita in aliis officialibus Famaguste. Si vero elegerit dictam seperationem non facere, possit dictum officium sancti Georgii in venditione Mahone seu partiti Nicosie conferre dictum consulatum emptori dicti partiti, et hoc durante dicto tempore viginti novem annorum; quam electionem possit dictum officium variare semel et pluries et totiens quotiens voluerit.

25. Item, acto quod dictum officium sancti Georgii non possit transferre dictam civitatem cum juribus supradictis in aliam personam, corpus et collegium et universitatem.

26. Item, acto et expresse convento quod si in futurum contingeret prelibatum serenissimum regem Cipri incidere in aliquam contrafactionem vel penam respectu jurium translatorum, pene committende spectent officio sancti Georgii, respectu vero non translatorum spectent et pertineant communi Janue; pene vero commisse vel committende respectu Mahone et pro agendis Mahone, spectent dicto officio sancti Georgii.

27. Et quam quidem translationem, jurium cessionem ac omnia et singula suprascripta illustris dominus dux, consilium et officia valere voluerunt et effectum sortiri debere decreverunt, nonobstantibus aliquibus legibus vel capitulis aut ordinamentis et seu decretis civitatis Janue et specialiter non-

---

[1] On voit que l'office de Saint-Georges se réservait la faculté de séparer s'il lui convenait, après le laps de deux années, le consulat de Nicosie de la *masserie* de cette ville. On s'étonnerait de voir l'office de Saint-Georges, substitué à peine aux droits de la république de Gênes dont l'autorité fut toujours limitée à la ville de Famagouste et à sa banlieue, avoir à entretenir dans l'intérieur même de la ville royale des Lusignans une administration autre que celle de son consulat, si l'on ne se rappelait que les rois de Chypre, afin d'assurer l'acquittement de leurs dettes, avaient permis aux Génois de faire percevoir eux-mêmes aux portes de Nicosie, de concert avec les préposés royaux, les droits d'octroi sur lesquels leurs créances étaient assurées. Voy. notre t. Ier, p. 422. La *masserie* dont on parle ici ne peut être que le bureau ou l'office des employés génois chargés de cette comptabilité au consulat de Nicosie. Il est probable, en effet, que la recette de l'octroi, en ce qui concerne la part que devaient y prendre les Génois, s'effectuait par les soins mêmes de leur consulat; mais l'office de Saint-Georges stipule expressément qu'il lui sera libre de disjoindre à l'avenir les deux services, s'il le juge opportun.

obstante regula subscripta : *De non alienando terras sive castra,* et cetera; et demum nonobstantibus obstantiis quibuscunque, quibus quatenus obviarent premissis, ex certa scientia et de plenitudine potestatis, voluerunt esse per expressum derogatum et abrogatum.

28. Que omnia et singula dicte partes, dictis nominibus, sibi invicem et vicisim, et una alteri et altera alii, promiserunt solemniter et convenerunt et ad cautellam sigillatim omnes suprascripti, nominibus suprascriptis, juraverunt attendere, complere et observare et contra ea non facere vel venire quavis ratione, occasione vel causa, que dici vel excogitari posset de jure vel de facto, quovis modo, sub pena florenorum centum milium in auro, in tanta de communi partium voluntate taxata et conventa, in quam incidat pars non observans parti observanti totiens quotiens fuerit contrafactum, cum restitutione omnium damnorum, interesse et expensarum, que propterea fierent litis et extra, ratis nihilominus manentibus supradictis. Et proinde et ad sic observandum partes ipse, dictis nominibus, obligaverunt et ipotecaverunt omnia bona dicti communis et dictarum comperarum habita et habenda.

De quibus omnibus antedicte partes, dictis nominibus, jusserunt et rogaverunt per me dictum Matheum de Bargalio, notarium et cancellarium communis Janue, debere confici hoc publicum instrumentum.

Actum Janue, in palacio magno communis Janue, videlicet in sala que nuncupatur sala viridis, anno Dominice Nativitatis millesimo quadringentesimo quadragesimo septimo, indictione nona secundum Janue cursum, die sabbati, hora prima, octava Julii, presentibus testibus egregiis Jacobo de Bracellis [1], Ambrosio de Senarega [2], Francisco de Vernacia et Nicolao de Credentia, notariis et cancellariis communis Janue, ac Nicolao de Canevali, speciario quondam Raphaelis, ad hec vocatis specialiter et rogatis.

Matheus de Bargalio, quondam Petri, publicus imperiali auctoritate notarius et communis Janue cancellarius, omnibus predictis interfui et rogatus scripsi, licet per alium extrahi fecerim, aliis publicis occupatus agendis, et ad cautelam me subscribens signum meorum instrumentorum apposui consuetum.

---

[1] Jacques Bracelli, un des chroniqueurs de Gênes postérieurs aux Stella. Son histoire *De bello quod inter Hispanos et Genuenses seculo suo gestum libri V,* a été publiée, avec sa description de la Ligurie et son histoire des illustres Génois, dans la collection de Burman, *Thesaurus antiquitatum et historiarum Italiæ,* in-fol. Leyde, t. Ier.

[2] Son fils Barthélemy, secrétaire du sénat et nommé historiographe de la république dès 1477, a laissé une chronique de Gênes intitulée : *Bartholomæi Senaregæ Genuensis, de rebus Genuensibus commentaria, ab anno 1488 ad ann. 1514.* Muratori a inséré cette histoire dans son recueil, *Scriptores Ital.* t. XXIV, p. 511.

48 HISTOIRE DE L'ÎLE DE CHYPRE.

1448, 28 août. De Rhodes.

Jean de Lastic, grand maître de l'Hôpital, annonce au roi de Chypre que, dès l'arrivée de son ambassadeur à Rhodes, il a envoyé le commandeur de Troyes auprès du grand Karaman Ibrahim-Beg, pour prier ce prince d'arrêter l'expédition préparée contre Gorhigos et contre l'île de Chypre; le grand maître promet les secours de l'ordre au roi Jean.

Malte. Archiv. de l'ordre. *Libr. Bullar.* XLVI, fol. 244 v°, et XLV, fol. 223, sous la date du 3 septembre 1448.

Serenissime rex ac illustrissime princeps et domine, domine nobis honorabilissime, recommendatione premissa. Dum huc Rhodum, his proximis diebus, appulisset nobilis scutifer et orator mayestatis vestre Philippus Mystael, exposuissetque nobis causam sui adventus, et de classe terrestrique exercitu quem magnus Charamanus[1] parabat contra Choricum[2], regnum vestrum, enarravisset, moti novitate rei et egre ferentes hunc potentem dominum rebus vestris bellum illaturum, confestim operam dedimus, ac si rebus nostris propriis periculum immineret, ut petitiones vestre per ipsum vestrum oratorem porrecte exequerentur. Primo namque sine mora elegimus religiosum in Christo nobis carissimum fratrem Moricium Vaselini, domus nostre Troie prioratus nostri Francie preceptorem, qui, nomine nostro, orator noster, ad ipsum Karamanum accederet. Et jam biduis elapsus est, quo a portu nostro Rhodi recessit ad Stalamur[3] recta via profecturus. Commisimus ei ut animum ipsius Karamani ad pacem inducens, classem exarmari suam, terrestresque copias quas parare dicitur removeri, et a rebus vestris abstineri peteret. Et si prelium sive bellum vobiscum gesturus est, persuadeat sibi ipse Karamanus, illud nobiscum et cum religione nostra gerere, sicut latius ipse orator noster frater Moricius, cum vobiscum aderit,

---

[1] C'est le même qui avait annoncé de favorables dispositions pour le roi Jean au commencement de son règne, dans l'audience où se trouva La Brocquière. Voy. ci-dess. p. 6.

[2] Gorhigos, en Cilicie, la seule conquête de Pierre Ier, qui restât encore aux Chypriotes. Voy. t. Ier, p. 267, n. Elle leur fut enlevée cette année même, le grand Karaman ayant séduit le commandant, comme l'on voit dans les pièces suivantes et dans le document du 22 février 1449. Florio Bustron nous apprend que Jacques de Bologne, capitaine du château, qui trahit les intérêts du roi, fut envoyé en Chypre par le Karaman, avec ses hommes. Il espérait y justifier sa capitulation; mais le roi lui fit trancher la tête, et condamna au même supplice plusieurs chefs de la garnison, Arméniens et Chypriotes. (Ms. de Lond. fol. 181.) Cf. ci-après, p. 50, n.

[3] Stalimur, aujourd'hui Anamour, château délabré à l'extrémité de la Cilicie, en face de l'île de Chypre. Le capitaine Beaufort a donné une vue de ses fortifications. (*Karamania*, by F. Beauf. Londres, in-8°, 1818, p. 203.) Par un beau temps, il est possible d'apercevoir la côte d'Asie-Mineure jusqu'au cap d'Anamour du haut des montagnes de Buffavent et de Kantara, au nord de Nicosie.

mayestati vestre aperiet. Credimus ipsum Karamannum cum regali vestra dominacione pacem acturum, si vera sunt que orator suus ad nos nuper missus nobis retulit. Si vero ipse Karamannus bello insisteret, spopondimus in auxilium rerum vestrarum triremem unam bello instructam que jam paratur, ut, si opus sit, Cyprum evolet. Si a nobis plus auxilii dari poterit, illud non pretermittetur; nam vestras incommoditates, discrimina et pericula nostra existimamus. Non deffecimus aliis temporibus ubi necesse fuit et opem attulimus; non defficiemus in futurum quantum nobis possibile erit, licet tempore hoc res nostre variis casibus attenuate sint. Ipse orator vester harum lator de premissis et de nostra optima voluntate et dispositione erga mayestatem vestram, verum testimonium reddet. Omnipotens Deus serenitatem vestram custodiat. Data Rhodi, in nostro conventu, die III mensis Septembris M CCCC XLVIII. Magister Hospitalis Jherusalem et consilium. Elisseus [1].

1448, 28 août. De Rhodes.

Lettre de créance du grand maître de Rhodes pour le commandeur de Troyes, envoyé au grand Karaman Ibrahim-Beg.

Malte. Arch. de l'ordre. *Libr. Bullar.* XLVI, fol. 245.

Frater Johan de Lastico, per la Dio gracia, de la sancta casa de l'Hospital de San Johan de Jherusalem magistro humile e guardian de li poveri de Jhesu Christo, al magnifico, possente e grande principe e signore Kir Prahim Begi, grande Charamano, che Dio salvi e mantenga, mandemo cum bono chore mille salute. El è venuto quì da noy lo ambassatore de vostra magnificencia, e ne ha presentato vostre lettere; lo tenor de le quale, e quanto ne ha ditto a bocha, havemo ben inteso, e intendemo; e volemo esser vostro bon amico, secundo che più largamente lo religioso in Christo a noy carissimo, frare Morici Vaselin, de la nostra comandaria de Troies del priorato nostro de Francia comandatore, el qual nostro ambassatore mandamo a la grandeza vostra, dirà et exponerà a la signoria vostra. Laquale in tuto quello li dirà per nostra parte li volia dare plena fede, come se noy fossemo presente. Laudato sia Dio onnipotente, creator del celo e de la terra, el quale vostra grande signoria conserva. Scripto nela nostra cità de Rhodo, nel nostro

---

[1] La suscription écrite au dos de la lettre du grand maître et transcrite sur le registre des bulles, était ainsi conçue : « Serenissimo « principi ac illustri domino, domino Johanni « Jherusalem, Cipri et Armenie benemeren- « tissimo regi, principi honorandissimo. »

convento, lo zorno xxviii del mese de Augusto, l'anno de la Incarnation del ditto nostro Signor Jhesu Christo, salvator del mundo, m cccc xlviii [1].

1448, 28 août. A Rhodes.

Instructions du grand maître et du conseil de Rhodes au commandeur de Troyes, envoyé au grand Karaman.

Malte. Arch. de l'ordre. *Libr. Bullar.* XLVI, fol. 245 et suiv.

Magister Hospitalis Jherusalem et consilium. A voy religioso in Christo, noy carissimo, Moricio Vaselin, de la nostra casa de Troes del nostro priorato de Franza comandatore, ambassatore nostro al grande Charamano. Benchè in vostra prodomia e savieza confidemo molto, niente di meno ve donamo li infrascripti capituli per vostra instructione.

1. Primieramente, al nome de Dio, partendove de Rhodo, navigarete a Stalamuri, che novamente a fatto edificare el grande Charamano; e lì, saperete dove serà el ditto Charamano. A la presencia del quale andarete, al più presto porete. Ma prima ve partiati da Stalamuri, volemo che date commissione e ordine al patrone e li homeni del nostro grippo che ve porta, che se per aventura sentesseno che lo ditto Karamano, che non lo credemo, ve avesse retenuto, soto questo colore de poter in questo mezo mandar soa armata al Churcho [2], o dannigiar Cypro, chel ditto grippo subito se parti da Stalamuri e vada in Cypro, e que per uno homo notificate a la majestà del re de Cypro, quello fosse seguito. E di poy lo ditto grippo prestamente venga a Rhodo e avisarne di tuto, azochè possiamo provedere dove serà di bissogno. Credemo però che questo non serà necessario, ma per ogni bon rispetto, ne paruto de annodarvelo.

2. Quando serete à la presencia del grande Karamano, voy lo saludarete per nostra parte e di nostra religione, e li presentarete lo nostro presente, loquale, benchè sia pichola cosa a tanto signore, pregaretelo che lo accepti, como se fosse grande, e chel' è uno signale de la bona pace e bono amore che havemo e intendemo de haver cum soa signoria et soy subditi. Di poy, presentarete la nostra lettera, laquale contiene in sè credentia, e alora o quando li piazerà, li exponerete la ditta credentia cum quello millior modo e prudentia che Dio ve administrarà; ma substancialmente serà questa :

---

[1] La suscription de la lettre portait : « Al « magnifico, possente e grande principe e « signore Kir Prahim Begi, e grande Chara- « mano, che Dio lo salvi in soa signoria. »

[2] Lorédano (p. 584) et Jauna (t. II, p. 951) désignent comme capitaine de Gorhigos, et par conséquent comme coupable de la capitulation de la place, Philippe Attar, noble chypriote ; mais Bustron nomme Jacques de Bologne. Ci-dessus, p. 48, n. 2.

3. Como aquesti zorni passati è stato que a Rhodo davanti noy e lo nostro venerabile consilio, lo ambassatore de soa signoria, loquale havemo visto volentieri e cum alegro chore, elquale ne ha portato in segno de bon amore el suo presente, de lo quale ringraziamo molto soa signoria; item como havemo etiamdio recevuto le soe lettere per lo ditto suo ambassatore, e lo tenore de quelle, e quello che lo ditto ambassatore n'a voluto dire a bocha, ben inteso; e perochè lo ditto grande Karamano ne dice in soe lettere ch'el a fatto edificare Stalamuri, e che vole esser nostro bon amico, e che li nostri navili e homeni possan andar là perchè serano ben visti e ben tratati; voy di questo ringraziarete a soa signoria. Esi li direte com noy e nostra relizione intendemo esserli boni amici, e farli quello piazere a noy sia possibile com a bon amico, e che nel avenire conforlaremo nostri subditi che là voliam venire et traficare; e così li offercrete per nostra parte a soy navili, homeni et subditi li nostri porti e la nostra terra di Rhodo, che possan venire e stare sicuramente, perchè li serà fatto bona compagnia, e [serano] ben visti e tratati.

4. Item, perchè lo suo ambassatore ne a ditto a bocha che soa signoria vole fare guerra à la majestà del re de Cypro e a soy lochi, se non li da ogni anno de tributo ducati v^m, considerato chel' ditto re da ogni anno al signor de Schandeloro ducati v^m de tributo [1], e che se volemo esser mezani de la pace tra lo ditto re de Cypro e lo ditto Charamano, che luy non vole dar ditto re de Cypro tributo alcuno; e voy direte al ditto Charamano che noy sempre havemo amato et amamo la pace et la concordia, la quale è salvatione de tute le cose, e sè metemo mezani volentieri azochè ditta pace specialmente tra li amici e vicini sè conservi e mantenga. E que per questa casone, noy havemo mandato voy a la presentia di soa alta signoria, laquale ne despiaze che habia voluntà de far guerra a lo ditto re de Cypri ni a soa isola et lochi. El quale re è nostro filio et sotto la nostra guardia et deffensione; e tuta la soa insola e lochi ne sono recomandati, e soto la nostra protectione stano; e chi fa o intende fare male, injuria, violentia e danno alcuno al ditto re, e soy lochi et subditi, quello debe pensare e imaginarse che lo fa et farà a noy e nostre cose; e a nostro poter deffenderemo e aju-

---

[1] On voit ici un indice bien sensible de l'affaiblissement du royaume de Chypre au xve siècle. Non-seulement le grand Karaman prétendait, à l'exemple du sultan d'Égypte, assujettir le roi de Chypre à lui payer tribut, mais l'émir de Candelore, prince d'une autorité fort limitée et soumis à un vasselage vis-à-vis du royaume de Chypre, au temps d'Hugues IV (voy. le t. Ier de nos documents, p. 416), avait imposé ou semblait être en état d'imposer aujourd'hui au roi Jean une sorte d'impôt ou de capitulation annuelle.

taremo el ditto re e le soe cose, como altre volte havemo fatto contra el signor de Skandilloro, ed altri tempi, quando li è sta necessario.

5. Ni la soa signoria sotto questo colore de dire che lo ditto re fa tributo al signor de Schandilloro sè deve mover a far guerra al ditto re, ni dimandarli tributo, perchè questo non è stato may, ni è vero, chel' ditto re de Cypro desse tributo de uno solo dinar al ditto signor de Schandiloro, ni intende a darli; ma se'l erà tenuto in alcuna cosa, l'a pagato una volta solamente. Ma lo ditto signor Karamano, como homo e signor justo, senza casone non deve voler mover guerra al ditto signor re de Cypro suo vicino, ma più tosto moverse a pietà e haverlo per amico, perchè li basta troppo le altre afflictione chel' ditto re patisse, senza darli più tribulatione. E così pregare et confortare per nostra parte lo ditto signor Karamano che per nostro amore, e per la pace che Dio ama, che sè volia abstenirse da far guerra al ditto re ni a soe cose, e ritrar e disarmar soe fuste che sè dice haver armate; e similmente ritrare lo suo exercito terrestre, lo quale sè dice haver adunato per mandar al Curcho in Armenia, el quale è castello del ditto re de Cypro. E serà questo soa grande laude, e cognosceremo che haverà voluntà de esser nostro bon amico, e di nostra relizione.

6. Insuper li direte che non per altra causa sete venuto a la soa presentia, salvo a requesta del suo ambassatore mandato per luy per esser mezano tra soa signoria e lo ditto re de Cypro, perchè tra lor sia bona et perpetua concordia, pace e bona fraternità; e che sete presto a travagliarvi in questo, e così havete da noy in commissione e comandamento; e che sete presto andare al ditto re de Cypro, e afaticharvi quanto a voy sia possibile azochè tra lor sia bona pace e amore, e che in questo li piaça de aprirve soa voluntà e chorazo. Se l'animo del ditto Karamano serà disposto a ditta pace, secundo che ne ha mandato a dire per lo ditto suo ambassatore, voy lo comprenderete subito per la risposta soa. E volendo luy che voy andate in Cypro per prathicar cum el re la ditta pace, andarete o farete quanto sia possibile azochè, cum honore del ditto re e al più suo commodo, se façi e concluda ditta pace inviolabìliter. E di tuto farete, ne avisarete per vostre lettere. Se per aventura l'animo del ditto Karamano fosse al tutto inclinato a la guerra, e non se volesse ritrar da la soa armata, voy, cum soa licentia, ve parterete, excusandove a soa signoria se daremo tuto quello ajuto a noy sia possibile al ditto re de Cypro e a soe cose, lequale estimamo esser nostre, como di sopra largamente havemo detto.

7. Di poy questo, partendovi del paese del Karamano e del locho de

Stalamuri, voy navigarete in Cypro, e di tuto avisarete la mayestà del re de Cypro; e che'l sia proveduto di tuto quello li fa mestieri, e avisarlo com noy li mandaremo presto in ajuto una gallea armata, secundo che a Philippo Mistayel, suo ambassatore, a noy mandato per soa mayestà, li havemo promesso, e più se a noy serà possibile. E questo fatto, al più presto ve sera possibile, navigarete a Rhodi, azochè da tuto quello haverete fatto possiamo esser ampliamente informati, e dare provedimento dove sarà necessario.

8. Oltra di questo, essendo in Cypri, supplicarete a la mayestà del re de Cypro et a la mayestà de la regina che se degneno a li procuratori del reverendissimo nostro archivescovo de Rhodo dar ogni ajuto e favore, che possa esser pagato de la responsione annua che de haver da lo arcivescovo de Nicosia, secundo la compositione che fo fatta in Roma in presentia de li ambassatori de soa mayestà tra li ditti arcivescovi de Rhodo e Nicosia [1].

9. Al ritorno che farete de Cypro, s'el ve parerà, porete andare al Schandiloro e li saluderete lo signor del Schandilor per nostra parte, offerandoli noy esser ben dispositi a farli cosa grata e che li sia in piacere.

Scripto ne lo nostro convento de Rhodo, a li xxviii° del mese de Augusto, l'anno de la Incarnation de Nostro Signore M CCCC XLVIII.

1448, 20 novembre. De Rhodes.

Le grand maître, apprenant la reddition du château de Gorhigos, engage le roi de Chypre à demander des secours au sultan d'Égypte, son suzerain, ou à faire la paix avec le grand Karaman.

Malte. Arch. de l'ordre. *Libr. Bullar.* Reg. 1447, fol. 224 v°.

Serenissime et illustrissime rex, ac magnifice et spectabilis domine, nobis honorandissime, cordiali recommendatione premissa. Cum per ora-

---

[1] Il est encore question de cette dette de l'archevêque de Nicosie à l'égard de l'archevêque de Rhodes dans les pièces suivantes du 20 novembre 1448 et du 22 février 1449. Rien ne nous est connu de son origine et de l'accord passé à Rome à ce sujet. D'après quelques mots de Bosio, il semblerait que l'archevêque de Rhodes réclamât seulement en ces circonstances le payement de certaines rentes, *entrate*, qu'il avait en Chypre. (*Storia di San Giov. Gerosol.* t. II, p. 231.) Dans tous les cas, ce ne pouvait être la réclamation d'un cens ou d'une prestation impliquant la subordination du clergé chypriote au métropolitain de Rhodes. L'église de Chypre, exemptée depuis le v° siècle de la suprématie des patriarchats d'Antioche et de Constantinople, maintenue dans ses priviléges sous le gouvernement des Lusignans, des Vénitiens et des Turcs, jouit encore aujourd'hui de sa pleine indépendance. Voy. le P. Ét. de Lusignan, *Histoire de Cypre*, fol. 26, 56 et 84; Kyprianos, Ἱστορία τῆς Κύπρου, p. 370, et le t. Ier de nos documents, p. 35.

torem nostrum, fratrem Moricium Vasellini, quem ad magnum Karamanum et majestatem vestram miseramus, edocti hiis diebus fuissemus que apud Curchum gesta essent, et illius captionem factam a dicto Karamano, causante proditione illorum qui ipsius castri tuitionem penes se gerebant, intollerabili dolore cordis affecti sumus, adeo ut nullum nobis deterius novum dari poterit. Remanserat namque in faucibus Saracenorum illud municipium, lumen illic fidei Christiane, quod extinctum esse non bello, non vi armorum, non longa obsidione, scelere solum quorumdam Christianorum, ab omnibus profecto magnis fletibus lamentandum.

Exposuit insuper is noster orator credentiam vestram qua a nobis consilium petitur quid agendum cum ipso Karamano sit, qui pacem petere videtur suis litteris quas ad majestatem vestram direxit, quarum copiam legimus; an bellum pro dicti castri recuperacione sumendum. Considerande sunt, nostro judicio, vires dicti Karamani que hoc tempore magne sunt [1] et quantum detrimenti totus jam paratus et in bella ruens inferre valeat; et potentia vestra regia ac dominacionum vestrarum, quam nemo quisquam melius novit quam vosmetipse, consideranda. Et si bellum sumendum est, nos, secundum posse nostrum, auxilium dabimus mayestati et dominationibus vestris. Nichilominus, postquam sic infelicitas vestra et omnium Christianorum voluit, ut soldano Babilonie tributum detis, videtur nobis per mayestatem vestram ad eundem oratorem vestrum mittendum et ab eo suffragium postulandum pro dicti castri recuperatione, quamvis intellexerimus ab ipso soldano ipsi Karamano, si dicto castro potiri posset, licenciam fuisse attributam, et a domino Tarsi [2] illic finitimo ad expugnationem castri Curchi, antequam caperetur, ipsi Karamano, nomine ipsius soldani, fuisse oblata adjuvamenta. Scribimus dicto soldano litteras super hanc causam recomendaticias, ut mayestati vestre auxilia et favores conferrat. Si vero pacem magis agere cum ipso Karamano eligeretis, illam medio prefati soldani fieri multis ex causis laudaremus.

Scripsimus sepe, modo ferventi, vestre ac vestris magnificentiis, atque ro-

---

[1] Le grand Karaman pouvait entretenir alors jusqu'à 30,000 cavaliers sur pied de guerre. (Sanudo, *Vite de' duchi di Venezia*, col. 962; t. Ier de nos doc. p. 510.) Il est douteux que le royaume de Chypre eût assez de ressources à la même époque pour armer et solder plus d'un millier de chevaliers. Le roi Janus, au moment de ses plus grands efforts contre les Sarrasins, avec les secours d'hommes et d'argent qui lui étaient venus d'Europe, et en armant tout ce qu'il trouva de valide dans l'île, ne put réunir que 1,600 cavaliers et 4,000 hommes de pied. Voy. le t. Ier des doc. p. 535; cf. p. 510, n.

[2] L'émir de Tarse ou Tarsous, en Caramanie, à 20 lieues à l'est de Gorhigos.

gavimus ut faveretur procuratoribus Rhodi nostri archiepiscopi Colossensis[1], circa assecurationem pensionis annue quam recipere debet super fructibus ecclesie Nicossiensis[2], et quod processus reverendissimi in Christo patris et domini kardinalis Morinensis[3], executoris dicte pensionis, non impediretur propter aliquam frivolam et falsam remissionem ad dominum nostrum summum pontificem, ut dicitur, factam per archidiaconum Famagostensem, qui, licet sit executor impetratus, numquam tamen hujusmodi potestatem habebat hanc remissionem faciendi, ymo incidit in excommunicationis penam sicut latius procuratores dicti Colossensis vobis aperient. Quibus addentes preces precibus, exoramus mayestatem vestram et vestras dominationes ut auxilium, favoresque oportunos et necessarios, secundum tenorem litterarum apostolicarum et processum de hac pensione loquentium, conferre dignentur, quia nobis totum factum extimabimus, ut novit Deus, qui serenitatem vestram et dominationes vestras ab omni malo anime et corporis[4] custodiat. Data Rhodi in nostro conventu, die xx mensis Novembris M CCCC XLVIII[5].

1448, 20 novembre. De Rhodes.

Lettre du grand maître de Rhodes à Malec-al-Daher-Djacmac, sultan d'Égypte, pour l'engager à secourir le roi de Chypre, son vassal, contre le grand Karaman[6].

Malte. Arch. de l'ordre. Libr. Bullar. XLV, fol. 225.

Al illustrissimo re de' Mori e de la Moreria, como Alexandro al suo tempo, lo grande soldano de Babillonia, nui fratri Johan de Lastico, per la Dio gratia de la sancta casa de l'Hospital de Sant Johan de Jherusalem humile magistro, e guardiano de li poveri de Jhesu Christo, mandamo mille salute. Non senza grande dolore de chore havemo saputo como lo grando

---

[1] *Colossensis archiepiscopus.* On désignait ainsi au moyen âge l'archevêque de Rhodes. Suivant le Quien, ce nom viendrait du fameux colosse d'airain. Voy. *Oriens christ.* t. Ier, col. 923; t. III, col. 1049.

[2] La forme de ces réclamations, déjà présentées par le grand maître dans une lettre précédente, semble indiquer de nouveau qu'il s'agissait d'une convention et d'une dette temporaire entre les églises de Rhodes et de Chypre. Voy. ci-dessus, p. 53, n.

[3] Jean le Jeune, fils d'un avocat d'Amiens, successivement évêque d'Amiens et de Thérouenne, créé cardinal en 1439, mourut à Rome en 1451, et fut inhumé dans l'église de Saint-Laurent in Lucina, près du Corso, dont il portait le titre.

[4] Au Ms. *corpus.*

[5] A la suite est cette note, ajoutée sans doute par le chancelier de Rhodes, sous les ordres de qui se transcrivaient les actes dans les registres des bulles : « Stanti spopondit « et de jure tenetur. » On ne sait si la promesse fut exactement remplie.

[6] Bosio a cité cette lettre et en a donné une version dans son histoire de l'ordre de Malte, *Storia della sacra religione di San Giovanni Gierosol.* 2e édit. Rome, t. II, p. 230.

Karamano ha preso lo castello de lo Curcho, che sempre è stato del serenissimo re de Cypro et de li soi antecessori; ni possamo credere cum licencia de vostra grandesa dicto Karamano habia fato tale impresa secundum che publicamente sè dixe, perchè tuto el damagio venga al dito re de Cypro, sè po dire essere fato a vostra excellentia. El dicto Karamano, cum l'aiuto de lo dicto Curcho, po damnificare ziorni e note a suo piazere el regno de Cypro, e ritrarse in logo segure, como ben li parerà. Per tanto, pregamo vostra signoria che non voglia comportare tanta injuria fata a dito re de Cypro vostro tributario, el quallo de rason sete tenute de defendere de soi inimici, e che li volesseno fare oltraggio; ma lo aiuto cum forze e possanza in maniera e modo che possa recuperare el lo ditto suo castello, quando lo ditto Karamano non volesse retornare lo ditto castello, che ne par videre che sua intencion sia cussì, se altro remedio non sè meto. E quando la vostra grandesa sè deliberase de non ajutar lo ditto re de Cypro contra lo ditto Karamano, per aventura quello regno poria capitare in mane de qualche principe Christiano che non ne seria cussì bono vicino. Concludendo, lo honor e lo stato e lo bon avenir de lo ditto re tanto caldamente e con tuta quella affectione che nui possamo, e lo suo regno recommendamo a vostra magnificentia, in modo che'l possa cognoscere che queste nostre littere li sia state profitosse e utille. Scripte nel nostro convento de Rhodo, lo zorno xx del mese de Novembre, l'anno de la Incarnation del Nostro Signore Jhesu Christi, salvadore del mundo, M CCCC XLVIII [1].

1449, 21 janvier. A Gènes.

Le doge et le conseil des anciens de la république de Gènes, afin de remédier à la dépopulation de Famagouste, autorisent les protecteurs de Saint-Georges à racheter immédiatement, pour raison d'utilité publique et nonobstant l'opposition des fermiers concessionnaires, un impôt établi depuis quatre ans à Famagouste.

Gènes. Arch. de la banque de Saint-Georges. Reg. VIII. *Liber magnus contractuum*, fol. 230.

M CCCC XXXX VIIII, die Martis, XXI Januarii.

Illustris et excelsus dominus Ludovicus de Campo Fregoso, Dei gratia

---

[1] La suscription, écrite sur le dos de la lettre, était conçue ainsi : « Al illustrissimo « imperatore de' Mori et dela Moreria, re de « Arabia, Egipto, Suria, como Allexandro al « suo tempo, signore de le dui case sancte, « mantegnidoro de la sua justicia, Jacmach « Melech Daher. » Ces titres étaient ceux que les sultans prenaient eux-mêmes, comme l'on verra plus loin dans la lettre d'Al-Aschraf, du 29 novembre 1456. Les deux saintes maisons dont ils se disent les maîtres sont les temples de Jérusalem et de la Mecque.

dux Januensium, et magnificum consilium dominorum antianorum communis Janue, in legitimo numero congregatum, quorum tunc presentium hec sunt nomina : Martinus de Castellione prior, D. Nicolaus de Nigro legumdoctor, Antonius Gentilis, Basilius Asinellus, Elianus Spinula de Luculo, Nicolaus Garomberius notarius, Christoforus de Corvaria, Hyeronimus de Domoculta, Donatus Bondenarius et Egidius Lomelinus; amotis inde nobilibus viris : Salvagio Salvaigo et Jacobo de Flisco quondam Hectoris, reliquis duobus antianis, quoniam hujus rei commodum et incommodum ad eos ut ad participes pertinere dicebatur. Cum audissent hodie spectatos protectores sancti Georgii novos ac veteres, multa memorantes de infrequentia populi et variis calamitatibus civitatis Famagustane[1], cujus cura cum sibi protectoribus commissa sit, se quidem compertum habere nihil esse quod ejus habitationi gravius noceat quod vectigal quoddam citra quadriennium institutum, cujus emptores fuerunt viri nobiles Manuel et Leonel de Oliva, et ob id excogitasse tollere vectigal ipsum, ita ut Famaguste non colligatur, quo fiet ut navigia, mercatores ac merces plurime, eo onere sublato, urbem illam frequentent et sic habitatoribus repleatur; obstare tamen huic tanto bono inflexibilem duriciam participum hujus vectigalis, qui, precio convenienti et majore quidem quam emerint, vendere seu dimittere recusant id vectigal ipsis protectoribus; quorum judicio si participes ipsi stare vellent, nec illis precium equum defficeret, et ejus urbis habitatio preter plurima alia Januensium commoda sequeretur; id autem ob se eo animo memorari ut si ipsis illustri domino duci et consilio videatur propter tantam tamque manifestam reipublice utilitatem cogant ipsos Manuelem, Leonelem et alios super precio hujus vectigalis contentos esse judicio ipsorum protectorum veterum ac novorum; vocato deinde eodem Manuele, multa in sui

---

[1] Piloti, qui écrivit vers 1440, après avoir passé sa vie presque entière en Orient, a remarqué comme l'une des causes principales de la dépopulation de Famagouste et de la ruine du commerce chypriote en général l'occupation même des Génois, qui engagea les armateurs européens, autrefois en rapport avec Famagouste, à diriger de préférence leur commerce vers Damas et les autres places de Syrie. (Voy. le t. Ier des doc. p. 383, n. 6.) Je citerai encore ce passage de Piloti : « En laquel Famagosta se fai- « soit marchandise de toute la nation de « Crestiènes de Ponent. Pourquoy touttes ca- « ravanes d'espices arivoit à Barute et à Tri- « poli de Surie et de là les conduisoyent en « Famagoste; et similment tous coutons et « d'autres marchandises qui naissent en Surie « toutes passoyent à Famagosta. Et a une « place loinge, en laquel a une rue loinge de « loges magnifiques de toutes nations de « Crestiens de Ponent. Et la plus belle loge « de toutes est celle des Pisains, et encore « jusques au jour present sont toutes em pié. » Voy. *Mon. de l'hist. de Hainaut*, faisant partie des chroniques belges, t. IV, p. 336.

excusatione narrante et offerente stare judicio duorum prestantium civium aut duorum ex ipsis protectoribus, protectorum autem universalem sententiam recusante; cum rem multis sermonibus in longum traxissent, tandem utilitatis publice memores, et que in ejusmodi casibus factitari solita sunt sequentes, omni jure et forma quibus melius et validius potuere, decreverunt ac preceperunt quod dicti Manuel et Leonel ceterique ejus vectigalis participes stare teneantur sub precio ejus judicio ac declarationi protectorum sancti Georgii novorum et veterum, considerato potissimum quod compertum habuerunt majus eos precium soluturos fore quod ab ipsis Manuele et Leonele emptum sit.

Item, cesserunt et pleno jure transtulerunt in perpetuum id vectigal cum omni actione ac jure colligendi et omni alio sibi competenti in ipsos protectores sive comperas sancti Georgii et participes earum, cum potissimum libere obtulerint id vectigal in Famagusta extinguere, eamque civitatem hoc pernicioso onere levare; statueruntque, et ipsis protectoribus nomine ipsarum comperarum solemniter promiserunt, hoc vectigal nullo unquam tempore imponi posse, quodque nec illud nec aliud ejusmodi ipsi in Famagusta aut aliis regnis ac terris in venditione ejus nominatis instituent, nec ab aliis imponi ullo modo patientur, quecumque esset utilitas aut necessitas, nec insuper illi quicquam gravaminis addi directe vel indirecte permittent, etiamsi summa necessitas manifestaque discrimina imminere crederentur; sed omnem ejus jurisdictionem et arbitrium in ceteris regnis et terris colligendi, curamque et administrationem ipsis protectoribus et comperis libere et integre, nihil juris in se retento, ita ut de eo libere possint statuere ac disponere ut de re propria, adimentes sibi ipsis jus, arbitrium, auctoritatem ac potestatem quicquam jubendi, decernendi ac faciendi contra hec que sic promissa sunt; volueruntque ac declaraverunt ea ipsa vim habere debere, auctoritatemque et robur cujusvis celebris conventionis et pacti, etiam si quis ibi verborum defectus inveniretur.

Die Jovis, xxiii^a Januarii.

Spectabile officium monete communis, in legitimo numero congregatum, cognitis translatione et promisione suprascriptis et reliquis superius annotatis, liberum his omnibus assensum prebuit et ea fieri laudavit, inventis sex calculis albis assentientibus, nullo nigro contradicente. Jacobus de Bracellis, cancellarius.

[1449], 22 février. A Rhodes.

Instructions du grand maître et du conseil de l'ordre de Rhodes à frère Louis de Rilliac, prieur de la Salvetat d'Auvergne, envoyé en Chypre.

Malte. Arch. de l'ordre. Libr. Bull. XLVI, fol. 356 et 359.

I.

Attendu la disette qui se fait durement sentir à Rhodes, le prieur est chargé de demander au roi la faculté d'exporter de Chypre pour le trésor de Rhodes 6,000 muids de froment et 6,000 muids de blé, conformément à ses promesses. Il se plaindra de ce que les habitants de Rhodes venant acheter du blé en Chypre éprouvent depuis quelque temps un refus ou des lenteurs pour le permis d'exportation, ce qui augmente beaucoup les frais du voyage en retardant leur départ. « Ex quo admiramur, ajoute le grand maître, nam nos Cyprum et Rhodum unum « esse existimamus. » Si, pendant son séjour à Nicosie, Louis de Rilliac entendait reprocher à l'Hôpital de n'avoir pas envoyé une galère au secours de Gorhigos, qu'il ne manque pas de disculper l'ordre; car on sait qu'à la demande du roi[1] le grand maître s'interposa aussitôt pour la paix et s'empressa d'envoyer le commandeur de Troyes au Karaman. On sait aussi que c'est pendant les négociations suivies en commun auprès de ce prince par l'envoyé de l'ordre et les ambassadeurs du roi de Chypre, que les hommes de la garnison de Gorhigos, manquant de vivres et séduits par l'or du Karaman « corrupti peccunia, » lui rendirent la place[2]. Le prieur aura à recevoir différentes sommes pour le trésor, soit au village de Kolossi « nostrum casale Collossi, » soit auprès de frère Antoine Thebaldis, précepteur de Phinika et Anoghira[3] « gubernator Finice et Noyere, » et de frère Philippe d'Hortalls, chargé de la préceptorerie de Chypre « prior et arrendator magne pre« ceptorerie Cypri. » Il apportera cet argent avec lui en revenant à Rhodes, soit en nature, soit en lettres de change. Enfin il ordonnera à François Sanudo, prieur de l'église de Saint-Jean de Jérusalem à Nicosie, de rendre publique, dans la cathédrale ou ailleurs, la plainte « processum » de l'archevêque de Rhodes contre l'archevêque de Nicosie, au sujet de la pension réclamée[4].

1449, 18 juin. A Rhodes.

II.

Louis de Rilliac, envoyé de nouveau en Chypre, confirmera, au nom du trésor,

[1] Après l'ambassade de Philippe Mistahel, dont il est question dans les pièces de 1448.
[2] Voy. ci-dessus, p. 48, n. 2.
[3] Phinika est dans le district de Paphos, à l'est de Ktima; Anoghyra, la Noyère des textes français, se trouve dans l'intérieur du Kilani, à la hauteur du cap Blanc; le château de Kolossi est à plus de 8 lieues à l'est de cette dernière position.
[4] Voy. préced. p. 53, n. 1, et p. 55, n. 2.

à noble homme Marc Cornaro, marchand vénitien demeurant en Chypre, la vente de 10,000 muids de froment et de 3,000 muids d'orge, faite au trésor de Rhodes par Étienne Barozo, marchand vénitien, pour ledit Marc Cornaro, au prix de 8 aspres de Rhodes le muid de froment et de 4 aspres le muid d'orge, à la mesure de Rhodes [1]. Il achètera cent quintaux de biscuit de froment de Chypre. Il confirmera à frère Galzeran de Rieusec, de la langue d'Espagne, neveu de l'amiral de Chypre [2], demeurant maintenant dans cette île, l'apaut ou bail à ferme du casal de Tarse, village que le roi Jean a donné en gage à l'ordre de Rhodes pour l'acquittement de ses dettes [3].

1450, 16 mars. A Famagouste.

Accord entre les envoyés du roi de Chypre et le capitaine podesta de Famagouste, dans lequel les commissaires royaux reconnaissent que la juridiction des Génois blancs de Chypre appartient au capitaine de Famagouste et aux protecteurs de Saint-Georges [4].

Gênes. Arch. de la banque de Saint-Georges. Reg. X, fol. 59 v°.

In nomine Domini, amen [5]. Cum sit quod magnificus et graciosus dominus Antonius de Francis Luxardus [6], capitaneus et potestas civitatis Famaguste et omnium Januensium in regno Cipri, tanquam sindicus et procurator magnificorum dominorum protectorum comperarum sancti Georgii excelsi communis Janue, vigore publici instrumenti sindicatus et procure, scripti et publicati manu domini Pauli Mainerii de Vuada, notarii publici

---

[1] Voyez, pour les rapports des mesures de Chypre et Rhodes, Pegolotti, *Della mercat.* p. 80, dans Pagnini, *Della decima*, t. III.

[2] « Fra en Galzerano de Rivosico. » Bernard de Rieussec, que les historiens de Chypre nomment Bernard Rossi et Bernardin Rousset, était alors amiral de Chypre. Il resta fidèle à Charlotte de Lusignan, et la suivit en Europe lorsque Jacques le Bâtard s'empara du trône. Voy. Guichenon, *Hist. de Sav.* t. I, p. 542; Ét. de Lusignan, fol. 163-164, et ci-après, p. 125, n. 1.

[3] Voy. ci-dessus, p. 32, n. 1. On trouve cependant que l'ordre de Rhodes, par décision du 3 janvier 1450, chargea le chevalier Jacques du Fossat, de Pavie, d'administrer le casal de Tarse en son nom. Bosio, *Stor. Geros.* t. II, p. 236.

[4] Les Génois blancs, de même que les Vénitiens blancs, étaient des indigènes grecs ou syriens admis par faveur aux avantages de la nationalité des Génois et des Vénitiens. Je ne pourrai, sans entrer dans de trop longs développements, réunir ici les raisons et les textes qui m'ont amené à reconnaître cette situation, et je dois me borner à l'énoncer en réservant les preuves qui me paraissent l'établir suffisamment pour la partie de cet ouvrage relative à l'État des personnes. Le podesta de Famagouste soutient dans le présent acte que la juridiction des Génois blancs avait de tout temps appartenu aux officiers génois établis en Chypre. Il est douteux toutefois que les communes marchandes aient joui de ce privilége au XIIIe et au XIVe siècle; mais, au XVe, les rois de Chypre n'étaient plus en position de défendre les prérogatives de leur couronne et les dispositions des Assises.

[5] L'acte ne devrait former, en réalité, qu'une seule phrase jusqu'à la date; j'ai cru cependant nécessaire, pour en faciliter la lecture, de le scinder en plusieurs paragraphes.

[6] Nom incertain, *Luxorus* ou *Luxardus*.

et prefatorum magnificorum dominorum protectorum cancellarii, anno preterito, die trigesima mensis Augusti, his proximis diebus, nomine et vice prefatorum magnificorum dominorum protectorum, fecerit certas requisitiones ore tenus spectabili et eximio legum doctori domino Ugoni Podochatoro[1] et nobili et provido domino Odeto Busato, oratoribus et procuratoribus serenissimi principis et excellentissimi domini domini Johannis Jerusalem, Cipri et Armenie regis; quibus requisitionibus prefati magnifici domini capitanei, sindici et procuratoris predicti, per prefatos dominos Ugonem et Odetum, pro parte et nomine regie majestatis, facta fuit responsio, et specialiter in et super articulo jurisdictionis et cognitionis Januensium alborum in regno Cipri commorantium et conversantium :

Prefatam regiam majestatem, amore et contemplatione prefatorum dominorum protectorum comperarum sancti Georgii, quibus prefata regia majestas semper complacuit et voluit complacere, ac etiam amore prefati magnifici domini capitanei, sindici et procuratoris, ut supra, contentari, assentiri ac velle dictam cognitionem, quem in dubium ante vertebatur pertinere ad spectabilem dominum capitaneum Famaguste et officiales Januensium; hac tamen conditione et lege, quod ipsi officiales, id volentes cognoscere et declarare utrum aliquis subditus et regius districtualis debeat expediri et tractari pro Januense, prius antea quam cognoscant et declarent, id debeant notificare regie majestati vel officialibus suis videlicet quis petat expediri pro Januense ut, habita tali informatione, regia majestas possit mittere aliquem suum fidelem, quo presente, dicta expeditio fiat secundum continentiam clausule facte per quondam Peregrum Calvaigum et quondam Bartholomeum Porcum, videlicet quod ipse *talis* vel pater ejus fuerit alias habitus, tractatus, reputatus et expeditus pro Januense, ut valeat se certificare et intelligere an illa cognitio legitime facta sit secundum formam dicte particule superinde inite ut prefertur; de qua, si rellatio habeatur quod bona fide et legitime facta sit, tunc ipsa cognitio transeat et cognitus pro expedito habeatur; sin autem e contra, nuncius regius, secundum pacta, potestatem habeat apellandi ad prefatos magnificos dominos protectores et, appellatione pendente, expediri; petens interim debeat subditus regius remanere, quoad onera solita regia persolvenda, non tamen ut officiales regis illum possint alio onere personali vel reali gravare; quod si prefati magnifici domini protectores, matura deliberatione et examinatione

---

[1] Hugues Podochatoro fut chargé par le roi de Chypre de différentes ambassades en Europe dans les années 1447 et 1453. Voy. le doc. du 19 sept. 1453. Ci-après, p. 72, n. 3.

secundum tenorem dicte clausule illum se expediendum legitime probavisse cognoscant et legitime expeditum declarent et pronuncient, tunc expediendus pro expedito legitime habeatur; sin autem e contra cognoscant, remaneat, ut prius, Ciprius regius in omnibus subditus et districtualis; que oblatio in simili forma etiam alias facta fuit prefato magnifico domino Antonio capitaneo, anno Domini M CCCC XLV, tunc oratori et sindico prefati excelsi communis Janue, per magnificum et prestantem militem dominum Jacobum de Flori, comitem Jopensem, tunc procuratorem prelibati serenissimi domini regis;

Cumque prefati magnifici domini protectores succedentes in locum incliti communis Janue vigore translationis dominii civitatis Famaguste et jurisdictionis et pertinentiarum suarum et cetera, ex inspectione federum, pactorum, conventionum et ordinationum vigentium inter prefatam regiam majestatem et suos serenissimos antecessores, ex una parte, et dictum inclitum commune Janue, ex altera; cognoscentes cognitionem ejusmodi spectare et pertinere capitaneo Famaguste ac officialibus Januensium; memores etiam per inclitam dominationem Janue fuisse alias conditum instrumentum cujusdam ratificationis super dicta oblatione facta per dictam regiam majestatem super quadam modificatione ac clausula et additione de qua in dicto instrumento continetur, cui additioni licet fuerit contradictum, et nollentes tamen aliquo casu fieri posse quominus dicte oblationi sit locus ob contemplationem prefate regie majestati; intelligentes additionem illam de qua in dicta responsione fit mentio, fuisse appositam ad abundantem cautellam cum in omnem eventum decisa per sententiam non soleant in novum judicium deduci, neque in dubium refricari; et volentes, quemadmodum semper eorum fuit propositi, regie majestati complacere, quamquam ut supra intelligant jurisdictionem illam et facultatem cognoscendi omnino et sine contradictione aliqua spectare et pertinere capitaneo Famaguste et officialibus prefatorum magnificorum dominorum protectorum, neque dictos quondam Peregrum et Bartolomeum potuisse juribus communis Janue prejudicare, neque id facere potuisse, potestatem et arbitrium ac facultatem contulerint prefato magnifico domino Antonio eorum sindico et procuratori, virtute et vigore dicti instrumenti sindicatus et procure, scripti et publicati per dictum dominum Paulum Mainerium notarium et eorum cancellarium, anno et die suprascriptis, visi et lecti per me notarium infrascriptum, cujus tenorem brevitatis causa hic non inserui, tractandi, componendi et concludendi in et supra dicto articulo jurisdictionis et jurisdictionis predicte sub illis pactis, modis, formis, condictionibus et reservationibus, clausulis, penis, cautellis et hipotecis de et pro quibus prefato ipsorum dominorum magnificorum protectorum sindico et procuratori videbitur et placuerit;

Volens dictus magnificus dominus Antonius, sindicus et procurator ut supra, finem his statuere et perhibere, sicque e contra predicti regii oratores et procuratores dicto nomine :

Hinc est quod prefatus spectabilis legum doctor, dominus Ugo Podocator, et nobilis dominus Odetus Busat, procuratores et procuratorio nomine prelibati serenissimi domini regis, habentes ad hec omnia et singula plenum, amplum et sufficiens mandatum, vigore et ex forma publici instrumenti procure scripti et testati manu Petri Pauli de Molio, notarii et cancellarii prelibati serenissimi domini regis, hoc anno et die sexta presentis mensis Marcii, visi et lecti per me notarium infrascriptum, cujus tenorem brevitatis causa etiam hic non inserui, agentes regio nomine, ex una parte; et prefatus magnificus dominus Antonius Luxardus de Francis, dicto sindicario et procuratorio nomine prefatorum magnificorum dominorum protectorum comperarum sancti Georgii excelsi communis Janue, habens etiam ad omnia et singula infrascripta plenum et sufficiens mandatum, vigore et ex forma dicti instrumenti sindicatus et procure per me, ut supra, visi et lecti ex parte altera; sponte, libere et ex certa scientia et nullo juris vel facti errore ducti, omni meliori modo, jure, via et forma quibus melius potuerunt, in presentia mei notarii et testium infrascriptorum, omnes insimul et vicisim, dictis nominibus, voluerunt, annuerunt, consenserunt et per pactum expressum firmaverunt, convenerunt et comprobaverunt quod cognitio et jurisdictio cognoscendi et declarandi quisnam sit Januensis albus et expediri et tractari debeat pro Januense de cetero spectet et pertineat capitaneo Famaguste et officialibus prefatorum magnificorum dominorum protectorum, sub illis modis, formis, condictionibus, ac in omnibus et per omnia prout et sicut in suprascripta responsione et oblatione facta per prefatos dominos Ugonem et Odetum, regio nomine, fit mentio et continetur. Approbantes, etc.[1]

Actum Famaguste, in palacio residentie prefati magnifici domini capitanei, in camera paramenti, anno Domini Nativitatis millesimo quadringentesimo quinquagesimo, indictione duodecima secundum cursum Janue, die lune, xvi^a die Martii, paulo post vesperas, presentibus spectabile et

---

[1] Je supprime les formules de ratification.

nobile domino Petro de Nigrono consule Januensium in Nicosia, egregio domino Carolo de Albario vicario prefati magnifici domini capitanei, nobile et egregiis dominis Segurano Ardimento, Manuele de Rapallo et Antonio de Coronato, tribus officialibus monete civitatis Famaguste, et nobile domino Jacobo Cento, civibus Janue, testibus vocatis et rogatis ad predicta.

Ego Andreas de Bovonis de Novis, quondam Antonii, publicus imperiali auctoritate notarius publicus, etc.

1450, 7 septembre.

Traité de paix entre le roi de Chypre et Louphtou-Bey, émir de Candelore, en Caràmanie.

Malte. Arch. de l'ordre. *Libr. Ballar.* XLVII, fol. 187 v°.

Εἰς τὸ ὄνομα τοῦ Θεοῦ.
Εἰς τοὺς αυν΄, σεπ]εμβρίου ζ΄.

Αὐτὸ ἔνεν ἡ ἀρχὴ τῆς ἀγάπης μέσα εἰς τὸν ὑψηλότατον καὶ δικαιότατον Τζονὰν ῥῆγαν τῆς Κύπρου, καὶ τοῦ εὐγενικωτάτου καὶ εὐτυχιμένου Λουφτούμπεη, ἀμηρᾶν καὶ ἀφέντην τοῦ Καντηλόρου[1] ἀπὸ τὴν ποίαν ἀγάπην ἐγίνετον, ἐτελειώθην εἰς τὴν τάξιν καὶ μανιέραν τοιούτην·

Ὅτι πρῶτον ὁ ἀφένθης ὁ ῥῆγας τῆς Κύπρου προμετιάζει καὶ τάσση τοῦ καὶ ὠμόνει ἀπὸ τὴν σήμερον καὶ νὰ πάγη νὰ ἔχη καλὴν ἀγάπην καὶ φιλίαν μὲ τὸν αὐτὸν ἀφέντην τοῦ Καντηλόρου· καὶ ἀπ᾿ ἐδῶ καὶ ἔμπροσθεν νὰ τὸν ἔχη καλὸν γείτονα καὶ ἀδελφόν· καὶ μηδὲν ἐνοιασθῇ, οὐδὲ νὰ γυρεύσῃ, οὐδὲ νὰ θελήσῃ νὰ κάμῃ ζημίαν τοῦ αὐτοῦ ἀφέντῃ τοῦ Καντηλόρου οὐδὲ τοῖς ἀνθρώποις του, οὐδὲ τὰ πράματά του, οὐδὲ τὰ καράβιά του, οὐδὲ ταῖς πραματίαις τους· ἀμὴ νὰ ἐμποροῦν νὰ ἔρχωνται εἰς τὸ νησὶ τῆς Κύπρου εἰς τοὺς λιμένας του καὶ εἰς τὴν γῆν του, νὰ ἐμπαίνουν καὶ

Au nom de Dieu, en l'an 1450, le 7 septembre.

Ceci est le commencement de la paix entre le très-haut et très-juste Jean, roi de Chypre, et le très-noble et fortuné Louphtou-Bey, émir et seigneur de Candelore, dont la conclusion a été faite et parachevée dans la forme et la manière suivante :

A savoir, premièrement, le seigneur roi de Chypre promet, répond et jure, à partir de ce jour en avant, de garder bonne affection et amitié audit seigneur de Candelore et de l'avoir, à partir de ce jour, pour bon voisin et frère, sans préméditer, ni chercher, ni vouloir, ni faire aucun préjudice audit seigneur de Candelore, ni à ses hommes, ni à ses choses, ni à ses navires, ni à ses marchandises. Mais il promet au contraire que lesdits hommes pourront venir dans l'île de Chypre, dans ses ports et dans ses États; entrer et sortir, eux et leurs

---

[1] La ville de Candelore du moyen âge, qu'on a quelquefois confondue avec Iskanderoun ou Alexandrette, me paraît être Alaïa, l'ancien *Coracesium*, position à égale distance à peu près de Satalie et d'Anamour, sur le rivage oriental du golfe de Satalie. Voy. *Bibliothèque de l'école des chartes*, 2ᵉ série, t. Iᵉʳ, p. 315.

Iʳᵉ PARTIE. — DOCUMENTS.

νὰ εὐγαίνουν ἐκεῖνοι καὶ οἱ πραματίαις τῶν ἀκωλύτως. Καὶ ἔτζι προμετιάζει αὐτὸς ὁ ῥῆγας τῆς Κύπρου τοῦτα ὅλα νὰ τὰ ὁμόσῃ καὶ νὰ τὰ κρατήσῃ. Καὶ ἀκόμη ἀνὲν καὶ ἔνι κἀνμία ζημία τοῦ αὐτοῦ ἀφέντη τοῦ Καντηλόρου ἀπὸ ἐξ αὐτοῦ τῆς ἀφεντείας του, ἢ ἀπὸ κἀνέναν ἄνθρωπον ὑποτακτικόν του, ὁ ἀφέντης ὁ ῥῆγας νὰ ἔνεν κρατούμενος νὰ τὴν πληρόνη τὴν αὐτὴν ζημίαν.

Καὶ τότσαι καὶ ὁ αὐτὸς ἀφέντης Λουφτούμπεης, καὶ ἀφέντης τοῦ Καντηλόρου προμετιάζει του καὶ τάσῃ του καὶ ὁμόνει του ἀπὸ τὴν σήμερον ἡμέραν καὶ ἐμπρὸς, νὰ τὸν ἔχῃ καλὸν γείτονα καὶ ἀδελφόν· καὶ νὰ ἔχει καλὴν ἀγάπην καὶ φιλίαν μὲ τὸν αὐτὸν ἀφέντην τὸν ῥῆγαν τῆς Κύπρου, καὶ ἀπῶδε καὶ ἐμπρὸς νὰ τὸν ἔχει καλὸν γείτονα καὶ ἀδελφὸν, καὶ μηδὲν ἐνοιασθῇ οὐδὲ γυρεύσει οὐδὲ νὰ θελήσῃ νὰ κάμῃ ζημίαν τοῦ αὐτοῦ ἀφέντη τοῦ ῥηγὸς, οὐδὲ τοῖς λαοῖς του, οὐδὲ τοῖς ἀνθρώποις του, οὐδὲ τὰ πράματά του, οὐδὲ τὰ καράβιά του, οὐδὲ ταῖς πραματίαις τους· ἀμὲ νὰ ἐμποροῦν νὰ ἔρχωνται εἰς τὸ Καντηλόρος καὶ εἰς ὅλην τὴν γῆν τῆς ἀφεντείας του, καὶ εἰς τοὺς λιμένας του νὰ ἐμπαίνουν καὶ νὰ εὐγαίνουν ἐκεῖνοι καὶ οἱ πραματίαις τους ἀκωλύτως. Καὶ ἔτζι προμετιάζει ὁ αὐτὸς ἀφέντης τοῦ Καντηλόρου τοῦτα ὅλα νὰ τὰ ὁμόσῃ καὶ νὰ τὰ κρατήσῃ. Καὶ ἀκόμη ἀνὲν καὶ γένει καὶ κἀνμία ζημία τοῦ αὐτοῦ ἀφέντη τοῦ ῥηγὸς, ἀπὸ τὸν ἀφέντην τοῦ Καντηλόρου, ἢ ἀπὸ κἀνέναν ἄνθρωπον ἐδικόν του, ὁ ἀφέντης τοῦ Καντηλόρου νὰ ἔνεν κρατημένος νὰ πληρώνῃ τὴν αὐτὴν ζημίαν.

Ἀκόμη ὁ αὐτὸς ῥῆγας ἂν νοιώσῃ τι καὶ μάθῃ ὃ καὶ κάνεὶς ἐχθρὸς τοῦ ἀφέντη τοῦ Καντηλόρου θελήσει νὰ ἔλθη νὰ τὸν κάμῃ

marchandises, sans aucun empêchement. Ainsi, ledit roi de Chypre promet de jurer toutes ces choses et de les observer. Et en outre, s'il arrive quelque dommage audit seigneur de Candelore, soit de la part de sa seigneurie, soit de quelque homme son sujet, le seigneur roi sera tenu de payer ledit dommage.

Et par suite le seigneur Louphtou-Bey, seigneur de Candelore, lui promet et lui jure, de ce jour en avant, de le tenir pour bon voisin et frère; et de garder bonne affection et amitié audit seigneur roi de Chypre, et dorénavant de l'avoir pour bon voisin et frère, et de ne préméditer, ni chercher, ni vouloir causer aucun dommage audit seigneur roi, ni à ses hommes, ni à ses sujets, ni à ses choses, ni à ses vaisseaux, ni à ses marchandises. Mais [au contraire que lesdits hommes] pourront venir à Candelore et sur tout le territoire de sa seigneurie; entrer dans ses ports et en sortir, eux et leurs marchandises, sans aucun empêchement. Et ainsi le même seigneur de Candelore promet de jurer et d'observer toutes ces choses. Et en outre, s'il advient quelque dommage audit seigneur roi, de la part du seigneur de Candelore ou de quelqu'un de ses hommes, le seigneur de Candelore sera tenu de payer ce dommage.

En outre ledit roi, s'il s'aperçoit et apprend que quelque ennemi du seigneur de Candelore veut venir lui cau-

ζημίαν, νὰ τὸν κάμνῃ νοιώσιν τὸ ἐγρηγο-
ρώτερον ὁποῦ νὰ ἠμπορέσῃ. Καὶ ἔτζι ὁ
αὐτὸς ἀφέντης τοῦ Καντηλόρου ὁμόνει καὶ
προμετιάζει ὅτι καὶ ἂν νιώσῃ καὶ μάθῃ
ὅτι κάνεῖς ἔλθῃ ἢ θελήσῃ ὁποῦ νὰ τὸν
κάμῃ ζημίαν, νὰ τὸν κάμνει νιώσιν τὸν
αὐτὸν ῥῆγαν τῆς Κύπρου.

Καὶ διὰ καλὴν φερμάτζιαν καὶ μὲ τὸ
θέλημα τῶν δύο κερῶν (κυρίων?), του-
τέσ]ιν τοῦ αὐτοῦ ἀφέντη τοῦ ῥηγὸς καὶ τοῦ
αὐτοῦ ἀφέντη τοῦ Καντηλόρου, ἐποιήκασιν
τὸ αὐτὸ γράψιμον καὶ ἐδώκαντο εἰς τὰ
χέρια τοῦ ἀφέντη τοῦ μεγάλου μάσ]ρου.
καὶ ἐβάλασίν τον κριτήν, εἴ τις ἔλθει παρα-
κάτω ἀπὸ τὰ σ]οιχημένα τῆς ἄνωθεν
γραφῆς, ὁ αὐτὸς ἀφέντης μέγας μάσ]ορης
νὰ τοὺς κρίνῃ· καὶ οἱ αὐτοὶ ἀφέντες νὰ
ἦναι κρατημένοι εἰς ἐκείνην τὴν κρίσιν
τὴν θέλει κάμειν ὁ ἀφέντης ὁ μέγας μά-
σ]ορης.

Καὶ ἔτζαι τὸ ὁμόσασιν.

ser dommage, il s'engage à l'en avertir
le plus tôt possible. Et de même ledit
seigneur de Candelore, s'il s'aperçoit et
apprend que quelqu'un vient ou veut
venir causer du dommage au roi de
Chypre, jure et promet de l'en avertir.

Et pour bonne garantie d'un accord
commun des deux seigneurs, c'est-à-
dire ledit seigneur roi et ledit seigneur
de Candelore, les deux parties ont fait
le présent écrit et l'ont remis entre les
mains du seigneur le Grand Maître [de
Rhodes], qu'ils ont choisi pour arbitre,
afin que, si quelqu'un contrevenait aux
engagements exposés ci-dessus, ledit
seigneur Grand Maître les juge, et que
lesdits seigneurs soient tenus [de se con-
former] à la décision qu'aura rendue le
seigneur Grand Maître.

Ils l'ont juré ainsi[1].

[1] Les inquiétudes qu'inspiraient sans cesse les Turcs, les Karamans et les princes d'Asie Mineure, déterminèrent le roi de Chypre, peu après la conclusion du traité avec Louphtou-Bey, à solliciter avec plus d'instances les secours de la chrétienté d'Europe et les indulgences attachées à la défense du royaume de Chypre, que le roi Janus avait demandées au saint siége en 1427 (voy. le t. Ier de nos doc. p. 520, n. 2), et que Jean II lui-même avait obtenues déjà quelques années auparavant. Voy. la n. 1, au doc. de 1453. La personne chargée de cette importante mission fut Paulin Zappe ou Zapp, le même probablement que Paul Zappe, fidèle serviteur de la reine Charlotte, qualifié de sénéchal de Jérusalem en 1458, et tué en 1473 par les amis de Jacques le Bâtard. (Florio Bustron, Ms. de Londres, fol. 204 v°, 206 v°; Georges Bustron, Ms. de Londres, fol. 84 v°; Étienne de Lusignan, *Histoire de Cypre*, fol. 183.)

Dès le 12 avril 1451 (et non pas seulement 1452), une bulle de Nicolas V accorda des indulgences plénières à tous ceux qui, avant le 1er mai 1455, concourraient de leurs deniers ou de leurs personnes à la défense de la foi en Chypre. Le roi Jean chargea de ses pouvoirs, à l'effet de recevoir les subsides, son propre ambassadeur Paul Zappe, par lettres du 6 janvier 1452. (Guden. *Codex diplom.* t. IV, p. 309.) Zappe, de son côté, chargea des sous-délégués de parcourir les différents états de l'Europe et de recueillir les offrandes des fidèles. On connaît le nom de ceux qui se rendirent en Allemagne: ce fut Jean de *Castro Coronato*, mandataire général, assisté de deux procureurs, Abel Kilchof, de Cologne, et Philippe Urri ou Gourri, Chypriote. Les commissaires allèrent d'abord à Mayence, et obtinrent de l'archevêque Théodoric toutes les permissions et les recommandations dont ils avaient besoin pour remplir leur mission. C'est en ces circons-

1450, 17 septembre. A Gênes.

Traité de paix entre la république de Gênes et le duc de Savoie, à la suite duquel la république s'engage, pour un laps de temps de dix années, à permettre au duc de Savoie d'armer à Gênes une flotte de guerre destinée à la conquête de l'île de Chypre; en outre, à fournir les galères et une partie des sommes nécessaires à leur équipement [1].

Turin. Arch. de la Cour. *Genova. Carte sparse.* Copie du xviie siècle, d'après le IIIe vol. du *Liber Jurium* de Gênes.

In nomine Domini, amen. Anno a Nativitate ejusdem milleximo quadringenteximo quinquageximo, inditione duodecima secundum Januæ cursum, die vero decima septima Septembris.

tances, et afin de porter plus facilement à la connaissance publique les indulgences attachées par le saint siége à la défense ou aux subsides du royaume de Chypre, qu'ils employèrent le procédé, nouvellement inventé dans cette ville, de la typographie sur caractères mobiles. Les plus anciens certificats d'indulgences imprimés ainsi par les délégués chypriotes portent les dates des mois de novembre et décembre 1454. Ils sont au nom de Paulin *Chappe,* conseiller, ambassadeur et procureur général du roi de Chypre. Voy. Hanselmanns, *Souveraineté de la maison de Hohenlohe,* p. 335; Reinhard, *Hist. do Chypre,* t. Ier, pr. p. 102; *Litteræ indulgentiarum Nicolai V pontificis pro regno Cipri, von 1454, 1455;* Leipzig, 1844, au Serapeum; la publication de M. le comte de Laborde, citée t. Ier de nos documents, p. 520, n. 2; et l'*Histoire de l'origine et des débuts de l'imprimerie,* par M. A. Bernard, t. Ier, p. 167.

Le sceau de l'œuvre *Pro regno Cypri* se compose de divers écussons représentant les instruments de la passion de Notre Seigneur, les clefs pontificales et le lion de Chypre, avec la légende : « Sigillum indulgentiarum « amplissimarum pro defensione fidei regi « Ciprie concessarum. »

En même temps que Paulin Zappe et ses commissaires réunissaient les collectes, dont une partie fut détournée par des agents infidèles, le saint siége veillait, avec une sollicitude que le peu d'expérience du roi Jean II semblait activer encore, à la défense du royaume de Chypre. Dès 1450, Nicolas V aidait par une subvention le roi d'Aragon à entretenir une flotte dans la mer de Rhodes et de Chypre. (Rinaldi, *Annal. eccles.* 1450, § 18, t. XXVIII, p. 559.) En 1451, il engageait de nouveau les princes chrétiens à envoyer des renforts ou des subsides en Chypre; il exhortait le roi à terminer les fortifications de Nicosie; il renouvelait les anciennes prohibitions contre le transport des armes chez les infidèles. (*Annal. eccles.* § 4, t. XXVIII, p. 568. Voy. notre t. Ier, p. 125.) En 1452, il affectait la moitié du produit des indulgences gagnées en France à l'achèvement des remparts de Nicosie. (*Annal. eccles.* 1452, § 15, t. XXVIII, p. 604.) En 1454, après la prise de Constantinople, qui, l'année précédente, avait consterné la chrétienté, il renouvelait les indulgences. Calixte III, successeur de Nicolas V, porta comme lui son attention sur l'état de l'Orient. En 1457, employant Æneas Sylvius, son secrétaire, qui devait être son successeur, il faisait connaître l'emploi des subsides, et rappelait que la flotte du saint siége montée par le légat apostolique protégeait Rhodes, Chypre, Mytilène, Chio et les autres îles chrétiennes. En 1458, tout en surveillant les mouvements des Turcs prêts à envahir la Hongrie, il exhortait son légat, le cardinal Louis de Saint-Laurent, à ne pas négliger l'île de Chypre que menaçait de nouveau le grand Karaman. Voy. Rinaldi, 1457, § 41; 1458, § 19, t. XXIX, p. 114, 146, et les œuvres d'Æneas Sylvius; Bâle, 1551, in-fol. epist. 371, p. 840.

[1] Le projet d'expédition contre l'île de

Cum omnium bellorum hic exitus tandem sit ut in pace vivatur, eoque laudabilior sit, qui, depositis armis non solum, sed odiis præteritis, pacis [1] et amicitiæ et benevolentiæ vinculum fœderisque aliquod perstringat; [cumque] videretur quod illustrissimus princeps dominus dux Sabaudiæ, quorumdam Januensium exulum suggestionibus ac vanis pollicitationibus motus, bellum movisset [2] contra illustrissimum et excellentissimum dominum dominum Petrum de Campo Fregosio, Dei gratia ducem Januensium, ac excelsam communitatem Januæ, et una etiam cum plerisque Genuensibus per partem ex domo Adurnorum et Spinulorum [3], cum gentibus pedestribus ac equestribus in vallem Pulciferæ [4] descendisset [5]; ibique aliquot parvulos dies belligeratum, et tandem utriusque pars, Dei gratia, animis ad pacem et concordiam inclinata [esset], maxime suasionibus magnifici domini Johannis Baptistæ de Flisco, Lavaniæ comitis, ecce quod supervenit reverendus in Christo pater, dominus Augustinus, abbas Casanovæ, procurator et ambassiator præfati illustrissimi principis domini ducis Sabaudiæ, habens, ut dixit, ad hæc infrascripta plenum et largum ac sufficiens mandatum, scriptum et rogatum manu Petri de Mocrano, notarii et secretarii illustrissimi domini ducis Sabaudiæ, anno et die in eo contentis, ex una parte, et illustris ac excellentissimus dominus dominus Petrus de Campo Fregosio, Dei gratia dux Januensium, ex altera; et qui in præsentia mei notarii et cancellarii ac testium infrascriptorum, ad veram, solidam, bonamque pacem, mutuo et vicissim pervenierunt, ac pervenisse sibi et invicem confessi fuerunt, et publice presentaverunt, ita ut, nonobstante præsenti bello, ac aliquibus damnis, injuriis prædictis, robariis aut offensionibus in eo sequutis,

Chypre, que dévoilent cette pièce et la suivante, ne reçut jamais d'exécution, et il n'est pas facile de savoir quelles circonstances en donnèrent la pensée au duc de Savoie Louis, époux d'Anne de Lusignan, propre beau-frère du roi de Chypre Jean II, et fort préoccupé alors, après la défaite complète de son armée, d'obtenir la paix de François Sforza. S'il y eut des préparatifs commencés, ce qui nous paraît douteux, on dut les tenir très-secrets ou les abandonner bientôt, car il n'en a rien transpiré, ni dans les chroniques de Savoie, ni dans celles de l'île de Chypre. Gênes ne peut nous fournir, à cette époque, aucune ressource par ses écrivains : sa belle série de chroniqueurs originaux, de Caffaro à Jean Stella, s'arrête à 1435; Antoine Gallo, Senarega et Bracelli n'ont écrit qu'à la fin du xve siècle, de sorte que la Ligurie se trouve au milieu de ce siècle dans une véritable pénurie de monuments historiques.

[1] Au Ms. *praeter et pacem*. Il y a, dans ce commencement de la copie, plusieurs fautes qu'il a fallu nécessairement corriger.

[2] Au Ms. *movisse*.

[3] Les Adorno, famille plébéienne, et les Spinola, maison illustre, étaient, comme l'on sait, les principaux chefs du parti gibelin dans la république de Gênes.

[4] La vallée de la Polcevera, qui traverse le territoire de Gênes.

[5] Au Ms. *descendisse*.

quomodocumque aut qualitercumque, utraque pars intelligatur sibi invicem ac mutuo indulxisse et remississe, et sese mutuo ab omnibus prædictis liberasse; ita ut nullo unquam tempore, altera pars ab altera ullam restaurationem, vel emendationem petere possit; additis et expresse, de communi partium consensu ac voluntate, conditionibus infrascriptis, appositis et declaratis.

1. Et primo, quia præfatus reverendus dominus dominus Augustinus abbas, procurator, ut supra, promissit et convenit præfato illustrissimo domino duci, ibidem presenti et, ad cautelam, mihi notario et cancellario infrascripto, infra duos dies proximos cum toto exercitu suo, tam gentium pedestrium quam equestrium ac etiam delectuum, aut aliorum quorumcumque virorum, discedere ex toto territorio Januensi, et nullo modo, directe vel indirecte, ab hodie in antea, etiam hodie comprehenso, offendere aut offendi facere, ac promittere prefatum illustrissimum dominum ducem aut ejus subditos, res et bona, ubicumque sint aut reperiantur, quinimo a quocumque offendente aut offendere volente tueri, salvare ac deffendere de cætero, quinetiam per expressum nullum auxilium, nullumque favorem prestare hostibus aut exulibus prefati illustrissimi domini ducis et excelsi communis Januæ, clam et palam, directe vel indirecte, aut aliquo quesito colore.

2. Et versa vice, prefatus illustrissimus dominus dux Januensium promissit et convenit ipsi reverendo domino Augustino, procuratori et oratori, ut supra, ibidem presenti, ac stipulanti et recipienti, ut supra, semper et quando prefatus illustrissimus princeps dominus dux Sabaudiæ, infra decem annos, voluerit, in Janua, classem parare ad acquirendum per se regnum Cipri, quod ipse illustrissimus dominus dux Januensium dabit, et dari faciet præfato illustrissimo principi tot corpora triremium quot judicaverit, et declaraverit magnificus dominus Johannes Philippus de Flisco, ac etiam in subsidium dictæ classis de pecunia excelsi communis Januæ erogare florenos in duo a tribus milibus usque in quinque millia, judicio et declarationi magnifici domini Johannis Philippi de Flisco, usque in dictam summam; et ultra hæc, dabit et dari faciet ipsi illustrissimo principi seu agentibus pro eo ad dictam imprexiam omnes favores, ac auxilia quod ipsi illustrissimo domino duci possibilia fuerint et honesta.

3. Hac tamen conditione et declaratione apposita, eo casu quo præfatus illustrissimus princeps aquirat et obtineat dictum regnum Cipri, omnia privilegia, honores ac prerogative et consuetudines, qualescumque sint, vel do-

minii, vel dignitatis, vel utilitatis, quæ aut quas prefatus illustrissimus dominus dux et excelsa communitas Januæ, seu alii privati cives in dicto regno habent, vel ullo unquam tempore de jure habuerunt, integre ac inviolabiliter et incorrupte ipsi illustrissimo domino duci, communitati ac privatis civibus observabunt, illisque gaudebunt, utentur, aut fruentur quiete et pacifice sine ulla contradictione ac exceptione, et tam in toto dicto regno Cipri, quam in ea parte regni quam contingat ab ipso illustrissimo duce Sabaudiæ, vel agentibus pro eo, acquiri ac teneri.

4. Item, quod, expresse ac de communi concordia, dictæ partes convenerunt et de loco Taioli [1], novissime capto per [2] gentes illustrissimi domini ducis Sabaudiæ, sive alios quoscumque, sint quod velint, arbitrium relinquatur et permittatur, et ex nunc permissum esse intelligatur, magnifico domino Josepho de Flisco judicandi ac declarandi, tam de restitutione quam aliter, prout ipsi magnifico domino Josepho videbitur.

5. Item, expresse ac de communi concordia dictæ partes convenerunt et sibi invicem ac mutuo promisserunt, videlicet dictus reverendus dominus Augustinus abbas, procurator et orator, ut supra, præfato illustrissimo domino duci Januensium quod, infra mensem unum proximum a die præsentis contractus, præfatus illustrissimus princeps dominus dux Sabaudiæ per solemne [3] instrumentum approbabit et ratificabit præsentem contractum et omnia in eo contenta; et sic præfatus illustrissimus dominus dux Januensium ipsi reverendo domino Augustino, abbati et procuratori ac oratori, ut supra, promissit quod magistratus Januæ, qui [4] hujuscemodi contractibus consensum præbere habent, intra dictum tempus, præsentem contractum et omnia in eo contenta approbabunt et ratificabunt, sub pena ducatorum viginti quinque millium, de communi partium consensu in tantum tassatorum, pro damno et interesse, prædictis observatis, et ipsi parti observanti applicanda; et hanc pacem et concordiam, ac omnia et singula in presenti contractu contenta, singula singulis referendo, dictæ partes, una alteri et altera alteri, solemnibus stipulationibus hinc inde intervenientibus, promisserunt et convenerunt, ac, ad cautelam, mihi notario et cancellario infrascripto, tanquam personæ publicæ officio pubblico stipulanti et recipienti, nomine et vice omnium quorum interest, vel intererit, sive interesse poterit, perpetuo rata, grata et firma habere, tenere, attendere et observare, et in nullo contrafacere vel

---

[1] Tagliolo; c'est le nom d'une petite localité située entre Gènes et Alexandrie, à l'est d'Acqui.

[2] Au Ms. *quod*.

[3] Au Ms. *solemnem*.

[4] Au Ms. *quod*.

venire, per se aut alios, aliqua ratione, causa vel ingenio, tam de jure quam de facto, sub eadem pena, ac hipotheca et obligatione omnium suorum bonorum præsentium et futurorum. Renunciantes rei non sic vel aliter gestæ, doli, mali, metus in factum, conditioni sine causa, et omni alii juris et legum auxilio. Et voluerunt dictæ partes, de communi consensu, præsentem contractum corrigi et dictari posse consilio sapientis, substantia non mutata.

Actum Genuæ, in domo illustris domini Thomæ de Campo Fregoso, sita apud sanctum Thomam, in camera magna, sita ab Occidente, præsentibus claro doctore domino Bartholomeo de Chadamustis de Lauda [1], nobilibus viris domino Mattheo Lomellino, magnifico milite domino Johanni de Grimaldis, Antonio de Auria quondam Petri, Dorino de Grimaldis, Stephano quondam Thobiæ de Auria, Daniele quondam Theodori de Flisco, Bernabove de Calestrano cancellario, et magnifico domino Johanne Philippi de Flisco, testibus [2].

1450, 17 septembre. A Gênes.

Arbitrage du comte de Lavagna, Jean-Philippe de Fieschi, sur le nombre de galères et la somme d'argent que la république de Gênes était tenue de prêter au duc de Savoie pour son expédition en Chypre.

Turin. Arch. de la Cour. A la suite du traité précédent.

Millesimo quatercentesimo quinquagesimo, die decima septima Septembris.

Notum sit omnibus presentem scripturam inspecturis qualiter ego, Johannes Philippus de Flisco, Lavaniæ comes, sciens in quodam contractu pacis hodie facto inter illustrem et excelsum dominum Petrum de Campo Fregosio, Januensium ducem, ex una parte, et reverendum dominum Augustinum, abbatem Casanovæ, procuratorem et oratorem ac consiliarium illustrissimi principis domini ducis Sabaudiæ, ex altera, manu Gotardi de Sarzana, permissum esse arbitrio meo declarandi quot corpora triremium illustrissimus dominus dux Januensium dare teneatur prefato illustrissimo principi domino duci Sabaudiæ pro classe paranda per ipsum ad acquirendum regnum Cipri; item declarandi a tribus millibus ducatis usque in quinque millia, erogandis per præfatum illustrissimum dominum ducem Januensium de pecunia ex

---

[1] Barthélemy de Ca da Mosto, de la ville de Lodi, en Lombardie. Il était de la famille du fameux navigateur au service de la couronne de Portugal, qui mourut à Venise en 1463.

[2] A la fin du traité, se trouvent les ratifications du conseil des anciens, de l'office de la baillie et de l'office de la monnaie de Gênes, sous la même date du 17 septembre 1450.

celsi communis Januæ in dicta classe; item declarandi quid fieri debeat de loco Taioli, noviter capto per gentes præfati illustrissimi domini ducis Sabaudiæ aut Adurnos, vel alios quorum manibus sit[1]; ad tollendam omnem dubitationem ex nunc, et de consensu et voluntate præfati reverendi domini Augustini, procuratoris et oratoris, ut supra, dico et declaro, ac declarare et dicere semper promitto corpora triremium quæ dari debent a præfato illustrissimo domino duce Januensium, intelligantur solum ea corpora quæ tunc facta in civitate Januæ reperiantur, et talia qualia fuerint.

Item, quod ubi fit mentio de tribus millibus ducatis usque in quinque, dico et declaro quod sint quattuor mille.

Item, quod locus Taioli[2] relaxetur à gentibus præfati illustrissimi principis, domini ducis Sabaudiæ, sive eis quicumque sint qui locum illum acceperint; et restituatur ac consignetur in manibus præfati illustrissimi domini ducis Januæ infra dies octo.

Et nihil aliud, vel in genere, vel in specie, promitto dicere aut declarare, pro arbitrio in aliqua parte mihi concesso in dicto contractu, quod arbitrium, salvis præmissis, nullum esse et abrogatum fore ex nunc pronuncio. In quorum fidem hic, propria manu, me subscripsi, una cum prefato reverendo domino Augustino. Johannes Philippus de Flisco, propria manu subscripsi, in fidem præmissorum. Ego, Augustinus, abbas Casanovæ, propria manu subscripsi, in fidem præmissorum.

1453, 19 septembre. De Florence.

La république de Florence écrit au pape Nicolas V que l'ambassadeur du roi de Chypre, venu en Toscane, a insisté sur la nécessité de pacifier l'Italie pour résister aux Turcs; elle prie sa sainteté, à la demande de l'ambassadeur, d'accorder au fils du roi Jean de Lusignan l'archevêché de Nicosie.

Florence. Arch. des *Riformagioni*. Lettres de la Seigneurie. Classe X. Distinct. I. Tom. XLVIII, fol. 17 v°.

Insignis equestris ordinis vir, dominus Ugo Podocator[3], serenissimi do-

---

[1] Au Ms. *fit*.

[2] A la suite du présent acte, se trouve, en date d'Annecy, le 6 octobre 1450, une ratification spéciale du duc de Savoie au sujet de Tagliolo. Le duc, en faisant évacuer cette localité, avait donné ordre à Leonel Spinola de respecter le territoire génois.

[3] Hugues Podochataro, de la famille grecque admise depuis longtemps dans la noblesse franque de l'île. Il était déjà venu en Europe, vers l'an 1447, avec Phébus de Lusignan, pour solliciter l'assistance des princes chrétiens. Sur la demande des ambassadeurs chypriotes, le roi Charles VII consentit à la levée des subsides auxquels étaient attachées les indulgences accordées par le saint siége en faveur du royaume de Chypre, que menaçaient sans cesse les infidèles. Voy. D'Achery, *Spicil.* in-fol. t. III, p. 767, et ci-dessus, p. 61, et p. 66, n. 1.

mini regis Cypri orator, sanctissime ac beatissime pater, cum exposuisset nobis hodie pluribus verbis deflendam calamitatem partium Orientalium et timorem incussum omnibus ex Teucrorum potentia et crudelitate, addidisset quoque quanto in metu esset rex suus et insula Rhodi, hortatus est nos ad communem Italie pacem [1], sine qua neque infidelium potentie obsisti, neque securitati fidelium provideri posset. Suscepimus non parvum dolorem ex commemoratione tante infelicitatis quantum retulit Teucrorum perfidiam in personas fidelium perpetrasse, ad quorum impetum propulsandum sciebamus necessariam esse Italie pacem, cujus procurande et componende onus diximus sanctitatem vestram suscepisse, et propterea nos de mandato vestro oratores ad almam Urbem quamprimum esse missuros, et, si Dei pietas pacem nobis concedere dignaretur, nos dispositos esse pro facultatibus nostris huic comuni fidelium incendio subvenire. Ceterum cum idem orator exposuerit nobis prefatum regem cupere ut Nicosiensis ecclesia per sanctitatem vestram suo filio [2] conferatur, supplicamus sanctitati vestre ut prefati regis preces in hac re exaudire dignemini, et in rebus turbidis et angoribus animi in quibus versatur sibi hanc filii promotionis afferre consolationem. Recomendamus nos vestre sanctitati, quam incolumem conservet altissimus. Die XIX Septembris, 1453.

1456, 29 novembre.

Al-Malec-al-Aschraf-Aboul-Nasr-Inal, sultan d'Égypte, répondant aux félicitations que le roi Jean II de Lusignan lui avait adressées sur son avénement au trône, fait remise, à cette occasion, de l'arriéré du tribut que l'île de Chypre devait annuellement aux sultans.

Extr. de Florio Bustron. *Chronica di Cipro*, Ms. de Londres, fol. 180 [3].

Noi, soldan Melech Asseraf, giusto guerriero, et vittorioso soldan d'Agarini et Musulmani, mantenitor della giustitia al mondo, soldan per succession del' Arabia, delli Persiani e Turchi, che do et dono signorie e lochi,

---

[1] L'Italie entière était alors en armes, par suite de la guerre des Vénitiens contre le duc de Milan, auquel était venu se joindre René d'Anjou après la perte du royaume de Naples.

[2] Jacques le Bâtard fut mis en possession de l'archevêché de Nicosie par le roi Jean II, son père, sauf la nomination du saint siége, à la mort du cardinal Hugues de Lusignan, oncle du roi Jean; mais il paraît certain que le pape refusa sa confirmation. L'époque du décès du cardinal, qui semble être resté en Europe depuis le temps du concile de Bâle (voy. p. 11, n.), n'est pas d'ailleurs bien connue. Il y a encore incertitude sur un autre point : suivant Florio Bustron, Jacques avait quinze ans quand son père le pourvut de l'archevêché (Ms. fol. 175); d'après Georges Bustron, le prince était âgé de dix-sept ans (Ms. fol. 3 v°); d'après Lusignan, de vingt ans. (*Hist.* fol. 157 v°.)

[3] La fin de la chronique de Florio Bustron manque, comme je l'ai dit, au Ms. de Paris.

Alessandro de mondo [1], signor de' signori, re' et imperatori, signore delle due mari [2] et delli duoi tempii [3], tenitor della parola della fede, servo coperto dell' ombra di Dio, amico delli califa [4], Embru El Nasar Aynal [5], che Dio doni vittoria alli nostri eserciti et accresca la sua gratia et gloria al mondo! Col nome del signore, mandiamo le presente nostre lettere alla signoria del re eccellentissimo et honoratissimo Giovane, re di Cipro, potentissimo leone, honor della fede di Christiani, amico delli re et soldani, che Dio l'accrescha gratie et lo guardi d'ogni male!

Dinotiamo alla maestà vostra come son giunte le vostre lettere nelle nostre parte, col' honoratissimo cavalliere vostro ambasciatore Pietro Bocataro [6], delle quale, et dal detto vostro ambasciatore oretenus havemo inteso la gran festa che la maestà vostra et tutto il vostro regno habbiate fatto per il nostro coronamento et throno eccellentissimo del soldaniato, et li fuochi et feste, ornamento della città et ringratiamenti a Dio per la gratia che vi fece d'haver udito et veduto [7] al tempo il nostro coronamento; et come subito con diligentia havete recuperato et mandato alla casenda nostra li zambellotti pezze 400 et pezze 20 di pichi 40 per il nostro vestire; et anco il dis-

---

[1] *Alexandre du monde, Nouvel Alexandre,* etc. Ces titres plaisaient beaucoup aux princes d'Orient. Le sultan de Dehli s'intitulait sur ses monnaies : *Second Alexandre.* Voy. *Explic. de quelques médailles des rois du Bengale,* par M. Reinaud, *Journ. asiat.* 1re série, 1823, t. III, p. 286; et ci-dessus, p. 55 et 56, note, les pièces de 1448.

[2] La mer Rouge et la Méditerranée.

[3] De la Mecque et de Jérusalem.

[4] Ami des califes Abassides. Ces princes, chassés de Bagdad par les Tartares, en 1258, s'étaient réfugiés au Caire. Jusqu'à la prise de l'Égypte par les Turcs, les sultans Mamelouks conservèrent respectueusement auprès d'eux leurs descendants, héritiers du khalifat.

[5] Les Mamelouks avaient tous un nom et un surnom. L'émir, qui était élevé au sultanat, prenait encore une autre qualification pour le surnom royal. *Aynal* ou *Inal* était le vrai nom turcoman du sultan qui écrit au roi de Chypre; *Embru-el-Nasar,* altération d'*Aboul Nasr* « le père de la victoire », était son surnom; *Al-Malek-al-Aschraf* « le roi noble », le surnom qu'il prit en montant sur le trône. Dans la suscription d'une lettre que le fils de ce prince écrivit, le 3 juin 1461, au doge de Venise, on remarque les titres suivants : « El signor soldan Melech-el-Maidi «(ou *Al-Malek-al-Mouayyad,* le roi bien «appuyé) signor de' signori de tuto el «Moresmo, re di Arabi et Persi, servo de «Idio, e di do santi luogi zioè la Mecha « et Hyerusalem, Abulfet Hamet soldan el «Maïdi, fio del soldan venturoso Laseraf «Aynal. » Sanudo a publié cette lettre (Muratori, *Script. Ital.* t. XXII, col. 1169), dont la transcription originale existe aux archives de Venise. (*Commemoriali,* XV, fol. 69.)

[6] Pierre Podochataro, membre de la famille dont il a été question précédemment, revint plus tard en Égypte au nom de la reine Charlotte de Lusignan. Voyez ci-après, p. 96, n. 2; p. 98, n. 1.

[7] Il est bien probable, comme on voit d'après cette expression, que le roi de Chypre s'était personnellement rendu au Caire lors de l'avènement au trône du sultan Al-Aschraf, dont il se trouvait tributaire, et qu'il avait assisté aux cérémonies de son investiture.

I™ PARTIE.—DOCUMENTS. 75

turbo che ha il vostro paese dall' inimici [1], pregandone, dobiamo scrivere all' eccellentissimo El Macar Enasar Mahometto [2], figlio che fù di Morabat, figliuolo d'Ottomano, et raccomandarli il vostro regno come quello che è raccommandato et paga tributo alli duoi tempii, acciò manchi il corseggiar et li danni che vi faranno gli huomini del detto signor nel vostro loco; et che del buon valore et dilettione che havete alla signoria nostra ci allegriamo et havemo in gratia il che vi a posto al cor nostro et vi habiamo ricevuto in amore et dilettione. Li zambelloti mandatici pezzi 400 della paga del' anno corrente sono giunti et recevuti nella casenda nostra, et medesimamente le pezze 20 del nostro vestire [3]; et noi, volendo che partecipiate delle nostre gratie, vi acquietamo tutto il debito che era sopra di voi, del tempo del martira Melec Dachier [4], che sono ducati 16,520. Et de cetero curarete de mandarci zambelloti molesini et fini cosi della casenda come del nostro vestire. Mandiamo ancora alla maestà vostra un drappo [5] suttilissimo et un caval bello della nostra stalla con sella d'argiento, quali habbiamo consegnati nelle mani del vostro ambasciatore, alquale habbiamo dato bel drappo et cavallo; et è huomo di buona creanza; et l'havemo fatte cortesie, honori et piaceri per amor vostro, acciò siate lieto voi e tutta l'isola et regno vostro. Accettarete il nostro presente, vestendo il detto drappo in segno della dilettion nostra. Noi habbiamo scritto al signor Machar Enasar, figlio del Ottomano, ammonitioni grande per voi et vostra isola, et ritorniamo il vostro ambasciatore con marsumi [6]. Sapiatelo, et Iddio vi conservi. Scritto el primo della luna di novembre del anno de' Agareni.

[1] Ces ennemis ne pouvaient être que le grand Karaman et les émirs des côtes méridionales de l'Asie mineure.

[2] Mahomet II, fils de Morad-Beg ou Amurat. Le mot El-Macar est probablement le terme arabe *Macarr* «Excellence», porté en Égypte par les simples émirs. Un tel titre donné aux princes ottomans, au lieu de celui de *sultan*, était une véritable offense, et s'expliquait par la supériorité que les sultans d'Égypte prétendaient avoir sur eux.

[3] Le camelot était une fine étoffe de poil de chèvre ou de chameau que l'on fabriquait en divers pays d'Orient et notamment en Chypre. Il ne nous est pas possible de dire quelle était la qualité des camelots *molesini*. Il est aussi difficile de savoir à quel titre le roi Jean envoyait annuellement au sultan d'Égypte deux parties de camelots, l'une de 400 pièces de 40 pics pour le trésor, l'autre de 20 pièces pour vêtir la personne même du sultan. Le tribut imposé à l'île de Chypre, lors de la délivrance de Janus, fut de 5,000 ducats par an (t. I™ de nos doc. p. 543, n.); ce tribut fut porté à 8,000 ducats sous le règne de Jacques le Bâtard; il est peu présumable qu'on ait, entre les deux époques, ajouté aux charges de la couronne de Chypre la valeur totale de ces 420 pièces de camelots.

[4] De feu Al-Malec-al-Dhaher. Un grand nombre de sultans mamelouks ont porté ce surnom. Le titre de martyr qu'on donne à celui-ci ferait croire qu'il était mort pour la cause de l'islamisme.

[5] Une pelisse ou caftan d'honneur.

[6] Je ne vois pas la signification de *mar-*

1458.

Extraits du voyage en Orient, de Capodilista [1].

Pérouse. Bibl. publ. n° 14933 du catalogue général intitulé : *Itinerario della Terra santa*. — Venise. Bibl. Saint-Marc, n° 40273. — Paris. Bibl. imp. Mss. anc. fonds, n° 10534, fol. 24. xve siècle.

Venere, xvi di Gugno, la matina, navigando si troverono apresso dicta insula (de Cipri). Et passando cappo supra Epiphanio, è una cità chiamata Papho ruinata et quasi inhabitata. Cercha xxiii hore, ginseno ad uno picol castello nominato Episcopia, molto abundante de zucharo [2], el qual credo che sia de alguni gentilhomeni Venetiani da cha Cornero. Nel qual luocho hebeno novella che la regina de Cipri era morta [3]; e lo re, no sè curando quasi più de regimento, haveva fato suo logotenente uno suo figlio naturale, chiamato lo Postoleo [4]; e che sè dubitava ch'el Turcho andasse in quella parte. E stato alquanto in dicto castello, e veduti certi belissimi giardini de naranzi, cedri e carabari [5] et alguni altri arbore appellate muse [6], lequale producono fructi molto simile a' cucumeri picoli, e nella maturitade sua è zallo, et è de sapore dolcissimo..... Et vederono molti campi de canne de

sumi, qui ne peut être un nom propre. Il est possible qu'il s'agisse ici de graines de semence pour le mois de mars, envoyées d'Égypte en Chypre. En Toscane, on appelle ces sortes de grains *marzaolo*, et à Venise, *marzadogo*, *marsolino*.

[1] Le comte Gabriel Capodilista, gentilhomme de Padoue, dont la famille avait pour devise ces mots français : *Léal désir*, s'embarqua à Venise pour la Terre sainte, le 16 mars 1458, sur une galère commandée par Antoine Lorédano, patricien, et à bord de laquelle avaient pris aussi passage, entre autres pèlerins, Robert de Saint-Séverin, de Milan, le docteur Jean Martin, de Parme, le chevalier Charles Bossi de Milan et le comte Jean Hosseter, Anglais. Au retour de Capodilista en Italie, un de ses amis, Paul Boncambio, rédigea l'itinéraire de son voyage, et le publia peu après. Ce livre est un des rares incunables du xve siècle. Il est imprimé de format petit in-4°, en beaux caractères romains, sans indication ni de date, ni de lieu. M. Vermiglioli le revendique comme produit de l'imprimerie de Pérouse.

(*La tipografia Perugina del primo secolo*; Pérouse, 1820, in-8°, p. 128.) M. Marsand n'est pas éloigné de voir dans le Ms. de Paris l'autographe même de Boncambio. (*Manoscr. ital.* t. I, p. 534.) En admettant ce fait, il nous serait toujours difficile de croire comme le savant professeur de Padoue que ce Ms. ait pu servir à l'édition incunable avec laquelle il diffère beaucoup d'orthographe, et quelquefois de rédaction.

[2] La campagne de Piskopi est encore aujourd'hui une des plus fertiles de l'île. Le village appartenait, comme l'on sait, aux Cornaro.

[3] Hélène Paléologue était morte le 11 avril 1458, deux mois avant le passage de Gabriel Capodilista en Chypre.

[4] *Lo Postoleo*, le Postulé ou l'élu. On désignait ainsi Jacques de Lusignan, depuis que le roi l'avait pourvu de l'archevêché de Nicosie, en attendant les bulles de nomination, qui ne furent jamais accordées par le saint siége, nonobstant les instances du roi.

[5] Des caroubiers.

[6] Des bananiers, ou *musæ paradisiacæ*.

zuchari; e li predicti giardini e campi se adacquano de certi rivi currenti; e li è gran quantitade de cepe, squille..... E smontati dicti miser Gabriel et compagni nel ditto luogo de la Episcopia, dove gli è uno pessimo aere, tuti se amalorono chi da febre chi da fluxo, excepto miser Gabriele che rimase sano, ma gli è resto nel pecto e nello stomacho un fetore che durò giorni xv, e questo per aver preso di quello aere fetido et quasi pestifero; et alcuni de dicti compagni morirono.

Dominica, xviii di Giugno, costezando dicta insula, passarono cappo Gavata e Limisso, e poy si trova le Saline dove già fu una città chiamata Sallanima[1], nel qual luogo li predicti miser Anthonio[2] e miser Gabriele, a la tornata che feceno de Jherusalem, smontorono in terra; e montati a cavallo, caminarono tuta nocte, e la matina giongeno a una città de Cypri chiamata Nicossia, lontana da dicte Saline miglia xl, e andarono a smontar a casa del magnifico miser Andrea Cornero, gentilhomo Venetiano, dal qual furono recevuti cum tanta curtesia quanto se li fusseno stati amati fradelli. E lo giorno sequente, menò li prefati miser Antonio e miser Gabriele a visitar la majestà del re, el qual erà in uno covento de frati. El qual illustrissimo signore gli ricevete cum dolze acoglientia, et donò al spectabile miser Gabriele la divisa sua[3], apichande ge la cum sue mano[4] al pecto; laquale è una spada circundata da uno breve che dice : POVR LIVTÉ MANTENER.

E tolta licentia, e riverito dicto illustrissimo re, ritornarono a casa del predicto miser Andrea; et lo giorno sequente, viduta la terra, andorono[5] ad uno palazzo del re fora de la città miglia doa, chiamato La Cava[6], dove gli erà una infinità de narranzi, citroni, limoni et altri molti pretiosi fructi, et certi pozi grandissimi cum li quali se adaqua tuto quello giardino.

[1] C'est une erreur de l'écrivain. Sur l'emplacement de la ville de Salines ou de Larnaka était autrefois Citium; les ruines de *Salamine*, qu'on appelle ici *Sallanime*, se trouvent quinze lieues plus à l'ouest, au lieu dit *Palæa Hamakousto*, la vieille Famagouste.

[2] Antoine Lorédano, le patron de la galère sur laquelle Capodilista s'était embarqué.

[3] L'ordre de chevalerie de l'Épée, institué par Pierre Ier. Sa devise, que l'auteur de l'Itinéraire ne reproduit pas tout à fait exactement, était ainsi : *C'est pour loyauté maintenir*. (Voy. *Bibl. de l'école des chartes*, 1re série, t. V, p. 421, et le t. Ier de nos doc. p. 250.) L'année suivante, la reine Charlotte conféra le même ordre à Martin Villain, seigneur de Rasseghem, revenant de Terre-Sainte, par des lettres patentes où l'emblème est ainsi décrit : « Armam sive spectaculum insigne « et ordinem nostrum Spatæ quo nonnulli « mundi et Christi fideles, principes, baro- « nes nobiles et milites soliti sunt decorari. » Voy. Du Chesne, *Hist. de Guines*, preuv. p. 621.

[4] *Apichande ge la cum sue mano*, phrase tout à fait vénitienne.

[5] Ms. de Paris; aux incunables, *andavono*.

[6] Le nom de *La Cava* ne se retrouve plus

Fin des chroniques de François Amadi et de Diomède Strambaldi relatives au règne du roi Jean II [1].

I.

Amadi. Ms. de Venise, fol. 312. Ms. de Paris, fol. 540.

A dì 28 Zugno 1432, Idio fece il suo comandamento del preditto virtuoso principe el re Zegno. La sua malatia era molto grave et furon represe le sue man et piedi; et li durò la ditta malatia uno anno. Fu sepolto al monasterio delli Predicatori [2]; il qual morì molto mal desposto et assai povero [3].

Immediate morto el ditto re Zegno, tutti li signori cavalieri et homini ligii che si trovorono presenti feceno homagio a monsignor Joanne suo figliolo et dretto herede del reame; et dapoi anunciorno la sua morte, cridando la creation del ditto re Joanne, suo figliolo, secondo l'usanza.

Et la domenica, a li 24 de Avosto del ditto anno, fu coronato a re de Cypro a Santa Sophia per man de fra Salomon Cardus, vescovo de Tortosa [4].

In ditto tempo era la cavalletta [5] in Cypro et durò [6]... anni, et feva grandissimo danno in le biave et in tutte le verdure.

1438. In ditto anno era la peste in Cypro et durò più di disisette anni, et fece grandissimo danno dentro a Nicossia et in li casali et castelli, eccetto al casal Pissuri [7], che non toccò.

aux environs de Nicosie. Cette localité, où était un monastère de religieux Franciscains, paraît avoir existé au sud-ouest de la ville, du côté de la porte de Paphos.

[1] La chronique dite de François Amadi, très-détaillée au XIIIe et au XIVe siècles jusqu'au règne du roi Hugues IV, est, après cette époque, un abrégé de celle de Strambaldi, bien qu'on y trouve encore des développements assez abondants jusqu'au temps de Janus. Dès la fin de ce dernier règne jusqu'à l'année 1442 où elle s'arrête, ce n'est plus, comme l'on voit ici, qu'une indication tout à fait succincte et insuffisante des événements. La chronique de Strambaldi au contraire, si sommaire jusqu'au règne de Hugues IV, quand celle d'Amadi est si étendue, prend ensuite une supériorité marquée et la conserve jusqu'à la fin, bien qu'elle-même devienne extrêmement concise dès la fin du règne de Janus. L'histoire de Chypre de Strambaldi finit en 1458, dix-sept ans après celle qui porte le nom d'Amadi.

[2] Le beau monastère de Saint-Dominique, démoli en 1567 par les Vénitiens pour la construction des nouveaux remparts de Nicosie.

[3] Voy. le fragment de Strambaldi, donné dans le t. Ier de nos documents, p. 544.

[4] On ne sait rien de ce prélat, qui ne figure sur aucune des séries d'évêques de différents rits donnés par Le Quien. Le titre d'évêque de Tortose ou d'Antarados avait été souvent réuni à celui d'évêque de Famagouste, depuis la perte de la Syrie.

[5] Les sauterelles ou locustes.

[6] Lacune au Ms.

[7] Pisouri, l'ancien *Boosoura*, sur les terres élevées à l'ouest du cap Blanc, dans l'Avdimou.

1440. In ditto anno vene in Cypro madama Medea de Monferato, moglie del preditto re Joanne [1]. Et a dì [3] de Luio furon maridati. Et a li 13 di Settembrio, morì ditta regina.

1441. A dì xi Decembrio vene in Cypro monsignor James Villarauto [2] con [4] galeaze et [12] galie et [8] nave de Catellani, et assediorno Famagosta et la combattetero per tre volte, et non la poteno prender.

[1] Médée ou Amée de Montferrat, fille du marquis Jean-Jacques, avait été mariée au roi de Chypre par procureurs et par contrat dressé au château de Ripaille, en Savoie, le 23 septembre 1437. Les intermédiaires de ce mariage furent Amédée VIII, premier duc de Savoie, beau-frère du marquis de Montferrat et oncle de la fiancée, et le cardinal Hugues de Lusignan, oncle du roi de Chypre. Benvenuto de Saint-Georges a rapporté les clauses du contrat dans son histoire de Montferrat. Une dot de cent mille ducats avait été promise par son père à Médée; mais, prenant en considération les difficultés au milieu desquelles se trouvait le marquis, par suite de sa guerre avec le duc de Milan, les procureurs du roi de Chypre déclarent être satisfaits en son nom d'une somme de 25,000 ducats, savoir : 7,000 ducats pour les joyaux et les frais du voyage de la princesse en Chypre, et 18,000 ducats payables à Venise en dix-huit annuités. Un douaire annuel de 5,000 ducats lui fut assuré en Chypre, pour le cas de veuvage. La maison qu'elle devait amener dans l'île était de dix personnes : quatre gentilshommes, quatre damoiselles, un chapelain et un médecin, plus deux femmes de chambre, un valet de chambre et un cuisinier. (*Hist. Montf.* ap. Murat. *Script. Ital.* t. XXIII, col. 708.) La pensée de ce mariage préoccupa les Vénitiens. Ils crurent voir dans la bonne entente qu'elle annonçait entre le duc de Savoie et le marquis de Montferrat des projets d'alliance et de prochaine agression. Le duc les rassura sur ses dispositions pacifiques en leur envoyant une ambassade, dont le doge François Foscari le remercie par ses lettres du 3 septembre 1437. (Guichenon, *Hist. de Sav.* t. Ier, p. 484 ; t. II, p. 300.) Les appréhensions de Venise ne cessèrent pas néanmoins, et la crainte d'aigrir la république engagea le marquis de Montferrat à retarder le départ de Médée. Encore au mois de novembre 1437, après les premières fiançailles avec le roi de Chypre, le marquis consultait le sénat de Venise pour savoir s'il était mieux de faire une reine de sa fille ou s'il fallait la donner au marquis de Mantoue, capitaine général de Venise, qui la demandait pour son fils. Le doge dans sa réponse ne précisa rien, et les pourparlers avec le marquis de Mantoue ayant traîné en longueur, l'envoyé du marquis de Montferrat quitta Venise pour aller rejoindre l'ambassadeur du roi de Chypre, à qui l'on avait promis une réponse définitive à la Saint-Martin. (Sanudo, *Vite de' duchi di Venez.* ap. Murat. *Script. Ital.* t. XXII, col. 1048.) Venise finit par applaudir à la détermination du prince de Montferrat, et, le 29 mai 1438, la seigneurie autorisait le fils du marquis à faire armer une galère dont un noble vénitien prendrait le commandement, pour accompagner sa sœur Médée en Chypre. (Sanudo, *loc. cit.* col. 1059.) En 1439, le pape Eugène IV permettait à la princesse, encore en Europe, mais déjà qualifiée de *reine de Chypre*, d'avoir dans sa demeure deux religieux franciscains pour la confession et le service divin. (Wadding, *Annal. Minorum;* 1439, § 55, t. X, p. 90.) Médée s'embarqua seulement pour Chypre au mois de mai 1440. Voyez ci-après la note 2 de la page 80.

[2] Peut-être : Villamarina. Florio Bustron l'appelle Jacques de Villarvola. (Ms. de Londres, fol. 174 v°.) Depuis le règne de Pierre II, les rois de Chypre avaient souvent employé des galères catalanes pour tenter de reprendre la ville de Famagouste aux Génois.

[1442. N. S.] A dì [2] Frever, vene in Cypro madama Helena Paleologo de la Morea, et si maridò con el ditto re Joanne ad [3] del ditto mese.

II.

Strambaldi. Ms. de Rome, fol. 214. Ms. de Paris, fol. 369 [1].

Et a dì 3 Lujo 1440 [2] venne re Zuanne con sua moglie Medea a Santa Sophia et si incoronorono dal Franza [3].

Et a dì 13 Setembrio 1440 morse la ditta regina Medea; et fu seppellita a San Domenico nel' arca della sua socera [4].

Et a dì 2 Febraro 1441 vene la signora Helena Paleologo, figliola della Morea [5], a San Xifi [6].

Et a dì 3 Febraro 1441, andò il prior de Antiochia et maridò il signor re Zuan in santa Sophia con la signora Helena Paleologo. Il qual signor re Zuane ha fatto una figliola nominata Zarlotta et la maridò; et subito deventò vedoa la signora sua figliola.

Et essendo che del 1453 ha tuolto l'infedel Turco Costantinopoli, ha fatto gran lamento la signora regina in Cipro. Et venero in Cipro molte cose buone, et nobili monachi; ha voluto et ha tuolto [7] et fatto fabricar monastero fuori della città, nominato san Zorzi de Mangana [8]; et ha fatto molte

---

[1] Les faits antérieurs depuis l'an 1440 jusqu'à l'an 1432, date de la mort de Janus, manquent aux Mss., par suite d'une lacune signalée ainsi dans la copie de Rome : *Qui mancano alcune carte.*

[2] Médée de Montferrat s'était embarquée à Venise pour venir en Chypre le 27 mai 1440 : «La fia del marchese de Montferra, «che era novizza nel re de Cipri vene a Ve-«nexia a dì cinque mazo; a laqual furon fatti «grandissimi honori. Et a dì vinti sette la se «parti con do galie armade in Venexia per «andar in Cipri; e per la signoria li fu do-«nato un balazzo de ducati cinque cento «d'oro.» Voy. Chron. inédite de Venise. Ms. de la Bibl. imp. à Paris, n° 10444-4. Ann. 1440.

[3] Nous ne connaissons pas ce prélat.

[4] Charlotte de Bourbon, mère de Jean II.

[5] Hélène Paléologue était fille de Théodore Paléologue, despote de Morée, fils lui-même de l'empereur Manuel. «Ingeniosa et «cordata mulier, dit Gobelin, verum Græca «instituta perfidia, Latinis inimica sacris et «Romanæ hostis ecclesiæ. Quæ ubi consum-«mato matrimonio viri vecordiam cognovit, «non tam reginam quam regem egit; regnum «ipsa gubernavit, magistratus veteres depo-«suit, novos instituit, sacerdotia pro suo «arbitrio ordinavit et, eliminato Latinorum «ritu, Græcanicum superinduxit, belli pa-«cisque leges dixit. Viro satis fuit convivari, «deliciisque affluere; atque in hunc modum «universa insula in potestatem Græcorum «rediit.» Lib. VII, p. 322. *Pii II Comment.* éd. Rome, 1584.

[6] Saint-Xiphe, un des petits mouillages de l'île de Chypre, dans le golfe de Pendaïa.

[7] La traduction ou la copie de notre chronique est ici imparfaite.

[8] Saint-Georges de Mangane près Nicosie, abbaye de religieux grecs de Saint-Basile, fut dotée de plus de 15,000 ducats de revenu par Hélène. C'est, je crois, un des monastères détruits en 1567 pour fortifier la ville.

intrade nel ditto monastero per esser fatte le sue commemorationi, et così fanno fino al presente.

Et del 1458 morse la signora regina Helena et fu sepellita a san Domenico.

Et a dì 24 Lujo 1458, il ditto anno che morì sua moglie, morse et il buon re Zuane de Lusugnan, et l'hanno sepellito a san Domenico. Et li, nel monastero viene [1] Zarlotta sua figliola, laqual era vedoa, sopra il suo marito, il principe Zuan Copre [2]. Et hanno publicato il ditto giorno la figliola del ditto re Zuane, la Zarlotta, regina de Cipro, secondo la usanza. Laqual regina Helena morse prima che il re Zuane giorni 70. Et Iddio li doni riposso!

---

[1] Il y a au Ms. *morse,* qui donne un sens impossible.

[2] Jean de Coïmbre ou Jean de Portugal, duc de Coïmbre, petit-fils de Jean Ier de Portugal, premier mari de Charlotte de Lusignan, était mort en Chypre, en 1457, portant le titre de prince d'Antioche. Peu de temps après, quand la reine Hélène Paléologue vivait encore, le roi Jean accueillit favorablement les propositions de la cour de Turin pour marier le comte de Genève avec sa fille Charlotte, héritière de la couronne de Chypre. La reine repoussa toujours ce projet à cause du degré de parenté qu'il y avait entre eux, et conjura sa fille, au lit de mort, de ne point épouser Louis de Savoie, son cousin germain. (Florio Bustron, Ms. de Londres, fol. 178 v°; et Lusignan, *Hist. de Cyp.* fol. 161.) L'idée de cette union se poursuivit cependant, et se réalisa. Les fiançailles faites, les états de Savoie votèrent des subsides pour participer au voyage du prince, au commencement de l'année 1459 : « Anno « Christi M CCCC LIX, Taurini comitia fiunt « quæ trium statuum vocant, et commeatus « ingentes ex publico liberaliter irrogantur « Ludovico Sabaudo, Antiochiæ principi, Ge- « bennensiumque comiti, ducis filio, in re- « gnum Cypri proficiscenti, uxore prius « ducta Charlota, Joannis regis Cypri filia et « regni herede. » Acte du 5 janvier 1459, cité par Pingon, *Augusta Taurinorum;* Turin, 1577, in-fol. p. 64. Le mariage se célébra à Sainte-Sophie de Nicosie le 7 octobre suivant. (Lettre de communication du duc de Savoie au roi de France, du 13 décembre 1459. Guichenon, *Hist. de Sav.* t. II, p. 388; Reinhard, *Hist. de Cypre*, t. Ier, pr. p. 106.)

XV.

CHARLOTTE DE LUSIGNAN ET LOUIS DE SAVOIE,

REINE ET ROI DE JÉRUSALEM, DE CHYPRE ET D'ARMÉNIE.

26 JUILLET 1458. — 1460. — 1485 [1].

1458.

Extraits de la chronique de Georges Bustron relatifs à l'avénement de la reine Charlotte et aux premiers dissentiments survenus entre cette princesse et son frère Jacques le Bâtard.

Londres. *British museum.* Mss. Arundel, n° 518, fol. 21 v°.

Καὶ ἀπεθανήσκοντας ὁ Ρήγας, μόναυτα ὁ μισὲρ Καρτζερὰ Σουὰρ, ὁ Κοντοσ⁊αύλης τῆς Κύπρου, ὥρισεν ἕνα βαχλιότην τοῦ ρήγα καὶ ἔϐγαλε τὸ δαχτυλίδι ἀπὸ τὸ χέρι τοῦ καὶ ἔπεμψέ το τῆς Κυρᾶς τῆς Τζαρλότ⁊ας. Καὶ μόναυτα ἐπῆγεν ὁ Ἀποσ⁊όλης, ϖροτήτερα ϖαρά τινα, καὶ ἐπῆκεν ὅρκον τῆς Κυρᾶς τῆς Ρήγαινας, ὅτι νὰ ζήσῃ καὶ νὰ ϖεθάνῃ εἰς ϖάντα τὸν ὁρισμόν. Καὶ τὰ ϖίσου, ὑπῆγαν ὅλοι οἱ καϐαλάριδες, καὶ ὡμίλησαν, καὶ ἐπῆκαν ὅρκον κατὰ τὸ συνήθη. Καὶ τότες ἐκατέϐασαν τὸν ρῆγα καὶ ἔθαψάν τον εἰς τὸ αὐτοῦ μοναστήρι. Καὶ

Dès que le roi eut rendu le dernier soupir, messire Carceran Suarès, le connétable de Chypre, désigna un homme-lige du roi [2], et ôta de la main du roi l'anneau, qu'il envoya à madame Charlotte. Aussitôt l'Apostole [3] se rendit avant les autres [au palais], et fit serment devant madame la reine de vivre et de mourir à ses ordres. Ensuite les chevaliers vinrent tous ensemble et firent le serment, suivant l'usage. Alors ils descendirent le corps du roi et l'inhumèrent dans son monastère [4]; et, après l'avoir

---

[1] La reine Charlotte de Lusignan et le roi Louis de Savoie, son époux, cessèrent d'être maîtres réels du royaume de Chypre au mois de septembre 1460, quand Jacques le Bâtard, leur frère, s'empara de Nicosie et les força de se renfermer dans le château de Cérines, dernière place qui resta en leur pouvoir jusqu'en 1463. La reine Charlotte, seule héritière légitime des rois Lusignans, devint veuve du roi Louis, en 1482 ; elle abdiqua en faveur de Charles Ier, duc de Savoie, son neveu, le 25 février 1485 ; elle mourut à Rome, le 16 juillet 1487.

[2] Le chevalier choisi fut Balian Bustron. *Chron.* de F. Bustron, fol. 181.

[3] Ὁ ἀποσ⁊όλης, l'élu; voy. p. 76, note 4. Les partisans et les adversaires de Jacques le Bâtard le désignèrent longtemps sous ce nom, depuis sa nomination à l'archevêché de Nicosie : « El padre l'investì dell' arcivesco-« vado de Nicossia, cioè el fese *Postulato*, « che viene a dir eletto per dover esser creado « arcivescovo de Nicossia, e'l fese consagrar « da 4 ordeni a persuasion d'Helena so mo-« gier. » (Malipiero, *Annal. ven.* publ. par M. Sagredo, t. II, p. 596.) Mais souvent une idée défavorable, et qui semblait rappeler réellement l'apostasie qu'on lui reprocha après son serment au sultan, était attachée à ce nom.

[4] Au couvent de St Dominique de Nicosie.

ἀφοῦ τὸν ἔθαψαν ἐκαβαλίκευσαν οὖλοι οἱ καβαλάριδες καὶ ἐπῆκαν συντροφίαν τοῦ Ἀποστόλη διὰ νὰ πάγῃ εἰς τὴν ἀρχιεπισκοπήν. Καὶ διαβαίνωντας ἀπὸ τὸ καστέλι ὁ σὶρ Καρτζερὰ Σουάρ, ὁ Κοντοσταύλης, ὁ ὁποῖος ἐκράτει μέσα εἰς τὸ καστέλι, δὲν τὸν ἀφῆκε νὰ διαβῇ, ἀμὴ ἐπέζευσέ τον, καὶ ἔμπασέ τον ἀπάνω εἰς τὴν τζάμπραν, ὅπου ἐκοιμᾶτο, καὶ ὡρδινίασεν ἕνα ὄμορφον δεῖπνον, διὰ νὰ δειπνήσῃ, καὶ νὰ κοιμηθῇ καὶ εἰς τὸ κρεββάτι του, καὶ ἐκράτησεν εἰς τὴν συντροφίαν του ἐκείνους ὁποῦ τοῦ ἐφάνη· τὸν θεῖον του τὸν Μαρκίον, καὶ τὸν μισὲρ Τζουὰν τὸν Βερνῆν, καὶ τὸν Περρὴν Τούγκες, καὶ τὸν Τζουὰν Ἀντὰρ, καὶ τὸν Τζορτζὴν τὸν Πούστρον. Καὶ ὁ Ἀποστόλης ἀπὸ τὴν πολλὴν πλῆξιν τὴν ἐπῆρεν, δὲν ἐδείπνησε. Καὶ ὁ Περρὴς ὁ Τούγκες, ὀλίγον ἔλειψε νὰ τὸν θανατώσῃ, ἂν εἶχε δειπνήσῃ ὁ Ἀποστόλης· καὶ ὁ θεῖος τοῦ ἐκακόνοσε καὶ εἶπε τοῦ νὰ βλεπηθῇ.

Καὶ ξημερώνωντας, ὥρισεν ὁ Κοντοσταύλης νὰ εὐγήσουν νὰ φᾶν γιόμαν, καὶ οὕτως ἐγίνετο. Καὶ ἐξέβησαν κάτινες καὶ ἐπῆγαν εἰς τὴν μάναν τοῦ Ἀποστόλη, καὶ ἐδωκάν την νὰ γροικίσῃ, πῶς ὁ Κοντοσταύλης θέλει νὰ τὸν φαρμακεύσῃ τὸν υἱόν της. Καὶ γροικῶντας ἡ μάνα του ὡρδινίασε τὸν φάν του εἰς τὴν ἀρχιεπισκοπήν, καὶ ἐπεμψέ τον εἰς τὸ καστέλι. Καὶ γροικῶντας το ὁ Κοντοσταύλης, πῶς ὁ

ainsi mis en terre, les chevaliers montèrent à cheval pour accompagner l'Apostole jusqu'à l'archevêché. Comme ils sortaient du château, sire Carceran Suarès, le connétable, qui commandait la forteresse, s'opposa à ce qu'ils allassent au delà. Carceran fit descendre l'Apostole de cheval et l'engagea à monter dans sa chambre; il commanda en même temps un beau festin pour dîner et lui offrit à coucher dans son lit. Il garda auprès de lui tous ceux de la suite de l'Apostole qu'il jugea à propos de retenir : son oncle Markios [1], messire Jean de Verni [2], Peri Toungues [3], et Jean Attar [4], et Georges Bustron [5]. Mais l'Apostole, à cause du chagrin qu'il ressentait, ne dîna pas. Peri Toungues l'aurait tué s'il eût dîné. Son oncle se fâcha [contre Toungues] et lui dit de prendre garde à lui.

Et, le lendemain, le connétable les invita encore à dîner avec lui, ce qui fut convenu. Mais quelques hommes sortirent [du château], allèrent trouver la mère de l'Apostole et lui donnèrent à entendre que le connétable voulait empoisonner son fils. A cette nouvelle, la mère ordonna qu'on préparât un dîner pour son fils à l'archevêché et l'envoya à la forteresse. Le connétable, voyant

---

[1] Markios, diminutif de Markos. Il était frère de Marguerite, femme grecque de la ville de Patras, mère du roi Jacques.

[2] Il mourut l'année suivante 1459, au Caire, où il avait suivi Jacques le Bâtard. Georges Bustron, Ms. de Londres, fol. 34 v°.

[3] Il est nommé, dans la chronique de Florio Bustron, Perrin Tounchès et Tonchès.

[4] Il fut capitaine de Paphos et seigneur d'Apalestra. Devenu suspect aux commissaires vénitiens après la mort du roi Jacques, Jean Attar fut transporté à Venise par ordre du Conseil des Dix, en 1474. Florio Bustron, *Chron. di Cipro*, Ms. de Londres, fol. 214.

[5] L'auteur parle toujours modestement de lui-même à la troisième personne.

Ἀποσ7όλης δὲν θέλει νὰ φᾷ ἀπὸ τὸ φὰν ὁποῦ ὠρδινίασε, παρὰ ἀπὸ ἐκεῖνο ὁποῦ ὠρδινίασεν ἡ μάνα τοῦ, ἐφάνη του πολλὰ κακὸν, καὶ πῆκε του πολλὰ κακὸν πρόσωπον. Καὶ θωρῶντας ὁ Ἀποσ7όλης τὸ κακὸν πρόσωπον ὁποῦ τοῦ ἐπῆκεν, μόναυτα ἐκαβαλίκευσε καὶ ἐπῆγεν εἰς τὴν ἀρχιεπισκοπὴν, πολλὰ πληξημένος. Καὶ ἀπὸ κείνην τὴν ἡμέραν, ἄρχισε πᾶν κακὸν μέσον τούς. Εἶναι ἀλήθεια ὅτι ὥραν ὥραν ἐκουφοτρτιάζαν τὸν, διατὶ ἡ Κυρὰ ἡ Τζαρλότ7α εἶπε τον νὰ τὸν ἔχῃ ἀκριβὸν, ὡς υἱὸν τὸν εἶχεν ὁ ἀφέντης της, καὶ νὰ πέρνῃ σκοπὸν τὸ ῥιγάτον, ὅτι δὲν εἶχε τινὰ περὶ τὸν ἐγκαρδιακὸν, παρὰ κεῖνον.

Καὶ ξημερώνωντας ἐκαβαλίκευσεν ὁ Ἀποσ7όλης καὶ ἐπῆγεν εἰς τὴν Κυρὰν τὴν Ῥήγαιναν· καὶ θωρῶντας τον ἔδειξε πολὺν φανὸν, καὶ εἶπε τον· « Εἶναι χρῆσι νάρ-
« ματώσωμεν τὸ κάτεργόν μας διὰ νὰ
« πέψομεν εἰς τοὺς ἀφέντας τῆς δύσης, νὰ
« τοὺς χαιρετήσωμεν, καὶ νὰ τοὺς μηνύσω-
« μεν τὸν θάνατον τοῦ καλοῦ μας ἀφέντη·
« καὶ διὰ τοῦτο δὲν ἔχω τινὰ ἐγκαρδιακὸν
« εἰς τὰ πάματά μου παρὰ ἐσένα, καὶ θέλω
« νὰ πάρῃς ὀλίγον σκοπὸν διὰ νὰ ἀρματωθῇ
« τὸ κάτεργον. » Καὶ γροικῶντας ὁ Ἀποσ7όλης τοὺς ὁρισμούς της, ἦτον νὰ ποιήσῃ κατὰ τὸ θέλημά της. Καὶ ἐπῆγεν εἰς τὴν ἀρχιεπισκοπὴν, καὶ ἔσ7ησε πάγκονα·
« Ὅσ7ις θέλει νὰ πάρῃ μηνιαῖον διὰ νὰ
« πάγῃ εἰς τὸ κάτεργον. » Καὶ μόναυτα οἱ ἄνθρωποι ἐπῆγαν εἰς τὴν ἀρχιεπισκοπὴν διὰ νὰ πάρουν μηνιαῖον· καὶ ἂν εἶχαν τὸν ἀφήσῃ εἰς πέντε ἕξη ἡμέρας, ἁρμάτωνέ το.

Καὶ θωρῶντας τον ὁ Κοντοσ7αύλης καὶ ὁ Ἕκτωρ Τεκυβίδες, καὶ ὁ Τρισ7ὰν

HISTOIRE DE L'ÎLE DE CHYPRE.

que l'Apostole ne voulait pas manger du repas qu'il avait commandé, mais seulement de celui que sa mère lui avait fait porter, le trouva mal et lui fit très-mauvais visage. L'Apostole, voyant cela, monta aussitôt à cheval et s'en retourna à l'archevêché, très-affecté.

Et de ce jour-là commença tout le malheur entre eux. Ce qui est la vérité, c'est qu'à chaque heure on lui faisait la cour, parce que madame Charlotte avait dit [au connétable] d'aimer l'Apostole comme un fils qu'avait eu son maître [le roi défunt], l'engageant [en outre] à prendre conseil auprès de lui pour les affaires du royaume, car elle ne pouvait avoir d'ami plus sincère.

Le lendemain, l'Apostole monta à cheval et se rendit auprès de madame la reine. En le voyant, la princesse lui fit beaucoup d'amitiés et lui dit : « Il faut « armer notre galère pour l'envoyer aux « seigneurs d'Occident, afin de les saluer « et de leur annoncer la mort de notre bon « seigneur; et comme je n'ai pas d'ami « plus affectionné que toi à qui je puisse « confier mes affaires, je désire que tu « veilles toi-même à l'équipement de la « galère. » L'Apostole, ayant entendu ces ordres, s'empressa de s'y conformer; il alla à l'archevêché et fit publier un ban [portant ceci] : « Que celui qui veut re-« cevoir un salaire mensuel aille à la ga-« lère. » Et aussitôt beaucoup de gens allèrent à l'archevêché pour recevoir leur mois; et si on l'eût laissé faire, en cinq ou six jours il eût terminé l'armement.

Mais alors, s'apercevant que les habitants de la ville avaient de l'amitié pour

Τζηπλὲτ, ὁποῦ ἐμισοῦσαν τὸν Ἀποστόλην, καὶ θωρῶντας τοὺς ἀνθρώπους τῆς χώρας πῶς εἶχαν πολλὴν ἀγάπην, μόναυτα ἐσήκωσαν τὸν πάγκον ἀπὸ τὴν αὐλὴν τοῦ Ἀποστόλη. Καὶ θωρῶντας ὁ Ἀποστόλης δὲν ἐθέλησε νὰ δείξῃ κάνέναν φανὸν, ἀγνωρίζωντας ἐκείνους ὁποῦ τὸν ἐμισοῦσαν, πῶς ἄρχισαν πάλιν τὰ σκάνδαλα· καὶ ἐπῆκε τὸν φανόν του, πῶς ὀλίγον ἐκουρτίασε. Καὶ κάθε πορνὸν ἐπήγαινεν εἰς τὴν Ἁγίαν Σοφίαν, καὶ ἐγροίκα λειτουργίαν· καὶ τότες ἐκαβαλίκευεν, καὶ ἐπήγαινεν εἰς τὴν ῥήγαιναν, καὶ ἡ ῥήγαινα ἐδειχνέ του πολλὴν ἀγάπην.

Καὶ θωρῶντας τὸ καλὸν πρόσωπον ὁποῦ τοῦ ἔδειχνεν ἡ ῥήγαινα, ἔβαλαν εἰς τὸν νοῦν τους νὰ κρατήσουν στράταν μὲ τὴν ῥήγαιναν, νὰ μὴν τὸν ἀφήσουν νὰ ἔλθη εἰς τὴν αὐλήν. Καὶ ἐσύμπιασαν ὅλους μικροὺς μεγάλους μέσα εἰς τὸν σὰν Δομένικον· ὁ σὶρ Καρτζερὰ Σουὰρ, καὶ ὁ σὶρ Βερνάρδος Ῥουσῆτ, ὁ Ἀμιράλης, ὁ ὁποῖος ἦτον ἀδελφότεκνος τοῦ Κοντοσταύλη, ὁ σὶρ Ὄτες Τελεγκλὸς, καὶ τζαμπερλάνος, ὁ σὶρ Ἔκτωρ Τεκυβίδες, Τρισταν Τζιπλὲς, σὶρ Τουμὰς Πάρδος, ὁ ὁποῖος ἦτον πορνικὸς μαρρανοῦ, καὶ ὁ σὶρ Φράντζες Μουντολήφ, καὶ ὁ μάστρε Πιὲρ Βριόνας ὁ ἰατρὸς, καὶ ὁ σὶρ Τουμὰς Γούρης. Τοῦτοι ἦσαν ὁποῦ ἐμουβίαζαν τοὺς προδέλοιπους, τοὺς ὁποίους δὲν εἶναι νὰ τοὺς ὀνοματίσω.

lui, le connétable, et Hector de Kividès, et Tristan de Giblet, qui haïssaient l'Apostole, firent ôter le ban dans sa maison même. En apprenant cela, l'Apostole ne voulut pas faire paraître son mécontentement, sachant que ceux qui le haïssaient désiraient provoquer de nouveaux scandales; il fit donc semblant d'aller fort peu à la cour. Tous les matins, il allait entendre la messe à Sainte-Sophie; ensuite il montait à cheval et allait [en cachette] chez la reine, qui lui montrait toujours grande affection.

Voyant le bon accueil qu'elle lui faisait, ses ennemis se mirent dans la tête de déterminer la reine à ne plus le laisser venir à la cour. Ils firent tous ensemble cette convention à Saint-Dominique, grands et petits [savoir]: sire Carceran Suarès; sire Bernard Rieussec, amiral, qui était neveu du connétable; sire Eudes de Langlois, le chambellan [1]; Hector de Kividès [2], Tristan de Giblet [3], sire Thomas Pardo le bâtard [4], et sire François Montolif [5], et maître Pierre Brionas le médecin, et sire Thomas Gouri. Ceux-ci faisaient agir les autres, qu'il est inutile de nommer.

---

[1] Son nom était Hugues de Langlois. Voy. ci-après, p. 124, n. 2; p. 126, n. 3.

[2] Il était vicomte de Nicosie. Surpris, en 1460, dans une sortie de Cérines, où il avait suivi la reine Charlotte, il fut massacré par ordre du roi Jacques. Florio Bustron, Ms. de Londres, fol. 190. Lusignan, fol. 173.

[3] Nous retrouverons Tristan de Giblet mêlé à de grands événements sous Catherine Cornaro, et agissant pour Jacques III.

[4] Thomas Pardo fut ensuite employé par la reine Charlotte dans ses négociations avec le Caire. (Voy. ci-après, p. 129, n.) Il rentra plus tard en grâce auprès du roi Jacques, et reçut quelque pension de la Secrète. On en trouvera l'ordonnancement en 1468.

[5] Il se renferma avec la reine Charlotte dans le château de Cérines, en 1460, lors de l'arrivée des Mamelouks venus pour établir le roi Jacques le Bâtard en Chypre.

1458-1474.

Pièces diverses concernant les relations, les possessions et les récoltes de sucre de l'ordre des Hospitaliers, en Chypre, sous le règne de Charlotte de Lusignan et de Louis de Savoie.

Malte. Arch. de l'ordre. *Libri Bullarum.*

1458, 3 novembre. A Rhodes.

Jacques de Milly, grand maître de Rhodes, voulant reconnaître les bons services de Louis de Magnac, grand commandeur de Chypre, «domus seu bajullie nostre «capitularis magne preceptorie regni Cypri preceptori et nostro senescallo,» lui accorde l'autorisation de faire son testament et la faculté de disposer de la troisième partie de ses biens meubles. *Lib. Bull.* LII, fol. 177.

1460, 26 mars. A Rhodes.

Le grand maître donne à Louis de Magnac, grand commandeur de Chypre, la jouissance d'une propriété composée d'un moulin, de son cours d'eau, d'un jardin et de la tour ruinée dite *d'Ermira,* dans la châtellenie de Phando, île de Rhodes. *Lib. Bull.* LV, fol. 210.

1461, 22 juin. A Rhodes.

Instructions du grand maître à Barthélemy de Parete, marchand catalan. Mission lui est donnée de se rendre à Alexandrie, en Égypte, et de remettre les lettres dont on le charge à Jean Dauphin, ambassadeur de Rhodes, détenu à Alexandrie par le sultan [1]. De la ville d'Alexandrie, Barthélemy de Parete se rendra au Caire, et quand il sera admis à présenter ses lettres de créance, il dira au sultan combien l'ordre a été étonné en apprenant que Jean Dauphin était retenu de force à Alexandrie, au mépris du caractère d'ambassadeur qui devait le garantir de tout mauvais traitement. S'il trouve l'occasion favorable de parler des affaires de Chypre, Parete appellera l'intérêt du sultan sur ce pays et le priera de rétablir la reine Charlotte sur le trône. *Lib. Bull.* LIV, fol. 223.

1462, 8 avril.

Pierre Raffin, lieutenant du grand maître, donne, au nom du couvent de Rhodes, à Thierry de la Baume, chapelain de l'ordre, un prieuré en Chypre : «prioratum

---

[1] Je publie ci-après les instructions remises par l'ordre de Rhodes à Jean Dauphin, commandeur de Niciro, pour son ambassade en Égypte, l'an 1459 ou 1460. Voy. p. 96.

« nostrum seu capellam ac ecclesiam Templi Nicosie[1], regni Cypri, cujus provisio seu
« collatio ad nos spectat. » *Lib. Bull.* LVII, fol. 210 v°.

1462, 11 septembre. De Rhodes.

Pierre-Raymond Zacosta, grand maître, apprenant que frère Marc Pastorano, de la langue d'Italie, détient sans en avoir le droit le domaine de Phinika et Anoghyra, « cameram nostram magistralem[2] Finice et Noyre, regni Cypri, cum suis membris « et redditibus, » ordonne audit chevalier d'abandonner immédiatement la jouissance de ce domaine à Jean Darlende, commandeur de Valence, au prieuré de Saint-Gilles, qui pourvoira à son administration en suivant les instructions à lui données. *Lib. Bull.* LVII, fol. 215 v°.

1463, 15 octobre.

Lettres de recommandation et de sauvegarde adressées par le grand maître de Rhodes à tous les capitaines et patrons de navires, officiers et sujets royaux de l'île de Chypre, en faveur de Dimitri, médecin, qui se rend en Chypre porteur des présentes. *Lib. Bull.* LIX, fol. 235 v°.

1463, 31 octobre. De Rhodes.

Lettres semblables aux précédentes pour frère Michel de Castellacio, évêque de Paphos[3], que le grand maître recommande d'une manière spéciale comme frère de l'ordre de l'Hôpital. *Lib. Bull.* LIX, fol. 236.

1463, 16 juillet. De Rhodes.

Le grand maître Pierre-Raymond Zacosta mande à Louis de Sagra, lieutenant du grand commandeur de Chypre, de faire exécuter le jugement par esgard, *esguardium*[4], qui a été rendu récemment entre frère Jean Ram, commandeur de Chypre, et frère Jacques Porquet. *Lib. Bull.* LIX, fol. 204 v°.

---

[1] Il s'agit ici de l'église que l'ordre du Temple avait possédée à Nicosie même, et non du prieuré ou commanderie de Tempros, près de Cérines, qui fut aussi une terre de l'ordre du Temple, et qui passa aux Hospitaliers. Voy. notre t. Ier, p. 110 et 500, et ci-après, p. 93, document du 6 novembre.

[2] *Magistralem*, par opposition à *conventualem*, indique que les terres de Phinika et Anoghyra, dans le Paphos, qui formaient souvent une ou deux commanderies distinctes, ou appartenaient en commun au trésor général de l'ordre, dépendaient, à cette époque, de la manse ou du trésor particulier du grand maître, et étaient exploitées à son compte. (Voy. ci-après, p. 125.) Les deux domaines de Phinika et Anoghyra étaient quelquefois affermés séparément. Une lettre du 1er février 1447 est ainsi adressée : « A « voy fra Anthonio Thebaldo comandator de « Molfeta e arrendator de la nostra coman- « daria de la Fenicha, camara nostra magis- « trale, in lo reame de Cipro. » *Libr. Bullar.* 1446-1447, fol. 213 v°.

[3] Voy. 1468-1469, 2e part. Don. aux églises.

[4] L'esgard était dans le sens le plus ordinaire un jugement contradictoire. Voy. *Assises de Jérusalem*, t. II, p. 547.

88   HISTOIRE DE L'ÎLE DE CHYPRE.

1463, 16 septembre.

Le grand maître nomme Pélerin de Montaigu, commandeur de Corbin, du prieuré de Catalogne, ambassadeur de l'ordre auprès du duc de Savoie, et le charge de recevoir de Louis, roi de Chypre, diverses sommes que ce prince s'est obligé de payer en la ville de Venise[1]. *Lib. Bull.* LIX, fol. 161.

1464, 26 avril. De Rhodes.

Ventes des récoltes de sucre de Kolossi.

I.

Le lieutenant du grand commandeur de la maison de l'Hôpital, les procureurs et le conservateur du trésor général, agissant au nom de l'ordre, d'une part, et honorable homme Jean de Martini, Vénitien, agissant en son nom et au nom de ses frères et parents cointéressés, d'autre part, arrêtent ensemble les conventions suivantes :

Comme les récoltes des sucres en poudre de Kolossi, dans la grande commanderie de Chypre, « pulveres zucharorum Colossu magne preceptorie regni Cipri, » ont été vendues depuis longtemps à Martini, avec certaines conditions que l'ordre de Rhodes n'a pas exactement remplies, on convient d'abord d'une indemnité payable aux associés Martini, et on annule tous actes antérieurs de 1449, 1450 et 1454. L'ordre de l'Hôpital vend ensuite à Jean de Martini 800 quintaux, poids de Rhodes, des poudres de sucre de Kolossi, à raison de 25 ducats 1/4 par quintal, aux clauses et conditions ci-après : 1. Le grand commandeur de Chypre devra chaque année, à l'époque de la récolte des cannes à sucre, faire délivrer à Martini tous les sucres en poudre provenant des terres de Kolossi et autres dépendances de la grande commanderie, jusqu'à concurrence de 800 quintaux, en se réservant seulement 14 quintaux des poudres de Kolossi. 2. Les sucres seront livrés en caisses enveloppées de toiles de canevas et cordées suivant l'usage. Martini devra payer au facteur du grand commandeur, pour ces soins, 1 besant par caisse. 3. La livraison des poudres de sucre, *polvere dezamburade*[2], sera faite au mois de juillet. 4. Sur la requête de Martini ou

---

[1] Louis de Savoie contracta d'autres emprunts à l'ordre de Rhodes. Le 18 septembre de la même année 1463, il reconnaissait au grand maître une dette de 4,741 ducats 27 aspres. Voy. ci-après, p. 125, n. 1.

[2] *Polvere dezamburade.* J'étendrai un peu les explications que nécessite cette expression, pour compléter celles que j'ai eu l'occasion de donner dans le premier volume des documents (p. 95, n. 1) sur les sucres en poudre ou cassonades de l'île de Chypre. La plus grande partie des sucres récoltés dans l'île se fabriquait et se livrait au commerce sous le nom de *poudres de sucre* ou *poudres de Chypre, polvere di Cipro.* Leur qualité était excellente; mais moins cuits et moins durs que les autres sucres, ils se brisaient presque toujours dans le transport. Ils étaient néanmoins coulés et blanchis dans des vases de forme conique, comme les sucres

de son facteur, et aux frais dudit Martini, le grand commandeur fera transporter les caisses à Limassol, à Piskopi ou en tout autre lieu désigné pour leur embarquement. 5. Martini sera tenu de payer, comme il a été dit, en or ou en argent ayant cours à Rhodes, 25 ducats 1/4 par quintal de Rhodes des poudres de sucre, dans les dix jours qui suivront l'arrivée de la lettre de change de Chypre ou la signification par acte public de l'encaissement des sucres à Kolossi. 6. S'il arrivait une année que la grande commanderie de Chypre ne produisît pas les 800 quintaux de sucre, Martini ne pourrait rien exiger en sus de la récolte entière de l'année, en réservant toujours les 14 quintaux du grand commandeur.

II.

En présence des personnes qui ont contracté le précédent accord, présent en outre, et consentant le grand maître de l'ordre de Rhodes, Pierre-Raymond Zacosta, les officiers représentant les intérêts du trésor général de la maison, agissant au nom de l'ordre, d'une part, et Jean Ram, grand commandeur de Chypre, agissant au nom de la baillie et administration de ladite commanderie, d'autre part, arrêtent entre eux les conventions suivantes :

Attendu que les récoltes des sucres en poudre de la grande commanderie de Kolossi viennent d'être vendues par les représentants du trésor commun du couvent de Rhodes à Jean de Martini et à ses associés, le grand commandeur de Chypre consent, par le présent acte, la vente desdits sucres au trésor général ; il s'oblige à

les plus raffinés, tels que le *muscera*, le *caffetino*, le *musciatto*, le *bambillonia* (du Caire) et le *donmaschino* (de Damas). Après que le pain destiné à être vendu comme poudre de sucre avait été retiré de sa forme, il était d'usage, dans les fabriques de Chypre, d'en séparer le sommet, partie la moins pure et la moins blanche. Cette pointe ainsi détachée s'appellait *zambaro*, en français *zambour*. Les restes de pains formaient des cônes tronqués ou pains carrés. Suivant les conditions des marchés, on livrait les pains avec ou sans les *zambours*, et ces pointes étaient encaissées séparément ou réunies dans les mêmes caisses avec les pains, au gré de l'acheteur. A moins de convention particulière et contraire, il était entendu que toute acquisition ou livraison de sucre de Chypre comprenait les *zambours*, sauf à l'acquéreur à faire faire ultérieurement et à sa convenance la séparation des bonnes et des mauvaises parties. Dans les présents traités avec l'ordre de Rhodes, la maison Martini n'achetait que des sucres nets, c'est-à-dire des poudres sans les *zambours*, des pains de sucre blanc sans les pointes ; c'est ce que signifie l'expression *polvere dezamburade*, et celle de *polvere nete e disavorate* employée dans d'autres pièces. (Voy. ci-dessus, p. 27.) Chaque caisse de sucre renfermait généralement seize pains. Après les poudres de Chypre, on recherchait celles de Rhodes. Celles du Crac de Montréal, en Syrie, étaient moins blanches et moins farineuses que les premières ; puis venaient celles d'Alexandrie, brunes et semblables aux *zambours* de Chypre. Je regrette de ne pouvoir citer en entier le curieux passage du livre de Balducci Pegolotti, écrit, comme l'on sait, au XIVe siècle, où sont développés tous les renseignements que je ne puis qu'indiquer ici. Voy. *Della mercatura*, ch. XCI ; dans le rec. de Pagnini, t. III, p. 364.

livrer chaque année à Jean de Martini tous les sucres en poudre provenant des récoltes de Kolossi, jusqu'à concurrence de 400 quintaux, poids de Nicosie, à raison de 35 ducats le quintal, en réservant toujours pour lui, grand commandeur, 14 quintaux dont il disposera en toute propriété. La livraison, l'encaissement et l'époque du payement sont réglés comme dans le précédent accord, avec cette disposition que Martini devra faire les payements à Rhodes, à raison de 25 ducats 1/4 par quintal de Rhodes. Les 400 quintaux une fois payés, le grand commandeur ne devra livrer à Martini les autres 400 quintaux, complétant les 800 quintaux dont la vente lui est faite par le premier acte, qu'après un nouvel accord entre le trésor commun de l'ordre et le grand commandeur de Chypre, pour régler le prix de ces derniers 400 quintaux. Tant que ce nouvel accord n'aura pas été arrêté, le commandeur ne sera tenu, nonobstant la vente précédente, de faire aucune autre livraison que celle des 400 premiers quintaux. Comme le grand commandeur de Chypre doit livrer les sucres au quintal de Kolossi, qui est celui de Chypre, et au prix de 35 ducats le quintal, et que, d'autre part, Martini doit les recevoir et en tenir compte à l'ordre par quintal de Rhodes, à raison de 25 ducats 1/4, il y a lieu de régler d'avance ces différences. On convient d'abord, pour simplifier ces règlements, que le quintal de Kolossi ou de Chypre, bien que supérieur à celui de Rhodes [1], sera considéré comme équivalant à ce dernier. Quant à la différence de prix entre 35 ducats par quintal, auquel Martini achète les sucres en Chypre, et 25 ducats 1/4 qu'il paye au trésor commun de l'ordre à Rhodes, il est convenu que le surplus, qui est de 9 ducats 3/4 par quintal, sera reçu de Martini par le trésor, au nom du grand commandeur de Chypre, et défalqué de la responsion que ledit grand commandeur doit annuellement payer à l'ordre. *Lib. Bull.* LIX, fol. 209, 211.

---

[1] Le quintal de Chypre pesait 100 rotls ou rotolos et celui de Rhodes 98 seulement. (Pegolotti, *Della mercatura*, p. 80.) J'ai estimé l'ancien rotolo de Chypre à 2 kilogrammes et demi de France. A ce poids, il y avait une différence totale de 2,000 kilogrammes entre les 400 quintaux de Chypre, répondant à 90,000 kilogrammes, et les 400 quintaux de Rhodes, pesant seulement 88,000 kilogrammes. C'est cette différence de 2,000 kilogrammes que l'on sacrifie, en assimilant dans le contrat le quintal de Chypre au quintal de Rhodes. On ne pouvait supprimer de même la différence entre le prix auquel la vente des sucres était faite en Chypre et le prix effectivement payé à Rhodes. Martini achetait à raison de 35 ducats vénitiens, soit 252 francs par quintal, en évaluant le ducat à 7 fr. 20 cent. (voy. notre tome Ier, p. 450.); il payait à Rhodes à raison de 25 ducats 1/4, soit 182 francs environ; il y avait donc une différence de 70 francs par quintal et de 28,000 francs sur la totalité des 400 quintaux de sucre vendus. Cet excédant, que ne payait pas Martini, mais dont on devait tenir compte au grand commandeur, était inscrit par la trésorerie de Rhodes à son avoir, pour me servir de l'expression moderne, en déduction de la contribution annuelle de cet officier, qui était seulement à cette époque de 4,000 à 4,500 florins. (Voy. ci-après, p. 92, 93, les documents de Rhodes du 8 novembre 1468 et 26 novembre 1471.) D'après les indications précédentes, on voit que le sucre en poudre provenant des terres de Kolossi, les meilleures de l'île de Chypre, se vendait sur place et en gros à raison de 93 centimes à peu près le kilogramme.

1465, 24 avril.

Pierre-Raymond Zacosta, grand maître de l'ordre, à frère Jean Ram, précepteur ou commandeur de la grande commanderie de Chypre : « Nous avons appris qu'il y avait en Chypre plusieurs frères de notre maison errants et vagabonds, qui n'obéissent ni à vous ni à nos ordres. Il y a lieu de supprimer ces abus, aujourd'hui surtout que le grand Turc (*magnus Teucer*) prépare une expédition contre nous. Ordonnez, en conséquence, à tous les frères de l'Hôpital qui ne sont point attachés aux offices de la grande commanderie ou à votre service de se rendre immédiatement et personnellement à Rhodes. » *Lib. Bull.* LX, fol. 108.

1468, 7 avril. De Rhodes.

Baptiste des Ursins, grand maître de l'ordre, à frère Jean Ram, grand commandeur de Chypre, *ballivie nostre capitularis preceptorie magni Cipri preceptori* : « Nous avons appris avec la plus profonde douleur, par les lettres du roi de Chypre et par les vôtres, que frère Zanche a commis en Chypre le meurtre d'une personne laïque. Sur la demande du roi, et afin qu'il soit fait justice exemplaire, nous vous donnons le droit de juger et de punir ledit frère Zanche comme nous le ferions nous-même, en vous conformant aux établissements et aux coutumes de notre ordre. » *Lib. Bull.* LXII, fol. 108 v°.

1468, 22 octobre. De Rhodes.

Le grand maître des Ursins notifie à tous les officiers, sujets et vassaux de la grande commanderie de Chypre que, par suite du décès récent de frère Jean Ram[1], grand commandeur de Chypre, il vient de nommer comme ses procureurs pour régir la commanderie frère Guy de Montarnaud, précepteur de Griseau, et Nicolas Figheroly, lieutenant de ladite commanderie de Chypre. *Lib. Bull.* LXII, fol. 233.

1468, 8 novembre. A Rhodes.

Jean Ram, grand commandeur de Chypre, étant mort, le grand maître de l'ordre, Baptiste des Ursins, concède à frère Jean Langstrothier[2], commandeur de Balsall-Temple et Eagleton, « preceptoriarum nostrarum de Balsal ac ballivie capitularis « Aquile prioratus nostri Anglie baillivo et preceptori, nostroque senescallo, » la grande commanderie de Chypre, aux conditions suivantes : 1. Le nouveau commandeur aura à payer annuellement, à l'époque de la Nativité de saint Jean-Baptiste,

---

[1] Voy. 1468-1469, 1re et 2e part. Comptes.

[2] Langstrothier, qualifié de *bailliviarum Cypri et Aquile baillivus*, fut envoyé l'année suivante pour les affaires de l'ordre en Angleterre, en Italie et en Écosse. Ses instructions sont au *Liber Bull.* LXIII, fol. 162, sous la date du 14 avril 1469. A sa mort, qui dut arriver en 1471, la grande commanderie de Chypre fut donnée à Nicolas Zaplana. Voy. ci-après, 26 novembre 1471, p. 93.

suivant l'usage, au trésor commun de l'ordre, pour sa responsion, une somme de 4,000 florins [1] ayant cours à Rhodes, sans pouvoir prétexter comme dispense aucun cas de sécheresse, ravage de sauterelles, inondation ou grêle. 2. Le premier payement de la responsion sera exigible à la fête de saint Jean-Baptiste du mois de juin prochain 1469. 3. Si les Turcs, Maures ou autres infidèles faisaient une descente sur les terres de la grande commanderie, il y aurait lieu à réduire le montant de la responsion; dans ce cas, après évaluation des dommages occasionnés par l'incursion, la responsion serait abaissée dans la même proportion que les revenus généraux de la grande commanderie auraient été amoindris. 4. Le nouveau commandeur s'engage à exécuter les traités faits antérieurement avec Jean de Martini pour la vente des sucres en poudre de Kolossi. 5. Le grand maître devient libre de conférer la commanderie à une autre personne, du moment où le commandeur cessera

---

[1] En 1471, la contribution de la grande commanderie de Chypre est un peu élevée, mais ne dépasse pas 4,500 florins. (Voy. ci-après, 26 nov.) On voit combien cette préceptorerie, une des plus belles de l'ordre, avait souffert des événements depuis le milieu du XIVᵉ siècle, époque où elle versait au trésor général de l'ordre une responsion annuelle d'environ 20,000 florins. (Voy. ci-dessus, p. 16, n. 1.) Ce dernier chiffre nous est donné par Sanudo l'ancien dans une de ses lettres au cardinal de Saint-Georges au voile d'or, de l'an 1329. Il est peut-être un peu exagéré; car je trouve que la grande commanderie de Chypre fut, dans le chapitre général de Montpellier de 1330, taxée seulement à une responsion annuelle de 60,000 besants de Chypre, ce qui répond à peu près à 15,000 florins, en comptant 4 besants pour 1 florin, comme dans les règlements des rois de Chypre avec la république de Gênes. (Voy. le t. Iᵉʳ de nos doc. p. 422, 497.) La contribution décrétée au chapitre de Montpellier fut établie, pour dix ans, sur tous les prieurés de l'ordre, dans les proportions suivantes :

	flor. d'or.
Le prieur et le prieuré de France...	13,000
—————————— d'Aquitaine..	6,000
—————————— de Sᵗ-Gilles et Provence, ensemble........	14,000
Le prieur et le prieuré d'Auvergne..	7,000
—————————— de Navarre. .	1,000
Le prieur et le prieuré de Portugal .	2,000
—————————— d'Angleterre.	8,000
—————————— d'Écosse, variable de............ 2,000 à	2,900
Le prieur et le prieuré de Lombardie...................	8,000
Le prieur et le prieuré de Venise...	8,000
—————————— de Pise.....	1,600
—————————— de Capoue ..	2,000
Le comté d'Alife................	500
Le prieuré de Barlette...........	4,000
La commanderie de Venose......	1,500
—————————— de Naples.......	1,800
—————————— de Saint-Étienne de Monopoli................	800
La commanderie de Sainte-Euphémie.....................	100
Le prieuré de Hongrie...........	400
La commanderie d'Achaïe........	600
Le duché d'Athènes.............	600
Chypre, en besants de Chypre.....	60,000
Rhodes, en florins..............	10,000
Le prieuré d'Allemagne et de Thuringe...................	6,090
Le prieuré de Bohême...........	1,200
La commanderie de Saxe, de la Marche et de la Slavie.........	3,200
Le prieuré de la Dacie et de la Norwége....................	100

Ext. du 1ᵉʳ vol. des *Capitula generalia*, conservé aux archives de l'ordre de Malte. Ms. sans numéro. Ann. 1330-1344, fol. 6.

de payer la responsion de 4,000 florins. 6. La concession est faite pour toute la vie du grand commandeur. *Lib. Bull.* LXII, fol. 233.

1469 (N. S.), 17 mars. De Rhodes.

Le grand maître Baptiste des Ursins fait savoir à noble homme Marc Lorédano, fils de Paul Lorédano, Vénitien, qu'il a reçu de Barthélemy de Parete [1] une somme de 306 ducats vénitiens 5 besants et 22 karoubes (*quiratorum*), solde de plus forte somme que Lorédano restait devoir à Jean Ram, autrefois commandeur de Chypre, pour certaines quantités de sucres à lui vendues. *Lib. Bull.* LXII, fol. 251 v°.

1469, 27 juillet. De Rhodes.

Sauf-conduit et lettres de recommandation pour frère Jean de Francières [2], prieur d'Aquitaine, qui se rend de Rhodes dans son prieuré. *Lib. Bull.* LXIII, fol. 231.

1471, 26 novembre. A Rhodes.

Frère Jean Langstrothier, grand commandeur de Chypre, étant mort, le grand maître de l'ordre concède la commanderie à Nicolas Zaplana [3], commandeur de Baules, au prieuré de Catalogne, et sénéchal de l'ordre, sa vie durant, à condition qu'il payera annuellement, pour responsion, au trésor de l'ordre, à Rhodes, une somme de 4,500 florins courants à Rhodes, à raison de 20 aspres par florin, à partir de la Nativité de saint Jean-Baptiste au mois de juin 1472. Les autres clauses de la concession sont analogues à celles de la collation faite à Langstrothier le 8 novembre 1468. *Lib. Bull.* LXV, fol. 195 v°.

1472, 6 novembre. A Rhodes.

Une discussion s'étant élevée entre frère Nicolas Saplana, grand commandeur de Chypre et sénéchal de l'ordre de Rhodes, d'une part, et frère Hisbert de Villeneuve, d'autre part, au sujet du village de Tempros, près de Cérines, « causa casalis Templi « prope castellum de Cherines in regno Cipri; » Nicolas Saplana disant que ce village faisait partie et dépendait de la grande commanderie de Chypre; Hisbert prétendant,

---

[1] Il s'était occupé, dans une autre circonstance, des intérêts de l'ordre en Égypte. Voy. ci-dessus, p. 86.

[2] J'ai eu l'occasion de citer précédemment, p. 5, n. le *Traité de fauconnerie* de ce chevalier devenu commandeur de Choisy. Francières annonce avoir mis surtout à profit pour la composition de son ouvrage les traités de trois maîtres experts, savoir : Michelin, fauconnier de « feu le beau roy de Chypre » Pierre Ier, Mélopin, fauconnier du prince d'Antioche, frère du roi Pierre, et Aimé Cassien, grec rhodiote, qui fut toute sa vie fauconnier des grands maîtres, et qui vivait encore du temps de Francières. Voy. P. Paris, *Les manuscrits franç.* t. V, p. 216.

[3] Son nom est écrit dans les pièces Saplana et Zaplana. Il n'a pas marqué dans l'histoire, mais un membre de sa famille, Jacques Saplana, a eu un rôle important sous les rois Jacques II et Jacques III.

au contraire, que Tempros formait une commanderie séparée, « quod est preceptoria « de per se, » et n'était point un membre ou dépendance de la grande commanderie, les deux parties, afin de terminer les difficultés, sont convenues qu'Hisbert posséderait toute sa vie le casal de Tempros et ses appartenances, sans qu'aucun grand commandeur pût le lui enlever; mais qu'à sa mort le village serait réuni à la grande commanderie, comme un de ses membres. Le grand maître, Jean-Baptiste des Ursins, confirme et scelle le présent accord. *Lib. Bull.* LXVI, fol. 203 v°.

1474, 11 mai. De Rhodes.

Le grand maître, Jean-Baptiste des Ursins, charge Antoine Vironi, actuellement ambassadeur de l'ordre au royaume de Chypre, d'examiner les comptes et l'administration du domaine de Phinika [1], « administratio camere nostre Finice, » depuis que ledit domaine (*camera*) a été pris par le grand maître à son compte particulier et administré en son nom par Pierre-Antoine de Giliolis, après le décès de feu Luc de Jérusalem, gouverneur et administrateur dudit domaine. Antoine Vironi est autorisé à donner quittance à qui de droit. *Lib. Bull.* LXIX, fol. 91 v°.

1459, 10 février. A Nicosie.

Éléonore de Lusignan vend à Louis de Magnac, grand commandeur de l'Hôpital, en Chypre, une maison qu'elle possédait à Rhodes [2].

Malte. Arch. de l'ordre. *Lib. Bullarum.* LV, fol. 214.

In nomine Domini nostri Jhesu Christi, amen. Anno Nativitatis ejusdem millesimo cccc quinquagesimo nono, indictione septima, die sabati, decimo mensis Februarii, in Nicossia regni Cipri, in domo habitationis infrascripte domine venditricis, presentibus ibidem spectabili milite domino Bernardo de Ribesaltes consilliario regio, et prudenti viro Georgio Mistachel, burgensi Nicossie, et aliis quampluribus, ac me notario publico infrascripto, testibus ad infrascripta vocatis et rogatis, nobilis domina Helyanora de Luxignano, filia magnifici domini Phebi de Luxignano [3], militis et marescalli Armenie,

---

[1] Au nord des deux positions de Paphos-Néa et de Palæa-Paphos.

[2] J'extrais ce document d'une constitution de rente viagère de 50 écus d'or de France, à raison de 64 écus au marc de Troyes, faite à Rhodes le 10 juillet 1460, huitième indiction. La rente est établie par Louis de Magnac, grand commandeur de Chypre, commandeur de Phinika et Anoghyra, du même royaume, de Pouillac, Mâcon, Bellevue et autres lieux du prieuré d'Auvergne, au profit de frère Claude de Jous, prieur de Montcalquier, en Auvergne, et garantie sur la maison que le grand commandeur avait acquise à Rhodes.

[3] Phébus de Lusignan, sire de Sidon, fils naturel du roi Janus, dont il est question plus loin, p. 124, n. 1; p. 125, n. 1.

alias relicta quondam nobilis Sofretti Crispi [1], et ad presens uxor nobilis militis Vaschi Egidii Moiny de Portugallia [2], in Cipro comorantis, certificata prius in lingua materna [3] de forma presentis instrumenti, ac impetrata et obtenta licentia et spontanea voluntate ac pleno amplo consensu prenominati domini Vaschi Egidii mariti sui presentis, ibidem audientis et intelligentis ac sponte conscentientis et approbantis omnia et singula infrascripta, sponte, libere, realiter et ex certa sua voluntate, non vi, dolo aut prava inganacione seducta, sed omnibus illis melioribus modis, via, jure et forma quibus melius et efficacius facere potuit et debuit, nomine ac titulo pure, libere, realis vendicionis, pro pretio et nomine pretii ducatorum mille quingintorum Venetorum, justi ponderis, vendidit, tradidit, cessit, transtulit et assignavit reverendissimo in Christo patri et magnifico militi ordinis beati Johannis Jerosolimitani, domino fratri Ludovico de Magnach, dignissimo magno preceptori preceptorie magne Cipri, ibidem presenti, solempniter et recipienti pro se et heredibus suis ac omnibus habentibus causam ab eodem, unam domum muratam, situatam et poxitam in civitate Rhodi prope ecclesiam sancti Augustini, hordinis Heremitarum, que quidem domus fuit quondam dicti Sufretti Calvi; cui quidem domui, posite in platea sancti Sebastiani de Fratribus, adherent ab Oriente quedam magazena de Bellucha et alia magazena parva, que hodierno die sunt reverendissimi magni magistri Rhodi, ab Occidente domus Esdre ebrei, a meridie domus de Grimanis, a Septentrione platea predicta sancti Sebastiani [4]. Nichilominus ipsa domina venditrix omnia et singula superius annotata attendere, adimplere et observare semper teneatur et debeat, et presens contrattus in sua firmitate perduret. Renuncians insuper universis et singulis legibus, statutis, partibus, stabilimentis, constitutionibus, reformacionibus, ordinationibus, assisiis et consuetudinibus in regno Cipri, Rodo, Rome, Venetiis, Janue et alibi existentibus, ac omnibus exceptionibus doli, mali, etc.

Ego Benedictus de Onetariis de Vincentia, apostolica et imperiali auctoritate publicus notarius et judex ordinarius, ac serenissime domine regine Cipri secretarius, premissis omnibus per predictam dominam vinditricem cum

---

[1] Dans la constitution de rente d'où est extrait la présente charte de vente, il est nommé : *Sofrettus Crispus alias Calvus*.

[2] Dans une pièce du 22 décembre 1466, ce chevalier portugais est appelé *dominus Valascus Gil Mony;* probablement son nom était Vélasquez Gil ou Gilles Mony.

[3] La langue maternelle d'Éléonore de Lusignan, née et élevée en Chypre, ne pouvait être que la langue française, parlée à la cour et dans toutes les familles nobles.

[4] Je supprime quelques-unes des stipulations suivantes du présent contrat de vente qui n'offrent aucun intérêt.

prefato reverendo domino magno preceptori emptore contractis, presens fui cum supranominatis testibus, et rogatus manu mea propria scripsi in hanc publicam formam et publicavi, signumque meum apposui [1].

[1459-1460]. De Rhodes [2].

Instructions du grand maître de Rhodes, Jacques de Milly, à Jean Dauphin, commandeur de Niciro, envoyé au sultan pour hâter un arrangement entre Jacques le Bâtard et le roi Louis de Savoie.

Malte. Arch. de l'ordre. *Lib. Bullarum.* LIV, fol. 242.

Al nome de Dio, amen. Instruction ad voy religioso, a noy multo caro et ben amato in Dio, frare Johanni Dalfino comendadore della nostra ysola et comandaria de Niseri [3], ambassiatore nostro, mandato alla presentia del molto principe et poderoso segnore soldano de Babillonia, per le rasioni et casioni infrascripte.

Et primo, al nome de Dio, che vi conduca et reduca a bon salvamento,

---

[1] A la suite, se trouve d'abord la confirmation de la rente par le grand maître de l'ordre, et ensuite l'annulation de tous les actes précédents en conséquence de la renonciation de Claude de Jous à la donation qui venait de lui être faite.

[2] Cette pièce doit être de la fin de l'année 1459 ou du commencement de 1460. La mission de Jean Dauphin ou Dolfin, au nom de l'ordre de Rhodes, coïncida avec celle de Pierre Podochatoro, chargé de se rendre au Caire par la cour de Nicosie, sur la nouvelle que les premiers ambassadeurs envoyés en Égypte dès l'arrivée du roi Louis dans l'île y étaient morts de la peste. (Georges Bustron, *Chron. grecq.* fol. 34; Florio Bustron, *Chron. ital.* fol. 185.) Nous apprenons par les chroniques chypriotes que ces premiers ambassadeurs étaient du nombre des chevaliers savoisiens venus en Chypre avec le roi Louis au mois d'octobre 1459; mais leurs noms y sont extrêmement défigurés. Georges Bustron les nomme *misser Oundès*, *misser signor te Lornès* et *misser Mounat;* Florio n'en désigne que deux : *Moris Jas* et *monsignor de Ornès.* Il est très-probable que *misser Oundès*, peut-être le *Moris* (*messire?*) *Jas* de Florio, est le sire d'Aix en Savoie, Philippe de Seyssel, et que le seigneur *te Lornès* ou *de Ornès* est Jean, seigneur de Lornay, qui, tous les deux, accompagnèrent Louis de Savoie en Chypre. (Guichenon, *Hist. de Sav.* t. Ier, p. 538.) Philippe de Seyssel-Aix fut même le chef de l'ambassade donnée comme escorte au prince à son départ du Piémont, ou d'une ambassade qui précéda de peu son départ. (Voy. ci-après, p. 135, n. 4.) On sait d'une manière certaine qu'il fut mandé en Égypte pour apporter au sultan, avec le tribut, les compliments du nouveau roi, et qu'il fut enlevé par la peste, au Caire. (Guichenon, t. Ier, p. 539; Æneas Silvius, *De bello Cypr.* p. 379.) Guichenon nomme encore quelques autres chevaliers venus en Chypre avec le fils du duc de Savoie : Amé de Genève, seigneur de Boringe et de la Bastie, Guillaume d'Allinges, seigneur de Coudray, Antoine de Buenc, seigneur de Mirigna, Jacques de Luyrieux, chevalier de l'Hôpital, Claude de Briord, seigneur de la Serra, Antoine de la Balme, seigneur du Morteray, le seigneur de Bressieux, en Dauphiné, le seigneur de Saluces, et Sibuet de Loriol, désigné pour être chancelier de Chypre. Voy. *Hist. de Sav.* t. Ier, p. 538.

[3] Niciro, îlot au sud de l'île de Lango.

vui particto [1] del nostro convento et andarete la volta de Alexandria lo più presto ad vui serà possibele; et quando al dicto loco desmontato serete in terra, facta laddoita [2] recognoscenza et usata salutatione al segnore admirallio, domandarete licentia per andar al Cayro, quanto più presto possibel ve sia.

Arrivato serete al Cayro, et casu sia che alguno christiano [3] et speciale Gonem o Jannozzo Salviaty [4], fate pure come sapereste fare ad intendere da loro in che termino sia li bisogni de lo Postulato de Cipri sulo per mellio intendere como nel vostro procedere più avanty possate descernere el mellior partito.

Et perchè sommo certy che da quelli segnori admiralli, o altri della corte del dicto segnore soldano, domandato serete della casione de vostra andata, serete savio allo respondere, dicendo parole bone et generali che l'andata vostra è per tucto bene et pace, como siete adcostumato de fare.

Poy, trovato el modo adpresentarve alla presentia del segnore soldano, presentarete le nostre lettere et lo presente qual vui portate; et facta la presente salutatione, vui cominzarete el vostro parlare a l'uno de doy fine, cioè ad inducerlo ad pace circa alle cose de Cipri, se ve parerà le cose non siano tanto avanty che della pace overo accordo porrete avere alcuno bono effecto, remustrando come le novitate [5] de Levante non essere convenienty nè bone a cui a che perdere et ad cui a tante anime ad ben guardare, et come Christiani se moveranno ad questa novetate, che may la maggiore non fo aldita nè vista; et in questo passo, parendove per lo melliore, allargateve nel parlare, dicendo tucte quelle rasoni che de nui avete intese et delle quali vui sete ad pleno informato, remettendolo al tempo et lo loco et la dispositione delle cose, confidando della prudentia vostra lo saperete ben guidare in tanto tal bisogno recerca.

Et se per caso trovarete la sua segnoria rasonevelmente desiderosa [6] che la concordia sè faccia tra la magestà del segnore re de Cipri et lo Postulato,

---

[1] On peut lire au Ms. *particto* ou *partuto*, mais *partirete* serait préférable.

[2] *La dovuta*, la due reconnaissance.

[3] Il manque ici un mot comme *ci fosse*.

[4] Janosse Salviati et Gonème, religieux de Saint-Augustin, ancien confesseur du roi Jean II qu'Hélène Paléologue avait fait exiler à Rhodes, s'associèrent à la fortune de Jacques le Bâtard et le suivirent en Égypte, où le jeune prince était venu demander l'appui du sultan pour enlever la couronne à sa sœur Charlotte. Son entreprise hardie ayant réussi, Jacques combla de faveurs tous ses partisans : Gonème devint archevêque de Nicosie; Salviati et ses parents reçurent de nombreux fiefs. Voy. ci-après, 3 octobre 1461.

[5] Au Ms. *notivitate*.

[6] Lecture incertaine, mais le sens est clair.

intenderete questa materia collo ambassatore del re de Cipri [1], o qualunque altro trovarete a questa materia ben disposto. Et strengete che la cosa sè faccia presto, perochè andando per longa pratica sempre sè concorrerà più et serà più difficile et fatigosa ad farse. Et facendola, serà per bene advenire non sulo de Cipri, ma per tucto questo Levante, che non a bisogno de guerra, che tanta che tanta ne a sofferta et sofferre alla jornata, che nè Christiani nè Mori possono praticare nè fare alcuna mercantia, loquale è l'ajuto de questo Levante.

Et se pure, che Dio non vollia, trovassete le cose male in ordene alla concordia et bona pace, overo che l'animo del segnore soldano non sè podesse reducere de alcuna pace per Cipri, et volesse pure sequire sua intentione de mandare el segnore Postulato allo reame de Cipri, perochè la cosa non porrà passare senza grandissimo scandalo et morte et diffatione tanto que una come dell' altra parte, recorreste al segnore soldano che vollia fare tale ordinanza et fermo comandamento tanto securo et bastante quanto sia possibele, che per tale andata le nostre cose, come sonno casali, homeni et persone nostre, parichi et loro animali et beni non siano tractaty como nemicy de sua segnoria, avendo respecto alla bona pace jà facta et fin quì bene praticata et tenguta; et quanto ad questa parte, in tucta forma et maniera ad vui serà possibele assecurateve come de sopra sè contene.

Item, perchè noy vedemo et cognoscemo l'astantia vostra dillà quanto serà più breve tanto serà mellio, advisateve che, facendose la concordia, et bisognasse vui andare la volta de Cipri allo retorno, per dare fine et complimento alle cose contractate et concluse, sia pure al nome de Dio, andate ad bon viaggio per far quanto sia de bisogno.

Et per lo semelliante, se vedessete non sequire accordo, ma più tosto guerre, et averete obtengute alcune provisioni utili et opportune per salute della grande comandaria et altri nostri casali etc., come de sopra, fatene ultimo de potentia andare in Cipro [2] avanty che vengate quì a Rhodo, per scrivere et advisare li nostri che trovareste al dicto reame como abbiano

---

[1] Pierre Podochatoro, dont nous avons précédemment parlé, et qui était déjà venu en Égypte en 1456. (Voy. ci-dessus, p. 74, n. 6, et 96, n. 2.) Podochatoro ne fut pas plus heureux que Jean Dolfin dans sa nouvelle mission. Loin d'obtenir du sultan l'appui qu'espéraient la reine Charlotte et son époux, les ambassadeurs furent saisis par ordre du sultan, et livrés comme prisonniers à Jacques le Bâtard, qui fut proclamé roi de Chypre, au Caire. (G. Bustron, Ms. fol. 35 v°; Florio Bustron, Ms. fol. 185 v°.) Jacques leur rendit plus tard la liberté, et s'attacha même Podochatoro par des bienfaits.

[2] *Fatene ultimo de potentia*, signifie: Faites en sorte de pouvoir aller en Chypre.

affare et sequire più un modo che altro secondo che per vui seranno advisaty. Et quando averete justa posse reducte le cose al mellio che possibele vo serà stato, porrete tornare da noy in bono viaggio, che Dio ve done, dal primissio alla fine [1].

[1460], au mois d'avril.

Instructions de Louis, duc de Savoie, à Thomas de la Brigue, chargé de se rendre à Gênes pour réclamer du gouverneur de la république des secours contre Jacques le Bâtard, qui menaçait d'attaquer le royaume de Chypre avec l'aide du sultan.

Turin. Arch. de la cour. *Regno di Cipro*, mazzo 1º. Pièce sans num. Minute du temps.

Instructiones breves agendorum in Janua parte illustrissimi principis et excelsissimi domini domini nostri ducis Sabaudie, per spectabilem Theobaldum de la Briga [2].

Primo, idem Theobaldus quanto citius poterit se transferet ad civitatem Janue, quare dicitur naves deputatas pro Chaffa et Schio ante Pascam recessuras.

Item, eo juncto, visitabit illustrem et magnificum dominum gubernatorem [3]; cum presentatione littere credentie et recommendatione et saluta-

---

[1] Le grand maître ajoute à la fin de ses lettres une recommandation spéciale, relativement à l'état de guerre existant alors entre l'Égypte et le roi d'Aragon. L'ambassadeur est chargé de dire au sultan que l'ordre de Rhodes, désireux de voir cesser les courses des armateurs catalans sur les côtes d'Égypte et de Syrie afin d'obtenir la pacification du Levant, s'est activement entremis de concilier les deux parties, et qu'un traité aurait pu être arrêté récemment entre elles si le sultan avait répondu aux demandes du grand maître. Jean Dolfin exprimera son étonnement de ce silence, et fera observer que la paix doit être beaucoup plus avantageuse à l'Égypte qu'à l'Aragon. Il informera en même temps le sultan que le grand maître, après avoir racheté à ses frais un grand nombre de Mores, s'occupe d'en rechercher d'autres pour leur rendre aussi la liberté.

Ces instructions nous donnent l'occasion de remarquer de nouveau que les corsaires européens, et en particulier les Catalans, bien qu'armés en apparence contre les pays infidèles, ne respectaient guère davantage les terres chrétiennes du Levant. (Voy. le t. Ier de nos doc. p. 203, 204, n. etc.) Vers ce temps, deux neveux du pape Calixte III, probablement de la famille Borgia de Valence, avaient ravagé l'île de Chypre. Le légat du saint siége, alors en Orient avec la flotte apostolique, les poursuivit, et, les ayant atteints, les jeta en prison. Æneas Sylvius, cardinal de Sienne, donne avis de cette prompte et vigoureuse expédition au cardinal de Saint-Ange dans une lettre du 4 juillet 1457. Voy. *Æneæ Sylvii Opera;* Bâle, 1551, in-fol. epist. 269, p. 792.

[2] Un membre de cette famille, du nom de Charles, conduisit des secours à Cérines en 1461, après l'invasion du roi Jacques et de ses auxiliaires Mamelouks. Voyez ci-après, p. 137, art. 6.

[3] Par suite de l'un de ces changements si fréquents à Gênes, la république se trouvait de nouveau, depuis le mois de mai 1458, sous la protection du roi de France et l'autorité d'un gouverneur français. Jean, duc

tione convenientibus, sub credentia exponet eidem causam accessus dicti Theobaldi ad ipsam civitatem, de quo infra in sequentibus capitulis, rogando et requirendo dictum dominum gubernatorem quod, cum cosa concernat honorem et interesse fidei et totius Christianitatis, concernat etiam non tantum salutem et interesse civitatis Janue, respectu civitatis Famaguste et aliorum redituum, proventuum et utilitatum quos habent Januenses in regno Zippri, et per consequens interesse serenissimi domini regis Francorum : vellit ipse dominus gubernator favorabilem esse quod commune Janue et seu magnificum officium sancti Georgii vellit providere de aliquo auxilio, et saltem ad minus quod navis que de proximo itura est in Schio postquam junxerit in Schio[1], infra certos dies, se reperire vellit in Rodo cum navi quam de proximo mandaturus est prefatus dominus noster, et inde simul transire cum eo in navigio quod dabit veneranda religio Jerosolomitana in regnum Cippri, ad auxilia et favores regis et regni predictorum.

Item, exinde exponet magnificis ancianis et officio sancti Georgii sicuti eis notum est quod soldanus, ad falsas partes Bastardi Cipri et ad ejus inhonestas et nefarias promisiones et submisiones, proposuit facere et mittere armatam suam in regnum Zipri in auxilium dicti Bastardi, pro occupatione dicti regni. Et, quod habetur a nonnullis, proposuerunt dicti soldanus et Bastardus non tantum expellere modernum regem, sed et occupare civitatem Famaguste et quicquid habent Januenses in dicto regno, imo et reditus ecclesie Nicossie, et tenere continuo in dicto regno certas quantitates Mamalucorum dicti soldani. Cumque dicti domini Januenses omni tempore habituri sunt a moderno domino rege Cippri et suis non tantum observationem pactionum et conventionum antiquarum, sed etiam bonam amicitiam et favores; cumque et promissa et proposita dictorum soldani et Bastardi cedant in obproprium sanctissime fidei Christiane, in dampnum et in prejuditium totius regni et ipsorum Januensium, videretur prefato domino nostro duci quod commune Janue bene haberet super predicta omnia animadvertere et providere ac auxilium dare, ne dicti soldanus et Bastardus vota sua adimpleant. Super quo dictus Theobaldus quantum poterit ellaborabit ut auxilium dare vellent, adducendo antiquam amicitiam in domum Sabaudie, et sicuti prefatus dominus dux noster proposuit de proximo mittere ad dictum regnum ex civitate Nizie[2]

de Lorraine, avait été le premier de ces lieutenants; en 1459, il fut remplacé par Louis Vallier ou La Vallée, qui était peut-être gouverneur à l'époque des présentes instructions, et qui paraît être demeuré à Gênes jusqu'au soulèvement de 1461.

[1] Chio était aux Giustiniani de Gênes.
[2] De la ville de Nice, en Piémont.

v⁵ pedites, sub conductu certorum dominorum militum et capitaneorum.

Item, quum auxilia navigii et gentium dare pro nunc non proponant, sicuti jussum dicitur fuisse Stephano de Stephanis Scalie, oratori prefati domini nostri, qui Janue fuit superioribus diebus, requiret dictus Theobaldus ut saltem proinde vellint quod navis de Marimis[1] itura de proximo in Schio, deinde postquam illic fuerit, se transferat in Rodo et se reperiat cum navi et gentibus prefati illustris domini nostri ducis; et deinde simul se transferant ad auxilia et favores prefati domini regis et regni Cippri, quod cedet ad honorem et utilitatem communem et fidei Christiane.

Item, dicet eisdem sicuti religio Jerosolomitana iterum obtulit se daturam auxilia et favores possibiles, ita quod verisimile est quod equidem simul cum dictis duabus navibus ipsa religio aliquid quo melius, tutius et honorabilius transire poterit in dictum regnum.

Item, sciet quorum Januensium sit dicta navis transitura in Scio, et ab illis exquiret intelligere quando sit recesura; item quot diebus permansura in Scio; item quando se requirere posset in Rodo; item pro quanto transiret ex Scio in Rodum et deinde in Zipprum.

Item, idem Theobaldus se informabit de duabus navibus Bischaynis[2] que proximis diebus dicuntur portum Janue intrasse onuxte sale; et videbit si altera ipsarum foret sufficiens et secura ad deferendum IIII⁵ homines in regnum Zippri, et an sit de mille bottis[3]; et in dicto casu, procurabit, subtili et prudenti modo, unam firmare pro dicto viagio, cum illis melioribus pactis et condicionibus quibus melius poterit et sciet. Ita tamen quod inter alia pacta levari et teneri debeant semper in dicta navi arma illustris domus Sabaudie. Et pacta describi faciet in scriptis et declarationem termini recessus fiendi quam citius fieri poterit, reservato semper beneplacito illustris domini nostri, cum termino ei ratificationis dande.

Item, emet et inarrabit bergantinas seu carazinas[4] centum, bonas et sufficientes, eo meliore pretio quo poterit, ita quod haberi possint per totum

---

[1] On désignait ordinairement les nefs et les galères par le nom de la maison de commerce à laquelle elles appartenaient ou par le nom du port de mer d'où elles partaient. De là les noms de *galea Sanuda, Sebenzana, Spinola, Tragurense*, etc. que l'on trouve dans les chroniques d'Italie et que l'on rencontre aussi dans nos documents; mais ici l'expression de *Marimis* ne semble pas indiquer les propriétaires du navire, puisque le duc de Savoie recommande plus loin à son envoyé de chercher à savoir à qui était le vaisseau.

[2] De la Biscaye.

[3] Tonneaux.

[4] La nature de l'arme appelée *bergantine* ou *carazine* n'est pas bien déterminée.

102 HISTOIRE DE L'ÎLE DE CHYPRE.

presentem mensem Aprilis. Item, similiter emet et inarrabit capsias virotonorum videlicet L[1] pro balistis de gamba[2] et XL de girella et decem de turno[3]. Item, girellas LX pro balistis. Item, procurabit quam citius poterit regredi ad illustrem dominum nostrum, responsum daturus super omnibus scriptis.

1460, 4 avril. De Venise.

Lettres du sénat de Venise au roi de Chypre et à Pierre Arimondo, baile des Vénitiens en Chypre, portant que le baile, nonobstant les désirs du roi, ne peut être prorogé dans ses fonctions, et qu'il ne doit en rien s'occuper des affaires du royaume.

Venise. Arch. génér. Conseil des Prégadi. *Secreti*, XXI, fol. 4.

I.

M CCCC LX, die quarto Aprilis.

Serenissimo regi Cypri. Reddite sunt nobis littere serenitatis vestre, diei ultimi Decembris preteriti, quibus novimus quantum scribit de statu et conditionibus illius regni vestri, quidve majestas vestra de bajulo nostro ibidem fieri cupere videatur. Respondentes itaque dicimus quod si quid adversi serenitati vestre contingit, id profecto, tum jure veteris affectionis et amoris nostri ad illustrissimam domum vestram et ad celsitudinem vestram, tum omni alio bono respectu, molestum admodum nobis est. Pro quanto vero pertinet ad bajulum nostrum ibidem, quem majestas vestra illic permanere et alio etiam mittere vellet, optaremus posse in hoc serenitati vestre complacere, sed ex antiquis decretis et ordinationibus nostris, quibus contravenire non licet, id nobis inhibitum est. De parte, 140. De non, 12. Non sincere, 6.

II.

Ser Petro Arimundo, bajulo nostro Cypri. Scripsit nuper nobis serenissimus rex Cypri, et instanter rogavit nos ut ultra tempus vobis statutum [4]

---

[1] Cinquante caisses de viretons ou petites flèches à arbalètes.

[2] *Balistæ de gamba*, peut-être des arbalètes courtes que l'on armait en les appuyant sur la jambe. Les arbalètes *a pectoribus* étaient sans doute celles qu'on a nommées arbalètes à étrier, *balistæ a tibia*. Voy. l'*Archéologie navale* de M. Jal, t. II, p. 175.

[3] *Balistæ de girella, balistæ de turno,* longues et fortes arbalètes que l'on bandait avec des crics ou des tourniquets, dits *girellæ*.

[4] Les consuls ou bailes vénitiens n'étaient nommés généralement que pour deux ans. Ce terme est fixé d'habitude dans la commission du sénat qui les institue. Voy. le t. 1er de nos doc. p. 418, art. 1; p. 456, ann. 1405.

remaneretis in regno illius, utque etiam exercere vos posset et mittere alio pro negociis suis, ipsi regno et statui suo pertinentibus. Nos autem, sicut eidem regi scripsimus, ita vobis declarandum duximus quod, obstantibus legibus et ordinationibus nostris quibus contravenire nobis non licet, non est nostre intentionis nec volumus quod immisceatis vos in rebus illis, nec etiam quod idem rex alio vos mittat seu exerceat, quoniam si aliter faceretis id molestissimum nobis esset[1]. Successorem autem vestrum quam primum mittere curabimus, ut vobis sit locus repatriandi. De parte, 140. De non, 12. Non sincere, 6.

1460, 13 mai. A Venise.

Décision du conseil des Prégadi ou sénat de Venise notifiant à l'ambassadeur du duc de Savoie qu'on ne peut permettre l'expédition par Venise de munitions destinées à l'île de Chypre, en raison des rapports d'amitié existant avec le sultan, et déclarant, en outre, que la république ne peut, en ces circonstances, autoriser son baile à se rendre auprès du sultan, au nom du roi Louis.

Venise. Arch. génér. Conseil des Prégadi. Secreti, XXI, fol. 6.

M CCCC LX, die XIII Maii.

Quod spectabili oratori illustrissimi domini ducis Sabaudie, qui ad presentiam nostram venit, retulitque nobis parte domini sui quod cum statuerit Cyprum oratores suos ac nonnullas bombardas, arma et alias res deffensibiles pro conservatione status illius serenissimi regis, libeat nobis contentari quod cum una ex navibus nostris, quam ob hoc nabuliçare intendit, mittere possit in Cyprum una cum legatione predicta arma et alias munitiones suprascriptas; rogavit quoque noster idem orator ut libeat nobis mandare bajulo nostro Cypri quod per regem ipsum operari possit et mitti etiam ad dominum sultanum pro componendis et aptandis rebus regni sui, etc.[2], respondeatur :

Quod ex veteri benivolentia nostra ad illustrissimam domum Sabaudie et ad illustrissimum dominum suum ducem, quem fratrem carissimum repu-

---

[1] Les Vénitiens ne tenaient autant en ce moment à empêcher leur consul de s'ingérer dans les affaires de Chypre que pour arrêter toute démarche utile au roi Louis. Peu de temps après, Arimondo ne crut point encourir de trop graves reproches de la république en favorisant secrètement le roi Jacques et en traversant les efforts des princes légitimes. Du moins, au mois d'août 1462, Charlotte de Lusignan se plaignait-elle vivement à Venise de la conduite de son baile, et des torts qu'il lui avait causés. (Secreti, XXI, fol. 105, 107.) Les Prégadi, saisis des réclamations de la reine, lui donnèrent une vague promesse de réparation.

[2] Ainsi au Ms.

tamus, sumus profecto semper cupidi sue excellentie complacere, sicut per elapsum semper facere studuimus; sed volumus sibi notum esse quod in terris et locis sultani habemus continue multos cives et mercatores nostros, cum multis facultatibus et havere nostrorum, nec dubitari debet quod sultanus, habita noticia quod concessissemus passagium rerum predictarum, sicut sine dubio sciret, de facto procederet ad novitatem contra nostros, cum intollerabili damno nostro; ideoque rogamus excellentiam prefati domini ducis quod nos supportatos habere velit si in hoc sibi non possumus complacere, potest enim habiliter et commode aliunde providere et conduci facere res predictas absque periculo et damno nostro. Pro personis vero oratorum predictorum cum familia sua, dicimus quod sumus bene contenti quod cum navigiis nostris ad libitum suum in Cyprum se conferre possint.

Circa partem possendi operari et mittere bajulum nostrum etc., respondeatur sibi quod, ex legibus et ordinationibus nostris, id cunctis rectoribus et officialibus nostris penitus inhibitum est, et concedi non potest[1]. Et justificetur et honestetur hoc responsum nostrum illis bonis et accomodatis verbis que magis utilia videbuntur. De parte, 115. De non, 15. Non sincere, 1.

1460, 11 octobre. De Rhodes.

Instructions du grand maître de Rhodes à Nicolas de Corogne, commandeur de Trévise, et à Jean de Chailly, commandeur d'Auxerre, chargés de se rendre en Chypre pour recevoir le roi Louis à bord de la galère de l'ordre, si le prince se décidait à quitter son royaume.

Malte. Arch. de l'ordre. *Lib. Conciliorum.* Ann. 1459-1469, fol. 38.

Le maistre de l'Ospital de Jherusalem et le conseil, à nos tres chers et tres amez religieux freres Nicole de Courongne, de Trevise du prioré de Venise et capitainne de nostre galée, et Jehan de Chally, d'Auxoure du prioré de France, commandeurs, et à chascun de vous, salut en Nostre Seigneur et à noz commandemens obeyr.

Par les lettres que vous, frere Nicole de Courongne, nous avez derrenierement escriptes avons seu comment l'armée du soldan est arrivée ou royaume de Chipre, dont nous desplaist de tout nostre cuer, priant Nostre Seigneur que par sa grace soit en adjude du roy tellement que puist ensuir ce que son cuer desire. Aussi avons été advisé de pluseurs autres choses qui sont ensuies, ausquelles ne nous semble faire aucune response, fors à certains poincts cy apres declairés.

---

[1] C'est ce que le sénat avait déjà écrit au roi de Chypre et au baile de la république, résidant en Chypre, dans ses lettres du 4 avril, imprimées d'autre part.

En tant que touche le fait de nostre galée, en cas que le roy, que Dieu ne vueille, eust deliberé de soy partir dudit royaume et venir en Rhodes ou aler en quelque autre part, voulons et expressement vous commandons en vertu de sainte obedience, et à tous les freres estans de par della en compaignie vostre et du roy, que avec nostredite galée deviez aler et mener sa royal magesté et personne où bon luy semblera, sans aucune contradiction, non le habandonnant pour quelque chose qu'il aviengne et non departant de sa presence, car à celle intencion vous avons envoiés de par della et pour guarder sa personne comme requis le nous a.

En oultre, se par cas d'aventure, apres que le roy auroit deliberé de partir du chasteau de Cherines, il vous vouloit ou aucun de vous ou autres freres de nostredite religion donner la charge dudit chasteau et laisser à la guarde d'icellui, en cestui cas, vous oubjurons et en vertu de sainte obedience commandons, ensemble à tous autres freres de quelque estat ou condicion qu'ilz soient, que ne presumiez ne presument, en maniere du monde, ne par quelque party que soit, de rester à la guarde dudit chasteau en l'absence du roy, ne prendre aucunement la charge de ladite place, ne demourer en l'absence du roy en compaignie d'autruy à la guarde d'icelle; mais vous excusés en la meilleur maniere que possible sera, luy ofrant ladite galée furnie et guarnie come l'avés mener ensemble voz personnes et les freres pour aler et le mener la où bon luy parera, non partant de la guarde de sa personne, et ce pour certaines causes et raisons justes et raisonnables pour lesquelles sommes meus vous oubjurer les choses dessus-dictes.

Apres, voulons que vous, frere Nicolas de Courongne, et en vostre absence frere Dyomedes[1], et apres luy frere Jehan de Chailly, au cas, comme dit est, que le roy fut deliberé de partir, luy doiez dire et remonstrer en la meilleur maniere et plus honneste que faire se pourra que puisque son plaisir est de partir de la dicte place et la[2] laisser, que vueille ordonner et donner aucun remede à nostre place du Colos[3], tellement [que] nostredite religion ne perde les rentes et revenues qu'elle a de nostre commanderie de Chipre, requerant que à sa bonne licence, et cure de frere Guillaume de Combort, estant de par delà en la dite place, puisse temporisier avec l'Apostoille, en maniere que nostredite religion ne perde les biens et revenues qu'elle a de par della, mais que icelle nostre religion puist faire ses affaires comme elle a fait de son temps, remonstrant que ladite tour n'est

---

[1] Frère Diomède de Villagut.
[2] Au Ms. *le*.
[3] Le château de Kolossi, près Limassol, chef-lieu de l'ordre en Chypre.

pas pour resister moins que ledit chasteau de Cherines; et aussi ce faisons pour conservation de noz biens, et que ce ne luy sera en aucun prejudice, consideré que ladite commanderie de Chipre, comme scet sa dite real majesté ne donne pas hommaige ne jurement aucun au roy, parquoy ne fera audit Apostulle encor que le requist, car n'est pas la coustume. Aussi sera bien guardée la dite tour comme a tousjours esté en maniere que icellui Apostulle n'en aura pas la possession et saisine, et que ce faisons seulement pour user de nos biens comme avons fait ou temps passé. De laquelle licence obtiendrez lectre autentique du roy, dont en aurez deux; l'une envoierez audit frere Guillaume, auquel ferés sçavoir par vos lettres de cestuy cas, et l'autre le nous envoyrez pour nostre cautelle.

Donné en nostre couvent de Rhodes le xie d'Ottobre 1460.

Ce fait[1], trouverez maniere avec Janosse de Salviatis[2] ou autre secretement que par son moien ledit Apostulle soit content que nostredite religion puist faire ses afferes comme a fait ou temps passé, sans obligacion aucune, mais aussi comme a esté ladite commanderie ou temps passé segurement et sans aucune doubte ne suspicion des gouverneurs, avec les subgets d'icelle commanderie[3].

---

[1] Ce dernier article, ajouté à la suite de la date sur le registre, fut inséré seulement dans la lettre confidentielle remise aux ambassadeurs en même temps que les instructions, qui étaient en forme de lettres patentes.

[2] Voy. ci-dessus, p. 97, n. 4.

[3] Les vents ayant retardé le départ de la galère, le grand maître eut le temps de joindre à ses premières instructions un avis particulier, sous la date du 18 octobre, pour le lieutenant du grand commandeur de Chypre, et la traduction suivante de la lettre qu'il écrivait au général égyptien débarqué en Chypre : « Excellent et puissant seigneur, « nous avons sceu que avec l'armée de tres-« puissant seigneur le soldan estes arrivés ou « royaume de Chipre pour acomplir la com-« mission a vous donnée par ledit soldan, le-« quel de sa grace, comme celluy avec quy « avons bon accord, à instance de nostre am-« bassadeur, comme de ce par ses lettres « sommes acertenés, vous a ordonné et com-« mandé que aus places et biens que tenons « oudit royaume ne soit aucunement par « vous ne par sadite armée touchié, mais « preservez de tous dommaiges et perilz, en-« semble les vassaux d'iceux. De laquelle « chose avons été moult joieux, car aussi ainsi « toujours l'entendons; pourtant vous prions « que, en ensuivant le commandement dudit « tres hault seigneur soldan, vous vueilliez « preserver et guarder lesdits biens et vassaux « nostres que tenons audit royaume de tout « dommaige et grief dont vous sçaurons grand « gré. Ce scet nostre Seigneur, qui vous con-« serve. Escript en nostre cité de Rhodes le « xviiie d'octobre mil cccc lx. » Jacques de Milly adressa cette communication à Nicolas de Corogne, commandeur de Trévise, capitaine de la galère de garde envoyée au secours de l'île de Chypre; en son absence à frère Diomède de Villagut, et après lui à Jean de Chailly, commandeur d'Auxerre. Le grand maître recommandait à ces chevaliers de choisir un homme prudent et expérimenté, qui sût, en remettant sa lettre à l'émir, expliquer comment l'ordre de l'Hôpital, possesseur de biens considérables dans l'île de

1460, 18 octobre. De Rhodes.

Instructions du grand maître de l'ordre pour le lieutenant du grand commandeur de Chypre, au cas que le capitaine de l'armée égyptienne ou le roi Jacques demandât, soit l'occupation, soit l'hommage du château de Kolossi, chef-lieu de la grande commanderie, en Chypre.

Malte. Arch. de l'ordre. Lib. Conciliorum. Ann. 1459-1469, fol. 42 v°.

Le maistre de l'Ospital de Jherusalem et le conseil. Instruction et advertissement à vous, nostre tres cher et tres amé religieux, frere Guillaume de Combort, lieutenant de venerable commandeur de Chipre en nostre grant commanderie de Chipre, de la maniere que avés à tenir en cas que le capitainne de l'armée du soldan ou le Apostulle vous demandera obedience et possession de la tour du Colos.

Premier, voulons et vous oubjurons que doiés dire comment la religion veult obeyr à luy à l'acoustumé, et comme on a fait pour le temps passé aux roys de tres loable memoire, en maniere que les commandeurs et les officiers d'icelle puissent faire les affaires de ladite commanderie sans empeschement ou dommaige, et que voulons estre bons et loyaux subgietz, sans inferer aucune vexacion; mais que au reguard de donner la possession et saisine de la tour du Colos, ne aussi hommaige ou jurement aucun, ne povez faire. Anssi de ladite tour, jamais aucun roy n'en a eu la possession et saisine se non ledit commandeur, pour laquelle chose ne luy povez donner. Mais luy prometerez, en donnant telle segureté que vouldra, que de par ladite tour ne luy vendra aucun dommaige ne inconveniement en son pays, et que ceulx qui en auront la guarde seront ses bons et loyaux subgetz, qui rien ne feront encontre sa seigneurie; et se ainsi faire se vouldra, temporiserés avec luy, estant tousjours sur vostre guarde.

Et se par aventure il ne vouloit rien fere de ce, se il n'avoit hommaige, jurement ou saisine de ladite place, voulons que respondiés que de telle chose n'avés commission de faire et que ne le povez faire sans nostre expres commandement, et que en cestuy cas ne luy donnés, en maniere du monde, hommaige ne saisine de ladite place.

Chypre et dans les terres des princes chrétiens, parents du roi Louis, n'avait pu refuser son assistance à ce prince. L'envoyé dirait à l'émir qu'aujourd'hui l'Apostole pouvait être assuré de l'obéissance de l'ordre. Toutefois, le grand maître, sachant que le roi Louis était malade, terminait sa dépêche en prescrivant aux chevaliers de veiller avec la plus grande sollicitude à la sécurité de la reine Charlotte; toutes les instructions données pour sauvegarder la personne du roi Louis devant être fidèlement suivies, au cas de mort, pour assurer la protection de la reine, son épouse. (*Libr. conciliorum*, fol. 41.)

En oultre, luy direz comment avons sceu, par lettres de nostre ambassadeur, estant pour lors au Caire, que le soldan a ordonné que à noz biens que avons oudit royaume ne soit fait aucun dommaige, mais soient par ledit capitaine et son armée preservés de tous domaiges; laquelle chose aussi a promis ledit capitaine à nostredit ambassadeur acomplir, par quoy leur prions que ainsi le veulent fere.

Donné en nostre couvent de Rhodes, le xviii d'Ottobre mil cccc lx.

1460, 6 novembre. De Rhodes.

Le grand maitre de Rhodes, en rappelant au châtelain d'Emposte et aux prieurs de l'ordre les événements survenus naguère dans l'île de Chypre et dans l'Archipel, établit une responsion extraordinaire sur toutes les commanderies de l'Hôpital, et réclame des secours instants pour résister aux Turcs et aux Égyptiens.

Malte. Arch. de l'ordre. Lib. Bullarum. LV, fol. 2 v°.

Frater Jacobus de Milly, etc.[1], et nos conventus Rhodi domus ejusdem, solemniter ad sonum campane, ut moris est, in ecclesia nostra sancti Johannis Collaci dicti nostri conventus, ad infrascripta specialiter et expresse deliberanda, concludenda ac ordinanda, in solemni generalique assamblea, in unum concordantibus animis congregati, universis et singulis prioribus, castellano Emposte, bajullivis tam conventualibus quam per capitulum, preceptoribus et fratribus prioratuum castellanie Emposte, bajulliarum, preceptoriarum, domorum ac locorum dicte domus nostre ubilibet constitutis, salutem in Domino sempiternam, ac mandatis nostris veram obedientiam.

Post egre ferendum ac perpetuo deflendum urbis Constantinopolitane exicium, vulnus christiano nomini illatum majus auree insule Cipri exterminio percepimus nullum. Fuit quidem urbs ipsa religioni christiane olim dedicata, in qua per tempora longiora fidei orthodoxe splendor claruit, ac in ea plebis Orientalis Christum collentis tota spes imposita videbatur. Nam in civitate prefata imperium dum poleret, tanta pernicies quantam modo percipimus ab immane et horrendo altero Machometo Turchorum imperatore Christianis illata est nunquam. Verum cum circa hujus urbis inclitissime cladem animum ac vires verteret, hic populus orientalis Christianus pace fruebatur. Sed quid plura heccine quorum nec pervetusta nec illecebris

---

[1] Ainsi au Ms. Des lettres semblables aux présentes furent expédiées à tous les prieurs de l'ordre de l'Hôpital, en France, en Allemagne, en Angleterre, en Italie et en Espagne.

memoria et universo jam orbi nota sunt, equidem jam toti notissima mundo existunt?

Redeamus igitur ad insulam Cippri splendidissimam, cujus strages non minus priore perniciosa ac deflenda in evum judicanda existit. Urbs quidem dudum amissa est; modo vero non solum urbes, ymo regnum opulentissimum, provinciam amenissimam et ad offendendum Christianis aptissimam, insulam Cipri, perituram conspicimus. Que si, quod Deus avertat, ad infidelium potestatem detrahatur, illum canem furiosum soldanum, quem modo nos sopire videmus, adversus Christianos et hanc nostram religionem ac insulas pariter et loca nostra pro viribus classes validissimas parare sentiemus; fietque ut duos Machometice secte principes supremos ac potentissimos, nobis quoque finitimos, nostre pervigiles ruine habeamus. Que autem hanc circa insulam hisce obtigerunt temporibus, quorum series ac noticia vos lateret nisi stillo mandaretur, vestris fraternitatibus, quadam sub brevitate, enarremus necesse est; quo uti temporibus elapsis nostre duximus providendum tuicioni, ita modo pariformiter nostro intendamus statui, assint quoque priora remedia et meliora si necessaria fuerint. Ac, ne verba incassum proferamus, enarrationi dabimus inicium.

Aut fortuna, aut divina permittente justicia, his nostris temporibus, hac in insula Cipri scorpionelis regie domus spurcicia surrexit. Est enim hec pestifera Jacobus de Lusignano, felicis memorie, serenissimi regis Cippri quondam domini Johannis de Lusignano ultimi spurius, qui, cum ad annos discretionis, ymmo verius astucie ac nephande malitie, pervenisset, parum post ejus genitoris obitum, in regno sediciones fovendo, in superbia elatus, regium ad sceptrum animum deduxit; ac is, ubi reginam sororem suam, parentibus ac viro orbatam secundos successus habere percepit, nec voti consequendi viam haberet, cupidus imperii, ad externa presidia quantotius se contulit, nec, prout fideli Christiano licebat, ad gremium serenissimorum principum Christianorum accessit, sed una cum nonnullis suis complicibus, e Nicosiensi urbe regia discedens, super quadam navi eggregius appostata conscendens, cui dudum regio intuitu non suis meritis episcopalis dignitatis insignia promissa sunt, Allexandriam navigans, ad soldanum Babilonie, apud Cairas, subsidii causa divertit[1]. Que et quanta illic prophana peregerit, ne fiamus in dicendo longiores, silentio concedimus. Hoc solum dixerimus, ipse adolescens, religionis Christiane mandatorum prevaricator,

---

[1] Le roi Jacques chercha plus tard à se défendre d'avoir quitté Chypre avec la pensée d'aller en Égypte. Voy. ci-après, son ambassade à Florence, 3 octobre 1461.

maligno spiritu repletus, hac tanta temeritate inflatus est, ut fidem Christi in immo observare neglexerit, intrepide ausus sit abnegare, quod vobis per litteras juramenti lucidum reddetur [1].

[1] Cette accusation d'apostasie est démentie par tous les événements du règne de Jacques le Bâtard. Ses ennemis la propagèrent cependant autant qu'il fut en leur pouvoir. Ils composèrent même l'acte du serment que ce prince aurait, suivant eux, prêté au sultan en cette circonstance, et le répandirent en Chypre et en Europe. Les chroniqueurs de Savoie n'ont pas négligé de reproduire cette pièce (*Mon. Patriæ. Script*. t. Ier, col. 624), qui est aussi outrageante pour la foi chrétienne qu'une véritable abjuration, puisqu'elle suppose l'abjuration possible. Le pape Pie II a cru également à la réalité du serment du roi Jacques, et l'a inséré dans ses mémoires sur la guerre de Chypre. (Æneæ Sylvii *Opera*; Bâle, in-fol. 1551. *De bello Cypp*. p. 380. Gobelini, *Comment*. lib. VII, p. 325, in-4°. Rome, 1584.) Voici le texte de ce document apocryphe d'après une copie qui fut faite à Rhodes, et que l'on expédia ensuite en Italie :

« Forma fidelitatis prestite soldano Babi-
« lonie per bastardum in regem Cypri coro-
« natum. Sic per Deum, per Deum, quadra-
« ginta vicibus scriptum, per Deum magnum
« altum et misericordem ac benignum, fac-
« torem cælorum et terræ et per omnia que
« in eis sunt et per hoc sanctum evangelium,
« per hoc sanctum baptisma, per Johannem
« Baptistam, per omnes sanctos, atque per
« fidem Christianorum, quod ego clarus mei
« decreti ac mei manifesti cum meo domino
« altissimo soldano Egipti universeque Ara-
« bie imperatore Alleresa Phaynet, cujus
« Deus regnum fortificet, fiam amicus ami-
« corum suorum et inimicus inimicorum
« suorum, non abscondam ab eo rem magnam
« seu parvam, nec recipiam quempiam pra-
« vorum et piratarum in partibus meis, nec
« dabo eis victum nec aliquod auxilium, et
« clam ubi reperiantur in toto loco meo per-
« quiram eos per totam insulam Cypri, et
« mittam eos ad dominum meum soldanum;
« ac mandabo quolibet anno illa quinque
« millia ducatorum consueta templis altissi-
« mis, videlicet Camech [a] et Jhierosolimam,
« a die prima septembris vel octobris infal-
« lenter; ac monebo eos qui castellum de
« Calchos [b] habitant ut non vendant armaturas
« piratis, et notificabo semper soldano ven-
« tura; et procedam in justitia et veritate in
« grege meo. Et quando non adimplebo ali-
« quid horum, fiam apostata ac prevaricator
« preceptorum sancti Evangelii et fidei Chris-
« tianorum, et dicam quod evangelium est
« falsum et non verum, et quod Christus non
« est unicus, et quod virgo Maria non est
« virgo, et occidam camelum infra fontes
« baptismatis, et maledicam sacerdotes al-
« taris, et negabo deitatem et adorabo huma-
« nitatem, et negabo Johannem precursorem,
« et luxuriabor cum hebrea super altare, et
« recipiam maledictiones sanctorum patrum.
« Hoc est juramentum per me Jacobum de
« Lusigniano, regnorum Hierusalem, Arme-
« nie et Cypri regem, domino meo soldano
« fideliter prestitum. Deus sit testis, et sic
« finis. Exarata est presens copia Rodi XVIII
« novembris anno millesimo quatercentesimo
« sexagesimo primo. »

On ne peut douter que Jacques le Bâtard, en demandant l'assistance du divan du Caire pour s'emparer du trône, et en acceptant par suite l'état de sujétion dans lequel le royaume de Chypre se trouvait vis-à-vis de l'Égypte depuis le règne de Janus, n'ait prêté, comme tributaire ou vassal et à l'exemple de ses deux prédécesseurs, un serment de fidélité au sultan. Mais il est hors de toute vraisemblance qu'on ait exigé de lui un engagement pareil à celui que nous venons de rapporter, et qui lui eût rendu impossible le gouvernement d'un pays entièrement chrétien,

---

[a] La Mecque. [b] Gorhigos, sur la côte d'Arménie, n'appartenait plus aux Chypriotes. Voy. p. 48, n. 2.

O maxima atque intolerabilis ignominia Christiani nominis! Nullum fatemur fidelem esse Christi militem hoc audientem, quem non moveat atque ardeat tanti sceleris vindicta, et qui ad favendum Christianis non exurgat; nec occulum censemus quempiam qui, premissa videndo, a lacrimis se contineat. Atqui is suis persuasionibus ejusdem soldani plurimorum quoque illorum principum infidelium benivolentiam et favorem adeptus, suorum fautorum presidiis, fastigium regalis dignitatis, ab eo qui prestare non potuit, hic Jacobus assumpsit.

Hanc equidem disjungere colligationem litteris et oratoribus sepius studentes, quam nec acerba pestis interemit nostra, nec studia et opera impedire potuerunt, flagellum quidem hoc Cipriis credimus a superis ordinatum. Ipse igitur soldanus, suo perseverans proposito, dicti Jacobi suorumque complicum suasu, classem jussit potentem parari, qua cum eundem regem novum, si fas dicere sit, in dicto regno pacificum redderet; eandem quoque classem, cui potentem et ditissimum virum sue secte prefecit, militibus, ingeniis et instrumentis bello aptis munitam, cum ad insulam Cipri navigare soldanus ipse decrevisset, flatu demum prospero, circa littora urbis Hamocustensis [1] classis ipsa dictum regnum appulit, ac velis a vento remotis et anchoris in mare dejectis, ex ea excercitus copiosus campos petens, ac per insulam nonnullis complicibus ipsius Jacobi cum valentiori comittiva qui castellorum et locorum possessione ejus nomine sumerent, destinatis, acies ipsa circa castellum de Cherines, hoc in regno locum tutissimum, in quo rex suis cum baronibus ac partim militibus recluditur, se tota contulit,

comme était l'île de Chypre. Georges Bustron ne dit rien de ce prétendu serment; Florio repousse vivement les accusations que l'on porta à ce sujet contre le roi Jacques. Il déplore qu'on les ait accueillies aussi facilement, et explique la sévérité que Pie II montra constamment contre Jacques le Bâtard par le regret qu'éprouvait le pape de n'avoir pu faire accepter au prince la main de l'une de ses nièces : « Si he detto da molti « malevoli che il re fece giuramento al sol-« dano et renegò la croce et altre ciancie, « quale non solamente credete papa Pio II, « ma le scrisse ancora in mala forma. Pur « non si deve maravigliare alchuno perochè « detto papa trattava di darle per moglie una « sua nepote, et egli la rifutò per alcune in-« formationi che furno dette della detta no-« vitia; onde sdegnato il papa, scrisse del re « ogni male. Ma quando havesse tulto per « moglie sua nepote, saria stato il meglior « christiano del mondo. Basta che si conosce « che sua santità scrisse con passione. » Florio Bustron, *Chronica di Cypro*, Ms. de Londres, fol. 185 v°.

[1] Jacques le Bâtard débarqua, le 18 septembre 1460, dans les terres abandonnées de la vieille Famagouste ou Salamine. Le complément de ce récit et le développement naturel de tous les événements que le grand maître ne fait ici qu'énoncer, se trouvent dans les chroniques de Georges et de Florio Bustron. Le frère Étienne de Lusignan est aussi très-utile à consulter pour cette époque.

et obsidione validissima ipsum castellum circuivit, ad pugnam milites cum opidanis dictim fervens.

Regi vero pro viribus subsidia dedimus. Popularis autem turba, que ad opposita facile ducitur, postquam hujus novi adversarii potentiam videret, ejusdem Jacobi imperio se reddidit subditam, ut fere sibi totius regni dominandi potestas lata sit, nec minus quod eidem Jacobo regni imperium soldano veniret, cum fidem ac homagium amplissimum prestans, amicum amici inimicumque inimici se constituerit. Quibus ex rebus, frumentarie subventiones, quas dicto ex regno sumere nostra civitas Rhodi solebat, a nobis penitus adempte videntur, cum navigandi libertas perdita sit, ac prefati constituti noviter amici, eo quod regi subsidium dedimus, inimici nostri capitales effecti, de classe veris tempore paranda eos huic nostre dare minas civitati accepimus.

Est et etiam, preter dictum inimicum, nostris a sinistris luppus rapax, magnus Theucer, finitimis locis huic insule Rhodi adjacens, non parvo terrore dubitandus; qui, totius Peloponensis regionis et Moree nunc dicte dicione acquisita, classem pariter non spernendam ad Egei Pelagi insulas nostras presertim, quas suo dominio reddere tributarias nequivit, subjiciendas aut penitus delendas mandavit; que jam octo diebus insulam nostram Langonis[1] obsessam tenens, ex Turchie littoribus in eam insulam, ab Asie Minoris finibus modici maris interjecto spacio distantem, pugnatores suis in triremibus defferre continuo mollitur; quod factura in reliquis insulis, classem ipsam ambigimus, quo semina, victualia ac ceteras subventiones impediat, ac, tempore ydoneo, classem cum acie potentissima soldani viribus uniendam, ad nos, quos in pectore gerit, funditus delendos, Theucer ipse transmittat. Nec dubitari cuiquam licet an agere id valeat, nam et animus sibi inest, et navigia, triremes, homines, naute aut instrumenta bellicosa defficiunt nulla quibus hanc nostram civitatem et insulam ac reliquum Orientem, modo velit, evertere facile possit.

Cum itaque, absque pecuniarum bona quantitate expensa et onera guerrarum, pariter victuum deffectum supportare minime valeamus, ea propter ad subsidium et exonerationem predictorum, primum et ante omnia super omnibus et singulis prioratibus castellanie Emposte, bajulliis capitularibus, preceptoriis, cameris magistralibus et prioratibus, domibus et locis dicte domus nostre religionis, in quibusvis mundi partibus constitutis et existen-

---

[1] Lango, Lerro et Calamo se défendirent énergiquement. Bosio, *Stor. geros.* t. II, p. 272.

tibus, unam responsionem ordinariam sive quartum loco responsionis ordinarie impositum, quod ascendit ad summam videlicet florenorum quinquaginta unius millium, tenore presentium, interveniente maturo et deliberato consilio, unanimi consensu et voluntate pariter et assensu tocius dicte assamblee generalis, ultra et preter responsionem ordinariam sive quartum loco responsionis ordinarie impositum, que ad illam summam florenorum quinquaginta unius millium pariformiter ascendit, cetera quoque onera consueta supportanda per priores, castellanum Emposte, bajullivos, preceptores et fratres ac eorum quemlibet pro sua rata tangente prefatorum prioratuum castellanie Emposte, bajulliarum et preceptoriarum, domorum et locorum dicto nostro communi thesauro applicandam, assignandam, dandam et infallibiliter in festo sancti Johannis Baptiste de mense Junii proxime futuri anni millesimi quadringentesimi sexagesimi primi, una cum responsione prefata ordinaria sive quarto loco dicte responsionis, ita quod summa florenorum centum duorum millium in dicto festo a quolibet prioratu solvatur et consignetur, omni contradictione cessante, solvendam ordinamus et imponimus.

Preterea, cum, in hujus modi guerris sustinendis, pecunie duntaxat minime sufficere videantur, de ampliori remedio cogitantes, idcirco nonnullos priores, bajullivos, preceptores et fratres, quos guerre aptos novimus, ad tuicionem hujus nostre urbis Rhodi ac ceterorum locorum in plaga Orientali existentium, sicuti in litteris ad unumquemque eorum transmissis latius continetur, de consilio et consensu, ad nostrum conventum Rhodi prefatum celerius cum decenti comittiva appellamus atque citamus [1].

Datum in nostro conventu Rhodi, in nostra assamblea generali ad supradicta ordinanda celebrata, die sexta Novembris, anno ab Incarnato Christo Jhesu Domino nostro millesimo quadringentesimo sexagesimo.

---

[1] Le grand maître convoque ensuite à Rhodes même le chapitre qui devait se réunir à Avignon, et, de concert avec les chevaliers de son conseil, impose une contribution extraordinaire sur les prieurés de l'ordre destinée à subvenir éventuellement aux besoins de la guerre. (Même regist. fol. 3 v°.) Dès les premiers mois de l'année 1460, le pape avait appelé de nouveau la sollicitude des princes chrétiens sur le sort des îles d'Orient, renouvelé les indulgences attachées aux aumônes pour l'île de Chypre, et affecté spécialement au roi Louis les subsides perçus annuellement en Savoie pour la guerre générale contre les Turcs. (Rinaldi, Annal. eccles. t. XXIX, p. 255.) Pie II, dans ses lettres, semble considérer l'île de Chypre comme menacée à la fois par le sultan d'Égypte et par les Turcs. En ce qui regarde l'Égypte, alors suzeraine du petit royaume de Chypre, les appréhensions du souverain pontife n'étaient point fondées. Dans la même lettre, en prescrivant aux chevaliers de Rhodes alors en Europe de se

1461, 5 novembre. [De Rome.]

La reine Charlotte demande un sauf-conduit à la république de Florence pour se rendre en Savoie.

Florence. Arch. des *Riformagioni*. Lettres à la seigneurie. Classe X. Distinct. II. T. XXIII, fol. 103 v°.

Charlotta, Dei gratia Jherusalem, Cypri et Armenie regina, illustri dominio Florentinorum, amicis nostris carissimis, salutem et fœlices ad vota successus. Postquam, his fluxis diebus, maria transfretavimus, venimus Romam, ubi expedito cum sanctissimo domino nostro papa super rebus nostris negotio, deliberavimus ad illustrissimum dominum et patrem nostrum honorabilem ducem Sabaudie accedere et per vestram jurisdictionem et loca transire. Quod priusquam fecerimus, duximus vobis notum facere, continuo parata ad omnia vobis grata. Datum apud Sanctum Chirichum [1], v° Novembris, 1461 [2].

rendre au plus tôt en Orient, le pape regarde déjà l'île de Chypre comme enlevée au monde chrétien : *Novissimam regni Cypri amissionem*. (Bulle du 16 février 1460. Paoli, *Codice diplom*. t. II, p. 139.) Ces expressions ne doivent pas s'entendre d'une réelle agression des infidèles, qui eût aggravé encore le sort de la chrétienté chypriote; elles ont trait à l'invasion de Jacques de Lusignan, soutenu par les Mamelouks que lui avait donnés le sultan d'Égypte, pour monter sur le trône de Nicosie. Dès lors, la lettre que nous citions, bien que datée dans Paoli de 1460, est nécessairement de l'an 1461. Nous avons eu déjà l'occasion de remarquer que si le royaume de Chypre n'était point alors menacé dans son existence par l'Égypte (voy. ci-dessus, p. 24, n. 2), il avait tout à craindre de la part des Turcs. Depuis les guerres du règne de Janus, le pays se trouvait dans un tel état de faiblesse qu'il lui eût été impossible de résister, même sous Jacques le Bâtard, à une attaque sérieuse des Karamans ou des Ottomans. Suivant Phrantzès, Mahomet II, maître de Lesbos en 1462, aurait peu après rendu l'île de Chypre tributaire : Εἶτα ἔρχεται κατὰ τῆς νήσου Κύπρου καὶ μετὰ τοῦ ῥηγὸς εἰς συμφάσεις ἐλθόντες, τέλος ἔταξε διδόναι αὐτῷ καὶ οὕτως ἀνεχώρησεν. (*Annal*. édition de Bonn; p. 94.) Mais Phrantzès est ici dans l'erreur. Le silence des chroniqueurs de l'île, de Georges Bustron surtout, suffit pour établir qu'un fait aussi grave et aussi nouveau dans la situation du royaume de Chypre ne s'est accompli à aucune époque du règne de Jacques II, et, à plus forte raison, après sa mort, quand l'île de Chypre ne fut plus qu'une terre vénitienne.

[1] Il y a un village ou *Pieve de San Quirico*, au nord de Pérouse. Toutefois, c'est peut-être ici le nom d'une église ou d'un monastère de Rome qu'habitait alors Charlotte. Quand la reine retourna à Rome pour s'y fixer, en 1475, elle demeura près du Vatican, sur la place Scozza Cavalli, au Transtévère, dans le palais des Convertendi, où l'on croyait, avant Nibby, que Raphaël était mort. J'ai recueilli la courte épitaphe de la reine Charlotte dans les caveaux de Saint-Pierre, et l'ai retrouvée depuis imprimée dans Torrigio, *Le sacre grotte*, et dans Dionysio, *Sacrarum Vatic. basilic. cryptarum monum*. Rome, 1773, pl. n° 38.

[2] La reine ne dut pas tarder à recevoir le sauf-conduit qu'elle demandait et à se mettre en route, car le 20 du même mois de novembre elle arrivait à Bologne, venant de Florence. (*Cron. di Bologna*, Continuat.

Ire PARTIE. — DOCUMENTS.

[1462.]

Demandes présentées par la reine Charlotte au duc et à la duchesse de Savoie pour secourir le roi Louis, son mari, renfermé dans Cérines, et recouvrer son royaume.

Turin. Arch. de la cour. *Regno di Cipro.* Annexe au mazzo 1°. Sans num. Orig. [1]

Requestes à monseigneur mon pere et à madame ma mere, de par moy vostre fillie, la royne de Chippre.

Premyerement, consideré les presantasiouns [2] que les Janevois ont fait à l'abasadour [3], et pour les razouns que vous aura dé dire, y me semble que pour secourir mon redoubté seigneur le roy et recouvrer mon roiame, la plus brief et plus seure voye est par Jaines.

Item, consideré que les Janevois se sont presentez grandement à le basadour, j'é espoir que à ma personne se largeront acés plus.

Item, monseigneur mon pere, je vous prie qu'y soit vostre plaizir de

---

anonyme de Barth. della Pugliola, ap. Murat. *Script. Ital.* t. XVIII, col. 742.) En parvenant en Italie, après sa malheureuse rencontre avec les Vénitiens qui l'avaient pillée, elle était venue débarquer à Ostie, d'où elle avait gagné Rome. (*Vita Pii II,* ap. Murat. *Script. Ital.* t. III, part. 2, col. 981.) Elle reçut à Bologne les ambassadeurs du doge de Venise chargés de lui offrir une indemnité pour les pertes qu'elle avait éprouvées en mer; toutefois les réclamations qu'elle adressa au nom des chevaliers de sa suite dévalisés comme elle, ne paraissent pas avoir été accueillies (voy. ci-après, p. 130, n. 1). De Bologne, la reine se rendit probablement à Venise, puis à Milan (doc. du 17 février 1462, p. 119), d'où elle gagna les états du duc de Savoie, son beau-père.

[1] Cette pièce paraît être non-seulement un original, mais l'autographe même de la reine. Le caractère de l'écriture est lent, irrégulier, et tout à fait semblable à ces mots : *Vostre humble compagne la roina Charlotta,* qui terminent une lettre du 1er septembre 1464, de Charlotte au roi Louis, son mari (Guichenon, t. II, p. 394), conservée encore aux archives de Turin. (*Regno di Cipro,* mazzo 1°, n° 11.) La pièce n'est pas datée à l'original, mais tout justifie la date de 1462 qu'on a écrite postérieurement sur le repli. Peut-être est-ce la requête que la reine Charlotte annonce dans une lettre datée de Mantoue, du 10 août 1462, en écrivant au seigneur de Coudray qu'elle va exposer l'état des affaires de Chypre à la cour de Savoie, et que si «elle est abandonnée par ceux qui «devraient la défendre,» elle est décidée à revenir au Levant. Guichenon, *Hist. de Sav.* tome II, p. 393.

[2] Propositions, ouvertures. Le français de Charlotte de Lusignan a souvent besoin d'interprétation. Notre pauvre reine, élevée par les femmes grecques au service de sa mère Hélène Paléologue, avait quelque peu négligé la langue de ses pères. Ses qualités naturelles rachetaient bien au reste ce que son éducation pouvait avoir d'imparfait. Elle était pleine de sens, d'à-propos, de confiance et de courage. Sa conversation, habituellement en grec, captivait tous ceux qui l'entendaient; Pie II la compare à quelque chose d'abondant et d'impétueux comme les eaux d'un torrent. Voy. *Commentarii Pii II papæ,* p. 328. Rome, 1584.

[3] Il s'agit de l'ambassadeur envoyé à Gênes par le roi Louis et la reine Charlotte.

mander en ma compagnye de vous hommes pour moy consellier et aveuq ses¹ de mon counsel coundure mes bezognies plus honorablement.

Item, afin que lesdis Jannvois peusent connostre la boune entensioun que avés en meus afaires, vous requier que de votre grace et lyberalité, me veulliez otroier et counsentir que ces que vous manderés en ma compagnie qu'il ayent pooir et puissance de oblegier ou enguagier la cabelle du sel de Nyse pour vi ans, ou plus ou mans, ensy que à vous monseigneur mon pere vous cemblera, à la coumunité de Jènes, ou à ses quy voroont prester l'argent pour faire l'armée pour recouvrer mon royame.

Item, o reguart de ma dispence, counsideré le nombre de gens quy sont o present à ma servize, et le chemy court de sy à Jennes, la choize ne peut mounter grant soume; toutefois à vous monseigneur mon pere et à votre ordenance je remest tout.

Item, monseigneur mon pere et madame ma mere, je vous requier taint com je puis que ma partie et espeudisioun soit la plu tost que se poira, car j'é espoir en Dieu et en vostre beneysoun que je bezoignera tellement que vous averés honnour et plaizir, et mondit seigneur secours et recouvrement de notre royame.

Monseigneur mon pere, de ce qui vous plerait savoir de ce que entens faire à Jeneves², ma entensioun, outre se qui me prezente, [est] de mander tout se quy sera nesesare pour faire l'armée, recouvrer mon royame et leur obleger se que je vous a demandé de grace, la cabelle du sel de Nyse, et le surplus quy montera leur obliger des rentes de mon royame, car j'é spoir en Dieu que pour hounour et counteplaisioun de vous et pour les grans biens qu'il ont en mon roiamme, ferount leur devoir coume par pluzurs fois l'ont mostré à mes predesesours.

Item, o reguart de se qu'il vous plairay de moy ayder et despendre, je suis countente de vous faire telle obliguasioun sur mon royame comme vous playra ordener. Et pour Dieu ayez pitié à mon cais! et bregiez mon despachement afin que je me peuse metre o chemy, pour ce que la eure³ est brief et la choize est periliouze. Et à vous, monseigneur mon pere et à madame ma mere, je me recoumande.

---

¹ Ceux.

² C'est toujours de Gènes qu'il s'agit. La reine espérait que les Génois l'aidèraient à défendre Cérines, et à tenter même une grande expédition sur Nicosie. Famagouste était une position on ne peut plus favorable pour ces projets vers lesquels inclinait visiblement la politique de Gènes; les difficultés intérieures de son gouvernement et la crainte de déplaire au sultan empêchèrent cependant la république d'y donner suite.

³ *La eure*, lecture incertaine.

1462, 3 février. A Lausanne.

Le capitaine Sor de Naves s'engage vis-à-vis du roi et de la reine de Chypre à faire armer sa galère, et à se tenir prêt à mettre à la voile du port de Villefranche, près Nice, et à partir du 15 du mois de mars jusqu'à la fin du mois d'octobre [1].

Turin. Arch. de la cour. *Regno di Cipro.* Annexe au mazzo 1°. Sans num. Copie du temps.

In nomine sancte et individue Trinitatis, perhempniter triumphantis, patris, filii et spiritus sancti, amen. Anno Dominice Nativitatis currente millesimo quattercentesimo sexagesimo secundo, inditione decima, et die tercia Februarii, in civitate Lausanne, domui episcopatus, presentibus magnificis dominis Johanne de Seysello domino Barjacti et Rippecule, marescallo Sabaudie, necnon G. marchione sancti Saturnini comiteque de Varax, et spectabile Ludovico de Vallepergia, ac pluribus aliis astantibus, personaliter constitutis, spectabilis capitaneus, vulgariter Sor de Naves nuncupatus, convenit, scienter et sponte, atque promisit et juravit, tactis evangeliis sacrosanctis, serenissimo regi Chipri, filio illustrissimi domini nostri ducis Sabaudie, necnon regine Chipri ejus consorti, ac illustrissimo domino nostro prefato se parare cum ejus gallea in portu maris Villefranche, prope Niciam, velizandum per eundem Sor de Naves infra dies quindecim proximi mensis Martii, hoc est a dicto xv° die mensis Marcii usque ad et per totum proximum mensem Octobris, et hoc pro et mediantibus duobus millibus scutis auri, de quibus incontinenter trecentum scuta per prefatum dominum nostrum ducem eidem Sour de Naves solvi debeant, et residuum infra tam brevem terminum conveniendum quod debeat contentari; adjecto et pacto expresse quod ipse illustrissimus dominus noster dux ministrari facere debeat pro munienda dicta gallea quotquot utiles [2] viri necessarii ad velizamentum ejusdem gallee poterunt haberi [3].

[1] Sor de Naves était un capitaine de vaisseau sicilien que Charlotte et Louis prirent à leur service en se retirant à Cérines dès l'an 1460. Il eut toujours un commandement important dans la place, et, après le départ des princes, il fut seul chargé de sa défense. (Georges Bustron, *Chron. grecque*, fol. 41 v° et suiv.) Le but du voyage de 1462 n'est pas indiqué dans notre acte; il est évident toutefois que le capitaine devait retourner à Cérines, où la garnison tenait encore pour le roi Louis. Charlotte le rappelle dans ses instructions du 17 février 1462 (ci-après, p. 120). Sor de Naves reprit le commandement de la forteresse, et, après avoir résisté toute l'année 1462, il capitula en 1463. Voy. ci-après, p. 128, n. et p. 129.

[2] Au Ms. *inutiles*.

[3] Les formules de ratification terminent la pièce. A la suite, et sous la même date, se trouve une quittance de Sor de Naves des 300 écus d'or, payés à compte sur les 2,000.

1462, 17 février. A Lausanne.

Instructions de la reine Charlotte à Guillaume d'Allinges, seigneur de Coudray, et à Jacques Lambert, chargés de se rendre auprès du nouveau grand maître de Rhodes, alors à Barcelonne, et auprès du roi d'Aragon, afin d'engager ces princes à entreprendre une grande expédition pour le ravitaillement de Cérines et le recouvrement du royaume de Chypre; les ambassadeurs se plaindront, en outre, au roi d'Aragon, des secours de tout genre que ses sujets ne cessent de donner au Bâtard de Chypre, et prieront le roi de leur défendre de rester ou d'entrer à l'avenir à son service [1].

Turin. Arch. de la cour. *Regno di Cipro.* Annexe au mazzo 1°. Sans num. Copie du temps.

Instructions données par nous, Charlote, par la grace de Dieu royne de Jerusalem, de Chippres et d'Armenie, à nos chers et bien amez conseillers et ambassadeur Guillaume d'Allinge seigneur de Coudrée, et Jacques Lambert secrétaire, nos procureurs, sur les choses qu'ilz auront à faire, pratiquer, tracter et conclure avecques tres reverend pere en Dieu, nostre tres cher et tres especial amy, le grant maistre de Rodes, et apres avec nôstre beau cousin le roy d'Aragon. Données à Lausanne, le xviie jour de fevrier, mil iiii^c lxii.

1. Premierement, partans de nostre presence, ferez vostre droit chemin devers Barcellonne, ou ailleurs, où ledit grand maistre sera, auquel de nostre part presenterez nos lettres de creence. Et apres les salutations et recommandations deues, lui direz comme par aultres nostres lettres et derreinement par venerable nostre chier et bien amé conseiller frere Jehan de Chailly, commandeur d'Ausserre [2], lui avons fait savoir l'achoyson et cause de nostre venue aux marches de par deça.

2. Item, ces choses dictes, le mercierez bien affectueusement des tres grans honneurs, services, secours et aides que son predecesseur et la noble religion de Rodes ont ça devant fait, et chescun jour perseverent de faire à mon tres redoubté seigneur monseigneur le roy en plusieurs manieres, comme de leurs gallées, gens, vivres et aultrement.

---

[1] Guichenon a publié la lettre de créance remise par le duc de Savoie, deux jours auparavant, le 15 février, aux mêmes envoyés Guillaume d'Allinges et Jacques Lambert, et au même effet que les présentes instructions. (*Histoire de Savoie*, t. II, p. 390; cf. Reinhard, *Hist. de Chyp.* t. Ier, pr. p. 108.) Cette lettre est beaucoup moins explicite que les instructions générales et confidentielles publiées ici en entier. Guillaume d'Allinges était l'un des seigneurs qui allèrent accompagner en Chypre Louis de Savoie, fiancé à la reine Charlotte. Voy. ci-dessus, p. 96, n. 2.

[2] Chevalier de Rhodes, envoyé dès 1460 à Cérines, auprès du roi Louis, avec Nicolas de Corogne. Voy. ci-dessus, p. 104.

3. Item, vous lui direz l'injure et violence que derrenierement, venans de Chippres en Rodes, nous ont fait les Venicians [1], et comme sondit predecesseur et la dite religion, estre venue en Rodes, nous ont reconfortée, aidé et secourue, presté argent et fait envers nous tout le possible.

4. Item, vous lui direz combien que son dit predecesseur fut nostre tres singulier et tres expecial amy, et que ça devant il nous a fait de grans services; puisqu'il a pleu à nostre seigneur le praindre à sa part, considerée sa nouvelle creation, la fame et renommée de sa noble parsonne, non riens moins avons experance en luy qu'avons eu premierement en sondit predecesseur.

5. Item, apres que lui aurez dit toutes ces choses, lui direz comme venant des marches du Levant, fumes venue de Romme visiter nostre saint pere le pape, et lui avons fait la reverence; lequel nous a tres gracieusement receue, et apres que lui avons exposé et dit les causes de nostre venue de par deça, il en a eu tres grant compassion et pitié, et s'est offert tres cordielment de nous aider et secourir; et desja il nous a donné beaucoup de blez et de vins pour secourir, fournir et soustenir nostre place de Cherines. Et pareillement, passant nostre chemin, nous a fait le duc de Milan. D'aultre part, monseigneur nostre pere, le duc de Savoye, à tres grant chiere nous a receue, et certiffié d'une grosse nave qu'il a derrenierement envoyé en Chipres, à tout gens, victualies et argent, pour l'entretenement dudit lieu de Cherines; qui est aussi deliberé de mectre et employer tout son pouvoir pour le recouvrement de nostre dit royaume. Et en oultre luy direz comment nous avons trouvé messire Jacques de Valpergue, conseiller et cambellan de nostre tres cher et tres honnouré frere le roy de France, qui est venus en ambassade devers mondit seigneur et pere, lequel nous a asseurée que le roy a tres grant vouloir de nous aider et secourir au recouvrement de nostredit royaume, dont avons estée et sommes tres grandement consolée, la mercy nostre seigneur. Et pour ce que nous avons entendu qu'il a deliberé de soy brief partir pour s'en aller la voye de Rodes, comme en cellui en qui avons parfaite confiance et comme en nostre tres singulier et tres expecial amy et voysin, aussy pour le bon rappourt que nous avons de son sens, prudence, vaillance et bon vouloir qu'il a tousjours eu et aussy ladite religion envers nos predecesseurs roys de Chippres et pareillement à mon-

---

[1] L'année précédente, 1461, la reine Charlotte, se rendant en Europe sur les galères de Sor de Naves, fut arrêtée et dévalisée par des Vénitiens entre l'île de Chypre et l'île de Rhodes, au milieu d'une révolte de l'équipage de Sor de Naves. Voy. ci-dessus, p. 114, n. 2, et ci-après, p. 130-131, les explications du sénat de Venise.

seigneur nostre pere et à la maison de Savoie, et aussi que en nostredit royaume ladite religion a beaucop de biens et de revenues, et que le royaume de Chippres et ladite religion ont tousjours esté de bon vouloir et amour l'ung envers l'autre, aussi pour ce que fumes advisée qu'il a desja assemblé une belle compaignie de bons et vaillans hommes et fait aprester son armée de gallées, caravelles et aultres navires, vous praticquerez avecques ly se son bon plaisir seroit d'entrepraindre de recouvrer nostredit royaume. Et s'il est content de le vouloir fere, vous ferez et procederez en la maniere que s'ensuit.

6. C'est assavoir, se vous voirez qu'il soit content et vueille entrepraindre ceste besoingne pour aucune somme d'argent, vous lui demanderez quel nombre de gens il vouldra mener avecques ly. Et se vous cognoissez et entendez qu'il vueille mener nombre soufflsant, vous lui direz que la commune oppinion est, pour recouvrer ledit royaume, de mener iii^m hommes à pié et iii^c homes à cheval. Et s'il lui semble que le nombre soit soufflsant de ii^m hommes à piés et de ii^c hommes à cheval, vous lui direz que nous en sumes contente. Et finez avecques ly qu'il vienne à Nice de Provence, où nous serons, et monterons en mer sur nostre gallée de Soro de Naves, pour nous en aller de compaignie en Roddes et de là en Chipres. Et affin que plustost le puissez accorder et conclure avecques ly sur ces choses à moindre somme d'argent, vous lui direz comme nous serons contente de donner à ladite religion en augmentation d'icelle en nostredit royaulme de Chipres, en casaulx ou aultres rentes, tous les ans perpetuelment, mille ou deux mille ducas, pour fere une ou deux nouvelles commanderies, ou pour ainsi qu'il luy semblera pour le mieulx.

7. Item, touchant les payemens, vous luy demanderez en quel temps il vouldra partir pour venir à Nice, et sellon qu'il vous respondra, vous prandrez le plus long terme que possible sera, pourveu qui ne soit en prejudice de la besoingne. Et quant vous serez d'arrest du temps, vous luy donerez devant la main une partie de l'argent pour commencer à souldoyer gens; et de ladite somme il aura la moytié à la moytié du temps qu'il devra partir, et l'autre moytié, qui sera pour le derain payement, il recevra là où il nous trouvera, et sera son argent tout prest.

8. Item, s'il s'acorde à toutes ces choses, voulons qu'il promecte à monseigneur nostre pere et à nous que, estre en Rodes, s'il trouve aucun empeschement de Turcs ou autres en maniere qu'il ne puisse aller pour recouvrer nostre dit royaulme, d'envoyer et mander gallées, gens et vivres pour gar-

der et deffendre la personne de monseigneur et le chasteau de Cherines. Et apres l'espedicion de ses affaires, qu'il soit tenu et obligé de mener tant de gens et chevaulx qu'ilz soient souffisans pour recouvrer nostredit royaulme; et pour ce se doye obligié et les biens de la religion qui sont ès païs de mondit seigneur nostre pere et ailleurs de toute la religion.

9. Et là où il ne vouldra obliger les biens de la religion, voulons qu'il promecte tant seulement d'envoyer gens, vivres et gallées pour la garde de monseigneur le roy et de Cherines comme dessus, demourans nous en liberté d'aler à Cherines ou de demourer en Rodes. Et apres qu'il aura expedié sur ses affaires, se nous fumes en Rodes, qu'il soit tenu de nous accompaigner ou d'envoyer en nostre compaignie les gens que dessus, c'est assavoir III^m ou II^m hommes à pié et II^c hommes à cheval, qui soient tenu de demourer ou service de monseigneur le roy et ou nostre III moys, pour recovrer nostredit royaume. Et au cas que nous feussions à Cherines, qu'il soit pareillement tenu de venir ou d'envoier le nombre de gens et de chevaulx dessus dis pour servir ledit terme.

10. Item, vous lui direz comme vous avez commission d'aller devers nostre beau cousin le roy d'Aragon pour lui remoustrer comment ses subgietz sont ceulx qui jusques aujourduy ont maintenu et maintiennent le Bastard, et ly prier qu'il vueille envoyer en Chippres quelque personne notable, pour fere commandement exprest à tous ses subgietz et vasseaulx, qui sont au service dudit Bastard, que dedans le terme que leur sera donné, ils doyent avoir habandonné le service dudit Bastard et sur peine d'estre reputés traitres et rebelles, donnant puissance et auctorité audit grant maistre de Rodes de les pouvoir punir comment traitres et rebelles[1]. Et, avoir ainsi besoingné, vous en irez devers le roy d'Aragon; et par ung de voz gens siniffierez à mondit seigneur nostre pere et à nous de toutes les choses à plain.

11. Item, se d'aventure ledit grant maistre ne veult entreprendre ceste matiere de recouvrement de nostredit royaulme, vous ly dyrez et le prierés de nostre part et de la part de mondit seigneur nostre pere que quant il sera arrivé en Roddes, il vueille envoyer à Cherines devers mon seigneur le roy

---

[1] Le roi d'Aragon ne put donner satisfaction sur ce sujet. L'influence des Catalans en Chypre alla toujours en augmentant tant que vécut Jacques le Bâtard. La plupart des étrangers que le roi s'attacha venaient en effet de l'Aragon ou des Deux-Siciles, tels que Jean Perez Fabrice, créé comte du Karpas, Nicolas de Morabit, vicomte de Nicosie, Mutio de Costanza, amiral, Onuphre de Requesens, sénéchal, Rizzo de Marin, chambellan, etc.

pour le conforter et aussi s'il a besoing d'aucune chose pour la garde de sa personne et de Cherines; et s'il en a besoing, qu'il luy en vueille pourveoir, lui promectant de nostre part en bonne foy, en parole de royne, que de toutes les despenses qu'il fera ou pourra faire, soit par fustes, gens, vivres ou aultrement pour ledit service de mondit seigneur, lui ferons telle satisfaction et payement qu'il aura cause d'estre content.

12. Item, vous lui direz que combien que nous ayons esperance qu'il doye entreprandre cette besoingne, qui est si grant et si notable pour luy et pour [1] sa religion, comme de recouvrer nostre dit royaulme et nous aider à mectre en possession d'icellui, toutesfois monseigneur nostre pere et nous avons envoyé noz ambasseurs devers nostre tres cher et honnouré frere le roy de France et devers nostre beau cousin le duc de Bourgoingne et aultres nos parenz et amis, aussi à la communauté de Jennes et aultre part. Et aussi monseigneur nostre pere fait ses appareillemens pour faire une puissant armée. Et avons esperance, en l'aide de nostre seigneur, d'en brief partir pour nous en aller, et que par son bon moyen, aide et conseil, viendrons audessus de nosdites affaires.

13. Apres qu'aurez besoingné avec ledit grant maistre, ferez vostre droit chemin devers nostre tres cher et tres amé cousin le roy d'Aragon, auquel presenterez nos lettres de creence, ensemble celles de nostre saint pere le pape. Et apres les recommandacions deues, vous lui exposerez la cause de nostre venue ès marches de par deça, desquelles [2] vous etez largement informé, et lui direz l'aide, conseil et confort que nous avons trouvé des seigneurs et princes de Ponent. Et pour ce que entre les autres seigneurs et princes chrestiens sa tres haulte et tres noble lignée a esté tousjours accoustumé de non faillir aux haultes œuvres, ainsy comme est ceste icy, comme de recouvrer pays et royaulme des mains des Sarrazins et ennemys de la foy, qui bien ainsi se peut dire et appeller, veu que le Bastart desja a fait et fet tous les jours presenz au souldan enfans masles et femmelles chrestiens, qui est bien demonstracion de sa mauvaise foy, pourtant le requerrez et prieres de nostre part, que, ainsi que les autres princes chrestiens font, son plaisir soit de nous vouloir donner secour et aide en ceste matiere, en la meilleur et plus favorable maniere que possible sera.

14. Item, vous travaillerez par tous les moyens qui vous seront possibles d'entendre et sçavoir de quoy il nous vauldra aider et secourir, et praindre

---

[1] Au Ms. *par*. [2] Ainsi au Ms. pour *de la quelle*.

le meilleur et plus expedient qui vous semblera, car toute l'aide et secours qu'il nous donnera, sera en diminution de la somme d'argent que le grant maistre devra avoir.

15. Item, vous lui direz et remoustrerez comment ses subgetz sont ceux qui principalement font la guerre à monseigneur le roy et qui jusques aujourduy ont favorizé et maintenu le Bastart en ceste querelle. Et pourtant vous le prierez et requerrez tres affectueusement de nostre part que pour honneur de la foy et de la dignité royale, il vueille avoir regart et consideration en nostre cas et envoyé quelque homme notable en Chippres [1].

16. Item, vous le prierez qu'il vueille rescrire au grant maistre [de] Roddes que telz inobediens et rebelles qui viendront en son pouvoir, qu'il les punisse comme rebelles et inobediens; et que de cy en avant, il ne vueille souffrir que nul son subget soit osé d'aler au service dudit Bastart.

17. Item, vous le requerrés et prierés de nostre part qu'il vueille rescrire audit grant maistre qu'il vueille donner aide et secour au royaume de vivres, gens, naviles et tout aultre que lui sera possible, demoustrant le grant vouloir et affection qu'il a de nous aider et secourir.

18. Item, se vous le trouvez de bon vouloir envers nous et nous affaires, pratiquerez avecques ly d'avoir ses gallées de messire Bernard Villamarin, et pour combien de temps, et pour quel pris et soudée l'en les pourra avoir; et de toutes ces choses, nous certiffierez par vous ou par vos lettres le plus tost que vous sera possible, par ainsi qu'en vous avons confiance.

19. Oultre ce qu'aurez à dire au grant maistre de Roddes pour nos affaires, lui direz comment frere Jehan de Varax, chivalier de l'ordre de saint Jehan de Jerusalem, a bien servy à monseigneur le roy et à nous et chascun jour persevere. Et pourtant vous le prierez de nostre part bien affectueusement que, pour contemplation de nous, son plaisir soit de l'avoir pour recommandé en tous ses affaires et meismement retourner et passer son ancienneté et chevissement en la religion, et le gracieusement et benignement traiter, remoustrant comme il est conseiller et cambellain de monseigneur le roy, et qu'il est venuz de par deça pour les affaires de mondit seigneur, deliberé de nous actendre jusques nous retournerons de par delà. Et nous l'aurons à tres grant plaisir. GUILLIOT [2].

---

[1] Comme ci-dessus, p. 121, art. 10.

[2] La reine de Chypre, depuis près d'un an en Europe, pouvait d'un moment à l'autre retourner en Orient. Dans cette prévision, le grand maître de l'Hôpital, alors à Rome, donne le 3 mai 1462, à frère Jean de Barras, du prieuré d'Auvergne, permission et sauf-conduit de six mois pour se rendre aussi

Et pareillement diront de la part de monseigneur le duc de Savoye les dessus nommés ambassadeurs comme est contenu ès dictes instructions et en ung chescun chapitre d'icelles. Du commandement de mondit seigneur. Donné le xix⁰ jour de Fevrier mil iiii⁰ lxii. De Clauso [1].

1463, 22 septembre. A Rhodes.

Lettres de recommandation pour Guillaume Darras, se rendant auprès de la reine Charlotte, en Chypre.

Malte. Arch. de l'ordre. *Lib. Ballarum.* LIX, fol. 233 v°.

Frater Petrus Raymundus Zacosta, etc., universis et singulis capitaneis et patronis, dominis atque officialibus quorumcumque navium, baleneriorum, triremium, biremium et ceterorum quorumcumque navigiorum in mare navigantium salutem et portum desideratum. Accedit inpresentiarum ad insulam et regnum Cypri, super presenti navigio, spectabilis miles Guillelmus Daras [2], cum tribus servitoribus et suis bonis et raubis, illic commora-

souvent qu'il sera nécessaire en Chypre, afin de conférer avec la reine Charlotte. Si, après six mois, la princesse n'est pas revenue dans son royaume, Jean de Barras doit rentrer et demeurer à Rhodes. (Arch. de Malte, *Lib. Bullar.* LVIII, fol. 118 v°.)

[1] Addition postérieure, et du 19 février, aux précédentes instructions qui sont du 17 février.

Le 18 juin de la même année 1462, au couvent de Saint-Maurice en Chablais, la reine Charlotte traita avec ses parents de Savoie du payement des sommes qu'elle devait, tant pour les secours à elle fournis que pour l'arriéré de la dot de la duchesse de Savoie, Anne de Lusignan, sa tante et sa belle-mère, fille du roi Janus. La reine revint en même temps dans ce traité sur la question d'hérédité à la couronne de Chypre. Il fut de nouveau réglé que, la princesse venant à mourir sans enfants du roi Louis de Savoie, le royaume appartiendrait au roi Louis et à ses héritiers de la maison de Savoie, «par « ainsy qu'il fut accordé par feu le seigneur « d'Aix et autres ambassadeurs de mesdits « seigneurs et dames à la coronation du roi « (à Nicosie).» Que, si Charlotte devenue veuve prenait un autre mari, tous les droits de la royauté passaient avec elle à ce nouvel époux. Au nombre des personnes qui assistèrent à cet accord, se trouvent plusieurs seigneurs chypriotes formant le conseil et «la haute cour» de la reine, savoir: «mes-«sire Phébus de Lusignan, seigneur de «Saïette, messire Jean de Nores, messire «Hugues l'Anglois et messire Pollin Clax, «chevalier, tous entendans langue grecque «et françoise.» La reine Charlotte ne pouvant suivre facilement une discussion dans cette dernière langue, appelée plus loin *langue chyprienne,* Pollin Clax et Merle de Piozasque, chevalier de Rhodes, qui parlaient le grec, lui servirent en cette occasion d'interprètes. Le traité du 18 juin 1462 a été publié par Guichenon, *Hist. de Sav.* t. II, p. 391, et par Lünig, *Cod. diplom. Ital.* t. I⁰ʳ, p. 715; il se trouve aussi dans le *Trattato del titolo regio dovuto alla ss^{ma} casa di Savoia.* (Turin, 1633), réimprimé dans Reinhard, *Hist. de Chyp.* t. II, p. 87.

[2] Daras, dont le nom se trouve écrit Darras, Deras, Terras et de Ras, se renferma dans Cérines, en 1460, avec Charlotte et le roi Louis pour résister à Jacques le Bâtard. (Georges Bustron, *Chron. grecq.* Ms. fol. 40 v°.) Il ne suivit pas ces princes en Europe, et

turus in obsequio serenissime regine. Quapropter vos et vestrum quemlibet obnixe et summopere deprecamur quatenus, nostri intuitu, eundem Guillelmum, cum dictis suis servitoribus, bonis et raubis, commendatum suscipiatis taliter ut, absque damno, mora, tardacione, impedimento et jactura, dictum regnum adire possit indemnis, que res nobis erit gratissima; offerentes nos ad queque majora et similia. In cujus rei testimonium bulla magistralis cerea presentibus est impressa. Date die xxii Septembris m cccc lxiii [1].

1463, 13 octobre. A Rhodes.

Pierre-Raymond Zacosta, grand maître de Rhodes, accorde l'exemption des corvées et autres faveurs à un serf du domaine de Phinika, en Chypre.

Malte. Arch. de l'ordre. *Lib. Bullarum.* LIX, fol. 206.

Frater Petrus, etc. Dilecto nobis in Cristo, Argiro filio Georgii, camere nostre magistralis Fenice [2], in regno Cipri, parico, salutem in Domino. Singularis affectus quem ad nos nostrumque ordinem geris, sicuti re et effectu cognovimus, nos inducunt ut reddamur tibi ad gratias liberales. Itaque, serie presencium, ex nostra certa scientia et speciali gratia, te, prefatum Argirum, vita tua durante, immunem, liberum et francum facimus ab angaria dierum centum quatuor in quibus teneris servire vigore servitutis parichie, eciam a testagio, sive anuo debito besantiorum monete regni predicti triginta octo cum dimidio, pro quibus, anno quolibet, vita tua du-

resta en Chypre où il fut employé par les Vénitiens dans les charges du gouvernement après la mort du roi Jacques.

[1] Le roi Louis se trouvait depuis l'année précédente à Rhodes, où l'ordre avait accueilli aussi ses partisans fugitifs. Le 18 septembre 1463, le prince se reconnaissait véritable et seul débiteur vis-à-vis du grand maître de la somme de 4,741 ducats et 27 aspres, qu'il avait empruntée sous la caution de Sibued de Loriol, son chancelier de Chypre, Antoine de la Balme, seigneur du Morteray, et Amé de Genève, ses chambellans, en présence de Phébus de Lusignan, sire de Sayette ou Sidon, de Janus de Montolif, maréchal de Chypre, et de Bernard de Rieussec, amiral de Chypre. (Guichenon, *Hist. de Sav.* t. Ier. p. 542; *Hist. de Bresse et Bugey*, t. II, contin. de la 3e partie, p. 39.) La Balme, venu en Orient avec le roi Louis, fut fort apprécié de la reine Charlotte et employé dans diverses affaires; il rentra en Piémont avec le roi de Chypre en 1464, et fut plus tard attaché au conseil du duc Amédée VIII. (Guichenon, *Hist. de Bresse*, t. II, p. 38, 39.) Sibued de Loriol, rentré aussi avec Louis de Savoie, eut ensuite la charge de chancelier de Bresse. (Guichenon, *loc. cit.* t. 1er, p. 226.) Phébus de Lusignan est qualifié de maréchal d'Arménie dans une pièce précédente, du 10 février 1459.

[2] Le domaine de Phinika, près Paphos, était en ce temps administré au nom et au compte du grand maître de Rhodes, ce qu'indique l'expression de *camera magistralis*. Voy. ci-dessus, une pièce du 11 septembre 1462, p. 87.

rante, solvere debeas bisancios tredecim monete prefate [1]. Que tamen libertas et gratia dumtaxat vita tua durante habeat vigorem, nec ad tuos liberos et ex te procreatos, aut successores quovismodo transeat; sed ad omnia alia que hic non sunt expressa tenearis sicuti ceteri parici dicte camere. Mandantes et precipientes universis et singulis dicte domus nostre fratribus ne contra presentes nostras literas facere vel venire presumant, etc. Date XIII Octobris M IIII^c LXIII.

1463, 8 novembre. A Rhodes.

Lettres de sauf-conduit et de sauvegarde pour divers Chypriotes réfugiés à Rhodes.

Malte. Arch. de l'ordre. Lib. Bullarum, LIX, fol. 206 v°.

Frater Petrus Raymundus Zacosta etc. Universis et singulis presentes nostras litteras securitatis visuris, audituris et lecturis serie presencium notum facimus et manifestum qualiter, vigore hujus modi nostrarum litterarum, damus, concedimus et donamus omni meliori via, modo et forma quibus melius facere possimus et debemus magnificis et spectabilibus militibus dominis Johanni de Montolif marescallo Cipri [2], Hugoni de Lengloys [3] cambellano Cipri, Petro Pelestrini turcupellerio Cipri [4], Paulo Chappe [5] botillerio Cipri, Anthonio de Bon magistro hospicii, ac generosis viris Jacobo de Nores [6], Jacobo Salacha [7], Philippo de Mistahel [8], Petro Urri [9], Lu-

---

[1] L'acquittement en argent d'un testage ou capitation personnelle et la prestation de deux journées de travail par semaine, revenant à cent quatre journées par an, étaient les deux obligations principales des serfs ou pariques chypriotes vis-à-vis de leurs seigneurs. Les Vénitiens ne modifièrent pas sensiblement ces conditions.

[2] Jean de Montolif avait été envoyé en Piémont, en 1458, à l'occasion du mariage de Charlotte de Lusignan avec Louis de Savoie, et s'était renfermé dans le château de Cérines avec les partisans de ces princes, en 1460, lors de la descente de Jacques le Bâtard en Chypre avec les Mamelouks.

[3] Il est tantôt appelé *Odet*, *Eudes* ou *Hugues*; son vrai nom est *Hugues de Langlois*, *l'Anglois* ou *Lenglès*. Il fut toujours dévoué à la reine, et la suivit en Europe. Il mourut à Rome, en 1476, et reçut la sépulture dans les caveaux de Saint-Pierre. Son épitaphe, que je n'ai pu retrouver, mais que Torrigio a publiée, le qualifie de «Regni Cypri came-«rarius et Beruti dominus.» Voy. *Le sacre grotte Vaticane*, p. 285; Rome, 1639, in-12.

[4] Pierre ou Perrin Pelestrini.

[5] Paul Zappe se retrouve en Chypre à la mort du roi Jacques quand les différents partis tentent un mouvement. Il fut tué par le chambellan, Rizzo de Marin.

[6] Il rentra plus tard en Chypre, et reçut de Jacques le Bâtard les fiefs qu'avait possédés son père : Pera, Haïa, Haïous et Stronghylo.

[7] Il avait été d'abord partisan de Jacques. Revenu dans l'île, il prit part à une conspiration en 1470, fut jeté en prison et, gracié à la mort du roi, il se réfugia de nouveau à Rhodes.

[8] Homme très-expérimenté. Il se soumit ensuite à Jacques le Bâtard, qui l'employa dans ses négociations avec la république de Venise, à l'occasion de son mariage avec Catherine Cornaro. Voy. 4 octobre 1469, n.

[9] Pierre Urri ou Gourri était en Chypre

Iʳᵉ PARTIE. — DOCUMENTS.

dovico Dondi, Petro de Levanto [1], Hugeto Bossat, Thome Pardo [2], Save tu Benetico, Philippo Ocla, Thomasino Sincritico [3], Simu tu papa plenum, liberum, amplum, specialem quoque et generalem salvum, tutum et securum conductum, pariter et guiagium, videlicet prefatis et omnibus ipsorum eorumque famulis, uxoribus, filiis et filiabus, bonis, rebus, auro, argento, gemmis, jocalibus et ceteris quibuscunque, quovis nomine censeantur, eis et cuilibet seu alicui eorum spectantibus et pertinentibus, et que infrascripto termino spectare et pertinere poterunt, quovismodo et causa habitis vel acquisitis seu habendis et acquirendis, eis et omnibus ipsorum spectantibus dumtaxat. Volentes quod, nonobstantibus quibuscunque delictis tam civiliter quam criminaliter pro preterito commissis et perpetratis, per eos aut aliquem eorum, etc., nonobstante injuria his diebus illata securitati portus nostri per navem Sabaudiensem, aut aliis injuriis fortasse hactenus illatis per eam, et si etiam dicta navis pro futuro aliquod damnum religioni seu subditis ejus fecisset, sive fecerit hactenus, nichilominus semper tuti et securi in personis et bonis quibusvis atque famulis predicti et quilibet eorum, tam conjunctim quam divisim, possint stare, morari, residere et negociari in urbe et insula nostra Rhodi ac alia jurisdictione religionis nostre, ab eisque recedere et iterum reddire semel et pluries, infrascripto durante termino, absque aliquo impedimento, mora et tardacione, salvis juribus comerchiorum et gabellarum pariter contractuum Rhodi factorum aut faciendorum, si sane predicti aut aliqui ipsorum obligati fratribus ordinis nostri, civibus aut subditis ejusdem, quibus nullatenus derogare intendimus per

---

en 1473 avec Paul Zappe. Il repassa de suite à Rhodes. Voy. à la suite la note 3.

[1] La famille de Levante, originaire de Venise, existe encore en Chypre.

[2] Thomas Pardo fit plus tard sa soumission au roi Jacques. Voy. p. 85, n. 4

[3] Thomas Synclitique et Hugues Bussat demeurèrent longtemps à Rhodes, ou y revinrent comme Pierre Gourri. Je retrouve leurs noms dans une lettre de sauvegarde du 1ᵉʳ juillet 1474. Le grand maître Jean-Baptiste des Ursins, à la demande de la reine Charlotte, accorde des lettres de sauf-conduit plein et entier, pour leurs personnes, leurs serviteurs et leurs biens, de manière qu'elles puissent librement habiter ou quitter l'île de Rhodes, aux personnes suivantes : Bernard de Rivesaltes, chevalier, Nicolas de Milias, chevalier, Huguet Bussat, Thomas *Sincritico*, Pierre Urri, Arthur Longle (de Langlois), Florence de Rames, comtesse de Jaffa, Charlotte Cantacuzène de Flory, femme d'Huguet Bussat, Agnès de Montolif, Eugénie Mahé, veuve, Marguerite Mahé, femme de Bernard de Rivesaltes, Louise de Milias, Francine Cornier, veuve, et Marguerite Mistachel, femme de Thomas Synclitique. (*Libr. Bull.* LXVII, fol. 235 v°.) D'autres émigrés étaient depuis longtemps rentrés en Chypre. Le 19 mai 1466, le grand maître Raymond Zacosta délivrait des lettres de sécurité et de sauf-conduit à plusieurs familles chypriotes non désignées, qui, de Rhodes, voulaient revenir dans leur pays. (Arch. de l'ordre à Malte. *Libr. Bullar.* LX, fol. 199 v°.)

presentes, presentibus ad nostrum beneplacitum et per nostrum beneplacitum, quod ore aut scripto notificabimus predictis aut aliquibus eorum, termino octo mensium dumtaxat valituris; in quo quidem termino octo mensium durare habeat presens securitas ut predicti possint disponere pro arbitrio voluntatis de suis personis, famulis et bonis. Mandantes et precipientes universis et singulis officialibus nostris tam religiosis quam secularibus ne contra presentes nostras salviconductus litteras, etc. In cujus rei testimonium bulla nostra magistralis cerea presentibus est appensa. Date viii Novembris M CCCC LXIII [1].

[1] La pièce précédente, en me fournissant un indice d'où me paraît résulter que la place de Cérines capitula dès l'année 1463, me donne l'occasion de rechercher l'époque précise où s'accomplit cet événement, qui dispersa les partisans de la reine Charlotte et de Louis de Savoie. Il y a dans les archives royales de la cour de Turin différentes pièces qui jetteraient de la confusion sur quelques-unes des circonstances les plus considérables de cette époque, si l'on n'en marquait autant que possible la date et la succession. Lorédano fixe la soumission de Cérines au 25 août 1464 (*Hist. de' re Lusignani*, p. 681); mais on ne voit pas sur quel témoignage repose cette date. La plus ancienne autorité à laquelle nous puissions recourir, Georges Bustron, contemporain, dit expressément que Sor de Naves, à qui le roi Jacques promit la main d'une de ses filles naturelles, ouvrit au prince les portes de Cérines en 1463. (*Chron.* Ms. fol. 62.) Il ajoute ensuite que le roi Jacques fut maître de Famagouste le 29 août 1464, et que, peu après, le prince fut obligé de se défaire des auxiliaires sarrasins, les soupçonnant de vouloir occuper seuls la place, et de s'emparer peut-être du royaume entier. Florio Bustron et le P. Lusignan s'accordent avec Georges Bustron sur la chronologie respective de ces trois événements marquants : la reddition de Cérines, la capitulation de Famagouste et le massacre des Mameloucs. (*Chron. di Cipro*, Ms. de Londres, fol. 194 v°; *Hist. de Cypre*, fol. 178.) Nous ne savons à quelle époque de l'année 1463 Sor de Naves abandonna le parti des souverains légitimes; peut-être était-il déjà passé du côté de Jacques le Bâtard au mois d'octobre, quand le grand maître de Rhodes lui délivre des lettres de sauvegarde (6 octobre 1463. *Libr. Bullar.* LIX, fol. 239 v°); on peut considérer comme certain que la place n'était plus au pouvoir des princes à la date de la présente pièce du 8 novembre 1463, puisque leurs partisans avaient été obligés de chercher un refuge à Rhodes.

Il y aurait une difficulté à expliquer la date du 29 août de l'année 1464 donnée par Georges Bustron à la soumission de Famagouste, puisque l'acte dans lequel le roi Jacques accepte, quelques jours seulement avant la reddition de la ville, les articles de la capitulation offerte pour l'ouverture des portes, est du 6 janvier précédent, suivant la copie de Florio Bustron imprimée ci-après; mais il reste toujours bien établi, par la concordance des deux Bustron et du P. Lusignan, que Jacques le Bâtard fut maître de Cérines en 1463, que la soumission de Famagouste suivit celle de Cérines, et que l'exécution des Mameloucs fut postérieure à cette dernière capitulation.

La reine Charlotte, toujours pleine d'espoir et de ressources au milieu des épreuves de l'adversité, dissimula le coup irréparable qui venait de la frapper en lui enlevant Cérines. Le 1er septembre 1464, ne possédant plus rien en Chypre, mais projetant quelque nouvelle entreprise, elle écrivait de Rhodes au roi Louis, alors en Savoie, et l'encourageait à envoyer des secours outre-

1465, 6 juin. A Venise.

Décision du sénat de Venise sur la réponse à faire aux ambassadeurs du roi de Chypre et du duc de Savoie, venus à Venise avec des lettres du roi de France et du duc de Bourgogne pour appuyer les réclamations de la reine de Chypre et de Sor de Naves dévalisés près de Rhodes par des Vénitiens, et pour se plaindre de ce que la république paraissait favoriser le Bâtard de Chypre.

Venise. Arch. génér. Conseil des Prégadi. *Secreti*, XXII, fol. 90 v°.

M CCCC LXV, die VI Junii.

Quod oratoribus serenissimi domini regis Ludovici Cypri et illustrissimi domini ducis Sabaudie, qui, presentatis litteris serenissimi domini regis Francorum et illustrissimi domini ducis Burgundie, et litteris credentialibus

mer pour Cérines, au moment où le sultan d'Égypte devait être irrité contre le Bâtard du meurtre des Mameloucs : « Nonobstant « toutes mes dolours et malanconnies, » dit la reine, « frère Gorge Pueschasque[a] aveuc « fra Merique Guichard aveuc aucuns compa- « gnons et Chérinois messont venu rendre « vostre chasteaux de Cherines, et faire pro- « test, come par autres lettres je aivisé lar- « gement vostre magesté et voient que Sorou « est bien garni d'argent et puissamment sur « la mer. Je l'ai envoyé à Cherines pour ca- « pitaine et lieutenant general. Lequel est « parti d'issi bien gargni de vivres et de tout « autre choses à grant foison le xvij° jour « d'aoust aveuc ix voilles et ii galées, une « grosse galliotte, ii bergantines, la baretre, « un ballemei, un caravelle et une guippa- « rée. Et je ay escrit et prié frare Gorge qu'il « le vulle donner la possetion; et je ay escrit « et prié à tous les autres qu'il veulle de- « mourer là, et Sorou les traittera bien et « grandement. Lequel Sorou fera grand « guerre à l'Apostolle, grand guerre par mer « et par terre.... Je ay envoyé les ambassa- « deurs du soldan en leur compagnie, le « maistre de mon hostel et Thomas Pardo[b],

« lesquels vont pour voir nostre chasteau de « Cherines, et de là s'en vont en Alexandria. « Lesquels s'en vont tres bien contant, et « m'ont promis beaucoup de choses et asseuré « que le soldan me donra nostre royaume. « Et aussi le soldan et ses offesciaulx m'ont « escrit moult recommandant sa personne « monsieur Pardo; lequel piesca qu'il est « arrivé o Caire, il n'est venu encores, pource « que le grip qui le devoit porter, il est party « d'Alexandria sans son congié. De Chypre, « nous avons nouvelles que l'Apostole fait « touttes les remedes pour recouvrer la grace « du soldan, la injure a été si grande qu'il « est impossible pour chose que sache faire[c]. « D'autre part, les tirannies, cruautés qu'il « fait à tous, chascun le veut mal; j'espere « que Dieu le punira celon ses merites. Je vous « avise que de Chipre sont venus le fils de « monsieur Febus[d] et le fils de Phelippe Seba « et autres que dient que l'Apostolle avoet « mandé o soldan Gonent (Gonem), que se « dit arssevesque de Nicossie avec ii gailées, « une galliote, une nave, une balemée et « autres fustes, le nombre de viii velles et « amené Conçomais et tous les autres Mores « qu'eschapperent à la mort, et porté mil

---

[a] Georges de Piozasque, Piémontais; il avait été commandeur de Milan et d'Ivrée.
[b] Voyez ci-dessus, p. 127, n. 2.
[c] Ici et plus loin la reine fait évidemment allusion au massacre des *Mores* ou Mameloucs ordonné par le roi Jacques.
[d] Phébus de Lusignan, fils naturel du roi Janus, plusieurs fois nommé dans nos documents.

supradictorum regis Ludovici et ducis Sabaudie, multa dominio exposuerunt circa materiam casus alias occursi prope Rhodum contra galeas Sauri de Nau[1] super quibus erat regina, et circa piper nuper ablatum eidem Sauro per capitaneum nostrum generalem maris, et salvumconductum eidem Sauro per nos concedendum, respondeatur :

Quod distincte intelleximus ea que nobis exposuerunt et que etiam litteris tum serenissimi domini regis Francorum tum etiam illustrissimi domini ducis Burgundie nobis scribuntur circa res serenissimorum regis et regine Cypri. Et quantum ad casum occursum contra triremes Sauri de Nau per triremes que forte fortuna in portu Rhodi tunc reperiebantur, dicimus id quod sepius et jam in hac materia diximus et quod universo pene manifestum est, casum ipsum maximam animo nostro molestiam attulisse; nullaque enim culpa aut capitaneo aut alicui ex supracomitis vel hominibus nostris processisse, sed culpa potius ejusdem Sauri et sociorum, qui, visis galeis nostris, conscii culparum et delictorum suorum, ut pyrate, qui non desistunt multifariam navigiis et hominibus nostris damna et injurias inferre, fugam arripuerunt, et sese in trepidationem et confusionem posuerunt, per modum quod dum nonnulle ex galeis nostris illos sequerentur, nescientes quinam illi essent, et maximopere admirantes tantum eorum pavorem et inconsyderatam fugam, mamaluchi qui captivi super triremibus Sauri reperiebantur, arreptis armis et incisis funibus quibus vela reguntur, sese in libertatem

---

« pieces de chamelots et autres choses, la va-
« leur de xx ou xxv mille ducats. D'autre part
« un qui s'en est fuy du Caire dit comme le
« soldan faisoet appareiller une grosse armée
« pour mander en Chypre; une chose vous
« say dire, mon tres redoutté seigneur, que
« se j'eusse xx ou xxv mille ducats, comme
« j'avois autresfois, le vaillant ou plus, je fusce
« a present en possetion de nostre royalme
« et usse mandé pour vous faire venir joyeu-
« sement; a present la povreté m'a si fort sur-
« prie, que je ne peus achever chose que je
« entreprens. » Guichenon, *Hist. de Savoie*, t. II, p. 394; Reinhard, t. Ier, pr. p. 111.

[1] Sor de Naves, qui avait en 1463 livré le château de Cérines et les intérêts des princes légitimes à Jacques le Bâtard. (Voy. ci-dessus, p. 128, n. et ci-après, p. 138, n.) Le fait au sujet duquel les ambassadeurs renouvelaient les réclamations de la reine de Chypre remontait à l'année 1461. Des Vénitiens, épiant Sor de Naves qui portait Charlotte de Lusignan en Italie, avaient fondu sur ses galères entre Chypre et Rhodes, et dévalisé complètement la reine et les gens de sa suite. (Voy. ci-dessus, p. 114, n. 2, p. 119, n. 1.) Il est juste sans doute de tenir compte des circonstances rappelées ici par les Prégadi, mais néanmoins la reine ne reçut jamais la satisfaction qui lui était due. Trente ans après, le roi de France s'entremettait encore auprès de la république de Venise pour obtenir le règlement de dommages réclamés par Jean d'Allinges, chevalier de Savoie, dont le père Guillaume d'Allinges, seigneur de Coudray, accompagnait la reine lorsqu'elle fut pillée en mer. Guichenon a publié une lettre de 1493 du doge Augustin Barbarigo au roi Charles VIII, à ce sujet. (*Hist. de Sav.* t. II, p. 389.)

vindicaverunt, et parum abfuit quin in reginam ipsam crassarentur. Homines autem a remo et alii qui per vim super galeis ipsis erant, omnes, magno impetu, insurrexerunt, et in predam vertere ceperunt ea que penes tam reginam quam ejus homines erant, id quod frequenter in similibus galeis pyratarum accidere solet. Homines enim per vim retenti, aliquam nacti occasionem, trucidatis principalioribus et bonis abreptis, solent ea via sue consulere liberationi. Supervenientibus postea nonnullis galeis nostris, non negamus mali aliquid malo fuisse additum. In tanto enim furore, indomitam turbam cohibere quis possit? Capitaneus vero noster maris qui in portu Rhodi erat, habita hujus rei noticia, et ex ea maxima concepta animi displicentia, diligentissimam inquisitionem rerum et bonorum omnium fecit, fierique fecit, et quecumque potuerunt recuperari majestati sue aliisque personis et dominis rerum ipsarum restitui curavit; et non contentus presenti illa inquisitione, non destitit toto pene viagio illo per omnem modum indagare et disquirere; et que dietim ad ejus perveniebant noticiam esse penes aliquem ex nostris hominibus Rhodum usque ad reginam mittebat; hoc idem nos in hac civitate nostra fieri diligentissime fecimus, sicut omnibus notissimum est.

Successit postea quod regina ipsa huc se contulit, quam regie et honorificentissime suscepimus et tractavimus, ad cujus instanciam rem hanc commisimus advocatoribus nostris communis; et impensis nostris diu hic stetit unus ejus procurator et nuncius, pro procuranda et solicitanda materia antedicta. Et tandem, omnibus diligentissime et acuratissime inquisitis et cognitis, nullam omnimodam culpam aut in capitaneo nostro aut in ullo ex hominibus nostris fuisse repertum est, unde nos insontes punire nesciremus. Neque certe videmus quid per nos faciendum[1] relinquatur, quandoquidem maximam ex casu illo molestiam sumpserimus et per nos indemnitati, restitutionique rerum omnium que usque reperiri potuerunt studiosissime providerimus. Et si quid in posterum apud quemquam in particulari aut nos intellexerimus, aut per eos vel alios nobis fuerit significatum, id omni tempore restitui diligenter et prompte faciemus. Eidem autem serenissime domine regine quando huc venit, donodari fecimus ducatos mille auri, regi vero vi^e, eisque satis aperte optimam erga illos nostram dispositionem declaravimus.

Ad factum mamaluchorum, bene intelligunt, pro eorum prudentia et

---

[1] Au Ms. *faciundum*.

experientia, quantum capitaneo nostro conveniens erat reducere in servitutem illos qui sese simul cum hominibus et çurmis galearum, audacia et viribus propriis, nonsolum in libertatem vindicaverunt, sed personam ipsius regine et ceteros omnes cum galeis et bonis in propriam redegerant potestatem et arbitrium. Propterea, attenta rei hujus qualitate, si capitaneus noster id non fecit, quod facere honeste minime poterat, nemo est qui jure gravari possit.

De subsidiis prestitis, ut dicunt, et posthac non prestandis parti adverse [1] per homines nostros, omnibus notissimum est nullum omnino favorem per nostros alicui esse allatum quem ad nostram noticiam pervenerit, sed neutrales nos gessimus et sumus sic perseveraturi; quinimmo, si in alteram partium propendere deberemus, propenderemus potius et aliqualiter etiam propendisse videri debemus in partem potius serenissimi domini regis et regine predictorum, ob nostram veterem et perpetuam benivolentiam in serenissimam regiam domum Cypri et illustrissimam domum Sabaudie, de qua nostra dispositione et mente certe non dubitamus, et pro ratione suadente, et pro multis signis, unumquemque facile posse propendere.

De pipere per capitaneum nostrum generalem maris ablato Sauro de Nave, etc. [2] notum est spectabilitatibus suis quam inhoneste et perperam Saurus ipse contra triremes nostras trafici se gessit, et quanti mali quanteque jacture et inconvenientie nobis et rebus nostris Saurus ipse fuit. Unde si capitaneus noster generalis piper ipsum aut alia bona ejusdem Sauri cepit et abstulit, juste id et honeste captum et acceptum fuisse certissimum est; neque est obscurum piper ipsum ejusdem Sauri fuisse in cujus manu erant navigia, homines et omnia que in eis erant et qui omnia solus pro voluntate et arbitrio ministrabat et gubernabat.

De parte, 134. De non, 7. Non sincere, 1.

[1466 [3].]

Réponses de Louis de Savoie, roi de Chypre, aux plaintes du duc de Savoie Amédée IX, son frère, sur les dépenses excessives qu'avaient occasionnées à leur père et au duché de Savoie son mariage avec Charlotte de Lusignan et la défense de ses droits en Chypre.

Turin. Arch. de la cour. *Regno di Cipro*. Annexe au mazzo 1°. Pièces nouvellement retrouvées. Copie du temps.

S'ensuit la responce que le roy de Chipre fait à monsieur son frere et à

---

[1] Au roi Jacques le Bâtard.
[2] Ainsi au Ms.
[3] La date de cette pièce offre une réelle difficulté. D'une part, on voit que le mémoire est adressé par le roi de Chypre au duc de Savoie Amédée IX, son frère, d'où

Ire PARTIE. — DOCUMENTS. 133

madame sa seur[1], sur les chapitres que de leurs partz lui ont estez presentez, responcifs aux demandes et requestes qu'il leurs a faites pour la subvencion du chastel de Cherines, entretenement de la royne sa compaigne, et pour l'ambassade du soldan et des presenz à luy à faire.

I.

1. Et premier, sur le premier article, contenant que mesdits seigneur et dame ne sont ceulx que aucunement voulcissent faillir au roy ne à ses afferes, ains que pour luy et le recovrement de son royaume vouldroient fere le tout et pluz que possible, comme ceulx que par droit de nature et pour le bien et honneur de la maison de Savoye de le favoriser et survenir sont tenus et estrains, combien qu'il luy semble que non seulement a mestier de chapitres et parolles gracieuses, mais de bon vouloir à executer et mettre les choses à bon effect. Touchant les grans et intollerables charges qu'ilz alleguent avoir estées et estre aujourduy occurrans de ceste dicte mai-

il faut nécessairement conclure qu'il a été rédigé après le mois de janvier 1465, mois dans lequel Amédée IX succéda à son père Louis; il est même postérieur au 18 juin 1465, jour où le roi de France assigne au roi de Chypre une certaine quantité de blé sur les revenus du Dauphiné (voy. p. 142, n.), et encore postérieur au mois de décembre 1465, époque à laquelle le roi de Chypre se trouvait en France (voy. p. 141, n.), puisque ces deux circonstances sont rappelées dans le présent écrit. La date du mémoire se trouve ainsi reculée au moins à l'année 1466. D'autre part, il est question tant dans le mémoire que dans quelques pièces subsidiaires de la défense de Cérines tenant encore en Chypre pour le roi Louis et il y est parlé plusieurs fois de son ravitaillement (voy. p. 142, n. p. 144, § 20). Or la reddition de Cérines au roi Jacques, et par suite de cette capitulation la perte de la dernière place que les princes légitimes eussent conservée sur le sol de l'île, est, au plus tard, de l'année 1464; les plus anciennes chroniques, comme celles des deux Bustron, placent même cet événement en 1463 (voy. ci-dessus, p. 128, n.). On a peine à croire qu'une fois ouvert à Jacques le Bâtard, le château fort de Cérines ait été plus tard rendu à la reine Charlotte ou repris par ses partisans; il est tout à fait invraisemblable qu'un tel événement n'eût pas été rappelé par Georges Bustron, Florio Bustron, le P. Lusignan, ou même par Æneas Sylvius, dont les mémoires sont assez détaillés sur tout ce qui concerne les intérêts de Charlotte et ses efforts pour ressaisir la couronne de Nicosie. Nous sommes donc contraints de conjecturer encore une fois, comme précédemment au sujet de la lettre de la reine du 1er septembre 1464 (voy. ci-dessus, p. 128, n.), que les princes de Chypre, Charlotte et Louis, cachaient la perte du château de Cérines, et ne cessaient de demander des secours en France et en Piémont dans l'espérance d'entreprendre tôt ou tard une nouvelle expédition contre l'île.

[1] Yolande, sœur de Louis XI, roi de France, qui avait épousé en 1452 Amédée de Savoie, frère du roi de Chypre. Amédée, devenu duc de Savoie à la mort de son père, en 1465, et son frère Louis, roi de Chypre depuis 1458, se trouvaient, en outre, beaux-frères du roi de France Louis XI, ce prince s'étant remarié en 1451 avec leur sœur Charlotte de Savoie.

son, lesquelles sont bien à considerer et compatir, dit le roy que d'icelles moult luy a despleu et desplaist, et que fin icy en a eue trop plus de compassion que besoing ne luy fut, car pensant que entre les autres afferes l'on extimast le sien estre du nombre, s'est le plus graciéusement que luy a esté possible teu et comporté fin icy, sans ce que à eulx pour le recouvrement dudit royaume ait faicte trop grande instance, ains a seulement demandé maniere de povoir secourir la royne et ledit chastel, affin que totallement n'eust à perdre l'esperance d'icelluy recouvrement. En tant que touche d'avoir regart aux despences faictes par l'ostel de Savoye et le pays pour la conqueste dudit royaume, se donne le roy grant merveilles que l'on dye que pour la conqueste aient estées faictes telles despences, car il est notoire, et à painne se peut ignorer, que alors que fut traité du mariage celebré entre luy et la royne de Chipre, n'estoit ledit royaume aucunement empesché par quoy fut mestier fere despence à le conquester; aussy c'est tout manifest que touchant ledit mariage fit le roy tout ce que par luy a esté fait par le commandement et persuasion de feuz, bonnes memoires, monseigneur le duc son pere et madame la duchesse sa mere, lesquelx, d'eulx meismes, sans son sceu, veans que le royaume de Chipre estoit sans hoirs mascles, et que par traité de mariage avecques la fille que estoit heritiere se povoit exauser et acroistre en honneurs ledit hostel de Savoye [1]. Au regart des nobles personnages que y ont esté mors, moult en a despleu et desplaist au roy, et s'il eust esté du tout à son vouloir, et liberté, il les eust bien gardez de morir à sa cause, car luy meismes n'eust mis sa personne à tel peril et dangier comme il a fait.

2. Et entant que particulierement se dit au second article, qu'ilz sont environ sept ans que, à la promocion et instance d'aucuns nobles du royaume de Chipre, feu de bonne memoire monseigneur le duc, cuy Dieu absoille, fut content d'entendre au traité dudit mariage, et que pour icellui excecuter, venist alors à Turin l'ambassade de Chipre par devers mondit seigneur le duc et feue madame etc., dit le roy que ceulx que de ce ont informez mesdits seigneur et dame, ont tres petitement advisez, car mondit seigneur le duc et madite dame, que Dieu aye, avant que jamais ambasseurs de Chipre venissent de par deça pour ceste matiere, y envoyarent feu George de Plosach, lequel fut cause de la venue desdits ambasseurs. Et se premier ne fust venu du mouvement de feus mesdits seigneur et dame et

[1] Le sens de cette phrase, qui semble laissée ici en suspens, se complète par ce qui précède, et par les détails de l'article suivant sur la mission de Georges de Piozasque.

qu'ilz n'eussent envoyez de par delà, ne fust la chose alée à celle fin ; mais veans qu'ilz y avoient tel vouloir, fut adonques envoyée l'ambassade dudit Chipre[1]. A ce qu'il se dit que le roy a prins ledit royaume pour sa porcion, respont que, salve honneur de ceulx que de ce ont mesdits seigneur et dame ainsy informez, que[2] il ne le fit oncques, ne aussy ne se trouvera pour verité. Aussy n'est-il verissemblable que feu mondit seigneur le duc peust douner ce qui n'estoit pas sien, car le roy de Chipre, pere de la royne, audit traité vivoit encores; d'autre part venoit le royaume apres sa mort à la royne sa fille et non à feu mondit seigneur le duc son pere, et le droit que le roy y a aujourduy, le tient de la royne sadite compaigne[3]; dont par consequent ne l'a le roy accepté pour porcion, car feu mondit seigneur son pere n'y avoit nulz droit ou action. Et se ledit mariage se fut traité et fait en autre maison que de Savoye, ainsy bien fu venu le droit dudit royaume là où se fut icellui mariage celebré.

3. A ce que se dit au tiers article que pour mettre la chose à bon effect avant que le roy passast la mer, fut envoyée une notable ambassade de laquelle fut chief le seigneur d'Aix[4], et tout aux despens etc., dit le roy que de son commandement n'y alla celle ambassade ne autre, mais de celluy de feu mondit seigneur son pere. Et encores que de son commandement y fut allée, neantmoins, quoyqu'il s'en die, ne fut à la despence de feu mondit seigneur le duc, ains venist tout l'argent despendus en icelle ambassade par beneffice de l'ostel de Chipre, car il fut prins à Venese des mains des

---

[1] Nous recueillons ici une de ces notions souvent cachées même aux écrivains contemporains, rares dans les actes publics, et que donnent seules les pièces confidencielles. On avait dit que la maison de Lusignan avait sollicité l'alliance de l'illustre maison de Savoie ; nous voyons au milieu de ces explications de famille la preuve irrécusable que la première pensée de cette union vint de Turin et non de Nicosie.

[2] Au Ms. car.

[3] Le droit royal procédait directement de la personne de Charlotte de Lusignan, qui ne l'avait point encore aliéné. La reine avait toujours reconnu, il est vrai, que dans le cas de son prédécès sans enfants la couronne de Chypre demeurerait au roi Louis de Savoie, son mari, et à ses héritiers ; mais, pour le cas où la reine, devenue veuve, se serait remariée, elle apportait avec sa main, à son second époux, le droit et le caractère de la royauté. Tel était l'esprit de tous les traités échangés depuis son mariage entre les familles de Lusignan et de Savoie, et particulièrement des accords faits à Nicosie, en 1459, lors du couronnement du roi Louis, et renouvelés le 18 juin 1462. Voy. ci-dessus, p. 124, n. 1.

[4] Philippe de Seyssel, seigneur d'Aix en Savoie (voy. ci-dessus, p. 96, n. 2). On voit que le seigneur d'Aix n'accompagna pas précisément le roi Louis en Chypre, comme il semblerait d'après Guichenon (*Hist. de Savoie*, t. Ier, p. 538); il précéda ce prince, vers 1458 ou 1459, avec une ambassade considérable dont il fut le chef.

Cornars[1], comme procureurs de feue dame Agnès[2]. Et se bien avoit esté ledit argent de propre patrimoine de feu mondit seigneur le duc, ne se doit pourtant à present reciter, car de ce et autres choses povoit alors fere comme seigneur et maistre.

4. Quant à l'allée du roy, recitée ou quart article, là où dit qu'il passa la mer accompaigné de noblesse et aux despens etc., dit le roy que de passer la mer fist ce qu'il pleust à feuz mesdits seigneur et dame, et que ce qu'il en fist fust pour son honneur et pour vouloir complaire et obtemperer en cest cas ausdits commandements; et se en luy en eust esté pour rien, n'eûst vollu accepter ou entreprendre celluy voyage, lequel trop luy sembloit perilleux et dangereux; mais affin qu'il ne fust reputé inobedient, et que pour l'avenir ne luy fut improperé à lacheté de corage, se volcist exposer et habandonner à tous perilz et fortunes. Et à ce qu'il se dit qu'il alla accompagné de noblesse, respont que la compagnie ne fut tant grande ne moins la despence qu'il fut neccessere l'escripre, car demourant de par deça estoit souventesffois et la pluspart du temps trop mieulx accompagné qu'il ne fut à son allée. Et s'il y fut allé comme il devoit, n'est à penser que ses besoingnes fussent de present en sy petit estat.

5. Sur le ve article, contenant que de l'an mil iiii^c lx que survint l'armée du soldan en Chipre en faveur du Bastart, comme feu mondit seigneur envoya secours de gens et de naviles, et tout aux despens etc., dit le roy que ainsy que dessus est dit, l'avoit feu mondit seigneur le duc son pere envoyé de par delà; et que puisque, par fortune et non par sa faulte ou negligence, venist à avoir affere, que bien le devoit survenir et secourir; et n'est nulli que du contraire, selon raison et equité, l'eust peu conseillier, car se luy ou autre prince eust envoyé ou envoyoit aujourdhuy ung capitaine ou autre sien servitour en pays estrange, et il venoit avoir mestier de secours et ayde, il le devroit secourir et survenir; dont de tant mieulx devoit feu mondit seigneur envoyé secours au roy comme à son filz et celluy que de son commandement estoit allé illecques; combien que ledit secours alors envoyé estoit si bien forny et soldoyé que à leurs arrivement en Rhodes, n'avoient de quoy passer plus avant, ains fust de mestier à la royne qu'elle leurs bailla argent, autrement vouloit chascun des compaignons prendre

---

[1] De la famille Cornaro.

[2] Agnès de Lusignan, morte en Piémont en 1459. Elle était grand'tante de Louis de Savoie, roi de Chypre, de qui émane le présent mémoire. L'ambassade du sire de Raconis avait vu cette princesse en Chypre; il en est question dans son rapport du mois de novembre 1433. Voy. p. 18, n. 1.

son party. Et pour ce que lesdits naviles avoient finis leurs termes, fut de besoing à ladite royne en noliger d'autres à ses gages, pour pourter partie des compaignons fin audit Cherines. Aussy de v^e hommes que l'on disoit estre à luy envoyez, ne s'en trouvarent à son secours arrivez de par delà se non environ II^c et LXXX, et Dieu scet quelx !

6. Item sur le VIe article, que dit que l'an ensyvant mil IIII^c LXI furent par feu mondit seigneur envoyées au roy deux nasviles pour avitaillier Cherines, ce que ne fut sans grans despences etc., dit le roy que bien est vray que feu mondit seigneur luy en envoya ung et non pas deux, sur lequel furent portées aucunes victualles et en assez petite quantité et oultre fin à la somme de mil et VIII^c ducatz de chambre, ainsy que de ce peut encores aujourduy testiffier Carlon de la Briga¹, conducteur et cappitaine de celle. Et quant la somme eust bien esté plus grande, dit le roy que l'on ne se doit merveillier, car non seulement d'une nasve eust vollu survenir ung sien baron s'il en eust eu grant affere, mais de bien plus grant chose, dont par consequent le povoit fere au roy comme à son filz et celluy que, comme dit est, avoit envoyé illecques.

7. En apres, sur le VIIe article, disant que l'an ensuivant mil IIII^c LXII la royne s'en vint devers feuz mesdits seigneur et dame, estans alors à Lausanne, et, tant là comme à Thonon, demeura avecques eulx l'espace de quatre moys ou environ, et tout aux despens etc., respont le roy que la venue de la royne de par deça fut par cas fortuit et adventure, car au partement que fit de Cherines, n'estoit partie en entencion de venir par deça, ains d'aller vers le soldan, pour appointier et accorder de la paix, et en esperance, se venoit à faillir, avecques l'argent, presents et biens que pourtoit, moiennant touteffois la faveur du pape et de feu mondit seigneur le duc, de lever sus une bonne armée pour le recouvrement d'icellui royaume; mais, ainsy que Dieu voulcist permettre et que la fortune la conduisist, fut à son venant, ainsy qu'est notoire, destrossée et villainement robée par les Veneciens². Dont ce fait, ne sceust autre chose fere se non de droit soy diriger à feuz mesdits seigneur et dame, comme ceulx que mieulx la devoient conforter et survenir que nulz autres princes vivans. Et se feu mondit seigneur luy fit fere sa despence tant qu'elle fut de par deça, n'estoit grant merveille, car il eust bien fait à autre tenant plus grant estat et par

---

¹ Thibaut de la Brigue, parent probablement de Carlon ou Charles, avait été déjà employé par le duc de Savoie au sujet des affaires de Chypre. Voy. ci-dessus, p. 99. — ² Il est souvent question de cet incident dans nos doc. Voy. p. 119, n. p. 130, n. 1.

plus loing temps. Et s'elle se fut si bien trouvée en hostelx d'autres princes ou seigneurs, non eussent fait mains ; et tellement que de mettre avant ceste despence, semble au roy dure chose la reciter. Touchant les ambassades par feu mondit seigneur envoyées en Aragon et autre part, n'est de merveilles, car le cas luy touchoit de sy pres que trop plus avant y devoit remedier. A ce que avitaillerent les gallées de Soro de Naves [1], dit le roy que l'on ne se doit esbayr, car non seulement pour le service estoient consumées les victualles, mais à la destresse faite par les Veneciens, avecques la vie, les avoit ledit Soro cuidé perdre; dont pourtant dit le roy que l'escripre et reciter de telles despences est superflus, et s'en povoit-l'-on de legier passer, aussy trop plus grandes et de quoy l'on se pourroit bien despourter que mieulx semblent estre voluntaires que neccesseres se sont faictes et font tous les jours, dont ne se fait nulle mencion.

8. Sur le viiie article, du retour de la royne de par delà, dit le roy que l'on ne se doit esmerveillier se pour donner meilleur et plus briefve expedicion aux afferes pour lesquelx estoit venue de par deça prenoit le party de s'en aller à Jennes ou autre part ; et à ce qu'elle alloit aux despens de feu mondit seigneur le duc, accompaigniée des sieurs de Codrée [2] et de Virie [3], respont le roy que son estat ne despence n'estoit si excessive qu'il en faille à present faire compte : aussy à son arrivée en Rhodes se peust bien congnoistre quelle subvencion eust de par deça, car se assez petitement estoit venue de par deça, s'en retourna de par delà en pire et mineur estat. Et quant bien auroit eue pour ses despens plus grans sommes que n'eust, ne se devroit ores ramentevoir pour l'onneur de la maison, que de tout temps a estée loée et recommandée de faire pris, honneurs, dons et despences, non seulement à ceulx du sang, mais à tous seigneurs, dames, forestiers, ambasseurs et autres.

II.

9. Et pourtant que ausdits chapitres responcifs, baillez de la part de mesdits seigneurs et dame, se parle par certains articles especiaulx plus particulierement des charges et despences que pour le roy ont soustenues

---

[1] Sor de Naves, qui commanda quelque temps à Cérines après le départ des princes, et finit par rendre la place au roi Jacques. Voy. p. 130, n. 1.

[2] Guillaume d'Allinges, seigneur de Coudray, à qui la reine Charlotte, alors à Lausanne, remet des instructions, le 17 février 1462, pour se rendre en Aragon.

[3] Viry, famille et seigneurie du comté de Genève. Il s'agit probablement ici de Louis de Viry, qui épousa Antoinette Mareschal, appartenant à une noble famille de la Bresse.

la maison et pays de Savoye, respont le roy sur le premier article particulier, parlant de la despence sostenue pour soy despartir du mariage d'Escoce[1], montant à L^m escus etc., qu'il ignore que feu mondit seigneur le duc son pere en celle part eust rien fait, et que se fait eut esté, ne se fut ainsy deffait; disant en oultre le roy que pour l'onneur de la maison luy sembleroit estre trop mieulx taire telles choses que les articulier, ou plus avant reciter.

10. A ce que se dit au second article particulier, que, pour survenir au roy et à son royaume, pluseurs decimes ont estées données et imposées sur les ecclesiastiques etc., que montent à bien grant somme etc.[2], respont le roy qu'il rend graces à Dieu et remercie cordiallement à tous lesdits ecclesiasticques de luy avoir octroyés icelle decimes pour le benefice de luy et dudit royaume, nonobstant qu'il est assez trop plus notoire que mestier ne seroit, qu'il en a si petit eu, que d'en reciter la quantité seroit chose assez facile; mais puisque ainsy est que icelle decimes ont pour sa subvencion esté levées et qu'il ne les a receues, requiert à mondit seigneur son frere et à madite dame sa seur qu'il luy en aient à contenter ou fere contenter par ceulx que les ont receues, se le compte n'en ont renduz, car il ne se peut dire que luy ne nulz des siens en ait riens reçeu ou mannyé.

---

[1] Dès l'âge de huit ans, Louis de Savoie, alors comte de Genève, avait été fiancé avec Anne-Belle d'Écosse, fille du feu roi Robert III, par contrat du 14 décembre 1444. La princesse fut amenée en Savoie onze ans après, au commencement de l'année 1455; mais le roi de France Charles VII ayant désapprouvé cette union, les promesses de mariage furent régulièrement rompues par acte public dressé à Gannat, en Bourbonnais, le 5 mars 1455, en présence des ambassadeurs des deux parties et du roi de France, à la condition que le duc de Savoie payerait pour dommages dus à la fiancée et pour les frais de son retour en Écosse une somme de 25,000 écus d'or, suivant Guichenon. (*Hist. de Sav.* t. Ier, p. 536.) Notre mémoire estime les frais payés par la maison de Savoie en cette occasion à 50,000 écus.

[2] Il reste quelques pièces dans les archives de Turin relatives à ce subside et à une autre imposition consentie par le clergé de Savoie lors du mariage de Louis de Savoie avec Charlotte de Lusignan. 1459, 19 juin, à Chambéry : Jean de Seyssel, maréchal de Savoie, délégué par le duc de Savoie, donne quittance à l'abbé d'Entremont de la somme de 106 florins, payés par lui, à titre de subside, à l'occasion de l'exaltation de Louis de Savoie au trône de Chypre. 1461, 16 novembre, à Chambéry : quittance du conseil de Savoie à l'abbé d'Entremont de la somme de 80 florins, formant son contingent dans la subvention volontaire réclamée par le duc pour secourir le royaume de Chypre. (*Archivio di Corte. Regno di Cipro.* Deux pièces sans num.) Le 12 octobre 1464, le roi de Chypre remercie l'archevêque de Tarentaise de quelques dons, et lui demande encore de nouveaux secours bien nécessaires pour subvenir aux grandes affaires intéressant non-seulement la maison de Savoie, mais la chrétienté entière, dont l'entretiendra en détail son trésorier Jean du Pont. Voy. Guichenon, *Hist. de Sav.* t. II, p. 396; Reinhard, *Hist. de Chypre*, t. Ier, pr. p. 115.

11. Sur le tiers article particulier, de trois subcides que ont fais les trois estas dez pays de Savoye [1], dit le roy que combien qu'il ne fut present à la concession, neantmoins leurs en a à-s-avoir [2] grant gré et les en remercye cordialement; car encores que d'iceulx ait eüe pour sa subvencion sy petit qu'il se peut dire ung riens, espere que par le moyen de mesdits seigneur et dame pourra receuvrer la reste comme chose à luy appartenant, disant que puisque on luy met en compte et ne l'a reçeu, que l'on luy a à restituer. Et de ce qui en a esté receu et que a esté livré au roy, pevent testiffier ceulx de la chambre des comptes, que de telles receptes et livrées doivent avoir les extraits par devers eulx.

12. Item, quant aux joyaux et meubles de quoy se parle ou quart article particulier, que à son alée en Chipre luy baillarent monseigneur et madame etc., respont que à son partement pour aler en Chipre n'eust de mondit seigneur ne de madite dame joyaulx ne meubles quelconques que le plus simple baron de Savoye n'en deust autant ou plus donner à ung sien filz ou fille, s'il l'envoyoit en pays estranges; car ce que adoncques eust d'eulx fut sy petit, que de le reciter, pour l'onneur de la maison en a ver-

---

[1] Le duc de Savoie s'adressa aussi à Genève pour en obtenir assistance, tant à l'occasion du mariage de son fils que postérieurement pour la défense de Cérines; la commune ne répondit pas toujours favorablement à ses désirs. On lit dans les registres du conseil, à la date du 15 juillet 1459 :
« M. de Thorens, après avoir remis une lettre
« de créance de la part de son altesse ducale
« (le duc de Savoie), représente que ledit
« illustre prince avait maintenant plusieurs
« charges à supporter, surtout pour envoyer
« monsieur le comte de Genevois en Chypre,
« comme il y était tout disposé; et qu'ainsi
« il demandait et requérait gratieusement que
« la communauté voulut lui subvenir de
« quelque chose comme on avait accoutumé,
« voulut lui prêter mille florins dont ledit
« prince assurerait le payement. On répondit
« qu'attendu que la communauté était obligée
« à plusieurs personnes pour les dons qu'on
« avait fait ci-devant au duc, et à cause de la
« peste et de la cherté dont la ville avait été
« affligée, elle ne pouvait lui donner aucune
« subvention. » (*Fragments histor. sur Genève*, par le baron de Grenus; Genève, in-8°, 1823, p. 29.) Le 24 mars 1463, les syndics de Genève, après en avoir conféré avec les vicaires, refusent, comme antécédent préjudiciable aux franchises, d'accéder à la demande faite par le duc de Savoie pour que la ville lui livrât tous les vagabonds du pays qu'il se proposait de mettre sur deux galères prêtes à être équipées et à être envoyées en Chypre. (Grenus, *Op. cit.* p. 38.) Au mois de janvier précédent, le conseil des Cinquante, apprenant que Charlotte de Lusignan devait venir à Genève, avait pris cependant une décision pour recevoir honorablement la reine et lui offrir un présent de la valeur de 100 florins, composé des choses suivantes : 2 tonneaux de vin, 1 bœuf, 12 moutons, 12 chapons, 2 douzaines de perdrix, 12 flambeaux, 12 livres de chandelles, 12 boîtes de dragées et de l'hypocras. Voy. Grenus, *Op. cit.* p. 38.

[2] *Leurs en a à-s-avoir* n'est pas une faute du copiste. L's a été introduit avec intention, à cause de l'euphonie.

gongne, dont de tant plus la doivent avoir ceulx que de telx choses mettent en avant et que ainsy ont informez mesdits seigneurs et dame, que a esté autrement que de la verité.

13. Quant à ce que est contenu aux v⁰ et vi⁰ articles particuliers, que dient que le roy et ses gens se doivent bien recorder des subvencions de l'argent et grain que luy ont estées faictes depuis son retour de par deçà par les communautés et autres particuliers du pays etc., dit le roy qu'il a à remercier grandement ceulx que donné luy ont, car ce que fait en ont, l'ont fait comme meuz de pitié et amour et pour l'onneur de la maison de Savoye, de laquelle est une fois party. Et quant le cas eust esté que de luy eussent eu affere comme luy avoit d'eulx, ilz les eust survenus à tout effort et possibilité; aussy en neccessitez et indigences se cognoissent et esprouvent les bons parens et amis, disant en oultre que se audit pays venoit, ou fut alors venu, ung prince estrangier, constitué en telle extremité comme il estoit et est encores, qu'il eust obtenue subvencion, dont de tant plus le devoient fere à luy qui estoit filz et est frere de leurs prince; parquoy dit le roy que de luy reduire telles choses en memoire n'est de mestier, car il luy en recorde trop plus que besoing ne seroit, comme celluy à cuy se dirigist le sermon. Et Dieu scet se ladite subvencion par luy demandée a estée voluntaire ou neccessere, car, encore que icelle fut assez petite selon ses afferes, neantmoins luy a esté force en faire trois parts : l'une pour l'entretenement et secours de Cherines et des estans dedens, l'autre pour l'estat de la royne sa compaigne, et la tierce pour supplir aux despens par luy fais en France, quant fut par devers le roy et monseigneur de Bourgoingne [1].

14. Item sur le vii⁰ article particulier, que parle de la quantité du grain donnée par feu monseigneur le duc, dit le roy qu'il est bien vray que feu monseigneur le duc luy octroya la somme de ii^m sacs de grain et de deux mil ducaz à prendre et recevoir dessus la gabelle de Nice, la tresorerie de

---

[1] Le roi de France contribua quelque peu aux frais du voyage de son beau-frère Louis de Savoie, et, plus tard, de ses ambassadeurs. On lit l'article suivant dans l'état des comptes de la chambre du roi Louis XI, en 1465 : « Le roy de Chypre, 130 livres, le 14 dé- « cembre, pour ses despenses à Orléans, du- « rant xix jours. » (Bibl. imp. Mss. de Gaignières, n° 772-2, fol. 382.) Dans les comptes de 1467, on rencontre la mention suivante : « Du mois de février 1467. Laurent Barbou, « hostellier de Bourges, à l'enseigne des « Quatre fis Aymon, 10 livres 6 sous 3 de- « niers, pour la despense qu'ont fait en son « hostel, en février, Mathieu Sébastien Lam- « podes, chevalier de Constantinople, et Jehan « Millemars (Mimars), escuyer du royaume « de Chipres, cinq personnes et cinq che- « vaux, venus en ambaxade de par le roy de « Chipre. » Voy. Ms. de Gaign. fol. 398 v°.

Vercel et clavarie de Mondevis[1], ainsy que largement a fait aparoir au conseil de mondit seigneur le duc son frere par les assignacions que feu mondit seigneur le duc son pere luy octroya; mais, non ayant assez mal et domaige, luy ont icelles assignacions estées levées et entrerompues, de cuy conseil a esté, encores qu'il le sache, s'en tait à present, combien que à peinne le peut porter paciemment, attendu meisment que nulles autres assignacions n'ont estées revoquées fors que les siennes; et quant on eust rompeues toutes les autres, ne luy semble que aujourdhuy occoure charge raisonnable à la maison de Savoye pour laquelle fut de neccessité rompre les siennes.

15. Sur le viii° article particulier, parlant du grain levé en Pymont[2] par Jaques Arcour, dit le roy que pour luy n'en a point receu ledit Jaques Arcour, fors que de celluy que par le pays luy a esté donné comme dit est.

16. Quant au ix° article particulier, contenant du grain donné par monseigneur de Bourgongne et le roy de France[3], dit le roy de Chipre que d'icellui grain n'en doit avoir nulz affere, combien qu'il est vray que mondit seigneur de Bourgongne luy en a donné, mais par homme propre l'a fait conduire audit chastel; et se Dieu eust voulu ou vouloit permettre, estoit et est encores l'ostel de Savoye assez souffisant de povoir soustenir ung chastel, sans aller querir secours en estrainge part, ainsy que bien luy a esté improperé en l'ostel de mondit seigneur de Bourgongne. Quant au froment donné par le roy, dit le roy de Chipre que veant que depuis la mort de feu monseigneur le duc son pere n'a peu avoir quelconques secours de ceste dite maison, luy a esté force de le barater et en prendre le meilleur party que a esté possible, et non sans grant perte et dommage. Du proceu duquel froment, s'en envoya ung petit de secours à ladite royne sa compagne au partement des chevaliers que darriennement se partirent d'icy du mois d'avril.

---

[1] La claverie de Mondovi, en Piémont. On appelait *claverie, chiavaria,* en Italie et dans les villes du midi de la France, la partie de l'administration communale qui concernait la perception et la garde des revenus publics.

[2] En Piémont.

[3] On trouve, dans les titres scellés de Clairembaut à la Bibliothèque impériale, deux cédules relatives à cette fourniture de blé. L'une, du 18 juin 1465, est l'assignation faite par Louis XI au roi de Chypre, son beau-frère, de 800 sommades de blé sur les revenus du Dauphiné, « pour l'avitaillement des places de son royaulme; » la seconde, datée de Chambéry, le 8 juillet suivant, est la décharge du roi de Chypre donnée au trésorier du Dauphiné. M. Champollion-Figeac a publié ces pièces parmi les *Documents extraits de la Bibl. royale*, t. II, p. 307.

17. Et à ce que dist ou x⁰ article particulier, que tant en despences d'ambasseurs que autrement èz choses devant nommées, inclus les subcides et decimes, ont estez despendus fin à la somme de vɪᶜ ᴍ florins et plus, respont le roy que les despences que du commandement de feu monseigneur son pere ont estées faictes, le povoit et devoit faire; mais que à son utilité nulles ou au moins peu en aient estées faictes, l'ignore, attendu meismement qu'elles n'ont estées faictes par luy ne ses gens, ains par ceulx de par deça, dont par consequent de tant que la somme que luy a estée donnée est plus grande et que moins en a receu, de tant en auroit il plus à recovré; et souventesffois a demandé aux gens de la chambre des comptes qu'ilz luy deussent donner l'extrait de telles levées et despences, mais il ne les a peu avoir d'eulx. Et à ce qu'il se dit, que de ce que a esté à sa cause despendu se porroit conquester une grande seigneurie, dit le roy que s'il avoit de present tout ce que de la somme de vɪᶜ ᴍ florins n'a receu, ou que par son commandement n'a esté despendu, que luy suffiroit largement au recouvrement de son royaume.

18. A ce que en generalité dient que autres pluseurs subvencions ont estées faites au roy, tant de gens, vivres et finances et tant que trop longues seroient à reciter etc., dit le roy que bien peut estre que soubz umbre de sa subvencion, aient estées pluseurs choses faictes, mais que à son utilité soient esté distribuées les choses avant nommées, non sont, et que ainsy que en particularité les a, ou au moins la pluspart d'icelles, nyées et ignorées, que à present en generalité le fait. Et se ne fut pour l'onneur de feu mondit seigneur son pere et d'autres, il y respondroit plus amplement; mais puisque la chose ne toche à charge et à dommage que à luy, est content pour le present s'en taire. Et quoyque le conseil de mondit seigneur son frere die que le roy a eues toutes celles subvencions, scevent la pluspart d'iceulx qu'il n'est ainsy. Toutesfois, en tant que touche à mondit seigneur le duc son frere et à madame la duchesse sa seur, croit bien que les choses dessusdites ne luy dient pour reproche ou impropère, et qu'ilz ont bon vouloir envers luy et tousjours luy ont monstré signe d'amour et d'estre malcontens de ses afferes, en luy donnant tousjours esperance, tellement que le roy ne cuide que ces remonstrances articulées, que mieulx se pevent dire de reproches que gracieusement, viegnent d'eulx, ne que ilz mettent tant de charges avant, car, se raison avoit lieu, est son cas plus inevitable que nul autre que aujourdhui occourre à la maison, consideré meisment que continuellement se treuve argent pour pourveoir à pluseurs charges

voluntaires, en mettant ses afferes arriere, que sont trop plus raisonnables et neccesseres que nulz des autres.

19. En tant que touche ce qu'il se dit que le roy ne doit avoir nul regret de partage contre mondit seigneur le duc son frere, ne fere nulle doleance de luy, de madite dame, ne de leur conseil, respont le roy que, puisque la dite maison de Savoye a tant de charges que à ses afferes ne peut pourveoir, et que son cas n'est compté ou nombre des autres, qu'il requiert avoir telle partie ou porcion qu'il appartient à luy comme filz second de la maison, affin que luy meismes se puisse survenir et favoriser au mieulx que fere se porra et que la fortune luy dira. Quant à fere nulles doleances, respont que fin icy ne se doit douloir ou plaindre d'avoir eues bonnes et gracieuses parolles sur tous ses afferes, nonobstant que par raison ne luy doit seuffire, ne n'a cause de s'en loer, car son cas ne requiert excuses ou procrastinacions, ains celeritez et excecutions.

20. Et à ce que se dit en conclusion, que nonobstant toutes les charges dessusdites, est mondit seigneur le duc content de luy survenir pour avitaillier Cherines, sur la prinse prochienement venant de la somme de mil ducatz, respont le roy qu'il luy en remercye cordialement, mais puisque la somme est si petite selon ses afferes, et que nonobstant icelle, se viendroit à perdre en toutes manieres le dit chastel de Cherines, aimme trop mieulx qu'il se die qu'il se soit perdu par faulte de provision, que s'il se disoit que avecque icelle, se fut perdu : aussy perdant l'ung et l'autre seroit le dommage plus grant. En tant que touche qu'il envoyera une ambassade au pape, le roy conforte et requiert tousjours de le fere, car pour allegir ceste dicte maison de charges, se doivent sercher tous les remedes et partis possibles.

1466, 22 décembre. De Rome.

Pierre Raymond Zacosta, grand maître de Rhodes, informe la reine Charlotte qu'elle peut en toute sécurité se rendre à Rhodes, et que dans le cas où les personnes de sa suite se marieraient dans l'île pendant son séjour, elles seraient libres de se retirer ensuite avec elle, quelles que puissent être les lois présentes et futures du pays.

Malte. Arch. de l'ordre. *Lib. Bullarum.* LXI, fol. 223.

Frater Petrus Raymundus etc.[1] et nos baillivus etc. Serenissime principisse ac illustrissime domine domine nobis observantissime, domine Karlotte Jherusalem Cypri et Armenie regine, salutem etc. Votis regie celsitudinis

---

[1] Ainsi à l'original.

vestre semper prompta affectione pro posse anuere cupientes, atque valentes, illa vestre regie majestati liberali consensu concedimus que a nobis fieri vestra serenitas postulavit et propter que majori cum animi quiete ac tranquilitate stare, morari et quo tandem elegerit eadem vestra magestas cum suis quos ad civitatem et insulam nostram Rhodi conduxerit, valeat atque possit, salvum igitur et tutum conductum alias eidem vestre serenitati concessum capitulari auctoritate confirmantes, approbantes ac ratifficantes, de novoque alium cum omnibus suis clausulis quas presentibus pro expressis haberi volumus et fatemur invicem, deliberato consilio, concedentes moneri vestram serenitatem affectione et caritate in Domino amplectentes, volumus et per hec nostra scripta graciose eidem vestre majestati concedimus ut omnes et singulas utriusque sexus personas cujuscumque status, nominis, qualitatis et condicionis extiterint, de illis quas vestra serenitas Rhodum conduxit aut conducet, auxiliante Domino in futurum, et si prefate persone tam mares quam femine matrimonium in dicta civitate nostra contraxerint aut contrahere a modo in antea contigerint cum quibuscumque hominibus et personis, ut prefertur, cum et quando vestra serenitas discedere e Rhodo statuerit et alibi quo magis voluerit proficisci, contractum vel contrahendum in posterum matrimonium, necnon statutis, usibus, consuetudinibus naturalium[1] nostre civitatis predicte editis vel edendis in aliquo non obstantibus, libere et licite cum omnibus et singulis eorum bonis abire et una cum vestra magestate conducere vel alibi pro vestra libera voluntate transmictere possitis et valeatis, seu vestra serenitas possit et valeat absque aliquo impedimento reali vel personali, a nobis, officialibusque nostris et successoribus nostris et eorumdem officialium quomodolibet inrogando vel inferendo. Promittentes nos, bona fide, hanc nostram concessionem, libertatem et graciam omni tempore fideliter servaturos ; et ita mandamus universis et singulis fratribus et officialibus nostris, necnon et triremium et aliorum navigiorum nostrorum capitaneis, ductoribus et patronis quomodo nomine nuncupatis, presentibus et futuris, sub virtute stricte obedientie, ac privacionis et indignacionis nostre pena, tam presentibus quam futuris, ne contra nostram salvi conductus presentem confirmacionem ac novam nostram hanc concessionem verbo vel opere quovismodo venire audeant vel presumant; quinymo eandem juxta sui seriem et continenciam perpetuo studeant et inviolabiliter obser-

---

[1] *Naturalium*, des habitants de Rhodes, sujets du grand maître. Il semble résulter de toute cette pièce que l'ordre de l'Hôpital, dans la crainte de voir diminuer la population de l'île, avait mis des empêchements au départ ou à l'émigration des gens mariés.

vare. In quorum testimonium, bulla nostra capitularia plumbea præsentibus est appensa. Date Rome, die xxii Decembris m. cccc. lxvi, ab Incarnatione.

1466, 22 décembre. A Rome.

Lettres de sauvegarde du grand maître de Rhodes pour dom Vélasquez Gil Mony et sa femme, Éléonore de Lusignan, fille de Phébus de Lusignan.

Malte. Arch. de l'ordre. *Lib. Bullarum.* 1466. N° LXI, fol. 220 v°.

Frater Raymundus Zacosta et nos conventus, etc. singulis, etc. Paulus, episcopus, servus servorum Dei, nobilibus domino Valasco Gil Mony[1] et Elionore de Lusignano, conjugibus nobis carissimis, salutem, etc.[2]

Generis claritudo qua noscimini insigniti[3], compacientes calamitati et penurie vestre quam subistis, adversa fortuna a Mauris inflicta regno Cypri, ob que omnes redditus et bona vestra perdidistis, atque cupientes, racione guerrarum, vestre consulere quieti et tranquilitati status vestri, bonorumque vestrorum conservacioni, cum ad nostram civitatem Rhodi veneritis quiescendum causa, in vestris necessitatibus et extremis penuriis; ea propter serie presencium, interveniente maturo et deliberato consilio, auctoritate et decreto nostri presentis generalis capituli, in vim hujusmodi litterarum apostolicarum, vobis prefatis, bonisque vestris mobilibus et immobilibus, domibus et magasenis et ceteris quibusvis vobis spectantibus et pertinentibus et que in futurum spectare poterunt, damus, concedimus et donamus plenum, liberum et amplum, specialem quoque et generalem salvum, tutum, securumque conductum et guiagium; itaquod de cetero, a die presenti in antea computando, in Rhodo et omni dicione nostre religionis, nullomodo, directe vel indirecte, clam vel palam, in judicio vel extra, racione quorumcunque pro preterito elapsorum, civiliter vel criminaliter, a quocumque, sine aliqua reservacione, possitis vexari, molestari, inquietari aut detrimentum pati; sed, absque aliquo impedimento aut quavis inquietatione, possitis Rodum[4] et omni jurisdictione dicte religionis morari, stare, residere, exire, redire, semel et pluries, infrascripto durante termino, presentibus, termino decem annorum a data presencium in antea computando, duntaxat valituris. Mandantes et precipien-

---

[1] Précédemment nommé *nobilis miles Vaschus Egidii Moiny de Portugallia,* dans une pièce du 10 février 1459. Le nom de ce seigneur ne se rattache, du reste, à aucun événement marquant de l'histoire chypriote.

[2] Ces signes d'abréviation sont au Ms. On remarquera que, pendant le séjour de Raymond Zacosta, à Rome, à l'occasion du chapitre général de l'ordre, les actes publics de la maison de l'Hôpital furent intitulés aux noms du grand maître et du pape Paul II.

[3] Ainsi au Ms. où manquent sans doute quelques mots.

[4] Ainsi au Ms.

tes universis et singulis officialibus domus et civitatis nostre ne contra presentes nostras litteras salvi conductus aliquatenus facere vel venire presumant, quinymmo ipsas inviolabiliter observent. In cujusrei testimonium, bulla nostra capitularis plumbea, etc. Date Rome, die xxII Decembris M IIII^c LXVI.

1467, 12 janvier. A Rome.

Le grand maître de Rhodes promet de faire indemniser certains citoyens d'Ancône, lésés par Sor de Naves, connétable de Chypre, sur les biens que le connétable possédait à Rhodes.

Malte. Arch. de l'ordre. Lib. Bullarum. 1466. N° LXI, fol. 221.

Frater Petrus Raymundus Zacosta, etc., et nos conventus, etc., universis et singulis, etc. Paulus, episcopus, etc., universis et singulis presentes nostras litteras visuris, audituris et lecturis notum facimus qualiter, nobis existentibus in Romana curia pro celebracione capituli generalis ordinis nostri, ex mandato sanctissimi domini nostri, pro parte nonnullorum urbis Anconitane, fuit delata querela apud sanctissimum dominum nostrum contra magnificum virum dominum Sorum de Navi[1], comestabulum regni Cypri. Qua quidem querimonia asserebatur ex parte dictorum civium dictum Sorum, cum suis triremibus, dudum nonnullis civibus dicte civitatis damna grava intulisse usque ad summam III^m V^c ducatorum auri, unde instantem querebant satisfactionem de bonis dicti Sori qui Rhodi reperiuntur. Quapropter, volens serenissimus dominus noster pro sua justicia consulere indemnitati dictorum civium subditorum sue sanctitatis, ordinavit atque jussit omnia et singula bona dicti Sori, cujusvis condicionis aut qualitatis fuerint, Rodi existencia, usque ad valorem dicte summe, consignari civibus prefatis dampnificatis, aut legittimo eorum procuratori. Idcirco, volentes parere mandato serenissimi domini nostri, et pro viribus intendere ad satisfactionem dictorum civium, promittimus, nos magister, bona fide, per presentes, quod, quando Rhodi appulerimus, ordinabimus, procurabimus et mandabimus cum effectu omnia et singula bona dicti Sori, que tunc reperiuntur Rodi, et que ab illa die quo Rhodi applicuerimus per biennium in ipsa civitate invenientur, nos supradictus magister, omnibus revocatis, arrestari, detineri et sequestrari pollicemur, etc., annullantes salvum conductum olimdatum dicto Soro, Rhodi, sub data die VI Octobris M. CCCC. LXIII[2]. In cujus rei testimonium,

---

[1] Sor de Naves, devenu connétable de Chypre, et comblé de faveurs par Jacques le Bâtard depuis sa capitulation à Cérines. Voy. ci-dessus, p. 119, 128.

[2] On trouvera plus loin, p. 165, une analyse du sauf-conduit accordé en 1463 par l'ordre de Rhodes à Sor de Naves.

bulla nostra capitularis plumbea presentibus est appensa. Date Rome, durante dicto capitulo generali, die XII Januarii M. IIII^c LXVI [1], ab Incarnatione.

1469, 26 février. A Rhodes.

Le grand maître Jean-Baptiste des Ursins ordonnance le payement d'une somme de trente florins par mois, pour les dépenses de la reine de Chypre, alors à Rhodes.

Malte. Arch. de l'ordre. *Lib. Ballarum.* 1467-1468. N° LXII, fol. 251 v°.

Frater Baptista de Ursinis, etc., nobili viro Thobie Lomelino, nobis carissimo, salutem, etc. Serie presencium vobis committimus et mandamus ut, de pecuniis nostris, quolibet mense, detis, tradatis et consignetis emptori seu dispensatori serenissime regine Cypri florenos Rhodi currentes triginta, sive florenos XXX, pro expensis cothidianis ipsius serenissime regine, cum per podiceam nostri conservatoris generalis vobis commissum fuerit; quam quidem summam admittemus in computis vestris, ostendendo podiceam dicti nostri conservatoris. In cujus rei testimonium, bulla nostra magistralis in cera nigra presenti est impressa. Data Rhodi, die XXVI Februarii M. CCCC. LXVIII°, ab Incarnatione [2].

1478, 9 août. De Venise.

Le sénat de Venise charge Antoine Vinciguerra, son ambassadeur en Toscane, de se rendre à Rome pour montrer à la reine Charlotte de Lusignan les lettres interceptées qu'on écrivait de Gènes à la princesse : l'ambassadeur fera savoir à la reine que toutes les menées de ses partisans seront déjouées, et l'engagera à suivre les conseils de la république; enfin, si l'occasion paraît favorable, et si la reine consent à venir habiter sur les terres de Venise, il est autorisé à lui faire l'offre d'une pension annuelle de 5,000 ducats d'or [3].

Venise. Arch. génér. Conseil des Prégadi. *Secreti*, XXVIII, fol. 113.

M CCCC LXXVIII, die VIIII Augusti.

Antonio Vinciverra, secretario nostro in Tuscia.

Antoni. Le stà mandà a nostre mano da Fiorenza algune lettere intercepte

---

[1] Vieux style. Le chapitre général fut ouvert en décembre 1466 et clos en février 1467.

[2] Dans toutes les circonstances, l'ordre de Rhodes, à l'exemple de la cour de Rome, se montra favorable à la reine de Chypre, défendit ses droits et pourvut à ses besoins. C'est surtout à l'époque où le château de Cérines tenait encore pour la reine que l'ordre multipliait ses secours : le 14 avril 1461, le grand maître fait payer à la reine de Chypre 2,200 ducats (*Livre des conseils*, 1459-1469, fol. 52); le 22 mai 1461, l'ordre décide l'envoi à Cérines de 500 muids de froment (*ib.* fol. 83); 15 juin 1461, envoi de deux canons à la reine (*ib.* fol. 89 v°). Le roi de France et le duc de Bourgogne accordèrent aussi plusieurs subsides aux princes de Chypre. Voy. p. 141, n. 142, n.

[3] Cette dépêche, digne d'attention, se rattache aux projets que la reine Charlotte

che da Zenoa erano mandate per uno bregantino a la Carlota, che è a Roma, per lequal intenderai i pensieri, facti et ordene dato de condur dicta dona al Cayro per turbar el regno de Cypri. Et benchè nuy li habiamo proveduto sufficientemente, ampuo non volemo restar de far l'officio de buon amici verso dicta madona Carlota. Et però volemo et si te comandemo che, visis presentibus, tu, per quella via te sia più secura, te conferissi a Roma, o dove intenderai esser la dicta dona; a la qual te presenterai, et, date le nostre lettere de credenza che nuy te mandemo, salutala per nostra parte, e digli che nui semper l'havemo amata, et ogni suo infortunio semper ne è stato molesto. Et come lei sa, nui non li havemo tolto nè regno nè cossa alcuna soa, anzi più presto è stata da nuy, quanto honestamente havemo potuto far, ne le suo adversità, favorita. Dio volse ch' el regno pervenisse in mano del quondam re Jacomo, suo fratello, el qual se colligò cum nuy, et per affinità, togliendo una nostra zintildona et fiola, et per obligation mutue de esser sempre cum nuy et da nuy difexo et protecto cum la soa posterità; sichè se cossa alcuna havemo facto per liberation et salveza de la zintildonna et fiola nostra, a chi re Jacomo per testamento ha lassato quel regno, è questo è stato per nuy facto honesta, licita et fedelmente. Et semper havemo havuto disposition de far far tal partito ad essa madona Carlota che honestamente et securamente lei possi viver, come altre volte li havemo facto dir; et anche semo in quella propria bona disposition, quando da lei non manchi volerlo cognoscer et seguir. Et perchè la intendi la nostra mente esser a lei benigna et amica, havemo deliberato mandarti a lei, per avixarla che la non se lassi condur in loco dove sinistro li adviengi a la persona soa, che certo a nuy sera molto molesto.

Et fa la certa che nui, già molti et molti zorni, havemo intexo el pensiero et desegno suo per intrar in quel regno, et anche d'altri che a quello aspira

ne cessait de poursuivre. Navagiero (Mur. Scr. It. t. XXIII, col. 1156, 1160) et Malipiero (Ann. Ven. t. II, p. 607) sont très-détaillés à cet égard. Privée d'héritier direct, la reine avait adopté don Alonzo, fils du roi de Naples, fiancé à une fille naturelle de Jacques le Bâtard, son frère, et elle comptait les faire asseoir à côté d'elle sur le trône de Nicosie avec l'assistance du sultan d'Égypte lui-même. Elle espérait aussi le concours de Marc Venier, chevalier candiote, chef de deux cents arbalétriers, qui avait à se plaindre de Ca- therine Cornaro. Mais Venise arrêta tous ces efforts. La cour de Savoie, plus prudente que Charlotte, était loin de seconder alors ses entreprises; la duchesse Yolande en était venu à défendre la levée des décimes décrétée pour la guerre des Turcs, dans la crainte que ces subsides ne servissent à une expédition sur l'île de Chypre. Sixte IV écrit à la duchesse, le 13 juillet 1475, et l'assure que les décimes seront employés dans l'intérêt général de la chrétienté. Voy. Martène, Ampl. coll. t. II, col. 1508.

come sa ben lei et anche intende quanto de tali la sè ne possi fidar; et havemo proveduto in forma che non li po andar facto per algun modo. Et per che la credi che non li dicemo se non el vero, volemo che tu li mostri le autentiche lettere che li sono scripte da quelli suo da Zenoa, lequal quì incluxe nuy te mandemo; et non è questo nel' primo ne solo avixo che nuy havemo de tal andamenti, che già, come havemo de sopra dicto, havemo proveduto. Et el capetano nostro de le nave armate è in Levante cum piuxor nave grosse, et va ne de presente el capetano nostro zeneral da mar[1], expedito, per gratia di Dio, da la diffexa de Scutari, donde el Turcho è necessitato levarsi; et credemo che a questo dì già sia levato, cum grande strage de i sui morti fin questo zorno in numero excessivo feriti et malmenati, lo resto del suo campo ne la battaglia data aquella terra. Et in summa, conforta la a non si metter in pericolo quasi inevitabile, che, come havemo dito, ne saperà male ogni discorzo de la persona soa, laqual volendo seguir el nostro amichevel conseglio ogni dì sè ritrovera più contenta.

Prestandoti lei orechie a questo nostro conforto, et riccerchandoti de particularitate, digli che da mo[2] nuy li promettemo et cum effecto faremo dar ogni anno da quatro fin cinque milia ducati d'oro de le intrate de quella ixola, volendo lei venir ad habitar in qual de li luogi nostri più li sia grato, dove ogni anno, senza fallo o manchamento, li faremo dar la predicta summa de danari.

Et volendo lei forsi venir a la conclusion del partito li offerirai, azoche tu lo possi far non solamente verbo ma anche auctenticamente, te mandemo uno sindicato sufficiente a contrazer cum lei et concluder che la sia contenta remaner e venir ad habitar in le terre nostre[3].

---

[1] Dès la veille, 8 août, le conseil avait informé Antoine Lorédano, capitaine général, de la prise des lettres secrètes adressées à la reine Charlotte, en lui ordonnant de se porter avec ses forces dans les eaux de Chypre. Dans le cas où sa présence serait encore nécessaire devant Scutari, d'où il venait de repousser les Turcs, Lorédano devait envoyer en Chypre, à sa place, le provéditeur Thomas Malipiéro avec le nombre de galères qu'il pourrait détacher de sa flotte. (*Secreti*, XXVIII, fol. 10.)

[2] *Da mo* signifie *da questo momento*, dès à présent, immédiatement.

[3] Après la lettre, le secrétaire du sénat a consigné la décision suivante pour qu'on prévînt l'ambassadeur toscan résidant à Venise du voyage de Vinciguerra : « De causa autem « missionis predicti Antonii detur advisatio « oratori Florentino, ne aliquam capiatur « suspitionem ex tali discessu et profectione « versus Romam. » Rien ne put détourner Charlotte de son projet. Elle amena don Alonzo au Caire, et l'infant demeura dans cette ville jusqu'en 1486, attendant toujours l'occasion de passer en Chypre. Voy. Navagiero, *Storia Venez.* ap. Murat. *Script. Ital.* t. XXIII, col. 1194.

1484, 16 mars. De Florence.

Extrait d'une dépêche du conseil extraordinaire des Huit de Florence à Guidantonio Vespucci, ambassadeur de la république à Rome, sur le projet, agréé par le roi de Naples, d'envoyer la reine Charlotte en Chypre avec une escadre génoise pour enlever l'île aux Vénitiens [1].

Florence. Arch. des *Riformagioni*. Classe X. Distinct. V. Lettres des Huit. T. VIII, fol. 17 v°.

Et non lasciamo indietro alchuna chosa per fare interamente quello a che siamo obligati, come la experientia dimostrerà. Et chosì vogliamo ne facciate pienissima fede alla sanctità predecta, perchè riusciremo più in facti che non diciamo con parole, circa il procurare con Genovesi, secondo il ricordo della maestà del re [2], che con qualche numero di navi grosse conduchi la reyna Carlocta in Cypri, per torre quella provincia di mano de' Venitiani, et che questo parere della maestà predecta piacci alla santità del papa. A noi anchora piace et piacerà sempre questo et ogni altra cosa che rechi favore alla nostra serenissima lega et disfavore alli adversarii, ma non è intentione nostra entrare per questo in alchuna spesa, per essere molto aggravati, come è notissimo. La qual chosa vi scriviamo acciochè, havendosene a ragionare con voi, possiate rispondere in questo effecto.

1485.

Documents relatifs à la cession de la couronne de Chypre par la reine Charlotte au duc de Savoie, Charles Ier, son neveu [3].

Turin. Arch. de la cour. *Regno di Cipro*. Mazzo 2°.

1485, 26 février. A Rome.

Traité entre Charlotte, reine de Chypre, et les envoyés de Charles, duc de Savoie. Par suite de la cession effectuée la veille, 25 février, le prince s'oblige à payer à la reine sa tante, tant qu'elle demeurera à Rome, une pension viagère et annuelle de quatre mille trois cents florins, et à lui procurer, en outre, une habitation digne de son rang. La reine se réserve la faculté de disposer d'avance, dans son testament, de la pension de deux années. *Regno di Cip. Mazzo 2°*, pièce n° 1.

---

[1] Les magistrats de qui émane la dépêche se nommaient *gli otto di pratica*, les «Huit de «pratique» ou «d'expérience.» C'était une commission temporaire, que l'on instituait seulement dans les circonstances extraordinaires, comme le conseil des Dix de la Liberté, dont nous avons eu occasion de parler précédemment (t. Ier, p. 517, n. 2). Le conseil des Huit de pratique veillait surtout aux intérêts extérieurs de la seigneurie, et différait entièrement du conseil ordinaire des huit gouverneurs, *gli otto di baglia e guardia*, à qui revenaient toutes les affaires criminelles et la police générale de l'intérieur.

[2] Ferdinand Ier, roi de Naples, alors allié de la république de Florence.

[3] L'acte principal de la cession du royaume de Chypre faite par la reine Charlotte de

1485, 7 mars. A Rome.

Procuration de la reine Charlotte à Jacques de Langlois [1], chargé de demander au duc de Savoie la ratification du traité du 26 février, et investi d'un mandat général de la reine pour s'occuper de toutes ses affaires. *Mazzo 2º*, pièce n° 2 [2].

1485, 7 avril.

Lettres patentes du duc Charles Ier, confirmant le traité du 26 février, et assignant la pension de la reine Charlotte de Lusignan sur les gabelles de la ville de Nice. *Mazzo 2º*, annexe de la pièce n° 1 [3].

Lusignan à la maison de Savoie est du 25 février 1485. Il fut rédigé en présence de la reine, agissant en son nom propre, de frère Merle, des comtes de Piozasque, amiral de Rhodes, de Philippe de Chevrier, président de Savoie, tous deux procureurs du duc Charles Ier de Savoie, et d'un grand nombre de témoins, parmi lesquels se trouvent plusieurs cardinaux et deux Chypriotes de la suite de la reine, Jean Chafforicios, son confesseur, et Jacques Langlois, son conseiller. Il se trouve imprimé dans Guichenon, *Hist. de Sav.* t. II, p. 401; Ferrero di Lauriano, *Ist. di Torino*, 2ᵉ part. p. 462, Turin, 1712, in-fol.; Lünig, *Cod. diplom. Italiæ*, t. Ier, p. 727; et Reinhard, *Gesch. von Cyp.* t. II, pr. p. 91. On y remarque une particularité déjà connue (voy. p. 174, n. 2; p. 107, n. 3). La reine Charlotte de Lusignan, bien qu'elle entendît et qu'elle pût écrire le français, l'italien et probablement le latin, conserva toute sa vie comme langue habituelle l'usage du grec qu'elle avait contracté auprès de sa mère Hélène Paléologue. Jacques Langlois lui servit d'interprète dans la rédaction de ces actes: « De omnibus renuntiationibus et reliquis « præscriptis prius informata, advisata et cer- « tificata per nos secretarios et notarios in- « frascriptos vulgari sermone, interveniente « interprete domino Jacobo Anglico de Ni- « cosia de Cypro, qui, lingua græca, in pre- « sentia testium, eidem serenissimæ reginæ « omnia suprascripta sigillatim et articulate « explanavit. » (Reinhard, t. II, p. 94.) Déjà un traité du 18 juin 1462, renouvelant les conventions faites lors du couronnement de Louis de Savoie, à Nicosie, avait stipulé que, la reine Charlotte venant à mourir sans enfants du roi Louis, la couronne de Chypre resterait à ce prince et à ses héritiers de la maison de Savoie. Voy. ci-dessus, p. 124, n.

[1] Les Langlois ou Langlès étaient une ancienne famille d'outre-mer.

[2] Au haut du parchemin, à gauche, est peint l'écu royal de Jérusalem, de Chypre et d'Arménie. Au bas, le sceau de la reine, ayant au centre l'écu royal supporté par les glaives entourés de banderolles de l'ordre de l'Épée; autour, la légende: *Sigillum C. Dei gratia Jerusalem, Cypri et Armenie regine.*

[3] Non-seulement le duc Charles Ier ratifia les traités qui transmettaient à la maison de Savoie les droits et la couronne de la maison de Lusignan, mais, après la mort de la reine Charlotte, sa tante, le prince, par une lettre du 18 août 1488, notifia au sultan d'Égypte la cession qui l'avait rendu roi légitime de l'île de Chypre. En annonçant l'espoir d'entrer avec l'aide de ses amis en possession de ce royaume, qui était tributaire de l'Égypte, le duc Charles déclare qu'il a l'intention de reconnaître et de respecter tous les droits appartenant au sultan. La minute originale de la lettre du duc se trouve encore aux archives de la cour à Turin; le texte a été publié dans différents ouvrages. Voy. Guichenon, *Hist. de Sav.* t. II, p. 431; Ferrero di Lauriano, *Istor. di Torino*, part. 2, p. 489; Lünig, *Cod. dipl. Ital.* t. III, p. 1310; Reinhard, *Gesch. von Cyp.* t. Ier, pr. p. 119.

XVI.

JACQUES II DE LUSIGNAN,

DIT JACQUES LE BATARD,

ROI DE JÉRUSALEM, DE CHYPRE ET D'ARMÉNIE.

SEPTEMBRE 1460. — 6 JUILLET 1473 [1].

1461, 18 juillet. A Venise.

Le sénat de Venise, en accordant des lettres de passage aux envoyés de Jacques le Bâtard pour se rendre à Rome, décide qu'il ne leur donnera pas le titre d'ambassadeurs du roi de Chypre, et qu'il ne les recommandera pas au pape.

Venise. Arch. génér. Conseil des Pregadi. *Secreti*, XXI, fol. 49 v°.

M CCCC LXI, die XVIII Julii.

Quia oratores Cipri [2] ituri ad summum pontificem nostras requisiverunt habere litteras passus, que honeste eis denegari non possunt, et etiam, multis respectibus, quos omnes plene intelligunt, faciat pro nostro dominio ut stemus neutrales, fiant ut requirunt in convenienti forma littere nostre in eorum personis tanquam oratoribus serenissimi domini regis Jacobi, ut jam ei scriptum fuit per litteras nostras. Et quia petierunt etiam et rogaverunt ut scribamus in eorum favorem summo pontifici et reverendissimis cardinalibus, capiatur excusatio et nihil scribatur, cum illis verbis que collegio

---

[1] Le roi Jacques II mourut à Famagouste, dans la nuit du 6 au 7 juillet 1473. Voy. à la fin du règne la note au document du 12 juillet 1473.

[2] On voit dans les documents suivants que les deux ambassadeurs du roi Jacques furent, en cette occasion, l'évêque de Limassol et un noble Chypriote, désigné seulement sous le prénom de Philippe, qualifié de *spectabilis miles* dans la pièce suivante, de *jurisconsultus* dans la relation du 3 octobre 1461, et d'*insignis quidam doctor* dans les mémoires de Pie II, écrits par Gobelin. (*Comment. lib.* VI; Rome, 1684, p. 301.) L'ambassadeur Philippe est, à n'en pouvoir douter, d'après les circonstances rappelées dans la pièce du 3 octobre (voy. p. 159, n. p. 163, n.), Philippe Podochatoro, de la famille grecque d'abord attachée à la reine Charlotte, puis ralliée à la cause de Jacques le Bâtard, et traitée généreusement par ce prince. Philippe Podochatoro fut employé plus tard, par la cour de Nicosie, dans des ambassades aussi délicates que celle-ci : en 1471, à l'occasion du mariage du roi Jacques avec Catherine Cornaro; en 1473, pour faire connaître à la seigneurie de Venise le meurtre d'André Cornaro, oncle de la reine. Florio Bustron, Ms. de Londres, fol. 204, 213; Georges Bustron, fol. 85, 113.

honesta et ad propositum videantur. De parte, 92. De non, 18. Non sincere, 14.

M CCCC LXI, die XVIII Julii.

Quod fiant littere nostre passus in personam illius reverendissimi domini episcopi Limisso et spectabilis militis socii sui, non faciendo mentionem quod sint oratores regii, sed tanquam amici et benivoli nostri dominii. Et si replicantes instarent nominari oratores regis Jacobi, justificetur hec materia cum illis verbis et rationibus que collegio videantur. De parte, 33 [1].

1461, 3 octobre. A Florence.

Compte rendu de l'ambassade envoyée à Florence par le roi Jacques de Lusignan pour exposer à la seigneurie les événements survenus en Chypre depuis la mort du roi Jean, les droits du roi Jacques à la couronne, et son désir de conserver de bonnes relations avec les Florentins; réponse du gonfalonier de la république.

Florence. Arch. des Riformagioni. Registri d'ambasciate estere alla repubblica dal 1458 al 1461. Classe X, distinct. 1. N° 52, fol. 86 v°. Reg. original.

Die 3 octobris 1461.

Venerunt ad excelsos dominos nostros Ciprii regis legati duo [2], videlicet

---

[1] Les autres votes ne sont pas exprimés; toutefois, la décision étant enregistrée, il est certain qu'elle fut adoptée et qu'elle modifia la première. On remarquera combien le nombre des votans, en augmentant même le chiffre de 33 pour les votes contraires ou nuls non exprimés ici, est encore inférieur à celui qui précède. Cette circonstance me fait supposer que la seconde déclaration n'émane pas du sénat, mais du Collége lui-même, auquel le sénat avait remis la rédaction des lettres à écrire en cette circonstance, ou du plein collége. Le corps appelé *collegio* se composait du doge, de ses six conseillers, des trois présidents de la Quarantie criminelle et des seize sages. On y convoquait aussi quelquefois les anciens sages et d'autres magistrats. Quand il était ainsi composé, le collége se nommait la Consulte. Je reviendrai, dans un article spécial, sur les attributions de ce corps et sur le rôle de quelques autres conseils de Venise d'où émane la plus grande partie des documents de ces derniers règnes.

[2] Les ambassadeurs chypriotes avaient, comme on l'a vu dans la pièce précédente, débarqué à Venise; ils se rendirent directement à Rome, en passant par Florence, puis revinrent en cette dernière ville. Nous avons ici l'exposé de ce qu'ils dirent à la seigneurie de Florence, et des assurances de bonne amitié que le chef de la république leur donna pour le roi Jacques. A Rome, ils avaient complétement échoué, et s'étaient vus forcés de quitter la ville sans avoir même obtenu d'être reçus par le saint père en qualité d'ambassadeurs : « Ad Pium oratores ex « Cypro venere episcopus Nicosiensis [a] et in- « signis quidam doctor, ab eo missi qui, de- « turbato vero rege per arma Ægyptiorum, « Jacobus Luclinianus, Johannis regis filius, « sese regem constituerat. Pontifex indignos « hos oratores censuit qui tanquam regis

[a] Erreur du texte, pour *Nimosiensis*.

episcopus Nimosiensis et Filippus jurisconsultus, quorum prior episcopus, ostensis legationis litteris, orsus est dicere ipsos a suo rege fuisse missos ad summum pontificem pro nonnullis rebus non mediocriter gravibus, atque ad ipsos dominos. Et cum ab initio venissent Florentiam, quoniam ad Romanum pontificem ituri erant, deinde huc reversuri, decrevisse, illos non prius dominos alloqui quam ad Romanam curiam profecti essent, in qua quedam erant agenda que celeritatem flagitabant. Hec vero ipsum dicere ut excusatum se ac socium faceret ipsis dominis quod, eis insalutatis, Romam profecti sunt. Nunc vero, expleta ibi legatione sua, venisse illos coram magnificis dominis ut implerent mandatum sui serenissimi regis. Cui cum nota sit virtus et probitas Florentinorum civium, atque etiam constet ipsos omni tempore se ac majores suos dilexisse vehementer et observasse, plurimi faciens eorum prestans judicium et benivolentiam, juxit legatis ipsis ut quacumque illi adversa vel secunda evenerint, prefatis dominis narrarent, offerentque ipsum ac regnum ejus pro comodo atque honore civitatis et singulorum civium.

Igitur fuisse, ait, ante hunc regem, felicis memorie, regem Johannem hujus parentem, qui diu in pace felix regnum suum tenuit; sed habuit penes se nonnullos homines magnis rebus prepositos et regis comites qui, ut majorem penes illum inirent guerram, omnibus artibus patrem filio infensum facere nitebantur, nil magis querentes quam ut eum nullius auctoritatis apud populos facerent. Cumque Johannes rex jam senior esset factus, et instare illi mortem ejusmodi homines viderent, metus eos invasit, sui facinoris in filium regis conscios, ne, si ad eum post patris obitum venisset regnum, preteritas injurias ulcisceretur. Itaque communi consilio statuerunt demum omnibus viribus niti ne ille rex efficeretur. Nec cernentes aliam

« nuncii exciperentur : nemo his obviam
« ivit, non xenia missa, auditi privatim, et
« increpati sunt qui ejus legationem accepe-
« rint, quem scirent adulterinum esse regem
« et inimicum principem Christianæ religio-
« nis juratum. Multa illi in causa Jacobi sui
« regis dixere, verum prorsus et longe men-
« dicata. Qui ubi de rebus publicis nihil
« impetrare potuerunt, ad privata se conver-
« tere, ut saltem aliquas secum afferre litte-
« ras possent more Romanæ curiæ obsigna-
« tas, quas plebibus ostenderent et pro sua
« libidine interpretarentur : sed pontifex, græ-
« canicæ artis non ignarus, eos prorsus va-
« cuos remisit. Quod acceptissimum fuit oratoribus Ludovici Sabaudiæ ducis, qui præsentes aderant. » (Gobelin, *Comment.* lib. VI, p. 301). Dans son écrit sur les événements de Chypre, *De bello Cyprio*, Pie II parle aussi de ces ambassadeurs de Jacques le Bâtard : « Sachant que leur maître avait prêté au sultan le très-honteux serment quand il reçut de lui la couronne, dit le pape, nous refusâmes de les recevoir comme ambassadeurs; nous les réprimandâmes vivement, et les renvoyâmes sans leur avoir accordé aucun honneur. » Voy. Æneæ Sylvii *Opera*, p. 380. Bâle, in-fol.

viam magis ad id ipsum idoneam cum haberet rex filiam unicam Carlottam nomine, cum rege ipso egerunt ut mature ipsam alicui magno domino desponderet, suadentes neminem esse ad eam rem magis idoneum quam Sabaudie ducis naturalem [1] filium ne dum amicitia sed affinitate illi conjunctum. Quo tandem in regnum ascito ac sponsalibus factis, qui ab initio conspiraverant, in hunc et regis filiam suis artibus omnem auctoritatem transtulerunt, quo facilior illis ad regnum aditus esset, quove sub filie regis nomine ille regnum obtineret [2]. Nec tamen regi suam mentem exprimere ausi sunt, quia satis perspexerant velle regem ipsum, ut quemadmodum decens erat, non feminam sed masculum filium in regno ipso succedere, presertim cum inerat filius his virtutibus maxime preditus [3] que in prestanti atque optimo rege requiruntur. Unde tacentes consilium suum, exitum regis expectabant.

Quo tandem vita functo, illi, sequentes inceptum facinus, necem regis filio paraverunt, qui profecto fuisset cesus, nisi, hoc presentiens malum, noctu ex Nicosia urbe profugisset, in qua insidie illi tendebantur, veniensque ad maris portum, scaphas quasdam ascendit, cum paucis servis ac familiaribus suis, eo consilio ut Venetias prius, deinde ad pontificem accederet, ac ad Sabaudie ducem, ut cum eo quereretur injuriam suam, et tandem, collectis viribus, suum regnum recuperaret, puniretque tanti sceleris auctores. Hi vero qui ad ejus necem conspiraverant, comperta illius fuga, confestim miserunt duas triremes ad persequendum eum ac retrahendum, ne quod bellum adversus eos movere posset. Qui vix, solutis navibus suis, cum de illorum consilio certior factus esset, timens ne si longius iter faceret caperetur, repente, mutato proposito, Alexandriam urbem petiit [4].

---

[1] *Naturalem*. Ce mot, qui est superflu ou qu'il eût été bon de compléter par celui de *legitimum*, se trouve en marge du texte, écrit d'une main du temps.

[2] Je ne m'arrêterai pas à signaler tout ce que cet exposé des événements a d'inexact et d'insuffisant. On ne peut s'étonner de voir les ambassadeurs du prince bâtard et usurpateur blâmer le dévouement des chevaliers restés fidèles à la reine Charlotte, héritière légitime des anciens rois, et attribuer à des sentiments de haine et d'ambition personnelle les mesures de précaution qu'on fut obligé de prendre contre lui.

[3] Au Ms. *filium preditum*.

[4] Il est probable que les ambassadeurs interprètent ici à leur convenance et au mieux de ses intérêts les intentions du roi. Tout concourt à prouver que Jacques le Bâtard, en quittant l'île de Chypre, s'éloignait avec le dessein bien arrêté d'aller directement en Égypte et d'y chercher les moyens d'enlever la couronne à sa sœur. Suivant une opinion accréditée par Gobelin dans les mémoires de Pie II, Jacques se serait déterminé à cette démarche hardie d'après les conseils et avec l'assistance de Marc Cornaro, dont le roi épousa plus tard la fille : « Consilio et ope, « ut aiunt, Marci Cornarii, patricii Veneti; « potentis amici, qui sibi navigium concessit,

Cumque ibi per aliquot dies ignotus prorsus moram traxisset, tandem a nonnullis est cognitus. Qui cum hoc retulissent ad urbis prefectum, clarum et potentem hominem, ipse soldanum litteris admonet quemadmodum Cyprius rex, absque habitu aut regio cultu, Alexandriam venisset. Qui hoc audiens, veritus ne ob aliam causam venisset, quum occulte iter fecerat, juxit ei prefecto ut illum abire absque suo jussu non pateretur. Ipse vero rex discedere cupiens, et destinatum antea propositum consequi, assidue licentiam flagitabat ut inde tuto abire posset; sed cum intelligeret id frustra ipsum petere quum soldanus eum alloqui vellet, invitus in Alexandria remansit. Cui soldanus munera missit amplissima regi condigna, statuens illi singulo die aureos quinque, ut vitam se dignam agere posset; cumque ille ad Cailum [1] urbem esset venturus, misit obviam ei soldanus equites plurimos ut ei comites itineris essent, ut, quod dignum erat majestate regia, ad eum profiscicantur. Qui ad soldanum accedens, suam fortunam adversam illi aperuit, et quemadmodum indigne de suo regno ejectus esset, quod ad eum, consuetudine majorum, jure gentium et parentis judicio, pertinebat.

Soldanus vero misericordia motus, quod eum noverat prestantem hominem et amicitia secum conjunctus erat [2], detestans illorum scelus qui sibi regnum ademerant, auxilia illi ad repetendum illud est pollicitus; cumque pararet exercitum et marittimam classem ut bellum in insulam Cypro transfereret atque id exploratum esset tenentibus insulam ipsam, timentes soldani vim ac potentiam, miserunt ad regem tres legatos quos inter fuit Filippi

« cum amicis ferme centum in Alexandriam « navigavit, soldanum quamprimum liceret « conventurus, ejusque opem imploraturus. » (*Commentarii Pii papæ II*, lib. VII, éd. Rome, 1584, p. 324.) Navagiero a répété, longtemps après, ce qu'avait dit Pie II ou son secrétaire. (*Storia Veneziana*, ap. Muratori, *Script. Ital.* t. XXIII, col. 1120.) Toutefois, la participation de Marc Cornaro au voyage de Jacques le Bâtard en Égypte, dont il n'est rien dit dans les chroniques chypriotes, ne paraît pas certaine. On sait, d'une manière plus positive, que la petite troupe de Jacques le Bâtard, bien moins nombreuse que Gobelin et Navagiero ne le disent, s'embarqua aux Salines sur la caravelle d'un nommé Nicolas Galimbert, généreusement récompensé depuis par le roi.

[1] Pour *Cairum*, le Caire.

[2] La jeunesse, la distinction et tout ce qu'il y avait de malheureux dans la position du prince Jacques intéressèrent la cour du sultan : « Erat enim Jacobus, dit un auteur « contemporain non suspect, duos et viginti « natus annos, forma egregia et statura cor- « poris patri perquam similis; verum animi « dotibus et eloquentia longe dispar. Placuit « soldano subvenire supplici, moxque, regiis « ornamentis allatis, Jacobus veste purpurea « de more indutus, cæterisque insignibus « adornatus quibus regibus uti mos est, in « conspectu soldani et omnium procerum rex « declaratur; qui soldano hujusmodi jura- « mento se astrinxit. » (Gobelin, *Comment. Pii papæ II*, lib. VII, p. 325.) J'ai déjà parlé de ce serment impossible, que ses ennemis attribuèrent au roi Jacques. Voy. ci-dessus, p. 110.

jurisconsulti frater [1], vir prestans et nobilis. Hi vero, ut averterent regem a soldani presidio, polliciti sunt illi, si Cyprum rediret et pacem faceret, reditum quatuor vel quinque milium florenorum et quedam loca in insula ipsa que perpetuo retineret. Qui, preferens suo commodo quietem patrie, postquam videbat populos esse ad sororem conversos, has conditiones recepit. Hi vero legati, fraudem illi struentes, interim auro pellicere sunt conati quosdam soldani prefectos potentes homines, ut, per eos, soldani animum ab auxilio regis averterent. Quod ubi rex intellexit, vehementer commotus, quod sub specie pacis insidie sibi pararentur, cum eas conditiones nedum obtulissent legati, sed etiam minister quidam Rodiensis magistri, soldanum adiens, ejusmodi fraudem exponit, ac petit ut promissum auxilium illi concederet. Is vero, admirans tantam perfidiam, se auxilium omnino laturum dixit, promisitque ut de ipsis legatis velut proditoribus dignas penas caperet. Sed is, homo mitis et clemens, ignovit illis ac liberos omnino abire jussit.

Postea vero, solvens classem, ad insulam venit, habens secum Mammalucos plures, sed presertim duos precipuos, qui exercitum et classem regebant, quique ipsi regi vehementer affecti erant; sub quorum adventu plurima oppida et precipue urbes in fidem regis redierunt. Sed in medio victorie cursu, casus accidit qui pene cuncta subvertit. Nam cum prefectis exercitus nuntiatum esset soldanum vel mortuum jam esse, vel disperatam esse illius salutem, illi, relicto bello, cum exercitu et classe abierunt, non quia non vellent regi suam navare operam, sed quia interesse volebant soldani electioni, optantes ambo ad eam dignitatem assummi que maxima erat; vixque precibus ac premio ex militibus illis qui ad insulam venerant rex ducentos retinuit [2], cum quibus bellum prosequens, quamquam fama exisset per universam insulam soldanum sententiam suam mutasse, nec auxilio regi amplius futurum, tamen ob magnum populorum favorem, totum pene regnum recuperavit. Congressusque cum hostibus, quamquam longe majores

---

[1] Pierre Podochatoro, frère de Philippe, avait été envoyé plusieurs fois au Caire par la cour de Nicosie, et notamment à l'occasion qui est ici rappelée. Il est souvent question de lui dans les pièces des règnes de Jean II et de Charlotte. Voy. p. 74, 96, 98.

[2] Il faut recourir à Georges et à Florio Bustron pour avoir l'histoire complète de ces événements. On voit, dans leurs chroniques, que les forces musulmanes restées en Chypre après le départ de l'armée sous les ordres du grand Deidar et de l'amiral étaient, non pas seulement de 200 hommes, comme il est dit ici, mais de 400, savoir : 200 Mamelouks à cheval et 200 fantassins. Ces troupes furent placées sous les ordres d'un émir appelé Tzami-Bey, qui donna plus tard de l'inquiétude à Jacques le Bâtard. Le roi parvint à s'en défaire une fois maître de Cérines et de Famagouste. Georges Bustron, fol. 46; Florio, fol. 188, v°; Lusignan, *Hist. de Cyp.* fol. 173; et ci-après, p. 171, n. 1.

haberent copias, eos prelio fudit atque obsedit in munito quodam castello [1], et post discessum ipsorum legatorum, ut ipsis nuntiatum est, novam de hostibus victoriam habuit. Ac brevi sperat fore ut ipsa quiete toto regno ponatur, quare non minus ob sua commoda id suscepit bellum quam ob patrie caritatem, quia satis intelligebat longe meliore conditione sub se ipso quam sub femina futurum regnum esse, neque omnes alie desint ei virtutes que illustres et claros reges efficere solent; et erat prorsus absurdum et preter comunes hominum mores ut, vivente regis filio, maxime ad regendum idoneo, novo exemplo, regnum ad feminam tranferretur.

Et hec omnia voluisse regem referri dominis ipsis, ut, velut cum amicis optimis, de his rebus et de hac sua fortuna legati cum eis gratularentur, justificantes factum regis quare opem a soldano acceperit, quia eorum judicium grandissimum existimat, cum ob virtutem et prudentiam, tum etiam ob amicitiam singularem, nedum omnem civitatem ipsam regi amicam esse sed singulos cives, a quibus multa capitalia officia in eum impensa sunt, presertim a Jannotio Salviati [2], qui regem in illa fuga nunquam deseruit, sed quibus potuit pecuniis ac rebus adjuvit. Tanta fides tanto magis regi fuit grata, quanto majore tunc in discrimine versabatur.

Et similiter ipsos legatos narrasse omnia hec summo pontifici, cujus aures quidam impleverant variis criminibus : quasi rex ipse fidem christianam reliquisset, secutus opem Barbarorum [3]; quod tantum a vero abest ut cunctis evidenter pateat ipsum post reditum suum reparasse plures ecclesias, ordinasse per totam insulam divinum cultum, solemnibus et divinis officiis

---

[1] Le château de Cérines.

[2] Janosse ou Janozzo Salviati, nommé aussi Jacques, de la grande famille florentine de ce nom, qui figura aux premiers rangs dans la conjuration des Pazzi contre les Médicis. Jannosse, venu en Chypre on ne sait à quelle époque, se jeta avec ardeur dans le parti du prince bâtard. Dès que Jacques de Lusignan arrivant d'Égypte eut débarqué près de Famagouste en s'annonçant comme roi, le chevalier florentin prit le commandement d'un corps de troupes, et, renforcé de quelques Mameloucs, il soumit à son obéissance tout l'ouest de l'île, depuis Paphos et Chrysochou jusqu'au pays de Marethasse. Il déploya dans cette expédition une violence extrême, pillant et massacrant tout ce qui résistait ou paraissait hostile. Il eût fait de plus grands maux encore aux pauvres chrétiens de ces pays, dit un chroniqueur chypriote, s'il n'eût été heureusement enlevé par la maladie, peu après son retour à Nicosie, dans la maison de Jacques Urri, vicomte de Nicosie, que le roi lui avait donnée. (Florio Bustron, *Chron. di Cipro*, Ms. de Londres, fol. 189 v°.)

[3] Les ennemis du roi Jacques s'efforcèrent de faire croire à son apostasie, et d'accréditer, autant qu'il fut en leur pouvoir, cette opinion que tout prouve avoir été erronée et calomnieuse. On a vu précédemment le serment blasphématoire qu'ils lui imputèrent, et par lequel le prince se serait, suivant eux, engagé à rester fidèle au sultan son suzerain au prix même de sa foi de chrétien. Voy. ci-dessus, p. 110.

continuo interesse, nec quicquam prorsus omittere quod ad regem catholicum sperari videatur; nec satis posse referri suam in hostes et in omnes homines clementiam, mansuetudinem et voluntatem egregiam restaurandi regni.

Proinde mandasse ipsum legatis ut hortarentur dominos mittere ad eam insulam mercatores suos cum suis navibus, prout ad alias partes consueverint, pollicerenturque ipsum regem ipsis quecumque vellent privilegia, quoscumque favores concessurum, ac proinde habiturum Florentinos cives ac suos homines, ut referant gratie tante in eum benivolentiam atque etiam suo regno accedat major utilitas [1]; nam spem propriam habere Florentinos

[1] Bien que les Florentins n'aient eu un vrai port de mer qu'en 1406, par la conquête de Pise, ils s'étaient livrés longtemps auparavant au commerce maritime, et en particulier au commerce avec l'Orient. Au XIII° siècle, ils étaient très-nombreux dans les établissements chrétiens de Syrie. (Herman Corner, *Chron.* ap. Eccard, *Corpus hist. medii ævi*, t. II, col. 942.) Ils ne paraissent en Chypre qu'au XIV° siècle. Leurs grandes maisons des Bardi et des Péruzzi obtinrent des rois de cette île d'être assimilées pour les droits de douane aux Pisans, aux Catalans, aux Anconitains, aux Provençaux et aux Narbonnais, qui payaient seulement 2 pour cent sur leurs importations et sur leurs exportations, au lieu de 4 pour cent, tarif ordinaire de la douane chypriote. On sait que les marchandises des Vénitiens et des Génois, par une faveur spéciale, étaient exemptées de tous droits d'entrée et de sortie, comme celles des propres sujets des rois de Chypre. Les Florentins qui n'appartenaient pas à l'une des deux compagnies privilégiées des Bardi ou des Péruzzi, et qui cependant voulaient participer au commerce de Chypre avec avantage, en étaient réduits à se faire passer, eux et leurs marchandises, comme dépendant de la république de Pise. Les Pisans vendaient chèrement ce service; ils cherchaient toutes les occasions de faire payer aux Florentins les tailles et les contributions les plus lourdes qu'on exigeait des juifs et des serfs. Balducci Pegolotti, facteur des Bardi, qui nous apprend ces détails, se trouvant en Chypre sous le roi Hugues IV pour les affaires de sa compagnie, prit la défense des intérêts de ses compatriotes, et obtint du roi, le 3 août 1327, un diplôme qui réduisit, pour tous les Florentins indistinctement et pour toute personne que la compagnie des Bardi déclarerait être sujette de Florence, les droits de douane à 2 pour cent, tant à l'entrée qu'à la sortie des marchandises. (*Della mercatura*, dans Pagnini, *Della decima*, t. III, p. 71; voy. aussi t. II, p. 24, 25.) Pegolotti, non moins heureux en Arménie, obtint de Léon IV, par un chrysobulle du 10 janvier 1335, l'exemption entière des droits de douane pour la maison des Bardi, qui put en faire profiter les autres Florentins. (*Della decima*, t. II, p. 70.) On voit que cette riche société était considérée alors en Orient comme représentant et protégeant les droits de tous les Florentins. La république de Florence n'eut de consulats en Chypre et dans les autres échelles qu'au XV° siècle, après qu'elle eût soumis les Pisans et qu'elle se fût substituée aux privilèges qu'avaient depuis longtemps obtenus leurs rivaux à l'étranger. (Cf. Pagnini, t. II, p. 45, 48.) C'est de cette époque que date le plus grand développement du commerce des Florentins. Les révolutions ne l'empêchèrent pas de s'étendre en Orient. Benedetto Dei, dans une note de 1469, fait observer que les négociants florentins étaient alors très-nombreux à Rhodes, à Alexandrie et dans l'île de Chypre. Voy. les extraits de B. Dei, publiés par Pagnini, t. II, p. 307.

cives cum suis mercibus magnum insule commodum allaturos, ut profecto ille oportunus locus omnibus negotiari volentibus multis de causis et etiam Christianis, omnibus si quando adversus barbaros bellum gererent; ideoque pertinere ad omnes Christianos non secus insulam illam tutam et felicem esse velle quam propugnaculum quoddam christiane religionis. Et hec esse fere que illi rex dicenda injunxit.

Filippus autem jurisconsultus, post episcopum prosequens et excipiens ejus orationem, ait se non iccirco quedam dicturum esse quod presulis verbis prudentissime dictis quicquam defuerit ad enarrandas regis tum bonam fortunam tum adversos casus, sed ut apertius demonstret magnificis dominis quas ob causas potissime ipsi ad eos legati missi sunt.

Tria enim juxisse regem dici ac referri : suos videlicet successus varios, ut cum quidam falso existimabunt ipsum ad Barbaros prorsus conversum esse, quia eorum ope regnum recuperasset, deleretur hec ignominia et infamia penes pontificem et ipsos dominos, quorum judicium plurimi faceret; deinde ut una cum dominis velut amicis egregiis de suis[1] rebus gratularentur; postremo ut offerrent benivolentiam regiam et omnem in suo regno commoditatem Florentinis civibus.

Et eleganter per ipsum presulem satis liquere ipsum regem, non sua sponte, sed vi quadam compulsum et inimicorum perfidia, ad infidelium opes confugisse; cumque preferret mediocrem concordiam sibi oblatam soldani auxilio, ipsum fraudibus legatorum circumventum esse ut sibi fuerit opus tandem a soldani militibus regnum repetere. Qui quidem soldanus, quamquam esset barbarus et christiane fidei hostis, tamen quia homo erat, calamitatis regie fuit misertus, neque alia causa eumdem commovit nisi pietas et[2]... permagnum regem ad tantam calamitatem pervenisse. Nec satis digne referri posse quemadmodum in bello se habuerit, quam prudenter, quam strenue superaverit suos hostes, quam sine cujusquam jactura seu damno sui milites bellum gesserint; fuisse namque mirabile quod infideles homines qui cum eo militabant nullum genus prede in ea insula exercuerint, ita se gerentes ut vix religiosorum numerus talem continentiam habuisset, virtute regia ad id ipsum formati atque impulsi, qui non eo bellum susceperat ut provinciam vastaret velut esset ambitione superior, sed ut primum regnum optimo in statu constitueretur suorum culpa pene desolatum.

Atque id satis post victoriam patuit. Omnes enim ante se reges religione,

---

[1] Au Ms. *suis*, répété. — [2] Un mot raturé et illisible au Ms.

clementia, mansuetudine, justitia superavit; ut cum ostenderet Christianis omnibus se precipue Deo devotum esse, nec mutasse naturam suam, precipuam curam circa divinum cultum et dignitatis ecclesiarum habuit; cumque in suo reditu et in sua victoria, qui ab eo defecerant vehementer timerent, et eorum nonnulli ad arces munitas, quidam ad mare, quidam ad speluncas perfugissent, ipse tandem, convocatis omnibus, clementissime illis ignovit, necque in aliquo ledi eos passus est. Et se legatum magnum esse testimonium sue clementie[1]. Cum enim ipse ac frater quibusdam de causis defecissent ac omnino sibi adversarentur, ille fratri suo ignovit; et cum pro se ipso micteret, veritus ipse iracundiam regiam ad eum pergere nolebat, tandem vero, confirmatus regiis litteris et multorum fide, ad regem veniens, benigne atque amice susceptus fuit.

Suam vero prudentiam vel justitiam in regendo regno quis digne recenseat? Ipsius enim cunctis aditum facillimum esse, nemini suas aures negare, palam qualibet die in locis publicis adesse ad justitiam ministrandam, nemini contumeliam aut injuriam inferre, querere omnibus artibus ut regni opes priore in gradu restituantur; propterea, inspectis ejus virtutibus, populos omnes illi supra modum affectos esse, nec velle omnino alium eam in insulam regere quam ejusmodi clarum et prestantissimum regem ex stirpe regia natum. Mandasse quoque ipsis legatis, ait, ut, quemadmodum presul asseruit, testimonium facerent sue optime in hanc rem proprie voluntatis, tum ob amorem ejus in majestatem suam, tum etiam propter obsequia a nonnullis civibus, presertim Jannozio Salviati, suscepta. Et plurimi facere

---

[1] Les deux frères Podochatoro ne sont pas les seules preuves de la générosité naturelle et de l'habile conduite de Jacques le Bâtard. Philippe Mistahel, Carceran Chimis, Thomas Pardo, Sor de Naves, Jacques Saplana, d'abord ennemis du roi, devinrent ensuite ses fidèles serviteurs. Philippe Podochatoro reçut, entre autres marques de la munificence royale, le village de *Dora* ou *Dhora*, dans les montagnes du Kilani, et celui de *Chito*, que je crois être le lieu dit *Chitokadamia*, où sont les ruines d'un village à l'ouest de Nicosie, près du chemin de Morpho. (Georges Bustron, fol. 91; Florio Bustron, Ms. de Londres, fol. 198, 213.) L'exemple de Pierre Podochatoro est encore plus remarquable que celui de son frère. Pierre, comme on l'a vu, était précisément l'un des ambassadeurs envoyés au Caire au nom de Charlotte de Lusignan et Louis de Savoie pour demander l'appui du divan contre Jacques le Bâtard, quand celui-ci parvint à se faire reconnaître roi de Chypre par le sultan, qui lui livra comme otages les ambassadeurs de la reine. (Voy. ci-dessus, p. 98.) Pierre Podochatoro fut d'abord surveillé et détenu prisonnier en Chypre; mais peu après, cédant à l'ascendant et aux promesses du roi, il fit sa soumission et s'attacha sincèrement à sa cause. Le roi Jacques lui donna les villages de *Thersephano*, *Chiedares*, *Farango*, *San Tarapo*, *Tino* et le lac de Limassol, dont les pêcheries et les salines sont d'un revenu considérable. Florio Bustron, *Chron. di Cipro*, Ms. de Londres, fol. 198.

ipsum regem ac maxime cupere quod Florentini cives cum suis navibus ac mercibus eam insulam adeant; nec defuturum ipsum quibuscumque illorum commodis, existimantem quomodo augeri ex ea re dignitatem suam et regni utilitatem, et sibi cedere ad honorem quod tam illustris civitas eo suas naves dirigeret; et tandem polliceri jussos eos fuisse quecumque rex ipse posset ad honorem et ad commodum hujus civitatis.

Respondit magnificus vexillifer instanter de sociorum assensu, dicens pergratum fuisse dominis legatos ipsos vidisse atque audivisse vicem ejus regis tenentes, quem domini velut magnum et prestantissimum semper colunt, et salutes ejus nomine dictas leto animo suscipere; nec non quod casus per eos narrati eidem adversi acciderent preter suam virtutem ac dignitatem dominos ipsos vehementer dolere; nec secus eos graviter ferre quam si eadem fortuna eosdem oppresisset. Sic enim convenit suę virtuti et amicitie maxime que illi semper ac suis majoribus cum hac republica fuit, et consuescere Florentinos dominos amicorum suorum res adversas suas proprias ducere nec minus benivolentia in adversa fortuna ostendere quam in sua consueverunt. Quod vero referunt ipsi legati tandem, rejectis periculis ac malis omnibus, ipsum regem suum regnum recuperasse, ac gloriose superasse suos hostes, id dominis magnum solamen esse, nec satis posse verbis exprimi quantum id eis gratum sit ac jocundum, videntibus prestantissimum regem indigne suorum fraudibus ex regno pulsum decus ac dignitatem pristinam recuperasse, quam sibi cum eo domini communem existiment ob communem amicitiam et benivolentiam regis in hanc rempublicam singularem; quodque illius virtute ac probitate existimant fore ut insula illa jactata tempestatibus multis tandem felici in statu constituatur. Nec dubitare ipsos dominos quin verissima sint que legati de illo referunt, quodque nec fidem nec religionem immutarit, sed auxerit potius et eum fortune sevitia compulsum esse ut infidelium ope imploraret, non quomodo illis fieret amicus aut obnoxius, sed quomodo regnum ab impendentibus malis liberaret; neque aliter de illo rege fas esse credere quem omnes prestantissimum ac sapientissimum predicent, et qui majorum suorum virtutem superarit. Quod autem rex ipse per suos legatos gratulari de suis rebus et offerre suam benivolentiam et in regno aditum civibus nostris fuerit dignatus, dominos majestati sue atque ipsis legatis ingentes gratias agere, quas cum facultas vel occasio se afferret, libenter rebus ipsis rependerent; et accipere leto animo dominos regias oblationes, et quacumque opus fore existimaverint eisdem usuros, sperantes longe majora facturum ipsum regem quam legati pollicerentur ob suam virtutem ac probitatem. Similiter quomodo ipsos dominos semper pronos ac paratos fore nichil prorsus omittere quod ad regis decorem et statum pertinere existimaverint, quodque ipsi gratum esse intellexerint; rogantes legatos ipsos ut cum ad regios pedes pervenient, referant regi suam in eum benivolentiam, suum amorem incredibilem, eidemque offerant quicquid civitas posset ob ejus gloriam atque amplitudinem, nec Florentinos cives aliquo tempore illius amicitie ac devotioni defuturos. Plura preterea posse dici ac debere se intelligere ut digne ipsorum orationi longe atque ornate responderetur, sed ipsum his brevibus contentum esse, ne forsan ipsi audiendo tedio afficiantur. Et si qua essent que ipsi legati pro se ipsis supererit aut eorum votis, rogare dominos ut ea exprimerent, ipsos enim libenter illorum votis obsecuturos.

1462-1473.

Sauf-conduits divers accordés par le roi de Chypre et l'ordre de Rhodes.

Malte. Arch. de l'ordre. *Lib. Bullar.* et *Lib. Concil.*

1462, 3 mars. A Nicosie.

Le roi Jacques de Lusignan donne général et ample sauf-conduit au noble chevalier de l'ordre de Saint-Jean de Jérusalem, frère Guillaume de Comporte, de telle sorte que lui et sa famille [1] jusqu'au nombre de 20 personnes puissent librement de nuit et de jour passer à Rhodes, venir et séjourner en Chypre. « Nicosie, « anno Incarnationis Domini 1462, 3 marcii. Benedictus de Onetariis cancellarius. » *Lib. Bull.* 1462. LVII, fol. 210.

1463, 6 octobre. A Rhodes.

Le grand maître de Rhodes, frère Pierre Raymond Zacosta, à Sor de Naves [2], capitaine de vaisseau; « Spectabili viro Soro de Navi, triremium capitaneo, amico « nostro carissimo. » En raison de ses mérites personnels et des services qu'il a rendus à la maison de Saint-Jean de Jérusalem, considérant en outre que ses galères peuvent être d'un grand secours pour la défense des îles de l'ordre attaquées sans cesse par les Turcs, le grand maître et le couvent accordent à Sor de Naves des lettres de sauvegarde spéciale et complète pour sa personne et pour ses dettes, en telle sorte qu'il puisse demeurer à Rhodes et dans toutes les terres de la juridiction de l'ordre, assuré d'y trouver sécurité complète pour lui, ses vaisseaux et ses gens. *Lib. Bull.* LIX, fol. 239 v°.

---

[1] C'est-à-dire sa maison. — [2] Le sauf-conduit fut révoqué en 1466. Voy. p. 147.

Iʳᵉ PARTIE. — DOCUMENTS.

1464, 17 octobre. A Rhodes.

Lettres de sauf-conduit et de sauvegarde accordées par le conseil de l'ordre de Rhodes à André Cornaro [1] pour sa personne et pour ses biens. *Lib. Conciliorum*, ann. 1459-1469, fol. 52.

1471, 31 mai. A Rhodes.

Le grand maître, frère Baptiste des Ursins au magnifique et généreux Jacques Zapplana [2], camérier de Chypre, « regie camere regni Cypri gubernatori [3], amico « nostro carissimo. » Sur sa demande, le grand maître accorde à Jacques Zapplana le sauf-conduit et sauvegarde qualifié de *guidagium* pour tous ses biens, tant ceux qu'il a recueillis de la succession de Bernard Zapplana, son frère, que pour tous autres, de même que pour toutes sommes dues par le trésor de l'ordre soit à Bernard, soit à lui-même Jacques, de sorte que nul ne puisse en aucune manière saisir cesdites sommes. *Lib. Bull.* LXIV, fol. 230 v°.

1474 [N. S.], 23 mars. A Rhodes.

Le grand maître, frère Baptiste des Ursins, engage tous commandeurs, frères, châtelains, officiers et sujets des îles et des terres de l'ordre au Levant à accueillir, traiter et aider en toutes choses et le plus dignement qu'ils pourront le révérendissime archevêque de Nicosie [4], partant de Rhodes pour se rendre en Ponent.

---

[1] André Cornaro était oncle de Catherine Cornaro, devenue quelques années plus tard reine de Chypre.

[2] Jacques Zapplana ou Saplana était un Génois de Famagouste qui se fit remarquer par son intelligence et son intrépidité dans plusieurs expéditions dirigées contre l'armée du roi Jacques. Surpris un jour, au mois de février 1461, sur les côtes du Karpas où il s'était avancé avec une galère, il fut amené garotté devant le roi. Le prince, connaissant toute sa valeur, le délivre, l'attache à son service, et lui confie peu après les charges les plus importantes. (Georges Bustron, Ms. de Londres, fol. 53, v°; Florio Bustron, Ms. de Londres, fol. 190, v°.) La vie de Jacques le Bâtard est pleine de traits semblables. Après la mort du roi, son bienfaiteur, Saplana ne put se soumettre aux Vénitiens; il entra dans la conspiration que l'archevêque de Nicosie et Rizzo de Marin tramaient avec la cour de Naples pour mettre sur le trône Alonzo, fils naturel du roi Ferdinand, adopté par Charlotte de Lusignan, que l'on aurait marié à l'une des filles du roi Jacques. Il s'enfuit de Famagouste, au mois de décembre 1473, sur une galère napolitaine, avec l'archevêque, Rizzo de Marin, Louis Alméric et Carceran Suarès. (Florio Bustron, fol. 210.) Saisi et jeté en prison, il fut compris dans un arrêt du conseil des Dix, qui décréta la translation à Venise de différents Chypriotes. (Voy. aux règnes suivants, 30 octobre 1476.) Le roi de Sicile ayant intercédé en sa faveur, un décret du même conseil, du 9 janvier 1477, décida qu'il serait mis en liberté dès son arrivée à Venise. Sa fin est inconnue.

[3] Dans un mandement du 13 juin 1468, adressé à la Secrète, le roi appelle Saplana le « pourveour de nostre roïame. »

[4] Louis Fabrice, Catalan, archevêque de Nicosie, était frère de Jean Perez Fabrice, que le roi Jacques avait fait comte du Karpas. (Voy. ci-après un doc. du 3 juin 1469, n.) Il fut toujours très-dévoué à Jacques le Bâtard, et aurait voulu empêcher que le

« Data Rhodi, die XXIII Marcii, anno M CCCC LXXIII, ab Incarnatione[1]. » *Lib. Bull.* LXVI, fol. 208.

1462, 13 septembre. A Gênes.

L'office de Saint-Georges, vu les nécessités de la république, avance les sommes que l'état aurait dû fournir pour la défense de la ville de Famagouste, assiégée par le roi Jacques le Bâtard.

Gênes. Arch. de la banque de Saint-Georges. Vol. XXXIV, fol. 76 v°.

In nomine Domini, amen. Cum civitas Famaguste variis calamitatibus laborari et affecta esse videretur, presertim propter longevam diuturnamque obsidionem Apostolerii Cyprici, vocari se regem Cypri facientis, a quo jam duobus annis vexata et obsessa tenetur, et propterea missi fuerint ad illustrem et excelsum dominum ducem et magnificum consilium dominorum antianorum jampridem ambassatores ab ea civitate, opem supplicantes, propter que celebrata fuerint consilia, in quibus decretum et deliberatum fuit auxilium illi prebendum fore, ad quod electi fuerunt octo prestantes cives praticatores cum magnifico officio Sancti Georgii pro provisione facienda et inventione pecunie ad id necessarie, relaturi eisdem illustri domino duci et magnifico consilio dominorum antianorum quid invenissent; qui retulerunt diu ac multum examinasse ac praticasse provisionem omnino necessariam fore ne civitas ipsa periret, invenisseque computatis libris septem milibus et quingentis portionis spectantis communi solvere ex cambiis Chyy[2], missis ad solvendum prefato magnifico officio pro provisionibus factis hoc anno per commissarios Chyy, que provisiones Chyy liberaverunt civitatem ipsam ab oppressione dicti Apostolerii, qui ad extremum deduxerat et coegerat civitatem ipsam, que ultra dies sex expectare amplius non poterat quando naves cum victualiis et auxiliis misse Famagustam attigerunt, necessarium fore adinvenire ex parte communis pro provisione nunc facienda, et pro dictis libris septem milibus quingentis, in summa librarum triginta milia Januinorum, sine quibus ipsa provisio fieri nequit; verum cum intel-

royaume de Chypre ne tombât aux mains des Vénitiens. Il avait quitté l'île, comme je viens de le dire, à la fin de l'année 1473, et il était d'abord venu à Rhodes, d'où il se rendit à Naples.

[1] On voit, dans les *Libri Bullarum* de ce temps, que l'ordre de Rhodes suivait alors de préférence le style de l'Annonciation, dans lequel l'année s'ouvrait au 25 mars.

Les pièces des mois de novembre, décembre, janvier, février, et celles du commencement du mois de mars, sont, en effet, sous le même millésime. Je ramène ces actes au style moderne.

[2] De l'île de Chio, possession génoise. Il est aussi question ailleurs de secours et subsides envoyés de Chio à Famagouste. (Arch. de la banque, XXXIV, fol. 81.)

Iʳᵉ PARTIE. — DOCUMENTS.

ligerent exhaustas esse vires publici erarii, ita quod impresentiarum inventioni illarum forma celeris adhyberi non posset, excogitasse quod magnificum officium sancti Georgii pecunias illas mutuet excelso communi Janue a quo pecunie ipse per viam civimentorum [1] facilius adinveniri poterunt

[1] *Via civimentorum.* Je ne trouve rien qui éclaire le sens de cette expression, ni dans les glossaires, ni dans l'ouvrage de feu M. Cuneo, sur les emprunts publics de l'ancienne république de Gènes, que j'ai plusieurs fois cité : *Del debito pubblico di Genova e di san Giorgio,* in-8°; Gènes, 1842. Je croirais que le terme latin de *civimentum* est venu du verbe italien *civire,* qui veut dire se procurer, rechercher; *via civimentorum* serait donc un moyen, un mode de souscription ou d'emprunt public. Mais nous ignorons quelles pouvaient être les conditions et les formes particulières de cet emprunt. L'office de Saint-Georges, bien qu'il prît à sa charge les avances de l'emprunt, souffrait aussi des événements qui avaient affaibli la république de Gènes. Dans les cinquante-quatre ans écoulés depuis son organisation sous le patronage de Saint-Georges, en 1409, le taux des dividendes proportionnels qu'il payait à ses actionnaires ou compéristes s'était abaissé de près de la moitié, de 7 pour cent à 4 pour cent. On a vu même qu'en 1456, en raison des frais occasionnés par la défense de Caffa, l'office fut obligé de suspendre pendant trois ans le payement de ses dividendes. (Voy. précéd. p. 34, n.) L'arriéré fut soldé en plusieurs annuités, à partir de 1459. Voici le relevé des fluctuations du taux des dividendes payés par l'office de Saint-Georges depuis les premières années de son institution jusqu'au delà de l'époque où il perdit la colonie de Famagouste, et jusqu'à l'établissement définitif des Vénitiens en Chypre. J'extrais ce tableau de celui que M. Cuneo a donné d'après les registres mêmes de la banque de Saint-Georges, et qui s'étend de l'année 1409 à l'année 1800. (*Del debito,* p. 307.) Il indique l'intérêt (*provento*) payé aux compéristes, à raison de chaque *locus* ou *luogo* représentant 100 livres de Gènes :

	liv.	sous.
1409 à 1419	7	00
1420 à 1426	5	05
1427	5	10
1428	5	16
1429	6	00
1430 à 1431	5	10
1432	4	05
1433	5	10
1434-1435	4	05
1436	4	15
1437	5	00
1438	4	05
1439	4	15
1440	4	10
1441 à 1463	4	00
1464[a]	3	02
1465	3	03
1466	3	04
1467	3	03
1468	3	00
1469	2	18
1470	2	15
1471	3	00
1472	3	00
1473	3	01
1474	3	02
1475	3	03
1476	3	04
1477	3	06
1478	3	02
1479 à 1489	2	16
ou	2	17

A la fin du XVᵉ siècle, le taux a peine à se maintenir entre 2 liv. 17 sous et 2 liv. 8 sous. Dans le XVIᵉ siècle, la moyenne est 2 liv. 15 sous; quelquefois 3 liv. 5 sous ou même 3 liv. 15 sous. En 1602, il monte exceptionnellement à 4 liv. 16 sous. Au

[a] Reprise de Famagouste par le roi de Chypre.

quam per commune Janue, licet sit plurimum difficille propter malas conditiones patrie illas invenire; et propterea vocati fuerint protectores ipsarum comperarum qui rogati huic articulo et necessitati subvenire omni via eis possibili, formam pecunias ipsas mutuare acquieverunt, dummodo prelibati illustris dominus dux et consilium faciant ipsis dominis protectoribus omnes obligationes opportunas pro restitutione ipsarum librarum triginta milium cum satisfactione damnorum et interesse; quodque ipsis dominis protectoribus prebeatur assensus ad ea a suo consilio.

Ecce quod illustris dominus Ludovicus de Campo Fregoso, Dei gratia Januensis dux et populi defensor, et magnificum consilium dominorum antianorum, nomine et vice excelsi communis Janue, habentes ad hec amplam baliam, virtute deliberationis in celebri et magno consilio facte, scripte manu Francisci de Vernacia cancellarii, hoc anno, die quarta Augusti, et quorum dominorum antianorum qui hodie his presentes fuerunt nomina sunt hec: domini Paulus Baxadonus legumdoctor prior, Sistus de Monelia, Bartholomeus Gentilis, Donenus de Marinis, Nicolaus Spinola quondam Neapoleonis, Johannes Justinianus de Banca, Antonius de Canali, Damianus de Castanea, Gentilis de Camilla, Bartholomeus de Servante notarius, Barnabas de Flisco; volentes ea agere versus pretactos dominos protectores et comperas que juris sunt in predictis ut obtineri possit in consilio suo mutuo subvenire communi pro hujusmodi necessitate, omni modo, via, jure et forma, causa et causis quibus melius et validius potuerunt et possunt, sponte et ex certa scientia, et nullo juris vel facti errores ducti, promisserunt et convenerunt mihi notario et cancellario infrascripto, tanquam persone publice officio publico stipulanti et recipienti, nomine et vice prefatorum dominorum protectorum et participum comperarum sancti Georgii et omnium et singulorum quorum interest, intererit vel in futurum poterit interesse, ut infra; renunciantes exceptioni presentis promissionis et obligationis, sicut supra non facte, rei non sic se habentis vel aliter, doli, mali, metus in factum, actioni, condictioni sine causa, vel ex injusta causa et omni alii juri, et per me notarium infra scriptum dictis dominis protectoribus, licet absentibus, dare, solvere et restituere eisdem dominis protectoribus omnem quantitatem

xviii° siècle, il baisse et reste dans les bas cours de 2 liv. 10 sous et 2 liv. 5 sous; il descend même quelquefois au-dessous de 2 liv. En 1797, lors de l'occupation de Gênes par les Français et de la suppression de la banque de Saint-Georges, il était à 1 liv. 11 sous. La liquidation des anciens comptes de Saint-Georges le fit monter à 4 liv. 12 sous, où il se maintint jusqu'en 1800. En 1804, on assigna à chaque action ou *luogo* un dividende fixe de 4 liv. 10 sous (3 fr. 60 cent.); mais le capital fut perdu.

pecunie exbursandam et solvendam in provisione facienda et jam facta pro dictis libris septem milibus et quingentis expendendis et errogandis per dictos dominos protectores, cum consensu dictorum dominorum octo praticatorum, si ipsis dominis protectoribus videbitur, causa dicte provisionis nunc faciende per dictos dominos protectores pro dicta civitate Famaguste. Et quorum dominorum praticatorum nomina sunt hec : Galeacius Pinellius, Jacobus de Auria quondam Petri, Lucas Salvaygus, Angelus Lercarius, Antonius de Franchis Luxardus, Johannes de Domoculta, Hyeronimus de Savignono, et Obertus Folieta, notarius. Dantes et concedentes, etc [1].

Que omnia et singula suprascripta dicti illustris dominus dux et magnificum consilium dominorum antianorum, nomine quo supra promisserunt et convenerunt mihi notario et cancellario sepedicto stipulanti et recipienti ut supra perpetuo rata, grata et firma habere, tenere, attendere et observare, et in nullo contrafacere vel venire, per se aut alios, aliqua ratione, causa vel ingenio, de jure aut de facto, sub pena dupli totius ejus de quo contrafieret in solidum, stipulatione premissa, etc.

Actum Janue, in ducali palatio, in camera inferiori, ubi consilia hyberno tempore celebrari solent, presentibus viris egregiis Jacobo de Bracellis, Ambrosio de Senarega, Francisco de Vernacia et Nicolao de Credentia, cancellariis excelsi communis Janue, testibus ad hec adhibitis, vocatis et rogatis, anno a Nativitate Domini millesimo quadringentesimo sexagesimo secundo, indictione nona, secundum Janue cursum, die lune, terciadecima mensis Septembris.

M CCCC LXII, die xv^e Septembris.

Spectabile officium monete communis Janue, in sexto numero congregatum, absentibus viris egregiis Petro Johanne de Riparolio et Bendinello Sauli, habens noticiam de suprascripto documento, omni jure, via, modo et forma quibus melius potuit et potest, absolvens se prius ad calculos albos et nigros, repertis omnibus calculis sex albis affirmantibus, annuit et consensit fieri posse et debere in omnibus et per omnia prout superius legitur. Ambrosius de Senarega, cancellarius.

[1] Suivent les dispositions relatives à la garantie et au payement de l'emprunt.

1464, 6 janvier. A Nicosie.

Le roi Jacques confirme, dans le sein de la haute cour, les conditions proposées par les Génois de Famagouste pour la reddition de la ville [1].

Extr. de Florio Bustron, *Chron. di Cipro*. Ms. du British mus. de Londres. *Additional Ms.* n° 8630, fol. 195.

« ...... arme et munitioni del magnifico offiçio di san Giorgio in la detta
« città di Famagosta, che la sua maestà sia tenuta quelle tal arme et muni-
« tione restituire, dare et consignare al magnifico capitanio di Famagosta,
« il quale è al presente capitanio.

« Che così intervenendo il caso come è detto di soprà, che sua maestà
« non debba nocere nè permettere che siano nociute le due navi delli nostri
« Genovesi, così stando in porto come se fosseno partite et dapoi tornassino
« al porto overo in la isola di Cipro; ma per patto expresso le debba trattare
« come amici, et dargli ogni biavaria et rinfrescamenti possibili per pretio
« honesto et corente.

---

[1] Le feuillet 194, où devait se trouver le commencement de la pièce, est resté en blanc sur le manuscrit. Le registre des actes de la Secrète de 1468-1469, que je publie plus loin, renfermait aussi une copie des conditions auxquelles les Génois s'étaient soumis et des priviléges que leur avait assurés Jacques le Bâtard. Cet acte manque également au Ms. de la Secrète. (Voy. 1re part. ordonn. concernant Famagouste, n° 7.) Nous pouvons cependant suppléer en partie à ces lacunes au moyen d'un document de 1491, dont l'analyse se trouve à cette date dans la suite de nos preuves. Nous n'avons pas ici la charte ou lettre patente dans laquelle le roi Jacques le Bâtard, une fois maître de Famagouste, confirma sans doute les franchises et usages qu'il consentait à laisser aux habitants de l'ancienne colonie génoise. Le document transcrit par Florio Bustron, dans sa chronique, n'est que la convention qui précéda la reddition de la place. Toutefois, cette convention renfermait toutes les stipulations d'immunités et de priviléges civils ou commerciaux que les Famagoustains désiraient conserver en ouvrant leurs portes au roi; et la charte postérieure à la capitulation, si on en rédigea une nouvelle, dut se borner à rappeler ces stipulations. Il est même très-vraisemblable, puisque Florio Bustron donne seulement l'accord du 6 janvier, que l'on se contenta, après la soumission de la ville, d'une confirmation du texte même de cette pièce. D'après les termes de la convention, les Famagoustains devaient capituler si, avant le 20 janvier, de nouveaux secours ne leur arriveraient pas. Florio Bustron rapporte (Ms. fol. 196) qu'une caraque génoise chargée de vivres se présenta devant Famagouste vers l'époque indiquée; assaillie aussitôt par Jacques le Bâtard, elle fut obligée de se rendre, et la ville n'espérant plus prolonger sa défense ouvrit alors ses portes au roi. Lusignan (*Hist. de Cyp.* fol. 178 v°) et Lorédano (*Hist. de' Lus.*, p. 682) racontent l'événement à peu près de la même manière. On ignore cependant par suite de quelles circonstances les Famagoustains ayant cessé leur résistance le 20 janvier, ou peu de jours après, suivant Florio Bustron, le roi Jacques différa autant d'entrer dans la ville. Georges Bustron dit expressément que le roi prit seulement possession de Famagouste le 29 août 1464 : Καὶ εἰς τοὺς κθ' Αὐγούστου ἐπῆξε τὴν 'Αμμόχουσ7ον. *Chron.* Ms. de Londres, fol. 62. Cf. ci-dess. p. 128, n.

« Demum requiremo che in observatione delle dette cose, la sua maestà
« ne debba promettere d'attendere et observare tutto quello che è detto di
« sopra, et debia giurare sopra il corpo sacrato del nostro signore Giesù Christo
« di quelle attendere, compire et observare. Et che la sua maestà faccia et
« s'oblighi che lo illustrissimo soldano ne contraverrà in alcuna cosa alli detti
« patti; ma più tosto ne debba promettere lo magnifico Zanibech [1] suo
« armiraglio, il quale è al presente nel isola di Cipro in nome dell detto
« illustrissimo soldano. Et di questo la sua maestà ne sia tenuta et di tutte le
« altre cose sopradette alla pena di ducati 50 mila d'oro, applicati alla camera
« del nostro santissimo pontefice. Et d'ogni cosa sè ne debba fare publica
« scrittura et debite sollenitade, in laquale intervenga la sua alta còrte et
« tutti quelli si converrano. Et oltra di questo, per maggior roboratione et
« fermezza delle predette cose, la sua maestà sia al presente tenuta dare et
« dia duoi ostaggi per sicurtà, cioè misser Rizzo [2] et Lupo de Beldari [3]. Et
« venendo lo soccorso sopra detto, si debbia restituire li detti ostaggi, et così
« et venendo passato il termine di 20 giorni del mese di genaro [4].

« Ex adverso, noi altri di Famagosta promettemo alla maestà del detto re
« Giacomo de fare che el magnifico capitanio de Famagosta e suo officio,
« fatte che sia le predette cose, concluse, giurate, et promesse, come è detto
« di sopra, lasciarà la detta città di Famagosta alla detta maestà del re Gia-
« como; et questo, passati che siano 20 giorni del mese di genaro presente,
« in caso et si in quanto dentro di questo termine non venisse soccorso alla
« detta città di Famagosta; perciochè venendo soccorso dentro al detto ter-
« mine, li sopradetti patti et conventioni non s'intendano dover haver loco
« in alchuna cosa.

[1] L'émir Tzami-Bey, nommé Jean Pec dans Étienne Lusignan (*Hist. de Cypre*, fol. 178 v°), était le commandant des Mamelouks laissés en Chypre par le général égyptien en 1460. Après la soumission de Famagouste, il menaçait de se révolter contre le roi, qui le fit massacrer lui et ses gens. Georges Bustron, *Chron.* fol. 46. Voy. ci-dessus, p. 128, n. 158, n.

[2] Rizzo de Marin, dont on trouvera le nom écrit très-différemment, *Rinzon de Marin*, *Richo de Marino*, *Ritzo* ou *Rizo de Marino*, etc., était un seigneur napolitain passé en Chypre peu après la mort du roi Jean II, et que s'attacha Jacques le Bâtard. Il avait accompagné le prince en Égypte et avait été créé par lui chambellan du royaume; il fut plus tard un de ses exécuteurs testamentaires. Je donnerai sous les règnes suivants des documents nouveaux sur les tentatives qu'il fit après la mort du roi Jacques pour enlever l'île aux Vénitiens et sur sa fin tragique.

[3] Ce personnage est peu connu et n'a pas marqué dans l'histoire de ce temps. C'était assurément un des Italiens qui se dévouèrent aux intérêts de Jacques le Bâtard. Son nom paraît florentin.

[4] L'article suivant explique cette dernière phrase un peu obscure.

« Ceterum est actum di accordo tra la detta maestà del re d'una parte et li
« sopradetti ambasciatori sindici et procuratori della detta communità di
« Famagosta dal altra parte, che sia per inteso che la maestà del re Giacomo
« et tutti li suoi possino, durante lo detto termine, entrar, così di giorno come
« di notte, dentro le due leghe di Famagosta, così come facevano per avanti;
« et che possino prendere di buona guerra ogni persona di Famagosta,
« laqual trovassino et prendessino li huomini della detta maestà del re; percio-
« chè è stato declarato espressamente in li detti patti che a niuno di Fama-
« gosta sia data licentia per la sua maestà ne sicuranza di puoter uscire della
« detta città. E questo è fatto a buon fine e per buona causa. »

Acta, lecta et facta atque conclusa fuerunt hec omnia et singula suprascripta, Nicosie, videlicet in regali palatio residentie dicti serenissimi regis
Jacobi, presentibus reverendissimo in Christo patre et domino domino Gu-
lielmo Gonem archiepiscopo Nicosiensi, reverendissimis dominis episcopis
fratre Michaele de Castelatio, decretorum doctore, episcopo Paphensi [1], et
Antonio de Eucanta [2], juris utriusque doctore, episcopo Nimosciensi, et spectabilibus et nobilibus militibus [3] dominis Morfo de Grigneriis comite Ro-
chassio, Sansono de Nores, Joanne Taufererio magistro regis hospitii, Rizzo
de Marinis de Neapole zamberlano regio, Johanne Deras, Hieronimo de Salviatis, altam curiam facientibus serenissimi regis Cipri, anno dominice
Nativitatis 1464, indicione XII, die vero veneris VI^{ta} mensis Januarii [4], presentibus spectabilibus viris Thoma Carerio, bailo secrete regie, Philippo
Podochatoro legum doctore, testibus vocatis et rogatis.

Qui quidem serenissimus rex, coram predictis suis consiliariis et militibus
suam altam curiam facientibus et testibus suprascriptis, ac etiam me notario
infrascripto, promissit omnia et singula suprascripta attendere et adimplere et
observare spectabilibus et generosis viris dominis dominis ambasciatoribus,
sindacis et procuratoribus communitatis et universitatis Amoguste, videlicet
Babilian Gentile, Hieronimo Verdure, Nicolao Archerio et Francesco de
Pastino, presentibus, stipulantibus et recipientibus nomine et vice prefacte

---

[1] Au Ms. *Paphan*. Le roi donna plus tard la terre de Comi à ce prélat. Voy. ci-après, en 1468, le registre de la Secrète. Actes de la haute cour. Donations aux églises, etc.

[2] *Eucanta*, nom douteux. Peut-être faut-il lire *Lucanta* ou *Incanta*. Cet évêque n'est pas mentionné dans l'*Oriens christianus*.

[3] Au Ms. *militis*.

[4] Cette date appartient encore au style de Chypre où l'année commence à la Noël (voy. notre t. Ier des doc. p. XXI). Les premières pièces chypriotes que l'on trouvera ensuite, extraites du registre de la Secrète de 1468-1469, sont datées d'après le style de Venise, dans lequel l'année s'ouvrait seulement au 1er mars.

universitatis et communitatis Amoguste; et juravit super Eucharistie sacramentum inter missarum solemnia ex causa celebratarum. In quorum omnium fidem et testimonium idem serenissimus rex manu propria confirmavit, suique regalis et majoris sigilli mandavit apensione roborari.

Jacobus rex, confirmo. Hieronimus de Bagaretis.

1466, 11 décembre. A Venise.

L'archevêque de Nicosie étant venu en ambassade à Venise au nom du roi de Chypre pour offrir la coopération du prince dans la guerre des Turcs, assurer en même temps la seigneurie de ses bonnes dispositions à l'égard des Vénitiens commerçant en Chypre, et demander les conseils de la république au sujet de son mariage, le sénat décide qu'il sera répondu à l'ambassadeur que la république remercie le roi de ses favorables sentiments, qu'elle l'engage à s'allier par un mariage à la famille du despote de Morée, et qu'enfin elle lui recommande les réclamations de divers négociants vénitiens.

Venise. Arch. génér. Conseil des Prégadi. *Secreti*, XXIII, fol. 18.

M CCCC LXVI, die XI Decembris.

Quod reverendissimo patri domino archiepiscopo Nicosiensi [1], oratori serenissimi domini regis Cypri, qui ad presentiam nostram venit, et explicavit nobis quantum per serenissimum dominum ducem huic consilio relatum est, respondeatur :

Quod intelleximus perlibenter quantum reverendissima paternitas sua nobis prudenter exposuit; et pro humanis verbis et oblationibus parte domini sui regis nobis factis, quas procedere certi sumus a veteri benivolentia que inter serenissimos progenitores suos ac majestatem suam et nos per continua tempora viguit, serenitati sue magnas gratias referimus, qui pari animo nos offerimus in cunctis concernentibus decus et commoda sue regie majestati.

Circa partem sex triremium et equitum v^c quos nobis offert contra Turcos, dicimus quod similiter regraciamur sibi et acceptamus ipsam oblationem, tenentes quod in opportunitatibus istis sancte fidei et nostris sicut catholicum principem decet, libenti animo, semper faciet quantum se facturum offert.

Intelleximus quoque quod sua majestas construi facere instituit navem,

---

[1] C'était alors Guillaume Gonème, religieux augustin, que l'on a vu s'employer au Caire en faveur de Jacques le Bâtard, en 1460 (ci-dessus p. 97. n.). Il avait été du petit nombre d'amis fidèles qui les premiers s'étaient dévoués au prince, lors de ses voyages hasardeux de Rhodes et d'Égypte. (Ét. Lusignan, *Hist. de Cyp.* fol. 158 v°, 165 v°, 168 v°.) Il paraît s'être démis ensuite de l'archevêché.

quum asscrit et certi sumus quod in omnem opportunitatem nostram serenitas sua semper prompte et libenti animo faceret pro nobis quantum offert, quemadmodum et nos pari dispositione facere semper vellemus pro majestate sua.

De mercatoribus nostris, qui se conferre habeant Famagustam, qui bene suscipientur et tractabuntur, respondemus quod pro hac oblatione sue serenitatis sibi etiam regraciamur et acceptamus eam; sed existimamus mutue affectioni nostre convenire quod, attento quod res ille, propter condiciones suas quantum ad nostros pertinet, jam diu derelicte et inveterate sunt, consyderato etiam quod, quando nostri ab antiquo habere solebant comercia in Famagusta, liberi et immunes erant, nunc etiam id ipsum erga eos fieri debeat.

Pro communicatione nobiscum facta parte domini sui et pro consilio quod petiit circa affinitatem et matrimonium quod contrahere habeat regia majestas, similiter sibi regraciamur. Et quidem jure affectionis nostre in majestatem suam vellemus ei semper commemorare ea que dignitatem et gloriam omnem suam concernere possent. Ideoque, omnibus inter nos consyderatis, dicimus quod, presertim respectu dignissime parentelle et pro reputatione sua, crederemus esse melius quod adhereret affinitati illustrissimi domini despoti [1]; nilminus serenitas sua, que sapientissima est, disponere potest sicut sibi videbitur et placet.

---

[1] Thomas Paléologue, frère de Constantin Paléologue, dernier empereur de Constantinople, lui-même dernier despote qui ait réellement possédé quelques parties de la Morée, était mort le 12 mai 1465, réfugié à Rome où Pie II l'avait dignement accueilli en fournissant à ses besoins. (Georg. Phrantz. IV. 20, éd. Bonn. p. 415; Chalcondyle, lib. IX. éd. Bonn. p. 485). Il avait eu deux fils et deux filles : André, son fils aîné, qui fut solennellement reconnu despote par le pape Paul II, successeur de Pie II (Phrantz. IV. 22, p. 424); Manuel qui se fit musulman; Hélène, mariée en 1447 à Lazare, despote de Servie, et morte le 16 août 1462 (Phrantz. IV. 19, p. 413), et une seconde fille nommée Zoë ou Sophie. C'est cette dernière princesse que la seigneurie de Venise, en 1466, conseillait au roi Jacques d'épouser, et que le roi, après que la république eut abandonné cette pensée pour presser le mariage de Catherine Cornaro, sa fille adoptive, rechercha lui-même assez vivement. Bien que fiancé avec Catherine dès le milieu de l'année 1468, Jacques de Lusignan pensait encore, en 1470 et 1471, à épouser la princesse de Morée ou une fille naturelle de Ferdinand, roi de Naples. Le nouvel archevêque de Nicosie, Louis Perez Fabrice, s'occupait de ces négociations, et les chroniques chypriotes assurent qu'il était au moment de conclure le mariage du roi avec la fille du despote quand ce projet fut abandonné, sur le refus que fit le pape de reconnaître Jacques le Bâtard comme roi de Chypre, tant que vivrait l'héritière légitime, Charlotte de Lusignan. La jeune princesse de Morée était alors à Rome confiée aux soins du cardinal Bessarion, que nos chroniques nomment cardinal de Nicée et cardinal de Constantinople.

Iʳᵉ PARTIE. — DOCUMENTS.

Circa duas triremes nostras quas majestas sua petit pro impresa Candelorii[1], respondemus : desiderium nostrum esse facere semper de rebus gratis et beneplacitis serenitatis sue; unde dicimus quod, occurrente casu quo sua majestas ad rem illam processura sit, libenter et bono animo serenitati sue complacebimus de dictis nostris galeis.

Verum, quia, sicut sua reverendissima paternitas optime consyderare potest, nos multum magnificamus quod et nobis pro credito nostro pulverum[2] quod juste habere debemus et etiam nobilibus civibus et mercatoribus nostris per regiam majestatem debite satisfiat, hortamur ex animo paternitatem suam ut devenire velit cum effectu ad tales condiciones et modos quod et nos et cives nostros intelligant regiam majestatem debitum facere velle; quoniam, ut bene intelligere possunt, non esset equum neque honestum, neque honori regio convenit quod amplius circa hoc ducantur in tempus. Unde dicimus quod, compositis rebus istis, ad alia suprascripta procedere erimus bene contenti.

[Autre décision du même jour.]

Quod, attenta importantia rerum que ad nos spectant pro credito pulverum, et etiam ad mercatores nostros, qui, ex diversis casibus et novitatibus contra eos illatis, habere debent a rege Cypri magnam summam pecuniarum, differi debeat hoc responsum, donec aptetur et componatur factum pecu-

---

(Georges Bustron, Ms. de Lond. fol. 68 v°; Florio Bustron, Ms. de Lond. fol. 204; Ét. de Lusignan, *Hist. de Cyp.* fol. 181.) Je ne sais si Phrantzès ne se trompe pas en disant que le pape la maria en 1467 à un seigneur italien nommé Paraciolo (éd. Bonn. p. 424, ɴ. 22). Ce qui est certain c'est que la princesse impériale nommée Sophie finit par contracter mariage à Rome même avec Jean ou Ivan III Vassiliewitch, grand-duc de Moscovie (Rinaldi, *Annal. eccles.* 1471, § 9, t. XXIX, p. 480; Brosset, *Cont. de l'hist. du Bas-Empire,* t. XXI, p. 392). Son nom, son alliance et le don qu'elle reçut à cette occasion du pape Sixte IV, successeur de Paul II, sont rappelés dans l'inscription suivante que j'ai copiée à Rome à l'hôpital du Saint-Esprit, au-dessous des peintures commandées par Sixte IV lui-même, pour conserver le souvenir des bienfaits que l'Église accordait aux princes chrétiens chassés de l'Orient par les Turcs :

« Andream Palæologum Peloponesi et Leo-
« nardum Toccum Epiri dünasti a Turcarum
« tyranno exutos regio sumtu aluit.
« Sophiam Thomæ Palæologi filiam Ruthe-
« norum duci nuptam cum aliis muneribus
« tum sex mille aureorum dote auxit. »

Ces peintures sont dans le haut de la travée à gauche du bel autel élevé par Palladio. A droite, d'autres peintures représentent les rois de Bosnie et de Valachie visitant Sixte IV; dans une autre on voit Charlotte de Lusignan recourant à sa munificence.

[1] Le roi Jacques envoya plusieurs fois des secours à l'émir de Candelore, qui fut cependant obligé de faire sa soumission aux Turcs en 1472.

[2] Des poudres de sucre, l'un des grands articles du commerce chypriote.

niarum nostrarum et mercatorum nostrorum, quod jam bonis diebus commissum est sapientibus consilii [1].

1467, 11 novembre. A Nicosie.

Déclaration du roi Jacques à l'ambassadeur de la république de Venise au sujet des réclamations de divers Vénitiens [2].

Venise. Arch. génér. Commemor. XV, fol. 108 v°.

In Christi nomine, amen. Anno Nativitatis ejusdem millesimo quadringentesimo sexagesimo septimo, indictione prima, die undecimo mensis novembris, cum inter serenissimum principem et excellentissimum dominum dominum Jacobum, Dei gratia Yerusalem, Cypri et Armenie regem illustrissimum, ex una parte, et illustrissimum et excelsissimum ducale dominium Venetum ex altera, orte sint [querelle], causa et occasione privilegiorum, consuetudinum antiquarum et aliarum jurisdictionum, quas Veneti et alii subditi prelibati serenissimi ducalis dominii Veneti habent et habere consueverant in regno Cypri; nec non pro innovatis factis pro appaltu pulverum [3] casalium Cobuchule [4] et Chielie [5], spectabilium virorum et civium Venetorum Ludovici et Johannis de Martinis fratrum; et etiam pro salinis spectabilium et nobilium virorum quondam Priami et Andree de Lege; et demum pro restitutione et emendatione damni facti quondam Johanni de Forbinis, intercepto a triremibus Sori de Navi, magnifici comestabuli Cypri [6]; et aliis multis querellis quamplurium civium Venetorum diversis de causis creditorum majestatis regie et cetera; pro quibus omnibus componendis et sedandis, prefatum illustrissimum ducale dominium Venetum misit specta-

---

[1] Les sages du conseil, *Savii del consiglio* ou *Savii grandi,* durent donner leur avis peu après. Le gouvernement chypriote se montra disposé à accueillir les réclamations rappelées dans ces deux derniers documents, et le 11 novembre 1467, le roi Jacques rendit la déclaration suivante, qui satisfit à la fois la république et les diverses maisons vénitiennes en contestation avec le domaine royal.

[2] Cette déclaration fut due aux négociations de Clément Théaldino, secrétaire de la république, envoyé en Chypre muni d'instructions en date du 7 août 1467, qui se trouvent dans les *Secreti,* XXIII, fol. 59 v°.

[3] Pour le fermage de la récolte des poudres de sucre. Voy. ci-dessus p. 88-90.

[4] *Chobuchula,* la Covocle des textes français, est aujourd'hui *Kouklia,* sur les ruines de l'antique *Palæ-Paphos.* On voit au-dessous du village de Kouklia, près du Dioriso, les masures abandonnées des anciens moulins à sucre.

[5] *Chielia* ou Aschelia, à une heure de Kouklia, vers Baffo.

[6] La main d'une fille du roi et la connétablie de Chypre avaient été la récompense de la soumission de Sor de Naves, capitaine de galères, sur qui la reine Charlotte de Lusignan, en quittant l'île de Chypre, s'était reposée de la défense de ses droits et de la garde du château de Cérines. Voy. ci-dessus, p. 117, n. 128, n.

Iʳᵉ PARTIE. — DOCUMENTS.

bilem virum Clementem de Thedaldinis, ejus secretarium, ad conspectum sue regie majestatis, ut ea omnia exponeret et instantissime rogaret quod supradictis querellis finis imponeretur. Idcirco, serenissimus et excelsissimus dominus rex predictus, cupiens antiquam benivolentiam, singularem affectionem et fraternam et filialem amorem necdum conservare, verum hunc et augere, statuit, habito consilio procerum et baronum regni sui, in etiam modum, requisitionibus prefati spectabilis secretarii respondere, videlicet.

1. Et primo a la richiesta del conservar le jurisdition et cetera, respondemo che noi, come bon fiol [1], et afficionato a sua serenità et che disponemo esser meglio che mai, ratificemo, et approvemo tutte le jurisdiction ha lo illustrissima signoria in questo regno. Ne lasseremo meter alcuna faction over cotta sopra alcun Venitian, si biancho [2] comme altro, secondo sè contien ne'i privilegii; nè de gitar sal [3], nè altramente; ma tenirli exempti, franchi et liberi da ogni cossa, et che possino liberamente traficar, andando, vignando...., pagando però i suo consueti dretti, essendo disposti non solum mantenir le suo jurisdition et usate francheze, ma ad ogni sua requisition augmentarle et accrescerle.

2. Indépendamment des 14,000 besants payables sur les revenus de la porte [4] de

---

[1] *Como bon fiol.* Plus loin, art. 5, à propos d'un différend avec la maison Da Leze, le roi déclare s'en rapporter à la décision de la seigneurie *comme à celle de sa mère.* Bien que le roi Jacques n'eût pas encore accepté la main de Catherine Cornaro, qu'il épousa seulement par procureur en 1468 (voy. ci-après, p. 182), il est probable que les négociations de cette alliance étaient alors assez avancées. Les expressions que nous remarquons ici sembleraient même indiquer qu'il y avait déjà des promesses réciproques entre le roi et la seigneurie. Dans un mandement du 23 juillet 1468, Jacques donne aussi le titre de *père* à André Cornaro qui était seulement l'oncle de sa future épouse, mais qui avait eu le premier la pensée de cette alliance pour le roi (ci-après, Livre de la Secrète, p. 231). On verra plus loin que des appréhensions s'élevèrent cependant dans l'esprit de Jacques le Bâtard au moment de contracter définitivement cette union, et que la république dut employer tout son ascendant pour en obtenir la dernière conclusion. Voy. 18 mai 1469.

[2] Vénitiens blancs. Indigènes chypriotes, reconnus par faveur comme Vénitiens. Voy. ci-dessus, p. 60, n. 4.

[3] *Gitar sal*, d'être obligé d'aller faire du sel ou travailler aux salines. Il est question de cette contribution dans les mandements de la Secrète de 1468-1469. Voy. ci-après, p. 228. D'après une pièce de 1471 citée plus bas (p. 179, n. 4), il paraît que le roi Jacques n'observa pas scrupuleusement cette promesse, et qu'il dérogea en d'autres points non moins graves au présent privilége.

[4] Sur les revenus de l'octroi de Nicosie, en vertu du traité du 11 octobre 1396, conclu par François Querini, voy. le t. Iᵉʳ des documents, p. 436.

Nicosie, la république voulait qu'on lui assurât en outre 10,000 besants annuels sur la teinturerie royale. A cette demande, le roi répond : « La seigneurie n'ignore pas que notre père pas plus que notre aïeul n'auraient pu accepter une semblable condition par suite de l'appauvrissement du pays, *per el deteriorar de questa isola;* nous le pouvons bien moins encore nous-même aujourd'hui, en raison des guerres et des disettes survenues dans le pays. Toutefois, afin de complaire à la seigneurie, nous consentons à ce qu'elle soit considérée comme première créancière sur les revenus de la teinturerie, pour le payement des 10,000 besants. De plus, comme ces revenus sont bien diminués depuis le temps de notre père, nous affectons spécialement aux dépenses et au service de la teinturerie les revenus des casaux de *Pactona*[1] et de *Lectora*[2], et une somme de 5,000 besants à prendre sur l'octroi de Nicosie. »

3. Quant à l'arriéré de la dette qui était de 120,000 besants, le roi promet de donner à la seigneurie 50 quintaux de poudre de sucre en caisse des bailliages de *Morfo* et *Lefcha*.

4. En ce qui concerne les frères de Martini, fermiers de la récolte des poudres de Kouklia et Aschelia, bien que le terme du bail soit arrivé, le roi, désirant plaire à la seigneurie, consent à le continuer aux conditions antérieures et à le faire courir dès la présente année. S'il est dû quelque chose aux Martini, comme ils le prétendent, l'ambassadeur chypriote Philippe Mistachel[3], actuellement à Venise, défendra les droits du trésor royal devant la république, et si le trésor se trouve débiteur de la maison Martini, on en tiendra compte sur le prix que la maison doit payer pour son fermage.

5. Les nobles membres de la maison da Lege ou Leze, « li gentilhomini da chà da Lege, » demandaient à reprendre le fermage de la saline de Saint-Lazare[4]; bien qu'il fût plus conforme aux intérêts du domaine de placer ce fermage en d'autres mains, le roi veut bien le laisser à la famille Lege, mais le prince se réserve de faire valoir ses réclamations devant la seigneurie de Venise, à la décision de laquelle il s'en remet comme à celle d'une bonne mère.

6. A la richiesta di casali Glanga[5] et Conodori[6], da esser restituiti a Cadit Cadit, venitian biancho, reputandose noi haver in dicti casali manifesta rason, cometeremo al soprascrito nostro ambassiator la justifichi a la

---

[1] Peut-être est-ce le village nommé *Patana*, sur les cartes vénitiennes, à l'O. de Nicosie, et qui paraît ne plus exister.

[2] Alektora, village turc, dans les petites vallées de l'Avdimou, près du cap Blanc.

[3] Il épousa l'année suivante Catherine Cornaro au nom du roi Jacques.

[4] Les grandes salines de Larnaka.

[5] Probablement Aglangia, *Glanquie* des textes français, village près de Nicosie, à droite du chemin de Larnaka. La décision, en ce qui concerne Aglangia, ne dut pas être favorable aux prétentions de Cadit; car le roi, se considérant toujours comme propriétaire du lieu, le donna en 1468 à Marc de Rhodes.

[6] Knodara, aujourd'hui village turc, à l'extrémité de la plaine de la Messorée, au pied des montagnes.

illustrissima signoria. Segondo serà deliberato per essa, exequiremo; et interea depositamo dicti casali apresso la magnificentia de miser lo bailo [1].

7. A la richiesta di quatro casali e mezo del Maratas [2], apresso di altri quatro kasali che prima li consentissimo, semo contenti, a contemplation de suo sublimità, compiacerli, et ex nunc poner in possession i signori procuratori de citrà, o chi per loro serano, e darli ogni favor, sichè comodament scuoder possa le intrade suo. Cercha la parte de le intrate passate havute per noi di dicti casali VIII 1/2, respondemo che pocho o niente habiamo havuto per i disturbi et guerre. Et ben sapemo qu'ella illustrissima signoria non vol da noi, per esser suo bon, più di quello le nostre forze portano; anzi credemo che in ogni nostro bixogno ne presterà l'aiuto et favor suo.

8. La réclamation de Jean Forbin ne concerne en rien le domaine royal. Le connétable Sor de Naves « nostro dilecto contestabele Soro de Nave » payera ce qu'il peut devoir, et, en attendant, il consent à laisser ses villages obligés au baile des Vénitiens.

9. Le roi promet de réintégrer le noble Cornaro de Piskopi « spectabile zentilhomo « da chà Corner de la Piscopia, » dans ses quatre fiefs dépendant du casal de Morpho. Le roi consent en outre à ce que les Cornaro puissent faire tenir un marché à Piskopi [3], en se conformant à l'usage ancien, « juxta solitum, » et en payant les personnes qui avaient des assignations sur le village, « i asegnati de merze, secondo le « usanze hactenus observate. » [4].

---

[1] Le consul de Venise en Chypre.

[2] Le Marathasse, occupé principalement par la longue vallée de ce nom où naquit saint Épiphane, est situé au nord de l'Olympe, dans le district de Lefka. C'est un des plus agréables cantons de l'île.

[3] La république de Venise avait toujours veillé avec sollicitude aux intérêts de la famille Cornaro en Chypre, et à ses possessions dans les bailliages de Morpho et de Piskopi. Notre premier volume renferme plusieurs documents à cet égard. Voy. p. 363, 434, 455, 503.

[4] *I assegnati de merze.* Dans les pays d'Orient régis par les assises, on appelait *assenés* les hommes à qui on avait assuré ou assigné une solde, une somme d'argent, ou une certaine quantité de denrées à recevoir annuellement, soit sur les revenus d'une terre, sur le produit d'une gabelle, soit sur les recettes d'un établissement public, comme la teinturerie royale de Nicosie. Ces assignations se faisaient souvent sous les obligations féodales, et constituaient alors un véritable fief (voy. le t. Ier de nos doc. p. 434, n. 2). Il a été déjà plusieurs fois question dans ces preuves d'assénements ou d'assignations semblables; on en verra de nombreux exemples encore dans le livre de la Secrète de 1468-1469. Ici, sous le nom d'*assegnati de merze,* on désigne des personnes à qui chaque année devait être remise, à Piskopi, une certaine quantité de marchandises. Le sens de cette expression est bien déterminé par une pièce des *Secreti,* qui concerne des assignations de draps et de fers livrés chaque année dans ce lieu. Le 28 décembre 1471, après avoir entendu l'ambassadeur du roi de Chypre et les membres de la famille Cornaro présents à Venise, le conseil des Prégadi décide qu'on écrira au roi de Chypre et au baile des Vénitiens pour leur recommander instamment

10. Pierre de Levante sera remis en possession de ce qu'il réclame, bien que le roi ait raison contre lui.

11. La maison de messire Jean Bernardini lui sera rendue, quoique ledit messire ait été souvent désagréable au roi, « quamvis dicto meser ne sia stà molto molesto. »

12. Le navire de François Salon ayant été retenu pour le service du roi, l'ambassadeur verra à Venise quel dédommagement peut être dû au propriétaire.

13. Nicolas Galimbert sera satisfait.

14. Le roi regrette de n'avoir pu payer encore le magnifique messire Hector Pasqualigo. Le solde entier lui sera remis en trois années au moyen d'assignations faites sur le bailliage et le village de Morpho, et à défaut, sur les autres revenus de la *régale* ou domaine royal.

15. Barthélemy Galimbert aura satisfaction.

16. Daniel Mudazo recevra une assignation sur Morpho.

17. Laurent Moro sera satisfait.

18. Il a été convenu que Jérôme Pesaro recevrait 200 ducats par an.

19. Jean de Martini sera payé en trois ans; c'est-à-dire que pendant trois années, on déduira un tiers de sa créance sur la rente qu'il doit payer au roi pour le fermage des poudres de sucre de Kouklia et Aschelia.

20. Jean Petener sera payé, s'il lui est dû.

21. A la richiesta dei spettabili çentilhomini quondam meser Priamo et les réclamations de la maison Cornaro. Ces réclamations portaient sur deux points principaux : 1° sur les *nouveautés* faites par le roi Jacques pour retenir et diviser en temps de sécheresse le cours de la rivière de Piskopi, *in loco Episcopie,* dont les eaux devaient descendre jusqu'à Piskopi ; et 2° sur de nombreux et graves griefs comme les changements ordonnés par le roi dans les assignations de drap et de fer, l'obligation du sel qu'il voulait imposer à quelques hommes (voy. p. 177, n. 3), la défense qu'il faisait de tenir un marché, nonobstant le privilége (du 11 novembre 1467) octroyé spontanément : « Et « per mutationem modi et forme solvenda- « rum assignationum quibus pannis et ferro « satisfieri consuetum est, permissum ab regiis « progenitoribus et declaratum postremo per « privilegium majestatis sue ; novam et inu- « sitatam impositionem salis, ablationem mer- « cati, ablationem hominum verti[a] nuncupa- « torum, et compulsionem hominum Epis- « copie ad custodiendas marinas Limisso, et « multas alias impositas angarias ; in ultimam « disolationem loci predicti et consequenter « eversionem funditus facultatis predictorum « nobilium. Liquido patuit et certissima res est « ea omnia fieri contra privilegia, consuetu- « dinem, formam antique predictorum nobi- « lium possessionis. » (Secreti, xxv, fol. 87.) Sous le gouvernement vénitien, il y eut aussi en Chypre un grand nombre de personnes qui recevaient une solde ou une pension en nature ; on les appelait les assignés ou les pensionnaires, *provvisionati, stipendiati.* Ils étaient tenus aux mêmes obligations de fidélité, d'hommage et de service militaire que les autres feudataires.

---

[a] Expression inconnue, et probablement leçon inexacte du Ms.

Andrea da Leze, per le bombarde et altre cosse segondo loro per nostro nome comprate, respondemo che, habude quelle, et intesi i prexii de le dite robe dai procuratori soi, semo contenti integralmente satisfarli.

22. Feu Dandolo Bernardo avait reçu du roi des assignations sur les villages de *Cata*[1] et *Chanacharea*[2]; le roi promet de maintenir ces assignations à ses héritiers, afin qu'ils n'éprouvent aucun dommage. Des ordres sont donnés pour que cette année même ils reçoivent la part qui leur est due, « havemo mandato che li sia data la rata. »

23. Les héritiers de feu Jacques Zorzi seront satisfaits aussitôt que la république aura fourni les informations nécessaires.

24. En ce qui concerne les sujets de la république de Venise retenus de force sur les galères du roi, « a la richiesta de i homeni venetiani per forza in le galie nostre « retenuti, » on va immédiatement rechercher sur les galères royales tous les Vénitiens ou sujets vénitiens qui pourraient s'y trouver, et les rendre aussitôt au secrétaire de la seigneurie.

Actum in regia civitate Nicosie, insule Cipri, in palatio residentie serenitatis regie, in presentia magnifici domini bajuli et spectabilium militum dominorum Nicolai de Morabito, vicecomitis Nicosie, Rizi Marino, camberlani et Joannis Aregnono[3], nec non spectabilium virorum dominorum Marci Lauredano, Christophori Venerio et Fantini, nobilium Venetorum, testium ad hoc specialiter rogatorum.

Jacobus, rex Cypri, confirmo.

Ego Donatus de Aprile, de Venetiis, quondam domini Christofori, publicus imperialis venetusque notarius, ac impresentiarum prefati serenissimi domini regis cancellarius, suprascriptis omnibus, dum sic agerentur et fierent, adfui et rogatus scripsi, meisque nomine et signo appositis de more, in hanc publicam formam eduxi et roboravi.

---

[1] Je ne sais quel est aujourd'hui ce village.

[2] Kanakarga, dans le Karpas, où est un monastère grec.

[3] Jean Aregnon, Aronium ou Aronion, sur lequel on sait peu de chose, fut cependant choisi par le roi Jacques le Bâtard comme l'un de ses exécuteurs testamentaires. C'était un gentilhomme Espagnol que le roi avait retenu en Chypre. « Le 20 août 1473, dit « Georges Bustron, mourut messire Jean Aro- « nion. Lorsqu'il vint en Chypre il était pau- « vre ; mais il appartenait à une bonne famille « de Catalogne. Le roi lui fit beaucoup de « bien, il le maria à la fille de Phrazike te « Pantis, la dame Marguerite, et lui donna « de belles rentes. Il mourut à Famagouste et « fut porté à la ville (de Nicosie), où on « l'enterra à Saint-François. » *Chron.* Ms. de Londres, fol. 74, et fol. 69 v°. Ce chevalier est mentionné aussi par Florio Bustron, *Chron.* Ms. de Londres, fol. 204, et par Lusignan, *Hist. de Cyp.* fol. 182 v°.

182   HISTOIRE DE L'ÎLE DE CHYPRE.

1468.

Fragment sur les fiançailles du roi Jacques le Bâtard et de Catherine Cornaro, célébrées à Venise [1].

Paris. Bibl. imp. Ms. franç. N° 9960, fol. 432. Cf. Malipiero, *Annali Veneti*, publ. par M. le comte Sagredo, t. II, p. 597.

E tandem, per stabilir fermamente le so cose, deliberò de maridarse. E indutto dalle persuasion de Andrea Corner, che era confinà in quell' isola [2], dove l'haveva assà possession e castelli, fradello de Marco Corner kavalier, a 30 de lugio [3] 1468, el mandò so ambasciador [4] alla signoria, recercandola che la fosse contenta darghe per mogier la fia de Marco Corner kavalier, nominada Caterina [5]. La signoria aldi gratamente la so domanda, e deliberò de satis-

---

[1] Je tiens à donner cet extrait, non pas tant à cause des faits historiques qui s'y trouvent rappelés, qu'afin d'établir, par une citation assez étendue, l'entière identité du Ms. anonyme de la Bibliothèque impériale 9960, avec les *Annales de Venise* de Malipiero, abrégées par François Longo et publiées en 1844 par M. le comte Sagredo. (*Annali Veneti dall' anno 1457 al 1500, del senatore Domenico Malipiero, ordinati dal senatore Francesco Longo*. 2 vol. in-8. Florence, faisant partie de l'*Archivio Storico*.) M. Daru a donné une notice sur les diverses parties de cet ouvrage, auquel il ne faut point rattacher le Ms. 9961 (*Hist. de Venise*, t. VII. p. 208, éd. 1853). M. Tiepolo avait blâmé l'historien de Venise de n'avoir pas assez tenu compte des renseignements qu'elles fournissent sur les circonstances de l'acquisition de l'île de Chypre par la république de Venise; M. Daru a judicieusement fait observer que les sentiments tout vénitiens du chroniqueur ne permettaient pas d'accepter aveuglément et sans contrôle ce qu'il dit de la conduite de Venise dans ces circonstances (*Hist. de Ven.* t. IX. p. 339-342). La publication de M. Sagredo, en faisant connaître les vrais auteurs de cette chronique, Malipiero, premier rédacteur, et Longo, abréviateur, tous deux patriciens de Venise, a bien justifié la réserve de M. le comte Daru. Les *Annali Veneti* n'en restent pas moins une des nouvelles sources les plus précieuses de l'histoire de la république de Saint-Marc dans la dernière moitié du xv° siècle.

[2] « Che in Cipro stanziava, per essere esiliato da questa terra. » Sanudo, *Vite de' duchi*, ap. Murat. *Script. Ital.* t. XXII, col. 1185. Une transposition évidente, dans le texte de Sanudo, fait de Catherine Cornaro la fille d'André qui était son oncle.

[3] Suivant Navagiero, le mariage du roi avec Catherine Cornaro aurait été arrêté à Venise par ses ambassadeurs dès le 10 juillet. (*Storia Venez.* ap. Murat. *Script. Ital.* t. XXIII, col. 1127.) On aura remarqué que dans la déclaration précédente de 1467 (p. 177) le roi Jacques se considère déjà comme fils de la république de Venise qui devait adopter Catherine pour sa fille.

[4] Ce fut le chevalier Philippe Mistahel, envoyé à Venise dès l'année précédente (p. 178), qui épousa à Venise Catherine Cornaro au nom du roi Jacques. Voy. ci-après la pièce des Prégadi du 18 mai 1469. Georges Bustron rappelle aussi la mission confiée à Mistahel. Ms. de Lond. fol. 69.

[5] « E la detta reina si nominava Caterina, « donna bellissima. » Sanudo, *Vite*, col. 1185. Les nombreux portraits de Catherine dus à Gentile Bellini, au Titien, à Paul Véronèse, attestent encore sa beauté. Un des plus curieux, appartenant à la galerie Manfrin, a passé longtemps à Venise pour le portrait

farlo, e accettò honoratamente i ambasciatori e ghe fese le spese. Fo ordinà le nozze, e fo mandà 40 matrone patritie con i piatti[1] del dose a levar a San Polo[2] la rezina Catherina, fia de Marco Corner, a casa soa; la qual fu condutta in sala de gran consegio, compagnada da molti nobeli senatori. E fo dado al dose, D. Cristoffalo Moro, un anello benedetto per uno di mazor secretarii, e de so man el fo dà all' ambasciador del re; el qual per so nome sposete la rezina Catherina; la qual da può le nozze, fo compagnà dal dose fin alla riva. Tutto'l populo concorse a tanta solennità, talchè quando la rezina andete in sala de gran consegio, fo necessario tegnir averte le porte de Pregadi.

El re Zacco sè mosse a domandar per mogier questa donna, perchè co'l favor del soldan l'havea recuperà el regno de man de Lodovigo de Savoia, e haveva tolta Famagosta a Zenoesi; e sè dubitò che Galeazzo, duca de Milan, e signor de Zenoa, el duca de Savoia, padre de Lodovico, so cugnado, unidamente ghe muovesse guerra, e ghe tolesse'l regno; e pensò che fesse per lui parentarse con la signoria, che podeva opponerse a tutti do per la propinquità del so stado, e per le so forze; sperando che per el traffego continuo, che la nostra nation ha in quell' isola, dovesse defenderlo contra cadaun[3]. Questo matrimonio no solamente assegurò el re Zacco, ma anche messe in mazor reputation la nobiltà venetiana, habbiando un re de corona domandà per mogier una fia d'un privato cittadin venetian. E pareva a ogn'uno, che la signoria havesse acquistà un regno, come, per grazia de Dio, successe.

Le condition della dota fo che Marco Corner ghe dete 100 milla ducati, tra contadi, zogie, e mobele pretioso[4]; e 'l re ghe consegnò, per so segurtà, la città de Famagosta e Cerines; e la signoria accetò per fia addotiva la rezina, la qual passete in Cipro con 4 galie da Barutho, capitano Geronimo Diedo[5].

---

d'une Levantine inconnue. On l'appelait la *belle Turque*. Il représente incontestablement la reine Catherine Cornaro en costume chypriote : ce sont ses yeux mêmes, noirs et brillants, son teint blanc et coloré, son embonpoint. Véronèse l'a trop grandie dans son tableau de l'abdication; Colbertaldi dit que la reine était de taille moyenne.

[1] *Piatti,* grandes gondoles à rames.
[2] Les Cornaro, ascendants de la reine et différents des Cornaro de Piskopi, avaient un palais sur la paroisse Saint-Paul; toutefois, le palais principal de leur famille, depuis le mariage de Catherine du moins, semble avoir été celui de Saint-Cassien, sur le grand canal, que l'on nomme encore aujourd'hui palais de la Reine.

[3] Marin Sanudo (ap. Murat. t. XXII, col. 1185) et Navagiero (Murat. t. XXIII, col. 1131) donnent les mêmes motifs à la détermination du roi.

[4] Il faut encore comprendre dans le chiffre de 100,000 ducats diverses créances qu'André Cornaro avait sur le roi de Chypre. L'ensemble de la dot fut assuré par une charte sur les revenus de Famagouste et de Cérines. Sanudo, *Vite de' duchi*, ap. Murat. *Script. Ital.* t. XXII, col. 1185.

[5] Malipiero, ou peut-être Longo, passe ici rapidement à des événements éloignés de

E per far ogni demostration de benevolentia verso la persona del re, ghe fo mandà ambasciador, D. Domenego Gradenigo, kavalier, homo ingenioso et eloquente, per allegrarse delle nozze, e per far spazzar alcune facende di Corneri dalla Piscopia, e de i Martini. E a 31 de lugio 1472, fo preso de pagar a essa rezina, e so famegia, e a' ambasciadori le spese del viazo; e dar 600 ducati de nollo ai padroni delle galie, et 4 grossi per persona da conto al zorno, et 2 grossi per bocca alla zente menua. E andete con essa Andrea Bragadin ambasciador.

1468-1469.

Actes enregistrés à la secrète royale de Nicosie, ou Livre des remembrances de la secrète pendant l'année 1468-1469.

NOTE PRÉLIMINAIRE.

Le registre original de la Secrète ou chambre des comptes de Nicosie, que je publie ici presque en entier, appartient à la bibliothèque du Vatican; il est classé dans le fonds Ottoboni, sous le n° 2821. Il provient de la bibliothèque du baron Philippe de Stosch, vendue le siècle dernier à Florence, dans le catalogue de laquelle il porte le n° 231. C'est un petit volume in-4°, écrit sur papier de coton oriental, et renfermant aujourd'hui 141 folios. Quelques feuillets manquent depuis longtemps à la fin du registre; il existe une autre lacune dans l'intérieur des cahiers, entre les folios numérotés 127 et 128; à partir du folio 129 la pagination est récente.

Le Ms. n'a pas de titre général. On a imprimé sur le dos de la couverture celui de : *Registre des lettres et comandemens du roi de Cypre. 1468*. Le catalogue de la vente du baron de Stosch [1] l'annonce ainsi : *Registro di lettere e comandamenti del re di Cipro, scritto nell' 1468. Cod. bombicino. Codice di gran pregio*. Ces deux titres sont incomplets, car les lettres et commandements royaux ne forment que la première des cinq parties du registre. Indépendamment des ordonnances qui émanent directement et personnellement du roi, et qui constituent cette première section, le Ms. renferme sous quatre autres divisions les actes passés devant la haute cour du royaume, et notifiés par le roi à la Secrète pour être insérés dans ses livres, et ceux que la Secrète était autorisée à recevoir par le ministère de ses officiers, depuis que l'ancienne juridiction de la cour des bourgeois avait perdu de son importance.

Le libellé de ces actes mêmes nous fournit le titre véritable du registre. On y lit, en effet, plusieurs fois que le roi notifie le présent mandement à la Secrète, afin que les secrétains ou secrétaires le fassent insérer en copie ou fixer en original au *Livre des remembrances* : « Pour ce vous mandons de faire atacher ces nos prezentes o livre des remembrances de nostre Secrete. »

quatre années des précédents. Catherine Cornaro ne partit pour l'île de Chypre qu'en 1472. Le mariage, arrêté par procureur à Venise, ne se réalisa pas en effet aussitôt qu'on l'aurait pensé; nous verrons même que le roi Jacques, lié par l'engagement de son ambassadeur, hésita à le ratifier et à faire venir sa fiancée en Chypre, projetant une alliance avec Ferdinand, roi de Naples. Doc. des 18 mai, 9 juin et 20 juillet 1469.

[1] Florence, in-4°. Sans date.

C'est ce titre qu'on aurait dû inscrire en tête du Ms. Ottoboni, plutôt que celui de *Registre des lettres du roi de Chypre*.

Chaque année, l'administration de la Secrète formait un ou plusieurs registres semblables à celui-ci, comprenant les actes d'un exercice complet, à partir du 1er mars, commencement de la nouvelle année administrative introduite par les habitudes vénitiennes en Chypre, jusqu'à la fin du mois de février de l'année suivante. Dans le Ms. Ottoboni, nous trouvons plusieurs fois la mention des registres des années précédentes. Ainsi, à l'occasion d'une faveur accordée le 23 décembre 1468 au monastère de Lapaïs[1], le roi recommande à la Secrète de faire une vérification sur les Livres des remembrances ou Mémoriaux du temps du roi Jean, son père.

Dès le xive siècle, la douane de Famagouste et probablement aussi la douane de Nicosie tenaient des registres semblables à ceux de la Secrète, et nommés *Registres des remembrances de la douane*[2]. Les négociants faisaient inscrire sur ces livres les conventions intervenues entre eux pour faits de commerce. Les registres de la Secrète auraient aujourd'hui un intérêt bien plus grand que ceux de la douane. Si l'on pouvait retrouver quelques-uns de ces registres de règnes éloignés les uns des autres, on acquerrait de précieuses lumières pour l'histoire générale et l'histoire intérieure de l'île de Chypre : la géographie, la généalogie, l'état des personnes, l'administration, la politique, tout s'y rattache, s'y éclaire et s'y complète. François Attar cite, en effet, les *Libri delle rimenbranze* ou *libri delle memorie* parmi les éléments divers qui, avec le texte des assises, les ordonnances royales et la coutume formaient la législation du royaume de Chypre à la fin du règne des Lusignans[3]. Florio Bustron, secrétaire de la commission chargée de la traduction des Assises sous les Vénitiens et historien de Chypre, n'oublie pas d'indiquer les *Libri delle remenbranze della Secreta*, comme une des sources qu'il a consultées pour la rédaction de sa chronique[4].

Le registre de 1468 est divisé en cinq livres ou sections. Le premier livre renferme les *Commandements du roi* adressés à la Secrète pour toutes les affaires intéressant personnellement le service ou la fortune du prince, telles que l'administration des terres de la couronne, la vente des produits du domaine, le payement des donations et des gages, ou les affaires d'intérêt général réservées à la prérogative royale, comme les nominations à certains offices publics. On y trouve aussi quelques pièces féodales, bien que les matières de fief fussent du ressort de la haute cour. Le nombre total des mandements est de cent quarante-trois ; le premier daté du 1er mars 1468 et le dernier du 28 février 1468 (1469, n. s.). On a inscrit à la fin et hors de leur date deux actes oubliés précédemment, l'un du 4 juin concernant la ville de Famagouste, l'autre du 23 juillet relatif aux serfs d'André Cornaro, oncle du roi. Sur les cent quarante-trois pièces, onze sont en grec, sept en italien ; toutes les autres en français. Dans les quatre parties suivantes du volume toutes les pièces sont en français.

La deuxième division du registre est le *Livre des chozes qui se font par la haulte courch*. La distinction ne paraît pas avoir été rigoureusement observée entre les actes que l'autorité du

---

[1] Voy. ci-après, p. 212, n° 5. Voy. aussi p. 288.

[2] « E quando si riconosce davanti allo ba-«lio del comercio di Famagosta, si si scrive «per mano dello scrivano del detto balio in «sun un libro che si chiama il *Libro delle* «*rimenbranze del comercio*. » Pegolotti, *Della mercatura*, dans Pagnini, *Della decima di Firenze*, t. III, p. 76.

[3] *Relazione di Cipro*, Ms. de la biblioth. Magliabecci, à Florence. XX, Var. D. 164, fol. 96 v°.

[4] *Chronica di Cipro*, Ms. de Paris, fol. XII.

roi seule validait, et ceux pour lesquels la présence d'un certain nombre de chevaliers-liges représentant la haute cour était nécessaire. De même que l'on trouve quelques mandements relatifs aux fiefs dans la première section, de même des nominations, des donations et des échanges de revenus qui sembleraient être mieux placés dans la précédente se rencontrent dans celle-ci. Les pièces de cette section sont au nombre de quarante-six : la première est datée du 1er mars 1468, la dernière du 22 février 1468, vieux style. Les feuilles qui manquent ici au Ms. contenaient sans doute quelques actes postérieurs.

La troisième division ou *Livre des apaus* renferme les baux à ferme passés dans le sein de la Secrète; en tout huit pièces, du 18 mai au 8 juillet 1468, sans lacune apparente.

La quatrième division est le *Livre des paies et des quittances*. Sous ce titre, on a placé le détail des rentes, assénements ou assignations diverses payées par certaines personnes ou communautés possédant des biens fonds. L'inscription du payement de ces rentes sur les livres de la Secrète valait quittance au propriétaire de la terre, et formait titre contre le rentier ou *l'assené*. On ne sait comment cet usage, d'une pratique si facile, au moins dans les districts rapprochés de Nicosie où siégeait la Secrète, n'était pas plus communément suivi pour constater le service des rentes foncières généralement établies en Chypre; on ne voit pas pour quel motif, en 1468, la Secrète reçut un aussi petit nombre de déclarations. Le registre ne renferme que huit comptes de payements et quittances effectués du 1er mars 1468 au dernier de février 1468, vieux style, sur les villages de Piskopi, Vassa, Avdimou et Pila et sur les terres de l'ordre de l'Hôpital.

La cinquième et dernière partie du registre, le *Livre des ventes, dons et guagières et autres*, est réservée aux contrats passés devant la Secrète entre particuliers; tels que les ventes, les donations, les échanges de serfs ou de terre, les acensements et baux à culture. Autrefois la Secrète, renfermée presque exclusivement dans la gestion des comptes financiers du domaine royal et du trésor public, ne pouvait recevoir ces actes privés. Les conventions entre particuliers se dressaient alors dans la cour des bourgeois, ou, en certains cas, devant les notaires royaux; mais, depuis le XIVe siècle, l'institution de la cour du vicomte ayant été négligée, une partie de ses attributions et notamment la réception des actes entre particuliers passa insensiblement à la Secrète, juridiction qui ne donnait pas moins d'authenticité aux contrats et de sécurité aux parties que la cour des bourgeois elle-même. Les reconnaissances de nationalité, dont l'effet était de délivrer le réclamant des impôts publics établis sur les sujets chypriotes, étaient reçues par les officiers de la Secrète et se trouvent aussi dans cette partie du registre. La section comprend trente actes complets, du 11 avril 1468 au 23 février 1469 et le commencement d'un acte dont la fin manque par suite de la perte des derniers folios du Ms. La table générale des rubriques placée en tête du registre indique, au reste, que les folios enlevés ici ne renfermaient pas d'autres pièces de la Secrète, et que l'ensemble du registre était composé des cinq sections précédemment énumérées. Mais il se pourrait qu'à la suite des actes formant le corps même du registre se fussent trouvés quelques appendices, tels que les copies des inventaires de Cérines et de Famagouste, et le texte des franchises de cette dernière ville que le roi annonce à la Secrète comme étant annexées à quelques-uns de ses mandements[1], pour être insérées dans le livre des remembrances, et qui ne se trouvent plus aujourd'hui dans notre manuscrit.

La confection et la garde de ce registre paraissent avoir été confiées, en 1468, à l'un des se-

---

[1] Voy. ci-après, p. 225, n. p. 226, n.

crétains ou officiers de la Secrète, André Bibi, conjointement avec le bailli Philippe Ceba. Quelques-unes des notifications faites par le roi sont nominativement adressées au bailli de la Secrète; dans le nombre, nous devons remarquer celle de la nomination du grand bailli son chef, Sasson de Norès [1]. André Bibi a rédigé les actes des trois dernières sections qui étaient dressés devant les officiers de la Secrète. Il se nomme ainsi dans le protocole de la plupart des pièces de la troisième et de la cinquième section : « Le verredi a xviii jours de mars « M cccc lxviii de Crist, en la presence de sire Simon Strambailli le pourveour, et messire « Philippe Ceba le bailli de la segrete, sire Fouque Guonem, *moi Andrea Bibi,* sire Pier « Goul, etc., segretains, segrete. » Le 7 novembre, il s'inscrit lui-même en ces termes parmi les personnes à qui le domaine de Vassa et d'Avdimou paie des rentes : « Le mecredi à vii « jors de nouvembre, *vint moi Andrea Bibi,* et convins que je ais ressu de mon asenement de « Vace et Afdime, pour un an, besants c. » André Bibi a rédigé, en outre, les analyses des mandements royaux et des actes de la haute cour, qui remplacent quelquefois dans les deux premières sections le texte même des documents [2]; c'est à lui que l'on doit encore la table générale des rubriques du registre placée en tête du Ms., et la rédaction de ces rubriques séparées. Les sommaires placés ainsi avant le texte des pièces sont généralement très-négligés et présentent fréquemment des phrases incohérentes. Le texte même des mandements royaux, comme celui des actes de la haute cour et des actes de la Secrète, est souvent d'un style obscur, et montre ce qu'était devenue, à la fin du xve siècle, la langue nette et claire du comte de Jaffa et de Philippe de Navarre.

Indépendamment du grand bailli et du bailli, indépendamment d'André Bibi, l'un des secrétains, le registre nous fait connaître le nom de plusieurs autres officiers de la Secrète et quelques particularités de leurs fonctions. La nomination d'un secrétain se notifie en ces termes : « Sachés que nous avons ordené o concel de nostre Segrete nostre bien amé et feaull « N., lequel volons que il aic de nous sodées pour chascun an, etc. » [3] Pierre de Livant, nommé par cet acte, devait ultérieurement recevoir des attributions particulières dans le sein de la Secrète; c'est ce qu'explique la suite du mandement : « Oquel de Livant faites donner « le charge que à vous autres semblera de faire. » Thomas Petropoulo, *segretain des confesions et registrement des apodixes* [4], était, sans doute, chargé de la rédaction et de l'enregistrement des quittances et cédules, qui devaient former un registre séparé, différent de celui-ci. Les soins des recettes et des payements à faire pour les divers services de l'État et du domaine privé étaient répartis entre d'autres secrétains ou maîtres des comptes. Philippe Bustron, l'un d'eux, est désigné comme spécialement délégué à la paye de l'escadre de Pierre Davila [5]. Jean Strambaldi, autre secrétain, était trésorier de la Secrète aux mois de mars et de décembre 1468 [6]; il est donc difficile de croire que le même Jean Strambaldi fut au mois d'avril préposé au raffinement des sucres récoltés sur les bailliages royaux du pays de Paphos [7]; car sa présence aurait été en cette qualité indispensable dans l'ouest de l'île, en même temps qu'elle était nécessaire à Nicosie, comme trésorier de la Secrète. Il s'agit probablement de deux personnages différents. Un autre membre de cette famille de race grecque, qui nous a donné le

---

[1] Mandement du 14 septembre 1468, ci-après, p. 207, n. 5.

[2] Voy. p. 194, n. 3 et 4; p. 210, n. 1; p. 216, n. 4.

[3] Voy. ci-après, p. 208, n. 7.

[4] Voy. ci-après, p. 207, n. 1; p. 233.

[5] Voy. p. 235, n. 2; p. 270.

[6] Voy. p. 189; p. 234, n. 1.

[7] Voy. p. 219, n. 1.

chroniqueur Diomède, Simon Strambaldi, également secrétain comme Jean, est nommé *pourveour* ou provéditeur dans le livre des baux à ferme. On ne voit pas quelles étaient en cette qualité ses attributions particulières. Ailleurs, il est qualifié de *marechoier*[1]. Comme tel, il était chargé de la tenue du livre de la maréchaussée et probablement de tout ce qui concernait ce droit. On apprend enfin, de la nomination du bailli de la douane de Nicosie, que cet officier avait le droit d'entrer et de siéger dans le sein de la Secrète, avec le titre et le rang de secrétain[2]. Quant au *Protoquiporo* chargé, sans doute, de l'inspection des enclos de jardins[3], et au *Néroforo*, préposé à la conservation des sources publiques, dont il est question dans une pièce du règne du roi Janus[4], on ne sait si ces officiers appartenaient à la Secrète royale ou à la cour des bourgeois de Nicosie.

Les actes divers que renferme le registre de la Secrète sont transcrits dans chaque section suivant l'ordre chronologique, et n'ont pas été classés d'après l'analogie des matières. A une pension ou gratification accordée par le roi, succède un mandement sur les serfs du domaine; après une ordonnance sur la récolte des cannes à sucre, on trouve le texte d'une donation pieuse. J'ai cru pouvoir sans inconvénient modifier un peu cet ordre, et rapprocher les actes qui concernent des matières semblables pour les grouper sous une rubrique commune. Cette disposition, qui facilite la comparaison et l'intelligence des documents, m'a permis de supprimer sans inconvénient les répétitions de certaines formules qui se reproduisent à peu près les mêmes au commencement et à la fin de certaines pièces dans les deux premières sections. On trouvera donc ainsi réunis dans chacune de ces divisions les mandements concernant les pensions accordées par le roi, les donations faites aux églises ou monastères, les nominations à divers emplois, les donations, confiscations ou échanges de fiefs, les affranchissements, la vente des produits des terres de la régale ou domaine royal, les comptes avec les chevaliers de Rhodes et autres sujets. Je n'ai pas voulu classer arbitrairement ces diverses matières entre elles, et me suis, autant que je l'ai pu, conformé à l'ordre chronologique du registre : à mesure qu'une pièce différente de la précédente s'est présentée, j'ai placé à la suite toutes les autres pièces analogues de la section.

La lecture du Ms. m'a offert quelquefois de grandes difficultés. Je l'ai transcrit, puis collationné moi-même à deux époques différentes à Rome, et je crois en avoir aujourd'hui un texte aussi exact que possible. Je dois compte cependant aux personnes que pourraient intéresser ces documents des doutes qui me restent sur quelques-unes des abréviations employées par les écrivains de la Secrète de Nicosie.

Le même signe sert souvent pour désigner les mesures de grains et les mesures de caroubes. Je l'ai traduit néanmoins dans le premier cas par *cafis* et dans le second par *coufins*. Le cafis était, en effet, la mesure ordinaire des grains, et le coufin ou la couffe servait généralement à renfermer et à mesurer les karoubes ou caroubes destinées à la vente. On voit dans Pegolotti que la couffe était un grand sac de laine contenant plusieurs quintaux de caroubes. Quelquefois le mot *coufin* est rendu dans le Ms. par l'abréviation de *9fin*.

Un signe à peu près semblable à ce sigle ꝡ, avec des boucles aux extrémités supérieures, signifie *mètre*, mesure de capacité pour les liquides. La valeur euphonique du signe est certaine, car on le trouve employé souvent dans cette phrase à la place du verbe *mettre* dans la formule finale : *lesquels deniers faites uzer et mettre en heuvre*. Dans quelques pièces

---

[1] Voy. ci-après, p. 234.
[2] Voy. p. 208, n. 8.
[3] Voy. ci-après, v^e part. du registre, p. 292.
[4] Voy. le t. Ier de nos documents, p. 504.

italiennes, ce signe, comme indiquant une mesure de capacité, est même remplacé souvent par l'abréviation met.

L'abréviation *bz* dans les textes français, ππ dans les ordonnances grecques me paraît signifier *besants*; et j'ai traduit par *karoubes* le sigle employé pour marquer les sous-divisions du *bz*.

Un signe assez semblable à un *d* romain me semble répondre souvent à *besant*; mais il est aussi employé dans le sens indéterminé de *deniers*; telle pension, est-il dit fréquemment, sera payée *en choses et en diniers*, en nature et en argent. J'ai lieu de croire que le même signe indique quelquefois des ducats, mais je n'ai pas trouvé les moyens de le reconnaître d'une manière certaine.

J'ai traduit *qq*. et *qtt*. par *quintar* ou quintal; *ms* par muid, mesure de capacité pour les grains; *o/s* par cafis; *f* par *fiole*, petite mesure pour les liquides.

I.

Le livre des conmandemens dou roi monseigneur, de l'an de M CCCC LXVIII de Crist.

1468, 1ᵉʳ mars. A Nicosie.

Exemptions ou diminutions du payement de la rate. Appointements de divers employés de la maison du roi.

1. Le roi monseigneur manda que les raites des desous nonmés de non paier riens, et aucy la croissiance que fist as desous nonmés [1].

Nos biens amés et feaulls concelliers [2]. Sachés que les desous nonmés nos segretains [3] et autres se lamenterent à nous par pluzeurs fois pour la reite [4] que nous les avons mis de paier pour lor sodées, et veliant nous que ils soient contens de nous, et que ils ayent achazoinn de estre plus ententifs et ovriours en nostre servize, aucy conme ils nous proumistrent, nous sonmes contens et volons que ladite raite soit casée deheans, cc'est [5] à savoir de sire Thomas Sebili, de sire André Bibi, de sire Pier Goul, de sire Francès de Triple, de sire Jaque Placoto, de sire Lois Filo, de sire Nicol Singritico, de sire Johan Stronbailli le trezorier, de Nicolin de Millias le boutellier [6], de Jorgin Romanity l'escrivain de nostre estable et des escrivains et guardiens de la mete dou cel [7]. Pour ce vous mandons de conmander l'oficier

---

[1] Ms. fol. 9. Première pièce du registre. Ces rubriques ont été, comme je l'ai dit précédemment, rédigées par le secrétaire André Bibi.

[2] Je supprime cette suscription dans les mandements suivants.

[3] Les membres du conseil de la secrète.

[4] La *reite, raite, rate*, était une contribution ou retenue proportionnelle exigée de tous les fonctionnaires recevant des gages ou des soudées du roi.

[5] Ce mot est toujours écrit par deux *c*.

[6] L'employé chargé de la bouteillerie dans la maison du roi, comme il est expliqué à la fin de l'ordonnance.

[7] On trouvera plus loin quelques pièces relatives à cet impôt. Voy. p. 227-228.

dou nouvel ofice de non demander as susdis aucune choze pour ladite reite. Encores vous faizons savoir que nous avons ordoné pour segretain de nostre segrete, o reng des autres segretains, sire Thomas Petropoulo, d'avoir sodées de nous, pour chascun an, orge mus xc, et en diniers besants vi cens. Encores vous mandons que des sodées qu'il a o jour sire Francès de Triple, que vous li doiés amermer[1] besants c ; et oultre volons qu'il ait besants cxx pour un desiple pour estre en sa ayde. Encores, considerant que sire Pier Goul est contunnelement o servize de nostre segrete, li avons fait croissiance de sodées qu'il a o jour par chascun an besans c, et estre segretain o renq de nos autres segretains. Aucy volons que sire Francès de Triple estre segretain o renq des autres. Encores vous mandons de amermer de sodées de sire Jaque Placoto qu'il a o jour de nous, chascun an besans c. Encores veant que le servize de l'escrivanie, de la cuzine et de la bouteleriе de nostre courch est vacant, et ne n'a aucun d'avoir le charge, volouns que Jorgin Romaniti aie ladite charge ; cc'est escrire codidianement ladite cuzine et boutellerie et l'estable, et metre tous les despenses desusdis en escrit et presenter les o dit sire Francès de Triple, l'escrivain des yssues[2] nostres, de metre les en heuvre, avoir croissance des sodées qu'il a o jour, c'est l'an forment mus xii et en diniers, besants xl[3]. Pour ce vos mandons de faire atacher ces nos presentes à vostre estat et o livre des remenbrances de nostre secrete. Donné à Nicossie, le premier jour de Mars mccclxviii de Crist. Confermé[4].

1468, 1er mars. A Nicosie.

2. Le roi monseigneur manda la raite de tous les balis de la teaille, pour avoir achazon d'estre solicités des dites balies de non paier lor rates[5].

Sachés que de l'entraint de ce present mois de mars mccclxviii de Crist, avons tallié la rate de tous les ballis de nostres ballies pour avoir achazoin d'estre solicités o gouvernement de nos dis baillies à nostre profit. Pour ce vous mandons que par vos letres anonsiez nostre prezant conmandement à

---

[1] *Amermer*, retrancher, diminuer.
[2] Des *yssues*, des dépenses.
[3] Le roi accroît les gages de Georges Romaniti de 12 muids de froment et de 40 besants.
[4] Confirmé. Je supprime souvent dans les pièces suivantes les formules de la fin, en conservant la date précise de l'acte.

[5] Ms. fol. 10. Le roi, par la décision présente, faisait sans doute l'abandon de la rate aux baillis chargés de la perception de la taille ; mais il reprenait sous une autre forme ce qu'il donnait ici, en obligeant les officiers à verser, à titre de prêt, une certaine somme avant leur entrée en fonctions. Voy. ci-après les ordonnances du 18 mars 1468.

l'oficier dou novel ofice de prosuir. Et ses nos prezentes faire atacher o livre des remenbrances de nostre segrete.

1468, 13 avril. A Nicosie.

3. Le roi monseigneur manda des xxx ducas que Plicy Moustatouze paie decy en avant, à payer ducas xv [1].

Nous vous mandons que des xxx ducas que Plichy Moustatouze nous paie pour chascun an pour rate, que vous ne li doiés demander de cy en avant autre que ducas xv, les motiés ducas et les motiés chozes [2].

1468, 21 avril. A Nicosie.

4. Le roi monseigneur manda pour la rente de sire Nicol Singritico de non paier tant des sodées comme de son fié [3].

Nous vous mandons que de la raite que nostre bien amé et feaull sire Nicolas Singritico, le segretain, doit donner partant fevrier de MCCCCLXVIII [4] de Crist pour cause de ses sodées, que vous ne li doiés riens demander. Parellement vous mandons que de la raite des v ducas que ledit sire Nicolas nous doit donner pour son fié dou cafis des oolives [5], pour chascun an, que vous ne li doiés riens demander ni requerir, tant dou pacé conme de ci en avant [6].

1468, 8 septembre. A Nicosie.

5. Le roi monseigneur manda que la rate que Androuchi Cazoli, de non paier riens tant dou viel conme de ci en avant [7].

Nous vous mandons que des III ducas que paie rate Androuchi Cazoli pour la presterie de saint Jorge tis Pasieou [8], que vous ne li doiés riens demander, tant de celui que doit partant fevrier MCCCCLXVII [9], conme de l'entraint de mars pacé de cest an. Et ses nos presentes faire atacher o livre des remenbrances de nostre segrete.

---

[1] Ms. fol. 18.

[2] Moustatouze devait payer moitié en argent et moitié en denrées ou en nature.

[3] Ms. fol. 14, v°.

[4] A partir de février 1469, nouveau style.

[5] Il est probable que Nicolas Synclitique avait en fief un certain nombre de cafis d'olives que lui payait annuellement le domaine royal. Le cafis était en Chypre la huitième partie du muid, et le muid chypriote avait à peu près une capacité de 73 litres. Cf. les différentes évaluations de Pegolotti, *Della mercatura*, dans Pagnini, t. III, p. 66-90; *Assises de Jérus.* t. II, p. 359.

[6] Par une disposition semblable, le 8 septembre, le roi dispense de toute rate Marc Pasturama, maître de son hôtel. Ms. fol. 31, v°.

[7] Ms. fol. 28.

[8] Localité inconnue.

[9] Depuis février 1468, nouveau style.

1468, 4 mars.

Ordre pour conduire à Nicosie ou renvoyer chez leurs maîtres les serfs qui ont quitté leurs villages [1].

Le roi monseigneur manda pour recouvrer les serfs et serves qui sont fuytifs de lor cazaus et mener les à Nicossie.

Πισ7οὶ καὶ ἠγαπημένοι μας, μηνοῦμεν σας καὶ ὁρίζομέν σε μόναντα καὶ τὸν αὐτόν μας ὁρισμὸν περιλάβῃς, νὰ ποιήσῃς ἕνα διαλαλημὸν καὶ ὁρισμὸν ἀπὸ τὴν μεριάν μας εἰς ὅλα τὰ χωρία καὶ προάσ7εια, μοναστήρια, ἀμπελικαῖς καὶ μονίκια ὁποῦ εἶναι εἰς τὴν κοντράδα τῆς χώρας τόπος· οἱ τζιβιτάνοι καὶ παρατζιβιτάνοι τῶν αὐτῶν χωρίων καὶ προασ7είων νὰ γυρεύσουν ὅπου εὕρουν ἀνθρώπους καὶ γυναῖκας καὶ κοπέλια ὁποῦ δὲν εἶναι ἀπὸ τοὺς τόπους ὅπου εὑρίσκονται καὶ δὲν εἶναι γνωρισμένοι πῶς εἶναι ἐλεύθεροι, νὰ τοὺς πιάνουν καὶ νὰ τοὺς δένουν ἐξάγκωνα, καὶ νὰ σοῦ τοὺς πρεζεντιάζουν. Καὶ ἐσὺ νὰ τοὺς πέμπῃς εἰς τὸν Συγγρίτον μας νὰ τοὺς θοροῦν, ἂν ἦναι παροικοί μας νὰ τοὺς παιδεύουν, καὶ νὰ τοὺς πέμπουν εἰς τὰ χωριά μας· καὶ ἂν ἦναι πάροικοι ἄλλης, νὰ τοὺς παιδεύῃς ἐσὺ καὶ νὰ τοὺς παίρνουν οἱ αὐθένται των. Καὶ ἀνίσως καὶ οἱ ἀντιτζιβιτάνοι καὶ παρατζιβιτάνοι πείσουν τὸν κατάδικον, θέλουν πληρώνει πένα ὁ πασαγεὶς ὁποῦ νὰ φαλιάσῃ εἰς

Nos fidèles et bien aimés. Nous vous mandons et nous ordonnons à toi [bailli de la secrète] qu'aussitôt la réception de notre ordonnance, tu fasses connaître par des crieurs publics à la ville, aux faubourgs, à tous les villages, aux monastères, et aux lieux où se trouvent des plantations de vigne ou des habitations, et en général à toute la contrée du pays : Que les civitains et paracivitains desdits villages et de leurs dépendances cherchent partout les hommes, les femmes et les enfants non originaires du pays où ils se trouvent et qui ne sont pas connus pour être éleftères ; qu'ils les arrêtent, leur lient les mains derrière le dos et te les présentent Toi, tu auras soin de les envoyer à notre secrète, qui les examinera avec attention. S'ils sont véritablement nos serfs, il les punira et les enverra dans nos villages ; mais s'ils appartiennent à d'autres, tu les puniras et les enverras à leurs maîtres. Et si les civitains et paracivitains laissent échap-

---

[1] Ms. fol. 10, v°. Hugues IV avait rendu une assise où l'on s'était occupé aussi des moyens de faire revenir dans leurs villages les serfs qui s'en étaient enfuis. Cette loi nous est parvenue dans quelques manuscrits (voy. *Assises de Jérus.* t. II, p. 375). Elle dispose également qu'on devra renvoyer chez leurs maîtres tous les serfs fugitifs. Toutefois, elle prescrit de suspendre la recherche et la poursuite des serfs pendant trois époques de l'année, savoir : au temps des moissons, c'est-à-dire du mois d'avril au mois de juin ; aux vendanges, pendant les mois de septembre et d'octobre ; et enfin au temps où l'on travaille les vignes, en mars et avril.

τὴν τζάπρα μας δουκάτα ἐκ, καὶ κιβέτζιμο. Ὁμοίως πᾶς ἄνθρωπος τοιούτης λογῆς καὶ νατούρας ὁποῦ νὰ ἦναι, καὶ ἔχωντας ἔσω τοὺς ἠξεύρει ποῦ εἶναι, ἢ φεύγει καὶ δὲν τοὺς ὁμολογεῖ, θέλει πληρώνει πένα ὁ πασαγεὶς εἰς τὴν τζάπρα μας δουκάτα ἐκ ὁποῦ νὰ φαλιάσῃ· Καὶ διαβαίνωντας ὀλίγαις ἡμέραις θέλομεν πέμψει καὶ ἕνα πιστὸν καὶ ἠγαπημένον μας νὰ ἰδῇ καὶ νὰ ἐξετάσῃ ἀν ἐποίησαν οἱ ἄνωθεν τζιβιτάνοι καὶ παρατζιβιτάνοι τὸ ντέβερ των. Καὶ ὅποιος εὑρεθῇ φαλισμένος, θέλει πέφτει εἰς τὴν ἄνωθεν πένα. Πρέπει οἱ τζιβιτάνοι καὶ παρατζιβιτάνοι νὰ παρουσιάζουν πάντα εἰς τοιούτην μανιέρα. Ἔτος, τῇ δ. Μαρτίου 1468 ἀπὸ Χριστοῦ.

per les délinquants, ils payeront, chacun à notre chambre pour avoir failli à leur devoir, une amende pécuniaire de 25 ducats de négligence. De même, tout homme, de quelque état et de quelque nature qu'il soit, sachant où le coupable s'est caché ou s'est enfui, s'il ne le déclare pas, payera à notre chambre 25 ducats pour sa faute. Et dans quelques jours, nous enverrons un de nos fidèles et bien aimés serviteurs pour voir et examiner si lesdits civitains et paracivitains ont rempli leur devoir. Et celui qui se trouvera en faute, sera soumis à la même amende que ci-dessus. Il faut que les civitains et les paracivitains examinent personnellement chaque individu de la manière susdite. Année, le 4 mars 1468 du Christ.

1468, 6 mars et autres dates.

Pensions en nature et soldes en besants accordées ou augmentées à diverses personnes par le roi.

1. Le roi monseigneur manda la provizion que sa seigneurie a fait à frère Guomes Davila [1].

Nos biens amés et feaulls concelliers. Sachés que nous avons fait provizionn pour chascun an à nostre bien aimé et feaull frère Guomes Davila des entrées de nostre regualle forment mus IIe et orge mus IIIe. Pour ce vous mandons de le faire atacher à nostre estat et le trahter et paier conme susdit est. Donné à Nicossie, le VIe de Mars MCCCCLXVIII de Crist. Conformé.

---

[1] Ms. fol. 11. On trouve dans le registre les mandements de quelques autres pensions : à Jacques de Santi, mêmes conditions qu'Alonzo, huissier de la chambre du roi, fol. 24; à Nicolin Calamonioti, vieux serviteur du roi, fol. 36; à David l'Arménien, fol. 44; à kyr Dimitri Sguotopulo, le *Fezesien*, fol. 47; à Diego de Victoria, *patron de la galée du roi*, fol. 53; à maître Bernardo, le *sartour de nostre eschambre*, fol. 54.

1468, 15 mars. A Nicosie.

2. Le roi monseigneur manda les sodées des desous nonmés condestables [1].

Sachés que nous avons ordené as desous nonmés, condestables de nos sodées à pié, d'avoir chascun d'eaus vitouallies par la maniere que Caspar de Meriq le conostable en a o jour de nous celon nostre estat, aveuq ce que les dis conostables en ont o jour à nostre estat, cc'est à savoir Nicola dal Sabatier, Lemona et Paio. Pareillement vous fazoins savoir que les dis condostables vous requistrent que les xxxv besants que chascuns d'eaus en a sodées de nouz chascuns mois, et se paient de l'escadre de Petro Davila, que nostre volenté soit d'estre payés de nostre segrete cc'est à savoir les susdis iiii personnes cc'est Ynicona dal Sabatier, Lemona et Paio et Guaspar de Meriq, qui sont personnes iv. Pour ce vous mandons de les faire atacher à nostre estat et les trahter et paier des razonns de nostre segrete tant les vitouallies conme les diniers, et les faire lever de la sonme que monte ladite escadre et paier les vitouallies de l'entraint de mars de cest an et les diniers de l'entraint d'avril venant aucy de cest an.

1468, 19 mars. A Nicosie.

3. Le roi monseigneur manda la croissiance qu'il fist à Dimitri Asavi, chascun an besants c, escrist deriere hune supplication [2].

Dimitri Asavi donna hune supplication o roi monseigneur, requerant à sa exellence que les sodées [3] que il a o jour n'en estende et li demande pour faire croissiance. Et sa exellence escrist derieres à ladite supplication as seigneurs pourveours et le bailli de la segrete pour metre li à l'estat, croissiance chascun an besants cent, cc'est la motié en diniers, et l'autre motié en chozes. Donné à Nicossie, à xix de Mars de iiiie lxviii de Crist. Confermé.

1468, 19 mars.

4. Le roi monseigneur, escrit derieres une supplication [et] fist sodées à dame Chiva de Giblet [5].

---

[1] Ms. fol. 11, v°.

[2] Ms. fol. 13. Cette pièce ainsi que la suivante fut rédigée à la Secrète même par André Bibi, et n'émanait pas en la forme analytique où nous l'avons ici de la chancellerie royale. Voy. ci-dessus, p. 187.

[3] Au Ms. le soudées.

[4] Ms. fol. 13, v°. La plupart des membres de la famille de Gibelet, une des principales de l'île, furent opposés à Jacques le Bâtard et restèrent fidèlement dans le parti de la reine légitime Charlotte.

Ire PARTIE. — DOCUMENTS.

Dame Chiva de Giblet donna hune supplication o roi monseigneur requerant à sa exellence pour fare acun sustenement pour elle et pour ses enfans ; et sa exellence escrist derieres à la dite supplication as sseigneurs pourveours et o bailli de la segrete pour metre le à l'estat, avoir chascun an fourment mus xxxvi, vin metres xxxvi et en diniers besants iii^c de la regualle. Donné à xix jour de Mars de mccccLxviii de Crist. Confermé.

1468, 21 mars. A Nicosie.

5. Le roi monseigneur manda de faire excepter les sodées que Donato le chancellier [a] ès lieus sous devisés [1].

Nous vous mandons que de l'entraint de ce present mois de mars faire exepter et paier les sodées que Donato [2], nostre chancelier, en a de nous, cc'est le blé de saint Sozomeno [3], le vin de Marathace [4] et les diniers de la mete dou cel, cc'est les diniers de la cuillete [5] de Stefano de ladite mete dou cel, par ces apodixes tout ensemble.

1468, 21 mars. A Nicosie.

6. Le roi monseigneur manda les sodées que fist à Yacoumo de Sainta Mavra [6].

Sachés que nous avons fait sodées à Yacoumo de Sainta Mavra pour chascun an forment mus xxv, vin metres xxv, et en diniers besants ii^cL, et en orge mus xc pour son cheval. Pour ce vous mandons de le faire atacher à nostre estat, et le trahter et paier comme susdit est.

1468, 26 mars. A Nicosie.

7. Le roi monseigneur manda la croissance qu'il fist à Demenico de Marta [7].

Πισ7ὲ καὶ ἠγαπημένε μας· Γινώσκετε ὅτι ἦλθε πρὸς ἡμᾶς ὁ Δομένικος Ντελάρτας καὶ εἶπε μας ὅτι πῶς τὸν ἐκρα-

Notre fidèle et bien aimé [8]. Sachez que Dominique de Larta est venu vers nous, et nous a dit que vous lui aviez retenu

---

[1] Ms. fol. 13, v°.
[2] Donato d'Aprile, vénitien, était alors chancelier du roi. Voy. ci-dessus, p. 181.
[3] Haï Souzomeni, au S. de Nicosie.
[4] Belle vallée traversée par la rivière de Lefka, au nord de l'Olympe.
[5] De la recette du droit de sel, dont Stephano était gardien ou percepteur.

[6] Ms. fol. 14. Les Sainte-Maure figurent parmi les familles nobles de Chypre ayant entrée au grand Conseil sous les Vénitiens. Lusignan, *Hist. de Cyp.* fol. 83, v°.
[7] Ms. fol. 15, v°. Marta est nommé de Larta dans le texte même de l'ordonnance.
[8] Ce mandement est adressé directement au bailli de la Secrète, Philippe Ceba.

τήσετε τὸ μηνιαῖον του· διὰ τοῦτο ποιή-
σατε νὰ τὸν κοντετιάσης ἀπὸ τὸ μηνιαῖον
του ὁποῦ τοῦ ὁρδινιάσαμεν εἰς τὸ ἐσ7άτο
μας, εἰς λόγον νὰ μηδὲν ἔλθη πρὸς ἡμᾶς
νὰ λεμεντιασθῇ. Ἐγράφη τῇ 26 μαρτίου 1468 ἀπὸ Χρισ7οῦ.

ses appointements. En conséquence, faites en sorte de le contenter, en lui payant son traitement, tel que nous l'avons ordonné dans notre état, afin qu'il ne revienne plus auprès de nous pour se lamenter. Écrit le 26 mars 1468 de Christ.

1468, 4 avril. A Nicosie.

8. Le roi monseigneur manda l'amosne que sa seigneurie a fait à quir Gliguorio de Mesapotamo [1].

Sachés que nous avons fait amosne pour chascun an à quir Gligourio, le veliart de Mesapotamo [2], à toute sa vie, et mezavenant de lui à Gualisto, son nevou, auci à toute sa vie, vin metres XII et en diniers besants V, asenés de les ressevoir par lor apodixes dou cazal dou Quilane, cc'est le vin dou tiers des vignes de Manolichiohtisto, et les diniers dou dimois des dites vignes. Pour ce vous mandons que ses nos presentes doiés faire atacher o livre des remenbrances et as autres escritures de nostre segrete et poursuir et faire conme susdit est.

1468, 20 avril. A Nicosie.

9. Le roi monseigneur manda la provizion que fist [3] as VI chantours de la chapele.

Sachés que nous avons fait provision as VI chanteurs de nostre chapele d'avoir pour chascun jour pains XXIII et vin fioles VI de nostre courch, et pour chascun an en diniers besans IIIe, paiés de la rente de la cabelle de la porte de Nicosie. Pour ce vous mandons de le faire atacher à nostre estat et le trahter et paier conme susdit est.

1468, 26 avril. A Nicosie.

10. Le roi monseigneur manda donner à dame Alis Capony chascun an besants deux cens [4].

---

[1] Ms. fol. 16.
[2] Kyr Gregorios, dom Grégoire pour les Occidentaux, vieillard de Mesopotamo ou Mesopotami, village dans les montagnes du Troodos, entre les rivières du Lykos et du Kouri, au nord du village de Kilani.
[3] Au Ms. fol. 17, *fistrent*.
[4] Ms. fol. 18.

Nous vous mandons que vous doiés faire donner pour chascun an à dame Alis Capony pour son duare besants ii^c; lesquells faites atacher à nostre estat pour avoir les o non de sodées.

1468, 26 avril. A Nicosie.

11. Le roi monseigneur manda que les mv^c lxv bezants que Benevides et Cristoforo et sire Guatier de Nores en ont provizion de la cabele de la porte [1].

Nous vous mandons que les mii^c besants que Benevides et Cristoforo de Mentosa en ont pour provizion de la cabelle de la porte pour chascun an, auci et les iii^c lxv besants que sire Guatier de Nores a provizion de la dite cabele, que vous les faites asener de l'entraint de may venant de mccclxviii de Crist, de les ressevoir de la rente de la marechaussée des bestes de la cuillete de Casterono de l'asenacion de nostre eschanbre [2]; et les mv^c lxv que les dis avoient de ladite cabele, faites les donner, aucy de l'entraint de may 1468, à nostre eschanbre, à la main de Loyzo Spataro. Donné à Nicossie, le xxvi jour d'Avrill mccclxviii de Crist. Confermé.

---

[1] Ms. fol. 20, v°. Gautier de Norès est un des plus fermes caractères de cette époque, où la noblesse chypriote montra presque sans exception un dévouement admirable pour l'héritière des anciens rois. En 1461, comme il revenait avec deux de ses fils et Thomas Carreri d'une mission que lui avait confiée la reine Charlotte, la tempête le jette sur les côtes du Pendaïa; il est aussitôt arrêté et conduit devant le roi Jacques. Carreri tombe aux pieds du prince et lui jure fidélité. Gautier de Norès demeure inflexible et refuse de violer le serment qu'il avait prêté à Charlotte. Le roi, non content de confisquer ses nombreux fiefs de Vassiglia, Kormachiti, Mirtou, Karpascha, Gambili et Margi, le fit renfermer dans une prison avec ses enfants. Rien ne put l'abattre et le déterminer à promettre fidélité au bâtard. On voulait le tuer. Le roi s'y opposa et lui laissa la petite pension viagère dont nous voyons ici l'ordonnancement. Sa constance et sa fidélité devinrent proverbiales en Chypre. «Et « però rimase in Cipro il proverbio delli oste- « nati che dice la fe di ser Galtier.» Florio Bustron, Ms. de Londres, fol. 190, v°. La république de Venise respecta sa mémoire et pourvut à l'entretien de sa famille. Le 19 septembre 1489, le Conseil des Dix, considérant que Pierre de Norès, fils de Gautier de Norès «autrefois un des premiers « du royaume de Chypro,» était tombé dans la pauvreté, lui accorde une pension annuelle de 800 besants. (Arch. de Venise. *Consiglio de' Dieci*. Reg. XXIV, fol. 103.)

Lors de la prise de l'île de Chypre par les Turcs, en 1570, Jason de Norès se retira en Italie et se fixa à Padoue, où il mourut en 1590, professeur de philosophie morale. Il a laissé beaucoup d'ouvrages sur la rhétorique et la philosophie. Les derniers descendants de cette famille en Chypre sont connus aujourd'hui sous le surnom de Calimeri.

[2] C'est-à-dire, qu'à partir du mois de mai prochain, les pensions en besants remises jusque-là à Benevidès et Christophe de Mendoza, ainsi qu'à Gautier de Norès, sur les revenus de la porte ou de l'octroi de Nicosie, leur devaient être payées sur le produit de la recette effectuée par Casterono du droit de maréchaussée au compte du trésor royal.

1468, 9 juillet. A Nicosie.

12. Le roi monseigneur manda les sodées que fist à Balian Salah, fils de sire Thomas [1].

Sachés que nous [avons] fait sodées à Balian Salah, fils de sire Thomas Salah, d'avoir pour chascun an par la maniere que Jaco Salah a o jour sodées de nous. Pour ce vous mandons de le faire atacher à nostre estat, et le traiter et paier conme susdit est.

1468, 23 septembre. A Famagouste.

13. Le roi monseigneur manda les sodées que fist à Pierro da Crema [2].

Carissimi ben amadi e fedel delecti prohedadori de nostro reame e bali de la segretta. Vi comandanro che al nostro dilecto servitor Pierro da Crema dobiate far levar el suo conpasso segondo usanza per lo triminio passato, et si ch'el avia bonni assignamenti et ch'el sia ben pagato e cusi per l'avegnir anda'llo paguado segondo la suo provision usata. Ex Famagusta, die xxiii Septembris 1468. Confermé.

1468, 1ᵉʳ octobre. A Nicosie.

14. Le roi monseigneur manda la croissiance de sodées que fist à Carlo Berguadin [3].

Sachés que nous avons fait croissiance des sodées de Carlo Berguadin por chascun an en diniers bezants cent. Pour ce vous mandons de le faire atacher à nostre estat la dite crossiance o non dudit Carlo, et le trahter et paier conme susdit est. Auci vous mandons de faire paier les diniers des sodées doudit Carlo dedens à Nicossie.

1468, 9 octobre. A Nicosie.

15. Le roi monseigneur manda donner as desous nonmés garsons de sa chanbre [4].

Vous mandons de faire donner de la boutellerie de nostre courch chascun jour as dessous nonmés vin fioles deus, cc'est as garsons de nostre chanbre à

---

[1] Ms. fol. 24, v°.
[2] Ms. fol. 29. Pierre de Crème était probablement un des anciens habitants de Famagouste réduits à la misère par la ruine du commerce de la ville auxquels le roi accordait une pension alimentaire. La commune de Famagouste rappelle ces faits dans sa supplique au gouvernement de Venise que l'on trouvera imprimée plus loin avec la réponse du doge en date du 2 août 1491.
[3] Ms. fol. 30.
[4] Ms. fol. 31.

Janyco et ses [enfans] fiole une, et à garson braconnier de nostre chaubre nonmé Jorgin fiole une demie. Pour ce vous mandons de le faire atacher à nostre estat selon que apartient.

1468, 13 octobre. A Nicosie.

16. **Le roi monseigneur manda pour l'asenement de Youcef Contet de faire paier** [1].

Nous vous mandons que de l'entraint de mars venant de M CCCC LXIX de Crist faire paier et contenter l'asenement de Yousifi Contet selon le conthenu de son provelige, veulliés le bontens veulliés la carestie, sains point de faute.

1468, 23 octobre. A Nicosie.

17. **Le roi monseigneur manda les victouallies que fist à madame la mere dou roi** [2].

Nous vous mandons de faire atacher à nostre estat de cest an le pain et vin que madame nostre mere avoit, celon l'estat de l'ané pacé de M CCCC LXVII de Crist, lequel avons amermé de nostre estat de cest an. Encores volons qu'elle aie ledit pain et vin entier celon l'estat de l'ané pacé. Lequel faites atacher à nostre dit estat dou jour que fu amermé de nostredit estat.

1468, 27 octobre. A Nicosie.

18. **Le roi monseigneur manda ordenement que fist à madame Marguete sa mere** [3].

Nous vous mandons de faire atacher à l'estat de nostre courch de l'entraint de mars pacé de cest an de M CCCC LXVIII de Crist que madame nostre mere aye pour son ordenement les chozes sous devizé, pour les despences de son ostel. Cc'est, uille, metres III; figues, mus III; olives, mus, grans mus X; siboles, mus XXII; poigs, [mus] IIII; censevare[4] mu I, pour chascun an. Pour ce vous mandons les faire atacher à nostre estat o son nom, e le trahter et paier conme susdit est.

---

[1] Ms. fol. 32, v°.

[2] Ms. fol. 33, v°. Le roi avait donné, en outre, à *Mariette de Patras*, sa mère, les villages de *Lysso*, *Pyla*, près de Larnaka, *Thusa*, l'un des *Peristerona*, et des terrains à Poli de Chrysocho. Florio Bustron avait vu les actes de ces donations, et en parle dans sa chronique. Ms. de Londres, fol. 197.

[3] Ms. fol. 38, v°.

[4] *Zenzeverata*, épiceries diverses.

1468, 15 octobre. A Famagouste.

19. Le roi monseigneur manda le don dou fié que fist à Simon Vazadelo [1].

Carissimi nostri servitori. Avezamove coumo havemo fato feoudo [2] a Simou Vazedelo de bisanti v^e lo ano et de moggia formento XL et de metri de vino XXXVI. Per tanto ve comandamo che a lo dito Simou lo debiati far dito soldo et aquelo ben tractar, perque in verità el he nostro bon servidor. Data in nostra città di Famagosta, a XV de Octobre 1468. Confermé.

1468, 17 décembre. A Famagouste.

20. Le roi monseigneur manda pour donner forment et vin pour le sustenement de Pardo [3].

Carissimi fideli et ben amati provedatori nostri. Ve avisamo esser conparso davanty de nui Pardo, el qual [avendo] informaty de li soue nesesità, per tanto nui ve conmandamoi che a lo dito li debiati proveder de sal [4], formento et vino, si chè posi susteintar la caza soua fin a la venota nostra de ly [5], et che nuy gue [6] prevederemo al so vivre. Data en città nostra Famagusta, die XVII de Dezembre 1468. Confermé.

1469, 16 janvier. A Nicosie.

21. Le roi monseigneur manda les sodées que fist à Thomas Pardo [7].

Sachés que nous avons fait sodées à nostre bien amé et feaull Thomas Pardo pour chascun an forment mus L, vin metres L, orge mus C, et en diniers besants VIe. Pour ce vous mandons de le faire atacher [à] nostre estat et le trahter et paier conme susdit est. Donné à Nicossie, le XVIe jour de Jenvier M CCCC L XVIII de Crist. Confermé.

---

[1] Ms. fol. 38.

[2] C'est la seule provision faite à titre de fief, que renferme le livre des mandements; on en trouvera un assez grand nombre dans le livre de la haute Cour, deuxième division du registre de la secrète.

[3] Ms. fol. 41 bis. Thomas Pardo était Espagnol de naissance. (Lusignan, *Hist. de Cypre*, fol. 163, v°.) Pardo s'était montré d'abord très-hostile à Jacques le Bâtard, ainsi qu'on l'a vu dans l'extrait de la chronique de Georges Bustron que j'ai donné précédemment, p. 85. Mais il entrait dans les desseins du jeune roi de faire du bien à ses anciens adversaires. C'est ainsi qu'il s'attacha Jacques Saplana, Pierre Podochatoro et tant d'autres personnes qui avaient été d'abord dans les rangs ennemis, ou au service de la reine Charlotte, sa sœur.

[4] Il y a ici les mots *che posi*, répétés plus loin et plus à propos dans la phrase.

[5] *De ly*, c'est-à-dire à Nicosie.

[6] *Gue* ou *ghe*, à lui, en vénitien.

[7] Ms. fol. 45.

1469, 1ᵉʳ février.

22. Le roi monseigneur manda les sodées que fist à maistre Petro Das [1].

Sachés que nous avons rethenu à nos sodées maistre Petro Das, d'avoir pour chascun an de nous les chozes et diniers sous devizés, c'est forment de nostre paneterie l'an mus vinte catre, vin de la bouterie de nostre courch l'an metres vinte catre, et en diniers l'an besants deussens dys, lesquels doit estre payé de nostre segrete. Pour ce vous mandons de le faire atacher à nostre estat selon que apartient. Donné le premier de Febvrier de mmᶜ l xviii de Crist. Confermé.

1468, 7 mars.

Défense aux officiers du roi de racheter les assignations de denrées sur le domaine royal.

Le roi monseigneur manda de conmander tous les oficiers de la regualle de non soufire pour acheter apodixes de la segrete à aucun pris, si conme apres s'ensuyt [2].

Πιστοὶ καὶ ἠγαπημένοι μας συμβουλάτορες· Μηνοῦμεν σας, ὅτι ἀπ' ὧδε καὶ ἐμπρὸς μηδὲν σουφριάσετε κάνένα μας ὀφισιάλε τοιοῦτος, κουντεσίους ὅποιος νὰ ἦναι νὰ τρεμετιασθῇ εἰς κάμμίαν ἀγορὰν σιταρίου ἢ κριθαρίου ἢ κρασίου ἢ κάμμιᾶς ἄλλης ῥέντας τῆς ρεγάδας, ἢ μηνιαίου εἰς ταῖς σορδάταις μας ἢ ἀσενιασμένοις. Καὶ εἴ τις εὑρεθῇ καὶ ποιήσῃ το, θέλει πέφτει νὰ πληρώσῃ πένα εἰς τὴν τζάπρα μας δουκάτα 50, καὶ θέλει εἶσθαι πριβάτος ἀπὸ τὰ καλά μας· διὰ τοῦτο μηνύομεν καὶ ὁρίζομέν σας νὰ τοὺς τὸ ἀνουνσιάσετε ὅλους ἀντάμα, καταπείσουν τὸν κατάδικον νὰ μᾶς τὸ ἀνουνσιά-

Nos fidèles et aimés conseillers. Nous vous mandons que dorénavant vous ne souffriez pas qu'aucun de nos officiers quel qu'il soit, s'entremette d'aucun achat de froment, d'orge, de vin ou d'aucun autre revenu du domaine ou des pensions de nos soudoyers et assignés. S'il se trouve l'avoir fait, il sera condamné à payer 50 ducats à notre chambre et privé de nos bienfaits. En conséquence, nous vous mandons et ordonnons de l'annoncer à nos officiers réunis. Et si quelqu'un manquant à notre ordonnance n'est pas dénoncé et puni, vous devez nous en

---

[1] Ms. fol. 54, v°.
[2] Ms. fol. 12. Apodixes a ici le sens d'assignation. Ce que le roi paraît défendre surtout à ses officiers, par le présent commandement, c'était d'acheter, des personnes qui les avaient obtenues du roi, des apodixes ou assignations de pensions en nature. On a vu précédemment que des pensions semblables étaient souvent accordées par les princes sur le domaine royal.

σετε νὰ παύσουν βιαζόμενοι. Καὶ ἀνίσως καὶ κάνεὶς ἀπ' ὦδε καὶ ἐμπρὸς ἐβάλθηκε τὴν χρονιὰν ὁποῦ ἐδιάβη 1467 ἀπὸ Χρισ7οῦ, καὶ ἀγόρασε καθὼς ἄνωθεν δηλοῖ, νὰ ἔλθη νὰ τὸ ὁμολογήσῃ τῇ αὐθεντείᾳ σου εἰς τέρμα ἡμερῶν δέκα. Καταπείσουν τὸν κατάδικον θέλομεν ποιήσει καθὼς ἄνωθεν δηλοῖ. Ἐγράφη τῇ 7 Μαρτίου 1468 ἀπὸ Χρισ7οῦ.

avertir pour que nous l'obligions à cesser. Et s'il se trouve quelqu'un qui ait commis cette faute durant l'année écoulée 1467 de Christ, en faisant les achats mentionnés précédemment, il faut qu'il vienne l'avouer à votre seigneurie dans le délai de dix jours. Tous ceux qui aideraient le coupable à se cacher, nous voulons les punir, comme il est déclaré plus haut. Écrit le 7 Mars 1468 de Christ.

1468, 17 mars et autres dates.

Donations de serfs faites à divers par le roi.

1. Le roi monseigneur manda de faire donner à sire Philippe Mistahel à son servize, por grace especial, deus serves veves [1].

Nos biens amés et feaulls concelliers. Nous vous mandons que des cazaus de nos baillies faites donner o servize de nostre bien amé et feaull conceller sire Philippe Mistahel deus de nos serves vèves de XLV ans enssus, sans riens paier, par grace especial que nous li fazons. Donné à Nicossie, le XVIIe jour dou mois de Mars 1468 de Crist. Confermé.

1468, 21 avril. A Nicosie.

2. Le roi monseigneur manda de faire donner un garson o servize de frere Nicolo de Couria [2].

Nous vous mandons des garssons nos servoites qui sont à Nicossie estajens, faire donner un o servize de nostre reverent pere en Dieu frere Nicolo de Couria, le vesque de Envron [3], pour son servize, sans riens paier pour ses droitures.

---

[1] Ms. fol. 12. Philippe Mistahel, envoyé en ambassade à Venise dès l'an 1467, y épousa solennellement Catherine Cornaro au nom du roi cette année même 1468. Voy. ci-dessus, p. 182. Il mourut peu après. Voy. le manifeste du 4 octobre 1469.

[2] Ms. fol. 17, v°.

[3] Ce prélat, mentionné très-souvent dans le registre de la Secrète, était sans doute de la famille de Dimitrius de Koro ou Coron, ὁ Διμιτρι τοῦ Κορος, capitaine de Pendaïa,

que le roi Jacques, en récompense de son dévouement, fit capitaine de Paphos (Georges Bustron, *Chron. grec.* Ms. fol. 60; Lusignan, fol. 176, v°). C'est lui sans doute que Georges Bustron désigne sous le nom de l'*évêque Nicolas le Grec* (Ms. fol. 71), pour le distinguer de l'*évêque latin frère Nicolas* (fol. 41, v°), évêque de Limassol (cf. Lusignan, fol. 171, v°). Le nom de son siège épiscopal se trouve écrit dans le Ms.: *Embron, Euvron, Ceuvron* ou *Envroun*. C'est, je pense,

I PARTIE. — DOCUMENTS.

1468, 29 octobre. A Nicosie.

3. Le roi monseigneur manda de donner o servize de la reale courch deus serves [1].

Nous vous mandons de donner o servize de nostre courch II serves sus de XI ans chascune, cc'est de Lefcomiati [2] une et de Aïa [3] l'autre, sains point de faute.

1468, 6 décembre. A Nicosie.

4. Le roi monseigneur manda de faire donner à messire Piero Pichimano hun serf des Marathases [4].

Nous vous mandons de faire donner à messire Piero Pichimano [5] hun serf des Marathases de la part des catre [6] de la senourie de Venezie, avoir le en son servize.

1468, 8 décembre. A Famagouste.

5. Le roi monseigneur manda la fille de Yani Guatani [nommée] Nota, [qu'il] donna [à] Alvanitaqui [7].

Carissimi benamadi e fedel delecti prohedadori de nostro reame et bali de la segretta. Avisamove coumo essendo li presenti portaturi servidori nostri, li havemo voluto far grasia, per tanto ve comandamo que, vista la prezente, fazate letra al bailio de Pelendria como nui havemo data una garsona nome Nota, la fillia de Johan Gatani de Pelendria ; laqual li donamo franqua-

---

la ville d'Hebron, dite aussi S. Abraham ou la Sainte-Caverne, aujourd'hui El Khalil, près de Jérusalem, qui a eu de tout temps un évêque. Au lieu d'Hébron, on écrivait aussi *Chebron*, en grec Χεϐρὸν, à cause de la prononciation de l'h initial. (Le Quien, *Oriens christ.* t. III, col. 639, 1369). Une pièce du 24 décembre 1468 (ci-après p. 212) ajoute au nom de l'évêque *Nicolas de Courio*, la mention de *bonne mémoire*. L'évêque d'Hebron vivait encore le 3 septembre ; on lui fait compte ce jour à la Secrète de certaines rentes qu'avaient sur le domaine de Piskopi la chapelle de la Miséricordieuse et une autre chapelle dont il jouissait ; mais il était déjà décédé sans doute le 29 octobre suivant, puisque le roi donne alors cette chapelle de la Miséricordieuse à Philippe Ceba. Voy. p. 266 et la 3ᵉ partie du registre.

[1] Ms. fol. 35.

[2] Village complétement détruit, au S. E. de Nicosie, sur la route de Larnaka.

[3] Haïa, petit village turc de la Messorée, entre Nicosie et Vatili.

[4] Ms. fol. 40, v°.

[5] Il était en 1469 baile ou consul des Vénitiens en Chypre. Voy. les derniers mandements du Registre.

[6] *Catre*. Cette lecture n'est pas très sûre ; cependant les *catre de la senourie de Venezie* pourraient désigner le doge et le petit conseil qui formaient véritablement la seigneurie, et représentaient la république.

[7] Ms. fol. 41.

mente et libera. E couci ve comandamo le fazate la letra et per via al mondo impachamento alguono non li sia dato, sino che subito li sia livrata, e fato lo suo proveligio e pui la vostra consoulta no sperete, che grave ne seria, et damola li con comission che achella pilia per muler. Lo qual homo a qui femo la grasia dize Albanitaqui. Ancora a Jorgi Puliti fazamo grasia de touto aquelo che hun jardin che he a Trimitouse, local Hastasis Casianos dat al dit Politi, en det a pagar, che no volemo paguer niente, o per la aygo, o per altro. Et siano spazati diti Johan Albanitaqui et Jorge Politi prestament, perque in servizio nostro ano a dar. Data in la nostra città de Famagosta, a VIII de Dezembre 1468 de Crist. Confermé [1].

1468, 18 mars et autres dates.

Nominations des civitains de Pendaïa, de Chrysocho et d'Avdimou, du mathessep de Limassol, du grand bailli et de divers officiers de la secrète, et du bailli de la douane de Nicosie [2].

1. Le roi monseigneur manda pour ordené chevetaine de Pendaies Yacoumo Maltes, et donner ducas cent [3].

Nos biens aimés et feaulls concelliers. Sachés que nous avons ordené pour chevetain de Pendaies Yacoumo Maltes, o leuq de Johan de saint Johan, lequell volons que soit ferme o dit ofice pour hun an [4]. Lequell nous presta pour avoir ledit ofice ducas c, à besants VII le ducat, bailliés

---

[1] Il résulte de cette pièce que le roi avait donné Nota, fille de Guatani de Pelendria, à Jean Albanitaki, serf du même village de Pelendria, pour qu'il l'épousât. Le 18 du même mois de décembre, le roi, informé que Nota était serve du domaine royal παροίκισσα μάς, et qu'elle était déjà fiancée au fils de Yalota, serf aussi du domaine πάροικος μάς, révoque la première décision, et notifie à la Secrète, par un mandement rédigé en grec, que cette fille ne peut avoir d'autre mari que son premier fiancé. L'ordonnance grecque est au Ms. fol. 41, v°.

[2] Je reviendrai plus loin sur les fonctions des capitaines, des civitains, des catapans et de quelques autres officiers chypriotes mentionnés dans ces actes.

[3] Ms. fol. 12, v°. Jacques le Maltais ou de Malte, nommé ici pour un an civitain de Pendaïa, avait eu les commencements les plus misérables. Il était venu en Chypre avec beaucoup d'autres étrangers dans les premiers temps du règne de Jacques le Bâtard. Vêtu d'une casaque grise, pieds nus, il errait sans occupation, tantôt à Nicosie, tantôt à Famagouste, quand il parvint à se procurer ou à voler une arbalète. Ce fut sa fortune. Il se présenta aussitôt pour être inscrit au nombre des hommes d'armes à la solde du roi, et y fut admis par la protection de Pierre Davila. Il obtint ensuite quelques fiefs et d'autres faveurs. N'obéissant qu'à de basses passions, Jacques desservit son bienfaiteur, Pierre Davila, conspira contre le roi et trahit ensuite ses complices. Les Bustron ont raconté son histoire. Georges, *Chron.* fol. 64, v°; Florio, *Chron.* fol. 200, v°.

[4] Il fut remplacé dans sa charge le 28 octobre suivant par Diego de Carsiola, qui paya comme lui cent ducats. Ms. fol. 35.

en la main de [1]... Lesquells volons qu'il soit paié, les susdis ducas c, des guardies de la contrée de Pendaies pour un an partant fevrier de cest an, par IIII termines de l'an; et celes dites guardies n'estendront de luy paier partant fevrier conme susdit est. Pour celui qui li defaudront, qu'il soit paié de la mete dou cel [2] de ladite contrée de Pendaies de cest an, aucy par IIII termines de l'an. Et pour les diniers qui s'en viennent des dites guardies de la contrée de Pendaies, volons que les tiers les peuce avoir ledit chevetaine de grace pour ses despences, et les deus tiers pour en paie de sa dette conme susdit est. Pour ce vous mandons que ses nos prezentes doiés faire atacher o livre des remenbrances de nostre segrete et metre en heuvre les susdis ducas c, si conme il apartient et poursuir et faire conme susdit est. Donné à Nicosie, le xviiie jour de Mars M CCCC LXVIII de Crist. Confermé.

1468, 1er juin. A Nicosie.

2. Le roi monseigneur manda ordené chevetaine de Hrosoho Johan de Ronya [3].

Sachés que nous avons ordené pour chevetain de Hrousoho o leuq de Jaque Henri, Johan de Ronia, d'avoir ledit hofice par la maniere que ledit Jaco le soloit avoir, lequell Johan de Ronia nous presta pour avoir ledit ofice ducats L, à besants VII le ducat, bailliés à la main de Catanio de Negron, pour la paie des sodées de Famagoste, lesquels volons qu'il soit asené de les recevoir, les susdis ducas L, de la mete dou cel de le contré de Hrousoho, pour un an, conmanssant de ce present mois de jun M CCCC LXVIII, pour chacun III mois le cart. Lequell volons que soit ferme odit ofice auci pour un an, toutefois faziant le devoir. Pour ce vous mandons que ses nos presentes doiés faire atacher o livre des remenbrances de nostre segrete et poursuyr et faire comme susdit est.

Donné à Nicossie, le 1er jour de Jun M CCCC LXVIII de Crist. Confermé.

[1] Lacune au Ms.
[2] Le remboursement des cent ducats, versés par le chevetain avant son entrée en fonction, devait être effectué comme l'on voit sur ces *guardies*, qui étaient probablement, de même que la contribution appelée Βίγλα dont il est question dans les ordonnances suivantes, un droit de garde payé par les habitants de certains cantons de l'île, plus exposés aux incursions des corsaires, comme le Pendaïa. A défaut de ce revenu, le remboursement devait s'effectuer sur l'impôt ou *mètc* du sel. Nous aurons l'occasion de revenir plusieurs fois, dans la suite de ces observations sur le droit de garde et sur le droit du sel.

[3] Ms. fol. 19, v°. Ainsi que j'en ai fait déjà la remarque, on trouvera dans les actes de la haute Cour la nomination d'un bailli pour la même contrée de Chrysocho.

1468, 22 août. A Nicosie.

3. Le roi monseigneur manda ordené chevetaine de Avdimou Yani tou Ouri [1].

Πισ7οὶ καὶ ἠγαπημένοι μας · ἠξεύρετε τὸ πῶς ὀρδινιάσαμεν τζιβιτάνον τῆς Αὐδήμου τὸν Ἰωάννην τοῦ Οὔρρι ἀπὸ τῆς σήμερον, τὸν ὁποῖον θέλομεν νὰ ἔχῃ μηνιαῖον διὰ τὸν αὐτὸν τζιβιτάνον, καθὼς τὸ εἶχεν ὁ πρότερα ἐσ7ῶντας τζιβιτάνος εἰς τὸν αὐτοῦ τόπον. Ὁ ὁποῖος μᾶς ἐδάνεισε ϖʳ 300 δοσμένα εἰς τοὺς κάτωθεν τόπους, τουτέσ7ιν εἰς τὴν τζάπρα μας, εἰς τὸ χέρι τοῦ Στεφάνου Ντέλιο τοῦ δουλευτῆ μας ϖʳ 100, ἔτι εἰς τὸ χέρι τοῦ Λουῆ Μπεργάντη διὰ τὴν τζάπρα μας ϖʳ 50, ἔτι εἰς τὸ χέρι τοῦ τρεζοριέρη τοῦ Συγγρίτου μας ϖʳ 150. Τὰ ὁποῖα θέλομεν νὰ ϖληρωθῇ ἀπὸ τὰς βίγλας [2] τῆς αὐτῆς ἐνορίας Αὐδήμου διὰ τρεῖς χρόνους ὁλοκλήρους. Διὰ τοῦτο μηνοῦμεν καὶ ὁρίζομέν σας νὰ τὸν ὀρδινιάσετε τζιβιτάνον καθὼς ἄνωθεν δηλοῖ, καὶ νὰ τοῦ ϖοιήσετε χαρτίον διὰ τὰ ϖληρώματα. Ἐδόθη εἰς τὴν Λευκοσίαν τῇ 22 Αὐγούσ7ου 1468 ἀπὸ Χρισ7οῦ. Confermé.

Nos fidèles et bien aimés. Sachez que nous avons ordonné civitain d'Avdimou, à partir de ce jour, Jean tou Ouri, qui aura pour sa place de civitain la paie mensuelle de son prédécesseur. Lequel Jean nous a prêté 300 besants, remis comme l'on voit ci-dessous savoir : à notre chambre, dans les mains d'Étienne de Lion notre serviteur, 100 besants; ensuite pour notre chambre aussi et dans les mains de Louis Berganti, 50 besants; enfin dans les mains du trésorier de notre secrète, 150 besants. Nous voulons que ces sommes lui soient remboursées par la remise du droit de guet du même district d'Avdimou pendant trois années entières. Nous vous mandons et ordonnons en conséquence de le proclamer civitain comme il est dit ci-dessus, et de lui délivrer les papiers qui lui sont nécessaires pour les paies. Donné à Nicosie, le 22 août 1468 du Christ.

1468, 4 septembre. A Nicosie.

4. Le roi monseigneur manda ordené mahtecep de Limeson Yani tou Yali [3].

---

[1] Ms. fol. 26, v°.

[2] Βίγλα paraît indiquer, comme je viens de dire, le droit de guet, contribution destinée à l'entretien de gardiens ou surveillants chargés de veiller sur les côtes de l'île et de signaler les navires qui en approchaient. Ces précautions étaient prises surtout pour tenir le pays en état de repousser les descentes de corsaires.

[3] Ms. fol. 27, v°. Le magistrat nommé mathessep ou mactasib, d'un mot emprunté aux Arabes, était le suppléant du vicomte et son lieutenant de police (*Assises de Jérusalem*; t. II, p. 237). De la nomination d'un mathessep à Limassol, il ne faudrait pas induire cependant l'existence d'un vicomte dans cette ville. Diverses ordonnances royales nous apprennent, en effet, que le chef du district

Sachés que nous avons ordené pour mahtacep de Limeson Yani tou Yali, d'avoir les sodées et tout autre qu'il soloit avoir estant mahtacep o dit leuq. Pour ce vous mandons que ses nos presentes faites atacher à nostre estat et le paier conme susdit est. Donné à Nicossie, IIII de Cetembre 1468 de Crist. Confermé.

1468, 14 septembre. A Nicosie.

5. Le roi monseigneur manda ordené pour principal pourveour dou roiame de Chippre et surperiour de la segrete sire Sassons de Nores [1].

Sachés que véant nous la proudomie et senefiance de nostre cher feaull et bien amé concellier sire Sassons de Nores, li avons ordené pour principal proveour de nostre roiame de Chippre et superiour de nostre segrete, ayant en sa conpanie vous [2], le bailli de notre segrete et les autres pourveours de nostre dit roiame, sauve nostre cher feaull et bien amé concelier sire James Saplana, porce que nous avons besoin de luy, en nos autres entrisiques afaires [3]. Pour ce vous mandons de faire anonsier nostre dit conmandement à nostre dite segrete et as autres hofesiens de tout nostre dit roiame ad ce que hun chascun peuce veir conme susdit est. Et ses nos presentes faites atacher o livre des remenbrances de notre segrete. Donné à Nicossie, le XIVᵉ jour de Cetembre 1468 de Crist. Confermé.

1468, 1ᵉʳ décembre. A Nicosie.

6. Le roi monseigneur manda la croissiance de sodées de sire Thomas Petropoulo, et auci ordene pour le registre des apodixes de la segrete [4].

---

de Limassol ne fut qu'un bailli depuis le temps de Hugues IV jusqu'à celui de Jacques le Bâtard. Sous l'administration des Vénitiens ce fut un capitaine. Les attributions de ces officiers étaient du reste analogues, et chacun d'eux avait auprès de lui un lieutenant ou mathessep. Dans les villes arabes il existait un officier de police de ce nom. Makrizi, auteur de l'*Histoire des sultans mamloucs*, fut lui-même mactasib du Caire. Voy. la traduction de cette histoire, publiée par M. Quatremère, t. I, p. 114, n. 143.

[1] Ms. fol. 32, v°. Le *supérieur de la Secrète*, nommé ailleurs le *provéditeur de la Secrète*, était le même dignitaire que le *grand bailli de la Secrète*.

[2] Le bailli de la Secrète, à qui le roi notifie la nomination du grand bailli, était Philippe Ceba. Il est nommé, ainsi que plusieurs autres chefs du même office, dans les protocoles des derniers actes du registre passés en leur présence.

[3] Jacques Saplana paraît avoir été le premier provéditeur ou *pourveour* du royaume, et avoir eu l'administration du trésor royal, qui appartenait sous les règnes précédents au grand camérier. Voy. ci-des., p. 165, n.

[4] Ms. fol. 39, v°. Le mot *apodixes* désigne généralement dans le registre les quittances délivrées ou reçues par la Secrète, et les assignations de denrées à recevoir sur le domaine de la couronne. Nous retrouverons plus loin cette expression employée avec ces différentes significations.

Sachés que noûs avons ordené pour segretain des confecions et registrement des apodixes de notre segrete nostre bien amé et feaull segretain, sire Thomas Petropoulo, le segretain. Lequell volons qu'il aye en crossiance des sodées qu'il a o jour de nous, pour segretain de nostre segrete, pour chascun an, pour ledit ofice forment mus cent, vin metres cent, orge mus cent et dys, et en diniers besants ssent, conmenssant de ce jour. Pour ce vous mandons de faire atacher o livre des remenbrances de notre segrete à nostre état ladite croissiance o non doudit sire Thomas, et luy ordener faire et exesiter ladite servize si conme il appartient; et ses nos prezentes faire atacher o livre des remenbrances de notre segrete. Donné à Nicosie, le 1er jour de Dezembre 1468 de Crist. Confermé.

1469, 16 janvier. A Nicosie.

7. Le roi monseigneur manda les sodées que fist à sire Piere de Livant[1].

Sachés que nous avons ordené o concel de nostre segrete, notre bien amé et feaull sire Piere de Livant, lequel volons que il aie sodées de nous pour chascun an par la maniere que nostre bien amé et feaull sire Fouque Guonem a d'asenement pour chascun an de nous; oquel de Livant faites donner le charge que à vous autres semblera de faire. Lequell faites atacher à nostre estat, et le trahter et paier conme susdit est. Donné à Nicossie, le XVIe jour de Jenvier M CCCC LX VIII de Crist. Confermé.

1469, 7 février. A Nicosie.

8. Le roi monseigneur manda ordener bailli dou coumerq de Nicossie sire Cosma Guonem[2].

Sachés que nous avons ordené pour baliv dou coumerq de nostre citté de Nicossie, nostre bien amé et feaull sire Cosma Guonem, lequell volons qu'il aie sodées de nous pour ledit baliage pour chascun an forment mus L, vin metres L, orge mus XC, et en diniers besants IIII[c], les vitouallies de nos ballies et autres, et les diniers de la rente doudit coumerq. Lequel Cosma volons que soit et segretain conme les autres nos segretains. Lequell sire Cosma nous presta pour ledit baliage ducas ssent, à besant VII le ducat, que font besans sethcens et sincante[3], bailliés en la main de sire Philippe Boustron,

---

[1] Ms. fol. 45.
[2] Ms. fol. 48, v°. Le bailli du commerce était le préposé supérieur de l'octroi. Commerce, coumerq, comarch, désignait dans la langue franque d'Orient les droits d'octroi, les droits de douanes et la maison même où se percevaient ces tarifs.
[3] Ainsi au Ms.

Ire PARTIE. — DOCUMENTS.

l'oficier dou nouvel ofice pour la paie de l'escadre de Petro Davila. Lesquells ducas c. li avons asené d'estre paié des lieus sous devizés, cc'est de la mete dou çel de la cuillete[1] de Antoine tou Conomo pour hun an, partant fevrier de l'anée venant de M CCCC LXIX, par IIII termines de l'an; des chevetanies sous devizés ducas XXXIII. Cc'est de Lefcomiati[2], de Gurri[3] et Trahona[4]; de sire Philippe Boustron, de la razonn des rates, partant ce mois de fevrier M CCCC LXVIII de Crist XXXIII; et de la rente dou coumerq pour hun an partant fevrier M CCCC LXIX par IIII termines de l'an, les restans des XXXIIII. Pour ce vous mandons de le faire atacher à nostre estat d'avoir les susdit sodées et tallier les sodées qu'il avait pour gardien dou çel, et mettre en heuvre les susdits ducas. Donné à Nicossie, le VIe de Fevrier M CCCC LXVIII de Crist. Confermé.

1468, 21 mars et autres dates.

Donations et mandements divers relatifs aux églises et aux monastères.

1. Le roi monseigneur escrit derieres d'une supplication que le couvent de l'abaie de Saint-Franchesco [doit] avoir de la cabele besants CXVII, karoubes VIII[5].

Le couvent de l'abaie de Saint-Franchesco[6] donna une supplication o roi monseigneur requerant à sa exellence pour avoir les cabeles des vitoualies de non paier riens. Et sa exellence escrit derieres à ladite supplication : « As seigneurs pourveours et bailli de la segrete. Escrire à l'estat « pour avoir ladite abaie dous Fré Menors[7] chascun an de la grant cabele « de la porte[8] besants CXVII karoubes VIII, pour les cabeles des vitoualies

---

[1] Recette du droit de sel. Voy. p. 227-228.
[2] Village, près de Nicosie, aujourd'hui ruiné.
[3] Gourri, entre l'Olympe et le Machera.
[4] Il y a plusieurs villages de ce nom en Chypre. Peut-être s'agit-il ici de Trakonas, à l'ouest des masures de Lefkomiati. Un mot illisible sur le Ms. à la suite de ce nom.
[5] Ms. fol. 14.
[6] L'Abbaye de Saint-François de Nicosie fondée au XIIIe siècle.
[7] *Dous fré menors*, des frères mineurs, en Italie les *fraticelli*. Les religieux de l'ordre de Saint-François prirent ces noms dès l'origine de leur institution par esprit d'humilité.

[8] Les Franciscains réclamaient l'exemption des droits d'octroi pour leurs vivres à l'entrée de Nicosie. Le roi n'accorde pas précisément aux religieux l'objet de leur demande, mais il leur assigne, en indemnité de ces droits, une somme de 117^b 8^k, à prélever annuellement sur les revenus généraux de l'octroi de Nicosie. Cette disposition, que les rois de Chypre prirent souvent à l'égard d'établissements ou de personnes qu'ils voulaient favoriser et qu'ils étendirent même dans une circonstance à tous les Vénitiens, avait pour objet de faciliter la perception des gabelles, en ne multipliant pas les exceptions. Voy. t. 1er des doc. p. 105, n. 416, 417, 436.

« de ladite abaie pour grace que lor fimes [1]. » Donné a xxie de Mars m cccc lxviii de Crist. Confermé.

1468, 3 avril. A Nicosie.

2. Le roi monseigneur manda l'amoine que fist à l'Englistre [2].

Sachés que Leondio, le moine de l'Englistre, nous [a] mostré hune amosne que la bonne arme de monseigneur roi Johan, nostre pere, li a fait, d'avoir pour chascun an de la baillie de Couvoucles [3] forment mus xii, miel metres catre, et en diniers besants xii, par s' apodixe. Et veliant nous que les amoines de nostre dit pere soient durables, vous mandons que de l'entraint dou mois de mars pacé de cest an faites donner o predit Leondio ledit amosne de ladite baillie de Couvoucles par s' apodixe. C'est pour chascun an forment mus xii, miel metres iiii, et en diniers besants xii; et le faire atacher à nostre estat. Donné à Nicossie, le iiiie jour d'Avril 1468 de Crist. Confermé.

1468, 30 avril. A Nicosie.

3. Le roi monseigneur manda de l'asenement [que l'iglize de Saint-Antoine du Sementire] a en chozes faites paier en diniers [4].

Nous vous mandons que les cxvi besants que l'iglize de Saint-Antoine du Sementire [5] a d'asenement de la regualle pour chascun an en chozes, que vous les faites paier en diniers de l'entraint de mars pacé de cest an, et le faire atacher à notre estat.

1468, 29 novembre. A Nicosie.

4. Le roi monseigneur manda le donn de la chappele Saint-Pier et Saint-Pol à maistre Piere dou Carme [6].

Sachés que nous avons donné la chappele de Saint-Pier Saint-Pol à maistre Piere dou Carmes, o tous ses drois, razouns, uzages et aparthenances, asenemens, entrées, revenus et tout autre que à ladite chappele apartient ou apartenir doivent, tout anci conme frere Nicol de Ceurion, le vesques de Embron [7] l'avoit, tenoit et uzoit. Pour ce vous mandons de le faire donner o dist maistre Pier par reconnoissance selon l'uzage, et luy lasier huzer de

---

[1] Au Ms. *fistrent*.
[2] Ms. fol. 15, v°. Enklistera est dans le Tilliria de Paphos.
[3] Kouklia, sur les ruines de Palæpaphos.
[4] Ms. fol. 18, v°.
[5] L'église de Saint-Antoine du Cimetière.
[6] Ms. fol. 38.
[7] Voy. ci-dessus, p. 202, n. 3.

ladite chappele conme susdit est, et ses nos presentes atacher o livre des remenbransses de nostre segrete.

1468, 23 décembre. A Nicosie.

5. Le roi monseigneur manda et donna à l'abaie de Labay acuillir les dihmes de ses cazaus sur ses asenemens et prendre forment, vin et sel, selonn le tens dou roi Johan, pere doudit roi [1].

Sachés que l'abbé de l'abaie de Labay nous dona à entendre conment la benoite arme de seigneur nostre pere, roi Johan, avait fait grace et amosne à ladite abaie que ses dismes li soient acuillis [2] pour ses asenemens, et en oultre d'avoir ladite abaie de la regualle soit forment, vin et sel. Pourtant vouliant nous complir la volenté et amosne de nostre dit seigneur et pere, sonmes contens et vous mandons de voir le livre des remenbrances, et voir le contenu de la letre que nostre dit pere a fait pour ladite abaie, et poursivre et faire selonc la thenour de ladite letre tant desi en avant conme desi en arieres. Et ses nos presentes faites atacher o livre des remenbrances de nostre segrete.

1468, 24 décembre. A Nicosie.

6. Le roi monseigneur manda de donner à sire Thomas Petropolo et à l'abaie des Prechours la lasie que frere Nicolas l'evesques de Euvroun lor lasia [3].

Nous vous mandons que des entrées de nostre regale faites donner à nostre bien amé et feaull sire Thomas Petropoulo, segretain, ducas d'or xxxv, à besans vii le ducat, pour la lasie [4] que frere Nicolas de Courio, l'evesque de Eubron, de bonne memoir, le lesia par son testament. Encores vous mandons que des chozes qui se trovent à l'abaie des Prechours [5] doudit etvesque, faites donner à ladite abaie les chozes que ledit etvesque li lor lasia, et les restans faites les selon l'ordene doudit evesque.

---

[1] Ms. fol. 4 r bis, v°.

[2] Reçues en compensation. L'abbaye de Labay ou Lapaïs, près Cérines, voulait qu'on défalquât le montant de la contribution ou dîme qu'elle devait au trésor royal des assignations de denrées, dont la munificence du roi Jean II l'avait dotée. Le roi Jacques mande aux conseillers d'examiner la concession du roi son père, pour savoir ce qui resterait à donner annuellement au monastère en froment, vin et sel. Le registre renferme plusieurs exemples de compensations semblables.

[3] Ms. fol. 42. Nous avons parlé précédemment du prélat dont il s'agit ici. Voy. p. 202, n. 3.

[4] Le legs.

[5] Saint-Dominique de Nicosie, lieu de sépulture de la famille royale. Ce monastère a été détruit par les Vénitiens.

1468, 25 février. A Nicosie.

7. Le roi monseigneur manda le donn dou dihme reaull de la terre de la Crida à l'abaie de Saint-Save tis Caroni [1].

L'abbé de l'abaie de Saint-Save tis Caronou donna une supplication o roi monseigneur requerant à sa excellence le dihme reaull que ladite abaie paie à la régualle por amohne. Desquelles cc'est la thenour :

Τρὶς ὑψηλότατε καὶ τρισεκλαμπρότατε μέγα Ρὴξ Ἱεροσολύμων, Κύπρου, καὶ Ἀρμενίας, Κύριος ὁ Θεὸς νὰ αὔξῃ τὰ ἔτη τῆς μεγάλης σου Βασιλείας. Γεράσιμος καθηγούμενος τοῦ Μοναστηρίου τοῦ ἁγίου Σάββα τῆς Καρόνος, μικρὸς δοῦλος καὶ εὐχέτης τῆς μεγάλης σου Βασιλείας, ταπεινὰ ἀναφέρω τῇ μεγάλῃ σου Βασιλείᾳ ὅτι τὸ αὐτὸ μοναστῆρι τῆς Βασιλείας σου εἶναι καὶ ἡ ἀβαντούρα ἔφερε ὅτι τὸν διαβάντα Δεκέμβριον μῆνα εἰς τὰς 7 τοῦ μηνὸς ὁποῦ ἦτον ἡ μεθαύριον τοῦ ἁγίου Νικολάου. Τὴν νύκτα ἔπεσε λαμπρὸς συναφουρμὴς ὁποῦ ἐπυρώνετο ὅλος ἀπὸ τὴν μεγάλην ἀγριάδα, καὶ ἐκάη ὅλον τὸ μοναστῆρι ὁποῦ οὐδὲν ἐγλύτωσε παρὰ ἡ ἐκκλησία καὶ μερικὰ σπήτια, ὥστε ἐκάησαν ἀνώγαια καὶ κατώγαια, σιτάρι, κριθάρι, τὰ ροῦχα μας, τὰ βιβλία μας καὶ ἕτερα, ὁποῦ ἐγένετο μία μεγάλη ζημία καὶ ἐξολοθρευμὸς τέλειος. Λοιπὸν τὸ αὐτὸ μοναστῆρι ἔχει μίαν γῆν ὀνόματι Λακρίδα, ἡ ὁποία πληρώνει εἰς τὸν Σύγγριτον τῆς Βασιλείας σου σιταριοῦ μόδια ἐννέα, καὶ κριθαρίου μόδια 16. Καὶ προσπίπτω, καὶ

Très-haut et très illustre grand roi de Jérusalem, de Chypre et d'Arménie, que le seigneur Dieu prolonge les années de votre auguste majesté! Moi, Gerasimos, cathégoumène du monastère de Saint-Sabba de Karoni, humble et dévoué serviteur de votre grande majesté, fais savoir respectueusement à votre grande majesté que ledit monastère qui appartient à votre majesté a été malheureusement détruit par le feu du ciel le mois dernier, le 7 de décembre, surlendemain de la saint Nicolas. Au milieu de la nuit un orage éclata et la foudre tomba sur le monastère; notre terreur fut grande, car la violence du feu était telle qu'en un instant tout fut embrasé et le monastère entier consumé, excepté l'église et quelques maisons; les greniers et les caves ont été la proie des flammes; nous avons perdu notre froment, notre orge, nos vêtements, nos livres, et autres choses; la perte est grande et la destruction complète. Le monastère possède une terre appelée Lacrida [2], laquelle paye

---

[1] Ms. fol. 46. Saint-Sabba de Karoni est probablement le monastère de Saint-Sabba, des religieux de Saint-Basile, que Kyprianos compte en 1788 parmi les monastères du diocèse de Paphos (*Hist. de Chypre*, p. 393). J'ignore s'il existe encore aujourd'hui.

[2] Peut-être Agrida, à l'entrée du défilé qui traverse les montagnes entre Nicosie et Cérines, ou Agridia près du chemin de Vatili à Nicosie.

παρακαλῶ, καθὼς τὰ ψυχικὰ τῆς βασιλείας σου εἶναι εἰς περισσοὺς, καὶ παρακαλῶ διὰ τὴν μακροζωΐαν σου, οὕτως νὰ φθάσῃ τὸ ψυχικόν σου καὶ τὸ αὐτὸ μοναστῆρι. Καὶ ὁ ὑψηλός σου ὁρισμὸς νὰ ἦναι νὰ ἀφήσουν τὸ ἄνωθεν σιτάρι καὶ κριθάρι, καὶ 4 ϖˊ τὰ πληρώνει, ψυχικὸν εἰς τὸ ἄνωθεν μοναστῆρι διὰ βοήθειαν, ὁποῦ νὰ ἠμπορέσω νὰ κτίσω καὶ νὰ ἀνασΊήσω ἀπὸ ἐκεῖνα ὁποῦ ἐκάησαν. Καὶ πολλῷ μᾶλλον αὐτὸ τὸ ψυχικὸν θέλει εἶσθαι διὰ μακάρησιν τοῦ κάποτέ μου αὐθέντου τοῦ μακαρίτου Πατρὸς τῆς Βασιλείας σου, καὶ διὰ τὰ πολλὰ καὶ καλὰ ἔτη τῆς Βασιλείας σου.

à votre secrète neuf muids de froment et 16 muids d'orge. J'ose donc supplier à genoux votre majesté, dont les aumônes se répandent sur tant de personnes, de m'accorder aussi un bienfait à moi et à ce monastère qui prieront pour votre longue vie. Que votre haute ordonnance soit d'abandonner, comme une aumône, le froment, l'orge et les 4 besants que la terre paye, afin que je puisse avec ce secours relever et reconstruire une partie de ce que le feu a détruit. Cette aumône servira aussi à faire des prières pour le repos de l'âme de feu votre père, mon maître, et pour la longue et heureuse vie de votre majesté.

Le conmandement dou roi monseigneur, mandé as seigneurs pourveours et le bailli de la segrete, si est :

Ὁρισμός μας εἶναι· Πουρϐεορίδες καὶ τοπάρχαι! Τὰ ἐννέα μόδια σιταρίου καὶ δεκαὲξ μόδια κριθαρίου, καὶ τέσσαρα ϖˊ τὰ πληρώνει δέκατον εἰς τὴν ῥεγάλα τὸ αὐτὸ μοναστῆρι διὰ τὴν γῆν τῆς Λακρίδας, νὰ μηδὲν ἐκζητήσῃς τίποτε πλέον, διὰ ψυχικὸν περπέτουο, τὸ πολομοῦμεν καὶ χαρίζομεν εἰς τὸ αὐτὸ μοναστῆρι διὰ τὴν ψυχήν μας. Καὶ τὸν αὐτόν μας ὁρισμὸν γράψετέ τον εἰς τὸ βιϐλίον τὸ ῥεμέμπρασο τοῦ Συγγρίτου μας. Ἐγράφη τῇ 25 Φευρουαρίου 1468 ἀπὸ ΧρισΊοῦ. Conferme̅.

Notre ordonnance est : Provéditeurs et bailli[1]! Des neuf muids de froment, des 16 muids d'orge et des 4 besants que le susdit monastère paye à la régale pour sa terre de Lacrida, nous vous ordonnons de ne plus rien demander. C'est une aumône perpétuelle que nous faisons à ce monastère pour le salut de notre âme. Inscrivez cette ordonnance dans le livre des remenbrances de notre secrète. Écrit le 25 février 1468 du Christ.

---

[1] Τοπάρχαι semble être ici pour Τοπάρχα et désigner le bailli de la Secrète, à qui les mandements du roi sont adressés souvent nominativement et en communauté avec les conseillers de la secrète. Dans une autre ordonnance grecque, du 4 juin 1168, le même fonctionnaire paraît être appelé ὁ πράκτωρ. Voy. ci-après, p. 223.

1468, 25 mars. A Nicosie.

Commission pour la fourniture du poisson à la maison du roi.

Le roi monseigneur manda ordené o servize de la cuzine de sa seigneurie Janot tou Adony, en leuq de Quiriaco tou Toupi [1].

Ἀκριβοὶ, πιστοὶ καὶ ἠγαπημένοι μας συμβουλάτορες, χαιρετοῦμεν σας. Νὰ ἠξεύρετε ὅτι τὸν Ντζανέτον τὸν Ἀδονην, τὸν πάροικόν μας, ὀρδινιάσαμέν τον διὰ ψάρι τοῦ μαγειριοῦ μας, εἰς τὸν τόπον τοῦ Κυριακοῦ τοῦ Τούπου. Καὶ θέλομεν νὰ ἦναι τὰ τέλη του δεκτὰ καὶ τὸν παχτοσ7ὸν, καὶ ποιήσετε νὰ τὸ βάλετε εἰς ἔργον εἰς τὸν Συγγρίτον μας ὥσπερ ἀπαρτενιάζει, ἀπὸ ἀρχῆς τοῦ μαρτίου τῆς αὐτῆς χρονιᾶς. Ἐγράφη εἰς τὴν Ἁλικὴν, τῇ 25 μαρτίου 1468 ἀπὸ Χρισ7οῦ. Conferme.

Chers, fidèles et bien aimés conseillers, nous vous saluons. Sachez que nous avons ordonné au service de notre cuisine notre serf Janot Adoni, à la place de Cyriaque tou Toupi, pour ce qui concerne la fourniture du poisson. Nous voulons qu'il soit reconnu pour tel, et qu'il ait les avantages attachés à ce service. Et faites que notre secrète exécute promptement notre ordonnance comme il appartient, en commençant au mois de mars de cette année. Écrit aux Salines, le 25 mars 1468 du Christ.

1468, 5 avril et autres dates.

Grâces, remises et donations diverses faites par le roi.

1. Le roi monseigneur manda la grace espesial que sa exelence fist à Jaco Psilo [2].

Nos biens amés et feaulls concelliers. Nous vous mandons que de l'apaut dou manoir et vignes de Cappadoca [3] que Jaco Spilo tient en apaut, que vous li doiés acuillir de la sonme que nous doit donner pour ledit apaut besants CL, pour grace espesial que nous li faizons. Pareillement vous mandons de donner odit Jaco draps canes III, à besant 1 1/2 la canne, auci par grace espesial que nous li faizons. Lesquelles faites metre en heuvre. Donné à Nicossie, le V jours dou mois d'Avrill de M CCCC LXVIII de Crist. Conferme.

---

[1] Ms. fol. 14, v°.
[2] Ms. fol. 16, v°.
[3] Cappadoca ne paraît pas être un nom de localité.

1468, 7 juin. A Nicosie.

2. Le roi monseigneur manda les pocesions et meubles qu'il avoit sire Piere Bibi o cazal de Psimiloho, donner o sire Piere [1].

Sachés que nous avons donné à nostre bien amé et feaull sire Piere Bibi, fis de sire Jaque, ses posesions et meubles qu'il avoit o cazal de Psimolofou [2]. Pour ce vous mandons que par vos letres faire conmander le bailli doudit leuq de poursivre. Lesquels pocesions les avons donné audit sire Piere tout en ycelle fourme [et] maniere qu'il soloit avoir par le tens pacé, o tens de seigneur nostre pere. Et ses nos prezantes fare atacher o livre des remenbrances de nostre segrete. Donné à Nicossie, le vii° jour de Jung M CCCC LXVIII de Crist. Conferme.

1468, 25 septembre. A Famagouste.

3. Le roi monseigneur manda de donner à Dimitri de Coro hun cauzal en eschange dou cazal de Piscopio, tanto canto valie ledit cazal de Piscopio, et ausi li quita la enrate dou pris de Piscopio et conmanda de luy donner autre tant [3].

Carissimi nostri cari e ben amati provedadouri. Dimitri Perecez, nostro bon servitour, nui non velemo de guardar la ssua arrata [4], anansi volemo aver clemensia. Per questo, ve comandamo che, vista la pressente, mandate hun secretario fidel axzaminar lo cazal de Piscopio [5] che havemo dato a dame Ziva de Nores, quanto valea a lu tempo che Dimitri lo ha restutuido, et altra tanto renta ve comandamo li dezete de li cazali tene lo dito Dimitri tanto quanto veleva lo cazal quando lo torna Dimitri. E enssi fate, perquè coussi è la nostra volentà. Datta in la nostra cità de Famagosta, a xxv de Setembre 1468 de Crist. Conferme.

---

[1] Ms. fol. 20.
[2] Psimolopho dans l'Orini, au S. O. de Nicosie.
[3] Ms. fol. 29, v°. On trouvera plus loin, p. 240, quelques pièces relatives à d'autres villages donnés ou confisqués par le roi.
[4] *Arrata* ou *enrate*, semble indiquer ici la différence de prix ou de revenus dont le roi voulait tenir compte à Dimitri. Ce personnage, comme l'on remarquera, est nommé Dimitri de Coro dans la rubrique et Dimitri Perecez dans le texte du mandement.

[5] Piskopio, d'abord possédé par Dimitri et donné depuis par le roi à Echive de Norès, est différent de Piskopi, près de Limassol, qui appartenait aux Cornaro. Piskopio, nommé aussi Episkopion, est situé au centre de l'île au S. O. de Nicosie, au nord du Machera et des ruines de *Tamassos*. Les Norès étaient une des premières maisons de la noblesse franque de l'île. J'ai cité précédemment le bel exemple de fidélité que messire Gautier de Norès a laissé dans l'histoire de Chypre. Voy. p. 293.

1468, 3 octobre.

4. Le roi monseigneur manda le donn de II muées de terain à Guillaume Loreneho [1].

Le lundi, à III jours de Huitenvre M CCCC LXVIII, Guillaume Loreneho prezenta as seigneurs pourveours et bailli de la segrete hune supplicacion que il donna o roi nostre seigneur à XXIX jour de mars pacé de cest an; et sa seigneurie escrit deriere ladite supplicacionn que son conmandement est as sseigneurs pourveours et o seigneur bailli de la segrete de lui donner la terre que demandé dou cazal de Vromoloxia [2] II muées pour maçonner ostel et molin, et non paier autre que hune pare de capons chascun an et nient plus. Le dis seigneurs pourveours et baillis de la segrete me [3] conmanderent de metre le o livre des remenbrances, et selon le conmandement de lor seigneuries l'ai escrit o dit livre. Confermé.

1469, 8 février. A Nicosie.

5. Le roi monseigneur manda la grace que fist à dame Alis, l'espouze de sire Nicola Berguadin pour le terain et les oliviers [4].

Sachés que dame Alis, l'espouze de sire Nicole Berguadin [5], nous donna à entendre que Yorgin Safraca, nostre serf dou cazal de Lacadamies [6], li donna de grace trois muées de terain à beverges [7] que il tient o dit cazal de Lacadamys et seth oliviers, lesquelles trois muées de terain et les seth oliviers ladite dame Alis nous requist de grace de le ffaire franchir de toute maniere de prestizoins, dihme, tiers et autres que les dis trois muées de terain et les seth oliviers paient ou devront paier à la regualle, par grace especial que nous li fazoins. Pour ce vous mandons que ses nos presentes faites atacher o livre des remenbrances de notre segrete et poursuir et faire conme susdit est. Donné à Nicossie, le VIII jour de Fevrier 1468 de Crist. Confermé.

---

[1] Ms. fol. 20.

[2] Vromoloschia, petit village à l'O. des salines de Larnaka.

[3] C'est André Bibi, secrétain, chargé de la tenue du registre des remenbrances, qui parle dans cette note. Voy. la notice préliminaire, ci-dessus, p. 187.

[4] Ms. fol. 49.

[5] Il y avait alors plusieurs membres de la famille vénitienne de Bragadino ou Bragadin fixés en Chypre, et quelques-uns dans des charges publiques.

[6] Lakatamia, au S. O. de Nicosie, près du Pidias.

[7] *Terain à beverges, abeverges* ou *à brevreyce,* comme on lit dans une autre pièce. J'ignore le sens de cette expression. Peut-être est-ce un terrain arrosable?

1468, 8 avril. A Nicosie.

Mandement relatif au droit de maréchaussée.

Le roi monseigneur manda de faire donner la marechaussée des franguomates dou cazal de Trimizhia et des deus mavromariés à Louca Berguadin[1].

Nous vous mandons de faire donner la marechaussie des franguomates[2] dou cazal de Trimithia[3] et les ii mavromariés[4] à nostre bien [amé] et feaull Louca Berguadin, par la grace que nous li fazons, c'est la marechaussie des bestes menues des franguomates desdits leus, lesquelles faites donner de l'entrant de mars pacé de cest an[5].

---

[1] Ms. fol. 16, v°.

[2] *Franguomates*, affranchis.

[3] Il ne paraît pas que Trimithia soit l'ancien *Trimithus*, *Tremetossie* dans les textes français, aujourd'hui *Tremethoussia* de la Messorée. Ce serait plutôt *Thrimia* dans le Paphos, ou *Grimithia* dans l'Orini, villages grecs inscrits sur les registres d'impôt du pacha de Nicosie.

[4] Peut-être des esclaves noirs.

[5] On a lu précédemment, p. 197: « Nous « vous mandons que les m ii^c besants que « Benevides et Cristoforo de Mentosa en ont « pour provizion de la cabelle de la porte, « que vous les faites asener de les ressevoir « de la rente de la marechaussee des bestes « de la cuillete de Casterono de l'asenacion « de nostre eschanbre. » En France, le droit de *maréchaussée* ou *marechaucie* était la prestation d'une certaine quantité de grains et de fourrages exigée du vassal pour les chevaux du seigneur. (Du Cang. *Gloss.* verb. *Marescalcia*; *Ord. des rois de France*, t. VII, p. 391; t. XVIII, p. xiij.) En Chypre, ce droit était différent. On entendait sous ce nom l'obligation imposée aux pariques et laissée aussi la plupart du temps à la charge des francomates, de payer au suzerain un certain droit en argent par chaque tête d'animal qu'ils élevaient ou possédaient. Dans le présent acte, relatif aux affranchis de Trimithia, le revenu du droit abandonné par le roi à Luc Bragadino était celui qui provenait seulement des *bêtes menues*, dénomination sous laquelle il faut entendre les animaux de la campagne autres que les grosses bêtes de trait, de labour ou de somme. On nommait généralement ces dernières le *charais*. La perception du droit de maréchaussée, dans le royaume de Chypre, effectuée par des receveurs ou *cuillours*, paraît avoir été divisée en plusieurs perceptions, *cuillètes* ou *ceuillètes*. Le roi assigne souvent des payements à faire sur les produits de ces différentes recettes.

Le droit de maréchaussée est désigné par le mot Μαρτζασιο dans une ordonnance grecque imprimée ci-après, p. 223, et par l'expression de *jus marzasonis* dans une pièce du cartulaire de Nicosie du 27 juillet 1553, que l'on trouvera aussi plus loin. Cette pièce est la confirmation faite par le pape Pie IV de l'affranchissement d'un serf ou parique, fils d'un papas du village d'Ornithi, appartenant à l'archevêché, à la condition que le serf devenu ainsi francomate n'en restera pas moins assujetti au droit de *maréchaussée* ou *marzason*, sur les grosses, moyennes et petites bêtes. Ce droit est évalué pour les petits animaux seulement, *de minutis animalibus*, à cinq besants par chaque centaine de têtes.

1468, 21 avril et autres dates.

Ordonnances diverses concernant le raffinement et la vente des sucres du domaine royal [1].

1. Le roi monseigneur manda les sodées que fist à Johan Stranbailli.

Nos bien amés et feaulls concelliers. Sachés que nous avons ordené pour souvrestan [2] dou refiner des ssucres de nos baillies de Baphe nostre bien amé et feaull Johan Stranbailli, lequel volons qu'il aie sodées de nous par chascun an forment mus L, vin metres L, orge mus XC, et en diniers besants III^c. Pour ce vous mandons de le faire attacher à nostre estat et le trahter et paier comme susdit est. Donné à Nicossie, le XXIe jour d'Avril de M CCCC LXVIII de Crist. Confermé.

1468, 23 avril. A Nicosie.

2. Le roi monseigneur manda ordené pour chascun an à maistre Berthelemy Cofity, le maistre des sucres [3].

Sachés que nous avons ordené pour chascun an à maistre Barthelemy Cofity, le maistre dou refinement des sucres de nos baillies de Baffe, forment mus XXXVI. Pour ce vous mandons de le faire atacher à nostre estat et paier conme susdit est.

1468, 5 juillet. A Nicosie.

3. Le roi monseigneur mande l'acort que sa seigneurie fist aveuq Francesco Coupiou, refineour de sucre [4].

Sachés que maistre Francesco Coupieu, refineour de ssucre, contracorda aveuq nous de refiner toutes les boutres [5] des cazaus de nostre reguale, sauve de la baillie du Morf [6], et ce ofry de nous servir bien et loiament.

---

[1] Ms. fol. 17. J'ai donné précédemment (p. 88, n. 2), à propos des récoltes de sucre de l'ordre de l'Hôpital en Chypre, quelques explications qui peuvent être utiles à l'intelligence des pièces suivantes.

[2] *Soprastante*, surveillant, surintendant. Jean Strambaldi était chargé de surveiller le raffinement du sucre des bailliages du domaine royal dans tout le district de Paphos. Il avait une délégation administrative, tandis que Barthélemi Cofity, comme François Coupiou, *maistres des sucres*, dont il est question dans les mandements suivants, n'étaient que des chefs d'ouvriers raffineurs employés par le domaine.

[3] Ms. fol. 17, v°.

[4] Ms. fol. 22.

[5] *Boutres*. Ce mot désigne nécessairement les cannes à sucre ; mais, en plusieurs circonstances, il semble indiquer les tonneaux renfermant le sucre brut et liquide, après la première trituration des cannes et avant la cuisson.

[6] Morpho, au nord-ouest de l'île.

celon que apres s'ensuyt. Et tout [premier] nous dist que les boutres de Couvoucles[1] et l'Eschelle[2] qui se portent à Venezien[3] rendent XLV metres de III cuttes pour hun quintal de boutre, et yci en Chippre a esperance de faire plus, tant d'un cazaul conme des autres encemblement, pour ce que lesdites boutres sont mias condicions. Encores il estoit contant, pour les despenses qu'il doit faire pour le refiner desdites boutres, de non avoir que pour chascuns un quintal qu'il labourerai et faire de deus cutes VII *aiguares*[4], et ce il averai chaudieres que pora bouter VIII quintals le jour avoir XII aiguares tant soulement; et des buches luy donner le tiers mains de ce que les maistres Suriens prenoient par le pacé, et les eufs uzés pareullement pour chascun v[c] *blinges*[5] de III cuttes que il ferai avoir v aiguares, et les buches et euf que dessus conthient. Encores il nous requist d'avoir pour sa provizion et soustenement CL ducats d'or pour chascun an, et IIII mus dou froment et III metres de vin et VIII mus d'orge et IIII pieces de fourmage pour chascun mois. Encores proumist que luy conmenssant à donner lesdites boutres de nostre regualle à labourer les dou premier jour de mars de chascune anée, par tout aoust d'icele anée les doie parfiner et redure de III cuttes. Encores, il est content et pour le present faire labourer un mois conpli desdites boutres pour nous mostrer son ovre et servize. Et se nous plara que nous li deysons conferrer lesdites pactes et provizion par toute sa vie, ce non que soit à nostre liberté de tenir li ou donner li sa licence. Pour ce, de tout ce nous sonmes contens, et vous mandons et conmandons de ordener ledit maistre Francesco d'alier à nostre cazal de Couvoucles conmencer[6] labourer de nosdites boutres; et escrire à Johan Stranbailli, le subrestant doudit labour, de luy donner reçapt de tout ce que li serai mestier pour ledit refiner, celonn que desus contient. Et pasant le susdit mois, il vous doie avizer de tout ce que il ferai doudit labour, particulierement et tout appelé, et de ce que vous nos peucés informer pour conmander nostre conmandement. Et quant est de sa provizion, volons que les CL ducats susdis les peuce avoir dou retrait desdites sucres que il labourerai, et le forment et

---

[1] Kouklia, dont il est souvent question dans ces actes, est encore une des meilleures terres du domaine impérial.

[2] Aschelia, près de Paphos.

[3] Aux Vénitiens, à Venise. Il semblerait, d'après ce passage, que l'on transportait quelquefois à Venise les cannes une fois triturées sans doute, cuites et dégagées de toutes les parties inutiles, pour raffiner ensuite le sucre dans la ville de Venise même.

[4] Il faut peut-être lire *arguates*. Nous imprimons en italique plusieurs mots de ces pièces, dont nous ne connaissons pas le sens.

[5] Ou *bluges*.

[6] Au Ms. *conmescer*.

autres chozes les doie avoir dou susdit Johan Stranbailli pour chascun mois. Pour ce vous mandons que ces presentes faire atacher o livre des remenbrance de nostre segrete et poursuyr et faire conme susdit est. Donné à v jour de Junet 1468 de Crist. Confermé.

1468, 13 août. A Nicosie.

4. Le roi monseigneur manda les sucres de III cuttes que sa seigneurie vendi à Anthony Serera [1].

Sachés que Anthony Serera, marchant Catalan, dona en nostre chanbre et [à] autre pour nous draps, chaces, cheveaus, couronne, I tunique de velours et autres chozes; le menu conthient en hune feullie de paupier confermé de notre main, lequell vous mandons aveuq nos presentes; que montent ducas II^m xcIIII et besants II, à besants vII le ducat, bailliés les chozes et le velours à la main de Perico de Tore [2] et le tuniq à fere le *jourgoman*. Pour lesquells ducats II^m xcIIII et besants II, vous mandons de le faire paier en sucres de III cuttes, de celuy que se refine à Couvoucles et l'Echelle, a ducas cxx le quintal, à besants vII le ducat. Lequell faites donner selonn l'uzage, et les faire mettre en heuvre si conme il apartient. Donné à Nicossie, le xIII jour d'Aoust 1468 de Crist. Confermé.

1468, 13 août. A Nicosie.

5. Le roi monseigneur manda la vente dou sucre de III cuttes à Johan Costa, marchant catalan [3].

Sachés que nous avons heu d'achet de Johan Costa, marchant Catalan, draps et bourdatis [4], cheveaus et autres chozes que montent ducas M. III^c L IIII; le menu desdites draps et autres chozes vous mandons entreclus de nos presentes, confermé de nostre main, lesquelles furent donnéés à la main de Perico de Tore pour nostre eschanbre; pour lesquels ducas M III^c L [IIII] vous mandons de faire donner o predit Johan Costa pour son paiement sucres de III cuttes de Couvoucles et l'Echelle qui se refine as dis leus, à ducas cent le quintal, à besants vII le ducat. Lequell faites donner selon l'uzage et le faites mettre en heuvre. Donné à Nicossie, le xIII^e jour d'Aoust M CCCC LXVIII de Crist. Confermé.

---

[1] Ms. fol. 25.

[2] Perrico de Torrès, nommé dans cette pièce et la suivante, était un des Espagnols que le roi Jacques prit à son service. Florio Bustron, *Chron.* Ms. de Londres fol. 201.

[3] Ms. 25, v°.

[4] *Bourdatis* ou *bordats* est, je crois, une espèce de drap de qualité inférieure.

1468, 13 octobre. A Nicosie.

6. Le roi monseigneur manda la vente des sucres de IIII cuttes des cazaus sous devizés que ce doivent encaser en cest an[1].

Sachés que nous avons vendu les sucres d'une cutte de la baillie de Enbes et Lenbes[2] et dou cazal de Acathou[3] et Canaire[4], qui se trovent o mahzen[5] dou sucre à Nicossie, et dou cazal de Lefques[6] et dou Morf, de la rente de l'ané pacé, que ce doivent encaser[7] en cest an MCCCC LX VIII de Crist, à nostre bien amé et feaull messire Andria Cornar[8], o marché sous devizé, cc'est de Enbes et Lenbes, Acathou et Canacaire et Lefques, à ducas XXXV le quintal, à besants VII le ducat, et dou Morf à ducas XXV le quintal, ausi à besants VII le ducat, en cassies et en cordes marchandablement celonn l'uzage, payant hun bezant par cassie. Pour ce vous mandons de faire donner les susdits sucres o poor dou predit messire Andria; et les diniers que montent faites les metre à la razonn doudit messire Andrie, pour les diniers qu'il nous presta, celonn la letre et oblications que il tient de nous, et vous les nos pourveours lesquells faites metre en heuvre, et ausi pour autres diniers qu'il presta à nostre reguale sans oblicationn. Donné à Nicossie, le XIII jour de Huitenvre 1468 de Crist. Confermé.

1468, 30 avril. A Nicosie.

Ordre relatif aux revenus de la ferme de Kiti.

Le roi monseigneur manda l'apaut de la bouverie dou cazal de Quiti et Moneho, ce que monte pour le temps qui est dou roi monseigneur, donner à Harion de Luzenia[9].

Πισ7οὶ καὶ ἠγαπημένοι μας σουρϐεορίδες. Ὁρίζομέν σας ὅτι ἐκεῖνο τὸ ζαϐο-	Nos fidèles et aimés provéditeurs. Nous vous ordonnons en ce qui con-

[1] Ms. fol. 32.
[2] Emva et Lemva, près de Paphos.
[3] Akanthou, dans le Karpas.
[4] *Canaire*, et mieux plus bas *Canacaire*, est Kanakaria, village éloigné de six ou sept lieues d'Akanthou.
[5] Au magasin du sucre que le domaine royal avait à Nicosie.
[6] Lefka, à l'ouest de l'île.
[7] Mettre en caisse. Pegolotti rapporte au long quelle devait être la bonne condition des caisses de sucre de Chypre. *Della mercatura*, p. 364 et suiv.; ci-dessus, p. 89, n.
[8] André Cornaro.
[9] Ce mandement a été intercalé parmi ceux du mois de juillet, au fol. 26 v°. Il résulte de ses dispositions que la terre de Kiti avait été déjà confisquée sur Charion ou Charles de Lusignan avant la saisie et la restitution presque immédiates qui eurent lieu au mois de février 1469 et dont on retrouvera plus loin les pièces.

κολίκι[1] τοῦ Κιτίου εἰς τὸν Μονόβον[2], διὰ τὸν καιρὸν ὁποῦ τὸ κρατεῖ ἡ ῥεγάδα, νὰ μηδὲν τῆς ζητήσῃς τίποτε διὰ γράσια ὁποῦ ἐποιήσαμεν τοῦ Χαρίου Ντελοζένια. Ἐγράφη εἰς τὴν Λευκοσίαν τῇ ἐσχάτῃ Ἀπριλίου 1468 ἀπὸ Χριστοῦ. Confermé.

cerne la bouverie de Kiti à Monovo, pour le temps où elle a appartenu à la régale, de n'en rien exiger parce que nous l'avons par faveur abandonnée au profit de Charion de Lusignan. Écrit à Nicosie, le dernier d'avril 1468 du Christ.

1468, 1er juin et autres dates.

Ordonnnances concernant les villes de Famagouste et de Cérines.

1. Le roi monseigneur manda l'apaut des IIII cabeles dou vin et la fonde dou vin de la cité de Famagoste[3].

Sachés que nous avons apauté les IIII cabelles dou vin et la fonde[4] dou vin de nostre cité de Famagoste o tous lor aparthenances à nos biens amés et feaulls sires Catanio de Negron[5] et Loyzo Spataro pour un an, conmenssant de ce present mois de jun de cest an M CCCC LXVIII, et desinant par tout may de l'ané venant de M CCCC LXIX de Crist, pour besants vints mille, à paier les pour chascunn triminio besants V mille. Et de la sonme desus dys besants XX^m dou predit apaut, avons presté o predit sire Guatanio et Loyzo Spataro besants VI^m, lesquels doivent avoir doudit apaut, cc'est le premier triminio, besants IIII^m V^c; et dou segond triminio besants M V^c. Lesquells besants VI^m soient thenus et obligés les predys sires Catanyo et Loyzo des nous les paier cc'est la seguonde anée besants III^m par chascun triminio le

---

[1] Τὸ ζαβοκολίκι, l'étable à bœufs, la bouverie, comprenant les animaux particulièrement destinés au labour des terres. Les chevaux, les mulets et les autres bêtes de somme ou de trait qu'on pouvait employer en Chypre, comme les chameaux, étaient le *charais*. Voy. p. 260, n. 3.

[2] Une partie des terres de Monovo ou Monehou, petit village entre Kiti et Larnaka, dépendait de la ferme domaniale de Kiti. Le roi déclare par le présent ordre faire abandon à Charles de Lusignan de tous les fruits auxquels le domaine royal pouvait prétendre pour le temps où la terre avait été sous le sequestre royal. *Monehou* me parait un nom grec. Je regrette de ne pouvoir partager l'opinion ingénieuse, mais difficile à justifier, des habitants européens de Larnaka, d'après qui *Monehou* serait un village fondé par les anciens croisés sous le patronage de sainte Menehould.

[3] Ms. fol. 18, v°. Nous n'avons ici que la notification ou lettre d'avis adressée par le roi à la secrète après l'adjudication du fermage de la gabelle. L'acte même du fermage devrait se trouver dans le livre des apaus, 3e partie du registre; il y est remplacé par une note d'André Bibi, secrétain. Voy. ci-après, p. 279, art. 4.

[4] Voy. ci-après, p. 232, n. 7.

[5] On voit dans l'une des pièces suivantes du 7 octobre, que Cataneo de Nigrono, d'une noble famille génoise, était alors bailli royal à Famagouste.

I"" PARTIE. — DOCUMENTS. 223

cart, et la tierce anée les autres besants III^m, aucy par chascun triminio le cart, sans null defaut ny contredit [1]. Lequell apaut li avons apauté o predit Catanio et Loyzo selon les clazoules [2] de nostre citté de Famagoste. Pour ce vous mandons que ses nos presentes doiés faire atacher o livre des remenbrances de notre segrete, et poursuyr et faire conme susdit est. Donné à Nicossie, le primier jour de Jun M CCCC LX VIII de Crist. Conferrné.

1468, 4 juin.

2. Le roi monseigneur manda de franchir à la gent des deus lies de Famagoste mille bestes menues chascun an [3].

La gent des deus lies de Famagoste donnerent supplication o roi monseigneur, requerant à sa seigneurie de eaus franchir lor bestes menues; et sa exelence escrit deriere ladite supplication ainsi :

Ὁρισμός μας εἶναι· οἱ πουρϐεορίδες καὶ ὁ πράχτωρ νὰ γράψουν εἰς τὸ σ7άτο τῆς ῥεγάλλας νὰ ἔχουν κάθε χρόνον αἱ δύο μιλλίται χίλια σϐακτὰ, ϕραγκοματιασμένα ἀπὸ τὸ μαρτζασίο [4] τους, καὶ ἂν ἔχουν περίτου νὰ πληρόνουν. Τὸ ὁποῖον ϕραγκοματίασμα ἀρχίζει τὸν αὐτὸν χρόνον 1468 ἀπὸ Χρισ7οῦ. Ἐγράϕη τῇ 4 Ἰουνίου 1468 ἀπὸ Χρισ7οῦ. Conferrné. »

Notre ordonnance est : les provéditeurs et le bailli [4] doivent écrire à l'état de la régale afin que les habitants des deux lieues de Famagouste [5] aient chaque année franches du droit de maréchaussée mille bêtes menues; mais s'ils en ont davantage, ils payeront. Cette franchise commencera à l'année 1468 du Christ. Écrit le 4 juin 1468 du Christ.

---

[1] Ainsi sur les 20,000 besants que les fermiers devaient payer au trésor royal, le roi consentait à leur prêter une somme de 6,000 besants, savoir 4,500 besants qu'ils retiendraient sur le premier terme à payer au trésor de 5,000 besants, et 1,500 besants à retenir sur le second trimestre. Ces 6,000 besants devaient être remboursés au trésor en deux ans à partir de 1469, par à-compte trimestriels de 750 besants.

[2] Les pactes faits entre le roi Jacques et les habitants de Famagouste lors de la reddition de la ville. Nous en connaissons les principales dispositions. Voy. ci-dessus, p. 170.

[3] Ms. fol. 55, v°. Cette pièce a été transcrite à la fin des *Commandements*, après les mandements du mois de février 1469, n. s.

[4] Ὁ πράκτωρ, celui qui reçoit, paraît être le bailli de la secrète. Voy. p. 214.

[5] Deux lieues de pays autour de la ville avaient été rattachées au sort de Famagouste, comme sa banlieue, dans les traités des anciens rois qui garantissaient la possession de cette colonie aux Génois. (Voy. tom. Ier p. 395 et 473, n.) Les habitants de cette zone de territoire furent associés aussi aux priviléges que Jacques le Bâtard, assura à Famagouste lors de la capitulation de la ville. Mais la plupart de ces priviléges furent supprimés par les Vénitiens, pour la cité comme pour la banlieue, nonobstant les réclamations des Famagoustains.

[6] Μαρτζασιο, la maréchaussée dont il a été question précédemment, p. 217, n. 5.

1468, 2 septembre. A Nicosie.

3. Le roi monseigneur manda les sous nommés as leus sous devizés [1].

Sachés que nous mandons à l'encontrée de Pendaies et Alexandretes [2], pour tirer les comtes [3] de nos guallées qui se doivent faire à notre chastel de Cherines, Dimitry de Coro, et à nostre citté de Famagouste sire Loys Filo, pour faire la razoin de la exceptation [4] et autres nos servizes. Pour ce vous mandons de faire balier à chascun de heaus pour lesdits laboureins qui soient en nostre servize besant un, orge coufins IIII, le jour. Donné à Nicossie, le II° jour de Cetembre 1468 de Crist. Confermé.

1468, 7 octobre. A Nicosie.

Le roi monseigneur manda l'estat de la gent de la citté de Famagoste. La même est à l'estat de la reguale [5].

Sachés que nous avons fait l'estat de nostre citté de Famagoste, cc'est scadres, chastel et murallies de l'entraint de ce present mois de huitenvre de cest an de M CCCC LXVIII de Crist, lequel monte en sonme besants XX^m IX^cXLVI : cc'est en vin metres CXX poùr besants II^cXL, lequel se doit paier dou vin qui se porte à nostre citté de Famagoste par nos guallées et en diniers, besants XX^m VII^c et VI, cc'est pour forment mus MIX^c LXXX que ce doivent paier en diniers à besant II le mu, besants III^m IX^c LX, et en diniers pour lor diniers besants XVI^m VII^c XLVI ; lesquells besants XX^m VII^c VI volons que soient paiés pour chascuns II mois par la main de sire Guatanio de Negron, le bailli de nostre citté de Famagoste, cc'est les II mois premiers jour huitenvre et nouvenbre de cest an de M CCCC L XVIII de Crist des entrées de nostre reguale et pour VI mois partant may venant de MCCCC L XIX de Crist, de l'apaut de la cabele et fonde du vin de nostre dite citté de Famagoste, doudit sire Guatanio et Loyzo Spataro les apautours. Et ce riens voudra mains doudit apaut de la cabelle et fonde dou vin, que soit paié des autres apaus de nostre dite citté de Famagoste, que soit en le main dou predit sire Guatanio de Negron. Lequel estat est

---

[1] Ms. fol. 27.

[2] Il n'y a plus aujourd'hui de ville ou de village ainsi appelé en Chypre, mais le nom est resté à un petit mouillage de la côte septentrionale que l'on trouve en allant de Lefka à Chrysochou. On y voit encore des ruines antiques, et l'on doit sans doute placer en ce lieu l'*Alexandria* de Chypre.

[3] Mot incertain.

[5] Ms. fol. 30, v°.

[4] Le sens du mot *exceptacion*, que l'on retrouve ailleurs n'est pas certain. Voy. ci-après, p. 225, n. p. 243, n.

folliés III, confermé de nostre main, lequel vous mandons entre ceus des nos prezentes [1], lequel faites joindre aveuq l'estat de nostre regualle.

1468, 27 octobre. A Nicosie.

5. Le roi monseigneur manda le nouvel estat du chasteau de Cherines, tant pour les sodées conme de la exceptacion [2].

Sachés que nous avons fait de nouvel l'estat de nostre chasteau de Cherines et dou bourq, de l'entraint dou mois de nouvenbre venant de cest an de M IIII^c LXVIII de Crist, lequell avons confermé de nostre main et vous mandons entre ceus de ses nos presentes [3]. Lequell faites le joindre aveuq l'estat de nostre regualle, et faites poursuir et faire celon que odit estat conthient, tant pour les sodées conme de la exceptacionn des lieus que ce doivent paier. Laquelle exceptacionn vollons que soit excepté et consegnier o pooir dou capetaine doudit chasteau, nonmé Petro de Lenyane, pour chascune anée et recevoir les par ces apodices ou de ses culliours [4] que il ordenera, et dovent estre valables conme apodixes de la segrete. Lesquells feront presenter à la segrete pour les metre en heuvre en la fin de chascune anée. Encores volons que ledit fourment et vin que est odit estat que soit charé et porté à Cherines à nos despences.

1468, 30 décembre. A Nicosie.

6. Le roi monseigneur manda de acuilir pour la cularato des sodées des conpanions ce que lor vint faute de lor dit paie [5].

Conme vous savés que protopapa Aresti et ses conpanions apauterent les apaus de nostre chasteau de Cherines aveuq le culeurato des sodées des conpanions et autres doudit leuq, pour besants..... [6]; et pour ce que la regualle

---

[1] Cet état ne se trouve plus dans le registre.

[2] Ms. fol. 34. Il est difficile de savoir ce que l'on entendait sous le nom de *exceptacion*. Dans quelques ordonnances, ce mot semble indiquer un des revenus de la couronne. Voy. p. 224 et p. 243.

[3] Cet état manque aussi au registre, comme l'inventaire de Famagouste annoncé dans la pièce précédente.

[4] Par ses quittances ou par les quittances que délivreront les receveurs (*culliours*) présentés par lui. Ces apodixes devaient être valables, comme si elles émanaient de la Secrète même.

[5] Ms. fol. 43, v°. Le roi dans cette ordonnance déclare que l'on diminuera des sommes à payer par les fermiers de Cérines ce qui manquerait à la solde que le domaine royal leur devait d'autre part. La *cularato* ou *culeurato* semble être la contribution personnelle exigée de tous les officiers ou employés de la couronne et dont il est question dans les premiers mandements de la secrète. Les *conpanions* du protopapas Aresti étaient sans doute ses associés et serviteurs pour le fermage des divers revenus dépendant du château de Cérines.

[6] Blanc au Ms.

ne lor donna la paie enterinement, vous mandons de voir ce que lor vint faute de lor dit paye et abatre asdis apautours à l'avenant de lordit apaut pour celui qui lor vint faute. Donné à Nicossie, le xxx jour de Dezembre, MCCCC LXVIII de Crist. Confermé.

1469, 16 janvier. A Nicosie.

7. Le roi monseigneur manda conme desous est conthenus [1].

Sachés que ayant nous nostre citté de Famagoste, avons fait sert franchizes et pactes as jens qui furent trovés à la dite citté, tant dou peple conme des forestiers, si conme largement conthient as convencions que nous lor avons fait, confermé de nostre main. Pour ce, vous mandons de voir lesdys convencions et les faire trahter celonc le conthenu d'iceles; lesquels convencions aveuq ses nos presentes faites atacher o livre des remenbrances de nostre segrette [2]. Donné à Nicossie, le XVIe jour de Jenvier M CCCC LXVIII de Crist. Confermé.

1468, 4 juillet. A Nicosie.

Rescrit du roi au sujet des serfs mariés appartenant à différents maîtres.

Le roi monseigneur manda quand un serf sera afié aveuq une servoite, peuce maner aveuq son espous, par ce conme desous contient [3].

Nos biens amés et feaulls concellers. Conme vous savés que celon la informacion que vous avez heu des segretains de nostre segrete et d'autres pluzeurs pratiques, nous distes que par le tens pacé tousjours ce soyent que ce hune servoite d'acun cazal se trouveyt afié aveuq hun serf d'un autre cazal que tous deus lesdits cazaus fucent d'un segnour; et apres, ce devizoient lesdis cazaus ou par escheete, ou par duare, ou par donnacion ou par quelque autre maniere que fust en II segnours, ladite servoite non poyant estre despartie de son espous, ele aleit et ce marioit et demouroit aveuq son dit espous jusques entaint que il fust en vie son mari; et trespassant son dit mari de ceste vie, ladite servoite ce retournoit à son propre cazal. Et d'acun tens ensa, depuys que nous avons heu la pocesion de nostre roiame, a esté

---

[1] Ms. fol. 44, v°.

[2] La pièce manque dans le registre des remenbrances. Si nous n'en avons pas le texte même dans la convention du 6 janvier 1464, antérieure à la capitulation de Famagouste, nous pouvons en connaître au moins les dispositions les plus essentielles au moyen de ce document que nous avons imprimé ci-dessus, et d'une lettre d'Augustin Barbarigo, doge de Venise, du 2 août 1491, que l'on trouvera plus loin.

[3] Ms. fol. 21.

uzé et acoustumé le contrare, cc'est à savoir que çe hune servoite de hun cazal ce trovoit afié aveuq acun serf d'un autre cazal, et que tous deus estoient d'un seigneur, et apres estoient devizés par acuns des susdis achazions, ladite servoite demouroit à son propre cazal; et veliant se marier aveuq son espous, le seigneur de son mari donnait une autre en eschange d'icele o seigneur dou cazal que ele estoit serve, et le prenoit et le fezioit marier aveuq le serf qui estoit afiée. Et pour ce, vous nous avés tramis, feri et dit que la opinion coumune de nos susdis segretains et autres est, celon lor cemblant, que le premier ordene estoit bon, et vous nous avés demandé que est nostre conmandement de poursuir ou celon le pacé ou celon que uze o prezent; de ce vous mandons que nostre volenté en entecion si fu e est sertainement de opserver, tenir et maintenir tous les us et coustumes ansienes de nostre roiame, conme naturel seigneur, et ancy que nous prejenetours et anscecours faizént, uzoient et acoustumoient. Et pour ce que en ce cas susdit, par les achazoins sousdites semblent nous justes et razonnables, vous mandons de poursuir et faire celon que par le pacé ce fazoit, uzet et ce acoustoumoit, cc'est à savoir que cant hune servoite d'un cazal sera afiée aveuq acun serf d'un autre cazal, que tous deus les cazaus estoient d'un seigneur, et apres se devizoient par acune maniere à deus seigneurs, que ladite servoite peuce maner aveuq son espous, sains estre tenu le seigneur dou serf à donner autre en son leuq en eschange d'icele, laquele doit demourer et estre aveuq sondit espous jusques que son dit espous sera vif. Et trespassant de ceste vie, ele doie retourner et aler et demourer à son propre cazal, sans null debat ny contredit. Pour ce vous mandons que ces nos presentes doiés faire atacher o livre des remembrances de nostre segrete et poursuyr et faire conme sus dit est. Donné à Nicossie, le IIII[e] jour de Junet de M CCCC LXVIII de Crist. Confermé.

1468, 5 juillet. A Nicosie.

Mandements relatifs au droit ou impôt du sel exigé des serfs et francomates.

1. Le roi monseigneur manda que les MV[c] besants que les serfs dou cazal de Pelendres donnerent pour lor cel, lesquels lor faites paier de mete de lor cel [1].

Conme vous savés que de l'entraint de mars de M CCCC LXVIII [2] de Crist,

[1] Ms. fol. 23. — [2] Il faut lire probablement M CCCC L XVI, comme dans la suite de la pièce.

avions conmandé que tous les serfs et franguomates qui ce trovent hors viles ès cazaus de nostre regualle et des chevaliers et autres, que tous deusent paier par chascun an la mete dou cel [1], sains esparanier nulluy; o present, vindrent en nostre presence les sserfs de nostre cazal de Pelendres et nous presenterent hune apodixe de nostre segrete, que pour ᴍᴠᶜ besants qu'il donnerent par nostre conmandement à la main de sire Johan Stronbailli, le trezorier de nostre segrete, pour la paie de la scadre de Petro Davila, lor avons aquité la predite mete dou cel; et porce que nostre entencion fu et est tousjours que nulle personne qui se troit hors vile ès cazaus de non estre esparanié de ladite mete dou cel, volons et vous mandons que les susdis besans ᴍᶜᵛ que les predys donnerent pour estre quites de ladite mete dou cel, que vous li lor faites paier de ladite mete dou cel, cc'est de ce que fumes sur heus de paier de l'an ᴍ ᴄᴄᴄᴄ ʟxᴠɪ de Crist à aler jusques en tant qu'il seront paiés les predis besans ᴍᴠᶜ, et demeurer o renq des autres nos serfs, de paier pour chascun an la predite mete dou cel, par la maniere des autres. Et ses nos presentes faire atacher o livre des remenbrances et as autres escritures de notre segrete [2]. Donné à Nicosie, le ᴠᵉ jour de Junet 1468 de Crist. Confermé.

[1] La *mète* ou contribution du sel fut créée d'abord par le roi Jacques Iᵉʳ en 1380, et imposée à tous les sujets du royaume, chevaliers, bourgeois et serfs, pour le rachat de son fils Janus retenu à Gènes. (Strambaldi, *Chron. di Cipro*, fol. 336.) Suspendue quelque temps après, elle fut rétablie en 1392 et assignée en pension à la princesse Echive : « Il ditto re Zacco fece la imposicion de la « meta del sal, zoè impose che ogni homo et « donna per tutta l'isola dovesse pagar un « bisanti a l'anno e tuor un mozo de sal. « Laqual intrada montò bisanti 80 milia. Et « dete assignamento a dama Civa sua figlia. ·Dil che tutti si sentivano aggravati e la « maledivano ogni giorno. Lei visse da poi « avuto l'assegnamento quatro anni e poi « mori; et cessò etiam l'imposicione. » (Amadi, *Chron.* fol. 518; cf. Stramb. *Chron.* fol. 339; Loredano, *Hist. dei Lusign.* p. 521.) Il est probable que l'impôt fut rétabli et devint permanent, quand l'île eut à payer un tribut annuel à l'Égypte, après la bataille de Chirokitia et la captivité du roi Janus. Sous les derniers rois, d'après ce que dit Lusignan (*Hist. de Cypre*, fol. 70, vᵒ) et, d'après les mandements de Jacques II que nous avons ici, *la mète du sel* s'exigeait seulement des serfs et des affranchis. Aussi la république de Venise demandait-elle expressément en 1467, au roi Jacques qui l'accorda, que les habitants de Chypre connus sous le nom de Vénitiens blancs n'y fussent pas soumis : *nè de gitar sal, nè altramente*, etc. (Voy. ci-dessus, p. 177, n.) L'impôt s'acquittait alors soit en argent, soit par des corvées personnelles, en travaillant aux salines royales. Comme pour le droit de maréchaussée (voy. p. 218), des préposés spéciaux nommés *caillours*, c'est-à-dire receveurs, étaient chargés de surveiller l'acquittement de la *mète* et de conserver les sommes qui en provenaient.

[2] Les serfs de Pelentria, village du Kilani au sud-est de l'Olympe, s'étaient depuis 1466 rachetés de la corvée et de la contribution du sel, en payant au trésor royal une somme de 1,500 besants. Le roi, voulant

1468, 9 août. A Nicosie.

2. Le roi monseigneur manda les braconniers les desous nommés sans avoir acune sodées autre que la mete dou cel [1].

Sachés que les desous nonmés franguomates des cazaus sous devizés que sont o servize de nostre courch pour braconniers sains avoir acune sodées autre que la mete dou cel qu'ils devoient paier par chascun an; pour ce vous mandons que de l'entraint de c'est an de M CCCC LXVIII de Crist ne doiés riens demander asdits braconniers pour çel. Et cc'est lor noms : Jorges Panlalas de la Quithrie [2], Dimitri tou Thouma de la Quithrie, Coracas de la Quithrie, Stefanos tou Halili de la Quithrie, Guiotis de Vony [3], Nicolas Ovouvalis de Vony, Philippe Decali de Vony, Cacores Hapos de Vony, Mihalis tou Gia de Vony, o Dracos o Couvrelis de Vony, Jorgis Colios de Vony, o Jorgis o Coutalopoulos de Vony, Petritis de Opiho [4], Jorgis o Coularis de Vony, Nicolas o Peulas de Lefcomiaty, Neugoumitis de Lefcomiaty, Jorgis tis Holas de Vony. Lesquells faites atacher à nostre estat. Donné à Nicossie, le IX jour d'Aoust 1468. Confermé.

1468, 7 septembre. A Nicosie.

3. Le roi monseigneur manda : ne doiés riens demander de paier pour cel Philippe tou Adoni et Manoli tou Andoni [5].

Nous vous mandons que de l'entraint de c'est an prezent de M CCCC LXVIII, ne doiés rien demander de paier pour cel [à] Philippe tou Andoni et Manoli t'Adoni, nos faconniers, par grace especial que nous lor fazons. Donné à Nicossie, le VII° jour de Cetembre 1468 de Crist. Confermé.

que tous les serfs et francomates habitant les villages fussent à l'avenir soumis à cet impôt, ordonne à la secrète de considérer les 1,500 besants payés par les serfs de Pelentria comme versés en acquittement des droits de sel dus par eux, pour les années écoulées depuis 1466, et s'il est nécessaire comme contributions anticipées, pour les années à venir jusqu'à l'époque où les 1,500 besants seront ainsi remboursés; après ce temps, lesdits serfs contribueront comme les autres à la *mète* du sel. Les deux mandements suivants montrent que le roi Jacques accordait cependant quelquefois des exemptions individuelles du droit de sel. Dans la pièce n° 2, du 9 août, le roi notifie à la secrète que différents affranchis ses braconniers jouiront pour tous gages de l'exemption de la *mète*.

[1] Ms. fol. 24, v°.
[2] Kythrea, à l'est de Nicosie, qui donne son nom à tout un canton.
[3] Voni ou Vouni, près de Kythrea.
[4] Epicho, près de Vouni. Lefkomiati, aujourd'hui abandonné, est plus au sud.
[5] Ms. fol. 29, v°.

1468, 11 juillet. A Nicosie.

Mandement relatif à l'entretien d'un phare.

Le roi monseigneur manda l'acort que sa seigneurie a fait aveuq sire Antonio de Lorsa, le guevernadour de la lumière [1].

Nos biens amés et feaulls concelliers. Sachés que entre l'acort que nous avons fait aveuq sire Antonio de Lorsa, le gueuvernadour de la lumière, li avons proumys de luy donner pour ses despenses pour cest an tant seulement forment mus LX, vin metres XL, orge mus IIe et paillie sommes L; lesquelles devent metre seur luy de les paier quant ce fera trare ladite lumière; et une nostre servoite en son servize, et le manoir de nostre cazal de Petres pour abiter dedens. Pour ce vous mandons, que par vos letres conmander le bailli dou Morf de luy faire douner les susdites victualies par chascun mois et ladite serve et le manoir de Petres, sans null debat; lequell manoir de Petres faites lui donner aveuq ses courtils. Encores vous mandons de faire donner o mason que ledit sire Antonio prent aveuq luy pour masonner les fours [2] de ladite lumière pour chascun jour vin fiole hune et pains trois de la baillie dou Morff. Et ses nos presentes doiés faire atacher o livre des remenbrances de notre segrete. Donné à Nicossie, le XIe jour de Junet 1468 de Crist. Confermé [3].

[1] Ms. fol. 23, v°.

[2] *Fours*. Peut-être devrait-on lire *jours*, dont le sens serait ici le même.

[3] Je ne puis donner que par conjecture une explication de l'objet de cette ordonnance. Il serait possible que le *guevernadour de la lumière* fût l'employé chargé de fournir l'huile et la cire nécessaires à l'éclairage de la résidence royale. Je ne pense pas, toutefois, que le présent mandement ait trait à ce service, bien que les terres du village de Petra, où devait résider Antoine de Lorsa, produisent un sésame très-riche en huile. Je crois plutôt que les mots *gouverneur de la lumière* désignent un homme ayant ordre de construire et d'entretenir un phare, charge pour laquelle on lui donne, indépendamment d'une serve et de ses provisions en nature, « un maçon qui doit maçonner les fours de « ladite lumière », c'est à-dire du phare. La topographie du canton où on l'envoie me détermine à adopter ce dernier sens. Toute la côte du N. O. de l'île de Chypre, que j'ai suivie depuis le Xérophano jusqu'à Poli tou Chrysochou, est un mur de rochers coupés çà et là par des anses où les petits navires seuls peuvent aborder. Il fallait nécessairement, sous une administration un peu vigilante, que des feux élevés signalassent au loin ces points de mouillage dans la nuit ou dans les mauvais temps. On avait dû en établir un assez grand nombre sur cette côte, et il existe à l'embouchure du ruisseau de Pyrgos, à cinq ou six lieues du village de Petra, dont il est question dans notre pièce, un petit fort surmonté d'une tourelle qui dut avoir cette destination. Les gens du pays le désignent encore sous le nom de *to Phanari*, le fanal. Il est abandonné et tombe aujourd'hui en ruines.

Iʳᵉ PARTIE. — DOCUMENTS.

1468, 23 juillet.

Le roi annule l'affranchissement par lui fait antérieurement des serfs des villages d'André Cornaro, pendant que ces villages étaient sous la main royale.

Le roi monseigneur manda de réndre tous les serfs des cazaus de messire Andria Cornar que sa magesté franchi [1].

Carissimi ben amadi e fedel delecti prohedadori de nostro reame e bali de la secreta. Ve avisamo chomo noi donamo poder et auctorità al nostro padre [2], messer Andrea Cornar, de potter astrenzer certi suo vilani che altre volte noi franchissemo, mentre tenissemo li suo casali [3], a venir a lavorar a la Salina [4], e far i suo anguari et servici, segondo li ordenanza di lo messer Andrea, elqual i debano obedir como [se] sciavi franchiti non fosseno per noi, perchè nostra intencion non è che dite franchissie ponto li valia per esta fati a requisicione de Mori [5] et d'altri et cetera. Per tanto ve conmandamo che tal nostra concession fata a dito messer Andrea de revocaticion de' dite parici dobiati observar. Data die 23 Julio 1468. Confermé.

1468, 5 octobre. A Nicosie.

Comptes avec l'ordre de Rhodes.

1. Le roi monseigneur manda dou rest de la contte des ducats que le grant maistre de Rodes [presta] pour achet des Sarazins, ducas vɪᶜ xcɪɪɪ [6].

Nos biens amés et feaulls concelliers. Sachés que dou rest de la contte des ducas que monseigneur le grant maistre de Rodes de bonne memoire [7] fist acheter pour nous sert Sarazins en Rhodes, et nous les manda en Chippre, lesquells avoiens mandé o seigneur souldan en les anées pacées,

---

[1] Ms. fol. 55. Cet acte a été transcrit à la fin du registre, après les mandements du mois de février 1469 (N. S.). Je le rétablis ici à sa date.

[2] *Padre*, terme d'affection respectueuse. Le frère de Marc Cornaro, André, depuis longtemps fixé en Chypre, n'était que l'oncle de Catherine Cornaro, que le roi Jacques épousa par procureur cette année même 1468. Voy. ci-dessus, p. 177, n., et 182.

[3] A la suite de circonstances peu connues, le roi Jacques en était venu à confisquer les villages appartenant à André Cornaro. Il ne paraît pas que Cornaro eût obtenu la restitution de ces terres longtemps avant le présent mandement. Voy. après les actes de la secrète, la fin des documents du 18 mai et 20 juillet 1469.

[4] Les salines de Saint-Lazare ou de Larnaka.

[5] On ne sait pour quelle raison les Mores ou Sarrasins s'étaient intéressés à l'affranchissement des serfs des villages de Cornaro.

[6] Ms. fol. 30.

[7] Pierre Raymond Zacosta, grand maître de l'Hôpital, était mort à Rome en 1467.

li rest avoir ducas courains de Rodes MXL qui font d'or veneciens ducas vi^e xcIII, lesquells nous demande monseigneur le grant maistre de Rodes qui est o jour [1], pour lesquells avons acordé aveuq Piere Antonni, que ledit monseigneur le grand maistre manda pour requere lesdis ducas, de luy donner en ventte pour les susdis ducas vi^e xcIII, sucre blanq d'une cutte, la mottié de la baillie de l'Eschelle [2] et l'autre motié de la baillie de Couvoucles [3], a razonn de ducas d'or veneciens xxxvi le quintal, de la rente de l'anée pacé, que ce doivent encaser an cest an en casies et en cordes marchandablement, paiant hun besant par caisse celon l'uzage [4]. Pour ce vous mandons de faire donner le susdit sucre en la main doudit Piere Antoine, et le faire metre en heuvre, si conme il apartient. Donné à Nicossie, le v de Huitenvre M CCCC LXVIII de Crist. Confermé.

1468, 11 novembre. A Famagouste.

2. Le roi monseigneur manda pour la dette jadis frere Johan Rame le conmandatour [5].

Carissimi ben amadi et fedel provedadori. Ve avisamo chomo lo debito che nui havevemo a lo condam fra Zuani Rama [6], lo comendator, aora aspeta a lo nostro caro padre monsegnor lo mastro de Rodes, como suquesor de li beni de dito condam fra Zuani, comandator. Per tanto, ve comandamo che tute quele responsion sè havea a far a lo dito fra Zuane conmandator, sè debiano far al dito monsegnor el mastro, et pagar dito maistro con le assignacion et modi che nui eravamo remasti d'acordo con lo dito comandador. Et fateli tal paguamento che habi cazon la signoria del mastro restar ben contenta. Ex Famagusta, die xi Novembris 1468. Confermé.

1463, 27 octobre. A Nicosie.

Résiliation du bail à ferme des droits de fonde du blé, à Nicosie.

Le roi monseigneur manda la rendue de l'apaut de la founde dou blé [7].

---

[1] Jean Baptiste des Ursins.
[2] Aschelia près Paphos.
[3] Kouklia.
[4] Cf. ci-dessus, p. 89, n., et p. 222, n.
[5] Ms. fol. 36, v°.
[6] On trouvera dans les actes de la haute cour (p. 248) la reconnaissance qui avait établi la dette du roi à l'égard de Jean Ram, grand commandeur de l'ordre de Rhodes en Chypre, dès le 3 mars de cette année.
[7] Ms. fol. 34, v°. La fonde était l'entrepôt public du blé. Monscorno avait pris à ferme le droit d'entrepôt et de mesurage du blé à Nicosie. Le roi consent à résilier le bail, et à faire directement *cuilir* ou percevoir les droits par la secrète.

Conme vous savés que pour l'achazon de la carestie dou blé que vint en cest an à nostre roiame, Janot Monscorno, l'apauteour de la fonde dou blé et dou tiers des mezerours de ladite fonde, nous rendi l'apaut de ladite fonde et le tiers desdis mezerours, et pour le repos de la gent de notre dite cité de Nicossie, et pour menistier razon o dit apautour, avons aseté la rendue doudit apaut de ladite fonde et dou tiers des mezerours, pour cuilir le droit desdis apaus par nostre segrete de ce jour; et quant est de l'entraint d'aoust pacé de cest an yci, xxvi jour de huitenvre de cest an de m cccc lxviii de Crist, que lesdis apaus ne se trovroient si conme il apartient, faites le veir par nostre segrete, et porsivés selon que à ladite segrete semblerai par razonn. Et ses nos presentes faire atacher o livre des remenbrances de nostre segrete, aveuq la sentence que se ferai par nostre dite segrete. Donné à Nicossie, le xxvii jour de Huitenvre 1468. Confermé.

1468, 25 novembre. A Nicosie.

Mandement sur les apodixes.

Le roi monseigneur manda que les apodixes de la segrete asena et les leus n'estendirent de les payer, lesdites apodixes fare payer dou nouviau[1].

Nos biens amés et feaulls concelliers. Nous vous mandons que les apodixes que nostre segrete asena as sert gens pour lor sodées, asenemens et autres razouns, et les lieus n'estendirent[2] de les paier où se devoient en les anées que escrivoient lesdites apodixes, que vous les doiés faire paier de la rente dou nouviau des autres apres seguans, tant pour l'anée pacée conme

---

[1] Ms. fol. 37. Nous avons vu précédemment (p. 207) une ordonnance portant nomination d'un secrétain chargé de tenir le registre des apodixes de la secrète. Nous avons remarqué à cette occasion que le mot *apodixes* avait en général le sens de quittance ou cédule du trésor; mais ce mot était d'une signification aussi diverse que le mot de *cédule* lui-même, dont le sens est aussi peu précis que celui du mot *charte*. Ici les *apodixes* sont des certificats ou attestations délivrés par la secrète, et assurant la jouissance de certaines soldes en besants ou assignations en nature accordées par le roi. Les certificats remis à certaines gens, est-il dit dans le présent mandement, n'indiquaient pas les lieux où ces pensions devaient être acquittées, et une difficulté à cet égard s'était sans doute élevée. Le roi ordonne de payer les pensionnaires ou assignés de cette catégorie sur le revenu général du domaine, après que les autres personnes jouissant d'assignations semblables, auront reçu ce qui leur était dû.

[2] *Et les lieus n'estendirent,* c'est-à-dire ne précisèrent pas les lieux sur les revenus desquels la pension devait être payée. Les assignations de rentes ou de gages indiquaient habituellement, surtout pour les livraisons en nature, le village du domaine où elles devaient être reçues. Voy. p. 195 et suiv., p. 210, p. 211 et suiv.

desi en avant, pour ce que nostre volenté est que les gens soient paiés. Et ses nos presentes faites atacher o livre des remenbrances de nostre segrete. Donné à Nicossie, le xxv jour de Nouvenbre 1468 de Crist. Confermé.

1468, 26 novembre. A Nicosie.

Avis d'hommage.

Le roi monseigneur manda que Franchiqui Catreventy ofri l'omage pour le fié que li eschut par la mort de son pere [1].

Franchiqui Catreventy donna supplication o roi notre seigneur, requerant de faire l'omage et le servize que li eschut par la mort de son pere Perin Catriventy, et sa seigneurie escrist derieres la dite supplication : « Le con- « mandement du roi monseigneur si est que Simony Stranbailli, le mare- « choier [2], doie atacher o livre de la marechassie de la courch ladite oferte « d'omage, que ledit Franchiqui fait à sa majesté pour son fié, et les pour- « veours dou roiame atacher à l'estat le servize que li dit fié doit, à servir « ledit Franchiqui conme son pere le servoit. Donné à Nicossie, le xxvie jour « de Nouvenbre 1468 de Crist. Confermé. »

1468, 1er décembre. A Nicosie.

Droit payé par les serfs du roi pour devenir prêtre ou juré.

1. Le roi monseigneur manda que sa seigneurie fist jurré Yanis Yorgin tou Cachouria, de la presterie de Alona [3].

Sachés que Yani Yorgin tou Cachouria, nostre serf de la montaine de Peristeronn, de la presterie [4] de Alona, nous a ofri besants deusscens pour estre jurré doudit leuq o renq des autres jurés [5], en la main de sire Johan

---

[1] Ms. fol. 28, v°. Cette offre d'hommage ne se trouve pas dans les actes de la haute cour, où sont les autres matières féodales, probablement parce que Catreventy n'était pas noble.

[2] Préposé au droit de maréchaussée.

[3] Ms. fol. 39, v°. Alona ou Allona est dans le district de Morpho. Avlona, qui est différent d'Alona, se trouve aussi dans la même circonscription. Je ne connais pas la position précise de ces localités; mais nous voyons ici qu'Alona est assez rapproché de Peristeronari de la montagne vers Lefka. Avlona paraît être plus près de Peristeronari de la plaine, vers Nicosie.

[4] Alona n'était qu'une *presterie* ou petit village, et avait cependant des jurés pour rendre la justice. Les sommes payées par Yorgin tou Cachouria et les autres serfs avant de devenir jurés ou papas, étaient le prix de l'affranchissement et non de l'office ou de la dignité qu'ils obtenaient. Ce prix, du reste, n'avait rien de fixe, et variait de 100 à 500 besants et plus. Voy. ci-après, p. 269, n.

[5] Il y a ici au Ms. *des autres baillies*.

Stranbailli, le trezorier de nostre segrete. De coi sonmes contens et luy ordenons pour jurré doudit leuq de ce jour, o renq des autres jurrés dudit leuq, et vous mandons de le nous trahter par la maniere des autres jurrés doudit leuq, et metre en heuvre les susdis besants deussants, si conme il apartient. Donné à Nicossie, le premier jour de Dezembre 1468 de Crist. Confermé.

1469, 8 février. A Nicosie.

2. Le roi monseigneur manda pour devenir prestre [et juré] les desous nonmés[1].

Sachés que les desous nonmés nos serfs des cazaus sous devizés nous ofrirent besants troissens, cc'est assavoir Linbiti tou Simio, de Marathasses de Moutoula[2], pour devenir prestre, besants deuscens; et Vasilli papa Yorgin Linbiti tou Curiosi le bournis dit Clopin, de Letinbou[3], pour estre juré dudit leuq o renq des autres jurrés doudit leuq, besants cent; bailliés les deus cens besants doudit Linbiti en la main de sire Philippe Boustron, l'oficier dou nouvel ofice, pour la paye de la gent de l'escadre de Petro Davila, et les cent besants doudit Vasilli le juré, à la main de Philippe[4] Boustron, nostre escuer, pour nostre eschambre, lesquels nous presta à Famagoste. Pour ce vous mandons que de ce jour [vous doiés] trahter ledit Linbiti tou Simio pour prestre et ledit Vassilli pour juré par la manière des autres pretres et jurés; et mettre en heuvre les besants troissens, si conme il apartient. Donné à Nicossie, le VIII° jour de Fevrier M CCCC LXVIII de Crist. Confermé.

1468, 3 décembre. A Nicosie.

Exemptions et compensations de la dîme royale accordées par le roi[5].

1. Le roi monseigneur manda la grace que fist à Balian de Nores, pour les dihmes de son cazaul[6].

Sachés que nostre bien amé et feaull escuer, Balian de Nores, nous fist à savoir comment son cazal en cest an M CCCC L XVIII de Crist ne fist aucune rente, et ne n'est possible de paier le dihme que ledit cazal est tenu de paier

---

[1] Ms. fol. 50.
[2] Modoula, dans le Marathasse, district de Levka ou Lefka.
[3] Letinvou est dans le district de Paphos, d'après le registre des impôts du pacha de Nicosie, mais j'ignore sa position.
[4] Nommé Philippe, comme le précédent.
[5] Ms. fol. 40, v°.
[6] On a vu déjà quelques compensations analogues accordées par le roi; on en trouvera aussi dans les actes de la haute cour. Voy. p. 275.

en cestui an. Pour tant vous mandons que pour cest an ne li doiés demander riens. Donné à Nicossie, le III jour de Dezembre 1468 de Crist. Conferrmé. .

1469, 21 février. A Nicosie.

2. Le roi monseigneur manda pour les asenemens de mesire Sasons de Nores de faire acuillir, conme apres conthient[1].

Conme vous savés que nostre bien amé et feaull concellier sire Sassons de Nores, le surperiour de nostre segrete[2], en a d'asenement, celon nostre estat, l'an en diniers besants deus mille vint sinq; et ledit sire Sassons doit celon nostre dit estat, pour ses cazaus et autres, cc'est par defaut l'an besants mille, et pour le dihme roiaulle cc'est forment mus CXXII, orges mus II^c LXXVIII cafis I; fèves mus III cafis VI, lentillies mus II cafis II, lin jorbes X, cresevious mus II, et en diniers besants CXXXI karoubes XI; lesquels vous mandons de lui faire acuilir les dis chose et diniers que nous doit aveuques ses dis asenemens, cc'est les diniers pour diniers et les chozes celon l'efet que se monte as entrées de nostre dit estat, tant desi en avant, conme desi en arieres. Et ses nos presentes faites atacher o livre des remenbrances de nostre segrete et poursuir et faire conme susdit est. Donné à Nicossie, le XXIe jour de Fevrier M CCCC LXVIII de Crist. Confermé.

1468, 20 décembre. A Nicosie.

Ordonnance de payement du prix de diverses étoffes et de blé achetés par le roi.

1. Le roi monseigneur manda les chozes que sa seigneurie acheta de sire Marco Lordan[3].

Sachés que nous avons heu d'achat de nostre bien amé sire Marco Lordan les chozes sous devisés pour notre eschambre, qui monte besants MLXVI 1/2, cc'est : velus, bras XXI, bleuf, à besant XXX le bras, qui monte besants VI^c XXX; item, velus noir, bras VIII 1/2, à besants XXVIII le bras, qui monte besants II^c XXXIII; drap escarlate canes II 1/2 à besants LXXV la canne, besants CLXXXVII 1/2; sendat noir, bras IIII, pour besants XVI. Lesquels besants MLXVI 1/2 vous mandons de les faire paier o dit sire Marco de la razoin de nostre eschambre, cc'est de Stefano Maistre Vasilli, le cuillour dou cel[4], be-

---

[1] Ms. fol. 51, v°.
[2] Sa nomination du 14 septembre 1468 est ci dessus, p. 207.
[3] Ms. fol. 41 bis.
[4] Le receveur ou garde du droit de sel (voy. ci-dessus, p. 228); il se peut que cet

sants vᶜ LXVI 1/2, et de l'apaut dou laq de Limesoun¹ besants vᶜ. Lesquells faites metre en heuvre. Donné à Nicossie, le xx jour de Dezembre 1468 de Crist. Confermé.

2. Le roi monseigneur manda pour achet le blé sous devizé, cc'est le forment à besants IIII le mu, et l'orge à besants II le mu².

Conme vous savez que as jours pacés, ayant nous de nesesité pour nostre estat serte sonme de fourment et orge, avons conmandé et conmys nostre bien amé et feaull sire Pier Bibi, le segretain, de la faire trover et acheter, cc'est le fourment à besants trois le mu, et l'orge à besant un le mu as lieus³; o jour de hui ledit sire Piere nous fist relacion conment de la sonme que nostre dit estat avoit de bezoin il a recouvré hune certe sonme o susdit marché, cc'est à besants III le mu le fourment, et l'orge à besants hun le mu as leus, et o dit marché ne ce peut plus trover de quoi; considerant la necesité de nostre dit estat, sonmes contens que, pour celui que nostre dit estat a de bezon de cy en avant, qu'il soit acheté le fourment à besants catre le mu et l'orge à besants deus le mu as lieus. Pour ce vous mandons de veir ce que nostre dit estat a de bezoinn deci en avant, et conmander ledit sire Piere de le faire trover et acheter o susdit marché, cc'est le fourment à besants catre le mu et l'orge à besants deus le mu as lieus. Et pour ce que ledit sire Pier avoit acheté paravant pour le convenir de nostre dit estait hune sonme de fourment à besants deus le mu et l'orge à douze cafis o besant⁴ ès lieus, faites voir la sonme que il acheta o dit marché et auci celui qu'il acheta par tout le jour de yer à besants trois le mu le fourment et l'orge à besant hun le mu as lieus, et metre les en heuvre si conme il apartient. Donné à Nicossie, le xxIIIIᵉ jour de Fevrier M CCCC LXVIII de Crist. Confermé.

---

employé du domaine, dont il est plusieurs fois question dans le registre de la secrète, ait donné son nom à la petite localité de *Stephano Vassili*, marquée sur les cartes vénitiennes à l'ouest du bourg de Vassili dans la Messorée, et qui ne figure plus dans les registres d'impôts du pacha de Nicosie.

¹ Nous voyons ici que le marais salant de Limassol appartenait comme la saline de Larnaka au domaine royal.

³ Ms. fol. 52, v°.

³ *As lieus* ou *ès lieus*, c'est-à-dire le blé et l'orge pris sur les lieux.

⁴ Le cafis n'étant en Chypre que la huitième partie du muid, l'orge vendu *à douze cafis o besant* était acheté pour le roi à de meilleures conditions que le roi n'avait d'abord désiré lui-même, en fixant le prix à *un besant le muid*.

1468, 30 décembre. A Nicosie.

Ordre pour le guet de Capouti.

Le roi monseigneur manda pour donner hun vinlan de la baillie dou Morf pour faire la guardie de Capouti[1].

Conme vous savés que vos nous avés dit que pour l'achazoin de la guardie, trestous les franguomates dou cazal de Capouti[2], que Dimitri de Ceuron tient à fié de nous, veullient abandonner ledit cazal et alier abiter as cazaus des chevaliers; et ausi lesquels sont contens que donnant nous hun serf de nostre baillie dou Morf pour faire la guardie que lesdis frangoumates estoient huzés de faire, que ils soient thenus de paier ses droitures et apaut et sa sustances; et veliant nous avoir avizement dou chevetain de Pendaies que ayant hun home contunnelement si se peut faire ladite guardie, que lesdits franguomates estoient huzés de faire, lequell nos a escrit qu'il se peut bien faire; pourtant pour non avoir achezon lesdits franguomates de abandonner ledit cazal, sonmes contens et vous mandons de donner de nostre baillie dou Morf hun serf viel, qui ne n'a charue, de faire contunnelement ladite guardie que lesdits franguomates estoient uzés de faire, payant lesdits franguomates ses droitures et apaut et sa vie, conme susdit est. Donné à Nicossie, le xxx de Dezembre 1468 de Crist. Confermé.

---

[1] Ms. fol. 42, v°. Il s'agit dans cette pièce des guets ou vigies établis sur les côtes de l'île plus particulièrement exposées aux incursions des pirates, comme le Pendaïa et le Morpho. Indépendamment des surveillants fournis par les localités maritimes elles-mêmes, il y avait dans l'île, sous les Vénitiens et peut-être dès le temps des Lusignans, un corps de stradiotes albanais, spécialement chargés de la garde et de la défense des côtes. Le P. Lusignan donne à ce sujet les renseignements suivants : « Les Albanois es- « toient bien en nombre de mil et se prome- « noient toutes les nuits deux à deux à cheval « sur le bord de la mer, et ainsi faisoient le « guet. Et pour ce qu'il y avoit assez longue « distance d'un costé de la mer à l'autre, à « ceste occasion de chaque demy mille en « autre il y avoit deux villageois faicts libres, « qui avoient la charge, ayant du feu près « d'eux et du bois, s'ils voyoient quelques « navires s'approcher de l'isle de faire autant « de feux qu'ils en verroient... Après le soleil « couché, toutes les sentinelles estoient obli- « gées, s'ils descouvroient quelque chose, de « faire un feu qui duroit l'espace que l'on « diroit six patenotres. Et ainsi par toute l'isle « et en toutes les juridictions près de la mer « y avoit une sentinelle. » Hist. de Cyp. fol. 218; cf. fol. 70, v°. Le droit de guardies, mentionné dans quelques-unes de nos pièces, et désigné dans les ordonnances grecques par l'expression αἱ βίγλαι (voy. p. 205 et 206, n.), devait être une contribution particulière destinée à pourvoir, soit à la surveillance fixe et sédentaire exercée par les gens du pays, soit à la solde des Albanais.

[2] Kapouti, à l'est de Morpho, en allant de Cérines vers le Pendaïa, est situé sur les derniers mamelons de la chaîne de montagnes du Lapithos, à l'entrée de la plaine de Morpho et à une lieue environ de ce dernier village.

1469, 7 janvier. A Nicosie.

Mandement du roi au sujet des sommes prêtées par les officiers publics.

Le roi monseigneur manda que les ofeciers de la regualle presteront diniers pour lor ofices[1].

Nos bien amés et feaulls concelliers. Conme vous savés que nos balis, capitanes, chevetaines et autres nos oficiers nous presterent diniers pour lor ofices, en ce prezent mois de Janvier M CCCC LXVIII de Crist, pour l'achet dou blé que nous avons mestier d'acheter pour nostre estat et autres nos bezoines, pour ce vous mandons de faire metre chascun lesdis diniers de lor en heuvre, et heus paier des catepanages[2] et ventes des rentes de nos cazaus et austres raizons et entrées de nostre regalle de l'année venant de M CCCC LXIX de Crist. Et ces nos presentes faire atacher o livre des remenbrances de nostre segrete. Donné à Nicossie, le VIIe jour de Jenvier M CCCC LXVIII de Crist. Confermé.

1469, 4 février. A Nicosie.

Ordre pour la nourriture de la lionne du roi.

Le roi monseigneur manda la croissiance de la paste de la lionece[3].

Nos bien amés et féauls concelliers. Sachés que nous avons fait croissiance de la paste[4] de la lionece oultre les XXIIII diniers que les chascun jour[5], autres diniers vints catre, pour avoir le jour besant hun. Pour ce vous

---

[1] Ms. fol. 44. Cette rubrique dit beaucoup plus que le texte même de l'ordonnance qui la suit. Le roi se borne ici à régler la manière dont on pourvoira au remboursement des sommes prêtées au trésor par les officiers publics pour l'année 1469 ; d'après la rubrique, il semblerait que le roi eût décrété l'obligation pour tous les officiers de verser au domaine, avant leur entrée en charge, une certaine somme d'argent, à titre de prêt ou de caution. Au reste, André Bibi, secrétain qui a dressé le présent registre, a étendu le sens de ce mandement, parce qu'en réalité, les magistrats ou officiers chargés de l'administration dans les différents districts du royaume prêtaient alors au roi une somme d'argent pour obtenir leur office. Nous avons vu précédemment qu'en l'année 1468, le chevetain de Pendaïa avait prêté, à cet effet, 100 ducats, le chevetain de Chrysocho 50 ducats, le chevetain d'Avdimou 300 besants, le bailli de la douane de Nicosie 100 ducats (ci-dessus, p. 204 et suiv.). La plupart de ces charges étaient annuelles, et il est probable que les officiers, pour obtenir une prorogation ou nomination nouvelle, étaient tenus de renouveler leur prêt au trésor royal.

[2] *Catepanages*, revenus divers des terres du domaine royal perçus par les baillis, chatelains ou catapans. Nous reviendrons plus loin, à la fin des documents de la secrète, sur les fonctions de ces magistrats.

[3] Ms. fol. 47.

[4] *Paste*, repas, nourriture.

[5] *Que les chascun jour*. C'est-à-dire que ceux de chaque jour.

mandons de le faire atacher à nostre estat et le trahter et paier comme sus dit est. Donné à Nicossie, le 4 jour de Fevrier 1468. Confermé[1].

1469, 4 février et autres dates.

Confiscations et restitutions de fiefs.

1. Le roi monseigneur manda de fare lever le cazal de sire Ehtor Quivides pour sert achazon[2].

Nos biens amés et feaulls concelliers. Nous vous mandons de faire lever les cazaus de nostre bien amé et feaull sire Ehtor de Quivides por sert acazon, et les fare huzer par nostre reguallé en jusques à nostre conmandement. Donné à Nicossie, le IIII jour de Fevrier M CCCC LXVIII de Crist. Confermé.

1469, 4 février. A Nicosie.

2. Le roi monseigneur manda de faire lever le cazal de Quiti[3].

Nous vous mandons de fare lever le cazal de Quiti, o tous ses aparthenances et le fare huzer par nostre regalle.

1469, 20 février. A Nicosie.

3. Le roi monseigneur manda de prendre le cazal de Catodri[4].

Sachés que nous avons donné lisence[5] à sire Fabrichio Sentil d'aler o Po-

[1] Nul des contemporains de Jacques le Bâtard n'aima plus que Philippe-Marie Visconti à réunir des bêtes curieuses dans ses palais. L'entretien de sa volière seule lui coûtait à certaines époques jusqu'à 3,000 florins d'or par mois, si Candide Decembrio n'exagère pas trop dans cette circonstance. Voy. *Vita P. M. Vicecomitis*, ap. Muratori, *Script. Ital.* t. XX, col. 1012.

[2] Ms. fol. 47, v°. Kividès, qui avait donné son nom à une famille française, est un village du district de Limassol, au nord de Piskopi et près du Lykos. On ne voit pas si cette famille conserva jusqu'au XV° siècle sa seigneurie patrimoniale; mais les ordonnances de 1468 nous indiquent deux autres villages qu'elle possédait; c'est *Fiti*, rendu par le roi à Hector de Kividès le 21 du même mois de février (voy. p. 241), et *Threnia*,

donné à Jérôme Salviati le 30 mars (voy. ci-après, p. 394). Les Kividès, comme la plupart des membres de l'ancienne noblesse de l'île, regrettaient les princes légitimes et restaient très-froids pour le roi Jacques, quand ils n'agissaient pas en secret contre lui. Le Bâtard cherchait toujours à les soumettre par des bienfaits ou des violences. Voy. Lusignan, *Hist. de Cyp.* fol. 179.

[3] Ms. fol. 47, v°. Il s'agit du fief du Quid, aujourd'hui Chiti ou Kiti, près de Larnaka. Le roi rendit cette terre à Charles de Lusignan, le 22 du même mois de février, mais il confisqua plus tard tous les biens du prince. Voy. ci-après, p. 241, n.

[4] Ms. fol. 51.

[5] Cette licence d'aller en Occident a toute l'apparence d'un exil. Fabrice Gentile, qui avait reçu différents bienfaits du roi, ne pa-

Iʳᵉ PARTIE. — DOCUMENTS.

nent, à son ostel. Pour ce vous mandons de prendre le cazal de Catodri[1] que il tient en fié, et le faire jondre aveuq la baillie de Lefcara et le faire huzer par nostre regualle.

1469, 21 février. A Nicosie.

4. Le roi monseigneur manda de rendre le cazal de Fiti à sire Ehtor de Quivides[2].

Nous vous mandons de faire rendre le cazal de Fiti[3] de nostre bien amé et feaull sire Ehtor de Quivides, si conme le soloit avoir, et dou jour que fu levé. Donné à Nicossie, le xxi jour de Fevrier 1468 de Crist. Confermé.

1469, 22 février. A Nicosie.

5. Le roi monseigneur manda de rendre à Harion de Luzenia le cazaul dou Quit[4].

---

raît pas être revenu en Chypre. Un de ses parents, Gabriel Gentile, médecin du roi Jacques et de Catherine Cornaro, resta en faveur et prit part au gouvernement du royaume. Il fut tué en 1473, lors de l'insurrection de Famagouste. Voy. plus loin une dépêche du 15 novembre 1473.

[1] Katodri, au S.-O. de Lefkara, que l'on nomme aussi Katodri de Lefkara.

[2] Ms. fol. 52.

[3] Il y a un village de *Fini* ou *Phini* dans le Kilani, et les registres d'impôts de Nicosie mentionnent *Foti*, dans le Chrysocho; le casal d'Hector de Kividès, confisqué le 4 du mois de février (voy. p. 240) et rendu le 21, était peut-être l'un de ceux-ci.

[4] Ms. fol. 51. Charles, Clarion ou Harion de Lusignan était fils aîné de Philippe de Lusignan, seigneur de Lapithos, arrière-petit-fils du roi Jacques Iᵉʳ. Bien qu'il n'eût pas suivi sa cousine Charlotte en Europe, il lui resta fidèle et la considéra toujours comme sa reine. Jacques le Bâtard mettait le plus grand prix à s'attacher ce prince, qui était à la fois son oncle et le dernier représentant mâle des anciens rois; il employa tour à tour les menaces et les faveurs sans jamais pouvoir y réussir. Il lui avait d'abord enlevé la terre de Chiti, qu'il lui rendit peu après (voy. p. 222); on trouve dans les actes de la haute cour une nouvelle donation de Chiti du 15 juillet, qui annonce une saisie antérieure (voy. p. 400); nous voyons ici qu'il confisque encore la même seigneurie le 4 février 1469, et la rend avant la fin du mois. Désespérant de pouvoir jamais assouplir ce prince, le roi Jacques, d'un caractère extrêmement violent, finit par le dépouiller de tous ses biens à la suite d'une scène où il l'accabla d'outrages. Le P. Étienne de Lusignan, qui a recueilli les dernières traditions françaises de Chypre, avait entendu raconter ces choses dans son enfance par sa grand-mère, Isabelle Perez Fabrice, bru du prince Charles. Il les rappelle dans un passage un peu long de son histoire que je ne puis me dispenser de citer : « Ce Charles « estoit de si grand cœur, que jamais il ne « voulut s'humilier, mais murmuroit souvent « contre luy. Toutefois, il ne fit jamais nou- « veauté ou entreprinse. Le roy, pour lui « abbaisser son orgueil, l'ayant invité à la « chasse, luy défendit de faire voller son « faulcon jusques à ce qu'il luy permist. Et « luy fit ceste défense, sçachant bien luy « estre impossible de s'en abstenir, espérant « par ce moyen de prendre occasion de luy « mal faire. De façon que Charles entendant « ce commandement, le désir de faire le con- « traire et la haine qu'il avait contre le roi

Nous vous mandons de faire rendre et donner au pooir de Harion de Luzenian le cazal dou Quit, o tous ses aparthenances, si conme le soloit avoir, et dou jour que fu levé.

1469, 7 février.

Réunions et suppressions de bailliages.

1. Le roi monseigneur manda de faire jondre la baillie de Hrousoho aveuq la baillie de Enbes[1].

Sachés que, consyderant nous qu'en la baillie de Hrousoho[2] il i a poq de

« commencèrent à s'augmenter, et délibéra,
« pour lui faire despit, de lascher son esper-
« vier lorsqu'il se présenteroit quelque proye.
« Aussi, le malheur voulut qu'il vist un fort
« beau phaisan ; et incontinent, se fiant que
« personne le diroit, il lascha son oiseau. Il
« fut donc soudain accusé envers le roi, qui
« le vint rencontrer oultré de colère ; et pre-
« nant ce pauvre Charles par la barbe, le
« jetta en terre. Puis, descendant de son che-
« val, commença à lui monter sur la face,
« lui donnant plusieurs coups d'esperons et
« de pieds, et le laissant à terre pour mort.
« Ses serviteurs voyant cela, le prennent et
« l'apportent au vieux palais du roy, lequel
« de nostre temps estoit au seigneur de Lazes,
« là où il fut médeciné. Quelque temps après,
« le roi demandant s'il estoit vif ou mort, et
« entendant qu'il estoit guary, l'envoya quérir.
« Mais il n'y voulut aller, indigné en partie de
« l'injure qui luy avoit été faicte, en partie
« fasché de ce que le roy avait trop de fami-
« liarité avec sa mère (Échive de Norès) : et
« encores que le roy l'eust mandé deux ou
« trois fois, si ne le peut-on induire à obéir à
« son commandement. Pour laquelle déso-
« béissance le roy lui osta sa seigneurie, qui
« estoit la première de tout le royaume, non
« en dignité, mais en revenus. Son bourg
« s'appelait Lapithe, et estoit plus peuplé que
« ny Lemisse, ny Paphe, ni Famagoste. Il
« avoit aussi les bourgs de Sainct Demetrie,
« Piscopion et autres jusques au nombre de
« vingt-quatre, entre lesquels estoit celui de
« Chite, que la seigneurie de Venise a depuis
« vendu à Ziam ou Jehan Flatre : toutefois,

« pour ce que Hercules Podocator leur donna
« plus grosse somme d'argent, il l'obtint,
« pour en jouir en tiltre de seigneurie. Ainsi
« ne fut laissé audit Clarion ou Charles que
« les dismes du bourg de Psimoloffe. Or, le
« roi avoit bonne intention de lui rendre tous
« ses biens ; d'autant qu'il n'avoit plus proche
« parent de la race des Lusignans, luy estant
« son oncle du costé du père ; car ce Clarion
« estoit nepveu de Henry, prince de Galilée,
« frère du roy Jehan et fils du roi Jacques Ier.
« Mais mourant d'une mort violente, il n'eut
« loisir de penser au prince Charles, lequel
« demeura toujours privé de ses biens. Il eut
« néantmoins pour femme Hélène, sœur de
« Paul Zappe, sénéschal de Hierusalem,
« laquelle lui apporta en mariage le fief et
« seigneurie de Simum. Philippe, fils de Cla-
« rion, redemanda au sérénissime sénat de
« Venise les seigneuries de son père ; duquel
« il eut pour réponse, que lorsqu'il estoit
« entré en possession de l'isle, son père ne les
« avoit point ; et pour ceste cause qu'il ne
« sçavoit si elles lui appartenoient ou non. Ce
« Philippe espousa Isabel, fille puisnée de
« Jehan Peres Fabrice, comte de Zaffe et
« Carpasse, et ces deux furent père et mère
« de mon père Jazon de Lusignan. Quant à
« ma grand'mère, elle estoit née du temps de
« ce roy Jacques, et vesquit quatre-vingts et
« quinze ans, et racontoit à mon père et à
« moi ce qui avoit esté faict à Clarion, père
« de son mary. » Ét. de Lusignan, *Hist. de Cypre*, fol. 180.

[1] Ms. fol. 48.

[2] Chrysocho, ou Chrusochou, à l'O. de l'île.

cazals, avons deliberé de le faire jondre de l'entrant dou mois de Mars prochain venant de M CCCC LXIX de Crist aveuq la baillie de Enbes et Lenbes [1], qui est en la baillie de nostre bien amé et feaull sire Badin Flatro. Pour ce vous mandons de le faire reconmander en la main doudit sire Badin le bailli, pour le faire guier [2] et gouverner conme il apartient aveuq sa autre baillie de Enbes et Lenves. Et de l'entraint dou susdit mois de Mars M CCCC LXIX de Crist faites casier les sodées que Piero Sozomeno avoit pour ledit baliage de Hrousoho. Et ses nos presentes faites atacher o livre des remenbrances de nostre segrete.

1469, 28 février. A Nicosie.

2. Le roi monseigneur manda pour conpartir les cazaus de la baillie de sire Piere Boustron ès autres balies de la regualle [3].

Nous vous mandons de l'entraint de Mars M CCCC LXIX faire conpartir les cazaus que sire Piere Boustron a en sa baillie, ès autres baillies. Donné à Nicossie, le XXVIII° jour de Fevrier M CCCC LXVIII de Crist. Confermé.

1469, 24 février. A Nicosie.

Ordre pour travaux à faire à la ferme du domaine royal du village de Trapeza.

Le roi monseigneur manda faire donner en la main de sire Philippe Singritico, pour le masonnement dou cazal de Trapeza, diniers : besants IIII^c [4].

Nous vous mandons que des diniers que notre eschanbre a exceptacion [5] de la grant cabele de la porte de nostre citté de Nicossie faire donner à la main de nostre bien amé et feaull sire Philippe Singritico, le capetane de Sivourie [6], pour le reparement et masounemens et autres de nostre cazal de Trapeza [7], besants catressens ; lesquels faites metre en heuvre pour ce o dit leuq. Donné à Nicossie, le XXIIII jour de Fevrier M CCCC LXVIII de Crist. Confermé.

---

[1] Emva et Lemva, près de Paphos.

[2] Administrer. Ce sens du mot *guier*, en latin *guiare*, est ici bien établi.

[3] Ms. fol. 53, v°.

[4] Ms. fol. 52.

[5] Nous avons déjà remarqué, à l'occasion d'autres mandements où figure le mot d'*exceptacion* (voy. p. 224 et 243, n.), qu'il ne nous était pas possible de déterminer le vrai sens de cette expression. Le mandement du 24 février ne nous fournit pas de lumière nouvelle, bien que nous voyions qu'il s'agit ici évidemment d'un revenu de la chambre ou trésorerie particulière du roi sur l'octroi de Nicosie.

[6] Sivouri ou Sigori, village qui donnait alors son nom au district formé presque en entier de la grande plaine de la Messorée, et où se trouvait le Château-Franc.

[7] Trapeza, près de Famagouste.

1469, 28 février. A Nicosie.

Ordre pour le payement des vivres et de la solde aux gens d'armes.

Le roi monseigneur manda le blé de la gent d'armes et autres, d'estre paiés conme desous conthient [1].

Conme vous savés que pour le terme de Fevrier de cest an M CCCC LXVIII de Crist, notre segrete ne n'a de payer le fourment et l'orge de nos sodées et autres en fourment et en orge, et veulliant nous d'estre paiés et contentés, sonmes contens et vous mandons de le ffaire paier les motiés en diniers, cc'est le fourment à besants III le mu, et l'orge à besant hun le mu, et l'autre motié en blé de la rente de nos cazaus et autres razonns de nostre regualle de l'ané venant de M CCCC LXIX. Donné à Nicossie, le derain jour de Fevrier M CCCC LXVIII de Crist. Confermé.

1469, 28 février. A Nicosie.

Ordre pour la distribution de camelots, camocas et autres étoffes.

Le roi monseigneur manda les chamellos que sire André de Vetes donna o conmandement dou roi : besants III^mXCIIII et demi [2].

Nos biens amés et feaulls concelliers. Sachés que nostre bien amé et feaull sire André de Vetes, le guardien de nostre tanturerie de Nicossie, nous presenta hune feullie de paupiers pour chamellos, camuhas [3] et samys qu'il donna par nostre conmandement as lieus sous devizés, qui montent besants trois mille nenante catre et demy; cc'est à nostre chambre en la main des desous nonmés besants II^m VIII^c XCIIII et demi. Cc'est à la main de quir Manolizeves, pour chamellos pieces XXI, de XL bras, grenés [4] et viollés de grene, pieces V, besants VII^c LXXV; et de XXX bras pieces XVI besants MII^c; camouhas

---

[1] Ms. fol. 53, v°.

[2] Ms. fol. 54, v°.

[3] Le mot *Camuhas* se prononçait et s'écrivait souvent *camucas* et *camoucas*. C'était une étoffe de soie. « A pezza tale come ell' è, e a « bisanti bianchi, si vende (in Cipri) velluti « e camucca di seta, drappi a oro e mara- « manti, nacchi e tutti altri drappi di seta e « d'oro; salvo zendadi, o sciamiti di seta. » Pegolotti, *Della mercat.* ap. Pagnini, *Della decima*, t. III, p. 65. On peut consulter au sujet des autres étoffes dont il est question dans cette ordonnance et dans nos divers documents les curieuses *Recherches sur les étoffes de soie, d'or et d'argent pendant le moyen âge*, par M. F. Michel. Paris, 1852-1853. 2 vol. in-4°. Les 13 pièces de camucas qui coûtent 635 besants sont bien représentées par les 8 pièces *torses centures* et les 5 pièces *detorses* détaillées plus bas; mais j'ignore quels étaient ces derniers vêtements ou ornements confectionnés avec le camoucas. Peut-être s'agit-il de ceintures?

[4] Écarlates.

pieces xiii pour besants viᶜ xxxv, cc'est torses centures pieces viii pour besants iiiⁱ xxviii et detorces pieces v pour besants iiᶠ vii; samys bras xxxii pour besants xlviii, pour tables, ceintes et autres, pieces xvi, besants iiᶜ lxxxiiii. Et à la main de Perico de Tore pieces ii de xl bras *cohlie 1* et de xxx bras p. *1 cohli*¹ pour besants iiᶜ; et pour le present que nous avons mandé à Hogia Lias, le marchant de la Kermaine², camouhas torces centures, pieces viii de xv bras, pour besants iiᶜ xx ³, qui est la devant dite sonme de besants iiiᵐ xciiii. Laquelle fulle de paupier li avons conferme de nostre main, et vous mandons entre ceus de ces presentes, lesquelles faites veir et metre en heuvre de la rente de ladite teinturerie. Donné à Nicossie, le derain jour de Fevrier 1468 de Crist. Conferme.

II.

Le livre des chozes qui se font par la haute courch de l'an m cccc lxviii de Crist ⁴.

1468, 1ᵉʳ mars. A Nicosie.

Échanges de fiefs ⁵.

1. Le roi monseigneur manda l'eschange dou cazal dou Carpas ⁶ aveuq les m besants que les hors de feu sire Loys de Verny ont à la regualle.

Nos biens amés et feaulls concelliers ⁷. Sachés que le mardy, premier jour dou mois de Mars m cccc lxviii de Crist, nous, pour nous et pour nos hers, en la presence de partie de nos homes yci desous nommés chevaliers courch ⁸, cc'est à savoir sire Johan Daras et sire Jeronimo Salviati, avons eschangé le cazal dou Carpas, qui fu de feu sire Lois de Verny et o jour est de nostre regualle, o tous ces drois, razoins, uzaiges et aparthenances et autres, et en vilains et vilanes o lor anfans mermiaus, tous ceaus qui ce

---

¹ *Cohli* ou *cohlie* ne pourrait pas être une mesure, car les subdivisions connues du bras chypriote étaient le palme et le doigt.

² De la Caramanie.

³ En ne comptant pas ces derniers 220 besants, l'addition des sommes précédentes donne en effet 3,094 besants 1/2.

⁴ Ms. fol. 58.

⁵ Le formulaire publié dans le tome II des *Assises de Jérusalem*, p. 386, 387, renferme les modèles d'actes d'échanges de terres nobles dont nous avons ici l'application.

⁶ Riso Karpasso, dans le Karpas, à l'extrémité orientale de l'île.

⁷ Répété en tête de chacune des ordonnances suivantes.

⁸ La présence de deux chevaliers réunis sous la présidence du roi ou de son lieutenant suffisait, comme l'on sait, pour rendre valables les actes de la haute cour. Je supprime quelquefois dans les pièces suivantes la formule qui mentionne l'assistance des hommes liges et les noms de ces chevaliers quand ils n'offrent rien d'historique.

trovent o jour de huy abitans o dit cazal, tant des propres conme d'autres leus, et tout autre que o dit leuq apartient ou apartenir doivent tout ansy conme nous l'avons, tenons et uzoms, ou avoir, thenir et uzer le porions, aveuq les M besants que les hoirs dou feu ledit sire Lois de Verny ont d'asenement par chascun an as lieus sous devizés, cc'est à savoir, sur la rente de la marechaussée des bestes de la cuillete de Casterono besants IIII cents [1], sur la mete dou cel qui ce met hors ville as cazaus, de la cuillete de Stefano de maistre Vasilli [2] besants IIII cents, et de l'apaut dou cazal de Tremithosse [3] besants II cents, qui est le complement des susdits besants M. Et nous, pour nous et pour nos hors, en la presence de ladite courch, avons trait et acuilli en la reguale le predit asenement des M besants par chascun an susdit; et les hors dou predit sire Lois de Verny ont trait et acuilli en leur demaine et fié le predit cazal dou Carpas, et s'en desazirent de lor predit fié des M besants susdis, et nous mistrent en sazine pour nous et pour nos hors. Et nous, pour nous et pour nos hors, en la presence de ladite courch, avons mis en sazine les hors dou dit Lois de Verny dou predit cazal par la maniere avant dite. Encores, nous, pour nous et pour nos hors, en la presence de ladite courch, avons aquité et quitons trestout le dihme roiaull, asenés, fiés arestés, fiés joins à la reguale et tout autre que le predit cazal doit ou devra paier en la regualle ou autre pourpetuelement tant des chozes conme de besants. Lequel cazaul a esté fait son pris pour... [4] anées, et metant le forment VI cafis o besant [5] et l'orge XII cafis o besant o leuq, pour nostre conmandement, et fu trové que vallie pour un an besants ML, qui vient plus dou predit asenement besants L. Lesquels besants L nous, pour nous et pour nos hers, en la presence de ladite courch, les avons aquité et quitons à presdis hors perpetuelement. Pour ce vous mandons que ses nos presentes doiés faire atacher o livre des remenbrances et as autres escritures de nostre segrete, et poursure et faire conme susdit est. Donné à Nicossie, le susdit jour. Confermé [6].

---

[1] Sur les produits du droit de maréchaussée de la ceuillette ou recette faite par Casterono. Voy. p. 197, n. 1.

[2] Sur les produits de l'impôt du sel de la recette de maître Stephano Vasilli. Voy. p. 228, n. 1, et p. 236, n. 4.

[3] Tremethoussia, dans la Messorée.

[4] En blanc dans le Ms.

[5] D'après un ban du vicomte de Nicosie de 1296, on voit que le prix le plus élevé que le blé pût atteindre en Chypre dans les années de disette était de 2 cafis seulement au besant; le plus bas, après les meilleures récoltes, était d'un muid ou 8 cafis au besant. Voy. *Assises de Jérusalem*, t. II, p. 359.

[6] Je supprime souvent dans les pièces suivantes le mandement et la confirmation exprimés généralement comme dans cet acte-ci.

1468, 30 avril. A Nicosie.

2. Le roi monseigneur manda l'eschange des fiés que fist aveuq Hristoforo Benevides et Rodriguo de Mentosa[1].

Sachés que le samedi, derain jour dou mois d'Avrill de м cccc lxviii. de Crist, nous, pour nous et pour nos hers, en la presense de partie de nos homes yci desous nonmés, chevaliers courch, cc'est à savoir sire James Saplana et sire Richo de Marino[2], avons eschangé ii sommes de paillie asenés de reservoir des tartres de Glanguie[3] aveuq le fié des desous nonmés. Cc'est à savoir de Hristoforo Benevides, de son asenement des leus sous devizés, cc'est : de la grant cabelle de la porte de nostre citté de Nicossie besants viii^c, et des entré de nostre regualle forment mus l, vin metres l, et orge mus cl; de Rodriguo de Mentosa aucy de son asenement des lieus sous devizés; cc'est : de la grant cabelle de la porte de nostre citté de Nicossie besants viii^c, des entré de nostre regualle forment mus l, vin metres l et orge mus cl. Et nous, pour nous et pour nos hers, en la presence de ladite courch, avons trait et acuilli en la regualle les predis asenemens; et ledit Hristoforo et Rodriguo ont trait et acuilli en lor demaine et fié le predit pallie et s'en desazirent de lordit fié pour heaus et pour lor hers.

En ce jour meismes[4], nous, pour nous et pour nos hers, en la presence de ladite courch, avons donné, otroié et consenti en fié pardurable o predit Hristoforo de Benevides et Rodriguo de Mentosa et à lor hors descendains de lor cors de loiaull mariage, pour chascun an, à chascun froment mus xl

---

[1] Ms. fol. 76, v°. On a écrit plusieurs fois dans cet acte *Metosa* pour *Mentosa*, ou plutôt *Mendoza*.

[2] Il est quelquefois appelé dans le livre de la secrète *Richo de Marino de Napoli* (Ms. fol. 77, v°); mais son nom plus habituel est *Rizzo de Marino*, ou *de Marin*. Voy. ci-dessus, p. 171, n. 2, où nous avons présenté les différentes formes sous lesquelles on trouve écrit le nom de ce seigneur napolitain.

[3] Glangia ou Aglangia, village au sud de Nicosie. On ne voit pas le sens précis du mot *tartres* ou *startes*, qui paraît désigner une certaine nature de terres. Le 5 décembre, le roi, en échange du village d'Agridia, « faisant « partie dou fié de monseigneur Sor de Naves, « le counnétable de Chippre, » donne audit connétable dix *muées* de terre des mêmes *tartres de Glanquie*, et dix sommes de paille à prendre à l'époque de la récolte au village d'Aschelia. Par acte du même jour, le roi donne Agridia, qui vient de lui être cédé, à son bien aimé et féal Morpho de Garnier, comte de Roha ou d'Edesse, « sire Morff de Garnier « le contte de Rouhas. » Ms. fol. 88. Il est encore question des *start* de Glangia dans l'acte de donation du comté de Jaffa à Georges Contarini par la reine Catherine. Voy. ci-après, 10 février 1474.

[4] Ms. fol. 77. Je conserve ici cette donation de fief, bien que j'ai réuni plus loin et séparément les actes de cette nature renfermés dans le registre. Voy. p. 255.

et orge mus CL dou cazaul de Asquie[1], o tens des ares[2], vin metres XL dou cazaul de Lefcara, o tens de la partizoinn, et en diniers besants VI^c de la rente de la marechaussie des bestes de la cuillete de Casterono. Lesquells victouallies et diniers les doivent reservoir par lor apodixes[3], et doivent estre valable conme apodixes de notre segrete roiaull, pour le servize dou cors, conme home d'armes et de lige omage que ledit Hristoforo et Rodriguo et lor dis hers doivent faire à nous et à nous hers pour ledit fié. Et nous, pour nous et pour nos hers, en la presence de ladite cour, avons mis en sazine ledit Hristoforo et Rodriguo des predis fiés par la maniere avant dite. Encores nous, pour nous et pour nos hers, en la presence de ladite courch, avons aquité et quitons trestous les dihme roiaull que lesdis fiés doivent ou devront paier en la regualle perpetuelement tant des chozes conme des diniers. Pour ce vous mandons que ses nos presentes doiés faire atacher o livre des remenbrances de nostre segrete, et poursure et faire conme susdit est. Donné à Nicossie, le susdit jour. Confermé.

1468, 3 mars. A Nicosie.

Obligations du roi aux officiers de l'ordre de Rhodes pour le payement de ses dettes.

1. Le roi monseigneur manda l'acort que fist por [le] conmandatour de Chippre, frere Johan Rames, pour les conmanderies[4].

Sachés que le jeusdi, III jours dou mois de Mars M CCCC LXVIII de Crist, nous, pour nous et pour nos hers, en la presence de partie de nos hommes yci desous nommés, chevaliers courch, cc'est à savoir sire Sassons de Nores et sire Nicolao de Morabito, avons conneu et confecé devor donner à noble chevalier et reverent religious et seigneur frere Johan Ram[5], le grant conmandour de Chippre, pour tant canque nous avons heu et pris et touchié et autres pour nous, de sa grant conmanderie de Chippre et de son ostel et dou Colos et d'autres leus pour luy de la somme de ducas d'or IX^m IIII^c XLVIII. De ce avons deffalqué et abatu et rethenu pour la preze que nostre guallée et

---

[1] Aschia, dans la plaine de la Messorée, sur la route de Vatili à Nicosie.
[2] Au temps où l'on fait les *aires*, c'est-à-dire à l'époque de la moisson.
[3] Quittances.
[4] Ms. fol. 59.
[5] Jean Ram étant mort peu après, le roi avertit la secrète, le 11 novembre, qu'elle cût à payer les assignations du grand commandeur de Chypre au grand maître de l'ordre à qui elles revenaient de droit. L'avis est ci-dessus parmi les commandements, p. 232. Le décès du chevalier Jean Ram est annoncé comme récent dans une pièce de Rhodes du 22 octobre 1468. Voy. ci-dessus, p. 91.

fuste ont pris de la nave d'Ancona, et la guallée de la religion prist ladite prize de nostre dite guallée ¹, et fut ce ducas d'or vᵐ; lesquells volons que ledit conmandour les peuce recouvrer et avoir de ladite religion pour nous et pour nostre nom. Rest que ledit conmandour doit avoir de nous ducas ɪɪɪɪᵐ ɪɪɪɪᶜ et xʟvɪɪɪ. Lesquells li obligoms et asenons de les reservoir celom que ysi s'ensuyt. Cc'est à savoir: premierement, en sucres de ɪɪ cutes dou cazal de Couvoucles, ducas vᶜ à ducas ʟxx le quintal, et des leus après motis en ɪɪɪ ans conmaussans de ceste prezente anée les restans ducas ɪɪɪᵐ ɪxᶜ et xʟvɪɪɪ, par chascun an le tiers. Cc'est des salines de Saint Landre ² ducas ᴍvᶜ, cc'est ce ledit messire le conmandour voldra lever cel pour la vallue des vᶜ ducas l'an par navile que il mandera, non empachant les naves de Lesmire ³ et autres navillies que nous troverons de vendre, que il doie avoir en cel ladite cantité de vᶜ ducas par chascun an o pris uzé et acoustumé, cc'est pour Surie à ducas xx le millier et pour Ponent à ducas xvɪɪɪ ⁴ le millier. Et ce il ne poroit trover navillie de mander lever ledit cel, qu'il peuce avoir dou gardien des dites salines de Saint Ladre, pour chascun triminio, ducas cxxv, par ces apodixes ou de ses proqurours, jusques à conpliment de susdits ᴍvᶜ ducas. Et dou retrait des zanbours⁵, et miels dou cazal dou Couvoucles, l'Echelle, Enbes et Lenbes ⁶, et ausy des boutres blanches d'une cutte ⁷ de Enbes et Lenbes, ostant de ceste presente anée, qui sont obligés à messire Andria Cornar⁸, qui ce doivent refiner pour chascune anée, ducas vᶜ ʟ par tout cetembre des chascune anée, qui sont les ɪɪɪ anées ducas ᴍ vɪᶜ ʟ, avant de null autre par ces apodixes ou de ces proqurours. Et des rentes et catepanages ⁹ dou cazal de Pelemidia ¹⁰ pour chascun an ducas ɪɪᶜ ʟxvɪ, par ces apodixes ou de ces procureurs, qui sont pour ɪɪɪ ans ducas vɪɪᶜ xcvɪɪɪ, qui est le compliment de susdis ducas ɪɪɪɪᵐ ɪɪɪɪᶜ xʟvɪɪɪ. Par tel convencion que ledit conman-

---

¹ Les galères du roi de Chypre avaient saisi, probablement pour fait de contrebande avec l'Égypte, la cargaison d'un navire d'Ancône, et les galères de Rhodes s'étaient ensuite attribué cette cargaison ou une partie des marchandises qui la composaient pour une valeur de 5 mille ducats; le roi voulait qu'on lui tînt compte de cette somme.

² Les salines de Saint-Lazare, à Larnaka.

³ Smyrne.

⁴ Ce nombre et le précédent sont incertains.

⁵ Les *zanbours* ou *zambours* étaient les pointes des pains de sucre que l'on détachait du pain pour les vendre séparément avec les *miels* ou les mélasses de sucre. Voy. ci-dessus, p. 89, n.

⁶ Il semble que la ferme royale de Kouklia, aujourd'hui encore un des meilleurs chifflics du sultan dans l'île de Chypre, fut sous les Lusignans le centre d'administration des terres d'Aschelia, Emva et Lemva.

⁷ Si *boutre* signifie tonneau, comme je le présume, il s'agirait ici de tonneaux renfermant de la mélasse de canne à sucre déjà *blanchie par une première cuite.*

⁸ Voy. ci-dessus, p. 231, n.

⁹ Revenus divers.

¹⁰ Polemidia, entre Limassol et Kolossi.

dour doit avoir le blé doudit cazal de Pelemidia o marché qu'il voldra pour chascun anée partout o la traite ; et ce ledit blé vodra IIII cafis o besant[1] et mains, et le pays avoit mestier doudit blé, que ne le peuce oster hors dou pays. Et ce dou retrait desdites rentes doudit cazal ne poroit avoir le susdis II^c LXVI ducas pour chascun an, les demourans les doie avoir dou catepanage dou dit cazal de Pelemidia jusqu'à sa entière paie de susdis VII^c XCVIII ducas, et que le baliv dou dit cazaul de Pelemidia ne acun autre peuce entamer ni toucher aucunnement rente ne diniers dou dit cazal de Pelemidia fin entant que ledit conmandour sera paié lesusdis II^c LXVI ducas pour chascune anée conme susdit est. Encores vous mandons de faire donner o dit conmandour sucre de II cutes de Couvoucles quintal I, rotls XXVII, que nous avons pris de luy, et ne fumes en aconte sove razonn ou redance qu'il a pris des LXX ducas le quintal le sucre des II cutes sont courens à besants VII le ducat. Pour ce vous mandons que ses nos presentes doiés faire atacher o livre des remenbrances et as autres escritures de nostre segrete, et poursure et faire conme susdit est. Donné à Nicossie, le susdit jour III de Mars M CCCC LXVIII de Crist. Confermé.

1468, 4 mars. A Nicosie.

2. Le roi monseigneur manda la obligacion qu'il fist à frere Johan Lengles, le cenechal de Rodes, ducas d'or VI^c et VI [2].

Sachés que le verredy, IIII jour dou mois de Mars M CCCC LXVIII de Crist, nous, pour nous et pour nos hers, etc., avons conneu et confecé devoir donner o reverent religious et seigneur frere Johan Lengles, le senechal de Rodes, pour tout ceu que nous et autres pour nous ont pris et touché de la conmanderie de Finices[3] et dou Temple[4], celon la conte et razoun faite par frere Antonio de Colonia, procurour doudit cenechal et de nostre bien amé Louca de Jerusalem, bailli de ladite conmanderie, ducas VI^c et VI ; pour lesquells nous li avons obligé et asenons de les reservoir pour II ans conmenssans de ceste presente anée : cc'est les motiés, qui sont ducas III^c et III, en cest an, dou retrait des zanbours et miels dou cazal de Couvoucles, Eschelles, Enves et Lenves, qui ce doivent refiner en cest an par tout Cetembre, avant de null autre, par apodixes des procurours doudit cenechal ; et les autres motiés, qui sont ducas III^c et III, dou catepanage et vente des rentes

---

[1] A ce prix le blé était déjà cher. Voy. ci-dessus, p. 237, n. 4.
[2] Ms. fol. 60, v°.
[3] Phinika, près de Paphos.
[4] Tempros, sur l'autre rivage de l'île, près de Cérines.

dou cazal de Tarce[1] de l'ané venant ᴍ ᴄᴄᴄᴄ ʟxıx de Crist, avant de null autre, ausy par apodixes des procureurs doudit cenechal. Et que le bailli doudit cazal de Tarce ni acun autre peuce entamer ni toucher aucune choze ni diniers doudit cazal de Tarce de ladite anée de ᴍ ᴄᴄᴄᴄ ʟxıx de Crist, fin en tant que ledit messire le cenechal sera paié les susdis ducas ɪɪɪᶜ et ɪɪɪ, conme susdit est. Pour ce vous mandons que ses nos presentes doiés faire atacher o livre des remenbrances et as autres escritures de nostre segrete, et poursure et faire conme susdit est. Donné à Nicossie, le susdit jour. Confermé.

1468, 23 mars et autres dates.

Dons, ventes et échanges de serfs.

1. Le roi monseigneur manda le donn des sserfs d'autres leus qui sont abitains o cazaul de Nison[2].

Sachés que le mecredi, xxɪɪɪ jour dou mois de Mars ᴍ ᴄᴄᴄᴄ ʟxvɪɪɪ de Crist, nous, pour nous et pour nos hers, en la presence de partie de nos homes yci desous nonmés, chevaliers courch, cc'est à savoir sire Johan Dares et sire Richo de Marino; con se soit que le jeusdy xxɪɪɪ jours dou mois de Huitemvre de ᴍ ᴄᴄᴄᴄ ʟx de Crist avoions donné par courch à nostre bien amé et feaull chevalier sire Nicolao de Morabito[3], le visconte de nostre citté de Nicossie, et à ses hers que il a ou aveirra descendains de son cors de leaull mariage, en fié pardurable, le cazal de Nison et ces aparthenances, o tous ses droits, razons, uzages et aparthenances et cetera, et en vilains et vilanes, o lor enfans

---

[1] Tarce ou Tarse avait été déjà engagé par le roi Jean II à l'ordre de Rhodes. Voy. ci-dessus, p. 32.

[2] Ms. fol. 61, v°. Nisso est un village à l'ouest et sur le plateau d'Idalie, entre Nicosie et le mont Sainte-Croix.

[3] Nicolas Morabit, Sicilien, était un des étrangers actifs et entreprenants, dont Jacques le Bâtard s'était fait un parti à la mort de son père. Morabit avait escaladé les murs de Nicosie avec l'Apostole, il l'avait accompagné en Égypte et était rentré triomphant avec lui en Chypre. Jacques ne fut pas ingrat. Il lui donna non-seulement Nisso, dans les grasses terres de Dali, mais *Visachia*, *Cascalo* et *Achasi*; il le créa successivement chevalier, vicomte de Nicosie, et maréchal de Chypre. Il fit plus encore pour son amour-propre, en le mariant à la fille de Louis de Norès, une des premières maisons de l'île, quoiqu'elle eût vu diminuer beaucoup sa fortune. Il paraît que la dame ne fut pas flattée de son alliance, et qu'elle mourut quelques jours après son mariage de dépit et de douleur. Elle était, dit Florio Bustron, de ces vieilles familles qui avaient fait la conquête de Jérusalem et s'étaient ensuite retirées en Chypre : « Laquale di passione fra pochi « giorni mori, perchè il ditto Morabito era « de bassa conditione, et lei era delle prime « case nobile che fossono in Cipro et erano di « quelle casate che vennero al acquisto di « Gierusalemme. » *Chron. di Cipro*, Ms. de Londres, fol. 191, v°.

mermiaus, et tout autre que o susdit cazaul de Nison et ses aparthenances apartient ou apartenir doivent, si conme plus largement contient ès ahtes de la haute courch le susdit jour à la predite donnacionn; o prezent, veliant nous faire faire declaracion des serfs de nostre regualle aveuq les ssers des cazaus des chevaliers et autres qui onnt cazaus et presteries, fut trové que le plus grant partie des ssers qui ce trovent o jour de hui abitans o dit cazal de Nison et à ses aparthenances sont d'autres cazaus de nostre reguall, lesquells sont de nostre dit regualle; considerant que à la predite donnacion doudit cazal de Nison s'entende que nous li avons donné les propres serfs doudit cazal de Nison tant soulement; et le dit viscontte, considerant qu'il est nostre bon serviteur, nous requist de luy vouloir consentir et donner tous les serfs qui se trovent abitans o dit cazal de Nison et à ses aparthenances, tant des propres conme d'autres lieux, et que tous les propres serfs doudit cazal de Niçon et à ses aparthenances qui ce trovent estagens à Niçon ssers et as autres lieus qui soient de nous et de nos heirs; et considerant nous les bonnes et agreables servizes que le predit viscontte nous fist et fait contunelement, nous, pour nous et pour nos hers, en la presence de ladite courch, li avons donné, otroié et consenti à lui et à ses hers que il a ou avera decendans de son cors de leaull mariage, conjoints de son fié dou predit de Niçon, tous les sserfs et serves o lor enfans mermiaus qui sont d'autres leus et se trovent abitans o dit cazal de Niçon et ses aparthenances, qui se trovent estagans à Nicossie et as autres lieus, qui soient de nous et de nos hers, sans null debat. Laquelle donnacionn s'acorde si conme ce doit estre entendu des XXIII jours dou mois de Huitemvre de M CCCC LX de Crist, que nous avons donné le predit cazal de Niçon o susdit viscontte et à ses hers, sans null debat. Pour ce vous mandons que ses nos presentes doiés faire atacher o livre des remenbrances et as autres escritures de nostre segrete, et poursure et faire comme susdit est. Donné à Nicossie, le susdit jour XXIII de Mars de M CCCC LXVIII de Crist. Confermé.

1468, 7 avril. A Nicosie.

2. Le roi monseigneur manda le donn de II serves à dame Eschive de Nores[1].

Sachés que le jeusdi, VII jour dou mois d'Avrill M CCCC LXVIII de Crist, nous, pour nous et pour nos hers, etc., avons donné, otroié et consenti à

---

[1]. Ms. fol. 65.

dame Eschive de Nores, fillie dou feu sire Loys de Nores, le mareschal de Chippre, et à ses hers et conmandemens, II nos serves dou cazal de Aguia[1], des estagens à Nicossie, o servize de ladite dame Eschive, cc'est à savoir Belle tou Metranou tou Conya et Loze tou Liasou, fillie de ladite Belle; ayant pooir et liberté ladite dame Eschive et ses dis hers et conmandemens de vendre, donner, engagier, aliener, amoiner ou franchir les predites serves, par quelque courch que ils voldront ou par chartre de notares; et doit estre valable conme escrit de courch. Pour ce vous mandons que ses nos presentes doiés faire atacher o livre des remenbrances et as autres escritures de nostre segrete, et poursure et faire conme susdit est. Donné à Nicossie, le susdit jour. Confermé.

1468, 20 avril. A Nicosie.

3. Le roi monseigneur manda l'eschange de II servoites que sa seigneurie eschangea aveuq sire Richo de Marino[2].

Sachés que le mecredi, xx⁰ jours dou mois d'Avrill M CCCC LXVIII de Crist, nous, pour nous et pour nos hers, etc. avons eschangé II nostres servoites des nos cazaus sous devizés aveuq autres II servoites des cazaus sous devizés dou fié des desous nonmés, cc'est à savoir, dou cazal de Asquia[3], hune nonmée Efdoquia tou Artemou aveuq hune autre dou cazal de Guenagra[4], dou fié de sire Richo de Marino, nonmé Linvia Costi tou Counoupi, et hune autre dou casal de Sindes[5], des estagens à Nicossie, nonmé Loysa, fillie de Peretalondy, aveuq hune autre servoite de la presterie de Catodri de Lefcara[6], dou fié de sire Fabrichio Sentil, nonmé Marguarita, fillie de Papaquaco tou Sali[7].

[1] Haïa, près et au S.-E. de Nicosie. Ce village est aujourd'hui habité par des Turcs.
[2] Ms. fol. 66, v°.
[3] Aschia, village turc, dit aussi Pacha-Keui, au centre de la Messorée.
[4] Ienakra, à l'orient dans la même plaine, près de Lefkoniko.
[5] Sinta, près du village de Sivori et du château-franc de la Messorée.
[6] Katodri, près de Lefkara, sur les montagnes du Masoto. Le roi avait saisi ce fief au mois de février précédent.
[7] Les actes de la haute cour renferment quelques autres échanges de serfs que je me borne à rappeler. Le 1ᵉʳ avril, le roi donne un serf de son casal de *Letinbou*, dans le district de Paphos, pour un serf de la *moun-tain de Presteronn,* ou Peristeronari, dans les montagnes de l'Olympe, près Lefka *et de la presterie de Handria,* serf appartenant à son fidèle Foulques Guonem (Ms. fol. 68, v°); le 6 juin, le roi échange un de ses serfs de *Lefcara* contre un serf du casal de *La Pison* ou Lapithos, près Cérines, appartenant à Pierre Bibi (fol. 71, v°); le 24 février 1468 (v. s.), le roi donne une somme de paille à recevoir chaque année, lors de la récolte, au village de *l'Échelle,* Aschelia, près Paphos, pour une serve de *Tembries* ou Tembria, dans la vallée de Solia, casal dépendant du fief de sire Jean Tafures. L'acte de cet échange, qui est incomplet d'ailleurs, se trouve placé le dernier des écrits de la haute cour dans le Ms. de la secrète.

1468, 5 novembre. A Nicosie.

4. Le roi monseigneur manda la vente de hune servoite que sa seigneurie fit à Jorgin Oreomosiati [1].

Sachés que le samedi, v jour de Nouvembre m cccc lxviii de Crist, nous, pour nous et pour nos hers, etc. avons donné en vente à Jorgin Oreomosiati, l'escripvain de la baillie de Enbes et Lenbes et Hrousoho, une de nos servoites du casal de [2]..... nommée Athousa Theodorou Yorgin, âgée de xiii ans, pour la somme de besants iii^c xxv; ayant pooir le dit Jorge Oreomosiaty et ses hers et conmandements de vendre, donner, guagier, aliener, ou amonoir la predite servoite pareillement, ou franchir la, etc.

1469, 22 février. A Nicosie.

5. Le roi monseigneur manda l'eschange de hun serf dou cazal de Pigui que fist Arnaou Rous [3].

Sachés que le mecredi, xxii jour dou mois de Fevrier m cccc lxviii, nous, pour nous et pour nos hers, en la presence de partie de nos homes yci desous nonmés, chevaliers courch, cc'est à savoir sire Sasson de Nores, le superiour de nostre segrete, et sire Nicolao de Morabito, le mareschal de Chippre [4], avons eschangé hune sonme de pallie asenés de reservoir dou cazal de l'Echelle o temps des aires, aveuques hun serf dou cazal de Pigui [5], dou fié d'Arnaou Rous, nonmé Yani t'Arguirou t'Arvaraha. Et nous, pour nous et pour nos hers, en la presence de ladite courch, avons trait et acuilli en la reguale le predit serf, et ledit Arnanou a trait et acuilli assoi et en son demaine et fié le predit paillie, et s'en desazi de son predit serf, et nous en mist en sazine pour nous et pour nos hers.

En ce jour meismes, nous, pour nous et pour nos hers, en la presence de ladite courch, avons franchi et delivré le predit Yani t'Arguirou t'Arvaraha, nostre serf dou cazal de Piguy, que nous avons eschangé en ce jour à paillie de Arnaou Rous, de son fié doudit cazal de Piguy, de tous liens de servage, chenage, anguaries, dimois, apaut et de tout autre manieres de drotures que serfs paient ou sont uzés ou acoustumés de faire. Laquelle franchize nous li avons fait pour la priere et requeste que ledit Arnaou nous a fait. Et nous, pour nous et pour nos hers, en la presence de ladite courch,

---

[1] Ms. fol. 85, v°.
[2] Le nom manque au Ms.
[3] Ms. fol. 91.
[4] Nicolas de Morabit était vicomte de Nicosie, l'année précédente.
[5] Pighi, au N.-E. dans la Messorée.

avons mis en sazine ledit Yani de ladite franchise par la maniere avant dite. Pour ce vous mandons que ses nos presentes doiés faire atacher o livre des remenbrances et as autres escritures de nostre segrete, et poursure et faire conme susdit est. Donné à Nicossie, le susdit jour. Confermé.

1468, 30 mars et autres dates.

Donations, accroissements et confirmations de fiefs.

1. Le roi monseigneur manda le donn ratefié, refermé et confermé, les cazaus sous devisés à sire Jeronimo Salviati[1].

Sachés que le mecredi, xxx jour dou mois de Mars M CCCC LXVIII de Crist, con ce soit chose que le samedi premier jour dou mois de Nouvembre de M CCCC LX de Crist, nous, pour nous et pour nos hers, par courch, avons donné, otroié et concenti en fié pardurable à nostre bien amé et feaull sire Jeronimo Salviati, et à ses hers desendains de son cors de leaull mariage, les cazaus sous devisés, cc'est à savoir Omodos[2], Simou[3], Axilou[4], Salamiou[5], Threnia[6], Platanisto[7] et Paliometoho[8], o tous lor drois, razoins, uzages et apartenances et cetera, celonn que en les ahtes de ladite courch se treut; ledit jour, en ce jour xxx de Mars de M CCCC LXVIII de Crist, nous, pour nous et pour nos hers, en la presence de partie de nos homes ysi apres escris, avons ratefié, refermé et confermé, donné, otroié et consenti pour ledit fié à susdit sire Jeronimo Salviati et à ses hers, que il a ou avera desendains de son cors de leaull mariage, les cazaus sous devizés, cc'est à savoir tout le cazal de Thre-

[1] Ms. fol. 63. On ne voit pas le rapport de parenté de Jérôme Salviati avec Janosse Salviati, chevalier florentin, partisan dévoué de Jacques Lusignan, et mort à son service vers l'an 1461 (voy. ci dessus, p. 159, n.). Si Jérôme était le fils du précédent, il est surprenant que le roi, en donnant à Jérôme, dans la seconde donation que renferme cet acte, les villages possédés autrefois par Janosse, ne rappelle pas cette filiation.

[2] Gros village du Kilani, dans les montagnes de l'Olympe.

[3] Simou, dans le Chrysocho.

[4] Il y a un village turc d'*Atrillou*, dans le district de Paphos.

[5] Village au centre des terres, dans les montagnes du Paphos, vers l'est, à la hauteur du cap Blanc.

[6] Probablement *Thrimia*, inscrit dans le registre des impôts de l'administration turque.

[7] *Platanisto*, différent sans doute du village du même nom désigné dans la suite de l'acte, est peut-être le village turc de *Plataniskia*, dans l'Avdimou.

[8] Il existe un village de ce nom près de Nicosie; mais celui que le roi donne à Jérôme Salviati était probablement, avec les précédents, dans l'ouest de l'île. Florio Bustron nomme comme ayant fait partie de la donation du roi Jacques au chevalier Jérôme Salviati les villages suivants : *Omodos, Simu, Axilu, Salamiu Tregna, Platanistro, Pagliomelicho, Callepia, Stavrocomi et Anarita*. Ms. de Lond. *Chronica di Cipro*, fol. 199.

nia qui soloit estre de sire Ehtor de Quivides le jeune[1] et tout le cazal de Calopes, o ses aparthenances, cc'est la presterie de Platanisto, Stravrocomi et Anarista, qui furent de sire Leuca de Serpent[2], o tous les drois, razoins, uzages et aparthenances, en terres labourées et non labourées, en plains, en bois et montanes, en agues courains et survains, en abaies, en yglises, en vinnes et vinnobles, en presors, en celliers, en pitares, en mazonns, en camires[3], en molins, en arbres, en jardins, en courtils, et en vilans et vilanes o lor anfans mermiaus, cy des propres conme des autres cazaus qui estoient as dis leus o tens de susdis chevaliers; et en toutes autres choses que as dis leus apartient ou apartenir doivent; et tout ausi conme nous les avons, tenons et uzonns, ou avoir tenir et uzer les porions; et ansi tout ausi conme le susdit sire Ehtor de Quivides et dame Marie Moustachouzo, sa mere, pour son duare, tennoient, avoient et uzoient le susdit cazal de Threnia, et ausi sire Leuca de Serpent et dame Jaca d'Antioche, sa espouze, pour son duare, avoient, tenoient et uzoient le susdit cazal de Calopes, aveuq ses susdites presteries; et pareillement tout ansi conme le susdit sire Jeronimo avoit, tenoit et uzoit desi en arieres les susdis cazaus et presteries pour le servize de son cors, conme chevalier, que ledit sire Jeronimo et sesdis hers doivent faire à nous et à nos hers, et de lige omage pour ledit fié. Encores nous, pour nous et pour nos hers, en la presence de ladite courch, avons aquité et quitons trestout le dihme reaull, asenés, fiés, arestés et tout autre que les susdis cazaus doivent ou devront paier en la regualle et autre perpetuelement. Encores nous, pour nous et pour nos hers, en la presence de ladite courch, avons otroié et consenti o dit sire Jeronimo que la susdite donacion que li

---

[1] Voy. ci-dessus, p. 240, n.

[2] Les localités qui font l'objet de cette seconde donation sont très-éloignées des premières et bien plus à l'est dans le centre de l'île, d'après les cartes vénitiennes. Je n'en ai pas connaissance, et je ne retrouve pas leurs noms dans les registres des villages grecs dressés par le gouvernement pour la perception des impôts. Elles ont été peut-être abandonnées, ou sont habitées aujourd'hui par les Turcs, qui de préférence ont gagné le centre de l'île, et se sont éloignés des lieux de débarquement ainsi que des Européens. Le roi Jacques, en donnant ces villages à Jérôme Salviati, rappelle qu'ils étaient auparavant à Luc de Serpent. Ils avaient été antérieurement la propriété de Janosse Salviati, et sont désignés encore comme tels dans un état des terres du domaine public en Chypre, dressé vers le commencement de l'établissement des Vénitiens : « Casali del quondam messer Janutio Salviati, « videlicet Platanisto, Anarrida, Stavrocomi, « Apano-Calepia, Crema?» Bibl. S. Marc. Fonds Contarini. Q. 2.

[3] *Camires*, comme *camera*, que l'on trouve employé dans les documents latins de l'ordre de Rhodes, a généralement le sens de fonds de terre, enclos ou pourpris; mais dans quelques ordonnances suivantes, ce mot paraît signifier chambre ou boutique. Voy. ci-après, p. 263, n.

avons fait le susdit jour premier de Novembre de M CCCC LX de Crist soit entendue tout en la fourme et maniere que ysi desus est dite et devizée, conme uzé et faite ladite donnacion de celui jour meismes premier de Nouvembre de M CCCC LX de Crist, sains null debat ni contredit. Pour ce vous mandons que ses nos presentes doiés faire atacher o livre des remenbrances et as autres escritures de nostre segrete, et poursure et faire conme susdit est.

Donné à Nicossie, le susdit jour xxx dou mois de Mars de M CCCC LXVIII de Crist. Cc'est les nons des chevaliers qui furent presens courch, cc'est à savoir sire Johan Daras et sire Richo de Marino. Confermé.

1468, 7 avril. A Nicosie.

2. Le roi monseigneur manda le donn de la terre que sa seigneurie donna à sire Hugue de Luzenia [1].

Sachés que le jeusdi, VII jours dou mois d'Avrill M CCCC LXVIII, nous, pour nous et pour nos hers, etc., avons doné, otroié et consenti en fié perdurablement à Hugue de Luzenia [2], fis de sire Febus de Luzenia, et à ses hers desendains de son cors de leaull mariage, enjoints de son fié dou cazaul de Menico [3], la terre que tenoit Mateo Coste et Aloupe de Pendaie par sa espouze, o tens qu'ils tenoient ledit Menico, laquelle fu en debat aveuq le cazal de Acaquy [4], cc'est à savoir dou chief de Caparia [5], qui est à l'encontre de Çaquy [6] et aler par tout le chemi qui va o cazal de Orondes [7], fins o flum de Liquithia [8], et aler fins à l'encontre dou chief de la montaine de Cacoplefria [9], droit dou chemi, et aler cost-à-cost fin à la montaine qui s'apele Coudouno [10], o tous ses droits, razons, uzages et aparthenances et cetera, tout ansi conme nous l'avons, tenons et uzons, ou avoir, tenir et uzer le porions. Nous, pour nous et pour nos hers, en la presence de ladite courch, avons mis en sazine ledit Hugue de Luzenian de la donacion de la predite terre et fié, par la

---

[1] Ms. fol. 64, v°.

[2] On ne connaissait pas ce fils de Phébus de Lusignan, frère du roi Jean II. Il était cousin germain de Jacques le Bâtard.

[3] Aujourd'hui Menikou, dans le Morpho.

[4] Akaki, à l'ouest de Menikou, sur le chemin de Lefka à Nicosie.

[5] Localité inconnue.

[6] Localité inconnue.

[7] Orunta figure, comme Menikou, parmi les villages du Morpho, sur le registre d'impôt du pacha de Nicosie.

[8] Entre Akaki et Menikou coule la rivière de Morpho ou l'Ourios, qui doit être *le flum de Liquithia*.

[9] Localité inconnue.

[10] Sans doute le mont ou pic de Koudouna, dans la chaîne qui termine le district de Lapithos et le sépare de la plaine de Morpho. Cette montagne, bien qu'éloignée de Menikou, pouvait servir à indiquer la direction d'un bornage. A dix lieues de distance, je l'apercevais encore par moments, en descendant de Kampo vers le golfe du Pendaïa.

maniere devant dite. Encores nous, pour nous et pour nos hers, en la presence de ladite courch, avons aquité et quitons trestout le dihme reaull que la predite doit ou devra paier en la regualle perpetuelement, tant des chozes conme des diniers. Pour ce vous mandons que ses nos presentes doiés faire atacher o livre des remenbrances et as austres escritures de nostre segrete, et mander, donner, partir et bonneler ladite terre o predit Hugue, et poursuyr et faire conme susdit est. Confermé.

1468, 6 juin. A Famagouste,

4. Le roi monseigneur manda les donn de la motié dou cazal d'Aretie et pour les III^c besants de la ratte à sire Johan Darras [1].

Sachés que le lundi, VIe jour dou mois de Jun M CCCC L XVIII de Crist, nous, pour nous et pour nos hers, en la presence de partie de nos homes yci desous nonmés, chevaliers courch, cc'est à savoir sir Jame Saplana, le pourveour de nostre roiame et sire Maouchiou de Constancia, l'amiral de Chippre, avons donné, otroié et consenti en fié pardurable à nostre bien amé et feaull conceiller sire Johan Darras et à ses hers, descendains de son cors de loiaull mariage, la motié dou cazal d'Aretie, que dame Elena de Garnier, sa espouze, tenoit en duare, et nous le rendi pour la rate que nous avons mys en l'an M CCCC L XVI de Crist o predit sire Johan et à la dite dame Elena, o tous les drois, razouns, uzages et aparthenances et cetera que o predit motié apartient ou apartenir doivent, et en vilains ou vilanes o lor anfans mermiaus, tans des propres conme d'autres lieux, qui ce trovent estagens o predit motié dou susdit cazal, tous cels que ladite dame avoit et uzoit, tenant ledit motié dou predit cazaul pour son duare, tout ansy conme ladite dame Elena l'avoit, tenoit et uzoit ledit motié pour son duare. Et nous, pour nous et pour nos hers, en la presence de ladite courch, avons mis en sazine le predis sire Johan Darras dou predit fié par la maniere avant dite et devizée. Encores vous faizons savoir que de l'entraint de mars pacé de cest an, pour nous et pour nos hers, avons tallié les III^c besants, les motiés diniers et les motiés chozes, que le predit sire Johan nous paioit pour chascun an à nostre nouvel ofice pour sa rate. Pour ce vous mandons que ses nos presentes doiés faire atacher o livre des remenbrances et as

---

[1] Ms. fol. 72. v°. Je ne connais pas le village d'Aretie ou Daretie, donné par cet acte à Jean Darras. C'est peut-être *Airati*, marqué dans les cartes de Coronelli et de Jauna, sur la rive gauche d'une rivière du Pendaïa qui paraît être le Klari; ou peut-être *Ariati* sur la gauche de la rivière de Morpho, dont le nom est écrit *Morso*.

Iᵣᵉ PARTIE. — DOCUMENTS.

autres escritures de nostre segrete, et poursure et faire conme susdit est. Donné à Famagoste, lessusdit jour. Confermé.

1468, 12 juin. A Nicosie.

5. Le roi monseigneur manda les donn de la presterie de Tripi à frere Guomes Davila [1].

Sachés que le lundi, xiiiᵉ jour dou mois de Jun M CCCC L XVIII de Crist, nous, pour nous et pour nos hers, etc., avons donné, otroié et consenti en fié pardurable à nostre bien amé et feaull frere Guomes Davila, à toute sa vie, enjoints de son fié de Vavachimia [2], la presterie de Trippi, apartenance dou cazal de Psimilofo, o tous ces droits, razoins, etc.

1468, 15 juillet. A Nicosie.

6. Le roi monseigneur manda le donn dou Quit à Harion de Luzenian [3].

Sachés que le verredi, xv jour dou mois de Junet M CCCC L XVIII de Crist, nous, pour nous et pour nos hers, en la presence de partie de nos homes yci desous nonmés, chevaliers courch, cc'est à savoir sire James Saplana, le pourveor de nostre roiame, et sire Richo de Marino, de Napoli, avons donné, otroié et consenti en fié pardurable à nostre bien amé et feaull Harion de Luzenian, fils de feu sire Philippe de Luzenian, et à ses hers desendans de son cors de loiaul mariage le cazaul dou Quit, o tous ses drois, razoins, huzages et apartenances et cetera, et en vilains et vilaines o lor enfans mermiaus, tous ceaus qui ce trovent o jour de huy abitains o dit leuq, tant des propres conme d'autres leus et tout autre que o dit leuq, conme nous l'avons, thenons et uzons, ou avoir, thenir et uzer le porions, pour le servize dou cors conme chevalier et de lige omage que ledit Harion et sesdis hers doivent faire à nous et à nos hers pour ledit fié. Et nous, pour nous et pour nos hers, en la presence de ladit courch, avons mis en sazine ledit Harion de la donnacion dou predit fié par la maniere avant dite et devizée. En-

---

[1] Ms. fol. 73.

[2] Vavatzinia est dans l'Orini d'après le registre du pacha de Nicosie, mais j'ignore sa position précise. Il doit être près de la limite orientale du district contigu au canton de Kythrea, dans lequel se trouvent Trypi et Psimolopho.

[3] Ms. fol. 77, vᵒ. On vient de voir dans le livre des commandements, que le roi Jacques, après plusieurs confiscations et restitutions de la terre de Chiti sur son oncle Charles, pour se venger de son attachement à la reine Charlotte, lui enleva toutes ses propriétés. Elles comprenaient près de 24 villages, et dans le nombre se trouvaient Lapithos, gros et riche bourg, Hagios Dimitri, Piskopion et Psimilopho. Voy. *Hist. de Cyp.* fol. 180, et ci-dessus, p. 241, n.

cores nous, pour nous et pour nos hers, en la presence de la dite courch, avons aquité et quitons trestout le dihme roiaulle, asenés, fiés jons à la regualle et autres que le predit cazal doit ou devra paier en la regualle ou autre perpetuellement, tant des chozes conme des besants ny d'autres. Encores nous, pour nous et pour nos hers, en la presence de ladite courch, avons consenti o predit Harion, pour ce que ne n'est chevalier, il puice servir la predite servize conme chevalier jusques en tant qu'il sera fait chevalier. Pour ce vous mandons que ses nos presentes doiés faire atacher o livre des remenbrances et as autres escritures de nostre segrete, et poursure et faire conme susdit est. Donné à Nicossie, le susdit jour. Confermé.

1468, 1ᵉʳ octobre. A Nicosie.

7. Le roi monseigneur manda le donn à Aguet de Verny [1].

Sachés que le samedi, premier de Huitenvre de M CCCC L XVIII de Crist, nous, pour nous et pour nos hers, etc., avons donné, otroié et consenti à nostre bien amé et feaull Aguet de Verny, fils de feu sire Lois de Verny, et à ses hers descendans de son cors de loiaul mariage, en fié pardurable, enjoints de son fié dou Carpas [2], les charais et la bouverie demaine [3] doudit cazal dou Carpas et hun serf doudit cazal dou Carpas, nommé Nicolas tou Yany tou [4], o sa feme tant soulement, lequell se tient hors doudit cazal, estagent à cazau d'Athienou [5]. Et nous, pour nous et pour nos hers, avons mis en sazine, etc.

1468, 5 décembre. A Nicosie.

7. Le roi monseigneur manda le donn dou fié des cazaus sous devizés, que donna à sire Morff de Garnier, le conte de Rouhas [6].

Sachés que le lundi, vᵉ jour dou mois de Dezembre M CCCC L XVIII de Crist, nous, pour nous et pour nos hers, en la presence de partie de nos homes yci desous nonmé, chevaliers courch, cc'est à savoir sire Sassons de Nores, principal pourveour de nostre roiame et superiour de nostre segrete, et de sire Johan Darais, avons donné, otroié et consenti à nostre bien amé et feaull sire

---

[1] Ms. fol. 79, v°.
[2] Riso Karpasso, dans le Karpas.
[3] Les animaux de transport, *charais*, et les bœufs ou bouverie de la partie domaniale du fief du Karpas. Voy. ci-dessus, p. 223, n. 1.
[4] Lacune au Ms.
[5] Entre Larnaka et Nicosie.

[6] Ms. fol. 86, v°. Le nom patronymique du comte de Roha ou d'Edesse est écrit de différentes manières dans les monuments du temps : tantôt *Garnier* ou *Gernier*, tantôt *Grinier*. Le comte joignait à son nom le nom de la seigneurie de Morpho, qu'avaient pris d'abord les Du Plessis ou Du Plessier dans les premiers temps de la conquête franque.

Morff de Gernier, le contte de Rouhas, et à ses hers de son cors de loiaull mariage, enjoints de son fié de Trahony[1], autres les cazaus sous devizés cc'est à savoir Louriquina[2], Alexandretta[3], Aplatera[4], Apanoqui[5], Vides[6], o tous les drois, razouns, uzages et aparthenances et cetera, et en vilains et vilaines, o lor enfans mermiaus, tous ceus qui ce trovent o jour d'huy abitains as dis leus, tant des propres conme d'autre leus, et tout autant que as dis leus apartient ou apartenir doivent, tout ency conme nous les avons, tenons et huzons, ou avoir, tenir et huzer les porions, et par tel condecion que faziant le pris desusdis cazaus pour trois ans, partant Fevrier de l'ané pacée de M CCCC L XVII de Crist, et si se trovera que vailent plus de ducas mille, que ledit plus ledit contte et ses dis hers soient thenus et obligez pour chascun an de les paier à nous et nos hers; et se mains valient des susdys M. ducas, que nous et nos[7] hers soient thenus de satisfaire ledit moins odit contte et à ses hers sans null debat. Et nous, pour nous et pour nos hers, en la presence de ladite courch, avons mis en sasine le predit contte dou predit fié par la maniere avant dite et devizée. Encores nous, pour nous et pour nos hers, en la presence de ladite courch, avons aquité et quitons trestout le dihme reaull, asenés, fiés joins en la regualle et autres que les dys cazaus doivent ou devront paier en la regualle perpetuellement, tant des chozes conme des diniers. Pour ce vous mandons que ses nos presentes doiés faire atacher o livre des remenbrances et as autres escritures de nostre segrete, et poursure et faire conme susdit est. Donné à Nicossie, lessusdit jour. Confermé[8].

[1] Peut-être Trakonas, dans le district de Kythrea, à l'est de Nicosie, entre le Pidias et l'Ialia.

[2] Lourgina, dans le même district, mais à 4 ou 5 lieues au S. O. de Trakonas.

[3] Je ne connais pas de localité de ce nom dans cette partie de l'île, et c'est la première fois que j'en trouve la mention dans les documents.

[4] Peut-être Apalestra dans la Messorée, à l'est de Trakonas, près du confluent du Pidias et de l'Ialia.

[5] Situation inconnue.

[6] Situation inconnue.

[7] Au Ms. *et à nos*.

[8] Le 5 décembre 1468, le roi avait encore donné au comte de Roha, à des conditions analogues à celles du présent privilége, le fief d'Agridia, d'un revenu annuel évalué à 500 ducats. (Ms. fol. 88, voy. ci-dessus, p. 247, n.) Le 23 décembre, le roi ajoute au fief de *saint Thodre*, de son fidèle « maistre « Guabriel Jentil, doctour et fezecien, » les casaus de *Paliometoho* et *Clafdia* ou *Elufdia*, d'un revenu de 1,500 besants; le surplus des revenus, s'il y en avait, devant être annuellement remboursé au domaine royal. Ms. fol. 89.

Indépendamment des concessions territoriales, le registre renferme diverses donations de fiefs consistant en besants ou en denrées, principalement en blé, orge et vin. On a vu précédemment celle de Benevidès et de Mendosa (ci-dessus p. 247); d'autres sont accordées à Jean Chappe, écuyer (Ms. fol. 76.); à dame Marguerite Bragadino et à

262　　　HISTOIRE DE L'ÎLE DE CHYPRE.

1468, 31 mars et autres dates.

Donations et actes divers concernant les églises, les monastères et autres établissements religieux.

1. Le roi monseigneur manda le donn de l'eglize de saint Nicolas qui ce nomme Tou sou Lonamy à frere Paulo[1].

Sachez que ce jeusdi, derenier jour dou mois de Mars M CCCC L XVIII de Crist, nous, pour nous et pour nos hers, en la presence de partie de nós homes yci desous nonmés, chevaliers courch, cc'est à savoir, sire Johan Daras et sire Richo de Marino, avons ordené pour priour et gouverneour de l'eglize de saint Nicolas qui ce nomme Tou sou Lonamy, frere Paulo de[2]..., le nostre chappellan, à toute sa vie. Lequell frere Paulo doie reservoir et prendre en sa main par ces apodixes trestous les asenemens, rentes, revenus et pocesions de la dite yglise, tout ency conme sire Pier Omode, le devencier priour, les avait, tenoit et uzait; par ency que ledit frere Paulo soit thenu de celebrer et tenir en bon estat ladite yglise et ces pocecions, si conme il apartient. Laquelle donnacion ce doit estre entendue apres dou deceth dou predit sire Piere Omode le priour. Laquelle yglise et cesdits pocecions les doit reservoir le predit frere Paulo apres dou deceth doudit

ses héritiers, « enjoints de son fié de Amar-« gueti (Amarghetis, dans le Paphos), pour « chascun an besants V^m IIII^c LXXV, asenés de « les ressevoir pour chascun jour besants XV « de la rente de la grant cabelle de la porte « de nostre citté de Nicossie » (fol. 78, v°); à Consalvo de Nice, certaines denrées à prendre « o tens de la partizoin de chascun « choze, au casal de Presteron qui est en la « baillie dou Morff : 90 metres de vin des « Marathaces roiaulls (la partie du Marathasse « appartenant au roi), et 900 besants dou « catepanage du casal des Marathaces roials » (fol. 86); à Jean Comos du froment et de l'orge du casal de « Lacadamie, 50 metres « de vin de Marathasses dou conte (partie « appartenant au comte de Morpho), et 800 « besants dou catepanage des Marathaces dou « conte » (fol. 90, v°). Une donation analogue est consignée parmi les commandements. Voy. ci-dessus, p. 200, n° 19. Les fiefs de denrées n'entraînaient pas moins que les fiefs fonciers pour les feudataires, le devoir du service dou cors conme home d'armes et d'omage lige, ainsi qu'il est dit dans chaque privilège. Le fief d'argent que l'on appelait fief de soudée, fief de besants ou de bourse, obligeait également au service féodal. La formule insérée dans les assises de Jérusalem renferme expressément cette déclaration : « Et « por ledit fié, ledit tel est devenu son home « et doit faire et fera lige homage lui et ses « heirs après lui au roi et à ses heirs et tel « servize. » (Assises de Jérus. t. II, p. 387.) Quand le fief passait dans les mains d'une femme, la feudataire devait satisfaire par un tiers à ces devoirs ou payer un dédommagement qu'on appelait, en Chypre, défaut. C'est de ce droit, un des revenus de la couronne, qu'il est question dans les pièces ci-après, du 14 janvier 1469, p. 273, et du 18 novembre 1468, p. 299.

[1] Ms. fol. 76. La situation de cette chapelle de Saint-Nicolas ne nous est pas connue.

[2] Lacune dans le Ms.

Omode par reconnossiance [1], celonn l'uzage. Pour ce vous mandons que ses nos presentes doiés faire atacher o livre des remenbrances et as autres escritures de nostre segrete, et poursure et faire conme susdit est. Donné à Nicossie, le susdit jour. Confermé.

1468, 1ᵉʳ juin. A Nicosie.

2. Le roi monseigneur manda la donacionn des xii besants que les iiii camires que l'abaie de saint Simeon de Famagouste [a] paient pour chascun an [2].

Sachés que le mecredi, premier jour dou mois de Jun m cccc l xviii de Crist, nous, pour nous et pour nos hers, en presence de partie de nos homes yci desous nonmés, chevaliers courch, cc'est à savoir sire James Saplana, le pourveour de nostre roiame et sire Maouchiou de Constancia, l'amiral de Chippre, avons franchi et delivré, aquité et quitons les xii besants que les iiii camires [3] que l'abaie de saint Simeon de Famagoste [a] paient pour chascun an pour ensensives à nous et à nos hers. Lesquels camires sont dedens de nostre cité de Famagoste junyans de nostre palas, lesquells tiennent o jour les desous nonmés à luage de ladite abaie cc'est le premier Nano Chentirion, le seguont Costi le fis de Cemas, le tiers Halions, le cart Yani tou Guologuirou. Et nous, pour nous et pour nos hers, en la presence de ladite courch, avons mis en sasine quir Manolyzehes pour ladite abaie de ladite quitacion desus dis besants xii des camires dou predit abaie par la maniere avant dite et devizée. Laquelle quitacion nos li avons fait pour nostre arme. Pour ce nous vous mandons que ses nos presentes doiés faire atacher o livre des remenbrances et as autres escritures de nostre segrete, et poursure et faire conme susdit est. Donné à Nicossie, le susdit jour premier de Jun m cccc l xviii de Crist. Confermé.

1468, 23 juin. A Nicosie.

3. Le roi monseigneur manda la provizion que fist à frere Nicol de Courion, l'evesque de Embron [4].

I.

Sachés que le verredi, xxiiii jour dou mois de Jun m cccc l xviii de Crist,

---

[1] Nous avons ci-après, p. 267, un de ces états des lieux et inventaires détaillés.

[2] Ms. fol. 10, v°.

[3] *Camire* semble bien avoir ici le sens de boutique. Voy. ci-dessus, p. 256, n.

[4] Ms. fol. 75. Voy. ci-dessus, p. 202, n.

nous, pour nous et pour nos hers, en la presence de partie de nos homes yci desous nonmés, chevaliers courch, cc'est à savoir, Johan Daras et sire Richo de Marino, pour bonnes et agreables servizes que le venerable pere en Dieu et seigneur, frè Nicolo de Courion, l'evesques de Embron, nous a fait, li avons donné, otroié, consenti en provizion à toute sa vie les chozes et diniers sous devizés, asenés de les reservoir des lieus sous escris, par chascun an, par ces apodixes[1], lesquelles doivent estre valables conme apodixes de nostre segrete, cc'est à savoir forment mus c, orge mus II^c dou cazal de Lacadamia[2], o temps des airres, vin metres LX dou cazal de Pelondres[3], o tens de la pertizoin, et en diniers besants VII^c XX VIII karoubes V, cc'est dou cazal de Pelondres dou catepanage besants III^c et de la Piscopie des Corniers[4] les fiés arrestés 4es dessous nonmés besants III^c XXVIII karoubes V, les termines establis. Et nous, pour nous et pour nos hers, en la presence de ladite courch, avons mis en sazine ledit frè Nicolo l'evesques de la donnacionn de ladite provizionn par la maniere avant dite. Pour ce vous mandons que ses nos presentes doiés faire atacher o livre des remenbrances et as autres escritures de nostre segrete, et poursure et faire conme susdit est. Donné à Nicossie, le susdit jour. Et de ce jour faites cacer de nostre estat la provizionn que en l'ané pacé avons fait o dit evesques. Confermé.

II.

Le cazaul de la Piscopie des Corniers doit paier à la reguall chascun an pour les razons sous devizés, lesquelles le roy et seigneur donna en provizion à frere Nicolo de Courio pour salere :

Sire Guy de la Garde besants V, karoubes XII; sire Johan d'Acolisa, b. XXII, k. V; de la Blanche Guarde b. VII; de Simon de Bon, b. XV; de sire Philippe de Malabeq, b. V, k. XXII; de messire Thomas Bibi, b. XC III, k. XX; de Stary Boierelo, b. XXX VIII, k. VI; de sire Johan Randeufle et de Mimars, b. L XXI, k. VIII; de Antoine de Bon, b. XV; de sire Philippe de Garnier, b. XXI, k. VI; de sire Yacoumo Salerguy, b. XXI, k. II; de Charlo de Montolif et autres, b.....X[5].

---

[1] Assignation, délégation.
[2] Lakatamia, près de Nicosie.
[3] Peut-être Pelentria, dans les montagnes du Kilani.
[4] Piskopi, près de Limassol. Voy. t. I, p. 412, n. 1; p. 503.
[5] A la place de ce dernier nombre, imparfait sur le Ms., il faudrait 110 besants et 20 karoubes, pour trouver dans l'addition des sommes précédentes le chiffre de 428 besants 5 karoubes, auquel le roi évalue les assignations de Piskopi abandonnées à l'évêque Nicolas. On verra plus loin dans le 3e livre du registre de la secrète le détail des rentes que la terre de Piskopi des Cornaro paya en 1468-1469.

Iʳᵉ PARTIE. — DOCUMENTS.

1468, 13 octobre. A Nicosie.

4. Le roi monseigneur manda le donn de la terre de Comy à frere Miquel de Castelacho[1].

Sachés que le jeusdi, xiii jour d'Octobre m cccc lxviii de Crist, nous, pour nous et pour nos hers, etc., avons donné, otroié et consenti à reverent pere en Dieu messire frere Miquel de Castelacho, l'evesque latin de Baphe, en rente perpetuel, franchement et quittement, sans nulle redevance, la terre de Comy[2], qui fu de Yblin Provane, à la contrée de Baphe, o tous ces drois razoins, etc.

1468, 29 octobre. A Nicosie.

5. Le roi monseigneur manda le donn de la chappelle de la Mizericordieuse à Jacques Ceba[3].

I.

Sachés que le samedi, xxix jour de Huitemvre m cccc lxviii de Crist, nous, pour nous et pour nos hers, en la presence de partie de nos homes yci desous

---

[1] Ms. fol. 80. Michel de Castellacho ou Castellacio appartenait à l'ordre de Saint-Jean de Jérusalem. Voy. p. 87, 173.

[2] Je ne connais pas sa situation précise.

[3] Ms. fol. 80 v°. Un passage de la chronique d'Amadi attribuerait la fondation de la chapelle de la Miséricordieuse au roi Jacques Iᵉʳ de Lusignan, mort en 1398 : « Fece « una bella chiesia, la Misericordiosa, la « dove fù la torre de la Margarita, con un « bel vergier intorno. » Ms. de Venise, fol. 302; cf. Florio Bustron, Chron. Ms. de Londres, fol. 165. Mais il ne peut s'agir ici que d'une reconstruction des bâtiments, car l'église existait déjà en 1368, quand le roi Pierre Iᵉʳ, se méfiant des dispositions des chevaliers, fit élever la tour de la Marguerite à côté de la Miséricordieuse. Amadi nous fournit luimême ces renseignements : « Il re cognosceva « bene che era mal voluto da la sua gente; et « per sua segurtà fece edificar una torre, la « dove era et è la chiesia de Misericordia, et « la nominò la Margarita. » Ms. de Venise, fol. 253. D'après Strambaldi, la Miséricordieuse et la Marguerite seraient une construction simultanée de Pierre Iᵉʳ; la chapelle devrait son nom à une image de la sainte Vierge ainsi appelée : « Et commandò che edificas« sero una torre, et drento fece depenzer una « imagine Misericordia; et sotto era pregione, « et chiamò il Margarith, et la ha fatta molto « forte. » Ms. fol. 119. Guillaume de Machaut rappelle aussi la construction de la tour ou maison de la Marguerite par Pierre Iᵉʳ :

Ce jour ala li roys jouer
Pour veoir et pour ordener
La maison de la Marguerite,
Qu'au deviser moult se delite.

Bibl. imp. Ms. 7609, fol. 363.

La Marguerite fut ainsi appelée de la montagne Sainte-Marguerite sur laquelle on l'avait élevée, et d'où la vue s'étend sur toute la ville. C'est là que s'arrêta l'armée égyptienne en 1426, étonnée de la grandeur de Nicosie et hésitant à y pénétrer. (Amadi, Ms. de Venise, fol. 310; Strambaldi, fol. 364; Florio Bustron, ms. de Londres, fol. 172.) Lors du siège de 1570, les Turcs dressèrent aussi des batteries sur le petit mont de Marguerite (Lusignan, Hist. de Cyp. fol. 250). La tour de la Marguerite fut détruite en

nommés, chevaliers courch, cc'est à savoir sire Johan Daras et sire Nicolao de Morabito, avons donné, otroié, concenty, donnons, otroions et concentons à Jaques Ceba, fis de Philippe Ceba, le balli de nostre segrete, à toute sa vie, la chappele de Nostre Dame la Misericordiouze, laquelle doit avoir et tenir conme priour d'icele o tous ces droits, razoins, huzages et apartenances, asizes, asenemens, axcions, rentes en terre et revenus qu'il soloient et où qu'ils soient, que ladite chappele a ou avera pour le tens avenir et tout autre que à ladite chappele apartient ou apartenir doivent, et tout ancy conme frè Nicolo de Courion, l'evesque de Embron, l'avoit, tenoit et uzoit, ou avoir, tenir et uzer le poroit la regualle, et que ledit Jaque doit prendre par reconnossiance celon l'uzage. Encores nous, pour nous et pour nos hers, en la presence de ladite courch, avons donné, otroié, concenti, donnons, otroyons et concentons à susdit Jaque Ceba, à toute sa vie, les jardins reaulls qui ce nonme tou Faquelatou, qui est dedens à Nicossie près de la susdite chappelle de la Misericordiouse, à l'encontre de la citadelle[1], o tous ses drois, razoins, uzages et aparthenances, franchises, aigues, terres, arbres, propis, chatel et tout autre que odit jardin apartient ou apartenir doivent [ou] poront, et tout ancy conme le susdit frè Nicol l'evesque l'avoit, tenoit et uzoit, ou avoir, tenir et uzer le porions; sans ce que ledit Jaques coit thenu de paier acune autre choze ne les deussens besants que ledit jardin soloit paier par le temps pacé à l'estable roiaull, ni acun dihme roiaull, ains soit franq et livre, taint dou dihme conme de la cabelle de la porte et tout autre paiement que ledit jardin devoit ou devra paier en la re-

---

1376, lorsque Pierre II, dépouillé de Famagouste par les Génois, fit construire dans le sud-ouest de Nicosie une grande citadelle et un nouveau palais : « Et ruinorono la « corte del conte de Zaffo, et ruinorono anco « la Margarita, et hanno fatto la fondamenta « del ditto castello, 1376 de Christo. » (Strambaldi, fol. 326.) En 1567, les Vénitiens, voulant diminuer l'étendue de Nicosie et élever les nouveaux remparts, firent raser tout autour de la ville une zone considérable qui renfermait la citadelle et l'ancien palais royal de Pierre II, le couvent de Saint-Dominique où étaient les tombeaux des rois, d'autres églises ou monastères au nombre d'environ quatre-vingts. (Voy. Lusignan, *Hist. de Cyp.* fol. 32, v°.) La chapelle de la Miséricordieuse fut enlevée dans cette destruction si regrettable pour nos antiquités gallo-chypriotes. D'après ce que nous savons de la colline et de la tour de la Marguerite, nous voyons que la Miséricordieuse était située au sud de la ville de Nicosie, sur les hauteurs qui dominent aujourd'hui ses remparts. Elle devait être entre la porte actuelle de Paphos, et l'église d'Hagia Paraskevi ou du Vendredi saint.

[1] Ainsi la Miséricordieuse, était assez rapprochée de la porte actuelle de Paphos, près de laquelle se trouve un reste d'ancienne construction que je crois avoir appartenu au palais de la citadelle des Lusignans. Voy. le *Correspondant*, 1847, t. XVII, p. 527, 529.

gualle; sauve taint soulement que il soit thenu de paier l'ensensive et la haye doudit jardin, et auci le pourchais, survallie, vin, festes et tout autre que le susdit frere Nicolo l'evesque estoit thenu de paier à la susdite chapele de Nostre Dame de la Mizericordiouze, celon la donnacionn que li fu fait par courch en l'an de mr^e lviii de Crist, à xiii jour de Setembre, et nient plus. Et aucy par la susdite maniere avons donné, otroié, concenti, donnons, otroions et concentons o predit Jaque Ceba hun serf de nostre regualle continouel à toute sa vie pour le servize doudit jardin, sains rien paier pour drotures ni pour apaut, danguer, ou autre servize; et aucy l'aigue qui soloit alier de la tour de Sainte Verredi[1] à la tenturerie de Nicossie par les douzils soute terre sains riens paier; entendans que toutelefois que nos oficialls voldront faire adouber les douzils pour alier ladite aigue à ladite tenturerie pour son servize, qu'ele peuce alier selon qu'ele estoit huzé, sains null debout. Et nous, pour nous et pour nos hers, en la presence de ladite courch, avons mis en sazine ledit sire Philippe Ceba, son pere, pour ledit Jaques, de la susdite chapelle, jardin, serf, aigue, pour ce que il est apcent o Ponent[2], par la susdite maniere. Pource vous mandons que ses nos presentes doiés faire atacher o livre des remenbrances et as autres escritures de nostre segrete, et poursure et faire conme susdit est. Donné à Nicossie, le susdit jour. Confermé[3].

II.

La reconnossiance de la chappele de la Mizericordiouze que la magesté

---

[1] Le saint vendredi. Il n'y a plus de tour aujourd'hui auprès de Hagia Paraskevi. Elle fut détruite aussi probablement lors des travaux de 1567, pour resserrer et fortifier la ville de Nicosie.

[2] En Occident.

[3] On voit, d'après cette pièce et la suivante, que la nomination du chapelain de la Miséricordieuse appartenait à la couronne, au moins sous le règne de Jacques le Bâtard, et que le prince disposait à son gré de ce bénéfice. La république de Venise, succédant à la prérogative souveraine, usa comme les derniers rois du droit de nomination; toutefois en 1497, sur les réclamations de l'archevêque Sébastien Priuli, le lieutenant et les conseillers chefs du gouvernement de l'île, reconnurent que la collation des deux bénéfices de Saint-Jean, (peut-être Saint-Jean de Montfort) et de la Miséricordieuse appartenait au métropolitain. La notice suivante insérée dans le cartulaire de Nicosie constate que la déclaration fut établie par acte public : « Die xxiii mensis Februarii « 1496 (v. s.). Prenominatus reverendis-« simus dominus archiepiscopus constare « fecit per publicum autenticum privile-« gium quemadmodum colatio beneficiorum « Sancti Johannis et Misericordiæ vacat, « per obitum Calcerani Flattro, Joanni « Placoto diacono Sanctæ Sophiæ; quam « colationem approbaverunt magnifici domini « locumtenens et consiliarii Cipri, qui antea « pretendebant habere in ipsis beneficiis jus « patronatus, et respondere fecerunt vigore « dictæ colationis, ipsi Johanni de omnibus

dou roi donna en ce jour, le derain Huitemvre 1468 de Crist, à Jaque Ceba. Laquele reconnosiance fu fait par le conmandement des seigneurs pourveours et dou superiour de la segrete, messire Sassons de Nores, et de messire le bailli de ladite segrete, messire Philippe Ceba. Faite en presence des desous nonmés segretains, cc'est sire Loys Filo et de sire Pier Goul. Reconmandée en la main de sire Nicol Singritico, qui estoit en leuq doudit messire le bailli de la segrete, pour o non doudit Jaque Ceba son fis.

A ladite chappele :

L'estat des hostels qui sonnt ceus à ladite chappele.

Le portal qui garde vers Ponent, aveuq une pare de portes garnies, maçonné de pierres parées en vote, en bon estat. Un hostel à la destre part doudit portal, maçonné de pierres de deus deceurance à un trieff, de xvi chevrons de dadier[1], couvert de canes, à une porte qui garde vers Levant, sans portes. Le fest ce doit refaire.

Un autre hostel, etc. Un autre hostel, etc.

La canpanerie, aveuq iii canpanes, ii grandes et 1e petite, garnis aveuq cordes, en bon estat.

L'aultier de marbre. Paremens de l'aultier : 1 harmezin de Tourquie[2] de soie; 1 autre bleuff et jaune de soie viel; 1 autre verde de soie, de nulle value.

Vestimens dou prestre : chemize de telle dou lin 1; stola louroti[3] 1; manches harmizin 1; colier de lin 1; chappe de soie verde vieille 1; telement de coutonnine[4] viele 1; touallies de l'aultier, cc'est de lin[5], ii.

Calice d'argent endoiré, o le pieu o v esmaius[6] ii; couvriment de la calice de soie jaune, o sa touallie, 1; ssaint grayel d'argent[7], 1.

Ymages à l'aultier : Nostre Dame grande 1; crois de fust 1. A un tabernagle par desus doudit aultier où y li a une Nostre Dame petite 1.

« fructibus et redditibus dicti beneficii, non « obstantibus omnibus per antea observatis. » Annexes au cartul. de Nicosie. Bibl. Saint-Marc, à Venise. Mss. class. VI, n° LVI.

[1] Probablement chevrons en bois de palmier, cependant la lecture du mot *dadier* n'est pas certaine.

[2] En soie cramoisie de Turquie.

[3] Στολή λωρωτή, une étole ayant la forme du *lorum* antique. Voy. Du Cange, gloss. grec, au mot Λῶρος, et sa dissertation sur les monnaies des empereurs de Constantinople. A la différence de l'étole latine, l'étole grecque dont il est ici question enveloppait le cou, puis l'épaule gauche. Ses deux extrémités retombaient ensuite l'une par devant, l'autre derrière le prêtre ou le prince qui en était revêtu.

[4] Probablement une étoffe en coton; elle pouvait servir à entourer l'autel.

[5] Nappes de l'autel en lin.

[6] Calice de vermeil, avec un pied orné de cinq émaux.

[7] Le *grayel, graal, grael*, est un vase en forme de coupe. Dans les églises où l'on administre la communion sous les deux espèces, on emploie un vase semblable pour donner le vin aux fidèles.

Chandelliers de fust, figurés d'oumes, IIII. Manals de fust endoirés [1], IIII. Livres, VII. Sitle d'aroin [2] de l'ague benoite petite. Une bouste d'aroin que metent les hostes. Campanel petit, I. Analoyon [3] où metent sus les livres, I. Tapit grant devant l'altier huzé. Fourels de torces pintes de fust, I. Sièges, cc'est scamnous, garnies de fust, en bon estat, IIII.

Soude [4] où estoyent les orguanes, sans orguanes, aveuq tables et toilles en bon estat.

Desoutte ladite chappele une cace sans couvert.

Le jardin environne ladite chappele, en bon estat.

Le prover [5], lequell est serf de ladite chappele, nonmé Thomasitis Cavas, sans femme, III enfans, de l'âge de XLV environ.

Le jardin qui estoit de Faquelato, qui ce nonme Targuaticou. Le portal maçonné de votes, vers midi, aveuq une pare de portes grandes. Un euvant qui est à la senestre part dou portal, aveuq III estaches garnies o lor fillieres qui regarde vers Couchant de XVI chevrons de dadier couvert de canes. Un hostel ens odit euvant, maçonné de votes de XVI chevrons.

X lames de quiparisia [6], où ce doit festre un euvant pour couvrir les tenouria [7].

1468, 12 avril et autres dates.

Affranchissements et actes relatifs aux éleftères.

1. Le roi monseigneur manda la franchize de Savilli Thodorou tou Therianou serf dou cazal de saint Nicolas [8].

---

[1] *Manals.* Probablement les hampes ou hastes en bois doré, au haut desquelles on portait des statues de saints et des fanaux, comme il est encore d'usage en plusieurs pays.

[2] Le vase d'airain ou de cuivre pour l'eau bénite, en latin *situlus.*

[3] Lutrin.

[4] *Soude, soute,* chambre, chapelle.

[5] Le papas, car le desservant était grec et marié.

[6] Planches de cyprès.

[7] Le Ms. porte très-lisiblement *Tenouria,* dont je ne connais pas le sens. Kenouria Καινούρια, signifierait chose neuve.

[8] Ms. fol. 65 v°. Le prix de l'affranchissement des serfs royaux variait beaucoup. On a vu dans quelques pièces précédentes que les uns payaient 200 besants et d'autres seulement 100. (Voy. ci-dess. p. 234, n. 4). Ici, Savilli, dit papas Barnebas, déjà caloïer quoique serf, paye 350 besants; dans la pièce suivante une serve en donne 420. Ailleurs, Thodorin Andronicou tou Melisari obtient la liberté pour 30 ducats ou 271 besants (Ms. fol. 66); Dimitri Annousas est obligé de donner pour lui et deux de ses enfants de 5 à 8 ans et *pour les enfans qu'il feront de femes franches* une somme de 400 ducats ou de 2,800 besants (Ms. fol. 69); Todoro Yorgin, âgé de 15 ans, s'affranchit moyennant 350 besants (Ms. fol. 85), et Urione Yani tou Coupiastri, mariée à un serf précédemment affranchi par le roi paie 325 besants. (Ms. fol. 85.)

Sachés que le mardy, xii jour dou mois d'Avrill m cccc lxviii de Crist, nous, pour nous et pour nos hers, en la presence de partie de nos homes yci desous nonmés, chevaliers courch, cc'est à savoir sire Johan Darais et sire Jeronimo Salviati, avons franchi et delivré Vasilis Thodorou tou Therianou, nostre serf dou cazal de Saint Nicolas, o jour est à moine et s'apele papa Varneva, de tous liens de servage, chenage, anguaires, dimois, apaut et de tout autre maniere de drotures que serfs paient ou sont uzés ou acoustumés de faire ou paier. Laquele franchise nous li avons fait pour ducas d'or veneciens de bon peis l, à besants vii le ducat, bailliés en la main de nostre bien amé et feaull sire Philippe Boustron, le segretain et ofecier dou nouvel ofice, pour la paie de l'escadre de Petro Davila. Et nous, pour nous et pour nos hers, en la presence de ladite courch, avons mis en sazine ledit Vasilli de ladite franchize par la maniere avant ditte et devizée. Pour ce vous mandons que ses nos presentes doiés faire atacher o livre des remenbrances et as autres escritures de nostre segrete, et poursure et faire conme susdit est. Le susdis ducas l, que susdit, furent donnés à la main de Yani Blandiero, pour la paie de ladite scadre de Petro Davila. Donné à Nicossie, le susdit jour. Confermé.

1468, 13 juin. A Famagouste.

2. Le roi monseigneur manda la franchise de Zogni, fillie de Theodoro tou Lemony, de Mony[1].

Sachés que le lundi, xiii jour dou mois de Jun m cccc lxviii de Crist, nous, pour nous et pour nos hers, en la presence de partie de nos homes yci desous nonmés, chevaliers courch, cc'est à savoir sire James Saplana, le pourveour de nostre roiame[2], et sire Maouchiou de Constancia, l'amiral de Chippre, avons franchi et delivré Zogny, fillie de Thodoro tou Lemony, estagent à l'Echelle[3], laquelle est marié aveuq Polin tou Scandali, de tous liens de servage, chenage, anguaires, dimois, apaut et de tout autre maniere de drotures que serfs paient ou sont uzés ou acoustumés de faire ou paier. Laquelle franchize nous li avons fait pour ducas d'or veneciens de bon peis lx, à besants vii le ducat, baliés en la main de nostre bien amé et feaull sire Guatanio de Negron, le bailli de nostre citté de Famagoste, pour la paie des sodées de ladite citté et de nos gallées. Et nous, pour nous et pour nos hers, en la presence de ladite courch, avons mis en sazine la-

---

[1] Ms. fol. 74. — [2] Il a été déjà question plusieurs fois de ce personnage. Voy. p. 165, n. 2; p. 207, n. — [3] Aschelia, près de Paphos.

dite Zogny de ladite franchise par la maniere avant ditte et devizée. Et pour ce que ladite Zogny franchie, sa motié est de l'abaie de Mony[1], et nous li avons franchi, nous, pour nous et pour nos hers, en la presence de ladite courch, avons doné, otroié et consenty à la predite abaie pour refacion de la motié de sa part, la motié que nous avons seur[2].... fillie de Yorgin Caridy, de Limona, pour ce que l'autre motié est de ladite abaie. Et nous, pour nous et pour nos hers, en la presence de ladite courch, avons mis en sazine Yani Vlediero pour l'abbé de ladite abbaye de Mony, qui fu apcent de ladite donnacionn, de la motié de la predite..... par la maniere avant dite et devizée. Pour ce vous mandons que ses nos presentes doiés faire atacher o livre des remenbrances et as autres escritures de nostre segrete et metre en heuvre lessusdis ducas lx, si conme li apartient, et poursure et faire conme susdit est. Donné à Famagoste, le susdit jour, xiii de Jun m cccc lxviii de Crist. Confermé.

1468, 10 septembre. A Nicosie.

3. Le roi monseigneur manda le pooir que sa seigneurie donna à Piere Enpolo pour franchir Philippe Yani tou Blondia[3].

Sachés que le verredi, à x jour dou mois de Cetembre m cccc l xviii de Crist, nous, pour nous et pour nos hers, en la presence de partie de nos homes yci desous nonmés, chevaliers courch, cc'est à savoir sire Johan Daras et sire Salviati, avons donné, otroié et concenti plein poor et liberté à nostre bien amé et feaull Piere Enpolo de franchir un serf de son fié dou cazal d'Avlones[4] et Paliomastra[5], nonmé Philippe Yani tou Blondia o Tanges, par quelque courch que il voldra ou par chartre de notaire, et doit estre valable conme escrit de courch[6]. Et nous, pour nous et pour nos hers, en la presence de ladite courch, avons mis en sazine ledit Piere dou predit pooir par la maniere avant dite et devizeé. Pour ce vous mandons que ses nos presentes doiés faire atacher o livre des remenbrances et as autres escritures de nostre segrete. Donné à Nicosie, le susdit jour. Confermé.

---

[1] L'abbaye de Moni était probablement au village de Kato Moni, au nord du mont Machera.

[2] Le nom est en blanc.

[3] Ms. fol. 79, v°.

[4] Avlona, dans le Morpho.

[5] Peut-être Palæo Metochi à l'ouest d'Avlona.

[6] Les actes notariés ayant d'autres objets que les testaments, les dots, les nolis ou les achats d'esclaves n'étaient reconnus en Chypre qu'après avoir exceptionnellement reçu leur validité au nom du roi, et avoir acquitté sans doute un certain droit de fisc. Voy. Pegolotti, *Della mercat.* p. 75, et notre t. Ier des documents, p. 53, n.

1468, 7 mai. A Nicosie.

4. Le roi monseigneur manda les desous nonmés chevaliers courch et autres en lor conpanie de voyr, coregier, declarer à tous les elevteres [1].

Sachés que le samedi, vii jour dou mois de May m cccc l xviii de Crist, nous, pour nous et pour nos hers, en la presence de partie de nos homes yci desous nonmés, chevaliers courch, cc'est à savoir sire Nicolas de Morabito, le viscontte de nostre citté de Nicossie [2], et sire Jeronimo Salviati, avons ordené en leuq de nous sire Sassons de Nores et sire Guillaume Darais et sire Richo de Marino, chevaliers courch, et en lor conpanie sire Philippe Apodohatoro, le docteur, sire Fouque Guonem et sire Loys Filo, les segretains, asquells avons donné plain pooir et liberté de voyr, coregier, declarer et determiner celonn que lor cemblera tous les preveliges et fanchizes faites par la mere yglise de Nicossie à tous les elevteres qui ce troiveront par tout le nostre roiame de Chippre ; et ce que ce troiveront et determineront, de nous le faire notire pour conmander nostre conmandement, et tout ce qu'ils ce feront faire le metre par escrit pour atacher le o livre de la courch. Pour ce vous mandons, etc. Donné à Nicossie, le susdit jour viie de May 1468 de Crist. Conferré.

1468, 5 avril. A Nicosie.

Donation d'une terre en censive.

Le roi monseigneur manda le donn de l'ensensive de la terre dou cazal d'Androlique à Philippe Singritico à besants xxv l'an [3].

Sachés que le mardi, v jour dou mois d'Avrill m cccc l xviii de Crist, nous, pour nous et pour nos hers, en la presence de partie de nos homes yci desous nonmés, chevaliers courch, cc'est à savoir, sire Johan Dares et sire Richo de Marino, avons donné, otroié et consenti à nostre bien amé et

---

[1] Ms. fol. 67.

[2] En 1469, Morabit reprit les fonctions de maréchal de Chypre auxquelles il avait été nommé en 1461. Voy. ci-dessus, p. 251, n. 3.

[3] Ms. fol. 68. Bien que les baux à cens se fissent devant la cour des bourgeois ou dans le sein de la secrète (*Assises*, t. II, p. 273, 274, et ci-après p. 290), la haute cour connaissait aussi de ce qui touchait à la propriété de certaines terres roturières appelées bourgeoisies qui dépendaient souvent d'une terre noble. Voy. le 21e chap. de l'*Abrégé des assises de la cour des bourgeois*, écrit en Chypre au xive siècle (*Assises*, t. II, p. 251). Les baux à ferme ou *apauts*, se passaient dans la haute cour ou dans le sein de la secrète. Voy. ci-après, p. 276.

feaull Philippe Singritico, le capitane de Sivourie, et à ses hers, descendains de son cors de leaull mariage, à ensensive, à besants xxv l'an, la terre d'Androlique[1], cc'est toute celle que ledit Philippe pora cemer pour son demaine; et pareillement les serfs et franguomates de son cazal de Terres[2], pour chascun an tant soulement, sains paier acune choze pour acun partizonn, dihme ny autre, sauveque lesusdis xxv besants pour chascun an, pour e o non de ensensive. Et nous, pour nous et pour nos hers, en la presence de ladite courch, avons mis en sazine ledit Philippe, pour luy et pour sesdis hers, de la donnacionn de la predite terre, o non de ensensive, par la maniere avant dite et devizée. Pour ce vous mandons que ses nos presentes doiés faire atacher o livre des remenbrances et as autres escritures de nostre segrete, et poursure et faire conme susdit est. Donné à Nicossie, le susdit jour, v^e dou mois d'Avrill m cccc l xviii de Crist. Confermé.

1468, 21 mai. A Nicosie.

Remise du droit de cens.

Le roi monseigneur manda la donnacionn des xlix besants, karoubes xx, que Marco Guabriel paient chascun an[3].

Sachés que le samedy, xxi jour dou mois de May m cccc l xviii de Crist, nous, pour nous et pour nos hers, en la presence de partie de nos homes yci desous nonmés, chevaliers courch, cc'est à savoir sire James Saplane, le pourveour de nostre roiame, et sire Maouchiou de Costancia, avons aquité et quitons à sire Marco Guabriel et à ses hers les xlix besants, karoubes xx, que pour chascun an paient pour ensensive de ses ostels et v camires[4] qu'il a à nostre cité de Famagoste. Laquelle quitacion nous li avons fait o predit sire Marco pour servizes qu'il nous a fait. Et nous, pour nous et pour nos hers, en la presence de ladite cour, avons mis en sazine ledit sire Marco de ladite quitacion des predys besants xlix, karoubes xx, par la maniere avant dite et devizée. Pour ce vous mandons que ses nos presentes doiés faire atacher o livre des remenbrances et as autres escritures de nostre segrete, et poursure et faire conme susdit est. Donné à Nicossie, le susdit jour. Confermé.

---

[1] Androlique peut répondre à *Androniko*, d'où les Turcs ont fait Androli Keui, village dans le Chrysocho, ou bien à *Haios Andronikos*, dans le Karpas, village plus rapproché de Sivouri.

[2] La position de *Terres* est incertaine.

[3] Ms. fol. 76, v°.

[4] Nous avons déjà rencontré ce mot de *camires*, qui semble désigner ici des boutiques. Voy. p. 256, n.

274   HISTOIRE DE L'ÎLE DE CHYPRE.

1468, 2 juin. A Famagouste.

Nomination d'un bailli de Chrysocho.

Le roi monseigneur manda ordené bailli de la baillie de Hrousoho sire Piere Sozomeno.[1]

Sachés que le jeusdy, II jours de Jun M CCCC L XVIII de Crist, nous, pour nous et pour nos hers, en la presence de partie de nos homes yci desous nonmés, chevaliers courch, cc'est à savoir sire Jame Saplana, le pourveour de nostre roiame, et sire Maouchiou de Constancia, l'amiral de Chippre, avons conneu et confecé devoir donner à nostre bien amé et feaull sire Piere Sozomeno, fis sire Jaque, et ayans de luy cause ducas d'or venessiens de bon peiss c, qui font, à besants VII le ducat, besants VII^c, baillés en la main de...[2]; lesquells avons asené et asenons de les reservoir des catepanage[3] et vente des rentes de la baillie de Hrousoho pour I an, conmenssant de ce present mois de Jun de cest an M CCCC L XVIII de Crist. Avons ordené pour bailli de ladite baillie de Hrousoho le predit sire Piere Sozomeno ferme pour I an, conmenssant du susdit mois de Jun M CCCC L XVIII de Crist, toute fois faziant le devoir; ayant sodées pour ledit baliage pour chascun an conmensant de ce present mois de Jun de c'est an, forment mus XL, vin metres XL, orge mus C, et en diniers besants III^c; et papiers et leves[4] les motiés que ont les autres balis de Baphe. Pour ce vous mandons que ses nos presentes doiés faire atacher o livre des remenbrances et as autres escritures de nostre segrete et metre en heuvre les susdis ducas c si conme il apartient, et poursuir et faire conme susdit est. Donné à Famagoste, le ssusdit jour. Confermé.

1469, 14 janvier. A Nicosie.

Échange de revenus.

Le roi monseigneur manda l'eschange que sa seigneurie a fait aveuq Guillaume Darais, besants V^c.[5]

Sachés que le samedi, XIVe jour dou mois de Jenvier 1468 de Crist, nous, pour nous et pour nos hers, en la presence de partie de nos homes yci

---

[1] Ms. fol. 71. Le livre des mandements royaux renferme un plus grand nombre de nominations. Voy. ci-dessus, p. 204.

[2] Lacune dans le Ms.

[3] Revenus des terres royales perçus ordinairement par le catapan.

[4] *Papiers et lèves.* La lecture de ces mots, revus sur le Ms., nous semble encore incertaine. *Lèves* ou *leives* pourrait être cependant comme le *levage* un certain droit sur les marchandises.

[5] Ms. fol. 89.

desous nonmés, chevaliers courch, cc'est à savoir sire Sassons de Nores, le principal pourveour de nostre roiame et superiour de nostre segrete, et de sire Maouchiou de Costance, l'amiral de Chippre, avons eschangé cinq cens besants, pour chascun an, cc'est dou defaut[1] de dame Alis Hamerdas besants III cens et dou defaut de dame Marie de Montolif, la marchelce de Chippre, besants cent, aveuq les cinq cens besants que nostre bien amé et feaull sire Guillaume Darais, le viscontte de nostre citté de Nicossie, en a d'asenement sur le cazaul de Lefcara, dou catepanage. Et nous, pour nous et pour nos hers, en la presence de ladite courch, avons trait et acuilli en la regualle le predit eschange desusdit cinq cens besants de Lefcara, et ledit sire Guillaume a trait et acuilli à soi et en son demaine et fié les predis besans cinq cens dou defaut des dites dames, cc'est de dame Alis besants IIII^c, et de dame Marie besants cent, et se desazi desusdis besants cinq cens de son dit asenement de Lefcara, et nous mist en sazine pour nous et pour nos hers. Et nous, pour nous et pour nos hers, en la presence de ladite courch, avons mis en sazine ledit sire Guillaume dou predit eschange par la maniere avant dite. Lesquells besants cinq cens les doit avoir ledit sire Guillaume pour ses apodixes par les termines establis, si conme soloit avoir lesusdit besans cinq cens de Lefcara. Lequel eschange doit estre entendu dou premier jour de Mars venant de M CCCC L XIX de Crist. Pour ce vous mandons que ses nos presentes doiés faire atacher o livre des remenbrances et as autres escritures de nostre segrete, et poursure et faire conme susdit est. Donné à Nicossie, le susdit XIIIIe jour de Jenvier 1468 de Crist. Confermé [2].

---

[1] *Défaut.* On entendait sous ce nom, en Chypre, la somme que les propriétaires de terres nobles et particulièrement les femmes payaient à la couronne, en compensation ou dédommagement des services féodaux et du service militaire. (Voy. ci-dessus, p. 262, n.) Guillaume Darras, vicomte de Nicòsie, avait une *assignation* ou pension de 500 besants sur les revenus royaux du *catepanage* ou bailliage de Lefkara; il consent à abandonner cette assignation à la *régale* ou domaine royal, et à toucher en échange 500 besants dus à la couronne par Alix de Cammerdas et Marie de Montolif pour leur défaut.

[2] Le 6 décembre 1468, le roi avait fait un échange analogue à celui de cet acte avec Perret de Carthagène. Le roi abandonne ce que Perret devait encore sur les 37 muids de blé, 75 muids d'orge et 500 besants qu'il payait annuellement au domaine royal pour son casal d'*Anafotides* ou *Anaphoti*, dans le Mazoto; et Perret renonce en retour aux 150 mètres de vin de son assénement annuel sur le village de Marathasse. (Ms. fol. 88, v°.) Les actes de cette nature se trouvent plus particulièrement dans la première partie du registre dite des commandements. Perret de Carthagène est nommé dans une autre pièce comme seigneur d'*Anafotides*, mais il paraîtrait qu'il ne conserva pas ce domaine. Voy. ci-après, p. 296, n.

III.

Le livre des apaus qui furent fais en cest an de m cccc lxviii de Crist[1].

1468, 18 mars. A Nicosie.

Bail à ferme pour quatre ans d'un moulin de Kythrea.

L'apaut dou molin de La Quithrie[2], que Philippe Davith apauta à Philippe Vacla.

Le verredi, à xviii jours de Mars m cccc lxviii de Crist, en la presence de sire Simon Strambailli, le pourveour, et messire Philippe Ceba, le bailli de la segrete, sire Fouque Guonem, moi Andrea Bibi, sire Pier Goul, sire Johan Strambailli de l'Ospital, segretains segrete[3], vindrent Philippe, fis de Perin Davith, et Philippe Vacla, s'entracorderent encemblement. Et ledit Philippe Davith apauta et donna en apaut odit Philippe Vacla son moulin, qu'il a o cazaul de La Quithrie, qui fu de Romana, o tous ces droits, razouns, uzages et aparthenances, tout ency conme ledit sire Philippe Davith l'a, tient et uze, ou avoir tenir et uzer poroit, finant l'apaut de l'apauteour qui le tient au jour de hui, pour v ans, conmenssans de l'entraint de Mars m cccc lxix de Crist, et definans par tout Fevrier qui cera de m cccc lxxiii de Crist, à besants iiii cens l'an, as convenansses apres dites.

Premierement les paies doudit apaut ce dovent faire : ledit Philippe Vacla les doïe payer chascun iii mois le cart besants cent; et ce il ne le paiera, que ledit Philippe, seigneur doudit moulin, aye pooir de lever ledit apaut doudit Vacla.

Item que ledit Philippe, le seigneur doudit moulin, soit thenu de paier l'ensensive de l'abaie de Bibi[4], et tout autre avarie que ledit moulin paie ojourd'hui, en chascune anée. Et se ledit Philippe Davith ne les payast

---

[1] Ms. fol. 93. L'apaut ou bail à fermage, étant considéré comme une sous-inféodation, ne pouvait se faire devant la cour des bourgeois et était réservé à la haute cour ou à la secrète; les contrats de louage, au contraire, qui engageaient moins la propriété, se dressaient dans la cour inférieure. L'auteur de l'abrégé des Assises bourgeoises, après avoir distingué l'apaut du louage, ajoute : « Quant « as apaus, il ne ce doivent faire en ceste cour, « ains ce doit faire et ce font pluisors fois en la « presence dou roi et de la haute cour et par- « devant le bailli de la secrete et des segre- « tains. » M. Beugnot, *Assises*, t. II, p. 287.

[2] Kythrea, près de Nicosie. Les eaux abondantes de son ruisseau font toujours aller plusieurs moulins.

[3] *Segretains segrete*, secrétains formant la secrète. Cette expression est analogue à celle de *chevaliers courch*, par laquelle on indique que les chevaliers dénommés dans l'acte sont réunis et représentent la haute cour du royaume.

[4] L'une des abbayes de Nicosie.

conme susdit est, Philippe Vacla l'apauteour puisse paier la gent que doivent avoir doudit molin. Et ledit Philippe Vacla les doit tenir de l'apaut doudit molin que doit donner odit Philippe, le seigneur doudit molin, chascun an si conme paiera pour le censive et autres doudit molin, selon les apodixes que il mostrera conme les paia.

Item ledit Philippe Vacla proumist de donner odit Philippe Davith par tout fevrier de cest an, par parties, besants IIe, et prendre apodixes. Lesquells besants IIe ledit seignour doudit molin les doit paier pour l'ensensive et autres que ledit molin doit par tout fevrier de cest an, par enci que les susdis besants IIe se doivent abattre de l'apaut doudit molin par tout le temporal doudit apaut, chascun an besants XL.

Item de toute la despence que se convendront faire odit molin, ledit Vacla les deust faire par le seu dou seigneur doudit molin. Et se la despence montera de hun besant ou amont, que soit sur le seigneur doudit molin; et de hun besant en jus, que soit sur ledit Vacla.

Item ledit apaut ledit Philippe Davith le donna trouq, sans nulle crossiance dou tiers ni d'autre, et sauve de feuq et de force.

Et de tout autre convenances que ne n'est escrit à la presente, que soit entendu selon les autres convenances des autres apautours des molins doudit cazal.

1468, 21 mars. A Nicosie.

Adjudication du courtage pour la vente du vin.

L'apaut dou samsarage dou vin apauta à sire Andria Cornar[1].

Le lundi, à XXI jour de Mars M CCCC LXVIII de Crist, en la presence de sire

---

[1] Ms. fol. 94. Le mot *samsarage*, *samserage*, *censerage* ou *senserage*, désignait en même temps l'office de courtier, *censal*, *sensal*, en Orient *semsar*, et le gain du courtier ou courtage. On lit dans une ordonnance du vicomte de Nicosie de l'an 1300 : « La cort « ordena que nule persone ne fusse si hardy « qui ose user de marchandises et de *semse-« rage* ensemble. Encore ordena la cort que « tous les *semsars*, de tous les marchés que « ils feront, que il doive faire assembler « l'achetour et le vendour, c'est assaver à la « vente afermer et à la paie. » *Assises de Jérus.* « t. II, p. 365. En Italie, le *sensale* est le courtier, et la *senseria* ou *sensaria* est le droit de courtage. Dans le présent acte, André Cornaro, un des plus riches négociants vénitiens fixés en Chypre, homme déjà très-considéré à la cour, et qui allait quelques années après traiter du mariage de sa nièce avec le roi Jacques, se rend adjudicataire pendant un an et pour la somme de 325 besants, de la ferme du droit de courtage à prélever sur la vente du vin. Il est hors de doute que Cornaro n'intervenait pas de lui-même dans le détail des ventes du vin, et qu'il sous-affermait ou faisait percevoir par ses préposés le droit qui lui revenait ; mais

Simon Stranbailli, le pourveour, et sire Philippe Ceba, le bailli de la secrete, sire Fouque Guonem, sire Johan Stranbailli et sire Pier Goul, segretains segrete. L'apaut dou samsarage dou vin par conmandement des dis seigneurs, fistrent [1] crier ledit apaut pluzours jours par Jano Leleso, le criour, as places uzés celon l'uzage, et fu mis divercement. Et quant s'en vint le susdit jour que ce doivent livrer ledit apaut, en presence desdits seigneurs, et fistrent venir le susdit criour, et faire notire à tous ceauls qui metroient sur ledit apaut et à tous autres qui voilent entendre; et le cria à la courch roiaull par devant desdis seigneurs; et ceuls qui vindrent à ladite courch, de l'ourre de vespres jusques à la nuyt; et ce croissent divercement de un et d'autre, finalement monta besants ccc et xxxv pour un an. Et aucy fu recrié autre pluziers fois, et fait notire à un chascun conment ce devoit livrer ledit apaut, et qui voloit entendre et metre desus acune choze que il doie dire sans plus atendre, et null ne ce trova de riens y metre plus. Et veant ancy lesdits seigneurs que il estoit trop tart, [fistrent] conmandement ledit criour de metre autre trois vois celon l'uzage ; cc'est la premiere et la segonde, faziant notire ci vout acun riens dire, ce non dire la tierce et livrer le. Et faziant ledit criour tout ce que dit est desus par l'avis et cemblant des dis segretains, conmanderent lesdis seigneurs odit criour, et livra ledit samsarage dou vin o tous ses drois, razouns, uzages et aperthenances à messire Andria Cornar, pour un an, conmenssant de l'entraint de ce mois de Mars m cccc lxviii de cest an, as huzages de la segrete.

1468, 4 mai et autres dates.

Fermages de droits divers.

1. L'apaut de la balance dou file de Marag et le tiers dou samsarage apauta à Johan Coupa [2].

Le mercredi 4 mai 1468, après les publications ordinaires, et comme il est dit dans les actes précédents, « l'apaut de la balance dou file de Marag et le tiers dou

on ne voit pas sur quelles sortes de marchés se prélevait ce courtage. Il est probable que c'était sur tout le vin vendu dans l'intérieur de Nicosie par les débitants autorisés et surveillés.

[1] Cette phrase comme le reste de l'acte est d'une rédaction très-incohérente.

[2] Ms. fol. 95. Il s'agit ici probablement du pesage du fil; mais rien ne nous autorise à voir dans le mot de *Marag* le nom de la ville de *Marach* en Cilicie, près de la frontière de Syrie. Au sujet de *samsarage*, voyez l'observation de la page précédente, à la note.

« samsarage la part dou roi monseigneur à ladite balance, » fut adjugé pour trois ans à sire Jean Coupa pour 2,200 besants, soit par an 733 besants, 8 karoubes.

2. L'apaut de sursiu à Anthoine Cabana [1].

Le mercredi 11 mai 1468, l'apaut de *Sursiu* finissant, Antoine Cabana offre de payer un tiers en sus des 215 besants que payait annuellement Nicolin Biligou pour ledit fermage. Nicolin acceptant cette enchère, le fermage lui est laissé de préférence; mais Antoine Cabana ayant surenchéri encore du tiers, et Nicolin refusant le fermage à ce prix, Cabana reste adjudicataire pour trois ans aux usages de la secrète.

3. L'apaut de la boucherie de Nicossie sur les desous nonmés [2].

Le mercredi 18 mai 1468, l'apaut de la boucherie est adjugé pour trois ans à Thodorin tou Petrou o Pouzis et à Perin tou Foty l'épicier, son compagnon, pour 6,700 besants, qui font annuellement 2,233 besants 8 karoubes, à payer chaque mois par douzièmes. Les adjudicataires engagent tous leurs biens présents et à venir pour assurer ce paiement.

4. L'apaut des IIII cabeles dou vin et la fonde doudit vin de la citté de Famagoste, o tous lor aparthenances, [apauterent] sire Catanio de Negron et Loyzo Spataro pour un an besants xx^m, celon que largement conthient avant, as conmandemens [3].

5. L'apaut des deus tiers des mezourours de la fonde dou blé de Nicossie, à Dimitri Guaspari [4].

Le mercredi 3 juillet 1468, « l'apaut des deux tiers des mezoureours de la fonde « dou blé de Nicossie, ce que lesdis mezereours prenoient pour lor part, lequel apaut « fut ordené nouvelemement, » fut adjugé à Dimitri Guaspari, pour 3 ans et pour la somme de 2310 besants, 770 besants à paier annuellement.

1468, 8 juillet. A Nicosie.

Adjudication du pesage du poisson et de l'*aguafres*, à Nicosie.

L'apaut dou pes dou pison et aguafres de Nicossie, à Yorgin Paleologuo [5].

---

[1] Ms. fol. 95, v°. Nous ignorons entièrement le sens du mot *sursiu*, dont la lecture, au reste, nous paraît encore douteuse, après une seconde collation du Ms.

[2] Ms. fol. 96.
[3] Voy. ci-dessus, p. 223.
[4] Ms. fol. 97.
[5] Ms. fol. 97, v°. Je pense que le mot

280   HISTOIRE DE L'ÎLE DE CHYPRE.

Le verredi, à viii jour de Junet m cccc lxviii de Crist, en la presence des seigneurs pourveours et monsegneur le bailli de la segrete, sire Johan Stranbailli, et moi Andrea Bibi, segretains segrete. L'apaut dou pes dou pison et aguafrés de Nicossie, lequell apaut fu ordené nouvelement, lequel fistrent crier pluzours jours par Jano Leleso, le criour, as places uzés selon l'uzage; et fu mis, creu de un et d'autre, finalement besants vi^c. Et veant enci lesdis sseigneurs, livrerent ledit apaut, o tous ses drois, razouns, uzages et aparthenances, [à] sire Yorgin Paleologuo pour iii ans, commenssant des viii jours doudit mois de Junet de cest an, et definans par tous les vii jours de Junet de m cccc lxxi de Crist, pour besants vi^c sur ses sodées qui veont l'an besants ii^c, as convenances, pactes et uzages selon l'uzage de la segrete. Cc'est le paiage doudit apaut, paie chascune sonme de pison : celui qui li porte donne à pezeour chascune sonme karoubes xii et pison [coufe?] une, et faire colacion le segnour dou pison aveuq le pezeour à la despence de celui qui porte le pison et aguafrés. Par enci que la gent qui portent pison et aguafrés ne doie paier autre choze que ce qui fu uzé et paoent par le pacé; et que l'apauteour et le pezeour ne n'aye pooir de prendre autre choze ce que fu uzé o tens pacé et nient plus.

V.

Le livre des paies et quitances[1].

Détail des rentes foncières acquittées au nom de divers propriétaires par-devant la Secrète.

1. Les paies que les hers de sire Johan Cornar, les seigneurs dou cazal de la Piscopie[2], ont fait en cest an m cccc lxviii de Crist, par la main de sire Marco Lordan.

aguafrés, aquafresca, désignait en Chypre, comme aujourd'hui en Italie et en Espagne, la neige et la glace réservées pour l'été. Il était naturel que l'on vendît cette marchandise en même temps que le poisson. On devait conserver la glace, dès le temps des Lusignans, dans les anciennes citernes construites au haut du Troodos, et la débiter ensuite à Nicosie. Il n'y a pas longtemps encore, certains villages de cette montagne étaient exemptés de l'impôt, à la charge d'approvisionner de glace et de neige le pacha de Nicosie pendant l'été. La tradition de tout le pays environnant fait remettre l'usage des glacières de l'Olympe à une époque bien antérieure à celle des Turcs.

[1] Ms., fol. 100.

[2] C'est le beau village de Piskopi, près de Limassol, propriété, depuis plusieurs siècles, d'une branche de la famille Cornaro, dont il a été souvent question dans nos documents. La république de Venise attachait une si grande importance à conserver les droits et les possessions de ses nationaux à l'étranger qu'elle chargeait souvent, comme on l'a vu, ses propres ambassadeurs du soin de les défendre individuellement. En 1412, Jean Cornaro, ayant été évincé de Piskopi, à la suite

Iʳᵉ PARTIE. — DOCUMENTS.   281

Le samedi, à v jours de Mars ᴍ ᴄᴄᴄᴄ ʟxᴠɪɪɪ de Crist, vint Jorgin Triquefalo, hors de liou de la cour, et convint que il a resseu de son asenement que il a sur ledit cazaul pour un an, partant fevrier venant de cest an, besants lxxii[1].

1468, 4 août. Payé à papa Gligouti tou Nicola, pour la grande église des Arméniens, pour l'année passée et la présente année, 77 besants, 16 karoubes.

— 7 août. Sire Thomas Mahé, chanoine, 180 b.

— 23 août. A Jean Moscorno, pour deux ans, 100 b.

— 10 octobre. A sire Philippe Singritico, ou Synclitique, « pour l'asenement de « sa espouze » dame Marie Bousat, 234 b.

— 10 octobre. A dame Perina Ourry, de « l'asenement qu'ele a pour la razon « de son duare, de par son espous, sire Pier Bousat, » 234 b.

— 18 octobre. « A l'abaièce de l'abaie des femes[2], » 50 b.

— 6 novembre. A papa Niofito, « abbé de la grant abaie qui ce nomne tou « Agiou Pifany, » 590 b.

— 9 novembre. A l'abbaye de Bibi, 1,433 b. 20 k.

— 11 novembre. A dame Agnès Yafamy, femme de feu sire Georges Guonem, 433 b. 8 k.

— 11 novembre. « Pour l'asenement de monseigneur saint Mama de Nicossie, » 300 b.

— 11 novembre. A divers, 133 b. 8 k.

— 21 décembre. « Au procureur dou chapistle et colege de la mere yglise de saint « Sofie de Nicossie, pour l'asenement que ledit chapistre et colege en ont sur le cazal « de la Piscopie des Corniers, » 414 b. 10 k.

Le mardi 3 janvier 1468 (v. s.). « Au procureur de la chappele de saint Jacques de la Conmersarie de sire Simon de Montolif, pour assenement de ladite chappelle, » 90 b.

— 9 janvier. A Jacques Sozomeno, 50 b.

— 9 janvier. « Au sous-prieur de l'abaie des Precheurs[3], » et pour ladite abbaye, 495 b.

---

de circonstances qui ne nous sont pas connues, le sénat de Venise, par une délibération expresse, manda au doge d'écrire au roi de Chypre pour demander la restitution de cette propriété (voy. le t. Iᵉʳ des documents, p. 503); satisfaction dut être accordée, puisque nous voyons ici les héritiers de Jean payer les rentes de Piskopi, comme seigneurs du lieu, par l'intermédiaire de Marc Lorédano, probablement un de leurs facteurs.

[1] C'est en cette forme que sont consignés tous les payements des rentes ou assénements divers, dus par les héritiers du casal de Piskopi.

[2] De Piskopi probablement.

[3] Rien n'indique si, dans cet article et l'un des suivants, il s'agit des grandes abbayes de Saint-Dominique et de Saint-François de Nicosie, ou de dépendances de ces monastères qui pouvaient avoir été établies à Piskopi même.

1468, 21 janvier. Au procureur de Philippe Bibi, 25 b.

— 27 janvier. « A frere Antonin de Paris, avicare de l'abaie des freres mineurs, » pour trois ans, la somme de 1,806 b.

— 14 février. A sire Hector (Ehtor) de Satalie, 225 b.

— 28 février. A papas Saba Procopi, hégoumène de l'église de saint Sauveur tou Coves, 15 b.

— Même jour. A Nicolin tou Saqui, qui tient l'église de monseigneur saint Georges tou Colocasy, pour 2 ans, 150 b.

— Même jour. A Antonin Coulonan, pour son assise ou assénement, 180 b.[1].

2. Les paies que le mazon de l'Ospital a fait en c'est an M CCCC LXVIII de Crist[2].

Le mecredi, à XVIII jour de Mai M CCCC LXVIII de Crist, vint frere Johan Saya, le prestre de la chapelle de saint Pier et saint Pol, et convint que il a resseu de s'asize que il a sur ledit mazonn, pour III mois, partant ce present mois de mai, besants XXX.

1468, 23 mai. A sire Badin de Rames, « de son assenement sur ladite mason, » 105 besants.

— 3 septembre. A monseigneur l'évêque de Ebron, frère Nicolas de Courio[3], pour six mois, savoir : pour la chapelle de saint Pierre et saint Paul, 180 besants, et pour la chapelle de la Miséricordieuse, 45; total 225 b.

— 8 septembre. A la chapelle saint Pierre et saint Paul pour 6 mois, 60 b.

— 9 septembre. A sire Philippe de Satalie, pour 6 mois, 90 b.

— 13 septembre. A sire Badin de Rames, pour 3 mois, 105 b.

— 3 octobre. A Philippe Bibi, fils de sire Thomas tou Catalahty, pour 6 mois, 120 b.

— 7 octobre. A sire Pierre Moulon, pour 6 mois, 90 b.

— 10 octobre. Au même, 6 mois, 90 b.

— 3 novembre. A Badin de Rames, pour six mois, 105 b.

— 8 fevrier. « A sire Johan Stranbailli de l'Ospital[4], » pour un an, 126 b.

---

[1] En retranchant les sommes payées pour les arrérages de quelques années en retard, et ne tenant compte que des remises faites pour le service des rentes de l'année courante, on voit que les Cornaro payèrent dans l'année 1468-1469 des assignations s'élevant à 5,970 besants 10 karoubes. Il convient d'ajouter à cette somme celle de 428 besants 5 karoubes, montant d'une dette annuelle de Piskopi vis-à-vis du domaine royal, dont le roi avait abandonné la jouissance à l'évêque Nicolas (voy. p. 263-264). On obtient ainsi un total de 6,398 b. 15 kar. Ce chiffre doit représenter, au moins pour la plus grande partie, l'ensemble des rentes peu considérables qui grevaient la propriété seigneuriale de Piskopi.

[2] Ms. fol. 103.

[3] Voy. ci-dessus, p. 202, n. On remarquera que la chapelle de la Miséricordieuse, dont il est ici question, fut donnée le 29 octobre suivant à Jacques Ceba, fils de Philippe, bailli de la secrète. Voy. p. 265.

[4] C'était un des secrétains. Voy. p. 276.

1468, 15 février. A sire Philippe Bibi, pour un an, 240 b.

— 23 février. A Badin de Rames, pour 3 mois, 105 b.

— 28 février. A Jean Saya, prêtre de la chapelle saint Pierre et saint Paul, pour 3 mois, 30 b.

A Philippe de Satalie, 90 b.

A Antonin Coulonan, pour un an, 60 b.

A Philippe Bibi, pour 6 mois, 120 b.

A maître Pierre du Carme, prieur de la chapelle de saint Pierre et saint Paul, pour 6 mois, 180 b.

A sire Philippe Ceba, procureur de Jacques Ceba, son fils, pour l'assénement de la chapelle de la Miséricordieuse, pour 6 mois, 45 b.

3. Les paies que sire Johan Daras a fait[1].

Le lundi, à xxii jours d'Aoust m cccc lxviii de Crist, vint sire Johan Monscorno, et convint que il as reseu de son asenement sur le cazal de Vace et Afdime[2] pour ii ans, cc'est pour l'ané pacé de 1467 de Crist, besants xi karoubes vi, et pour cest an, besants xi karoubes vi, sonme besants xxii karoubes xii.

1468, 6 novembre. A sire Étienne Zacarie, pour un an, 22 b. 12 k.

— 21 décembre. A dame Agnès Salah, veuve de Pierre Apodohatoro, à elle et à son fils Jacques, pour un an, 11 b. 6 k.

4. Les paies que sire Sassons de Nores a fait[3].

1468, 27 janvier (v. s.). Il fut payé à divers la somme de 360 besants.

5. Les paies que dame Clera de Giblet a fait[4].

Le lundi, à xxii jours d'Aoust m cccc lxviii de Crist, vint sire Johan Monscorne, et convint que il a reseu de son asenement que il a sur le cazal de Vace et Afdime pour ii ans, cc'est pour l'ané pacée besants xvi karoubes xxi, et pour cest an besants xvi karoubes xxi, sonme besants xxxiii karoubes xviii.

---

[1] Ms. fol. 105.

[2] Vassa est un des villages qui entourent le mont Olympe au midi, dans le haut du district d'Avdimou et Kilani. Avdimou est aujourd'hui un petit village habité par des Turcs, dans le sud du district. D'après les payements indiqués dans les §§ suivants, on voit que les domaines de Vassa et d'Avdimou appartenaient en ce temps à plusieurs copropriétaires.

[3] On n'indique pas sur quelle terre Sassons de Norès devait ces rentes.

[4] Ms. fol. 107. Il y a au Ms. *les paies de dame* etc.

1468, 6 novembre à Étienne Zacarie, pour un an, 30 besants 8 karoubes.

Le mecredi, à vii jours de Nouvembre m cccc lxviii de Crist, vint moi, Andrea Bibi, et convins que je ais ressu de mon asenement de Vace et Afdime, pour un an, partant fevrier venant de cest an, besans 10 b.

— 21 décembre. A dame Agnès Salah, veuve de Pierre Apadohatoro, pour elle et pour son fis Jacques, pour un an, 16 besants 21 karoubes.

6. Les paies que dame Yzabia de Belonya, espouze jadis de sire Luzenian de Giblet, [a fait sur le casal de Vace et Afdime[1]].

1468, 21 août. A Jean Monscorno, pour 2 ans, besants 33, karoubes 28.
— 6 novembre. A Etienne Zacarie, pour un an, 33 b.
— 7 novembre. A « moi » André Bibi, pour un an, 100 b.
— 21 décembre. A dame Agnès Salah, veuve de Pierre Apodahatoro, pour un an, 16 b. 21 k.

7. Les paies que sire André de Vètes a fait[2].

Le mecredi, a xii jours d'Aoust m cccc lxviii de Crist, vint seur Perina Grilena, procurrèce de l'abaie de la Cave[3], convint que elle a ressu de l'ensensive des vignes de Alacaty, qui furent de sire Johan Bibi, o jour les tiennt sire Andrea de Vetes, pour vi mois, partant ce present mois d'aoust de cest an, besants xxv.

1468, 21 février. La même religieuse reçoit, pour 6 mois, 25 besants.

8. Les paies que sire Hugue de Luzenian a fait[4].

Le verredi, à ix jours de Cetembre m cccc lxviii de Crist, vint sire Johan Macaron, chanone, et convint que il a ressu de s'asize que il a sur le cazal de Piles[5], pour vi mois, partant aoust prochan pacé de cest an m cccc lxviii, besants lxxv.

Le mardi, derain jour de Fevrier m cccc lxviii de Crist, vint sire Johan Macaron, chanone, et convint que il a ressu de s'asize que il a sur le cazal de Piles, pour vi mois, partant fevrier de cest an, besants lxxv.

---

[1] Ms. fol. 108.
[2] Ms. fol. 109.
[3] Il y avait une abbaye de la Cave, de l'ordre de saint François, aux environs de Nicosie; peut-être s'agit-il ici d'un monastère du même nom, situé dans une autre partie de l'île.
[4] Ms. fol. 110.
[5] Pila ou Pyla, près de Larnaka, qui avait été un fief avant d'appartenir au domaine.

V.

Le livre des ventes, dons et guagieres et autres qui furent fais en cest an de M CCCC LXVIII de Crist[1].

Ventes[2].

1. La vente des vignes que Catelina Miral et son fils Johan de Barzi vendirent à Beneto de Quirico.

Le lundi, à XI jours d'Avrill M CCCC LXVIII de Crist, en la presence de messire Philippe Ceba, le bailli de la segrete, moi Andrea Bibi, sire Jaque Placoto, segretains segrete, vindrent les desous nonmés, cc'est dame Catelina Miral, espouze jadis de Paou Cost, et son fils, Johan de Barzi; donnerent en vente toutes lor vignes que ils ont o terel de Mahete[3], qui ce nonment de sire Amar Saqui, o tous lor drois, razoins, uzages et aparthenances, en bois, en montaines, en tallies, en parafguacies[4], en terres labourées et guastes, en arbres, en ostels, en cellier, en preçor, en pitares, et en toutes les autres chozes que lesdites vignes sont, apartiennent ou apartenir dovent, et tout ency conment les susdis dame Catelina et Johan les tienent et uzent, ou avoir, tenir-ent et uzer-ent poroient[5], à Beneto de Quirico et à ces hers et conmandements; de faire ces grés et volentés conme choze soue, et pour besants CIX. Lesquells besants CIX ladite dame Catelina et son fils Johan convinrent et confecerent, en la presence de ladite segrete, avoir les heus et resseus bien et enterinement doudit Beneto Quirico. Et ladite dame Catelina

---

[1] Ms. fol. 112. Sous le nom de *guagières* ou *gagières*, on entendait dans le droit féodal l'engagement pour un temps limité d'une propriété que l'on donnait en nantissement d'un emprunt. (Voy. *Assises*, t. II, p. 268 et 279). Bien que ce nom figure dans la rubrique, la section ne renferme pas d'acte de cette nature.

[2] Autrefois, suivant l'ancienne législation des Assises, en Syrie et en Chypre même, les ventes des terres non nobles se faisaient exclusivement dans la cour des bourgeois et par l'office du vicomte, son président. (*Assises*, t. II, p. 253). Vers le milieu du XIVe siècle, les rois de Chypre autorisèrent le bailli de la secrète à procéder, sur l'avis du vicomte de Nicosie, à certaines ventes intéressant le domaine royal. (*Assises*, t. II, p. 255). Nous apprenons cette circonstance de l'auteur de l'abrégé des Assises qui écrivait à cette époque à Nicosie. Les attributions de la secrète ne firent depuis lors que s'étendre au détriment de la cour des bourgeois. Nous voyons ici, par ces pièces et par les actes suivants qu'elles allaient, sous les derniers Lusignans, jusqu'à valider les ventes, recevoir les actes de donation, de fermages et de baux emphytéotiques entre particuliers.

[3] Situation inconnue.

[4] *Parafguacies*, d'ἐυγάξω, enlever, arracher, me paraît désigner les terres défrichées, propres à la culture, bien qu'elles pussent ne pas être labourées dans le moment.

[5] Pourraient les avoir, les tenir et en user.

et Johan s'en desaisirent desdites vignes et de tout autre que desus conthient et mistrent en sazine ledit messire le bailli de la segrete; et ledit messire le bailli de la segrete, en la presence des segretains, mist en sazine ledit Beneto Quirico pour luy et pour ces hers et conmandemens, sauve autrui razoun [1].

2. La vente des vignes que Yacoumo da Milan vendi à Domenico et Franchesco, son frere, de Piza [2].

Le lundi, à xxIIII jour de Huitenvre M CCCC LXVIII de Crist, en la presence des seigneurs pourveours et superiour de la segrete et messire Philippe Ceba, le bailli de la segrete, moi Andrea Bibi, sire Philippe Boustron et sire Pier Goul, segretains segrete. Ledit jour meismes, Domenico et Franchesco d'Angelo presenterent as dis seigneurs unes letres que la magesté dou roi monseigneur manda à la segrete, desquelles cc'est la thenour :

« Nos biens amés et feaulls concelliers. Sachés que Domenico et Fran« chesco d'Angelo, les deus freres, gens dou coumu [3], nous requistrent de « heaus faire grace de peuce prendre la sazine des vignes qu'il acheterent de « Yacoumo da Milan, qui sont o terel de Cliron [4], qui furent de Guillaume « Lorencho Sousegre ; de coi veant la requeste, et conciderant que sont gens « dou coumu, sonmes contens, par grace que nous lor fazons, et vous man« dons de heaus soufrir prendre la sazine de l'achet desdites vignes, et ses « nos presentes faire atacher o livre des remenbrances de nostre segrete. « Donné à Nicossie, le xxIIII jours de Huitenvre M CCCC LXVIII de Crist. Con« fermé. »

---

[1] Le 5 novembre, Pierre Goul vend les vignes qu'il possède au territoire de « Peres « et Naya, » Pera et Anaghia, dans l'Orini, avec charge de payer chaque année 8 besants à « l'abaie des femes des Grés » et 12 besants au seigneur du casal de Peres et Naya, pour la somme de 300 besants. (Ms. fol. 119.) Le 13 décembre, Michel Amarin, « le gardien « de la grant cabelle de la cité de Nicossie, » muni d'une autorisation du roi, achète le moulin dit « o Caloguiratos, » dans le territoire de La Quithrie ou Kythrea, pour 1666 besants 16 karoubes. Ms. fol. 121, v°.

[2] Ms. fol. 118. *Vignes* s'entendait, comme en Italie, d'enclos de terres et de jardins.

[3] Les Assises de Jérusalem interdisaient aux *gens de commune*, c'est-à-dire aux sujets des républiques italiennes, d'acheter des terres dans les pays où ils commerçaient. (*Assises*, t. II, p. 255, ch. 25, cf. p. 361, n° 9.) Le roi pouvait, toutefois, autoriser une exception à la règle, et Jacques le Bâtard, cherchant à attirer une nouvelle population dans le royaume, qu'un grand nombre d'anciennes familles avait quitté, facilita toujours l'acquisition des terres pour les étrangers. Il distribua même une partie du domaine royal aux Catalans et aux Italiens qui lui étaient dévoués. Florio Bustron nous apprend que le roi donna ainsi à Mario Squarcialupi, consul des Florentins, les villages de *Mariu*, près du Vassilipotamos et de *Prematismeno* (Ms. de Londres, fol. 197, v°), probablement Psemtismeno, à l'est de Mariu et de la rivière.

[4] La position de ce village est inconnue.

Et ledit jour meismes, en la susdite presence, considerant ledit conmandement dou roi nostre seigneur, que sa seigneurie manda à la segrete, vindrent Yacoumo da Milan et Domenico et Franchesco, son frere, d'Angelo; et ledit Yacoumo da Milan vendi toutes ces vignes qui ce nonment de Saint Pifany, qui sont o terel dou cazal de Cliron, qui furent de Guillaume Lorencho o tous drois, razouns, usages et aparthenances, en bois, en montaines, en tallies, en parafguacies, en terres labourées et guastes, en arbres, en ostels, en celliers, en preçor, en pitares et en tous les autres choses que lesdites vignes sont, apartienent ou apartenir dovent; et tout ency conment ledit Yacoumo da Milan les a, tient et uze, ou avoir, tenir et uzer porroit, à susdis Domenico et Franchesco, son frere, d'Angelo, de Piza, et à ses conmendements, et pour besants ixe l; lesquells ledit Yacoumo convint et confesa, en ladite presence, que il les a heus et resseus bien et enterinement de susdit Domenico et Franchesco son frere. Et ledit Domenico et Franchesco, son frere, aient pooir et liberté de faire ces grés et volentés desdites vignes et terre, conme propre choze soue. Et par la susdite maniere et condecion, s'en desazi ledit Yacoumo da Milan desdites vignes et tout autre, et en sazi le monseigneur Sassons de Nores, le superiour de ladite segrete. Et ledit monseigneur Sassons mist [1] en sazine lesdits Domenico et Franchesco, son frere, d'Angelo, sauve autruy razoun.

Ce fu soufert à fare par le conmandement dou roi monseigneur, par letres que sa seigneurie escrit à la segrete de soufrir, por ce que ledit Domenico et Franchesco, son frere, estoient Flourentys [2].

3. La vente et reformacion dou jardin que sire Jorge Mistahel fist à sire Jaque Stranballi [3].

Le verredi, a iii jour de Fevrier m cccc lxviii de Crist, en la presence des seigneurs pourveours du roiame et de monseigneur Sasson de Nores, le superiour de la segrete, et de sire Philippe Ceba, le bailli d'icele, sire Pier Boustron, sire Fouque Guonem et moi, Andrea Bibi, segretains segrete, vindrent sire Jorge Mistahel, fis de sire Piere, et sire Jaque Stranbailli. Et ledit sire Jorge Mistahel, en la susdite presence dist conment en l'an m cccc

---

[1] Au Ms. *mistrent*.

[2] Les Pisans étaient considérés et traités comme Florentins depuis le commencement du siècle, où la république de Florence, en soumettant la ville de Pise, s'était substituée à tous ses droits. J'ai rappelé précédemment les circonstances particulières des relations commerciales des Florentins avec l'île de Chypre. Voy. p. 160, n.

[3] Ms. fol. 126.

sisiante de Crist avoit vendu odit sire Jaque Stranbailli et à ses conmandemens son jardin que fu de Bili, que est o terel dou cazaul de Hrousides[1], juniant de l'une part o molin qui se nonme o Caloguiratos, et de l'autre part juniant des terres demanes[2] dou cazal de Hrousides, que son pere sire Piere Mistahel li avoit donné odit sire Jorge; et ausi ledit sire Jaque Stranbailli [a tenu] et uzé ledit jardin conme propre choze sue. Et porce que ledit sire Jaque Stranbailli perdi le jour de la vente dou predit jardin, et sercha à la segrette pour trover le livre des remenbrances de ladite année M CCCC LX de Crist, et ne fu trové; et auci sercha pour trover le protocolo que fu fait ladite vente, et ne fu trové; et por non avoir achazon de lui metre aucun debat ou acun trus[3], porce qu'il ne tient acun escrit, ny à la segrete se tient, ledit sire Jaque li requist odit sire Jorge de venir en la segrete et luy faire escrire la vente dou predit jardin. De coy, oyant sa requeste, ledit sire Jorge vint en la susdite presence, et confesa et dist qu'il avoit vendu de l'an M CCCC sisiante de Crist, et vendé de ce jour odit sire Jaque Stranbailli et à ses hers et conmandemens ledit jardin qui fu de Bili, qui est o terel de Hrousides, o tous ses drois, razouns, uzages et aparthenances et cetera, et en mazons, en berquil[4], en sisterne, en arbres, en cours d'ague, en parafguacies et o toutes les autres chozes que o dit jardin apartient ou apartenir doivent, etc.[5].

Donations[6].

1. Le donn des vignes que dame Valiande de la Garde donna à quir Costa Habiby[7].

Le lundy, à VII jours de Nouvenbre M CCCC LXVIII de Crist, en la presence de sire Fouque Guonem que messire Sassons de Nores, le pourveour, ordena en son leuq, et moi, Andrea Bibi, et sire Cosma Guonem, segretains segrete, à l'ostel de l'abbé dou Premostré[8], après de saint Leuca etvangeliste, vint

---

[1] Probablement *Grousia*, dans le canton de Kythrea, à l'est de Nicosie.

[2] *Terres demanes*, *terres demaines*, terres dépendantes du domaine seigneurial de Hrousides.

[3] *Trus*, charge.

[4] *Berquil*, expression que l'on retrouvera plus loin, paraît signifier bercail.

[5] La fin comme aux deux actes précédents, sauf le prix qui est ici de 110 ducats.

[6] Suivant l'auteur de l'abrégé des Assises de la cour des bourgeois, toutes les donations devaient se faire dans le sein de ce tribunal. (*Assises*, t. II, p. 265.) Ce ne fut donc que postérieurement au temps où écrivait ce jurisconsulte, c'est-à-dire après le règne du roi Hugues IV, que la secrète fut autorisée à dresser les actes de vente.

[7] Ms. fol. 120, v°.

[8] L'hôtel que l'ordre de Prémontré avait à Nicosie. Cet ordre possédait quelques couvents en Chypre; le plus riche était l'abbaye de Lapaïs dont il reste de magnifiques ruines près de Cérines.

dame Valiande de La Garde, espouze de Marco Piazenti; par l'otroi, asent et volenté de son dit espous, qui estoit present, donna en donn toutes ses vignes erminesques[1] que li eschurent par la mort de son premier espous, Jaco Scalioti, qui sont o terel de Saint Sergui[2], de la contré de Famagoste, o tous lor drois, razouns, uzages et aparthenances, en mazouns et en toutes les autres chozes que as dites vignes apartient, ou apartenir doivent, tout ensi conme ladite dame les tient et uze, ou avoir tenir et uzer poroit, à quir Costa Habibi et à ses conmandemens; par ensi [que lui] et tous ceaus qui tenront lesdites vignes d'estre thenus de paier ensensive pour chascun an besants XXXIX, cc'est o roi monseigneur besants XXXIII et à l'avesques des Grés de Famagoste besants VI. Et par la susdite maniere s'en desazi ladite dame Valiandina de susdites vignes et mist en sazine ledit lehtenant[3]; et le dit lehtenant mist en sazine ledit Costa tou Habibi, sauve atruy razoun.

2. Le donn des vignes erminesques que Costa Habibi donna à Marco Piazenti[4].

En ce jour meismes, en la susdite presence, vint quir Costa Habibi, et par les condecions ci apres dites, donna ses vignes erminesques, qui sont o terel de Saint Sergui de Famagoste, o tous ses drois, razons, uzages et aparthenances, en mazons et cetera et en toutes les autres chozes que asdites vignes apartient ou apartenir doivent, tout ensi conme ledit quir Costa les a, tient et uze, ou avoir, tenir et uzer poroit, à Marco Piazenti de Rego et à ses con mandemens, par ensi que dame Valiandina de la Garde, o jour espouze doudit Marco, peuce avoir, tenir et gouverner en sa delibre posté lesdites vignes, à toute sa vie, sans que ledit Marco ou autre aient pooir de lever lesdites vignes de ladite dame. Par ensi [que elle] et tous ceaus qui tenront

---

[1] *Vignes erminesques*, paraît signifier vignes arméniennes, vignes plantées d'espèces ou de plants d'Arménie. On retrouvera cette expression dans quelques-unes des pièces suivantes. Elle figure encore dans un autre acte du registre : le 8 octobre, dame Jouhana, veuve de Nicolas Mina, convient avec son fils Jean qu'elle gardera librement toute sa vie *la vigne erminesque*, située dans le territoire de Saint-Demetis, près de Nicosie, entre le jardin d'André de Satalie et le jardin Tenguazel ; elle pourra disposer en mourant, pour le repos de son âme, d'une rente de 25 besants sur ladite vigne, qui, après sa mort, appartiendra en toute propriété à son fils (Ms. fol. 117). C'est probablement cette même vigne d'Hagios Demetis, que la reine Catherine donna en 1474 à Pierre Davila. Georges Bustron, en rappelant la donation, nomme cette terre *la vigne arménique*, τὸ ἀμπέλι τὸ ἀρμενικὸν. Ms. de Londres, fol. 102, v°.

[2] Hagios Serghios, dit Haï Serghi, près Famagouste.

[3] Fouques Guonem, remplaçant le grand bailli de la secrète.

[4] Ms. fol. 121.

lesdites vignes d'estre tenus de paier pour chascun an pour ensensive besants xxxix, cc'est o roi monseigneur besants xxxiii, et à l'evesques des Grés de Famagoste besants vi. Et par la susdite maniere s'en desazi ledit quir Costa de susdites vignes et de tout autre que dessus conthient, et mist en sazine ledit lehtenant sire Fouque Guonem; et ledit lehtenant mist en sazine ledit Marco Piazenti de Rego, sauve atrui razoun [1].

1468, 23 mars et autres dates.

Baux emphythéotiques à culture perpétuelle [2].

1. Bail à ferme de la terre Is tous Potamous [3].

Le donn de la terre qui ce nomme Ys tous Potamous, que la segrete donna à Stamaty de Candie, le consoule des Veneciens [4].

Le mardi, à xxiii de Mars m cccc lxviii de Crist, en la presence de sire Simon Stranbailli, pourveour et sire Philippe Ceba, le bailli de la segrete, sire Fouque Guonem, sire Badin Flatro, sire Philippe Boustron, sire Johan Stranbailli, sire Pier Margarity, sire Pier Goul, segretains segrete, vint Stamaty de Candie et donna une supplication à la segrete, à 28 jours de

[1] Au fol. 113 v°, se trouve une donation faite au lit de mort. Le samedi, dernier avril 1468, les secrétains s'étant assemblés dans l'hôtel d'Andolahana, ledit Andolahana étant couché dans son lit, mais « point dehantié, « sain dou sen et de memoire, » donne à sa femme Quarafina Guazel les vignes qu'il possède au territoire d'Agro, au nord de Limassol, près du monastère de Notre-Dame d'Agro, avec tous leurs droits, pressoirs, celliers, bâtisses et dépendances quelconques, de manière à ce que ladite dame puisse les vendre, donner ou engager à sa volonté. Andolahana se dessaisit desdites vignes, en investit le bailli de la secrète, lequel à son tour en transmet la saisine à Quarafina Guazel, sauf les droits d'autrui.

[2] L'auteur de l'abrégé des Assises des bourgeois considère les donations en censive comme devant se passer ordinairement dans la cour des bourgeois : « Simon vient en la pre- « zence dou visconte et de la court. » (Assises, t. II, p. 273.) Cependant nous voyons ici plusieurs exemples de baux passés devant la secrète, et nous en avons trouvé déjà parmi les actes de la haute cour.

[3] Ms. fol. 112, v°. Des débris de maisons et de moulins se voient encore au lieu dit Is tous Potamous, dont il s'agit ici, à l'embouchure d'un petit ruisseau descendant de l'Akamas dans le Chrysocho, et à une lieue du village de Poli tou Chrysochou, vers la Fontana Amorosa.

[4] Stamati, originaire de Candie, était probablement consul particulier des Vénitiens blancs en Chypre, c'est-à-dire des indigènes levantins, grecs, syriens ou maronites reconnus exceptionnellement et par faveur comme Vénitiens. Il est certain que Stamati n'était point consul de la nation vénitienne elle-même. Les magistrats consulaires de la république de Venise portaient en Orient le titre de bailes, et nous connaissons précisément le nom de celui qui occupait cette charge dans le royaume de Chypre en 1468-1469. C'était Pierre Pizzimano, mentionné plusieurs fois dans les actes de ce registre.

Ire PARTIE. — DOCUMENTS. 291

nouvenbre de l'ané pacé de 1467 de Crist, requerant la terre qui ce nonme Ys tous Potamous, de la contrée de Hrosoho, à ensensive. Et considerant les seigneurs pourveours et à la segrete ladite terre est estrée[1] de grant tens que le roi monseigneur ne n'a acun profit, celon l'escrit dou bailli, sire Badin Flatro, à la segrete cembla de donner ladite terre odit Stamaty à la partizon dou sys[2], sans dihme, celon les segrets de la segrete. Laquelle cc'est la thenour :

« As seigneurs pourveours et à la segrete cemble, considerant l'advis dou
« bailli, conme ledit leuq est lonng dou cazal[3] dou roy une liue[4], et acun
« ne n'a alier prendre ledit leuq, et est estrée de grant tens que[5] la magesté
« dou roi ne n'a acun profit pour avoir achazonn de mecher[6] ledit leuq, lor
« cemble d'estre donné odit Stamaty et à ses anfans et enfans de lor anfans,
« sans que jamains li peucent lever et prendre le de heaus. Et toute la rente
« qu'ils feront odit leuq à y estre partys o VI, sans dihme, sans paier acunz
« autre choze, tant le terain qu'ils feront cemer blé et blés ystes[7], conme les
« arbres qu'ils feront planter, par ency qu'ils ne n'ayent pooir de mener odit
« leuq acun frangoumate des cazaus dou roi pour abiter et cemer odit leuq.
« Et ce ledit Stamaty voldra faire molin odit leuq, aucy doit estre party à la
« susdite partizonn toute la rente que ledit molin ferai valoir. Donné à XXIII de
« Mars 1468 de Crist. »

1468, 16 juillet. A Nicosie.

2. Résiliation de bail, nouveau bail et état des lieux arrêté pour le jardin de Tenpefcou[8].

I.

Le samedi 16 juillet 1468, étant venu en présence de la secrète, Jorgin Sicy, qui tenait à encensive le jardin nommé Tenpefcou, situé entre l'église de saint Nicolas tou Querachy et l'église de saint Efthihi, jardin qui avait appartenu à dame Marie de Fougières, ledit Jorgin rend l'encensive à la secrète. « Ladite segrete acete ladite « rendue, et resseut ledit jardin o demaine, et quite ledit Jorgi de la donacion dou- « dit encensive. »

Le même jour, la secrète concède ledit jardin à encensive à Thodori tou Sayti, le Syrien, de Laquia, et à ses héritiers légitimes pour la somme de 40 besants, payables

---

[1] Pour estre étée.
[2] Le sixième des revenus devant être payé au domaine royal par le preneur.
[3] Le village de Poli tou Chrysochou qui appartenait au domaine royal.
[4] A une lieue du village du roi.
[5] Au Ms. et.
[6] Mecher semble être écrit au Ms. pour chemer, semer, défricher.
[7] Blés ystes. Nous ne savons quel grain cette expression peut désigner.
[8] Ms. fol. 114, v°.

19.

annuellement et par termes de 10 besants chaque 3 mois. « Par ency que le susdit
« Madoro et tous ceaus qui tendront ledit jardin soient thenus de tenir le en bon
« estat et tousjours meliourer le et non pejurer le. »

II.

6. La reconnossiance que fu fait odit jardin par le protoquiporo et jurés et pape Sava Procopi, l'escripvain. Laquelle reconossiance fu faite à xvi jours de Junet de m cccc lxviii de Crist, et fu reconmandé à Thodorin tou Sayti[1].

Arbres. Poumes granades, sans fruit, cxx. Sicaminies[2] grans et petis, xxx. Fiers[3], viii. Poumiers, viii. Pefco[4] grant, i. Poumiers de saint Johan, ii. Olivier petit, i. Item nolier[5] grant, près du berquil[6], i. Hrosomillies[7], ancy: grans, ii, petit i, iii. Neragies[8] vii: soul, 1; après de l'ostel, vi. Zizifiés[9], viii. Noliers petis, ii. Tradafillies[10].... Bournelies[11].... Ordinos[12], ii. Rodaquinies[13], xx.

Traillies, cc'est climata[14], iiii.

La terre cèche. Deus pieces de champ[15] labourré.

La haie doudit jardin, part deshaié. v drahti et hun trief et hun cleuvier roié viel, de nulle vallue[16].

Petravlacotis dexamenis[17] petit abatu, un.

Le puys et berquil[18].

Ostels. Le portal dou jardin aveuq une pare de portes. Trois ostels aveuq trois pares de portes, de xviii chevrons et ii staches aveuq males et un autre estache sans male.

---

[1] Ms. 115, v°. Le protoquiporo, πρωτοκήπορος, dont il est ici question était un employé du domaine royal chargé de l'inspection des jardins ou enclos qu'affermait la couronne. Nous avons vu dans un autre document (t. Ier, p. 504) qu'un néroforo veillait à l'entretien des sources et des eaux.

[2] Des mûriers, συκαμινιαί.

[3] Des figuiers.

[4] Pefco, un pin.

[5] Noyer.

[6] Berquil ou bercail, bergerie.

[7] Orangers ordinaires, χρυσόμηλα.

[8] Neragies ou nerangies, orangers dont les fruits sont un peu acides et amers, νεράντσια.

[9] Jujubiers.

[10] Tradafillies ou Triandafillies, τριανταφυλλιά, des rosiers. Le chiffre manque.

[11] Bourneliés, diminutif peut-être de Βουρνιά pour Βρυονία, la bryone ou brioine, espèce de plante.

[12] Nom inconnu.

[13] Pêchers, ροδακινίαι.

[14] Κλίματα, treilles de vignes.

[15] Il y a chap au Ms.

[16] Ces dernières phrases renferment plusieurs mots qu'il ne nous est pas possible d'expliquer.

[17] Peut être une citerne bâtie en pierre, πετραβλακωτῆς δεξαμενῆς.

[18] Le puits et le bercail ou bergerie.

1468, 10 octobre. A Nicosie.

Bail d'une partie des terres de Papolaqui.

3. Le donn des moitiés jardins, frahtes, terres, arbres, agues et IIII pitares que Loys Soulonan donna à papa Quiriaco Cafizi[1].

Le lundi, à x jours de Huitenvre M CCCC LXVIII de Crist, en la presence des seigneurs pourveours et messire Philippe Ceba, le bailli de la segrete, sire Fouque Guonem, sire Thomas Petropoulo et moi, Andrea Bibi, segretains segrete.

Vint Loys Soulonan, franguomate estagent à la terre de Papolaqui ; donna de ce jour de sa part que il tient o jour à ladite terre à ensensive à papa Quiriaco Cafizi, son gendre, et à ses hers, tous les motiés jardins, frahtes[2], terres, arbres, agues et IIII pitares que ledit Loys a à ladite terre de Papolaqui, o tous les droits, razouns, uzages, etc. à payer chascun an besants 22 besants, karoubes VIII; par ency que ledit papa Quiriaco soit thenu d'alier abiter à ladite terre. Et par la susdite maniere, ledit Loys s'en desazi lesdis jardins, frahtes, terres, arbres, etc. et en sazi monseigneur Sassons de Nores, le pourveour; et ledit monseigneur Sassons de Nores mist en sazine ledit papa Quiriaco Cafizi, sauve autruy razoun.

1469, 24 janvier. A Nicosie.

Bail des vignes de Tou Farmaca.

4. Le donn de l'encensive que le couvent de Saint-Thodre donnerent à Costandino tou Boucou[3].

Le mardi, à XXIII jour de Jenvier M CCCC LXVIII de Crist, en la presence de messire Guatier de Nores, que sseigneurs pourveours et messire bailli de la segrete ordenerent en lor leuq, moi Andrea Bibi et sire Estace Goul, segretains segrete, à l'abaie de Bialeuq[4], à la chambre de l'abbé, vindrent le couvent de l'abaie de saint Thodre[5], cc'est à savoir seur Maria de Cherines, priourèce de ladite abaie en la conpanie de ses nonnanes, cc'est à savoir seur

---

[1] Ms. fol. 116 v°. *Motiés* pourrait être pris ici dans le sens de *moutiers*, et désigner des maisons d'habitation ; mais il est bien plus probable que Louis Soulonan, dans cet acte, affermait à Quiriaco Cafizi toute la moitié à lui appartenant des jardins, terres, arbres, haies et *pitares* ou tonneaux, se trouvant à la terre de Papolaqui.

[2] Le mot *frahtes*, de φράκτη, haie, désigne aussi des enclos.

[3] Ms. fol. 124, v°.

[4] Beaulieu était une abbaye de Nicosie.

[5] Il y avait en Chypre plusieurs villages et probablement plusieurs abbayes du nom de Saint-Théodore. Nous ne pouvons reconnaître celle dont il s'agit ici.

Antona et seur Catelina, o remenant de son dit couvent; et par l'ahtorité et consentement dou tres venerable frere Joronimo, abbé de Bialeuq, conme lor superiour, donnerent à ensensive et o non de ensensive toutes ses vignes qui ce nonment tou Farmaca, qui sont o terel dou cazal de Cliron[1], o tous les drois, razouns, uzages et aparthenances, en bois, en montaines, en tallies, en parafguacies[2], en terres labourées et guastes, en arbres, en ostels, en celliers, en preçors, en pitares, et en toutes les autres choses que lesdites vignes sont, apartienent ou apartenir dovent, et tout ency conment le susdit couvent les tient et uze, ou avoir, tenir et uzer poroit, à Costandino tou Boucou, franguomate, et à ses hers desendans de son cors de leaull mariage, et pour besants carante sinq chascun an; lesquells doivent paier par apodixes de son procurour chascun III mois le cart, qui sont besants onze karoubes VI, par enci que ledit Costandino ou ces hers sans avoir puissance ni vendre, ni donner, ni enguager, ni en nulle maniere aliener lesdites vignes; par enci que ledit Costandino et ses hers soient thenus que les susdites vignes les tenir en bon estat et en bon condecionn, de bien et miaus ameliourer les et non pejurer les, tant des arbres et mazons et tout autre qui se treut à ladite vigne. Par enci que toutes les fois que le susdit Costi et ses hers ne tendront lesdites vignes de bien et miaus et paier le susdit ensensive, la susdite prioureçe et son couvent n'eut[3] pooir et liberté de lever et prendre les susdites vignes de lor propre ahtorité, tout enci conme ce la choze ne fu esté jamains faite. Item que le susdit Costi et ses hers voront rendre les susdites vignes, qu'ils ne n'aie pooir de les rendre, ni en nulle maniere de s'ysir de les susdites vignes, sans paier deussens besants[4]. Et de

---

[1] Position incertaine.
[2] Terres en friche. Voy. ci-dessus, p. 285.
[3] N'eut pour en eut, eut en conséquence.
[4] En Chypre l'emphytéose, même à perpétuité, le bail à ferme ou donation en encensive, était résiliable à la volonté du preneur. « Et sachés que ce la chose ne li plaist, « ou que il n'en est avizé de payer l'encensive, « peut ausi deslors guerpir le leuc et l'eritage « toutes les fois que il vodra, et tant come à « luy plaira. » (Assises, t. II, p. 274.) Ici le fermier peut résilier ; mais on l'oblige dans ce cas, à payer 200 besants de débit ou de canon de peine comme il est dit dans quelques pièces (p. 298). On a vu précédemment (p. 291) l'annulation d'un bail suivie d'une nouvelle encensive avec un autre fermier; le registre renferme un acte semblable au fol. 122, v°. Le 5 janvier 1468 (V. S.), les secrétains étant « à l'abaie de monseigneur « S. Johan etvangeliste de Bibi , » à Nicosie, Nicolas tou Pelicanou rend à l'abbaye les deux parts qu'il tenait de la censive de la presterie de Saint Niquita, au territoire du casal de Lacadamia, près de Nicosie. Le 18 du même mois, le procureur de Saint-Jean de Bibi donne la même censive à Philippe Jurra et à ses héritiers, à la condition de payer annuellement 1° 46 b. 16 kar. à l'abbaye de Saint-Georges de Mangana (à Nicosie) et 75 b. 8 kar. à l'abbaye de Bibi, en tout 122 besants; 2° la dîme royale, savoir l'ar-

ce oblega tous ses biens prezens et à venir, qu'il soient pour la seurté de la paie de susdiss besants II cens. Et par la susdite maniere et condecionn, ladite priourèce o son couvent s'en desazirent lesdites vignes et tout autre que desus conthient, et en sazi à messire Guatier de Nores le lehtenant des seigneurs pourveours et le bailli de la segrete; et ledit lehtenant mist en sazine ledit Costandino tou Boucou et à ses hers desendans de son cors de leaul mariage, sauve autrui razoun.

1469, 25 janvier. A Nicosie.

Bail de certaines terres à Evrikou.

5. Le donn de l'ensensive de muées VI dou terrain que Guet de Nazaria donna à papa Vassili Hrousoulio de son cazal de Evrihou [1].

Le mecredi, à XXV jour de Jenvier M CCCC LXVIII de Crist, etc. vindrent Guet de Nazaria et papa Vassili tou Hrousouliou, franguomate; et ledit Guet donna de sa part de son cazal de Evrihou à ensensive o dit papa Vassili tou Hrousoulio et à ses herrs, decendans de son cors de leaul mariage, une piece de terrain abevreyce[2] de muées sys, qui se nomme Tou Cremou, juniant dou jardin Tou Yani tou Faouta, o tous ses drois, razons, uzages et aparthenances, si conme ledit Guet a, tient et uze, ou avoir, tenir et uzer poroit, pour besants quatre, karoubes XVIII l'an, o le dihme real. Et ledit papa Vassili et ses dys heirs soient thenus de payer ledit ensensive chascun trois mois le cart. Et par la susdite maniere, ledit Guet de Nazaria s'en desazi ledit terrain conme ensensive, et en sazi ledit monseigneur Sasson de Nores, le superiour de ladite segrete; et ledit superiour de ladite segrete mist en sazine ledit papa Vassili tou Hrousoulio et à ses heirs de loiaull mariage conme ensensive, sauve atrui razoun.

1468, 28 juin. A Nicosie.

Échange de serfs.

L'echange des garsons que sire Fabrichio Jentil fist aveuq Piere de Cartejene[3].

gent aux héritiers du seigneur du fief où est située la presterie, et le blé à la secrète royale. Philippe s'engage à restaurer et à entretenir l'église de Saint-Niquita.

[1] Ms. fol. 127. Evrikou est un village de la riche vallée de Solia, dans le district de Lefka.

[2] *Abevreyce.* Nous avons remarqué précédemment (p. 216) l'expression de *terrain abeverges.* Il s'agit peut-être dans ces pièces de terres que l'on pouvait arroser.

[3] Ms. fol. 131 v°. On a vu plusieurs échanges de serfs dans les actes de la haute cour.

Le mardi, à xxviii jour de Jun m cccc lxviii de Crist, en la presence de messire James Saplana et messire Simon Stranbailli, les pourveours, et messire Philippe Ceba, le bailli de la segrete, sire Loys Filo, sire Thomas Petropoulo, sire Pier Marguarity, segretains segrete, vindrent sire Fabrichio Jentil, seigneur de la presterie de Catodri[1], aparthenance dou cazal de Lefcara, et Piere de Cartejenes, seigneur dou casal de Anafotides[2], et s'atracorderent encemblement en telle maniere : que ledit sire Fabrichiou eschangea aveuq ledit Piere de Cartejene un garson serf de sadite presterie de Catodri, nonmé Jorgins Nicola tou Ffilidri, de l'age de xiii ans, et ledit sire Fabrichiou prist un autre garson, serf doudit Piere de Cartejene de sondit cazal de Anafotides, nonmé Yorgins Quiacou tou Guavia, de l'age de ix ans, par ency que chascun eaus doie tenir le sien garson conme propre serf de son cazal, et que lesdis sires Fabrichiou et Pierre ne n'aye pooir de demander acune choze l'un à l'autre, ains ledit eschange soit pour bon.

1468, 2 août. A Nicosie.

Louage d'une maison et d'un frahti à Saint-Demetis.

Le donn de l'ensensive des mazons et autres que sire Johan Stranbailli, le trezorier, donna à sire Pier Marguariti[3].

Le mardi, à ii jours dou mois d'Aoust de m cccc lxviii de Crist, en la presence de messire le bailli de la segrete, sire Philippe Ceba, sire Fouque Guonem[4], sire Thomas Petropoulo, sire Loys Filo, sire Pier Goul et sire Francès de Triple, segretains segrete. En ce jour meismes, en la susdite presence, vint sire Johan Stranbailli, le trezorier de ladite segrete, et donna à ensensive et o non de ensensive à sire Pier Marguariti ses mazons qui sont o cazal de

---

[1] Ce fief fut confisqué l'année suivante sur Fabrice Gentile. Voy. ci-dessus, p. 240, n. 4.

[2] *Anaphoti* dans le Mazoto, dont il a été question ci-dessus (p. 275, n.), avait été donné à Pierre, Perrot ou Perret de Carthagène par Jacques le Bâtard. (F. Bustron, *Chron.* Ms. de Londres, fol. 199.) Florio nomme encore un autre village qui lui fut donné, *Curduca* ou *Cardaca*. Il semble que Pierre de Carthagène eût cessé de posséder celui d'Anaphoti lors de l'établissement définitif du pouvoir vénitien en Chypre. Dans une liste des terres du domaine public dressée à peu près à cette époque, on lit en effet l'article suivant, où ne figure pas le nom d'Anaphoti. «Li casalli del quondam ser Piero «di Carthagenia, videlicet Cardacha, Pitha-«vrio, Calamulli.» Ms. de la bibl. Saint-Marc, fonds Contarini, Q. 2. On ignore l'époque de la mort de Pierre de Carthagène; il figure encore au milieu des événements de Chypre et dans la chronique de Georges Bustron comme un des chefs d'hommes d'armes au service de la reine Catherine Cornaro durant les années 1473 et 1474.

[3] Ms. fol. 127, v°.

[4] *Guonem* au Ms.

Saint-Demeti[1], qui estoit cellier dou susdit trizorier, junians de l'une part as ostels de Nicolin Smirliou le protomaistre, et à l'encontre des ostels de Yani Fagua, frangoumate doudit cazal, o tous les drois, raizons, uzages et aparthenance, et o le frahti[2] que ledit trizorier acheta de merme franguomate[3] doudit cazal de Saint Demeti, et tout autre que asdis ostels apartient ou apartenir doivent, et pour besants sis l'an, à paier chascun tré mois le cart, qui sont besant hun et demi. Encores, doit paier le susdit sire Pier Marguariti, pour l'ensensive dou susdit frahti que le susdit sire Johan Stranbailli acheta dou susdit merme, o catepan[4] de Saint-Demeti, besant hun karoubes vii, et nient plus. Lequell ensensive s'entent selon le pooir doudit sire Johan Stranbaili, le trizorier. Et par la susdite maniere, s'en desazi le susdit sire Johan Stranbaili, et en sazi monseigneur le bailli, le bailli de la segrete; et ledit monseigneur le bailli de la segrete mist en sazine le susdit sire Pier Marguariti, sauve autrui razoun.

1468, 6 septembre. A Nicosie.

Bail à culture pour dix années.

L'acort et convenansses et donassions que sire Guillaume d'Acre a fait as trois prosomes Suriens[5].

Le mardi, à vi jours de Cetembre m cccc lxviii de Crist, en la presence de messire Philippe Ceba, le bailli de la segrete, sire Fouque Guonem, sire Piere Bibi, fis de sire Jaque et moi, Andrea Bibi, segretains segrete, vindrent sire Guillaume d'Acre et les desous nonmés Suriens dou cazal de la Piscopie des Corniers personnes[6] trois, cc'est Simonnis tou Andony et son fis Andonis et Adinys tou Jorgi. Et ledit sire Guillaume s'entracorda aveuq lesdis trois personnes en telle maniere : cc'est à savoir les predis Suriens, personnes trois, pristrent sur heaus de alier abiter o lor femes et anfans o cazal de Potimata[7] doudit sire Guillaume; et ledit sire Guillaume donner à chas-

---

[1] Hagios Demetis près de Nicosie.
[2] *Frahti* ou *Frahty*, enclos.
[3] *Merme frangoumate*, francomate ou affranchi mineur.
[4] *Catepan*, magistrat dont les fonctions paraissent avoir été analogues à celles des châtelains et baillis du domaine royal.
[5] Ms. fol. 132. On nommerait aussi cet acte un bail à complant pour dix années.

[6] Ici, comme plus bas, il y a au Ms. *personnes*, et dans la rubrique *prosomes*.
[7] Potimata est peut-être le village turc appelé aujourd'hui Potamia, à l'est de Dali et de Nisso. Ce qui porterait à le croire, c'est moins la ressemblance des noms qu'une position de *Pidimata*, marquée dans les mêmes confins sur la carte de Coronelli; mais la position me paraît incertaine.

cun terre pour labourer aveuq lor charues, et estre party à la partizoin dou quint sans dihme; et aucy donner à chascun apres de son ostel terre pour faire hun frahty[1] muée hune, à cemer le mus et non autre, sans partir les acune choze[2]; et les susdis ne n'aient pooir de cemer le blé.

Item ledit sire Guillaume prist sur luy de donner les deus pares de beufs en vente celon la estimacionn que la bonne gent estimeront lesdis beufs que valient, à paer les o dit sire Guillaume en hun an.

Pareillement ledit sire Guillaume donner de prest les chozes et diniers sous devizés : cc'est froment mus xv, orge mus lx, cc'est pour cemaille; et en diniers besants xxx, et chascun froment mus v, orge mus xx, c'est en diniers besans x. Lesquelles chozes et diniers, les avant dis Suriens les deussent paier et rendre o dit sire Guillaume en hun an, cc'est le forment à besants ii le mu, et l'orge à xii cafis o besant. Et lesdis Suriens voldront paier en diniers, à paier les; et ce ils voldront paier en blé, à paier le, celon qu'il voldra o jour que li paieront o dit sire Guillaume.

Item ledit sire Guillaume promist de donner odit Simoni muées de terain ii, planter vigne, et paier li ensensive, o le dihme, besants trois l'an.

Item que chascun desdis Suriens puice avoir tous les arbres conme olives que fera de mestiguer à partre les o quit, sans dihme.

Item lesdis Suriens ce obligerent qu'il ne n'aient pooir de ysir doudit cazal fin à x ans; et ce ils parteront avant des x ans, à paier odit sire Guillaume tous les despences qu'il ferai as ostels et autres que il ferai, et paier et à la chanbre dou roi monseigneur pour canon de pene[3] chascun d'eaus besants l. Et passant les x ans, que lesdis Suriens aye pooir de ysir ou rester o dit cazal sans paier acune choze.

Item ledit sire Guillaume prist sur luy de masoner à son despence à chascun personne deus ostels pour abiter les; cc'est en cest an ostel hun, et en l'autre venant de iiii[c] lxix de Crist un austre ostel.

Item ledit sire Guillaume donna à l'eglize doudit cazaul iiii muées de terain franchement, sans paier acune choze o segnour doudit cazal.

[1] Un pourpris ou enclos.
[2] Cette phrase me parait signifier que les Syriens pouvaient ensemencer la quantité d'un muid, ou la muée de terrain, mais non davantage, sans avoir à faire part du revenu de cette étendue de terre à Guillaume d'Acre, le propriétaire. Il était réglé, en outre, par la fin de l'article que les Syriens ne devraient point récolter de blé sur cette muée de terre, dont la libre jouissance leur était d'ailleurs abandonnée.
[3] Pour canon de peine ou dédit.

1468, 11 octobre. A Nicosie.

Compensation établie entre le droit de défaut due par Catherine Miral et les revenus de la terre de Porchades qu'elle rend au roi, après une estimation faite du produit de ce domaine pendant les années 1466 et 1467.

L'acort que le roi monseigneur a fait aveuq dame Catelina Miral [1].

I.

Dame Catelina Miral, espouze jadis de Paou Cost, rendi o roi monseigneur la motié dou cazal de Porchades [2], laquelle tenoit pour son duare et paoit l'an pour defaut [3] besants II^c; et sa seigneurie escrit à la segrete de prendre ledit cazal pour sa excellence, et abatre des cc besants que elle paioit pour defaut tou ce que ledit cazal vallie; lequell cazal, selon le pris que sire Piere Boustron le bailli fist, vallie l'an besans CLXXVI, karoubes XVIII. Lesquells pris fu presenté as seigneurs pourveours et bailli de la segrete, lesquells escristrent desoute ladite supplication à moi de metre le o livre des remenbrances de la segrete. Lequell conmandement fut fait à XI de Huitenvre de cest an, conthenant ency escrit : « Sire André Bibi, faites à « metre le, le conmandement de la magesté dou roi, o livre des remen- « brances, et aucy le pris de ladite presterie faite par sire Piere Boustron « le bailli et ses escrivain, qui vient, celon ledit pris, ladite dame soit thenue « à randre l'an pour ledit defaut besants XVIII, karoubes XXII. »

---

[1] Ms. fol. 134. Catherine Miral, veuve de Paou ou Paul Costa, devait annuellement à la couronne une somme de 200 besants pour *défaut*, c'est-à-dire pour tous les droits et services féodaux qu'elle aurait dû acquitter personnellement ou en argent. Elle jouissait d'autre part d'une terre du domaine royal, nommée Porchades, que son mari lui avait en mourant laissée pour douaire. Catherine Miral voulant rendre Porchades à la couronne, ordre fut donné par la secrète à Pierre Boustron, bailli du lieu, de faire l'évaluation de ses produits annuels. Les comptes ayant été relevés pour les années 1466 et 1467, on trouva que la terre donnait en moyenne par an un revenu de 181 b. 2 kar. Cette somme, dont Catherine Miral cessait de profiter, retranchée des 200 besants, laissait encore un reste de 18 b. 22 kar. que la dame devait continuer de payer chaque année à la secrète pour son droit de défaut. Si nous connaissions la contenance métrique de Porchades, nous aurions une idée du rendement général des terres de Chypre au XVe siècle; mais ce renseignement nous manque tout à fait. Nous voyons seulement que la propriété, qui n'était qu'un petit casal ou *presterie* donnait annuellement en valeur absolue une somme de 271 francs ou 181 besants, représentant environ aujourd'hui un revenu de 1,600 francs.

[2] J'ignore quelle est la situation précise de cette localité, mais on voit plus loin qu'elle payait la dîme à l'évêché de Limassol.

[3] *Défaut*, rachat ou compensation du service féodal, dont il a été plusieurs fois question précédemment.

II.

Le pris dou cazal de Porchades, que sire Piere Boustron le bailli ét ses escripvains fistrent pour deus ans LXVI et IIIIe LXVII, vallie les deus anées besants IIIe LXII, karoubes III, qui vient l'an, besants CLXXXI, karoubes II.

De tout [1].

Fourment, pour deus ans de mus XXXVIII cafis VII, monte pour un an mus XIX, besants XXV, cafis III, karoubes XXII.

Olives auci [2], cafis VII, besant I, karoubes XVIII.

Vin auci, metres XCIX fioles XX, besants CL.

Orge, aucy, mus LX, cafis V, monte mus XXX cafis II 1/2, besants XX, karoubes V.

Caroubles auci, coufins XVII, besants VIII.

Et en diniers auci, besants CLV, karoubes VI.

En l'an de IIIIe LXVI de Crist.

RECETTE.	DÉPENSE.
L'ENTRÉE DOU FORMENT.	L'ISSUE DOU FORMENT.
La rente de cest an, celon le dit de l'espouze dou feu Paco Costa, pour ce que la partizoin a esté fait par ledit Paco Costa en cest an, mus XXV.	Dihme à l'eglize de Limeson en diniers soulement. Pour la despence des vignes demenes [3] de ce leuq, mus I [4].

Rement forment : mus XXIII.

---

[1] *De tout*, c'est-à-dire du total des deux années réunies, dont le détail suit.

[2] *Auci* semble indiquer dans les phrases suivantes que le compte des différents revenus a été fait comme pour le froment sur le revenu de deux années; mais il est certain que le prix total donné ici en besants est tantôt pour un an, tantôt pour deux ans, ce qui met quelque obscurité dans cette récapitulation.

[3] *Vignes demenes, pressoir demaine, caroubles* ou *fourment demaine* ou *de partizoin*, etc. dans ces comptes, *bouverie demaine*, dont il est question ailleurs (ci-dessus, p. 260, n.). Ces expressions se rapportent aux différentes natures de terres introduites en Chypre par les Francs. Il y avait à Porchades, comme dans presque tous les biens fonciers possédés par des peuples d'origine germanique, deux sortes de terre, les unes exploitées directement par le seigneur ou le propriétaire, c'était le *domaine* proprement dit, l'ancienne terrre salique des Francs dans la Gaule. De ces terres dépendaient les *vignes demenes*, le *pressoir demaine*, et provenaient le *vin*, le *blé*, les *caroubles demaines*. Les autres terres étaient concedeés, partie en rentes fixes à des tenanciers, partie à des métayers qui partageaient les fruits avec le maître, soit par moitié, soit par tiers ou par quint.

[4] Il faudrait *mus II*, pour retrouver les comptes plus exacts dans ce chapitre.

RECETTE.	DÉPENSE.

L'ENTRÉE DE L'ORGE.

La rente de cest an, ocy celon le dit de l'espouze de Paco Costa, mus XL.

L'ISSUE DE L'ORGE.

"

Rement orge : mus XL.

L'ENTRÉE DES OLIVES.

La rente de cest an, cc'est de partizoin o tiers, sans dihme, cafis VI.

L'ISSUE DES OLIVES.

"

Rement olives : cafis VI[1].

L'ENTRÉ DES CAROUBLES.

La rente de cest an, cc'est demanes et de partizoins, coufins XXXIIII.

L'ISSUE DES CAROUBLES.

"

Rement des caroubles : coufins XXXIIII.

L'ENTRÉ DOU VIN.

La rente de cest an de IIII^{c}LXVI de Crist : metres CXXXVII, fioles XX.

1. De drotte rentte, metres CXXXIIII : demaine, metres L XXXVIII ; de partizoins, metres XLVI.

2. Et d'autre entré, cc'est de la razoun dou presoir demaine de ce leuq, metres III, fioles XX [2].

L'ISSUE DOU VIN.

Cc'est pour la despence des vignes demanes de ce leuq, metre I.

Et rement vin : metres CXXXVI, fioles XX.

L'ENTRÉ DES DINIERS.

Besants CXCIII, karoubes XVI.

De droitte rentte, besants CXCIII, karoubes XVI.

a. Des drotures des vilains de ce leuq,

L'ISSUE DES DINIERS.

Besants LII, karoubes IIII.

1. Dihme à l'eglize de Limeson celon la fin[3], besants XV.

2. Sodées dou chastelain[4]. Et catepan est

---

[1] Dans le compte réuni de 1466 et 1467, la récolte des olives est évaluée à 7 cafis. Or, Porchades n'ayant pas donné d'olives en 1467, il faudrait ici *cafis* VII.

[2] Cette entrée provenant du pressoir, réunie aux 134 mètres de la rente directe, donne bien les 137 mètres 20 fioles de l'année.

[3] Probablement un accord ou *fin* avait réglé la dîme due à l'évêque de Limassol.

[4] Le même article figure dans le compte

de 1467. Il semble que l'inscription en ait été faite seulement pour mémoire, car elle n'est suivie d'aucun chiffre de dépense. Porchades n'avait probablement pas de catapan ou châtelain particulier, puisque celui d'un village voisin en remplissait les fonctions, ce qui explique peut-être comment aucune somme n'est portée à la dépense pour ses gages. Les attributions du catapan et du châtelain sont ici entièrement assimilées. Nous reviendrons plus loin sur ces offices.

RECETTE.

L'ENTRÉ DES DINIERS. (Suite.)

les desous nonmés, besants CLXXI, karoubes XVI :

Yani tou Pahi, apaute besants XXXVIII, karoubes III.

Minas Yani tou Spatha, aucy besants XXXVIII, karoubes III.

Arguiros tou Andria, oci besants XXXVIII, karoubes III.

Monteranos tou Zaglania, oci besants XXXVIII, karoubes III.

Pifanis Yani tou Pahigarcou, besants XVIII, karoubes III.

b. Dou dihme des bestes. La rentte de ccest an, cc'est des bestes menues, besants XXII.

//

DÉPENSE.

L'ISSUE DES DINIERS. (Suite.)

le chastelain dou cazal de Miliny et Odon [1].

3. Pour les vignes demenes de ce leuq : besants XXXIII, karoubes XVI.

a. Pour le labour desdites vignes, besants IX, karoubes XVI : premier fer, charrues XVIII, à karoubes VIII la charrue, besant VI ; le segonde fer, charrues XI, besants III, karoubes XVI.

b. Pour les sermenter, personnes XII, besants IIII.

c. Pour environner les souches, personnes XII, besants III.

d. Pour paratrohio [2], personnes XII, besants III.

e. Pour les venteger, [3] besants V.

f. Pour la garde desdites vignes et pour enhaier les, celon l'uzage, besants X.

4. Menue despence. Cc'est pour le presor demene, besants II, karoubes XII : Poch [4], besant I ; Mousco, besant I, karoubes XII.

5. Bastimens et masonnemens qui furent fais en cest an, besant I.

Et rement diniers : besants CXLI, karoubes XII.

En l'an de IIII^c LXVII de Crist.

L'ENTRÉ DOU FORMENT.

La rentte de cest an, cc'est de droitte rente de partizoins : mus XVII, cafis III.

Tiers : mus XIIII, cafis V ; quint : cafis VI.

L'ISSUE DOU FORMENT.

C'est pour la despence des vignes, mus II [5].

Rement forment : mus XV, cafis VII [6].

---

[1] La position de ces lieux n'est pas connue.

[2] Paratrohio, probablement de παρατρώγω, manger, goûter. Ce mot me semble désigner la nourriture des gens employés au travail des vignes, qui pouvait être à la charge du propriétaire. Le paratrohio n'était peut-être que l'un des repas de la journée, la *colacion*, expression employée par la Secrète dans une autre occasion à propos du transport du poisson à Nicosie. Voy. p. 280.

[3] Vendanger.

[4] Poch et Monsco ou Mousco paraissent être des noms propres.

[5] Ce nombre est trop faible pour le reste de 15 muids 7 cafis, qui est bon.

[6] Le nombre de 13 muids 7 cafis de blé ajouté à celui de 23 muids de la récolte de 1466, fait bien la somme de 38 muids 7 cafis, portée en tête du présent compte, au total réuni des deux années 1466 et 1467.

Iʳᵉ PARTIE. — DOCUMENTS.

RECETTE. DÉPENSE.

L'ENTRÉ DE L'ORGE.   L'ISSUE DE L'ORGE.

La rente de cest an de drotte rente, cc'est de partizoins o tiers, mus xx, cafis v.

″

Et rement : mus xx, cafis v.

L'ENTRÉ DES OLIVES ET CAROUBLES EN CEST AN.   L'ISSUE.

″   ″.

Rement...[1].

L'ENTRÉ DOU VIN.   L'ISSUE DOU VIN.

La rente de cest an, metres LXIII.

1. De drotte rentte, LVII : demaine metres XLV, de partizoins o tiers XII.

2. Et d'autre rente, VI : de la razoin dou presor demaine I, des damages v.

″

Et rement vin : metres LXIII.

L'ENTRÉ DES DINIERS.   L'ISSUE DES DINIERS.

Besants IIᶜXXII, karoubes XVIII.

1. Des drotures des vilains de ce leuq, les desous nonmés[2], besants CLXXXV, karoubes XVI.

2. Des apaus de ce leuq, besants III.

3. La camire[3] ne n'a.

4. Les arbres, cc'est les caroubliers, car les oliviers ne porterent en cest an, besants III.

5. Dou dihme des bestes, la rente de cest an, besants XXXI, karoubes II ; bestes menues besants XXX, karoubes II ; veaus, besant I.

Besants LII, karoubes XVIII.

1. Dihme à l'eglize de Limeson, celon la fin, besants XV.

2. Sodées dou chastelain. Et catepan est le chastelain de Mili et Odon.

3. Pour les vignes demanes de ce leuq, besants XXXIII, karoubes VI.

a. Pour le labour desdites vignes, besants XII : premier fer, charrues XXV, à karoubes VIII la charrue, besants VIII; le segonde fer, charrues XI, besants III, karoubes XVI.

b. Pour le sermenter personnes XII, besants III.

c. Pour saper lesdites vignes et environner les, personnes XII, besants III.

d. Pour nétéer ladite vigne et traire les traillies[4] hors de ladite vigne, personnes VII, besant I, karoubes XVIII.

---

[1] La récolte des olives manqua en 1467.
[2] Les mêmes noms que ci-dessus, p. 302.
[3] Probablement boutique, voy. p. 263.
[4] Nettoyer la vigne et les sarments.

RECETTE.	DÉPENSE.
L'ENTRÉ DES DINIERS. (Suite.)	L'ISSUE DES DINIERS. (Suite.)
6. Et d'autre entrée des diniers. ″	*e.* Pour paratrohio, personnes XII, besants III. *f.* Pour la garde desdites vignes et enhaier les celon l'uzage, besants X. *g.* Pour le venteger et foulier, besant I. 4. Menue despence. Cc'est le presor demene, cc'est Poch, besant I. 5. Bastimens et masonnemens qui furent fais en cest an, besants II.

Et rement diniers : besants CLXX.

1468, 10 mars. A Nicosie.

Reconnaissance de divers Chypriotes comme sujets vénitiens [1].

1. La franchise de papa Thodoro tou Mavrianou pour Venessien [2].

Le jeusdi, à x jours de Mars M CCCC LXVIII de Crist, en la presence de sire Simon Stranbailli, le pourveour, et messire Philippe Ceba, le bailli de la segrete, ressurent unes lettres que messire Piero Pichimano, le bail des Veneciens, li manda, conthenans en substance pour despacher pour Venessien papa Thodoro tou Mavrianou, de la contrée de Hrosoho, laquelle letre lesdis sseigneurs la firent lire et oyrent la thenour d'icele, en la presence des desous nonmés segretains. Et apres que fu leu, lesdis sseigneurs, par l'avis desdits segretains, distrent odit papa Thodoro : li convient de prover par gent digne

---

[1] Je me borne à citer en entier quelques exemples de reconnaissance de nationalité parmi ceux que renferme le registre. Les déclarations sont toutes en faveur de gens reconnus pour Vénitiens et appartenant, je crois, à cette classe de personnes, issues de la population indigène d'Orient, mais admises à la nationalité par la république de Venise, et connues généralement sous la désignation de *Vénitiens blancs.* Je dois faire observer toutefois que la déclaration de Georges tou Panaguioti, donnée ici la troisième, est la seule qui range aussi explicitement le réclamant dans cette catégorie; les autres actes, constatent seulement que le dénommé doit être à l'avenir considéré comme un *Vénitien.* Mais les noms indiquent la plupart une origine grecque ou syrienne : Théodoros tou Mavrianou, Georgios Panaguioti, Pavlo Fustaguiaty. Toutes les reconnaissances sont prononcées comme celle de Théodore tou Mavrianou, à la réquisition du baile de la république de Venise en Chypre, Pierre Pizzimano, et notifiées soit au bailli de la contrée dans laquelle résident les comparants, soit au bailli du commerce à Nicosie, parce que le principal avantage qu'ils attendaient de leur reconnaissance de nationalité était l'exemption des tailles et des douanes. Les dépositions sont toujours reçues sous la foi du serment.

[2] Ms. fol. 128, v°.

de foi conme il est Venecien. Lequell papa Thodoro inconthinent mena ces proves, les desous nonmés, lesquells jurerent sur les saintes Dieus etvangilles, et distrent ci-apres s'ensuyt.

Nicolas tou Lazarou, de Hrousoho, de lxxv ans, apres le sarement, dist conment il conocé bien le pere doudit papa Thodoro, que s'apellé Thodori, conment c'estoit Venessien, et veoit le pere doudit papa Thodoro, ce trahtoit partout pour Venecien; et ledit papa Thodoro est fis legitime doudit Thodoro.

Sire Sadociah, apres le sarement, dist conment il conocé bien conment est Venecien ledit papa Thodoro, et veoit pluzeurs fois, et porta chevreus[1] et porqs[2] à Nicossie, et vendant et achetant, et partout ce trahtoit pour Venecien.

Jorgis tou Morayti, le cordier, de Nicossie, apres le sarement, dist tout atel.

Et sur le dit desdites proves, lesdis seigneurs pourveours et messire le bailli de la segrete demanda asdis segretains qui ce troverent presens lor advis; lesquells distrent que ledit papa Thodoro tou Mavrianou a suficiament prové celon l'uzage, et à heus cemble que lesdis seigneurs pourveours et messire bailli de la segrete à scrire o bailli dou coumerc de Nicossie de lui despacher pour Venecien. Segretains : Moi Andrea Bibi, sire Pier Goul.

1469 [N. S.], 21 février. A Nicosie.

2. La franchize de Jano, fis de l'anaguioli, de la Piscopie des Corniers[3].

Minas tou Cardenali, le chamelier, déclare avoir bien connu le père dudit Jano. Il était originaire de Candie, et devint en Chypre « bastonnier des Veneciens de la contré de Limeson[4]. » La secrète décide en conséquence qu'il y a lieu d'écrire au bailli de Limassol pour qu'il traite ledit Jano comme Vénitien.

---

[1] Je ne voudrais pas trop assurer la lecture du mot *chevreus*, bien que j'ai revu deux fois le Ms.; peut-être faut-il lire *chèvres*. Mais il est certain que si l'île de Chypre, aujourd'hui épuisée de bêtes fauves, conservait encore quelques espèces vers la fin du xv° siècle, elles ne pouvaient se trouver que dans le Chrysocho où habitait Théodore, et qui est aussi, comme le Karpas un des districts de l'île les plus abondants en porcs. C'est dans l'Akamas, la pointe la plus reculée du Chrysocho, la plus occidentale et la moins visitée de Chypre, que se réfugièrent peu à peu et qu'ont fini par s'anéantir les familles de daims, de cerfs, de chevreuils, d'agrinis et de sangliers, traquées pendant trois cents ans dans le reste de l'île par nos infatigables chasseurs. Il y avait encore des daims en Chypre au xvi° siècle (Lusignan, *Hist. de Cyp.* fol. 226), et aujourd'hui de temps à autre quelques agrinis se montrent encore dans les montagnes de l'Akamas.

[2] Au Ms. *proqs*.

[3] Ms. fol. 140.

[4] Bâtonnier ou huissier du consul vénitien à Limassol. Le baile de la république, qui

306   HISTOIRE DE L'ÎLE DE CHYPRE.

1469, 23 février. A Nicosie.

3. La franchize de Jorgi tou Panaguioti, dou cazal de la Piscopie des Corniers, pour Venecien[1].

Le jeusdi, à xxIII jours de Fevrier m cccc LXVIII de Crist, en la presence des seigneurs pourveours et dou superiour le la segrete, messire Sasson de Nores, et messire Philippe Ceba, le bailli d'icele, ressurent hunes letres que messire Piero Pichimano, le bailli des Veneciens, li manda, conthenans en substance pour despachier pour Venecien Jorgi, fis de Panaguioti, de la Piscopie des Corniers. Laquelle lettre lesdits sseigneurs la fistrent lire et oyrent le thenour d'icele en la presence des desous nonmés segretains. Et apres que fu leheu, lesdis seigneurs, par l'avis desdis segretains, distrent odit Jorgi : li convient de prover par gent digne de foi conment il est Venecien. Lequell Jorgi inconthinent mena ses proves, les desous nonmés, lesquells jurerent sur les saintes Dieus etvangilles si conme ci-apres conthient.

Mina, le chammellier, serf de l'arcevesque de Nicossie, de LXV ans, apres le sarement, dist conment ledit Jorgin tou Panaguioti est fis doudit Panaguioti, legitime de hun pere et de hune mere. Ledit Panaguioti, pere doudit Jorgin, partout se trahtoit pour Venecien.

Nicola tou papa Stefano, franguomate de XLV ans, de Nicossie, dist tout atel.

Johan Thodorou tou Guarpioti, franguomate de Nicossie, dit tout atel.

Et sur le dit desdites proves, lesdis seigneurs demanda advis as dis segretains se le susdit Jorgin tou Panaguioti a sufisiament mostré et prové celon l'uzage. L'advis de tous encemble est tel que ledit Jorgi sufisiament mostra et prova selon l'usage, et distrent que lor semblant est que il deussent escrire o bailli de Limeson de trahter et despacher ledit Jorgi tou Panaguioti o renq des autres Veneciens blans de Chipre. Et selon ledit advis et semblant a esté pourseu. Sire Sassons de Nores. Philippe Ceba. Sire Simon Stranbailli. Les segretains : sire Fouque Guonem, moi Andrea Bibi, sire Thomas Petropoulo, sire Pier de Livant, sire Nicol Singritico, sire Pier Goul[2].

résidait à Nicosie avait à son service plusieurs bâtonniers. Cf. t. I, p. 362.

[1] Ms. fol. 141. Le 10 mars, Jany Salviati est reconnu pour Vénitien. «Berto Mousta-«chouse, homme lige,» dépose qu'au temps où François de Montolif était bailli du Karpas, Jean, d'abord soumis au banc comme «retable,» fut depuis exempté comme Vénitien.

[2] Cette reconnaissance est la dernière pièce du registre de la Secrète. Le fol. 141 v°, renferme le commencement de l'acte de franchise de papa Pavlo Fustaguiaty, dont la fin manque au Ms.

1469, 18 mai. A Venise.

Le sénat de Venise, apprenant que le roi de Naples cherchait à détourner le roi Jacques du mariage projeté avec Catherine Cornaro, écrit au roi de Chypre qu'il ne peut se dégager d'une alliance contractée publiquement à Venise par son ambassadeur, et le prie de faire venir au plus tôt la reine, son épouse, en Chypre [1].

Venise. Arch. génér. Conseil des Prégadi. *Secreti*, XXIV, fol. 15 v°.

M CCCC LXVIIII, die XVIII Maii. In rogatis.

Nemo est qui non intelligat quam damnosum esset nedum dedecorosum dominio nostro, si fama jam dissipata de practica regis Ferdinandi in tentando serenissimum regem Cipri ad novas nuptias, et affinitatem secum contrahendam, locum haberet. Cumque ad officium et dignitatem nostram pertineat non negligere rem hanc, quinimo magnificare eam omni respectu, et omnes provisiones debitas facere quo dicta practica interturbetur atque impediatur, et nuptie contracte cum serenissima domina Catharina, filia nobilis viri Marci Cornarii militis, locum habeant, ut par est, vadit pars quod scribatur prefato serenissimo regi in hec verba :

« Satis abundeque animadvertere potuit majestas regia vestra, cum plerisque argumentis, tum presertim ex litteris nostris, non modo singulare gaudium et letitiam quam, cum universa civitate nostra, accipimus de faustis et regalibus nuptiis majestatis vestre contractis cum serenissima domina Catharina, filia ornatissimi militis Marci Cornario, nobilis patricii nostri, sed etiam quanti continue fecerimus faciamusque hujus modi re-

---

[1] Il serait superflu d'insister pour faire remarquer l'importance des pièces du 18 mai et du 20 juillet 1469 que nous donnons ici. Au moment de contracter enfin l'union à laquelle il s'était engagé solennellement vis-à-vis de la république de Venise, le roi Jacques hésitait. De nouvelles vues s'étaient ouvertes à lui : il inclinait pour une alliance avec le roi de Naples ou avec la fille du despote de Morée, dont l'archevêque de Nicosie et Rizzo de Marin s'occupaient activement. D'un autre côté, le conseil de Saint-Marc, après avoir longtemps attendu, le pressait aujourd'hui et sans relâche de tenir sa parole. On ne saurait trop observer, au milieu des événements rapides qui vont se succéder en Chypre pendant cinq ou six ans, la sage lenteur de la république de Venise et ses inébranlables déterminations une fois que ses intentions étaient devenues publiques. On l'a vue en 1466, conseiller au roi de Chypre de s'allier avec la famille du despote de Morée (ci-dessus, p. 176, n.); elle accueillit ensuite sans empressement les ouvertures qu'on lui fit pour marier une de ses patriciennes avec le roi. Tant que ce projet n'attire point l'attention des autres états, elle ne fait rien pour en hâter la réalisation ; aussitôt qu'elle le voit provoquer les appréhensions des cours étrangères et les soupçons peut-être du roi Jacques lui-même, dès que la considération et l'influence de son nom y sont intéressées, elle ne veut plus admettre de délai, elle rejette tout autre parti pour s'attacher à celui-là et exiger du roi qu'il tienne sa promesse, en faisant venir la reine en Chypre.

« giam affinitatem, utpote scilicet certissimum vinculum et robur vetustis-
« simi et mutui amoris nostri. Quod nostrum gaudium opinionemque in-
« gentem sane auxerunt partim nuncii, partim littere majestatis vestre,
« quibus non tam nobis gratias egit de gratulandi nostro officio, deque
« studio et allacritate nostra exornandi regales vestras nuptias, quam etiam
« verbis amplissimis confirmavit, roboravit et ratum fecit contractum hoc
« connubium, atque item omnia que rite et recte, nobis presentibus, magno
« conventu complurium legatorum ac nobilium et matronarum nostrarum
« in principiis nostris, circumfusa fere tota civitate, oratore vestro domino
« Philippo Mistaele[1] presente et spondente, celebrata et transacta fuere. Ex
« quo quidem tempore, jure affinitatis et amoris nostri, non minorem curam
« cepimus dignitatis realis celsitudinis vestre, salutisque istius amplissimi
« regni, quam nostri imperii faciamus. Quippe proximo adventu ad hanc
« urbem nostram serenissimi imperatoris Romanorum, satis patuit habitam
« a nobis fuisse rationem dignitatis majestatis vestre in serenissima regina
« vestra, ita in ceteris ubi opus foret, continue facere non dubitaremus, nec
« immerito sane; nam licet cum ipso patricio nostro affinitatem et neccessitu-
« dinem istam majestatis regie vestre contraxit, nobiscum tantum et cum
« universo senatu et nobilitate nostra contractam existimamus, debemusque
« alter alterius vicissim commodis studere. Nec tantum studere, sed etiam
« sedulo curam et amice commemorare que non tam re quam etiam suspi-
« tione obesse dignitati nostre possint. Hinc proinde fit ut cum rumore quo-
« dam nuper didicerimus majestatem vestram, ex obitu illustrissime filie sue,
« nuper jam tradite magnifico Soro de Nava[2], maxime commotam fuisse, et

[1] Voy. ci-dessus, le fragment de Malipiero de 1468, p. 182. Mistahel mourut
sur ces entrefaites; il n'existait plus lors du
manifeste du 4 octobre 1469, imprimé plus
loin.

[2] Dans la délibération inscrite à la suite
du libellé de la lettre, le sénat revient sur
ce grave incident, et charge le capitaine général d'envoyer sans retard ses lettres au roi
de Chypre avec un capitaine de galère choisi,
qui s'efforcera d'apaiser le roi irrité contre
André Cornaro et de calmer la douleur que le
prince avait éprouvée de la mort récente d'une
de ses filles naturelles, promise ou déjà mariée
à Sor de Naves. Ce chevalier d'origine sici-
lienne, d'abord capitaine de galères au service
de Charlotte de Lusignan, devenu depuis,
par une trahison, connétable de Chypre, et
seigneur de nombreux fiefs en Chypre, était
celui à qui le roi Jacques devait la possession
de Cérines. (Voy. ci-dessus, p. 117 et 128.)
La recommandation du sénat pour le capitaine général, nous apprend qu'André Cornaro, oncle de Catherine Cornaro, fiancée
au roi de Chypre depuis l'an 1468 (voy.
p. 182), avait perdu l'amitié du prince à
l'occasion précisément de la mort de la jeune
princesse promise à Sor de Naves. Peu après,
le 20 juillet 1469, dans les instructions remises au nom de la république à Dominique
Gradenigo, chargé d'aller en Chypre déterminer le mariage définitif du roi, le doge

« insuper sollicitari a quibusdam ad novas nuptias, minime silentio rem
« hanc pretereundam, quinimo, novitate moti, amice ei scribendum puta-
« verimus.

« Sed sicut alterum fatemur pietatis esse et paterni affectus inditium,
« commoveri scilicet interitu filie, de quo vobiscum, cum id tantum
« nunc rescriverimus, dolemus, hortamurque ut virtute regia modum im-
« ponat dolori suo, quoniam homo nata erat; ita alterum admirabile et
« minime credendum nobis videtur, ut pote alienum dignitate et nomine
« regio, potius autem credimus confictam famam esse que per se evanescet.
« Verum enim vero magnificantes rem istam, ut par est, oratam volumus
« majestatem vestram, ut si forte de hujusmodi re et novis nuptiis tentata
« fuisset, meminerit dignitatis sue, meminerit fidei regie prestite, meminerit
« demum vetustissimi amoris et benivolentie nostre; sed non dubitamus quin,
« pro sua magnanimitate et moderatione, constantissime se habeat, affinita-
« temque hanc solemniter contractam et firmatam pie et amanter colat. Ad
« auferendam vero et penitus delendam hujusmodi suspicionem, et confir-
« mandam bonam mentem regie celsitudinis vestre, necessarium ac opere
« pretium ducimus et ita hortamur ut placeat majestati vestre, quanto cele-
« rius fieri potest, accersiri et adduci ad se facere hanc serenissimam regi-
« nam, sponsam vestram, quod sic gratum nobis erit ut nihil gratius fieri
« possit. »

Insuper scribatur capitaneo nostro generali maris in forma convenienti,
et sibi notitia detur de hoc, remittendo ei copiam dictarum litterarum nostrarum; imponaturque quod illico mittere debeat unum ex supracomitis
nostris qui aptior sibi videbitur, cum trireme sibi commissa, in Cyprum, ad
prefatum serenissimum regem cum dictis litteris nostris. Cui quidem supra
comito idem capitaneus dare debeat in instructione quod viva voce referat
et hortetur majestatem regiam quam ad ea que scribimus per continentiam
nostrarum litterarum eque operam det. Casu quo rex exasperatus esset ex

---

appelle expressément l'attention de l'ambassadeur sur ce regrettable différend, l'engageant à s'employer avec prudence pour
remettre Coruaro dans les bonnes grâces du
roi. La république cherchant alors de tous
ses efforts à hâter la conclusion du mariage du
prince avec Catherine Cornaro, on comprend
l'importance qu'elle attachait à faire regagner
à l'oncle de la future reine sa faveur et son
crédit à la cour de Nicosie. Les chroniques
du temps ne disent rien de cette circonstance,
et nous laissent ignorer la nature des torts que
Jacques le Bâtard pouvait lui imputer. Nous
avons vu dans un mandement royal du 23
juillet 1468 (ci-dessus, p. 231), la preuve
qu'à cette date, au plus tard, André Cornaro,
que le roi appelle affectueusement son père,
avait retrouvé toute la bienveillance du
prince et était rentré en possession de ses
biens, confisqués auparavant.

causa obitus illustrissime filie sue contra nobilem virum Andream Cornarium, mitigare et placare eum, ita ut in pristinam gratiam serenitatis sue revertatur. Et cum iis que egerit, et responso habito, revertatur ad prefatum capitaneum bene informatus de omnibus; qui subito, per proprium grippum, festinanter de omnibus dare debeat nobis noticiam. De parte, 140. De non, 8. Non sincere, 2.

1469, 3 juin. A Venise.

Le sénat charge le collége d'écrire à l'ambassadeur de la république, à Rome, pour que l'archevêché de Nicosie ne soit pas donné à un Catalan.

Venise. Arch. génér. Conseil des Prégadi. *Secreti*, XXIV, fol. 21 v°.

M CCCC LXVIII, die IIII Junii.

Quod ne archiepiscopatus Cypri non proveniat ad quemdam Catellanum, sicuti querit rex Ferdinandus, ut facilius machinationes sue in illo regno habeant locum, sicuti etiam summus pontifex de hac re motizavit oratori nostro, vadit pars quod per collegium scribatur dicto oratori nostro, in opportuna forma, tam de hac re quam de aliis facientibus ad conservationem tranquilli status illius regni[1]. De parte, 91. De non, 23. Non syncere, 3.

---

[1] Le P. Étienne de Lusignan est si incohérent dans son histoire de Chypre, en parlant de Guillaume Gonème, qu'il nomme de trois noms différents, les autres renseignements recueillis par Du Cange et par Le Quien sont si peu nombreux et si peu précis, que la série des archevêques de Nicosie est restée nécessairement très-confuse dans la seconde moitié du xv° siècle, après que le jeune fils du roi Jean II, Jacques le Bâtard, eut quitté l'archevêché pour la couronne de Chypre. Le Quien déclare même ne pas savoir si Gonème fut métropolitain de Nicosie avant ou après Fabrice.

Les documents nouveaux me permettent de mettre quelque ordre dans cette chronologie, sans pouvoir cependant en préciser tous les faits.

Guillaume Gonème, religieux augustin, qui avait suivi Jacques le Bâtard dans ses plus périlleuses aventures, fut mis en possession de l'archevêché vers le mois de septembre 1460, quand le roi se vit maître de Nicosie. On ne connaît pas l'époque où il eut sa nomination régulière du saint siége, et il reste même assez incertain s'il l'a jamais obtenue. Gonème est cependant nommé comme archevêque de Nicosie dans l'acte du 6 janvier 1464 (ci-dessus, p. 173), et dans une lettre du 1er septembre 1464 (ci-dessus, p. 129, n.); il était encore revêtu de la même dignité au mois de mai 1467. (Le Quien, *Or. christ.* t. III, col. 1213.) La décision du sénat de Venise rapportée ici établit qu'à la date du 3 juin 1469, l'archevêché de Nicosie était vacant, et comme l'on sait par Georges Bustron que Guillaume Gonème mourut seulement le 14 septembre 1473, qualifié simplement de frère augustin, comme à ses débuts (Bustron, *Chron.* Ms. de Londres, fol. 79 v°), on doit en conclure qu'il s'était antérieurement démis de ses fonctions. Le sénat de Venise attachait une juste importance à ce que son successeur ne fût pas un ennemi des intérêts et de la politique de la république; il redoutait surtout

1469, 9 juin. A Venise.

En raison de ce qui se dit, nonobstant le mariage arrêté du roi de Chypre et de Catherine Cornaro, le sénat décide qu'un ambassadeur sera élu pour se rendre en Chypre quand la seigneurie le jugera opportun. Choix de Dominique Gradenigo.

Colbertaldi. *Hist. di Cattarina Cornara.* Ms. de Venise, fol. 117; Ms. de Londres, fol. 111 [1].

Et si, superioribus diebus, in hoc consilio, captum fuit, per formam dis-

de voir l'archevêché remis à un des étrangers accourus en Chypre de l'Aragon et des Deux-Siciles, maîtres déjà des principales positions du royaume, et qui, forts de l'appui du roi Ferdinand de Naples, pouvaient détruire son influence dans l'île. Ses démarches n'obtinrent toutefois aucun succès. Le roi Jacques, que Ferdinand cherchait à attirer à lui, demanda et obtint de la cour de Rome, on ignore à quelle époque précise, mais probablement sous Sixte IV, les bulles d'archevêque pour Louis Perez Fabrice, Catalan, frère de Jean Perez Fabrice, que le roi avait déjà créé comte de Jaffa, comte du Karpas et premier baron de Chypre. Le Quien confond Louis Perez Fabrice avec son successeur Louis ou Livio Podochataro.

Les appréhensions de Venise au sujet de la vacance du siège de Nicosie ne furent que trop justifiées. L'archevêque Louis Fabrice, après avoir cherché à marier le roi avec la fille du dernier despote de Morée, alors à Rome (ci-dessus, p. 175), se trouvait à Naples, chargé d'une mission du roi Jacques, quand ce prince mourut au mois de juillet 1473; soutenu par le roi Ferdinand, il devint l'âme d'une conspiration qui troubla l'île de Chypre et faillit faire passer la couronne de Catherine Cornaro sur la tête d'Alphonse, fils naturel du roi de Naples. (Voy. ci-dessus, p. 166, n. 2 et 4). Coriolan Cippico, capitaine de vaisseau de la Dalmatie, au service de Venise, qui prit une part active aux mesures ordonnées par le sénat pour contenir les Chypriotes, a longuement parlé de ces faits dans son histoire des campagnes de Mocénigo de 1470 à 1474 :

« Jacobus rex Cypri, potitus regno, omnes
« insulæ nobiles atque principes, quoniam
« partes Carolæ sororis suæ secuti fuerant,
« alios exauctoravit, alios in exilium misit;
« advenas homines postremæ conditionis et
« qui piraticam exercuerant ad summum
« gradum provexit. Horum major pars erat
« ex illa regione citerioris Hispaniæ, quæ
« nunc Catalonia dicitur. Qui, mortuo rege,
« usi rapto vivere, suo non contenti, tam-
« etsi a rege amplissima patrimonia donata
« possiderent, res novas moliebantur. Inter
« eos erat archiepiscopus Cypri. Hic a rege
« suo ad Ferdinandum regem Apuliæ legatus
« missus fuerat. Qui, audita morte sui regis,
« ad occupandum per tyrannidem Cypri reg-
« num cum suis popularibus, in quorum manu
« arces ac magistratus totius penè insulæ
« erant, animum convertit; ad hoc magno sibi
« usui fore existimans si Ferdinandi regis
« Apuliæ filio ex concubina nato Jacobi regis
« Cypri filiam ejusdem conditionis despon-
« deret, multis suasionibus ad contrahendum
« matrimonium regem perpulit. Igitur rex
« unum e suis fidum cum archiepiscopo,
« datis duobus triremibus quæ eos deveherent,
« Cyprum mittit. » (Coriolani Cippici Dalmatæ Traguriensis, *De bello Asiatico,* libri tres. Venise, in-12, 1594. Voy. aussi Navagiero qui suit le récit de Cippico, *Stor. Venez.* ap. Murat. *Scrip. Ital.* t. XXIII, col. 1138.) Les mémoires du capitaine dalmate, réimprimés plusieurs fois, portent aussi le titre de *De Petri Mocenici gestis.* Une grande partie du 3ᵉ livre est relative aux événements de Chypre que le généralissime Pierre Mocénigo surveillait, sans perdre de vue les Turcs. Morelli, le savant bibliothécaire de Saint-Marc, a donné une version italienne très-estimée de la chronique de Cippico, Venise 1796, in-4°.

[1] J'ai inutilement cherché l'original de ce

cipatam de scribendis litteris serenissimo domino Cipri super nuptiis per illius serenitatem cum serenissima domina Catherina, filia nobilis civis nostri Marci Cornarii, militis, contractis, tamen quia fama ipsa, per ea quæ sonant quotidie, magis crescit, non sine parvo dedecore non [solum] ipsius nominis nostri[1], verum etiam nostri dominii, materia hæcsine, pro illius pondere, aliam quam litterarum provisionem eflagitat; quam ob rem, vadit pars quod, pro obviando huic inconvenienti, eligatur per scrutinium in hoc consilio unus noster nobilis orator ad ipsum serenissimum regem, qui recedere teneatur quando ei per dominium imperabitur, et cum illo mandato quod ei per consilium dabitur. Ducere secum debeat famulos octo, et in quorum numero sit notarius cum illius famulo; et profiscicatur ad impensas nostri dominii. + 113. — 23. — 3.

Electus fuit Dominicus Gradonico[2].

1469, 20 juillet. De Venise.

Les bruits d'un nouveau mariage du roi Jacques prenant plus de consistance, le doge de Venise, au nom du sénat, charge Dominique Gradenigo de se rendre en Chypre, afin d'exposer au roi l'extrême importance que la république de Venise attache à cette affaire, à laquelle son honneur est aujourd'hui engagé; et, pour représenter au prince que, lié en apparence avec Catherine Cornaro seule, il est en réalité obligé à ce mariage vis-à-vis de la république de Venise elle-même; ordre est donné à l'ambassadeur de placer le roi de Chypre sous la protection de la république, conformément aux conditions arrêtées par le sénat.

Venise. Arch. génér. Conseil des Prégadi. *Secreti*, XXIV, fol. 35.

M CCCC LXVIIII, die XX Julii.

Nos, Christophorus Mauro, Dei gratia dux Venetiarum, etc., comittimus tibi, nobili viro, dilecto civi nostro, Dominico Gradonico, quod eas orator noster ad serenissimum dominum regem Cypri. Cui, presentatis litteris nostris credentialibus, expones serenitati sue quod non dubitamus quin per litteras nostras manifesto comprehenderit majestas regia sua gaudium et letitiam quam cum universa civitate nostra ceperamus de faustis et regalibus nuptiis majestatis sue contractis cum serenissima domina Catharina, filia nobilis

---

décret dans les *Secreti*, où la plupart des autres décisions du sénat sont enregistrées; je ne l'ai pas trouvé davantage dans le *Maggior consilio*. Il ne pouvait être dans les délibérations du *Collegio*.

[1] Ainsi au Ms. de Colbertaldi, mais probablement à l'original *regis* ou *regii*.

[2] Cent treize boules blanches pour l'élection de Gradenigo, vingt-trois contre, trois abstentions. A la suite de cet acte, Colbertaldi rapporte une décision des Prégadi du 7 août 1469, autorisant l'ambassadeur à prendre de l'argenterie, pour une somme de 400 ducats, aux risques de la république.

patritii nostri Marci Cornarii, militis, quantique continue fecerimus faciamusque hujusmodi regiam affinitatem, ut pote certissimum vinculum et robur vetustissimi et mutui amoris nostri, et insuper quanti exinde momenti reputaverimus rumorem sparsum de his qui sollicitabant majestatem suam ad novas nuptias, licet nobis incredibile videretur et indignum dignitate regia sua et nostra, sicuti ex litteris nostris, quas per propriam triremem transmittendas duximus, regalis celsitudo sua optime intelligere potuerit. Nunc vero, increbescente dicta fama, et loquentibus aliquibus varie de hujus modi re et de suggestione quorumdam, qui non cessant diversis artibus et modis induere majestatem regiam suam ad novas cogitationes nuptiarum et affinitatum, magnifacientibusque nobis rem istam, ut merito debemus, visum fuit mittere te oratorem nostrum, qui, ultra dictas litteras, quarum exemplum ad informationem tuam tibi dari faciemus, viva voce declares et apperias majestati regie sue casum quem fecimus de ista re, quantumque est nobis cure et cordi; nam licet cum ipso patritio nostro affinitatem et neccessitudinem istam majestas sua contraxerit, tamen nobiscum et cum universo senatu et nobilitate nostra contractam existimamus.

Non possumus autem pacto ullo persuadere nobis quod majestas sua umquam vellet inducere animum ut nuptie he adeo solemniter facte et celebrate per verba de presenti[1], medio oratoris sui ad hec plenum mandatum habentis[2], et promittentis, in presentia nostra nostrique dominii ac complurium oratorum, astante universa nobilitate et civitate nostra, locum non haberent, quod salva lege divina et humana fieri non potest. Primo enim offenderetur honor Dei, quia scriptum est: *Quod Deus conjunxit, homo non separet;* deinde totus orbis loqueretur et obloqueretur varie. Preterea esset cum diminutione et dedecore dignitatis sue regie et nostre, que res plus quam cetera alia existimanda est; denique regia hec sponsa repudiata, cum dedecore et ignominia suorum perpetuo maneret. Et ideo, hortaberis atque rogabis omni studio majestatem regiam prefatam ut, habita ratione honoris et dignitatis sue, ac fidei regie prestite, ac demum vetustissimi amo-

---

[1] *Per verba de presenti*, présentement, actuellement; c'est-à-dire que le mariage du roi Jacques et de Catherine Cornaro fut contracté par paroles portant un engagement irrévocable, immédiat et non conditionnel. Navagiero se sert de la même expression: « Giacomo, re di Cipro, pe' suoi ambasciadori, mandati in Venezia, per parole de « presenti, a 10 di luglio (1468) contrasse « matrimonio con Catterina, figliuola di ser « Marco Corner, cavaliere, con dote di ducati « 100,000. » *Stor. Venez.* ap. Murat. *Script. Ital.* t. XXIII. col. 1127.

[2] Philippe Mistahel dont il a été question précédemment. On rappelle plus loin, sa mort récente, p. 315.

ris et benevolentie nostre, rejiciat et aspernetur istos suggestores cum istis suis vanis promissis, et velit persistere, ut speramus, in pristino suo proposito harum nuptiarum nobilis nostre, de quibus continue reperiet se magis contentum; ostendatque omnibus plus posse vetustam ac veram nostram amicitiam auctam et roboratam, intercedente hac affinitate, quam cujusvis promissa incerta.

Sed, ad obliterandum hujusmodi famam et rumorem sparsum et disseminatum, et occludendum os istis suggestoribus, atque persuadendum omnibus stabilimentum harum nuptiarum et affinitatis nostre, commemorabis, et ita omni studio hortaberis, tamquam remedium opportunissimum, ut majestas regia sua, quanto celerius fieri potest, accersiri et adduci ad se facere placeat hanc serenissimam reginam sponsam suam, offerendo regali celsitudini sue omnia que per nos fieri possint ad honorandam profectionem[1] ejus, utendoque illis aliis rationibus et verbis accomodatis et inductivis que prudentie tue videbuntur pro votiva executione hujus nostri desiderii.

Eris sollicitus intelligere a baylo nostro Cypri et mercatoribus nostris si per majestatem prefatam servantur jurisdictiones in illo regno, et ut fiat dabis omnem operam et favorem tuum ipsi baylo nostro.

Preterea volumus ut nobilibus de cha Cornario ab Episcopia[2] et aliis nobilibus et civibus nostris ac mercatoribus nec non civibus nostris de Martinis[3], qui omnes habent agere cum dicto domino rege, et pro quibus misimus Dominicum Stellam, secretarium nostrum, sumpta bona informatione, prestabis favorem, opem et operam tuam in negotiis suis expediendis.

Similiter, omnem operam, studium et diligentiam adhibebis ut regia majestas prefata observare et exequi penitus velit quantum agere habet cum nobilibus nostris Hermolao Pisani et fratribus de cha de Lege[4], pro forma sententie solemniter late per nobilem virum Andream Vendraminum, procuratorem sancti Marci, judicem nostrum delegatum in ea causa.

Ad informationem tuam, dari tibi fecimus partem et deliberationem captam in consilio nostro rogatorum, die x° mensis presentis, de accipiendo in protectionem nostram majestatem regiam prefatam, cum conditionibus

---

[1] Au Ms. *perfectionem*.

[2] Les promesses renfermées dans l'acte de 1467 à cet égard, furent mal observées. Voy. ci-dessus, p. 179, n.

[3] Voy. ci-dessus, la déclaration du 11 novembre 1467, art. 4 et 19.

[4] Voy. la déclaration de 1467, art. 5 et 21. Nous ne savons ce qu'avait décidé André Vendramin, délégué comme arbitre par la république au sujet du fermage des salines.

mutuis contentis in ea. Et ut ipsis conditionibus in Dei nomine concludere possis cum prefata regia majestate, quia hic per mortem oratoris sui[1] non licuit, damus tibi plenam facultatem et sindicatum in forma plena et valida[2].

Ulterius, cupientes facere omnem rem gratam serenissimo domino regi prefato et regine, contenti sumus ut in reditu tuo, si requisitus fueris a regia celsitudine sua, ut una cum aliquo ex suis divertas Rhodum, causa ponendi aliquam bonam compositionem et concordiam inter majestatem suam et serenissimam dominam Karlotam, olim reginam, sororem suam, qua in re elaborabis omni studio et ingenio tuo, ut, si fieri possit, sequatur dicta compositio et concordium; et, si opus fuerit pro majore firmitudine rei, placebit ut interponas auctoritatem nostram.

Postquam executus fueris hec nostra mandata, et steteris per dies decem apud majestatem regiam predictam, sumpta bona et grata licentia, discedes inde, rediturus ad presentiam nostram cum eadem trireme que te in Cyprum devehet, bene de omnibus informatus.

Si in adventu vestro in Cyprum, intelligetis, ob ea que circum sparsa sunt, serenissimum dominum regem Cypri esse aliquo modo subiratum et non bene pacificatum nobili viro Andree Cornario[3], dabitis operam, captato tempore bono, et dextro modo, reconciliare cum majestate sua ipsum nobilem nostrum et reducere eum in pristinam gratiam[4].

Décision du sénat. Même jour que la lettre du doge.

Et ex nunc captum sit ut, quo prefatus orator noster ire possit cito et secure, scribatur et mandetur capitaneo nostro generali maris ut, sine incomodo rerum nostrarum, providere debeat de aliqua ex triremibus classis nostre, que ex Mothono eum devehat in Ciprum, cum qua redire debeat, postquam executus fuerit mandata hec nostra et steterit per dies decem apud realem majestatem prefatam.

Captum etiam sit quod dictis nobilibus nostris de cha Cornario et aliis civibus et mercatoribus nostris, si opportuerit, scribatur, et comendentur[5] per litteras regali majestati[6] prefate negotia eorum. De parte 111. De non, 6. Non sincere, 0.

---

[1] Philippe Mistahel. Voy. p. 313, 316.

[2] C'est en vertu de ces décisions du sénat que Gradenigo fit dresser le manifeste suivant, du 4 octobre 1469.

[3] Le sénat avait déjà écrit au même effet au capitaine général de mer. Voy. ci-dessus, p. 308, n.

[4] Ce dernier article, d'une rédaction différente des précédents, et où l'on semble s'adresser collectivement à plusieurs personnes fut ajouté à la lettre après l'adoption et la transcription de la décision qui suit.

[5] Au Ms. *comendetur*.

[6] Au Ms. *regalis majestatis*.

1469, 4 octobre. A Nicosie.

Manifeste par lequel Dominique Gradenigo, ambassadeur vénitien, reçoit Jacques de Lusignan et le royaume de Chypre sous la protection de la république de Venise [1].

Venise. Arch. génér. *Commemoriali*, XV, fol. 125.

In Christi nomine amen. Anno nativitatis ejusdem millesimo quadringentesimo sexagesimo nono, indictione secunda, die vero Mercurii, quarto mensis Octobris, cum magnificus miles dominus Philippus Mistahel, orator serenissimi et excellentissimi domini domini Jacobi de Lusignano, Dei gratia Hierusalem, Cipri et Armenie regis, etc., dum esset in humanis[2], nomine prefate regie majestatis, serenissimo et excellentissimo principi et illustrissimo domino Venetiarum, etc., retulisset ipsum serenissimum et excellentissimum dominum dominum regem velle, cupere et contentari esse sub protectione et deffensione omnimoda prefati serenissimi et excellentissimi principis et illustrissimi dominii Venetiarum, ideo serenissimus et excellentissimus dominus dominus Christoforus Mauro, Dei gratia dux, et prefatum illustrissimum dominium Venetiarum, cum assensu et unanima alacritate et voluntate consiliorum suorum, affectantes et decernentes rem admodum gratam et honorificam atque fructuosam ipsi serenissimo et excellentissimo domino domino regi facere, cum vetusta et mutua amicitia que semper inter ipsos serenissimos reges Cyprios et prefatum illustrissimum dominium Venetorum viguit, tam affinitate nuper contracta inter prefatam serenissimam regiam majestatem et illustrissimam ac excellentissimam dominam dominam Catherinam, filiam magnifici et gloriosi equitis domini Marci Cornarii, patricii primarii Veneti, quamquidem serenissimam dominam reginam ipse illustrissimus et excellentissimus princeps et dominium Vene-

---

[1] Une décision des Prégadi, du 10 juillet précédent, avait arrêté et promis à l'envoyé de Jacques II que le roi serait mis sous la protection de la république de Venise par une ambassade solennelle qui se rendrait en Chypre. (*Secreti*, XXIV. fol. 31 v°.)

[2] N'étant encore qu'écuyer en 1448, Philippe Mistahel ou Mistachel avait été envoyé en ambassade par le roi Jean II auprès du grand Karaman, dont les armements inquiétaient l'île de Chypre (voy. ci-dessus, p. 48, 53). Il conserva toute sa vie la confiance du roi Jean; il suivit d'abord le parti de Charlotte, sa fille. Il se retira même à Rhodes avec elle; mais il rentra ensuite en Chypre, sa patrie, et finit par accepter les charges publiques sous le nouveau roi Jacques II. La plupart des familles d'origine levantine, tels que les Podochatoro, les Synclitique, les Bibi, les Chimi, firent comme les Mistahel. Les familles françaises restèrent plus fidèles à Charlotte de Lusignan et à Louis de Savoie. On sait que Philippe Mistahel avait épousé en 1468 Catherine Cornaro au nom du roi Jacques-le-Bâtard. Nous voyons ici qu'il dut mourir peu de temps après.

tiarum solenniter et affectuose suscepit et recepit, immo tenet et habet, tenereque et habere profitetur et pollicetur in propriam suam filiam adoptivam, in omnibus et singulis que pertinent et pertinere possunt ad honores et comoda, securitatem et dignitatem atque decus prefati serenissimi domini domini regis et suorum descendentium et heredum, et non aliter, nec alio quidem modo; iccirco, solenniter decernendo cum omni efficatia, injunxerunt magnifico oratori suo et sindico atque procuratori domino Dominiquo Gradonico, quondam magnifici domini Jacobi, patricio Veneto, ut huc in Cyprum se conferret [1], et ipsum serenissimum et excellentissimum dominum dominum regem et descendentes et heredes suos quoscumque, nomine serenissimi et excellentissimi principis et illustrissimi dominii Venetiarum, in defensionem et protectionem solenniter et efficaciter suscipere et susceptum tenere promitteret, obligaret et deberet, absque [2] ulla quavis exceptione, prout et quemadmodum publico sui sindicatus instrumento plane constat, cujus quidem tenor talis est :

[Suit une procuration du doge, dressée à Venise le 9 août 1469.]

Quapropter, magnificus orator, cupiens admodum et volens munus sibi demendatum exequi omnino et diligenter, nominibus quibus supra, omni meliori modo, via, jure et forma quibus potuit atque potest, prefatum serenissimum et excellentissimum dominum dominum Jacobum de Lusignano, Dei gratia Jerusalem, Cypri et Herminie regem, cum omnibus et singulis suis descendentibus et heredibus quibuscunque, suscepit et recipit, immo accipit et suscipit, pro nunc et in futurum, et in perpetuum, in generalem et specialem, actualemque et realem tutellam, protectionem et defensionem suam supra se, ad defendendum et protegendum salutem et honorem ac commoda, securitatem atque quietem, in personis et statu prefati serenissimi et excellentissimi domini domini regis et suorum descendentium atque heredum, et specialiter insula, terris, locis regni sui Cypri et aliis quibuscunque, cum omnibus et singulis subditis seu vassalis et hominibus prelibate regie majestatis, contra et adversus quoscumque reges et principes, communitates, collegia et universitates, et quamcumque aliam quovis nomine nuncupatam potentiam, parvam seu magnam, exceptis solummodo magno sultano Babilonie [3], et rebus suis et navigiis regie majestatis predicte, prout infrascriptis capitulis continetur. Quam quidem protectionem et defensionem prefatus

---

[1] Voy. la délibération du 9 juin 1469.
[2] Au Ms. *asque.*
[3] Le royaume de Chypre était, comme l'on sait, tributaire du sultan d'Égypte.

dominus orator et sindicus excellentissimi principis et illustrissimi dominii Venetiarum, etc., nominibus quibus supra, obtulit, promissit et dedit et solemniter obligavit prefato serenissimo et excellentissimo domino domino Jacobo, regi Cypri, acceptanti et recipienti pro se et suis descendentibus et heredibus quibuscunque, nominibus quibus supra, solenniter stipulanti et eam protectionem amplexanti, cum modis, pactis et conditionibus infrascriptis.

1. Primo, lo illustrissimo et excellentissimo signor signor Christophoro Mauro, per la gratia de Dio, inclyto doxe de Venexia, etc., et la illustrissima signoria de Venexia, cum unanimi et expresso consentimento et voluntà de tuti suo consei, toleno sopra de loro ad defendere et havere sempre in protection soa lo serenissimo et excellentissimo signor signor Jacomo de Lusignano, per la Dio gratia re de Jerusalem, Cypri et Harmenia, et similiter tuti et cadauno dei suo descendenti et heredi, et lo loro stato et insula de Cypro, et tuti altri luogi, et tuti li suo populi, subditi et vassali, a defenderlo in ogni modo, et a conservarlo et mantenirlo contra et a l'incontro de qualunque re, principe, signore, signoria, over communità et collegio et università, et contra qualunque altra potentia, sia qualsi voglia, exceptuando solamente lo signor gran soldam et le suo cosse, et exceptuadi tutti le qualunque navilii armadi over disarmadi de la prefata regia maestà de Cypri. Imperochè expressamente lo prefato serenissimo signor re et lo predicto magnifico ambassador et sindico, de comun acordo, nominibus quibus supra, hano voluto et voleno tuor fuora de ogni obligation cussi activa come passiva et de la dicta protection et defension le soprascripte due cosse, zoè lo dicto signor gran soldam et li navilii de la regal maestà. Imperochè dicti navilii de la regia maestà serano et cussi debino esser et restar in poder et libertà et al comandamento de la prefata regia maestà a far de quelli et cum quelli come et quanto gli parerà et quello vorà la suo[1] regia maestà, però per ogni tempo et modo et ad ogni requisition de la regia maestà; et de quelli sarano sopra li navilii soi de qualunque condition, cussi armadi come disarmadi, possino et debino haver porto, recepto et victuarie et altri suo bisogni per i suo danari et a le suo spece, in qualunque loco, terra et isola de la illustrissima signoria de Venexia, sença

---

[1] Ce désaccord de genre entre l'adjectif et le nom est un des traits caractéristiques du Vénitien. Il est surtout frappant dans l'adjectif *suo* ou *so*, qui reste presque toujours invariablement le même devant les noms les plus divers : *la suo serenità, le suo cosse, le suo dritti, le suo jurisdiction, el so regno, li so fia, le so robe, cum quello so galie,* etc.

alcuno contrasto over debato et senza alcuno senestro[1], ma cum ogni loro
securtà et commodo, si come sè conviene da amici ad amici.

2. A l'incontro, lo prefato serenissimo et excellentissimo signor signor re
Jacomo, etc., promette al prefato serenissimo principe et illustrissima signoria de Venexia dar, ad ogni richiesta de la suo serenità et del suo capitanio
generale da mar, over dal colfo[2], due galie armade, per tre over quatro mesi
al più, cadauno anno, a le spexe de la suo regia maestà.

3. Item, promette lo prefato serenissimo et excellentissimo signor signor
re che tute robe o mercantie che serano messe in li luogi et la insula soa
per Venetiani, over subditi de essa illustrissima signoria de Venexia per transito, non pagerano, ne seràno obligati a pagar alcuno datio over gabella, nè a
l'intrar nè a l'usir[3].

4. Item, promette suo maestà de non dar in le terre et luogi de l'insula
sua porto, recepto, over alcuna altra sovention ad alcuno signor, signoria
over communità, armada, over altro capitanio et subditi de quelli i qual havesseno guerra cum la prefata illustrissima signoria de Venexia, ma tuti circa
zio riputarli come nemici, essendo tuta fiata la prefata regia maestà preavi-
sata da la illustrissima signoria de Venexia, et exceptuando sempre lo signor
gran soldam et le suo cosse.

5. Item, rimanga fermi tutti i privilegii, si antiqui come moderni, ha la
dicta illustrissima signoria de Venexia cum la real[4] de Cypro. Et a l'incontro,
rimanga fermo a la dicta real tute jurisdiction et privilegii ha dicta real cum
la prelibata illustrissima signoria de Venexia.

Que omnia et singula suprascripta prefatus serenissimus et excellentissimus dominus, dominus Jacobus de Lusignano, Jerusalem, Cypri et Harme-
nie rex, illustrissimus et serenissimus princeps et excellentissimus dominus
dominus Christophorus Mauro, dux inclytus, et illustrissimum dominum Venetiarum, etc., sibi invicem et vicissim una pars alteri et altera alteri, pro
se et successoribus suis et heredibus, promiserunt et promittunt attendere
et adimplere et observare et in nullo contrafacere vel venire, sub hypotecha
et obligatione omnium bonorum suorum presentium et futurorum. Et de
predictis ambe dicte partes voluerunt et rogaverunt fieri debere publicum

---

[1] *Senestro* ou *senistro*, difficulté.

[2] Le capitaine ou le général du golfe veillait à la sécurité de l'Adriatique et avait
pour mission surtout d'en éloigner les corsaires.

[3] Les habitants de Famagouste deman-
dèrent le même privilége à la république de
Venise vers 1491, et ne purent l'obtenir.

[4] Les Italiens appellaient *real* ou *reale* le
domaine ou trésor royal en Chypre. Ce nom
passa, avec le même sens, dans le langage et
dans les écrits des Français de l'île.

autenticum instrumentum unum et plura, in eodem tenore similia, sicut fuerit oportunum, per me notarium infrascriptum. Et ad majus robur, serenissimus et excellentissimus dominus dominus rex prefatus et magnificus dominus orator, nominibus quibus supra, se manibus propriis subscripserunt[1], et sigillis cereis pendentibus majestatis sue et prelibati illustrissimi dominii Venetorum communiri mandarunt.

Actum in Nicoxia, regni Cypri, in regia residentia, presentibus magnificis dominis Petro Pizamano, bajulo, et Joanne Marcello quondam magnifici domini Andree, supracomito[2], et spectabilibus dominis Joanne Petro Fabriges, capitaneo triremium prefate regie majestatis, et domino Philippo, legum doctore, quondam domini Joannis de Podocatoro[3], consiliariis specialibus regie majestatis predicte, testibus ad suprascripta habitis specialiter et rogatis.

Rex Jacobus Cypri, chonfirmo in mano propria.

Ego Paulus de Monte, quondam domini Georgii de Venetiis, publicus imperiali auctoritate notarius, ac prefati magnifici et clarissimi domini oratoris secretarius, his omnibus et singulis, dum sic agerentur et fierent, adfui, et rogatus scripsi, meisque nomine et signo appositis consuetis, in hanc publicam formam redegi.

1471, 25 octobre. A Venise.

Décision du sénat sur la réponse à faire à l'ambassadeur Chypriote qui s'était plaint de ce que la république de Venise n'avait point nommé le roi Jacques parmi ses alliés dans les traités récemment signés avec le roi de Naples et les princes d'Italie; autres réponses sur ce qu'avait dit l'ambassadeur des secours donnés par le roi de Chypre au seigneur de Candelore contre les Turcs, de son désir de recevoir des renforts de la Morée ou de la Crète, et d'être compris expressément dans le traité de paix que la république pourrait conclure avec les Turcs ottomans[4].

Venise. Arch. génér. Conseil des Prégadi. *Secreti*, XXV, fol. 66.

M CCCC LXXI, die XXV Octobris.

Expositio oratoris serenissimi domini regis Cypri fuit harum rerum,

---

[1] L'exemplaire signé de Gradenigo resta en Chypre; celui que le roi avait souscrit lui-même fut apporté à Venise et transcrit dans les commémoriaux.

[2] Le *sopracomito*, au-dessous duquel se trouvaient les *comiti*, était dans la marine de Venise un officier supérieur chargé particulièrement des hommes d'armes et de la chiourme.

[3] *De Podocatoro* ou *Apodocatore*. Il a été souvent question dans nos documents de la famille grecque Apodochatoro ou Podochatoro. Les deux frères, Pierre et Philippe, ont surtout marqué sous le règne de Jacques le Bâtard.

[4] Quels que fussent les motifs qui aient porté la république de Venise à ne pas comprendre nominativement le roi de Chypre

summatim post generalia. Quod cum serenissimus dominus rex Ferdinandus predicto excellentissimo regi Cypri notificaverit nominasse eum pro suo colligato in federe quod nobiscum inierat [1], miratus est quia, cum illius majestate nullam habet conjunctionem et nobiscum est conjunctissimus, quod nos illum potius non nominaverimus. Item quod, simili modo, in federe italico, Rome renovato, a nobis non fuerat pro nostro colligato nominatus; qua ducta admiratione prefacta regia majestas oratorem ipsum, inter ceteras causas, miserat ut intelligeret causam hujus obmissionis de se facte per nostrum dominium, cum quo adeo est unitus et conjunctus ut regnum et omnia sua non secus atque propria nostra reputare possumus; et petiit ut, deveniente dominio nostro ad pacem cum Turcho, illum includere velimus, et non obmittere, sicut fecimus in his duobus federibus. Postea subjunxit et narravit subsidium prestitisse et prestare deliberasse domino Candalori, ut se contra Turchum, illum impugnantem, conservare posset, pro evidenti suo et nostro commodo et beneficio; et narravit ea que galee sue fecerunt contra fustas Turchorum, ad damna galearum quas ultra eas quas habebat armare intendebat ad commune suum et nostrum beneficium; item munitiones aliquas pro sucurendo Candeloro [2] exaustus erat; item posse ex stra-

---

[1] Les traités de paix de 1467 et 1468, dans ses traités avec le roi de Naples et avec les Turcs, il est certain que le traité signé à Rome le 22 décembre 1470, auquel se rapportaient plus particulièrement les plaintes des ambassadeurs chypriotes, était un pacte de défense conclu entre les princes d'Italie à l'exception de tous autres états. (Lünig, *Cod. diplom. Italiæ*, t. III, col. 115; Rinaldi, *Ann. eccles.* 1471, § 2, t. XXIX, p. 499.) La prise de Négrepont au mois de juillet précédent et les efforts du pape Paul II avaient déterminé les puissances italiennes, en paix depuis quelque temps, à renouveler plus expressément l'alliance que la prise de Constantinople leur avait fait conclure en 1454 et 1455 pour la défense de l'Italie. « E papa « Paolo II, avendo conchiusa questa pace, fece « in memoria battere una moneta d'oro di « valuta di ducati 20, chiamata talento, sulla « quale esso papa è a sedere consistorial- « mente, e con lettere : *Paulo II pacis Italiæ « fundatori.* » Marin Sanudo, *Vite de' dogi*, ap. Murat. t. XXII, col. 1185.

auxquels avaient accédé la plupart des états d'Italie. Ils sont publiés dans Lünig, *Cod. diplom. Italiæ*, t. III, col. 39.

[2] La ville que les Francs appelaient Candelore au moyen âge est aujourd'hui Alaïa, sur la côte méridionale de l'Asie mineure. Le roi Jean II, père de Jacques le Bâtard, avait conclu un traité d'amitié en 1450 avec l'émir Louphtou-Bey (voy. ci-dessus, p. 64); et, depuis lors, les princes de Candelore entretinrent avec soin l'alliance des rois de Chypre qui leur vinrent souvent en aide pour résister aux Turcs. On a vu qu'en 1466, le roi Jacques avait envoyé une expédition au secours de la ville. Le 16 novembre 1470, le conseil de l'ordre de Rhodes décidait qu'il serait répondu au roi de Chypre, en approuvant entièrement son projet de conclure des traités d'alliance avec le sultan d'Égypte, le grand Karaman et le seigneur de Candelore contre les Turcs. (Arch. de Malte. *Lib. conciliorum*, vol. de 1470-1471.) En 1471, le roi fit passer un corps de 300 arbalétriers à Candelore. (Malipiero, *Ann. Veneti*, t. Ier, p. 69).

tiotis Amoree, volentibus trajicere in ejus insulam, pro conservatione illius ab impetu inimici, et similiter ex hominibus insule Crete; item posse ex hac civitate conducere in Cyprum stipendiarios italos. Et postremo, dixit regiam sublimitatem mittere huc deliberasse cum quadam caravella bonam çucharorum quantitatem pro satisfaciendo civibus nostris, ab illo habere debentibus.

Eidem igitur oratori respondeatur :

1. Consuetos nos esse jocunde semper videre, excipere et audire oratores illius serenissimi domini regis, et pro veteri nostra in regiam ejus domum benivolentia, et pro precipuo amore, caritate et unione nostra cum ipso serenissimo domino rege, nobiscum arctiori juncto nexu quam fuerint serenissimi progenitores ejus; sed ad has causas adjunctis etiam conditionibus et non vulgaribus meritis ejusdem oratoris, illum jocundissime certe vidimus et audivimus. Et quod ad nominationem de regia sublimitate nostram attinet in federe regie majestatis Sicilie nobiscum, illum advisamus et certificamus quod primus omnium a nobis nominatorum, ut precipuus et charissimus ceterorum, est serenissimus dominus rex Cypri, sicut per nostrum autenticum instrumentum de ipsa nominatione et per regium etiam de illius acceptatione liquide constat. Et si notificare hujus modi nominationem omisimus, non multum refert, quoniam per formam capituli federis predicti omnes utrinque nominati protegi et defendi ab utroque debent, etiam si in tempore non fuissent admoniti sive ipsi non approbaverint. Quod autem regia majestas Sicilie eundem serenissimum dominum regem nominaverit, hec est consuetudo quod utraque pars confederata illos nominat qui ei videntur et possunt nominati ratificare sive utramque nominationem sive alteram, quam potius volunt, et utroque modo inclusi sunt et gaudent beneficio illius federis. Et ex nunc, ut regia sublimitas nostram nominationem ratificare possit, illam pro servanda consuetudine per proprias litteras, quas magnificencia ipsius oratoris deferet, notificabimus. De federe italico, Rome anno superiori instaurato, advisamus ipsum dominum oratorem fedus ipsum non esse rem novam, sed esse fedus alias inter potentatus Italie initum 1455, quod statum nullum extra Italiam comprehendit, neque ad ullum extra Italiam dominium

---

La pièce présente rappelle plusieurs fois les envois de munitions que le roi de Chypre dirigea ensuite sur la côte d'Asie mineure. Cette assistance continue ne suffit malheureusement pas à l'émir Kilidje Arslan. En 1472, assiégé par le grand visir de Mahomet II, il se rendit sur parole et fut aussitôt envoyé prisonnier au sultan, lui, ses femmes et son fils. Voy. Hammer, *Histoire de l'empire ottoman*, tr. franç. t. III, p. 141.

extenditur. Et nulli partium contrahentium per ipsum fedus licet quemquam nominare extra Italiam, qui in Italia statum non habeat; non petente igitur hujusmodi federe regie majestati aliquod conferre beneficium, hinc processit quod a nobis nominatus non est, quem non preteriissemus, ut membrum et partem status proprii nostri.

2. De inclusione sua in pace, si eam faceremus cum Turcho, certificamus magnificenciam suam quod unum capitulorum et mandatorum que oratores nostri habebant a nobis erat de includendo specifice majestatem regiam in pace ipsa, et sic semper faceremus, quando ad practicam et conclusionem hujusmodi pacis imposterum deveniremus. Et hoc teneat majestas regia pro comperto.

3. De subsidio ab eo prestito et prestando Candelloro, et de fustis Turchorum dissipatis, sunt hec signa magnanimi et providentissimi regis et nobis amicissimi; plurimumque laudamus consilium majestatis sue faciendi illi domino, ne ab Turcho locus ille opportunissimus occupetur, et nos quoque in hunc effectum facturi simus quantum a nobis fieri potest.

4. De corporibus galearum et de munitionibus quas petit, intelligit majestas sua quem numerum galearum et armamus singulo anno et armatum assidue tenemus pro defensione et sua et nostra et omnium Christianorum in Oriente; sed nichilominus, ut regium animum et optimum ipsius propositum adjuvemus, contenti sumus dare ei ad primum tempus duo corpora galearum novarum cum suis arboribus, vellis, ferris, sartiis et remigio necessario, quas majestas sua armari ultra reliquas suas faciat et teneri in commune beneficium et propugnationem. Et prout de tempore in tempus fuerit necessarium illi, non deerimus, et non tantum de corporibus galearum, sed de armis etiam galeis, pro regni sui defensione, ad quam non secus erit classis nostra intenta quam ad proprium statum nostrum.

5. De munitionibus, notum est presertim magnificientie ejusdem oratoris quam munitionum quantitatem amiserimus in civitate Nigropontis, quam mirum in modum fulcitam tenebamus, tanquam propugnaculum totius Orientis[1]. Periclitata autem civitate illa, oportuit nos providere reliquis

---

[1] La perte de cette forte place inspira les plus vives craintes aux Chrétiens. On doit ajouter aux documents originaux déjà connus sur cet événement une relation du temps, écrite d'abord en latin, mise ensuite en français, et retrouvée par M. P. Paris, dans un Ms. de la bibliothèque impériale. *Les manuscr. franç.* t. V, p. 318. Suivant leur habitude, les Turcs violèrent la capitulation de la manière la plus odieuse. Ils avaient promis à Paul Erizzo, gouverneur de Négrepont, de respecter sa tête; ils le firent scier en deux par le milieu du corps. L'histoire a blâmé l'hésitation de Nicolas Canale, commandant

locis nostris Amoree et insularum, et inter cetera insule nostre Crete. Unde exausta sunt omnia deposita nostra hujusmodi munitionum; et ex eis que in dies fieri facimus, difficulter providere et supplere possimus necessitati; sed potest magnificencia sua dare, darique facere, tam his quam in aliis terris et locis nostris, ordinem quem voluerit faciendarum et recuperendarum ex hujusmodi munitione, de quarum libera tracta et etiam passagio navium nostrarum ei complacebimus, et omnem possibilem commoditatem conferemus.

6. De hominibus autem accipiendis de locis nostris, per causam mittendi eos habitatum in insula Cypri[1], credimus prefatum magnificum oratorem pro sua prudentia bene intelligere non esse moris nostri nec progenitorum nostrorum permittere talem rem in locis nostris. Bene commemoramus quod optimus modus esset satisfaciendi isti suo desyderio: cum sit regio illa dispotatus[2] et aliorum finitimorum locorum Turci plena hominibus qui male tractati sunt ab ipsis Turcis, et sunt Christiani male contenti, evocare eos, quos non dubitamus venturos et satisfacturos desyderio regie majestatis prefate.

7. De hominibus insule Crete, dicimus hoc idem non posse serenissime majestati sue complacere, que pro illius multa prudentia intelligit necessarium esse ut cum hominibus custodiamus loca illius insule, et armemus etiam galeas quas illic armari quotannis in bono numero disponimus; quare si homines nobis deessent, facere non possemus in multum eorum rerum periculum.

de la flotte vénitienne ; mais Philelphe regrette qu'on n'eût pas fait venir, comme le voulait Canale, des secours suffisants de Crète, de Rhodes et de Chypre. Phil. *Epist.* lib. XVI, ep. 22, in-4°, Paris, 1503.

[1] Nous devons remarquer en passant cet indice de la dépopulation de Chypre.

[2] Le despotat de Morée ou Péloponèse était alors en entier au pouvoir des Turcs. Les deux derniers despotes, Démétrius et Thomas Paléologue, frères de l'empereur Constantin, au lieu de s'unir pour résister aux Ottomans, se divisèrent et perdirent leurs principautés dès 1461. Thomas se réfugia à Rome, où il mourut en 1465, laissant une fille que le roi Jacques de Lusignan eut l'intention d'épouser (voy. ci-dessus, p. 175 n.). Démétrius finit ses jours en 1471 dans les états de Mahomet II, à qui il avait donné sa fille en mariage. Morosini enleva la Morée aux Turcs en 1684, et la république resta maîtresse de cette province jusqu'à la paix de Passarowitz en 1718. Un des motifs qui avaient déterminé Venise à tenter la conquête de la Morée était la disposition des chrétiens du pays dont le sénat parle ici au roi de Chypre. Les habitants du Magne, près de Coron, se soulevèrent les premiers dans leurs montagnes, s'unirent à Morosini et mirent en fuite le capitan-pacha. En 1612, les Maniotes avaient cherché à organiser un soulèvement, en appelant au milieu d'eux le duc de Nevers, qu'ils considéraient comme l'héritier des Paléologues et de l'empire byzantin. Voy. M. Berger de Xivrey, *Bibl. de l'éc. des chartes*, 1re série, t. II; p. 532.

8. De stipendiariis Italicis hinc in Cyprum conducendis, contentissimi sumus ut regia majestas illos conducat pro libito, et in hac civitate nostra, et in omni nostra ditione. Et omnem favorem et commoditatem quam ad illos transfretandos in Cyprum prestare poterimus, prestabimus leto animo.

9. De zucharis que regia sublimitas huc mittere constituit pro satisfactione civium habere debentium, placet plurimum nobis, et regiam equitatem et bonitatem laudamus.

De parte 122. De non, 5. Non syncere, 1.

1472 [du 1ᵉʳ janvier au 24 août]. A Rome.

Bulle de Sixte IV défendant aux évêques grecs, arméniens, nestoriens et jacobites de l'île de Chypre d'exercer aucun acte de la juridiction ecclésiastique ailleurs que dans les lieux de Solia, Arsinoé, Lefkara et Karpasso, qui ont été anciennement désignés comme sièges de leur résidence[1].

Venise. Bibl. de Saint-Marc. Ms. LVI. Classe IV de l'app. aux Mss. latins. Cartulaire de Sainte-Sophie de Nicosie, pièce n° 94.

Sixtus, episcopus, etc. Ad perpetuam rei memoriam. Si, ex saluberrimis salvatoris et domini nostri Jesu Christi preceptis, naturalique jure ac paterne caritatis officio, more patris, filiorum incomodis precavere, et illa omni solicitudine depellere curamus, quanto magis conservationi jurium episcopalium et paci illorum qui testis adversus illius hostem presidia et custodes sunt positi prospicere nos convenit, ne, quod absit, objecta quæpiam humana, ut assolet, adversa novitas vel eos a pastorali detrahat officio, vel ulla controversiæ scintilla, que sepe periculosos in ignes [erumpit], illud tepescat in eis catholice firmitatis vinculum quo Salvator ipse fideles suos omnes in se ipsos fratres, sua clementissima pietate, conjunxit.

Sane, fide dignorum relatibus, ad nostrum pervenit auditum quod, in civitate et diocesi Nicosiensibus, fuit esseque consuevit et hodie est episcopus Grecus, loci Solie[2], qui ultra locum predictum, unde nomen summit, et

---

[1] La bulle d'Alexandre IV de l'an 1260, connue dans l'histoire ecclésiastique sous le nom de *Constitution chypriote*, avait confirmé les décisions de Célestin III, en vertu desquelles les anciens évêchés grecs étaient réduits à quatre, nombre des évêchés latins institués dans l'île, et avait ordonné, en outre, que les évêques grecs ne résideraient pas dans les mêmes villes que les évêques latins. Solia fut assigné pour le siége de l'évêque grec du diocèse de Nicosie, Arsinoé pour celui de Paphos, Karpasso pour celui de Famagouste et Lefkara pour celui de Limassol. Les autres évêques dissidents durent plus tard résider et exercer leur juridiction dans ces mêmes lieux, afin de ne point gêner l'action des pasteurs catholiques. La cour de Rome était obligée de rappeler de temps à autre ces prescriptions, dont les évêques des communions orientales cherchaient toujours à s'éloigner.

[2] La vallée de Solia, au N. de l'Olympe.

in quo tribunal habere potest, in civitate et diocesi predictis, in prejudicium ecclesie Latine, que pastore jam diu caruit[1] qui jura et libertates ecclesie predicte defendere et tenere posset aut sciret, omnia et singula que jurisdictionis et officii episcopalis occupavit et exercere presumit; ubi dictus Grecus episcopus et alii Armenorum seu Jacobitarum et aliarum diversarum sectarum heresin et scismaticorum etiam ibidem et in aliis regni Cipri diocesibus et etiam civitatibus, que Latinis diocesanis subjecte et sub ipsorum cura existunt, quecumque, contra sacros canones, Apostolice Sedis regulas, ac sanctorum patrum consuetudines, nullos ad ordines sacros nisi per simoniam et pecuniam et alias illicitas pactiones, et aliquatenus bigamos, spurios et quoscumque ex illicito cohitu procreatos penitus inhabiles, alios et alias omnino litterarum imperitos ordinant et promoveri[2] permittunt; et, quod deterius est, propter nimiam ignorantiam, ecclesie Romane decreta spernentes, quarto et tertio quandoque consanguinitatis et affinitatis gradibus tam in contracto quam in contrahendo matrimonio dispensare, ac pro libito matrimoniales et alias causas spirituales audire et diffinire, nec non dimittendi uxores et alias accipiendi licentiam prebere, in maximum Romane ecclesie et Latine vilipendium, ac Latinorum prejudicium, ad quorum tribunal et jurisdictiones pro tempore existentium ut verorum et catholicorum archiepiscopi et episcoporum, ad quos in hujusmodi matrimonialibus ac aliis spiritualibus causis cognitio et diffinitio pertinet; bigamis quoque ut ad missam et divina officia celebranda et ecclesiastica sacramenta quecumque promoveri possint concedere non verentur; confessiones vero audire, et confitentes de quibuscumque etiam Apostolice Sedi reservatis pecatis et delictis eorum, per se vel alios sacerdotes, quinimo nonnunquam per eos qui sacerdotes non sunt seu esse non constat, absolvere non formidant; quo sic, propter ignorantiam et parum fidei catholice peritiam habentes, minimeque sacrosancte Romane ecclesie constitutionibus, de icomenico consilio Florentie[3], tempore felicis recordationis Eugenii pape IV predeces-

---

[1] *Que pastore jamdiu caruit.* Il paraîtrait, d'après ces expressions, que l'archevêché de Nicosie vaqua quelque temps entre la démission de Guillaume Gonème et la promotion de Louis Perez Fabrice; ou bien que la cour de Rome ne reconnut pas comme valables les nominations de Jacques le Bâtard et de Guillaume Gonème, son successeur au siége métropolitain. Voy. ci-dessus, p. 76, n. 4; 97, n. 4; 310, n.

[2] Au Ms. *promoventi.*

[3] Le concile général de Florence, ouvert le 26 février 1439 et fermé le 26 avril 1442, avait réuni les Grecs et les Arméniens à l'église catholique. Le concile de Rome ou de Latran, suite de celui de Florence, reçut la profession de foi des Syriens ou Jacobites, des Nestoriens ou Chaldéens et des Maronites; mais l'union ne fut pas de longue durée. Les collections ecclésiastiques ren-

soris nostri celebrato, obedientes, cum crimina, scismataque et prave hereses ab hominum et illorum populorum mentibus extirpari deberent, errores seminant, et veri Dei cultus et bonorum morum sacrarum ac substitutionum regule et Apostolice Sedis ordinationes atque decreta spernuntur et negliguntur, in maximum prejudicium ecclesie Nicosiensis et ipsius prelati, qui metropolitanus in regno Cipri existit.

Nos igitur, ad quos pertinet nedum ipsius ecclesie ac venerabilis fratris nostri Ludovici[1], archiepiscopi Nicosiensis, ac successorum suorum archiepiscoporum Nicosiensium, suffraganeorum suorum Latinorum episcoporum,

---

ferment quelques documents concernant l'église chypriote, et se rattachant à ces événements qu'il est utile de rappeler ici.

Florence, 5 novembre 1441. Le pape Eugène IV envoie à l'archevêque de Rhodes copie d'une requête des évêques grecs de Chypre, se plaignant de ce que les Latins de l'île, nonobstant l'union prononcée entre les deux églises, s'éloignent de la société des Grecs et refusent souvent de les admettre à leurs mariages, aux funérailles, aux processions et autres solennités. Ordre est donné à l'archevêque de voir ce qu'il peut y avoir de légitime dans ces réclamations et d'y satisfaire, si elles sont fondées. (Rinaldi, Annal eccles 1441, § 6, t. XXVIII, p. 370; Brémond, Bullar. ord. Prædicat. t. III, p. 143.)

Rome, 2 août 1445. Timothée, archevêque de Tarsous, métropolitain des Chaldéens de Chypre et Élie, évêque des Maronites ou Macariens du même royaume, ayant adressé leur profession de foi catholique au concile de Latran, Eugène IV confirme ces prélats dans la possession des priviléges épiscopaux dont ils devront jouir au même titre que les autres évêques de la chrétienté; il leur reconnaît expressément le droit de bénir le mariage de leurs fidèles avec des catholiques, à la condition que la célébration sera faite dans ce dernier rit; enfin, il défend d'appeler désormais les Chaldéens du nom hérétique de Nestoriens. (Rinaldi, Annal. eccles. 1445, § 21, t. XXVIII, p. 466; Labbe, Concil. t. XIII, col. 1225).

Rome, 3 août 1447. Les Grecs habitant Chypre, Rhodes et autres îles d'Orient niant que leurs évêques se fussent réunis à la foi catholique lors du concile de Florence, et affectant de dire au contraire que les Latins avaient adhéré aux croyances des Grecs; d'autres prétendant que le décret d'union signé au concile était contraire à la foi, le pape Nicolas V charge André, archevêque de Nicosie, de ramener tous les dissidents à l'orthodoxie, et d'employer à cet effet, s'il est nécessaire, le bras séculier. (Rinaldi, Annal. eccles. 1447, § 27, t. XXVIII, p. 514.)

Rome, 1450. Les Chaldéens de Chypre revenant à leurs anciennes croyances, nonobstant l'adhésion qu'ils avaient faite à la foi catholique et l'union récemment contractée, Nicolas V charge l'archevêque de Nicosie de les prévenir de leurs erreurs et au besoin de les excommunier. (Rinaldi, 1450, § 14, t. XXVIII, p. 555; Reinhard, Hist. de Chyp. t. Ier, pr. p. 102.)

Les principales difficultés que rencontra l'union durable des communions d'Orient à la communion catholique vinrent, surtout chez les Grecs, du peuple lui-même. Si la réunion des églises de Rome et de Constantinople n'eût dépendu que des empereurs, il n'est pas permis de douter qu'elle ne se fût réalisée longtemps avant 1450 et qu'elle n'eût duré ensuite; mais les sentiments de conciliation des empereurs et de quelques patriarches furent toujours dominés par l'orgueil, l'ignorance et la haine du nom Latin, sentiments invétérés dans la masse du peuple et du bas clergé des provinces grecques.

[1] Louis Perez Fabrice. Voy. p. 311, n.

provincie Nicosiensis, jura et honores defendere, sed illa multis modis efficere incrementis, motu proprio, non ad ipsius Ludovici archiepiscopi vel alterius super hoc nobis petitionis instantiam, sed de nostra mera libertate et ex certa scientia, auctoritate apostolica, hoc perpetue constitutionis edicto[1], sub excommunicationis pena late sentencie quam quilibet contrafaciens vel contraveniens, ipso facto absque aliqua alia declaratione, incurat, prohibemus ne de cetero aliquis episcoporum, tam Grecorum quam Armenorum seu Jacobitarum vel Nesturianorum[2], vel aliarum quarumcumque sectarum[3], qui ex nunc sunt, seu pro tempore erunt, aut est vel in futurum erit in civitate et diocesi Nicosiensibus, aut in alia aliqua civitate seu diocesi regni Cipri, sub cura aliorum suffraganeorum metropolitani archiepiscopi Nicosiensis et episcoporum Latinorum immediate seu mediate existentibus, tribunal aliquid aut aliquam jurisdictionem contentiosam habere vel exercere, nisi inter suos, in loco suo qui vocatur Solia, a quo etiam episcopus Grecus ipse nomen sumit et tribunal seu jurisdictionem episcopalem, tamquam suffraganeus ac vicarius Latini presulis, inter suos Grecos exercere, secundum apostolicas ordinationes, consuetudinem et statuta, ut dicitur, est provisus.

Et similiter, in loco Arsinoy et similibus, extra civitates, in dictis locis per singulas dioceses habere seu tenere, et etiam eisdem et quibuscumque aliis presentibus et futuris Grecorum seu Armenorum et aliorum cujuscumque ecclesie Christianorum episcopis sub penis eisdem que de cetero causas matrimoniales et alias quascumque spirituales audire et qualitercumque diffinire, seu de illis aliquo modo se intromittere, vel jurisdictionem exercere vel qualitercumque in et super matrimoniis contractis vel contrahendis dispensationem, seu qualitercumque divorcia facere, seu thori separationem

---

[1] Au Ms. *edito*.

[2] Les Nestoriens n'aimaient pas qu'on leur donnât ce nom réprouvé. Ils s'appelaient toujours *Chaldéens*, du nom du pays où leur croyance religieuse et leur rit avaient pris naissance. Pour condescendre à leurs désirs et les encourager à persister dans leur soumission après le concile de Florence, le pape Eugène IV, comme on l'a vu par sa lettre du 2 août 1445, avait défendu d'appeler les Nestoriens de Chypre d'un autre nom que celui de leur nation de Chaldéens (voy. p. 327, n.). Mais l'usage l'emporta sur toutes les prescriptions; et la chancellerie apostolique elle-même dut s'y conformer. L'usage est d'ailleurs justifié par les faits, car l'hérésie de Nestorius s'était étendue bien loin de la Chaldée et de la Mésopotamie. Les navigateurs européens, en doublant le cap de Bonne-Espérance à la fin du siècle, furent tout étonnés de retrouver sur la côte de Malabar et dans l'intérieur des Indes ce christianisme inconnu pour eux qui distinguait deux personnes en Jésus-Christ, en séparant le fils de Marie du fils de Dieu.

[3] Au Ms. *Septarum*.

prestare, seu aliquos ad sacerdotium vel ad alios quoscunque sacros ordines, nisi penitus [1] per prefatum diocesanum Latinum sive ejus vicarium diligenter examinatos et approbatos, pro idoneisque per eosdem solemniter et in scriptis presentatos; aliquem promovere, neque pecuniam aliquam propterea recipere, vel qualicumque petere, ac sub eisdem penis et censuris; neque de cetero populo clam seu palam legere seu predicare, seu alicujus confessiones audire, seu de peccatis eorum confitentes aliquos Latinos vel Grecos, seu Armenos aut Jacobitas, vel alterius cujuscumque ritus seu ecclesie, absolvere in dictis civitatibus seu diocesibus dicti regni Cypri possit, seu presumat quovis modo, nisi ille talis prius per diocesanum in cujus diocesi fuerit, vel per ejusdem vicarium episcopalem ad hoc ordinatum, precedente bona de vita ejus et confessorum seu predicatorum fama, diligenter examinata, et claris documentis catholicus et ydoneus repertus et solemniter approbatus fuerit, et ab ipso diocesano vel ejus vicario licentiam eodem anno quo debet predicare et confitentes audire seu absolvere solemniter et in scriptis obtinuerit.

Quodque etsi qui confessiones audire, et similiter si qui Greci vel alii episcopi in civitatibus et diocesibus sub archiepiscopi Nicosiensis seu alicujus suffraganeorum suorum episcoporum dicti regni Cipri cura et protectione mediate vel immediate existentes qualitercumque et quandocumque, exceptis locis Solie, Arsinoy[2], Lephcare[3], et Carpasii[4], de quibus quidem locis episcopi Greci nomen sumpserunt, et ibidem inter suos Grecos tribunal, ut dicitur, possunt et solent, aliquid quod ad officium seu jurisdictionem episcoporum clam seu palam excercere; et super matrimonialibus et aliis spiritualibus causis audire seu cognoscere, vel ad sacros ordines sine licentia diocesani Latini quempiam promovere, vel aliquid in similibus et aliis connexis et dependentibus ab eisdem facere seu attemptare vel aliter se intromittere presumpserint, ipso facto excommunicationis pene sententias incurrant, et pro excomunicatis publicentur et evitentur, donec absolutionis beneficium ab Apostolica Sede habuerint; et hujusmodi absolutio archiepiscopo Nicosiensi qui pro tempore fuerit vel ejus vicario speciali comitatur. Decernentes ex nunc irritum et inane si secus super hiis per quoscumque

---

[1] Au Ms. *penis*.

[2] D'Anville place l'*Arsinoé*, que l'on sait avoir existé dans l'île de Chypre, à Poli, village du district de Chrysocho ; le P. Lusignan et l'archimandrite chypriote Kyprianos croient que cette ancienne ville est Arsos, bourg dans l'intérieur de l'île, à l'est de Paphos, au bas du Troodos. Les évèques grecs de Paphos prenaient le titre d'évèques d'Arsinoé.

[3] Lefkara, dans le Mazoto, près du mont Sainte-Croix.

[4] Riso Karpasso, dans le Karpas.

quavis auctoritate scienter vel ignoranter contigerit attemptari, non obstantibus constitutionibus, etc. Nulli ergo, etc.

Datum Rome, apud Sanctum Petrum, anno Incarnationis Dominice millesimo cccc lxxii, pontificatus nostri anno primo.

1472, juillet-septembre. A Venise.

Décisions diverses du sénat et du collége de Venise concernant l'ambassade d'André Bragadino, qui devait accompagner Catherine Cornaro en Chypre.

m cccc lxxii, ultimo Julii. In rogatis [1].

Non solum ad dignitatem et gloriam nostri dominii pertinet ut una nobilis civis nostra sit regina Cipri, sed ad commodum etiam et non mediocrem utilitatem, ob negotia nostra Orientis, tam respectu Turci ex bello quod secum gerimus, quam respectu sultani [2], ex causis pro quibus oratorem nostrum mittimus ad illius præsentiam. Ad sustinendam autem et augendam hiis modis matrimonii reputationem, necessarium est ut dominium nostrum quod credi et existimari voluit serenissimum regem Cypri cum universa nobilitate nostra et nostro dominio affinitatem contraxisse, faciat omnem demonstrationem quod ita sit ut accessum in Cyprum præfatæ reginæ omni liberalitate et honore prosequatur; quod faceret, quando non civis, sed peregrina quæpiam esset, causis et respectibus antedictis. Idcirco, vadit pars quod [pro] navilii hujusmodi transitu hinc usque ad locum insulæ quo fuerit commodior, dentur ex pecuniis nostri dominii patronis galearum Baruty [3] ducatis 600, sicut in presentia dominii contenti remansere, placendo huic consilio. Et pro impensis, dentur grossi quattuor in die pro capite primæ tabulæ quæ essent xxv, grossi duo quolibet in die secundæ tabulæ, ad numerum, in totum personarum 90 vel circa, inter utramque tabulam. +− 105. — 27. — 4 [4].

Colbertaldi. *Hist. di Cattarina Cornara*. Ms. de Venise, fol. 129; Ms. de Londres, fol. 120.

m cccc lxii, die xxvii Augusti. In rogatis.

Profecturus est de proximo orator noster ad serenissimum regem Cypri,

---

[1] Ni ce décret ni le suivant ne se retrouvent cependant dans les registres des Prégadi ou *Secreti*; ils ne sont transcrits ni au collége ni au grand conseil. Un autre décret du sénat, du 14 juillet 1472, rapporté par Colbertaldi (Ms. de Venise, fol. 129), avait alloué une somme de 120 ducats par mois «aux ambassadeurs» qui iraient en Chypre. Ce décret n'est pas dans les *Secreti*.

[2] Le sultan d'Égypte.

[3] Les galères qui se rendaient annuellement à Beyrouth.

[4] Les votes se répartirent ainsi : 105, pour; 27, contre; 4, nuls.

vir nobilis Andreas Bragadeno [1], ad comitandam serenissimam reginam sponsam majestatis suæ, sicut ad honorem et officium dominii nostri pertinet. Et quoniam non potest nisi conferre rebus nostris quod orator ipse sit bene instructus, et intelligat negotia presenti tempore occurentia, ut ubi opus fuerit respondere possit, propterea, vadit pars quod idem orator venire possit et stare in hoc consilio non ponendo ballotam, sicut aliis in similibus casibus factum est. + 118. — 7. — 1.

<small>Colbertaldi. Ms. de Venise, fol. 129 ; Ms. de Londres, fol. 120.</small>

M CCCC LXXII, die quinto Septembris.

Per infrascriptos dominos consiliarios deliberatum ac terminatum est quod vir nobilis, ser Andreas Bragadino, qui proficiscitur orator noster ad comitandam serenissimam reginam Cypri, pro honore nostri dominii possit ducere secum unum capellanum.

<small>Registre des décisions du collége dit *Notatorio*, 1407-1473, fol. 131.</small>

M CCCC LXXII, die XXVI Septembris.

Cum nobilis vir Andreas Bragadino, orator noster ad regem Cypri, habuit solummodo 250 ducatos pro suis expensis, qui fortassis non sibi sufficient usque suum redditum, infrascripti domini consiliarii dederunt sibi licentiam quod, si sibi fuerit opus, pecunia possit in Cypro vel alibi accipere ad cambium supra dominium nostrum quinquaginta ducatos pro supplendo expensis suis predictis.

<small>Reg. du collége dit *Notatorio*, 1407-1473, fol. 133 v°.</small>

1472, 15 septembre. Venise.

<small>Le sénat ordonne la restitution au roi de Chypre d'un collier engagé, pour 4,000 ducats, par l'aïeul de ce prince, dans les mains de la famille Cornaro Piscopia.</small>

<small>Venise. Mss. de M. Rawdon Brown, Portef. *Cipro*, provenant de la famille Tiepolo.</small>

M CCCC LXXII, die XV Septembris. In rogatis.

Comparuit hoc mane ad presentiam nostri dominii orator serenissimi regis Cipri, exposuitque quod cum ipse requisiverit nobiles de ca Cornario ab Episcopia [2], nomine prefati serenissimi regis, ut velint restituere et con-

---

[1] Il semble qu'André Bragadino ait été désigné pour se rendre en Chypre postérieurement au décret du 31 juillet.

[2] Branche différente des Cornaro auxquels appartenait la reine Catherine. On trouvera plus loin quelques notions sur ces familles.

signare sibi unum torquem sive colainam, quam alias ipsi habuerunt in pignus ab avo sue majestatis, rege quondam Cipri[1], pro ducatis quatuor mille, offerens de presenti dare eis dictos ducatos quatuor mille, prefati nobiles recusarunt id facere sine ordine et mandato dominii, presertim quoniam predictam colainam non habuerunt a majestate presentis regis. Qua de re, ipse orator dixit mirari magnopere quoniam majestas presentis regis quotidie solvit civibus nostris debita contracta per precessorem suum, olim regem Cipri, rogavitque nos ut provideamus quod prefacti nobiles restituant sibi dictam colainam, dante se eis dictos ducatos 4000. Et quoniam conveniens est hac in re complacere prefato serenissimo regi, vadit pars quod dicatur et mandetur per serenissimum principem[2] prefatis nobilibus ut, predicto oratori concordantibus secum eis de pecuniis, restituere et consignare debeant presentem suprascriptam colainam.

1472, 19 septembre. A Venise.

Instructions de Nicolas Tron, doge de Venise, à André Bragadino, ambassadeur de la république, chargé d'accompagner Catherine Cornaro en Chypre et d'assister au mariage de la reine, reconnue fille de la république de Venise. L'occasion favorable se présentant, l'ambassadeur entretiendra le roi de la guerre des Turcs, et, en passant à Rhodes, il recommandera au grand maître de préparer ses galères pour le printemps prochain[3].

Venise. Arch. génér. Conseil des Prégadi. *Secreti*, XXV, fol. 150 v°.

M CCCC LXXII, die XVIIII Septembris.

Nicolaus Truno, Dei gratia dux Venetiarum, etc. Committimus tibi nobili viro, Andree Bragadino, dilecto civi et fideli nostro, ut eas orator noster et comes serenissime regine Cypri usque in Cyprum. Et per totam navigationem, et in omnibus locis, illam nostro nomine honora, et declara te missum esse tam ut illam comitteris et honores, quam ut etiam celeritate tui appulsus nuptiis intersis, representans dominium nostrum, cujus regina ipsa filia reputatur, et ut filia nostra nuptui serenissimo domino regi data nunc ad illum felicibus mittatur auspitiis; et tam tua presentia quam

---

[1] Janus de Lusignan avait probablement engagé ce collier dans les temps difficiles de son règne.

[2] Le doge de Venise.

[3] Suivant Navagiero, le roi Jacques s'était enfin décidé à tenir la promesse qu'il avait faite à la république de Venise, et à épouser Catherine Cornaro, sur la crainte que Galéas-Marie Visconti, duc de Milan, alors seigneur et protecteur de la république de Gênes, ne cherchât à reprendre la ville de Famagouste. Il est certain que Galéas faisait construire à cette époque un grand nombre de galères dans les ports de la rivière de Gênes. Navagiero, *Stor. Venez.* ap. Murat. *Script. Ital.* t. XXIII, col. 1131.

verbis et omni significatione hoc declara, et honora hujus modi missionem et recessum. Serenissimum dominum regem Jacobum, sub litteris nostris credentialibus, saluta; et postea, explica gaudium nostrum a principio hujus fausti matrimonii sumptum a nobis, in dies auctum usque ad presentem illius magnitudinem, que summa est, ut majestas sua, nobiscum corde et animo copulata, hoc etiam affinitatis[1] arcto vinculo cum universa nobilitate nostre civitatis sit conjuncta et stricta. Et hanc partem bonis, gravibus et honorificis verbis explica et auge, ut, sicut sepius ad eum scripsimus, sicut suis oratoribus constanter affirmavimus, ita, te referrente, intelligat et cognoscat nihil potuisse predictam majestatem facere ad statum, dignitatemque conservandam suam, et ad omnia illius comoda efficatius et accomodatius quam hujusmodi neccessitudinis vinculo nobiscum jungi et conglutinari. Declaraque te missum esse a nobis comitem itineris serenissime sponse sue, filie nostre, ut ab omnibus intelligatur quod superius diximus, et ut tua presentia, dominium nostrum representante, faustissime nuptias suas honores, sicque fac, servata in omnibus gravitate et decoro.

Post primum congressum, quando tibi tempus et occasio idonea videatur, dic majestati antedicte intellexisse nos ea que oratores sui circa materiam Turci prudenter exposuerunt, quibus respondimus, sicut per exemplum quod tibi dari jussimus[2] poteris intelligere, per quod non solum nostram responsionem videbis, sed etiam nota tibi fiet oratorum predictorum expositio et tota materia ; et propterea, inherendo responsioni per nos facte eisdem oratoribus, declara majestati predicte periculum imminens omnibus Christianis futurum longe majus ex Christianorum aut negligentia, si committetur, aut divisione, si omnes in communem propugnationem tempestive non se succinxerint et in mare exiverint futuro vere. Et hortare tandem ut majestas predicta suas expediat tempestive triremes, que cum nostris antequam hostes egrediantur uniri possint, et unite facere que communis salutis et conservationis sunt[3].

---

[1] Au Ms. *affinitas*.

[2] C'est la pièce imprimée à la suite de celle-ci.

[3] Dans toute cette guerre des Vénitiens contre les Turcs, le roi de Chypre fournit, en effet, quelques contingents de galères, dont l'amiral Perez Fabrice prit lui-même diverses fois le commandement. Voy. Coriol. Cippico, *De bello Asiat.* lib. I et II, ed. Venise, 1594, fol. 8 et 30; Benedetto Dei, dans Pagnini, *Della mercat. di Firenze*, t. II, p. 246 ; Navagiero, *Stor. Venez.* ap. Murat. t. XXIII, col. 1136 ; Malipiero, *Annal. Veneti*, t. I, 72. Toutefois, le roi Jacques ne s'associait qu'avec répugnance à ces hostilités. Il savait que les puissances chrétiennes ne le défendraient qu'autant qu'elles seraient personnellement intéressées à protéger l'île de

In his omnibus congressibus et actionibus tuis, volumus ut etiam adsit bajulus noster [1], te tamen, quoniam specialiter tui muneris sunt hujusmodi negotia, precedente et tenente primum locum.

Rhodi, si, aut eundo aut redeundo, diverteris, adeas presentiam reverendissimi domini magni magistri, et, sub litteris nostris credentialibus, post salutationes et oblationes generales et consuetas, narra et explica qualitatem periculorum ab Turcho Christianis imminentium, et illis [2] imprimis que viribus et impetui suo proximiores sunt. Memora, modestis verbis, importantiam civitatis et insule Rhodi et ad ipsam religionem sancti Johannis, cujus insula illa caput et fundamentum est, et ad reliquos omnes Christianos.

Hortare et suade ut preparari et instrui cum solicitudine faciat triremes suas, que in principio veris una cum regiis [3], nostrisque triremibus uniantur et possent hostili exeunti classi obsistere. Et ut accomodatiorem facere requisitionem tuam possis, memento ipsum reverendissimum dominum et religionem illam esse cum serenissimo domino rege Ferdinando et nobiscum colligatam adversus Turchum, et conferre tenereque debet armatas galeas quatuor; quam obligationem, tu etiam modeste ad tuum propositum memora, quamvis longe majoris efficatie sit proprie conservationis necessitas, que in valida Christianorum classe consistit, quam ulla obligatio; sed tamen proderit etiam rei modesta obligationis ipsius memoratio. Insta, ut diximu s et circa materiam et circa maturationem et celeritatem armandi quantum potes. Et si illis forte deficerent corpora galearum, sumus contenti ut, pro pecuniis suis, offeras duo aut plura corpora, eomet pretio quo nobis constant, ut, hac sublata carentia corporum difficultate, non desit armatio celeris supradicta.

Transactis autem post tuum appulsum in Cyprum diebus XII sive XV vel circa, volumus ut, per primum passagium, vel transeundo Barutum aut Tripolim, et ascendendo galeas grossas, vel cum aliqua galea subtili, veniendo Rhodum aut Mothonum, aut aliter, prout tibi fuerit commodius, ex Cypro discedas, et in patriam redeas ad presentiam nostram.

De parte, 157. De non, 0. Non syncere, 0.

Chypre. Il craignait surtout, si Venise venait à faire la paix avec les Ottomans, de se trouver exposé aux plus grands dangers et au ressentiment du sultan d'Égypte, son suzerain. Les dépêches de Josaphat Barbaro, qu'a publiées M. Henri Cornet et dont je cite plus loin quelques extraits, ne laissent aucun doute à cet égard. Voy. p. 338.

[1] Le consul vénitien résidant en Chypre.
[2] Au Ms. *illas*.
[3] Les galères du roi de Naples Ferdinand.

1472, 19 septembre. A Venise.

Les ambassadeurs du roi de Chypre ayant exposé à la seigneurie de Venise que le roi, lors de la prise de Candelore par les Turcs ottomans, avait ouvert avec eux des négociations de paix, afin de temporiser, et demandant les conseils de la république pour ses déterminations ultérieures, le sénat charge le collége de répondre aux ambassadeurs en approuvant ce qu'a fait le roi, l'engageant à prolonger encore les négociations, et toutefois, comme il est certain que les Turcs équipent une grande flotte dans l'Hellespont, lui recommandant d'armer pendant ce temps toutes ses galères, afin de les réunir, au printemps prochain, à la flotte de la république et de ses alliés.

Venise. Arch. génér. Conseil des Prégadi. *Secreti*, XXV, fol. 150.

M CCCC LXXII, die XVIIII Septembris.

Fuere, nudius tercius, ad presentiam dominii oratores serenissimi domini regis Cypri, et exposuere regiam majestatem, occupato anno superiori ab Ottomano Candeloro [1], misisse ad eum unum secretarium suum pro dissimulando, et Turchum ad regiam majestatem tres successive misisse nuntios sive oratores, proponentes et invitantes illam ad intelligentiam secum. Quibus oratoribus rex ipse bona dederat verba, et rem in tempus produxerat; et propterea consilium nostrum petebat circa hujus modi materiam, sicut per serenissimum dominum ducem huic consilio relatum est. Cui oratori respondeatur :

« Intellexisse nos expositionem nomine regio nobis factam in hac materia,
« in qua prudentiam regiam laudamus, ut bonis verbis et modis dissimula-
« verit pro temporizando cum prefato Turcho, cujus rapacissimum et perfi-
« dissimum ingenium majestas sua optime novit. Est enim universalis
« omnium hostis, et nullum penitus habet aut habiturus est amicum, ma-
« gnum aut parvum, cui statum, fortunas aliquas, aut vitam tandem possit
« auferre; sed tantum cum uno dissimulat quantum alterum opprimat,
« testibus regnis et provinciis quibuscumque et in Asia et in Europa his
« artibus et modis ab illo direptis et occupatis. Consilium igitur nostrum
« salubre est ut majestas regia, cum ceteris Christianis, constanter esse velit
« adversus tam potentiam quam insidias hujus communis et indifferentis
« omnium inimici, et armatus semper ac vigil custodiat regnum suum, quo-
« niam non deerunt illi Christianorum favores et auxilia, nosque inter ce-
« teros, qui precipuam status sui protectionem sumpsimus, et statum suum
« proprium reputamus, ita illum tuebimur sicut proprium statum nostrum
« et nos ipsos.

[1] Voy. ci-dessus, p. 321, n. 2.

« Ceterum, quoniam fama est Turchum predictum parare, multa diligen-
« tia, pro anno futuro, potentem classem, ut illam in principio veris et
« multum tempestive ex Helesponto emittat, nos e diverso potentissimam
« galearum et navium opponere illi classem deliberavimus. Speramusque
« summum pontificem et regiam majestatem Sicilie hoc idem esse procul
« dubio facturos pro defensione omnium Christianorum. Majestatem regiam
« hortatam per ipsum magnificum oratorem volumus, atque adeo rogatam
« et persuasam ut triremes suas quot armatas habere possit instructas et
« expeditas cum classe nostra tempestive jungere velit, ut obsisti hostibus
« possit, qui, si Christianos unitos et succintos in communem propugnationem
« senserint, aut agredi non ausi fuerint, aut si confisi numero egredientur,
« non est verisimile ut, obsistente vel insequente potente Christianorum
« classe, impresiam ullam capiant que illis succedat, sed potius aliqua pre-
« clara victorie occasio afferatur, cum perpetua postea, vel saltem longissima,
« omnium quiete et securitate. Hec referant, nostro nomine, regie sublimi-
« tati, cum quo et loquimur et agimus-non solum ut cum rege Christiano
« et periculi participe [1], sed ut cum nostro corde et nostris visceribus. »

Et amplificetur hec pars sicut collegio visum fuerit. De parte, 154. De
non, o. Non syncere, 1.

1473, 17 et 27 avril. De Famagouste.

Dépêche de Josaphat Barbaro, ambassadeur de la république de Venise, envoyé auprès
d'Ouzoun-Khassan, sofi de Perse, rendant compte à la république des difficultés élevées par
le roi de Chypre à l'entrée des galères de la seigneurie dans le port de Famagouste, de la
scène violente qui a eu lieu, à ce sujet, au palais du roi, et des regrets qu'en a ensuite
exprimés le prince. Autre dépêche au sujet des plaintes que le diodar du sultan d'Égypte
avait portées au roi de Chypre contre les Vénitiens, et de la médiation proposée par le
roi [2].

Publication de M. Henri Cornet, p. 18 et 28.

Illustrissimo ducali dominio Venetiarum.

Hozi tre dì, a hore do de zorno, el zonse qui, Deo concedente, a salvamento

---

[1] Au Ms. *particeps*.

[2] Josaphat Barbaro, noble Vénitien, qui avait résidé longtemps à la Tana, fut envoyé en 1472 au roi de Perse Ouzoun-Khassan, avec lequel la république de Venise et les princes d'Italie s'étaient ligués pour faire la guerre aux Turcs. Barbaro devait continuer la mission de Catherino Zen auprès du sofi, auquel il amenait des munitions de guerre, des ingénieurs, des artilleurs et de nombreux présents, parmi lesquels se trouvaient des vases de table en or et en argent, ciselés à Paris, *Parisini operis egregie cœlata*. (Coriol. Cippico, *De bello Asiat.* lib. II; Malipiero, *Annal. Veneti*, t. I, p. 82.) Barbaro vint d'abord séjourner en Chypre, se mit en communi-

el spectabile sopracomito misser Piero Soranzo, con la sua galia grossa de le munition de la vostra serenità, in conserva del quale el magnifico capetanio zeneral da mar mandò la galia Sebenzana. Et subito, mandai el mio cancelier a congratularme del zonzer suo. La majestà [1] de questo serenissimo re, in quel instante, mandò a dir per uno suo messo al prefato sopracomito, misser Piero, chel non dovesse intrar in porto, nè lassar desmontar alcuno de i homeni suo, per fina che la sua majestà non li mandava a dir altro. E per quanto me refferite el ditto mio cancelier, el soprascripto zentilhomo promesse al ditto messo de voler far quanto era la volontà de la prefata regia serenità.....

Da poi, me ne andai a san Francesco [2] a l'officio, dove sè atrovava questo magnifico bailo [3], dove el me vene uno messo regio a pregarme per nome de la sua majestà instantissimamente che dovesse far in compiacentia de quella che alcuno de le ditte galie non dovesse desmontar in terra; et inpromisi al ditto messo de cusì far. Per la qual cossa, ai ditti sopracomiti, zoè Soranzo et Sebenzan, mandì a dir che cusì debi far; i quali obedientissimi me mandò a responder de cusì voler far.

Poco da poi, sua serenità mandò per mi, et subito me parti dal ditto officio, et insieme con el ditto misser lo bailo me conferì a la sua presentia, la qual me disse queste formal parole : « Misser l'ambassador, l'è zonto quì la

cation, sur la côte d'Asie mineure, avec les Persans dont il parlait la langue, et pénétra ensuite dans les états d'Ouzoun-Khassan. La défaite du sofi par Mahomet II ne permit pas aux coalisés chrétiens de retirer de cette puissante diversion les avantages qu'ils en attendaient. Longtemps après son retour à Venise, en 1487, Barbaro se décida à terminer la relation de ses voyages, en Tartarie et en Perse. Ils sont tous les deux compris dans le recueil de Ramusio (*Navigationi e viaggi*, Venise, 3 vol. in-fol.). On ne connaissait pas la correspondance que l'ambassadeur entretint pendant l'année de son séjour en Chypre avec la seigneurie de Venise. M. Henri Cornet l'a retrouvée récemment dans la collection des Mss. Foscarini à la bibliothèque impériale de Vienne, et en a publié une savante édition : *Lettere al senato veneto di Giosafatte Barbaro, ambasciatore ad Usunhasan re di Persia*, tratte da un codice originale dell' i. r. biblioteca di Vienna, e annotate per Enrico Cornet. Vienne, 1852, in 8°, 128 pages. « L'extrême discrétion que met « Barbaro sur tout ce qui touche aux événe- « ments de Chypre dans son voyage en Perse « est cause, dit M. Cornet, que les historiens « ont parlé avec peu d'exactitude ou trop de « brièveté de sa mission. On sera mieux ins- « truit, en lisant la correspondance que je « fais imprimer. » L'intérêt de ces lettres nous détermine à en extraire quelques fragments et à donner presque en entier la longue dépêche du 15 novembre 1473, écrite lors de l'insurrection chypriote qui coûta la vie à l'oncle et au cousin de la reine Catherine.

[1] *Majestà*, ailleurs *Maestà*; le plus souvent le mot est en abrégé.
[2] A l'église des Cordeliers ou Franciscains de Famagouste.
[3] Le consul vénitien en Chypre.

« galiaza con le munition de la illustrissima signoria vostra, de lo qual me
« reputo fiolo; per la qual cossa priegovi che, per reservation del stato mio,
« vogliati far che la ditta galiaza non entri in porto, ma che la vostra magni-
« ficentia la faci tornar in drieto, a Baffo, dove la starà tanto secura come in
« questo loco medemo, e questo perchè la vostra magnificentia intende come
« io sto con el soldano, del qual son servidor e schiavo, e questo non ve
« diria s'el non fosse, perchè el me ne va el stado, et perchè io da alcuna
« potentia de Christianità non tegno con alcuna zerteza, in alcuna mia ad-
« versità, de esser adjutato [1]; però perdoname la vostra magnificentia se io
« ve parlo cusì. »

Io a sua majestà, con ogni debita reverentia, respusi come la vostra illustrissima signoria me mandava ditta galia in governo mio, con tante munition, bombardieri, contestabeli, schiopetieri, inzegnieri et provisionadi, e che de brieve ne aspettava do altre simelmente cargade, per la qual cossa el piacesse a la sua majestà remeter da canto ogni respeto, e che quella sè degnasse compiacer la vostra illustrissima signoria. La qual me repose, che per intender la condition de Mori, e per quello sua majestà è con loro, che per niente el non intende, nè dispone che la soprascripta galia entra nel suo porto, et eo maxime perchè sua majestà non intende quello haverà a esser del signor Asambec [2], perchè, se le suo cosse andasse altramente de

---

[1] « Perchè io da alcuna potentia de Chris« tianità non tegno de esser adjutato. » C'était là le vrai motif des hésitations du roi Jacques et des ménagements qu'il voulait garder à l'égard du sultan d'Égypte. Placé entre les Turcs et les Mamelouks, il courait les plus grands dangers, et n'aurait pu compter, dans une circonstance critique, sur l'assistance des puissances chrétiennes. Les unes, comme l'ordre de Rhodes et la cour de Rome, lui étaient opposées depuis son usurpation et ne l'auraient qu'à regret défendu; les autres, comme Venise et Naples, pouvaient l'abandonner d'un moment à l'autre, suivant les éventualités de leurs propres guerres. Jacques II exprimait de nouveau ces craintes aux ambassadeurs européens, qui cherchaient à le détourner d'accorder au sultan d'Égypte, son suzerain, 50 fusiliers demandés par le grand diodar : « Et sua maestà « justificò le ditte parole con queste raxon, « dicendo : che la sua serenità era *in faucibus* « *duorum luporum,* zioè, da uno canto, l'Ot« toman, e da l'altro, el soldan; e che la sua « maestà, la qual è impotente e incerto che, « in ogni evento de adversità che a sua se« renità potesse intravegnir, de esser da al« cuna potentia de Christianità ajutato. Per « la qual cossa, la sua maestà replicò che a « quella serà forzo far come la porà con el « ditto diodar, ma in verità [non] come la « voria. » Dépêche de Josaphat Barbaro à la seigneurie de Venise du 13 avril 1473. M. Cornet, p. 17.

[2] Asambec, Hassan-Beg ou Kasim-Beg, et son frère Pir-Ahmed étaient les descendants de l'ancienne famille des grands Karamans, dont les états se trouvaient alors partagés entre le sultan d'Égypte et le sultan des Ottomans. Mahomet II avait porté les derniers coups à cette dynastie et s'était emparé de la plus grande partie de la Karamanie. Pir-Ahmed et Kasim-Beg, aidés par les Chrétiens et par le sofi de Perse, essayèrent de

quello speremo, non vedessamo l'hora de tornar in drieto con le nostre galie et munition, et nel pericolo lasesamo la sua maestà con total ruina, consumption e destruction del stado suo, et tanto plui[1] come sua maestà ha de sopra ditto, che la non spiera de esser favorida nè adjutada con certeza da alcuna potentia de Christianità, nè da quelle al presente non ha favor nè agliuto[2] alcuno, nonobstante che la sanctità del summo pontifice l'habi per figlio, et che el serenissimo re Ferdinando sia suo zermano[3], et la vostra illustrissima signoria soa madre. Sua maestà ultimate produte molte sue raxon, disse non voler per alcun modo che la ditta galia entra nel ditto porto, e che se pur la vostra signoria li ordenasse, over nui ambassadori per nome de le signorie nostre, li dicesse che la sua maestà dovesse apertamente far contra el soldan, che quella faria plui de quello i saria per quelle commandà et ordenà.

Io a questo a sua serenità respusi che la vostra illustrissima signoria, nè potentia alcuna christiana non fa cossa alcuna contra el soldano, ma ben danno favor et auxilio all' illustrissimo signore Asambec contro l'Ottomano; et altre asai raxon che a questo proposito me achadete sopra de zio far a sua maestà. Et similiter, i ditti ambassadori confermono el parlar mio, justificando tuto con prudentissime raxon. El qual serenissimo re ne disse che savemo ben chel ditto signor Asambec non è fin hora contra el soldan[4], el qual ha el stado suo ne le mano; e che sua maestà è certissima che tutta la Christianità et precipue la vostra illustrissima signoria ha ancor a charo chel stado de la sua maestà sia conservado.....

Hozi veramente, da poi l'officio, tutti nui soprascripti ambassadori, bailo et sopracomiti sè conferissemo a la presentia del ditto serenissimo re; la maestà del qual ne recevete, et voltose verso la magnificentia del bailo e

soulever le pays et de relever le trône de Larendah; ils furent toujours obligés de fuir devant les troupes ottomanes. Pir-Ahmed, forcé dans Minan, en 1473, se précipita du haut des remparts pour éviter la captivité. (Cf. Hammer, *Hist. Ott.* t. III, p. 140, 143, 172, 178, 181; Cor. Cippico, *De bello Asiat.* lib. II, fol. 3o et suiv.) La publication de M. Cornet renferme plusieurs lettres, échangées entre les karamans et l'ambassadeur vénitien qui fit passer à ces princes des munitions de guerre par Gorhigos et Selefkeh. Voy. *Lettere*, p. 31, 53, 64, 121.

[1] *Plui*. Je ne me permettrai pas de corriger ce mot dans la publication de textes, faite avec tant de soin par M. Cornet. Je croirai cependant que la véritable forme vénitienne du mot «plus», en italien *più*, n'est pas *plui*, mais *piui*. Je l'ai toujours vu écrite ainsi dans les rédactions originales des registres du sénat et du conseil des Dix; on la retrouve aussi quelquefois dans l'édition de M. Cornet.

[2] Probablement au Ms. *adiuto*.

[3] Il n'y avait pas de parenté réelle entre Jacques de Lusignan et Ferdinand d'Aragon.

[4] Le sultan d'Égypte.

mi, dicendo : « Con vui, magnifico ambassador et bailo, grandemente me
« doglio et lamento, et con altri agrevarmi et dolermi non voglio se non con
« vui, perchè son certo chel non è intention de la vostra illustrissima
« signoria, laqual reputo madre, chel me sia fato tal insulti et dani contra
« el stato mio, come per le suo galie me è stà fato, » dicendo et afirmando
che a sua maestà vien a mancar tra soldati et parichi[1] plui de homeni 150.
E che ultimamente, per le do galie noviter partite de qui, zoè Chanala et
Molina[2], non specificando plui una che l'altra, a sua serenità era stà levadi
parichi quatro et soldati do; e che in spacio de hore do mi dovesse licen-
tiar tute le galie de la vostra illustrissima signoria che sè retrovano qui; se
non, che la sua serenità provederà in tal modo chel farà fluminar le ditte
galie fuora del suo porto; et quanti homeni desmonterà o se atroverà in
terra, commenzando da i patroni, sua maestà faria far de lor tanto carnazo.
E questo dicendo con tanta indignation de animo plui volte quanto plui dir
non è possibele.

Et io admirativo et stupefato de tal insulto et tante aspre parole, per
rispeto che mai sua serenità de tal cossa non me ne haveva parlato, et a
quella respusi : « La vostra maestà sè duol tanto acerbamente de cossa mai
« plui in verità non ho intenduta non ma per quanto ne dice cusì turbata-
« mente adesso la sublimità vostra. Per satisfar compitamente el desiderio
« de quella, intenderia volentiera se anco mi, infra el spacio de le dicte do
« hore, con le ditte galie, me debo levar. » La maestà de la qual me respoxe,
che se io voleva romagnir, dovesse romagnir, e se me ne volesse andar, che
fesse come io volesse, ma che sapeva ben quello haveva a far. Et iterum
sua maestà replicò tuto come ho predito, interponando pur alcune parole
modificatorie a la sua ditta habondante et accesa colera, dicendo : « Se vui
« non provederete, se vui non provederete[3]. »

Consyderando, dapoi partito da sua maestà, quanto e quale fo le parole

[1] A l'édition ici et plus bas *parchi*. Il s'a-
git des pariques ou serfs. Les plaintes du roi
en ce qui les concerne étaient très-fondées.
La république avoue elle-même, dans ses
instructions aux conseillers du 29 juillet
1474, art. 6, que les supracomis vénitiens
avaient enlevé de Chypre dans ces derniers
temps un grand nombre de pariques et s'é-
taient permis bien d'autres infractions, *enormia commissa esse*.

[2] Galères des maisons Canale et Molino.

[3] Cette scène, connue à Venise, dut faire
voir de nouveau combien le caractère de
Jacques le Bâtard était violent et emporté.
Tous les projets qu'avait la seigneurie de
Venise de s'appuyer sur l'île de Chypre dans
ses alliances avec les Persans et la guerre
contre les Turcs pouvaient être troublés par
un brusque changement du roi de Chypre.
S'il n'est pas permis de tirer de ces dépêches
et des sentiments qu'elles durent provoquer
dans le sein du sénat de Venise des induc-

minatorie, con poca reputation de la vostra celsitudine usate e ditte per la sua maestà, in questa mia premeditation, el suzonse da mi el cancellier de la sua maestà, alqual, post multa, havi a dir che in verità vorria haver volentiera hozi audientia de la sua maestà. El qual me disse : « S'el piace a la « magnificentia vostra, vederò da intender da la sua serenità se quella haverà « l'ocio. » Et intendendo io questo, li dissi : « Se vui vedeti el tempo, diceti a « la prefata regia maestà come io me voria communicar, et ho besogno de « confessarme, et el confessor voria fosse la sua maestà. » El qual cancelier questo riferite a quella. La qual me mandò a dir che dovesse andar a quella ad ogni mio buon piacer.

Et senza demora cusì fici, et me apresentai a la sua serenità ; con la qual me retirai in uno cantone de la sala de la sua maestà, a la qual disi : « Sacra « maestà, hozi la vostra serenità me ha dato gravissimo affano de spirito, « consyderando quanto e quale fo le lamentation et aspre manaze che vostra « sublimità ne fece questa matina contra le galie de la mia illustrissima « signoria, patroni et homeni de quelle ; le qual la vostra maestà pol com- « prender quelle esser stà con gran incargo e con poca reputation de la « maestà vostra, et che in verità el non era conveniente che el figlio, come « sè reputa la vostra maestà, de la mia illustrissima signoria che quella « contra lei sè habi per niente cusì, con soportation et reverentia, furiosa- « mente levata, et tanto plui quanto quella non ha una minima raxon nè « caxon. E perchè vostra serenità dice haver ditto questo per li homeni che « a quella per le soprascripte galie erano stà levati, domandai a la sua subli- « mità quanto tempo è che li mancha li ditti 150 homeni, che quella dice « per le ditte galie esserli stà levati de qui. »

La qual me disse : « Da tre mexi in qua e forsa men. » A confutation del tuto, a sua maestà disi : « Pol esser, sacra maestà, che mai la celsitudine « vostra de questo con misser lo bailo non sè habi lamentà. » La qual disse de non per non esser el ditto misser lo bailo stà qui, et che sua sublimità sè ha lamentato adesso.

El qual, per queste mie et per assai altre rason, non ne pretermetando alcuna, con honor de la vostra sublimità et con ogni modestia ho fato remanir confusa la sua serenità ; et che quella sè ha cognoscuta, perchè sua

tious fâcheuses pour l'honneur du nom vénitien, on ne peut s'empêcher de remarquer au moins combien l'hostilité ou la neutralité absolue du roi de Chypre eût pu contrarier les desseins de Venise, et combien fut heureux pour elle le coup imprévu qui, au milieu de ces événements, enleva le roi Jacques à peine âgé de trente-trois ans.

maestà me disse che l'amor incredibele che quella ha a la vostra illustrissima signoria l'ha fatto dir a baldeza[1] quello l'haveva ditto. A la qual respusi, chel non era termini de usar. La sua maestà sè remose del tuto et mostrome haver habuto gran contento de le mie parole, et disseme che mai sua sublimità non faria nè diria cossa alcuna, che prima la communicheria con mi tuto. Et cusì conforti la sua maestà che da quì in avanti la volesse advertir de dir et usar tal e si fate parole, et ancor far fati come la sua maestà diceva de voler far far. Et con questo, de la sua serenità tulsi grata licentia.

Serenissimo principo, la caxon de le ditte minatorie parole usate per el prefato serenissimo re, a mio juditio, è stato tuto fention et invention, a fin che le galie de la vostra serenità non stiano quì, perchè quelle de la sua maestà è vedute molto et molto mal volentiera. A la gratia de la qual illustrissima signoria vostra humel et devotamente me recommando. Famaguste, xvii Aprilis.

II.

Serenissimo ducali dominio Venetiarum.

El zorno seguente[2], da matina, retrovandome a la marina con misser lo bailo, la maestà del re mandò a dirne che dovessamo andar a la presentia de la sua maestà. A la qual subito sè conferissemo, et sua maestà ne disse che, per esser la sua maestà fiol de la vostra illustrissima signoria, la voleva che nui intendessamo tuto, dicendo che la sua maestà haveva habuto dal diodar[3] che quello sè doleva grandemente de Venetiani, dicendo che Venetiani mostra de esser amici del soldano, et sono tuto al contrario; e che el sa ben le galie che ano Venetiani, con munition et altre cosse a Famagosta, e che per certo el cazerà tuti Venetiani de la Soria, et meterà Zenovesi. Sua maestà etiam ne disse che la voleva iterum remandar el ditto suo cancellier al diodar, e che se volevemo che la sua maestà sè interponesse a far dir et conzar ogni defferentia fosse cercha a quanto la sua maestà ha sopradicto, che quella sè offeriva a far ogni cossa a sua maestà fosse possibele.

Inteso quanto ne haveva ditto et offerto quella, sè retracessemo uno poco

---

[1] *A baldeza.* M. Cornet explique ainsi ces mots : a baldanza, a oltraggio. Je crois que *a baldeza* signifie plutôt « avec franchise, avec « courage ou liberté. »

[2] Le 21 avril 1473.

[3] Les *diodars* ou *dewadars*, littéralement porte-écritoires, avaient pour charge de présenter et de lire les requêtes adressées aux princes musulmans. Le premier diodar, qui portait aussi le titre de grand diodar, était un des principaux dignitaires de la cour des sultans d'Égypte.

da canto da la sua maestà misser lo bailo e mi, con i spectabili sopracomiti de la vostra sublimità; et insieme consultassemo, et concludessemo che a la sua maestà io dovesse responder in questa forma. E quanto a la prima parte de le oposition e gravemento che sua maestà dice chel diodar faceva dei marchandanti de la vostra illustrissima signoria, disi a la sua maestà che quella intende molto bene che questa non è la prima opposition che habi fato Mori contro la vostra serenità, ma piui et piui volte ogni anno; e, per la gratia de Dio, sempre è stà componudo et conzado ogni cossa; e che simelmente spero in Dio che questo agravamento suo sè conzerà per si medemo, perchè la fin de l'intention de la vostra celsitudine spero in Dio che Mori presto l'intenderà. A la seconda, che el ditto diodar cazeria Venetiani de la Soria et meteria Zenovexi, respusi a la sua maestà, che quella intende particularissimamente i fati che fano Venitiani in Soria, et quelli che fariano Zenovexi [1]. Et a risposta de le offerte et policitation che ne ha fatto la sua maestà de interponerse de mezo tra la vostra illustrissima signoria et el soldano et diodar de quello, a conzar ogni defferentia, de questo, per nome de la vostra illustrissima signoria, asai ringratiai la sua maestà, dicendo a quella etiam che la vostra serenità fermamente tigniva con ogni certeza che la sua maestà faria plui de quello la diceva per la celsitudine vostra, per reputarse la sua maestà optimo fiol de quella, con altre simele et conveniente parole, in resposta de le sopra scripte cosse. Et con questo, da la sua maestà tolessemo licentia. Famaguste, XXVII Aprilis.

1473, 12 juillet. Du port de Famagouste.

Extrait d'une dépêche de Josaphat Barbaro à la république de Venise concernant la mort du roi de Chypre [2].

Édition de M. Henri Cornet, p. 59.

Serenissimo ducali dominio Venetiarum.

Preterea, marti, a dì VI del presente, vegnando el mercore, el piacete al

---

[1] Il serait superflu d'invoquer ici des témoignages pour attester en effet la supériorité du commerce vénitien sur celui de Gènes, dans la Syrie et en Égypte. Les sultans étaient aussi intéressés que les Vénitiens eux-mêmes à maintenir ce commerce, source de bénéfices considérables pour les deux pays.

[2] Il y a beaucoup de diversité, chez les chroniqueurs les mieux renseignés et les plus anciens, quant à l'époque de la mort du roi Jacques le Bâtard. Après Étienne de Lusignan qui se trompe d'une année entière, et qui place cet événement en 1474 (*Hist. de Cypre*, fol. 183), les écrivains les plus éloignés de la véritable date, aujourd'hui bien

nostro signor Dio chiamar a si per mal de flusso el quondam soprascripto serenissimo re, a cui Dio habi remission a l'anema. La maestà del qual avanti el manchasse, testò, ordenò et lasò el regno suo et la facultà et haver suo in dominio a la serenissima regina Chatarina, excellentissima consorte soa, con condition chel fructo parturirà la sua sublimità, per esser quella in mexi otto, habi a succieder et hereditar el regno e ditto haver suo. Et intravenendo plui una cossa cha un altra de la prefata serenissima sua consorte et heriede, el soprascripto regno habi a devegnir nel primo bastardo de la sua maestà, et manchando l'uno el devegna ne l'altro. Et cusì tuti suo baroni, chavalieri et principali suoi cortesani, avanti morisse la sua serenità, ne le mano de l'antidicta serenissima regina zuroreno de mantegnirli et observarli fedeltade, come, non dubito, plui particularissimamente dal magnifico misser Andrea Corner la vostra serenità sarà avisata [1].

connue, sont Florio Bustron (*Chronica di Cipro*, Ms. de Londres, fol. 204); Lorédano (*Istorie de' Lusignani*, p. 707); Jauna (*Hist. de Chypre*, t. II, p. 1026), et les Bénédictins (*Art de vérif. les dates*, § rois de Chypre), d'après qui le roi Jacques II mourut le 5 juin 1473. Navagiero se trompe également en disant le 6 juin (*Storia Veneziana*, ap. Murat. *Script. Ital.* t. XXIII, col. 1137). Il est plus étonnant que Georges Bustron lui-même, contemporain et quelque temps serviteur du roi, n'ait pas mieux su l'époque de la mort de son maître, qu'il place au mois de juin, du moins d'après le seul Ms. encore connu de sa chronique (Ms. de Londres, fol. 70). Mais nous avons ici un témoin, pour ainsi dire oculaire, au moyen duquel tout est précisé. C'est l'ambassadeur de la république de Venise, qui de Famagouste écrit à la seigneurie le 12 juillet 1473 et lui fait savoir que le roi Jacques a rendu le dernier soupir le mardi, 6 du présent mois, comme on s'approchait du mercredi, c'est-à-dire dans la nuit du mardi au mercredi. La nouvelle de la mort du roi s'étant répandue le lendemain 7, nous trouvons cette date dans les chroniqueurs les plus exacts, Malipiero (*Annali Veneti*, t. II, p. 598) et Sanudo le jeune (*Vite de' duchi di Venez*. ap. Murat. *Script. Ital.* t. XXII, col. 1197). Je m'arrête toutefois de préférence comme plus rigoureuse à la date du mardi 6, puisque le roi mourut avant le mercredi. C'est en effet au 6 juillet 1473 que la mort du roi Jacques est marquée dans son épitaphe même, gravée sur le tombeau du prince à Saint-Nicolas de Famagouste, où Furer d'Haimendorf la vit encore à son passage en Chypre, l'an 1566. Voy. *Itiner. Christoph. Furer ab Haimendorf*, in-4°. Nuremberg, 1621, p. 105. Dapper a reproduit l'épitaphe dans sa *Description des îles de l'Archipel*, p. 31.

[1] Georges (Ms. fol. 70) et Florio Bustron (Ms. fol. 204) écrivant à l'époque où les Vénitiens étaient maîtres de l'île de Chypre, ainsi que Sanudo (*Vite*, ap. Murat. t. XXII, col. 1197), se bornent à mentionner la mort de Jacques II. Coriolan Cippico (lib. II, fol. 38) et Navagiero, (*Stor. Ven.* ap. Murat. t. XXIII, col. 1137) attribuent, sans exprimer aucun soupçon, cette fin subite à un flux de ventre, comme l'avait fait Josaphat Barbaro. La mort d'un prince, quand cet accident n'arrive pas à la suite de circonstances violentes et publiques, est un de ces événements sur lesquels il est très-difficile d'avoir des notions entièrement satisfaisantes. Les assertions les plus positives des auteurs contemporains ne sont pas toujours des preuves suffisantes; tout dépend de l'esprit dans lequel ils ont écrit. On doit en outre se prémunir contre l'opinion, si commune autrefois, qui attribuait trop souvent à des crimes ima-

Item el soprascripto quondam serenissimo re ordenò che i captivi[1] de tute le suo galie fossono liberati; e parte, in vita de la sua serenità, fo licentiati, el resto veramente da poi in libertà fo lassati, in modo che tute quatro suo galie sono state desarmate. La qual cossa non solum a Dio, ma a i homeni è stà cossa acceptissima. Non dubito, serenissimo principo, chel nostro retrovarsi de qui con queste galie de la vostra serenità, è stà utilissimo per ogni scandolo che de facile per la morte del soprascripto serenissimo re poria esser intravenuto; e cusì, per nome de la vostra sublimità, supracripte galie et ogni altra cossa de quella, disi al magnifico misser Andrea Corner soprascripto, per mia parte, a la ditta serenissima regina dovesse offerir.

In trireme, in portu Famaguste, die XII Julii.

1473.

Extrait de la chronique de Georges Bustron, relatif au testament du roi Jacques le Bâtard.

Londres. British Museum. Mss. Arundel, n° 518, fol. 69 v°.

Ἡ διαθήκη του.

Καὶ γνώθωντας τὸ κορμί του κακά, ἠθέλησε νὰ ποιήσῃ διαθήκην, καὶ νοτάρης ὁ μισὲρ Τουμάζος Φικάρδος, ὁ καντζηλιέρης του.

Καὶ ὀρδινίασε κουμεσάριδες εἰς τὸ ριγάτο τὸν Τζὰν Ταφουρὲς, τὸν κόντε τῆς

Ceci est son testament.

Sentant que son corps était mal disposé, il résolut de faire son testament avec le notaire, messire Thomas Phicard, son chancelier.

Et il ordonna commissaires[2] du royaume : Jean Tafures, comte de Tri-

---

ginaires la fin des hommes éminents. En ce qui concerne le roi Jacques le Bâtard, il est difficile de croire pourtant que sa mort soit arrivée naturellement. Il était dans la vigueur de l'âge et d'une forte santé : *nam et ætate integra et corpore robusto*, dit Coriolan Cippico, qui l'avait vu. (*De bello Asiat.* fol. 38.) On peut croire qu'il ne fut pas enlevé tout à coup par un flux de ventre, sans qu'il n'eût reçu en effet auparavant un poison secret. La république de saint Marc, à qui la mort du roi de Chypre donnait un royaume, a été accusée de ce crime par ses ennemis. (Voy. Rinaldi, *Annal. eccles.* 1473, § 3, t. XXIX, p. 542.). Rien n'autorise cependant à aller jusque là. Mais il faut repousser les indignes calomnies de quelques historiens de Venise qui, dans une préoccupation trop manifeste, ne trouvent rien de mieux, pour détourner les soupçons, que de les rejeter sur le parti même de Charlotte de Lusignan, sœur du roi Jacques. Voy. Lorédano, *Hist. de' re Lusignani*, p. 544, et Sandi, *Storia civile di Venezia*, liv. VIII, c. XII; réfuté par M. Daru, *Hist. de Venise*, t. II, p. 451, éd. 1853.

[1] Les gens qui ramaient aux galères.

[2] Littéralement : exécuteurs testamentaires. (Voy. *Assises de Jérusalem*, t. II, p. 135, 544.) Ailleurs, Bustron les nomme gouverneurs γουβερνάτοριδες. Lusignan leur donne ce même titre (*Hist.* fol. 182 v°). Malipiero les appelle commissaires. Voy. *Annal. Ven.* t. II, p. 601.

Τρίπολης, καὶ ἦτον καὶ καπετάνος τῆς Ἀμοχούσ7ου, καὶ τὸν μισὲρ Τζὰν Περὲς τὸν κόντε τε Τζάϕ καὶ Καρπασίων, καὶ καπετάνον τῶν κατέργων, καὶ τὸν κόντε τε Ρουχὰς, τὸν Μορϕοὺ τε Γρινιὲρ, καὶ τὸν μισὲρ Ἀνδρέα Κορνὰρ, ἀδετούρην τῆς Κύπρου, ὁ ὁποῖος ἦτον Θεῖος τῆς Ρίγαινας, καὶ τὸν μισὲρ Τζουὰν Ἀρονιὼν, καὶ τὸν μισὲρ Ρίτζον Μαρηνὸν, τὸν τζαμπερλάνον, καὶ τὸν Πέτρον Ταϐίλα, τὸν κοντοσ7αύλην, τοὺς ὁποίους ὀρδινίασε κουμεσάριδες. Καὶ εἶπεν ἀνίσως · «Καὶ «ὁ Θεὸς ποιήσῃ τὸ Θέλημά του, καὶ «ἀποθάνω, ἀϕίνω τὴν γυναῖκά μου κυ- «ρὰν καὶ ρίγαιναν τῆς Κύπρου, ἡ ὁποία «εὑρίσκεται ἐγγασ7ρωμένη.

«Καὶ ἀνίσως καὶ ποιήσῃ κληρονόμον, «τὸ παιδί μου νὰ ἔχῃ τὸ ριγάτον, καὶ «ἂν τοῦ ἔλθῃ Θάνατος, νὰ τὸ ἔχῃ τὸ «ρίγάτο ὁ πάσ7αρδος, ὁ Τζένιος, καὶ ἂν «ἀποθάνῃ ὁ Τζένιος, νὰ τὸ ἔχῃ ὁ Τζίας, «καὶ ἀνίσως καὶ δὲν ζήσῃ οὔτε ἐκεῖνος, «νὰ τὸ ἔχῃ ἡ πασ7άρδα μου, καὶ ἀνίσως

poli, qui était aussi capitaine de Famagouste; et messire Jean Perez, comte de Jaffa et du Karpas, capitaine des galères; et le comte de Roha, Morpho de Grinier; et messire André Cornaro, auditeur de Chypre, qui était oncle de la reine; et messire Jean Aronion; et messire Rizzo de Marin, le chambellan; et Pierre Davila le connétable[1], lesquels il institua ses exécuteurs testamentaires[2]. Et il dit encore : « Si Dieu fait sa volonté « de moi et si je meurs, je laisse ma « femme maîtresse et reine de Chypre, « laquelle se trouve enceinte.

« Et en outre, si elle met au monde « un héritier, mon enfant aura le « royaume, et si cet enfant vient à « mourir, que le bâtard Eugène ait le « royaume; et si Eugène meurt, que « Janus ait le royaume; et s'il ne vit pas « davantage, que ma bâtarde l'ait[3]; et

---

[1] On donnait le nom de *connétables* aux chefs des hommes d'armes que les derniers rois avaient pris à leur solde. Pierre Davila est désigné dans quelques-uns de nos documents comme ayant été capitaine de tous les gens d'armes de Jacques II; mais il fut connétable du royaume sous Catherine Cornaro. Georges et Florio Bustron disent expressément qu'il fut élevé à cette dignité par la reine au mois de janvier 1474 et qu'il reçut en même temps les fiefs de Rizzo de Marin (Georges, Ms. de Lond. fol. 102). Il paraît donc désigné dans le testament du roi, quoiqu'en dise Lusignan (*Hist.* fol. 182 v°), comme connétable des gens d'armes et non comme connétable du royaume ou grand connétable. Ce dernier office était encore occupé probablement par Carceran Suarès, qui s'enfuit sur une galère napolitaine avec Rizzo de Marin, Jacques Saplana et l'archevêque de Nicosie, au mois de décembre 1473. (Georges, fol. 100; Florio, fol. 210 v°.)

[2] A l'exception de Jean Aronion, peut-être Jean d'Aragon, tous les personnages nommés ici ont été en évidence dans les derniers événements de Chypre.

[3] *La bâtarde.* Le roi Jacques avait eu une autre fille naturelle promise à Sor de Naves, commandant le château de Cérines pour la reine Charlotte de Lusignan, et morte avant le mois de mai 1469. (Voy. ci-dessus, p. 308, n.) Cette fille est appelée Charlotte dans quelques mémoires; celle dont il est question dans le testament du roi porte aussi le nom de Charlotte, *Carlota, Zarla* sur nos pièces et sur son épitaphe, publiée par Salomoni. (*Urb. Patav. inscript.* p. 59, in-4°, 1701). Ses deux autres enfants naturels mâles sont diversement appelés *Eugène, Genio, Gen* et *Jean* ou *Janus.* (Navagiero,

« καὶ πεθάνῃ καὶ ἐκείνη, νὰ τὸ ἔχῃ ὁ
« κοντώτερος κληρόνομος τῶν τε Λαζα-
« νιάδων. Καὶ οὕτως εἶναι τὸ θέλημά μου.
« Ἀκόμη ἀφίνω ἕνα μέγαν τριζόρην, τὸν
« ὁποῖον ἐπῆκα μὲ πολλαῖς σ7ράταις. Καὶ
« τὰ κάτεργα τὰ ἐκράτουν ἁρματωμένα,
« ὅλα νά τά ἁρματώσουν μὲ τὰ ὁποῖα
« ἐκράτουν τοὺς λαοὺς πολλὰ κριταρε-
« μένα. »

Ὁποῖος ἀπόθανεν Ἰουνίου ͵αυογ ἀπὸ
Χρισ7οῦ. Καὶ ὑπῆγαν καὶ ἔθαψάν τον εἰς
τὴν Ἀμάχουσ7ον εἰς τὸν ἅγιον Νικόλαον.
Καὶ εὔγαλαν τὰ ἄντερά του, καὶ ἐβαλ-
σάμωσάν τον. Καὶ εὔγαλαν τοὺς ἀνθρώπους ἀπὸ τὰ κάτεργα, καὶ εὔγαλαν καὶ
τοὺς ἄρχοντας ὁποῦ ἦτον κτισμένοι.

Hist. Venez. ap. Murat. t. XXIII, col. 1137,
1146 et 1156; Florio Bustron, fol. 214.)
En 1477, le sénat les fit transporter à Venise avec leur sœur Charlotte, ainsi que
Mariette, mère du roi Jacques; ils furent
ensuite renfermés au château de Padoue,
où ils moururent.

[1] Les uns, dit Florio Bustron, comprirent
que le trésor laissé par le roi était la troupe
de soldats braves et bien exercés qu'il avait
réunis de divers pays; d'autres crurent qu'il
s'agissait réellement d'un trésor. Cela occasionna beaucoup de recherches et fit mettre
bien des personnes à la question, parce qu'on
supposait qu'elles connaissaient l'endroit où
le roi avait enfoui son argent. Ms. de Londres,
fol. 204, v°.

[2] Ἰουνίου, ce qui est une erreur. Le roi
Jacques mourut au mois de juillet.

[3] Ἄρχοντας, probablement les personnes
mises en prison lors du soulèvement de Famagouste et du meurtre d'André Cornaro.

« si elle meurt également, que le plus
« proche héritier des Lusignans ait le
« royaume. Telle est ma volonté. Je
« laisse en outre un grand trésor [1], que
« j'ai recueilli avec beaucoup de soin;
« qu'on entretienne toutes les galères
« que j'ai eu toujours armées, et avec
« lesquelles j'ai tenu les peuples en res-
« pect. »

Il mourut au mois de juin [2] 1473 du
Christ. On l'inhuma, et on le mit dans un
tombeau à Famagouste, à Saint-Nicolas,
et on enleva ses entrailles et on l'em-
bauma. On délivra les hommes des galères, et on fit sortir également les notables [3] qui étaient en prison [4].

[4] On lit dans Malipiero : « El re Zacco
« morite a 7 de lugio, e la rezina rimase gra-
« vida. E per testamento del' re, fo instituido
« heriede del regno, e de tutto 'l so haver la
« rezina, e la creatura che doveva nascer
« de quella gravedanza; e mancando l'un e
« l'altro, succedesse 'l mazor fio bastardo,
« che all' hora haveva cerca cinque anni; e
« dapuò d'esso, succedesse 'l menor, e per
« terzo, una fia bastarda. Haveva 'l re 33 anni
« non finidi, e ha lassà al governo del regno
« don Andrea Corner so barba, el conte de
« Tripoli, el conte de Rocas e 'l conte del
« Zaffo. Tutti i principali dell'isola zurò fe-
« deltà alla rezina, e essa ghe ha zurà l'osser-
« vantia de i so privilegii : e se ben el governo
« è stà lassà in man de i nominadi, niente de
« manco tutti fa capo con Andrea Corner, ne
« sè fa più ne manco de quel che'l vuol esso;
« e fin quà tutti sè contenta per la so huma-
« nità e prudentia. » Annali Veneti, publ. par
M. Sagredo. t. II, p. 598.

XVII.

CATHERINE CORNARO ET JACQUES III DE LUSIGNAN,
SON FILS,
REINE ET ROI DE JÉRUSALEM, DE CHYPRE ET D'ARMÉNIE.

6 JUILLET 1473 — 26 AOUT 1474[1].

1473, 24 août. De Venise.

Le sénat de Venise, à la nouvelle de la mort du roi Jacques, ordonne au capitaine général Pierre Mocénigo et aux provéditeurs de se transporter immédiatement en Chypre avec la flotte de la république pour veiller à la sécurité de la reine et du pays; après avoir assuré la défense du royaume, le généralissime reprendra la mer afin de suivre les événements de la guerre contre les Turcs; il retournera en Chypre avec toute la flotte, s'il apprend que l'amiral de Naples veut se rapprocher de l'île[2].

Venise. Arch. génér. Conseil des Prégadi. *Secreti*, XXVI, fol. 25 v°.

M CCCC LXXIII, die XXIV Augusti.

Capitaneo generali maris et provisoribus classis.

Diversimode nuntiatum est nobis serenissimum dominum regem Cypri diem suum clausisse extremum. Quod auditu molestissimum nobis fuit, et

---

[1] Jacques III naquit à Famagouste le 27 août 1473, suivant Georges Bustron (Ms. de Londres, fol. 78); le 28 août à quatre heures de la nuit, suivant Malipiero (*Annal. Ven.* t. II, p. 599). Il fut baptisé le 26 septembre, en présence du capitaine général Pierre Mocenigo, du baile des Vénitiens Nicolas Pasqualigo, de l'ambassadeur Josaphat Barbaro et des officiers de la flotte de Venise, alors à Famagouste (M. Cornet, *Lettres de Barbaro*, p. 90); il mourut en cette ville l'année suivante 1474, le 26 août. (Malipiero, *Annali Venet.* t. II, p. 604; Florio Bustron, Ms. de Londres, fol. 214, v°.)

On remarquera l'importance nouvelle qu'acquièrent les documents de ces dernières époques de notre histoire, et l'intérêt qui s'attache en général à toutes les pièces extraites des archives de Venise, depuis le mariage du roi Jacques le Bâtard avec Catherine Cornaro. J'appelle particulièrement l'attention sur les instructions remises en 1474 aux conseillers et au provéditeur chargés, pour la première fois, d'aller assister la reine de Chypre au nom de la république de Venise. Il serait difficile de trouver dans les écrits politiques du temps une plus haute prévoyance unie à une réserve aussi prudente; et jamais peut-être d'aussi sages principes pour le gouvernement des peuples n'ont été exposés dans un langage plus modéré et plus ferme à la fois.

[2] Le 2 septembre 1473, le sénat écrit à la reine de Chypre pour l'assurer de ses bonnes dispositions et lui promettre sa protection dans toutes les éventualités; il l'avise qu'ordre est donné à Mocénigo de laisser toujours dans le port de Famagouste au moins cinq galères à ses ordres. (*Secreti*, XXVI, fol. 29, v°.)

quia personam majestatis sue prosequimur benivolentia et amore, et quia regnum illud et conservatio atque perpetuatio heredum majestatis predicte in statu illo nobis est vehementissime cure et solicitudini ut ullam rerum nobis charissimarum magis esse non possit. Incerti sumus veritatis tam molesti nuntii, sed certissimi sumus quod, si verum est majestatem predictam decessisse, vos non expectaveritis mandatum sive ordinem ullum nostrum, sed jam feceritis id quod nos impresentiarum scripturi et imposituri venimus. Nihilominus, ne forte aliqua dubitatio vos ancipites teneat, declaramus vobis, volumus et cum nostro consilio rogatorum mandamus ut, si ita est quod majestas predicta obierit, et a vobis jam sufficienter prospectum non fuisset securitati status serenissime regine, sed in periculo illam esse intelligeritis ex aliquo intestino dissidio vel aliter, in hoc casu, vos, capitanee et provisores, cum classe nostra, relictis in partibus superioribus versus Elespontum, si vobis visum fuerit, a quatuor usque in sex galeis ad tutamentum nostrorum, ad predictam insulam Cypri accedatis quanto potestis celerius et festinantius, et cum serenissima regina filia nostra sitis, secumque casum indoleatis nostro nomine cum verbis convenientibus. Hortemini ut, erecto animo, sit ad conservationem regni et status sui; et cum ea vos intelligatis super tutamento et firmamento status illius ad subjectionem suam et nascituri, sive forte jam nati, heredis ejus; fulcirique suadete, procurate et efficite cum bona regine voluntate civitatem et arcem Famaguste et castella Cerines, Limisso et Baffi et cetera, si qua sunt, munita in insula loca fidelissimis stipendiariis et hominibus.

Et purgate atque assecurate curiam, regimen sive gubernium illud quocumque averso ab hac intentione et suspecto serenissime regine viro, ut in nostra manu ad regine nomen, cum sua bona voluntate, sit, sine renitentia ullius vel discrimine. Regnum predictum conservate eidem regine et heredibus ex ea regiis, et providete ne insula illa aliquo casu in manus deveniat alienas. Intelligitis nostram intentionem, utimini prudentia, solertia et tanto studio consilii et animi ut laudari ex omni parte, in nulla reprehendi possitis. Et si ad fulcimentum fortiliciorum, vel qui in eis essent vel alii contra regine voluntatem reniterentur, vos utimini non solum arte et ingenio, promissionibus pecuniarum, feudorum et quarumcumque aliarum rerum, sicut rei prodesse noveritis, sed etiam viribus et machinis si fuerit opus pro obtinendo illa et assecurando statum illum, ne aut ab aliis occupetur vel dividatur, sed unitus sub bona gubernatione maneat ad subjectionem ut diximus regie hereditatis.

Quando vero a vobis jam provisum sufficienter esset, aut aliter intelligeritis accessum vestrum non esse cum tota classe necessarium, sed in manu regine esse fortilitia et totum regimen, et omnia esse in regno illo tranquilla, indigereque aliquo mediocri tantummodo favore demonstrationis et reputationis, in hoc casu, vos per missionem alterius vestrum provisorum, cum illo numero galearum que vobis sufficiens videatur, aut aliter, majestatem suam visitari facite, hortemini, firmate et stabilite, sicut expediens fuerit et opportunum. Et vos, capitanee, cum reliquo classis et cum legato apostolico et regio capitaneo, attendite ad ea que majus sublevamenti nostri et hostis majoris opresionis esse possint juxta nova que de progressibus illustrissimi domini Ussoni[1] fueritis advisati, et juxta alia mandata nostra.

Et si forte, sine vobis, regius capitaneus[2] ad illam insulam se conferre vellet, vos, cum tota classe et cum legato apostolico, vobiscum ad predictam insulam festinanter accedite, et procurate ac facite quantum superius diximus. Et advertite quod capitaneus predictus regius obesse nullomodo nostre intentioni possit.

Principaliores dominos et barones illius gubernii, quemque pro conditione et statu auctoritateque sua, humaniter et benigniter loquimini, suadete et hortemini ad unionem, bonam et fidelem intelligentiam, devotamque obedientiam erga reginam; quam omnibus declarate nos esse omnibus nostris viribus, sustentaturos et penitus in statu illo conservaturos cum regia prole. Et unicuique promittite possessionem et retentionem prediorum et beneficiorum suorum, cum melioramentis et augmento, sicut erunt uniuscujusque merita. Et si alterum provisorem mitteretis, committite ut hoc ipse faciat, ut qui regine favorabiles et devoti sunt, et confirmentur in opinione recta et fide eorum; ceteri autem quorum forte esset ambigua voluntas, mutent illam, et omnes fideles efficiantur, et omnia transeant, stabilienturque cum tranquillitate, si fieri potest[3].

---

[1] Ouzoun-Khassan, roi de Perse.

[2] L'amiral du roi de Naples, uni aux Vénitiens contre les Turcs, mais séparé d'eux en ce qui concernait Chypre. Le 4 octobre, le sénat, informé que l'archevêque de Nicosie avait quitté sans bruit la ville de Naples avec un secrétaire du roi Ferdinand pour passer en Chypre, renouvelle expressément au capitaine général l'ordre de se rendre dans l'île avec toute la flotte, si l'amiral napolitain venait dans ses eaux. Avis particulier de cette recommandation est aussi donné à Josaphat Barbaro, alors en Chypre, et envoyé comme ambassadeur au roi de Perse à la place de Catherino Zen. Le conseil des Prégadi déclare que la conduite de la république de Venise en ces circonstances a l'entière approbation du saint siége, de l'ordre de Rhodes et du duc de Bourgogne. (*Secreti*, XXVI, fol. 35.)

[3] La république n'était pas rassurée sur les dispositions des Catalans et des nobles

Ire PARTIE. — DOCUMENTS.

[1] 1473, 2 et 7 novembre, 21 et 26 décembre. A Venise.

Extraits des dépêches et des décisions du sénat transmises au capitaine général de mer et aux provéditeurs de la flotte, relativement aux affaires de Chypre.

Venise. Arch. génér. Conseil des Prégadi. *Secreti*, XXVI, fol. 41 v°, 42, 54 v°.

Capitaneo nostro generali maris.

Nota est vobis cura et solicitudo animi nostri de conservatione status regni Cypri sub presenti gubernatione ad successionem regie ex nobile cive nostra stirpis nate. Et quum, ex insidiis que per reginam veterem[1], favente

chypriotes qui voyaient avec regret un pouvoir étranger s'établir de plus en plus dans l'île. Elle craignait avec raison que l'espoir de reconquérir leur indépendance ne les jetât dans quelque folle insurrection. Le 17 juillet 1473, Josaphat Barbaro écrivait de Famagouste à la seigneurie : « Non obstante « che in le soprascripte habi ditto, come è « vero, per quanto me ha refferito el magni- « fico misser Andrea Corner, che tuti baroni, « chavalieri, e principali servidori che fo de « questo quondam serenissimo re habi ne le « mano de la serenissima consorte soa zurado « obedientia e fedeltade, niente de meno, « come la vostra serenità, per la sua summa « sapientia pol intender, de questo regno sè « ne dè haver, per asaissimi respeti, grande- « nissima suspicion, et potissimum per molte « male spine è in quello, e maximamente per « la nation Chatelana, la qual in ditto regno è « principalissima. » M. Cornet, *Lettere*, p. 67.

On voit dans une autre dépêche du 12 novembre toutes les appréhensions de Barbaro sur l'état du pays, l'agitation du parti catalan excité encore par l'arrivée de l'archevêque de Nicosie : il pressent une catastrophe. « Si « che vostra serenità intende el poco favor « viene a conseguir a questo stato e maxima- « mente ai grandissimi besogni e sospeti de « quello, dei qual in verità son molto ansioso « e temeroso per respeto de la nation Chate-

« lana, laqual son la prima e principale in « questo regno; e per esser azonto, hozi terzo « zorno, do galie de la maestà del serenis- « simo signor re Ferdinando a san Zorzi, de « qua da Baffo, laqual ha condutto el reve- « rendo arciveschovo de Nicosia; el qual li è « desmontado, et a sè conferito qui, et dice « su quelle esser uno ambassador del ditto « serenissimo re delegado a questa serenis- « sima regina, el qual con le ditte galie ancor « non è azonto qui, nonobstante i zentilissimi « tempi usano; per laqual cossa non ston « senza grandenissimo pensier et suspeto de « asaissime cosse poria occorrer. » M. Cornet, *Lettere*, p. 93. Deux jours après éclatait la révolte de Famagouste.

[1] Charlotte de Lusignan allait sans cesse d'Italie à Rhodes, espérant trouver l'occasion de rentrer dans l'île de Chypre et de reprendre la couronne qu'elle méritait si bien. Elle fit auprès du généralissime vénitien lui-même une tentative, dont Coriolan Cippico, l'un des officiers de la flotte, rend compte en ces termes : « Dum imperator in « his occupatus est, venerunt ad eum duo ora- « tores missi a Karola, Cypri regis sorore, quæ « jam multis annis regno a fratre expulsa, « Rhodi morabatur. Hæc nupta est Lodovico, « ducis Allobrogum filio, viro ignavo, qui, « relicta uxore, domi, inter concubinas luxu- « riose vitam degit[a]. Oratores imperatori re-

---

[a] Odieuse calomnie, répétée par Navagiero (*Stor. Ven.* ap. Mur. t. XXIII, col. 1138), et démentie par la vie entière de Louis de Savoie. Non seulement les chroniques de son pays font l'éloge de ses vertus domestiques (*Monum. Patriæ, Script.* t. I, col. 617, 662), mais le vénitien Malipiero lui-même dit : « Fu homo molto devoto, ma non troppo atto al « guerizar, » *Annal. Ven.* t. II, p. 597.

forte religione Rhodi et maonensibus Chii[1] et aliis, de quibus vobis aliquam noticiam dedimus, secui possent adversus statum predictum, reputamus quinque triremes Famaguste manere in presidio ordinatas non esse sufficientes ad omnimodam securitatem; deliberavimus ut alter ex provisoribus nostris cum aliis tribus triremibus ultra priores quinque deliberatas vadat ad insulam predictam, et in ea stet presenti hieme et donec aliud jusserimus[2].

M CCCC LXXIII, die VII Novembris.

Quod scribatur capitaneo generali maris quod si forte serenissima domina regina Cipri vellet conducere ad sua stipendia Thomasium de Imola[3], cum peditibus et sclopeteriis nostris, missis cum galeis munitionum, injungat provisori classis mittendo per eum in Cyprum, ut ipsum Thomasium assentiri debeat ad stipendia predicte serenissime regine.

M CCCC LXXIII, die XXI Decembris.

Importantia rerum Cypriarum exigit ut magnanime et validissime pro-

« ferunt regem Cyprium mortuum esse, a
« quo Karola hæreditario regno per injuriam
« expoliata erat. Proinde orant imperatorem
« uti amici olim regis Cyprii filiam, et fœde-
« rati Venetorum Allobrogum ducis nurum,
« suis opibus, ad recuperandum hæredita-
« rium regnum juvare velit, asserentes Ka-
« rolam ex legitima uxore, fratrem ex concu-
« bina natum esse. Tunc imperator respondit
« Jacobum regem Cyprium, socium et fœde-
« ratum Venetorum, regnum legitime posse-
« disse : non enim legum formulis, aut litium
« contestatione, sed armis atque virtute regna
« in jus principum cedere; regnum autem
« non tantum sorori, verum etiam Genuen-
« sibus, qui multo tempore meliorem partem
« insulæ per tyrannidem occupatam tenebant,
« propria virtute recuperasse, ac jure posse-
« disse, affirmat. Nunc reginam, per adoptio-
« nem senatus Veneti filiam, cum posthumo
« (quoniam gravida erat), regni hæredem re-
« lictam esse; quam et senatum venetum et
« se contra omnes reginæ aut regno injuriam
« inferre volentes defensurum affirmat. Ora-
« tores, accepto responso, tristes recedunt. »
(*De Bello Asiat.* lib. II, fol. 41 v°, éd. Venise, 1594.) Navagiero, pendant les années 1473 et 1474, traduit de longs passages de Coriolan Cippico (*Stor. Venez.* ap. Murat. t. XXIII, col. 1138); Malipiero a des informations toutes personnelles, quelquefois très-particularisées, et qui jettent un jour nouveau sur ces événements. (*Annal. Ven.* publ. par M. Sagredo, t. II, p. 599.)

[1] Les Génois établis à Chio. Cette île était depuis le XIV° siècle possédée et régie par une mahone, analogue à celle qui avait occupé pendant quatre-vingt-dix ans la colonie de Famagouste.

[2] Le 7 novembre, la reine est avisée que les huit galères stationneront dans le port de Famagouste aux frais de la république; la reine est seulement priée de pourvoir à la provision du pain. *Secreti*, XXVI, fol. 42.

[3] Thomas, de la ville d'Imola, en Romagne, était chef des artilleurs que la république de Venise envoyait à Ouzoun-Khassan avec l'ambassadeur Barbaro et de nombreux présents (Cor. Cippico, *De bello Asiat.* lib. II). Il se trouvait à Famagouste lors du soulèvement du 15 novembre et contribua à faire rentrer les Chypriotes dans l'obéissance. Voy. plus loin la dépêche de Barbaro sur cette insurrection.

visiones fiant, et proinde vadit pars quod collegium habeat libertatem, cum omni celeritate et festinantia, facere stratiotas vi^c ex illis Amoree, Jacinthi[1] et aliunde, sicut melius et celerius videbitur; item conducere festinanter usque ad numerum II millia peditum, mittendorum in Cyprum[2].

M CCCC LXXIII, die XXVI Decembris.

Capitaneo generali maris et provisoribus classis.

Ve demo libertà et auctorità che, essendo de bixogno per haver la forteza de Famagosta o de Cerines, possate spender fino a la summa de ducati 5,000 per chadauna; non restando perhò, se altramente dicte forteze ottenir non potesti, spender fino a la summa de ducati x millia per chadauna, over prometter a quello o quelli che ve deseno dicte forteze provision annual de ducati 500 fin mille a l'anno tra tuti per chadauna de dicte forteze[3].

[1473], 15 novembre. De Famagouste.

Dépêche de Josaphat Barbaro rendant compte à la république de Venise du soulèvement des Chypriotes contre les Vénitiens, à Famagouste, du meurtre d'André Cornaro et de Marc Bembo, oncle et cousin de la reine Catherine, de Paulin Zappe, son conseiller, et de Gabriel Gentile, son médecin; enfin de l'audience donnée par la reine à l'ambassadeur du roi de Naples, dans la journée du 15 novembre[4].

Public. de M. Henri Cornet, p. 95. *Lettere al senato veneto di Giosafatte Barbaro ambasciatore ad Usunhassan re di Persia.* In-8°. Vienne. 1852.

Illustrissimo ducali dominio Venetiarum.

Questa note preterita, cercha a hore XI, essendo nel leto, premeditando molte e diverse cosse, alditi verso la piaza uno inusato son de campana, de

---

[1] Zante, l'une des îles Ioniennes.

[2] Le 6 janvier 1474, le sénat place toutes les troupes de cavalerie et d'infanterie envoyées en Chypre sous le commandement du provéditeur Jacques Marcello. *Secreti,* XXVI, fol. 57.

[3] Il est difficile de prescrire plus ouvertement l'emploi de ces moyens de corruption dont Venise a si largement usé dans son gouvernement et dans sa politique. On éprouve un certain regret en lisant de semblables recommandations dans les monuments d'une nation à tant d'autres égards si digne d'être imitée.

[4] Cette dépêche fut écrite, comme l'on verra, à Famagouste même, au milieu de l'insurrection et terminée dans la nuit du 15 au 16 novembre. La chronique de Georges Bustron est encore plus développée; les détails qu'elle donne sur ces événements sont trop étendus pour être rappelés ici; ils trouveront leur place dans le récit historique. Cippico avait été envoyé en Chypre, en avant du provéditeur Victor Soranzo et du généralissime, aussitôt que l'on avait appris la mort du roi Jacques le Bâtard et la première agitation des Chypriotes. (*De Bello Asiat.* lib. III, fol. 47, éd. 1594.)

che subito imagini che questa terra sè levasse a remore; per la qual cossa chiamai suso el mio fameglio, e disili chel sè dovesse far a la fenestra, e star attento se el sentiva remor alguno, sentando mi ulular e latrar assaissimi cani. El qual mio fameglio disse sentir molti per le strade.

Intendando tal cossa me levai de leto, et nel mio balcone senti uno trazer pieresele [1], el qual per mi adomandato chi l'era e quello l'andava fazando, el me respoxe esser fameglio del magnifico misser Andrea Corner [2], con el qual steva contiguo a muro a muro, et disseme che la terra sè haveva levata a rumore, e che tuti concorrevano al palazo, e che la magnificencia del prefato magnifico misser Andrea me mandava a dir che me dovesse conferir à caxa de la magnificencia de misser lo bailo, dove subito me ne andi; e lì trovai sue magnificencie. Et el ditto misser Andrea ne confortò, persuase et exhortò che, per el remor i era a palazo, sè ne dovessamo lì andar, per conforto de quella serenissima regina. Essendo el mal tanto avanti, parsene per lo meglio non sè slontanar da caxa; et non possendo proveder ad alcuna cossa, non ma star a veder de quel che occorreva el successo, me ne torni a caxa, la qual è convicina a quella del ditto magnifico bailo; ne la qual apresso de mi sè adunò el strenuo contestabele Thomaso da Imola [3] con tuti suo compagni con le suo arme, per esser fati chiamar per mi, per ogni bon respeto. Et simelmente fece tuti li altri contestabeli con li suo schiopetieri, da i quali intisi che in palazo i era gran numero de zente armata, le quale haveva amazato misser Polin Zapa [4], e misser maistro Zentil [5], miedego de la prefata serenissima regina.

[1] Jeter des pierres, des cailloux. Note de M. Cornet.

[2] Cippico fait ce portrait d'André Cornaro, dont nous allons voir ici la mort: « Erat « Cypri Andreas Cornarius, reginæ patruus, « vir mansueti animi, atque benigni ingenii, « ab adolescentia optimis moribus institutus : « potiusque injuriam pati quam inferre pa- « ratus. Hujus consilio regina in administra- « tione regni maxime utebatur. » (*De Bello Asiat.* lib. II, fol. 45, v°.) Barbaro, dans la suite de la présente dépêche, se plaint de la faiblesse de caractère d'André Cornaro, de son peu de capacité et de la réserve jalouse qu'il mettait à lui communiquer les affaires du gouvernement.

[3] L'un des capitaines d'hommes d'armes. Voy. p. 352, n. 3.

[4] Nous apprenons de Georges et de Florio Bustron que Paul ou Paulin Zappe fut tué par le chambellan du royaume Rizzo de Marin, l'un des chefs du parti du feu roi opposé aux Vénitiens. Paulin Zappe avait été ambassadeur en Europe sous le règne précédent (voy. ci-dessus, p. 66, n.). Son nom, souvent altéré, est écrit dans les éditions de Coriolan Cippico, *Polinzapa* et *Polincapa*. Voy. *De bello Asiat.* lib. III. Georges Bustron le nomme Paul Zapous. *Chron.* Ms. de Londres, fol. 26, 83, 84, v°.

[5] Paulin Zappe et Gabriel Gentile étaient considérés avec André Cornaro et Marc Bembo, comme les conseillers intimes de la reine et les vrais gouverneurs du royaume, depuis la mort de Jacques le Bâtard. Ce furent les premières victimes des conjurés.

Et parse che in questo mezo, el soprascripto magnifico misser Andrea andasse al chastello et intrò in quello; e subito, non so per qual casone, sua magnificencia usite fuora, et sul ponte levador del ditto, inscontrato da misser Rizo, gubernator del quondam serenissimo re Jacomo, con cercha XII chavali, fo crudelissimamente amazato e butato nel fosso. Et simelmente feceno i traditori del nobel homo misser Marco Bembo, fradel de misser Piero, el qual i era in compagnia con sua magnificencia, a le anime de li quali el nostro signor Dio, per suo clementia, perdoni.

Poi veramente da mi a caxa el vene el conte de Tripoli[1], el qual disse volerme parlar; per la qual cossa el fici vegnir suso, e nella mia camera sè redusesemo. Dove, per parte de tuti i governadori de questo regno, el me have a dir che per el ben e conservacion del stado de questa serenissima regina, e aziò che quello non vada in preda, i voleno proveder, e chel me piacesse far desarmar tute le zente haveva in caxa, e mandar le arme a lor signoria. Al qual respusi, che de le ditte zente sua magnificencia, nè i prefati magnifici gubernatori prendese alcuna suspicion, perchè quelle è concorse e da mi adunate per reservation e segurtà de la mia persona; e che sopra la

---

Gentile, attaqué d'abord par Rizzo, fut poursuivi et massacré par ses gens dans la chambre même de la reine. Le roi Jacques, dont il avait été médecin, lui avait donné plusieurs villages. (Voy. p. 240, n. 5 et 261, n. 8).

[1] Jean Tafures, comte de Tripoli, capitaine de Famagouste. C'était une des créatures du roi Jacques le Bâtard. Il se trouvait aux Salines simple patron de barque ou de caravelle, quand le jeune prince, à peine âgé de dix-sept ans, vint secrètement à Larnaca, s'enfuyant de Nicosie où il avait fait tuer sous ses yeux le chambellan Thomas, soupçonné d'avoir conspiré contre l'infant de Portugal, mari de sa sœur Charlotte (voy. ci-dessus, p. 81). Le roi Jean II vivait encore à cette époque, et Jacques était en bonnes relations avec sa sœur, héritière de la couronne. Dès que l'apostole arriva aux Salines, Jean Tafures lui offrit de monter sur sa caravelle, l'aida à passer à Rhodes et s'attacha pour toujours à lui (Georges Bustron, Ms. de Londres, fol. 6 v°; Florio Bustron, 176 v°; Lusignan, fol. 158). Revenu à Nicosie avec le prince Jacques, déjà investi de l'archevêché par son père, Tafures devint un de ses partisans, et l'on peut dire de ses séides les plus exaltés. Le vicomte de la ville, Jacques Gourri, s'étant prononcé contre le bâtard, Tafures le saisit et l'amène aux pieds du prince qui le fait massacrer (Florio Bustron, Chron. fol. 177). Jacques récompensa son dévouement par de nombreux fiefs, le créa comte de Tripoli, capitaine de Famagouste, et le désigna à sa mort comme le premier commissaire gouverneur du royaume (ci-dessus, p. 345). Sa conduite fut douteuse pendant l'insurrection de Famagouste; aussi, l'année suivante, se vit-il retirer la place de capitaine de la ville, qui fut donnée par la reine à Gonsalve Perez (Georges, fol. 103 v°; Florio, fol. 212). Il quitta dès lors l'île de Chypre, et agit ouvertement contre les Vénitiens avec le parti napolitain. Une pièce des Prégadi, imprimée ci-après au 28 décembre 1474, le signale comme un des ennemis les plus dangereux de la reine Catherine Cornaro. Je ne sais s'il tomba dans les mains des Vénitiens; mais je donne plus loin un décret du sénat du 30 octobre 1476 qui prescrit d'enlever sa famille de Chypre et de l'amener à Venise.

mia testa i stesseno securi che per quelle non li saria fato ofensa, nè novità alguna, e che de le ditte i sè ne volessemo star securi de ogni suspeto, che per capo i potesse andar. El quale me regratiò asai, e disseme che chadauna persona de la condition mia, habiando el modo come ho mi, per respeto de la reputation de la vostra illustrissima signoria, haveria fato cusì in questo caso come ho fatto mi, e che el bon et optimo animo mio el refferiria a li soprascripti magnifici signori gubernatori, e da mi el sè partite.

Poco de poi, el magnifico gran contestabele de questo regno[1] me mandò a dir per do volte per uno suo fator, che, per l'amor et benivolentia chel me haveva, el me feva dir che, per morzar la furia de le suo zente, dovesse far quanto me haveva ditto el prelibato magnifico conte de Tripoli. Al qual fator respusi che non dubitava che la magnificencia del ditto gran contestabele intendeva quanto haveva resposto al ditto magnifico conte, de che se pur sue magnificencie voleva comandar plui una cossa che una altra, che personalmente le sè degnasse vengnirmelo a dir, che tanto obediria.

E poi, tra poco spacio de tempo, el vene da mi el reverendo arcivescovo de Nicosia[2] et el magnifico misser Sanson, conte[stabele][3] de Jerusalem, per

---

[1] C'était encore sans doute Carceran Suarès. Voy. p. 346, n. 1.

[2] Louis Perez Fabrice, Catalan. J'ai rappelé (ci-dessus, p. 311, n.), au milieu de quelles circonstances il avait été créé archevêque de Nicosie, nonobstant les efforts de la république de Venise, pour empêcher que cette influente dignité ne fût remise à un Catalan. C'est lui qui provoqua le soulèvement de Famagouste, en faisant lire publiquement des lettres du pape Sixte IV, qui encourageaient les Chypriotes à conserver leur indépendance. Georges et Florio Bustron complètent, à cet égard, la dépêche de Josaphat Barbaro très-réservée sur certaines questions. Malipiero, en racontant ces événements, montre bien que le roi Jacques le Bâtard dans les derniers temps de son règne avait perdu la confiance de la république de Venise, et qu'il était devenu un auxiliaire insuffisant pour sa politique : «Re Zacco «ne i negotii della terra co'l re de Persia «s'haveva descoverto nemigo della signoria, «talchè sè ha de ringratiar Dio che l'habbia «fatto morir, e che quel regno sia pervegnudo «in nostre man. Alguni no contenti della so «fortuna, no smaridi per el successo della «morte d'altri, ha comenza a tentar novità; «e tra altri l'arcivescovo de Nicossia, che, «de ordene de Ferando d'Aragona, re de «Napoli, ha dessegnà de maridar la bastarda «del re morto in don Alfonso bastardo d'esso «re de Napoli, e ha comunicà el so pensier «a molti di principali, mettandoghe d'avanti «che se le nozze succiede, loro sarà patroni, «perchè, siando i jugali tutti do fanzuli, «non poderano disponer de cosa nessuna; «ma prima era necessario de levarse de «mezzo Andrea Corner barba della rezina «Catherina. E tanto ha ditto, che i ha per«suasi, etc.» *Annali Veneti*, t. II, p. 599. La suite de la dépêche de Barbaro nous apprend que l'archevêque arrivant de Naples était débarqué à Limassol le 10 novembre précédent, cinq jours avant l'insurrection. Il vint à pied de Limassol à Famagouste.

[3] Messire Sassons de Norès, après avoir été grand provéditeur ou grand bailli de la secrète, sous le roi Jacques le Bâtard (ci-dessus, p. 207), fut créé *connétable de Jérusalem*

nome de li gubernatori soprascripti, i quali me persuadeteno grandemente, che sopra ogni segurtà de la persona mia, dovesse far quanto ho soprascripto, over desarmate le ditte zente mandar le arme sopra le galie, dove quelle ancor sè adunasse, se adunar i sè volevano, se non, che i fesseno come li volesse. A li quali ut supra respusi, e che se pur li prefati signori gubernatori mel commandava, che li obediria, sì nel far portar le arme ne le ditte galie, e in quelle mandar le ditte mie zente, chel faria, e che de plui ancor mi usiria insieme con quelle, per esser le qual sotto mio governo. I quali me disseno, che questo i non dicevano per mi, perchè mi da tuti saria honorato e reverito, per reverentia de la vostra illustrissima signoria, e che questo mandato i non faria per quanto li è a charo la salute propria; ma quel che i fevano, i fevano per bene, incargando et opponendo grandenissimamente al ditto quondam magnifico misser Andrea. Et conclusive, non romagnando contento de romagnir solo e nudo quì dentro, disili per condition de questo mondo[1], quì senza i ditti contestabeli voleva romagnir. I quali, intendando questa mia diffinitiva deliberation, me pregoreno che dovessamo tuti tre insieme andar a caxa de la magnificencia de misser lo bailo soprascripto, a consultar questa cossa meglio insieme con la sua magnificencia, et cusì fici.

Al qual magnifico bailo, preposto per mi quanto me haveva ditto le suo signorie e la resposta haveva fatto a quelle, sua magnificencia aprobò el parer mio, dove uniti tuti nui, la reverentia del ditto monsignor respoxe con el ditto misser Sanson, per rechiesta mia, che i erano contenti che fesse desarmar le ditte zente, e che apresso de mi tignisse le arme. E con questo dal ditto magnifico misser lo bailo sè partissemo, e i ditti monsignor e conte[stabele] de Hierusalem, con largissima ciera al tuto, me volse acompagnar a caxa.

Questo scandolo, serenissimo principo, per zegni e per altre assai iacture za plui zorni, come per la lettera mia con le presente alligada e dada a i XII del instante, ho antiveduto, sì per pigritia et pusalanimità del ditto quondam magnifico misser Andrea[2], come per assaissimi altri respeti, denotando a la vostra serenità chel ditto misser Andrea, a cui Dio perdoni, da poi che son quì fermamente, che è da i XXIII de septembrio in qua, mai non me ha parlato, salvo cha tre fiate, che è da quinto zorno in qua per el vegnir

au mois d'octobre 1473 par la reine Catherine. (Georges Bustron, Ms. de Londres, fol. 82.)

[1] Peut-être au Ms. *modo*.
[2] Voy. ci-dessus, p. 354, n. 2.

de le do galie da Napoli a questa isola, le qual ha conduto el prefato arzivescovo et uno ambassador del serenissimo re Ferdinando, el qual hozi è stà per la porta da terra tolto dentro; et hozi terzo zorno, el ditto monsignor arzivescovo da Limiso a piedi quì sè conferite[1].

Al qual soprascripto magnifico misser Andrea, presente el spectabile misser Augustin Contarini e Domenego Gyrrhardo, mio cancellier, ne la mia camera, la segonda note avanti tal novità, disi de la gran sua pegritia, la qual saria cason de far perir questo regno; et disili perchè lui non haveva fornito nè forniva el castello de questa terra; e che ben el sapeva chel non haveva non ma a commandarme, che a uno voltar de ochio li deva da meter dentro dal ditto chastello contestabeli, schiopetieri, e provisionadi da cento, come optimamente el poteva consyderar et sapeva che haveva el modo de farlo. Et arecordili altre asaisime cosse e provisione. El qual misser Andrea me disse che lui non lo haveva fatto per non far mormorar questi soprascripti signori gubernatori, e chel intendeva ben che questo regno steva apicato a uno chavelo[2]. A la qual resposta, mazor e plui efficacissimamente el conforti, chel sè volesse fortificar, et el regno de questa serenissima regina si fatamente stabilir, chel non havesse dubito poi, con el favor de la illustrissima signoria vostra, de alcuno; e che i suo respeti soprascripti lo i dovesse meter da uno canto. El qual da mi si parti senzo altro dirmi.

Le porte de la terra son serate e ben custodite, e desyderando far a saper a i spectabili sopracomiti, misser Daniel Malipiero e misser Piero Soranzo[3], i quali sè atrovano con le suo galie soli in questo porto, come per le alligate denoto a la vostra sublimità, quanto era occorso e seguito per mezanità de i prefati signori, li fici a saper; et ficili dir che i dovesseno star cusì a guardar come seguirà le cosse da quì in avanti. Li quali disseno de far come per mi li sarà arecordato.

A di XIV, da matina, el vene da mi a parlarme a caxa la magnificencia del

---

[1] On a vu précédemment quelques détails sur l'archevêque de Nicosie Louis Fabrice, l'un des personnages les plus considérables du parti opposé aux Vénitiens (ci-dessus, p. 311, n.). Barbaro rend compte à la fin de sa dépêche de l'audience donnée par la reine à l'ambassadeur napolitain venu en Chypre avec l'archevêque.

[2] *Le royaume de Chypre tient à un cheveu.* Cette observation d'André Cornaro, rappelée par un homme aussi judicieux que Barbaro et aussi bien placé que lui pour observer les événements, montre combien les appréhensions de la république de Venise devaient être grandes, et combien les mesures rigoureuses qu'elle prit à l'égard des Chypriotes étaient devenues nécessaires. La république éloigna les hommes dangereux, apaisa les esprits, rétablit la sécurité et maintint la tranquillité en occupant toutes les places fortes et tous les châteaux de l'île.

[3] Fils du provéditeur Victor.

conte da Tripoli. E disseme prima esser venuto a visitation mia, e poi me avisò esser azonto quì da Nicosia el magnifico misser Piero d'Aquila[1], capetanio de le zente d'arme, con quelle; e che de questo non ne volesse prender admiration alcuna, perchè tuti i signori gubernatori del regno soprascripti havevano mandato per lui, per dar danari a lui e a tuta la sua zente, per esser bon tempo che le non havevano habuto uno soldo. Et pregome poi, per nome de li ditti magnifici signori gubernatori, se scriveva a la vostra illustrissima signoria, che dovesse scriver solamente lo inconveniente che era per desordene seguito, e che non volesse scaldar questa materia plui de quello la i era stata, perchè ancor sue magnificencie voleva denotar, scriver et a la vostra illustrissima signoria mandar uno suo ambassador, aziò che quella el processo de la ditta cossa l'intendesse la cason. Per la qual cossa, impromisi a sua magnificencia de mostrarli la littera scriveva de ditta materia a la vostra serenità. El qual asai me rengraciò, et da mi se partite.

Mi veramente, in quel instante, me conferì a caxa de la magnificencia de misser lo bailo, al qual mostrì la soprascripta mia lettera, aziò scrivendo sua magnificentia e mi acordamente la pura verità de le cosse successe, per le predicte nostre lettere la serenità vostra sia informada. Da poi deliberassemo de mandar a chiamar el prenominato magnifico conte, per far lezer a sua magnificencia la ditta lettera, aziò sua magnificencia romanisse contenta de la rechiesta soprascripta soa. El qual vene, et a sua magnificencia per el mio cancellier fo leto la presente lettera per fina al soprascripto, perchè plui non haveva scritto, per mostrar al ditto magnifico misser lo bailo, nè al ditto magnifico conte. El qual asai de questo me rendete gratie, et disseme che haveva denotata e scripta questa cossa vera, come è vero lo evangelio de sancto Zuane.

Le porte de la terra, segondo el solito, tuto hozi son stà aperte, come avanti la novità le stevano; e par che le cosse siano redute ne li primi termini. E questa sera, a hore xxiiii, el zonse sopra questo porto le soprascripte do galie regie, le qual ha sorto in questo porto dentro da le seche, fuora de la chadena[2].

Preterea, a denotation de la vostra serenità, subito occorso la morte del ditto quondam magnifico misser Andrea, questi governadori con lettere fatte per lor, e contra la mente de questa serenissima regina, fece sottoscriver a sua maestà a quella, la qual lettera sè adrezava al nobel homo misser Polo Contarini de misser Thomado, zermano de la sopra scripta regia serenità, el

---

[1] Pierre Davila. Voy. ci-après, p. 364 n.
[2] Les galères napolitaines jetèrent l'ancre, près de la chaîne qui fermait le port intérieur de Famagouste, formé par les îlots de rocher.

qual al presente sè attrova chastellan del chastel de Zerines, che, visis presentibus, el sè dovesse conferir a la presentia de la sua maestà, per far poi lor quello che la excellentia vostra optimamente pol consyderar. Et mandoli quella lettera. El qual misser Polo non l'ha voluta obedir, per non haver i contrasegni che sè dice che lui havevano con el quondam soprascripto misser Andrea suo barba[1].

E questa matina, che è xv del mese, la maestà de la prelibata serenissima regina ha mandato per la magnificencia de misser lo bailo, el qual da la sua serenità ha habuto audientia, presente l'arcivescovo, el conte de Tripoli, misser Rizo et el spectabile misser Pasqual Pisani, el qual i era per compagnia del ditto misser lo bailo. La qual serenissima regina have a dir: « Misser lo bailo, havemo mandato per vui, e questo refferendo con una « voce pia, bassa e lachrimabele, perchè questi signori governadori vol cavar « Polo Contarini, nostro çermano, de Zerines, non savemo per qual cha- « sone. » El qual misser lo bailo inteso questo da la sua maestà, voltose verso li soprascripti signori, e disseli meraveiandose che suo signorie, devote de la ditta sua serenissima regina, volesse far alcuna cossa contra la mente e intention de quella, e maximamente in questo casso, et eo maxime contra misser Polo prenominato, el qual è zentilhomo de Veniexia, zermano e fedelissimo de la sua regia maestà. E disse in laude sue quello che sè potevano dir. I quali respoxeno che quel che i fevano, i fevano per aquietar le suo zente; e che da poi fosse venuto el ditto misser Polo, che la ditta serenissima regina el remanderia indrieto per bon et optimo custode de la ditta forteza. El qual misser lo bailo li rendete la resposta conveniente a tal parole. E con questo, da quella serenissima regina e da lor governadori el sè

---

[1] Les gouverneurs renouvelèrent peu après les tentatives dont parle ici l'ambassadeur pour s'emparer de la forteresse de Cérines, où commandait, depuis la mort du roi Jacques, Paul Contarini, cousin germain de Catherine Cornaro (Georges Bustron, fol. 77). Trompé par une lettre que semblaient confirmer les signes d'intelligence arrêtés entre lui et la reine, et qu'on avait surpris à la princesse, Contarini rendit le château à Nicolas de Morabit et à Louis Albéric, neveu de Jacques Saplana, l'un des chefs du parti napolitain (Georges Bustron, fol. 89; Florio, fol. 207, v°). La reine et le capitaine général, Pierre Mocénigo, réintégrèrent Contarini dans le commandement de Cérines au mois de janvier 1474 (Georges Bustron, fol. 108, v°); mais le sénat de Venise, blâmant sa conduite, engagea, le 28 mars, le capitaine général à le remplacer par un autre châtelain. Le sénat rappelait encore les fâcheuses suites de la confiance de Contarini, dans ses instructions du 4 juin, en prescrivant aux conseillers de Chypre de n'établir ni signe ni marque de reconnaissance particulière avec les commandants des châteaux de Cérines ou de Famagouste, et d'ordonner à ces officiers de n'ouvrir les portes des forteresses qu'à leurs personnes mêmes, afin d'éviter toute surprise.

partite; i quali lo volse acompagnar uno pezo, et con bone parole li fece large offerte.

Mandoli poi subito drieto a caxa lo eximio doctor misser Phylippo Podochataro[1], per contaminar sua magnificencia per nome de i ditti signori, che quella volesse per bene scriver al ditto misser Polo che volesse vignir qui. Al qual misser lo bailo de la resposta lo i fece, e de tute altre particularità per sua magnificencia ditte et exequite, me reservo, perchè sua magnificencia per suo lettere diffusa et abundantemente aviserà la celsitudine vostra.

Denoto etiam a la sublimità vostra che questa sera, a hore XXII, li antiscripti gubernatori, per nome de la soprascripta serenissima regina, fece convidar la magnificencia de misser lo bailo e mi che dovessamo andar a la sua presentia, perchè l'ambassador regio andava da quella a refferir l'ambassata sua per parte dal suo serenissimo re Ferdinando, e cusì da poi consutada questa andata nostra fessemo. El qual breviter a la serenità de la ditta serenissima regina, da poi apresentate le lettere de credenza, sè condolete et lagnose del obito del quondam serenissimo re Jacomo suo marito, e poi sè alegrò de la nativà del suo unigenito; e per la nova parentela novamente contrata tra el fiolo del suo serenissimo re e Zarla, fiola del quondam soprascripto serenissimo re Jacomo natural[2], la sè offeriva a tuti suo

---

[1] Il a été plusieurs fois question dans nos documents de Philippe Podochatoro, homme sage et expérimenté qui avait été envoyé déjà à Venise. (Voy. ci-dessus, p. 153, n.) La reine Catherine le choisit pour aller rendre compte au sénat des événements présents, et en atténuer autant que possible la gravité. Il partit avec la galère qui emportait les dépêches de Barbaro. On l'avait créé vice-chancelier du royaume, en lui donnant les villages de *Dora* ou *Doros* et de *Chitos*, appartenant autrefois à maître Gentile. Parti de Famagouste dès le 17 novembre (Georges Bustron, Ms. de Londres, fol. 113), Podochatoro trouva la seigneurie de Venise si irritée contre les Chypriotes, qu'il reçut l'ordre de quitter les lagunes six heures après son arrivée (Florio, Ms. fol. 213). Il s'arrêta à Modon où était la flotte vénitienne, et rentra en Chypre au mois de février 1474 complétement en disgrâce (Georges, fol. 118). *Dora* et probablement *Chitos* lui furent alors enlevés (Georges, fol. 163).

[2] L'archevêque de Nicosie, Louis Fabrice, s'occupait de cette alliance à Naples, quand il reçut la nouvelle de la mort du roi Jacques (Voy. ci-dessus, p. 311). Cippico (lib. III, fol. 50) et Navagiero (*Stor.* ap. Murat. t. XXIII, col. 1139) rapportent que les conjurés venus au palais de la reine à Famagouste, aussitôt après le meurtre d'André Cornaro, se hâtèrent de conclure le mariage de la jeune Charlotte de Lusignan, fille de Jacques le Bâtard, alors âgée de six ans, avec Alfonse, fils du roi Ferdinand, un peu plus âgé qu'elle, en donnant à ce prince le titre de *prince de Galilée* qu'avaient porté souvent les héritiers présomptifs de la couronne. Malipiero ajoute à ces détails que l'archevêque de Nicosie repartit aussitôt de Chypre pour aller porter la nouvelle de ces événements à Naples (*Annal. Venet.* t. II,

commodi, a defension del stado suo da infedeli e da altri; e tanto plui quanto per esser la sua maestà figlia de la illustrissima signoria vostra, con la qual la maestà del suo serenissimo re è in amor e liga, e conjunctissimo; e per parte de la serenità del qual etiam li offeriva una sua figlia natural in consorte del prefato principe suo unigenito. La qual serenissima regina non li respoxe cossa alguna, ma l'arcivescovo soprascripto, per nome de la sua maestà, da poi mandato el ditto ambassador uno poco da parte, disse de quella voleva respeto per fin doman, perchè lor governadori faria el suo conseglio, e poi li responderia. E poi da l'antidicta regia maestà e da sue signorie tolessemo licentia.

La magnificencia de misser lo bailo me ha ditto che, per le suo diuturne e nocturne occupation, e perchè l'intende che menutamente ogni cossa denoto a la vostra illustrissima signoria, per la qual cossa, sua magnificencia cusì copiosamente non scrive a la vostra serenità, perchè sua magnificencia sè refferisse a le presente mie; però etiam el me ha pregato che lo excusi a la excellentia vostra, cujus gratie humiliter et devote me commendo.

Data Famaguste, die xv Novembris. Josaphat Barbaro, orator.

1473, 20 décembre De Venise.

Le sénat, à la nouvelle du meurtre de l'oncle de Cathcrine, et dans la prévision de nouveaux événements, recommande au capitaine général et aux provéditeurs de la flotte de veiller avant tout aux affaires de Chypre, de maintenir la reine et son fils en possession du trône, et d'empêcher, par tous les moyens à leurs dispositions, qu'aucune puissance étrangère ne s'établisse dans le pays, en réunissant sous leurs ordres toutes les forces qui leur paraîtront nécessaires, et en faisant occuper les forteresses de l'île par des Vénitiens.

Venise. Arch. génér. Conseil des Prégadi. *Secreti*, XXVI, fol. 53 v°.

M CCCC LXXIII, die xx Decembris.

Ser Petro Mocenigo, procuratori [1], capitaneo generalis maris, et provisoribus classis.

p. 601). L'ambassadeur napolitain venu en Chypre avec l'archevêque offrit en outre une des filles naturelles du roi Ferdinand pour épouse du jeune prince que la reine Catherine venait de mettre au monde. Nous ne voyons pas dans les dépêches de Barbaro quelle suite le conseil de la reine donna à cette proposition, entièrement éloignée d'ailleurs des vues de la république de Venise. Suivant Florio Bustron, un ambassadeur napolitain, nommé Severo, aurait déjà présenté ce projet aux gouverneurs du royaume avant la sédition de Famagouste. Loin de réussir dans sa négociation, l'envoyé aurait été obligé de quitter promptement la ville de Famagouste : « Per lequale parole « sdegnati quelli, della parte della regina « scacciorno fuori di Famagosta detto ambas- « ciatore. » Ms. de Londres, fol. 206. Georges Bustron est moins formel. Ms. de Londres, fol. 76.

[1] Mocénigo était à la fois procurateur de

Necem viri nobilis Andree Cornarii et ceteras novitates regni Cypri molestissime intelleximus, et quamvis credamus quod per vestram prudentiam et solertiam, cognita presertim jam pridem voluntate et intentione nostra ut insula illa in alienas manus et potentiam non deveniat, feceritis omnes possibiles provisiones, et non expectaveritis nova mandata nostra, ut quibus plura et sufficientia antehac data sunt, sed cum omnibus triremibus nostris vos contuleritis ad insulam predictam, vobis tamen istas scribendas duximus, et cum nostro consilio rogatorum imperandum, ut nihil obmittatis quod necessarium sit et per vos fieri possit pro conservatione serenissime regine et filii sui, heredis et successoris, jure ipso, institutione paterna, et nostra etiam voluntate, regni predicti.

Non possumus divinare quo in statu res fuerint ad presentium receptionem, nec quod fieri opus sit aut possit a vobis; sed in genere universo vobis declaramus et volumus ut ingenio, arte, prudentia, astucia et viribus utimini ad effectum supradictum conservationis regine in gubernationem et filii in spem et certitudinem hereditatis et successionis, si vixerit. Et si quid de eis sive altero eorum aut jam accidisset, quod Deus avertat, aut accideret, regnum tamen illud in alienam devenire potestatem non possit, et si jam pervenisset, recuperetur, et reducatur in nostram protectionem et libertatem.

Curate ut respublica in negotiis Cypri, que nostra propria sunt, et ceterarum omnium importantissima a nobis existimata, nullum recipiat detrimentum, sed secura omnia reddant. Secura antem illa fore non existimamus, nisi arcibus omnibus et fortiliciis in potestatem nostrorum hominum redactis, munitisque ab eis et custoditis. Faciliorem fore hanc rem credimus, si gubernatores illi intellexerint nos ad nullam vindictam, sed potius ad omnem erga eos benignitatem, liberalitatem et munificentiam propensos esse, ut profecto erimus si voluerint bona fide et recta intencione quod justicia exigit et nos volumus.

Implicite superius dixisse videmur de convocatione galearum, viagiorum et presidiorum ex Creta, sed, ne ulla vobis succurrat dubitatio, volumus ut galeas ipsas, tam Baruti quam Alexandrie, si utiles fore illas impresie intellexeritis, vocate ad vos, et exercete ad obtinendum regnum illud ex

---

Saint-Marc et généralissime de la flotte. La dignité de procurateur, qu'il occupait depuis 1471, lui donnait le second rang dans l'état après le doge. Le 16 décembre 1474, Venise récompensa ses brillants services en l'élevant au trône ducal, lors de la mort de Nicolas Marcello. Il ne l'occupa que durant quatorze mois. Malade et languissant des fatigues de ses campagnes, Pierre Mocénigo mourut le 26 février 1476.

Creta naves [et] ballistarios quoscumque habere possitis, et omne aliud præsidii genus. Misimus per galeas viagii Baruti[1] ad manus vestras ducatos xx mille et per presentem supracomitum ser Nicolaum de cha de Pesaro[2] ducatos quatuor mille. Pro victualibus, intelleximus in Syria esse abundantia grani; propterea vobis memoramus et injungimus ut emptum eo mittatis si fuerit opus pro substinenda impresia.

Ne de aliqua re possitis aliquo modo dubitare, est nostre intentionis et volumus ut, occurrente quod negotia illius regni reformetis et pacetis, sive per voluntatem, sive per vim, quanto potestis solertius, arcem Famaguste, Cerines et reliquas omnes muniatis castellanis et hominibus nostris, nomine dominii nostri.

1474, 5, 10 et 15 janvier. De Venise.

Extraits des dépêches du sénat au généralissime et aux provéditeurs de la flotte. Le sénat, en louant la circonspection qu'ils ont montrée au milieu des événements survenus en Chypre, engage ces officiers à rattacher aux intérêts de la reine le capitaine Pierre Davila et le comte d'Édesse; il leur ordonne d'éloigner ou de capturer tous les bâtiments napolitains qui paraîtraient autour de Chypre, et de ne permettre à personne d'aborder dans l'île ou d'en sortir.

Venise. Arch. génér. Conseil des Prégadi. *Secreti*, XXVI, fol. 57, 58 et 60.

M CCCC LXXIII, die v Januarii[3].

Capitaneo nostro generali maris et provisoribus classis.

Quum in insula Cypri est quidam Petrus Davilla[4], capitaneus copiarum quas tenebat quondam serenissimus rex Jacobus Cypri, volumus et manda-

---

[1] Les galères qui faisaient les voyages de Venise à Beyrouth.

[2] Dès le 16 novembre précédent, le lendemain même de l'insurrection de Famagouste, Josaphat Barbaro avait fait partir Nicolas de Pesaro pour porter des provisions et des munitions à Paul Contarini, commandant de Cérines; Pesaro devait aller ensuite sans retard informer le capitaine général de la flotte et le sénat de Venise des derniers événements. Sa commission est dans le recueil des lettres de l'ambassadeur. Public. de M. Cornet, p. 103.

[3] Cette dépêche et les suivantes portent dans le registre des Prégadi le millésime de 1473, ancien style de Venise.

[4] Pierre Davila, que Josaphat Barbaro dans ses dépêches et les secrétaires de Venise dans les autres documents désignent plus honorablement sous le nom de « magnifique « messire Davila ». Il avait été désigné par le roi Jacques comme un des gouverneurs du royaume (ci-dessus, p. 346). Il fut connétable de Chypre sous la reine Catherine, et paraît avoir reçu héréditairement cet office important, d'où relevait tout le service militaire de l'île (Lusignan, *Hist. de Cypre*, fol. 81). Plus prudent que les autres, il se renferma dans les soins de sa charge, et ne prit aucune part aux projets qui s'agitaient secrètement contre les Vénitiens. Aussi, le gouvernement de la république le considéra toujours comme plus porté vers ses intérêts que disposé à seconder les mécontents, et employa tous les moyens pour se l'attacher. Le sénat s'en ouvre au généralissime dans

mus vobis ut utamini omni studio, cura et diligentia reducendi ipsum Petrum ad devotionem, obedientiam atque servitia illius serenissime domine regine, spondentes insuper ultra stipendium suum quod nos ei dari faciemus de tempore in tempus annuam provisionem ducatorum mille.

M CCCC LXXIII, die x Januarii.

Capitaneo nostro generali maris et provisoribus classis.

Havendo in quella hora ricevuto lettere da Napoli per lequal, fra asai bone parole, pur sè contien questo effecto che la regia maestà vuol concorrer insieme cum nui al favori et sustenimento de la serenissima regina e del fiolo, ce ha parso de scrivervi questi et darvi avixo de la intencion nostra che è aquesta non haver a quel defexa et protectio alguna compagnia, perchè ci basta asai i nostri presidii. Et perhò nui volemo che se forsi capitasse de li galia alguna regia, come ogni altro legno, retenitelo et per niente no li lassate applichar a quella ixola, per chè lo andar in quella ixola non pol produr se non mal fructo. Habiate a questo sopra ogni altra cossa singular risguardo.

M CCCC LXXIII, die xv Januarii.

Ser Petro Mocenigo, procuratori, capitaneo generali maris, et provisoribus classis.

Litteras vestras accepimus quarum ultime sunt diei XIII mensis elapsi, quibus, etsi nihil preter spem expectationemque de vobis nostram intellexerimus, magnum tamen gaudium et contentamentum sumpsimus, animadver-

---

cette dépêche et dans la dépêche suivante du 15 janvier. Toutefois, à la mort du jeune roi, fils de Catherine Cornaro, Davila fut appelé à Venise, et là, le conseil des Dix lui fit dire, avec les précautions dues à la considération dont on l'entourait, qu'il serait plus agréable au gouvernement de ne pas le voir retourner en Chypre. Le 16 novembre 1474, Davila obtint du conseil pour un des Chypriotes venus avec lui la faculté de retourner dans son pays (voy. ci-après). Le 18 juillet 1475, le conseil l'autorise à faire venir à Venise sa femme et ses enfants demeurés jusque-là en Chypre (reg. XVIII, fol. 118). Je ne trouve plus rien sur Davila ni au conseil des Dix ni au sénat. Peut-être revint-il dans l'île en 1486 avec les autres exilés.

Quelque favorables qu'aient paru ses dispositions au nouveau gouvernement de l'île, Pierre Davila, comme tous les Chypriotes, inclinait au fond pour le roi Jacques. Pierre Justiniani va même jusqu'à dire qu'il était de connivence avec Rizzo de Marin, et qu'il voulait débarrasser son pays du joug vénitien. Sa famille, retirée plus tard à Venise, se plaignit des imputations de l'historien comme offensantes à son honneur; et un décret du conseil des Dix du 19 février 1571 ordonna la destruction de la page calomnieuse pour la mémoire de Davila dans tous les exemplaires de l'histoire de Justiniani. On retrouve cependant le passage incriminé dans quelques exemplaires de la première édition de ce livre. *Rer. Venetar. historia*, Venise, in-fol. 1560, lib. IX, p. 304. Voy. M. Cicogna, *Inscript. Venet.* t. IV, p. 192.

tentes quanta prudentia, studio et diligentia vos, capitaneè et provisores, habueritis in providendo et succurrendo statui serenissime regine Cypri, in maxima oppressione reductế et manifestum periculum vite sue et filii, ob perfidiam et rebellionem nonnullorum ex gubernatoribus.

Consideravimus conditiones uniuscujusque illorum gubernatorum, et impossibile judicamus ut concordes esse possint ob diversitatem voluntatum, nationum, respectuum et etiam comodorum et incomodorum uniuscujusque. Nam ut reliqui ab nostra voluntate possunt esse alieni, ita Petrus de Avilla[1] et comes de Rochas[2] non possunt non esse cum regina et parte nostra, quos omnis populus universe insule sunt potius secuturi quam alteram partem. Propterea, vos scripsimus de alliciendo promissionibus et beneficiis suprascriptum Petrum, cui omnia servaturi sumus quecumque promiseritis. Hoc idem volumus ut faciatis de comite de Rochas. Allicere seu et ad vos trahere illum procurate et solicitate policitationibus et beneficiis que sue conveniant conditioni et meritis; ad quorum utrumque scribimus litteras alligatas, quarum exemplum vobis mittimus presentibus introclusum, quibus uti possitis, si fuerit expediens.

Et ut omnia vobis nota sint, serenissimus dominus rex Ferdinandus et oratori nostro respondit et suo scripsit, magnopere se justificans et honestans, et tandem concludit se omnia nobiscum unitis viribus esse facturum pro conservatione regine et filii. Nescimus quod regia sublimitas actura sit, sed si accideret ut aliqua triremis sua, una aut plures, aut aliquod lignum, vel nuntius quispiam forte in Cyprum veniret, sicut per quamdam famam dubitamus, vos omnes retinete; et ne patiamini ut aliquis, quisquis sit, accedat ad illam insulam, neque e diverso ex ea ad aliquam partem quispiam se conferrat.

1474, 10 février. A Famagouste.

La reine Catherine Cornaro retire par échange le comté de Jaffa et d'Askalon des mains des héritiers de Jean Perez Fabrice et le donne à son propre cousin germain, Georges Contarini, en créant Contarini premier comte du royaume de Chypre[3].

Venise. Arch. génér. *Proveditori sopra i fendi.* Contarini. Doc. divers transcrits en 1675, fol. 160. Traduction de 1542.

Catharina, per la grazia de Dio vigesima regina di Hierusalem latina,

---

[1] Voy. ci-dessus, p. 364, n.
[2] Le comte de Roha ou d'Édesse fut peu de temps après appelé à Venise comme Davila par ordre du conseil des Dix.

[3] Cet acte et celui du 30 mai 1476 qui le modifie rendent très-sensible ce qu'étaient en réalité les seigneuries des royaumes de Jérusalem et d'Arménie que concédaient les rois

regina de Cipro, regina d'Armenia, saper facemo a tutti quelli che sono presenti et che per l'avenire saranno, et che questo presente privileggio vederanno, legeranno, o il tenor di quello aldirano che, zobia [1], alli x giorni del mese di Febraro, l'anno dell'Incarnation del signor nostro Jesu Christo mille quatrocento settante tre, nui per nui et per nostri heredi, et in la presentia di parte dei nostri homini di sotto nominati, cavallieri et corte [2], havemo scambiato diese mozada di terra di start di Glanguge [3], si come la sarà misurata et confinata per li cavallieri che nui ordinaremo et corte, con

de Chypre. Ces titres ne conféraient pas seulement une dignité honorifique; ils emportaient la jouissance de rentes plus ou moins considérables assignées sur le trésor royal, ou la possession de terres situées en Chypre comme apanages. Ce sont ces rentes et ces terres que Catherine Cornaro retire d'abord aux héritiers de Jean Perez Fabrice pour les réunir au domaine de la couronne, « qui en use suivant la coutume pendant deux « ou trois jours; » elle les détache ensuite des possessions royales et les donne avec le titre de comte de Jaffa à son cousin Contarini.

Les lettres originales de cette concession, rédigées en français et scellées sur lacs du sceau de la reine en cire rouge, ont été conservées longtemps à Venise dans la famille Contarini de Jaffa; j'ai fait d'inutiles recherches pour les retrouver. La traduction italienne que je donne ici est de Louis Borghi, secrétaire de la chancellerie ducale au xvie siècle. Elle est extraite d'un vidimus du doge Pierre Lando du 20 juillet 1542, dont voici le protocole : « Petrus Lando, Dei gratia « dux Veneciarum, etc. universis et singulis « tam amicis quam fidelibus presens testi- « monium inspecturis, salutem et sincere « dilectionis affectum. Significamus vobis « quod circumspectus et fidelissimus Aloysius « Burgius, qui, ex authentico et originali « traduxit et scripsit de gallico in italicum « idioma infrascriptum privilegium, est no- « tarius ordinarius ducalis cancellarie nostre, « cujus diligenti omnibus in rebus studio et « opera in publicis negociis dominii nostri « libenter utimur, ac ob id ejus scriptis fides « ab omnibus indubia merito haberi debet.

« Tenor autem ipsius privilegii talis est. » (Suit le texte italien.) « Date in nostro ducali pa- « latio, die xx Julii, indictione xv, 1542. »

Le vidimus du doge fut scellé d'une bulle d'or. Il y a de Louis Borghi, à la bibliothèque de Saint-Marc, une histoire inédite des événements de Venise dans les premières années du xvie siècle : *Dell' istoria Veneziana dall' anno 1513, di Aluise Borghi*, xxii. Hist. prof. in-fol. M. le comte Sagredo a publié un fragment de ces mémoires à la suite de Malipicro et de Daniel Barbaro. Voy. *Annal. Veneti*, Florence, 1844, t. II, p. 1081.

[1] Jeudi. Le 10 février 1474 fut en effet un jeudi; en 1473, le 10 de ce mois, était tombé un mercredi. Nouvelle preuve que la chancellerie de Nicosie avait dès ce règne, et probablement avant la fin du règne précédent, adopté les habitudes chronologiques de Venise, où l'on ne commençait la nouvelle année qu'au 1er mars.

[2] Il semble que Borghi n'a pas tout à fait compris la signification de l'ancienne formule française : *chevaliers cour* ou *courch*, signifiant que les chevaliers désignés dans l'acte représentaient et formaient la haute cour. Pour mieux rendre le sens de l'original chypriote, le secrétaire vénitien aurait dû dire simplement ici *cavallieri corte* et plus bas *ordinaremo corte*, ou bien *cavallieri come corte*. En écrivant *cavallieri et corte*, Borghi paraît distinguer et séparer les chevaliers formant la cour de la cour elle-même, tandis que les deux mots indiquent dans cette circonstance une seule et même chose. Voy. le tome Ier de nos documents, p. 417, n. et ci-dessus, p. 245 et suiv.

[3] *Glanguge* est Glangia ou Aglangia, près

la baronia del contado del Zaffo et la signoria di Ascalonia, che sono nel reame di Hierusalem[1], che li heriedi di Zamperes Fabrigue tengono in feudo da nui con tutti li dreti, rason, usanze, appartinentie et cetera, honori, attion, preeminentie, prerogative et tutte altre che alla ditta baronia et signoria appartengono o appartenir dieno, cusì come li ditti heriedi di Zuamperes le haveano, tenivano et usavano, o haver, tenir et usarli potevano. Et nui, per nui et per li nostri heriedi, et in la presentia della ditta corte, havemo attratto et raccolto nella nostra real la ditta baronia et signoria per la maniera sopraditta; et li ditti heriedi di Zuamperes hanno attrato et raccolto in loro dominio et feudo le ditte terre, per loro et per sui heriedi, et si hanno levato di possesso del ditto loro feudo, et messo in possesso nui per nui et per li nostri heriedi. Et nui, per nui et per li nostri heriedi, et in la presentia della ditta corte, havemo messo in possession li ditti heriedi di Zuamperes della ditta terra come è sopraditto. Et dapoi ch'el ditto cambio è sta fatto, et la nostra real ha usato del ditto feudo doi o tre zorni, secondo l'usanza, nui, per nui et per li nostri heriedi, et in la presentia de ditta corte, havemo donato et donemo, concedemo et consentimo in feudo perpetuo al nostro charissimo fidel et ben amato conseglier et cuzin zerman, missier Zorzi Contarini, et a sui heriedi descendenti dal suo corpo di leal matrimonio[2], la sopraditta baronia del contado del Zapho et la signoria di Ascalonia, che sono del nostro reame di Hierusalem, che nui havemo scambiato con li heriedi di Zuanperez, con tutti loro dretti, rason, usanze, honori, preeminentie, attion, prerogative, appartinentie et tutto altro che alla sopraditta baronia et signoria appartengono o appartenir dieno, et tutti usi come nui le havemo, tenimo et usamo, o haver, tenir et usar le possamo, per recognition de liggio hommagio tanto solamente[3], che ti, ditto

---

Nicosie. Les *start* ou *tartres* paraissent être des terres d'une condition particulière. Cette expression répond sans doute au mot *startia, starcia*, de la basse latinité.

[1] Moyennant dix muées des *tartres* d'Aglangia qu'elle leur abandonne, la reine retire des mains des héritiers de Jean Perez la baronnie ou le comté de Jaffa et d'Askalon. La charte ne dit pas quelles terres représentèrent en Chypre cette ancienne seigneurie du royaume de Jérusalem. Suivant Georges Bustron, qui rapporte cette donation au 27 janvier 1474, ce furent Dali, Vavatzinia, Platanistassa et Kalopsida (Ms. de Londres, fol. 108). Florio Bustron nomme seulement les trois derniers domaines. Ms. de Londres, fol. 212.

[2] On fait remonter à la concession de Catherine Cornaro le titre et les priviléges du cavalierat héréditaire dont jouissaient les Contarini avec quelques autres familles peu nombreuses de Venise. Daru, *Hist. de Ven.* t. V, p. 110, éd. 1853.

[3] La concession du comté de Jaffa à Georges Contarini était faite, comme l'on voit, à titre gratuit et sans charges. Le comté fut repris peu après et réintégré au domaine de la couronne par les conseillers de Chypre,

missier Zorzi Contarini, et tui ditti heriedi dieno far a nui et a nostri heriedi per ditto feudo perpetuamente. Et nui, per nui et per li nostri heriedi, in la presentia della ditta corte, havemo messo in possesso ti, prefato missier Zorzi Contarini, per ti et per tui heriedi, della donation della preditta baronia et signoria in feudo, come è sopraditto. Et anchora nui, per nui et per li nostri heriedi, et in la presentia della ditta corte, et per li grandi fedeli et continui servitii che te, missier Zorzi, ne havete fatto, volemo, concedemo e consentimo a ti, ditto missier Zorzi, et a tui heriedi, di esser il più grande, degno, honorato et principal conte che de altri contadi del nostro reame perpetuamente. Et acciochè 'l sopraditto cambio, si come è preditto, et donation di sopra ditta della ditta baronia et signoria in feudo siano et permangano ferma, stabile et valida perdurabilmente a ti, preditto missier Zorzi Contarini, et a ditti tui heriedi, per la maniera sopra ditta et discorsa, nui te havemo fatto far il presente privilegio, guarnido del nostro gran sigillo, pendente in cera vermiglia, con la fede dei nostri homeni, che furono presenti, videlicet nostri charissimi fideli consiglieri et governatori del nostro reame sier Morpho de Grigner, conte di Rochas, et sier Piero Davila, contestabile del nostro reame de Cipro.

Il che fu fatto nel ditto nostro reame de Cipro, nella nostra città di Famagosta, el zorno, mese et anno sopraditto. Georgio Ceba, marechaussier [1].

conformément aux instructions du sénat de Venise, qui ordonnaient d'annuler toutes les donations accordées par la reine Catherine, avec les biens ou revenus publics, depuis la mort du roi Jacques II, son mari (voy. 4 juin 1474, § 15). Il fut rendu à Contarini par une décision des Prégadi du 30 mai 1476; mais, en consentant à cette restitution, le sénat revint sur les conditions de la première donation. Indépendamment de l'hommage, seul devoir imposé à son cousin par Catherine Cornaro, Contarini fut obligé d'entretenir au service de la reine dix chevaux avec leurs serviteurs armés et équipés pour un revenu de mille ducats; que si les rentes générales du comté de Jaffa, tous frais déduits, dépassaient cette somme, le feudataire devait augmenter le nombre des chevaux de service au prorata du surplus. Tel fut l'objet du décret du 30 mai 1476 que je donne plus loin.

[1] Bien que les lettres patentes de la concession du comté de Jaffa n'aient été expédiées à Famagouste que le 11 février 1474, Georges Contarini avait dû recevoir quelques jours auparavant de la reine sa cousine l'investiture de sa nouvelle dignité. Josaphat Barbaro semble l'annoncer à la république de Venise dans une dépêche du 1er février, où il se félicite en même temps de la tournure de plus en plus satisfaisante et pacifique que prennent les affaires de Chypre : « De « dì in dì le cosse di questo regno succiedono « plui pacificamente, con reputation di questa « serenissima regina. La maestà de la qual, « ne li zorni passati, ha conferito certa dignità « a la spectabilità del zermano de la sua « maestà, misser Zorzi Contarini, e questo « per i suo optimi meriti, vertute, e bone « condicione. La qual cossa, ne la publication « sua, ad alcuni parse cossa nova, tamen « al presente dicta election par che sia a « tuti universalmente de summo contento. » M. Cornet, *Lettere*, p. 120.

1474, 28 mars. A Venise.

Le sénat, considérant les troubles survenus en Chypre et la gravité des circonstances, décide que deux conseillers et un provéditeur vénitiens résideront désormais en Chypre, pour assister la reine dans le gouvernement, et pour commander toutes les forces de la république.

Venise. Arch. génér. Conseil des Prégadi. *Secreti*, XXVI, fol. 79 v°.

M CCCC LXXIV, die XXVIII Martii.

Consyderata nova mutatione rerum omnium in regno Cypri, et multiplicitate varietateque negotiorum occurentium, ob que opus est non minus fideli et constanti quam gravi et maturo consilio, attenta etate serenissime regine et experientia quam habere potest gubernationis status fluctuantis presertim et periculosi, ut illic adhuc est, vadit pars quod eligantur cras duo nobiles nostri sub nomine Consiliariorum, qui regine assistant in occurentibus, et consulant pro bono statu illius et bona executione mandatorum nostrorum [1]. Et eligi possint de omni loco et officio. Respondeant statim, vel cras ad tercias. Habeant de salario ducatos ducentos auri pro quoque, ad rationem bisantiorum 124 pro ducato [2], in mense, solvendo dimidium nostro dominio juxta formam partis [3]. Ducat et teneat uterque eorum famulos octo et equos sex ad suas proprias impensas. Recedant quanto fieri poterit festinantius, et vadant cum illa commissione que eis dabitur per hoc consilium.

Et quoniam vir nobilis Victor Superantio per suos attinentes refutavit, cui, attenta temporis diuturnitate quo nobis laudabilissime servivit [4], com-

---

[1] Après plusieurs tours de scrutin et plusieurs nominations de sénateurs qui refusèrent, François Minio et Louis Gabriel furent élus conseillers de Chypre séance tenante. Je donne plus loin le texte des instructions que le sénat leur remit le 4 juin.

[2] Ce dernier chiffre est certainement erroné; il est impossible qu'à aucune époque les vrais besants d'argent de Chypre aient été affaiblis au point de ne valoir plus que le 124° d'un ducat vénitien. Au temps de la bonne fabrication des espèces de Hugues IV et de Pierre Ier, 5 ou 6 besants de Chypre égalaient un ducat d'or de Venise. Bien que sous les successeurs de ces princes, les besants aient perdu de leur poids et de leur valeur, ils étaient cependant pris encore en 1489 pour 8 au ducat. Voy. plus loin, 27 août 1489, § 24, n.

[3] Voy. ci-après, p. 379, n. 4.

[4] Victor Soranzo, l'un des provéditeurs de la flotte vénitienne, fut le principal lieutenant du généralissime dans ses campagnes en Asie, de 1472 à 1474. Mocenigo l'avait envoyé en Chypre avec une escadre de huit galères après la mort de Jacques II, en le faisant précéder de deux galères montées par Coriolan Cippico et Pierre Tolemerio (*De bello Asiat.* lib. III, fol. 47, 48). Victor Soranzo fut nommé capitaine général de mer en 1480. (Navagiero, *Stor. Ven.* ap. Murat. t. XXIII, col. 1164.)

placendum est de successore et licentia repatriandi, captum sit quod loco illius eligatur, post factam electionem consiliariorum, unus provisor noster in insula predicta et super gentibus predictis nostris missis et mittendis, cum eodem salario, familia, modis et conditionibus que de consiliariis dicte sunt[1]. Recedat simul cum ipsis consiliariis et cum illis mandatis que sibi dabuntur, existimata convenientia muneri suo.

Captum propterea sit quod mitti debeant hic centum boni ballistarii, sub quatuor bonis et fidelissimis capitibus, per collegium eligendis, qui distribuantur inter arces Famaguste et Cerines, prout visum fuerit pro conditione et magnitudine utriusque. De parte, 161. De non, 0. Non sincere, 4.

1474, 28 mars. De Venise.

Le sénat félicite le généralissime et les provéditeurs du pacifique dénoûment des affaires de Chypre, et leur recommande de faire occuper les forteresses de Famagouste et de Cérines par des hommes sûrs qui ne reconnaissent d'autre supérieur que la seigneurie de Venise.

Venise. Arch. génér. Conseil des Prégadi. Secreti, XXVI, fol. 79.

M CCCC LXXIV, die XXVIII Martii.

Ser Petro Mocenigo, capitaneo generali maris et provisoribus classis.

Per le lettere vostre, de dì 6 et dì 15 del mexe passato, havemo intexo el zonzer vostro a Famagosta, de vui capetanio e ser Stefano[2], et quanto per vui era seguito. Grandemente ne piace et tanto quanto poteti per vostra prudentia intender che, senza trar spada, le cosse de quel stato da extremo pericolo de precipio siano reducte ne li asai convenienti termini i qual vui ne scriveti. Ma molto più ne piaceria che a la segurtà de le roche de Famagosta et de Cerines, el non vi fosti contentati del Galimberto et de Polo Contarini; perchè del Galimberto, havemo information lui non esser homo de tanta custodia, de Polo Contarini[3], ne havete veduto uno effeto de la

---

[1] Jean Soranzo fut élu dans la même séance du 28 mars provéditeur de Chypre.

[2] Étienne Malipiero, nommé provéditeur de la flotte en 1472, en même temps que Victor Soranzo (Navagiero, ap. Murat. t. XXIII, col. 1131). Le capitaine général, en quittant peu après l'île de Chypre avec Malipiero, laissa dans le pays des troupes et des galères suffisantes aux ordres de Soranzo. Il avait placé déjà des hommes sûrs dans les forteresses de l'île, et, prévoyant les intentions du sénat après la mort du roi Jacques II, il avait, avant d'en avoir reçu l'ordre, reconnu la nécessité de toutes les mesures qu'on lui prescrit dans ces dépêches : « Hoc mirum, « dit Cippico, nam quicquid post mortem « regis senatus ad conservationem regni fieri « jussit, omnia imperator suo consilio præoc- « cupaverat. » De bello Asiat. lib. III.

[3] La république de Venise ne pardonna jamais cette faiblesse à Paul Contarini. (Voy. ci-dessus, p. 360, n. et p. 376.) Galimbert,

praticha et experientia soa, che essendo in Cerines, cum una simplice lettera se ne lassò trar fuora. Et perhò non fo senza necessario misterio el dirvi nei nostri comandamenti che vi portò ser Nicolò da cha da Pesaro che i castellani e compagni et tut homo da esser posto in le forteze, fusseno homeni nostri et altri superior non cognoscesseno ch'a la signoria nostra.

Oltra le forteze, nostra intention è che la cità de Famagosta, importantissima per lo porto, sempre sia in mano e podestà de li soldati nostri, porte, torre, mure e piaza, sichè non possino per alguna forza o insidie esser de possession de quella de' turbati.

1474, 4 juin. A Venise.

Instructions du doge et du sénat à François Minio et Louis Gabriel, envoyés comme conseillers en Chypre [1].

Venise. Arch. génér. Conseil des Prégadi. *Secreti*, XXVI, fol. 93 v°.

M CCCC LXXIV, die IV Junii.

Nicolaus Marcellus, Dei gratia dux Venetiarum, etc.

1. Committimus vobis, nobilibus viris, Francisco Minio et Aluisio Gabriel, dilectis civibus et fidelibus nostris, ut eatis consiliarii in regno Cypri, hoc enim nomen conforme et consonum est cure et officio vobis commisso; consulendi scilicet serenissime regine, filie nostre, in rebus omnibus ad pacificum, quietum et securum statum suum pertinentibus, ut inferius vobis dicemus.

2. Cum in Cyprum appuleritis, adite presentiam regine una cum provisore nostro [2], cui, presentatis litteris nostris declarantibus compendiose causam missionis ad eam vestre, sicut per illarum exemplum videbitis,

---

dont parle aussi le sénat, était le patron du navire sur lequel monta Jacques le Bâtard avec ses partisans, lorsque, après la mort du roi Jean II, le prince s'était déterminé à quitter de nouveau l'île de Chypre et à se rendre en Égypte (Georges Bustron, Ms. de Londres, fol. 32; Florio, Ms. fol. 184). Galimbert ne fit pas une fortune aussi belle que Jean Tafures, patron de la caravelle sur laquelle Jacques était auparavant passé à Rhodes (voy. ci-dessus, p. 355). Il reçut cependant du roi le village de *Pelemidia* (Florio, fol. 197). Le gouvernement de Venise n'avait, comme nous le voyons, qu'une confiance assez limitée dans son dévouement.

[1] On trouvera plus loin, après les documents du supplément, une note spéciale sur les différents magistrats que la république de Venise envoya dans l'île de Chypre depuis la mort du roi Jacques, pour diriger ou exercer le gouvernement.

[2] Jean Soranzo, nommé par le sénat dans la séance du 28 mars. Il avait sous ses ordres toutes les troupes d'infanterie et de cavalerie envoyées dans l'île et le gouvernement des places fortes.

post paternas nostras salutationes et gratulationem de liberatione persone sue et infantis regii, restitutioneque integra status et regni eorum, quas partes vos tres simul tractate et agite; adjungite quod, existimantes non sufficere liberasse illos et imminentia depulisse pericula, sed ad conservandam presentem quietem et tranquillitatem opus esse prudenti, fideli et studioso consilio adversus multa machinamenta que et domi et foris strui in eorum perniciem possent, quando modus et occasio machinatoribus et insidiatoribus prestaretur, vos ambos misimus, ut majestati sue consilio, favori et adjumento sitis; quorum cura, studio, diligentia et opera negotia regni sui plurimum confusa ex preterita periclitatione et scandaloso pernitiosoque motu ad normam et regulam reducantur, formamque suscipiant instaurati beneque constituti et gubernati regni; et in dies magis res sue omnes proficiant, firmentur et stabiliantur, truncata ademptaque penitus omni spe quibuscumque malignandi et amplius in preterita discrimina adducendi statum eorum. Hujusmodi igitur vestrum illuc accessum et causam ejus, rationesque moventes et suadentes, breviter tactas a nobis, vos expressius et copiosius declarate, et offerte quicquid virium est dominii nostri ad suam propugnationem et conservationem. Et hec omnia facite ut non solum regina, sed etiam omnes cujusvis gradus et sortis homines intelligant ad hos duos principaliter effectus quod scilicet: omnes sibi persuadeant nil aliud pretendere aut velle dominium nostrum quam bonum et securum statum regium in illa insula, pro quo omnia fecimus que viderunt et facturi illa eadem, si fuerit opus, et longe majora sumus; et desinat quisquis sperare posse aliquid novi in rebus illis moliri, nisi in certam perniciem suam.

3. Multa sunt que consulenda, procuranda, agenda a vobis erunt, sed duo precipua: pacificus scilicet et quietus vivendi in insula illa modus cum fide, amore et reverentia omnium erga reginam et filium; et quod omnes, contenti gradu et terminis suis, equabili quiete fruantur. Hoc principalius in bona justicie ministratione consistit et publicis negotiis, honoribus et commodis, in quibus consideratio habeatur, ad fidem, merita et conditiones uniuscujusque; et in privatis rebus, ubi nulla esse debet acceptio personarum, sed per meram justiciam unicuique indifferenter reddatur quod suum est. Consistit etiam hujusmodi quies et tranquillitas in jugi cura, solertia et studio vestro ut nemo sit qui audeat vel cum interno tumultu et sublevatione aliqua populorum et gentium, vel cum aliquo externo favore, novitatis aliquid vel perturbationis aggredi.

4. Priorem partem, justicie scilicet ministrande, suadete vos et consulite

assidue regine, ut, per solitos magistratus, modos et formas regni consuetas, fieri faciat indifferenter, et tam suis quam nostratibus et alienis. Et si quid intermissum foret ex preteritis motibus et confusione instaurari et ad pristinos mores et regulas reformari, curiam et magistratos procurate, nihil enim est quod magis satisfaciat populis quam in suis vetustis rebus conservari.

5. Secunda pars tota est vestri muneris et officii, qui et auctoritatem habebitis et vires compesendi quoscumque, corrigendi et castigandi, qui forte cupidi vobis viderentur rerum novarum. Sed hoc etiam agite cum regine participatione et consensu, ut omnia ab illa progredi appareant, et propterea desinat omnis murmuratio vel suspitio. Estis prudentes, curate et efficite ut, declinata omni oblocutione et sinistra diffamatione, omnia fiant que necessaria sint ad conservationem status et regni illius; sed semper et in omni deliberatione et actione interveniat regium nomen et auctoritas.

6. Altera procuranda a vobis pars est introituum et proventuum[1], regni nervorum scilicet et virium unius cujusque reipublice et dominationis. Et pro conditione hujusmodi introituum, qui ut plurimum perveniunt ex locis et rebus indigentibus magna industria, studio et diligentia, ut neglecte hujusmodi res parum aut nihil fructificent, procurate autem studiose boni sint emolumenti. Et pro preteritis motibus et facta multifaria occupatione et dillapidatione, indigent vestra solertia, industria et sedulitate indefessa; nam quo fuerint uberiores, camera regalis opulentior et locupletior, eo stipendiariis melius poterit satisfieri et ceteris suppleri impensis, cum quibus necesse est ut regnum illud in suo robore et reputatione conservetur.

7. Est igitur intentionis et voluntatis nostre ut, preposita memorataque regine hac parte, consulatis, hortemini et persuadeatis efficiatisque ut ad hujusmodi proventuum et introituum regni optimum moderamentum et gubernum singularis adhibeatur cura et diligentia, ut scilicet vectigalia sive locentur, sive exigantur, omni sedulitate et cum omni fide et castitate administrentur; et similiter ea omnia que ad regalem, ut aiunt, pertinent, procurentur, bonificentur et augeantur. Pecunie autem inde provenientes expendantur cum omni parcitate et mensura ut suppleri splendide et honorifice satisfierique possit impensis regine et curie, et solvi etiam de tempore in tempus stipendiariis, tam equestribus quam pedestribus, custodientibus tam arces quam urbes et totum regnum; et hec satisfactio et solutio, ut quam maxime necessaria, non desit ullomodo. Sed utrumque sufficienter

---

[1] Cf. ci-après les secondes instructions du 29 juillet, art. 4, et l'art. 7 des instructions du 11 novembre à Marc Cornaro, père de la reine.

fiet, si regulabuntur introitus et exigentur pecunie unde exigi decet et exacte, fideliter et continenter, ut par est, tractabuntur et dispensabuntur.

8. Difficile et durum forte videretur, in isto principio, mutare ordines et modos hujusmodi gubernationis et administrationis pecuniarum, et mutare officia et magistratus. Propterea videtur nobis ut, servatis antiquis formis et regulis, ad eas omnes vestra adhibeatur et adjungatur cura et diligentia; et nihil fiat nisi consentientibus et approbantibus vobis, sub nomine tamen regio, et regia semper interposita auctoritate, ut isti subsequantur effectus, videlicet quod omnia recta disponantur regula per vestrum consilium et cum vestra scientia et voluntate; et nihilominus fieri omnia volenté et jubente regina videantur.

9. Expense presertim ille sunt, quibus moderatis, cuncta bene succedunt; et propterea ad hanc partem moderandarum inpensarum vigilem adhibete solertiam et assiduam diligentiam. Estis prudentissimi, intelligitis nostram intentionem, intelligitis necessitatem rerum nostrarum, non exigentium ut ad cetera insuportabilia pene onera nostra, hoc etiam novo onere sustinendorum stipendiariorum custodientium regnum illud gravemur.

10. Intelligetis, cum illic fueritis, et regni conditiones, et vias modosque satisfaciendi incumbenti necessitati. Providete et efficite ut omnia rectissime gubernentur et procedant, declinata et evasa, quantum fieri possibile a vobis sit, omni suspitione et infamia alteriusque recte nostre intentionis et mentis, quod de regno illo aliud velimus quam justicia et honestas exigat; ut cura solicitudoque de bonificatione conservationeque illius nostra paterna omnibus videatur, non ambitiosa imperiosave.

11. Habebitis, ut diximus, auctoritatem et vires in illa insula, quum, ut scitis, misimus, misurique sumus stipendiarios pedestres et equestres pro illius custodia et conservatione sub provisore nostro; cui, etsi commissa fuerit immediative gubernatio hujusmodi gentium et custodie fortiliciorum, vobiscum tamen concurrere habebit in omni facienda deliberatione que ad hujusmodi vires exercendas et ad frenandam, moderandam et corrigendam universam insule plebem, ut quieta et obediens degat, fuerit necessaria. Et est nostre intentionis ut, ultra omnes peregrinos ab capitaneo nostro generali et provisoribus ex insula illa ejectos, vos quidcquid forte restat suspectorum hominum in diem licentiate; et purgate penitus totum regnum omni suspecto homine, ne, aut domina Carlota aut principales illi conjurati [1],

---

[1] La république craignait toujours quelque entreprise nouvelle des anciens conjurés Rizzo de Marin, Jean Tafures, Tristan de Giblet, Jacques Saplana ou de l'archevêque

per hujusmodi hominum medium, aliquid habere possint comercii vel practice in insula predicta; sed omnes vias et omnes modos abscidite et truncate.

12. Fortilicia muniri jussimus nomine nostri dominii, et sic munita custodiri et conservari volumus in effectu, videlicet quod castellani, et omnes qui in illis fuerint, sint ex subditis et fidelibus nostris, et quod neminem alium recognoscant quam nostrum dominium, et nemini obediant quam illud representantibus. Custodie autem vocentur sub nomine regine et infantis regis, et regia vexila et insignia leventur in eis, nulla omnino in hujusmodi exterioribus signis et demonstrationibus facta novitate vel mutatione.

13. Per capitaneum nostrum generalem deputati fuerunt duo castellani probi et fideles nostri in arcibus Famaguste et Cerines [1]; et nos prius quam de hoc informati essemus, jusceramus poni in utraque earum unus supra-comitus, donec aliter provideretur. Nescimus quod capitaneus tandem egerit, si dimiserit illos quos ipse deputaverat, vel si postea, recepto nostro mandato, ullam fecerit mutationem. Nostre intentionis et voluntatis est ut utrumque fortiliciorum provisum sit de castellano imprimis fidelissimo, probo et experto. Quod si factum vos inveniretis bene, quidem non erit alia mutatio necessaria. Sin minus, providete inter vos tres ut menti hujusmodi nostre ita sit satisfactum, quod securi et quieti de bona fortiliciorum predictorum custodia esse possimus. Et volumus, vobisque expresse committimus ut utrique castellanorum predictorum imperetis, et in expressis mandatis et ore et scriptura detis quod fortilicium sibi commissum nomine nostri dominii in aliquo casu non consignet cuique sit, quicumque is fuerit, nisi vos tres, vel saltem duo vestrum, fueritis personaliter, in vestra libertate, in predictis fortiliciis ingressi et constituti. Et nullum aliud contra-signum volumus ut castellani predicti habeant quam personarum vestrarum liberarum, ut diximus, et non coactarum. Hoc deliberavimus et imponendum censuimus, memores ejus quod accidit in oppressione proxima regine, que subscribere coacta fuit et dare contrasigna, quibus Paulus Contarenus inductus fuit ad dandam arcem Cerines hostibus regine [2]. Providete insuper et efficite ut utrumque fortiliciorum semper munitum et fulcitum sit quam

---

de Nicosie, Louis Fabrice, qui auraient voulu rappeler dans l'île les héritiers des Lusignans.

[1] Voy. ci-après les instructions au provéditeur, art. 4 et 5; les nouvelles instructions du 29 juillet, art. 2; et l'art. 6 des instructions à Marc Cornaro.

[2] On a vu précédemment, p. 360, n. les circonstances auxquelles le sénat de Venise fait ici allusion.

optime omnifariam munitionibus et frumento, vino ceterisque ad victum necessariis pro longissimo tempore. Et ad hec omnia conservanda et custodienda, permutandasque de tempore in tempus res ad victum necessarias, que diu conservari non possent, adhibeatur singularis cura et sedulitas. Sed hujusmodi permutatio fiat cum tali discretione et ordine, quod prius de novis rebus fulcita sint quam de veteribus evacuata, fortilicia predicta.

14. Preter hec duo principaliora negotia, custodie scilicet et conservationis regni et status et pecuniarum administrationis, connexa et copulata inter se ut alter sine altero stare non possit, multa alia sunt et occurrunt, sicut in principio diximus, et consultanda et deliberanda agendaque, pertinentia ad civilem vivendi modum, et ad particularitatem tam regine tam etiam nobilium et principalium hominum. In his omnibus, sinite ut serventur mores et consuetudines regni; et videantur ipsi quoque participare de negotiis status. Quinimo, vos humaniter et benigniter cum eis agite; studiososque vos ostendite non solum fortunarum uniuscujusque conservationis et augmenti, sed honoris etiam et existimationis. Comitem de Rochas[1] inprimis, non solum comiter et favorabiliter, sed etiam honorifice tractate, et ceteros omnes, pro fide, meritis et conditione uniuscujusque.

15. Siquid occurrerit deliberandum pertinens ad vestrum officium, a provisoris officio distinctum, in quo concordes esse non possitis inter vos ambos, volumus ut interveniat provisor noster pro tercio; et quicquid majori parti visum fuerit, id mittatur executioni.

16. Multas factas esse audivimus post mortuum regem Jacobum rerum et bonorum regalis sive ad regalem pertinentium et rebelium alienationes

---

[1] Grinier de Morpho, comte de Roha ou d'Édesse. Il avait été l'un des gouverneurs du royaume désignés dans le testament du roi Jacques le Bâtard. La république de Venise avait des motifs de croire à son dévouement, et recommandait à ses agents de le traiter avec beaucoup de ménagements (voy. ci-dessus, p. 366). Après la mort du jeune roi Jacques III, craignant sans doute qu'il ne secondât les projets de la reine pour un second mariage avec un infant de Naples, la république, inquiète d'ailleurs de son ascendant sur les Chypriotes, qui le regardaient comme leur roi (Malipiero, *Ann. Ven.* t. II, p. 604), le fit conduire à Venise au mois de mai 1474, en même temps que les enfants naturels de Jacques II et Pierre Davila (Florio Bustron, Ms. de Londres, fol. 214). On agit alors rigoureusement à l'égard du comte d'Edesse. Il fut surveillé de très-près; on le retint même quelque temps en prison avec Jean Daras, et on ne le mit en liberté que le 15 février 1475. (Voy. ci-après.) Le 18 janvier précédent, le conseil des Dix avait décidé que ses biens, réunis provisoirement au domaine public par le provéditeur de Chypre, seraient rendus à sa famille, mais que le comte resterait encore à Venise. (Reg. XVIII, fol. 139.) Il n'obtint la permission de revenir dans l'île qu'en 1486. Voy. Navagiero, *Stor. Ven.* ap. Murat. *Script. rer. Ital.* t. XXIII, col. 1194.

et dissipationes et pro majori parte violentas; propterea volumus ut eas omnes considerare diligenter debeatis, et in nota accipere; et que possunt commode et citra scandalum in regalem reduci, estote cum regina, et providete ut cum effectu reducantur[1]; et quas suspendendas, quas in totum revocandas judicaretis, providete similiter cum regina ut cum effectu suspendantur, sine scandalo. Sed de omnibus date nobis particularem et distinctam informationem, quia intendimus et volumus ut regalis illa omnino redintegretur et possit, ut diximus, necessariis supplere impensis, sine novo onere nostri dominii. Et si quis se gravaret de suspensionibus hujusmodi, honestate et justificate id etiam factum esse de nobis propriis et de civibus nostris creditoribus, quorum vera et liquida credita suspendi jussimus pro necessario beneficio regalis, ut supplere necessitatibus suis possit.

17. Multi sunt ex civibus nostris qui se creditores asserunt diversarum quantitatum pecuniarum, sed nostrum dominium omnes precedit. Volumus tamen ut hujusmodi debitores nulla impresentiarum fiat solutio, ne regalis ipsa ad nihilum reducatur, ut brevi reduceretur, si ad hujusmodi solutiones attenderetur. Bene contenti sumus ut uniuscujusque computa et rationes diligentissime videantur, et uniuscujusque creditum, quacumque ratione vel causa, diligentissimo adhibito examine, liquidetur et declaretur, ut nemini restet dubitatio suum posse, debito modo et tempore, quum fieri possit consequens, et transcurso aliquo temporis spacio, reformatisque rebus, et potente regali supplere impensis necessariis, dabitur forma satisfactioni uniuscujusque. Sed vos, calculatis diligentissime uniuscujusque creditis, nobis date distinctam et particularem informationem tam regalis introituum et conditionum, quam quantitatis et qualitatis natureque uniuscujusque debiti, memores imprimis nostri dominii, cujus creditum equitate et honestate reliquorum omnium precedit.

---

[1] Les conseillers se conformèrent avec une rigueur extrême aux instructions qui leur étaient données. En peu de temps le pays eut plus de sécurité, le gouvernement fut régularisé et les revenus publics augmentés. On sait particulièrement que les conseillers s'attachèrent à révoquer les donations qui avaient été demandées et quelquefois imposées à Catherine Cornaro après la mort de son mari. Ils firent rentrer ainsi dans le domaine royal beaucoup de terres et de revenus qu'il avait perdus. Les commissaires allèrent même, à cet égard, plus loin que la reine n'eût probablement voulu. Ainsi ils confisquèrent le comté de Jaffa et d'Askalon, que Catherine Cornaro avait, au mois de février 1474, donné à son cousin-germain Georges Contarini. (Voy. ci-dessus, p. 366.) Mais, plus tard, cédant aux instances de Contarini, le sénat de Venise lui restitua ce fief par un décret du 30 mai 1476, que l'on trouvera plus loin.

18. Mansio vestra firma erit ubi reperiretur persona serenissime regine [1].

19. Preter vestrum consulendi et dirrigendi negotia illius regni officium, est etiam officium et cura custodiendi arces, urbes et totum regnum, et gubernandi presidia gentium, equestrium et pedestrium, quas misimus, misurique sumus, commissa precipue et unice viro nobili, Joanni Superantio provisori nostro, quem superius diximus intrare debere pro tercio consultore in illis rebus et deliberationibus que facile viderentur pertinentibus officio vestro, ubi concordes non essetis [2].

20. Et quamvis distincta sint munera et officia vestrum scilicet et ejusdem provisoris, ambo tamen ad unum et eumdem finem et effectum diriguntur, tutelle scilicet et conservationis regni predicti. Et nulla res potest facilius id facere, et effectum hujusmodi producere, quam concordia inter vos et cum ipso provisore; nulla autem magis officere et obesse, quam dissidium. Propterea, obmissis quibuscumque particularibus respectibus, si qui forte intercederent, attendite omnes concorditer et unanimiter ad salutem regni predicti, que erit cum vestra salute et gloria, et cum nostra precipua jocunditate, sicut cum maxima nostra molestia esset, si faceretis oppositum. Et hanc vestram commissionem cum predicto nostro provisore conferte et comunicate; et ille suam vobiscum, ut, optime nostra cognita intentione, concordissimi inter vos esse possitis in omnibus que ad bonam conservationem regni predicti necessarie sunt [3].

21. Prohibitum vobis sit facere de mercationibus, aut fieri facere, aliquo modo, forma, vel ingenio, per vos, sive per alios; et ullum accipere donum, sive presens, sub omnibus penis et stricturis quibus utrumque predictorum prohibitum est nostris rectoribus. Et similiter, nullum recipere, pro vobis aut vestris attinentibus, feudum sive beneficium debeatis, atque ullas vos facere concessiones, sive privilegia, sub penis suprascriptis. Et tamen, quicquid faceretis contra hunc ordinem, nullius vigoris sit.

22. Nullam particularem procurationem accipietis, sive negotii quicquid privati tractabitis, sine nostro expresso mandato, sub pena ducatorum v^c, cuilibet vestrum contrafacienti.

23. Habere de vestro salario debetis ducatos 2400 in anno et ratione anni, cum conditione partis dimidii [4], juxta formam vestre electionis; et

---

[1] Voyez l'article 11 des instructions au provéditeur, et l'article 7 des instructions du 29 juillet.

[2] Art. 10 des instructions au provéditeur.

[3] Art. 9 des instructions au provéditeur.

[4] *Cum conditione partis dimidii*, avec condition de se conformer à la décision concernant la moitié des appointements. On

salarium integrum unius anni hic accepistis. Transacto vero anno, est nostre intentionis ut, ex regali Cypri, solvatur vobis de quatuor in quatuor menses, sicut solvitur nostris rectoribus ab nostris cameris, ad rationem ducatorum 100 auri netos in mense solummodo. Et casu quo regalis supplere non posset, obligatum sit vestre satisfactioni officium nostrum gubernatorum post transactum annum.

24. Supra familiam in vestra electione [1] specificatam, vobis deputavimus unum ex notariis nostre cancellarie, cum uno famulo, pro cujus impensis constituti vobis sunt ducati quinque in mense; et pecunias impensarum mensium sex vobis dari fecimus hic. Quibus transactis, solvi vobis volumus per regalem, sive per officium gubernatorum, ut diximus de salario vestro.

De parte, 143. De non, 0. Non sincere, 2.

25. Precedetis ambo et utrique vestrum provisori; sed bajulus volumus ut vos omnes precedat [2]. De rebus autem ad officium bajulatus pertinentibus, nisi in favendo ei, si fuerit opportunum, vos non impediatis.

De parte, 97. De non, 0. Non sincere, 3.

26. Est, ut audivimus, inter consanguineos et attinentes regine magnum dissidium, emulatio et contentio periculosa statui nostro; et propterea huic rei providete et remedium adhibete quid necessarium judicaveritis. Et non expectate ut scandalum vel inconveniens aliquod sequatur, quomodo, facto [3] vobis hujusmodi memoramento, et data vobis omni libertate perspiciendi, nullam possetis allegare honestam causam vel excusationem. Hoc quod dicimus de consanguineis et attinentibus regine, dicimus multo magis de omni alio scandaloso et seditioso, quisquis ille sit. Providete ut, non solum

---

avait lu déjà dans l'acte d'élection des conseillers du 28 mars 1474 : « Solvendo dimi-« dium nostro dominio juxta formam partis. » Nous ne savons rien de bien précis sur cette décision *partis dimidii*, et sur l'étendue des obligations qui en résultaient pour les magistrats auxquels elle était applicable. D'après ce que dit Malipiero des gages du capitaine de Famagouste (*Annali Veneti*, t. II, p. 611), il paraîtrait que le fonctionnaire ne touchait que la moitié de son traitement pendant la durée de sa charge, et laissait l'autre au trésor public, comme une sorte de cautionnement. La commission de Balthazar Trévisani, du 27 août 1489, renferme une disposition qui peut s'entendre également de cette manière.

[1] Après le mot *vestra*, il y a au Ms. les deux mots superposés *electione, commissione*.

[2] Une première décision, fondée seulement sur cinquante votes approbatifs, portait d'abord que les conseillers auraient le droit de préséance sur le provéditeur et sur le baile ou consul. Cette délibération, nécessairement annulée et rendue inutile par la suivante, a été toutefois inscrite dans les registres; elle est ainsi conçue : « Precedetis ambo et « utrique vestrum provisori et baylo nostro, « et tamen vos non impedietis de rebus ad « officium baylatus pertinentibus, nisi in fa-« vendo ei, si fuerit opportunum. De parte, « 50. »

[3] Au Ms. *facta*.

a peregrinis et alienigenis, sed ne ab nostris quidem ullûm scandalum vel turbatio status illius possit provenire.

27. Precipue autem et singulariter, cum applicueritis, imponite omnibus predictis consanguineis attinentibusque et ceteris omnibus nobilibus et aliis civibus nostris, sub pena nostre indignationis, ut se removeant et abdicent ab omni negotio status, et vos in nullo consilio secreto, in nullaque deliberatione, ad gubernationem status pertinente, illos admittite; neque patiamini ut aliquam publicam habeant administrationem, pertinentem neque ad gubernationem custodiamque regni, neque ad introitus regales. Et si quis eorum, post primam vestram impositionem, se voluerit immiscere in aliquo predictorum*, vos illum subito et immediate licentiate ex predicta insula; et si obedire noluerit in discedendo, illum ad nos mittite custoditum. Et hoc mandatum illos licenciandi, sive mittendi, omnibus predictis declarate, ut unusquisque magis timeat, et consequenter obediens sit [1]. De parte, 81.

Vult partem ceterorum sapientum [2], *per totam usque signum*. Postea dicatur: nos subito advisare debeatis.*

28. Est, ut audivimus, inter Petrum Bembo et Georgium Contareno, nepotes regine, magnum dissidium, emulatio et contentio periculosa statui et nobis molestissima, quia nihil aliud querimus et studemus quam illius securitatem et tranquillitatem. Et nullum cognoscimus certius remedium quam dividere et disgregare illos inter se contendentes; propterea volumus, et vobis imponimus, ut cum regina super hac parte esse debeatis; et hortemini atque persuadete ut contenta esse velit quod alter eorum, ad aliquod saltem tempus, illinc discedat, et alter remaneat pro sua satisfactione et contentamento. Et illi de quo regina ipsa magis fuerit contenta, ut illinc discedat imperate, ut subito illinc se levet, et non redeat, sine expressa nostra licentia [3]. Et discessum suum sollicitate per modum quod, intra dies xv, post vestrum illuc appulsum, alter eorum quem licentiandum deliberaveritis, omnino ex insula recedat. Et si regina induci non posset ad declarandum alterum magis quam alterum, vos, habita collatione cum nostro bailo, et sumpta diligenti informatione per omnem viam de conditionibus amborum, illum vos licentiate quem periculosiorem et perniciosiorem esse intellexeritis.

---

[1] Voy. ci-après, les instructions du 29 juillet 1474, art. 5.

[2] Ces dernières décisions, adoptées par le sénat, émanaient des grands-sages, magistrats dont il sera question plus loin, dans une note particulière sur les principales magistratures de Venise.

[3] On ne voit pas quel est celui des deux parents de la reine, Pierre Bembo ou Georges Contarini, qui fut obligé de s'éloigner.

Alteri vero qui remanserit, et ceteris omnibus attinentibus regine, et aliis nobilibus et civibus nostris, imponite ut, quantum charam habent gratiam nostram, et nostram timent indignationem, se removeant et abdicent ab omni negotio status, *etc. prout in parte ceterorum sapientum continetur usque in finem.*

De parte, 51. De non, 18. Non sincere, 6.

1474, 4 juin. A Venise.

Instructions du doge et du sénat à Jean Soranzo, envoyé comme provéditeur en Chypre.

Venise. Arch. génér. Conseil des Prégadi. *Secreti*, XXVI, fol. 96.

M CCCC LXXIV, die IV Junii.

Nicolaus Marcello, Dei gratia dux Venetiarum, etc.

1. Committimus tibi, nobili viro, Joanni Superantio, dilecto civi et fideli nostro, ut vadas, provisor noster, in insula Cypri, ad providendum scilicet firmamento, conservationi et tranquilitati regni illius, quod permanere cupimus et intendimus sub obedientia serenissime regine filie nostre. Quod ut facere possis, sub tua gubernatione et cura esse volumus quascumque gentes equestres et pedestres [quas] misimus misurique sumus pro custodia arcium, urbium et totius insule.

2. Postquam in Cyprum appuleris, visita una cum nostris consiliariis serenissimam reginam filiam nostram, et post generalia salutationis, gratulationis de illius liberatione et presenti status, rerumque suarum tranquilitate, et oblationis, quas partes vos tres simul tractate et agite, declara te esse a nobis missum provisorem nostrum ut curam habeas gubernationis gentium missarum et mittendarum a nobis in insulam illam pro tutela et conservatione status regni sui, custodias, tuearisque omnem ditionem ad illius obedientiam. Verba tua in hac parte brevia sint, gravia et accomodata, ut regina ipsa et omnes intelligant te a nobis missum esse pro solo comodo et beneficio regni sui.

3. Cure et muneris tui in effectu erit adhibere omnem studium ut regnum ipsum tranquillum et securum maneat, arces et urbes per tuam auctoritatem et vires custodiantur et conserventur. De arcibus nota est tibi nostra intentio, ut scilicet in illis sint castellani et socii omnes custodientes cives et alii subditi nostri experti, probi, sed in primis fidelissimi, qui neminem alium recognoscant dominum et superiorem quam nostrum dominium et illud representantes. Nescimus quam provisionem, circa hujusmodi fortili-

ciorum custodiam, reliquerit vir nobilis Petrus Mocenigo, capitaneus noster generalis, sed est nostre intentionis ut, ex ballistariis quos tu hic de nostro mandato conduxisti, quando in Cypro fuerint, fulciantur arces Cerines et Famaguste, principaliora totius regni munienda, distribuendis abs te sicut pro ambitu et conditione utriusque convenire judicaveris. Interim vero, donec adventum in Cyprum ballistariorum predictum prestolaveris, provideto bone et secure custodie, sicut fuerit opportunum, conferendo semper cum consiliariis, et communiter deliberando, ut concordissimi videamini et sitis in omni negotio, pro honore nostri dominii et commodo rerum agendarum.

4. Brevius tibi loquimur quam fecerimus duobus consiliariis, quoniam futura sunt eorum mandata tibi comunia, in illis presertim partibus ubi tuum habeat officium intervenire; sed tamen, hanc partem tibi etiam hic distinctissimam jussimus declarandam. Volumus enim et expresse committimus ut utrique castellanorum Famaguste et Cerines imperetis et in expressis mandatum et ore et scriptura detis quod fortilicia sibi commissa, nomine nostri dominii, in aliquo casu, *etc. prout in commissione consiliariorum continetur usque ad finem capituli* [1].

5. Civitatem Famaguste volumus, et ita efficito, ut semper sit in potestate nostrorum propriorum stipendiariorum. Est enim opportunissima et importantissima ceterarum ob portum; et propterea custodienda et preservanda est ab omni periculo, tam interno quam externo, ut ingressum in illam, et mari et terra, nostris semper pateat, et aliis semper possit inhiberi.

6. Omnes stipendiarios quos misimus misurique sumus, volumus ut sint sub tua obedientia et gubernatione; et ita illos exerce, prout vobis tribus, aut majori parti, visum fuerit expedire tutelle et securitati status serenissime domine regine et filii. Et est nostre intentionis ut nomen regium ubique clametur. Clametur in omnibus urbibus et arcibus; et in illis etiam, vocentur custodie sub nomine regio, et eleventur vexilla regia, nullaque in hujusmodi exterioribus actibus et demonstrationibus fiat novitas vel mutatio, pro declinanda omni invidia et murmuratione. Justiciam autem in civili et criminali ministrabis, tam inter ipsos stipendiarios nostros et de ipsis, sub nomine tamen regine.

7. Curam adhibito et solertiam singularem, cum nostris consiliariis, quibus unice commisimus directionem et bonam introituum regiorum guberna-

---

[1] Art. 13 des instructions aux conseillers.

tionem, ut stipendiariis predictis possit, de tempore in tempus, solvi; et valeant consequenter bene contenti, et utiliter servire serenissime regine et filio. Et tu, acceptis ab regali per viam et modum qui ordinabitur pecuniis, ille sis qui predictis stipendiariis facias solutiones, ut equabilius et proportionabilius fiant, et causam habeant stipendiarii majorem tibi reverentiam et obedientiam prestare. Et de allogiamentis, tu illis provideto, ubi tutamento status in primis magis conveniat; hec sit tua in hujusmodi allogiamentorum prima consideratio. Rationem deinde habeas commodorum tam stipendiariorum quam etiam subditorum, quos diligentissime defende, preserva a stipendiariorum oppressionibus, ne invicem inimicentur, cum periculo rerum status.

8. Et si tibi commissa sit immediate gubernatio hujusmodi gentium et custodie urbium et fortiliciorum, volumus tamen ut communices et concurras in omni facienda deliberatione que ad hujusmodi gentes exercendas et ad frenandam, moderandam et corrigendam universam insule plebem, ut quieta et obediens degat, fuerit necessaria, cum nostris consiliariis, ut diximus. Et est nostre intentionis ut, ultra omnes peregrinos ab capitaneo nostro generali et provisoribus ex insula illa expulsos, quicquid restat in illa insula hominum merito suspectorum, in diem licentietur; et purgetur penitus totum regnum omni suspecto homine, ne aut domina Carlota, aut principales illi conjurati per hujusmodi hominum medium aliquid habere possint comercii vel practice in insula predicta; sed omnes vie et modi abscindantur et penitus truncentur. Hoc idem, de verbo ad verbum fere, commisimus consiliariis [1]; propterea illi tecum, et tu cum eis comunica, confer et concorditer age quantum sit opportunum et necessarium et fuerit inter vos in hujusmodi rebus, ad custodiam et conservationem regni et vires exercendas, pertinens deliberatum. Et illi tibi tuque illis ostendite invicem formam mandatorum nostrorum.

9. Et quamvis distincta videantur munera et officia vestra, ambo tamen ad unum et eundem finem diriguntur, tutelle scilicet et conservationis regni predicti. Et nulla res potest facilius [2] id facere quam dissidium. Propterea, obmissis quibuscumque particularibus respectibus, si qui forte intercederent, attendite omnes concorditer et unanimiter ad salutem regni predicti, que erit cum vestra salute et gloria, et cum nostra precipua jocunditate, sicut oppositum esset cum inexplicabili molestia.

[1] Voyez l'article 11 des instructions aux conseillers.

[2] Le sens exige *difficilius*. Cf. en outre l'article 20 des instructions aux conseillers.

10. Est preterea nostre intentionis, et sic consiliariis imposuimus, ut, siquid occurrerit inter eos deliberandum, ex rebus ad officium suum a tuo distinctum pertinens, in quo concordes inter se esse non possent, tu pro tercio voceris ab eis et intervenias. Et quicquid majori parti visum fuerit, mittatur executioni [1].

11. Mansio persone tue non oportet ut semper in eodem loco sit, sicut de consiliariis est necessarium, qui ab regina discedere non debent [2]; sed visites et discuras sepius per insulam, et omnia lustres, videas omnes, et ab omnibus videaris, firmesque et contineas tua presentia omnes in obedientia et reverentia. Idque facito tuis impensis, et sine subditorum onere.

12. Quecumque ordinaveris, egeris, dixerisve, sint sub nomine regine et infantis regii. Et fugias in omni actione et in sermone ipso, quantum possibile sit, omnem suspictionem et umbram, et omnem populorum et aliorum quomodovis murmurationem et oblocutionem; quinimo effice ut omnes fateri cogantur nihil penitus esse de regia auctoritate et libertate diminutum, sed potius auctum et redintegratum quicquid ab aliis fuerat direptum et occupatum, et tuas omnes actiones esse servicia et obsequia regine sic volentis et imperantis. Utere consueta tua prudentia et dexteritate, ut in rebus omnibus, ita in hac non minus honesta quam necessaria, ut intelligis.

13. Prohibitum sit tibi facere de mercationibus, *etc. prout in commissione consiliariorum continetur* [3].

14. Nullam particularem procurationem accipies sive negotii quicquid privati, *etc. ut ibi* [4].

15. Habere debes de salario ducatos 2400 in anno, *etc. prout de consiliariis dictum est* [5].

16. Supra familiam in tua electione, *etc. de notario sibi dato, ut in commissione consiliariorum* [6].

17. Postquam appuleris in Cyprum, sumus contenti ut vir nobilis Victor Superantio, provisor, precessor tuus, cum galea sua in bona gratia veniat ad disarmandum. Et sic tu illi ostende hoc capitulum licentie sue.

De parte, 126. De non, 0. Non sincere, 4.

---

[1] Art. 19 des précédentes instructions aux conseillers.

[2] Voyez les instructions aux conseillers, § 18, et le document du 4 juin 1479, note.

[3] Art. 21 des instructions ci-dessus.

[4] Art. 22.

[5] Art. 23.

[6] Art. 24.

1474, 29 juillet. A Venise.

Nouvelles instructions du sénat aux conseillers et au provéditeur de Chypre, concernant l'armement des forteresses, la gestion des revenus publics et le gouvernement général du royaume.

Venise. Arch. génér. Conseil des Prégadi. *Secreti*, XXVI, fol. 118.

M CCCC LXXIV, die XXIX Julii.

Consiliariis Cipri et provisori.

1. Quamvis per formam mandatorum nostrorum quam optime intellexeritis mentem et intentionem nostram in universo circa negotia istius regni paccati et tranquilli conservandi sub obedientia serenissime regine, et circa duo principaliora satis copiose et distincte locuti vobis simus, circa scilicet fortilicia et introituum regni administrationem, vosque utriusque eorum pondus et importantiam pro vestra prudentia et intellexeritis prius et inspexeritis post vestrum ad insulam appulsum, replicare tamen et forte particularius et expressius vobis mentem nostram declarare constituimus.

2. De fortiliciis audivimus, juxta nostrum mandatum, deputatos et positos fuisse per virum nobilem Victorem Superantio, provisorem nostrum, duos supracomitos, viros scilicet Nicolaum Marcello, in arce Cerines, et Nicolaum de Molino, sive Nicolaum de cha da Pesaro, in arce Famaguste, quorum triremes derelicte remansere, et in nulla omnino re possint exerceri, quod magnum reputamus rebus agendis incommodum. Ea enim provisio ut presentanea et necessaria visa nobis fuit in illo principio et status illius recenti mutatione et receptione, sed cum voluntate et proposito ut de castellanis fidelissimis et expertis postea provideretur; conduximusque ad hunc finem, ut scitis, ballistrarios, quos mitti postea in Albaniam necessarium fuit; et esse posset quod per virum nobilem Augustinum Contarenum, supracomitum nostrum, quinquaginta ex ballistrariis predictis ex Albania istuc conducerentur, juxta conditionem et statum illarum rerum, ad ejusdem supracomiti in provinciam predictam redeuntis appulsum, et alii etiam per aliquod aliud passaggium, sic enim fieri imperavimus. Propterea, juxta formam et continentiam commissionum vestrarum, volumus et vobis mandamus ut, si casus dederit quod ballistrarii predicti conducantur, ut vos illos intus predicta fortilitia distribuatis et dispartiatis, pro captu et conditione utriusque; nam de personnis castellanorum, nos hinc subito providere deliberavimus ut supracomiti suis triremibus restitui possint.

3. Ultra castellani et hominum provisionem, necessarium est ut de vic-

tualibus et munitionibus effectim utrique arci prospectum sit. Munitiones habebitis ex his que misse fuerant pro illustrissimo domino Ussono Cassano [1], bombardas scilicet, spingardas, sclopetos et pulverem. Fulcite utramque arcem ad sufficientiam et ultra, quando copiam hujusmodi rerum habebitis plus quam sufficientem. De frumento et aliis bladis nescimus quomodo vir nobilis Victor Superantio ante vestrum appulsum providerit, sed est nostre voluntatis ut prospectum sit utrique arci sic de frumento et aliis bladis ad hominum nutrimentum necessariis et de aliqua parte biscoti pro annis duobus. Vos igitur huic attendite rei, et per omnem modum providete quod ita fiat et celeriter fiat. Duplex enim fructus ex hujusmodi munitione precipitur, primus est quod omnibus malignare forte volentibus adimitur magna pars facultatis et spei, et consequenter a malis se abstinebunt operationibus; secunda utilitas est quod, aliquo occurrente casu, potest, salvis fortilitiis, recuperationi et firmamento status provideri. Plura non dicimus in parte hujusmodi fortiliciorum, quoniam satis superque dixisse arbitramur. Efficite ut numquam reprehendi possitis; et ultra municiones arcium, fortificationi et reparationi etiam earum, ubi necessarium sit, providete cum omni sollicitudine.

4. De pecuniarum administratione vestre satis sufficienter loquuntur commissiones, sed quoniam hec est pars importantissima ceterarum, ut a qua dependet sustentatio stipendiariorum, custodia et munitio fortiliciorum et omnis regni conservatio, opere pretium fore duximus vobis iterum memorare, et aliis nostris addere mandatis, ut omnem vestram curam, solertiam et diligentiam adhibeatis quod vectigalia et alia quecumque regni emolumenta et proventus diligentissime exigantur et fidelissime administrentur, ita ut pecunie per omnem modum habeantur prompte, expedicte et in die currentes, pro supplemento impensarum convenientium regine et curie secundum temporum conditionem, et pro solutionibus domini Andreoni [2] et ceterorum stipendiariorum, ut in vestris dictum est commissionibus; ne societates ille disperdantur, aut ad furta, latrocinia et alias improbitates

---

[1] Les munitions de guerre que la république de Venise destinait au roi de Perse étaient d'abord transportées en Chypre, d'où on les faisait passer sur la côte de Caramanie. Les approvisionnements militaires, réunis dans l'île à l'occasion de cette guerre, étaient considérables. Malipiero rapporte que Josaphat Barbaro prit seul, pour Ouzoun Khazan, six canons de campagne, dix canons de rempart, deux cents espingoles en bronze et en fer, dix mille mousquets, trois mille boulets de fer, cinq mille pelles et pioches. (*Annali Veneti*, t. I, p. 82.)

[2] Andréoni était un des connétables ou condottieri, chefs des hommes d'armes à gages entretenus alors en Chypre.

convertantur, que esse non possent nisi nobis molestissima et statui periculosa. Huic rei prospici et satisfieri ex regali ista convenit, et penitus est necessarium.

˙5. Id circo ad hanc, ut ad importantissimam, incumbite toto studio, ingenio et solicitudine; et omnia suspendite et in regalem reducite, quecumque ex regali sive ad regalem pertinentia et devoluta alienata fuissent post mortem regis Jacobi nobilibus et aliis civibus nostris, salva semper libertate nostrorum advocatorum contra illos qui legibus nostris contrafecissent[1]. Et hoc non fallat, quia hec nostrorum civium pars nullam recipit dubitationem sive exceptionem, sed sic est penitus nostre voluntatis et mandati ut facciatis. Que autem aliis quam nostris civibus fuissent concessa et attributa, et sine scandalo suspendere similiter posse cognosceretis, ea suspendite et in regalem reducite; sine scandalo diximus, ut habeatis advertentiam, in hujusmodi alienorum hominum suspensionem, ad conditionem uniuscujuscumque, ne quis hoc tempore per aliquam indignationem statui obesse posset, ut hujusmodi suspensionibus et reductionibus sufficientius pro stipendio, munitioni arcium et rei frumentarie et ceteris ad status conservationem necessariis, supplere possitis. Et multum habeatis privatis civibus nostris respectum. Sed posthabitis illis, ad augendas vires regalis attendite; ex ea enim opportet ut sue proprie conservationi et commodis succuratur, prepareturque solutio tributi sultani, ne illinc oriri malum aut periculum aliquod possit. Et non expectetur ut nos hinc pecunias mitamus, quorum labores et impensas incredibiles optime intelligitis adauctas mirum in modum ex novitatibus Albanie[2]; que fuere causa ut equites jam deliberatos non ita cito expediverimus et istic misserimus sicut misissemus. Sed speramus, per Dei benignitatem, liberam jam esse provinciam Albanie, soluta[3]

---

[1] Voy. les art. 16 et 17 des instructions précédentes aux conseillers.

[2] Mahomet II avait envahi l'Albanie et assiégé Scutari.

[3] Antoine Lorédano, avec deux mille cinq cents hommes, résista dans Scutari à une armée de soixante mille Turcs. Mocénigo seconda cette belle défense par les mouvements de la flotte. L'histoire de cette campagne, à la suite de laquelle le généralissime rentra à Venise et fut élu doge, termine la chronique de Coriolan Cippico, capitaine dalmate qui servait sur la flotte vénitienne. Le sénat récompensa les services de Cippico dans sa personne et dans celle de son fils, nommé, en 1489, à l'évêché de Famagouste. Je trouve dans les registres des *Secreti* la décision suivante, du 12 juin 1489, concernant cette nomination : « Que François « Marcello, évêque de Famagouste, promu à « l'évêché de Trau, à la place de Lionel « Chieregato, élu évêque de Concordia, soit « installé dans son siége; que la possession de « l'évêché de Famagouste soit donnée, en « même temps, à Louis, fils de notre très-fidèle « citoyen de Trau Coriolan Cypico, comme « sa sainteté a déjà pourvu. » Reg. XXXIV, fol. 16 v°.

Scutari obsidione; sed quomodocumque sit, equites supradictos celeratissime mittemus et expediemus in istud regnum. Quibus necessarium erit ut ex regali ista de tempore in tempus solvatur. Propterea, incipite vos ad regulandos proventus et emolumenta illius, ut, ex presenti quod habetis peditum presidio, et quod equitum habituri estis, sufficienter de vivendi et sustinendi se modo providere valeatis, absque quod nos ulla gravemur impensa, quam facere amplius non intendimus. Et si quid incommodi acciderit, non poterit nisi vobis, qui facultatem providendi habetis, imputari.

6. Omnia tamen consuli, procurari et effici a vobis et per vos volumus et jubemus sub nomine serenissime regine, a qua stipendiarii stipendium percipiant suum, per manus tamen vestras provisorum, ut in vestra continetur commissione.

7. Fugite omnem invidiam et oblocutionem et tamen dirigite negotia ad bonum iter, melioremque metam et finem. Et si quis attinentium regine vobis esset renitens, aut per imperatam rerum quas tenent suspensionem, aut per eorum abdicationem ab rebus status, aut aliter seditiosi esse pergerent, vos utimini forma vestre commissionis in licentiando istinc eos, sive ad nos mittendo custoditos.

8. Intelleximus displicentissime multos paricos per nostros supracomitos et alios fuisse abductos et abduci in dies, et multa alia enormia commissa esse et committi in diem per nostros, cum singulari molestia nobilium et populorum, sed cum longe majori nostra[1] Nam, preterquam quod res he sint per se nobis displicentissime, abalienant tamen animos hominum a fide et devotione in serenissima regina; que res, quantum securitati et commodis illius accomodata sit, vos optime intelligitis. Id circo, quantum caram habetis gratiam nostram et vestrum existimatis honorem, diligentissime inquirite per omnes triremes, et omnes paricos quos inveneritis, sive ablatos fuisse intellexeritis, restitui vel solvi ab unoquoque asportatos faciatis, pretio cum regibus Cypri pacto et convento. Quod pactum observandum inviolabiliter publicari facite, et cum effectu facite. Et quod de preteritis hujusmodi paricorum asportationibus jubemus, multo magis de futuris ut scilicet non fiant, vel que fierent emendarentur; et si quos inveneritis innobedientes et contemnentes vestris mandatis, nobis denotate. Et denotate etiam nu-

---

[1] Du vivant même de Jacques le Bâtard, les patrons et supracomis vénitiens avaient été accusés d'enlever des serfs chypriotes ou de faciliter leur évasion. (Voyez ci-dessus, p. 340, une dépêche de Josaphat Barbaro du 17 avril 1473.) Les anciens rois s'étaient déjà plaints de ces abus au xive siècle. Voy. nos doc. t. I, p. 234.

merum paricorum ablatorum, quoniam hic in duplo ex bonis contrafacientium restitui et emendari damnificatis faciemus. Hoc idem vobis dicimus de omni alio genere rapine, furti et violentie que commissa esset, committereturve, ut omnes homines cujuscumque gradus intelligant et sentiant propugnari a nobis et ab omni oppressione liberari, non oppugnari opprimive.

9. In libertate serenissime regine est se conferendi et recipiendi in unumquemque locorum insule et in ipsum castellum Cerines, cum suis nostrisque fidelissimis, pro sospitate persone sue, et majori securitate, si ei ita videbitur. Sed ad bonam custodiam arcis semper estote diligentissimi, ne in illam recipiant aliquos de quorum fidelitate erga statum regine nosque vos non sitis bene securi et certi. Eritis presentes[1], quoniam, juxta formam commissionum vestrorum consiliariorum et naturam vestri muneris, mansio vestra esse debet ubi fuerit illius majestatis.

10. Longa admonitione opus esse non judicamus pro securitate fortiliciorum. Advertite etiam in hujusmodi locorum mutatione ad securitatem personarum regine et filii vestrarumque, et ad fugam cujuscumque suspicionis et periculi.

11. Est nostre intentionis, et cum nostro consilio rogatorum deliberavimus, ut vir nobilis, Victor Pasqualigo, capitaneus navium, sit etiam capitaneus illarum galearum que istic sunt fuerintve post hoc. Et omnes supracomiti ei obediant, donec aliter provisum et imperatum sit, vel a nobis, vel a capitaneo nostro generali, cum fuerit in Oriente, et in absentia etiam utriusque provisoris, quoniam presente altero eorum, supracomiti illi obediant ut par est.

12. Et ex nunc captum sit quod elligi debeat per collegium duo boni castellani, cives nostri Veneti, fidelissimi et experti, et mittantur quanto mitti potest festinantius[2].

De parte, 139. De non, 1. Non syncere, 2.

---

[1] Il semble qu'on ait omis ici quelques mots; mais le sens n'offre aucune difficulté. Voyez les instructions du 4 juin 1474 aux conseillers, § 18; les instructions au provéditeur, § 11, et ci-après le document du 4 juin 1479, note.

[2] Une note du chancelier inscrite sur le registre à la suite des instructions adoptées par le sénat porte que François Dandolo fut élu par le collége comme châtelain de Cérines, et Jean-André Lorédano comme châtelain de Famagouste.

1474, 24 septembre. De Venise.

Dépêche du sénat aux conseillers et au provéditeur de Chypre, pour engager la reine Catherine à envoyer immédiatement le tribut au sultan d'Égypte avec un ambassadeur qui justifie la reine sur les retards mis au payement, et qui prie le sultan de faire saisir Rizzo de Marin, s'il venait en Égypte.

<small>Venise. Arch. génér. Conseil des Prégadi. *Secreti*, XXVI, fol. 138 v°.</small>

M CCCC LXXIV, die XXIV Septembris.

Consiliariis Cypri et provisori.

El signor soldan, come non dubitemo esser noto a quella serenissima regina, et a vui, per sè ritrovi non poco turbado contra la maestà de essa serenissima rezina, per non esser stà pagato el suo tributo, del che etiam esso serenissimo signor per suo lettere cum nui per avanti sè ha doluto; et oltra questo, Rizo de Martino[1], rebello de la soa maestà, sè è conferito in Levante, per montar al Cayro, et machinar tutto quello lui potrà contra el stado de la prefata serenissima rezina et fiol regio.

Unde ne pare necessario che de lì subito per nome suo sè mandi al serenissimo signor soldan un ambassador, homo prudente et praticho, et persona de lì. El qual sè habi ad apresentar a la sublimità soa; et da poi le parolle zeneral fate, cum ogni sumission et reverentia, tutti quelli modi e mezi che a la prudentia soa parerà, cerchi de plachar et reconciliar l'animo del prefato signor a quella serenissima rezina, certificando la sublimità soa essa serenissima rezina esser desposta non voler mai per algun tempo recognoscer ne reverir altro superior ch'a el prefato serenissimo signor, e pagarli el consueto tributo e censo suo. El quale, se per avanti non ha pagato, come era el debito suo, no imputi la excellentia sua ad altro che a la neces-

---

[1] *Martino*, au lieu de *Marino*, est ici une erreur du copiste de la chancellerie ducale. Par une délibération du même jour (*Secreti*, XXVI, fol. 138), les Prégadi, avertis que Rizzo était parti pour le Caire, et sachant qu'une flotille de galères génoises l'attendait à Alexandrie, autorisaient le consul et les marchands vénitiens allant en Égypte à ne point débarquer s'ils apprenaient que le sultan fût indisposé contre la seigneurie. En même temps, le sénat écrivait au sultan (*Secreti*, XXVI, fol. 139) pour le remercier de l'accueil bienveillant qu'il avait fait aux derniers marchands revenus d'Égypte, et lui demander la continuation de ses bonnes dispositions envers les nouveaux arrivants. Le sultan balançait encore entre la reine Charlotte de Lusignan et la république de Venise, dont les vues sur l'île de Chypre lui inspiraient une grande défiance. Il ne fit qu'une froide réception à l'ambassadeur du doge; mais, devenu ensuite plus favorable aux Vénitiens, et redoutant le voisinage des Turcs, il reconnut expressément Catherine Cornaro comme reine de Chypre. Voy. ci-après, p. 405, ann. 1476.

sità che lha costrecta a cussì fare, per le spexe excessive achadutelli dapoi la morte del re Jacomo, nei suo gravissimi infortunii; et non tanto per questo caxone, quanto per le spoliation e rapine fate per quelli rebelli che li hano tolto zoie, argenti et ogne regia supellectile [1]. Et oltra questo, la chavaleta [2] ha in tuto consumpta tuta l'isola, si chè è da esser accusata la fortuna et le male operatio de Rizo et compagni, che non hano permesso che essa rezina faci al signor soldan el dover suo, como lei, sopra ognaltra cossa, far desiderava; pregando esso serenissimo-signor che sè degni a questo, come summamente è necessario, darli qualche tempo; el qual tanto serà più brieve, quanto sè romagni libera dai nuovi pericoli et nuove travaglie che li va tendando Rizo e compagni; cupando [3], sel dicto Rizo fosse venuto in poter del signor soldan, discoprendo queste verità et ricordando che costui fo el primo auctor de la taiata fata de Mori in Famagosta [4], de farlo mal capitar; dechiarando etiam che la Cerlota [5] ha tenuto he tien queste trame de intrar in regno cum favor de quelli instessi [6] che hanno voluto occupar quello [7], e vole e pretendene più che mai, e a tal fine da orechie e speranza a dicta Cerlota. Et anchor semo certi che, o per Rizo o per altri mezi, fara dir de lì tuto l'opposito del vero per vignir a l'effecto de le voie soe.

Et perhò, prudentemente e gravemente, discoprendo questi artificii et manifestando el vero, persuadi al signor soldan et a tutti quelli signori dio-

---

[1] Malipiero a connu sans doute toutes ces dépêches. Des expressions textuelles se retrouvent dans sa chronique : « La signoria ha « scritto (1474) alla rezina che la mandi un « ambassador al soldan a scusarse de no ghe « haver mandà 'l tributo, per i damni patidi « l'anno passado de robe, danari, e zogie che « ghe è stà robade, e delle cavalette, che ghe « ha tolto l'arcolto de tutta l'isola. Et è stà dà « ordene che, dapuò satisfatti i stipendiadi, sè « fazza ogni possibele provision per mandar- « ghe 'l tributo ; e che sia comesso all' ambas- « sador, che la rezina manderà per questo « effetto, che 'l diebba considerar al soldan, « che no fa per esso che altri sia patron de « quel regno, habbiando la rezina habudo « sempre quel mazor respetto che sia possi- « bele a i Mori, e a le cose sue ; dove che ogni « altro i ha malmenai. » (Annal. Ven. t. II, p. 603.)

[2] Les sauterelles. Malipiero ajoute à ce sujet : « E in proposito de cavalete, la signo-

« ria hebbe aviso l'anno passado 1473, per « lettere de 23 d'auosto, che il re Giacomo « haveva mandà in Persia do Armeni a tuor « dell' acqua de Lagusta ; che ha questa pro- « prietà, che dove se mette, la fa adunar gran « quantità de oseli de diverse sorte, i quali « manza è consuma le cavalete del paese. » (Ann. Ven. t. II, p. 604.)

[3] Désirant, demandant.

[4] Cette pièce nous révèle une particularité nouvelle de la vie aventureuse de Rizzo de Marin. C'est donc lui qui avait déterminé le roi Jacques le Bâtard, après la reddition de Cérines et de Famagouste, à faire massacrer ses auxiliaires mameloucs, ou qui se chargea de l'exécution de cette périlleuse mesure. Voy. ci-dessus, p. 128-129, n.

[5] La reine Charlotte de Lusignan.

[6] Locution vénitienne, pour istessi; on disait aussi insir pour issir, au lieu du toscan uscire.

[7] Au Ms. quelli.

dari, admirai et altri essa serenissima rezina non voler mai altri superiori che esso serenissimo signor soldan, et esser sempre soto obedientia de soa serenità, che serà etiam cum perpetua tranquillità, pace et segurtà de tuto el paexe e subditi de soa sublimità; cerchando denique per ogni modo possibile placar l'animo del prefato signor, et de far cessar ogni pericolo che in questa ixola fosse preparato.

Però volemo et commandemovi, cum el nostro conseio de pregadi, che vui siate a la presentia de la prefata serenissima rezina, dechiarando a quella quello nostro pensier, et confortandola per nostre nome che quanto più presto li sia, la vogli spazar un suo ambasador al predicto signor soldan cum la suprascripta commission. Et perchè niuna cossa poria più plachar l'animo del prefato signor che essa rezina per el dicto ambassador li mandase el tributo, saltem de un anno, volemo e commandemovi che ricordate questo a sua maestà, procurando de recuperar tanti danari et altre robe che sia per el consueto tributo per un anno; et che quello sia mandado al signor soldan per el soprascripto ambasador, intendando tamen che i soldati, sopra tuto, siano pagati avanti ogni altra cossa.

De parte, 107. De non, 0. Non sincere, 1.

XVIII.

CATHERINE CORNARO,

SEULE,

REINE DE JÉRUSALEM, DE CHYPRE ET D'ARMÉNIE.

26 AOUT 1474. — 26 FÉVRIER 1489 [1].

1474-1476.

Décrets du Conseil des Dix de Venise, concernant la surveillance, l'arrestation ou la mise à la torture de divers Chypriotes, après la mort du roi Jacques III [2].

<small>Venise. Arch. génér. Conseil des Dix. *Misti.* Reg. XVIII, fol. 84 à 87, 92 et 149 v°.</small>

M CCCC LXXIV, die XXVII Octobris. Cum additione.

Quod magnifico Petro de Avilla, his convenientibus accomodatioribusque

---

[1] Navagiero rapporte que l'abdication de la reine Catherine Cornaro et l'érection de la bannière de Saint-Marc eurent lieu à Famagouste le jeudi 26 février 1489, en présence de François de Priuli, capitaine général de la flotte vénitienne : « E così, a 26 del « detto mese, nel giovedi di carnevale, cele- « brata nel palazzo regio una solenne messa « dello Spirito santo, presenti i cavalieri del « regno, e benedetto uno stendardo coll' inse- « gna di san Marco, fu per la reina presentato « al capitan generale per nome della signoria « di Venezia. Il quale, a detto nome quello « accettando, disse che da quella esso regno « in ogni tempo e contra ciascuno saria difeso. « E subito mandò a levare il detto stendardo « nella piazza di Famagosta, e mandò ordine « che per tutta l'isola fosse fatto il medesimo, « e così fu eseguito. » (*Stor. Venez.* ap. Murat. *Script. Ital.* t. XXIII, col. 1198.) Navagiero ajoute que la reine partit seulement de Chypre le 14 mai; d'après Florio Bustron (Ms. de Londres, fol. 216 v°) et Colbertaldi (Ms. de Venise, fol. 63), la reine se serait embarquée dès le mois de mars, ce qui paraît plus vraisemblable. Elle arriva au Lido le 5 juin suivant, et fit son entrée à Venise sur le Buccentaure, le lendemain 6.

[2] Les Chypriotes, au moment de passer définitivement sous l'autorité vénitienne, s'attachaient à tout ce qui semblait leur représenter la nationalité qu'ils avaient conservée jusque là, et leur laisser au moins l'apparence d'un gouvernement libre. Après l'extinction de la race directe des Lusignans, qu'ils n'avaient servi qu'avec tiédeur et qu'ils regrettaient, ils s'étaient dévoués à Jacques le Bâtard, puis à son fils; maintenant ils reportaient toute leur affection sur la reine veuve. Bien que Vénitienne, bien qu'entourée de ministres vénitiens et entièrement soumise aux volontés du sénat, Catherine Cornaro rappelait pour eux des souvenirs d'indépendance qui flattaient leur amour-propre, et leur était devenue aussi chère que les anciens rois. La république de Saint-Marc ne se trompait pas sur les sentiments des Chypriotes; elle savait qu'ils étaient plus disposés pour la reine que pour Venise, et que ce qu'ils aimaient le moins chez Catherine Cornaro était précisément son origine vénitienne. Aussi, tout dévouement trop actif pour la per-

Iʳᵉ PARTIE. — DOCUMENTS.

verbis que serenissimo duci et dominio videbuntur, dicatur quod, attentis his que nuperrime habuimus de obitu serenissimi regis Cypri, gratissimum erit nobis, pro presenti, habere magnificentiam suam cum ejus sociis apud dominium nostrum. Et propterea contentus sit, cum sociis suis, apud nos manere, quia eum videmus et habemus carissimum; confirmeturque in fide et devotione sua, optimaque spe de dominio nostro. Et sibi tandem declaretur quod nullam penitus dubitationem capiat de suis qui sunt in Cypro, nec de bonis et casalibus suis et eorum qui secum venerunt, quia ea omnia illesa et intacta conservantur et conservabuntur cum omnibus introitibus et proventibus suis. Et ex nunc captum sit quod dictis Petro et sociis, pro tempore quo hic stare debebunt, offerantur pro eorum commoditate ducatos 150 usque 200 singulo mense si voluerint, cum hoc quod illos restitui et responderi faciant de introitibus suis consiliariis et provisori extantibus apud serenissimam reginam Cypri [1].

M CCCC LXXIV, die XVI Novembris.

Quod, pro causa Nicolai Turci, missi ex Cypro per nobilem virum Victorem Superantio provisorem classis, et hic jam multis mensibus carcerati, faciatur collegium, per majorem partem cujus examinetur, et, si opus fuerit, torturetur; et cum eo quod habebitur, veniatur postea ad hoc consilium.

Du même jour [2].

Vult quod iste Nicolaus Turcus mittatur in Cyprum ad serenissimam reginam, que super illum habeat juxta ejus demerita justiciam ministrare [3].

---

sonne de la reine ou son autorité devenait-il suspect à ses yeux. Les divers personnages dont il est question dans les présents décrets en firent tous l'expérience. Ils s'étaient montrés en plusieurs circonstances fidèles et ardents serviteurs de la reine; cela suffit pour que Victor Soranzo, provéditeur de la flotte, laissé par le généralissime à Famagouste avec une escadre, crut prudent de les conduire ou de les envoyer, sous bonne escorte, à Venise. Ils y furent pour la plupart retenus en prison. En 1486, ceux qui vivaient encore obtinrent la permission de rentrer en Chypre. De ce nombre fut le comte d'Édesse ou de Roha.

[1] Pierre Davila était à Venise depuis la mort de Jacques III. (Voy. ci-dessus, p. 365, n.) « Dapo la morte del quale re, dit Navagiero, « rimasta la regina erede del regno, conos- « cendo il provveditore Soranzo il mal' animo « de' Cipriotti, mandò il conte de Rocas con « alcune navi a Venezia. » (*Stor. Venez.* ap. Murat. *Script. Ital.* t. XXIII, col. 1141.)

[2] Cette seconde délibération paraît avoir été prise après le rapport que dut faire au conseil des Dix la commission (*collegium*) formée pour interroger Nicolas le Turc.

[3] Nicolas, à peine arrivé à Venise, parvint à s'évader avant qu'on l'eût ramené en Chypre. Voy. ci-après, p. 398.

HISTOIRE DE L'ÎLE DE CHYPRE.

Du même jour.

Quod dominus Cortesius[1], miles, conductus huc ex Cypro per nobilem virum ser Victorem Superantio secum, et positus in turricella, de illa extrahatur, et carcere qui capitibus hujus consilii videbitur mancipetur. Et per suprascriptum collegium Nicolai Turci examinetur, et si opus fuerit torturetur.

Quod Demetrius de Patrasio, dictus Mastachi, qui venit cum suprascripto ser Victore Superantio, auctoritate hujus consilii retinetur et carceribus mancipetur.

Supplicat cum multa instantia dominus Petrus de Avilla ut contenti esse vellimus quod quidam Joannes Parchus, unus eorum qui secum propria sponte venit, et Raymundus, filius domini Joannis de Novara, qui hic remanet cum eo, juvenis annorum xx, nunc possit ire in Cyprum, pro curandarum rerum suarum causa. Et habita informatione de conditione istius Joannis a viro nobile Joanne Cornario, milite, affirmante illum non esse hominis alicujus auctoritatis et consequenter nullius periculi, et consulente complaceri, vadit pars quod, auctoritate hujus consilii, concedatur licentia ambobus ut petitur.

M CCCC LXXIV, die IV Decembris.

Quod comes de Rochas[2] et dominus Johannes de Ras, missi ex Cypro ad

---

[1] J'ai peu de renseignements sur ce personnage, qui, dans les rangs secondaires, avait eu un rôle assez actif en Chypre. A la mort du roi Jacques le Bâtard, la reine veuve l'employa longtemps (Georges Bustron, Ms. de Londres, fol. 71); mais, comme tant d'autres, il ne tarda pas à inspirer des soupçons aux Vénitiens. Victor Soranzo l'avait fait transporter à Venise, où il était détenu dans les tourelles, près du pont des Soupirs. Le décret du sénat du 30 octobre 1476, que je donne plus loin, en ordonnant la translation à Venise de diverses familles chypriotes, et notamment de celle de Michel Cortesi, accuse vaguement ce chevalier d'avoir été rebelle à la reine Catherine.

[2] Nous avons vu déjà (p. 366, 377, n., 394) les égards qu'avait la république de Venise pour le comte d'Édesse, bien qu'on

se défiât de lui, comme de tous les Chypriotes. Malipiero rapporte ainsi son arrestation : « Dapuò la morte dell' infante (Jacques III « de Lusignan) i populi ha cegnà de sole- « varse. E'l conte de Rocas, per favor de i « contadini, era come re. E per questa causa, « la rezina l'ha fatto chiamar do volte, e lui « se ha reso difficile de andar; e essa ghe ha « mandà a dir la terza volta, che non andando, « lo farà retegnir : tal che el se ha contentà « de andar; e andando, è stà retegnudo, con « alguni so seguazi; e come sediciosi i e stà « mandai de qua. » (*Ann. Ven.* t. II, col. 604.) Le comte d'Édesse obtint la faculté de rentrer en Chypre avec ses compatriotes, par décret du conseil des Dix du 21 juin 1486 : « Ed « essendosi ancora inteso che don Alonso, « figliuolo del re di Puglia, stato già anni dieci « nella corte del soldano, sperando coll' ajuto

hanc civitatem nostram, ponantur in turricellam, ubi diligentissime custodiantur per sex cives Venetos nostros, per capita hujus consilii deputandos, ad ipsorum dominorum Johannis et comitis expensas, donec aliud per hoc consilium deliberatum fuerit. Et ex nunc captum sit quod scribatur consiliariis designatis apud serenissimam reginam Cypri ut esse debeant cum majestate sua, et providere quod patrimonia dictorum dominorum Johannis de Ras[1] et comitis de Rochas ei conserventur et manuteneantur, quodque de introitibus suis mittantur huc tot pecunie quot sint pro expensis eorum et salario et expensis dictorum sex custodum per nos deputandorum.

M CCCC LXXIV, die VII Decembris.

Quod Joannes Attar[2], Filiponus de Nores, et Perinus Uri[3], qui mittuntur huc ex Cypro, sed nondum omnes applicuerunt, ponantur in castro nostro Padue, ubi diligentissime custodiantur per sex custodes, *etc. ut supra.*

M CCCC LXXIV[4], die XV Februarii.

Quod domini comes de Rochas, Joannes de Ras, Filippus de Nores et Joannes Attar, equites, et Perinus Urri, retenti in turricella ex auctoritate hujus consilii, extrahantur pro nunc, hac conditione quod hinc nullo pacto recedant absque licentia predicti consilii. Stefanus autem Codona[5] remaneat in carcere inferiori, ubi est ad presens, donec aliud deliberabitur.

« di quello di pigliare il dominio del regno di
« Cipro, frustrato de tale speranza, era partito
« dal Cairo, e ritornato al padre, a' 21 di
« giugno nel consiglio di dieci fu conceduta
« la licenza al conte di Rochas e ad altri no-
« bili del regno di Cipro, tenuti gia molto
« tempo per sospetti di quel regno, di potere
« andare a ripatriare. » (Navagiero, Stor. Ven.
ap. Murat. t. XXIII, col. 1194.) Il mourut à
Nicosie, âgé de soixante-quatre ans, le 24 juin
1501, et fut inhumé à Sainte-Sophie. (Georges
Bustron, Ms. de Londres, fol. 143 v°.)

[1] Jean de Ras ou Daras avait été par acclamation reconnu capitaine du peuple de Nicosie, qui, en défiance contre les étrangers arrivés en Chypre, ne laissait plus entrer un personnage important dans la ville, sans lui faire jurer fidélité à la reine. Venise n'avait à lui reprocher que de mettre trop de zèle dans l'accomplissement de son devoir.

[2] Jean Attar avait été un des premiers et des plus fidèles partisans de Jacques le Bâtard. Voy. p. 83, n.

[3] Il est possible que Perrin Uri soit le même que Pierre Urri, d'abord attaché à la reine Charlotte de Lusignan, et à qui l'ordre de Rhodes donna plusieurs fois des lettres de sauf-conduit. (Voy. ci-dessus, p. 127, n.) Il put revenir en Chypre et y être pris par les Vénitiens. Beaucoup de Chypriotes, d'abord dévoués à la reine Charlotte, se rattachèrent au roi Jacques et à la reine Catherine, quand toute possibilité de rétablir les princes légitimes leur parut perdue.

[4] Vieux style de Venise.

[5] Étienne Koudouna, qui portait le nom d'une montagne de Chypre au nord de Morpho, était un des chefs élus par le peuple de Nicosie. Il vint à Famagouste, dans une circonstance, bannières en tête, protester de

398　HISTOIRE DE L'ÎLE DE CHYPRE.

M CCCC LXXVI, die XVII Aprilis.

Querendum est per omnem possibilem viam habendi in manus nostras Nicolaum Turcum, missum huc ex Cypro per virum nobilem ser Victorem Superantio, militem, dum esset illic provisor, qui his proximis preteritis diebus ex carcere nostro forti fugam arripuit [1].

1474, 11 novembre. De Venise.

Instructions du doge et du sénat de Venise à Marc Cornaro, père de la reine Catherine, chargé de se rendre en Chypre pour consoler sa fille de la mort du jeune roi Jacques III, et concourir au gouvernement du royaume; en passant à Rhodes, Cornaro se plaindra, au nom de la république, de l'assistance que l'ordre ne cesse d'accorder aux ennemis de la reine Catherine [2].

Venise. Arch. génér. Conseil des Prégadi. Secreti, XXVI, fol. 152.

M CCCC LXXIV, die XI Novembris.

Nicolaus Marcellus, Dei gratia dux Venetiarum, etc. Deliberatum est per nostrum consilium rogatorum, nobilis et dilecte civis noster Marce Cornarie, miles, ut, pro hortamento et consolatione serenissime regine Cypri, filie tue, in presenti sua afflictione ex obitu reguli filii sui, in Cyprum accedas; et ut commode et honorifice eas, armari jussimus unam triremem, qua cursum acceleres et perficias in insulam predictam.

1. Et est nostre intentionis ut, cum fueris Mothoni, vel ubi reperiatur provisor noster cum classe, petas ab eo quatuor alias ex nostris triremibus, et bene comitatus naviges in Cyprum. Quo cum appuleris, volumus ut per nostrum consiliarium [3] et provisorem licentientur quatuor ex illis triremibus que diu fuerunt illic et eisdem consiliario et provisori vise fuerint, ut loco

son attachement à la reine et la supplier de fixer sa résidence à Nicosie. On le fit partir peu après pour Venise. (Georges Bustron, Ms. fol. 97 v°; Florio, Ms. fol. 210.)

[1] Mille livres de récompense furent promises à celui qui remettrait Nicolas le Turc aux mains des magistrats vénitiens. (Reg. XVIII, fol. 149 v°.) Voy. ci-dessus, p. 395.

[2] Marc Cornaro désirait depuis longtemps aller voir la reine sa fille en Chypre; cette faveur ne lui fut accordée qu'après la mort de son petit-fils Jacques III : « Fu conceduto « a ser Marco Corner, padre della reina, di « potere andare a quel regno : cosa che avanti « la nuova di questa morte, sebbene da lui era « stata ricercata, gli era stata negata. » (Navagiero, Stor. Venez. ap. Murat. tom. XXIII, col. 1141.) Il est probable que donna Fiorina ou Firenze Crispo, mère de la reine Catherine, accompagna son mari en Chypre et demeura dans l'île; elle y était encore en 1488, et prit passage cette année sur une galère de la flotte du capitaine général pour revenir à Venise. Voy. Navagiero, col. 1197; Malipiero, Ann. Ven. t. II, p. 611.

[3] Louis Gabriel, l'un des conseillers à qui sont adressées les instructions du 4 juin, était mort en Chypre, le 27 août 1474 : « A' « 19 de Ottobre, la rezina Catharina scrive « de so man che'l re Giacomo so fio, e Aluise

aliarum quatuor quas tecum conduxeris redeant ad nostrum provisorem predictum. Hujusmodi galeas dabit tibi provisor noster, si, juxta nostra mandata, cognoverit nullum propterea imminere rebus nostris periculum; sed in casu alicujus periculi vel majoris necessitatis, navigabis cum galea sola tibi assignata.

2. Rodi volumus ut, ultra continentiam litterarum quas reverendissimo domino magno magistro et consilio illius religionis, et circa armamentum triremium suarum ut cum classe nostra jungi tempestive possint in communem propugnationem, et circa paricos[1] insule Cypri illuc conductos, scribimus, sicut per exempla litterarum predictarum videbis, tu etiam, sub litteris nostris credentialibus, de utroque negotio loquaris copiosius et efficatius, sicut utile fore judicaveris. Et etiam circa statum regine et negotia Cypri explices nostram intentionem et mentem. Horteris et requiras eos ut, pro officio bone nobiscum amicicie et confederationis, et pro proprio commodo et quiete sua, si favere[2] nolunt regine et honeste cause nostre, sicut per vim federis sunt obligati, saltem non noceant, dando contra fidem et bonos mores, ut antehac fecere, receptum, consilium et favorem ejectis et rebellibus illius status[3]. Et, cum verbis gravibus et accomodatis, declara existimaturos nos proprio statui nostro accidere, quicquid ab Rodo, vel per homines et navigia illius religionis, commodi vel incommodi rebus Cypri accideret; et ab eorum operationibus et effectibus judicaturos nos animum in uos suum, et cum eis esse acturos eo precise modo et forma quo ipsi nobiscum in negotiis Cypri egerint; quos non dubitamus habere potius velle amicos et propitios quam adversos. Et cum his et similibus verbis expedictus, navigationem festinato tuam in Cyprum.

3. Hec omnia tutius et ex omni parte melius fore credimus ut agas ex trireme, et in terram non descendas, tum ut pericula persone tue declines,

« Gabriel consegier è morti, un a 26, l'altro
« a 27 de Auosto. E per questo aviso è stà de-
« liberà, che subito Marco Corner so padre
« vada in Cipro con 6 galie armade; perchè
« i provedadori scrive, insieme con altri con-
« fidenti, che molti chiama la rezina Carlota,
« e che molti ha mala volontà; e consegia che
« se fazza morir alguni dei principali, che
« suscita humori seditiosi, e mette il regno
« in pericolo. A 11 de Novembre è stà spazzà
« la commission de D. Marco Corner kavalier. »
(Malipiero, Ann. Ven. t. II, p. 604.)

[1] Au Ms. parices.
[2] Au Ms. favore.
[3] Rhodes avait ouvertement et en toutes circonstances favorisé les princes légitimes de Chypre et leurs partisans. Les Vénitiens, qui prétendaient succéder au pouvoir de Jacques le Bâtard dans la personne de Catherine Cornaro, n'étaient encore aux yeux de l'ordre que des usurpateurs, et ne pouvaient espérer d'avoir son entière adhésion tant qu'il restait quelque espérance de rétablir Charlotte de Lusignan sur son trône.

tum ut reputatiora, existimatiora sint verba tua; ne rogare illos, sed potius monere et minari etiam videaris, si minus quam convenienter et amice se gerere nobiscum in rebus illis voluerint. Modesta tamen semper sit forma verborum tuorum.

4. Quoad Cyprum et negotia status et regni illius attinet, breviores erimus in his nostris mandatis, quoniam nota tibi perspicue est nostra voluntas, et pro fide, sedulitateque tua non dubitamus te omnia procuraturum et facturum que menti et intentioni nostri conformia forre intellexeris; sed tamen succinte hec pauca perstringenda duximus.

5. Nota tibi est molestia quam ex obitu infantis reguli suscepimus; quam tu regine declara, et omnibus etiam baronibus et nobilibus regni illius. Hortare nichilominus reginam ad ferendum equo animo Dei voluntatem, et ad conservationem sui ipsius in statu regio suo; et nobiles omnes, populos et omnifariam subjectas gentes ad fidem obedientiamque servandam regine, et omnes indifferenter ad sperandum de nobis quantum pro salute et conservatione sua necessarium sit, quod regnum illud ita sumus propugnaturi et conservaturi, sicut quamcumque chariorem et pretiosiorem partem totius status nostri. Et in tali forma loquere, ut qui statum regine et nostram diligunt protectionem et umbram, confirmentur in recto proposito; qui forte cupidi essent rerum novarum, intelligant nihil se molituros esse, nisi in propriam perniciem. Hoc age primo congressu una cum nostris consiliario et provisore, et postea in diem sicut melius occurrerit.

6. Duo sunt in commissionibus consiliariorum et provisoris nostri importantissima et precipua precepta.

Alter de custodiendis arcibus et civitate Famaguste[1]; et circa hoc nihil mutari vel variari volumus, quin in totum et per totum nostra voluntas effectum et executionem habeat per consiliarium et provisorem. Et propterea in hac parte, aliud non est necessarium ut tibi dicamus.

7. Alter est circa bonam, fidelemque introituum regni administrationem, quod plures habet partes, ut in commissionibus consiliariorum distincte continetur[2]; quas omnes observari diligentissime volumus a superstite consiliario[3] et a provisore nostro, fungente tam suo officio quam vicibus consi-

---

[1] Voyez les articles 12 et 13 des instructions aux conseillers, p. 376; les articles 4 et 5 des instructions au provéditeur, p. 383, et les nouvelles instructions du 29 juillet, p. 386.

[2] Voyez l'article 6 des instructions du 4 juin 1474, p. 374, et l'article 4 des secondes instructions, p. 387.

[3] François Minio, seul conseiller de Chypre depuis la mort de Louis Gabriel.

liarii defuncti. Et in hac etiam pecuniarum parte, nihil occurrit mutandum vel variandum, sed adjungendum potius et replicandum, pro tuo advisamento, nostram ut necessariam ita constantem et firmam intentionem esse, ut, ex introitibus regni, solvatur stipendiariis custodientibus arces et aliis quos missimus et mittemus; et solvatur de tempore in tempus, ita ut vivere et custodire statum regium possint, et ita nervis et viribus propriis sustentetur regnum ipsum, sine nova gravedine nostra; quia satis superque est id quod fecimus et facere plurifariam cogimur, quod fieri sufficienter posse, te ipso pluries profitente et affirmante, cognovimus et credimus procul dubio, modo proventus regni diligenter, recte, continenter et fideliter exigantur et administrentur. Tu autem, qui optime nosti naturam et conditionem proventuum predictorum, esto in memorando, consulendo et pro ingenio et industria tua favendo supradictis nostris consiliario et provisori, solers et vigilans, ut nostra mandata in hac etiam parte locum habeant. Et quicquid superfuerit ab impensa stipendiariorum et ab impensis quotidianis necessariis regine et curie, cumuletur, pro placando sultano [1], sicut intelligis esse quam maxime necessarium.

8. In ceteris autem omnibus pertinentibus ad personam regine, honorem scilicet et sospitatem suam, ad justiciam in regno ministrandam civilem et criminalem, ad magistratus et officia publica et consueta, et ad mores et consuetudines regni, in quibus omnibus rebus nihil volumus per nostrum consiliarium et provisorem mutari vel variari, sed bene consiliariis comisimus ut regine consulerent pro bono status sui; tu autem, ad quem tamquam ad patrem principalius hec pertinet, regine consule et prospice una cum consiliario et provisore nostro, ita ut majestas sua pro arbitrio suo agat et disponat, et ab omnibus intelligatur, colatur et observetur tanquam regina.

9. Et quamvis consiliarius et provisor nostri in insula et regno illo sint nomine publico missi, scilicet a nobis, tu autem futurus illic sis ut particularis nobilis noster et ut pater regine, unus tamen omnium vestrum finis esse debet, conservatio scilicet regni predicti sub obedientia regine; illis, nostris obedientibus mandatis et exequentibus nostram intentionem, te

---

[1] Le payement du tribut dû par l'île de Chypre à l'Égypte était arriéré, par suite de circonstances rappelées dans une dépêche des Prégadi, du 24 septembre 1474. (Voy. ci-dessus, p. 391, et ci-après, p. 405.) Ce tribut, composé depuis le règne de Jacques le Bâtard de 8,000 ducats et d'un présent en étoffes de camelots, était à peu près le seul avantage que les sultans retirassent de leur suzeraineté sur l'île.

autem ad eundem effectum pro ingenio et viribus memorante et consulente. Tu igitur cum eis, et illi tecum, conferte, communicate et procurate finem suprascriptum, cum amore et concordia inter vos, et efficite ut, sicut estis, ita videamini unius dominii cives, non inter vos dissidentes; discordia enim magne res dillabuntur, et parve concordia crescunt. Et si ulla unquam res fuit que concordiam et unionem requirat, est recta gubernatio regni predicti, in tanta fluctuatione et discrimine interno et externo. Propterea, omni particulari posthabito respectu, si quis forte intercederet, attendite omnes ad finem ob quem illos missimus, et tu de nostra voluntate accedis, servatis semper in omnibus et per omnia mandatis nostris in commissionibus consiliarii et provisoris nostri expressis et declaratis.

10. Pro auferenda autem omni inter vos contentione, considerata etate, sed magis gradu et conditione tua, in regno illo longe majori et honorabiliori quam privati cujuspiam hominis, quia pater regine es, ut regium nomen apud populos eo venerabilius sit quo omnes inspexerint venerari illud a nostris in tua persona, est nostre intentionis et volumus ut preferaris ab omnibus tam publicis quam privatis personis in regno illo, et in omni loco ceteros omnes antecedas sine ulla controversia. Et hanc nostram deliberationem ostende consiliario, provisori, bajulo et quibuscunque fuerit opus, ut omnes obediant.

11. Ceterum, quum sponte tua te obtulisti et ire voluisti ad insulam supradictam, consentientibus nobis, consentimus etiam et contenti sumus ut discessus illinc tuus et reditus in patriam sit in tuo arbitrio et voluntate. De parte, 106. De non, 5. Non syncere, 1.

1474, 28 décembre. A Venise.

Ordre du sénat au capitaine général chargé de rechercher, pour les livrer au supplice, les gens qui ne cessent de faire des courses sur les côtes de l'île de Chypre et les états du sultan d'Égypte, à l'instigation des ennemis de la reine.

Venise. Arch. génér. Conseil des Prégadi. *Secreti*, XXVI, fol. 164.

M CCCC LXXIV, die XXVIII Decembris.

Non desistunt archiepiscopus Nichosie [1], Rizius, Semplana, comes Tri-

[1] Louis Perez Fabrice, Catalan, nommé à l'archevêché de Nicosie, vers l'an 1469, malgré les Vénitiens. (Voy. ci-dessus, p. 311, n.) Le 21 décembre 1473, les Prégadi chargeaient Jean Aymon, ambassadeur de la république à Naples, de voir le roi aussitôt qu'il lui serait possible, de l'informer du meurtre d'André Cornaro et de se plaindre

polis[1] et Ludovicus Almerici[2] insidiari statui regine Catherine Cypri. Multi preterea ex diversis nationibus ex regno illo in proximis novitatibus ejecti, armatis quibusdam fustis, infesti sunt et insule illi et oris maritimis sultani, cum maxima indignatione illius, existimantis ea fieri ab Cyprianis et hominibus regine. Propterea, vadit pars quod capitaneo generali maris et provisoribus classis, auctoritate hujus consilii, committatur ut, si acciderit ut persone predictorum rebellium vel alicujus eorum reperiantur esse super aliqua navi, triremi, fusta, vel aliquo alio ligno, cujusvis illud fuerit, quod accipere possint, illud intromittant et capiant et personas suprascriptorum et cujuslibet eorum vinctas et bene custoditas, ut fugere nullo modo possint, mittant ad manus regine, que de illis debitum supplicium sumere possit.

vivement de l'archevêque de Nicosie, instigateur principal des troubles qui venaient d'éclater à Famagouste. (*Secreti*, XXVI, fol. 55.) L'archevêque fut obligé de quitter Chypre, avec les autres chefs du parti aragonais, au mois de décembre 1473. J'ignore quelle fut ensuite sa position, où et quand il mourut. Après avoir été si ouvertement l'ennemi de la république de Venise, il ne pouvait plus habiter Chypre. Il semble donc impossible de rapporter à Louis Perez Fabrice la décision suivante, qui se trouve au registre *Notatorio* du collége de Venise, 1474-1481, fol. 97 v° : « Le 13 juin 1479, après avoir « blâmé la conduite de l'archevêque de Ni-« cosie, qui s'attribue tous les revenus de « l'archevêché, en oubliant qu'*il doit sa nomi-« nation à l'intercession de Venise auprès du « saint père*, et négligeant de payer les pen-« sions accordées par le saint siége, sur la « manse archiépiscopale de Nicosie, à Jé-« rôme Marcello, noble vénitien, parent du-« dit archevêque, et au vénérable prêtre An-« toine de Léonardi, le collège ordonne aux « conseillers et au provéditeur de Chypre de « veiller à ce que ces pensions soient à l'avenir « exactement payées. » L'archevêque de Nicosie dont il est question dans la pièce du Notatorio que nous venons d'analyser, paraît être Vénitien; il était, nous le voyons ici, parent de Jérôme Marcello, et résidait probablement en Chypre. Ces faits nous éloignent évidemment de Louis Fabrice.

[1] Rizzo de Marin, Jacques Saplana et Jean Tafures. Il a été plusieurs fois question de ces personnages.
[2] Louis d'Alméric, ou plutôt d'Albéric, était neveu de Jacques Saplana. Son oncle, déjà bien placé à la cour du roi Jacques le Bâtard, l'appela en Chypre, et obtint pour lui quelques fonctions dans le gouvernement avec une rente de 1,000 ducats. (Georg. Bustron, fol. 78 v°.) Incertain sur les dispositions du roi à son égard, Louis abandonna peu après les avantages qu'on lui avait faits et retourna à Rhodes, qu'il avait habité; mais, à la mort de Jacques le Bâtard, jugeant l'occasion favorable, il rentra en Chypre, fut présenté par son oncle à la reine, et devint un des chefs du parti qui voulait, soit en mariant Catherine Cornaro à un prince de Naples, soit en rappelant Charlotte de Lusignan, retirer l'île des mains des Vénitiens. Il occupa le château de Cérines quand Paul Contarini, trompé par les conjurés, l'eut rendu à Nicolas de Morabit. (Georges Bustron, Ms. f. 90; Florio, Ms. f. 207 v°.) Après diverses tentatives sans succès, la position devenant des plus périlleuses en présence des forces vénitiennes qui s'augmentaient sans cesse, Louis Albéric s'était enfui de Famagouste sur une galère napolitaine, avec son oncle, Rizzo de Marin, l'archevêque de Nicosie et quelques autres amis, au mois de décembre 1473. (Georges Bustron, Ms. fol. 99 v°; Florio Bustron, Ms. fol. 210 v°.)

1475, 15 juin. De Venise.

Extrait d'une dépêche du sénat à Jacques Querini et Pierre Diedo, conseillers de Chypre, et à François Justiniani, provéditeur de l'île, sur les dispositions qui paraissaient arrêtées par le roi de Naples, pour tenter une entreprise contre le royaume de Chypre, de concert avec la reine Charlotte de Lusignan [1].

Venise. Arch. génér. Conseil des Prégadi. *Secreti*, XXVII, fol. 20.

M CCCC LXXV, die XV Junii.

Ser Jacobo Quirino et ser Petro Diedo, consiliariis, et ser Francisco Justiniano, provisori Cypri.

Scripsimus per alteras nostras copiosas litteras quantum, ad datam usque illarum, necessarium esse intellexeramus; et de provisionibus deliberatis triremium, navium et copiarum tam equestrium quam pedestrium vobis sufficiens dedimus advisamentum. Postea, ex Napoli et ex Urbe, certiores facti sumus regem Ferdinandum, inclinatum et propensum atque adeo incumbentem turbationi status istius, parasse naves, galeatias et galeas, in Orientem navigaturas sub diversis modis et pretextibus, et dominam Carlotam transituram in Cyprum esse cum nonnullis triremibus, sicut per introclusum litterarum exemplare, quas capitaneo generali et provisoribus nostris classis scribimus, poteritis distinctius intueri [2]. De qua tota re vobis dandum advisamentum censuimus, ut non solum periculum, sed etiam remedia per nos adhibita intelligatis. Et volumus, vobisque mandamus ut circa bonam diligentemque fortiliciorum custodiam, cum personarum regine et vestrarum salute, sitis excitati et semper vigiles, semper intenti et erecti, ne quid incomodi possit accidere, ad continendos presertim populos, ne in tumultum excitentur, et ad reliqua omnia quibus nemo se movere presumat, et qui forte presumpserit, ilico opprimatur. Habebitis autem alterum provisorem cum sufficienti numero galearum, aut saltem galeas in bono numero; habebitis naves, et presidia terrestria citissime mittemus; modo ab insidiis et clandestinis machinationibus caveatis; non est a vobis dubitandum de externis viribus. Hec omnia communicate cum regina et cum viro nobile Marco Cornario, milite, parente ejus, ut concorditer et unite prospici ab omnibus possit omnium securitati.

---

[1] Voy. Navagiero, *Stor. Veneziana*, ap. Murat. *Script. Italic.* t. XXIII, col. 1146, et Malipiero, *Annali Veneti*, t. II, p. 605-608.

[2] Les lettres à Antoine Lorédano, capitaine général, et aux provéditeurs de la flotte, se trouvent dans le même registre des *Secreti*, XXVII, fol. 19.

Intelligetis, inter cetera, deliberationem nostram mittendi ex Creta provisionatos CL^(ta), quibus providete, ut subito in suo appulsu pecunias habeant quibus vivere possint, et de tempore in tempus, videlicet de mense in mensem, tangent pagas suas, sicut de aliis facitis et facere dispositi estis.

1476, 10 mai.

Le sultan d'Égypte, en réponse à l'ambassade que lui avait envoyée Catherine Cornaro, félicite la reine d'avoir triomphé de ses ennemis, l'excuse du retard mis depuis deux ans au payement du tribut dû à l'Égypte, et lui annonce qu'il l'a reconnue comme reine de Chypre, et qu'il a fait mettre en liberté son dernier ambassadeur.

Paris. Bibl. imp. Ms. n° 9960. Cf. *Annali Veneti* de Malipiero, publ. par M. le comte Sagredo, t. II, p. 605 [1].

Mandemo le presente lettere nostre alla regina Catherina, degna d'ogni laude, savia e generosa, altissima e cristianissima tra la so generation, amado da noi Dacarli soldan [2]. Dio ve mantegni per longhi anni, e renuovi sempre la laude e li beni vostri! Avisemo vostra signoria come alle alte nostre porte sono stà recevute le honorate lettere vostre, per man dell' honorato vostro ambasciador, Thomaso Ficardo [3], cerca i garbugli che havete havuto. Laudato Dio, che vi ha dato forze de superarli! Intendemo che li travagli, che vi hanno dato li Cathelani, e li danni che havete patito per la cavaletta, sono stà causa che havete tardato a far satisfar al debito vostro [4]. Al presente, che sete libera d'ogni pericolo, habbiamo conosciuta la fede vostra, che subito havete inviato alle nostre altissime porte el tributo de doi anni, il qual è stà ricevuto nell' altissimo nostro thesoro. Havete dato commission al vostro ambasciador che venga alla presentia nostra, e che a bocca el ne domandi el nostro altissimo commandamento, co'l qual sia dichiarito che sete rezina e signora de Cipro, acciochè tutti li amici vostri l'intendino, e li nemici si confondino. Noi l'havemo essaudito secondo la vostra richiesta. Appresso, havete commesso ad esso vostro ambasciador che

---

[1] J'ai donné, sous le règne de Jacques le Bâtard, à l'année 1468, un fragment de ces annales, d'après le Ms. anonyme de Paris. Je détache encore la présente lettre du même ouvrage, à cause de la liaison de ce document avec quelques événements précédents et de l'intérêt que présentent les monuments, toujours trop rares, concernant les rapports des souverains de Chypre avec les princes musulmans.

[2] Al-Malec-al-Aschraf Kaïtbaï.

[3] Il était chancelier de Chypre depuis la fin du règne de Jacques le Bâtard. Le souvenir de cette ambassade lui valut, plus tard, sa mise en liberté, à l'époque où la république de Venise en défiance contre les Chypriotes faisait arrêter les anciens serviteurs du roi Jacques, et ceux mêmes de la reine Catherine. Voy. ci-après 420, n.

[4] Voy. ci-dessus, p. 391, et p. 401, n.

ne recchieda la liberation del suo precessor[1], mandato in tempo de i vostri gàrbugli; lo havemo liberato, et lo rimandemo a voi. Havemo adunque fatto ricever nel nostro altissimo thesoro il tributo di doi anni. Havemo laudato la vostra humile obedientia e bona volontà. Havemo ordinato, che siate chiamata rezina e signora di Cipro, e fatto liberar il prefato ambasciador vostro. Vi mandemo una vesta d'oro fodrata d'armelini, una sela dorata con la coperta d'oro, 14 pezzi di porcelana, quattro pezzi d'atalassi di seda, x libre di legno aloe[2], quindeci libre de benzui[3], una ampolla di balsamo[4], e x bossoli de thuriaga[5]. Havemo vestito il vostro ambasciador, et li havemo dato le sue spese. Lo rimandemo allegro et ben satisfatto dell' altissima charità nostra. Volemo che voi, regina, accettate l'altissimo nostro presente, e che portiate la nostra altissima vesta con obedientia, secondo 'l consueto, a confusion de' vostri nemici, pregando per la nostra altissima vita, con la qual vi volemo favorir et aiutar et soccorrervi, con le nostre altissime forze. Vi raccomandiamo quel populo, e li cavalieri, armiragli, con tutta la corte, vi siano cari. Venendo in quel regno alcuni di nostri Mori, fatteli buona compagnia et honor. Se capiterà de li alcuno de i nostri fatto schiavo, compratelo et mandatelo alle nostre altissime porte, che vi faremo la satisfattione. Siate disposta alli nostri altissimi commandamenti. Avisatene le nuove che havete, et che haverete. Intendete il nostro commandamento; Dio sia sempre in vostro aiuto.

Scritta a x della luna di Malcazan[6], l'anno 881. A laude de Dio et de Mavometto.

---

[1] Avant de s'être prononcé définitivement entre les Vénitiens et Charlotte de Lusignan, le sultan n'accueillait qu'avec réserve les ambassadeurs des deux parties. Au moindre prétexte, il les faisait mettre en prison ou les livrait à leurs ennemis. On en a vu plusieurs exemples. Georges Bustron rapporte, en outre, qu'un chevalier de Rivesaltes, probablement Bernard, envoyé de Rhodes au Caire comme ambassadeur de la reine Charlotte, avec Nicolas de Milias, au mois d'août 1473, fut d'abord retenu prisonnier et remis, vers la fin de l'année, à l'ambassadeur de la reine Catherine, qui le conduisit en Chypre avec son compagnon. (Ms. fol. 77 v°, fol. 79.) On leur permit alors de se rendre à Rhodes. Voy. ci-dessus, p. 127, n.

[2] L'édition ajoute ensuite *un corneto di zibeto*, liqueur musquée de la civette.

[3] Gomme aromatique du benjoin.

[4] Un flacon de baume. Les historiens des croisades ont parlé du grand jardin dans lequel on cultivait cette plante, auprès du Caire. Olivier le Scholastique et Arnold de Lubeck sont surtout intéressants à lire à cet égard.

[5] De la thériaque. L'édition *thuringa*.

[6] Le Ms. de la Bibliothèque impériale porte *Malcazan*, l'édition *Mulcaran*. Ce nom ne peut être que celui du mois arabe de *moharrem* ou *moharram*, et dès lors la date de la lettre répond au dimanche 5 mai 1476, bien que Longo, abréviateur de Malipiero, rapporte la pièce en 1477.

1476, 30 mai. A Venise.

Décret du sénat de Venise ordonnant la restitution du comté de Jaffa et d'Askalon à Georges Contarini, en changeant les conditions de la première concession de cette seigneurie [1].

Venise. Arch. génér. Conseil des Prégadi. *Secreti*, XXVII, fol. 76 v°.

M CCCC LXXVI, die xxx Maii.

Mandatum fuit alias per nostrum dominium, cum auctoritate hujus consilii, consiliariis serenissime regine Cypri quod omnes possessiones, redditus et proventus collatos cuicumque persone post mortem serenissimi regis Jacobi suspendere deberent, et in regiam Cypri reducere [2]; qui consiliarii, vigore talis mandati, inter alia suspenderunt et in regiam reduxerunt casalia et proventus comitis Hiapensis datos et concessos per serenissimam reginam nobili civi nostro Georgio Contareno, consobrino sue majestatis, comiti Hiapensi predicto, propter labores et pericula que ipse subierat tempore infortuniorum et calamitatum sue majestatis. Quam quidem suspensionem ejus sublimitas permoleste tulit, ut constat litteris dictorum consiliariorum, dixitque quod si antea semper Cathelani et Hispani tenuerant et possederant ipsum comitatum et proventus illius, non erat inconveniens quod prefatus ejus consobrinus, cui sua majestas sponte et ultro concesserat propter ingentia sua merita ejus erga se, illis frueretur. Et quum prefatus nobilis noster, profectus in hanc urbem, continue instat apud nostrum dominium quod dignetur sibi restitui facere proventus suos, justum et debitum est dicte restitutioni providere, et simul ipsi nobili nostro pro ipsis proventibus imponere illud onus quod honestum et conveniens sit ad beneficium serenissime regine et status sui. Proinde, vadit pars quod omnia casalia, possessiones et redditus, concessi post mortem serenissimi regis Jacobi, per serenissimam reginam ejus consortem prefato nobili civi nostro, et per prefatos consiliarios mandato nostri dominii suspensi, non obstante dicta suspensione, que auctoritate hujus consilii revocetur et pro revocata intelligatur, ipsi nobili civi nostro per ipsos consiliarios libere restituantur, ita ut illos pacifice tenere, possidere et frui possit, prout faciebat ante suspensionem suprascriptam. Qui nobilis noster sit obligatus, habendo ducatos mille proventus nomine ex dicto comitatu, tenere ad servicia serenissime

---

[1] La donation du comté de Jaffa à Georges Contarini est du 10 février 1474. Elle est imprimée ci-dessus.

[2] Voy. le paragraphe 16 des instructions du 4 juin 1474, et le paragraphe 4 des secondes instructions du 29 juillet.

regine et status sui equos decem sufficientes, cum suis famulis et armis bene instructis. Et pro eo quod ipse haberet a ducatis mille supra, teneatur et obligatus sit pro illo pluri, detractis sumptibus, tenere tot equos de pluri per ratam mille ducatorum suprascriptorum modo suprascripto[1].

1476, 30 octobre. A Venise.

Le conseil des Dix ordonne à Antoine Lorédano d'amener à Venise la mère et les enfants naturels du feu roi, ainsi que la famille de plusieurs Chypriotes accusés de rébellion[2].

Venise. Arch. génér. Conseil des Dix. Misti. Reg. XVIII, fol. 175.

M CCCC LXXVI, die XXX Octobris. Cum additione.

Quod scribatur ser Antonio Lauredano, militi, capitaneo generali maris[3], in hac forma :

« Vui sapete quante insidie continuamente son stà fate nel presente stado de Cypri, el qual deliberemo per ogni modo assegurar e tuor via ogni causa e commodità di turbation e pericolo de quello. Et però, cum el nostro conseio de X cum la zonta, volemo et comandemovi che, se queste lettere ve retroverano in Cypri, dobiate exequer questo che ve diremo. Et se de lì fosti partito, retornate cum quel numero de galie che a vui apparerà necessario e conveniente. E subito ritrovatevi a parlamento cum i consieri e provededor nostro, conferendo et communicando cum loro questa nostra deliberation et commandamento. Et posto quel ordine tra vui che necessario sia, levate in le galie vestre le persone tute de i fioli maschi e femene che fo del quondam re Jacomo de Cypri[4], et cum quelli insieme la madre che fo de prefato re, accompagnate cum quelle done et altre persone che a vui parerà. Et tuti conduceteli cum vui a Modon ; et di Modon in qua mandatili tuti ben acompagnati cum quelle galie tute sono per venir a desarmar, sì

---

[1] Voy. ci-dessus, p. 378, n. 1.

[2] Indépendamment des chroniques spéciales, il faut consulter toujours sur cette époque l'Histoire vénitienne de Navagiero (Murat. Script. Ital. t. XXIII, col. 1146, 1156). Bien qu'il y ait dans cette chronique, notamment aux années 1476 et 1478, quelques erreurs de détail, l'ensemble et la succession des événements de Chypre sont présentés par l'auteur d'une manière exacte et plus développée que dans Malipiero ; mais Navagiero écrit toujours en fidèle Vénitien.

[3] Antoine Lorédano avait défendu Scutari et avait été nommé capitaine général, en remplacement de Triadano Gritti, mort en 1474, l'année même où Gritti avait remplacé à la tête de la flotte Pierre Mocénigo, élu doge. Voy. ci-dessus, p. 388, n.

[4] Les seuls enfants naturels du roi Jacques II dont il soit question dans son testament sont une fille, nommée Charlotte, et deux garçons appelés Eugène et Janus ou Jean. Il en a été question précédemment. Voy. p. 346, n. 3.

che a Venexia siano insieme galie al mancho cinque o più, sichè sinistro alguno non possi intervenire, ma siano certissimamente conducti a la presentia nostra. Et se le galie che sono per vegnir a desarmar fossono già partite, mandatili cum cinque altre galie de quelle ve troverete apresso, cum commandamento che, zonti in Histria, aspectino lì, et diano subito adviso a la signoria nostra del suo zonzer.

« Questo è el voler nostro et deliberatio. Confidandossi de la prudentia et circumspectio vostra, non ve andaremo recordando in parteculari più uno modo che un altro, ma vui, per quelli modi e vie che siano convenienti et più sufficienti a seguir, date executio a questo voler et commandamento nostro, et per modo et cum tanto sicreto, cauteza et presteza che, ne a la persona et vita de la serenissima regina Chaterina, ne altramente per algun modo, possi per algun modo seguir algun inconvenienti o pericolo.

« Queste veramente nostre lettere lezerete solo, et tenirete secrete, fino a la communication da esser facta in Cypri cum i consieri et provededor nostro et a la execution d'esse.

« Fate anche levar avanti la partita vostra de questa isola le moier, fiole e famelia de Rizo de Marin, Samplana[1] et conte de Tripoli[2], et condur a nui; et etiam de Michiel Cortesi, el qual è qua in preson per esser stato rebelle a la regina Chaterina, come sapete[3]. Et a tuti sia in le galie fata bona compagnia, ma specialmente a le persone de i fioli et fiole regie; et a la madre sia fato ogni commodissimo et honorifico tractamento, reguardandose sempre però si che nullo inconveniente possi seguir ne de fuga ne de transframento di algun di predetti. »

Et ex nunc captum sit quod subito expediatur, cum hoc mandato, una barcha ad galeam Jadratinam[4] que in Jadra prestolatur mandata nostra, injungendo supracomito ejusdem quod subito se levet et vadat ad requirendum capitaneum nostrum generalem maris cum presentibus litteris nostris. Et ut securius vadat, si a Corphoo citra vel ultra invenerit aliquam ex triremibus nostris tam venientium ad exarmandum quam ex aliis, precipiat supracomito unius earum, quam melius fuerit armata et in puncto,

---

[1] Le roi de Sicile étant intervenu en faveur de Jacques Saplana, le conseil décida, plus tard, que la famille de ce chevalier, serait rendue à la liberté. Voy. 9 janvier 1477.

[2] Jean Tafures. Voy. ci-dessus, p. 355, n. et p. 402.

[3] Voy. ci-dessus, p. 396, n.

[4] A la galère qui était dans le port de Zara, en Dalmatie.

ut secum vadat donec invenerint capitaneum predictum. Et fiant ei littere patentes, quibus precipiatur omnibus supracomitibus ad associandum usque ad capitaneum generalem. Precipiatur insuper prefato supracomito Jadratino quod dimittatur Mothoni provisorem nostrum Neapolis Romanie cum omnibus rebus suis, et exoneret etiam omnia alia que sibi sunt impedimento, et recta via vadat ad exequendum mandata nostra. Et non portet secum litteras alicujus specialis persone, et sit quod velit. De parte, 15. De non, 14. Non syncere, 11[1].

1476, 31 octobre. A Venise.

Le conseil des Dix prescrit à ses membres le plus rigoureux secret sur toutes les délibérations concernant les affaires de Chypre.

Venise. Arch. génér. Conseil des Dix. *Misti.* Reg. XVIII, fol. 175 v°.

M CCCC LXXVI, die ultimo Octobris. Cum additione.

Danda est materia omnibus civibus ut in omni negotio libere consulant dominio nostro, et nullo timore sive respectu abstineant quin omnia proferant que intelligunt et sentiunt. Presertim autem id faciendum est in materiis importantibus. Hoc eveniret si omnes fuerint certificati secreta omnia fore que dixerint, et presertim in hoc consilio, in quo, etsi non ita, teneri debeant secreta; nichilominus vadit pars quod quecumque proposita et disputata sunt, proponentur et disputabuntur atque deliberabuntur in presenti

---

[1] Le résultat ne fut obtenu, comme l'on voit, qu'à la plus faible majorité des votes. Sur quarante membres du gouvernement et des commissions prenant part, ce jour, aux délibérations du conseil des Dix, vingt-cinq semblent même avoir été opposés aux décisions qui prévalurent. Le registre original du conseil témoigne encore du soin que l'on mit à compter les boules de la contre-épreuve. Il paraît même qu'il y eut un second vote, dont le résultat fut entièrement semblable au premier, et dès lors la délibération resta définitive. Toutefois, lorsqu'on lut le texte de la lettre rédigée pour être adressée au capitaine général, conformément à la décision arrêtée précédemment, au lieu de cette désignation générale de tous les enfants du feu roi : « Tuti i fioli maschi e femene che fo del « quondam re Jacomo, et cum quelli la ma- « dre, » le conseil se borna à prescrire le départ de Charlotte, fille du roi, dont le parti napolitain avait voulu s'emparer, et de Mariette de Patras, mère du roi. Cette correction fut l'objet d'une délibération consignée en ces termes sur le registre : « Dicatur de « Zarla, filia regis, duntaxat, et de genitrice « dicti quondam regis, pro gubernanda dicta « puella. » Le conseil des Dix ajourna quelque temps l'exécution de ces mesures. Le 1er novembre 1476, il écrivait au généralissime de confier la princesse Charlotte, jusqu'à son départ, aux soins et à la surveillance de la reine Catherine Cornaro (Reg. XVIII, fol. 176); mais, conformément aux ordres ultérieurs qui lui parvinrent, Lorédano envoya à Venise, au mois de janvier 1477, tout ce qui restait en Chypre de la famille de Jacques le Bâtard. Voy. ci-après, p. 412, n.

materia Cypri, secretissima teneri debeant, et, neque verbo, neque nutu, aut aliquo cigno, forma, modo vel ingenio, tacito vel expresso, aliquid possit numquam extra hoc consilium significari, nisi per dominium, his quibus fuerit aliqua executio imperata; aut nominari persona aliqua, que locuta fuerit sive loquetur, sive in arenga, sive extra arengam; neque opinio alicujus, numerum ballotarum, diversitas partium, aut aliquid aliud ad materiam propositam pertinens; neque de materia ipsa extra hoc consilium disputari, sive aliquid dici, per quod ab aliquo comprehendi possit opinio sive judicium alicujus, aut verbum aliquod prolatum, sub pena persone et facultatis; firmis tamen remanentibus ceteris omnibus partibus et ordinibus hujus consilii super taciturnitate et secreto negotiorum hujus consilii. De parte, 37. De non, 3. Non syncere, 0.

1477, 9 janvier. De Venise.

Le conseil des Dix décide que la femme et les enfants de Jacques Saplana seront rendus à la liberté dès leur arrivée à Venise, pour être remis au roi de Sicile, qui s'est intéressé à eux.

Venise. Arch. génér. Conseil des Dix. *Misti.* Reg. XVIII, fol. 181.

M CCCC LXXVI, die IX Januarii. Cum additione.

Quod litteris serenissimi domini regis Sicilie[1] respondeatur in hac forma.

« Cum nihil antiquius potiusque ducamus quam vestre regie majestati, pro vetustissima et incomparabili nostra observatione in serenissimam regiam domum Aragonum, respondere in amore, atque in his que facere possumus morem ei gerrere, acceptis nuper et lectis litteris celsitudinis vestre, per quas nobiscum non modo amanter sed et vehementer agitis de conjugis et liberorum Jacobi Semplane[2] liberatione, decrevimus nihil omnino pretermittere quo postulatis regiis vestris facere satis possimus. Et licet antehac rem istam aliqui rogarint, quibus etiam placere pulcherimum ducebamus, tamen, honestis quibusdam de causis et quidem non contemnendis, supersedendum putavimus. Quare, ut ita sedulo fiat, et vestre regie majestati gratificemur, omnem operam daturos nos atque laboraturos reipsa perquam liberaliter pollicemur; non enim minori studio tenemur omni officio demerendi regiam sublimitatem vestram quam ipsa non tam posse quam velle nobiscum facere

---

[1] Jean d'Aragon.
[2] Jacques Saplana, dévoué au fils de Jacques le Bâtard et très-hostile aux Vénitiens, avait été obligé de quitter l'île de Chypre dès la fin de l'année 1473. Voy. p. 403, n. et 409.

plane profitetur, cui pro istis suis amabilibus et amplisssimis pollicitationibus gratias inmortales agimus et habemus. »

Captumque ex nunc sit quod in appulsu ipsorum conjugis et liberorum prefati Semplane ad hanc urbem nostram, pristine libertati restituantur, et condonentur serenissimo domino regi prefato, in gratiam serenitatis ejus. Et ita noticia detur serenitati prefate in forma convenienti. De parte, 32. De non, 1. Non syncere, 1.

1477, 9 et 16 janvier. A Venise.

Décrets du conseil des Dix concernant la surveillance et l'entretien de la famille du roi Jacques II et des Chypriotes expulsés de l'île.

Venise. Arch. génér. Conseil des Dix. Misti. Reg. XVIII, fol. 181 v°, 182.

M CCCC LXXVI, die IX Januarii. Cum additione.

Ultra deliberationem et mandatum factum per hoc consilium, cum additione, capitaneo nostro generali maris[1], mittendi scilicet huc Çarlam, filiam quondam serenissimi regis Jacobi Cypri, et genitricem ipsius quondam regis, pro regenda dicta puella, et omnes illas dominas et personas que ipsi capitaneo vise fuerint pro comittando eas, et similiter consortes et filios familiasque Rizii de Marino, Semplane, comitis Tripolis[2] et Michaelis Cortese[3], scitur, et in litteris regiminis nostri Crete habetur, capitaneum ipsum levasse ex Cypro et huc mittere ceteros filios ipsius quondam regis tam mares quam feminas. Et quia dominium nostrum decet eisdem filiis et genitrici regis de residentiis convenientibus et tutis providere, vadit pars quod in uno horum trium monasteriorum Sancti Zacharie, sancte Marie de Celestibus et sancte Marie de Virginibus, ubi commodius haberi poterunt, accipi debeat ille locus qui conveniat pro nunc. Ceteris vero familiis Rizii, comitis Tripolis et Michaelis Cortese, declaretur ut hic inveniant sibi residentias et de suis pecuniis vivant, monendo eas quod, sub pena indignationis nostri dominii, non audeant discedere. De parte 17. De non, 7. Non syncere, 10.

M CCCC LXXVI, die XVI Januarii.

Vult, quia expectari potest in horas adventus matris, filiorum et filiarum quondam regis Jacobi[4], nec non familiarum rebellium serenissime regine

---

[1] Ordre du 30 octobre 1476, à Antoine Lorédano, imprimé ci-dessus.

[2] Jean Tafures.

[3] Michel Cortesi, transporté en Chypre par Victor Soranzo. Ci-dessus, p. 396, n.

[4] D'après les termes de ce décret, on voit

Cypri, quod deputetur pro mansione et habitatione eorum civitas nostra Padue, donec aliter visum aut deliberatum fuerit. Captumque ex nunc sit quod, quando primum applicuerint, mittantur Paduam; et de presenti scribatur et mandetur rectoribus Padue quod debeant parare condecenter in curia palatii, eos honorando et comiter tractando illos. Et mittantur hinc Paduam ornamenta domus et alia necessaria, sicut videbitur dominio. Dentur eis ad adjutatum suum per dominium et capita hujus consilii sicut videbitur, duo probate fidei et conditionis, qui presint custodie et securitati eorum, cum illa provisione libera et integra que videbitur; et insuper deputetur illa familia que dominio et capitibus videbitur. Et admoneantur tam rectores Padue quam dicti duo ut diligentissimi sint bene custodiendo eos, ne transferrentur. Pecunie vero pro expensis ipsorum matris et filiorum ac familiarum eorum, necnon salariis, accipiantur de tempore in tempus ab officio salis, de ratione salinarum Cypri[1]. De conjugibus autem et familiis rebellium, precipiatur eis, subito ad adventum suum, quod non recedant ex hac urbe sine licentia hujus consilii, exceptis conjuge et filiis Samplane, de quibus fiat juxta deliberationem hujus consilii[2]. De parte, 15. De non, 5. Non syncere, 3.

1477, 28 août. A Venise.

Extrait des instructions données par le doge et le sénat aux conseillers et au provéditeur de Chypre[3].

Venise. Arch. génér. Conseil des Prégadi, *Secreti*, XVIII, fol. 41 v°.

M CCCC LXXVII, die XXVIII Augusti.

Consuetudo regni fert ut mulieres vidue pheuda a regali habentes nubere

que la famille du roi Jacques était attendue d'un moment à l'autre à Venise, et qu'elle ne dut pas tarder à être internée à Padoue. Suivant Navagiero, elle ne fut cependant renfermée dans cette ville qu'en 1478, lorsqu'on apprit les nouvelles tentatives de Charlotte de Lusignan, de concert avec le roi de Naples. (*Stor. Ven.* ap. Murat. *Script. Ital.* t. XXIII, col. 1156.) La fille naturelle du roi Jacques, qui se nommait aussi Charlotte, mourut à Padoue, le 24 juillet 1480, âgée de douze ans et trois mois, comme on lit dans son épitaphe. (Salomoni, *Urb. Pat. inscr.* p. 59; Schrader, *Monum. Ital.* p. 15.) L'église de Saint-Augustin, où elle fut inhumée avec Mariette, mère du roi Jacques, n'existe plus aujourd'hui.

[1] La mère et les fils du feu roi de Chypre, « mater et filii regii Cypri, » renfermés dans le château de Padoue, s'étant plaints à plusieurs reprises des retards qu'éprouvait le payement de leur pension, et du manque d'égards qui en résultait quelquefois de la part de leurs serviteurs et d'autres gens, le conseil des Dix enjoint expressément aux recteurs et aux camériers de la république à Padoue de payer la pension exactement, par mois, et avant toute autre dépense, sur l'argent affecté à la garde desdites personnes. (*Misti.* Reg. XXV, fol. 33; décision du 18 août 1491.)

[2] Délibération du même jour, p. 411.

[3] Ces instructions sont adressées à Louis Donato et à Dominique Georgio. L'un paraît

non possint nisi cum licentia regia, ne ad beneficium pheudorum viri proveniant qui aut infideles forte essent, aut regie majestati minus grati[1]; quod est non solum honestum sed etiam pro comodo status necessarium, et propterea servari hujusmodi morem jubemus, ne scilicet aliqua vidua mulier pheudataria ad secundas nuptias transeat sine licentia et permissione regie majestatis; et si que aliter fecerit, amittat pheuda que in regalem deveniant.

Servari etiam volumus et jubemus ordinem et consuetudinem constituendorum episcoporum et abbatum grecorum qui constitui non possint nisi cum scientia et voluntate prefate regie majestatis; cum hoc tamen quod pecunie inde provenientes perveniant in cameram regalem pro supplemento necessitatum, sed servetur duntaxat honor et dignitas regia, in petendo assensum et licentiam suam sine qua constitui non debeant.

1479, 4 juin. De Venise.

Le doge de Venise écrit aux conseillers et au provéditeur de Chypre de laisser toute faculté à la reine Catherine d'aller à Cérines, à Famagouste ou ailleurs, et de veiller, quelle que soit la résidence de la princesse, à ce que les vivres nécessaires pour sa maison lui soient fournis, et sa pension de 8,000 ducats exactement payée.

Colbertaldi. *Hist. di Cattar. Cornara.* Ms. de Venise, fol. 121. Ms. de Londres, fol. 113 v°.

M CCCC LXXIX, 4 Junii. In rogatis[2].

Consiliariis et provisori serenissime domine regine Cipri.

Perchè le conveniente che quella serenissima rezina, charissima figlia nostra, ad ogni suo piacer, possa conferirse a Famagosta, a Cerines et a cadaun altro luogo dell' isola, et ivi dimorar quanto è il voler suo, senza contraditione et impedimento d'alcuno, però, acciochè parse qualche fiata

avoir été provéditeur; l'autre était peut-être le conseiller nommé à la place de Vincent Garzoni, mort dans sa charge, en 1477. On remarque cependant que ni le nom de Donato ni celui de Gabrieli ne figurent dans le Ms. *Regimenti* (class. VII, cod. 198) de la bibliothèque Saint-Marc, où un auteur moderne a inscrit les séries des principaux officiers de la république de Venise.

[1] C'était un des principes élémentaires et de première nécessité de la féodalité. La loi allait même, du moins en Orient, jusqu'à donner au suzerain le droit de forcer, en certaines circonstances, la femme veuve possédant une seigneurie à se remarier. (*Assis. de Jérusalem*, t. I, préface p. XLV, et p. 279, 447, 626; cf. le premier volume de nos documents, p. 339, n.) Si la veuve contractait un second mariage sans l'assentiment du suzerain, elle était privée de son fief pour toute la vie du nouvel époux qu'elle avait choisi. Voy. *Assises*, t. 1, p. 596 : *La Clef des Assises de Jérusalem et de Chypre.*

[2] Bien que cette lettre provienne, comme l'on voit, des Prégadi, je ne l'ai pas retrouvée aux *Secreti* du sénat.

voi o per alcun de voi, che tamen non credemo non intervenisse, che le osservasse o cercasse d'abitar in questo alle volte della maestà sua [1], vi dichiaramo col nostro consiglio de' pregadi, che volontà e proposito nostro è che la prefata serenissima regina, sì per la conservation della valetudine sua, a noi optatissima, come per ogn' altro suo rispetto, quando e come li piace, possi andar a Cerines, a Famagosta, o per cadaun luogo di quel regno, come a sua maestà parerà, volendo et comandandoci che in questo per alcun modo contraveniate al voler suo. E dove sè troverà sua celsitudine, provederete che abbia vituarie et altre cose necessarie al viver suo per i suoi denari.

Preterea, perchè, come ci è stato rifferito per parte di essa charissima regina, sua maestà non ha de tempo in tempo li suoi 8^m ducati, assignatili ogn' anno, secondo la forma della parte [2] presa in questo consiglio a voi nota, laqual cosa essendo, seria contro la voluntà nostra, molto ne dispia-

---

[1] Plusieurs savants italiens ont eu connaissance de cette lettre, d'après les copies de la chronique de Colbertaldi, et ont vu dans ces derniers mots : « abitar alle volte « della maestà sua, » la preuve que les conseillers envoyés en Chypre par la république de Venise avaient cherché à établir avec la reine des relations trop familières. Je ne puis partager leur sentiment. Je ne veux point défendre la mémoire de Catherine Cornaro contre ces imputations; mais j'ai peine à croire que l'acte du 4 juin ait eu pour objet de venir en aide à la reine et d'éloigner de son intimité ceux qui auraient pu compromettre sa réputation. Si l'on me permet de dire toute ma pensée, j'ajouterais que Venise était d'habitude peu scrupuleuse sur les questions de cette nature, et que, si quelque chose lui eût déplu dans la conduite privée de l'un des officiers envoyés en Chypre, elle eût promptement rappelé le fonctionnaire coupable et clairement notifié ses volontés aux autres. La lettre du 4 juin est une simple recommandation, adressée aux commissaires de la république, de ne point empêcher la reine de se rendre, quand il était à sa convenance, soit à Cérines, soit à Famagouste, et de ne point pousser la surveillance sur l'entourage et la personne de la princesse jusqu'à vouloir habiter dans l'intérieur de l'appartement royal; mais il leur était toujours expressément enjoint de suivre la reine partout où elle irait. Bien que le présent décret, qui ne paraît pas très-fidèlement rapporté par Colbertaldi, n'en réitère pas l'ordre, ils avaient non-seulement le droit, mais l'obligation stricte d'entrer et de demeurer dans le château de Cérines ou le fort de Famagouste, quand la reine venait s'y établir. Cela résulte de l'ensemble des dépêches et des décisions du sénat, qui plaçait toujours au premier rang de ses recommandations aux commissaires vénitiens l'occupation, l'armement et le commandement absolu des forteresses de l'île (voy. notamment 20 décembre 1473, 28 mars 1474, 4 juin 1474, §§ 11, 12, 13, etc.), et du texte formel des instructions du 4 juin 1474 aux conseillers, § 17; au provéditeur, § 11, et de celles du 29 juillet 1474, § 9.

[2] Je n'ai pas retrouvé cette délibération, qui remontait probablement à l'an 1474, époque à laquelle la république remit l'administration des revenus publics de l'île de Chypre à ses conseillers. On put laisser, au moins en apparence, cette attribution de la souveraineté à la reine, tant que vécut son fils; mais, dès la mort de Jacques III, Catherine dut être restreinte à un traitement fixe et limité.

cerià. E questo perchè el sè dise che le robe pertinenti all' uso de' soldati, non vien fatto pagar il dazio consueto al luogo statuito, i dinari della qual gabella sono deputati al pagamento dei detti 8 ᵐ ducati. Però volemo et espressamente commandemo, con il consiglio medesimo, che per alcun modo non dobiate inovar alcuna cosa che abbia per alcun modo ad' impedir e rietardar il pagamento dei detti 8 ᵐ ducati ogn' anno ai tempi debiti, secondo la forma della parte presa in pregadi ne contra, perchè l'intention nostra del netto[1] è che sua maestà, senza alcuna condition et essention, ogn' anno, abbia i predetti 8 ᵐ ducati con integrità, et che questi siano i primi dinari che siano pagati, secondo la forma della stessa parte. De parte, 132. De non, 1.

1487, 21 février. A Venise.

Extrait d'un décret du sénat, ordonnant d'arborer l'étendard de Saint-Marc, en Chypre. Ajournement de la décision.

Venise. Arch. génér. Conseil des Prégadi. *Secreti*, XXXIII, fol. 57.

M CCCC LXXXVI, die XXI Februarii.

Ea est conditio et importantia insule et regni nostri Cypri statui et rebus nostris, ut merito charissima et magnopere cordi esse debeat nobis. Cumque nullum magis salutare remedium sit removendi e mente domini Turci, de quo impresentiarum magis est dubitandum quam de aliqua alia potentia, quamcumque cogitationem quam haberet contra dictam insulam quam levare et erigere insignia gloriosi evangeliste, protectoris nostri, sancti Marci, cum presertim in capitulis pacis celebrate cum prefato domino Turco non solum civitates, terre et insule quas tunc possidebamus comprehense sunt, sed que de cetero in nostram pervenient potestatem, vadit pars, in nomine Spiritus Sancti et gloriosissime virginis Marie, matris Dei, levari feliciter debeant in toto insula et regno predicto suprascripta insignia gloriossisimi protectoris nostri sancti Marci, sub cujus fausto et nomine tueri et conservari possit. Et ex nunc captum sit quod, die veneris proximo, vocetur hoc consilium, pro faciendis provisionibus, tam circa armamentum quam circa alia necessaria pro conservatione insule predicte et reliquo status nostri[2].

---

[1] Une copie donne *netto*, l'autre *recto*.

[2] Dans les nouvelles délibérations consignées aux *Secreti*, le sénat paraît s'être borné à renouveler en termes généraux au capitaine de mer ses recommandations expresses de veiller à la sécurité de l'île de Chypre (XXXIII, fol. 57, 69). Il prenait en même temps les mesures nécessaires pour assurer

Iʳᵉ PARTIE. — DOCUMENTS. 417

1488, 18 octobre. A Venise.

Le conseil des Dix décide que Jean Contarini et Nicolas Mocénigo s'abstiendront momentanément de prendre part aux séances du conseil, la reine de Chypre étant leur nièce.

Venise. Arch. génér. Conseil des Dix. *Misti.* Reg. XXIV. fol. 27 v°.

M CCCC LXXXVIII, die XVIII Octobris. Cum additione.

Cum vertatur in dubium an pro casu importantissimo nunc proposito et tangente personam majestatis regine Cypri, vir nobilis, ser Joannes Contareno, consiliarius, conjunctus in eo gradu parentelle cum majestate prefata quod alioquin non veniret expellendus a capello, quum habet in uxorem sororem patris prefate serenissime regine, debeat expelli, vel ne hic articulus veniat decidendus per hoc consilium per viam declarationis, iccirco, vadit pars : 1° quod ipse ser Joannes expellatur, sicut in aliis casibus quandoque observatum est, 15 ; 2° quod non, 2 ; 3° non sincere, 1.

Cum verteretur in dubium, *ut supra,* pro nobile ser Nicolao Mocenigo, qui habuit in uxorem unam alteram sororem suprascripti patris prefate serenissime regine : quod expellatur, ut supra, 17 ; non, 0 ; non sincere, 1.

1488, 22 et 23 octobre. A Venise.

Le conseil des Dix arrête que la reine Catherine Cornaro doit quitter l'île de Chypre, et remet l'exécution de cette mesure jusqu'à la réception de plus amples renseignements, demandés au capitaine général de la flotte.

Venise. Arch. génér. Conseil des Dix. *Misti.* Reg. XXIV, fol. 27 v° et 29.

M CCCC LXXXVIII, die XXII Octobris. Cum additione.

Capitaneo nostro generali maris.

« Havute le vostre lettere de XX del passato, date apreso Nixia, continente

sa défense; il faisait passer de nouveaux corps de Stradiotes dans l'île (*ib.* fol. 69); il imposait une contribution sur les biens des Vénitiens établis dans le pays (*ib.* fol. 69); il ordonnait d'achever et d'augmenter les fortifications de Famagouste (*ib.* fol. 139, 152). On ne voit pas qu'il ait fait exécuter alors sa première délibération du 21 février, par suite de laquelle les armes et l'étendard des rois de Chypre devaient être remplacés par les insignes de Venise. Cette question s'agitait de nouveau dans le sein du sénat au mois d'août 1488 (*Secr.* XXXIII, fol. 149); les Prégadi la prescrivaient comme devant être exécutée

en temps opportun, au mois d'octobre de la même année, ce qui indique qu'elle n'était point encore accomplie. La république, craignant les réclamations du sultan d'Égypte, ne voulut arborer ses bannières dans l'île qu'en 1489, lors de l'abdication de la reine. (Navagiero, *Stor. Ven.* col. 1198, et ci-dessus, p. 394, n.) En chargeant alors Diedo de se rendre au Caire, Venise lui recommanda de dire au divan que la seigneurie s'était déterminée à lever l'étendard de saint Marc en Chypre pour protéger l'île contre les Turcs, leurs ennemis communs. Voy. plus loin les instructions données à Diédo.

418   HISTOIRE DE L'ÎLE DE CHYPRE.

cossa de maxima importantia cum el processo[1] per vui formato, insieme cum le altre scripture, et Rizo de Marino cum duo famegli per la galia Sibinzana, laudemo la vostra exactissima prudentia. Et, judicando esser al tuto necessario proveder per ben et segurtà del stado nostro nel regno di Cypro, ve comandemo, cum el nostro conseio di diese cum la zonta, che, subito recevute queste, levate ve debiate del luogo dove ve trovate cum quello galie ve parerano, lassando etiam quel numero de galie alla guardia del colfo[2] che judicherete esser necessarie; et navigate nel regno nostro de Cypro, dove, cum quelli savii, circumspecti, cauti et securi modi ve parerano, dobiate tuore in galia la rezina Catarina de Cypro, et mandarla qui a Venetia, a nui, romagnando la persona vostra cum le galie a vui commesse in Cypri; facendo le provision debite per el seguro stado de quella isola che ve parerano, domente che per la signoria nostra serà provisto. Et perchè volemo haver Thomaso Phicardo[3], ve comandemo che lo dobiate mandar ai capi del conseglio nostro di diexe, soto bona custodia. »

Et ex nunc, sit captum che, subito zonta la rezina predicta in questa terra, nel primo gran conseio che sè farà, siano electi uno duca et uno capitano in l'isola de Cypri, cum quelli modi et condition che sè fano el duca et capitano de Crede. Et habino ducati zinquecento d'oro per cadauno de piui de quello hano zascaduno de i dicti rectori de Crede; et habino passazo, come hano dicti rectori. Et siano tegnudi partirse mexe uno dapoi che serano electi, soto pena de ducati mille a quello o quelli contrafesse. La rezina veramente habia la provisio sua, secundo come lei ha havuto nel regno de Cypri[4]. De parte, 14.

Die XXIII Octobris.

Cum super parte heri sero in hoc consilio capta de secreto, de mittendo ser capitaneum nostrum generalem maris cum tota classe Cyprum, ad removendum illam serenissimam reginam ab eodem regno, et de constituendo consequenter regimen per nostrum majus consilium eligendum et mittendum ad gubernationem ejusdem, posita ad incontrum partis quam posuerunt capita hujus consilii, de scribendo capitaneo nostro generali

---

[1] L'enquête faite par le capitaine général sur les menées de Rizzo de Marin et de Tristan de Giblet pour marier la reine Catherine à un fils du roi de Naples. Voy. la pièce suivante.

[2] Le golfe de Venise.

[3] Il avait été chancelier de Jacques II et de Catherine Cornaro. Voyez ci-dessus, p. 405, n. et ci-après, p. 420, n.

[4] La reine jouissait d'une pension fixe de 8,000 ducats d'or. Voy. ci-dessus, p. 415, n. 2, et ci-après, p. 428, n.

maris prefato in forma nunc lecta non fuerit, et non potuerit propter tarditatem et incomoditatem hore, respectu patrum seniorum, arengari, sicuti videbantur dispositi aliqui ex sapientibus collegii et de ipso consilio, et sicut requirebat importantia talis deliberationis, qua nulla possit esse major, ea propter, vadit pars predicta revocetur.

Et ex nunc, sit captum et firmiter deliberatum quod illa serenissima regina removeri debeat ab illo regno; sed ad finem quod hujus modi actus transeat cum illo honore et gloria, et cum omni illa bona securitate hujus illustrissimi status que requiritur, cogitandum bene sit de convenienti modo et forma quibus possit bene et honeste nec minus secure levari exinde; differi propterea debeat consultatio hujus modi eatenus donec habebuntur nove littere ab capitaneo nostro generale maris circa has res Cyprias; quibus intellectis, melius et maturius deliberari possit circa modum. De parte, 16. De non, 7. Non sincere, 4.

1488, 22 octobre. De Venise.

Lettre du conseil des Dix à François de Priuli, capitaine général de la flotte, concernant le contenu des papiers saisis sur Rizzo de Marin et Tristan de Giblet, et approuvant les mesures prescrites par le généralissime.

Venise. Arch. génér. Conseil des Dix. *Misti*. Reg. XXIV, fol. 28.

M CCCC LXXXVIII, die XXII Octobris. Cum additione.

Capitaneo nostro generali maris.

Per la galia Sibinzana, laqual per vostro comandamento ha conducto alle prexon nostre de Venexia el perfido Rizo de Marin e i duo famegli, habiamo recevute tre vestre lettere, duo de le quale sono drezate al conseio nostro di diexe, date apresso Nixia[1] a dì xx de septembre prossimo passato, per lequal restiamo advisati del successo de la retention de i perfidissimi Rizo de Marin prefato et de Tristano de Zibelet, qualo in via è morto[2]; apresso de i quali, et maxime de Tristano prefatto, sono state trovate tute quelle lettere et scripture quale insieme cum el processo per vui accuratissimamente formato ce havete mandà, et per lequale, come vedemo, è abondantemente verificato quanto l'uno et l'altro ve hano confessà de le pratiche et assidui tentamenti za bon pezo fo menati per el maridar de la serenissima rezina de Cypri in uno de i nominati partiti in le scripture dechiariti; laqual cossa,

---

[1] L'île de Naxos. — [2] Voy. plus loin les extraits de Sanudo.

come nova et da nui inexpectata, ce ha afferito grandissimo despiacer per la importantia et disordine che, come intendete, importerià cumsi questa facenda, se l'havesse possuto o fusse per haver loco. Intexo veramente per dicte lettere le prestissime et sapientissime provision per vui facte, sì per segurtà et tranquilità del stato nostro in Cypri, per la rimandata del nobel homo ser Nicolo Capello, provededor, soto bon pretexto cum le tre galie in Cypri, come per le cose del soldan, tute tanto ben et opportunamente excogitate et facte che nichil melius nec diligentius, siamo restati molto satisfacti de vui.

Et perchè, per dicte vostre, vui ditte reservarve per referir poi a bocha molte cosse importante pertinente alle cosse de Cypri, volemo che, per le prime vostre, dobiate scrivier et dechiarir el tuto distincta et particularmente, per posser in tempo, intexo el tuto, a tuto convenientemente proveder. Demum, perchè intendemo vui haver apresso de vui Thomasso Phicardo[1], quale de nostro comandamento die venir alla presentia nostra, provedete de mandarlo al più presto ve sia possibile, soto bona custodia, da esser presentà alla presentia di capi del conseio nostro di diexe, perchè cusì importa.

1488, 28 octobre. A Venise.

Le conseil des Dix décide que la reine Catherine doit quitter l'île de Chypre sans autre délai, et arrête les instructions à donner au capitaine général de la flotte pour l'exécution immédiate de ses ordres, lors même que la reine refuserait d'y acquiescer; le conseil décide, en outre, que Georges Cornaro, frère de la reine, sera prié de se rendre en Chypre, pour engager la princesse à condescendre à la volonté de la république[2].

Venise. Arch. génér. Conseil des Dix. *Misti*. Reg. XXIV, fol. 29 v°.

M CCCC LXXXVIII, die XXVIII Octobris. Cum additione.

Novissime littere nunc habite, tam a viro nobile Nicolao Capello, provisore nostro classis, ex Cypro, quam ab consiliariis et provisore nostro ibidem, eo modo lecte sunt ejus modi continentie ut, absque ulteriori dilatione vel expectatione aliarum litterarum ab capitaneo nostro generali maris,

---

[1] Ancien chancelier de Chypre sous Jacques II et Catherine Cornaro. Un décret du conseil des Dix du 19 septembre 1489 (Reg. XXIV, fol. 102 v°), ordonna la mise en liberté du chevalier Thomas Phicard, en déclarant qu'il avait été toujours fidèle serviteur de la reine Catherine et de la seigneurie de Venise, particulièrement dans une ambassade auprès du sultan d'Égypte. Voy. ci-dessus, p. 405.

[2] Ces dépêches furent expédiées en Chypre avec celles du 3 novembre, après que le conseil eût appelé dans son sein Georges Cornaro, et lui eût donné la mission de confiance auprès de sa sœur dont la lettre du 3 novembre entretient le généralissime.

procedi possit ad deffinitivam deliberationem ponendi opportunam formam et ordinem executioni deliberationis jam facte per hoc consilium de omnino levanda illa serenissima regina ab illo regno ; ea propter vadit pars quod, auctoritate hujus consilii, capitaneo nostro generali maris scribatur in hac forma :

Capitaneo generali maris.

« Postquam vobis scripsimus ad diem xxvii instantis, supervenerunt littere ab viro nobile Nicolao Capello, provisore nostro classis, date Amocuste die xxi septembris proxime exacti, quibus, nec non per litteras consilii et provisoris nostrorum Cypri, remansimus certificati quod, ad appulsum suum illuc, omnia in illo regno erant tranquilla, et quod omnino vestrum sapientissimum ordinamentum datum ipsi provisori nostro et factum per litteras consiliariis et provisori nostro prefatis, habuerat bonam, dextram et secretissimam executionem. Et intelleximus inter cetera ab illis, id quod nobis admodum placuit intellexisse, quod serenissima regina instituerat conferre sese Cerines, quoniam foret locus commodior executioni infrascripte nostre intentionis; que omnia ante quam nos debetis habuisse ab eisdem.

« Quare, judicantes hoc esse oportunissimum tempus in quo dari possit executio deliberationi jam per consilium nostrum decem facte, quo tempore priores litteras ad vos scripsimus de omnino scilicet removendo ab illa insula prefatam serenissimam reginam, que, stantibus hujus modi praticis et desideriis maritandi sese, posset de facili tali modo subtrahere nobis regnum illud ; et quoniam hujus modi actus est porro multi momenti, et talis conditionis ut non mereatur adimpleri nisi per vos, ob auctoritatem, sapientiam et desteritatem singularem quam in vobis semper cognovimus et summopere laudamus; cupientes itaque quod remotio ipsa habeat fieri tali modo quod quantum fieri possit servetur et sustineatur honor ipsius serenissime regine et dignitas nostri dominii apud omnes, volumus propterea, et cum consilio nostro decem cum additione mandamus vobis ut, ubi ubi he nostre vos invenerint, debeatis illico et sine mora vos levare et cum illo numero triremium quas habebitis apud vos, dimittendo virum nobilem Cosmam Pasqualigo, alterum provisorum nostrorum classis, cum tribus triremibus ultra suam, ad custodiam hujus culfi nostri, vos conferre et festinare ad insulam nostram Cypri, sub invento colore et pretextu quod hujus modi reversio processerit ob famam quod classis turcicha nondum intraverit strictum [1], quinimmo reversura de ordine domini Turci dicebatur ad defensionem et

---

[1] Les Dardanelles.

conservationem locorum Adene et Tarsi[1], et cum aliquo malo proposito super insula et regno illo, si aliquam opportunitatem nacta fuisset, qua nulla posset esse major absentia vestri capitanei et classis nostre ab eadem.

Conferretis vos ad locum Cerines, vel alio ubi intelligetis personam prefate serenissime regine reperiri; ad colloquium cujus esse procurabitis per illum convenientiorem et desteriorem modum qui prudentie vestre videbitur, et cum illa bene commoda forma verborum que vestre prudentie occurrent et apta et pertinentia videbuntur ad reducendum animum illius ad satisfaciendum consilio et voluntati nostre, illam inducere conabimini ad contentandum de discedendo et dimittendo regimen illud in gubernationem, protectionem, defensionem et conservationem dominii nostri, patris sui pientissimi, commemorando, declarando et affirmando majestati sue prefate, inter alia que vobis ad propositum occurent, nos hoc facere pro majori bono majestatis sue et pro bona conservatione illius regni, ad quod dominus Turcus, miris modis nobis notis et in dies certificatis, totis spiritibus suis aspirat, ut is[2] qui, hoc aquisito, existimet certissimam et indubitatissimam victoriam reportaturum de hoste suo domino sultano; a quibus omnibus tentamentis et cupiditate procul dubio erit temperaturus, quando certissime et experientia ipsa videbit in nobis recumbere omnem defensionem et conservationem illius insule et regni.

« Ultraque omnia, utemini etiam erga majestatem suam omnibus illis dulcibus, humanis, placabilibus et gratiosis verbis que judicaveritis posse operari effectum hujus nostre intentionis. Et super omnia nostro nomine policebimini et affirmabitis eidem quod, veniente ipsa huc Venetias, illam excipiemus, tractabimus et continuanter habebimus et tenebimus cum illo honore quo teneri et haberi debet una regina et uti regina filia nostra carissima, sicuti est majestas sua, et illi, vel ex regia[3] illa super assignamentis que illic de presenti habet, vel hic Venetiis, ex expeditioribus vel liberioribus locis et denariis qui sint, responderi sibi faciemus illam ipsam provisionem ducatorum octo mille quos de presenti habet[4] istic singulis quibuscunque annis, vel de nostris in mensem, sicuti majestati sue magis videbitur et placuerit; sic quod, quando hic fuerit, restabit pari commodo et cum minori periculo et animi rancore et minori fastidio quam istic, faciat; nihil demum pretermisuros que pertineant ad ejus honorationem et omnimodum contentamentum.

---

[1] Tarsous et Adena, en Cilicie.
[2] Au Ms. *his*.
[3] La réale ou domaine royal.
[4] Voy. p. 415, n. et p. 428, n.

« Quibus verbis si ipsa serenissima regina assensum prestiterit, tunc illam acceptabitis in galeam cum omni suo committatu huc conducendam per illum decentem et honorificum modum qui vobis videbitur convenire, declarando omnibus quod omnis hec actio procedat potius ab ipsius serenissime regine deliberata voluntate quam ab aliquo nostro interveniente impulsu, sed cum illis causis et respectibus que et qui consulte concordes cum illa serenissima regina videbuntur publicanda in decentem et honorificum respectum talis absentationis majestatis sue ab illa insula et regno, ita, ut prediximus, disponendo et dimittendo quod nullum sinistrum, novitas vel incommodum post illius serenissime regine discessum possit suboriri.

« Si vero, facta per vos omni convenienti et possibili experientia de voluntaria levatione ejusdem serenissime regine exinde, majestas sua nullo modo videretur disposita satisfacere voluntati et annuere nollet consiliis nostris, in tali casu, volumus quod illi protestari et declarare debeatis quod, nisi satisfecerit et acquiescerit huic nostre deliberationi, sciat se ex nunc amisisse omnem gratiam nostram, et consequenter totam suam provisionem, habebimusque ipsam in rebellem nostram; quod si persistendo recusabit, esse omnimode nostre intentionis et mentis, et sic volumus et cum consilio nostro decem cum additione mandamus vobis, ut ita disponere et providere debeatis omnia ad hunc effectum pertinentia quod ipsa serenissima regina vel nolens habeat satisfacere huic deliberate nostre voluntati[1]. Pro qua omnino adimplenda utemini prudentia, dexteritate et viribus vestris, sic quod intentio nostra certissimum consequatur effectum. Circa quod non dabimus vobis aliud nostrum particularius mandatum, cognoscentes quantum in omni vestra actione soleatis esse dexterimus et providentissimus. Solummodo dicemus hoc quod, ad discessum vestrum ab illa insula et regno, dimittatis ibidem illum numerum triremium qui prudentie vestre videbitur conveniens et necessarius bone securitati ipsius in omnem eventum[2], donec aliud per nos fuerit aliter convenienter provisum; providendo et mandando ante vestrum discessum ab illa insula quod per omnes civitates, castella et loca ejusdem elevetur felicissimum insigne nostrum Sancti Marci[3].

---

[1] Ainsi il est incontestable, d'après cette dépêche, que le généralissime était autorisé à aller, s'il le fallait, jusqu'à enlever la reine et à la transporter de vive force à Venise. François de Priuli ne fut pas obligé d'en venir à cette extrémité.

[2] *In omnem eventum.* En relisant ces lettres, dans la séance du 3 novembre, avant de les expédier, le conseil décida que les mots ci-dessus seraient effacés. (*Secr.* XXIV, fol. 31.)

[3] Venise hésitait depuis quelques années à arborer ses armes sur l'île de Chypre; elle s'y résolut seulement en 1489 au moment du départ de la reine.

« Et, tam quando fueritis ibidem, quam sub ipsum vestrum illinc discessum, demonstrabitis erga omnes illos Cyprienses universaliter, et precipue erga illos primores, omnem bonum et largum vultum et illarem faciem, utendo erga ipsos omni illa bona et gratissima forma verborum que videbitur convenire ad declarandum illis largo modo quantum habeamus ipsos in carissimos filios, quodque et publice et privatim sumus semper habituri ipsos et commoda ac bonum eorum pro recommissis, sic quod restent de dominio nostro bene edificati, et habeant causam perseverandi in fide erga nostros, ut faciunt et observant. »

Ceterum, quoniam sanum est consilium experiri et tentare omnia que possint nobis parere effectui hujus intentionis nostre, sine aliqua difficultate que fortassis in hac re posset aliter intervenire, ex nunc sit captum quod vocari debeat ad presentiam serenissimi domini ducis, consiliariorum, capitum hujus consilii et sapientium utriusque manus[1], vir nobilis Georgius Cornario, frater prefate serenissime regine, versus quem prefatus serenissimus dominus dux utatur omni illa bona, efficacissima et commoda forma verborum que videbitur convenire ad inducendum illum ad eundum quam primum Cyprum, usque ad prefatam serenissimam reginam, sororem suam, persuadendam et inducendam ad omnino satisfaciendum presenti nostre voluntati, cum illis rationibus que ipsi serenissimo principi videbuntur bene pertinentes et efficaces ad hunc effectum. Casu vero quo ipse Georgius nollet recipere hanc impresiam de eundo ut supra, non restetur propterea de expediendo litteras suprascriptas ad capitaneum nostrum generalem maris prefatum ; contentante vero ipso de eundo, simul et semel expediantur. Et vadat ipse Georgius Cornarius ad expensas dominii nostri, tam de eundo quam de redeundo, et tam pro se quam pro illa familia que per serenissimum dominum ducem, consiliarios, capita et collegium consulte deliberabitur et statuetur.

Scribatur insuper et notificetur capitaneo nostro prefato reperiri in manibus viri nobilis Aloisii Contareno, provisoris nostri super exarmatione Jadre agentis[2], ducatos quinque mille, et illi dicatur nos esse contentos ut illos accipiat ad finem quod si ita fuerit necesse, cum illis aliis pecuniis nostris quas reperiretur apud se habere, possit uti tam pro rebus illius classis

---

[1] *Sapientes utriusque manus*, les sages élus par deux mains ou chambres d'élection. Les fonctionnaires de ce nom à Venise étaient les ministres chargés du pouvoir exécutif.

[2] Louis Contarini, provéditeur, préposé alors au désarmement des galères de retour à Zara, en Dalmatie.

Iʳᵉ PARTIE. — DOCUMENTS.

nostre quam pro rebus que occurrere possent; et sic in consonantia committatur et mandetur eidem provisori ut de ipsis pecuniis facere debeat voluntatem predicti capitanei nostri. Cui capitaneo scribatur etiam quod si he nostre illum invenerint Corfoi, mittere debeat galeam unam Jadram usque levaturam et ad se conducturam dictos denarios, cum litteris et ordine ad prefatum provisorem ut, illis consignatis, debeat repatriare[1].

De parte, 22. De non, 1. Non sincere, 6.

1488, 3 novembre. De Venise.

Dépêche du conseil des Dix annonçant à François de Priuli que le frère de la reine de Chypre, Georges Cornaro, se rend avec lui auprès de la princesse pour l'engager à se conformer aux ordres de la république, et chargeant le capitaine général d'envoyer sans retard un ambassadeur au Caire, afin d'expliquer au sultan que le départ de la reine est dû à sa libre détermination, et que l'érection de la bannière de Saint-Marc, en Chypre, a surtout pour effet de protéger l'île contre les Turcs[2].

Venise. Arch. génér. Conseil des Dix. *Misti.* Reg. XXIV, fol. 32.

M CCCC LXXXVIII, die III Novembris. Cum additione.

Capitaneo generali maris.

In executionem deliberationis consilii nostri decem cum additione, pro facilitando quantum fieri potest effectum nostre intentionis, habuimus in secretis ad presentiam nostram virum nobilem Georgium Cornario, fratrem serenissime regine Cypri, qui, ita per nos requisitus, nihil degenerans ab avita et paterna virtute, fuit contentus, prompto et libenti animo, personaliter venire Cyprum usque, ut possit esse cum eadem serenissima regina sorore sua inducenda et persuadenda per ipsum ad omnino satisfaciendum presenti nostre voluntati. Cum quo tamen Georgio non devenimus ad aliquam specificam declarationem eorum que habentur et continentur in processu et scripturis quem et quas paulo ante ad consilium nostrum decem misistis[3]; sed tantummodo tetigimus illi eas ipsas rationes et respectus

---

[1] Suit une délibération concernant le payement du tribut au sultan d'Égypte. Le conseil recommande plus spécialement l'exécution de cette mesure au capitaine général par la dépêche suivante, du 3 novembre.

[2] Cette dépêche et la suivante furent remises, avec celles du 28 octobre, à Georges Cornaro, qui s'embarqua, le 7 novembre, sur un petit grippe mis à sa disposition, afin de rejoindre au plus tôt le généralissime. Voy. la dépêche du 8 novembre.

[3] Le conseil des Dix ne crut pas nécessaire de faire savoir à Georges Cornaro ce qu'il avait appris des projets de mariage de sa sœur avec un infant de Naples, par les lettres saisies sur Rizzo de Marin et l'enquête du capitaine général. (Voy. les dépêches des 22 et 23 octobre.) Dans ces circonstances,

quas et quos, per alteras nostras priores litteras, vobis committimus exponendas prefate serenissime regine. Eundem igitur Georgium, cum presenti grippo venientem, cum illa familia quam eidem deputavimus, et cui dari fecimus hic ducatos centum quinquaginta nomine expensarum [1], leta fronte excipietis, quem commodabitis in galea ipsa vestra vel aliis, sicuti cognoveritis illum desiderare, pro honore et comodo suo et suorum.

Ceterum, quoniam idem Georgius, dum apud nos esset, aduxit in medium fortassis non esse nisi bonum quod ex Amocusta ipse premitteretur a vobis ad dominam reginam sororem suam prefatam disponendam ad assensum nostre voluntatis predicte, circa quod aliud sibi non respondimus nec deliberavimus, ut ii qui intendimus relinquere vobis integram hanc deliberationem de observando videlicet in executione commissorum vobis per alteras nostras illum modum qui vobis videbitur et melior et securior ad illam bonam et votivam executionem quam desideramus et expectamus, que cum sit in manibus vestris non potest periclitari; et quanquam non possimus nobis persuadere quin serenissima illa regina sit factura nostram voluntatem et consilium, tamen, si pur, post consumatam per vos omnem dextram formam verborum et modorum, videretis illam affirmato animo reddere sese contumacem, in tali casu, servabitis modum et ordinem per primas nostras impositum [2].

Verum, ut occuratur omni disordini et inconvenienti quod sequi posset ab latere domini sultani, si sibi absconsa foret causa absentationis prefate serenissime regine ab illo regno, et consequentis levationis facte de insigni nostro sancti Marci in eadem, volumus propterea, et cum consilio nostro decem cum additione mandamus vobis ut, postquam adimpleveritis et executi fueritis pro nomine nostro quantum in universo hoc negotio illius regni ab nobis habetis in mandatis, licentiare debeatis, si jam licentiata non fuisset, illam galeam per quam

---

le conseil, tout en employant les bons offices de Georges Cornaro, surveilla constamment ses démarches; il ne s'ouvrait entièrement qu'au généralissime et aux conseillers de Chypre.

[1] Indépendamment de ces 150 ducats, Georges Cornaro dépensa dans son voyage de Chypre une somme de 262 ducats, somme que le conseil des Dix, satisfait de sa négociation, mit à la charge du trésor public par une délibération du 11 février 1490. (Reg. XXIV, fol. 127 v°.)

[2] Ces ordres avaient été transmis à François de Priuli dans la dépêche du 28 octobre, expédiée en même temps que celle-ci. Ils étaient, comme on l'a vu, extrêmement étendus; ils permettaient au capitaine général d'employer les mesures les plus rigoureuses, s'il devenait nécessaire, afin de contraindre la reine à obéir aux décisions de la république, et à l'emmener, de gré ou de force, à Venise, pour la soustraire aux propositions de la cour de Naples, qu'elle avait accueillies.

illa serenissima regina mittebat et mittit solitam pagam domino sultano, et cujus galee discessus ab illa insulla fuit suspensus per virum nobilem Nicolaum Capello, provisorem classis. Verum, ad ipsius page deportationem, mittite personam quempiam fidelissimam et bene aptam huic servitio, cum commissione quod, post presentationem ipsi illustrissimo domino factam de paga eadem, per gravem et bene accomodatum modum et formam verborum, debeat, in nomine prefate serenissime regine et vestri capitanei nostri, ipsi domino sultano declarare causam spontanee absentationis ipsius serenissime regine ab illo regno fuisse et esse pro non subjacendo amplius illis periculis quibus anno superiore; nostrumque dominium, ita instante et requirente ipsa serenissima regina, annuisse quod ipsa huc Venetias, sicut maxime desiderabat, se contulerit; et in hanc formam curabitis et efficietis quod eadem serenissima regina scribat litteras, manu sua pro more subscriptas, ad eundem illustrissimum dominum sultanum; levari vero nos fecisse insignia sancti Marci[1] in insula ipsa, ut omnibus, et maxime domino Turco, notum et perspicuum faciamus nos, sicut hactenus fecimus, cum ingente nostra impensa et potentia tam terrestri quam maritima, in illa insula instituisse conservare regnum illud ab omni injuria et offensione cujuscumque potentatus. De quibus omnibus duxistis, pro servando officio et lege bone et sincerissime amicitie quam dominatio nostra habet cum sua illustrissima dominatione, illi significare omnia. Verum, si forte prefata galea fuisset jam cum dicta paga licentiata, expedietis nihilominus immediate alium aliquem fidelissimum et bene aptum huic servitio, per unam aliam galeam, cum mandato et ordine quod habeat conferimentum et communicet hec omnia cum primo oratore seu nuntio ut supra jam ante expedito, et una, vel in illius absentia solus, habeat exequi et adimplere apud dominum sultanum quantum superius diximus, declarando eidem illustrissimo domino sultano quod providebimus quod ab illo regno sibi non deficient page consuete[2].

De parte, 25. De non, 0. Non sincere, 0.

[1] La république conservait encore les armes de Lusignan; elle ne les remplaça par l'étendard de saint Marc qu'après l'abdication de Catherine Cornaro, le 26 février 1489. Voy. ci-dessus, p. 417, n.

[2] La délibération du 28 octobre, relative au tribut de l'Égypte (voy. p. 425, n.), fut prise en ces termes : « Declarando prefato « domino sultano nos fore continuaturos et « prompte debitis temporibus satisfacturos « solitam et debitam pagam predictam do- « minationi sue de tempore in tempus. » (Reg. XXIV, fol. 31.) Dans la séance du 3 novembre, le conseil modifia cette rédaction et s'en tint à la promesse plus générale exprimée à la fin de la présente dépêche.

1488, 3 novembre. De Venise.

Lettre du conseil des Dix, exposant à la reine de Chypre la nécessité de son départ, et lui annonçant qu'elle jouira à Venise des mêmes revenus qu'elle a en Chypre [1].

Venise. Arch. génér. Conseil des Dix. *Misti.* Reg. XXIV, fol. 33 v°.

M CCCC LXXXVIII, die III Novembris. Cum additione.

Serenissime domine regine Cypri.

Per el nobel homo Francesco di Prioli, dilecto capitaneo nostro general da mar, soto lettere nostre credential, vostra maiestà abondantemente haverà inteso la causa de la sua ritornata de lì, et quanto sè convegni per la bona conservation de quella isola et regno, che certissimi sè rendiamo la maiestà vostra, come dilectissima et obsequentissima fiola nostra, esser, per la sua sapientia et bontà, per admetter et dar luogo ai fidelissimi paterni consegli et deliberation nostre, essendo, come indubitatissimamente la maiestà vostra die esser certissima, tuto farse a fine de segurtà, ben, commodo et honor de la persona de la maiestà vostra et de quella isola. Et perchè quella più che più resti certificata de la paterna nostra mente et affecto verso de lei, li signifìchemo che oltra che gionta che lei serà de qui, nui la receveremo et abrazeremo et honoreremo come sè convien a regina, et regina fiola nostra carissima. Habiamo etiam ex nunc, cum el nostro conseio di x cum la zonta, solenemente deliberà et statui che la maiestà vostra habi ad haver et recever la satisfatio di ducati octo mille annual de la provision sua, si come lei ha al presente, o de anno in anno, over de mexe in mexe, o da quella real sopra i assegnamenti che la maiestà vostra ha al presente, overo qui a Venexia, come più et meglio lì parerà et piacerà; sichè, quando la maiestà vostra serà de qui, sè ritroverà cum pare comodo et cum menor periculo et rancor de animo et fastidio de quello la faci de lì. Demum, non siamo per

---

[1] Dans cette lettre, le conseil des Dix assure à la reine de Chypre la jouissance annuelle de sa pension de 8,000 ducats, qui formait ce que l'on pourrait appeler sa liste civile depuis 1479 au moins, et probablement depuis l'année 1474, où la république avait envoyé en Chypre deux conseillers chargés de toute l'administration du royaume. (Voy. ci-dess. p. 415, n. 2.) Après l'arrivée de Catherine Cornaro à Venise, quand la république donna à la princesse la seigneurie d'Asolo, il fut réglé que les revenus de cette terre seraient imputés annuellement comme à-comptes sur la pension viagère, de manière que la reine, quels que fussent les produits des terres et de la seigneurie d'Asolo, eût toujours sa pension fixe et totale de 8,000 ducats, mais pas davantage. Cette somme valait alors 6,400 livres parisis, pesant aujourd'hui 60,000 francs de notre monnaie, et répondrait en valeur relative à plus de 300,000 francs.

pretermettere cossa veruna quale cognosceremo esser pertinente alla honoratione et omnimodo contentamento de la maiestà vostra, de la qual siamo stati, siamo et intendemo sempre esser padre pientissimo. De parte, 25. De non, o. Non sincere, o.

1488, 8 novembre. De Venise.

Le conseil des Dix, après le départ de Georges Cornaro, apprenant que la reine Catherine paraissait avoir la pensée de s'enfuir à Rhodes, où la sœur de Tristan de Giblet l'avait déjà précédée, expédie l'ordre au capitaine général de toucher d'abord à cette île avant de se rendre en Chypre, et de tenter, soit par les instances de Georges Cornaro, son frère, soit par l'intervention du grand maître, de déterminer la reine à obtempérer à la volonté de la république; s'il ne peut y réussir, le capitaine général se rendra en Chypre, et attendra les ordres du conseil.

Venise. Arch. génér. Conseil des Dix. *Misti.* Reg. XXIV, fol. 34 v°.

M CCCC LXXXVIII, die VIII Novembris. Cum additione.

Capitaneo generali maris.

Quanquam per litteras nostras, diei XXVIII octobris et III instantis ad vos datas, et consignatas viro nobili Georgio Cornario, fratri serenissime regine Cypri, qui hinc heri discessit, expeditus a nobis cum uno grippo expeditissimo, cum ordine ut veniat vos repertum, et quas credimus quod ante has receperitis, et per illas copiose intellexeritis quantum habeatis facere et exequi in executionem deliberationis per nos et consilium nostrum decem cum additione jam facte in hac materia serenissime regine prefate, certissimique reddamur quod, receptis et intellectis ipsis nostris mandatis, inconctanter exposueritis vos itineri pro acellerando Cyprum, sicut requiret importantia et necessitas illarum rerum; tamen, habitis hoc mane et intellectis litteris viri honorabilis Nicolai Capello, provisoris nostri, datis Amocuste 29 septembris, que his vestris postremis ex Mothono 17 octobris erant alligate, et quas et vos aperuisse et vidisse scribitis, et maximopere existimantes id quod in illarum calce scribit : fuisse sibi relatum per virum nobilem Nicolaum Michael, alterum ex consiliariis nostris Cypri, circa absentationem jam factam per sororem Tristani de Zibelet, profectam Rodum, quo etiam illa serenissima regina post illam volebat pro quanto intelligit ire [1]; et moti importantia illius periculi et disordinis que posset

---

[1] La surveillance des Vénitiens en Chypre et la célérité des correspondances empêchèrent la réalisation de ce projet. Il aurait jeté une complication des plus difficiles dans la situation où se trouvait Venise, à cause du respect et des ménagements que commandait l'ordre de Rhodes, fort de son caractère et de l'approbation du saint-siége.

trahere post hujusmodi movimentum si secutum fuisset vel sequeretur; et propterea, cognoscentes hujusmodi occurrentia magis atque magis indigere et omnino requirere presentiam et virtutem vestram, has ad vos cum consilio nostro decem prefato expediendas per hunc prestissimum grippum censuimus, volentes et vobis efficacissime etiam atque etiam mandantes ut, si, ad receptionem presentium, prefatus Georgius Cornario cum alteris primis nostris jam non applicuisset, preventus ab hoc secundo grippo, illius appulsum expectare debeatis, quo applicito, et intellecto per vos tenore nostrorum mandatorum, et nulla cum ipso facta mentione de quanto superius habuimus a provisore nostro prefato[1], levare vos illico debeatis et, nulla temporis facta jactura, non solum festinare, sed, ut sic dicamus, advolare debeatis ad insulam nostram Cypri, faciendo in hoc vestro accessu viam Rhodi, ut, si intelligetis per aliquem dextrum modum ipsam reginam ibi reperiri, illuc ad eam Georgium fratrem cum litteris quas vobis jam misimus ad illam directivas, plenas optimarum et largissimarum promissionum nostrarum[2]; qui Georgius habeat removere illam ab omni sinistro et alieno proposito, et reducere quoque illam securam ab omnibus illis rebus de quibus a nobis videretur dubitare, et demum illam reducere et inducere ad satisfaciendum voluntati et deliberationibus nostris. Circa quod nihil cum dicto Georgio pretermittetis de possibili sic quod intentio et desiderium nostrum habeat illum votivum effectum quod convenit honori sue majestatis et nostro, sicut de virtute vestra et de illius fide maximopere tenemus et expectamus.

Ceterum, si eadem serenissima regina ullis suasionibus et rationibus fratris non posset induci ad discedendum ex Rhodo et satisfaciendum mandatis et deliberationibus nostris, in tali casu, est intentionis nostre et ita vobis mandamus ut apud illum reverendissimum dominum magnum magistrum Rhodi facere debeatis omnes convenientes possibiles instantias quod vellit interponere operam suam in persuadendam ipsam reginam ad satisfaciendum huic nostre voluntati. Et non valente hoc medio, tunc demum requiretis illum quod velit vobis reddere et consignare ipsam serenissimam reginam, commemorando excelsissime dominationi sue scandala que ex hoc possent provenire. Utemini preterea circa hoc illis omnibus sapientibus verbis,

---

[1] Le conseil gardait toujours quelque réserve vis-à-vis du frère de la reine Catherine, principalement sur les affaires de Naples; le capitaine général seul recevait sans détour communication de ses craintes et de ses dernières volontés. Voy. p. 419 et 425, n.

[2] Ainsi au Ms. Un verbe, comme *mandetis* ou *mittatis*, manque à la phrase.

modis et mediis placabilibus, ceterum efficacibus, que vobis videbuntur pertinentes ad effectum predictum.

Casu vero quo eamdem serenissimam reginam non possetis habere, non discedetis ab illis aquis Cypri, pro providendo ad omnia opportuna et necessaria salvationi et conservationi ipsius regni, sicuti cognoveritis esse opus. Et de omnibus secutis per vos dabitis per festinantissimum medium noticiam consilio nostro, non discedendo, ut prediximus, ab illis partibus, sed expectando nostrum mandatum. Demum, ut remaneatis de novis harum partium informatus, mittimus vobis inclusum exemplum litterarum novissime habitarum ab oratoribus nostris in Urbe ad consilium nostrum decem [1]. De parte, 24. De non, 0. Non sincere, 0.

1488, 8 novembre. A Venise.

Le conseil des Dix ordonne au collége criminel d'interroger, et au besoin de mettre à la question, Rizzo de Marin et ses domestiques.

Venise. Arch. génér. Conseil des Dix. *Misti.* Reg. XXIV, fol. 35.

M CCCC LXXXVIII, die VIII Novembris. Cum additione.

Conveniens est et ordini juris bene consentaneum quod Ritius Marini, retentus ad carceres nostros Venetiarum, per capitaneum nostrum generalem maris transmissus, examinetur, pro videndo de habere et intelligere omnia que videbuntur intelligenda; ea propter vadit pars quod, auctoritate hujus consilii, idem Ritius remaneat bene retentus per collegium [2] quod nunc faciendum, et examinari debeat super his que majori parti ipsius collegii videbuntur intelligenda pro bono et utilitate status nostri. Et quod collegium per majorem partem habeat libertatem tormentandi illum, sicuti fuerit visum expedire pro habenda veritate. Et similiter habeat libertatem examinandi duos [3] famulos illius, et ulterius examinandi omnes illas personas que videbuntur. Et cum his que habebuntur, veniatur ad hoc consilium. Collegium : ser Lucas Mauro, consiliarius [4]; ser Antonius Vallerio, caput [5]; ser Philippus Tronus, inquisitor; ser Hieronymus Bernardo.

---

[1] La plupart de ces dépêches, rédigées, comme on voit, au nom du doge et de la seigneurie de Venise, émanaient, en réalité, du seul conseil des Dix, qui tendait de plus en plus à concentrer dans son sein toute la direction politique de l'État.

[2] Commission du conseil des Dix qui devint plus tard l'inquisition d'État ou le Tribunal.

[3] Il y a ici *dictos* au Ms., mais il est parlé ailleurs des *deux* domestiques de Rizzo arrêtés avec lui par le généralissime. (R. XXIV, f. 75.)

[4] Membre du conseil des Dix.

[5] Président du collége criminel.

1489, 10 mai et 5 juin. A Venise.

Décrets divers du sénat relatifs à l'arrivée de la reine Catherine Cornaro à Venise.

Venise. Bibl. de M. Rawdon Brown. Ms. Tiepolo. Portef. de Chypre.

M CCCC LXXXIX, die x° Maii. In rogatis[1].

Cum sit de proximo ventura huc serenissima regina Cipri, expedit dominio nostro multis respectibus digne excipere serenitatem suam, et ostendere erga majestatem suam omne signum honorificentie; propterea vadit pars quod honorifice preparentur camere monasterii Sancti Nicolai Littoris[2], ita ut, ad appulsum majestatis prefate, morari illic possit, donec convenienter conduci possit ubi fuerit ei preparatum; et interim illuc mittantur quinquaginta nobiles ad visitandam serenitatem suam, et ibi fiant impense sue serenitati sumptibus nostri dominii.

Postea vero, serenissimus princeps, cum Bucentauro, munito matronis, et cum universo collegio et illo numero nobilium qui videbitur dominio, obviam ire debeat ad domum illustrissimi ducis Ferrarie[3], ubi preparetur pro illo primo sero cena honorifica sumptibus dominii nostri. Et fieri debeant paraschenni septem[4]; necnon omnes tam nobiles quam matrone projicere debeant habitus lugubres pro illo die.

M CCCC LXXXIX, die quinto Junii. In rogatis.

Decretum fuit per hoc consilium quod serenissime regine Cipri, in hoc ejus adventu, pro diebus quas manebit ad Sanctum Nicolaum Littoris, fierent impense; et quod preterea preparetur sibi cena ad domum ducis Ferrarie pro primo vespere tantum; et quia, quantum intelligitur, ejus majestas mansura est duos dies vel circa in dicta domo; quia priusquam illic discedat vult venire visitandum dominium nostrum, quod erit die martis in mane, et conveniens sit quod, pro illis paucis diebus, non habeat curam sibi faciendi suas impensas, vadit pars quod, pro illis paucis diebus quo ejus

---

[1] Bien que ces décrets proviennent des prégadi, je n'ai pu les retrouver dans les registres originaux des *Secreti*; ils ne sont ni au *Collegio* ni au *Maggior consilio*.

[2] Saint-Nicolas-du-Lido.

[3] Le palais des ducs de Ferrare, sur le grand canal, paroisse de Saint Jacques dall' Orio, devint ensuite l'entrepôt des Turcs et fut connu sous le nom de *Fondaco de' Turchi*. C'est aujourd'hui une propriété particulière. Il appartient, comme le palais Cornaro-Piscopia, à la plus ancienne époque des constructions byzantines de Venise.

[4] *Paraschenni* pourrait désigner des *bancs* ou *estrades*; mais ce mot me semble signifier, en cette circonstance, que sept tables devaient être dressées à côté de celle de la reine de Chypre. Du Cange a cité un texte de Grégoire de Tours où *scamnum* a le sens de table, comme ici *paraschennus*, son dérivé.

majestas morabitur in domo predicta Ferrarie, fieri ei debeant impense ex pecuniis nostri dominii.

1489, 13 mai. A Venise.

Texte des procès-verbaux du conseil des Dix, assisté des commissions, décidant la mise à mort en secret de Rizzo de Marin, et autorisant les conseillers présents à la condamnation à porter des armes pour leur défense personnelle.

Venise. Arch. génér. Conseil des Dix. *Misti*. Reg. XXIV, fol. 75.

M CCCC LXXXIX, die XIII Maii. Cum additione Cypri.

Advocatores[1] : « Si videtur vobis per ea que dicta et lecta sunt quod proce-
« datur contra Ritium Marini, Neapolitanum, pro malis et assiduis tentamentis
« suis contra bonum statum dominii nostri in regno Cypri, ut est dictum. »
De procedendo, 21. De non, o. Non sincere, 7.

Volunt quod iste Ritius, infra terminum dierum trium proximorum[2], stranguletur sive suffocetur, per illum secretiorem modum et sicut capitibus hujus consilii videbitur et ordinabitur, sic quod moriatur et anima a corpore separetur. Utque hujusmodi executio tam mortis quam sepulture sue, quanto fieri possit, transeat secreta, faciant illum reduci et poni ex carcere forti in turricellam, sub illa custodia que videbitur capitibus prefatis; cui in illo loco conducto, per unum ex secretariis hujus consilii, notificetur sibi presens deliberatio mortis sue, sed non genus mortis, ut possit disponere super omnia sua.

Denarii vero, argenta et jocalia et omnia alia bona que tempore capture tam ipsius Ritii quam Tristani de Zibelet, Cyprii, fuerunt de ratione utriusque recuperata, tam per capitaneum nostrum generalem maris quam supracomitum et alios, et restarunt in manibus eorumdem justificanda et recognoscenda per capita, tam ex scripturis processus quam aliter, sicut expedierit infra terminum dierum trium predictorum, ex nunc mandentur,

---

[1] Les avogadors, dans le gouvernement de Venise, étaient chargés de l'action publique, comme procureurs de la république.

[2] Rizzo de Marin fut étranglé de nuit à la salle d'armes du conseil des Dix. Sanudo, dans le fragment inédit que je donne plus loin, a raconté cette scène lugubre et l'inhumation secrète de Rizzo au cimetière de Saint-Christophe de Murano. Mais on n'est pas sûr que l'exécution suivit de près la condamnation; il paraîtrait que le conseil des Dix crut prudent de garder quelque temps encore Rizzo en prison, jusqu'à ce que la seigneurie eût apaisé le sultan d'Égypte en lui déclarant que Rizzo était mort naturellement peu après son arrivée à Venise. (Voy. plus loin, à l'année 1489, les instructions de Diédo.) Il est possible qu'on eût fait reparaître Rizzo, si les difficultés avec l'Égypte au sujet de la mort de ce personnage, revêtu du caractère d'ambassadeur, fussent devenues trop graves.

per litteras eidem capitaneo et supracomito et aliis dirrigendas, restitui cum omni integritate ad manus capitum hujus consilii, consignanda camerario hujus consilii, de quibus postea habeat fieri quantum videbitur et ordinabitur per hoc consilium[1].

De parte, 20. Non sincere, 8.

Die dicto, in dicto consilio.

Quod omnes infrascripti qui interfuerunt presenti condemnationi habeant licentiam armorum, cum tribus apud se, non excedendo legitimum numerum sex licentiarum. De parte, 27. De non, 1. Non sincere, 0.

Consiliarii[2] : ser Josafat Barbaro[3], ser Daniel Bragadino, ser Thomas Mocenigo, ser Petrus Diedo, ser Leonardus Lauredanus[4].

Consilium decem : ser Franciscus Marcello, ser Petrus Fusculo, ser Petrus Donato, ser Franciscus Fuscareno, ser Hieronymus Baduerio, ser Franciscus Bernardo, ser Marinus Venerio, ser Marcus Bragadeno, ser Nicolaus Foscari[5], ser Constantinus de Polis.

Additio[6] : ser Johannes Capello procurator, ser Dominicus Mauroceno, ser Hieronymus Vendramino, ser Peratius Maripetro, ser Marcus de cha de Pexaro, ser Ambrosius Contareno, ser Antonius Erizo, ser Franciscus Pisani a Banco, ser Paulus Barbo, ser Antonius Vallerio, ser Marcus Bollani, ser Marinus Leono, ser Filippus Balbi[7].

Advocatores : ser Baldasar Trivisano, ser Hieronymus Georgio eques, ser Hieronimus Bernardo.

Sapientes consilii : ser Petrus de Priolis procurator, ser Filippus Tronus.

---

[1] Une décision du même jour ordonna que les deux domestiques de Rizzo seraient séparément renfermés dans les châteaux de Vérone, pour être éloignés ensuite du territoire de la république, si on le jugeait à propos. (Reg. XXIV, fol. 75.)

[2] Conseillers du doge.

[3] L'ancien ambassadeur auprès du roi de Perse, Ouzoun-Khassan, dont M. Henri Cornet a publié les dépêches. Voy. ci-dess. p. 336.

[4] C'est le doge. Son nom est précédé du berret ducal dessiné sur le registre.

[5] C'est lui qui détermina le conseil à ne pas garder plus longtemps en prison Rizzo de Marin, dont les révélations pouvaient être dangereuses, et à le faire mettre à mort. Voy. plus loin, p. 444, et Malipiero, *Ann. Ven.* t. II, p. 611. Les collègues de Foscari au conseil des Dix étaient Marcello, Foscolo, Donato, Foscarini, Badoero, Bernardo, Venier, Bragadino et de Polis.

[6] Commission réunie au conseil des Dix pour les affaires de Chypre. Elle se composait alors des membres des familles Capello, Morosini, Vendramin, Malipiero, Pesaro, Contarini, Erizo, Pisani, Barbo, Valier, Bollani, Leone ou Leono et Balbi.

[7] Les noms qui précèdent sont ceux des vingt-huit membres qui seuls avaient le droit de voter dans le conseil des Dix, et qui prononcèrent la condamnation à mort.

Iʳᵉ PARTIE. — DOCUMENTS. 435

Sapientes terre firme : ser Bernardus Justiniano, ser Nicolaus Fuscareno, ser Hieronymus Venerio.

Dominus cancellarius.

Ludovicus de Manentis. Joannes Jacobus Micaelis. Petrus Blanco [1].

1488-1489.

Extraits de la chronique originale de Marin Sanudo le jeune, concernant les tentatives de Rizzo de Marin pour marier la reine Catherine Cornaro à un fils naturel du roi de Naples, et les autres événements qui déterminèrent la république de Venise à éloigner la reine Catherine de l'île de Chypre [2].

Venise. Bibl. Saint-Marc. Fonds Contarini. Supplém. aux Mss. italiens.

1.

A dì 17 Octubrio 1488, zonse in questa terra Rizo de Marin, Napolitano, con uno altro, mandato in ferri per il zeneral Priuli, preso in Cypro con la galia Tragurina, il qual menava tratado con la raina nostra Cornera di maridarse in don Fedrigo [3], fiol dil re Ferrando, et farlo re di Cipro, et ussir de le man nostre.

[1] Louis de Manentis, Jean-Jacques Michaelis et Pierre Blanco étaient probablement les secrétaires de la chancellerie attachés alors au conseil des Dix.

[2] Si Marin Sanudo, fils de Léonard, que nous appelons Sanudo le jeune, eût terminé la Vie des doges de Venise, comme il en avait conçu le plan, ce livre, incohérent et confus, et pourtant si précieux, serait devenu un des plus grands et des plus utiles monuments historiques pour l'étude du moyen âge; mais Sanudo n'a pu que réunir les matériaux et arrêter une première rédaction de quelques parties de ce vaste travail. Il était occupé par ses fonctions publiques dans les conseils de la république, et, durant les dernières années de sa vie, il s'adonna plus particulièrement à la rédaction de ses *Diarii*, ouvrage plus considérable encore, dont on trouvera ci-après un extrait. Muratori, bien qu'il n'ait eu à sa disposition qu'une copie tronquée des *Vite de' duchi di Venezia*, déjà si imparfaites, a rendu un vrai service à l'histoire en la publiant dans le tome XXII du recueil des historiens d'Italie. Le Ms. entier et autographe de cette œuvre de Sanudo se compose de trois volumes in-4°. Le premier volume s'étend de l'origine de Venise à l'année 1416, le second de 1416 à 1473, le troisième de 1474 à 1492. Les *Diarii* commencent en 1496. Le second volume des *Vite* est perdu; le premier et le troisième ont été donnés, en 1843, à la bibliothèque de Venise par M. Jérôme Contarini. Les fragments que je publie sont extraits du troisième volume. On y remarquera des répétitions, des phrases non terminées, des contradictions même, qui semblent appartenir à deux rédactions différentes des mêmes événements. Si négligée qu'elle soit sous le rapport littéraire, l'œuvre de Sanudo n'en conserve pas moins un grand prix pour l'histoire. Tout est nouveau surtout dans les présents fragments, où Sanudo nous apprend l'entreprise hardie de l'ancien chambellan de Jacques le Bâtard pour enlever Chypre aux Vénitiens, du consentement de l'Égypte, en mariant Catherine Cornaro à un fils du roi de Naples. Les particularités de l'exécution et de l'ensevelissement nocturne de Rizzo étaient aussi entièrement ignorées.

[3] Non avec Frédéric, mais avec don Alonzo, comme le dit plus loin Sanudo.

28.

Questo Rizo de Marin, examinato dai cai di *x*, disse era orator dil soldano, e cussì in prexom publice diceva la signoria feva mal a tenir li oratori del soldan, et straparlava molto. Et nel conseio di X con la zonta di Cypro, a dì 5 novembrio, fu preso che Zorzi Corner, quondam ser Marco el cavalier, fradello di ditta raina, vadi inmediate in Cypro a persuader la raina voi vegnir ad habitar in questa terra, sè li daria il castello di Axolo che sarà suo con l'intrade dove potrà star, et ducati x^m al anno di provision.

Et cussì ditto Zorzi Corner, licet fusse inverno, montò su uno gripo e andò fino a Corphu, dove montò su la galia soracomito Nicolò Corner quondam ser Antonio, e passò in Cypro. Il qual zonto, parse di novo a la raina ; il qual tanto operoe con dolce parole e con acerbe, dicendo : « Non volendo venir, sapiate la signoria a el zeneral con l'armada quì, vi « leverà per forza, perdere la gratia de la signoria, et nui saremo ruinati ; » che la raina contentò di venir via, e cargato le robe su una galia Dalmatina, poi soa maestà sè partì da [Cypro] acompagnata da tutti che lacrimavano perchè era ben voluta, per le gran elemosine faceva de lì, e lei dicendo : « Ste di bona voia tornerò. » Et montò a Famagosta, su la galia Cornera sopraditta, con ditto suo fradello e soe donzele et corte ; et ditte do galie comenzono a navegar a la volta di questa terra.

Ma subito partito la raina, Francesco di Prioli, capitano zeneral, dismontò dil armada in terra e levò san Marco a Famagosta[1], e cussì fo fato a Ni[co]xia e altri luogi de l'ixola ; e cussì si ave il dominio libero.

Et zonse in questa terra la dita raina con la galia Cornera dil mexe di zugno 1489, come dirò di soto ; et l'altra galera si rompe e perse di gran robe, videlicet la Tragurina. E zónta a Lio, il doxe li andò contra con il Bucintoro, pien di done, et la messe di sora, et la condusse a la caxa dil marchexe di Ferara, dove erra stà preparato ; et in Bucintoro, per mezo la piaza di san Marco, nel venir il doxe, per deliberation fata, fece cavalier Zorzi Corner sopra ditto.

II.

Successo e praticha de Rizo de Marin, Napolitano, del sezo de Porta Nova, operade per far matrimonio tra la regina Catarina Corner de Cypro, fo moier di re Zacho, in don Alfonxo, fiol di re Ferando di Napoli, natural.

. E da saver, da puo la morte violenta operata per ditto Rizo de Marin e altri cortexani fo dil re Jacomo de Lusignano di Cypri in la persona di ser

---

[1] Suivant Navagiero, on arbora l'étendard de Venise avant le départ de la reine.

Andrea Corner, barba di la regina, qual fu lì in Cypro morto del 1473, a dì 3 novembrio[1], Rizo de Marin, come principal auctor di la ditta morte, per la signoria nostra li fo da taia vivo ducati x^m, morto ducati 5,000[2].

Costui, havendo per mal che quella ixola fusse devegnuda in man del dominio di Venitiani, et hessendo la raina, fo fia di ser Marco Corner el cavalier, vedoa da poi la morte del re Jacomo suo marito, rimasta in la cità di Nicosia con governo mandato di Veniexia di do consieri et uno proveditor, hor ditto Rizo di Marin, haveva zercato diverse parte in Ponente solo per sussitar scandoli a comuover diversi signori i quali havesseno a tuor l'ixola di Cypri di man di Venitiani.

Dil 1475, trovandosi orator nostro a Napoli ser Domenego Gradenigo el cavalier, qual havea notitia per lettere di ser Andrea Soranzo, fo di ser Benetto, scrite da Napoli a ser Mafio, e ser Ambruoso Contarini da san Felixe, l'uno era consier l'altro savio da terra ferma, et a ser Vetor Soranzo, cavo dil conseio, suo barba, come a Napoli, don Zuan de Canosa, ferier[3] di Rhodi, armava 4 nave grosse per Levante, onde suspetava volesse andar a occupar Cypro, unde per decreto del conseio di pregadi fo scritto al preditto nostro ambasador, che protestasse da parte de la signoria nostra a re Ferando, che, se queste sue nave pasavano Castel Ruzo[4], el zeneral nostro haver auto in mandatis, qual erra fuora con armata di 70 galie, quelle dover intrometer e farle perir[5]; al qual protesto intrepidamente fato, re Ferando molto sè turbò, tamen sè tolse zoso de l'impresa, vedendo esser scoperto. Et questo suo ogietto era guidato per conseglio e aricordo di questo Rizo de Marin.

Scorse da poi molti anni e mexi, con nuove machinatione. Tandem, nel 1488, dito Rizo capitò in Alexandria, dove zerchò montar al Chaero, e andar a la presentia dil signor soldan per lo mezo del armiragio, prometendo a quello de dir cossa redundarave in suo honor e utele. Et andato al Caero, comenzò a promover praticha de maridar la sopraditta regina Catharina vedoa in don Alfonso, fiol natural di re Ferando di Napoli. El qual, za 68[6] anni avanti, sè atrovava esser stato ambasador del padre al padre di

---

[1] C'est le 15 novembre. Voy. ci-dessus la dépêche de Barbaro, p. 353.

[2] La république de Venise mit à prix la tète de Rizzo de Marin; 10,000 ducats étaient promis à celui qui le livrerait vivant, 5,000 après sa mort. Rizzo, comme on l'a vu, s'était enfui de Chypre, avec les principaux conjurés, au mois de décembre 1473.

[3] Frère chevalier de Rhodes.

[4] Castel-Rosso, petite île entre Rhodes et Chypre, près de la côte de Caramanie.

[5] Voy. p. 365, les dépêches de 1474.

[6] Ce chiffre et la date de 1416 sont évidemment erronés.

ditto soldan, che fo dil 1416 con gran presenti d'arme e artellarie e una nave di 900 botte et stava lì [1]...

Unde messo in sesto ditto maridazo con voluntà del soldan, esso Rizo de Marin sè parti del Caero, occulte stravestito, et andò in Damiata con lettere et comandamenti dil soldan per haver quelo li bisognava; dove trovata una barzeta Francese [2] di 200 botte, quella nolizò a sua posta; su la qual montò et andò a la volta de Cypri, non sè lassando intender ad algun dove el fusse per andar. Et erra fama chel ditto Rizo de Marin incognitamente per avanti fusse andato in Cypro, et stato a parlamento con la regina Catherina, ponendoli partito de maridarla nel fiol dil re Ferando, e che lui mandasse su e zoso altri messi al Caero. Tamen non potè far sì occulto che'l sospetto non vegnise a luce, sicome volse lo eterno Dio.

Imperhò, in questo tempo, sè atrovava consolo de Venetiani in Damiata misser Piero de Piero, de nation Albanese [3]; lo qual cognoscendo Rizo de Marin, che li fu mostrato, et suspetando che el suo montar su questa nave, non havendo merchadantia, fusse solo per andar verso l'ixola di Cypro, per sue lettere dete aviso a ser Francesco di Prioli, capitanio zeneral di mare, essendo alhora con la sua armada a guarda del ixola predita di Cypro per dubito de l'armada de l'imperador Bayseto de Turchi, qual sè divulgava dovea ussir e andar ai danni del soldan verso la Jaza. Le qual lettere mandò el ditto consolo per una griparia de Nicolò Viciati, merchadante in Cypro, solita trafegar in Damiata; et con ditte lettere mandò altre lettere consegnate a lui per uno compagno del ditto Rizo de Marin chiamato Tristan de Zibeleto, el qual tradì el ditto Rizo [4], et ricomanda ditte sue

---

[1] Lacune au Ms.

[2] Voici en quels termes Malipiero commence le récit de cette dernière tentative de Rizzo : « Quest' anno, 1488, Rizzo de « Marin, che ho nominado de sora, è capi- « tado in Alessandria, et è andado al Cairo, « et ha trovà Alfonso d'Aragona sudito, fio « natural del re Ferando de Napoli, mandà « per avanti da so padre al soldan; e ha « tratà con esso de farghe haver la rezina « Catharina vedoa de Cipro, e ha concluso el « negotio con sapuda del soldan, e sè ha par- « tio incognito con un solo in compagnia, « con commandamento del soldan, che ghe « sia dà nella so giuriditton quanto che ghe « fa de besogno. L'è andà in Damiata, e ha « nolizà a so posta una barza franzese de « 200 bote a rason de mese; e no sè lassando « intender onde l'andava, sè ha fatto condur « in Cipro. » (Ann. Ven. t. II, p. 609.)

[3] « Allora sè trovava al Cairo Antonio Zus- « tignan quondam Ferigo, e in Damiata era « vice consolo de la nation Piero de Piero; e « tutti do cognossette Rizzo de Marin, e sus- « petete che'l trattasse qualche cosa contra « l'isola de Cipro. » (Ann. t. II, p. 609.)

[4] Il y a ici une erreur manifeste dans le Ms. de Sanudo. Tristan de Giblet ne trahit nullement son ami Rizzo de Marin. C'est nécessairement un autre nom que Sanudo aurait dû écrire. La suite du récit rectifie au reste ce passage.

lettere a uno chiamato misser Francesco, intaiador da Veniexia, zenero di Antonio Zaponer, capitanio, di la piaza de Veniexia.

Le qual lettere capitò prima in man dil zeneral, et per quelle intendando che Rizo dovea capitar in Cypro, con ditta naveta, over in quelle aque, fenzando esso zeneral voler far altro, con l'armata, si levò et si messe in su la Croxe a voltizar[1], tanto che ave vista de questa naveta non mostrando de saper che nave la fusse; ma Antonio de Stephani, suo armiragio, homo vigilante, volse andar a questa vella per saper che nave la erra, e dove la venisse; unde, sovra cavo Pixani[2], verso Ponente, la feze calar e feze vegnir el patron e il scrivan in galia dal zeneral. Il qual zeneral li comenzò a dir : « Patron, e so che tu ha pasazieri in nave, di me chi i sono, altramente te fazo « apichar per la gola. » Per paura de le qual minaze, el patron ge manifestò, e disse come Rizo de Marin erra montato in Damiata su la sua nave, e quello havea messo su l'ixola de Cypro, al luogo dito Fontana Amorosa[3], con questo ordene che su le volte dovesse aspetarlo quatro zorni, perchè lui ritorneria al ditto cavo dove lui erra desmontado ; et palesò al ditto zeneral tutti i segnali dati insieme che sè doveano far, aziò visto quelle la nave lo mandasse a levar.

Intexo questa tanta novità, el zeneral messe tutti li homeni de la nave suso le galie, et messe galioti sopra la naveta ; e al tempo debito, el patron feze far i segnali de la nave responsivi a li segnali fazea in terra Rizo, secondo l'ordine dato tra lhoro. Et recognoscendosi per tal segno, ditto patron mandò la barcha a terra a levar esso Rizo, il qual montò in la barcha di la nave a horre l'armada nostra erra reduta, et disse Rizo : « Dio sia ringratiato, che io « son conducto qui a salvamento[4]. » Et per quelli de la barcha non li fo risposto altro, salvo che li homeni de le galie ascosi sotto i banchi sè levono et diseno : « Sta fermo Rizo, tu se prexom dil capitanio zeneral. » E andono con la barcha verso la nave ; e montado suxo dito Rizo, fu messo in distreta , et conduto al zeneral. Et insieme con ditto Rizo preseno Tristan de Zibeleto, cavalier Cyprioto, lo qual, sentendose esser capitato in le forze del zeneral, sè

---

[1] Le capitaine général louvoya en avant de l'île de Chypre, sous *la Croix*, c'est-à-dire en vue du mont Sainte-Croix, dans la direction de l'Égypte.

[2] Le cap Saint-Épiphane est à l'extrémité occidentale de l'île.

[3] La Fontaine d'Amour est une source de l'Akamas, sur le cap Saint-Épiphane.

[4] « E intrado Rizzo in barca, domandete « se era occorso in nave qualche cosa, che « tutto il zorno avanti havea habudo un corvo « sempre d'avanti i ochi, e l'avea tolto per « mal augurio... Ma Tristan Zibeloto, per no « vegnir in man della signoria, sè venenò « con un diamante, e a Corfù morite. » (*Ann. Ven.* t. II, p. 610.)

atosegò lui medemo con..............la prima volta; unde persuaso se lasasse medichar e non volesse morir, fo liberato [1].

Da poi, ditto Rizo, hessendo in potentia dil zeneral, per turmenti examinato, disse e manifestò tutta la praticha lui menava come orator dil signor soldan, et monstrò patente dil soldan di questo, e palesò tutto el fatto lui andava pratichando di queste noze. Unde il zeneral, inteso il pericolo che induseva questa tal operation, se la fusse seguita, mandò subito ditto Rizo de Marin a Veniexia ai cai di X in ferri con la galia Sibinzana Dalmatina; etiam con lui mandò el sopraditto Tristan de Zibeto, Cyprioto, el qual, zonto a Corphu, manzò un diamante puntà che haveva in dedo, et per quello ditto Zebeto morite in brevi zorni.

A dì 17 octubrio 1488[2], zonse Rizo de Marin in questa terra, e posto in toreselle, per il colegio dil conseio di X fu examinà e tormentà. El qual ratifichò quanto havia ditto e confessà al zeneral, dicendo che come ambasador del signor soldan lui pratichava maridar la regina Catharina vedoa in don Alfonxo, fiol di re Ferando natural. Il qual da poi fo cavà di toreselle e posto da basso in la prexom forte.

Et per il conseio di X, per proveder a tal inconveniente, a dì... zener 1488[3] preseno mandar ser Zorzo Corner, fradello de la regina, in Cypro, benchè fusse nel cuor del inverno, imponendoli ch' el dovesse andar da la

---

[1] Sanudo, en revoyant son Ms., eût sûrement terminé et corrigé cette phrase. Tristan de Giblet, comme Sanudo lui-même le dit plus bas, se donna la mort, dans la traversée de Chypre à Venise, en avalant une bague de brillants qu'il avait au doigt. Nos chroniqueurs rapportent de même cet incident. (Georges Bustron, fol. 142; Florio, fol. 214 v°; Malipiero, t. II, p. 610.) Il y eut bien quelques gens de la barque mis en liberté, et dans le nombre se trouva le secrétaire de Rizzo, qui s'empressa de prévenir le sultan de la mauvaise issue de la tentative : « Tra « quei dela barcha che fo liberadi, dit Malipiero, ghe fo un secretario de Rizzo de « Marin, el qual scrisse da Rhodi al soldan « in lengua araba de questo tutto successo; « digando che un Piero de Piero, viceconsolo « della nation venetiana in Damiata, haveva « palesà la partida de Rizzo da quelle marine « al capetanio dell' armada venetiana; e per « questo aviso el soldan se sdegnò, e fece « retegnir el viceconsolo, e se no fosse stà'l « truciman, el finiva miseramente la so vita. « Dapuo sè messe de mezzo Lunardo Longo, « consolo in Alessandria, e trovò via de farlo « scampar; e vegnudo de quà, ghe è stà dà « una bottega in fontego de Rialto. » (Ann. Ven. t. II, p. 610.) Sanudo parle plus loin de ce secrétaire de Rizzo, qui se nommait Georgin. Voy. p. 444.

[2] Malipiero fixe la même date (Ann. Ven. t. II, p. 611), et l'on voit, en effet, par la délibération du conseil des Dix du 22 octobre, que Rizzo de Marin était alors tout récemment arrivé à Venise.

[3] D'après le calendrier vénitien de Sanudo, ce serait le mois de janvier 1489; mais les décisions furent prises dès le mois d'octobre 1488. On en a vu les actes précédemment. Georges Cornaro s'embarqua à Venise, le 7 novembre. Voy. p. 429.

regina preditta, et far ogni suo poter di persuader a quella volesse tornar in Italia, et in la sua patria, et lassar quella ixola de Cypro libera al governo di la signoria nostra; a la qual prometeva per nome di la signoria nostra darli di qua dominio et provision annuatim, sichè la poria viver da regina e saria in li soi; et far che ditta ixola levasse san Marco, azochè nè 'l soldan, nè il Turcho havesse caxom di far altro pensier cha di tuor ditta isola. Il qual ser Zorzi, senza dimora, con tal mandato et commission, montò in uno grippo e andò a Corphu, dove erra venuto il zeneral, con lettere ducal li desse una galia; et cussì montò su la galia soracomito ser Nicolò Corner quondam ser Antonio, e andò in Cypro. Dove zonto, parse molto di novo a la regina a vederlo, et operò tanto con lei, che quella fu contenta, licet mal volentiera abandonasse quel regno, di levarse et venir a Venexia, e lassar l'isola libera a la signoria nostra. Et il zeneral, venuto con l'armata in Cypro, a dì [1]..... dita regina si partì, et montò sopra la galia dil ditto suo parente ser Nicolò Corner et vene a Veniexia, e sopra altre galie messe parte del suo aver, qual in colfo di Sathalia una se rupe e perse tutto.

Insieme con lei, vene il prefato suo fratello ser Zorzi. Et partita, il zeneral Prioli desmontoe et fece levar san Marcho a Nicosia, Famagosta e li altri luoghi di ditta ixola. La qual rezina zonta in questa terra, smontò a san Nicolò de Lido; et il doxe l'andò a levar col Bucintoro, pien di donne. E quando fono per mezo san Marco, il doxe fè cavalier ditto suo fradello, in signum gratificationis e di bene operate. E a la dita poi fo dato il castello di Axolo, in Trivixana, con jurisdition civil e criminal et provision annuatim ducati 8000[2], al oficio dil sal, qual tutto ave fino la vixe.

Rizo de Marin sopranominato, da poi conduto in questa terra, stete più di tre anni[3] in toresella et in la prexom forte, con questo reguardo di non farlo morir, che essendo l'ixola di Cypri tributaria al signor soldan, e lui come orator dil soldan pratichando tal matrimonio, azio qualche scandolo

---

[1] Le 14 mars 1489, suivant Florio Bustron. (Ms. de Londres, fol. 216 v°.)

[2] Chiffre plus exact que celui de 10,000 ducats, donné par Malipiero, et par Sanudo lui-même, précédemment.

[3] Rizzo de Marin arriva à Venise au mois d'octobre 1488. S'il resta, comme le dit ici Sanudo, plus de trois ans dans les prisons de la seigneurie, son supplice dut être bien différé et eut lieu longtemps après sa condamnation, du 13 mai 1489. (Voy. ci-dess. p. 433.)

On a vu quelques-unes des raisons qui rendent cette version très-vraisemblable. Au reste, le conseil des Dix s'entoura d'un tel mystère et de tant de précautions dans cette affaire que, en dehors de ses membres, personne, à Venise même, ne dut connaître le moment précis où le conseil crut devoir faire exécuter la sentence de mort qu'il avait prononcée et qu'il retardait encore. Georges et Florio Bustron disent ne pas savoir ce que devint Rizzo après son arrestation.

non seguisse, se scorea che non sè procedeva contra di lui. Tamen lui straparlava molto di questa signoria. E referite tal parole a ser Nicolò Foscari, cao del conseio di X, li parse venir al conseio, et con li soi compagni messe parte di expedirlo; et preso, fu condanato ch' el fusse morto secrete lì in prexom. Et andato a dirli tal condanasom, et ch' el sè volesse confessar per salvarsi l'anima, lui domandò di gratia fusse morto in publico, ma non li fu concesso. El qual havea nel zipon una pietra ditta *lacrima di serpente*, in arabesco chiamata *azarbesar*, la qual, fregata su piera, buta late, et è liquor contra ogni veneno. Et una sera, Zuan Piero da le Marete, capitano di le barche dil conseio di X, andò in prexom, di ordine di cai, a tuor questo Rizo, scalzo, in camixa, con una vesta atorno, coverto el capo, lo menò in sala di le arme dil conseio di X; e montando sopra una bancha con le man ligade, li messe una corda forzada al colo et apicò lo a uno legno, e tirata la bancha di sotto i piè, finì sua vita. La note seguente, posto il corpo in uno sacho, e fato far una fossa a san Christofolo de Muran, lo sepelirono. E li frati volevano intender chi era quel corpo, li fo ditto andarsene via da parte di cavi et non cerchasseno altro.

Da poi notifichado al soldan che Rizo de Marin era stà preso, et la regina di Cypri andata a Veniexia, e Cypro aver levà san Marco, erra al Cairo Bernardo Valaresso, merchadante popular, mandato da ser Lunardo Longo, consolo nostro di Alessandria, per aconzar la differentia di le specie tolte a navi Arabi Mori per ser Andrea Loredan, patron di galia al trafego, dove si atrovava etiam lì al Chayro el comandador di Cypri, domino Marco Malipiero, venuto con el tributo per nome di ditta regina e dil capitanio zeneral nostro[1].

[1] Marc Malipiero, grand commandeur de l'ordre de Rhodes en Chypre, avait été envoyé au Caire comme ambassadeur, au mois d'avril 1489, par la reine et le capitaine général François Priuli. Il trouva le sultan fort irrité de ce qui s'était passé au sujet de Rizzo de Marin, et en fut mal accueilli. Il avisa le gouvernement de Venise des fâcheuses dispositions du divan, et la république décida aussitôt d'envoyer en Égypte une ambassade solennelle, dont Pierre Diédo fut le chef. (Navagiero, *Stor. Venez.* ap. Murat. *Script. Ital.* t. XXIII, col. 1199.) On verra plus loin les instructions remises à Pierre Diédo, le 10 septembre 1489. Pierre Alamani, ambassadeur de Florence à Milan, écrivait à son gouvernement, le 17 août 1489, ce qu'il apprenait de l'insuccès du premier ambassadeur, qu'il nomme Nicolas Malipiero : « Lo « oratore di questi illustrissimi signori da Vi- « netia advisa che il soldano a ritenuti più « gentilhomini et merchatanti Venitiani, et « intra gli altri messer Niccolò Malipiero, loro « ambasciatore, et tolto in suo potere tutte le « robbe d'essi. La cagione è che dice volere « che la regina di Cipri sia reintegrata di « quel regnio et rimandata là. Et il medesimo « adviso ci è per la via del duca di Ferrara. » (Dépêche de Milan, du 17 août 1489, Arch. des *Riformagioni*, à Florence, classe X, distinct. IV; Lettres adressées aux Huit de pratique, t. XXIII, fol. 125 v°.)

Hor capitò lì al Chayro uno ditto Marchio, de natiom Cathelam, vegniva di Cypro[1]; el qual, trovado Tangrivardi, turziman grando dil soldam, a quello disse : « Come puol esser ch' el signor soldam patirà che la sua regina sia « stà mandata di Cypro a Veniexia per forza, con pianti et lachrime, e lassar « levar san Marco su quella ixola, e quella tuor con tanto encargo dil « soldam, e che quel messer Rizo de Marin, suo ambassador, sia stà cussì « maltratado da Venitiani, sapiando ditti Venitiani quello esser ambasador « dil soldam; in verità me ne meraveglio assai, et anche voi doveresti far « ogni poder che questi Venetiani fusseno scaziati di ditto regno. » Alhora Tangrivardi sè mostrò grande nemico de Venitiani, e questo feze per so trazer più cosse dal ditto Marchio, el qual da poi disse molte parole in questo proposito. Et ditto Tangrivardi andò dal turziman del commandador di Cypro, e li manifestò tutte queste parole; et poi ditto Tangrivardi disse al preditto Marchio che di questo non dicesse altro al signor soldam, cum sit che za per altri esso soldam di tal novità erra stà ben informato. Et cussì lo trasse di fantasia di intrar a la presentia del ditto signor soldam.

Hor da poi, el ditto messer Marco Malipiero, comendador di Cypri, con Bernardo Valaresso, insieme con Tangrivardi, turziman, messeno ordene di far mal capitar questo Marchio, e levarli vania, azio si havesse a levar dal Cypro, opponendoli che l'hera stà cognosuto per corsaro, e che s'il non partiva dal Cayro, il soldam lo faria apichar per la gola. Per le qual parole el sè messe in tanto timor, che ditto Marchio, sapiando che Bernardo Valaresso tornava in Alessandria, andò a conseiarse con lui in che modo poteva scorer il pericolo di questa vania levatoli. El Valaresso lo conseiò che al più presto potesse si levasse dal Cayro, et si offerse di menarlo a sue spexe in Alexandria; et cussì contentò et vene. Et zonto in Alessandria, fazandose da prete, si volse acordar per capelan di Catelani; e questo fazeva perchè non haveva danari da viver. Ma Bernardo preditto disturbò tal suo disegno con el consolo di Cathelani, chiamato Zuan Viaserosa, digando mal assai de lui Marchio, et affirmando lui non esser prete, in modo ch'el romase senza inviamento. El qual Bernardo ave ordene dal comandador di Cypri di far imbarchar esso Marchio su una nave Venitiana, et farlo condur in le forze dil zeneral; e di questo esso comandador scrisse lettere di credenza a ser Lunardo Longo, consolo, ch' el prestasse fede a quanto ditto Valaresso li diria; et cussì inteso, esso consolo, lo fese levar su ditta nave nostra.

[1] Dominique Malipiero a parlé aussi des circonstances relatives à ce Marchio, nom de Melchior altéré à la vénitienne. (*Annali Veneti*, t. II, p. 610.)

E da saper che Piero di Piero, consolo nostro in Damiata, scorse gran pericolo de la vita, perhochè'l soldam ave lettere da uno chiamato Zorzin, era scrivan di Rizo di Marin[1]. El qual Zorzin, quando fu preso Rizo e Tristan di Zilibeto per il zeneral, fu lassato in libertà; qual zonto a Rhodi, scrisse in arabesco al soldam come Rizo de Marin erra stà retegnudo e preso dal nostro zeneral, e questo per lettere d'aviso scritte per il consolo nostro di Damiata sopraditto; et per questa causa il soldam mandò a far retegnir in prexom el ditto Piero di Piero, consolo in Damiata. Et per amicitia lui haveva con Tangrivardi, menato al Cayro, lo tene in caxa sua, e stava in gran miseria; il qual feze supplichar al consolo di Alexandria li dovesse proveder dil viver, overo ch' el scrivesse a la signoria che li provedesse e li desse provision, atento li soi meriti et provedesse chel usisse di prexom e fusse in libertà. Il qual, da poi che la signoria conzò le cosse di Cypri con il soldan, fu liberato.

III.

Questo Rizo de Marin, nominato di sopra, stato molti mexi in prexom, che non erra expedito, dubitando non far indignatiom al soldam, dil qual si feva orator, pùr intrò cao di X ser Nicolò Foscari, qual con li compagni terminò expedirlo, et, nel conseio di X con la zonta, messe ch'el fusse morto non secrete. Et fu preso, et ditoli tal nova cativa per lui ch' el conveniva esser morto in publicho; il qual desiderava morir secretamente più presto, ma non li fu concesso. Et havendo lui nel zipon cusito una piera lacrima di serpente, chiamata in rabesco *azarbesar*, la qual fregada su piera gitava late, et a un modo tolta varisse l'avenenati, ad altro modo avenena chi la tuo, e cussì la tolse et morite in presom[2]. Ma fo ditto Zuan Piero de le Marete, capitanio di le barche dil conseio di X, lo trase di prexom e conduto in la sala di le arme dil conseio di X, lo apichò et morite. Il corpo fo portato in uno sacho a sepelir a san Christoforo di la pace. Et chi dice fo butato in aqua con una piera ligata al sacho; altri dice si tosegò in prexom con uno diamante. Unum est, morite.

A dì 5 zugno 1489[3], zonse a san Nicolò de Lio la galia soracomito ser

---

[1] Voy. ci-dessus, p. 440, n.

[2] Ceci est entièrement inexact et contraire à la première rédaction de Sanudo. On se demande quelle peut être la cause de ces contradictions. Le premier récit, circonstancié et véridique, devait-il rester secret, et celui que nous trouvons en dernier était-il seul destiné à la publicité?

[3] Ms. fol. 314. Navagiero dit que le capitaine général suivit la reine (Murat. t. XXIII, col. 1198); mais Priuli ne quitta pas Chypre, où sa présence était indispensable.

Nicolò Corner con la raina di Cypri suso, et ser Zorzi Corner suo fradelo. Havia la tenda d'oro e veludo cremexin strichada. Etiam vene insieme la galia Curzolana, con la sua compagnia. Et hessendo stà deliberato andarli contra et honorarla et farli le spexe per tre zorni, il zorno di le Pentecoste, il doxe, poi disnar, andò col Bucintoro, pien di done, a levarla et condurla a la caxa dil marchexe[1]; ma il zorno che la zonse, fo mandato assa patricij di primi dil senato in galia a visitarla. Et poi, a dì 6, vene col Bucintoro, qual hessendo montata suso vene certa fortuna; adeo le done erano in Bucintoro aveno gran paura, perchè erra marexin[2], et alcune sè inturboe. Hor fo dato li ferri in aqua, e lassà passar el temporal; poi si vene di longo con gran festa di la terra. Sentava essa raina di sora dil doxe; erra vestita di veludo negro, con vello in testa, con zoie a la zipriota[3]; è bella donna. Hor come fonno davanti la caxa di ser Zorzi Corner, el doxe lo chiamò, e lo fece cavalier. Smontò essa raina a la caxa dil marchexe, poi andò, di la 3 zorni, a la caza dil fratello, da la madre, e veder sorelle, e le soe parente. Et fu preso darli provision in vita sua ducati 8000 al anno, al officio dil sal, et il castello con le ville e territorio di Axolo, con mero et misto imperio et gladio potestatis; la qual messe prima ad Axolo ser Nicolò di Prioli, quondam ser Jacomo, suo zerman, et fe auditor di le sentenzie uno dotor Trivixam.

Extraits de la vie de Catherine Cornaro, par Antoine Colbertaldi d'Asolo[4].

Venise. Bibl. de Saint-Marc. Mss. ital. Class. VII. Cod. VIII. — Autre exemplaire dans la bibl. de M. E. Cicogna. — Londres, British museum, additional Ms. n° 8631.

Nacque Catharina Cornara da Firenze, figliola di Nicolò Crespi, duca di Arcipelago, e da Marco Corner, nobile Veneto, l'anno 1454. Si maritò d'anni 18[5] con Giacomo Lusignano, re di Cipro, visse due anni col marito,

---

[1] A l'hôtel ou palais du marquis de Ferrare, sur le grand canal. Voy. précéd. p. 432, n.

[2] Mer agitée.

[3] Il est très-probable que la toile de la *belle Turque*, qui est un portrait incontestable de Catherine Cornaro, comme je l'ai rappelé précédemment, p. 182, n. 5, représente la reine dans ce riche costume chypriote.

[4] Colbertaldi ou Colbertaldo doit être consulté avec beaucoup de réserve sur les événements de Chypre; il est vague, souvent dans l'erreur, et a peu d'informations personnelles. Il suit, en général, Cippico et Navagiero. Il serait plus utile pour une vie particulière de Catherine Cornaro après l'arrivée de la reine à Asolo, où il l'avait vue. Lehret a donné quelques extraits de cette histoire dans son Magasin historique : Kurze Lebens-beschreibung der Königin Catharina von Cyprien. (*Magazin zum Gebrauche der Staaten- und Kirchengeschichte;* Ulm, 1781.)

[5] Catherine Cornaro, bien que fiancée

governò quell' isola 14 doppo la sua morte, ritornando a Venezia stette quivi per 4[1] anni; quando l'anno 1489 venne alla nobilissima terra d'Asolo nel Trivigiano, appresso le Alpi, donatagli dalla sua republica, godendola 21 anni, nel qual tempo fuggendo per li motti di guerra di Massimiliano imperatore contro a patri, morse in Venezia l'anno 1510, li 10 di luglio, di male di stomaco, il cinquantesimo quarto[2] di sua età, e fu sepolta in santi Apostoli, lodata con orazione funebre d'Andrea Navagiero[3], uomo per vita illustre.

L'anno 1454 nacque la seconda figliola (di Marco Corner), laquale perciochè nel giorno di santa Catharina apparve, tal nome ebbe da' genitori suoi. Questa, sotto custodia di nobilissime nutrici, fu allevata e nutrita, e siccome li anni a lei crescevano, ancor le andava crescendo la bellezza e la virtù. Talchè sommo diletto ne aveano i parenti della figliola, è pervenuta così all' età di dieci anni, fu posta in un monastero della città.

1468.

E intendendo che Carlotta[4] andava a' piedi di diversi principi per essere rimessa nel regno, e tra egli[5] considerando la grandezza della republica Veneziana, ne haver più bella strada di conservarsi facilmente nel regno quanto esser diffeso et protetto dall' armi loro, li piacque molto che questa sua opinione fosse ancor lodata da Antonio Zucco Udenese, vescovo di Nicosia[6], onde con l'occasione della conoscienza che avea con Marco Corner, senator illustre, quale molti anni avanti era suo domestico et amico, che spesso in quelle parti veniva per haver alcune rendite nell' Arcipelago, havute per razzion di dotte da Firenze sua moglie, e avendosi molte altre volte prevalso di Andrea Corner, suo fratello, come auditor di Cipro, li fece questo suo pensiero partecipe che, per maggior saldezza della perpetua lega, prese per moglie una giovinetta della nobiltà Veneziana[7].

avec le roi Jacques dès l'an 1468, ne vint cependant en Chypre, où son mariage fut célébré, qu'en 1472.

[1] Ce chiffre ne peut être exact.

[2] La reine avait cinquante-six ans, puisqu'elle était née en 1454.

[3] L'auteur de l'histoire de Venise publiée par Muratori, Script. Ital. t. XXIII.

[4] La reine Charlotte de Lusignan.

[5] Egli, il s'agit du roi Jacques le Bâtard.

[6] Ainsi aux différents Mss. Pour Nixia, l'île de Naxos.

[7] Colbertaldi ajoute que l'on envoya, à cette occasion, au roi de Chypre un portrait de Catherine Cornaro, peint par Darius de Trévise.

1489.

Lieti erano gli Asolani quando fu intesa la novella che havea pigliato la regina questo luogo per sua abitazione. Adunato il suo picciol consiglio, deliberorono mandarli due cittadini a rallegrarvi, e così furono eletti Taddeo Bovolino, dottor in legge, e Gerolemo Colbertaldo, notaro. E intrando in viaggio, incontrarono la regina a mezzo camin di Treviso, et ivi inginochiatissi gli fecero reverenza.

E poi, a poco a poco approssimandosi, si vedeano li fanciulli con l'olivo in mano venirli incontro in segno di letitia, altri adornando i balconi de spaliere e tapeti. Ma l'umil turba de' abitanti, non potendo ascender sopra le loro finestre e portici, cose tali havendo adornati di verdegiante fronti, li venero incontro. E così fece Girolamo Contarini, podestà del loco. E oltre la gran quantità di forestieri, vi erano alcuni Asolani del seguito, tra quali Bartolomeo e Adamo Colbertaldo, dottori.

E così si fece l'entrada, li 11 octobre dell' anno 1489, circa le ore 22, in giorno di Domenica. Era la regina guidata sotto un ombrella di panno d'oro, laqual era portata dalle persone più nobili del luoco, conducendola alla chiesa maggiore, dove fu accolta da Angelo della Motta, proposto di Asolo, con suoi sacerdoti; e si cantò il Te Deum. E fu detto che le persone che la accompagnarono fosser alla somma di 4000. Essa condusse seco per suo rettore Nicola Priuli, per capellano Davide Lamberti, Cipriotto, per secretario Francesco Amedeo, detto per sopranome il Kurzio, eccelente poeta e non mediocre filosofo, Giovanni Sigismondo, Alemani[1], per suo medico. Antonio de Parte teneva la magioranza supra tutta la famiglia; havea due cancelieri, Girolemo Bonetto, Padovano, e Aluise de Martini, Bassanese.

1490.

Nel settenbre poi deliberò la regina di dar marito ad una delle sue damigelle, laquale sino da bambina havea allevata, e assai teneramente amava. E la diede a Floriano de Floriano da Montagnana, alle cui nozze concorsero diversi gentilomeni d'Italia, tra quali si ritrovarono quei tre Giovane Lavinello, Perosino e Gismondo, dal Bembo negli Asolani introdotti, ancorchè sieno sotto finti nomi.

Parea non convenevole alla reina che fuori di Asolo non havesse palazzo,

---

[1] Il ne s'appelait pas Allemani, mais il était né en Allemagne.

nel qual potesse l'estate con suo bell' aggio abitare, e così fatto fermo pensiero, in mezzo ad una bellissima campagna, il primo de Marzo 1490, cominciò a fabricare, cingendo quasi un miglio di muro, pocco discosto dal castello. Fornito poi si stava in diversi pensieri qual nome darli, fu finalmente da Pietro Bembo, suo domestico e famigliare, anzi con qualche parentado congionto, esortata a chiamarlo Barco, nome greco che in nostra lingua si suona *paradiso* [1].

1510.

Venuto la primavera, in aprile, la regina ritornò a Asolo, invitata da tanti priegi de suo cittadini. Ma essendo avisata la corte che i soldati Francesi erano andati verso Castelnovo, anzi di più che un capitano Tedesco con buona parte delle sue genti erano ridotti al Barco, quella nobil brigata a Venezia tornò.

Pocco doppo fu la regina assalita da febricella con male di stomaco, per la quale a poco a poco peggiorando, ogn 'uno temea della sua vita.

Placidamente esalò l'anima l'anno del Signore 1510, li 10 di luglio, in età di anni 50 e messi tre [2]. Fu poi subito fatto un ponte di barche a passar il canal grande per scemar la strada nel condurla a' SS. Apostoli, dove fu sepolta [3].

E per narrar a pieno il stato e qualità di Madama, fu di statura e corpo mediocre, più tosto corpulente che magra, con ochi vivissimi; nel parlar era molto eloquenta e di lieta conversazione; fedele nel osservare le sue promesse, stabile nei proponimenti. Nella diversità delle opinione, diceva il suo parere senza punto di ostinazione. Ne cercava con nuove arti di acrescere la bellezza che Iddio gli diede, e volse che tutte sue damigelle facessero il simile. Quale dodici erano, e dodici servienti di nobilissima condizione, cuochi e nano, quale e sempre adietro le vesti della regina teneva, et altri, che in tutti erano da 80. Fu devotissima, e molto si curava di leggere la vita

---

[1] Bembo, depuis cardinal, composa les inscriptions que l'on grava sur les fontaines et les diverses constructions du Barco. Ce beau domaine, situé dans la plaine, au sud du bois de Montello, et assez loin de la ville d'Asolo, n'existe plus aujourd'hui. Il reste encore quelques parties du château de la reine dans le haut de la ville.

[2] La date de 1454 comme époque de la naissance de Catherine Cornaro paraissant certaine, la reine avait cinquante-six ans quand elle mourut.

[3] Quelques années après, de grandes réparations étant faites à l'église des Saints-Apôtres, on transporta le corps de la reine de Chypre à l'église de Saint-Sauveur, où Bernardino sculpta le beau monument qui existe encore aujourd'hui. Trois cardinaux, neveux de la reine, sont également inhumés dans cette église.

I.re PARTIE. — DOCUMENTS.

di Santa Catharina, et miracoli di S. Girolamo, il legendario delle virgini, le vite de' SS. Padri. Si scrivea : *Regina di Cipro, Gerusalem e Armenia, e d'Asolo signora.*

Extrait du journal de Marin Sanudo le jeune, sur la mort de Catherine Cornaro[1].

Venise. Bibl. de Saint-Marc. Ms. ital. Class. VII. Cod. cdxxviii, fol. 615', 624 et 635.

1510, 10 juillet.

A dì 10 luio, in colegio, la matina, non fu el principe.

Et venero ser Baptista Moresini e ser Aluise Malipiero, cugnadi di ser Zorzi Corner, el kavalier e procurator, e ser Nicolò Dolfin, avogador, tutti con mantelli, a notificar in questa note, a horre 4, esser manchata la serenissima Catarina, reyna di Cypri, sorela del prefato ser Zorzi, di anni 54[2]; stata amalata zorni 3, morta da doja di stomacho per esser crepata. Dissero non si trovava testamento, si credeva ben che ser Aluise Zamberti l'avesse fatto[3]. E di tal coxo erano venuti a dirlo a la signoria nostra, e dil obito si vederia far justa il testamento. Ser Andrea Corner, primo consier, erra amalato, et ser Aluise de Prioli, consier, fo vice-doze, e fece le parole dolendosi. Or partiti, parseno, per honor di la terra e per il merito di la regina e soa famiglia, promover di far sonar dopio a Deo; il colegio laudò tal cossa, e mi mandò dal principe a dimandar, qual etiam laudò tal mio aricordo. Et cussì, di l'ordine dil colegio, fo fato sonar a San Marco dopio 6 volte, et fo optimamente fatto. Questa raina a di dota ducati 100^m; quali tutti sarà dil fradello, etiam le sorelle ne parteciperano.

Da poi disnar fo pregadi, non vene il principe. Et ser Batista Moresini et ser Aluise Malipiero, cugnadi di ser Zorzi Corner, procurator, fradello della quondam rayna de Cypri, venere a invidar la signoria per l'obito di la raina, per venere da mattina a dì 16; videlicet questa note il corpo sarà supulto a

---

[1] Ce journal, le plus considérable et le moins connu peut-être des ouvrages de l'auteur de la Vie des doges de Venise, forme 58 volumes in-fol. manuscrits. (Bibliothèque Saint-Marc, classe VII, n.os 418 à 477.) On lui a donné le titre suivant : *Marini Sanuti, Leonardi filii, de successu rerum Italiæ, libri LVI;* mais on le désigne aussi sous le nom plus exact de *Diarii di Marino Sanudo.* Il comprend, jour par jour, l'histoire entière de la ville et de la république de Venise, depuis l'année 1496 jusqu'à la mort de Sanudo, en 1535, pendant la ligue de Cambrai et les guerres de François I.er. L'exemplaire de Venise n'est qu'une copie de l'autographe de l'auteur, transporté à Vienne.

[2] Elle avait plutôt cinquante-six ans.

[3] On le retrouva depuis. La reine, par ce testament, donnait tous ses biens à son frère Georges Cornaro; elle prenait encore, dans cet acte, le titre de reine de Chypre, de Jérusalem et d'Arménie.

santo Apostolo, dove è la soa capella de li soi in deposito, et sarà messo una cassa in chiesia de San Cassan, et la signoria anderà con li piati lì, et si farà un ponte a Rialto vadi a Santa Sofia, e poi acompagnerà la cassa fino alla ditta chiesia di Santo Apostolo. Et cussì fo ordinato andarvi, et admoniti tutti di pregadi, e invitati venir a queste esequie, fo mandato dir al reverendissimo patriarcha e altri episcopi venissero [1].

11 juillet.

E da saper in questa note, a horre zercha 4, fo un tempo terribilissimo di vento, pioza. E pocho avanti, la reyna di Cypri, vestita di l'abito di san Francesco in una cassa, con do preti, la croze e do dopieri, fo portata a sepelir in uno deposito a Santo Apostolo [2], et poi doman si farà la exequie come è stà ordinato.

12 juillet.

In questa matina, fu fato le exequie di la serenissima regina di Cypri, el qual fo fato in questo modo. Si redusseno li zentilhomeni in sala dil gran conseio, non perhò molti, il colegio non andò, ma ben la signoria. Fo vice-doze ser Aluise da Prioli, consier, perchè ser Andrea Corner, il più vecchio consier, è amalato, et era vestito di scarlato. Erano questi: il reverendissimo patriarca nostro, et l'arzivescovo Zane di Spalato, el vescovo di Feltre, Pizamano, l'abate Mocenigo, e l'abate Diedo et altri, et poi li corozosi. Era apresso il vice-doxe ser Zorzi Corner, el cavalier, procurator, fratello della reina; poi soi fioli et altri parenti con li zentilomeni andono. Fo tolto il corpo, qual era in chiesia di San Cassan in una cassa, coverta di restagno d'oro, con una corona di quelle dille zoie di San Marcho di sopra, in segno è raina, e portata a Santo Apostolo, dove è le arche da cha Corner, e sepolto missier Marco Corner suo padre, e madona Fiorenza Crespo fo sua madre, in una capella sua.

E fu fato uno ponte su barchiele in canal grando, dala becharia [3] che passava a Santa Sofia, et con tutta la chieresia di Veniezia, frati e scuole, e il patriarca et cetera, con gran luminarie. Erano torzi portati a man, nu-

[1] Au Ms. *venisseri*.
[2] Au Ms. il y a *deposito* par erreur.
[3] La boucherie. Un fragment historique sur Chypre, publié par Reinhard (*Hist. de Chypre*, t. II, pr. p. 32), porte *in Pescheria*, la Poissonnerie. Ces deux dénominations désignent le même quartier de la ville de Venise, au nord de Rialto, sur le grand canal et sur la paroisse Saint-Cassien, qu'habitait Catherine Cornaro, vis-à-vis de Sainte-Sophie, où il fallait passer pour se rendre à l'église des Saints-Apôtres.

mero ¹.... Et posto il corpo over cassa in chiesia di Santo Apostolo, dove fu fato uno soler grando in mezo di la chiesia. Et reduta la signoria con ser Zorzi, procurator, suo fradello, fe l'oration ser Andrea Navajer, di ser Bernardo. Et compito le exequie, e tutti andati via, la ditta cassa fo posta in alto in chiesia, coperta di restagno d'oro, fin horra là si trova.

Questa raina avia anni ².... e per lei si ave Cypro. Fo moglie dil re Zaco, con il qual ebbe un figlio qual visse pochi dì, poi il padre è morto. Di dita isola la signoria nostra si fe signor, auctore suo padre, ser Marco Corner, el cavalier. Il qual etiam et in pompa e accompagnato dal principe, dil ³..., fu sepulto in questa chiesia; e fece l'oratione funebre ser Piero Contarini, quondam ser Adorno, qual è a stampa. Hor poi, dil [1489], dita rayna, di hordine di la signoria nostra fo conduta in questa terra con la galia soracomito ser Nicolò Corner, e dito ser Zorzi so fradello, per il conseio di Dieci, fo mandato a levarla. E venuta via dil tuto, la signoria nostra si fe signora di Cypro, e fo conze le cosse col soldam, dandoli il tributo ogni anno. Et a dita rayna li fo dato el dominio dil castello di Axolo, in Trivisano, et di Cypro ducati ⁴.... a anno; et cussì sempre a scosso che ducati 8000 d'intrada.

[1] Lacune au Ms.
[2] Lacune au Ms.
[3] Lacune au Ms.
[4] Lacune au Ms.

XIX.

DOMINATION VÉNITIENNE [1].

1489. — 1570.

1489, 20 juin. A Venise.

Donation de la terre d'Asolo à la reine Catherine Cornaro, par lettres patentes du doge Augustin Barbarigo, au nom de la république de Venise.

Venise. Arch. génér. *Commemoriali*, XVI, fol. 135. — Asolo. Arch. de la commune. *Libro rosso delle parte*, fol. 62, d'après les Commémoriaux.

Augustinus Barbadico, Dei gratia dux Venetiarum, etc. Cum serenissima et excelcissima domina Catherina Veneta de Lusignano, eadem gratia Hyerusalem, Cypri et Armenie regina illustrissima, carissima filia nostra, ad hanc Venetiarum civitatem in personam se contulerit, dignum arbitrati sumus non modo ejus reginalem majestatem, pro paterno amore et singulari benevolentia qua illam merito prosequimur, honorifice excipere, hilarique vultu amplecti, verum etiam ipsam regiam celsitudinem donare terra nostra Asili, in Tarvisino sita; ut, dum in his regionibus apud nos moram trahet, ejus dominio et amena loci salubritate gaudeat et fruatur. Unde, servatis omnibus solemnitatibus que ad hujusmodi requiruntur negotium, motu proprio, ex certa nostra scientia, animoque deliberato, pro nobis et successoribus nostris nostroque Venetiarum dominio, eidem regie majestati dedimus, tradidimus, concesimus, transtulimus et donavimus, ac presenti

---

[1] La domination des Vénitiens en Chypre dépend encore intimement de l'histoire latine de l'île; toutefois, cette période ne présente plus le caractère d'originalité et l'intérêt suivi de l'époque antérieure. Les formes du gouvernement établies dans ce pays par les croisés furent détruites; la langue française cessa d'être la langue de l'administration; ce qui resta de l'ancienne société française dans les mœurs, les usages et les idées des habitants s'effaça peu à peu, et l'île de Chypre, rangée dès lors sous la loi commune des colonies vénitiennes, tout en conservant en apparence l'ancienne législation des assises, perdit toute indépendance. Aussi ne me suis-je point proposé de recueillir les monuments de ce temps. J'ai réuni seulement ici quelques pièces rattachées directement à des faits, à des événements ou à des institutions du règne des Lusignans, aux protestations des héritiers de nos princes contre l'usurpation de Venise, et à quelques projets qui s'agitèrent en diverses circonstances pour remettre la maison de Savoie en possession de son royaume. J'y joins deux extraits de mémoires statistiques sur la situation et les revenus de l'île qui ont été composés à la fin du xve siècle, ou au commencement du xvie.

privilegio damus, tradimus, concedimus, transferimus et donamus, per illud vite celsitudinis sue tempus quo in his partibus apud nos nostrumque dominium morabitur, predictam terram et locum Asili, cum arce sua[1], habentiis, jurisdictionibus ac pertinentiis, ejusque dominium, cum omnibus possessionibus, juribus, actionibus et pertinentiis suis, introitibus, redditibus, proventibus, emolumentis, usibus, utilitatibus, aquis, vallibus, palludibus, nemoribus, silvis, pascuis, montibus, collibus, mero et mixto imperio et gladii quacunque et omnimoda alia potestate, ad locum ipsum et ad nos pertinentibus quomodolibet ratione ipsius loci; hoc declarato, quod, pro nullo pacto, majestas predicta possit in dicta terra et territorio, ac hominibus et subditis illius, augere aliquod onus, neque angariam cujusvis generis; item quod in hac concessione et donatione non intelligantur, neque comprehendantur aliqua bona, vel loca, que non sint de veris pertinentiis ipsius. Dantes et concedentes dicte majestati, filie nostre charissime, ut habeat, teneat et possideat, ut premissum est, omnia et singula suprascripta, cum habentiis, jurisdictionibus, pertinentiis suis, etc; hoc specialiter expresso, quod in eo loco et ditione non possint se reducere vel stare aut habitare ex iis qui stare et habitare non possent, si locus et ditio ipsa in manibus nostris esset; quodque sit in libertate nostra nostrorumque successorum et dominii Veneti subditos ejusdem loci adoperari et exercere realiter et personaliter prout faciemus subditos nostros; insuper quod homines ipsius loci, in facto salis, sint et esse debeant ad conditionem aliorum locorum Tarvisini districtus, videlicet quod accipere teneantur salem a campis nostris salis, et ubi scilicet per nos statuetur, et non aliunde, nec de alio sale[2]; qui sal dabitur eis eo pretio quo venditur aliis subditis nostris Tarvisinis; et hoc etiam declarato, quod in arbitrio et facultate officii nostri rationum veterum sit dandi caseum subditis ejusdem loci, juxta consuetudinem ipsius officii hactenus servatam. Hoc demum quoque declarato, quod in provisione ducatorum octo milia in anno, quam prefata majestas habet a dominio nostro, tantum includi et computari debeat quantum sint redditus quos ex ipsa terra Asili et pertinentiis suis annuatim percipiebat dominium nostrum; ita quod, omnibus computatis, majestas sua habeat ipsos

---

[1] Le fort qui est situé sur la montagne, en dehors et à l'est d'Asolo, dans la direction des bois de Montello. Le palais qu'habita la reine est situé dans la ville même. Il n'en reste aujourd'hui qu'une tour élevée, d'où la vue s'étend au midi sur la plaine de Trévise, au nord sur les Alpes et sur Possagno, où se trouve le temple de Canova. Le Barco, résidence d'été, que fit construire Catherine Cornaro, était dans la plaine.

[2] Voyez, sur l'importance des sels, le tome Ier de nos documents, p. 100, n.

ducatos octo milia, et non ultra, de ratione dicte annualis provisionis[1]. Quare, universis et singulis, cujuscumque gradus status et conditionis existant, ad quos presens privilegium advenerit, precipimus et mandamus ut in his, que ad se pertinent, vel quoquo modo poterit in futurum pertinere, ratione ejusdem nostre donationis, eidem reginali majestati deferant et pareant, suisque delegatis, procuratoribus et nunciis, non secus ac nobis nostroque dominio, juxta conditionem privilegii nostri, quod quidem in predictorum omnium testimonium confici jussimus et bulla nostra aurea roborari.

Datum in nostro ducali palatio, anno Incarnationis Domini 1489, die xx mensis Junii, indictione vii. Jo. P. Stella.

1489, 27 août. A Venise.

Commission et instructions du doge Augustin Barbarigo, au nom de la république de Venise, pour Balthazar Trévisani, nommé capitaine de Chypre[2].

Venise. Bibl. du musée Correr. A. 3. 7. n° 1373. Ms. original in-4°.

Nos, Augustinus Barbadico, dux Venetiarum, etc.

1. Committimus tibi nobili viro Balthasari Trivisano, dilecto civi et fideli nostro, quod, in nomine Jesu Christi, vadas et sis capitaneus noster Cypri. In quo quidem regiminis stare debeas annos duos, et tanto plus quanto successor tuus illuc venire distulerit. Non servias gratis, nec habeas contumaciam aliquam[3] post finitum regimen, ymmo existens in regimine possis eligi ad procuratias et ad capitaneatum generalem maris. Et stare debeas Amocuste.

2. Diem autem quo Cyprum applicueris tuis duplicatis litteris nobis denotabis.

3. Habere quidem debes de salario in anno et ratione anni ducatos tres mille quingentos, ad bisantios octo pro ducato, solvendos de tempore in tempus ab illa camera nostra, cum conditione solvende medietatis[4], pro qua medietate neta leventur tibi bullete de quatuor mensibus in quatuor

---

[1] Cf. ci-dessus, p. 428, n.

[2] On trouvera plus loin, dans les notes supplémentaires, quelques notions sur les attributions du capitaine de Chypre, qui avait d'abord porté le titre de capitaine de Famagouste. La présente ordonnance n'est pas seulement une instruction pour ce fonctionnaire, elle réglemente toute la nouvelle administration du royaume.

[3] On appelait *contumace*, dans la république de Venise, l'obligation, pour certains magistrats sortant de charge, de rester pendant un certain temps sans emploi, avant de pouvoir être élus à d'autres fonctions. Ici le capitaine de Chypre est exempté de cette suspension.

[4] J'ai parlé précédemment de cette disposition. Voy. ci-dessus, p. 379, n. 4.

menses, et non aliter, sub pena, notario vel scribe contrafacienti, immediate privationis officii et solvendi de suo id plus de quo bullete fuissent levate. Nec possis, sub aliquo colore vel pretextu aut ingenio quovismodo, accipere preter quam partem netam videlicet medietatem salarii ut supra, et reliquam medietatem dimittere ibi in camera, sub omnibus penis contentis in parte furantium absque aliquo consilio exigendis. Sub quibus etiam penis non possis, neque a camera, neque a quopiam altero privato quomodocumque, accipere munus aliquod alicujus generis vel qualitatis, neque etiam aliquam regaleam, honorificentiam, vel aliam utilitatem; quynymmo, si que regalea, honorificentia vel quecumque alia utilitas jure ipso spectaret ipsis rectoribus, illa omnis deveniat in cameram, prout omnes alie pecunie regni; de quibus teneatur particulare computum.

4. Ducas tecum, tuis salario et expensis, famulos octo. Et toto tempore tui regiminis tenere debeas totidem equos, quos postea, finito presenti regimine, possis vendere quibus volueris, non possendo tamen excedere precium ducatorum xxx^{ta} pro equo. Duces insuper tecum unum cancellarium [1] cum salario, modis et conditionibus omnibus quas habebant cancellarii consiliariorum et provisorum. Insuper unum comilitonem [2], cum stipendio ducatorum sex in mense netorum, solvendorum ex pecuniis camere; et teneatur tenere suis impensis unum equum pro se et unum pro uno famulo. Quibus quidem cancellario et comilitoni vel famulis augeri nequeat salarium aliquod, sive dari aliquid ex bonis camere, absque espressa licentia concilii nostri rogatorum.

---

[1] C'était un des secrétaires de la chancellerie de Venise, détaché auprès du capitaine pour sa correspondance.

[2] Cet officier, désigné sous le nom de *commilito*, semble avoir rempli auprès du capitaine de Famagouste les fonctions de lieutenant, d'aide de camp et de chevalier d'honneur, comme le *socius* qu'avait autrefois le consul de Chypre. Les recteurs ou gouverneurs vénitiens emmenaient souvent avec eux, dans leurs résidences, des officiers semblables qui les aidaient dans leurs fonctions, et qui faisaient partie de leur maison, comme le chancelier et le chapelain : « Finablement aucun desdits recteurs mène avecques luy ung connestable et deux qui s'appellent chevalliers. Aucuns menent ung connestable et ung chevalier, et aucuns ung connestable seullement. Lesquelz connestables et chevaliers sont esleuz par lesdits recteurs, et demeurent avecques eulx partout le temps de son régime. Et tous lesdits connestables et chevaliers ont soubz eulx des sergens en nombre suffisant pour exercer leur office; lequel office est à prendre les malfaicteurs et mettre à exécution les sentences et consommations tant civiles que criminelles, et semblablement à mettre à exécucion toutes autres choses qui par leurs recteurs leur est commandé, apartenans à la juridiction desdits recteurs. » *Du gouvernement et régime de Venise*, Ms. de la Bibl. impériale, à Paris, ancien fonds franç. fol. 142 v°.

5. Habere etiam debeas pro tuo passaggio accessus et reditus ducatos nonaginta una vice tantum. Et insuper, post completum regimen, si illic manebis, possis habere per duos menses tuam medietatem salarii, prout observatur in regimine Crete.

6. Camera cum camerariis et secreta cum secretariis remaneant Nicosie, ut sunt ad presens.

7. Res camere Cypri gubernentur per locumtenentem nostrum Cypri et consiliarios suos, vel per majorem partem eorum. Utilitas vero penarum camere remaneat camerariis presentibus, quia electi fuerunt cum hac conditione. Tertium vero quod habebant consiliarii presentes dividatur inter locumtenentem et consiliarios suos. Finito autem tempore camerariorum presentium jam electorum, duo tertia dividantur inter locumtenentem, consiliarios et camerarios; et reliquum tercium remaneat nostro dominio, ut est de presenti.

8. Dominus Joannes Mustachiel, vicecomes[1], perseverare habeat in ejus officio, tam in civilibus quam in criminalibus, erga illos scilicet qui tempore serenissime regine sibi spectabant; declarato tamen quod in ipsis criminalibus ubi interveniet sanguis, devenire nequeat ad ullam sententiam, nisi prius habito consensu locumtenentis et consiliariorum suorum vel majoris partis eorum. Ubi autem intervenerit crimen lese majestatis, regimen Nicosie sit illud quod ferre habeat judicium, interveniente etiam te capitaneo nostro, quando personam tuam commode habere poterint. In casibus autem qui, ob eorum importantiam, non patientur dilationem, sit in facultate ipsius regiminis per se facere illas provisiones que in illis instantibus fuerint expedientes; sed in expediendo et ferrendo judicio, habeant etiam opinionem tui capitanei, si te, ut supradicitur, comode habere poterint. Et hoc idem reciproce servetur erga locumtenentem et consiliarios, in casibus qui, ut supra, sequentur in ditione tua.

9. Appellatio actuum prefacti vicecomitis ubi non interveniet sanguis, et similiter civilium, spectet antedicto regimini. In actibus vero civilibus, si fuerint laudati per omnes tres concordes, ab hujusmodi laudatione non possit amplius appellari. Si vero per duos tantum rectorum predictorum hu-

---

[1] Jean Mistachel, d'abord capitaine de Paphos, avait reçu du roi Jacques les villages de Strombi et de Polemi. (Florio Bustron, Ms. de Londres, fol. 193 v°, 199 v°). Il se montra depuis dévoué aux Vénitiens, et fut envoyé en ambassade au sénat avec l'évêque de Limassol par la reine Catherine Cornaro à la fin de l'année 1473. Voy. M. Cornet, *Lettere de Giosafatte Barbaro al senato Veneto*, p. 91.

jusmodi laudatio facta fuisset, et fuerint actus ipsi a ducatis ccc^{tis} vel inde supra, sit arbitrii et facultatis uniuscujusque veniendi vel mittendi Venetias ad appellationem, ut quisque maluerit. In casu vero incisionis, revertantur partes in pristinum statum.

10. Veneti blanchi et alii qui judicabantur per bajulum, judicentur per locumtenentem et consiliarios. Et similiter illi qui per consiliarios serenissime regine judicabantur, eorum appellatio veniat Venetias.

11. De cetero autem creari ullo pacto nequeant Veneti blanchi[1]. Curie reliquarum nationum remaneant prout sunt impresentiarum.

12. Captum est etiam et sic observabis in quantum ad te spectat, videlicet quemadmodum conservatio paricorum insulæ Cypri est ea res que supra omnia est necessaria pro beneficio et comoditate totius insule. Sic, adhibenda est omnis cura, solertia et industria ut nullo pacto illinc levari possint[2]; imo, si qui levati et amoti fuissent, remittantur; nam, sicuti ab illis precipue dependet habitacio et fertilitas totius territorii, ita sine illis redderetur inhabitabile et infructuosum. Vadit pars quod, salvis prorsus et reservatis omnibus partibus, ordinibus et constitutionibus, penis et structuris impositis, publice proclamari debeat, et in hac urbe, et in aliis civitatibus et locis nostris, ubi expediet, quod omnes illi qui extraxissent quoquomodo paricos ex insula Cypri, vel illos emissent, vel haberent vel scriptos domi, vel ad salarium, seu aliter quovismodo, teneantur, infra dies octo post proclama factum, venire denunciatum officio advocatorum comunis[3], si fuerint in hac urbe; si alibi, ad rectores nostros. Et omnes illi qui se denunciaverint

---

[1] Je pourrai me borner à cette seule preuve, pour montrer combien on avait été éloigné de la réalité en faisant des Vénitiens blancs les descendants des Vénitiens que le doge Vital Micheli aurait laissés en Chypre au xie siècle (*Hist. de' Lusign.* p. 9). Puisque la république de Venise pouvait, à son gré, réduire ou étendre leur nombre, encore en 1489, les Vénitiens blancs n'étaient pas une race, mais une classe particulière de personnes. C'était, comme on a eu l'occasion de le voir souvent, des Levantins admis à la nationalité vénitienne. Si on s'en était tenu aux renseignements du P. Étienne de Lusignan, qu'il faut consulter toujours en ce qui concerne la Chypre latine, on n'aurait pas fait une semblable erreur.

[2] Venise reconnaît, dans cet article et dans le suivant, la sagesse des anciennes prescriptions des rois de Chypre, qui avaient pour but de retenir la population agricole dans l'île. Avant qu'elle ne fût devenue maîtresse de l'île, la république, bien que ses traités lui en fissent une obligation, veillait moins attentivement à ce que ses nationaux s'y conformassent. Jacques le Bâtard, comme ses prédécesseurs, avait eu plusieurs fois à se plaindre de ce que les patrons et sopracomis vénitiens recevaient les serfs chypriotes sur leurs navires et les éloignaient de l'île. Voy. ci-dessus, p. 340, n. 1.

[3] Avogadors de la commune, magistrats chargés du ministère public, dans le gouvernement de Venise.

ut supra, liberi et immunes sint ab omni pena in quam incurrissent, et preterea illis per dominium nostrum satisfiat de omni eo quod expendissent in emptione ipsorum paricorum.

13. De cetero autem non possit ullo pacto per quempiam patronum navis triremis, vel cujuscumque alterius navigii, quicumque fuerit, levari aliquis parichius ex dicta insula, sive aliquis alius quicumque fuerit, absque bulletino subscripto manu propria rectorum nostrorum, sub pena perpetue privationis patronie navis, triremis cujusque navigii nostri, tam armati quam disarmati, standi unum annum in carcere, et ducatos centum pro quolibet parichio, vel quacumque alia persona levata absque bulletino ut supra[1]. Cujus quidem pene pecuniarie medietas sit accusatoris[2], et reliqua medietas, vel advocatorum, vel cujuscumque alterius magistratus, vel regiminis, cui prius facta fuerit consciencia. Et erga contrafacientes presens pars executioni mittatur, ac in ipsas penas incursos esse intelligatur absque ullo consilio. Nec possit aliqua triremis, navis, aut navigium facere velum et discedere e Cypro, nisi prius per civitanos[3] sibi facta fuerit circa[4]; et teneatur regimen efficaciter precipere predictis civitanis quod ad omnem requisitionem cujuslibet patroni facere debeant quamprimum dictam circam, absque omni omnino impensa, sub pena immediate privationis eorum officii. Verum quia orator reverendissimi magni magistri Rodi optulit, nomine domini sui, quod quando occureret quod aliquis parichus Cypri conferret se ad insulam Rhodi, predictus reverendissimus magnus magister illum restitui faciet, dummodo itidem versa vice servetur per rectores nostros de parichis suis, presens oblacio acceptetur; et e converso similiter observare debeant rectores nostri. Et quare superius dicitur quod levari nequeat aliqua persona ex insula Cypri absque bulletino rectorum, captum sit quod per rectores nostros predictos denegari non possit simile bullettinum alicui, nisi tantum parichis et stipendiariis nostris. Quod quidem bulletinum fieri debeat gratis et absque ulla solutione.

14. Preterea, quia multociens occurrit quod appaltatores casalium ope-

---

[1] Dès le XIV° siècle, et peut-être avant, le gouvernement de Chypre avait établi que nul sujet royal ne pourrait sortir de l'île sans un passe-port; il était expressément ordonné aux patrons de navires étrangers d'exiger ce bulletin de tous ceux qui voulaient s'embarquer (Voy. t. I⁰ʳ, p. 231 n. 234). Venise aggravait toutes ces mesures de police.

[2] C'était un des principes de l'administration vénitienne, si éloigné des principes français, d'encourager et de récompenser partout la délation.

[3] Les civitains étaient des magistrats civils préposés à l'administration des districts de l'île.

[4] *Circa* ou *cerca*, l'inspection.

rantur paricos in eorum privatis negotiis et beneficiis absque solutione, qui quidem parici nequeunt recusare; captum sit quod, si quis apaltator exercebit aliquem paricum in aliqua re sua privata, immediate cogatur per illud regimen, cui prius facta fuerit querella, ad solvendum ipsi paricho bisantios tres pro quolibet die quo illum operatus fuerit, ut supradictum est; declarando insuper quod per aliquem rectorem sive apaltatorem non possit, sub quovis colore vel pretextu, accipi aliquis parichus vel paricha extra ejus chasale, pro aliquo privato obsequio vel servicio, sub penis superius contentis circa extractionem parichorum extra.

15. Ut autem habitationi civitatis Amocuste[1], opportune insule, perspiciatur prout importancia rei exigit, comittatur capitaneo Amocuste quod, ad ejus illuc appulsum, proclamari faciat quod omnibus forinferis qui ire voluerint habitatum Amocuste, providebitur vel de habitatione vel de loco ubi construere poterunt habitationes suas; et insuper eis providebitur de prediis pro eorum victu. Et quod preterea liceat, et in facultate uniuscujusque sit libere in civitate Amocuste conducere panem, vinum et quamcumque aliam rem comestibilem ad usum humanum, absque aliquo dacio vel gabella, quo quislibet commodius et habundantius vivere ibi possit. Reservatis tamen datiis vini a spina et panis a scapha, et datio pro rebus que extraherentur extra civitatem Amocuste. Que quidem concessio intelligatur per annos x proximos tantum.

16. Preterea, publice proclametur in civitatibus nostris Corphoy, Naupacti, Mothoni, Coroni, Neapolis Romanie et Monovaste, quod omnibus illis qui fuerint subditi nostri et proficisci voluerint habitatum cum eorum filiis Amocuste, providebitur de passagio et pane, et insuper dabuntur ducati tres pro qualibet familia; sicque in effectu rectores observare debeant, et executioni mittetur ex omnibus pecuniis camerarum nostrarum, dando ipsos ducatos tres familiis, postquam fuerint innavate. Ut autem Amocustam appulerint, habebunt loca pro eorum habitatione et terrena pro eorum usu, ac gaudebunt exemptionibus ut superius dictum est.

17. Fert consuetudo in insula Cypri quod quando aliquis committit homicidium in quavis parte regni, exulari habeatur ex tota insula; quod non tantum est impium, verum etiam est causa dishabitationis regni. Et propterea, statutum sit quod omnes illi qui jam banniti sunt ex insula pro puro homicidio tantum, dummodo homicidium commissum non sit Amocuste vel

---

[1] Famagouste et l'île entière se dépeuplaient annuellement.

in territorio, libere et impune venire possint habitatum cum eorum familiis Amocuste et in territorio. De cetero autem, quando aliquis committet purum homicidium in insula, extra tamen territorium Amocuste, sit ejus arbitrii et facultatis habitandi cum ejus familia Amocuste; et si committet homicidium Amocuste vel in territorio Amocustano, impune habitare possit Paphos et in territorio cum ejus familia.

18. Omnes autem banniti ex omnibus terris et locis nostris pro quocumque crimine, exceptis rebellibus, proficisci possint habitatum Amocuste et in territorio cum eorum familiis, gaudendo concessionibus et conceptionibus ut ceteri omnes.

19. Ducere tecum debeas Amocustam unum magistrum putheorum cum ejus familia, cum eo salario quod videbitur collegio; quem ad tuum illuc appulsum scribi facias in illis societatibus quo minor currat impensa dominio nostro.

20. Ex deliberationibus et ordinibus per nos statutis comprehendere potuisti quanto desiderio tentamur ut illa insula habitetur ea majori quantitate animarum que possibilis sit; et propterea, tuum erit uti quocumque studio et industria possibili habendi ex omni parte eam majorem quantitatem familiarum que possit haberi, ut veniant habitatum insulam, prout de circumspicentia et prudentia tua confidimus. Et ut alacrius quælibet venire possit, eisdem dabis terrena pro eorum motu et usu, cum reservatione tamen decimarum camere. Illisque inviolabiliter servabis, servarique facies privilegia solita concedenda extraneis venientibus habitatum insulam. Ea tamen dexteritate in hoc uteris, ut ex hoc sequi nequeat scandalum aliquod.

21. Mentis vero est, sicque volumus et imperamus, ut singulo quoque anno mittatur paga debita domino sultano[1], accipiendo ex rebus melioribus et cum majore quantitate zambellotorum que haberi poterit. Pro reliquis autem rebus que essent necessarie et illic non fierent, nobis scribes, quoniam hinc absque dilacione de illis tibi providebimus.

22. Appaltatoribus casalium gabellarum et conductoribus quorumcumque aliorum introituum publicorum nolumus ut ullo pacto fiat gratia, donum, remissio, suspensio vel retardatio solutionum, nisi tamen cum auctoritate consilii nostri rogatorum. Et si que jam facte fuissent per sindicos, audi-

---

[1] La république de Venise donnait un soin particulier à l'acquittement du tribut que les sultans d'Égypte retiraient de l'île de Chypre depuis la captivité du roi Janus et l'établissement de Jacques le Bâtard. Voy. ci-dessus, p. 75, n. 3; p. 401, n. et ci-après, p. 478.

tores¹, vel de cetero fient quomodocumque vel qualitercumque, volumus et decernimus ut sint nullius valoris et efficacie, nec illis obedies ullo pacto.

23. Quando nobilis vir Franciscus de Priolis, olim capitaneus noster generalis maris, fuit in insula Cypri, cognita summa importancia et indigentia qua fabrice Amocuste prosequerentur et proficerentur pro bona tutela et conservatione insule, opportune decrevit et terminavit quod, ex omnibus pecuniis que de tempore in tempus intrabunt in illam cameram Cypri, accipiantur x pro cento distribuenda et dispensanda in fabricis predictis, sub penis contentis in parte furantium. Nos vero, habita noticia de predicto ordine et provisione facta, ut utilem, comodam et salutarem, illam cum consilio nostro rogatorum approbavimus et confirmavimus, jussimusque observari ad unguem, inviolabiliterque. Et propterea, voluimus et efficaciter imperavimus locumtenenti nostro ut, de tempore in tempus, pecunias integre et absque ulla diminutione mittat ad manus regiminis tui, ut prosequi possint fabriche ipse cum omni sollicitudine et diligentia, nec ullo pacto fallat; non intelligendo inprimis ordine comprehendi ducatos III^m qui mitti debent ad consilium nostrum decem et similiter pecunias quas habere debet de tempore in tempus serenissima regina. Quas omnes pecunias libere responderi facias absque ulla retentione. Quemdam alium ordinem fecit dictus capitaneus generalis circa tractas frumentorum, consulatus et anchoragios, pro habendis pecuniis ad effosionem portus, ut in cancellaria illa annotatum invenies, illum propterea accurate et diligenter observabis ac executioni mittes.

24. Indoluerunt stipendiarii nostri commorantes Amocuste et in insula, quare, cum illuc conducti fuerint cum promissione quod haberent pagas x in anno inter pecunias numeratas et assignationes bladorum et cetera, consequi nequeunt solutiones suas, cum ingenti eorum sinistro et incommodo; quod sane displicenter atque moleste audivimus, ut qui voluissemus voluimusque ut eo modo tractentur, quo libenti animo et contenti nobis servire possint. Et propterea eorum solutionibus per tempora fiendis eam curam, studium, sollicitudinem appones, ut potius habeant causam sese laudandi et contentandi quam conquerendi; nam in hoc facies nobis rem gratissimam. Quas quidem solutiones facies ad rationem bisanciorum octo pro ducato², ut

---

¹ Il est parlé plus loin des fonctions des syndics et des auditeurs dans la note concernant les magistratures vénitiennes.

² Huit besants pour un ducat. C'était, évidemment, des nouveaux besants frappés en Chypre depuis la fin du règne de Pierre II,

alias fuit deliberatum. Preterea, quando fiende erunt ipsis stipendiariis assignationes bladorum et cetera, ille fiant in locis et casalibus proximioribus et propinquioribus eorum habitationibus, quo illas habere possint cum eo minori incommodo, expensis et dispendio quod possibile fuerit.

25. Intelligimus multis diversimodo concessas fuisse provisiones, augmenta stipendii et donationes bonorum camere; volumus ut de istis omnibus omnem diligentem summas informationem et instructionem, et quantum habueris particulariter et distincte tuis litteris nobis notificandum curabis, et nostrum expectabis mandatum.

26. Armeniis dari facies pro eorum merito statuto stipendium suum consuetum. Loco autem eorum qui pro tempore deficient, non surrogabis aliquem, absque expressa licentia et ordine nostro.

27. Castellani Cerines et Amocuste nolumus ut exeant eorum fortilicia, nisi per vices et dies statutos; sed tamen non dormiant extra castellum et fortilicia pacto ullo.

28. Pondera, mensure et hujuscemodi ordines terre teneantur per officiales consuetos, una cum commilitone, rectoribus, absque tamen aliqua utilitate vel emolumento.

29. Preterea sunt nonnulli rustici in contratis Carpassi, qui, ut habeant franchisiam salis [1] bisantiorum duorum in anno, tenentur ad omnem monstram se ostendere, et temporibus suspectis servire cum persona et uno equo; et ut informati sumus hoc medio reperirentur multi qui acceptarent partitum, et tamen paucis modiis ordei in anno similiter se obligarent, rem diligenter examinabis, et tuis litteris nobis particulare et distinctum dabis advisamentum.

30. Non possis tu, nec consiliarii tui, vel quicumque alii officiales tui regiminis, neque cancellarius, sive aliquis eorum sanguine conjunctus, vel alius quiscumque qui staret in domo cum eis, per se vel per alios, palam vel occulte, quovis modo, colore vel ingenio, facere mercantiam alicujus rei, ullo pacto, sub omnibus penis contentis in parte nova contrabanorum.

31. Et ut scias quemadmodum regimen deputatum Amocuste gubernare se habeat, captum est quod tu et consiliarii tui, per majorem partem verum, ministrare debeatis jus et justiciam in criminalibus omnibus habitantibus

---

et non des vieux besants, de meilleur poids, dont cinq ou six seulement valaient un ducat de Venise.

[1] Il s'agit ici de cet impôt ou *mète* du sel, que les rois de Chypre avaient été contraints d'établir pour subvenir à leurs besoins après l'occupation de Famagouste par les Génois. Voy. ci-dessus, p. 228, n.

Amocuste et in ejus districtu, exceptis tantummodo stipendiariis totius insule tam equestribus quam pedestribus, stratiotis et omnibus illis qui impresentiarum judicantur per provisorem nostrum insule, quorum omnium judicium tam in civilibus quam in criminalibus spectet tibi capitaneo nostro, prout observabant provisores. Sed bene pro majori comoditate ipsorum stipendiariorum captum sit quod illis eorum qui reperientur per insulam extra territorium Amocuste administrari possit justicia in civilibus per castellanos et civitanos illorum locorum ubi fuerint, et appellatio devolvatur ad te capitaneum nostrum; criminalia autem predictorum tibi reserventur, et similiter civilia quando aderis in illis locis. Stipendiariis vero omnibus, personaliter comorantibus Nicosie, administretur jus et justicia in civilibus et criminalibus per regimen Nicosie.

32. In administratione autem justicie, in civilibus, in civitate et districtu Amocuste servetur hic ordo, videlicet, quod unus consiliariorum de tribus mensibus in tres menses sit ille qui facere habeat predictam justiciam, et sic mutentur per vices. Eorum autem appellatio devolvatur ad regimen Leucosie, prout captum est de actibus vicecomitis. Alter vero consiliariorum per vices pro ejus tribus mensibus tenere debeat computum omnium pecuniarum que dispensabuntur pro fabrica[1]; et ipse sit capsa[2], sed tu, capitaneus, sis ille qui ordinet distributionem per ejus bulletina, et sis presens quando fient solutiones. In absentia autem tua, consiliarius qui erit ad capsam ut supra suppleat etiam in hoc officium tuum, ministrando etiam justiciam stipendiariis loco tui, et illius appellationes veniant ad te ad tuum reditum. Sitque officium ipsius consiliarii qui erit ad capsam ut supra executioni mittere sententias que facte fuerint per ejus collegam precessorem, que sibi putabuntur et erunt subscripte; et similiter exigere condenationes factas. Quando vero, ob infirmitatem vel aliam legittimam causam, unus consiliariorum exercere se nequibit, alter collega suppleat ejus loco. Interim vero quousque consiliarii suprascripti proficiscentur Amocustam, officium eorum fiat per nobilem virum Matheum Barbaro, rectorem Amocuste.

33. Verum, quia civitas Amocuste per elapsum habere solebat majus territorium quam habeat inpresentiarum[3], captum sit quod capitaneatus Sivoli

---

[1] Les constructions et réparations diverses que la république faisait faire à la ville.

[2] La caisse, pour le caissier.

[3] Pendant l'occupation génoise, le territoire de Famagouste avait été borné à une banlieue d'un rayon de deux lieues autour de la ville. Avant et après cette occupation, Famagouste avait été un centre administratif qui comprenait dans ses attributions la Messorée et le Karpas.

et civitanaticus Carpassi[1], cum universis eorum territoriis, intelligantur esse territorii Amocuste, et suppositi sint tuo regimini, tam in civilibus quam in criminalibus. Capitaneus autem predicti loci Sivoli et civitanus Carpassi reddere debeant jus et justiciam in civilibus hominibus suorum territoriorum et impresentiarum observatis ; eorum autem appellationes vadant ad regimen Amocuste, eo modo et forma qua captum est de appellationibus vicecomitis Nicossie. Ad quas quidem appellationes territorii audiendas, statuantur dies ordinarii, in quibus nihil aliud fieri possit nisi prius expeditis dictis appellationibus. Et si aliquis consiliariorum non poterit, vel ob egritudinem, vel aliter, se exercere, in hoc casu tantum, intret castellanus qui ob ejus mensem non habebit obligationem standi in castello. Declarato tamen quod datia et vectigalia ac baliazia omnium predictorum locorum et ab illis dependentia vadant ad cameram Nicossie; et similiter semper quando in aliqua lite vel controversia interveniet utilitas vel damnum camere, et si ipsa lis, inter quos esse velit judicium, spectet locumtenentem et consiliarios Nicossie.

34. Debeas tu, una vice, tempore totius tui regiminis, quando scilicet tibi aptius et commodius videbitur, equitare per insulam, ad revidendum loca et fortilicia, et ad faciendum reliqua que expedient pro bona conservatione et tutela totius insule. Nec possis manere in dicta equitacione ultra dies xxx ullo pacto; in qua equitacione non possis dare ullam gravedinem subditis ; sed tantum habeas a camera bisancios decem in die pro ejus expensis.

35. Tempore autem belli, vel suspicionis belli, quod absit, aut alterius necessitatis urgentis status, possis equitare totiens et quantum pro fide et integritate tua cognoveris expedire, declarando quod nequeas dormire ulla nocte extra civitatem Amocuste, nisi tempore quo eris in supradictis equitationibus.

36. Fuit tempore serenissime regine, pro securitate majestatis sue, deputata una societas ad stratiotam[2] personarum xxxv, sub Matheo de Rubeis,

---

[1] Sivori ou Sygouri, dans la Messorée, était le siége d'un capitaine, et Riso Karpasso d'un civitain.

[2] *Societas ad stratiotam,* une société ou milice à la manière de Stradiotes. Les Vénitiens entretenaient dans toutes leurs possessions orientales, et surtout en Morée (Cor. Cippico, *De bello asiat.* lib. 1), des Albanais à cheval, armés de boucliers, de lances et d'épées, touchant une solde de la république pour la défense du pays. Ces cavaliers s'appelaient eux-mêmes *stradiotes,* nom sous lequel on désignait nos chevaliers en Albanie. (Du Cang. *Gloss. græc.*) Ils étaient organisés en compagnie, et recevaient quelquefois dans leur corps des bourgeois du pays. Telle de-

capite, in qua societate reperiuntur scripti septem burgenses et tres probi stratiote qui illuc conducti fuere tempore quo nobilis vir Antonius Lauredano, equitis procuratoris[1], dum esset capitaneus generalis maris; et reliqui sunt persone vilis conditionis; et propterea captum sit quod dictus Matheus cum societate cassetur et anulletur. Septem vero burgenses et tres stratiote scribantur in comitiva aliorum stratiotarum cum stipendio et ordeo consueto.

37. Teneantur preterea locumtenens et consiliarii Nicossie in bulletis que erunt levande pro salariis suis, et similiter in solutionibus fiendis, servare omnem equalitatem cum te capitaneo nostro insule et cum consiliariis Amocuste, ita ut sitis equales, et non possit aliquis verum juste conqueri circa solutiones ipsas.

38. Captum est quod magister Aloysius Sudam conducatur pro medico Nicossie, cum stipendio ducatorum 150 in anno, solvendorum ex pecuniis illius camere ad beneplacitum nostri dominii.

39. Bajulo vero etiam qui de proximo ingressus fuerit officium suum, integre satisfiat de ejus salario, ac si complevisset ejus regimen, et remaneat ejus arbitrio repatriandi.

40. Cancellario V. N.[2] pro Matheo Lauredano alteri consiliariorum Cypri, quia complere nequit ejus officium, donentur ex pecuniis illius camere ducati viginti pro ejus passagio redeundi Venetias; ubi autem illuc appulerit locumtenens, ipse cancellarius non exerceat amplius officium cancellarie, sed Venetias revertatur.

41. Pratico[3] totius insule fieri debeat per consiliarios Nicosie; medietatem scilicet insule pro quoque eorum; et fiat de quadrienio in quadrienium, cum ea minori impensa.

42. Nullam particularem procurationem accipies, sive negotii quicquam privati tractabis sine nostro expresso mandato, sub pena ducatorum 500 in tuis propriis bonis, si contrafeceris.

---

vait être la société des trente-cinq hommes d'armes établie pour la garde de Catherine Cornaro, et dont Mathieu de Rossi était le capitaine. Venise augmenta beaucoup le nombre de ces compagnies en Chypre, et les dissémina sur toutes les côtes de l'île, qu'elles devaient surtout défendre contre les pirates. Voy. Lusignan, *Hist. de Cyp.* fol. 70 v°, et ci-dessus, p. 238, n.

[1] Ainsi au Ms.

[2] On ne peut retrouver que par conjecture le sens de ces abréviations. Si les lettres V. N. ne renferment pas le nom même du secrétaire-chancelier, peut-être signifient-elles *vicem fungenti*, en lisant V. F.

[3] Le *pratico, pratticho* ou *patico* était le recensement de la population, et particulièrement le recensement par famille des serfs appartenant au domaine, avec l'indication des charges auxquelles ils étaient tenus.

43. Volumus et mandamus tibi ut omnibus supracomitis, patronis navilium et aliis quibuscumque hominibus nostris nostro nomine imperes ut, quantum charam habeant gratiam nostram et nostram horescantur indignationem, neminem stipendiarium aut alium, quisquis sit, ex illa insula abducere audeant sine tua expressa licentia sive locumtenentis nostri, imponendo ultra hoc illas penas pecuniarias et personales que tibi videantur. Et de contrafacientibus nos advisa[1].

44. Quante importancie sint statui nostro negotia Cypri omnes intelligunt, et propterea dignum et conveniens est ut illa retractentur per consilium rogatorum et non per dominium simpliciter. Et propterea, vadit pars quod, si occurreret scribere tibi, aut locumtenenti, aut aliter, de negotiis illis, deliberare aut declarare non possit per dominium simpliciter aut per collegium scribi, sed per consilium rogatorum scribatur, deliberetur et declaretur, sub pena contrafacienti ducatorum mille exigenda per advocatorum comunis, absque alio consilio.

45. Insuper volumus quod de cetero, omni anno, facta prius per vos diligentissima inquisitione, tempore collectionis sive ricolte, de numero et quantitate frumenti et bladorum existentium apud quoscumque istius insule retenta, ex ipsa summa et quantitate quam habundantissime judicaveritis, vos qui estis in facto et merito omnia optime intelligere debetis, esse necessariam pro victu istius insule et galearum ac navium nostrarum armatarum, que de tempore in tempus erunt istic, nec non munitione castrorum, totum illud quod superesse videbitur extrahi permittatis ; hac tamen conditione quod frumenta et blada ipsa que superessent ultra taxationem victus istius insule, ut diximus, non possint istinc extrahi usque per totum mensem januarii, nisi pro locis nostris, pro quanto charipenditis gratiam nostram et vestrum comodum et honorem. Et transacto mense predicto januarii, sumus contenti quod illud superhabundans possit etiam extrahi pro locis alienis et non prius, dummodo tamen loca nostra non sint indigentia, ut semper insula ipsa et subsequenter loca nostra sint primo fulcita et munita frumento et bladis predictis. Et in hoc animadvertite et ponite omnem mentem et cogitationem vestram, quia si aliter esset factum, procederet cum periculo istius insule et rerum nostrarum et non sine incommodo et detrimento honoris nostri; habendo semper in hac re respectum et considerationem ubertatis aut penurie future recollectionis frumentorum et bladorum, ut semper con-

---

[1] Cf. ci-dessus, art. 12 et 13.

sultius et salutarius consulere valeatis securitati et ubertati istius insule, que ultra omnia habundantem esse volumus.

46. Volumus preterea et tibi mandamus ut, cum omni cura tua et studio, procures et procurari facies ut ex salinis istis conficiatur et extrahatur illa major quantitas salis que fieri poterit cum utilitate et comodo nostro.

47. Item observabis partem infrascriptam, videlicet : « ex meritis venera-
« bilis presbiteri Antonii de Leonardis, mediante opera P. Jacobi Domedio,
« oratoris nostri in curia, jussu nostro adhibita et per pontificem designata est
« super episcopatu Nicosie pensio ducatorum 100 quotannis, pro qua pensione
« solvit ratam suam anuate; et a triennio citra nihil habuit de dicta pen-
« sione, quod est contra honorem nostri dominii, quod fuit causa ut eam pen-
« sionem haberet, ut hoc nomine ipse sacerdos deludatur. Et propterea, vadit
« pars quod, auctoritate hujus consilii, scribatur consiliariis Cypri, quod de
« redditibus archiepiscopatus Nicosie accipere debeant ducatos trecentos pro
« pensione annorum trium preteritorum, et illos ad nos per capitaneum
« galearum Barutti mittant, dandos eidem presbitero Antonio. Et singulis
« annis, intromittantur[1] omnes redditus dicti archiepiscopatus; que intro-
« missio non removeatur, donec reverendissimus dominus archiepiscopus Ni-
« cosie solverit ducatos centum, qui, quotannis, per ipsos consiliarios consi-
« gnentur capitaneo galearum Barutti, qui eos ad nos defferat, dandos prefato
« presbitero Antonio. »

48. Si convictus fueris per advocatorum comunis quod furatus fueris de bonis et havere dominii nostri libras quinquaginta de grossis vel inde supra, aut acceperis ab aliis plusquam juris debitum libras centum ad grossos vel inde supra, modo aliquo vel ingenio, intelligaris ex nunc cecidise ad solvendum capitale et tantumdem pro pena usque ad tres dies postquam fueris convictus, sub pena soldorum quinque pro libra tam capitalis quam pene; que pena dividatur per medium, videlicet medietas sit advocatorum, et alia medietas sit communis; et si fiant accusatores, pena dividatur per tercium et fit de credentia. Et ultra hoc, sis perpetuo privatus omnibus officiis, regiminibus, consiliis et beneficiis dominii nostri tam intus quam extra, et crideris[2] in primo majori consilio de festo solemni cridato. Verum, si voles

---

[1] Arrêtés, retenus.

[2] *Crideris.* Son nom devait être publié comme celui d'un voleur, dans le premier conseil général. On ne peut s'empêcher de regretter qu'un gouvernement qui a fait de si grandes choses, et qui a montré dans d'au- tres actes publics une si grande élévation de vues, descende à détailler les suppositions les plus injurieuses pour les personnes qu'il investissait de sa confiance et des plus hautes fonctions. L'absence d'une loi générale sur la pénalité nécessitait sans doute ces prescrip-

restituere et restitues, usque ad tres dies postquam fueris requisitus ab advocatoribus, non permittendo te convinci, sed confitendo te furatum fuisse ut supra, tunc tenearis solvere capitale et medietatem plus pro pena, que dividatur ut supra. Et ultra hoc, sis privatus perpetuo presenti regimine, et crideris in primo majori consilio ut est dictum. Si vero convictus fueris te furatum fuisse a libris quinquaginta infra de bonis dominii, et ab aliis a libris centum infra, tunc incurras ad solvendum capitale et medietatem plus pro pena ad dictum terminum et sub dicta pena, que dividatur ut supra; et ultra hoc sis perpetuo privatus hoc regimine, et publiceris ut supra. Et si voles restituere, et restitues usque ad tres dies, postquam fueris requisitus, non permittendo te convinci, sed confitendo ut supra, tunc ad dictum terminum et sub dicta pena teneris solvere capitale et tertium plus pro pena dividenda ut supra; et ulterius priveris presenti regimine. Verum si scriberes in tuis rationibus vel quaternis aliquas expensas vel alias res quas officiales rationum dicerent non potuisse poni, tunc non habeatur pro furto; sed veniant ad collegium nostrum consiliariorum capita advocatorum et officialium, ubi terminetur si dicte expense erunt bene posite vel non, sicut hodie servatur. Sed si, vigore alicujus sententie vel alterius actus judiciarii, aut vigore alicujus publice consuetudinis, aliquid acciperes vel dares contra id quod deberes, quod forte crederes posse licite accipere vel dare, in his casibus, non cadas ad dictas penas; sed servetur illud quod servatur hodie, videlicet quod, si voles restituere et restitues quod indebite acceperis, infra tres dies, ipsum restituas sine aliqua pena. Si autem permitteres te duci et convinci ad consilia, cadas ad dictam penam dupli, que dividatur ut supra. Et de omnibus dictis penis non possit fieri aliqua gratia, etc[1].

49. Si infra mensem non eris fulgitus omnibus equis quos habere teneris juxtam formam tue commissionis, et pervenerit ad noticiam nostrorum officialium rationum[2], quibus talia sunt commissa, cadas ad illam tantum penam, pro uno quoque ipsorum equorum quem non haberes emptum ad quam caderetur si, deficiente aliquo equo, illum non remiseris juxta continentiam ordinis predicti.

50. In reditu tuo Venetias, teneris infra unum mensem ire vel mittere ad officiales rationum, ad faciendum rationem cum eis, et ad solvendum illud quod deberes dare et refundere nostro dominio pro familia et equis qui tibi defecerint tempore tui regiminis, in ratione grossorum trium in die pro

tions éventuelles, pour que tout fût autant que possible prévu et réglé d'avance.

[1] Ainsi au Ms.
[2] Les maîtres des comptes.

quolibet ente de tua familia et pro quolibet equo qui tibi defecisset, pro tanto tempore quanto tibi defecerint. Verum si deficiet tibi aliquis de tua familia, habeas terminum ad remittendum alium octo dierum; et si aliquis equus tibi defecerit, habeas terminum ad remittendum alium duodecim dierum. Et si remiseris ad dictos terminos, nihil tenearis refundere pro eis; si autem non remiseris ad terminos antedictos, tunc debeas refundere a die qua tibi defecerint usque diem quo remiseris in ratione predicta.

51. Teneris quidem et debes dare sine aliqua diminutione sociis et notariis quos habere teneris id quicquid in tua commissione continetur, sub pena privationis per annos quinque omnium regiminum dominii nostri intus et extra, et librarum 500 in tuis propriis bonis, et solvendi ulterius id rationis quod illis dare debuisses, tam pro salario quam pro expensis. Verum si tibi videretur dandi illi notario vel socio, quibus debebis facere expensas, libras quinquaginta loco expensarum, hoc sit in facultate tua.

52. Ceterum, cum per aliquos rectores nostros solitum sit dari notariis suis aut aliis salariatis provisiones, quando mittuntur extra, committimus tibi quatenus notario seu aliis salariatis loci tibi commissi, pro aliqua via quam facerent aliquo, vel pro aliquibus scripturis, vel aliis quibuscumque rebus quas facient pro dominio, non deinceps[1] dare possis aut permittes dari aliquid de denariis nostri dominii, nisi solum salarium suum proprium et id quod fuerit eis necessarium pro expensis.

53. Similiter non possis dare scribanis, massariis et aliis officialibus tuis ultra id quod lucraverint, sine gratia nostri dominii, sub penis et structuris omnibus contentis in parte furantium.

54. Prohibitum est etiam tibi vestire vestes lugubres pro aliquo vel aliqua ex affinibus tuis, quamdiu eris in presenti regimine, sub pena ducatorum centum in tuis propriis bonis; salvo quod possis pro patre, matre, filiis et uxore portare vestes lugubres diebus octo et non ultra, non portando clamidem[2] ullo modo.

55. In consignatione regiminis tui tuo successori, dices solum : *Ego tibi consigno hoc regimen nomine illustrissimi dominii Venetiarum;* et nihil plus aut minus, sub pena librarum 500 et privationis regiminis.

56. In justiciis autem proferendis dices solum : *sicuti scriptum et lectum est, ita dicimus per sententiam.*

57. Non potes in ingressum regiminis facere aliquam arengam sive ser-

---

[1] Au Ms. *desinet*. — [2] Le manteau ou chlamyde.

monem, nec tibi facienti permittas, ymmo silentium impones, nec sinas eum sermocinari, sub omnibus penis superius contentis.

58. Non potes, nec tibi liceat habere comercium aliquod, vendendo aut emendo alicujus vel cum aliquo ductore aut stipendiato nostro, equestri aut pedestri, sub pena privationis omnium regiminum, officiorum et beneficiorum dominii nostri intus et extra, per annos x. Et ulterius non fiat tibi jus aliquod contra dictos ductores et stipendiatos, sed intelligaris amisisse totum id quod pro hujusmodi comertiis et contractibus habere deberes ab ipsis ductoribus et stipendiariis; et item cades ad ducatos cc, et omni anno publicaberis in majori consilio.

59. Non potes super aliqua fabrica per te restauranda vel edificanda ponere arma tua, nisi solum in uno loco in palatio residentie tue, que sit simplex, et ex pictura sola, sub pena ducatorum centum pro unaquaque arma et sub omnibus aliis penis per consilium nostrum X statutis.

60. Captum est, et sicut injunctum ad te spectans observabis quod omnes provisiones et augmenta salariorum, data aliter quam per consilium rogatorum et alia consilia libertatem habentia, que per cameras nostras tam a parte terre quam a parte maris, et in insula Cypri solvuntur, et sit quomodocumque, tam per dominium quam per quoscumque cujuscumque conditionis fuerint et quocumque nomine censeatur, revocate sint, nec aliquo nostro solvi amplius possint, sub omnibus penis contentis tam in parte furantium quam in parte nova contrabanorum, ut latius in cancellaria ista registrata comperies.

61. Sicuti teneris in reditu tuo presentare nostro dominio literas consignationis tui regiminis, sic teneris consignare similiter litteras successoribus, declarantes dimissas per te fuisse in contentis pecunias spectantes nostro dominio de ratione xxx et xl^{ta} pro cento et medietatis[1] in camera illa nostra tam pro te quam pro cancellario, comilitone et aliis officialibus tuis; quas si non consignaveris, intelligaris immediate cecidisse ad omnes penas furantium. Nec possit tibi accipi aliqua excusatio, aliquo respectu vel causa, sed immediate compellaris ad integram restitutionem et satisfactionem ut supra.

62. Camerarii vero, castellani et alii qui non ferunt literas consignatas teneantur subjacere presenti parti et portare litteras rectorum circa ipsam depositationem factam; et si per aliquem rectorem scriberetur falsum, ipse compellatur ad satisfactionem debiti, non serius ac principalis.

---

[1] Voy. ci-dessus, p. 379, n. 4.

63. Si tibi accideret pro aliqua causa scribere consilio aut capitibus consilii X, in inscriptione non scribas aliud nisi hec tantum verba, videlicet : *Capitibus consilii X,* si capitibus scriberes; si non, scribas solum : *Excellentissimo consilio X*[1].

64. Habebis etiam apud te duos consiliarios per nos electos, cum salario ducatorum duorum milium ducentorum in anno et ratione anni pro quolibet, ad bisantios octo pro ducato, cum condicione prius solvende medietatis, eis solvendo de tempore in tempus, ut de salario tuo dictum est. Sint per annos duos, non serviant gratis, non habeant contumaciam, et ducant secum famulos quatuor et totidem equos modo antedicto, et habeant pro eorum passagio accessus et redditus ducatos LX^{ta} in totum pro quolibet ab illa camera.

65. Hoc idem captum est de duobus consiliariis Nicosie.

66. Omnia que tibi dicendo mandabimus, attendes et observabis bona fide et sine fraude; quod quidem si non executus fueris cum effectu, et obedieris quoad poteris et ad te spectabit, cades de libris ducentis solvendis per te infra mensem, et scriberis in libro debitorum; et conscientia etiam post recessum consilii facta valet in hoc casu contra te. Item officium advoca-

---

[1] La commission ducale qui nomme Jean Contarini capitaine de Chypre en 1538, entièrement semblable pour le reste à la présente commission, ajoute ici deux dispositions portant que le capitaine de Chypre ne peut, sous peine de la vie, traiter de la reddition de l'île. Défense lui est faite aussi de recevoir des dépêches ou des ambassades de la part de puissances qui seraient en état d'hostilité avec la république.

« Scire debes quod per nostra concilia or-
« dinatum est quod non possis nec debeas
« tractare de redendo te, aut locum tibi
« commissum, sub pœna perdendi caput, ad
« quam similiter pœnam subjacent provisores
« et alii nostri nobiles, ac stipendiarii, qui
« essent in illo loco; et quod tu et omnes
« predicti caveant sibi a recipiendo ab hosti-
« bus litteras, ambassatas vel nuncios, quia
« possent esse nostro statu prejudiciales et
« mirum damnose; sed solum attendant ad
« bonam custodiam loci ejusdem.

« Scire quoque debes deliberationem con-
« cilii nostri X quod ut habeas causam virili-
« ter manutenendi locum tibi comissum ad
« honorem et bonum statum dominii nostri,
« ultra pœnam capitis statutam illis qui da-
« rent civitatem vel locum vel tractarent de
« redenda ea hostibus cum primum casus
« advenerit, quod Deus avertat, quod ipsa ci-
« vitas occuparetur ab ipsis hostibus, cognitio
« et castigatio tui spectat et pertinet ad ca-
« pita predicti consilii nostri X, qui, sub
« pœnis gravissimis, teneatur, secuto casu,
« subito formare processum et ire ad con-
« silium pro justicia administranda, tuque
« teneris et obligatus es, in termino dierum
« XV, immediate post casum secutum, venire
« ad hanc urbem nostram, et presentare te
« dictis capitibus, et nisi veneris in dicto ter-
« mino, debeat procedi contra te, absentia
« tua non obstante. » La nomination de Contarini se trouve dans un recueil Ms. de la bibliothèque de M. Rawdon-Brown, à Venise, intitulé *Commissioni varie*. Ces commissions, élégamment écrites et reliées, étaient remises à chaque dignitaire, au nom de la république, lors de son entrée en charge.

torum est salvum ad puniendum te acrius pro disobedientia tua, sicut gravitas tue disobedientie requiret. Poteris tamen, si tibi videbitur, sine pena, rescribere qualiter, propter aliquod periculum vel aliquam aliam causam, non potes exequi mandatum tibi factum; sed si dictum mandatum non revocabitur tibi, tu tamen penitus debeas [obedire], postquam ad obediendum et exequendum mandatum quod primo habueris [requisitus fueris], sub eadem pena de qua non possit tibi fieri gratia ulla, quam cum nostro consilio X decrevimus, ut nostro dominio protinus ab omnibus obediatur.

67. Jurasti honorem et proficuum dominii Venetiarum, eundo, stando et redeundo.

Data in nostro ducali palatio, die xxvii Augusti, indictione vii, mcccc lxxx nono. B. de Ambrosiis.

1489, 10 septembre. A Venise.

Instructions du doge Barbarigo à Pierre Diédo, envoyé en ambassade au Caire pour expliquer au sultan les motifs qui avaient engagé la reine Catherine Cornaro à quitter le royaume de Chypre, et déterminé la république de Venise à arborer ses bannières dans l'île, en signe de prise de possession défmitive.

Venise. Arch. génér. Conseil des Prégadi. *Secreti*, XXXIV, fol. 33.

m cccc lxxxviii, die x Septembris.

Nos, Augustinus Barbadico, Dei gratia dux Venetiarum, etc.

Commettemo et in mandatis damo a ti, nobel et dilectissimo citadin nostro, Piero Diedo[1], cavalier, designado orator nostro al signor soldan,

---

[1] André Navagiero est à lire sur tout ce qui précéda et motiva l'importante ambassade de Pierre Diédo. (*Stor. Veneziana*, ap. Murat. t. XXIII, col. 1199, et ci-dessus, p. 442, n.) Il ne s'agissait de rien moins que de faire accepter par l'Égypte la prise de possession de l'île de Chypre et l'éloignement de la reine Catherine. On est étonné que Dominique Malipiero, dont nous n'avons, il est vrai, qu'un abrégé, soit si sommaire sur ces événements auxquels prit part un membre de sa famille, Marc Malipiero, commandeur de l'ordre de Rhodes en Chypre. (*Annal. Ven.* t. II, p. 612.) Diédo, élu ambassadeur le 1ᵉʳ septembre 1489, arriva le 7 décembre au Caire, où se trouvait encore Marc Malipiero, envoyé au mois d'avril par la reine de Chypre et le capitaine général Priuli. Diédo étant mort du 15 au 22 février 1490, les laborieuses négociations qu'il avait commencées furent poursuivies par Marc Malipiero et par Jean Borghi, secrétaire de la république de Venise, attaché à l'ambassade de Diédo. Le 16 avril 1490, le sénat de Venise ayant reçu des lettres du Caire du 22 février, annonçant la mort de Diédo, dont la dernière dépêche était du 15 février, charge Borghi de tous les pouvoirs de l'ambassadeur défunt, et avise le sultan de cette substitution. (*Secreti*, XXXIV, fol. 61 v° et 63.) Déjà, comme on le verra par les pièces des 9 et 11 mars, les difficultés étaient aplanies, les traités renouvelés, et

che, cum el nome del Spirito Santo, montar debi sopra la galia sopracomito ser Zulian Gradenigo, quale habiamo facto armar de lì a questo effecto, et, solicitando cum ogni studio, diligentia et festinantia el navegar tuto dì et nocte, te debi conferir a drectura in Candia, senza indusiar nè perder ponto de tempo in alchuno loco; et de lì poi torai el parizo per Alexandria, dove quanto più presto zonzerai, tanto più serà de nostro contento et piacer et de laude tua, perochè la materia per laqual te mandiamo recercha cussì; et è el desyderio nostro che sii de lì qualche zorno avanti el zonzer de le galie nostre dei viazi.

Zonto veramente che serai in dicto luogo de Alexandria, visitado de more quel armiraio, soto nostre lettere, et facto li presenti che te habiamo facto dar, juxta solitum, et tolte da quel consolo et merchadanti nostri tute quelle informatione te parerano necessarie, non solum de le cose pertinente a la generalità, ma etiam a le particularità, monterai al Cayro; dove, quando te serà concesso facultà, anderai a la presentia del signor soldan, quale, soto fede de le letere nostre credential te habiamo facto dar, saluterai, cum quelle parolle te parerà conveniente al honor suo et nostro, congratulandote de la bona valitudine de la persona sua; et etiam te ralegrerai, sel sarà seguita pace tra lui et el signor Turcho, de essa pace et de li soi felici successi, dilactandoti circa questo cum dimonstrarli el gran contento havemo ricevuto de tal pace seguida, perochè la guerra che era tra do cussì potenti signori, come sua excellentia et el signor Turcho, tuti do amicissimi nostri, non poteva esser salvo che cum nostro grande despiacer. Se veramente dicta pace non fosse ancor seguita, te ralegrerai de ogni sua prosperità. Presenterai etiam, a loco et tempo, li presenti nostri a la excellentia sua, come è consueto farsi.

Visiterai etiam la excellentia de la soldanessa, similiter soto le nostre lettere credential, salutando quella per nostro nome, et congratulandoti de la incolumità et bona convalescentia sua. Et similiter, ralegrandote de la pace over prosperità del signor soldan, sicome rechiederà la occorentia de le cose seguide al tuo zonzer de lì, come de sopra te dicemo del signor soldan.

---

l'île de Chypre reconnue comme une terre vénitienne, grâce à l'intelligente activité du secrétaire. Borghi remplit plus tard, en 1492, une autre ambassade en Égypte pour des intérêts de commerce. On trouve les pièces de cette mission aux *Secreti,* XXXIV, fol. 110 v°. M. Cicogna, d'après Foscarini, pense que Jean Borghi fut ensuite chargé d'écrire les annales de la république de Venise. *Inscrip. Venez.* t. II, p. 162.

Farai le medeme visitation, segondo el consueto, al armiraio grando; diodar grando et picolo, cathibiser, memendar, nadrachas et altri de la corte del signor soldan, come è consuetudine, et come te parerà al proposito de haver a li favori toi, presentandoli come è dito de sopra.

Quando poi te serà concessa la segonda audientia dal signor soldan, over che, juxta el suo costume, fosse commessa l'audientia tua al diodar grande over altri, exponerai che nui, memori de la antiqua benivolentia habiamo semper havuto cum suo signoria, in el paexe del qual al continuo sono stati li merchadanti nostri et al presente stano cum le loro robe et merchadantie, et vogliamo conservar et mantenir cum perseverantia dicta benivolentia, te habiamo mandato nostro orator a suo signoria et per honorar quella et per exponer quelle cosse ne occorreno et gravano la mente nostra, azo, tolto via quelle, et provisto per la signoria soa al bixogno, li nostri merchadanti possino star de lì cum meglior cuor et perseverar in far le sue facende de ben in meglio, cum beneficio del paese et utilità loro[1].

Quanto veramente apartien a le cose publice et concernente el stado nostro, quale reputamo et sono de grande importantia, et meritano esser molto dextra, cauta et accomodatamente governate, te dechiareremo copiosa et diffusamente la intentione nostra, laqual tu, cum la tua dexterità, accomodandote a la condition dei tempi et excito de le cosse troverai al zonzer tuo de lì, procurerai exequir.

Si in camin, over in Alexandria, tu trovasti el reverendo domino frate Marco Malipiero, grande comendador de Cypro, et similiter, s' el retrovasti ancor al Cayro, te abocherai cum lui, et farate narrar particulariter tuto[2] el successo de le cosse per le qual el fo mandato de lì per la serenissima rezina de Cypri et nostro capitanio general. Et in caso che trovasti le cosse esser successe ad vota, tu seguirai in la expositione toa la forma et ordene de la presente commissione, non facendo mentione de le cosse de Cypro, salvo in caso che fosti rechiesto, over per via de narration, a qualche bono et conveniente proposito, come de cosa laqual nui judicamo, come anche la raxo rechiede che sia stata de utilità et contento del signor soldan et a suo grande proposito per assai respecti.

---

[1] Suivent des instructions particulières sur les réclamations que l'ambassadeur devait présenter au sultan au sujet de services rendus ou de dommages éprouvés par divers marchands vénitiens à Damas, Alep, Tripoli et Alexandrie. Ces questions étaient très-secondaires pour Diédo; il ne devait s'en occuper d'abord, qu'afin d'amener avec prudence l'occasion d'aborder les affaires de Chypre, principal et véritable objet de la mission qui lui était confiée.

[2] Au Ms. *tuo*.

Quando veramente sentisti el prefato signor soldan reputarse molto offeso per la partita de la serenissima rezina et levar de le insegne nostre, senza sua licentia et saputa[1], et ch'el havesse usado parolle de sorte che fosseno indicative de garbuglio, o qualche novità; in chadauno de questi casi facti cussì, nostra intentione è et cusì te comandemo, che, cum quella forma de parolle che la dexterità del inzegno tuo te subministrerà, tu debi dar principio da questa materia de Cipri, narrando la causa de la partida de la serenissima rezina predicta et de le altre cosce seguide, adherendote a la forma de le commission date per essa serenissima rezina et per el nostro capitanio general al prefato reverendissimo domino Marco Malipiero, la copia de lequal et de le lettere scripte per suo[2] sublimità al signor soldan in questa matiera te habiamo facto dar.

Et oltra le raxon contenute in quelle, de le guerre che ha perterrita et spaventata suo sublimità, de Rizo de Marino et Tristano de Zilibeto[3], suo rebelli et traditori, che cusì longo tempo l'ha insidiata et tuta volta machinavano contra de lei, et de la falsa relation facta per i dicti, et maxime per esso Tristan, al signor soldan del matrimonio, subzonzerai che 'l non è verisimile, ne alguno sè lo die persuader, che sua maestà havesse tolto a cussì fata cossa el mezo di dicti traditori et de quelli che non solum havevano cerchato de tuorli la vita et stado, ma etiam havevano posto la man nel sangue et amazato el barba de suo sublimità[4], inzuria da non domentegar, ma che li è meritamente fixa nel cuor.

Et oltra el dubio de altri inimici et rebelli oculti che havevano constrecta quella, che come dona molto existimava li grandissimi pericoli in li quali la sè ritrovava, a levarse de l'isola et venir a visitation nostra; l'havea etiam rechiesto el nostro capitanio general, quale, a complacentia et per sublevation de suo sublimità, havevemo remandato in Cypro cum l'armata nostra, a levarla honorevelmente, come fiola nostra amantissima, chel' volesse per conservation de quella isola, azo la non remanesse destituta et a discretion del Turcho,

---

[1] Cette circonstance, à laquelle il est de nouveau fait allusion un peu plus loin, atteste encore, nonobstant les décrets du sénat remontant à l'année 1487, que la république de Venise ne se décida à remplacer en Chypre les insignes des Lusignans par ses propres bannières qu'après l'acquiescement de Catherine Cornaro à son abdication et à son départ. Voy. ci-dessus, p. 394, n. et 416, n.

[2] Rien de plus fréquent, on a dû l'observer déjà, que ces défauts d'accord de genre entre l'adjectif et le nom dans l'ancien vénitien; c'est un de ses traits distinctifs. On remarquera aussi que l'accord a lieu lorsque l'adjectif pronominal suit le nom.

[3] Tristan de Giblet.

[4] Souvenir du meurtre d'André Cornaro, en 1473. Voy. ci-dessus, p. 353.

inimico del dicto segnor soldan over de altri, levar le insegne et stendardo nostro[1], azo tuto el mondo intendesse nui, che za longo tempo la havevemo in protectione, la vossamo etiam defensar da chadauno : a la qual cossa inter cetera induse suo sublimità la conventione et capitoli habiamo cum el'dicto segnor Turco che tuti li luoghi et isole che leverano le insegne nostre, siano salve et segure, ne possino recever lesione da quello.

Se adonque sua sublimità ha cerchato, cum questo et ogni altro possibel mezo, de assegurar l'isola et regno suo da li inimici del prefato signor soldan, sua signoria l'ha de laudar et non ha causa de dolerse de lei, et molto meno de nui, quando la sia certissima che stando dicta isola a nostra custodia, la sia in mano de amici de la suo signoria et de homeni pacefici et non consueti corsizar, nè da chi quella nè i subditi habino a recever molestia, come intervigneria se la fusse capità in man de Chatellani, Spagnardi, Franzosi, Rodiani, over de altra potentia, perochè la saria stà receptaculo de infiniti corsari, che incessantemente baveriano inferito danni a li soi Mori et subditi, cum desviamento de i marchadanti et marchadantie, primo alimento del suo paexe. Et molto pezo seria stà se dicto regno fosse pervenuto a le mano del Turcho, perochè'l seria stato uno porto a la sua armada, commodo et apto a dannificar et deffar tute le marine de la Soria. Unde concludemo che'l die esser contento, et fa per lui et ben de li suo populi, che habiamo in protection et custodia el regno predicto, et tanto più che'l non die dubitar de haver ogni anno da quelli governano dicta isola le sue page corrente. Ma questa et ogni altra cossa te apparerà far a tal proposito, exponerai tanto più humana, dolze et mitigadamente, over cum qualche vehementia, quanto tu troverai le cosse del dicto segnor soldan in tranquilità o guerra cum el segnor Turcho; in l'uno et l'altro dei qual casi te accomoderai a la sason et exigentia de le occorrentie, cerchando de trar resposta conforme a l'effetto de quello è seguito.

Et azo meglio tu te sapi governar et intender tu possi de luogo in luogo ogni occorrentia, volemo che, se in camino trovasti lettere del nostro baylo de Constantinopoli, over del suprascripto reverendo frate Marco Malipiero, dirrective a nui, over al nobel homo Francesco de Prioli, olim capitanio nostro general da mar, le debi aprir, lezer et veder, se per ventura in quelle fosse alcuna cossa che te potesse instruir, over dar lume ad alcuno proposito in questa tua andata; il che azochè più compitamente far tu possi, te

---

[1] Voy. la note 1 de la page précédente.

habiamo fato dar la copia de le zifre a questo necessarie. Lecte veramente haverai dicte lettere, la continentia de le qual non communicherai cum alcuno, oltra Zuan[1], secretario nostro, cancellario tuo, per quanto hai cara la gratia nostra, le ponerai in una coperta bollada, et ne le manderai volatissimamente.

Et perchè facil cossa seria che retrovasti ancora al Cayro el prefato domino Marco Malipiero, ne a parso a proposito, azo el non romagni al tuto destituto, far de[2] la serenissima regina de Cypri li scriva una lettera et un altra al signor soldan, in la forma vederai per la copia te habiamo facto dar; lequal letre, al tuo zonzer de lì, parendote se per caxo, derai al dicto domino Marco retrovandolo, azo le possi presentar et procurar la sua presta expeditione, laqual ancor ti ajuterai bixognando, azo el sè possi levar de lì et ritornar a drieto. Et a questo ne meterai ogni diligentia et possibilità per quanto patisse l'honor nostro.

Se per caxo fosti domandado quello è seguido de Rizo de Marino et de Tristan de Zillibeto, dirai che l'uno et l'altro, parendoti haver offeso non solum la serenissima rezina et nui, ma etiam el signor soldan, cum molte falsità narratoli, sè hano venenado cum alguni diamanti havevano adosso, et l'uno, zoè Tristano, morite in camino venendo qui, et Rizo veramente similiter morite dapoi zonto in questa cità[3].

Se etiam fosti domandato de Gien[4], sultan fratello del signor Turco, li dirai quello che è cum effecto, ch' el sè ritrova a Roma, apresso el summo pontifice, allozado nel palazzo de suo santità, molto degna et honoratamente et in compagnia de molte notabel persona.

La medesima resposta farai a la madre del dicto Gien sultan, che de lì sè truova, in caso che la te facesse rechieder, o per ventura te abochasti cum lei.

Et se sè ritrovava truciman del signor soldan uno nominato Tanzer Baïd, el qual intendiamo esser homo de auctorità, molto astuto et pratico, et de sorta che è ben a proposito haverlo favorevele, però volemo che, per mezo de presenti da esserli facti secreti, et de offerte et bona ciera, cherchar tu debi

---

[1] Jean Borghi.

[2] Ainsi au Ms. avec le sens de *che*.

[3] Il y a ici, comme l'on voit, une altération flagrante de la vérité en ce qui concerne Rizzo de Marin. (Voy. ci-dessus, p. 433 et 436.) La république ne tenait pas à dire au sultan qu'elle avait fait secrètement étrangler ce seigneur, revêtu du caractère d'envoyé du roi de Naples auprès du divan.

[4] Djem ou Zizim, frère de Bajazeth II, dont les princes d'Europe se servaient dans leurs entreprises contre les Turcs. Les sultans d'Égypte avaient à cet égard des intérêts communs avec les chrétiens.

quanto più benivolo et propitio tu porai per facilitar più la votiva expedition tua. Laqual obtenuta ad vota, tolta bona licentia dal signor soldan, te ne retornerai a la presentia nostra cum dicta galia, laqual tu farai dimorar in Alexandria, over dove te apparerà la stia più segura, ad ordene et voler tuo.

- De parte, 160. De non, 1. Non sincere, 0.

1490, 9 mars. [En Égypte.]

Déclaration des commissaires égyptiens, au nom du sultan Al-Malec-al-Aschraf Kaïtbaï, reconnaissant la république de Venise comme maîtresse de l'île de Chypre, à condition qu'elle payera exactement le tribut dû par l'île aux sultans d'Égypte [1].

Venise. Arch. génér. *Commemoriali*, XVII, fol. 123.

Lauda sia Dio, richo et forte. Questa è la pura verita de quello nuy, cadi infrascriti, havemo testificado.

A richiesta del signor soldan, et aldida del signor nostro signor soldan, el più alto de tuti et più potente et più honorado, intelligente de la fede et saputo, solicito a la guerra et prehenditor di soy inimici, sopra de tuti i signori, l'Aseraph, soldan del Moresmo et de Mori, occisor de patarini, et fautor de la justitia, al mondo adjutor de oppressi, punitor di cativi et di malfactori, et persecutor di desviadi, et castigator di malfacenti, adjutor di poveri et bisognosi, intelligente de la pena et de la spada, successor del soldanadego, signor de signori Arabi, Azamini et Turchi, Alexandro a questo tempo, sublevator de le parole de la fede et de la justitia et de le gratie, soldan de l'uno et de l'altro mar et de l'una et de l'altra terra, servidor di do luoghi sancti, padre de la victoria [2], Caythbey, che Dio longi la soa vita et suo dominio, et dia victoria al suo populo!

Quello in che sè è rimasto d'acordo, et che sè ha contentado fra l'alto signor armiraglio et seraphi Jacops e memendar, che Dio el mantegna! presente l'alto spadier Tangrivardi, turziman del signor soldan, et presente Francesco Teldi, turciman de l'ambassador de Veniexia, et fra Piero Diedo, ambassador della signoria de Venexia, et Marco Malipiero, ambassador de Cypri, et Zuane Borgi, secretario de la signoria de Venexia, presente Daniel Trivisan, nepote del dicto ambassador avanti la sua morte [3]; e questo che

---

[1] La pièce est intitulée sur le registre : « Translato del instrumento facto per el signor soldan sopra el regno de Cypri cesso a la illustrissima signoria de Venexia per el prefato excelentissimo signor soldan. »

[2] Nous avons remarqué, dans les documents précédents, des titres analogues à ceux-ci, p. 55, 73.

[3] Pierre Diédo était mort au Caire, comme on l'a vu déjà, p. 472, n.

dar sè debia a la casenda del signor soldan de raxon de page do de Cypri, zoè : de le preterite, ducati xvi mille[1]; in questo modo, zoè al presente quì ducati iv mille, et per el cotimo de Damasco, a cui ordinarà el signor soldan, ducati vi milla. Et che el sia mandà nel presente anno da Veniexia per le galie più sorte de robe per l'amontar de ducati vi milla, al precio che le costano lì; et non sè mandando dicte robe per esse galie questo anno, el signor soldan possi astrenzer el consolo cum i mercadanti et nation Venetiana in Alexandria. Et insuper che dapoy el zonzer in Cypri de l'ambassador, preparar sè debi page di altri do anni a la casenda del signor soldan, in zambeloti et altre robe, segondo le usanze di signori passati. E tre mesi da poy el zonzer de dicto ambassador, et non sè mandando in dicto termene, resti obligato el principe de Veniexia et chi commanda in la dicta terra; reservado se armada del Turco fosse uscita in mare, che in tal caxo, non sia obligato mandar dicte page, salvo quando el mar sia rimasto neto et securo. Preterea che sè debia reveder el conto de le page rotte[2], et che quello che resterà a dar, mandar sè debia de Cypri ogni anno una rotta in compagnia cum una delle ordinarie.

Et è converso, contenta el signor soldan che la signoria de Veniexia ben et justamente guardi et governi l'isola de Cypri, le ville, li huomini et populo, non tortizando alguno. Et vuol el signor soldan et da libertà alla signoria de Venexia che, perpetuis temporibus, mandi governatori che governi et commandi in Cypri et ministri razon segondo i signori passadi; i qual governadori metter et dismetter possi, segondo le usanze et consueto di signori passadi et a suo buon piacer; obligandose dicto signor soldan de tractar i ambasciadori che vegniranno quì cum le page di presenti et vesta, segondo le usanze[3]. Et vuol el signor soldan che per man del ambassador sia portà adesso la vesta al rezimento de Cypri, et che a l'ambassador sia dà la sua vesta, segondo usanza. Et satisfacte che sia tute le page rotte, sia dado ogni anno la paga ordinaria segondo le usanze passate.

---

[1] Le sultan maintient ici le tribut annuel de Chypre au chiffre de 8,000 ducats arrêté sous le règne de Jacques le Bâtard. Le tribut exigé de l'île après la mise en liberté du roi Janus, n'avait été d'abord que de 5,000 ducats. L'Égypte profita de l'assistance qu'elle donna au roi Jacques le Bâtard pour exiger un tribut de 8,000 ducats, auxquels on ajoutait souvent un présent; après le massacre des mamelougs, elle l'éleva même à 16,000; mais le roi Jacques, avec sa prudence ordinaire, nous dit Georges Bustron, parvint à ramener le tribut à 8,000 ducats. Ms. fol. 63 v°.

[2] Des payements particls du tribut qui avaient pu être faits antérieurement.

[3] Les sommes d'argent et vêtements ou pelisses d'honneur qu'il était d'usage de donner aux ambassadeurs.

Et così Marco Malipiero, ambassador de Cypri, et Zuane Borgi, segretario de la signoria de Venexia, presente Daniel Trivisan, confermano in tuto e per tuto el presente acordo, da poi la morte del ambassador, el qual acordo è stà vedudo et ratificado per il signor cadi Catibisser et pel signor cadi Sidi Abulbacha et cadi Sidi Salaydin, suo fradelo, Beneziani, naybo del cadi Catibisser, per nome del signor soldan.

I quali soprascriti cadi hanno confessado de quanto sè contien nel presente contracto, et fano testimonianza sopra Marco Malipiero et Zuane Borgi, secretario de la signoria de Veniexia, et fano testification certissima cum turzimania certissima, in loro bon intellecto et sanità et bona voluntà che sono contenti di tutto quello sè contien ne la presente scriptura e di quanto è stà agità et concluso in essa. Et sono tenuti sopra de loro et del suo haver de far presentar alla cassenda del signor soldan la summa di ducati XVI milla sopradita, segondo i pati e convention di sopra annotate, come è scripto a partita del presente scrito, per raxon justa et de Dio; et cussì confessano haver promesso segondo è stà referido turzimando.

Questo istesso testifica el povero de Dio altissimo, antiquo, aprexiado maistro di sapienti, prosperoso Badredin, nobile di sapienti, primo de li prosperoxi, predicator de Mori, padre del' Aseraph, amico del nostro signor e abondante.

Samedin, nobile di sapientia, primo de abondantia, predicator de Mori, prudente padre de abondantia, signor sapiente, el Malechi, mantegna la justitia! amico de la cità del Caiero, acceptada da Dio la sua justitia, ha justificado et testificado tuto quello appar in questo, come cossa raxonevele, che cusì sono remasti contenti del pacto, facto segondo justitia, senza contradiction de quello; e testimonia per l'anima sua, per li nominati in questo, a la presentia de la sua sedia de justitia, nel zorno benedeto de Di marti 17, del mese de Rabig el tani, quarto mexe del anno 895. Amado sia Dio altissimo et gloria sia a lui!

Testimonia el servo e povero de Dio altissimo, antiquo, honorado, maistro di sapienti, Badredin, nobile di sapienti, prosperoso, predicator de' Mori, el signor el Malechi, et zudexe, de tuto quello appar de sopra, accepta Dio altissimo la sua justitia!

Testimonia sopra etiam l'anima sua de tuto quello è seguido, come appar de sopra, e Marco Malipiero e Zuan Borgi, secretario, che sono rimasti contenti come de sopra è notado. Et cussì testimonia sopra de quelli de quanto è notado nel millesimo scripto Achmed el Taiul; et de questo medesimamente contenta el nostro signor el Malechi, de quello che appar de sopra, Dio lo mantegni et prosperi li soi beni!

Et testimonia sopra Marco Malipiero et Zuane Borgi, secretario, come de quelli appar de sopra, che sono remasti contenti de quanto è notà de sopra, nel milleximo dicto, et cussì testifica Mensor el Nasseri, et cussì ha scripto de sua man.

Scrito nel dì de Marti benedeto, a dì 17 de la luna de Rabilg el tani, el quarto mexe del 895, al nostro modo a dì 9 Marzo 1490.

1490, 11 mars.

Quittance d'un à-compte de 4,000 ducats sur les tributs de l'île de Chypre délivrée par le trésorier du sultan [1].

Venise. Arch. génér. *Commemoriali*, XVII, fol. 123.

Quello che è pervegnudo ne la casenda del signor soldan altissimo, signorizada del reame l'Aseraphie, che Dio li dia vita longa! de raxon de la signoria de Veniexia, per le mani de Zuane Borgi, secretario de Vinexia, et de Marco Malipiero, ambassador de Cipri, per parte del conto de le page de do anni rotte, del isola de Cipri, de quella summa ne la qual sè è remasto d'acordo, segondo l'instrumento facto per i sopranominati in presentia del spadier Tangrivardi, turziman. Summa, fra piatine d'arzento et monede venetiane, ducati quattro millia, la mita de quali è do millia. A dì xviiii de la luna de Rabiel segondo 895, et a nostro modo a dì xi Marzo 1490.

Massnnul Belcatale ha scrito quanto de sopra sè contien, et afferma dicti denari esser stà apresentadi a la casenda del signor soldan.

[1490. Mars.]

Le sultan d'Égypte écrivant au doge de Venise, Augustin Barbarigo, confirme la déclaration des commissaires, et lui envoie des présents [2].

Venise. Arch. génér. *Commemoriali*, XVII, fol. 124.

El soldan grande, el Aseraph, re di re, signor di signori, signor forte, justo, combatente, victorioso, spada del mondo et de la fede, soldan de

---

[1] La pièce porte ce titre dans les Commémoriaux : « Copia de la quietation di ducati quattro « millia, contadi per Zuane Borgi, secretario, a « la casenda del signor soldan, in observan- « tia di pacti et convention celebrate per la « cession del regno de Cypri, translatada de « arabico in franco. »

[2] La lettre de Kaïtbaï est ainsi intitulée dans les Commémoriaux : « Littere illustris- « simi domini sultani Babilonie ad serenis- « simum dominum Ducem, quas clausas « tradidit circumspecto secretario Joanni Bur- « gio, quo die ipsum expedivit et veste dona- « vit. »

Mori et del Moresmo, resussidador de la justitia nel mondo, vendicator de coloro che sono judicati a torto, sotomettendo el forte chui sè tien lion, Alexandro al presente tempo, repossamento del tempo, meritador del ben et credador de le parole de la fede, distributor de le sedie et de le corone, vencitor de le terre inexpugnabile, donator de regni et provincie del Cairo, inimico de patarini, traditori et malfactori, restitutor de regni, soldan de Arabi et de Azamini et de Turchi, servo di do luogi nobeli, signor de Armeni, et do mari [1], la misericordia de Dio sopra de lui et del suo paexe! conservator de la sua leze et del suo comandamento, soldan del mondo, assecurador de le terre, signor di re et soldani, vicario del calipha, Ebul-Nasser Caytbei, Dio mantegna el suo soldanesmo, et doni victoria a la sua zente et a li soi auxiliatori !

Al nome de Dio, misericordioso et miserator, fo presentado le lettere de la excelentia del Doxe, religioso, discreto, valente, victorioso et prosperoso, cavalier et gloria de la nation del Cristianesimo, honor de la fede et de la croce, dose de Veniesia et del suo dominio, et alto de [2] la fede et del baptesimo, amico di re et di soldani, Dio altissimo lo pacifica! a le nostre porte nobeli. Avemo inteso le soe richieste, per mezzo del suo ambassador et suo secretario, Zuane Borgi, i quali apresentono le lettere, et disseno quello che havevano de bisogno davanti el nostro conspecto nobile. Et habiamo inteso tuto quello hano explicado, et sopra tal richieste havemo mandato li nostri comandamenti nobeli, scripti per el nostro reame a signori et logotenenti per el facto de Franchi Venetiani, mercadanti et altri, et etiam havemo facto acordo come hano dimandato. Comparse ancora Marco Malipiero, ambassador de la rezina Chatarina, de l'isola de Cypri, et ha porto le lettere de la dicta, lamentandose del facto suo ; et simelmente portò cum sè la quantità che toca al isola dicta per do anni ; et quanto el ne disse havemo inteso. Et da poy morto l'ambassador de la excelentia del doxe, et remasto in suo cambio Zuane Borgi, secretario de la excelentia del doxe, ne le nostre mani, dimandò da la nostra charità nobile che l'isola de Cypro sia soto el dominio de la excelentia del doxe. La qual isola è al suo comando, et in quella puol meter quelli che par a la sua voluntade per provededor et amico de la excelentia del doxe. A quelli populi che sono nel' isola sia facto bona compagnia, et sufficientemente tractati, et acordate li soe differentie. Et sopra de ziò è stà facto scriptura per el dicto et per nodaro de tute le cosse

---

[1] La mer Rouge et la mer Méditerranée. — [2] Au Ms. *ne.*

semo remasti d'acordo, justificando tutto, et etiam quello aparechiar et portar sè die a le nostre camere nobile. La excelentia del doxe proveda, sicome l'è obligado, che quello che serà provededor per suo nome in l'isola de Cypri chel debia satisfar quello chel è debito et chel non sè indusii a mandar a i debiti tempi; et che el dose comandi chel sia facta compagnia bona et justa a quelli de l'isola, et fazi che stiano in pace et siano defesi da quelli li deseno inpazo, habiandoli per ricomandati et facino i facti soi alegramente. Et havemo vestido Zuane Borgi, secretario dicto, de vestimenta nobile, et havemo li facto bona compagnia; et havemo mandato per sua man una vesta nobile a la excelentia del doxe, la debia vestir a cui piace a la sua voluntà, et havemo mandato per le sue man uno picolo presente; et de questo sia advisata la excelentia del doxe. Marco Malipiero, ambassador de Cypri, venuto de l'isola, havemo vestido de vestimenta nobile, et havemo mandato per sue man lettere al provededor de l'isola de Cypri; et havemolo advisato de la cosa de l'isola dicta, come l'è rimasta al comando de la excelentia del doxe, et chel metta in essa quello che a lui piace. Et è ritornato Zuane Borgi, cum quelli erano cum lui de compagnia, a la excelentia del doxe; et Marco Malipiero, dove li ha piazuto. Sia advisata la excelentia del doxe de questo, et Dio altissimo pacifica per la sua charità et cortexia, si cussì li piace.

Annexe à la lettre du sultan.

Cosse presentade per el signor soldan, per mezo del circumspecto Zuane Borgi, secretario [1]:

1 ampola de balsamo.	5 peze de sinabasso.
2 corni de zibeto.	25 piaene de porzelana.
25 bossoli de turiaga.	8 scudele de porzelana.
35 rotoli de legno aloè.	100 panni de zuchero.
35 rotoli de benzui.	2 scatole zucaro candi bianco [2].
9 peze de sessa.	

[1] L'an 1476, le sultan avait envoyé un présent analogue à la reine de Chypre, en recevant d'elle l'arriéré du tribut. Voy. ci-dessus, p. 406.

[2] Au dos de la lettre était écrite la suscription suivante : « A la excellentia del doxe, « religioso, discreto, valente, victorioso, ca-« valier et gloria de la nation del Christia-« nesmo, honor de la fede et de la croce, doxe « de Veniexia et del suo dominio, et alto « doxe de la fede et del baptismo, amico di « re et soldani, Dio altissimo lo pacifica! »

484   HISTOIRE DE L'ÎLE DE CHYPRE.

[Après 1489-1490.]

Extrait des statuts de l'inquisition d'état de Venise, ordonnant de noyer en secret ceux qui prétendraient que les descendants des frères de la reine de Chypre élèvent des réclamations au sujet de la couronne de Chypre, et ceux qui oseraient dire que les droits de la république de Venise sur ce pays n'ont d'autres fondements que la prise de possession même, en attaquant la légitimité des droits de Catherine Cornaro, de qui la république tient le royaume [1].

Histoire de Venise de M. le comte Daru, 4ᵉ édit. Paris, 1853, t. VI, p. 314.

Aggionta fatta al capitolare delli inquisitori di stato.

1. Dopo l'aquisto fatto dalla repubblica nostra del regno di Cipro, per la rinoncia della regina Catarina Corner, pare che si sentano al Broglio [2], e ancora via del Broglio, alcune voci licentiose, che alcuni nobili nostri discendenti da' fratelli di quella regina pretendano esser chiamati principi del sangue, et altri nobili pure, benchè non parenti di quella, ma che haveano

---

[1] Je ne puis rentrer dans la discussion soulevée entre M. le comte Tiépolo et M. le comte Daru, au sujet des statuts de l'inquisition de Venise. Toutes les raisons ont été données de part et d'autre pour infirmer ou établir la sincérité de ce document, et je ne saurais en apporter que de moins bonnes. (Voy. *Discorsi ossia rettificazioni di alcuni equivoci riscontrati nella storia Veneta del sig. Daru*, del conte Domenico Tiepolo. Udine, 2 vol. in-12, 1828, t. II, p. 73 et suiv.; et *Hist. de Venise*, édit. de 1853, t. VII, p. 53; t. IX, p. 330-342.) M. le comte Tiépolo reproche à M. Daru une disposition à incriminer de parti pris les actes de l'ancien gouvernement de Venise. Je ne crois pas l'accusation méritée, et je suis bien plus frappé de la tendance de M. Tiépolo à tout excuser ou à tout louer dans la république de Venise, par suite d'un sentiment d'amour-propre national fort naturel, mais qui n'en est pas moins un écueil des plus dangereux pour la critique. Examinant la question en toute liberté, je me range à l'avis de l'historien de Venise, et je crois à l'authenticité des statuts, dont cinq copies, d'origine diverse, se sont retrouvées dans les Ms. des bibliothèques de Paris, de Florence et de Sienne. Quelques dates, en apparence contradictoires, ne suffisent pas pour diminuer le caractère d'authenticité de ces statuts. Rien n'est plus fréquent dans les règlements de cette nature conservés et appliqués pendant longtemps, que des modifications et des insertions successives d'expressions ou d'articles entiers postérieurement à la première rédaction. Quant à l'objet même des deux dispositions citées ici, il n'a rien d'excessif, ni de trop éloigné des mesures que Venise prenait, dans les cas extrêmes, pour maintenir ses résolutions, ou pour frapper ceux qui les méconnaissaient. On a vu les preuves irrécusables que la seigneurie fit étrangler secrètement Rizzo de Marin, chevalier, chargé de négociations entre le sultan d'Égypte et la reine Charlotte, en faisant croire au sultan que Rizzo était mort naturellement à Venise; la république pouvait, avec autant de raison et avec bien plus de droit, punir de la peine capitale celui de ses propres sujets ou l'étranger qui aurait tenu des propos de nature à compromettre la sécurité de l'État. Je crois, du reste, l'addition aux statuts bien postérieure à la première date du règlement, qui est de 1454; l'*aggionta* me paraît avoir été décrétée après la mort de la reine Catherine et de Georges Cornaro, son frère, c'est-à-dire après 1524.

[1] Petite place ou *piazzetta de' Colonni*, devant le palais ducal, entre l'église de Saint-Marc et la rive.

infeudationi antiche d'isole dell' Arcipelago, et altri paesi di Levante, siano pretendenti l'istesso titolo, cosa l'una e l'altra molto assurda, et atta a partorir gravissimi mali in repubblica. Però siano incaricati tutti li raccordanti, di qualsivoglia condition, ad invigilar a questa sorte di discorsi, e di tutti darne parte al magistrato nostro, e doveremo noi e li successori nostri, in ogni tempo che ciò succeda, far chiamar quelli che havessero havuto hardimento di proferir concetti sì licentiosi, e farli risoluta ammonition che mai più ardiscano proferir cose simili in pena della vita; e quando pure sè facessero tanto licentiosi et disobedienti di rinovar questi discorsi, provata che sia giudiciaramente, overo estragiudiciaramente la recita, sia ne con ogni prestezza mandato uno ad annegar per esempio dell' altri, acciò sè estirpi afatto questa arroganza.

2. Si presente anco che molte persone, non solo nobili, ma cittadini e forestieri, ardiscano discorrere le raggioni della republica sopra il medesimo regno di Cipro, et altri più arroganti si facciano lecito, quasi fossero fatti giudici arbitri, di sindicar e sostentar che l'acquisito nostro non habbia maggior ragion del possesso, perchè le ragioni della regina Caterina fossero deboli: però anco a questo sia posta cura particolar per via dei racordanti e per ogni altra strada, e trovandosi che venga continuado questa sorte di discorsi, siano fatti chiamar i principali, e se dalle cose riferide sè poderà conoscer che il discorso non habbia havuto motivo che da inconsiderazion e curiosità, siano agramente romancinadi, e precettadi ad astenersene, e per questa volta non sia proceduto con maggior rigor; ma caso che sè conocesse che il discorso havesse avuto origine da mala volontà, overo, dopo fatta la repression, fosse ancora continuado nell' error, da qual motivo si voglia, siano mandati ad annegar. Se alcun forestier facesse l'istessi discorsi, anco per la prima volta, sia mandado zo dell stato, tempo venti quatro hore, quando non vi sia apparente malitia; e quando vi fosse malitia, paghi la colpa con la vita.

1491, 2 août. A Venise.

Réponse du doge Augustin Barbarigo à une supplique des habitants de Famagouste demandant le rétablissement de divers priviléges de la ville.

Paris. Bibl. imp. Mss. Fonds français, n° 10464. Écrit. xvi° siècle.

La communauté des habitants de Famagouste avait demandé au gouvernement de Venise le rétablissement des droits, usages, franchises et priviléges dont elle avait joui du temps de l'occupation génoise, et dont le roi Jacques II lui avait en partie assuré la conservation lorsqu'il prit possession de la ville. Nous avons dans le Ms. de la bibliothèque impériale, n° 1 0464, la réponse du doge à ces réclamations. La lettre d'Augustin Barbarigo peut servir ainsi de complément à l'acte du 6 janvier 1464, que nous avons donné précédemment. Cette lettre ne renferme pas, il est vrai, le texte même des priviléges que le roi Jacques laissa aux habitants de Famagouste. Le doge, dans l'article 8 de sa lettre, en déclarant l'intention formelle de la république vénitienne de supprimer ces franchises exceptionnelles, ne les rappelle pas en détail. Toutefois il est probable que les articles 12, 14 et 18 de sa réponse nous font connaître les dispositions auxquelles les Famagoustains attachaient le plus de prix en 1464 comme en 1491.

Le fait le plus considérable, résultant de ces articles et de l'ensemble du document, c'est que le roi Jacques le Bâtard n'avait point maintenu pour Famagouste le privilége qui obligeait tout le commerce de l'île à passer par son port, privilége exorbitant que les Génois, maîtres de la ville, avaient exigé du roi Jacques Ier en 1383, et que tous les efforts des princes ses successeurs avaient été impuissants à détruire[1]. Il reste encore dans le doute de savoir si les Famagoustains, avant la reddition de la place en 1464, avaient demandé au roi Jacques, sans pouvoir l'obtenir, la confirmation de cette faveur, la plus avantageuse de toutes celles qu'ils pussent solliciter; ou bien, si le roi Jacques, après la capitulation, viola sa disposition principale, en soumettant Famagouste aux droits communs des autres ports du royaume. Il paraît plus probable que la ville de Famagouste, réduite aux dernières extrémités en 1464, et ne recevant que des secours insuffisants de l'office de Saint-Georges et de la république de Gênes, ne prétendit pas, lors de sa soumission au roi, conserver le monopole du commerce extérieur de l'île. Il est donc vraisemblable que cette condition ne figurait pas dans la partie inconnue des articles de la capitulation de 1464, et que le roi Jacques n'eut pas à se reprocher de l'avoir postérieurement méconnue. Quoi qu'il en soit, il est certain que le monopole de Famagouste n'existait plus quand les Vénitiens s'emparèrent du gouvernement de l'île de Chypre en 1473, à la mort de Jacques II, et quand, vers 1491, la commune de Famagouste demanda le rétablissement de ce monopole. L'article 18 de la réponse du doge nous donne une notion positive à cet égard. Dans le passage de la supplique auquel répond cet article, la commune disait avoir seulement joui de cette faveur du temps des Génois : « Il medesimo veniva observato per il comun « de Zenova, quando quel loco dominava. » Les Famagoustains n'auraient pas manqué de rappeler ici que la continuation du privilége avait reçu la sanction du roi Jacques, allié, protégé et gendre adoptif de la république, comme une des conditions de leur capitulation, s'il en eût été réellement ainsi. Mais Venise, maîtresse de l'île entière, n'avait aucun motif de rétablir cet avantage exclusif au profit des habitants d'une ville auxquels s'étaient mêlés beaucoup de Génois pendant une

---

[1] Voy. le tome Ier de nos documents, p. 395, 403, n. 2; 476, n. 1; 496, n. 2; 503, n. 1.

occupation de cent ans. L'expérience avait montré, d'ailleurs, combien la position exceptionnelle faite à Famagouste avait été nuisible au propre commerce des Vénitiens et à tout le commerce de l'île de Chypre.

Aussi le doge Barbarigo, répondant à la communauté au nom du sénat et de la république de Venise, refuse-t-il formellement de satisfaire à toutes les demandes qui pouvaient avoir pour effet de rétablir le commerce de la ville de Famagouste dans cette situation privilégiée [1], et déclare-t-il qu'il veut accorder une égale protection à tous les habitants de l'île.

Il faut reconnaître toutefois que la république, tout en achevant de supprimer les avantages particuliers concédés autrefois à Famagouste pour son commerce, et en lui refusant tout avantage politique, laissa aux habitants la faculté de suivre, comme par le passé, dans leurs usages et leurs rapports civils, les lois génoises auxquelles ils étaient habitués depuis si longtemps. On peut être surpris qu'il ne soit fait aucune mention de cette faveur ni dans la charte relative à la capitulation de la ville, en 1464, ni dans les lettres patentes d'Augustin Barbarigo; mais il n'en est pas moins certain qu'elle fut conservée par le gouvernement vénitien. En 1562, Bernard Sagredo, envoyé comme provéditeur général dans l'île de Chypre, remarquait, en blâmant cette tolérance, que la ville de Famagouste, seule ville de l'île, n'était pas régie par les Assises et qu'elle avait conservé ses statuts génois. On verra plus loin le rapport de Sagredo où cette observation est consignée.

Nous allons donner maintenant l'analyse détaillée de la lettre du doge Barbarigo. Le texte en est ainsi disposé. Après chaque article de la requête des Famagoustains, qui était rédigée en italien, le doge notifie en latin la réponse délibérée dans le sein du sénat ou conseil des Prégadi.

1. Le premier folio du Ms. manquant, nous n'avons pas le commencement de la supplique, mais une table des sommaires placée à la fin de la pièce nous en fait connaître l'objet. L'article premier y est ainsi analysé : « Il primo capitolo, circa « il venir la corte di Nicosia ad habitar in Famagosta. » Les magistrats de la commune de Famagouste demandaient d'abord, comme l'on voit, que le siége de la haute cour du royaume, bien qu'établi de tout temps à Nicosie, fût transféré dans leur ville. A cette réclamation, déjà adressée à Venise, le doge répond par ces seuls mots : « Ad primum respondetur quod nolumus aliud dicere, quia jam hoc nego-
« tium per nostrum majus consilium [2] fuit terminatum. »

2. Les Famagoustains demandaient que le doge voulût bien réserver à leur « pauvre communauté » le tiers au moins du secours de 4,000 ducats promis par la république de Venise aux Chypriotes, afin de distribuer cette somme entre ses

---

[1] Voy. surtout les articles 8, 12, 14, 18; et les articles 1, 2, 4, 13 et 15.

[2] La décision que le grand conseil de Venise avait déjà prise à cet égard, ainsi que le doge Barbarigo le rappelle ici, dut être nécessairement contraire aux désirs des Famagoustains, car la haute cour du pays siégea toujours à Nicosie.

concitoyens nobles et bourgeois, tous réduits à la misère par suite du siège qu'ils avaient soutenu, pendant quatre ans, contre le feu roi Jacques; « El qual re, dapoi « obtenuta Famagosta, vogliando subvegnir a la necessità loro, a molti de loro, et « quasi a tutti deva provision [1]. »

Réponse : Il ne nous paraît pas convenable de faire ainsi le partage. Nous voulons nous réserver le droit de secourir sans distinction les habitants les plus malheureux des différentes villes de l'île.

3. Ils demandaient qu'il y eût toujours cent cinquante hommes de la ville, armés et soldés par la république, pour faire le service d'arbalétriers; que chaque compagnie de vingt-cinq hommes eût un chef à double solde, etc.

Réponse : Il ne faut pas s'écarter des règlements en vigueur pour ces sortes d'inscriptions et de services.

4. Ils demandaient la réunion de l'évêché de Limassol à celui de Famagouste, attendu l'appauvrissement de ces deux villes. La première surtout, disaient-ils, n'est plus qu'un casal où la présence de l'évêque latin n'est d'aucune utilité; d'autre part, la pension que la république de Gênes avait accordée à l'évêché de Famagouste n'étant plus aujourd'hui payée, le prélat titulaire ne peut résider dans la ville; il en résulte que les églises, comme les monastères, dépérissent et tombent en ruines. Il y aurait donc nécessité d'attribuer à l'évêché latin les biens des monastères grecs, vendus à des séculiers au grand détriment du culte divin; car les acquéreurs, gens ignorants et peu zélés pour la religion, n'ont aucun souci d'entretenir ces établissements.

Réponse : La communauté n'ignore pas combien il est difficile au souverain pontife de réunir d'anciens siéges épiscopaux autrefois séparés, à cause des pertes effectives qui en résultent pour le trésor apostolique sur les annates; nous ne devons donc pas demander en ce moment ce que nous croyons ne pouvoir obtenir.

5. « La sérénissime reine Catherine Cornaro, et l'illustrissime général François « de Priuli, avaient supprimé pour quelques années la moitié des droits sur le vin « et la totalité des gabelles sur le blé et l'orge destinés à l'usage des habitants de « Famagouste; franchise entière est demandée sur tous les vivres. »

Réponse : Accordé pour vingt-cinq ans [2].

6. On prie la république d'accorder aussi l'exemption des gabelles sur les vins provenant des vignes situées autour de Famagouste dans le rayon de deux lieues [3].

Réponse : Moitié de la remise est assurée.

---

[1] On a vu, dans les pièces de la secrète de 1468-1469, quelques mandements qui paraissent se rapporter à ces circonstances.

[2] On prolongea ensuite cette exemption de dix ans en dix ans; mais elle donna lieu à beaucoup d'abus, les Famagoustains faisant entrer comme vivres destinés à leur nourriture toutes les denrées qu'ils voulaient vendre.

[3] *Doi miglia*. Les deux lieues reconnues comme banlieue particulière de Famagouste dans le traité de 1383. Voy. t. Ier, des Doc. p. 473 n. On ne cultive guère de vignes aujourd'hui dans ce territoire.

Ire PARTIE. — DOCUMENTS.

7. « Sè supplica a la celsitudine vostra che non voglia permetter che per li soi
« rectori de Nicossia, o per algun altro, sii hedificado case algune over magazeni a
« Saline¹, per comodità de marchadanti, perchè saria total cosa del deshabitare
« de Famagosta; attentochè fin al presente zorno da pocho tempo in quà, molti
« citadini di quella cità sono andati a stanciare a le Saline per comodità et utile
« loro che hano nel vender et comprar, et retrovarse de lì a Saline de continuo
« molte nave e navilii che fanno marchadantie. »

Réponse : On renouvellera les défenses faites précédemment dans ce but².

8. « Sè supplica a la sublimità vostra, che quella sè degni et li piaque a quella
« communità et a li habitanti de li casali de le due lege [confirmare] li loro officii
« et corte et pacti et capituli che sono concessi et confirmati dal quondam serenis-
« simo re Zacho. »

Réponse : « Ad octavum respondetur quod non intelligimus quæ sint conces-
« siones et capitula quorum confirmatio petitur; et propterea, prius quam aliud di-
« camus, expedit ut particularius rem istam intelligemus ab illis rectoribus nostris.
« Quâ informatione habita, deliberabimus postea quod equum et conveniens nobis
« videbitur³. »

9. Que chaque village de l'île soit obligé d'envoyer un homme par trente familles, pour travailler aux fortifications de Famagouste.

Réponse : Accordé, la république ayant à cœur le prompt achèvement des fortifications de la ville⁴.

10. On supplie la seigneurie de faire payer les loyers des maisons et des églises
occupées par les soldats «*soldadi*,» afin de prévenir leur entière ruine. Ces édifices,
où la république ne fait faire aucune réparation, ne peuvent être entretenus par
leurs propriétaires, car ils n'en retirent aucun profit depuis dix-huit ans que la seigneurie s'en sert pour le logement de ses troupes.

Réponse : « Nous ne voulons pas que nos hommes de guerre «*stipendiati*» se lo-
« gent dans les églises; ces saints lieux doivent rester affectés au culte divin; nos
« soldats demeureront dans les maisons de la ville, dont les recteurs feront à l'avenir
« payer exactement les loyers. »

11. Qu'on envoie une assez grande quantité de bois et de fer forgé pour être
vendus, au prix de premier achat, aux habitants de Famagouste, afin qu'ils puissent
réparer leurs maisons.

---

¹ A la marine de Larnaka.
² Ces défenses n'ont pu empêcher le commerce de Famagouste, comme le pressentait la communauté, de se porter aux Salines. Les Turcs, en chassant la population chrétienne de la première de ces villes, ont achevé sa ruine.
³ Il n'est guère probable que le gouvernement de Venise ait donné suite à ces informations.
⁴ Le travail se poursuivit et dut se terminer peu après. En 1522, un voyageur remarquait le bon état des remparts de Famagouste. (Barth. de Salignac, *Itiner. hierosol.* Lyon, 1525, in-8°.) En 1562 et années suivantes, on augmenta encore les fortifications.

Réponse : Accordé.

12. Famagouste manque des « métiers qui contribuent à la population des « villes : » en conséquence la commune demande que, lors du bail à ferme de la teinturerie publique de Nicosie [1], on oblige les fermiers, par une clause expresse, à entretenir aussi dans leur ville une teinturerie, où l'on puisse teindre les samits, les camelots et autres étoffes. Il en était ainsi, dit la commune, du temps du roi Jacques et du temps des Génois, aussi beaucoup d'habitants de Famagouste, profitant de cet avantage, s'étaient mis à fabriquer des samits et des camelots ; aujourd'hui ces fabricants sont tous allés s'établir à Nicosie.

Réponse : On ne peut satisfaire à cette demande.

13. « Che vostra sublimità sè degni conceder la terza parte de li officii de l'ixola « a quella povera communità, per quel modo et forma che è stà concesso a Cyprioti « per li ambassatori [2] passati da quella, attentochè li rectori de Nicossia non hanno « voluto far participi de alguno de quelli li citadini de Famagosta. Intendando che « in la predita terza parte sè contegna el capitaneato de Sivuri, el civitaneato del « Carpasso, territorii al presente de Famagosta, et apresso i ditti el civitaneato de « Masoto [3]. »

Réponse : Les emplois venant à vaquer dans chacun des territoires dépendant de Famagoste et de Nicosie, seront donnés aux habitants de ces territoires mêmes. De cette manière, tout le monde devra être satisfait.

14. « Les citoyens de Famagouste, placés aujourd'hui sous l'étendard du glo« rieux Saint-Marc, demandent à être traités en bons et fidèles Vénitiens ; en consé« quence, ils désirent pouvoir laisser comme les Vénitiens [4] leurs marchandises en « entrepôt ou libre transit, *per transito,* à Famagouste. »

Réponse : On ne peut accorder cette faveur, qui préjudicierait notablement aux revenus publics, si nécessaires pour la défense de l'île de Chypre.

15. Que les habitants des deux lieues entourant Famagouste soient exempts des droits de maréchaussée sur leurs bestiaux [5], afin que l'abondance revienne dans leurs villages. Que chaque chef de famille de la banlieue soit obligé d'avoir une maison à Famagouste, où il transportera annuellement la moitié de ses grains.

Réponse : On ne peut accéder à cette requête.

16. Que la seigneurie assure à maître Barthélemy de Faenza, médecin de Famagouste, et véritablement seul médecin de l'île, le traitement accordé précédem-

---

[1] La teinturerie appartenait autrefois au domaine royal.

[2] Mot incertain.

[3] Il sera question ci-après de ces offices dans les notes concernant diverses magistratures de la fin du règne des Lusignans et du temps des Vénitiens.

[4] Par l'article 3 du manifeste du 4 octobre 1469, qui plaça le roi de Chypre sous la protection de Venise, la république avait obtenu cette faveur pour son commerce de Chypre.

[5] Le roi Jacques avait exempté du droit de maréchaussée mille bêtes menues de la banlieue de Famagouste, par un mandement du 4 juin 1468. Voy. ci-dessus, p. 223.

ment à Jérôme de Parenzo, afin qu'il ne quitte pas le pays, comme on a lieu de le craindre.

Réponse : Il n'est pas possible de satisfaire à cette demande [1].

17. « Que la seigneurie daigne accorder à la communauté une somme annuelle « de 400 besants, pour les gages d'un maître d'école chargé d'apprendre la gram- « maire aux enfants de la cité, comme cela se pratique dans toutes les villes de la « république [2]. »

Réponse : On accorde une gratification annuelle de 250 besants à cet effet.

18. La communauté demande que tous les cotons de l'île soient transportés après la récolte à Famagouste, et qu'on ne puisse même les extraire de la coque en aucun autre endroit, de sorte que les maîtres de cette industrie, au nombre au moins de cinq cents en Chypre, soient obligés de résider tous à Famagouste. On permettrait seulement aux autres habitants de l'île de travailler le coton réservé à leur propre usage et non celui qui serait destiné à la vente. La communauté demande encore qu'on ne charge ou décharge aucune marchandise dans l'île, ailleurs que par le port de Famagouste, et qu'aucun navire ne puisse même embarquer du sel aux salines, s'il ne vient stationner ensuite à Famagouste, où il n'aura à payer, à la vérité, ni droit d'ancrage, ni droit d'arborage. « Ces dispositions, est-il dit, seraient extrêmement favorables pour repeupler la ville et contribuer ainsi à détourner les projets que les méchants peuvent former contre la tranquillité du pays; de plus elles étaient en vigueur au temps où la commune de Gênes possédait Famagouste. »

Réponse : « Ad xviii respondetur quod cum moris et instituti nostri non sit, « accomodando aliquos, alios incommodare, ut sequeretur quando concederemus « quod inpresentiarum petitur, et propterea aliud non dicemus. »

---

[1] Toutefois, par une décision du 16 juillet 1491, notifiée à Balthazar Trévisani, capitaine de Chypre, le 12 août suivant, le doge et le conseil des Prégadi assurèrent un salaire de deux mille besants à maître Barthélemy. La lettre du doge se trouve à la fin du Ms.

[2] Plusieurs savants vénitiens ont été appelés en Chypre pour enseigner la jeunesse. En 1512, Sébastien Foscarini se rendit dans l'île comme lecteur de logique et de philosophie, et de plus, en qualité de conseiller du royaume. (E. Cicogna, *Iscriz. Veneziane*, in-4°, t. III, p. 362, 363, n.) En 1552, un membre de la famille des Justiniani de Crète, Jean Justiniani, qui dédia un de ses ouvrages à François Ier, était demandé pour professer en Chypre. Son grand âge l'empêcha de se mettre en route, et il mourut en Italie. (*Iscriz. Venez.* t. III, p. 367.) L'instruction publique paraît avoir dignement occupé les Lusignans du xive et xve siècle, qui, presque tous, cultivaient eux-mêmes les lettres. Rodolphe de Saxe vit en Chypre, sous Hugues IV, des écoles où l'on apprenait « tous les idiomes » (t. Ier de nos Doc. p. 216), expression qui doit s'entendre au moins, outre le latin, du grec, du français, de l'italien, de l'arabe et du turc, langues encore communément parlées en Orient. Les principales villes de l'île avaient, en outre, des écoles pour les sciences, et Nicosie possédait un collège ou séminaire. Le souvenir de ces établissements est conservé dans une pièce des archives de Turin, 1600-1601, intitulée *Capitoli per Cipro*, que l'on trouvera plus loin.

19 et dernier. La communauté demande enfin que la seigneurie de Venise envoie à Famagouste des maîtres et des ouvriers habiles pour le travail de la chaux, pour la réparation des remparts et les autres constructions; elle demande surtout un bon ingénieur pour diriger ces travaux.

Réponse : Accordé, attendu que la république désire vivement le salut et la conservation de cette île bien aimée, « illius charissimæ insulæ. »

« Datum in nostro ducali palatio die 2 Augusti, indictione nona, M CCCCL XXXX « primo. »

1496, 6 octobre. [A Nicosie.]

Sentence du lieutenant et des conseillers de Chypre siégeant comme tribunal de la secrète, qui oblige les personnes devant annuellement des dîmes à l'archevêque et aux évêques latins à les payer exactement, et qui ordonne aux baillis, châtelains, écrivains ou autres officiers chargés de tenir les comptes des dîmes, de fournir à chaque évêque l'état fidèle de tous les biens et revenus de son diocèse sur lesquels il y a lieu de prélever les dîmes.

Venise. Bibl. Saint-Marc. Annexes au Cartul. de Sainte-Sophie, fol. 479. Copie moderne.

Die VI Octobris 1496.

Magnifici ac clarissimi dominus Andreas Barbadicus, pro illustrissimo et excellentissimo ducali dominio Venetiarum locumtenens, et Ambrosius Contareno et Donatus Raimundus, consiliarii regni Cipri dignissimi, audita querella et lamentatione reverendi in Christo patris D. Nicolai Dulcis, Dei et Apostolice Sedis gratia, episcopi Nimosiensis, intervenientis nomine suo, ac nomine in Christo patris domini Ludovici Cipici, Dei et Apostolice Sedis gratia, episcopi Amocustani, et venerabilis domini Grati de Colinis, vicarii ac intervenientis nomine reverendissimi in Christo patris domini Sebastiani de Priolis, Dei et Apostolice Sedis gratia, archiepiscopi Leucosiensis, et magnifici domini Victoris de ca da Pesaro, fratris et gubernatoris reverendissimi domini Jacobi, Dei et Apostolice Sedis gratia, episcopi Paphensis, indolentium non potuisse per elapsum, nec posse de presenti consequi decimas reddituum et proventuum spectantium et pertinentium predictis archiepiscopatui et episcopatibus, immo fuisse et esse deceptos et enormiter lesos cum evidenti damno ipsorum archiepiscopatus et episcopatuum prefatorum, sic etiam jubente ac volente illustrissimo ducali dominio, sedentes ante secretam sententiando, declaraverunt et terminaverunt quod omnes qui tenentur solvere decimas archiepiscopatui Leucosiæ et episcopatibus Paphi, Nimosiæ et Amocustæ debeant et obligati sint dare justum et verum computum decimarum quas solvere et dare tenentur; et scribæ, balii, castellani et officiales, quibus constituta est merces pro tenendis hujusmodi computis, teneantur et obligati sint dare, exhibere et tradere reverendissimis domino archiepiscopo Leucosiæ, episcopis Paphi, Nimosiæ et Amocustæ, sive intervenientibus pro eis, justa et vera computa omnium reddituum et proventuum spectantium et pertinentium pro decimis solvendis predictis archiepiscopatui et episcopatibus, sub vinculo juramenti. Et si contrafactum fuerit, et aliquis eorum repertus fuerit defraudasse et non traddidisse verum et justum computum ut supra dictum est, quod, ultra penam perjurii, cadat in penam ducatorum 25, medietas quorum applicabitur fabricæ Amocustæ, et alia medietas accusatori, qui tenebitur secretus, et hoc toties quoties contrafecerit; et si non extabit accusator, dicta medietas sit cameræ regiæ. Presentibus magnificis domino Paulo Trivisano, Johanne de Aragonia, equitibus, et domino Gaspare Spalol, doctore, testibus.

[Fin du xv° siècle.]

Documents statistiques sur la population, le nombre des villages, la quotité des récoltes, les produits divers, le revenu des principaux seigneurs, les possessions du clergé, les commanderies de l'ordre de Rhodes et les terres du domaine public en Chypre[1].

Venise. Bibl. Saint-Marc. Fonds Contarini, légué en 1843. Ms. Q. 2. Miscellanées, pièce n° 11.

I.

Population, nombre de villages, nombre de bœufs et quantités de grains récoltées dans les onze contrées de l'île.

Vi sono per le undici contrade dell' isola tra casali et prastii, come in

[1] Ces notions sont extraites d'un mémoire historique sur l'île de Chypre, *Relatione del regno di Cipro*, sans nom d'auteur, mais analogue à celui de François Attar qui se trouve dans ce même Ms. sous le n° 12, et que j'imprime plus loin. Le mémoire n° 11, ou du moins les renseignements statistiques qu'il renferme, me paraissent être assez antérieurs au temps où écrivit François Attar, chevalier qui figure dans les monuments de l'histoire de Chypre, à la date de 1531. Ces renseignements semblent avoir été recueillis par l'administration chypriote elle-même, ou par l'un des magistrats que la république de Venise envoyait de temps à autre dans ses colonies sous le nom de syndics, provéditeurs ou camerlingues, avec mission d'inspecter les services et les domaines publics. On ne peut guère en reculer la rédaction hors du xv° siècle, car beaucoup de personnages vivants sous les derniers règnes des Lusignans et ayant pris part au gouvernement du royaume, soit sous Jacques le Bâtard, soit sous Catherine Cornaro, sont nommés dans le mémoire comme existant encore. D'autre part, on ne peut croire que la république de Venise, entièrement maîtresse de l'administration et du territoire même de l'île de Chypre dès l'an 1489, ait attendu longtemps pour demander un état détaillé de la population indigène, des ressources agricoles et des possessions du domaine d'un pays qui lui était définitivement dévolu. On a vu qu'en 1491 déjà elle voulait qu'on dressât chaque quatre ans le recensement des serfs. Ci-dess. p. 465, art. 41.

summario in ciascuna contrada appare n° 834, anime per tutta l'isola n° cento quaranta sette mille settecento un. Videlicet in la città di Nicosia n° sedici millia, in la città di Famagosta n° sei millia et cinquecento, nel castello et borgo di Cerines n° nove cento[1] e cinquanta; et Francomati n° settanta sette mille et sessanta sei; Parrici n° quaranta sette mille, et cento e ottanta cinque; che summano in tutto come qui sotto è notato in qualonque contrada[2]; similiter l'entrada di quelle, tratte dalle undici descritioni annuali, con somma diligenza.

1. Contrada di Baffo, videlicet:

Casali, n° 97.
Formenti, moza 83,842.
Parici, n° 3,256.
Orzi, moza 36,204.

Francomati, n° 9,543.
Legumi, moza 697.
Boi, para n° 1,642.

2. Contrada di Avdimo, videlicet:

Casali, n° 22.
Formenti, moza n° 20,650.
Parici, n° 1,331.
Orzi, moza 7,700.

Francomati, n° 2,932.
Legumi, moza 11.
Boi, para n° 569.

3. Contrada di Limisso, videlicet:

Casali, n° 122.
Formenti, moza 51,219.
Parrici, n° 9,913.
Orzi, moza 31,442.

Francomati, n° 3,265.
Legumi [1989][3].
Boi, para n° 1,500.

4. Contrada di Massotto, videlicet:

Casali, n° 46.
Formenti, moza 28,231.

Parrici, n° 1,454.
Orzi, moza 41,322.

---

[1] Au Ms. par erreur *settecento*.

[2] Il y avait donc en Chypre, à la fin du xv° siècle, une population de 147,700 habitants, savoir:

A Nicosie	16,000
A Famagouste	6,500
A reporter	22,500
Report	22,500
A Cérines	950
Affranchis dans les villages	77,066
Serfs dans les villages	47,185
	147,701

[3] Le chiffre manque.

Francomati, n° 3,249.
Legumi, moza 275.

Boi, para n° 917.

5. Contrada di Saline, videlicet :

Casali, n° 23.
Formenti, moza 43,062.
Parrici, n° 1,486.
Orzi, moza 89,067.

Francomati, n° 3,820.
Legumi, moza 119.
Boi, para n° 1,106.

6. Contrada del Viscontado, videlicet :

Casali, n° 122.
Formenti, moza 127,939.
Parrici, n° 5,288.
Orzi, moza 313,966.

Francomati, n° 11,038.
Legumi, moza 1,715.
Boi, para n° 299.

7. Contrada della Massaria, videlicet :

Casali, n° 118.
Formenti, moza 299,342.
Parrici, n° 7,415.
Orzi, moza 402,164.

Francomati, n° 13,199.
Legumi, moza 6,231.
Boi, para 4,403.

8. Contrada del Carpasso, videlicet :

Casali, n° 56.
Formenti, moza 121,652.
Parrici, n° 1,640.
Orzi, moza 71,321.

Francomati, n° 8,070.
Legumi, moza 1,370.
Boi, para n° 1,950.

9. Contrada di Cerines, videlicet :

Casali, n° 67.
Formenti, moza 66,741.
Parrici, n° 1,316.
Orzi, moza 55,813.

Francomati, n° 6,594.
Legumi, moza 2,419.
Boi, para n° 1,300.

10. Contrada di Pendigia, videlicet :

Casali, n° 107.
Formenti, moza 99,180.
Parrici, n° 10,066.
Orzi, moza 189,470.

Francomati, n° 6,688.
Legumi, moza 2,932.
Boi, para n° 2,200.

11. Contrada di Crusocho, videlicet :

Casali, n° 54.
Formenti, moza 59,432.
Parrici, n° 1,270.
Orzi, moza 15,932.

Francomati, n° 4,304.
Legumi, moza 80.
Boi, para n° 934.

Summario delle xi contrade dell' isola [1] :

Casali, n° 834,
Formenti, moza 999,290.
Parrici, n° 47,185.
Orzi, moza 1,254,907.

Francomati, n° 77,066.
Legumi, moza 17,838.
Boi, para n° 22,510.

Anime che si trovano alle soprascritte città :

In la città di Nicossia, n° 16,000.
A Cerines, n° 950.

In la città di Famagosta, n° 6,500.

II.

Récoltes et produits divers de l'île.

Quello puo valer l'isola et regno di Cipro a tempi honesti, et quello si puo trazer per conto di mercantia, eccetuando li sali, li quali non si mettono a conto alcuno, per esser di ragione della illustrissima signoria nostra, et non accade far mentione alcuna, videlicet :

Formenti, rispetto le semenze che sono da moza dusento milla all' anno, se mancassero le cavalette, secondo il rendere suol far l'isola si mette a ragion di 7 1/2 per uno, faria moza un million et cinquecento mille ; ma, rispetto alle cavalette, si batte moza cento mila, restano a detti tempi moza un million, et quattrocento mille. Orzi, secondo la consuetudine del regno et render di Cipro, et massime che non patiscano danno dalle cavallette, grandi secondo le semenze, che son moze dusento mille, le qual biade si vede che a detti tempi potria avanzar oltra ogni spesa et viver ogni anno de formenti moza quatro cento mille et orzi altritanti, che sono sempre all' isola per tenerla fornita per mesi 18, secondo l'ordine della illustrissima signoria nostra, ma in simil tempi sempre si potria trare et con segurtà dell' isola tra orzi et formenti moza quattro cento millia.

L'isola è paese coltivato, vi puo esser il quinto dell' isola, è giudicio mio et di chi l'ha cavalcata più volte ; et di quello che è grezo si potria coltivare

---

[1] Les additions partielles des nombres précédents ne concordent pas avec ces totaux.

delle vinti parte una, benchè poco vi saria di sorte che sè potesse stare alle spese.

Non resterò di dir alcune cose, secondo l'esistimazione et judicio fatto da huomeni pratichi tutta volta per diverse cause, quello rende l'isola annualmente, et benchè rendi molto più. Videlicet :

Avena... moza	20	milla.
Fave...	30	
Lente...	15	
Fasuoli...	20	
Cessare...	5	
Lini...	25	
Semenze de lin...	25	
Rovi...	20	
Sussimani...	3	
Canevo... cantara	200	
Cordego...	2	
Oldano buono et tristo...	100	
Formaggi...	3,500	
Lana pegorina... velli	200	
Oglio d'olive... cantara	350	
Cottoni in boccolo...	7,000	
Zuccaro de prima cotta...	2,000	
Zuccaro detto zamburi[1]...	250	
Melazzi...	250	
Miel d'ave...	300	
Cera buona...	60	
Caulale, cioè cera trista...	20	
Zambelotti de picchi 40 l'uno... pezze	600	
Samiti[2] di più sorte...	800	
Camuca di più sorte...	200	
Cadini d'ogni sorte...	150	
Filazzi, si trazze ogn' anno dall' isola da sachi 150, che sono... cantara	100	

Sede, si traze per ducati mille, et va moltiplicando.

Vini, metri 400^m, che sono somme 100 milla.

---

[1] Voy. ci-dessus, p. 89, n. — [2] Au Ms. *Salmiti*.

Solfere, diamanti, grana, summaco, olive, storace, lume de rocca, lume de saciola, carobbe, coloquintida, salnitro, zaffarano.

Si prende uccelli di vigna, falconi, fasse, tortore, tordi et molte altre salvadicine.

III.

Revenus des principaux seigneurs et propriétaires de villages de l'île.

Intrada de' cavallieri[1] et feudati, et altri patroni di casali, non computando li casali che nuovamente ha venduti la illustrissima signoria nostra, col suo eccelsissimo consiglio di X, ponno haver, come distintamente in li nomi di cadauno appar, un' anno per l'altro......... ducati 56,575[2]

Il clarissimo messer Zorzi Corner[3]	7,000
Il clarissimo messer Tommaso Contarini, conte del Zaffo	3,000
Il clarissimo messer Anzolo Zustignian, conte del Carpasso	2,500
Il magnifico messer Calceran Rechisens, sinescalco	1,000
Li magnifici Corneri d'Episcopia	2,500
Li heredi di messer Phebus di Lusignan	300
Messer Zuane de Costanzo, cavallier	2,500
Messer Pietro de Nores, cavallier	800
Messer Zuan de Nores, cavallier	400
Messer Badin de Nores, cavallier	300
Heredi di messer Sanson de Nores	800
Messer Cesare Podacataro, cavallier	600
Messer Pietro Podacataro, cavallier	1,000
Heredi del quondam messer Joannes Podacataro, cavallier	300
Messer Alle[4] Vernin, cavallier	400
Messer Jacomo Goner[5], cavallier	800
Heredi del quondam messer Jacomo Morabeto, cavallier	1,600
Madonna Orsola Podacatara, et madonna Isabella de Lusignan, sua sorella	400
Messer Jacomo de Negron, cavallier	1,600
Messer Francesco Davila	2,500
Messer Veri di Zimblet	500

---

[1] Au Ms. *cavalli*.
[2] Au Ms. 56,755, mais l'addition des sommes suivantes donne 56,575. Le ducat de Venise vaudrait environ 7 fr. 20 cent.
[3] Georges Cornaro, frère de la reine, mourut en 1524.
[4] Sans doute *Alluise*, Louis.
[5] Ainsi au Ms. Probablement *Gonème*.

Heredi di messer Mautio di Zimbleth............ ducati	200
Messer Ambrosio Babin................................	800
Messer Pietro Justignan...............................	400
Messer Tommaso Impalo..............................	450
Messer Piero Impalo..................................	600
Heredi del quondam messer Mistochieli................	700
Messer Filippo Mistochiel, cavallier..................	450
Messer Balian Vilaronis...............................	800
Messer Troilo Zappo, cavallier........................	350
Messer Tomaso Phicardo..............................	550
Messer Oridet Corner del Carpasso....................	300
Messer Aluise Corner.................................	500
Messer Hettor de Nores...............................	600
Heredi del quondam messer Tristan Zerbas, cavallier...	400
Messer Piero Mustacuso...............................	300
Messer Zuan Lodron..................................	300
Messer Zegnus Singlitico..............................	800
Messer Simon Strambali..............................	800
Messer Piero Antonio Attar...........................	600
Messer Pamphilo Acre................................	400
Messer Aluise Acre...................................	100
Messer Zuan d'Acre..................................	300
Messer Philippo Podacataro...........................	450
Messer Galeazzo Gorapo, cavallier....................	400
Messer Piero Cercasso................................	450
Heredi de messer Jacomo Martinengo..................	500
Messer Olivier Flatro, di messer Philippo..............	500
Messer Aluise Flattro, di messer Philippo..............	150
Messer Zolin Provosto................................	200
Messer Badin Maria Flatro, cavallier..................	500
Messer Cutier Sosomeno..............................	550
Messer Vido Sosomeno...............................	60
Heredi de messer Gasparo d'Aragona..................	100
Heredi del quondam messer Carceran de Nores.........	100
Messer Philippo Singlitico, del quondam messer Zuane.....	300
Messer Zaco Singlitico, del quondam messer Philippo......	500
Messer Nicolò Singlitico..............................	400

Messer Annibal Paleologo............... ducati	300
Messer Francesco Bragadin........................	350
Messer Piero da Levante...........................	300
Messer Tristan di Hierusalem......................	150
Messer Hieronimo di Hierusalem...................	125
Messer Mattheo Mustacuso[1]......................	80
Messer Simon Urri................................	100
Messer Zuane Bustron.............................	100
Messer Bernardo Benedetti........................	500
Messer Bernardo Flatro...........................	300
Messer Balian Flatro..............................	150
Messer Morpho de La Gridia......................	100
Messer Carceran de San Zuane....................	250
Messer Bernardo de San Zuane....................	100
Messer Marco de Torres..........................	300
Heredi del quondam messer Zorzi Seba.............	50
Heredi di Zuane Godofre.........................	50
Messer Tomaso Tombetti[2].......................	50
Heredi de Ramondi Maclasta[3]....................	50
Heredi di Janni Carridari.........................	50
Heredi di Perin Mavropulo........................	50
Messer Hettor Cadit, de ser Comma................	100
Messer Hettor Cadit, de ser Zuane.................	100
P. Zorzi di Santa Mavra...........................	300
Heredi de ser Andruva Cuduva....................	200
P. Alfonso Suars.................................	100
Heredi de ser Zorzi Bustron[4]....................	100
Heredi di Zebe...................................	250
Heredi de ser Gulielmo da Sena...................	50
Heredi del quondam messer Philippo Zebac.........	60
Heredi del quondam ser Zuane Jaffuni..............	100
P. Joannes Jaffuni per li Aringoni.................	50
Messer Janutio de Rames.........................	100
Heredi de ser Zuane Sardamari....................	30

---

[1] Au Ms. *Mustatuso*.
[2] Peut-être Zombetti ou Zambetti. Beaucoup de ces noms ont été altérés.
[3] Ce personnage est nommé ailleurs *Ramodin Maclupa*.
[4] Au Ms. *Bruston*.

Protopapa di Cerines.......................... ducati	50
Ser Tomaso Sguro................................	200
Ser Zacco Junicoli Jaffuni........................	100
Heredi di Zarlo Petropulo........................	30
Heredi di Agathoni Chena........................	50
Heredi di Ag^n di S. Fuga........................	20
Heredi di Allexi Jacabi..........................	100
Heredi di Baricanti.............................	150
Heredi di Calamuglioti..........................	80
Heredi di P. Hettor Biasio.......................	50
Heredi di Zuane Caluffa.........................	60
Heredi di P. Aless. Contosteffano.................	150
P. Cazagnia Mamari.............................	50
P. All^e Zaccaria...............................	160
Madonna Orsa Podacatara.......................	200
P. Andrea de San Andrea........................	200
Heredi de ser Zacco de Vette.....................	500
Heredi de ser Arnao Rosso.......................	350
Heredi di Menico Cacoma........................	60
Heredi di Polo Margariti.........................	50
Heredi di messer Balian di Beltran................	600
Messer Zacco Contosteffano......................	200
Messer Francesco Zaccaria.......................	100
Heredi del quondam messer Angelo Sanson..........	300
Ser Blis Muscorno...............................	160
Ser Janus Flatro................................	300
Li Heredi di Vassa, Oronda, Avdimo[1].............	600
Summa ducati...............	[56,575]
Summario delle intrade di cavallieri et altri, in tutto ducati.. n°	56,570

IV.

Revenus et possessions du clergé latin et du clergé grec. Commanderies de l'ordre de Rhodes.

Quello sè estimano valer communemente le intrade del clero latin et

---

[1] Vassa, Oronda et Avdimo sont trois villages du S. O. de l'île.

greco del regno di Cipro, a ragion di anno; et queste per il comun judicio delli più pratichi in queste cose, che è vicino et quasi contiguo alla verità. Et similiter li casali di ciascheduna abadia qui sono nominati.

Et primo, l'arcivescovo di Cipro :

Casal Afandia,	Casal Schillaro,
Casal Mandia,	Casal Petrosicha,
Casal Ornithi,	Casal Corcussa,
Casal Cavallari,	Casal Tropiti.
Casal Livadi,	Casali n° 9.

Per stima ha intrada ogn'anno, mettendo le decime, ducati 6,000

Vescovado di Baffo, Marona con li suoi pracii[1], mettendo con le decime, per stima.......................... ducati 2,000

Vescovado latin di Limisso ha casali n° 3, con le decime di quella contrada, val per stima.......................... 1,500

Vescovado latin di Famagosta, ha un casale et le decime di quella contrada, val per stima.......................... 1,000

Ducati 10,500

Lo patriarcha d'Antiocha, videlicet casal Psimolosu et Laphethera, val ogni anno per stima.................... ducati 600

La gran commandaria de Cipro :

Casal Mera[2],	Casal Iratovi,
Casal Chiegliachia,	Casal Gerasia,
Casal Achiera,	Casal Nostra Donna de Legora,
Casal Clonari,	Casal Geramasogia,
Casal Mavrovunos,	Casal San Zorzi,
Casal Lanida[3],	Casal Vigla,
Casal Messorini,	Casal Micero,
Casal Armenochori,	Casal Agriodada,
Casal San Costantino,	Casal Sanzache,
Casal Acurzos,	Casal Monagrulli,
Casal Apsius,	Casal Ville,

[1] Pour *prastii*.
[2] Probablement Mora dans la Messorée. La grande commanderie avait des villages dans les différentes contrées de l'île. Voy. notre t. Ier des documents, p. 110.
[3] Probablement Sanida.

Casal Laturi[1],   Casal Catomeni[4],
Casal Rucopa[2],   Casal Vassa,
Casal Colosso,   Casal Legora[5],
Casal Peramali,   Casal Chierochitia,
Casal Erimu,   Casal San Paulo,
Casal Angastina,   Casal Igna,
Casal Eftagogna,   Casal Maticholoni,
Casal Agrochipia,   Casal Asomato,
Casal Glosa[3],   Casal Moramenos[6].

Summa in tutto casali n° 41. Val per stima ogn'anno ducati 8,000.

La commendaria della Finicha, videlicet :

Casal Finicha,   Casal Platanisso,
Casal Santo Erini,   Casal Caloianacchia.
Casal Anoira,   Casali n° 5.

Val per stima ogn'anno .... ducati	1,600
La commendaria del Tempio val per stima..............	200
La scuola di S. Piero e S. Paulo........................	200
L'abbadia della Santissima Croce di Olnuco[7], per il casal Piria, val per stima..	300
La Nostra Donna del casal Iaglia[8] val per stima...........	300
La abbadia de Moni val per stima.......................	200
La abbadia de Mangana ha doi casali, val per stima........	600
La abbadia di Chicho val per stima.....................	300
La abbadia di Psithia ha doi casali, val per stima.........	200
La abbadia di Acrotiri et Acro val per stima ogni anno.....	400
La abbadia di Englistra val per stima...................	200
Summa ducati......	4,500

---

[1] On peut lire aussi Laturu.
[2] Ainsi au Ms. C'est peut-être Aracapa.
[3] Ou Glora.
[4] Ou Catomoni.
[5] Ou Logara.
[6] Ou Marameno.
[7] Erreur probable du Ms. pour *Omodo*, Omodos, bourg du Kilani, où existe encore un monastère dédié à la Sainte-Croix.
[8] Probablement Iaïllia dans le Chrysocho.

La capella di Santa Catterina, videlicet:

Casal Miglia,   Casal Tavru.
Casal Crinia,

Sono casali n° 3. Val per stima ogn'anno .... ducati   200

L'abbadia di Carmeni ha casali n° 2, val per stima ogn'anno.   200
La capella della Misericordia ha intrata ogn'anno delle acque della cittadella e giardini...............................   200
La abbadia di Bibi ha intrada ogn'anno................   400
La abbadia di Andro ha intrada ogn'anno................   200

Vescovado greco di Nicosia val ogn'anno.................   600
Vescovado greco di Bapho val ogn'anno.................   400
Vescovado greco di Limisso val ogn'anno.................   200
Vescovado greco di Famagosta val ogn'anno..............   200

Vi sono etiam diverse chiese latine et greche di ragion di diverse persone nella città di Nicosia et fuora per l'isola, per stima.   200

Summa ducati........ 2,800

Summa tutto il clero quello che val veramente et communemente ogn' anno, tratto con diligentia.

Ducati......... 26,400

V

Villages du domaine royal.

a. Bailliages.

Li casali che sono al dominio della real, videlicet:

1. Lo baliazzo del Morpho, videlicet [1]:

Casal Morpho,   Casal Cato Zodia,
Casal Peristerona,   Casal Pandaglia,
Casal Acachi,   Casal Casivera,
Casal Apano Zodia,   Casal Lefcha,

---

[1] Beaucoup de noms géographiques sont écrits dans ces listes autrement que j'ai cru devoir les orthographier sur ma carte; d'autres ont été altérés par les copistes.

Casal Asqua,
Casal Gerinu,

Casal Argaglia [1],
Casal Oronda.

Summa casali n° 12.

Item casalli alla montagna, videlicet :
a. El serzentazzo di Santo Rini :

Casal Rodes,

Casal Camnavia [2].

Summa casali n° 3.

b. El sergentazzo de casalli, videlicet :

Santa Marina,
Casal San Zorzi,
Casal Stravignatos,
Casal Xigliatos,
Casal Camili,
Casal Sant Andrea,
Casal Livadia,
Casal S. Pifani,
Casal Pigaduglia,
Casal Milluri,
Casal Apano Stericadi,
Casal Calamithasia,

Casal Chiperonda,
Casal Avlachu,
Casal Alichioti,
Casal Alona,
Casal Polistipa,
Casal Potamiu,
Casal Selenargia,
Casal Agriorichia,
Casal Lagodera,
Casal Caridachi,
Casal Vardali,
Casal Pithari.

Summa casali n° 24.

2. Lo baliazzo delle Marathasse del conte [3], casali sottonominati :

Casal Marathaso,
Casal Rondian,
Casal Antinoclidu,
Casal Dicolus,
Casal Miglia,
Casal Thodorachi,
Casal Platane,
Casal Lemidu,

Casal Apano Caminaria,
Casal Milari,
Casal Evrichu,
Casal S. Andronico,
Casal Catiforo,
Casal Limia,
Casal Terachies,
Casal Cazimamuro,

---

[1] Peut-être Argaki.
[2] Ou Camnaviu.
[3] Une partie des vallées de Marathasse et de Solia, au nord de l'Olympe, dite *Marethasse-du-Comte*, avait appartenu longtemps aux comtes de Roha ou d'Edesse ; l'autre partie appelée *Marethasse royal* était au domaine de la couronne.

Casal Panagioli,
Casal Crichia,
Casal Chieglia,
Casal Mutulas,
Casal Pedulas,
Casal Agros,

Casal Cato Caminaria,
Casal S. Dimitri,
Prastio Galithna,
Casal Tembria,
Casal Corachu,
Casal Zenuri[1].

Summa casali n° 28.

3. Lo baliazzo di Crusocho, casali sottonominati, videlicet:

Casal Crusocho,
Casal Vuti,
Casal Poli,
Casal Pumo,
Casal Cordaglies,
Casal Androlico,
Casal Amarietti,

Casal Prus,
Casal Potamius,
Casal Drusica,
Casal Damathalu,
Casal Critu[2],
Casal Themocrini.

Summa casali n° 13.

4. Lo baliazzo delle Marathasse real, casali sottonominati, videlicet:

Casal Marathasse,
Casal Maratho,
Casal Trallino,
Casal Arogino,
Casal Agros tu Gattani,
Casal Esso Agros,
Casal Xerolachia,
Casal Apano Chamatis,
Casal Milichuri,
Casal Flessu[3],
Casal Apano Cutraffa,
Casal Petra,

Casal San Zorzi,
Casal Tris Eglies,
Casal Apano Platis,
Casal Cato Platis,
Casal Agni,
Casal Pregos,
Casal Mesfilos,
Casal Catomylos,
Casal Galata,
Casal Colergi[4],
Casal Cattidata,
Casal Michitari[5].

Summa casali n° 24.

---

[1] Ou Ienuri.
[2] Probablement Kritou-Teras, au S. E. de Drousia, ou *Drusica*.
[3] Ou Flassu.
[4] Ou Calergi.
[5] Nikhitari.

Iʳᵉ PARTIE. — DOCUMENTS.

5. Alexandretta[1], casali sottonominati :

Casal Alexandretta,
Casal Nostra Donna,
Casal Pila,
Casal Ambeli,
Casal Frodisia,
Casal Capparias,
Casal Xacotes,
Casal Calocherino,
Casal Aconi,
Casal Cromichia.

Summa casali n° 10.

6. Lo baliazzo di Emba[2], casali sottonominati, videlicet :

Casal Emba,
Casal Lemba,
Casal Chisonerga,
Casal Mina,
Casal Letimbu,
Casal Anetiu,
Casal Arodes,
Casal Placutidu,
Casal Messogi,
Casal Trimithusia,
Casal Sarama,
Casal S. Dimitrano.

Summa casali n° 12.

7. Lo baliazzo d'Aschieglia[3], casali sottonominati, videlicet :

Casal Aschieglia,
Casal Ctima,
Casal Thrino,
Casal Marathunda,
Casal Mittha,
Casal Piscopi Cordechu[4],
Casal Arsop,
Casal Moronero,
Casal Cullu,
Casal Cato Calepia,
Casal Chierognia,
Casal Moni,
Casal S. Dimitrano,
Casal Camnamu.

Summa casali n° 14.

8. Lo baliazzo di Covucho[5], casali sottonominati, videlicet :

Casal Covucho,
Casal Sussu,
Casal Archimandritta,
Casal Miglia,
Casal Asomato de Chilani,
Casal Lapithiu,
Casal Chilani,
Casal Apano Chuca,
Casal Cornica.

Summa casali n° 9.

[1] Au nord du district ou de la contrée de Lefka, entre les golfes de Pendaïa et de Chrysocho.
[2] Dans le district de Paphos.
[3] District de Paphos.
[4] Ou Cordadu.
[5] Kouklia, dans le Paphos, où se trouve une grande ferme appartenant au sultan.

9. Lo baliazzo de Mamognia[1], casali sottonominati, videlicet :

Casal Mamogna,
Tre sui prasti[2],
Casal Critu,
Casal Dora,
Casal Santo Nicola,
Casal Pretori,
Casal Elichu.

Summa casali n° 7.

10. Lo baliazzo di Padena[3], casali sottonominati, videlicet :

Casal Padena,
Casal Alectora,
Casal Potami,
Casal Paramali,
Li terzi de vivi[4].

Summa casali, n° 5.

11. Lo baliazzo di Pelemedia[5], casali sottonominati, videlicet :

Casal Pelemedia,
Casal Ipsonas,
Casal Santo Rigino,
Casal Lassa,
Casal Lemesso.

Summa casali n° 5.

12. Lo baliazzo di Carpasso, casali sottonominati, videlicet :

Casal Tricomo,
Casal Ierani,
Casal Paradissia,
Casal Sphatarico,
Casal S. Zorzi Xeru,
Casal S. Acuno,
Casal Acatu,
Casal S. Andronico,
Casal Chilanemos[6],
Casal Platanisso,
Casal Canacharia,
Casal Chorna,
Casal Galatia,
Casal Acrolissia,
Casal Ardoma,
Casal Coma,
Casal Esso Galinoporni,
Casal Lethrancomi et pretii[7],
Casal Petavgrinu,
Casal Corovia,
Casal Agridi,
Casal Cados,
Casal Heftacomi[8].

Summa casali n° 23.

---

[1] Village du district de Paphos.
[2] Trois fermes ou hameaux dépendants de Mamogna, et comptés ici pour un casal.
[3] Probablement pour Pachna, village du Kilani, comme Alektora, nommé ensuite.
[4] Ainsi au Ms.
[5] Ou Polemidia, dans la plaine de Limassol, près des montagnes.
[6] Au Ms. Chilavenos.
[7] Pour *Prastii*.
[8] Au Ms. Naftocomi.

13. Lo baliazzo de Sivori¹, casali sottonominati, videlicet :

Casal Sivori,	Casal Sermilu,
Casal Heuda²,	Casal Gaduradas,
Casal Prastio,	Casal Athua.

Summa casali n° 6.

14. Lo baliazzo d'Aschia³, casali sottonominati, videlicet :

Casal Aschia,	Casal Vatelli,
Casal Stephani,	Casal Asomatos.

Summa casali n° 4.

15. Lo baliazzo di Sotira⁴, casali sottonominati, videlicet :

Casal Sotira,	Casal Paralimni,
Casal Ligopetri,	Casal Trapesa.
Casal Strovili,	

Summa casali n° 5.

16. Lo baliazzo di Lefconico⁵, casali sottonominati, videlicet :

Casal Lefconico,	Casal Ienagra,
Li tre casalli⁶ di Apalestra,	Casal Pria.

Summa casali, n° 4.

17. Lo baliazzo de Lissi⁷, casali sottonominati, videlicet :

Casal Lissi,	Casal Pomagia,
Casal Macrassicha,	Casal S. Todero.
Casal Caxies,	

Summa casali, n° 5.

18. Lo baliazzo de Palochitro⁸, casali sottonominati, videlicet :

Casal Palochitro,	Casal Chiprio,
Casal Sicha,	Casal Calavasso,
Casal Voni,	Casal Massoto,
Casal Exomctochi,	Casal Maroni,

---

[1] Dans la Messorée.
[2] Ou plutôt Scuda.
[3] Dans la Messorée.
[4] Dans la Messorée.
[5] Dans la Messorée.
[6] Au Ms. *Caratti*.
[7] Dans la Messorée.
[8] Dans le district de Kythrea.

Casal S. Pictito,
Casal Lefcara,
Prastio de Zaerostaglia,
Casal Catochirio,

Casal Catrodi [1],
Casal di Chiefalos,
Casal Ora.

Summa casali n° 15.

19. Lo baliazzo di Aradippo [2], casali sottonominati, videlicet :

Casal Aradippo,
Casal Gieguaios,
Casal Tridiatos,
Casal S. Zorzi,
Casal Chitti,

Casal Menevu,
Casal Larnacha,
Casal Vromolaxia,
Casal Vudas,
Casal Agrinu.

Summa casali n° 10.

20. La baliazzo de Lacadamia [3], casali sottonominati, videlicet :

Casal Lacadamia,
Casal S. Dimitri,
Casal Cataglionda,
Casal Margi,
Casal Cambia,

Casal Sia,
Casal Palendria,
Casal Stremata,
Casal Agros.

Summa casali, n° 9.

21. Lo baliazzo di Lapitho, casali sottonominati, videlicet :

Casal Lapitho,
Casal Vasiglia,
Casal Pifani,
Casal Margi,
Casal Steffani,
Casal Chiendinari [4],
Casal Petomeni,

Casal Strumbi,
Casal Mirtu [5],
Casal Cambili,
Casal Carpassia,
Casal Clepini,
Casal Arasi,
Casal Sambra Tumucchi [6].

Summa casali, n° 14.

---

[1] Ou Catodri.
[2] Dans le district de Larnaka.
[3] Dans le district d'Orini, au S. O. de Nicosie.
[4] On peut lire aussi Chitudivari.
[5] Au Ms. Vurtu. Mirtu ou Myrto est un village du Lapithos.
[6] Au Ms. Tumucchi ou Iumucchi.

b. Villages divers.

Casal Pendacomo.. n° 1
Casal Palamida et Persia................................... n° 2
Casal Pigi et Peristerona.................................. n° 2
Casal Lefcomiati et Crionero............................... n° 2
Casal Omorfita et Misochilepi.............................. n° 2

Casal Potamia, videlicet : Potamia, casal Maiorco, casal Agridi, casal Margo, casal Tridiatos. Summa casali n° 5.

Casali del quondam messer Antonio de Bon, videlicet :

Casal Santa Barbara,   Casal Vasili,
Casal Lionarsos,   Casal Psilatos.

       Summa casali, n° 4.

Li casali del quondam magnifico conte de Ruches [1], videlicet :

Casal Theletra,   Casal Clavdia,
Casal Chio,   Casal Apano Chivida,
Casal Lassa,   Casal Luruchina [2],
Casal Trauni,   Casal Blessia,
Casal Agridia,   Casal Iolu,
Casal Catocutrafa,   Casal Melini.
Casal Aplanda,

       Summa casali, n° 13.

Li casalli del quondam ser Piero di Carthagenia [3], videlicet :

Casal Cardacha,   Casal Calamulli.
Casal Pithavrio,

       Summa casali, n° 3.

Li casali del quondam ser Ardito [4].

Casal Chiados,   Casal Trimuthi,
Casal S. Pifani,   Casal S. Vrossi.

       Summa casalli n° 4.

---

[1] Au Ms *Doruches*. Le comte d'Édesse.
[2] On peut lire Larachina. C'est peut être Lourgina, entre Nicosie et Larnaka.
[3] Pierre ou Perret de Carthagène a figuré sous le règne de Jacques II.
[4] Ce personnage est peu connu.

Li casali di maestro Bortolamio [1].

Casal Melamichia, Casal Prastio.
Casal Singrassi,

Summa casalli n° 3.

Casal Pallurocampo, Critos, Pagliometocho et Ierolaio in tutto..	n° 1
Casal Pissuri.	n° 1
Casal Mitta Deni Chittari.	n° 1

Casali di Marco Piacenti, videlicet :

Macherionas, et Exo Galinoporni, et Perte Acorovia.	n° 3
Casal Eglia.	n° 1
Casal Lagnademuche.	n° 1
Casal Loffu.	n° 1
Casal Diorigo.	n° 1
Casal Sembra.	n° 1
Casal Melatia.	n° 1

Li casali de fra Marco Pasturana, videlicet :

Casal Coffino, Casal Silichi,
Casal Bergamo, Casal Cato Petra.

Summa casali n° 4.

Casali del conte de Tripoli [2], videlicet :

Casal Epico.	n° 1
Casal Meluchia.	n° 1
Casal Ascha.	n° 1

Casali del quondam messer Ianutio Salviati, videlicet :

Casal Platanisto, Casal Apano Calepia,
Casal Anarrida, Casal Crema.
Casal Stravrocomi,

Summa casali n° 5.

---

[1] Maître Barthélemy, Marc Piacenti et Marc Pasturana ont très-peu marqué.

[2] Jean Tafures, l'un des hommes les plus dévoués à Jacques le Bâtard. (Voy. ci-dess. p. 355, n.) Janosse Salviati, nommé ensuite, était mort vers 1461. Ci-dess. p. 159, n. 2.

Li casali di madonna Margharita[1], videlicet :

Casal Calavasso, Casal Striatis.
Casal Cacotopia,

Summa casali n° 3.

Li casali di madonna Vera Zumbet[2], videlicet :

Casal Psiathi, Casal Prastu,
Casal Condoi, Casal Siria.

Summa casali n° 4.

1510, 24 septembre. [A Nicosie.]

Sentence des recteurs de Chypre portant que l'abbaye Blanche des religieux Prémontrés de Lapaïs, près Cérines, doit obéissance à l'archevêché de Nicosie.

Venise. Bibl. Saint-Marc. Cartul. de Sainte-Sophie, fol. 481. Copie moderne.

Die xxiv Septembris 1510. In solita audientia.

Magnifici et clarissimi, dominus Nicolaus Pisaurus, locumtenens, et consiliarii regni Cipri, auditis partibus in contradictorio et longa disputatione, videlicet domino Grado de Colinis, canonico, interveniente nomine reverendissimi archiepiscopi Leucosiæ, allegante contra dominum abbatem et fratres abbatie Blanche Cerinarum, sive dominum Baptistam Gazonum, doctorem, pro ipsis intervenientem, super recusatione obedientiæ prestandæ per predictos dominum abbatem et monacos sive fratres predictæ abbatiæ, visis et intellectis omnibus, et precipue breve apostolico et juribus dicti archiepiscopatus, necnon et juribus et privilegiis predicti monasterii et abbatiæ, sententiando terminaverunt quod ipsa abbatia et fratres subjaceant obedientiæ reverendissimi domini archiepiscopi et ejus suffraganeo seu vicario, uti superiori suo ordinario, juxta mandata summi pontificis. Presentibus spectabili domino Petro Gullo, secretario, domino Ludovico de Lantis, ser Zacho Bragadino et ser Bernardo Singlitico, testibus et aliis. Laus Deo, die xxx Martii 1547[3]. Johannes Sallam, vicecancellarius.

---

[1] Probablement Marguerite ou Mariette, mère du roi Jacques le Bâtard, qui mourut à Padoue en 1503.

[2] Verà Zumbet est un nom certainement altéré. Il s'agit vraisemblablement d'Echive de Giblet, qu'un Italien aurait pu appeler au xv° siècle Civa Zimblet.

[3] A cette date, et par une décision que je donnerai plus loin, les recteurs se déclarèrent incompétents sur la même question.

[1530.] 11 mars.

Dépêche de l'évêque d'Yvrée, rendant compte au duc Charles III de Savoie de la mission dont il avait été chargé, avec le comte de Piozasque, auprès de la république de Venise, pour revendiquer le royaume de Chypre.

Turin. Arch. de la cour. *Regno di Cipro*. Mazzo 2°. Pièce de la cote n° 7. Orig. franç.

L'évêque d'Yvrée [1] fait savoir au duc de Savoie que dès son arrivée à Venise avec le comte de Piozasque, il demanda à informer le gouvernement de l'objet de sa mission. Le doge assembla aussitôt le conseil privé de la seigneurie, et pria les ambassadeurs de se rendre dans son sein. L'évêque, après avoir exposé l'état de la question, vit bientôt qu'il n'y avait rien à attendre de satisfaisant. « Le duc (de « nise) respondit qu'il estoit fort maraveilleux de nostre demande, veheu que la « seignorie est en possession pacifique desy à sinquante ans passés dudit réaulme, « lequel Jacques, roy de Cypre, recovra de la main du soldan, et qui le tienent « par bons tiltres, lesqueuls ne peuvent dire au présent. Aussi qui n'an payent au « Turc chascune année huyt mille ducas venisyans, et qui leur coustoit plus de en- « tretenir qui ne valoit. Et por ce, que il priet votre eccelence qu'il fust son bon « plaisir metre seorfeyence en ceste affère, sans en parler perfin en aultre temps, « specialement por respit du Turch, qui serchet journallement se engrandir. Et se « le Turch savait teul demande, elle pourteroit gran dommage au bien de la ré- « publique Cristienne. Et plusieurs aultres parolles il dist pour metre sillence en « ceste affaire. » Vainement les ambassadeurs répliquèrent-ils, en invoquant la bonne amitié qui existait entre le duc de Savoie et la seigneurie de Venise, et offrant d'exposer plus au long les titres de son altesse au royaume de Chypre ; le doge reprit « qu'il seroit chosse de grant péril entendre au présent en ladite matière, » et refusa, après ces paroles, de donner aucune autre réponse. L'évêque d'Yvrée termine sa dépêche en disant que quelles qu'aient été ses instances, il n'a pu rien obtenir de favorable au sujet de sa demande, bien que les ambassadeurs du pape, de l'empereur et

---

[1] Philibert Ferrier, évêque d'Yvrée, depuis l'an 1518. Il fut ensuite créé cardinal du titre de S. Vital, et mourut vers 1551. Des lettres patentes du duc Charles III, datées de Bologne le 6 mars 1530, avaient chargé l'évêque d'Yvrée de se rendre à Venise avec Aymon, comte de Piozasque, collatéral de Pyobes, et Louis de Bonvilliers, seigneur de Mézières, gouverneur de Verceil. Au cas de refus de la part de Venise, les ambassadeurs avaient ordre de protester contre l'occupation de Chypre, en faisant la réserve de tous droits, dommages et intérêts. Si la république se montrait disposée à traiter de l'affaire à l'amiable, ils avaient pouvoir d'en remettre la décision, comme dans les mains d'un arbitre médiateur, au souverain pontife ou à l'empereur. Ces dernières lettres ont été publiées par Guichenon, *Hist. de Savoie*, pr. t. 1er, t. II, p. 494, et par Reinhard, *Hist. de Chypre*, t. Ier, pr. p. 123.

du duc de Milan se fussent intéressés à son succès; mais que, du reste, il a été très-honorablement reçu par la seigneurie et gratifié de cadeaux, lui et son collègue [1].

1530, 19 mars. [De Venise.]

Lettre de l'ambassadeur espagnol à Venise, rendant compte au roi d'Espagne d'une démarche faite par ses ordres, dans l'intérêt du duc de Savoie, auprès de la république de Venise.

Turin. Arch. de la cour. *Regno di Cipro*. Mazzo 2°. Pièce n° 5. Copie du temps.

Sur la demande des envoyés du duc de Savoie, l'ambassadeur du roi d'Espagne et le légat du pape, autorisés par leurs gouvernements, s'étaient rendus dans le sein du sénat de Venise pour exposer, comme médiateurs, les droits du duc de Savoie sur l'île de Chypre, et voir s'il ne serait pas possible d'obtenir la restitution de ce royaume à la maison de Savoie. L'ambassadeur espagnol fait connaître le refus formel de la république de Venise d'entrer dans aucune espèce d'arrangement à cet égard, et d'entendre même parler de cette affaire, au moment surtout où elle avait à surveiller plus que jamais les démarches des Turcs. « La resposta fué en sus-« tancia que en ninguna manera se hablesse en heste hecho, porqu'era muy mal « tiempo; que sabiendo él Turco que se platicava d'esto, seria gran peligro para esta « república y para toda la Christianeta [2]. »

1531.

Pièces relatives à la traduction des Assises de Jérusalem en langue italienne [3].

Paris. Bib. imp. Mss. ancien fonds franç. n° 8390 et 8391.

I.

1531. 2 mars. De Venise.

Lettre du doge Griti ordonnant au lieutenant de Chypre de faire traduire les Assises.

Andreas Griti, Dei gratia dux Venetiarum, et cætera, nobilibus et sapien-

---

[1] Le duc Charles III avait accédé en 1509 à la ligue de Cambrai, dans l'espoir que les confédérés lui rendraient l'île de Chypre, et Louis XII, par ses lettres patentes du 19 mai 1509, avait expressément compris le duc dans le traité, à cet effet. Voy. Guichenon, *Hist. de Savoie*, preuv. t. II, p. 491; Reinhard, *Hist. de Chypre*, t. Ier, pr. p. 120.

[2] Après la dépêche de l'ambassadeur espagnol, on trouve (pièce n° 6) un bref original de Clément VII, du 3 juin 1530, chargeant, à la demande du duc de Savoie, l'évêque d'Asti et Casale de réunir des informations sur les circonstances où la reine Charlotte de Lusignan avait été dépouillée de la couronne de Chypre, et sur l'usurpation du royaume par Jacques le Bâtard, son frère, au détriment des droits de la maison de Savoie.

[3] Les deux pièces suivantes ont été publiées déjà très-correctement par Canciani (*Barbarorum leges*, t. V, p. 129), et d'une manière beaucoup moins satisfaisante par Reinhard (*Hist. de Chypre*, t. Ier, pr. p. 125).

tibus viris Francisco Bragadeno, locumtenenti, et consiliariis Cypri, et successoribus suis, fidelibus, dilectis, salutem et dilectionis affectum.

Così come prudentemente fu deliberà del mille quatro cento ottanta che li libri et conti di quella real camera non si havesseno a tenir in lingua francese, ma in italiana, cusì ne par conveniente si debba far delle leze di quel regno, lequal intendemo esser scritte in littera et lengua francese, con gran disturbo de l'animo vostro, perciochè accadendo adoperarle nelli juditii vostri, convenite riportarvi ad alcuni pochi che le sanno interpretare. Per tanto, vi commettemo cum il conseglio nostro di X et zonta, che debiate poner ogni accurata diligentia in far tradur le leze di quel regno, fidel et rectamente, in lingua et littera italiana, tenendo in la real archetypo et original autentico in lingua francese, insieme cum la traductione in lingua italiana, accio et de lì et de quì sè possi sempre scontrar il francese con la traduction italiana. Et ditte due copie in lingua francese e italiana drizzarete alli capi dil conseglio nostro di Diece, accio sè possi far imprimer la tradutione dele leze di quel regno in lingua italiana, per satisfaction di quelli fidelissimi nostri. Datæ in nostro ducali palatio, die II Martii, indictione quarta, M D XXXI.

II.

1531. 21 juin. De Nicosie.

Rapport des commissaires chargés de recueillir les meilleurs textes des Assises [1].

In execution di mandati de le signorie vostre, clarissimi signori rectori del regno de Cypro, essendone stà presentati da diverse persone molti volumi di lege, over Assise, li avemo visti, scorsi et considerati tuti, de li quali havemo eletto quatro volumi de Assise de l'alta corte im pergameno, li migliori et più corretti, dove si contengono le Assise de l'alta corte del regno di Hierusalem et de Cypro in *Pladeante*, videlicet in forma di litigio, et etiam separatamente in sententie, che noi chiamamo *Testi expressi;* de li quali quatro volumi uno è de mi Joan de Nores, conte de Tripoli, uno del magnifico missier Thomaso Palol, visconte di Nicosia, uno del magnifico missier Calceran Requesens, siniscalco de Cypro, et uno de mi Francisco Attar. Et havendoli scontrati con diligentia, li avemo trovati tutti quatro conformi et boni.

Les Ms. de Paris n'ajoutent rien à l'irréprochable édition de Canciani. Je donne toutefois ces documents à cause de l'intérêt de la question à laquelle ils se rattachent.

[1] Les introductions aux Assises de Jérusalem renferment toutes les notions relatives aux différents ouvrages du droit féodal d'Orient, dont il est question dans ce rapport.

Havemo etiam tra molti volumi de Assise de la borgesia, altramente ditte del viscontado, over de la bassa corte, eletti quatro altri per li migliori, uno di quali è de mi conte preditto, uno è del offitio del viscontado, che già molto tempo si trova in ditto offitio, uno del quondam missier Pier Antonio Attar et un altro de mi Francesco Attar, el qual è in pergameno, e li tre in carta Damaschina[1], tutti quatro conformi, excetto in alcuni capituli, che non conrespondeno neli numeri, i quali poi nel tradurre si conciaranno.

Preterea, havemo etiam eletti quatro altri volumi de Assise, che si chiamano *Le pladeante del viscontado*, in le quale si contien de vendite, de stabili, de livelli, de fitti, del zalonzare[2], che in questo loco significa presentare per parentela over per vicinità, de impegnatione, de donatione et altre alienatione de essi stabili, et de successione in le heredità d'essi, et similia; uno di quali è de mi conte de Tripoli im pergameno, uno de l'offitio del viscontado, uno de mi Francesco Attar, et uno de ser Florio Bustron; li quali tutti appresentemo a le signorie vostre signati, e sottoscritti di nomi nostri, come in quelli. Et queste tre opere son quelle che si haveranno principalmente a tradure.

Preterea, si trovano doe altre sorte de volumi, di quali ne sono assai apresso diverse persone. Uno di quelli si chiama Girardo Monreale, che fu un degno homo, che expose et dechiari le Assise de l'alta corte, et addusse in questa sua dechiaratione molti casi seguiti in conformità de esse Assise; et questa tal opera si ha havuta sempre de la medema authorità de le Assise de l'alta corte, perchè non hanno discrepantia alcuna, la qual opera si potrà tradur poi con tempo, s'el bisognerà. L'altro si chiama *De' casi seguiti et sententie fatte in Acre*, mentre si tenne lì la corte, da poi la perdita di Hierusalem et in Cypro in quelli medesimi tempi, et consulti rechiesti dal' una corte a l'altra, che forono messi in scrittis poco da poi che si perseno le prime Assise in Hierusalem. Questa opera, quantunque la sia stà poi redutta ne le prenominate Assise, che hora si ha del' alta corte, pùr è di molta auctorità e conforme ad esse, et similiter bisognando si potrà poi tradure con tempo.

Si trova un' altra operetta[3], composta da un cavaglier dito missier Philippo

---

[1] En papier de coton de Damas.

[2] *Zalonzare*, chalonger. La chalonge était le retrait lignager. Dans le droit féodal d'Orient, non-seulement le parent, mais le voisin même pouvait *chalonger*, ou racheter une propriété. *Assises de Jérusalem*, t. II, p. 260.

[3] Canciani : *opera*.

di Navarra, de la forma del litigare, ch'è de le prime opere scritte, da poi perse le Assise in Hierusalem, la quale lui drizzò ad un conte del Zaffo, ditto missier Joanne Ibelino, el quale poi compose el libro de le Assise de l'alta corte, dove è inserto tutto quello che scrisse el ditto Philippo de Navarra, et però tal opera de ditto Philippo non si ha per necessaria, per esser inserta nel volume de le preallegate Assise de l'alta corte.

Sè trovano preterea molti libri de leze tradutte in francese da le leze civile di quà e di là, judicamo sia stà fatto a complacentia de alcuni che si potevano servir meglio de la lengua francese che de la latina; ma tutti questi, de cadauna sorte si siano, li havemo per exclusi, imperochè per el capitulo cxi de le nostre Assise preditte dell'alta corte, è dechiarito che di quelle cose che trattano le Assise, si deve judicare per esse, e dove non trattano, o non sono en osserventia, si deve ricorrer a quello che si ha osservato in più casi avanti, che a lege civile; et convenendo in tal casu poi ricorrere a le ditte lege civile è più facile et più seguro andarle a trovare in latino che in francese, si che le traduttion in francese havemo per superflue, come è ditto di sopra, per schivar maxime questo pericolo, che talhor alcuno allegaria esse traduttione francese per assisa, non distinguendo altramente et potria esser contraria a le altre vere assise, et pareria che una assisa giostrasse con l'altra, il che più volte fin qui s'ha etiam ditto da qualchuno menche pratico, overo a qualche suo proposito menche bono.

Resta dire a le signorie vostre excellentissime come in li preditti libri de Assise del regno sonno alcuni testi che non sè osservano, di che ne sono due le cause, l'una che si vede per longa consuetudine observarsi ad ogni hora in alcune cose il contrario di quella ordina la lege, l'altra che per la rigorosità de alcuna lege, come è del combatter et altre cose simile, o più rigorose, già molto tempo non sonno in uso, de le qual cose particularmente si potrà far mentione nel tradure de esse Assise.

Et questo è quanto ne è parso necessario referire a vostre signorie excellentissime, et però apresenteremo[1] li ditti volumi eletti, ut supra, aciochè si possa dar principio a la traductione de essi, secondo l'ordine et commissione de vostre signorie excellentissime, a le quale humiliter si racomendamo.

Leucosiæ Cypri, die xxi Junii M DXXXI. Servitores[2] Joan de Nores, conte de Tripoli, Franciscus Attar, Aloysius Cornelius.

---

[1] Canciani: *apresentemo*. — [2] Canciani: *S. Deputati*.

[Vers 1540.]

Extraits du mémoire sur l'île de Chypre, par François Attar [1].

Rome. Bibl. du Vatican. Fonds Ottoboni, n° 2688; bibl. de la Minerve, X, ɪᴠ, 46. — Venise. Bibl. Saint-Marc. Fonds Contarini. Q. 2. Pièce n° 12; autre à la bibl. Correr. — Florence. Bibl. Magliabecci. XXX. Var. D. 164. — Bruxelles. Bibl. royale. Ms. n° 6084. — Londres. British Museum. King's library. N° 14. A. xɪɪɪ-xᴠ, pièce n° 20. — Paris. Bibl. imp. Ms. Fonds de Saint-Germain, n° 787.

I.

Dovendo trattare delle cose del regno di Cipro, mi pareria superfluo far mentione di quelle che particolarmente sono state trattate per gli antichi authori, etc. Ma mi pare dover esser a bastanza dire alcune cose delle quali non è fatta mentione con verità d'autore alcuno, e le quali ho raccolte sparse per le croniche nostre, perchè un certo frate [2] che assai inettamente compose un certo sopplimento delle croniche delle cose di Cipro, vi mette quelle che mai non segui, e che lui solo giudico l'habbia, ne anco Marc Antonio Sabelico fu troppo ben informato delle cose di Cipro seguite, delle quali se mai mi sarà concesso di poter haver tempo, ne trattarò con verità cose degne di memoria. Hora, per satisfare al debito mio con vostra magnificentia, dirò succintamente quello che a giuditio mio più se ne cura sapere.

Troviamo dunqua per le croniche l'isola di Cypro essersi redutta alla re-

---

[1] Ce mémoire porte dans divers Mss. les titres de *Relatione del regno di Cipro, Trattato di Cipri di messer Francesco Attar*. Sur le Mss. de la Minerve et de Magliabecci, il est intitulé : *Historia compendiaria del regno di Cipro, d'incerto autore*. M. Rawdon Brown, savant anglais fixé à Venise, possède une curieuse copie du mémoire d'Attar dans un volume, Ms. petit in-4°, provenant de la famille Tiépolo, et portant la date de 1559. Ce volume, dédié au patricien Pierre Zeno, est ainsi signé à la fin : *il conte di Tripoli, ambassiator di Cipri. Venezia, 28 aprile 1559*. Jean de Norès, comte de Tripoli, en remettant à Zeno une description historique du règne de Chypre ne s'attribue point le mérite de l'avoir rédigée. Il déclare l'emprunter à un de ses compatriotes, fort versé, dit-il, dans l'histoire de l'île : « da uno gentilhomo « di nostri Ciprioti, ch'avea ottima cognitione « et prattica delli successi di esso regno. » Attar n'est pas autrement désigné par Jean de Norès; mais à la suite de ces mots du comte de Tripoli se trouve le mémoire même de François Attar, avec une liste des villages de l'île divisée en onze contrées. Les mots du comte de Tripoli que j'ai cités permettent de croire que François Attar ne vivait plus en 1559; nous venons de voir que ce chevalier fut en 1531 l'un des commissaires chargés, avec le comte de Tripoli, du choix des exemplaires des Assises sur lesquels devait être faite la version italienne. (Ci-dessus, p. 516; *Assises de Jérusalem*, t. Ier, p. 21, n.) Son mémoire ne peut donc être bien postérieur à 1531 ou 1540; il fut même écrit probablement avant cette dernière époque.

[2] Nous ne connaissons pas l'ouvrage auquel notre auteur fait ici allusion. Il n'est pas possible que ce soit l'histoire de Chypre du P. Étienne de Lusignan, publiée pour la première fois à Bologne en 1573, après la prise de l'île de Chypre par les Turcs, et bien supérieure au présent mémoire.

ligione christiana per le predicationi di Santo Barnaba, apostolo, appresso del quale si trovò l'evangelio di mano di San Mattio, et molti anni da poi haver patito seccura d'acqua per xvii anni continui, et che questa fu causa della si deshabitatio, et stette dishabitata trenta sei anni. Nel tempo poi dell' imperio di Constantino, et che Elena, sua madre, tornando da Hierusalem, dapoi trovata la croce del Salvatore nostro, capitò nell' isola, al loco di Vassilopotamo, nella contrada antiditta, hora detta Masoto, et che havendo ella fatta fabricare una chiesa in sul monte Olimpo de detta contrada, che ora si chiama il monte della Croce, vi pose del verace legno una parte et che da al'hora cominciò a piovere, onde tornorno de molti habitatori dei primi et altri nuovi. Ma perchè erano molto infestati da corsari, richesero all' imperatore di Constantinopoli chel volesse mandare uno della sua famiglia per signore, et famiglie d'homini nobili et stratiotti al governo et diffension dell' isola, che loro si contentavano contribuire alla speza. Et havendoli mandati, fu imposto alli habitatori di pagare all'anno certa quantità di danari per mantenimento delli stradiotti, cioè alli villani constituiti in età legittima, bisanti sei di otto soldi per uno; il quale pagamento fu chiamato *Stratia*, et alli habitatori delle città un perpero per testa, che è bisanti tre et carati 1/2. Et così in spacio di tempo et in diverse occasioni quelli dal perpero, chiamati *Perpiriarii*[1], si sono liberati; in modo ch'a pena vi resta qualcuno per l'isola sottoposto a tal pagamento. Alli villani si è andato sempre crescendo diverse angarie, a tanto che furono redutti al *Catapenazo*, che di presente pagano li parici, et furno usati ad esser partiti di qualunque entrata che facevano al terzo, et finalmente li fu gionta la obligatione del servitio delle due giornate par settimana che hora si chiama *Angario*, e furono chiamati *Parici*, che viene a dire forestieri habitatori. Di poi, in diversi tempi, essendo venuti altri habitatori per i casali, furono a differentia de parici chiamati *Leufteri*, cioè liberi, altri li chiamano *Francomati*; alli quali non furono imposte salvo picciole angarie, nel numero di quali si connumerano quelli parici che per diverse vie sono stati liberati. Adunque vengono ad essere quattro sorte et conditioni di huomini in Cipro, per i casali parici et liberi, per le terre i populari, quelli cioè che da alcuni sono chiamati perpiriarii, et li descesi delle famiglie nobili sopradette mandate da Constantinopoli, li quali poi, venuti i re latini, chiamarono, all' usanza de Francia, *Borghesi*.

Stette in questo modo l'isola signoreggiata da duchi per successione

[1] Quelques Mss. *Perperiarii* ou *Perpinarii*.

hereditaria sotto l'obedientia dell' imperio per circa 880 anni, et nel spatio di questo tempo seguirono alcuni fatti assai notabili, et vi furono molti huomini celebri et eccellenti in lettere della sacra scrittura et huomini di gran santità, tra li quali vi sono stati Spiridone[1], Trifilio[2] et Epifanio[3] et molti altri, li corpi delli quali ne fanno testimonio fino al presente in diverse parte dell' isola. Et durò così fino alla venuta di Riccardo, re d'Inghilterra, il quale, nel 1190, essendo venuto all' aiuto di Guidone, re de Hierusalem, et trovata già persa la città, voltò le arme per vendicarse contra Chirsacco, signore di Cipro, il quale poco avanti havea cercato di prendere et ingiuriare la madre[4] del detto re Riccardo et la regina di Francia, moglie di Filippo re, lequal, passando per andare in Hierusalem, erano capitate a Limisso; onde havendo la prima volta combattuto et rotto il detto Chirsacco, appresso il casal Chilani, in la contrada de Limisso, et la seconda volta appresso Trimitussia, in la contrada della Messaria, et amazatolo, remase Riccardo, re d'Inghilterra, signore dell' isola, laqual subbito vendette alli cavalieri della religione del Tempio per ducati cento milia, quaranta milia contanti, et li altri sessenta milia a tempo. Laqual religione hebbe assai bel principio, ma pessimo fine, di che non è al proposito nostro al presente trattare.

Li detti Templarii tennero per circa un anno il governo dell' isola con grandissima difficultà; finalmente, essendo stati alle mani con li paesani, fu amazzata la maggior parte de loro, ma non senza grandissima effusion di sangue et morte di assaissimi del paese, et fu questo in la città di Nicosia, nel MCXCI, dove soleva essere un castello che anchora ne appare i vestiggii avanti la casa dove stava misser Giacomo Cornaro. Vedendo adunque li Templarii non poter tener l'isola, deliberati di partirsi, la diedero similmente per ducati cento milia, 40 milia de contanti et 60 milia a tempo, a Guidone de Lusignano, che poco avanti havea persa la città di Hierusalem.

Costui fu il primo signore latino de Cipro. Il quale, havendo ridotta qui la principal corte sua et la maggior parte della nobiltà de Latini che solevano essere in Hierusalem, visse circa tre anni. A Guidone successe nella signoria di Cipro l'anno MCXCIV, Almerico, suo fratello, huomo dignissimo. Costui,

---

[1] Saint Spiridion, évêque de Tremithus.
[2] Saint Tryphille, évêque de Nicosie.
[3] Saint Épiphane, né dans la vallée de Marethasse, fut archevêque de Chypre.
[4] La sœur et la fiancée de Richard Ier, mais non sa mère, accompagnaient le roi en Orient. Notre auteur a tort encore de faire périr Isaac Comnène dans un combat contre les Latins. Voy. le tome Ier des documents, p. 2, 6. On remarquera, au reste, chez Attar beaucoup d'autres inexactitudes sur les premiers temps de l'histoire gallo-chypriote.

havendo ridotta l'isola a boni termini, et havendo dotata la nobiltà de casali in feudi, et concessoli i titoli delle baronie di Hierusalem, parte delle quale non erano ancora state tolte da infedeli, impetrò dal pontificio concistorio che la signoria de Cipro fosse degna di esser chiamata regno, et fu con grandissimo honor coronato in re. Et poco dopo, tolse per moglie Isabella, regina di Hierusalem, et fu novo re di Hierusalem, secondo signore de Cypro, et primo re de Cipro latino. Ma perchè non mi par necessario, volendo trattar delle cose di Cipro, haverne a far più mentione di re di Hierusalem, basti solamente dire che i re di Cipro sono stati re de Hierusalem un tempo per parte delle lor mogli, regine et herede di Hierusalem, et poi per successione hereditaria discesa d'essi re et delle dette regine loro mogli.

Ad Almerico, che visse xi anni, successe nel regno de Cipro Ugo, suo figliuolo, marito della regina Alessia, et visse xiii anni. Ad Hugone successe Henrigo, suo figliuolo, infante; et mentre che Henrigo re non haveva la età legitima, furono baili et governatori del regno de Cipro Filippo de Iblin et Giovanni de Iblin, signore di Baruto, [suo] fratello, [zii] della regina Alissa. Il qual Giovanni de Iblin, in diversi tempi et in diversi conflitti, si portò valorosamente et generosissimamente contra Federigo secondo, imperatore, che fu primo re di Sicilia. Il quale, havendo prima sollevati cinque gentilhuomini de Cipro, et occupate certe fortezze et Cerines, et datele al governo delli ditti cinque, venuto poi in persona, cercò d'occuparla tutta; ma tandem, essendo dai detti d'Iblin escluso l'imperatore dall'isola, rimase il governo alli detti de Iblin fino alla perfetta età di Henrico re, il quale visse xxxiii anni. Ad Henrigo successe Hugo, suo figliuolo, detto il piccolo, il qual morì d'anni xiv nel mcccxvii; et in questo, mancò la stirpe di Guido di Lusignano, discesa da Tancredi nepote di Bohemundo, che fu al conquisto di Terra santa[1].

A costui successe un altro Hugo, el principe d'Antiochia, per parte della madre. Costui fu germano cugino di Hugone piccolo, et figlio d'Isabella, sorella del re Henrigo, di casa di Normanni di Puglia, et discese da Ruberto Guizzardo che haveva acquistata la Puglia, et fu principe di Taranto; et essendo venuto all'acquisto di Hierusalem, hebbe poi in dono la signoria over principato de Antiochia et rimase alli suoi discendenti il cognome di principe. Questo Ugone adunque successe nel regno di Cipro; lassato il suo cognome, prese il cognome di Lusignano, et visse xvii anni et morì nel mcclxxxiv, da poi molti eccellenti et notabil fatti. Fu cognomi-

---

[1] Cette généalogie est inexacte.

nato Hugone il grande. Questo Hugone fece edificare l'abbadia de' Bianchi[1], et a costui Giovanni Boccaccio dedicò l'opera sua *De genealogia Deorum*[2]. Da poi la morte del quale, le cose di Terra santa cominciorno a deteriorare. Ad Ugone il grande successe Giovanni, suo figlio, bell' huomo, molto ajutante della persona, gratioso et di grandissima gravità, per molto religioso. Regnò un anno, et morì senza herede nel MCCLXXXV.

A Giovanni successe Henrigo, suo fratello. Costui, dopo molti generosi fatti, s'infermò di morbo caduco; onde Almerico, suo fratello, signore del Suro, del M CCCVI, contra la volunta di alcuni più degni et principal baroni, seguitato delli altri, li tolse il governo del regno; et havute le fortezze in potestà sua, eccetuati solamente cento milia ducati per le spese del re et xx milia per la regina, sè ritenne tutto il resto delle entrate regie. Et finalmente, fatto prendere il re suo fratello, lo mandò prigioniere in Armenia, da Aitone[3], re d'Armenia, fratello de sua moglie, con tutti quelli baroni et cavalieri i quali non li volevano obedire. Nè mai lo volse liberare de là, quantunque il papa mandasse a rechiederglilo; ma finalmente, per divina giustitia, del MCCCX, Almerigo fu amazzato da un suo cameriero, detto Simonetto de Montolifi, in la stanza dove nelli tempi passati si faceva la zecca, che ha fabricato novamente messer Cesare Podocataro, ove al presente stanzia il signor Philippo suo figliuolo. Et questo fu da poi che egli haveva tenuto il governo quattro anni et un mese. Morto costui, si fece similmente governatore Camerino[4] suo fratello; et fatte le gride et cetera, alcuni li obedirono, alchuni altri non volsero, anzi redutti insieme, congiurorno di mantenere la debita fedeltà al re, che anchora era in Armenia, et tennero Famagosta et altre fortezze per il re, fino che il re, lasciato da Aitone, tornò nel regno; dove fatto morire alcuni che gli havevano mancato di fede, et altri imprigionati perfin che vissero, morì poi l'anno 1324, suffocato del mal suo del morbo caduco.

Ad Henrigo successe Hugo, suo nepote, figliuolo di Guidone, suo fratello, et regnò XXXVI anni. Del M CCC XXX, regnante costui in Cipro, a dì x di novembre, fece sì grande et terribilissime pioggie che si crede dover esser il diluvio, in modo che la fiumara di Nicosia rovinò gran parte delle case che gli erano intorno, et anegò molte persone, et furono grandissimi danni per l'isola.

---

[1] L'abbaye de Lapaïs, près de Cerines.
[2] C'est à Hugues IV que Boccace dédia son livre. Voy. notre tome Ier, p. 226.
[3] Oschim, beau-frère d'Amaury de Lusignan, et non Hayton, était alors roi d'Arménie.
[4] Quelques Mss. *Henrigo.*

Ad Ugone successe nel regno Piero, suo figliuolo, cognomenato il valente. Nel tempo del quale, per quanto si puo considerare, l'isola di Cipro era ridotta in fiore ad summum et Famagosta habitatissima et hornatissima, nella quale si facevano tutte le facende de mercantia, et da poi si commenciorno a fare in Soria, per i mercadanti de diversi paesi; di modo che, fra l'altre cose, si legge d'uno Suriano Christiano, sive Marano[1], habitante in Famagosta, quale guadagnò tanto in un mercato ch'el fece delle mercantie delle galere de Baruto che, con una particella del guadagno, per voto che egli haveva fatto, fabricò la chiesa di S. Pietro et S. Paulo, in Famagosta, chiesa grande, la quale sè potria chiamare bella in ogni bella città; hora vienne adoperate per magazeno delle biade, non so quanto lecitamente. Si legge che questo re Pietro valente, ad una impresa contra infedeli, armò in brevissimo tempo in l'isola cinquanta galere, su lequali si legge il nome de patroni nominatamente valentissimi cavalieri. Et appresso questo, havendo altri navilii del paese et Rodiotti et di altri paesi fino alla somma di cento et più vele, conquistò Alessandria, et prese et soggiogò molte altre terre et luoghi marittimi per tutta la costa de Soria, et etiam molte terre in la Turchia. Questo re Pietro, dopo molti eccelsissimi suoi fatti, trovandosi a Roma con molte sue galere, intese che un suo barone in Cipro, conte di Rochas, al quale haveva lassato il governo del regno[2], s'haveva portato menche fidelmente verso di lui con Lionora, regina, sua moglie, et figlia del re d'Aragona. Sè ne venne in Cipro, et, convocata l'alta corte secondo la legge, dimandò raggione contra di lui de crimine *læsæ majestatis*, contra il sacramento del homaggio che li haveva fatto. Parse all' alta corte, havendo più rispetto alli pericoli eminenti che a la giustitia, assolvere il conte et condannar colui che havea dato l'avviso, che fu di casa Visconte, maggior huomo del re. Il qual giuditio, il re, per honor suo, mostrò di voler esseguire, mandando *ad perpetuos carceres* quel da casa Visconte. Ma tanto li seppe a male et tanto l'incrudeli contra de suoi Ciprioti, che ingiuriandoloro et le lor mogli et figlie, et havendo pensiero di usare verso di loro grandi vendette et crudeltate, che già havea fatto fabricare una crudelissima prigione a questo effetto; finalmente non potero più patire la tirannia sua, et, persuasi da una donna, fatta conjuratione, lo amazzorno. Non voglio tacere la persuasion della nobil donna. Costei, sententiata ingiustamente dal re a portare pietre alla fabrica che lui ordinava per prigione, un dì che il re passava con gran

---

[1] Maronite. — [2] Le roi avait laissé le gouvernement de l'île à son frère, le prince d'Antioche.

moltitudine di persone d'ogni conditione, havendo lei la camiscia corta fino alli genocchi mentre passavano gli altri tutti, non si curò di coprirse nè haver vergogna di mostrar li piedi, ma passando il re, lei s'abbassò et si coprì, toccando la camiscia in terra; et dimandata perchè haveva fatto quell' atto, respose perchè le donne non si devono vergognare dell' altre donne, ma solo delli huomini, et che a lei pareva che il re fusse huomo. Tra loro fu di tanta efficacia questa parola, che pote quanto è detto di sopra. Et la prigione fu poi dedicata per capella alla Nostra Donna della Misericordia[1], sotto laquale ancora sta la prigione profondissima et terribile. D'allhora cominciorono le cose di Cipro a declinare et venire a grandissima rovina; credo indubitatamente sia così permesso da Iddio per la ingiusta deliberation fatta nel consiglio chiamato per il re querelatosi non contra di colui che l'haveva vergognato, come di sopra, ma contra di colui che non era stato in alcuna colpa.

Essendo stato amazzato re Piero, successe Pierino, suo figliuolo, et regnò XI anni. Ma Leonora regina, con grandissimi tradimenti, diede Famagosta in man di Genovesi. Li quali, spogliata l'isola d'ogni ricchezza, mandorno a Genova l'oro et l'argento et altre gioje dell' isola sopra sei galere, le quale per divino giuditio tutte sei si anegorno sopra el cavo della Greca, di modo che nè homo nè alcuna cosa ne scapulò. Tennero i Genovesi Famagosta per circa 90 anni, et nelle guerre che furono tra loro et quelli del paese, accade che Jacomo di Lusignano, gran contestabile, fratello del re Piero valente, fu fatto prigioniere[2], et essendo lui retenuto et mandato a Genova, morì Pierino re. Furono alcuni che per diversi rispetti, volevano sollevar nel regno un dei parenti del re che si trovava nell' isola; tandem, consultato le cose più maturamente, fu chiamato de Genova Jacomo, legittimo successor del regno, al quale volendo venire convenne far patti con Genovesi et concederli Famagosta con le due leghe di circuito. Re Jacomo visse circa 20 anni, et restaurò l'isola, che dalla morte del re Piero valente fino alli suoi tempi per le guerre de Genovesi era tutta destrutta; et fabricò in spatio di un anno la citadella de Nicosia, et messe il palazzo ch'era in quel luogo in fortezza. Fece fabricare etiam molte belle et memorande cose per l'isola, et la fabrica di Potamia et della Cava notabilissima, delle quali hora si vedono i vestigii.

Morì costui nel MCCCXCIII, et successe nel regno Janus, suo figliuolo, il

---

[1] Voy. ci-dessus, p. 265, n. — [2] Il fut remis comme otage aux Génois.

quale nel principio del suo regnare, hebbe assai buona fortuna. Da poi, assalita l'isola da peste, da cavallette, da seccure, andorno le cose molto a basso. Tandem, havendoli mosso guerra il soldano del Cairo, mandati molti malamuchi con grande armata, furono alle mani con il re et con l'essercito suo a Vassilopotamo[1], dove il re fu rotto et preso, et menato al Cairo del MCCCCXXVI. Corsero poi per parecchi giorni per l'isola i malamuchi, brusorno quanto era di bello, et si partirono. Convenne al re, menato al Cairo, se volse tornare, rescattarsi per parecchi migliaia de ducati, et consentire all' annuo tributo che al presente si paga. Re Janus, tornato in Cipro, morse nel MCCCCXXXII.

Successe nel regno Giovanni suo figliuolo. Costui hebbe per moglie Helena greca, figliuola di despoto della Morea, et hebbero una sola figlia detta Carlotta, laquale diedero per moglie ad Aluise, figliuolo di un duca di Savoia.

Del MCCCCLX[2], essendo mancato re Giovanni, rimase re Aluise de Savoia, ma per pochi mesi, imperochè Jacomo, figliuolo naturale del detto re Giovanni, il quale dal padre era destinato ad essere ecclesiastico, et già era apostulato, cioè eletto, per dover esser creato arcivescovo de Nicosia, havendo animo elevato ad altri pensieri che di chiese, dipoi molti travagli et persecutioni che hebbe da quelli che lo volevano tenir a basso, fugito al Cairo, impetrò il sussidio del soldano, et tornato in Cipro, con armata et malamuchi, fatto prima signore della campagna, pose l'assedio a Famagosta et a Cerines. Et essendo interim venuti da Genova in soccorso di Famagosta una caracha grossissima, Jacomo, in persona montato su certi navilietti, assaltò et fuor di speranza d'ogn'altro prese la detta carracca per mezzo Famagosta. Onde, persa la speranza del soccorso, i Genovesi subbito si resero, e fu circa un anno dipoi l'assedio. Cerines si tienne per Carlotta circa tre anni, et poi si rese. Aluise re, subbito poi l'assedio di Cerines, sè ne tornò in Savoia, et lì rimase mentre visse. Fu huomo molto devoto, ma non molto atto a gueregiare[3], di che ne dette etiam buona testimonianza come è detto. Carlotta regina, seguitata dalla maggior parte de cavalieri di Cipro, andatasene a Rhodi, et poi fatto venir soccorso di molti Savoiani a Cerines, che era assediato, essendo stato più volte alle mani con Jacomo re et li malamuchi, tutte le volte furono rotti. Si redusse finalmente Carlotta a Roma, dove havendo più tempo richiesto sussidio di poter recuperare il regno, non ha-

---

[1] Plutôt à Chierokhitia, au nord du Vasilipotamo. Voy. notre tome Ier, p. 536, n.

[2] C'est en 1458.

[3] Voy. ci-dessus, p. 351, n. a.

vendolo impetrato, morì senza heredi. Molti fatti generosi et notabili seguirono de Jacomo re mentre durorno gli assedii preditti, et etiam dopoi mentre el visse, li quali sarebbe longo il raccontare. Re Jacomo, dopoi che hebbe la signoria dell' isola, scoperse un trattato che li malamuchi ordinavano contra di lui; et con bel modo, con pochi suoi fidati, fu alle mani con essi malamuchi, et amazzatili tutti, mandò ambasciatore al soldano et asettò le cose sue. Onde, per sicurtà sua, li convenne dar recapito a molti Catelani et Castigliani, corsari et altri, tra li quali vi furono etiam grandi et nobili huomini. Et interim, andavano reducendo all' obedientia sua i cavalieri Ciprii, i quali, vedendo le cose di Carlotta desperate, si lasciavano persuadere de retornare alla patria loro. Finalmente, il re, pensando de fermare le cose dello stato suo, et havendo l'animo dirizzatto a maggiori imprese, parendogli a ciò buon mezo s'egli faceva buona et stretta amicitia con Venetiani, tolse per moglie Catherina, figliuola di messer Marco Cornelio, addotata dall' illustrissima signoria per figlia, con laquale hebbe un figliuolo. Et poco doppo morì re Giacomo del MCCCCLXXIII, nel XXXIII dell' età sua, lasciando herede il figliuolo, et la moglie regina. Il qual figliuoletto pocco doppo morì.

Li Spagnuoli divisi in due parti, l'una con li Cipriotti favoriva la regina (Carlotta), et l'altra machinava di dare questo regno in mano di Ferrante, re di Napoli. Tandem, gionto messer Vettor Soranzo, proveditor dell' armata veneta, mandato dal clarissimo generale Mocenigo, et sopragionto anc'esso clarissimo generale, il quale solevò da molti travagli essa regina; et scacciati li Spagnuoli della parte contraria, con l'aiuto d'altri Spagnuoli et Cipriotti, fautori della regina (Catharina), tra li quali messer Giovanni Attar, cavagliere Cipriotto, capitano a Baffo, andato all' incontro del proveditore ad offerirgli le chiavi del castello il quale teneva per la regina, fu il primo che diede obedienza alla illustrissima signoria di Venetia; si pacificorno le cose et rimase la regina quietissima. Furno doppo alcuni tempi levati et mandati a Vinegia alcuni de i primi paesani; i quali, pocco doppo licentiati, tornoro alla patria loro. Solo messer Giovan d'Attar, d'anni 45, il quale, essendo mandato a Vinegia del MCCCCLXXXIX con gli altri privati, era cominciato ad operare dall' illustrissima signoria nelle armi molto honorevolmente condotto, sè ne morì a Venetia. Rimase adunque la regina pacifica, et levate con felicità perpetua l'arme del glorioso san Marco, sè n'ando a Venetia del MCCCCLXXXIX.

In quelli 287 anni che l'isola fu signoreggiata dai re Latini, si legono de notabilissimi lor fatti, in mare et in terra, così in diffensione di terra Santa, come etiam contra Turchi in Cilicia, et etiam contra Genovesi.

II.

Molte delle antique città maritime et mediterranee sono distrutte et dishabitate, di che ne furno causa guerre, terremoti, pestilentie et seccure; et finalmente li habitatori sè redussero ad habitare nelle terre di commoda habitatione come è la città di Nicosia, li vestiggi dalla quale dimostrano esser stata habitatissima. La quale però hebbe tenue principio, che un solo vecchiarello, detto Levco, inhabitava con la moglie, chiamata Sia, dalli quali due trasse il nome Levcosia, quantunque per corrotto voccabulo d'alcuni si chiama Nicosia. Doppo, per la commodità del sito, è stata reedificata dov'hora si vede, equidistante quasi dalle marine due di Tramontana et Ostro et dalle doi estremi dell' isola, Paffo et Carpasso, in meza la campagna dell' isola, tra li monti che la chiudono di quà et di là, abondantissima d'acque salubri et in sano aere, dove di stade il suave zefiro vivifica li corpi delli gran caldi lassi. Fu habitata tra le altre città et sara sempre, nè mai si potrà fare che alcun' altra dell' isola sia più habitata di Levcosia, per la diffierenza che li altri luoghi pattiscono della maggior parte delle predette cose necessariissime.

Altre città et castelli vi sono al presente habitate. Famagosta, detta Ammachusto, che vol dire ascosa nell' arena, altre volte chiamata Constanza.

Paffo nova, dove al presente è Paffo.

Paffo vecchia, dove fu il famosissimo tempio di Venere, al presente è un casale chiamato Covucla.

Corinea, Cerines, che anticamente si chiamava Ceraunia.

Limisso nuova, appresso la vecchia, che si soleva chiamare Amathunda.

L'isola è divisa con XII contrade : X maritime, videlicet : Paffo, Avdimo, Limisso, Masoto, Salines, Famagosta, cioè il circuito delle due leghe, Carpasso, Cerini, Pendaia et Crussoco. Due mediterranee : Nicosia et Massarea. A Famagosta, Paffo, Salines et Cirenes si mandano capitani di Venetia. A Limiso vien fatto capitano delli rettori di Nicosia. Alla Messarea, vien fatto capitano per il capitano di Famagosta et similmente al Carpasso bailo. A Pendaia, Crussocco, Avdimo et Masoto, vengono fatti per li rettori di Nicosia civitani, che in francese significa capitani.

Il territorio di Nicosia è retto per il visconte, il qual deve esser consigliere o gentilhuomo feudatario, eletto per i preditti rettori di doi in doi anni.

L'officio[1] della juridition et cargo suo è, come appare in Gherardo Monreal nel prohemio, et aquesto è tenuto ancho per li statuti del regno, di giudicare tutti gli habitanti in Nicosia et nel territorio di quella, et coloro anchora che vanno et vengono, eccetto quelli cavallieri gentilhuomini et feudati che sono sottoposti all' alta corte, representata hora dalli clarissimi rettori, dalli quali da un tempo in qua i Venetiani et le loro cose sono judicate in esecution delle loro commissioni, di modo che, havendo essi clarissimi rettori le occupation del regno, delle cose della camera et delli judicii, a gran fattica possono supplire, et perciò molte cause s'invecchiano avanti l'espeditione, con gran danno delle persone, et perciò anchora molti torteggiati dalli officiali, et altri di fora restan di riccorrere alla justitia, per tema delle tardi espeditioni. I Soriani solamente sono del foro del rays, come dechiara il Pladeante dell' alta corte a capi quattro, et il predetto Gherardo nel prohemio, come di sopra; ancora che il detto rays si vaddi usurpando molte delle juriditioni del visconte, lequali si posson dechiarir per le statuti senza difficoltà. Il predetto visconte deve judicar segondo li statuti, liquali sonno in uno libro separato che si chiama *Assise del viscontado*, et sono osservatissimi come testifica il Pladeante dell' alta corte, a capi dui, eccetto alquanto dove longa et osservata consuetudine fosse in contrario. È judice anchora dei stabili de Nicosia et del suo territorio et delle cose anchora ch'accadeno in detti stabili cioè doni, cambii, locatione, succllatione, pignoratione, vendite et altro, come appar nelle assise del Pladeante del viscontado a capitoli tredici, in Gherardo Monreal nel prohemio. Circa

---

[1] La fin de ce paragraphe, où nous recueillons des renseignements nouveaux sur l'ouvrage encore inconnu de Gérard de Montréal, est extraite du Ms. Contarini de la bibliothèque Saint-Marc. Elle se retrouve aussi dans le Ms. Tiépolo ou Zéno de M. Rawdon-Brown, renfermant la relation du comte de Tripoli. Dans les autres Mss., les fonctions du vicomte de Nicosie sont plus sommairement indiquées. Voici le texte du Ms. de Rome : « Et l'uffitio suo è di giu- « dicare tutti li andanti e venenti, di qual- « che condittione, eccetto li huomini dell' « alta corte. Non dimeno, per causa d'alcuni « visconti che sono stati negligenti, pare che « tutti li Franchi s'habbino usato a giudicare « dagli rettori, in modo che, havendo essi « clarissimi rettori le occupationi del go- « verno delle cose del regno et della camera « et de i giuditii, a gran fattica possono su- « plire; et molte cause se invecchiano avanti « le speditioni, con gran danno delle per- « sone, et molti tortilati da gli officiali, et « altri di fuori restano di riccorrere alla gius- « titia per il dubio delle tarde speditioni. Li « principali carrichi del viscontado sono di « giudicare le doti, li stabili tutti delle città « eccetto i feudali, i criminali tutti, se non « alcuni che tal volta è parto alli rettori di « arrecarli al giuditio loro; et dove vi va vita « o membro fa la sentenzia con il parer di « detti signori rettori. L'apellationi delli atti « del viscontado vanno avanti alli rettori; « et similmente di tutti li ufficiali per l'isola, « eccetto quello di Massarea et Carpasso, che « vanno avanti il capitano di Famagosta. »

lequal cose de stabili, vi è un altro libro chiamato il *Pladeante,* cioè libro di piato over litigio. È judice parimente delle dotte de ciascuna sorta di persone et di molte altre cose, eccetto le reali et feudali, come sono le criminali. Ha il cargo anchora della piazza, et cura de tutte le vittuarie, in dar le precii a ciascuna, et le mete, segondo li parerà per justitia. È signor de notte, et perciò deve far et far far ogni notte la guardia della terra. Et li soldati della porta del palazzo sono tenuti andar in compagnia de dette guardie a vicenda. Et questo officio deve esser a cura al detto visconte quanto alguna altra che n'habbia a fare, come appar nel Pladeante del viscontado a capitoli ix. Et le appellationi degl' atti del visconte vanno avanti li clarissimi rettori, et similmente de tutti gli officiali dell' isola, eccetto quelli della Messaria et Carpasso, che vanno avanti il clarissimo capitano de Famagosta.

Li rettori rappresentano l'alta corte, et a loro soli aspetta il giuditio delli feudati et da qualunche cosa che da quelli dippende. Vi è ancor in Nicosia un ufficio detto Raïs, del quale è a giudicare i Soriani et altre nationi da noi strani[1].

Solevano esser in Cipro molti baroni, et similmente ufficiali alcuni che havevano il titolo del reame di Cipro, le conditioni, le segnorie, li uffitii et le obligationi de quali si trovano nei libri delle assise del regno. Le assise sono statuti fatti per Gottofredo di Bulione, acquisitore di Gerusaleme, col patriarcha, che ancora era di somma auttorità, di consentimento dei baroni et dei feudati; et successive vi furono aggionti per i regali con consulta de baroni et grand'huomini. Et quelle veramente sè chiamano assise, lequale sono state in osservantia, fatte nel M LXXXX IX. L'osservanza è o nell' uso et consuetudine, o nei libri delle rimembranze, cioè delle memorie.

De prelati latini vi sono l'arcivescovo di Nicosia et vescovo di Famagosta, vescovo di Paffo et vescovo di Limisso. La giurisdittione de' quali abbracia tutte le xii contrade predette, et li altri vescovi sono chiamati suffraganei dell' arcivescovo. Comendator grande dell' ordine di santo Giovanni Gierosolimitano; commendator della Finica[2], similiter; commendator del Tempio[3], similiter.

Vi sono etiam vescovi greci chiamati di Famagosta, volgarmente arcivescovo di Nicosia, di Paffo et Limisso; ma revera per le constitutioni non fu osservato che in una città fussero due chiese differenti, cioè Greci et Latini,

---

[1] Quelques Mss. *De' nostrani.*
[2] Phinika, dans le Paphos.
[3] Commandeur de Tempros, dans le district de Lapithos.

ma alli quattro vescovati furono datti tituli di città antiche : aquel di Famagosta, Carpassia; aquel di Nicosia, di Solia; aquel di Paffo, Arsinoe; aquel di Lefcara et Limisso, Amathunda.

De baronie al presente è il contado di Carpasso, venuto in gentilhuomini veneti di casa Giustiniani, heredi di messer Giovanni Perez Fabrices, primo conte de Carpasso.

Il contado di Roccas, concesso dall' illustrissima signoria a messer Zegno Singlitico.

Il contado di Zaffo è pervenuto in mano de gentilhuomini veneti Contarini, heredi del quondam magnifico messer Georgio Contarini, germano cugino di Catherina regina.

Il contado de Tripoli, concesso dall' illustrissima signoria al magnifico messer Giovanni di Nores.

De offitii, che solevano esser assai, restano solamente due, videlicet, quello del siniscalco, il quale fu dato dal re Giacomo a messer Honofrio Rechesens, avo di messer Calceran, d'heredi in heredi; et contestabile, il quale fu dato dalla regina Catherina a messer Pietro Davila, padre di messer Francesco, d'heredi in heredi.

Le usanse principali sono che li feudati che fanno l'omaggio di fedeltà alli rettori[1] per nome dell' illustrissima signoria, deveno esser immuni loro e i suoi feudi et i loro parici d'ogni gravame; et per le leggi del regno, tutte quelle obligationi ha il signore verso i feudati, quale i feudati verso il signore, eccetto di l'esser suo signore. La creanza[2] della signoria regia è prescritta per le leggi a certi termini dechiarati per l'assise.

De feudati sono alcuni obligati a liggio omaggio solamente, et di questi ne sono et de gran conditioni d'huomini et de minori; alcuni hanno obligatione di servitio personale ut infra, servitio de cavaglieri e sono obligati con arme et cavalli al servitio, et per diffeto[3] di servitio pagano ducati 600[4] l'anno. Alcuni hanno obligatione d'huomini d'arme, et questi per diffeto pagano ducati 400 l'anno. Alcuni, di torcopullo, id est servitore con un cavallo, et questi per diffeto pagano ducati 200 l'anno. Alcuni hanno diverse obligationi di servitio personale, secondo piace al concessore del feudo imponergli. Ma oltre li predetti, non si paga di fatto in danaro, si non

---

[1] Différents Mss. portent par erreur ici et plus haut *ricevitori*.

[2] Aux Mss. de Florence et de Paris, *la licenza*.

[3] Il a été question précédemment de ce que l'on entendait par *défaut* en Chypre. Voy. p. 275, n. 1.

[4] Ms. de Paris, 800.

che volendo il signore haver il servitio, è obligato farglilo secondo il privileggio suo, o farlo fare ad altri sufficienti. Alcuni hanno obligatione di servitio non personale a loro, ma di dare un fanto a piè, per un certo termine all'anno, secondo il tenore del privileggio. Alcuni hanno obligatione di dare speroni, altri caponi la vigilia di Natale, et alcuni havevano da dare falconi.

Tutti li feudati, etiam che habbino obligatione, sono huomini ligii et fanno ligio omaggio. Omaggio ligio vol dire quel che fanno senza haver rispetto nè fare reservatione d'alcun' altra persona, salvo al signore di Cipro, nè all' imperatore, nè ad altro, cosi è ordinato et dechiarato per l'assise.

Solevano i baroni dar feudi et ricevere omaggio, ma non la ligeza, perchè l'omaggio che si faceva di fedeltà alli baroni era con reservatione de ligio omaggio al capo signore. Quelli che fanno omaggio et non hanno obligatione di servitio non sono obligati a cavalcare nelle armi, se non quando cavalca il signore; et nessun de i feudati è obligato andar fuori dell' isola a fare il servitio in arme, se non vole accettare d'esser mandato ambasciatore.

L'esser obligato al servitio o non, non è quello che faccia maggiori i feudati un più dell' altro, perchè di qualunque sorte possono essere e di gran grado e di minore. L'obligatione del servitio è più tosto avantagio del signore che priminentia del feudato; et per essempio vi sono stati conti che hanno havuto di loro feudi per servitio di scudieri o di liggio omaggio, et d'altri di minor di grado di conte d'assai che hanno havuto li loro feudi per servitio de cavaglieri; pure, utcumque sit, servitio de cavaglieri et de scudieri non veniva mai dato se non ad huomini nobili. De fatto di servitio puo esser in più modi. Un modo è, quando il feudo pervenga in femina che non habbia marito. Altro modo, quando pervenga in maschio che sia meno di xv anni. Tertio modo, quando un feudato succede in più feudi che deveno più servitii: dell'uno, qual vuole, fa il servitio, degli altri paga il difetto ut supra dichiarato. Se i feudi sono quanto si vogliono, sendo di ligio homagio solamente tutti, non puo occorrere pagamento di difetto. Et similiter, se è un di servitio et altri quanti si voglia di homagio ligio senza servitio, non puo occorrer pagamento del difetto.

Le donne che si reggono come Franche dame entrano nella metà dei beni del marito defunto, stabili et mobili, et pagano la metà dei debiti se v'è del mobile, se non dello stabile che si puo alienare. Ma il feudo [1] s'ha secondo

---

[1] Quelques Mss. *Ma del feudo si trahe construtto dalle leggi non esser,* etc.

la dispositione delle leggi non esser obligato a pagamento de debiti, perchè il successore del feudo non lo riconosce dal padre o da' parenti di quali ultimamente gli perviene, ma lo riconosce dal primo acquisitore[1] del feudo, che l'hebbe per sè et per li suoi heredi libero, et così libero deve pervenire in ogni successore; nè deve essere in libertà d'un feudatario, per questa o per altra via, impoverire et talvolta disheredare il successore suo.

Le donne che si reggono a la Cipriotta, altramente detto modo Soriano, morto il marito, deveno havere le lor doti et il terzo più per il lor duario. Li mariti che rimangono vedovi, se hanno tolta la moglie a modo di Franca dama, guadagnano tutta la dote, o rimangano figli o no. Se sono maritati alla Soriana, premorendo la moglie senza heredi, guadagnano il quarto della dote, il resto si rende a chi la diede o alli suoi heredi. Le donne dotate a patti Soriani ut supra, se l'occorre che il marito morendo sia feudatario, posson lasciare il patto et subvenirsi della legge. Le donne maritate con feudatarii, maritate come Franche dame, se la fu vedova che sè maritò, dove stare al patto che fece; s'ella si maritò come Francha dama, non può più per la morte del marito domandar dote et duario alla Soriana, ma stare alla legge di Franca dama. Ma questi due ultimi non s'osservano di presente; anzi sono esseguiti giudicii che le donne, in ogni evento, allegano[2] quello che lor piace, et loro è dato adito a domandare dote et duario. Et di tanto dissordine furono causa alcuni, che da principio lasciorno precipitar più cause simili l'una dopo l'altra, talchè l'abusione pare che sia fatta legge.

Franca dama s'intende donna Francese, et in questo luogo significa nobile. Et ha tutte le prerogative soprascritte, ogni volta che nel contratto nuttiale si specifica esser data come Franca dama, et similmente quando la rimane vedova d'huomo feudatario et che la sia maritata con altro patto che di Franca dama.

Nelli feudi succedono li primogeniti maschi del più vicin grado, o femine se maschi non sono, o essendo descendenti dall' ultimo che muore, o ascendenti, o a latere, pur che derivino dal primo acquistatore. Et altri feudi sono stati dati non solo a discendenti dal primo acquistatore, ma a tutti suoi heredi, et secondo il privilegio si succede. I feudatarii sono padroni delle chiese de suoi casali, et hanno il giudicio de tutte le cose civili de' suoi parici et di loro stabili. Solevano etiam di francomati, ma questo non è hora in uso[3].

---

[1] Quelques Mss. *requisitore*.
[2] Quelques Mss. *eleggono*.
[3] Le Ms. Tiépolo, où se retrouve jusqu'ici le mémoire de François Attar, finit autrement que cette relation. Au lieu des indications concernant les divers produits de l'île

III.

Vi sono per le xi contrade dell' isola tra casali et prastii, come per sommario in ciascheduna contrada appare, n° 839, et anime tra casali et le città n° 197,000, videlicet.

Nella città di Nicosia, anime n°.	21,000
Nella città di Famagosta	8,000
Nel castello et borgo di Cerini	950
Baffo	2,000
Francomati per l'isola	95,000
Parici per l'isola	70,050
Sommano in tutto, anime	197,000

L'isola di Cipro è paese coltivato, li terreni sono fertili per la più parte, a giudicio mio è di chi l'ha cavalcata più volte; e di quello ch'è incolto si potria coltivare delle dieci parti l'una, benchè poco vi saria di sorte che si potesse stare alle spese.

Quello che puo fare l'isola et regno di Cipro a tempi honesti, et quello che si puo trarre per conto di mercantia, eccettuando li sali, non si mette a conto alcuno per essere di ragione dell' illustrissima signoria, et non accade farne mentione alcuna.

Formenti si semina moggia 200 m. in circa, et fa moggia.	1,400,000
Orzi si semina 200 m. in circa, et rende	1,600,000
Avena, moggia	34,000
Fave, moggia	100,000
Fascioli, moggia	100,000
Lente, moggia	30,000
Ciceri[1], moggia	5,000

qui vont suivre, et que donnent la plupart des Mss., le mémoire du comte de Tripoli se termine par une courte statistique de la population de l'île et la nomenclature des casaux de ses diverses contrées. Le nombre des villages de Chypre, dans le mémoire du comte de Tripoli, n'est que de 818, au lieu de 839 que nous donnent les Mss. d'Attar; la population dont l'ensemble ne s'élève qu'à 150,000 habitants, est ainsi répartie :

A Nicosie	18,000 âmes.
A Famagouste	6,000
Dans le château et le bourg de Cérines	600
Dans le reste de l'île	125,400
Total	150,000

[1] Quelques Mss. *Ceci o Cesare.*

Ire PARTIE. — DOCUMENTS.

Lini, moggia	80,000
Semenza di lino, moggia	40,000
Pesci [1], moggia	50,000
Sussimani, moggia	6,000
Canape, kantara	1,000
Oldano, kantara	500
Endego, kantara	2
Formaggi, kantara	850
Velli, kantara	5,000
Lana pecorina, kantara	300
Olio d'oliva, kantara	850
Cottoni in boccola, kantara	20,000
Zuccaro di prima cotta, kantara	1,500 [2]
Zuccari di zamburi, kantara [3]	450
Melazzi, kantara	850
Mele d'api, kantara	400
Cera buona, kantara	60
Tiribinto, kantara	"
Culale, cioè cera trista, kantara	20
Ciambellotti di pichi 40 l'uno, pezze, n°	200
Samiti di più sorte, n°	2,800
Camuche di più sorte [4], n°	1,000
Cadini d'ogni sorte, n°	350
Filati, si trahe ogn' anno sacchi 150, che son [kantara?]	400
Sete, si trahe per ducati 3 milia, et va moltiplicando, [kantara?]	400
Vini, some	200,000
Coloquintida, kantara	25
Grana, kantara	3
Zaffarano, kantara	1/2

Lentisco, o niro [5]; fa etiam cenere, aque odorifere, solfore, alume di

---

[1] Ainsi au Ms. Il s'agit probablement de poissons salés.

[2] Quelques Mss. 150.

[3] Voy. précédemment p. 88-89, n.

[4] Voy. M. F. Michel, *Rech. sur le comm. des étoffes de soie*, t. II, p. 45, 171.

[5] Cet article est obscur. Les lentisques abondent en Chypre, et peut-être la suite de la phrase se rapporte-t-elle à la soude ou kali de Chypre, dont les cendres servent à faire du savon. La soude est, en effet, un des produits de l'île. Voy. p. 579.

rocca, alume d'esca, sumaco, olive.................... 〃
Carobbe, [kantara?]........................... 200,000

Salnitro, vitriolo, sali migliori et più che in nissun' altra parte del mondo.

Bestiami d'ogni sorte in abondanza.

Uccelletti di vigne, fagiani, tortore, tordi coternici[1], francolini, quaglie, falconi et molte altre selvaticine.

Si trovano di miniere d'oro, argento, stagno, piombo, latone, rame, marmori, porfidi, gesso, calcina, diamanti, chalcosmaragdi, pseudosmaradgi et tali hiaspidi.

IV.

Il numero della cavalleria et fanteria che di presente si trova nel regno di Cipro per la custodia di quello.

Feudatarii gentilhuomini, obligati al servitio di cavalieri con cavalli quattro, n° 16, n°...............................	64
Obligati al servitio de scudieri con tre cavalli, n° 12, n°......	36
Obligati al servitio d'huomo d'arme con cavalli due, n° 8, n°...	16
In tutto, delli feudatarii, cavalli n°.............	116
Provisionati a cavallo, pur gentilhuomini Ciprioti...........	66
Stradiotti stipendiati................................	800
Archibusieri a cavallo...............................	200
Turcupuli paesani...................................	150
Somma, il numero della cavalleria.....	1,332
Soldati in Famagosta, tra Italiani et paesani................	606
In Cirines, Italiani et paesani........................	150
In Nicosia...	102
Nelle cernede[2], contadini del regno, sotto capi xv Italiani, a 300 per uno...	4,550
Somma, il numero della fanteria........	5,408

---

[1] Autres Mss. *Cotorni*. — [2] Milices du pays.

I.

1497, 20 novembre, A Nicosie.

Les recteurs décident que le fermier de la teinturerie royale doit payer la dîme à l'archevêque.

Andreas Venerius, locumtenens et consiliarii regni Cipri.

Havendo lungamente in questi giorni udita ed intesa la controversia tra gli commessi del reverendissimo in Christo padre Sebastiano de Priolis, meritissimo arcivescovo Nicosiense, et presertim il spetabile cavalier domino Philipo de Nores, per una delle parti, et voi, ser Jacomo Philermo, come al presente appaltatore della tenzaria di questa reale, per l'altra parte, circa la decima domandatavi dalla detta tenzaria per nome di esso reverendissimo monsignore, et havendo ancor circa questo voluto havere conveniente informatione presertim da questi nostri degnissimi segretarii, non ci parendo conveniente nè debito a buoni et veri Cristiani, specialmente intendendo quanto era sempre inclinato il serenissimo ducale stato nostro di Venetia alle cose et precetti divini; idcirco, tenore presentium, commandiamo a voi, sopranominato appaltator nostro, che, senza altra renitentia, debbiate dare et satisfare la decima dell' antedetta tenzaria per il tempo che l'havete tenuta et de cetero terrete, secondo la conveniente et ragionevol consuetudine, intendendo tamen quella parte gli spetta secundo la giusta consuetudine al prelibato monsignor arcivescovo, overo a suoi legittimi commessi, reservando tamen ragioni come ricerca la giustitia verso detta real in presentis, se ragion alcuna de jure vi spetta, perchè di mente et desiderio nostro è che ad alcuno non sia fatto torto, imo ut cuique reddatur quod suum est. In quorum omnium fidem, has fieri et pro more debito roborari mandavimus. Leucosiæ, die xx Novembris 1497.

II.

1547, 20 mars.

Les recteurs se déclarent incompétents dans le procès élevé entre l'abbé de Lapaïs et l'archevêque [1].

Clarissimi domini vicelocumtenens et consiliarius Bembus, sedentes pro

---
[1] Voy. ci-dessus, p. 513.

tribunale, absente viceconsiliario de Garzonibus, juxta instantiam domini Ambrosii Podochatari, commissi reverendi vicarii reverendissimi archiepiscopi Nicosiensis, presente ibidem ipso reverendo vicario fratre domino Laurentio Bergomensi, et in contumatia reverendi abbatis abbatie Albe Premonstratensis, licet citati, et in termino extantis stridati et minime comparentis, declararunt, attentis in processu deductis, se nolle nec posse ingerere in controversia vertente inter reverendum dominum vicarium predictum et abbatem dicti monasterii vel abbatie, occasione subjectionis ejusdem abbatiæ, amplius non impediendo juditium inceptum coram reverendo domino vicario episcopi Famagostani latini, judice apostolico delegato, partes ipsas licentiando ab officio suarum magnificenciarum. Pro presenti actu, bisantios 5. Pro citatione, bisantios 3. Ioannes Maria Trangul, coadjutor cancellariæ.

III.

1547, 4 avril.

Redevances dues à l'archevêque latin de Chypre par l'évêque grec de Solia.

Extractum ex libro reverendissimi episcopi greci Soliæ, circa regalias.

Quando il monsignore vescovo greco di Solia si consacrarà, per consuetudine si suol dare al reverendissimo arcivescovo di Nicosia bisanti 200, al reverendo vicario bisanti 25, alli canonici, a ciascuno, bisanti 25.

La estate.

Al reverendissimo arcivescovo acqua rossa[1] ingiestarre 12, et aglio reste 12. Al reverendo vicario acqua rosa ingiestarre 6, et aglio reste 6. Decano, acqua rosa ingiestarre 4, aglio reste 4. Cancellier, acqua rosa ingiestarre 4, aglio reste 4. Cantore, sottocantore et archidiacono, ciascuno di loro, acqua rosa ingiestarre 3, aglio reste 3. Capellano, acqua rosa ingiestarre 2, aglio reste 2. Bastoniere et thesauriere, acqua rosa ingiestarre 2, aglio reste 2.

L'inverno.

Al reverendissimo arcivescovo noci 600, fighi caffisi 4, vin cotto ingiestarre 6, porco para 6, galline 12. Decano et vicario, noci 500, fighi caffisi 6, vin cotto ingiestarre 4, porco para 4, galline al decano 8, al vicario 6. Canonici, a ciascuno, noci 400, fighi caffisi 2, vin cotto ingiestarre 3, porco

---

[1] De l'eau de rose.

para 3, galline 6. Cantor e sottocantor, noci 300, fighi caffisi 2, vin cotto ingistarre 2, porco para 2, galline 3. Cancelliere, come alli canonici. Bastoniero, thesauriero, capellano, fighi caffisi 2, noci 200, vin cotto ingiestarre 2, porco para 2, galline 2. Arcidiacono, noci 30[0], fighi caffisi 2, vin cotto ingiestarre 2, porco para 2, galline 40.

1553, juillet. A Rome.

Bulle de Pie IV affranchissant un serf, fils du papas d'Ornithi, en le laissant soumis au droit de maréchaussée.

Venise. Annexes au Cartul. de Sainte-Sophie, fol. 473.

Pius, episcopus, servus servorum Dei, dilecto filio Salomoni Petriti, filii papæ Argiru, casalis Ornithi, nato laico Nicosiensi, vel alterius diocesis, salutem et apostolicam benedictionem. Cum a nobis petitur quod justum est et honestum, tam vigor equitatis quam ordo exigit rationis, ut id per sollicitudinem officii nostri ad debitum perducatur effectum. Sane pro parte tua nobis nuper exhibita petitio continebat, quod olim venerabilis frater Livius Podochatarus, archiepiscopus Nicosiensis, ob grata servitia per te ei et ecclesie Nicosiensi eatenus impensa, te, qui antea servus, seu mancipium rusticale dicte ecclesie existebas, manumisit, liberavit et emancipavit, ac tibi meram et puram libertatem donavit, teque natalibus antiquis ingenuitatis et primevo nature juri, quo omnes homines liberi nascebantur et servitus erat penitus ignota, restituit, ita tamen, quod tu censum annuum jus marzasonis[1] nuncupatum, pro animalibus possessis prestari solitum, de minutis animalibus videlicet ad rationem quinque bisantiorum pro quolibet centenario, de majoribus et magnis vero illud idem quod tunc impendebas et quod ceteri ab hujusmodi servitio rusticali emancipati impendebant, eidem Livio archiepiscopo et successoribus suis archiepiscopis Nicosiensibus, qui forent pro tempore, solvere tenereris, prout in patentibus litteris dicti Livii archiepiscopi desuper confectis dicitur plenius contineri. Quas quidem manumissionem, liberationem, emancipationem, donationem et restitutionem a nobis apostolico petiisti munimine roborari. Nos igitur, etc.

Datum Rome, apud Sanctum Marcum, anno Incarnationis Dominice M° D° LIII°, sexto calendas Augusti, pontificatus nostri anno quinto.

Ego Nicolaus Vacla, notarius cancellarie archiepiscopalis, ex authentico, hec ut supra, nil addens vel minuens, exemplavi et in fidem mandati subscripsi.

[1] Il a été précédemment question de ce droit.

1562[1].

Extraits du rapport adressé au sénat de Venise par Bernard Sagredo, à son retour de l'île de Chypre, où il avait été envoyé comme provéditeur général.

Venise. Bibl. Saint-Marc. Nouveau fonds Contarini. Q. 2. Miscellanées, pièce n° 8. — Paris. Bibl. imp. Ms. Saint-Germ. franç. n° 787. Pièce n° 1.

Serenissimo principe, illustrissimi et sapientissimi patri. Essendo per antico costume dai nostri precessori, non senza grandissima consideratione, instituito che, al retorno di qualsivoglia legatione o governo publico, si debba in questo senato far relatione di quelle provintie di dove si retorna, acciò le serenità vostre, di tempo in tempo, restino pienamente informate dell' essere et qualità di quelle d'altri, et avvertite dell' imperfettione che potesse esser nelle sue; et retornando io del regno di Cypro, regno più honorato, più fertile, se ben più lontano, ch'abbia questo dominio, non mancarò, con quella più brevità che sarà possibile, narrare particolarmente quelle cose che mi pareno dover esser dette et sentite in questo illustrissimo consiglio.

Le historie dicono che dall' anno 274 di Christo fino al 310, per cagione che non haveva piovuto sette anni continui, l'isola era stata dishabitata, che furono anni 36, nel qual tempo, li suoi primi habitatori et altri delli convicini paesi retornorno ad habitarla; et che sant' Helena, retrovata la santissima croce, retornando de Gerusalem, smontò sopra detta isola, et fece fabricar molte chiese, et li habitatori mandorno a supplicare Costantino, imperatore, che li mandasse un capitano che li governasse et soldati che li guardassero da corsari. Qual mandò molti stradiotti, et per pagarli fu imposto l'angheria che ancora si chiama *Stratia,* che tutti i contadini da 15 fino a 60 anni pagassero lire 3, soldi 16, et quelli delle città lira 1, soldi 10. Et questi si chiamano *Perperiani;* li quali havendosi col tempo franchiti, sono remasti pochi li suddetti stradioti. Introdussero anco la patiolica con voler fare che li contadini fossero tenuti lavorar senza pagamento le loro possessioni, per il che li suddetti contadini, ai quali conveniva lasciare i loro terreni et lavorar quelli dei stradiotti, si composero et si contentorno d'esser obligati a lavorar dui giorni la settimana senza altro pagamento, et questa è chiamata angheria pattiale. Dopoi in diversi tempi, li furono cresciute diverse angarie, che in alcuni casali, oltra le giornate, pagano danari[2] 23 per patico, alcuni meno, et di più pagano il terzo et decimo de tutte le cose che

---

[1] Cette date se trouve au Ms. de Venise. Sagredo fut en Chypre de 1562 à 1564.

[2] Le signe d'abréviation est très-incertain, il s'agit peut-être de besants.

raccogliono. Dipoi, vi vennero ad habitare altri habitatori di diversi paesi, et questi si chiamano *Francomati*, cioè persone libere.

Questo regno è diviso in xi contrade, tre delle quali, che sono Baffo, Saline et Cerines, sono, con satisfattion di tutti gli habitanti, benissimo governate da tre gentilhuomini mandati per l'illustrissimo maggior consiglio[1], et medesimamente quella del Vescontado, per esser governata dalli Visconti, che sono delli gentilhuomini più honorevoli, et dal clarissimo reggimento. Massarea, Carpasso, Massotto, Limisso, Crusoco, Pandaïa et Avdimo sono governate, et con grandissimo discontento di tutti contadini, da persone mandate dalli consiglieri di Nicosia et Famagosta, cinque di Nicosia et dui di Famagosta. Et queste due contrade sono assai peggio et più tiraneggiate dell'altre. Per il che, se la serenità vostra non provede di mandar giudici, come la fa a Baffo, Cerines et Saline, la stia sicura di sentir qualche segnalato disordine, perchè non solamente non vogliono provedere alle tirannie che vengono fatte, per cagion che li giudici tutti sono interessati et dependono da loro, ma li fomentano et li fanno. Nè li clarissimi rettori possono haver querimonia, perchè alli miserabili è vietato il potere andare alla presentia del reggimento, et se vanno oltra che li clarissimi rettori convengono provedere servatis servandis, vengono tenuti mezzi da farli andar via.

Ha tutto il regno casali 813[2], fra i quali sono della serenità vostra casali 246, nelli quali sono de parici anime 24,553, d'anni 15 fino a 60, tenuti all'angarie patical huomini 9,787. De parici de particolari sono anime quello che ho potuto intendere 59,100 ; et de francomati sono anime de maschi 47,503, et da 15 anni fino a 60 obligati alla fattion francomatica huomini 31,352. Et il mio precessore gli obligò che debbano servire alli patroni delli loro casali giornate 36 l'anno, con pagamento de soldi 12, un paro de bovi senza spese, dalche è entrato un grandissimo odio; et quel che è peggio, sono alcuni di loro patroni che non li pagano, ma ben in loco di pagamento li mettono in ceppi et gli danno delle bastonate; et li giusdicenti non hanno autorità contra li feudatarii et gentilhuomini. Et quando l'havessero, non l'essercitariano per esser com'ho detto interessati, anzi fomentano quanto possono per reprimere quelle tirannie con mandati penali, che per esser francomati in prima instanza non si poteva impedire se non per cagion de parici; quali senza rispetto ho soffragati, et m'ho sforzato che non

---

[1] Le grand conseil de Venise.
[2] Les documents statistiques de la fin du xv° siècle évaluaient les villages de Chypre au nombre de 834, François Attar, comme nous avons vu, à 839, le comte de Tripoli à 818. Voy. p. 534, n.

siano tiraneggiati oltra quanto sono tenuti et obligati, et, è converso, ho voluto che essi parici faccino quanto per il patico sono tenuti. Tutti i detti contadini con le loro donne sono pigri et lenti, che quattro non lavorano per uno dei nostri di Lombardia.

Di 14 vescovi greci ch' erano sono redutti in quattro, cioè quel di Solia che fa residentia in Nicosia, quel di Salamina et in Famagosta, quel di Lefcara[1] et di Limisso; et il quarto di Poli, overo Arsinoe[2], fa residentia in Baffo. Questi, per conto del vescovado, non hanno altra entrata se non un bisante per prete et per zago[3] delli parici, et delli francomati due. Sono ignoranti et maligni contra quelli che osservano il rito della corte romana, tenendoci per scommunicati. Non è male che per danari no fanno, per il che guadagnano assai, massime per in far zaghi, perchè, dopo che uno havera fatto qualche debbito, li fanno privilegio d'esser zago, et sè fa parere che sia fatto molti anni davanti; et con tal modo i rei s'assolvono, per il che loro non li danno alcuno castigo. Finalmente credero, anzi son certissimo, che saria bene, con bel modo, fare che detti vescovi non stessero sopra l'isola, massime quel di Nicosia. Che non essendo detti vescovi, tutti quelli populi sariano obedienti all' arcivescovo et altri vescovi italiani, nè mai li saria alcuna controversia, come fu quando l'arcivescovo volse publicare il sacro concilio, che detti vescovi non solamente non volsero publicarlo, ma cercavano di suscitar i populi contra l'arcivescovo et vescovi nostri. Con il levar detti vescovi, cessaria ogni dissensione et scandalo che potese succedere, et anco quelli che hanno animo di far qualche delitto, col scuso d'essere o farsi zago, s'asteneriano, perchè non essendo dimandato dal vescovo come huomini sotto la giurisdittion sua, saperiano d'esser castigati certamente, il che saria cagione d'ovviare qualche scandalo che potria succeder da gli offesi, vedendo che quelli che hanno ferito o amazzato qualche suo pertinente di parentela over amicitia caminino per le città et luoghi, senz' esser puniti.

Li sono quattro chiese latine vescovali[4]. La prima è l'arcivescovato di Nicosia, chiesa tanto ben redotta da questo arcivescovo quanto si puo desiderare, oltra che vi son molte messe; che per avanti, li clarissimi rettori, molte volte, quando andavano a messa, bisognava che mandassero cercando

---

[1] Ms. de Paris, *Lescata.*
[2] Ms. de Paris, *Arsini.*
[3] *Zago*, clerc tonsuré.
[4] Un document de 1559 nous donne les chiffres suivants des revenus de l'église latine en Chypre :

Archevêché de Nicosie...	13,000 ducats.
Évêché de Famagouste..	2,000
———— de Baffo.......	3,000
———— de Limisso.....	800
Total......	18,800

qualche prete. Ha fatto la capella di canto figurato; et ogni festa, cantano li divini offitii, et anco ogni giorno, oltra la messa grande, sè dice matutino con tutte l'hore la mattina et dipoi desinare vespero et compieta; per il che la chiesa è frequentata da gentilhuomini et altri, che sono accertato ch'avanti, se non vi andavano li rettori, pochi vi andavano. Medesimamente, il vescovo di Famagosta fa offitiar ben la sua chiesa, et così quel di Baffo, quale ha retrovata la sua chiesa molto rovinata, che pochissimo o niente era offitiata per il che l'era andata a rovina, la onde spende et spenderà molti danari per redurla che sia chiesa. Et è già a buon termine, fa che li sacerdoti frequentano li divini officii, che prima la guardavano poco. Di quel di Limisso non posso dir niente, per non essere alla sua residentia. Il suo vicario, che è un frate Dominichino, fa da vicario; il qual, stando fuor del suo monasterio per un poco di premio, si puo sperar poco bene[1]. Et sopra le mura della chiesa, sono scritte molte cose, si come fanno nelle historie[2].

Vi sono anche alcuni monasterii da frati che tengono ben le loro chiese. Et vi sono monasterii da donne, come santa Maria delle suori, quali sono da bene, ma povere, et officia molto ben la sua chiesa. Vi sono anco 52 abbatie di monaci greci, in diversi luoghi dell'isola, delle quali la maggior parte sono ricche; tengono ben le sue chiese et frequentano a dir li suoi officii devotamente, quali sono juspatronati della serenità vostra, ne si puo far elettion di detti abbati senza la presenza del clarissimo reggimento.

L'abbadia Bianca, di religion francese, tutta rovinata, non è officiata; ma tutti li frati hanno moglie, et alli figli hanno limitate l'entrate, di modo

---

Nicosie était le plus riche évêché de toute la république. Celui de Padoue n'avait qu'un revenu de 8,000 ducats; le patriarcat de Venise, de 4,600; l'archevêché de Candie, de 4,000. Les siéges le mieux dotés ensuite avaient 7,000, 6,000, 4,000 et 3,000 ducats. Beaucoup ne possédaient que 1,000 ou 800 ducats; Zante, le plus pauvre, 200 ducats. (Daru, *Hist. de Venise*, pièces justific. t. VII, p. 89, éd. 1853.) Fürer d'Haimendorf, dans son Voyage en Chypre, de 1565 à 1566, indique les mêmes sommes à peu près pour les revenus des évêchés latins de l'île. (*Itinerar. Ægypti, Palestinæ, etc.* Nuremberg, in-4°, sans date.)

[1] Il paraît bien probable que ces reproches tombent sur le P. Étienne de Lusignan, auteur de l'Histoire de Chypre, religieux de l'ordre de saint Dominique, qui était vicaire d'André Mocénigo, évêque de Limassol, lors de la prise de Chypre par les Turcs. Toutefois, nous ne trouvons Lusignan désigné comme vicaire de l'évêché de Limassol qu'en 1567, après la mission de B. Sagredo (*Hist. de Cypre*, fol. 211 v°, et préf. p. x). Mais nous devons surtout remarquer que son origine toute française, les sentiments d'affection qu'il professait pour tout ce qui se rattachait aux souvenirs français dans l'île, rendaient le P. Lusignan très-peu sympathique aux Vénitiens.

[2] J'avoue que si j'avais eu cette indication curieuse lors de mon voyage en Chypre, j'aurais cherché à retrouver ces vieilles inscriptions historiques sous le badigeon des mosquées de Limassol.

che con stento vivono li frati di quella abbatia. Per il che, se la serenità vostra non provede di far tagliar detta limitatione, fatta senza l'autorità sua et del pontifice, anderà del tutto in rovina. Et è un gran peccato a vedere sì grande abbatia, di tanto mirabile artificio construtta, rovinare[1]; et il jus dell' abbatia non si puo da nessuno impedire, essendo juspatronato della serenità vostra. Et saria opera pia et grata alla maestà di Dio che la facesse offitiare da religiosi di buona vita, et non lassarla, con tanto vituperio et cativo essempio et scandalo, nelle mani di persone che non offitiano nè alla Greca, nè alla Latina, ma si può dire alla Ariana, overo alla Turchesca, havendomi un di loro affirmato che vi sono di quelli che hanno tre moglie[2], per

---

[1] Depuis le xvi° siècle, le délabrement et la destruction de Lapaïs ont été plus rapides, les habitants des villages environnants venant chercher dans ces constructions les pierres dont ils ont besoin. Il en reste cependant les vastes et pittoresques ruines que Cassas a dessinées.

[2] Je ne retranche pas un mot de cette affligeante accusation, que ne pourraient atténuer ni la décadence des institutions latines en Chypre, ni le voisinage des rites orientaux, où le mariage des prêtres est toléré. On oublie bien vite ce mal local et passager en se rappelant la pureté des mœurs et l'édifiante conduite du clergé franco-chypriote pendant les quatre cents ans qu'a duré la domination des Lusignans et des Vénitiens. L'ordre général de Prémontré savait lui-même le relâchement de son couvent de Chypre, et il en demandait la correction au moment où les Turcs s'emparèrent de l'île. Je trouve ces faits rappelés dans la notice suivante, que le P. Hugo a consacrée à notre monastère de Lapaïs ou Episcopia :

« Hugo III, Henrici Antiochiæ principis et « Isabellæ de Lizignano filius, anno 1267, « post fata Hugonis II, ad Cypri regnum, « postea ad Jerosolymæ coronam evocatus, « anno 1269. Præmonstratensium agmen ad « insulam Cypri hac ætate trajecit, et in civi-« tate Cerhauniæ erecto a se imposuit monas-« terio, quod Episcopiam nominavit, Beatæ « Mariæ Virgini noncupatam.

« Vigore disciplinæ et sanctitatis fama sic « inclaruit cœnobium, ut ad Armenos usque « pervagaretur nominis celebritas. Haito, re-« giæ Armenorum prosapiæ proles, et regum « Cypriorum satus sanguine, ad relationem « arduæ virtutis quam sectabantur Episcopiæ « canonici, exarsit in desideria profitendi « eorum regulam et voto se obstrinxit. Sed « quoniam bellorum in Armenia tumultuan-« tium applicationes non sinebant principem « armis strenuum et exercitus ducem, infecta « pace, aut hostibus non domitis, discedere, « sed postquam Deus, inquit, sua pietate « mihi concessit gratiam dimittendi regnum « Armeniæ et populum christianum post mul-« tos labores meos in statu pacifico et quieto, « confestim votum quod diu voveram volui « adimplere. Accepta itaque licentia a domino « meo rege et ab aliis consanguineis et amicis, « in campo illo ubi Deus de inimicis trium-« phum concesserat Christianis, arripui iter « meum, et perveniens in Cyprum in monas-« terio Episcopiæ, Præmonstratensis ordinis, « suscepi habitum regularem, ut, qui in ju-« ventute mea militaveram mundo, in servi-« tiis Dei reliquum vitæ meæ, pompis hujus « seculi relictis, consumerem. Hoc novum « militiæ genus aggressus est Haito anno 1305; « spiritualis vitæ finem nescimus; licet bea-« tum fuisse non dubitemus[a].

« Fundator vero Episcopiæ Hugo III, qui « tam de dilecti amici Joannis de Monteforti, « quam de filii sui Boemundi morte conster-

---

[a] On sait qu'Hayton passa ensuite en France, où il termina son Histoire orientale.

il che mi è parso rappresentare ad honor della maestà di Dio et della serenità vostra quel che mi è stato detto et ho veduto.

Le guardie dell' isola sono fatte il giorno da parici sopra alcuni monti a questo deputati, et la notte da francomati alla marina; li quali, per tal cagione, dalli jusdicenti sono stratiati; et ogni giorno haveva querela o dalli jusdicenti che li francomati non volevano andare, overo dalli francomati che li jusdicenti liberano dalla guardia assai huomini per danari, con farli civitani bannieri, oltra il numero ordinario; et quando tutti andassero, non toccheria più di una settimana l'anno per ciascheduno. Et vengono con queste essentioni a farli angaria insoportabile il mese; et quel che è peggio, con tal mezzo de civitani et bannieri, liberano dell' angarie francomati, cioè da ducati[1] cinque l'anno con il sale della moglie che pagano alla serenità vostra per ciascheduno con danno grande della reale, oltra che l'essentione del pagamento dei sali[2] è di tanta importanza che nella Messarea, il capitano de scuosi n'ha posto 277 et nelle due leghe il capitano di Famagosta 104, che non possono essere più in tutti dui i luoghi che 117; et questi civitani o bannieri per l'essentione pagano 4 et 5 ducati l'anno alli capitani. Per il che, con ogni debita riverenza raccordarò che, havendomi offerto con supplication essi francomati di pagare 5 bisanti, et oretenus han dato anche 6 all' anno per testa, per esser liberi di tal angaria, che accettasse il partito. Et con il tratto di quelli si pagarà 800 soldati, che con manco si suppliria di far le guardie alle marine, le quali in tempo di suspetto in dui giorni li più lontani entrariano in Famagosta, con sicurtà di quella città. Le guardie sariano migliori et più secure, perchè sariano fatte da soldati et non da villani, da huomini et non da putti, essendo hora la maggior parte putti quei che le fanno. Oltra di questo, quando occorresse che fuste o altro vascello di mal fare volesse mettere in terra, questi soldati, accompagnati dalla cavallaria, fariano altra diffesa che li paesani, li quali, oltra che sono vili, atten-

---

« natus mœrore jam erat, Tyri mortuus est « 26 martii anno 1283. » (San. lib. III, part. XII, p. 229.) « Ad Cypri regnum vocatus Joannes « filius alter et Nicosiæ coronatus, Episco- « piam, parentis sui opus, beneficiis prose- « cutus est.

« Ad sera non modo regnantis Pictavensis « et Lizignanæ familiæ in Cypro, sed ad ulte- « riora dominantis ibidem reipublicæ Venetæ « tempora, substitit monasterium, siquidem « in generali capitulo, quod Præmonstratensi

« coiit, ipso expugnationis Cypri anno, patres « decreverunt faciendam esse missivam sena- « tui Venetorum, ad ei commendandam regu- « larem reformationem monasterii S. Mariæ « Episcopiæ in regno Cypri. Sed inutilem « effecit patrum providentiam Selim II. » (*Sacri ordinis Præm. Annales*, t. I, col. 650; Nancy, 1734.)

[1] Ou *bisanti*. Le Ms. de Paris, *servitii*.

[2] L'impôt du sel établi par les rois de Chypre, p. 228, fut maintenu par les Vénitiens.

deriano a salvar la fameglia alle montagne; et potria essere che, vedendo andar li soldati et la cavallaria, potriano inanimarsi, et accompagnarsi con detti soldati alla diffesa delle case et famiglia loro; affermando alla serenità vostra che sarà di sicurtà et di grandissima reputation di quel regno et contento universale d'ognuno che, quando la serenità vostra facesse pagare a tutti li francomati, così di fuori come quelli francomati che stantiano nelle città, non eccettuando preti, zaghi, civitani, bannieri, castellani, Venetiani bianchi et Genovesi, et tutti quelli che stantiano luogo et fuoco nelli casali, eccetto figli di gentilhuomini et di borghesi, quali quando hanno l'età possono entrare in consiglio, sicome ogni equità recerca, oltra che non si facino tanti sacramenti falsi nè tante tristitie, la caverià per pagare 800 fanti et d'avantaggio assai.

Diro, con ogni termine di reverentia, che l'opinion mia saria ch'ella potesse cavarne da Dalmatia, o da altro luoco che paresse alla serenità vostra, fino a 200 et non più, et mantenerli con ducati 50 l'anno et senza darli orzo, et con mutarli ogni cinque anni; che di questi tali la serenità vostra potria servirsene in ogni luogo, che sariano ducati 10,400, con il salario di otto capitani. Oltra di questo, 500 Italiani armati alla borgognona[1], a ducati 80 per ciascheduno, con mutarli anch'essi ogni cinque anni, a 100 l'anno, et con li otto capitani, senza pero la spesa del governatore che saria uno delli colonnelli che la si trova, et sariano in tutto 51,360. Il restante, che sono 3,350, con ogni termine di reverentia, raccordaria, per gratificar anche quei signori feudatarii, la volesse trattenere 50 loro figli secondi et terzi geniti, a ducati 60 per ciascheduno, ma che l'elettion fosse fatta dalli clarissimi provedilori che per tempo si retrovassero et non per altri, et non havessero manco età d'anni 18, con obligo di tener un cavallo da guerra et d'esser armati alla borgognona; et che fussero tenuti ad ogni rechiesta del proveditore cavalcare dove li fusse commesso. Dalli quali la serenità vostra saria benissimo servita, perchè in quella nobiltà, oltra la professione che fanno di fedeltà, si vede una grande honorevolezza di star bene a cavallo; si dilettano d'arme, cavalcano benissimo, et sopra tutto giostrano contra altri giostratori con lancia. Et in presentia mia hanno corso, che pesano le lancie a doppio di quelle che portano genti d'armi, et le rompono l'un contra l'altro con grandissimo valore; et son tenuti correr dieci lancie l'una dopo l'altra,

---

[1] Sagredo ne nous fait pas autrement connaître ces soldats italiens armés à la bourguignonne. C'était probablement des troupes de cheval, coiffées du casque à visière qu'on appelait *bourguignote;* elles devaient se servir d'armes blanches et d'armes à feu.

con obligo anco di non potere alzarsi la visiera fin che non hanno corso dette dieci lancie. Alle quali parerà un gran favore esser chiamati gentilhuomini della banda del proveditore, che così si nominariano.

Et non per altra cagione le genti d'arme francesi sono le migliori di tutte l'altre, perchè sono tutti gentilhuomini, et anco figli de principi[1]. Altra reputatione et sicurtà sarà per quel regno, potendoli essere una cavalleria di 700 forestieri et 50 gentilhuomini obligati, oltra li 200 cavalli armati de feudatarii, liquali con tanta pompa comparsero alle due mostre ch' io feci quanto altra cavalleria d'altro principe. Per il contrario comparsero li 60 provisionati, quali essendo eletti per il consiglio di Nicosia, et gli altri per il consiglio di Famagosta sono di quelli che non hanno il modo di poter comparere et mantenere cavalli, perchè li loro conseglio danno dette provisioni a più poveri, acciochè con questo premio possano vivere più che per servir la serenità vostra. Da questi Italiani la serenità vostra haverà altro beneficio, che li cento che ogn' anno torneranno alle loro patrie venderanno cavalli et arme, che in poco tempo si troveranno molti armati del paese, quali saranno sempre pronti per diffender quel regno per l'honore et beneficio della serenità vostra contra qualunque principe, essendo pure opinion mia, parlando in generale, fidelissimi et affettionatissimi sudditi quanto la serenità vostra puo desiderare[2].

---

[1] Marc-Antoine Barbaro, ambassadeur de Venise en France à l'époque même où Sagredo rendait compte de sa mission de Chypre, et Machiavel, avant Barbaro, ont aussi remarqué ces causes de la grande supériorité de l'ancienne cavalerie française sur toutes les autres troupes à cheval de l'Europe. Voy. N. Tommaséo, *Relat. des amb. vénitiens*, t. II, p. 7.

[2] Sagredo n'avait aucun motif de dissimuler à la seigneurie les dispositions des Chypriotes, et nous devons croire, d'après son rapport, que la république de Venise pouvait alors compter sur la fidélité des habitants de l'île. Tout souvenir de l'ancien gouvernement français n'était pas cependant effacé de leur mémoire, et, soit mécontentement de se voir écartés des emplois, soit effet naturel du sentiment qui fait toujours désirer aux peuples ce qu'ils n'ont pas, les Chypriotes regrettaient les Français et leur étaient restés très-attachés. Un Génois qui visita l'île de Chypre vers le milieu du xve siècle parle d'eux en ces termes : « La città principale « dell' isola è Nicosia, che volge più di cinque « miglia, et è bene habitata con assai gentil- « huomini nobili. E la maggior parte de essi « son malcontenti d'essere sottoposti a Vene- « ziani, perchè non vogliono servirsi di loro « al governo di cosa alcuna; e nel tempo « che io era là, mandorno e Cipriotti uno am- « basciatore a Venetia, supplicando d'essere « ammessi al governo delle quattro galere che « stanno a guardia di quella isola, et non « hebbono la gratia, di che si dolsono alcuni « de principali con esso meco, e per quello « che io potetti comprehendere dal parlare « loro, son molto affettionati a Francia. Eser- « citansi nelle arme, e nella giostra, et hanno « bonissimi cavalli, che cavon dalla Turchia « vicina. Vestano a gentilhuomini, et parlano « tutti italiano; son governati da un luogote- « nente, mandatovi ogni tre anni da Venetia, « con dua consiglieri, e tutti a tre insieme

Non è di poca consideratione che in detta fortezza di Famagosta si retrovano et si lasciano habitar sudditi de principi alieni et massime Suriani, li quali vanno nel lor conseglio et participano li offitii et benefitii della città, et sono in numero tanto che da quelli che s'accostano sono superiori, et son affirmato che sono molti di quelli che pagano carazo al serenissimo signor Turco. Et uno di questi tali ha la moglie et figli in Famagosta, sta per giardiniero del sangiacco de uno di quei lochi di marina. Il qual venne con uno ambasciatore di detto sangiacco a recercaré che sè gli dovesse mandare alcuni maestri che fanno zuccari; et essendoli per noi resposto che di questi tali non sono huomini sufficienti et che suppliscono al bisogno per l'isola, con molte altre parole a questo proposito per il che era quasi acquetato, quel giardinierio sfacciatamente senza respetto disse : « Ne sono assai lassati « pùr venir quelli che li troverò che sè li fara tal partito che verranno volon- « tieri, » affermando che ve ne erano molti et più di quel che bisognavano al servitio del regno. Il che ci turbò tutti, considerando che in Famagosta stantiano persone sudditi di tal principe, che si ha da temere, perchè credo che il resto sian simili d'animo et di volere che è detto giardiniero.

Oltra di questo, mi fa maravigliare che quella città che si tiene il fondamento di quel regno si governa con statuti et leggi de Genovesi, et non con l'assisa del regno et con le leggi della serenità vostra[1]; et mi turbava molto che spesso vanagloriandosi mi dicevano che si governavano con statuti Genovesi. Et a questo proposito mi recordo che, quando era il clarissimo messer Marin de Cavalli benemerito bailo in Costantinopoli, alli oratori Genovesi venne in pensier di dire que'l regno di Cypro perveniva a loro; appresso l'altre vanità che dicevano, potevano anco dire che la principal fortezza che si ha in questo regno si governa con li lor statuti et leggi, date da loro al tempo ch' erano patroni di quella città. Così come quelli si governano per quelle cose che li torna a proposito, doveriano anco governarsi in quello che da utile alla serenità vostra.

Quando Genovesi governavano, Famagostani pagavano la gabella di tutte le cose che si puo imaginare per il vivere humano, fin del vino marcio che buttavano via, et di più di quelle cose che anco essi Famagostani donavano,

« giudicano così il criminale, come anche il « civile, et stanno in Nicosia. Questa città di « Nicosia è debolissima di muraglia e di sito, « ne si può fortificarla per cierti monticelli « che la battono per tutto; però in tempo di « guerra si ritirano e gentilhuomini nella « città di Famaghosta. » (Bandini, *Catal. cod. Mss. bibl. S. Laurent.* suppl. t. III, col. 349.) Villamont, en 1589, reconnut aussi l'affection des Chypriotes pour les Français. (*Voyages*, liv. II, p. 28.) Voy. p. 571.

[1] Voy. ci-dessus, p. 170 et 487.

si come per tariffe che mi son venute per le mani si puo vedere, le quali s'osservavano anco in tempo de' serenissimi regali; non dimeno confirman nelle supplicatione loro alla serenità vostra, contra ogni verità, che, in tempo di Genovesi et de' serenissimi regali, non pagavan per il vivere et vestir loro cosa alcuna. La serenità vostra li ha concesso et concede de x en x anni di tutte quelle cose che si portano per il vivere et vestir loro in Famagosta non debbano pagar datio alcuno; il che è con grandissimo danno della serenità vostra, perchè con fraude tutto quello portano, anco quel che vendono, dicono essere per il vivere et vestir loro[1].

Dalli clarissimi rettori et da altri rappresentanti la serenità vostra sono state fatte et continuatamente si fanno molte essentioni così a parici come a francomati contra le leggi et ordini dell' illustrissimo consiglio dei X et pregadi, con far ancor privilegii di cittadini di Nicosia et Baffo, Famagosta et Cerines, et con modi indiretti con testimonii falsi provano quello li piace, molte delle quali essentioni ho tagliate, lequali importano assai danari d'entrata. Medesimamente è da provedere alli francomati, che astutamente si fermano per qualche giorno o qualche mese per le città, che in Famagosta intendo passano più di 80, quali con non pagar fabrica et sale et per essere assolti delle guardie e di cavare il sale, di tanta importantia, tengono con poca cosa casette in detta città, nondimeno lavorano le terre come fanno tutti gli altri contadini e sono descritti nelli libri del pattico, hora non pagano, et col tempo sono poi depennati et passano per cittadini. Fra li altri disordini in questa materia, ho trovato ch' un abbate francava della fabrica et marzaso[2], quando andavano a scriversi al suo monasterio per parici, pagandoli una certa reconocenza di poco momento. Il quale abbate volontariamente, dopo una mia terminatione, si è contentato pagare, et lasciar che li appaltatori rescotano quello che è deliberato per la serenità vostra. Per lequali cose, quel regno ha bisogno di gran regolatione; che quando la fusse fatta di quel modo che ricerca il dovere, senza alterare gli ordini fatti dai serenissimi regali et dalla serenità vostra, cresceriano l'entrate in molti migliaia di ducati.

Fra l'altre provisioni, la secreta ha bisogno di regolatione, perchè così come li serenissimi regali li mettevano persone amorevoli et intelligenti, et

---

[1] Voy. ci-dessus, p. 488, art. 5.

[2] *Marzaso*, le droit de maréchaussée sur les animaux. (Voy. ci dessus, p. 217, n.) La *fabrica* était probablement une corvée pour contribuer aux fortifications, aux réparations des maisons et aux constructions diverses que les Vénitiens faisaient alors élever à Famagouste et à Nicosie.

che stavano quanto ch'alli suddetti serenissimi re parevano, al presente, per ordine della serenità vostra, supplicandosi dalli oratori di quella magnifica università non senza suo gran beneficio che li secretarii si debbano mutare in due in due anni[1]; il che succede in grandissimo danno della serenità vostra, perchè sempre entrino persone che non sanno et intendono poco o niente et desiderano servire lor questo lor quell' altro, essendo tutti una cosa istessa, li quali poi respondono per gratificarsi, overo per non inimicarsi, tutto quello che pelle supplicationi li clarissimi rettori vengono supplicare. Molte delle quali supplicationi mi son venute nelle mani, et ho veduto le resposte contrarie a quello che in fatto è. Dalla qual secreta depende tutto il governo del regno et l'entrate della reale, per il che, con ogni reverentia, raccordarei che ella mandasse per quattro o cinque anni di giovani de cancelleria, quali havessero carrico non solamente di governare detti libri della secreta, ma anco fossero tenuti raccordare tutte quelle cose che rendono benefitio alla serenità vostra, delli quali non è alcuno consapevole senon un Florio Bustron[2], il quale, per haver la lingua francese, vien molte volte adoperato per esser molto intelligente, perciocchè i libri sono tutti in lingua francese[3]. Bisogneria che detti giovani havessero intelligentia di detta lingua, laquale è facile da apprendere; quali giovani, per non essere interessati, haveranno cura et governo a tutti i libri et scritture che non saranno date fuora ne rubbate come è stato per il passato, che a un Girolamo Attore l'ho fatto dare libri di 24 millesimi et altre scritture di grandissima importanza; et alcuni mancano anchora, perchè esso Girolamo gli haveva, come per una lista di man di che gli ha veduti e si vede; et anco detto Girolamo so per quanto mi è stato referito, oltra haver per danaro

---

[1] C'était d'ailleurs un principe de l'administration vénitienne de laisser les fonctionnaires des divers ordres peu de temps dans leurs charges, et d'établir entre eux, avec des intervalles de non-activité qu'on appelait *la contumace*, des changements continuels.

[2] Sagredo parle encore ailleurs de Florio Bustron, l'auteur de l'une de nos chroniques chypriotes. Bustron, très-au courant des affaires et de l'administration chypriotes, fut fort utile au provéditeur dans son inspection. Sagredo l'emmena à Famagouste et visita avec lui les approvisionnements de blé; il cite, à cette occasion, une pièce écrite de sa main : « Si come appar per una poliza di man « di Florio Bustron, intelligentissimo in questa « materia, il quale a tal effetto menai con me, « andando di magazzino in magazzino. »

[3] Les Assises de Jérusalem avaient bien été traduites en italien depuis 1531, et les livres de comptes du domaine royal étaient bien tenus en italien depuis 1480 (voy. ci-dessus, p. 516); mais les anciens registres de la haute cour, ceux de la secrète, de la vicomté, des autres tribunaux ou offices de justice, en un mot, presque tous les documents de l'ancien gouvernement auxquels la nouvelle administration vénitienne avait sans cesse à recourir pour maintenir ses droits, étaient rédigés en français.

prestato libri et dato fuori copie di detti libri a quelli che han fatto lite con la serenità vostra, ha anco venduti qualcun di detti libri, come per una scrittura presentatami si puo vedere.

Massimamente la cancellaria, sì civile come criminale, sta malissimo in mano di notari del paese, perchè oltra che intendono tutte le cose secrete che la serenità vostra scrive alli clarissimi rettori et quelli alla serenità vostra, le cifre di tanta importanza passano per le mani loro, et poi sempre dependono da una delle parti, per il che si sentono molte mormorationi per li favori che dicono che sono fatti a quelli che hanno il modo d'intratenersi con qualche un di loro. Et però non è maraviglia s'hio non ho trovato molte scritture et atti fatti dalli clarissimi rettori a beneficio della serenità vostra nella suddetta camera, come anco di ciò ho tolta fede. Et se ben mi raccordo, la serenità vostra deliberò che il gran cancelliero che andasse dovesse menare quattro giovani de cancellaria, il che non fu esequito.

Ho recuperato alla serenità vostra 100 parici, li quali non erano notati, et parte con astutia depennati, perchè erano molti anni che erano fatti li pratichi, quali per gli ordini della serenità vostra si debbono far ogni quattro anni; et saria di grande utilità se si osservassero, che li parici con li terreni della serenità vostra non sariano così facilmente usurpati, perchè per la brevità del tempo si veneria in cognitione dell' uno et dell' altro; ma standosi, come è stato per il passato, 20 o 25 et anco 60 anni in qualche bailaggio che non son stati fatti li prattichi, non è maraviglia se vengano defraudati li parici et li terreni. Io ho havuto una infinità di querele di terreni usurpati, ma, essendo passati li 30 anni per detto di testimonio, non ho voluto ingerirmi, stante le leggi di prescrittione. Ne mi ho potuto servire della confinatione fatta per il clarissimo messer Francesco Bembo, per non haver egli confinato salvo che 39 casali, si come appare per il libro che sua magnificentia ha lasciato in quella secreta[1].

Ho anco recuperato de parici ch' erano franchiti contra le leggi a ducati

---

[1] Sagredo rappelle ensuite qu'il a fait rentrer dans les biens du domaine, d'une part, 506 pariques, oubliés ou rayés à tort des livres; d'autre part, 67 pariques, tous issus d'une seule femme serve, laquelle a reconnu qu'elle appartenait, elle et sa nombreuse descendance, au domaine royal. Sagredo a permis à ces derniers pariques de racheter leur servitude à raison de 50 ducats par tête, ce qui fait une somme de 3,350 ducats. Cette somme, jointe aux 25,300 ducats provenant des 506 pariques, donne un total de 28,650 ducats. Sagredo a encore repris pour le domaine ou soumis à un nouveau payement 672 serfs qui avaient été affranchis frauduleusement et contrairement aux intérêts du domaine, pour 20 et 25 ducats seulement. A cette occasion, le syndic général blâme la trop grande facilité avec laquelle on accordait les chartes d'affranchissement.

20 et 25 per patico 672. Del che mi son molto maravigliato che li siano stati fatti li privilegii con manco danari di quello dell' illustrissimo consiglio dei X. Io raccordaro, con ogni debita riverenza, che essendo li pattichi uno delli principal nervi della reale, sè ne voglia tener maggior conto di quello si fa, o veramente liberarli del tutto, et non lasciare che v'ha fatto diminutione a detti parici, la quale è fatta per il detto d'uno cerugico, al quale sta dir quello li piace. Et ho trovate un infinità di diminutioni fatte con questi mezzi in persone sanissime, che in un casal solo, nominato Arzos[1], ho migliorato all' appaltitore per il taglio di dette diminutione, per il detto di lui medesimo, ducati 360 et più all' anno. La serenità vostra consideri in tutti gli altri casali quello importa dette diminutioni, che a un giorno per parico solamente importa più di ducati 100 all' anno d'entrata alla serenità vostra. E ben il dovere et la giustitia lo ricerca che quelli che non possono lavorare per difetto di infirmità siano suffragati dalla giustitia, per il che ho fatto una terminatione che non si possono fare più diminutioni alcune d'alcuno parico, se non intervengono li fiscali et li appaltatori di quel bailaggio che si vorra diminuire detto parico; se non, sara fatta con intervento di tutti tre li clarissimi rettori uniti d'una opinione, si come dispongono li ordini della serenità vostra, in man della camera; laquale terminatione con ogni riverenza si raccordarà alla serenità vostra per beneficio di detta paricchia et conservation sua vogli confirmarla et efficacemente commettere sotto qualche pena l'essequtione.

Tra le altre fraude alle qual bisogna provedere, è alli figli che nascono: vengono buttati sopra le strade la notte, et poi la mattina dicono haverli trovati, et con questo modo si fanno francomati[2]. Oltra di questo, molti parici de particolari prendono per moglie delle pariche della serenità vostra, de quali non si sapendo cosa niuna, la descendentia loro si va perdendo et restano poi parici de particolari, et di questi n'ho recuperato molte. Ma bene s'un parico della serenità vostra prende una parica de particolari, subbito si fanno dare un altra all' incontro, di modo che la serenità vostra a questo modo viene assai defraudata da particolari. Io non ho mancato d'ogni diligentia di far detto prattico[3], con ogni prestezza, che la serenità vostra potrà considerare aquesto che dirò. Se dui consiglieri in mesi cinque et

---

[1] Village au sud-ouest du mont Olympe.
[2] Les enfants trouvés étaient, comme l'on voit, compris dans la classe des affranchis.

[3] *Prattico, pratticho* ou *patico* désignait les recensements de la population. Voy. ci-dessus, p. 465, n.

giorni dieci non potero compire il bailaggio del Lefcare[1], et io in nove giorni solamente, gli ho dato fine, et in mesi x et giorni sei, che tanto son stato fuori, ho finito et in tutto serrato li pratichi de li 175 casali della serenità vostra, et di francomati casali...[2], con tutto quel maggior sparagno et avantaggio che è stato mai possibile.

La camera è governata da dui rasonati, messer Marco Zaccaria et messer Aluigi Cornaro, persone per opinion mia amorevoli alle cose della serenità vostra, quali tengono le ragioni della reale. Et per esser tali, per beffegiarli, gli fu scritto dell' illustrissimo con altre parole mordaci massime al Zacaria, il qual punto non si mosse dal dovere.... Molte volte anco ho trovato che si pagavano le bollete fuor di camera, per il che feci più volte intendere che non pagandole in camera, et non facendo portar anco delli debitori i danari in camera, mandarei in esseqution le leggi. Anco questo ha bisogno di regolatione, massime nel vendere dei beni dei debitori, quali sono redotti in un grandissimo numero, nè si curano di pagare perchè non è alcuno che voglia comprare i casali loro, tanto si respettano l'un col l'altro. Et quel che è peggio, gli appalti della serenità vostra andaranno peggiorando, perchè un mercante ch'averà danari et mercantia non havendo casali, togliendo uno appalto, convien trovare qualche feudatario che li facci la piegaria, alquale impresta più presto mille et anco dui milia ducati, con promession però di pagar l'ultimo anno dell' appalto delli danari imprestati, il quale altrimenti non paga, ma si lassa andar debitore; nè la serenità vostra puo andar contra quel mercante, perchè il nome suo non è notato nei libri. Et accioch' el non possi esser notato, manda a toccar la bacchetta per una persona mecanica, over servitore che non ha niente al mondo; et quel vien notato principalmente, et il nome di feudatario poi per piezzo. Raccordarei con ogni reverenza che fossero notati nelli libri per debitori quelli che maneggiano li appalti, li quali fussero pur tenuti dar l'ordinarie et solite piegarie, et potessero anco esser tolti piezzi mercanti quantunque non havessero casali, quelli però ch' hanno il modo di pagare, quali sono molti et conosciuti, et aquesti non s'haverà rispetto de farli pagare et anco metterli in pregione, che li feudatarii sono respettati... Ho veduto con li effetti che tutti quelli defendono le ragioni della serenità vostra, sì rasonati, fiscali et altri suoi rappresentanti, sono odiati; et mi è stato anco detto, ma questo non si puo facilmente giustificare, che mercanti han voluto incantare appalti, sono stati

---

[1] Lefkara ou Levkara, à l'ouest de Sainte-Croix. — [2] Lacune au Ms.

minacciati, per il che s'ha convenuto astenersi. Di quanto danno sia alla serenità vostra, puo ella, col suo sapientissimo giuditio considerarlo, per il che, per far tal regolatione in quel regno, porteria la spesa che la serenità vostra mandasse tre senatori che potessero far la fatica, et che fossero stati per qualche grado nell' illustrissimo consiglio dei X, quali per dui anni non attendessero ad altro se non alla regolation della camera, et con autorità che tutto quello che facessero tutti tre d'accordo, non havesse oppositione, però in materia di regolar la camera, la secreta et ogn' altra cosa che appartenesse all' entrate della serenità vostra, massime in materia delle biave di tanta importantia et di tanto beneficio et commodità a questa inclita città[1].

Oltra li suddetti danni, la serenità vostra sia certa di non potersi servire delli 40 mila stara dei frumenti di Cypro destinati per questa città, non faccendo altra provisione, perchè la reale ha d'entrata moggia 134,624, che sono stara 48,954; delli quali bisogna dare a salariati et assegnamenti di chiese et alli da soprastanti stara 4,406, et in Candia per le galere della guardia 5,000, et per le galere per la guardia di Cypro 5,816, per il viver del populo et soldati di Famagosta 13,545; sommano tutti questi assegnati, li quali sono d'ordine dell' illustrissimo consiglio dei X, stara 28,767; restano netti 20,187.

La circonferentia del luoco che le saline solevano far sali, per quello si vede, et li ho fatto misurare, et è passa 10,941; al presente è restretta in passa 2,410. Al che non si provedendo, in poco tempo, de 50 in 60 navi de sali che fanno l'anno, si redurrà in poca cosa, per cagione che li venti conducono in grandissima quantità di polvere nel lago et maggior quantità di terreno et altre immonditie che conduccono le pioggie ogn' anno, che in 16 anni, per le misure che sono state fatte, il detto lago è restretto 690 passa, et ogni giorno va augmentando detta aterratione. A queste acque che conducono detto terreno et con facile remedio et poca spese sè li puo fare un argine et un canale, da principio delle saline nuove caminando sempre per il buon terreno fino apresso il mare. Ma quel che più importa, sono dui fiumi, overo torrenti, che in due overo tre hore crescono tanto le acque che mi

---

[1] Sagredo se plaint ensuite de ce que les blés achetés par la république sont fréquemment vendus à des prix inférieurs au prix d'achat, sous prétexte d'altération; il dénonce aussi les mesureurs et les inspecteurs de Famagouste, qui tous favorisent les fraudes en faisant la fortune d'avides spéculateurs : « Che desiderano più un beneficio « d'un Dardano Squarcialupi, di nation fio-« rentina, il quale dopo vero figlio d'un sol-« dato che per necessità portava la civiera, « con questo maneggio de frumenti, in poco « tempo, è diventato richissimo di decine di « migliaia di ducati. »

maraviglio che li argini, che sono fatti di materia tuffegna et sabbia negra, non li rompano; et ciò mette gran paura alli risguardanti; et se dette acque stessero un giorno overo due grosse, come de facile quando fossero otto o dieci giorni di sirocchi pluviosi, romperiano certamente gli argini, come fece l'anno 1555, che la serenità vostra per li sali ch' eran fatti et li sali che fin all' anno 60 per tal rottura non si congelorno, si giudica che li fu gran danno et di più di 800 mille ducati, et se non era la gran diligentia del magnifico messer Marino Gradenigo, diligentissimo delle cose della serenità vostra, nell' anno 1563, il giorno di Santo Antonio di gennaro, il fiume detto Colopana rompeva l'argine et rovinava i sali et le saline... Il prefato magnifico messer Marin Gradenigo ha principiato un canale il quale manca poco a finire, et farà qualche giovamento[1].

Il regno non è manco grande di quella parte de Lombardia che la serenità vostra domina, quantunque non l' habbia tante et così gran città; che oltra la reputatione l'ha d'entrate, fra danari, biave, cottoni et altro, ducati 196 mila, senza li sali che sono portati in questa città, dalli quali la serenità vostra trahe quel gran numero di danari che ella sa[2], oltra l'entrate di tanti suoi clarissimi gentilhuomini, il partito a tante navi, oltra le mercantie che sono portate di Soria alle saline quali si caricano poi sopra le navi. Del grande utile che si cava di 7 mila cantara fra cottoni et filati che questi importano fra noli et utile a mercanti ducati 100 mila, sicome si puo vedere per le vendite et libri delle navi, oltra li zuccari, cane et altre mercantie che

---

[1] Marin Gradenigo, dont parle ici Sagredo, fut gouverneur ou préfet des salines de Chypre. J'ignore depuis combien de temps il était en charge et combien il y resta. Il paraîtrait que Gradenigo occupait le même office dès l'an 1553, où il fit le pèlerinage de Terre Sainte, s'il n'y a pas une double erreur dans les dates indiquées plus bas. M. Cicogna possède la relation manuscrite de son voyage, intitulée : « Itinerarium clarissimi D. Marini « Gradenici, præfecti et capitanei Salinarum, « in insula Cypro, ex predicta insula in Su- « riam et Terram Sanctam, Domini mei colen- « dissimi anno M. D. LIII. » (Ms. n° 1047, in-4°, écriture du XVI° siècle.) Le récit commence ainsi : « Ego, Marinus Gradenico, cum sæpius « desiderassem visitare Sanctum Sepulcrum « Domini et Terram Sanctam, essemque præ- « fectus et capitaneus Salinarum in insula « Cypro, anno 1553, decrevi adimplere quod « tantopere desideraveram, et, habita copia a « clarissimis rectoribus Nicosiæ, me contuli « ad illas partes. » Dans ce qu'il dit de la Syrie, outre la description des lieux saints, on remarque quelques détails sur les commerçants vénitiens et français qui fréquentaient principalement le pays. Gradenigo ajoute ensuite que les monnaies vénitiennes étaient les seules espèces étrangères ayant cours en Syrie, où l'on ne recevait ni les italiennes, ni les françaises, ni les espagnoles.

[2] Dans l'extrait des mémoires d'un autre B. Sagredo sur la guerre des Turcs, dont on trouvera plus loin une analyse, les bénéfices annuels de la république de Venise pour le royaume de Chypre, y compris les sels, et déduction faite de toutes dépenses, sont évalués à 361,669 ducats.

vengono portate in questa inclita città, con utile di datii di vostra serenità, et di più il trattenimento di tanti marinari, li quali con le famiglie loro vivono, et alli bisogni servono sopra l'armata di vostra serenità.

È difficile con una fortezza sola di Famagosta, se la si puo chiamar fortezza, mantenerlo. Cerines non è in consideratione, perchè circonda solamente 330 passa.

Ho poi considerato Nicosia, la quale trovo per opinion mia sito cosi gagliardo, cosi commodo quanto si possa desiderare. Ha buone acque et sanissime et gran quantità, aere perfetto; ha tutte le habitationi di tutti gli feudatarii et gentilhuomini et la sedia principale. Per il che tutti li principi cercano fortificare et assettar le città che sono capi delle provincie; sè fara in poci mesi, cioè mettendola in fortezza per haver tutto buon terreno. Ha 700 passa di muraglia vecchia, che è buona et sufficiente, in alcuni luochi è ben atterrata, et in alcuni mezzi il resto delle muraglie vecchie anderà tutte in opera, cioè le pietre, di modo che con poche più pietre quando si vorra incamisarla suppliranno al bisogno... Però con queste due fortezze, l'una al mare per ricevere i soccorsi alli tempi che si puo andare, l'altra in mezzo del regno, li conserverà et diffenderà il suddetto regno[1]... Ben raccordaro con ogni reverenza che il voler abracciar le colline, come dissegnava il magnifico colonello Piacenza, saria cosa da non finir mai, perchè, oltra che non vi è terreno atto a questo effetto, credendo abracciare un cavaliere, accosterà ad un altro. Però concludendo, dico che è meglio tanto slargarsi dalle colline che sia da 400 passa in circa, che saranno al manco 200 et più passa dalla batteria, massime dove se li volta sempre la fronte.

Di Cantara, Buffavento et Santo Hilario non ho voluto ragionare, per esser tre castelli rovinati.

[1] Conformément aux vues de Sagredo, appuyées de l'avis de l'ingénieur Savorgnano, dont le rapport a été publié (Reinhard, *Hist. de Chypre*, t. II, preuv. p. 33), le sénat décida que les vieilles murailles de Nicosie seraient abattues de trois côtés, la ville diminuée de grandeur et fortifiée d'un nouveau rempart. « L'an 1567, le sénat de Venise en- « voya en Cypre Julien Savorgnan, avec autres « capitaines et soldats, pour fortifier et munir « la ville de Nicosie. Lesquels furent bien re- « ceus par la noblesse, attendu que plusieurs « d'eux avoient donné argent pour ce faire, « jusques à la somme de plus de 70 mil escus, « oultre l'incommodité de leurs propres per- « sonnes, qu'ils endurèrent pour la fortifier. « Ils réduisirent ceste ville à la forme d'une « estoille à onze poinctes, ayant en chasque « poincte un boullevard tous faicts de simple « terre; même quand le Turc y arriva, ils « n'estoient pas achevés d'estre munis de mu- « railles, ny les fossés faicts. » (Lusignan, *Hist. de Cypre*, fol. 211 v° et 32 v°.) C'est pour exécuter ces travaux qu'on détruisit, autour de Nicosie, Saint-Dominique, Saint-Jean-de-Montfort, Sainte-Anne, Mangana, Palourgiotissa, en tout près de quatre-vingts églises françaises ou grecques.

[Avant 1570.]

Note sur des ouvertures qui furent faites au duc de Savoie de la part du sultan de Constantinople, peu de temps avant la guerre de Chypre, au sujet de la restitution du royaume de Chypre.

Turin. Arch. de la cour, *Regno di Cipro*. Mazzo 2°. Pièce de la liasse n° 7. En italien.

L'empereur Soliman second du nom[1], ayant résolu d'enlever l'île de Chypre aux Vénitiens, mais se trouvant lié avec la république par des traités de paix qu'il ne voulait pas rompre sans avoir au moins l'apparence de raisons équitables, traita un jour de cette affaire dans son conseil pour trouver un prétexte à l'attaque qu'il méditait. On lui proposa de se faire fort des droits de la maison de Savoie, dont les princes avaient été dépouillés de l'île de Chypre par les Vénitiens, et de revendiquer pour eux ce royaume. En conséquence, le sultan chargea le premier visir Mahomet-Pacha de faire venir à Constantinople Nicolas-Pierre Cocino, gentilhomme grec de l'île de Chio, depuis chargé d'affaires du roi de Portugal et aujourd'hui représentant le roi catholique dans les Indes du Portugal. Le visir, après s'être informé auprès de Cocino des droits du duc de Savoie sur l'île de Chypre, lui remit une lettre de créance en date du 28 novembre 1563, et signée de Joseph Naxi[2], juif portugais appelé autrefois Jean Michel, alors puissant à la cour du Grand Turc et en relation avec le Piémont. L'émissaire avait charge d'informer confidentiellement le duc de Savoie que le sultan ne serait pas éloigné de lui restituer le royaume de Chypre. Il reçut, indépendamment de ses propres papiers de sécurité, un sauf-conduit de Piali, pacha de la mer ou capitan-pacha, pour que le duc pût envoyer à Constantinople, s'il le jugeait à propos, un navire avec des plénipotentiaires autorisés à traiter régulièrement de cette affaire.

Cocino, arrivé à Nice le 20 février 1564, se rendit sans retard à Turin et accomplit sa mission. Le prince fut fort indécis aux ouvertures qu'on lui fit, et ne voulut les communiquer qu'à ses conseillers les plus intimes. Quelques-uns le détournèrent d'accepter des propositions semblables, en lui faisant observer que le sultan, s'il parvenait à faire la conquête de l'île de Chypre sur les Vénitiens, demanderait probablement à la Savoie le remboursement des frais de la guerre; qu'il ne remettrait, en tous cas, l'île à son altesse qu'après en avoir détruit toutes les fortifications et qu'en exigeant un tribut annuel; que, de la sorte, on serait absolument soumis, sans aucune possibilité de résistance, à la discrétion d'une puissance orgueilleuse

---

[1] Soliman II a régné de 1520 à 1566.

[2] Les historiens de l'empire ottoman ont donné de longs détails sur ce personnage, employé d'abord par Soliman II et devenu le favori intime de Sélim II, fils de ce prince. (M. de Hammer, t. VI, p. 118, 315, 383; t. VII, p. 59.) C'est surtout en flattant le goût de Sélim II pour le vin de Chypre que Naxi détermina le sultan à entreprendre la conquête de l'île, en 1570. (Hammer, t. VI, p. 384; voy. aussi *le Correspondant*, 10 août 1847, t. XIX, p. 362.)

et brutale qui pourrait, d'un moment à l'autre et suivant son bon plaisir, reprendre l'île, et qu'on se retrouverait alors au milieu de grandes difficultés, en présence des inimitiés provoquées par ces événements en Europe. D'autres, au contraire, engageaient vivement le duc à saisir l'occasion unique qui se présentait, déclarant que, dans leur opinion, il n'y aurait jamais d'autre moyen de reprendre le royaume de Chypre.

« Le duc réfléchit, pesa ces différents avis, et finit, en bon prince chrétien, par « refuser les offres qui lui étaient adressées, ne voulant pas s'abaisser à demander, « comme un chien, quoi que ce fût aux infidèles. Toutefois, avec sa prudence habi-« tuelle, son altesse voulut tirer de cette circonstance quelque fruit pour la chré-« tienté; elle fit dire, en conséquence, aux envoyés venus de Constantinople qu'on « penserait mûrement à cette affaire. »

En effet, peu de temps après, le duc, pour s'éclairer davantage sur la situation, prit chez lui Michel Soffiano, de Chio, cousin de Cucino, homme très-instruit, qu'il chargea de l'éducation de son fils. Une correspondance assez active s'établit alors avec la cour de Constantinople, au moyen de ce Michel Soffiano, d'un homme de Chio nommé Nicolas Justiniani et du juif Naxi. Aucun parti décisif ne résulta cependant de ces communications; loin de là, on voit par la suite que le duc de Savoie entra en arrangement avec les Vénitiens pour prendre part à la ligue formée contre les Turcs par la république, de concert avec le roi d'Espagne et sa sainteté[1], « ce dont les Vénitiens furent étonnés et remercièrent d'autant plus l'altesse de Sa-« voie, qu'ils avaient appris par leur baile de Constantinople les mauvaises disposi-« tions du grand seigneur à l'égard de leur possession de Chypre. » Les Vénitiens firent, en conséquence, augmenter les fortifications et l'artillerie des villes de Nicosie et de Famagouste, ce qui ne put empêcher, néanmoins, la prise de l'île de Chypre, conquise, quelques années après, par le sultan Sélim, fils de Soliman II.

---

[1] Le duc Philibert-Emmanuel envoya ses galères à la flotte coalisée, sous le commandement du seigneur de Leyni, qui fut blessé à la bataille de Lépante. François de Savoie, seigneur de Raconis, et Chabert de Scalengo, de la famille des comtes de Piozasque, périrent dans le combat. Voy. Guichenon, *Hist. de Savoie*, t. II, p. 262.

XX.

DOMINATION TURQUE[1].

1570 [2].

[Après 1570.]

Instructions du duc de Savoie à un ambassadeur envoyé à Constantinople [3].

Turin. Arch. de la cour. *Regno di Cipro*. Mazzo 3°. Pièce n° 9.

Instruzioni al Cavallino, per Costantinopoli.

Per tutte le vie possibili, voi gionto in Costantinopoli procurarete di penetrare la causa dell' andata del signore qual passò a quella porta con voce d'andar a far uffici presso quel re de Turchi, per la restitution del prencipe di Moldavia nel suo stato. Procurarete discretamente d'intendere se vi è persona che tratti le cose del re Catholico, et se vi è incaminamento di tregua, et il modo che vi sarebbe per facilitarla. Darete aviso de tutto quello passarà a la giornata, accertendo che sopra tutto siano sicuri, et che se le possa far fondamento sopra. Vedrete se si potesse incaminar prattica che il Turco volesse rimettere il regno di Cipro, lasciando in libertà quei popoli di viver a modo loro, et che noi gli ne pagassimo ogn' anno qualche tributo.

---

[1] Sans rechercher les documents de l'histoire de l'île de Chypre sous les Turcs, sujet tout à fait étranger à la pensée de mon ouvrage, je ne puis négliger de faire connaître quelques pièces qui établissent la continuité des prétentions et des droits des princes de Savoie à la couronne de Chypre, et en même temps la reconnaissance de ces droits par les puissances d'Europe. Ces documents se rapportent à ceux qu'a publiés Guichenon et les complètent.

[2] Nicosie fut emportée d'assaut par les Turcs le 9 septembre 1570. Famagouste capitula, après la plus vive résistance, le 1er août 1571. Il existe un nombre très-considérable de relations ou de mémoires imprimés et manuscrits sur ces événements, de même que sur la victoire de Lépante, gagnée le 7 octobre suivant par les flottes chrétiennes. L'un des plus remarquables est l'ouvrage de Barthélemy Sereno, chevalier romain, commandant une galère à Lépante, où il tua lui-même plusieurs capitaines turcs, et qui, après la paix, se fit moine au Mont-Cassin. Son livre a été récemment imprimé par les savants religieux, d'après le Ms. original. (*Commentari della guerra di Cipro di B. Sereno*, Monte Cassino, 1845, in-4°.) F. Longo a écrit aussi sur cette campagne. (*Successo della guerra fatta con Selim*, dans l'*Archivio italiano*, t. IV, app. XVII, p. 1.)

[3] Ces instructions paraissent avoir été données par Philibert-Emmanuel, sous le règne de Philippe II, roi d'Espagne.

1575-1585.

Notions sur les revenus et les dépenses du sultan en Chypre, comparés aux revenus et aux dépenses de la république de Venise dans le même pays.

Extr. des Mémoires de Bernard Sagredo, intitulés *Istoria delle tre guerre de' Veneziani con Turchi 1520, 1537, 1572.* — Venise. Bibl. de M. Emm. Cicogna, Ms. n° 1108 [1].

1575.

J'ai eu l'occasion, dit Bernard Sagredo, de voir récemment deux gentilshommes chypriotes; ils m'ont dit que le royaume de Chypre se trouvait dans un très-misérable état depuis qu'il était passé sous la domination des Turcs. Beaucoup d'habitants ont abandonné leurs demeures et se sont enfuis; d'autres s'éloignent journellement. Afin de remédier à cette dépopulation, les Turcs font venir incessamment de leur propre pays de nouvelles familles d'habitants pour les fixer en Chypre; mais une grande partie des émigrants meurt à peine arrivée dans l'île, à cause de la grande chaleur. J'estime que les Turcs retirent de tout le royaume de Chypre un revenu de 140,000 ducats. Ils ont pour défendre le pays mille chevaux et huit mille hommes de pied. C'est à peine si les 140,000 ducats suffisent à l'entretien de ces forces, sans compter les autres frais que nécessitent la garde et le gouvernement de l'île.

1585.

Un gentilhomme de Chypre, parti récemment de cette île, m'a donné le détail suivant des revenus que la seigneurie de Venise et les particuliers (*particolari*) avaient dans le royaume de Chypre, comparés aux revenus que le Turc en retire actuellement : « Et li particolari si intende li patroni delli casali solamente, et non « delli contadini. » Le Grand Turc s'est attribué à lui-même ou à son trésor, *alla camera real*, la propriété de tous les villages de l'île; les maîtres de ces villages n'ont d'autres revenus que les produits des terres cultivées par leurs soins, et ils payent la dîme de tout ce qu'ils récoltent.

REVENUS DES VÉNITIENS.	REVENUS DES TURCS.
Les salines donnaient en moyenne, par an, à la seigneurie...... ducats 300,000	Elles donnent au Turc, qui les a toutes affermées, une somme de... ducats 8,000
Dans les 120 casaux ou villages de la contrée de Paphos, la seigneurie et les particuliers avaient ensemble un revenu de........ 80,000	Le Turc.................. 10,000
A reporter.......... 380,000	A reporter.......... 18,000

---

[1] Ce B. Sagredo ne paraît pas être le même que le provéditeur général de Chypre. L'auteur des Mémoires est probablement Bernard Sagredo, supracomis de galère de 1551 à 1570, dans les guerres contre les Turcs, procureur de Saint Marc en 1596, mort en 1603.

Ire PARTIE. — DOCUMENTS.

REVENUS DES VÉNITIENS. (Suite.)		REVENUS DES TURCS. (Suite.)	
Report........ ducats	380,000	Report........ ducats	18,000
Les 60 villages du Chrysocho..	50,000	Le Turc.................	10,000
Les 127 du Pendaïa.........	700,00	Idem...................	16,000
Les 60 du Karpas..........	35,000	Idem...................	9,000
Les 60 de Cérines..........	30,000	Idem...................	8,000
Les 120 de la Messorée......	70,000	Idem...................	18,000
Les 124 du Vicomté........	70,000	Idem...................	22,000
Les 22 des Salines.........	25,000	Idem...................	4,000
Les 24 du Masoto..........	25,000	Idem...................	5,000
Les 28 de l'Avdimo.........	25,000	Idem...................	3,000
Les 119 de Limassol........	70,000	Idem...................	24,000
868	850,000		147,000
Le lac de Limassol, pour la seigneurie..................	2,000	Idem...................	400
La grande et la petite gabelle..	35,000	Idem...................	4,000
La maréchaussée des animaux (*marzason*)...............	12,000	*Il Turco, col carazo di un ducato per testa et altra angaria*........	52,000
Les francomates et les pariques.	40,000		
Autre article, ainsi conçu : *Li ratii della seda et testeria*, peut-être : *datii della seda et tessaria*........	1,000	Le Turc.................	600
	90,000		61,000

RÉCAPITULATION.

La seigneurie de Venise et les propriétaires des villages avaient ensemble un revenu de........	90,000	Le seigneur turc............	61,000
	850,000		147,000
TOTAL............	940,000	TOTAL............	208,000

La république de Venise et les seigneurs propriétaires des villages, dit Sagredo, prélevaient donc en Chypre un revenu général, par année, de 940,000 ducats.
Ce chiffre se décomposait ainsi :
Le revenu des propriétaires.......................... 394,000 ducats.
Le revenu de la seigneurie.......................... 546,000

TOTAL...................... 940,000

On ne comprend dans le chiffre et sous le nom de revenu des propriétaires que les revenus des seigneurs ou propriétaires suzerains des villages, et non pas les revenus particuliers des tenanciers, francomates ou pariques du village : « Non ci mette in « questo numero patroni de terreni che siano nelli casali, ne delli francomati, ne delli « parichi che lavorano li terreni, ma solamente ci mette quello che ordinariamente li « suddetti pagano alli patroni delli casali suddetti. »

Les 546,000 ducats formant le revenu propre de la seigneurie provenaient de deux sources différentes :

1° Des sels, pour.. 300,000 ducats.

2° Du produit des villages, du produit des douanes, contributions ou gabelles, enfin des *angaries* ordinaires sur les francomates et les pariques mises anciennement par les empereurs de Constantinople et par les rois latins. Ces droits s'élevaient ensemble, à raison de 6 besants par ducat, à........................... 246,000

TOTAL..................... 546,000

Les dépenses ordinaires de la seigneurie en Chypre comprenaient les traitements des recteurs, la solde des troupes, la solde des galères de garde, les aumônes et secours publics, les gages des officiers et des recteurs et quelques autres frais. L'ensemble s'élevait, en 1566, par exemple, à.................. 184,331 ducats.

Il restait donc à la seigneurie un excédant de revenu annuel d'environ [1]... 361,669

546,000

En 1585, le seigneur turc avait en Chypre, comme nous l'avons vu, un revenu annuel de 208,000 ducats. Ce chiffre comprenait tous les produits généraux du pays que le sultan s'était appropriés, savoir : les salines, les revenus des villages du domaine public et des particuliers, la dîme sur les grains, les vins et les animaux, et, en outre, le carach, qui était d'un sequin ou ducat par tête, payé par tous les habitants de l'île, de l'âge de quinze ans jusqu'à soixante ans. Ses dépenses, soit pour les traitements des cadis, c'est-à-dire des juges civils et criminels, soit pour la solde des troupes à pied et à cheval chargées de la garde de l'île, soit pour d'autres objets, s'élèvent

[1] Dans son rapport sur la situation de Chypre, remis au sénat vers 1564, à sa sortie de charge, B. Sagredo, le provéditeur général, évaluait les revenus de la république en Chypre à 196,000 ducats, indépendamment du revenu plus considérable des salines. (Voy. ci-dess. p. 555.) L'auteur d'un mémoire sur la situation de la république de Venise, adressé au roi d'Espagne avant 1570, donne donc une évaluation trop faible du produit général que rapportait l'île de Chypre à la république, en le fixant seulement à 200,000 ducats. Voy. Daru, *Hist. de Venise*, t. VII, pièces justificatives, p. 62, édit. 1853.

aujourd'hui au moins à 276,000 ducats. Le Turc dépense donc en Chypre 68,000 ducats en plus de ce qu'il y perçoit.

Aussi, continue Sagredo, si, à l'époque où le Turc voulait attaquer Chypre, on eût négocié avec lui, si on lui eût démontré que la possession de cette île lui serait plus coûteuse que profitable, qu'il y dépenserait plus d'argent qu'il n'en retirerait, et qu'on lui eût promis une grosse pension annuelle, il aurait certainement préféré la pension, car les Turcs sont plus avides d'argent que soucieux de leur renommée. On avait agi ainsi autrefois à l'égard du sultan d'Égypte, qui, après avoir fait la conquête de Chypre, préféra recevoir une pension chaque année que de conserver la possession du pays [1]. Quant à moi, je crois que si l'on avait eu recours encore aux négociations en 1570, si on eût offert une somme d'argent considérable au premier pacha, nous aurions pu conserver cette île, qui serait toujours d'une si grande utilité pour la république et pour nos concitoyens, à cause des navires et des marchands se rendant en Syrie.

1578, 1er octobre. De Paris.

Extrait d'une dépêche de Jean de Vargas Mexia, ambassadeur de Philippe II, roi d'Espagne, en France, relative aux prétentions de M. de Lanzac, le jeune, sur le royaume de Chypre.

Paris. Arch. de l'empire. Sect. hist. K. 1401. c. Anciennement B. 46, n° 14.

Por las precedentes he avisado como mos de Lansac el moço[2] dexava de su voluntad, ó por quererlo el rey, el govierno de Broage[3], y se le davan 30 y tantos mill escudos de recompensa en abadías y cosas á este tono, y como me havian dicho haverle topado camino de Mons, que yva al duque

---

[1] Voy. notre tome Ier, p. 514, 543, n.

[2] M. de Lanzac le jeune était Guy de Saint-Gélais, seigneur de Lanzac, fils de Louis de Saint-Gélais. Le père et le fils servaient en même temps dans la diplomatie et à la cour. Guy s'était distingué surtout durant son ambassade de Pologne et avait contribué à l'élection de Henri III. Le Laboureur, dans ses additions aux Mémoires de Castelnau, a rappelé les circonstances qui déterminèrent MM. de Lanzac à joindre à leur nom de Saint-Gélais celui de Lusignan et à se porter comme héritiers des Lusignans, rois de Chypre. Ces prétentions et les entreprises de Lanzac n'amenèrent aucun résultat sérieux et furent peu après abandonnées. Il serait difficile de prouver la parenté des Lanzac avec les rois de Chypre de la seconde maison, commençant à Hugues III, car ces princes étaient de la famille d'Antioche plutôt que de celle de Lusignan; mais la relation des Saint-Gélais avec les Lusignans de Poitou et les premiers rois de Chypre peut être réelle. Le Laboureur ne la trouve pas dénuée de fondement, et le P. Étienne de Lusignan, dont les assertions généalogiques n'ont pas, il est vrai, grande valeur, l'admet entièrement. Il a même dédié l'édition française de son histoire de Chypre à Louis de Saint-Gélais, père de Guy, dont il eut, à ce qu'il paraît, beaucoup à se louer. (*Hist. de Cypre*, fol. 194; Paris, 1580.)

[3] Le Brouage, en Saintonge, autrefois siége d'un gouvernement. Lanzac avait mis en fuite devant ses murs une escadrille anglaise qui portait des secours aux huguenots. (Tommaséo, *Relation des ambass. vénitiens*, t. II, p. 321.)

de Alançon[1]. Despues acá ha buelto y está en esta villa, y haviendome dicho que hazía dinero, vendiendo y empeñando quanto podía, y que designava emplearlo todo en una armada, he andado procurando entender si es assí, y para donde; y he venido á averiguar que se ha puesto en cabeça de querer ser rey de Chipre, despues de la solevaçion que se ha dicho de los Geníçaros en aquella ysla; fundándose en ser del nombre y armas, y señor de la casa de Lusiñan en este reyno; de laqual eran los reyes de Chipre quando Veneçianos entraron por una pretension de succession, y que para ser ayudado y que se le permita, ha tratado aquí largo con el arcobispo de Nazaret y con el embaxador de Veneçia, pidiendo le procuren ayuda con su principado, attento el benefiçio que recibirá la Christiandad en que aquel reyno se recupere, y en tener allí un propugnaculo contra el Turco; y ellos le han dado buenas palabras, y aun el Nazaret áquien yo tenté para ver si era verdad, y halléle bien en ello, como en cosa que le paresce sería de serviçio de la Christiandad, y con ánimo de tratarlo con Su Santidad.

El Lansac es un moço de grande espíritu y abilidad, si lo empleasse bien, aunque terrible, y de la natura ordinaria desta naçion; y la quimera es tan grande, y requiere tantas cosas, que podría ser armar con esta occasion y dar en alguna otra parte para donde no fuessen menester tantos materiales. Es grande enemigo de la reyña de Inglaterra, porque tiene brio para dársele poco que sepa lo que haze; y creo si le ayudassen las fuerças, que lo mostraría; pero yo temo de cosa de las Indias, que es negocio goloso, y de que él ya tiene plática; y assí voy con cuydado de entender lo que pudiere acerca desta materia. Hame dicho el embaxador de Veneçia que hablando con él en pláticas dessas partes, le ha dicho que se ha escripto y escrive algunas vezes con Francesco de Ybarra, por via del capitan Cabreta, y que le ha embiado diversos discursos, como allá se sabía mejor[2].

Nostro señor, etc. De Paris, a primero de Octubre 1578.

---

[1] Frère du roi Henri III.
[2] En marge de cette partie de la dépêche de Jean de Vargas le roi Philippe II a écrit de sa main une note dont nous ne pouvons lire que les mots suivants : « Este capitulo no « habia, para que so ver que por agora....... « pero..... una copia que sera bien que yo la « tengo, para cosegarla con otras cosas. »

1583, 20 juillet. De Paris.

Un Chypriote, nommé Eugène Penachi, propose au duc de Savoie, Charles-Emmanuel Ier, de préparer à Constantinople l'ouverture de négociations diplomatiques pour la cession du royaume de Chypre à la maison de Savoie, à la condition que l'île payera comme autrefois un tribut au sultan.

Turin. Arch. de la cour. *Regno de Cipro*. Mazzo 2°. Pièce de la liasse n° 7. Orig.

Sultan Selin, imperatore d'Oriente, prima che muovesse l'armi a' signori Venetiani per conto del regno di Cipro, protestò loro che amichevolmente dovessero lasciarglielo, atteso que essendone lui natural padrone[1], non voleva permettere che più longo tempo lo tenissero usurpato. Essi s'ingegnorono mostrare la loro legitima possessione de quel regno in molti modi, fra quali di maggiore consideratione era il feudo che essi vi pretendevano, et lasciate l'altre ragioni come frivoli et di nessun momento, in questo restrinsero il negotio loro. Quando, per la parte d'esso sultan, gli fu rimostrato che per ragion di feudo alli duchi di Savoia et non a loro spettava il detto regno. Fin dall'hora, ogn'un credette, e specialemente quegl' infelici sudditi, che la gloriosa memoria del padre[2] di vostra altezza serenissima dovesse farsi inanzi et dimandar la rinvestitura d'esso regno, poichè, sotto pretesto delle sue ragioni, il gran signore l'haveva levato a' Venetiani.

L'essecutione della quale adimanda non essendo poi seguita, è credibile che quella gloriosa altessa, per la sua gran prudenza, havesse riguardo che Venetiani non entrassero in opinione che a instigazione sua il Turco gl'havesse mosse quell'armi. Il qual rispetto cessando al presente nella persona di vostra altessa, molti prendono maraviglia perchè ella resta di cercare le pretenzioni di quel regno a lei dovuto, massimamente que l'adimanda per parte di vostra altessa et la concessione per la parte del gran signore è stimolata da molte fondate ragioni per urgenti bisogni dell'uno et per l'honore che ne puo seguire all'altro. Intorno ai quali rispetti, dirò solo a vostra altessa, come uno de' suoi devotissimi vassalli, che il Turco, per acquistar

---

[1] En 1517, les sultans de Constantinople revendiquèrent la suzeraineté de l'île de Chypre, comme ayant succédé aux droits des sultans d'Égypte, qui comptaient l'île de Chypre parmi les pays tributaires de leur empire. Les Vénitiens, ne pouvant méconnaître les fondements des prétentions ottomanes, se résolurent à payer à la Porte, pour l'île de Chypre, le même tribut que les Lusignans et la république elle-même avaient payé aux sultans du Caire. On a vu par les pièces précédentes que les ducs de Savoie n'éloignaient pas la pensée de payer aussi le tribut aux Turcs pour le royaume de Chypre.

[2] Philibert-Emmanuel, père de Charles-Emmanuel.

un sì gran principe qual ella è suddito suo, et per mantenir il mondo in oppinione che suo padre, con ben fondata ragione, mosse quell' armi a' Venetiani, se disporia di darlo a vostra altessa, specialmente se da lei gli verrà dato qualche honeste tributo, poichè il detto regno, già fiore del mondo, è ridotto in sì gran miseria per la crudeltà et barbaria degl' habitanti che il gran signore non pure non ne tira utile alcuno, ma ogn' ano rimette all' ingresso del suo per mantenimento de' soldati. Onde che queste, con altre forte più alte razioni che vostra altessa potria considerare, pare che dovriano muovere la grandezza del suo animo a ricercare quella corona ; et io, come Cipriotto et suo divotissimo servo, che hora son per andare in Costantinopoli, per la riscessione de mia madre, offerisco a vostra altessa d'essere il primo motore de questo negotio, con la debita maniera et costume che sè conviene per la prattica che ho in questa corte. Nè credo io che al presente altro mi occurra ne altro adimando che lettere credentiali di vostra altessa al primo bassa, dal quale io potrò ben cavare l'animo et la dispositione che haverà in questo negozio; et se sarà tale che sè ne possi sperar buon finimento, procurarò passaporti per ambassadori di vostra altessa per mezzo de' quali se potria poi trattar più innanzi. Et poichè il padre Lusignano [1], con lettre sue al padre inquisitore, supplirà a quel più che occorresse, resto in facendo humilissima reverenzia a vostra altessa.

Di Parigi, li xx di Luglio, MDLXXXIII.

Di vostra altessa, humilissimo et divotissimo servo.

Eugenio Penacchi, cipriotto.

1600, 2 décembre.

Note sur la situation de l'île de Chypre et ses revenus du temps des Latins, remise par l'archevêque grec de Nicosie à François Accidas pour le duc de Savoie.

Turin. Arch. de la cour. *Regno di Cipro.* Mazzo 2°. Pièce n° 7.

Jhesus Maria. Descrittione del regno de Cipri quale mi diede lo archivescovo de ditto regno, translatata da greco in lingua latina volgare per me, don Francesco Accidas, in la città di Lemeso, oggi 2 di Decembre, del anno 1600.

1. Cipri, insola nobillissima, che di grandeza tutte le altre isole de lo

---

[1] Le P. Lusignan, auteur de l'Histoire de Chypre, se trouvait alors à Paris, après avoir quitté l'Italie, où il avait publié la première édition de son livre. La cour de Turin ne pouvait accueillir qu'avec beaucoup de réserve les propositions semblables à celles-ci, qui lui étaient adressées de temps à autre de France, d'Italie, et même d'Orient. On ne voit pas quelle suite elle donna aux ouvertures de Penacchi.

Archipelago echiede, è detta beata per la sua amirabile fertilità de grano, vino, olio, zuccali, lino, banbache, lana, ligumi de ogni sorte, sale, vitriolo, pece et metalli et altre diverse frutti, et divisa in dui contradi, teni de circoito miglia 550, di longeza miglia 210, largeza miglia 65; destante da Alesandria di Egito miglia 150, de Suria miglia 60, da la Caramania miglia 50, de l'isola de Candia miglia 500. Et la città regia e principale è Nicosia, destante de Famagosta miglia 30, infra terra.

2. La detta isola, l'una contrada di essa è montuosa, et l'altra è piana; averà da 700 tra città, terre, castelli, ville et casali. Averà da 250 milia anime, dali quali parte si chiamano Parichi, che erano come schiavi, altri si chiamano Francomati; il resto cittadini, o novati, artigiani et nobili. Vi sonno da 80 milia persone che tirano spada, molto pratichi nela scrima de spada, targa et spertonada, et sono persone bellicose.

3. La città de Nicosia è regia et è archivescovado, dove al tempo delli signori Venetiani vi erano dui archivescovi, uno greco et l'altro latino. Però lo archivescovo greco governava et aministrava li sacramenti et esercitava al culto divino; et lo latino stava per forma, solo per godere il titulo et 20 milia scudi de intrata ogni anno, et non faceva altro, perchè molto poche persone e casi nullo di questo regno faceva a la latina[1]. Vi sonno altri 7 vescovati. Il primo è Famagosta, lo secondo è Baffo Nova, lo terzo è Lemeso, lo quarto è Solia, lo quinto è Carpaso, lo sesto è Lefcara et Amathundo, et lo settimo è Bafo Vechia. A li quali vescovati erano e sonno vescovi greci che governano il spirituale, et li latini pigliavano il titulo solo, senza niuna sorte de governo per la causa ditta de sopra. L'archivescovo latino resedia in regno, et era sempre uno delli nobili Veneti; però aveva poco di fare.

4. Nela dita isola, abitavano sempre ab antico molte altre natione deferente di fede de li Greci, come Armeni, Maroniti, Jacobiti, Chambesi, Cofti et Giorgiani; li quali Giorgiani sonno Cristiani orthodossi, senza eresia, et anno tutti li loro eclesie dicendo li offitii a loro riti et ordinatione de la loro eclesia. Et si admettevano e toleravano tanto da regitori come da prelati greci, solo per il comertio de le mercantie, che conducevano et estraevano dal ditto regno, non ostante che siano apresso la chiesa latina[2] eretici et scismatici.

---

[1] Depuis le XIII° siècle jusqu'au temps des Turcs, il n'y eut, en réalité, dans l'île qu'un seul archevêque, l'archevêque latin; mais il faut tenir compte des erreurs volontaires du nouvel archevêque grec pour amoindrir tous les souvenirs des Latins et de la religion catholique en Chypre. Le correctif, au reste, se trouve quelques feuilles plus haut, p. 542, dans ce que dit Sagredo du clergé grec.

[2] Au Ms.- *greca*.

5. Nela ditta isola, in diversi parti et lochi, vi sonno 62 tra abbatie et grache, dove abitano calogeri seu monachi greci, de l'ordine et rito de Santo Basilio magno, dove viveno con helemosine con gran stento et povertà. Et quando si elegono li abati, ce intraviene il consilio de li nobili, la nomina de li monachi et la ratificatione della eletione del re, quale tutto questo si faceva in presentia de li dui archivescovi greco et latino. Et nel detto regno, non vi era monasterii de donne, ne greche ne latine, ne anco conventi de niuna regula de Latini per non avere che governare[1].

6. A la ditta isola, vi era una incomenda della religion de Malta, la quale, mentre che il regno era de la signoria de Venetia, la godeva uno nobile veneto, con 1000 scuti de intratta ogni anno, quale intrate si coglievano da diverse intrate de vituvaglie racolte in detta isola ditte decime.

7. A la ditta isola, non vi sonno se non dui porti, lo primo è la città de Famagusta, la quale è città principale et vescovato, ben popolata et ricca, che li possessori oggi ne fanno gran stima, lo suo porto sarrà de capacità de x o xii galere; et il resto è siccagnia e spiagia, che non sè li po accostare se non sè intri per canali in porto. Lo secundo porto è la terra de Cirigna, la quale è circuita de mura a tre parti, con tre guardiole fatti a modo di torre de guardia, con alcuna poca artegliaria, a un castello, lo quale sta sempre serrato, dove si sonno tre smirigli. Detta terra è posta al piano, al lito del mare, luntano del bosco dui miglia incirca, è abondata di ogni sorti de vituvaglie, for che di vino; a da 20 fontane correnti. Il suo territorio è ameno e fertilissimo, a intorno intorno assai casali di 200, di 100 et di manco et più fochi; et lo magior casali che vi è è Vasiglia. La quale Cirigna è lontana da Famagusta 3 giornate, et da Nicosia dua, et la sua cala è di capacità di 3 o 4 galere. Il resto di questo regno et isola è spiagia e siccana, ecetto che a le Saline, la estate, vi è un poco de sbarco; ma quando sia la occasione che da terra sia impedito, non si po sbarcare per niuna manera, perchè chi vol isbarcarsi sarrà tagliato a peci.

8. Il detto regno rendeva al suo patrone prima scuti 500 milia da le Saline; et de lo afitto delle macine de li zuccari, decime de grani, banbaci, lane et altre vituvaglie, racolte nel isola, che è fertilissima, altri scuti 600 milia, più presto più che manco.

---

[1] Sans rechercher d'autres preuves, il suffirait de jeter un coup d'œil sur quelques-uns des documents de ce présent volume, p. 284, 286, n. 293, 503, 543, pour voir combien l'assertion du prélat grec est encore erronée ici, en disant qu'il n'y avait pas eu de religieuses en Chypre sous les rois francs et aucun monastère sous les Vénitiens.

9. E più, rendevano li pagamenti fiscali più di altri 500 milia in questa sorte, cioè ogni capo di casa pagava cinque reali l'anno, un giulio per il pascolo, un giulio per il sale[1], et tre giulii per fabrica[2]; et li figli de famiglia pagava ogni ano julii 4, cioè un giulio per il sale et tre per la fabrica. Si che dal detto pagamento, si cava sicuro altri cinco cento milia scuti l'anno in più.

10. E più, da li popoli ch'erano a quel regno che si chiamavano Parichi, si cavava che loro pagavano scuti 4 ogni anno per persona, quali, si ben si pagavano a loro particolare signore, contuttochiò era pagamento regio, quali pagavano per essere assenti da portar li bagali et allogiar li soldati che venivano per li presidii regii quali facevano li signori titulati et feudatarii del regno; et di quello che si cavava del ditto pagamento, si pagavano soldati e presidii che occoreva far venire per guardia del isola.

11. De più, erano obligati li ditti popoli chiamati Parichi di dare a loro particolar padroni, per riconoscimento del vasalagio, dui dì de servitio personale la settimana a lor spese, quale avevano per dura et insoportabile servitù.

12. De più, vi sonno alcuni casali nel regno che non anno patroni particolari, ma sonno regii, li quali li procuratori della regia camara li affittano ogni anno, et sè ne cava più di scuti 200 milia l'anno, et alcune volte li vendeno a conti, con la sucessione però a la corona, quando il compratore però more senza herede ligitimo; et cussi sè ne cava assai più che affitarli.

13. De più, il re de ditto regno po dar nobilità et abilitare ad ogni persona che lui vole, pur che sia regnicolo, e farli intrar in conseglio de li nobili et concorere neli offitii del regno, et far franchi et asenti secundo vorrà.

14. Il re de ditto regno spendeva in esso per governo et guardia scuti 500 mila, tanto per soldati, presidii, aconchi de forteze, artegliarie, monicione, alogiamenti, salarii de offitiali et altre cose necessarie per costudire detto regno.

15. A tanto, che, racolte tutte le intrate certe et incerte uno anno per l'altro, summano in tutto da 3 milioni d'oro, poco più o manco; e tanto godevano li re passati et ultimamente la serenissima signoria di Venetia, mentre che dominò questo regno. Però al presente renderà più, per le intrate de titulati et lor vasalagii che restano regii, perchè sarrà ad arbitrio del re venderli et darli al più offerente, o a chi piacerà a sua altessa serenissima,

---

[1] Voy. ci-dessus, p. 228, 462. — [2] Voy. ci-dessus, p. 463, n. 549, n.

e questo come cose aquistate et liberate di mani de infideli che li possedeno oggi.

[1601.]

Capitulation ou articles des franchises promises aux Chypriotes par le duc de Savoie Charles-Emmanuel I*er*, pour le cas où il rentrerait en possession du royaume de Chypre.

Turin. Arch. de la cour. *Regno di Cipro.* Mazzo 2°. Pièce de la liasse n° 7. Orig.

Capitoli per Cipro.

Havendosi don Francesco Accidas, Rodiotto, dalla città di Messina, fatto intendere che nel regno di Cipro si tiene viva memoria delle ragioni che sopra di esso tenemo, per l'aquisto fatto et dominio che già ne hebbero li serenissimi predecessori nostri, mostrando desiderio grandissimo di tornar un altra volta sotto l'autorità et dominio nostro, si che, quando Iddio benedetto disponesse le cose richiesti da esso don Francesco, havemo voluto accordarli la seguente capitulatione[1].

1. Prometiamo al reverendissimo arcivescovo di Cipri di non rimover ne lui ne li suoi sette suffraganei che sono in quello regno, anzi di assignarli tanto d'entrata et reddito che possi bastare per il trattenimento loro et de suoi, secondo il decoro delle dignità che tengono, il che sè levarà dalle intrate et redditi delli vescovati latini che solevano tener li nobili Venetiani, con il titulo di vescovati, senza haverne altra amministratione, vivendosi in quel regno sotto la chiesa greca, secondo la espositione et decretti delle sette sinodi universali, non restando alli vescovi latini altro salvo li tituli e il godere l'intrata senza alcun travaglio; et questa assignatione vogliamo che duri per sempre nel avenire.

2. Les mêmes assurances sont données aux abbés et hégoumènes des monastères de l'ordre de saint Basile du rit grec existant dans l'île.

3. Le duc, en son nom et au nom de ses successeurs, promet à l'archevêque, aux évêques et abbés de Chypre de ne porter aucune atteinte au rit grec, dont ils ont usé et usent encore aujourd'hui.

4. Il promet de conférer à la personne que désignera l'archevêque le titre héréditaire de comte de Tripoli, avec une assignation de rentes sur le fisc suffisante pour soutenir son rang.

5. Il promet de choisir chaque année, pendant toute la vie de l'archevêque, deux

---

[1] Les articles suivants ne sont que la répétition et la confirmation de la capitulation en vingt-quatre articles remise à François Accidas par l'archevêque, au nom du peuple de Chypre, sous la date du mois de décembre 1600. Le duc Charles-Emmanuel devait signer et sceller ces franchises avant d'être reconnu comme roi par les Chypriotes.

des personnes désignées par le prélat pour être pourvues des offices vacants dans les villes, terres ou châteaux de l'île.

6. Dès maintenant, et à la demande de l'archevêque, le duc concède la charge de gouverneur des salines du royaume de Chypre à Claude Cechi ou Cechino, Romain, marié en Chypre à une femme noble de la maison Mavra[1], homme fort expert dans ladite charge, qu'il a exercée du temps des Vénitiens.

7. Le duc promet de réintégrer ledit Cechino et Jean de Sainte-Maure dans tous les biens qu'eux et leurs prédécesseurs, hommes ou femmes, possédaient dans l'île.

8. Le prince s'engage, si le royaume de Chypre lui est restitué, à se rendre personnellement dans le pays, à y séjourner au moins trois ou quatre ans, à visiter toutes les contrées, à faire construire des forteresses partout où on le reconnaîtra nécessaire; il se réserve, cependant, la faculté de retourner en Europe quand ses intérêts l'exigeront, promettant d'ailleurs de laisser, en son absence dans l'île, un de ses fils comme roi ou comme son lieutenant.

9. Il s'engage à n'envoyer jamais aucun Espagnol en Chypre, à aucune condition, pour aucun grade, ni comme gouverneur, ni comme simple soldat; à ne confier, en un mot, aucune charge, grande ou petite, à aucun homme de cette nation.

10. Il promet de choisir exclusivement les officiers, gouverneurs et employés des villes et des châteaux parmi les habitants mêmes de l'île, restant libre, toutefois, de désigner pour faire partie du grand conseil ou haute cour du royaume, « del con- « siglio supremo et gran corte di detto regno, » des personnes étrangères au pays et de toutes autres nations, excepté des Espagnols.

11. Il promet de laisser à l'élection du peuple, sous la confirmation royale, le choix des magistrats chargés de l'approvisionnement public : « I portogheri[2] che sono « li primi vecchi che haveranno d'haver cura del vito popolare delle città, terre et « castelli. »

12. Il ne vendra, affermera ou engagera aucune ville, château ou lieu quelconque de l'île, aucune douane, gabelle, saline, dîme ou autre espèce de revenu de la couronne à un Génois, ni à aucun sujet de la république de Gênes ou de ses deux rivières. Les hommes de cette nation pourront seulement porter leurs marchandises dans l'île, soit pour les y vendre, soit pour les y déposer en transit.

13. Il n'admettra jamais dans l'île aucun des sectateurs des nouvelles religions, « comme Luthériens[3], Hussites, Calvinistes, Anabaptistes, Huguenots, Ariens et

---

[1] Peut-être de la famille chypriote des Sainte-Maure, dont un membre est nommé dans l'article suivant.

[2] Pour *protogheri*.

[3] « Ce que voyant, dit Villamont, qui vi- « sita l'île de Chypre en 1589, le Chiprien « nous offrit du vin très-honnestement, en de- « mandant au religieux mon guide si j'estois « de ces luthériens Anglois qui estoient nou- « vellement arrivez au port. Le religieux luy « respondit que non, et que j'estoye François. « A ces mots, le pauvre homme me vint em- « brasser, disant en italien plusieurs louanges « à l'honneur des François, et comme, depuis « qu'ils avoient perdu le royaume de Chipre, « ils n'avoient eu aucun bon traitement, et

« Athéistes [1] ; » il s'engage à les éloigner avec soin, afin qu'ils ne viennent pas « mettre « la zizanie dans ce royaume si chrétien. »

14. Il n'autorisera l'établissement des pères jésuites dans l'île et ne concédera un lieu pour leur établissement que de l'assentiment du grand conseil, comme il se pratiquait du temps des rois : « Del parlamento generale di tutto quel regno, in « forma come era solito in tempo d'altri re. »

15. Faremo tenere in tutte le città principali di quel regno li pubblici studii delle scienze e dottrine, et li faremo pagare li lettori, conforme a quello che si pagavano in tempo delli altri re[2].

16. Le duc promet d'établir dans chaque ville ou localité de cent feux au moins un *ministre de la milice*, expert dans les armes et l'art militaire, qui, tous les jours de fête, exercera les habitants au maniement des armes, afin que, au cas de besoin, ils puissent défendre le pays et la couronne. Les localités assureront l'entretien convenable de cet officier.

17. Dans tout procès pour dettes, quand il y aura cession de part, le duc promet que le fisc royal ne pourra plus, en aucune manière, poursuivre ou inquiéter le débiteur.

18. Il s'engage à ne point permettre que l'inquisition se pratique dans le royaume suivant la coutume d'Espagne, « ad usanza di Spagna, » mais seulement comme on la pratiquait du temps des rois et dernièrement sous les Vénitiens.

19. Il promet de n'établir en aucun lieu de l'île une nouvelle gabelle, douane ou impôt, sans le consentement de la localité, consultée en général parlement, à moins qu'il ne s'agisse de la guerre et de la défense du royaume.

20. Quelle genti che chiamano Parichi, sudditi di particolari, promettiamo di non trattarli più della maniera et sorte che erano tratati et nominati al tempo che Venetiani havevano quel regno; ma, con pubblici bandi, che si farano da per tutto in nome nostro, li sciogleremo et liberaremo di deto nome, riservandoci però che questi tali paghino continuamente alla corona reale li scudi quattro l'anno per persona, facendoli franchi, liberi et essenti del resto che davano alli loro patroni particolarmente, tanto di dinari quanto

« que les Chipriens perdirent toute leur li« berté. Et me dit qu'encore du jour d'huy les « chrestiens de Chipre se servoient des privi« leges que les François leur avoient donnez, « et que le dernier roy qu'ils avoient eu de « ladite nation estoit de la maison de Lusi« gnan. Et m'en furent monstrées les armes « au pignon du vieil chasteau tout ruiné que « l'on voit à Limisso, où il y a trois lyons avec « les armes de Hiérusalem. » (*Voyage de Villamont*, liv. II, fol. 28 ; Paris, 1604.)

[1] Ces mots se retrouvent dans le projet de capitulation envoyé par les Grecs de Chypre.

[2] Voy. précédemment, p. 491, n.

della servitù che li prestavano due giorni la settimana a loro proprie spese, con prohibitione che non possino venderli, giocarli, donarli, nè cambiarli, come ameteva la signoria di Venetia che facessero li loro particolari patroni, et anche la stessa republica alcuna volta secundo che li tornava comodo; ma noi et nostri heredi et successori li faremo liberi, come sopra et non altramente.

21. L'archevêque et ses parents jusqu'au quatrième degré sont déclarés francs et libres de toutes impositions, obligations et amendes; ils seront considérés comme gentilshommes émérites de la couronne de Chypre, et toutes les causes civiles ou criminelles les concernant seront jugées par le roi ou ses lieutenants.

22. Le fils de Claude Cechi sera un des chevaliers et conseillers du roi; à la mort de son père, il sera nommé gouverneur des Salines.

23. Le duc promet d'instituer un séminaire, c'est-à-dire une université, à Nicosie, comme il y en avait une du temps des rois, pour l'éducation publique des nobles et du peuple : « Nel modo che facevano li antiqui re [1]. Et in esso seminario « si riceverano ogni sorte di persone, tanto nobili come del populo Nicossiano, per « ivi imparare sino a conveniente età quella dottrina a che inchinarano. Et noi li « faremo provvedere le cose necessarie per il vivere et vestire. Et sarà chiamato « *seminario regio*, del quale ne haverà il governo uno delli vescovi, abbati, economi « o calogheri che siano habili e propensi nelle belle lettere; et serà eletto da noi, « mutandolo di quattro in quattro anni, o più o meno. »

24. Le duc promet, enfin, de faire recevoir dans le sein de l'église grecque Memi et Mustapha, renégats chypriotes, qui ont abandonné la foi chrétienne étant encore jeunes, après la conquête de l'île par les Turcs. Le prince promet de les honorer comme personnes considérables et dignes neveux du père Parthenios, attendu que ce sont les principaux chefs du parti populaire, « fattione populare, » qui doit s'armer contre les Turcs et livrer au duc la forteresse de Famagouste [2]. Ils recevront la juste récompense de leur dévouement; les biens que possédait leur famille au temps des rois leur seront rendus; le premier évêché vacant dans l'île sera donné à leur oncle Parthenios.

(*Signé*) EMMANUEL. (*Scellé, et signé plus bas*) ACHIARDI [3].

---

[1] Nous avons eu l'occasion de rappeler souvent les goûts littéraires de plusieurs princes Lusignans, notamment de Hugues IV, Pierre Ier et Janus. Ils encouragèrent l'établissement d'écoles publiques dans leur royaume. Voy. précédemment, p. 491, n.

[2] Les indications précises de cet article nous montrent qu'il s'agissait alors d'organiser un véritable soulèvement des Chypriotes contre les Turcs. La cour de Turin s'occupait encore de ces projets dix ans après, sans avoir rien arrêté; elle les laissa traîner en longueur et s'oublier peu à peu. Charles-Emmanuel, tour à tour allié de la France, de l'Espagne ou de l'Autriche, avait de plus graves intérêts à surveiller en Europe.

[3] A la suite de cette pièce se trouve une lettre du duc de Savoie à l'archevêque de

1601, peu après le 11 avril. De Turin.

Rapport de François Accidas, Grec de l'île de Rhodes, à Charles-Emmanuel Ier, duc de Savoie, sur la mission confidentielle dont il avait été chargé pour préparer les voies à une expédition projetée par le duc contre l'île de Chypre.

Turin. Arch. de la cour. *Regno di Cipro.* Mazzo 2°. Pièce de la liasse n° 7.

Accidas informe le duc de Savoie que, parti de Messine le 5 novembre 1600, il s'est rendu a Alexandrie et de là à Jérusalem, où il a vu le patriarche grec. Ce prélat, en apprenant que son altesse royale avait la ferme résolution de recouvrer le royaume de Chypre, témoigna la plus vive satisfaction; il leva les mains au ciel de bonheur et baisa la capitulation que le duc accordait aux Chypriotes[1]. Le patriarche insista beaucoup sur la nécessité de mettre sans retard à exécution le projet arrêté, dans la crainte que, les Turcs venant à le découvrir, il n'en résultât les plus grandes calamités pour l'île de Chypre. Il donna deux lettres à Accidas, l'une pour l'archevêque de Chypre, l'autre pour son altesse.

De Jérusalem, Accidas se rendit en Chypre; il trouva l'archevêque à Famagouste, faisant sa visite pastorale. S'étant présenté à lui sans retard, Accidas lui remit la lettre du patriarche. Troublé par sa lecture et n'osant parler, l'archevêque fit monter aussitôt Accidas à cheval; il l'emmena à Limassol, sans s'arrêter et sans vouloir entendre aucune explication. Là seulement, retiré dans la maison d'un de ses plus intimes amis, nommé Timothée Potosi, il consentit à l'écouter. Après avoir reçu toutes ses confidences, l'archevêque dit à Accidas que, à son avis, le bienheureux patriarche de Jérusalem s'ouvrait trop facilement sur cette affaire grave et délicate; que peut-être, d'ailleurs, le moment n'était pas très-opportun, puisque le duc de Savoie était engagé dans une guerre contre le roi de France[2]. Sur les assurances que lui donna Accidas d'une paix prochaine, l'archevêque dit que, dans ce cas, il serait bien facile au duc de Savoie de conquérir le royaume de Chypre, sans faire de trop grands frais; que, du reste, il serait bien indemnisé de ses dépenses par la possession d'un pays qui lui rapporterait annuellement trois millions au moins. « Je n'ai qu'un mot à

Chypre, sous la date du 29 septembre 1601. Charles-Emmanuel remercie l'archevêque des dispositions favorables qu'il a témoignées pour ses intérêts à François Accidas, revenu à Turin de sa mission; le duc espère pouvoir le récompenser un jour. En conséquence de ce qu'Accidas a rapporté, le duc mande à l'archevêque son grand écuyer Balthazar Flot, de Montauban, comte de la Roche, avec le docteur Pierre Anelli. Le duc prie l'archevêque de parler en toute confiance à ces seigneurs comme il le ferait à lui-même de tout ce qui peut le concerner. Les envoyés viendront rapporter à Turin ce qui leur aura été dit, et le duc les renverra ensuite une dernière fois en Chypre pour traiter « cette « grande affaire, » non à la légère, mais avec toute la prudence qu'elle demande.

[1] C'est la pièce précédente.

[2] La guerre contre Henri IV, à l'occasion du marquisat de Saluces. La paix fut signée à Lyon, le 17 janvier 1601.

« dire, ajouta l'archevêque, et le petit nombre de Turcs disséminé dans l'île sera
« massacré par les Grecs. Le duc n'aura qu'à venir et à garder les forteresses. Trois
« ou quatre mille hommes, sous un chef capable qui n'appartienne pas à la nation
« espagnole et qui soit en état de faire réparer les fortifications de l'île, tout en ruines,
« suffiront à l'expédition. » L'archevêque dit encore que, ayant récemment tenu un
synode avec ses évêques, abbés et hégoumènes, il avait, par mesure de prévoyance,
recommandé à son clergé d'engager secrètement les populations à se tenir prêtes pour
prendre les armes le prochain jour de Pâques, trois heures avant le moment où l'on
chante le *Gloria in excelsis*, moment où les Turcs, sans méfiance, se livrent au repos.
« Les Grecs, continue Accidas, ont un tel désir de se délivrer des Turcs et de rentrer
« sous l'autorité des anciens rois prédécesseurs de son altesse, qu'ils sont tous disposés
« à combattre. Le nombre des Turcs, d'ailleurs, est à peine, dans l'île entière, de six
« ou sept mille [1], et si je voulais, me répéta l'archevêque, ils seraient à l'instant même
« massacrés à Famagouste, à Cérines et partout. » Accidas fait ensuite savoir au duc
que le principal agent du soulèvement pour l'affranchissement est Claude Cenchi,
déjà gouverneur des salines sous les Vénitiens et conservé dans ce poste par les
Turcs.

Le patriarche remit à Accidas la capitulation écrite en grec par Cenchi et la relation ou note sur l'île de Chypre, qu'il apporte à son altesse. Il fut convenu avec
l'archevêque que, au cas d'événement qui empêcherait Accidas de revenir en Chypre
pour donner avis du départ des soldats, le duc enverrait une ou deux personnes de
confiance, revêtues d'un costume de pèlerin convenu, en compagnie du docteur
Pierre Anelli, beau-frère d'Accidas, porteur d'un signe de reconnaissance dont le
pareil se trouve entre les mains de l'archevêque. Ces personnes seules devront être
informées du secret de l'entreprise. Accidas termine en disant qu'il a vainement
prié l'archevêque, pour donner plus de poids à sa relation, de vouloir bien mettre
par écrit ce qu'il vient de rapporter de sa part; l'archevêque a cru plus prudent de

---

[1] En 1590, un habitant de Paphos, Marc Memmo, venu à Rome, puis à Turin, pour engager le duc de Savoie à la conquête de l'île, écrit à son altesse qu'il n'y a pas en Chypre plus de 4,800 Turcs, répartis par petites garnisons ou colonies de 200 et 300 hommes. (Arch. *Regno di Cipro*, mazzo 2°, pièce de la liasse n° 7.) En 1608, les habitants de Nicosie, dans la lettre du 8 octobre souscrite par Pierre Gonème, drogman du pacha de Nicosie, s'adressent à Charles-Emmanuel pour l'engager à tenter enfin une entreprise sur l'île de Chypre, de concert avec le roi d'Espagne Philippe III, et lui affirment qu'il y a dans l'île 35,000 chrétiens en état de porter les armes vis-à-vis tout au plus de 8,000 Turcs. (Guichenon, *Histoire de Savoie*, preuv. t. II, p. 558; Reinhard, *Histoire de Chypre*, t. I, p. 134.) Le 9 décembre 1664, Nicéphore, archevêque de Chypre, écrit au duc Charles-Emmanuel II : « Che la vostra altezza si degna
« di venir, tosto il nostro regno sarà nelle sue
« mani, poichè adesso non si ritrova altro che
« 5,000 Turchi, e noi siamo 40 mille per-
« sone; et li Turchi sono sparsi per le ville. »
(Lettre originale en grec et en italien, signée en cinabre; *Regno di Cipro*, mazzo 3°, pièce n° 8.) Aujourd'hui, bien que l'île de Chypre n'ait pas de garnison, le nombre des Turcs

576 HISTOIRE DE L'ÎLE DE CHYPRE.

ne rien confier au papier sur de semblables choses. Mais le prélat a insisté beaucoup pour que le roi signât lui-même et fît sceller l'exemplaire de la capitulation qui devait être envoyé en Chypre.

« Embarqué à Limassol le 3 décembre, dit Accidas à la fin de sa lettre, je suis « arrivé le 16 janvier 1601 à Messine. De Messine je suis venu à Turin, où j'ai reçu « audience de votre altesse le 11 avril, jour où je lui ai présenté la lettre du pa- « triarche, la capitulation et la note. »

1611, 6 avril. De Nicosie.

Lettre de Christodoulos, archevêque de Chypre, au comte de Monbasile, gentilhomme ordinaire de la chambre du duc de Savoie, Charles-Emmanuel Ier.

Turin. Arch. de la cour. *Regno di Cipro*. Mazzo 2°. Pièce de la liasse n° 7. Orig. en grec et en italien.

L'archevêque dit avoir appris avec le plus grand bonheur les intentions du duc de Savoie sur l'affaire en question, « sopra questo affare; » il regrette de n'avoir pas reçu de réponse à ses dernières lettres, ce qu'il attribue à l'absence d'une personne sachant le grec vulgaire auprès de son altesse. Il envoie une nouvelle copie de ces lettres, avec une traduction italienne, par le même porteur qu'il en avait chargé d'abord, Louis de Nicolo, accompagné aujourd'hui de Constantin Dimo, tous deux hommes de confiance, avec lesquels le duc peut parler ouvertement de cette sainte entreprise et de toute cette grande affaire.

1632, 8 juillet. De Paris.

Lettre et mémoire adressés de Paris au duc de Savoie pour l'engager à faire la conquête de l'île de Chypre [1].

Turin. Arch. de la cour. *Regno di Cipro*. Mazzo 2°. Pièces n° 10.

I.

Le P. Théophile, religieux du couvent de Cochenichy, en Macédoine, et neveu de l'archevêque de Chypre, venu en France recueillir les sommes nécessaires à l'acquittement d'une amende de 5,500 livres, à laquelle son couvent avait été condamné par

---

dans les villes et les campagnes s'élève au moins à 32,000 ou 33,000 âmes. Le dépeuplement a porté, depuis le XVe siècle, sur les Européens et sur la population grecque.

[1] Guichenon a publié différentes lettres des habitants et des prélats de Chypre, relatives à ces projets d'expédition, depuis longtemps annoncés et jamais effectués; il y règne un grand espoir de succès, mais en même temps quelque dépit amer de voir Charles-Emmanuel oublier les promesses données en son nom aux populations de Chypre. Dans sa lettre du 8 juillet 1609, Christodoulos, alors en Albanie, sur les confins de la Hongrie, se plaint même vivement des périls auxquels on a ainsi exposé les Chypriotes, et fait écrire sa lettre en italien, devant lui, pour que le duc puisse la lire personnellement. (Guichenon, *Histoire de Savoie*, preuv. t. II, p. 560; Reinhard, *Hist. de Chypre*, t. I, pr. p. 136.)

les Turcs, pour avoir procuré la liberté à cinq esclaves français, écrit au duc de Savoie, Victor-Amédée, en l'engageant à faire la conquête de l'île de Chypre, au nom de son oncle l'archevêque et de ses autres parents, habitant Nicosie [1].

II.

A la suite de la lettre du caloïer est un mémoire du sieur de Grandnon, « confi- « dent du P. Théophile, Cypriot, » sur les moyens à prendre pour réaliser le projet d'expédition en Chypre.

Grandnon s'annonce comme « pratique du pays; » il déclare qu'il lui paraîtrait nécessaire, pour s'emparer de l'île de Chypre, d'armer vingt-cinq vaisseaux de guerre, « comme firent les Vénitiens en 1607 [2]. » Il engage à mettre sur la flotte un corps de débarquement de vingt-cinq mille hommes, et, en outre, à porter des armes pour dix mille paysans. « Il n'y a, dit-il, audit païs que mil homes de pied pour toute « la garnison et 10,000 chevaux, y compris les valets qui ne valent pas mil, à cause « qu'ils sont vieux, enfants et paisans, non courageux et qui se cachent dans les « grottes, comme ils firent quand le commandeur de Beauregard y fut, et comme ils « ont coutume, quand ils voient les vaisseaux et galères du Ponent. La richesse du « païs consiste en sel, zuccre, cotton, miel, blé, vin, soye, formage, laine et autres « choses comme mines. La pesche du lac [3] s'afferme 6,000 sultanins. Les chrétiens « payent à leur seigneur tous les ans six crosons [4] par teste, et les morts payent « jusques qu'il y en ayt un autre à la place, oultre les angaries. » Grandnon ajoute

---

[1] La lettre de Théophile est en grec et accompagnée d'une traduction française. A cette pièce est jointe une circulaire imprimée de l'archevêque de Paris, adressée à tous les curés de son diocèse, pour leur recommander e P. Théophile et les charger d'annoncer au prône l'objet de son voyage, en faisant des quêtes pour lui.
Les pièces 5, 7 et 15 de la liasse où se trouve la lettre de Théophile méritent d'être mentionnées. La première, du 30 décembre 1662, est une copie de lettres patentes de Charles-Emmanuel accordant une pension de 200 écus d'or au prélat que le patriarche maronite d'Antioche nommera pour être évêque catholique romain dans l'île de Chypre. La seconde, portant la date de Canobin, au mont Liban, le 15 août 1664, est l'original de la lettre en syriaque et en latin par laquelle Georges, patriarche maronite d'Antioche, nomme Sergius (Germareno), archevêque de Damas, à l'archevêché de Chypre, pour les Maronites et les autres ca-

tholiques romains de l'île. La troisième, datée du 19 février 1728, est une supplique de l'archevêque maronite de Chypre, Gabriel Éva, priant le roi de Sardaigne de lui accorder la pension de 200 soleils d'or, dont ont joui ses prédécesseurs Sergius Germareno, qui résida en Europe, et Étienne, qui fut créé patriarche des Maronites d'Antioche, en 1670. Dans tous ces documents, il importe de le remarquer, les ducs de Savoie et les rois de Sardaigne agissent ou apparaissent non point comme protecteurs des intérêts catholiques en Orient, mais seulement comme héritiers des anciens rois catholiques de l'île de Chypre.

[2] On manque de renseignements sur ce fait. Grandnon rapporte, dans la suite de son mémoire, que le duc de Florence tenta aussi une expédition, en 1607, sur l'île de Chypre, du côté de Paphos et du cap delle Gatte, vers Limassol.

[3] Le lac de Limassol.

[4] Ou piastres.

qu'on ne doit point s'effrayer des cinquante galères de l'ennemi, attendu que ces navires ne sont armés que de cinq bouches à feu, et que, pour mettre en état une autre flotte de cinquante galères, les Turcs emploieraient au moins trois années. Il termine sa note en donnant le conseil de préparer un armement entièrement pareil à celui qu'avait fait M. de Nevers pour aller en Morée [1].

1668, 1er décembre.

Renseignements transmis au duc de Savoie par Pierre Senni de Pise, sur la situation de l'île de Chypre et la possibilité de faire la conquête de ce pays [2].

Turin, Arch. de la cour. *Regno di Cipro.* Mazzo 3°. Pièce n° 12.

Senni était plusieurs fois allé en Orient, et avait séjourné longtemps en Chypre. Il déclare résolument que si le duc de Savoie peut former un corps d'armée de cinq ou six mille hommes de pied, avec un millier de cavaliers, et opérer un débarquement sur plusieurs points de l'île de Chypre, la soumission du pays est assurée. Senni donne, à cet effet, des renseignements assez étendus sur les fortifications des trois principales places de l'île, Famagouste, Nicosie et Cérines; il fait connaître les lieux le plus propres au débarquement. Il suppute ensuite en détail tout le profit que le duc de Savoie retirera de cette riche et facile conquête.

Nome delli luoghi che sono intorno a l'isola di Cipro li più essenziali per l'effetto del suddetto armamento di sbarco.

Porto e città di Famagosta, città.

Loco di sbarco detto S. Anappa [3], per andare a Famagosta.

Loco di sbarco detto le Saline, per andare a Nicosia.

Loco di Limisso, che è loco grosso.

Loco di Baffo, che similmente è di consideratione.

Da S. Anappa sbarco a Famagosta vi sono miglia 5. Da S. Anappa alle Saline, dove danno fondo li vasselli che ordinariamente vanno con le mercanzie ve ne sono 12 miglia; dalle Saline a Nicosia 15; da Famagosta a Nicosia 25; da Limisso a Nicosia 50; da Baffo a Nicosia 100, in circa.

[1] Cette expédition avait été concertée en 1612. Voy. précédemment, p. 324.

[2] De même qu'au XIVe siècle la cour de France, le saint siége et les rois de Chypre reçurent de nombreux mémoires où l'on démontrait la facilité qu'il y aurait à reconquérir la Terre Sainte, de même, au XVIe et au XVIIe siècle, quand l'île de Chypre, après une résistance des plus énergiques, était passée sous la domination ottomane, les ducs de Savoie se virent sollicités par des auteurs de projets plus ou moins aventureux, qui leur démontraient la facilité de délivrer l'île de Chypre des infidèles et de reprendre la couronne des Lusignans. Je n'extrais de ces mémoires, et en particulier de celui de Pierre Senni, que les notions de quelque utilité historique ou géographique.

[3] Haïa-Napa, près du cap Pyla, dans la baie de Larnaka.

Lochi della parte di là del golfo di Satelia.

Da Cherines a Nicosia 30 miglia, montuose per terra.

Dal porto di Pendaia a Nicosia 100 miglia, bona strada.

Da Pendaia a Chierines 100 miglia.

Il bottino che si potria fare in detta isola di Cipro saria come appresso si dice :

500 pezzi d'artiglieria di bronzo, si valutano........ 500,000 scudi.
1,000 schiavi di negri e negre.................... 100,000
1,000 case di famiglie di Turchi, di mercanzia et loro biancherie di casa, a scudi 300 per casa............... 300,000
Arme diverse et monitione che vi possono esser nelli lochi, fortezze o altro................................ 100,000
Un milione.

Raccolto di anno in anno :

2,000 balle di coton filato a scudi 100 l'una....... 200,000
10,000 pelle di buffali e manzi a scudi 2 l'una...... 20,000
1,000 balle di seta a scudi 500 l'una............ 500,000
1,000 sacchi di cenere di soda[1] a scudi 10 l'uno... 10,000
Formenti e vini nel paese per mantenire l'armata e pel' importare..................................... 500,000
Un altro milione passa.

Nota generale del stato dell' isola di Cipro.

L'arcivescovo ha li casali di	Nicossia, che tiene sotto di sè.	95 vilaggi.
	Meserea...................	69
	Famagosta...............	14
	Carpasso.................	33
Il vescovo di Solea ha li casali di............	Lefca, che ha sotto di sè.....	57
	Pentaia.................	28
	Morfo.................	25
	Cirigna................	44
Il vescovo di Limisso ha li casali di............	Limiso................	51
	L'Arnica................	50
	Episcopi................	25
	Cilani..................	29

[1] Kalopsida, dans la Messorée, est un des villages où l'on recueille le plus de soude.

580   HISTOIRE DE L'ÎLE DE CHYPRE.

Il vescovo di Bafo ha li casali di.......... { Bafo.................... 73
Avdimu................. 28
Counclia................ 27
Crisochu................ 50 }

Vilaggi.......... 698 [1]

Le fortezze città sono Nicossia e Famagosta, le fortezze castelli sono 4 Cirigna, L'Arnica, Limisso et Bafo.

In Nicosia sono 9 chiese de Greci, due de Franchi et una delli Armeni, con dieci moschette del Turco, quale erano le principali chiese de Christiani. Famagosta tiene due chiese de Greci, ancorchè siano molte altre rovinate; tiene anche 4 moschette del Turco. Cerigna ha moschette due del Turco, e chiese de Greci tre. L'Arnica, chiese tre de Greci, due de Franchi, e moschette due de Turchi. Limiso, chiese 4 de Greci, moschette due. Lefca, chiese 3 et moschette una. Bafo, chiese 6 et moschette una. Morfo, chiese 2 moschette una. Li altri vilaggi una o due chiese de Greci e moschette de Turchi.

Capitani detti Ciolvagini sono 28, quatordici de' quali sono minori et han solo meza paga; et tutti assieme comandano mille soldati detti guanizzeri. Cavaglieri detti zaimi sono 30, e comandano tre milla soldati detti spiahi, a' quali si pagano le decime da' vilaggi.

Di raiani o sudditi, che pagano il caraggio o tributo al gran Turcho, sono in numero 12,000[2], cavatene le donne e figliuoli.

1670, 17 juillet. [A Turin.]

Interrogatoire de Louis de Barrie, Chypriote, envoyé à Turin avec des lettres de divers Chypriotes pour le duc de Savoie.

Turin. Arch. de la cour. Regno di Cipro. Mazzo 3°. Pièce n° 13.

1. Interrogé comme il s'appelle, quel âge il a, et de quelle profession et qualité.

Respond s'appeller Luigi de Barrie, âgé de 60 ans, qui faict marchandise de fromage et de poissons.

---

[1] Il y avait encore sous les Vénitiens plus de 800 villages en Chypre.

[2] Ce chiffre est trop faible, au moins de moitié, bien que la population de l'île eût réellement diminué depuis le temps des Vénitiens, et surtout depuis les Lusignans.

2. Interrogé de quelle ville de Chypre il est, quand il est parti, de quel lieu, et quel chemin il a fait.

Respond, estre d'un village appellé Saint-Nicolas, auprès de Famagosta, ville considérable et forteresse maritime, où il y a un port que l'on serre le soir avec une chaisne de fer.

Autrefois, ledit port estoit beau et commode pour toutes sortes de grands vaisseaux, mais les Turcs l'ont fait remplir et il n'y a autre que des barques et galiottes. Et loin de là une journée, il y a un grand port nommé Darnaca[1], où se faict le trafic du royaume et où habitent les consuls des nations étrangères, comme François, Flamands; et là abordent des vaisseaux de toutes les nations. A Darnaca, il y a un petit chasteau où il y a deux pièces de canon proche la marine. Dit estre parti le mois d'aout 1668 sur le vaisseau d'un François nommé capitaine Berneville, de la ville de Ciota, près Toulon, qui le conduisit à Standia, isle près de Candie, et de là, à Cirigo; et là, s'estant embarqué sur un vaisseau françois corsaire du sieur capitaine Brumo, il vint à Malta avec une saïque qu'il avoit prise, etc. Estant arrivé au port de Villefranche[2], il pria Jean Cassandriot de venir avec luy à Turin pour luy servir d'interprete, parce qu'il n'entendoit pas le langage. Et il y a quarante jours qu'ils sont arrivés à Turin.

3. Interrogé qui lui a donné les lettres, et quel ordre on luy a donné, et quel argent pour son voyage.

Respond, que le métropolitain ou archevesque, nommé Nicéphore, les luy a donné, en présence d'un prestre qui le sert et luy dict : « Regarde, mon « amy, tu a une ame et moy une; tu es maistres de la tienne et de la mienne, « prends garde à ne me pas tromper. Il faut que tu me rendé un service, et « je te promet que je te serviray toy et tes enfants, et que je vous feray avoir « un village qui sera à vous. » Et là dessus, il luy donna les lettres, et luy dict d'aller à la pointe de Saint André où il trouveroit des vaisseaux corsaires pour s'embarquer, comme il fist. Et après, le dit métropolitain luy donna les lettres et ensemble cent piastres ou crosons pour son voyage, et luy recommanda d'estre secret, et au cas qu'il fut rencontré de quelque vaisseau turc, qu'il jetta les lettres dans la mer. Et premier que de luy donner les lettres, le métropolitain luy dict s'il auroit le courage de porter cette lettre au duc de Savoye; et luy ayant dict que bien volontiers, le métropolitain luy consigna la lettre et l'argent et lui souhaitta bon voyage, après luy avoir donné l'argent et recommandé le secret; et partit comme dessus.

[1] Larnaka. — [2] Près de Nice, dans le golfe de Gènes.

4. Interrogé combien il y a de cités en Chypre.

Respond que Nicosie est quasi aussi grand que Turin, etc.

5. Interrogé si le royaume est bien peuplé, et combien il estime qu'il y a d'habitant dans tout le royaume, et quel tribut ils payent au Turc.

Respond, qu'il y a bien 30 mille chefs de famille, qui payent tribut au Turc. Lequel tribut s'appelle *Carage*, et se paye au mois de may tous les ans ; et autant paye le pauvre comme le riche ; et luy déposant, qui a sa femme et deux enfans masles, paye 30 piastres ou crosons de carage, à raison de dix crosons pour chasque personne masle. Mais les femmes ne payent point, ny les filles. Et s'il y avoit cinq enfans masles avec lui, il paieroit 60 crosons ; mais les dits males ne payent que de 12 ans en sus, et non pas les enfans.

6. Interrogé s'il y a quelque autre tribut que le personnel ci-dessus expliqué.

Respond, que toutes les denrées et manufactures payent le dix pour cent, outre le tribut personnel. Par exemple, si un homme faist dix sacs de bled, il en faut un pour le Turc ; et s'il fait 10 livres de soie, de cotton, ou de cire, ou d'autres choses despendantes de l'industrie, ou du fait de la terre, on en paie la desime. De plus, dit qu'arrivant un accident de la mort violente d'une personne, bien que arrivée casuellement ou par cheute, ou par le tonnerre, quand ce seroit qu'un enfant, il faut que la ville paye 40 mille aspres, qui valent un sol et demi chascune, qui peut revenir à 3 mille livres ; et quand le lieu où l'accident est arrivé n'est pas solvable, on faict payer le plus prochain lieu ou ville d'en bas, c'est à dire du costé où l'eau court, et non point d'en haut. Et si on tue un homme, la ville est obligée de représenter l'homicide à la justice, autrement il faut payer 40 mille aspres ; et l'homicide estant en prison, doit payer la dite somme ou aller en gallère, car ils ne font jamais mourir personne. De plus, si un homme tient des pourceaus[1], on paye une livre pour chasque beste tous les ans ; et quand on les tue, il faut encore 10 sols. On ne prend rien pour les beufs et pour les bestes bovines, ny pour les chevres et moutons, sinon quelques fromages.

7. Interrogé combien il y a de Turcs dans le royaume, s'ils sont armés, s'ils font bonne garde dans les forteresses et comme ils se gouvernent.

Respond, que de 4 parties il y en peut avoir une de Turcs de tous les habitants du royaume[2]. Lesquels Turcs sont commandés par un gouverneur

---

[1] Les musulmans, comme les juifs, tiennent le porc pour un animal immonde et ne mangent jamais de sa chair.

[2] Voy. ci-dess. le rapport d'Accidas au duc de Savoie, en 1601. Aujourd'hui les Turcs forment le tiers de la population de l'île.

ou bacha, qui fait sa résidence à Nicosie, la grande citté, et tient un lieutenant ou bais à Famagosta et dans les autres places ; que les Turcs font la garde dans les forteresses, et la font faire aux chrétiens dans les montagnes, tout autour de l'isle, aux quels ils commandent de veillier et de faire bonne garde, à peine d'estre chastiez. Et un d'entre eux à cheval visite les gardes, et s'il trouve quelqu'un qui ne fasse pas bonne garde, il le fait chatier, et le fait payer 40 ou 50 crosons ; et si la garde est bien faite, il s'en retourne chez soi.

8. Interrogé d'où viennent les Turcs qui sont en Chypre, et si le gouverneur est perpétuel, s'il y a grand trein, et si dans Nicosie, où il demeure, il y a forte garnison, et s'il y a de bons soldats et aguerris.

Respond qu'on les envoie de Constantinople par terre et de terre ferme au port de Cerigna, et de là on les distribue par tout le pays. Que le bacha ou gouverneur est changé tous les ans, comme le sont aussi les beis ou lieutenans. Ledit bacha a peu de personnes auprès de lui et fort peu de garnison. Quand il sort de la ville, il a tousjours environ cent hommes avec lui, et son drogman ou interprète qui sait parler turc, grec, italien et françois ; car il ne tient que peu de gens de guerre avec luy, et renvoye tout le reste demeurer à la campagne, et fait faire la garde à sa porte par les habitants. Et ceux qui demeurent à la campagne se donnent à l'oisiveté et gardent les moutons ou font quelques autres emplois mécaniques, travaillant à la soie, aux cotons et à la récolte des fruicts et à la culture de la terre. Que les dits Turcs ne sont point aguerris et ne savent pas même charger ni tirer un mousquet, et que dès qu'ils ont un enfant de 10 ans, ils lui font donner la paie. Et n'y a pas d'autre garnison ni garde que celles qu'ils font faire aux chrestiens. Le bacha a le soin de faire recueillir les tributs et tous les ans porter l'argent à Constantinople ou par vaisseau ou par terre, par des chevaux qui chargent le dit argent à Celiphia[1], port de mer de terre ferme, vis à vis de Cerigna.

9. Interrogé si les Chrestiens ont la liberté de conscience, et comme Dieu y est servi.

Respond, que les chrestiens ont la liberté de conscience et font dire la messe ou liturchie dans leurs églises ; et que dans Famagosta les deux plus grandes églises ont été converties l'une en mosquée où les Turcs font leurs prières trois fois le jour, et l'autre a été réduite en magasin où l'on met l'équipage des galères. Du reste les autres églises sont libres aux Chrestiens[2], qui vont ouir la messe et ont toute liberté de conscience, sauf qu'ils ne peu-

---

[1] Selefkeh, sur la côte de Caramanie.
[2] Cela a changé depuis à Famagouste, car les chrétiens n'ont pas la faculté d'habiter aujourd'hui dans cette ville.

vent point sonner de cloches; et pour appeller le monde à la messe, ils battent un ais. Que les consuls obtiennent licence du bacha de faire une église pour eux à l'italienne ou romaine, dans laquelle il y a un autel pour dire la messe à la greche et l'autre à la romaine.

10. Interrogé comme sont abillé les prestres grecs, et quelles fonctions ils font à l'église, et s'il y a musique.

Respond que l'archevesque ou métropolitain va habillé d'une grande robbe noire avec un voile sur la teste qui descend jusques à la ceinture, et son chapeau par dessus. Et quand il célèbre la messe, ou faist quelque fonction dans l'église, il porte une grande couronne sur la teste, au dessus de laquelle il y a une croix; et quand il officie, il est assisté de 4 prestres avec une belle cérémonie.

Il y a de deux sortes de prestres, les uns qui ne sont point mariés qu'on appelle *Iéronimonaio*, qui portent le voile noir sur la teste, qui leur decend jusqu'à la ceinture, et le chapeau par dessus. Ceux qui sont mariés s'appellent *Papa*, disent la messe et confessent comme les autres. Ils appellent la messe ou le sacrifice *Liturgie*, et il ne s'en dit qu'une seule dans une église chaque jour. Quand on fait des services solennels où quelque autre fonction, on chante en musique. Il y a de fort belles voix et des instruments musicaux. Les Chrestiens se tiennent avec grande révérence dans l'église, et font plusieurs caremes dans l'année, pendant lesquels ils s'abstiennent non seulement de la viande, mais de toutes autres choses excepté du pain, vin, du fruict et du poisson. Le sacrifice se fait avec du pain, duquel on communie les fidèles, et il faut estre à jeun pour communier.

11. Interrogé comme on exerce la justice civile ou criminelle.

Respond qu'il y a un juge qui s'appelle *cadis*, qui faict bonne justice pour le civil. Et celui qui demande est obligé de prouver ce qu'il dit; faute de preuve, on renvoye les parties devant l'evesque pour faire le serment.

Pour ce qui est du criminel, le juge est fort rigoureux; car pour une simple injure verbale, comme qui diroit larron ou cornard à un homme, seroit condamné à une grosse amende de 30 ou 40 escus, et quelquefois à peine corporelle. Et pour ce qui est des homicides, ils se payent en argent, c'est à dire si un homme tue un autre et qu'il soit appréendé, il faut qu'il paye 40 mille aspres, et ceste amende arrive à près de 3 mille livres. Et si le criminel n'a pas quoi payer, on l'envoye servir sur les galères. Que si on tue quelqun, la ville ou le village où est le corps mort est obligé de prendre le criminel, et de le consigner à la justice, à faute de quoi, la dite terre est obligée de payer la susdite amende de 40,000 aspres. Et si le village est pauvre, qu'il ne puisse pas payer l'amende, on la fait payer à la terre la plus proche, en descendant selon le cours de l'eau, encore qu'il y auroit une autre terre plus proche. S'il arrive qu'une personne soit tuée par accident, il faut ni plus ni moins que la terre paie l'amende. Il n'y a point d'azile pour les criminels, car on les prend partout, mesme dans l'église.

12. Interrogé si les Chrestiens portent des armes, et s'ils en tiennent dans leurs logis.

Respond qu'il n'est pas permis de porter aucune arme pas mesme un couteau, sauf que la pointe soit rompue. Et qui se trouveroit estre saisy d'un couteau à la génevoise[1], ou d'une espée, ou d'un pistollet, ou autre arme, auroit la teste coupée sans remission.

13. Interrogé comme on pourroit faire pour introduire des armes, et quelle facilité il y auroit pour se défaire des Turcs.

Respond qu'il seroit tres difficile d'introduire des armes, mais que s'il arrivoit un secours à l'impourvu souministrer des armes aux Chrestiens, il seroit facile de se défaire des Turcs, qui vivent comme des bêtes et sans règles. Et il y a trois fois plus de Chrestiens que de Turcs, lesquels Turcs ne sont pas la moitié armés, s'appliquant à travailler à la campagne.

14. Interrogé s'il y a des chevaux en Chypre, et s'il y a de la cavalerie réglée.

Respond qu'il y a des chevaux, des mulets, des chameaux, dont on se sert pour la voiture des hommes et des marchandises; mais qu'il n'y a aucune cavalerie réglée. Seulement le bacha, le jour des festes, monte à cheval avec quelques cavaliers au nombre de 30 ou 40, et s'exercent à courir avec des bastons à la main; et ce sont gentilshommes volontaires.

15. Interrogé s'il y a grand commerce en Chypre.

Respond qu'il y a grand trafic de soie, de coton, d'huiles, d'olives, de cuirs, de laines, de cire, de toiles de coton et autres marchandises, qui croissent dans le pays et se chargent à Darnaca, à Famagoste, à Selia[2], à Lemeso et Cerigna. Il y a aussi une spraga[3] à Papho, mais périlleuse des mauvais temps. Et dans les ports de mer, il y a des consuls François, Hollandois ou Flamands.

16. Interrogé si parmi les Chrestiens il y a des personnes de qualité riches et puissants.

---

[1] A la génoise.

[2] Il ne peut s'agir ici du petit mouillage de *Selenia*, sur la côte nord du Karpas. *Selia* est certainement une erreur pour *Lefka*, qui a un port sur le golfe de Pendaïa.

[3] Pour *spiaga*, plage, mouillage.

Respond qu'il y a des personnes fort riches et puissantes; mais comme ils ne peuvent point tenir d'armes, ils s'adonnent au trafic.

17. Interrogé si les Chypriens vont en mer pour le trafic.

Respond qu'ils vont dans de petites barques en Surie et à Tripoli de Suria, et autres ports voisins, où ils portent des huiles, fromages et autres denrées; mais ils ne font pas de grands voyages.

18. Interrogé sur l'abondance du pays, et sur les fruits et autres denrées qui y croissent.

Respond qu'il y a fort bon blé, froment, le pain blanc comme neige et à bon marché, le vin excellent, et toutes sortes de fruits à manger; les plus belles soies du monde; quantité de coton et de cire; des vins si excellents, que ceux de ce pays les meilleurs ne paroissent que de l'eau, et les bons blancs et noirs se gardent 20 ans, et sont toujours meilleurs. Il y a des chevaux, des chameaux, des anes, des mulets, des beufs et moutons et autres animaux; comme aussi des perdrix, faisants, beccasses, grives, chapons, coqs d'Indes, colombots et autres volailles à bon marché; du poisson excellent, tant de mer que de eau douce, et se donne presque pour rien.

N. L'archevesque Nicéphore demeure dans un monastère hors de Nicosia, appellé Licsopha[1], loin deux milles, lequel monastère s'appelle Saint Michel Arcangelo Acristaticos, qui est un monastère d'hommes non mariés appellés Hieronimonaicos.

Il n'y a point de monastères de religieuses, mais les femmes qui ne se marient point s'appellent Collogrea[2], et vont avec un habit modeste.

[1670 ou 1671.]

Note de M. le marquis de Saint-Maurice, ambassadeur du duc de Savoie, en France, rendant compte à son altesse royale d'une ouverture que lui fit au nom du roi de France, à Saint-Germain-en-Laye, le maréchal de Bellefonds, au sujet d'une expédition à entreprendre, sans en donner connaissance aux Vénitiens, dans le but d'enlever l'île de Chypre aux Turcs et de la rendre au duc de Savoie.

Turin. Arch. de la cour. *Regno di Cipro*. Mazzo 3°. Pièce n° 2 [3].

Proposition de monsieur le maréchal de Bellefonds au marquis de Saint-Maurice.

La dernière fois qu'il feust à Saint Germain conduire M. le marquis de

---

[1] Je ne connais pas ce monastère, et peut-être n'existe-t-il plus aujourd'hui.

[2] *Caloiera*.

[3] Cette pièce, considérée comme autographe du marquis de Saint-Maurice, dut être écrite en 1670 ou 1671; elle est postérieure à la capitulation des Vénitiens à Candie, du mois de septembre 1669, et il n'est point

la Pierre pour prandre congé de leurs majestés, il feut convié par ledit maréchal à entrer dans son cabinet pour se chauffer; où estant seul, il luy tesmoigna la douleur qu'il avoit de n'avoir pas fait le voyage de Candie; que la paix que la république de Venise a fait avec la Porte estoit de grand préjudice à la Chrétienté; que le grand seigneur après avoir rétabli ses forces, les porteroit contre quelque prince de l'Europe où il avançoit toujours ses conqueste, parce qu'il n'y avoit pas d'union entre eux, ny de seul qui puisse résister à une si grande puissance; et que par succession de temps, il avanceroit bien avant sa domination sur les Chrétiens. Ce qu'ayant fort considéré durant son voyage à la Rochelle, il avoit trouvé que pour empecher les progrès du Turc, il faloit le prévenir, luy porter la guerre chez lui, avant qu'il feust en estat d'attaquer, et de profiter du temps que toute l'Europe est en paix; que cela l'avoit obligé à faire proposer au pape qu'il demandasse pour ceste entreprise du secours aux princes qui ont creinte de l'Ottoman, comme à l'empereur, au collège électoral, au roy d'Espagne et aux princes d'Italie. Qu'il savoit que le roi fourniroit tout autant que les autres et mesme plus.

Que chascun s'obligeat à fournir tant d'hommes de pied et de cheval, comme aussi tout l'argent nécessaire pour la subsistance des troupes qu'il doneroit et pour armer les vaisseaux et les galères pour les porter avec les vivres dans le lieu où se devroit faire l'entreprise, dont il ne s'estoit encore expliqué à celui qui avoit porté sa proposition à sa sainctcté; que la conqueste faite par les mesmes princes confédérés, [ils] fourniroient les hommes et les choses nécessaires pour la conserver.

Qu'il ne falloit pas demander aux Vénitiens d'entrer dans cette confédéra-

---

probable que le projet d'envoyer une expédition française dans le Levant, dont le maréchal Bernardin Gigault de Bellefonds entretint M. de Saint-Maurice, fût encore dans la pensée de Louis XIV après l'année 1671, quand la guerre de Hollande et la première coalition de l'Europe contre sa prépondérance devenaient imminentes. De 1669 à 1671, au contraire, le roi, un moment en paix avec ses voisins, put songer à effacer le souvenir de l'échec que ses armes venaient de recevoir à Candie. Le maréchal de Bellefonds désirait surtout cette entreprise; il avait été nommé général des troupes du saintsiége, et était prêt à partir pour Candie, quand on apprit que Morosini, abandonné par ses alliés, avait été obligé d'évacuer la place qu'il avait défendue pendant quinze années. Depuis lors, le maréchal était impatient de se signaler contre les Turcs, et le roi aurait voulu frapper quelque coup d'éclat en Orient à l'insu des Vénitiens; mais la guerre d'Europe absorba bientôt les soins de Louis XIV et ne lui permit pas d'éloigner une partie de ses troupes. Le maréchal de Bellefonds cessa de penser probablement lui-même à des expéditions si lointaines, et prit une part active aux diverses campagnes d'Europe; il mourut le 5 décembre 1694, après s'être distingué surtout dans la guerre d'Espagne.

tion, ny mesme qu'ils puissent pénétrer le lieu que l'on voudroit attaquer ; et que quand ils seroient en grande curiosité de le savoir, que confidemment on pourroit leur faire pénétrer que c'est pour les costes d'Affrique.

Que néanmoins le lieu le plus facile à attaquer et qui seroit le plustost conquis, estoit le royaume de Chipre; que l'on trouveroit des vaisseaux et des gallères pour y porter l'armée de terre et son équipage.

Que si on pouvoit faire la conqueste de Chipre, qu'il ne croyoit pas mal aisé, qu'il faudroit que sa sainteté en investit son altesse royale, à cause des grands droits qu'elle y a ; que si elle en estoit une fois en possession, qu'elle la pourroit conserver facilement, pour les assistances d'hommes et d'argent que luy donneroient les princes Chrétiens et confédérés par le moien du pape, qui les y obligeroit à une entreprise, outre ce qu'elle fourniroit du sien ce qu'elle tireroit du royaume ; et que tenant une esquadre forte de vaisseaux qui croiseroient la mer, empecheroit la communication d'entre l'Égypte, la Barbarie et l'Arabie avec Constantinople, feroit des prises considérables ou un profit avantageux, en donnant des passeports aux vaisseaux marchands ; et qu'ainsi on se rendroit maistre de tout le commerce du Levant, que l'on attireroit tout dans les ports dudit royaume.

Ensuite, le dit maréchal pria le marquis de Saint Maurice de représenter à son altesse royale qu'il devroit s'appliquer à ceste entreprise qui peut réussir, qui lui seroit autant glorieuse qu'utile ; qu'elle a de bonnes trouppes de pied et de cheval, qu'elle y pourroit employer sous la conduite de M. le marquis de Ville, un des plus entendus capitaines de toute l'Europe, pour une expédition de cette importance, qui demeureroit, l'action finie, gouverneur du royaume pour le défendre, quand les autres généraux auroient avec lui fait la campagne, et mis les choses en seureté.

Que si son altesse royale approuvoit ce projet, M. le maréchal de Bellefonds le prié d'en faire parler à sa sainteté, par quelque personne affidée et qui garde le segret. Elle peut mesme lui faire savoir que ledit maréchal luy a fait faire cette ouverture, et que l'entreprise se pourroit faire sur Chipre, où le grand seigneur semble craindre le moins.

Le marquis de Saint Maurice répondit à M. le maréchal de Bellefonds qu'il rendroit compte à son altesse royale de tout ce qu'il luy venoit de dire, et qu'assurément elle luy seroit obligé de ce qu'il songeoit avec tant de soin et d'amitié à sa gloire et à ses interests; que sa pansée estoit glorieuse, digne de son courage et de son esprit; que néanmoins il ne croit pas que l'on en vinse à une exécution pour bien des raisons; que les parens du pape[1] ne permettroient pas qu'il entreprist cette affaire, de crainte qu'il n'y consuma le bien qu'il leur pourroit laisser à l'avenir, puisqu'il n'a encore rien fait pour eux; qu'il estoit vieux et que celui qui luy pourroit succéder ne seroit pas peut être si bien intentionné pour la Chrestienté que luy; qu'il seroit plus dificile qu'il ne croyoit de faire confédérer tant de puissance diférantes, et mesmes de donner rang et de faire vivre et combattre ensemble tant de diverses nations, que messieurs de Venise estoient trop aux escoutes de ce qui se fait en Europe, pour ne pas pénétrer la chose et l'empecher de tout leur pouvoir, que mesmes ils en donneroient advis au Turc et des assistances pour se défendre.

M. le maréchal de Bellefonds luy répliqua que l'exécution de son projet seroit asseurément plus facile que l'on ne croyoit, qu'il ne faloit que s'appliquer sérieusement et tout de bon; que pourveu que le saint père le voulut entreprendre et bien agir, qu'il espéroit d'en réuscir, et qu'il se chargeroit de l'exécution.

Le marquis de Saint Maurice juge que le maréchal ne fait pas ces avances que du sceu et mesme par ordre du roy, qui asseurément donnera des forces considérables de terre et de mer pour faire réussir cette entreprise, afin de pouvoir faire rétablir la réputation de ses armes dans les païs étrangers et dans le Levant, ayant reçeu beaucoup de flétrissure en Candie, outre que les employant contre les infidéles, il serait exent de rechercher présentement les droits sur les despendances des conquestes, ne pouvant pas laisser honestement la chose en l'estat qu'elle est après les avances qu'il a fait; et peut estre que quand on le verroit dans cet engagement, la ligue relentiroit de ses jalousies, se détruiroit d'elle mesme et empecheroit les princes qui sont recherchés de s'y engager de le faire, et il ne risqueroit que quelques troupes, quelque argent, et acgueriroit ses sujets.

Quant au maréchal de Bellefonds, il ne travaille qu'à chercher des occasions de se signaler, de s'acréditer, de se rendre recomendable et à s'acquérir de la gloire.

C'est à M. Foucher, à qui il a donné commission de faire sa proposition à Rome, de crainte que le nonce qui est icy le sachant, ne le dise à l'ambassadeur de Venise.

[1] Clément X, de la famille Altieri, de Rome. Il avait été élu pape le 29 avril 1670, à l'âge de quatre-vingts ans.

SUPPLÉMENT.

I.

GUY DE LUSIGNAN,

ANCIEN ROI DE JÉRUSALEM, PREMIER SEIGNEUR LATIN DE L'ÎLE DE CHYPRE.

1191. — AVRIL 1194.

1191-1196.

Extraits d'une nouvelle continuation de Guillaume de Tyr, d'après un manuscrit de Florence.

Florence. Bibl. de Saint-Laurent. Plut. LXI. Ms. 10, fol. 293 et suiv. [1].

I. Coment le roi Richart d'Engletere conquit Chipre des Grex.

Kyrsac douta moult la venue dou roy Richart, por la honte qu'il fist à sa suer, et por les grans maux qu'il ot fait as Crestiens en Chypre. Il vint à Lymesson et la garni d'armeures et de gent à pié et à cheval. Il fist metre gaites par la marine et comanda que si tost com il verroient la navie, qu'il feicent signe et assemblaçent là.

Si come ces choses furent ordenées, li roi Richart ariva o sa navie à Limesson, et là aprist les novelles de Kyrsac. Aucunes genz alerent en terre por refreschir d'eive et de viandes por le roi, mès cil qui gardoient la rive lor defendirent et lor distrent que de l'isle ne poroient-il avoir ne eive ne viandes. Quant la novele vint au roi, durement en fu corossiés. Tantost comanda à sa gent qu'il dessendissent à terre. Il firent tost son comandement. Si armerent les galiées et les barches de chevaliers et de serjans et d'arbalestriers, et descendirent à terre, et fu le roi aveuc eaus. Quant Kyrsac

---

[1] Ce Ms. renferme, à la suite de la traduction française de Guillaume de Tyr, une continuation de l'histoire des croisades plus étendue que celle qu'ont publiée D. Martène et M. Guizot. Celle-ci s'arrête à l'année 1275; la continuation du Ms. de Florence se poursuit jusqu'en 1277. Quelques passages d'une rédaction toute nouvelle, comme ceux que je donne ici, recommandent, en outre, cette compilation de l'histoire de nos guerres d'outre-mer. Voy. Arch. des missions scient. mai 1851, p. 257.

vit l'esfort dou roi qui prenoit terre, il se retraist en sus dou rivage. Et li
rois comanda qu'il descendicent à terre, et il meismes descendi aveuc eaus
et alerent envayr les Grifons qui estoient à cheval, et par l'aye de Deu les
desconfirent. Si come Kyrsac aloit fuiant et guerpissant terre, le roi comanda
à deschargier les chevaus; puis chevaucha hastivement apres les Grifons, et
les ataint au plain, ains qu'ils venicent ès montaignes, et là les desconfit
une autre fois, près d'un casal qui est dit Colos[1]. Quant Kyrsac vit qu'il fu
desconfit, si s'enfoy ès montaignes, ni ne trovoit leu en tot l'isle où il se
peust garentir ne seurement abiter por la paor le roi. Il assembla son pooir
de Grifons et d'Ermins et de genz qu'il avoit en l'isle por venir autre fois en
bataille contre le roi Richart, essaier c'il le poroit par force geter fors de
l'isle; mais Deu, qui avoit le bon roi Richart conduit jusque là, vost que
par lui fust planté la bone semence de la loi de Rome en l'isle, et arrachiée
la mauvaise semence des felons Grifons, si li envoia sa grace. Il ala vigou-
rousement vers le chastel de Cherines et le prist en son venir. Il trova dedenz la fille Kyrsac o grant richeces et o grant avoir qu'il dona largement à
ses homes, et là se asseura le roi, por ce qu'il trova repaire à lui et à sa
navie. Apres ces II batailles, assembla Kyrsac tote la gent qu'il post avoir de
sa seignorie et se mist entre Nicossie et Famagoste, et là atendoit le roi
Richart por lui domagier, c'il peust. Mès la porveance et l'aye de Deu, qui
ne deguerpissent[2] les siens, dona force et vigor au roi Richart, si qu'il des-
confi Kyrsac et tote sa gent. Quant Kyrsac vit qu'il estoit desconfit et sa gent
tote perdue, et qu'il n'avoit mès pooir en Chypre contre le roi, il se mist
por garentir en un mult fort chastel qui a nom Buffevent. Mès li rois ala
pres lui et vigorosement prist le chastel et il qui estoit dedenz. Ensi soumist,
par l'aye de Deu, le roi Richart d'Engleterre tote la seignorie de Chipre à
son pooir, et l'atorna à la loi de Rome. Et fu fait arcevesque de Nicossie
Alein qui estoit arcediaque de Saint Jorge de Rames[3].

II. Coment le roi d'Engleterre se parti de Chypre et vint au siege d'Acre.

Apres ce que le roi Richart ot desconfit Kyrsac et conquis l'isle de Chypre

---

[1] Voy. notre t. Ier, p. 5, n. Le roi Richart donna, en 1191, à l'église de Saint-Edmond l'étendard d'Isaac Comnène, que son armée avait rapportée en Angleterre. (*Monast. Ang.* t. III, p. 104, 105; F. Michel, *Rech. sur le comm. et la fabric. des étoffes de soie*, t. Ier, p. 139, 184.)

[2] Au Ms. *deguerpisse.*

[3] Le roi Richart, pressé d'arriver en Syrie et n'ayant pas l'intention de conserver l'île de Chypre, ne s'occupa point de l'établissement du clergé latin dans le pays. La nouvelle église chypriote fut constituée et Alain fut nommé archevêque de Nicosie sous

et délivré dou pooir as Grifons, il vint à Limesson. Là estoit sa suer et la damoiselle que sa mere li avoit envoiée por esposer. Tant com il vint, si l'espousa en une chapelle de Saint Jorge. Puis fist appareillier sa navie, et se parti de là et mist en mer et vint en l'ost devant Accre, et o lui amena Kyrsac et sa fille.

III. Coment li Templier rendirent l'isle de Chypre, qu'il avoient acheté.

Bien avés oy coment le roi d'Engleterre gaaigna l'isle de Chypre sur les Grex. Si la vendi au Temple por C M besanz sarrazinas. Quant li Templier furent saissi de l'isle, ils vostrent justisier la gent de là ensi come il feisoient les gens des casaus de Jerusalem. Il les batoient et surmenoient, et voloient constraindre l'isle par la garde de XX freres. Quant li Grifon virent ce que li Templier lor fesoient, ne l' porent plus soufrir, come cil qui haoient et annuioit leur seignorie, et qui encores se doloient des richesces et des aises qu'il soloient avoir. Il se revelerent, et les vindrent assegier au chastel de Nicossie. Quant li Templier virent la grant multitude de cil qui assegier les venoient, durement furent esmaiés; et lor mostrerent qu'il estoient aussi Crestiens come eaus, et qu'il lor soufricent à issir de l'isle, et il s'en istroient volentiers. Li Grifon, qui virent que li Templier c'estoient tant humiliés vers eaus, s'en orgueillirent, et distrent qu'il n'es lairoient mie aler, ainz vengeroient d'iaus leur parenz et leur amis que li Latin avoient destruit et occis.

Li Templier, qui virent que li Grifon n'auroient merci d'iaus, si se comanderent à Deu, et furent comfés et comenié. Il issirent tuit armé et se combatirent as Grifons, et Deu lor dona la victoire, qu'il les desconfirent et assés en occistrent et pristrent. Il s'en vindrent tantost en Accre, et mostrerent cest fait au maistre et au covent. Il orrent conseill entr' iaus et s'accorderent qu'il ne tendroient plus l'isle en leur demaine. Au roi Richart vindrent, et li proierent qu'il repreist l'isle de Chypre et lor rendist le chastel qu'il li avoient doné, car ce n'estoit mie chose qu'il peucent tenir. Mult lor vint de grant povreté de cuer quant il ne porent tenir l'isle de Chypre en leur demaine. Le roi ressut l'isle, et il li demanderent l'avoir qu'il li avoient doné, mès il respondi qu'il ne lor donroit point, car il avoit pris lor chastel à II doubles ou à III.

le règne d'Amaury, successeur du roi Guy, seulement. Les bulles de l'an 1196 et 1197, que je publie plus loin, ne laissent aucun doute à cet égard.

IV. Coment Gui de Lesignan fu seignor de Chypre.

Quant le roi Richart ot dou Temple reçeu l'isle de Chypre en son demaine, le roi Gui, qui estoit remés sans terre, vint à lui et li dist : « Sire, vos savés « que je suis roi et sans roiaume ; je vos pri que, se vostre plaisir est, que « vos me vendés l'isle de Chypre por tant come vos le vendistes au Temple. » Le roi Richart dist que bien li plesoit. Grant joie ot le roi Gui, et tantost apela l'evesque de Triple, Pierre d'Engolesme, qui estoit son chancelier, et li dist qu'il avoit acheté l'isle de Chypre, et qu'il li porchassast coment il peust avoir l'avoir à emprunt. Il li demanda combien il avoit de terme dou paier, et li rois li dist II mois. Lors ala li evesque à Triple, et emprunta de pluisors borjois de la ville[1] LX M besanz, et, ainz que passast le mois, aporta l'avoir au roi Gui, qui le dona au roi d'Engleterre, si come il li ot en covent. Puis ala recevoir l'isle de Chypre, et se mist en saisine. Le roi Richart fist requerre depuis les XL M besanz qui demoroient, et le roi Gui li manda priant qu'il li clamast quite, car il estoit povres et n'avoit de quoi ; et le roi Richart en fu cortois, si ne li demanda depuis riens[2].

Quant le roi ala en Chipre por soi saisir de la terre, il mena o lui partie des chevaliers dou roiaume qui estoient deseritée. Il manda messages à Salahdin, qui le conseillast coment il poroit maintenir l'isle de Chypre. Salahdin respondi as messages qu'il n'amoit pas le roi Gui, mès puis qu'il li requeroit conseill, il le conseilleroit le miaus et le plus loiaument qu'il sauroit. Si dist lors as messages : « Dites au roi Gui que c'il viaut que l'isle soit « tote soe, qu'il la done tote. » Li messages retornerent au roi Gui, et li distrent ce que Salahdin li conseilleit, et il ensi le fist. Car il envoya ses messages en Ermenie et en Antioche et en Accre, que tuit cil qui vodroient venir abiter en Chypre, qu'il leur donroit largement dont il poroient vivre. Li chevalier et li sargent et li borgeis cui li Sarrazins avoient deserités, et les dames veves et les pucelles de qui leur maris et leur peres avoient esté occis y alerent, et le roi Gui lor dona terre à grant planté. Nul n'i aloit qui n'eust assés. Les veves et les orfenines maria, chascune selonc son avenant, et assez lor dona dou sien. Tant fist et tant dona de la terre, qu'il fieva

---

[1] Les Génois prêtèrent aussi de l'argent au roi Guy en cette occasion.

[2] L'auteur de cette relation est en toutes circonstances favorable au roi d'Angleterre. Sans doute Richard ne réclama pas, avant son départ de Terre Sainte, le solde de la somme due par le roi Guy ; mais le roi d'Angleterre ne fit pas remise de sa créance, comme il semblerait ici. Voy. le tome Ier de nos documents; p. 21.

ccc chevaliers et cc serjans à cheval, sans les borjois qui manoient ès cités, à cui il dona grant terres et grant teneures. Quant il ot tot doné, à poines li remest dont il peust tenir xx chevaliers. Ensi peupla le roi Gui l'isle de Chypre, et si sachés que se l'emperere[1] Baudoyn eust si peuplée Costantinople come le roi fist l'isle de Chypre, jà ne l'eust perdue, mès il covoita tot por mauvais conseill, si perdi son cors et tote sa terre.

V. Coment le roi Gui de Lesignan, qui estoit roi de Chypre, morut.

Puis l'alée le roi d'Engleterre, le conte Henri sot que les Pisans avoient mandé au roi Gui qu'il venist prendre Sur, si fu durement corossiés. En cel tens estoient les Pisans de mult grant pooir en Surie. Il orrent fait armer naves de cors, et estoient venus corsegier en Surie. Grant damage fesoient à cil qui aloient et venoient en Surie, dont la clamor venoit chascun jor devant le conte Henri. Il manda les Pisans qui estoient en Accre et lor dist que ce n'estoient mie bien fait que leur Pisans fesoient, et qu'il lor deussent deffendre. Cil ne firent riens, ainz s'en escondirent. Le conte se corossa à eaus et les chassa, et lor dist qu'il deussent voidier sa terre, et que cil trovoit nul en sa seignorie[2], il les penderoit par la golle. Heymeri, le conestable, qui frere estoit le roi Gui, dist au conte que ce n'estoit pas bien à faire de chassier d'Accre si belles genz et si grand comune come estoient li Pisans. Le conte se corossa à lui et li dist : « Coment les volés vos maintenir « contre moi, porce que il ont volu rendre Sur à vostre frere? Sachiés, vos « ne vos partirez de moi jusque vostre frere m'ait rendu Chypre. » Si le fist arester. Le mestre dou Temple et cil de l'Hospital et les barons de la terre vindrent au conte et le repristrent de ce qu'il avoit aresté le conestable, qui estoit son home et un des plus haus barons de la terre. Le conte lor dist qu'il n'estoit pas son home, ne por conestable ne le tenoit. A la fin firent tant que le jor meismes le laissa aler. Quant vint le tiers jors apres, le conestable vint devant la court, et rendi au conte la conestablie[3]. Si s'en ala en Chypre, et le roi Gui son frere li dona maintenant la conté de Baphe[4]. Ne demora gaires apres ce que le roi Gui morut, et laissa le roiaume à Jofroi son frere[5]. Il fust mandé querre, mès il ne vost venir, et cil de Chypre, por

---

[1] Au Ms. *l'empere.*
[2] Au Ms. *seignor.*
[3] Le diplôme n° 46 du cartulaire de Sainte-Sophie de Nicosie, que l'on trouvera plus loin, nous montre cependant qu'Amaury de Lusignan prenait encore, en 1197, le titre de connétable de Jérusalem, en même temps que celui de roi de Chypre.
[4] Paphos.
[5] Les détails particuliers dans lesquels

le besoin qu'il avoient, firent roi Heymeri son frere. Et le conte Henri dona la conestablie à Johan de Ybelin, qui estoit frere la royne Isabel, et s'acorda as Pisans, et entrerent en Accre, et lor dona le bain et le for.

VI. Ci dit d'un maufaitor qui lors estoit en Chypre.

En cel tems que Heymeri[1] de Lesignan fu coroné à roi de Chypre, si avoit un maufaitor en l'isle dou temps des Grex, que l'on nomoit Cannaqui, qui moult de mau faisoit as Frans. Quant le roi Heymeri sot la mauvaistié de celui, il comanda qu'il fust pris et fait justise de lui. Si come il sot que le roi le fesoit querre, il s'enfoy de l'isle et s'en ala en Cilice, à un Grifon que l'on nomoit Kyrsac, qui sire estoit d'Antioche qui est sur la mer, qui ansienement fu apelée Antioche Pisside. Il trova en lui grant recueure, porce qu'il savoit qu'il haoit les Frans, et il meismes n'es amoit mie. Canaqui fist tant vers Kyrsac, qu'il lui fist armer un galyon. Si comensa à corseger entor l'isle de Chypre. Il trova une barche où il y avoit de ses conoissanz, si lor demanda novelles dou roi et de la terre de Chypre, et c'il poroit faire chose qui li ennuiast. Cil li distrent que la royne et ses enfanz estoient venuz sejorner pres de la mer en un casal qui a nom le Paradis[2]. Si tost come Canaqui le sot, il descendi à terre o partie de ses compaignons, et come cil qui bien savoit les entrées de la terre, vint à l'aube dou jor, et prist la royne et ses enfanz et les enmena en son galion. Quant il les ot enmenés, le cri leva en la terre, et vint la novelle au roi qui durement fut corossiés. Il ala apres et le cuida ataindre ainz qu'il entrast en mer, mès ne post. Mult fu corossiés le roi et les parenz la royne et tuit cil de la terre de la honte qui lor estoit avenue. Et Canaqui vint o grant triumphe à son seignor por le riche gaain qu'il aportoit. Lyvon de la Montaigne, qui sires estoit d'Ermenie, fu durement corossiés de ceste chose por amor le roi Heymeri, qui son ami estoit, et por amor Baudoyn de Ybelin, cui fille la royne avoit esté. Il manda ses messages à Kyrsac, que, si chier come il avoit sa vie, li deust envoier la dame et ses enfanz; et Kyrsac qui autre n'osa faire, li envoia tantost. Si come Lyvon sot sa venue, il li alla encontre, et mult honoréement la ressut, si come il aferoit à tel dame, et l'enmena au Corc[3]. Puis que Lyvon ot amené la dame au Corc, il envoia ses messages au roi Heymeri et li

---

entre ici le continuateur expliquent et justifient la leçon du Ms. de Colbert, que j'avais à tort écartée dans mon premier volume, p. 9, n. 3.

[1] Au Ms. *Heyme*.
[2] Paradisi, petit village au nord de Famagouste, près de la côte du Karpas.
[3] Gorhigos, sur la côte de Cilicie.

manda qu'il ne fust corossiés, car il avoit delivré la dame et ses enfanz dou pooir à ses ennemis. Li rois en fu mult liés, et mult li plot le servise et la grant bonté qu'il li avoit faite. Il arma galiées et s'en ala en Ermenie, où il fu receu mult honoréement, et mult s'esjoy de ce qu'il trova la dame et ses enfanz sains et saus. Là conquist Lyvon l'amor le roi Heymeri et des parens la royne, por le servise qu'il lor avoit fait. Li rois s'apareilla de retorner en Chypre ; si fist monter la dame et ses enfanz et sa gent et il meismes en galiées et vinrent à Cherines, sains et saus[1].

VII. Coment le conte Henri passa en Chipre, et s'acorda au roi Heymeri.

Quant le conte ot ce[2] adressié, il s'apareilla de retorner en Accre. Les barons dou roiaume de Jerusalem qui o lui estoient li conseillierent qu'il venist par Chypre et s'apaissast au rei Heymeri, car, si come vos avés oy, au tens que le roy Heymeris tenoit la conestablie dou roiaume de Jerusalem, avoit eu contens entre le conte Henri et lui, porquoi il s'en parti et ala en Chypre. Li baron dou roiaume, qui virent que celle mauvaise volenté n'estoit mie proufitable ou roiaume de Jerusalem, et que l'acort de ces II seignors seroit leur proufit, si conseillierent ce au conte ; et cil de Bessan[3] meismes c'estoient moult travaillié de faire celle pais. Le conte, qui vit que c'estoit son proufit, crut ce que la bone gent li conseillierent, si passa en Chypre. Le roi Heymeri, quand il le sot, li vint à l'encontre, et le ressut moult honoréement. Et là fu faite la pais, et furent depuis bons amis. Adonques traitierent les barons dou roiaume de Jerusalem et de celui de Chypre le mariage des enfanz dou roi Heymeri as filles dou conte Henri, qui estoient nées de Ysabel, qui puis fu royne de Jerusalem, et les covenances dou doaire furent faites ensi : que le roi Haymeri paia au conte le doaire de ses filles, et le conte Henri par l'otroi et la volenté de Ysabel, sa feme, fist don et vente dou conté de Japhe à sa fille qu'il li fist doaire. Apres ce, avint que les II fiz dou roy Heymeri, Guiotin et Johannin, morurent ansois qu'il fuçent d'aage, si que le roiaume eschey à Huguet, qui espousa Aalis, la fille qui fu dou conte Henri[4].

---

[1] Tous ces faits étaient inconnus.

[2] Le chroniqueur a précédemment parlé de la délivrance de Boémond d'Antioche, fait prisonnier par Livon de la Montagne, et du mariage de la nièce de Livon, fille de Rupin, avec Raymond, fils aîné du prince d'Antioche. Ces arrangements avaient été conclus à Sis.

[3] Les seigneurs de Bethsan, influents en Syrie et en Chypre.

[4] Alix de Champagne. Voy. le t. Ier de nos documents, p. 10, n. 3 ; p. 34.

II.

AMAURY DE LUSIGNAN,

DIT AMAURY II,

ROI DE CHYPRE, PUIS DE JÉRUSALEM.

AVRIL 1194. — 1ᵉʳ AVRIL 1205.

1195, 29 septembre.

Amaury de Lusignan, seigneur de Chypre, donne divers terrains et une chapelle situés dans l'intérieur de la ville de Nicosie à l'abbé du Temple-Domini, dont il reçoit un rubis précieux.

Venise. Bibl. Saint-Marc. Supplém. aux Mss. latins. Classe IV, n° LVI. Cartulaire de Sainte-Sophie de Nicosie, pièce n° 45. Copie moderne [1].

In nomine sancte et individue Trinitatis, Patris et Filii et Spiritus sancti, amen. Quoniam temporis diuturnitate multa a memoria hominum elabuntur, hoc presenti scripto omnibus tam presentibus quam futuris volo [quod] innotescat quod ego Aymericus de Lizinaco, Dei gratia, dominus Cipri, consensu et voluntate uxoris mee Eschive, dono et imperpetuum concedo habendam tibi, Petro, abbati Dominici Templi [2], et canonicis ejusdem, tuisque similiter successoribus, quandam curtem in Nicosia, infra quam est constructa capella beate Marie, et unam prestiam quam dominus Guido rex, bone memorie, frater meus, edificavit, que est prope flumen, versus casale Vuillelmi de Balma, cum decem carucatis terre predicte prestie circunquaque contigue [3], tali vero pacto ut ecclesia Dominici Templi et ejusdem abbates successive et canonici hec predicta, libere et quiete, absque omni

---

[1] On trouve une notice sur ce cartulaire dans les Archives des missions scientifiques, mai 1851, p. 255. Le Ms. de Venise n'est qu'une copie fac-similée au XVIᵉ siècle de l'ancien cartulaire de Sainte-Sophie, copie faite par une personne qui paraît avoir été étrangère à la langue latine. Beaucoup de signes d'abréviations, imparfaitement rendus sur ce fac-simile ont dû être traduits ici comme s'ils eussent été fidèlement imités de l'original. Il ne m'est pas possible et il serait, je crois, sans utilité de consigner dans mes notes le détail de toutes les minutieuses restitutions de lettres et de sigles d'abréviations auxquelles il a fallu me livrer quelquefois pour rendre ces textes intelligibles.

[2] La communauté du Temple-Domini, primitivement à Jérusalem, avait été transférée, comme la plupart des autres établissements, à Saint-Jean-d'Acre, depuis la prise de la ville, en 1187.

[3] Au Ms. *contingue*.

exatione, habeant et possideant, et etiam bladum quod de suo proprio labore acquisierint fratribus qui sunt in terra Hierusalem possint libere destinare. Volo etiam omnibus innotescere me, hujus doni intuitu, a te, pretaxato abbate, quemdam optimum atque pulcherrimum rubinum, duos bisancios et dimidium ponderantem, habuisse. Et ut hoc meum donum firmum et stabile vobis vestrisque successoribus jure perpetuo[1] et hereditario permaneat, presentem paginam scribi et sigilli mei plombei impressione, cum virorum subscriptorum testimonio, muniri et coroborari precepi. Quorum hec sunt nomina : Balduinus Bethsam comestabulus, Hugo Martini mareschalcus, Aymericus de Riveth, Raynaldus Betlay[2], Reynerius de Biblio[3], Vualterius le Bel, Alanus de le Bel, Baldoynus de Novavilla, Bald. Hostiarius[4], magister Petrus Vuasco, magister Bernardus, medicus. Data per manum Alani, Liddensis archidiaconi, anno Dominice Incarnationis millesimo centesimo LXXXV, tertio kalendas Octobris, indictione quartadecima[5].

1196, 20 février. De Latran.

Bulle de Célestin III prévenant le clergé, les grands et le peuple de Chypre, qu'à la demande d'Amaury, seigneur de l'île, le saint siége a délégué l'archidiacre de Laodicée et Alain, chancelier de Chypre, pour régler tout ce qui pouvait concerner l'établissement et la dotation de l'église catholique en ce pays, jusqu'ici schismatique.

Venise. Cartulaire de Sainte-Sophie, pièce n° 2.

Celestinus, episcopus, servus servorum Dei, dilectis filiis, clero, magnatibus et populo Cypri, salutem et apostolicam benedictionem.

Fundavit Deus in unitate fidei supra petram ecclesie firmamentum, cujus a sui nascentis exordio, collata beato Petro ejusque vicariis potestate, Romane sedi primatiam contulit, et indulsit tocius magisterii principatum ; ex qua si quidem per partes orbis plurime et diverse in unius doctrine spiritu

---

[1] Au Ms. *perpeto*.

[2] *Betlay* est un nom tout à fait inconnu et probablement une erreur des copistes. On doit lire peut-être *Raynaldus de Suessione* ou *de Sassons*. Renaud de Soissons a figuré dans l'histoire de ce temps, et son nom se trouve plusieurs fois parmi ceux des témoins de diplômes royaux.

[3] Renier de Giblet.

[4] Ailleurs nommé Balduinus Usserius (pièce n° 46 du cartulaire); c'est sans doute Baudouin de la Porte.

[5] Le notaire qui forma le cartulaire de Sainte-Sophie, d'après les ordres de l'archevêque Jean, décrit ainsi le sceau d'Amaury de Lusignan, qui n'était pas encore roi de Chypre : « Cui privilegio suprascripto erat « imposita vera bulla plumbea pendens cum « filo serico rubeo, in qua sculptus erat a « parte una homo quidam sedens super « equo, et erat scriptum : *Aymericus de* « *Liziniaco;* ab alia vero parte erat sculpta « quedam civitas, et erat scriptum : *Nicosie* « *civitas.* »

ecclesie, velut a matre filie procreate ab ejusdem uberibus in edificacionem fidelium lacte nutriantur, neccessaria suggerere documenta, ut inde omnes suscipiant regulas magisterii ubi totius ecclesie Christus posuit principatum, ut, que uniuscujusque sacerdotalis dignitatis mater esse dinoscitur, sit etiam ellactandis filiis magistra ecclesiastice rationis; quia et Dei privilegio possidetur et sanctorum patrum sanctionibus evidentius declaratur ab unitate fidei prorsus exorbitare, probantur qui secus aliquando sentientes, divinis obviare institutionibus moliuntur, vendicantes sibi magisterium non a Deo, aurientes scientiam non a fonte, ac, proprie voluntatis vestigia prosecuti, in oberrare de viis periculose nituntur.

Sane, quia, sicut ex tenore litterarum dilecti filii nobilis viri A. domini Cipri, perpendimus evidenter, ipse Dei scientiam, ejus inspiratione dumtaxat, in singularitate fidei possidet, et romanam ecclesiam, caput et magistram ecclesiarum omnium recognoscens, Cipri insulam, cujus dominium divina potius credimus quam humana ei potestate collatum, a suis tandem erroribus suo diligenti studio revocatam a beluato fermentatorum scismate ad unitatem ortodoxe matris ecclesie reducere studio se contendit, sicut per dilectum filium magistrum B. archidiaconum Laodicensem, nuntium suum, virum utique providum et discretum, nobis est manifestius intimatum; omnipotenti Deo grates referimus copiosas, et sue devotionis fervorem plurimum in Domino comendamus. Certa utique nobis est de sua probitate fiducia, cum illud inter alia summamus interius argumentum quod, recolende memorie, Jerosolimitanus quondam rex frater suus[1], se pro ecclesia murum defensionis opposuit, et suam in pluribus expertus est constantiam probitatis. Ceterum, auditis devotionis et sincere fidei sue petitionibus, apostolatui nostro affectuose porrectis, cum grato ascensu votum suum ac desiderium promovere vollentes, dicto magistro B. et dilecto filio A[lano[2]] cancellario Cipri, vices nostras in hac parte duximus committendas, ut quicquid exinde, tam super decimis quam dotibus ecclesie conferrendis, digne cum Deo viderint statuendum nostra authoritate fieri, sine appellationis obstaculo, non differant ordinare, quod ratum nos faciemus et firmum inviolabiliter observari. Ideoque universitati vestre per apostolica scripta precipiendo mandamus quatenus ipsis, ut super hujusmodi liberum possint et optatum in Domino habere processum, diligentem operam, favorem, consilium et auxilium, appellatione seposita, exhibere et conferre curetis.

---

[1] Le roi Guy de Lusignan. — [2] Alain, qui devint archevêque de Nicosie.

Datum Laterani, decimo kalendas Martii, pontificatus nostri anno quinto.

1196, 13 décembre. De Latran.

Grande bulle de Célestin III confirmant les droits, les prérogatives et les possessions de l'archevêque de Nicosie.

Venise. Cartulaire de Sainte-Sophie, n° 8. Cf. n° 9 [1]

Celestinus, episcopus, servus servorum Dei, venerabili fratri Alano, Nicosiensi archiepiscopo, ejusque successoribus canonice substituendis, in perpetuum.

In eminenti Apostolice Sedis specula, disponente Domino, constituti, fratres nostros episcopos tam propinquos quam longe positos fraterna debemus caritate diligere, et ecclesiis sibi a Deo comissis paterna solicitudine providere. Ea propter, venerabilis in Christo frater archiepiscope, tuis justis postulationibus clementer annuimus et prefactam Nicosiensem ecclesiam, cui, auctore Domino, preesse dignosceris, sub beati Petri et nostra protectione suscipimus, et presentis scripti privilegio communimus; statuentes ut quascumque possessiones, quecumque bona eadem ecclesia inpresentiarum juste et canonice possidet, aut in futurum, concessione pontificum, largitione regum vel principum, oblatione fidelium, seu aliis justis modis, prestante Domino, poterit adipisci, firma tibi tuisque successoribus et illibata permaneant; in quibus hec propriis duximus exprimenda vocabulis: locum ipsum in quo prefata Nicosiensis ecclesia sita est, cum omnibus pertinentiis suis, dotem etiam ejusdem ecclesie, videlicet duo casalia a karissimo in Christo filio Aymerico, illustre rege Cypri, ipsi ecclesie data et assignata, scilicet Ornithia[2] et Ascendia[3]; decimas insuper istarum regionum Cypri que, ex constitutione Sedis Apostolice, ad ipsam Nicosiensem ecclesiam pertinent, Nicosie videlicet, cum pertinentiis suis, la Solie[4], la Thomasie[5], la Tremetossie[6], le Quit[7], la Quercherie[8], Cherin[9], Lapiton[10], Melyas[11], Mara-

---

[1] Le n° 9 est une confirmation de la bulle de Célestin III par Innocent III, du 1ᵉʳ février 1201.

[2] Ornithi, au sud-est de Nicosie.

[3] Second texte: *Affendia*. C'est Aphendia, près d'Ornithi.

[4] Solia, dans la vallée de ce nom.

[5] Situation inconnue.

[6] Tremethoussia, dans la Messorée.

[7] Chiti, près de Larnaka.

[8] Mieux dans le second texte: *la Quitrie*, Kythrea, à l'est de Nicosie.

[9] Xéri, au sud de Nicosie.

[10] Second texte: *Lapizon*, Lapithos.

[11] Peut-être Milia, à l'extrémité de la Messorée, vers le Karpas.

tha¹, Syvorie², Cambi³, Xindas⁴ et feodum, Briem⁵, et Asquia⁶, et Pigui⁷ et Prastrove⁸, auctoritate apostolica tibi et tuis successoribus confirmamus.

Episcopatus quoque inferius annotatos, videlicet Paphensem, Limichoniensem et Famaugustanum, tibi tuisque successoribus statuimus esse de cetero metropolitico jure subjectos.

Usum insuper palei tibi tuisque successoribus caritatis intuitu concedimus, ut tu eo hiis diebus utaris qui inferius exprimuntur, videlicet : in Nativitate Domini, in festivitate prothomartiris Stephani, Circumcisione Domini, Epiphania, Ypopanti⁹, dominica in Ramispalmarum¹⁰, Cena Domini, Sabbato Sancto, Pascha, secunda feria post Pascha, Ascensione, Pentecoste, in natalicio beati Johannis Baptiste, tribus festivitatibus beate Marie, commemoratione Omnium Sanctorum, solemnitatibus omnium apostolorum, dedicationibus ecclesiarum, consecrationibus episcoporum, et ordinationibus clericorum, ecclesie tue principalibus festivitatibus et anniversario tue consecrationis die¹¹. Convenit igitur te diligentius providere quomodo sit honor hujus indumenti modesta actuum vivacitate servandus, et ut ei morum tuorum ornamenta conveniant et tu esse valeas utrobique, auctore Domino, conspicuum et quem pastoralis cure constringit officium dilectione proberis fratribus exhibere, et ipsi etiam adversarii propter mandatum dominicum tuo circa te copulentur affectu, pacem sequaris cum omnibus, piis vaces operibus, virtutibus poleas, fulgeat in pectore tuo rationale judicii, cum superhumerali actione conjunctum, ita procedas in conspectu Dei et oculis hominum, quatinus commisso tibi gregi virtutis prestes exemplum, et ipsi adversarii videntes opera tua bona, glorificent patrem tuum qui in celis est. Sit in lingua tua edificationis sermo, sit zeli fervor in animo, et preter hec cuncta que officio tuo conveniunt cum temperantia agas, ut que pallei dignitas expetit videaris frequenter amplecti, et gloriam sempiternam acquirere tibi possis in celis.

Presenti etiam decreto districtius inhibemus ut cimiteria ecclesiarum et

---

[1] Maratha, dans la Messorée, au nord-ouest de Famagouste.

[2] Sygouri ou Sivori, dans la Messorée.

[3] Second texte : *Cambyn*. Situation incertaine.

[4] Synta, dans la Messorée.

[5] Inconnu.

[6] Aschia ou Pacha-Keui, au centre de la Messorée.

[7] Pighi, au nord-est de la Messorée.

[8] *Prastone* ou *Prastove* semblerait être Peristerona, près de Pighi, dans la Messorée; mais peut-être faut-il lire Prastione, qui serait plutôt Prastio ou Prastion tou Sygouri, également dans la Messorée.

[9] La Purification de la Vierge.

[10] Le dimanche des Rameaux.

[11] Sur le pallium, voy. ci-après, p. 606.

ecclesiastica beneficia nullus hereditario jure possideat. Quod si quis facere forte contenderit, censura ecclesiastica compescatur. Ne autem in posterum tua vel successorum tuorum jura valeant quomodolibet deperire, prohibemus ne monachi in provincia tua capellanias teneant, sacerdotis seu capellani officium vel beneficium sine auctoritate pontificali usurpent; sed presbiteris capellanis integre conserventur quecumque ad jus pertinent capellanie. Statuimus preterea ut nullus cujuscumque ordinis clericus ecclesias in vita sua tantum sibi concessas, ad jus archiepiscopi pertinentes, sine conscientia vel consensu tuo et successorum tuorum faciat censuales[1], vel in cujusquam transferat potestatem; et si factum fuerit, irritum habeatur. Prohibemus insuper ne interdictos vel excommunicatos tuos ad divinum officium vel communionem ecclesiasticam sine conscientia vel consensu tuo aut successorum tuorum quisquam admittat, aut contra sententiam tuam canonice promulgatam aliquis venire presumat, nisi forte periculum immineat, ut, dum presentiam tuam habere nequiverit, per alium secundum formam ecclesie, satisfactione premissa, oporteat ligatum absolvi. Porro crucem, vexillum scilicet Dominicum, per tuam diocesem et episcopatus superius nominatos, ante te deferendi licentiam impertimur. Auctoritate insuper apostolica prohibemus ne quis, infra fines tue diocesis, sine tuo vel successorum tuorum assensu, ecclesiam vel oratorium construere de novo presumat, salvis privilegiis pontificum romanorum. Obeunte vero te, nunc ejusdem loci archiepiscopo, vel tuorum quolibet successorum, nullus ibi qualibet subreptionis astutia seu violentia preponatur, nisi quem canonici ipsius loci cum suffraganeorum consilio canonice providerint eligendum.

Decernimus ergo ut nulli hominum omnino liceat prefatam Nicosiensem ecclesiam temere perturbare, aut ejus possessiones aufferre vel ablatas retinere, minuere, seu quibuslibet vexationibus fatigare; sed omnia integra conserventur eorum pro quorum gubernatione ac sustentatione concessa sunt, usibus omnimodis profutura, salva Sedis Apostolice auctoritate. Si qua igitur in futurum ecclesiastica secularisve persona hanc nostre constitutionis paginam sciens contra eam temere venire temptaverit, secundo terciove commonitus, nisi reatum suum congrua satisfactione correxerit, potestatis honorisque sui careat dignitate, reumque se divino judicio existere de perpetrata iniquitate cognoscat, et a sacratissimo corpore ac sanguine Dei et

---

[1] On ne voulait pas que les clercs à qui auraient été accordés les églises ou bénéfices dépendant de l'archevêché pussent les céder ou en affermer les biens à qui que ce fût, sans la connaissance et l'autorisation expresse du métropolitain.

Domini redemptoris nostri Jesu Christi aliena fiat, atque in extremo examine divine ultioni subjaceat. Cunctis autem eidem loco sua jura servantibus, sit pax Domini nostri Jesu Christi, quatinus et hic fructum bone actionis percipiant, et apud districtum judicem premia eterne pacis inveniant. Amen.

Ego, Celestinus, catholice ecclesie episcopus.

Ego, Octavianus, Hostiensis et Veletrensis episcopus.

Ego, Petrus, Portuensis et S. Rufine episcopus.

Ego, Melior, sanctorum Johannis et Pauli presbiter cardinalis, tituli Pamachi, subscripsi.

Ego, Jordanus, sancte Pudentiane, tituli Pastoris[1], presbiter cardinalis, subscripsi.

Ego, Johannes, tituli Clementis, sancti Intluensis[2] et Tuscanensis episcopus, subscripsi.

Ego, Guido, sancte Marie Transtiberin, tituli Calisti, presbiter cardinalis, subscripsi.

Ego, Hugo, presbiter cardinalis sancti Martini, tituli Equicii, subscripsi.

Ego, Johannes, tituli sancti Stephani in Celio monte presbiter cardinalis, subscripsi.

Ego, Soffredus, tituli sancte Praxedis presbiter cardinalis, subscripsi.

Ego, Johannes, tituli sancte Prisce presbiter cardinalis, subscripsi.

Ego, Gracianus, sanctorum Cosme et Damiani diaconus cardinalis, subscripsi.

Ego, Berrardus, sancti Adriani diaconus cardinalis, subscripsi.

Ego, Gregorius, sancte Marie in Portu diaconus cardinalis, subscripsi.

Ego, Gregorius, sancte Marie in Aquiro diaconus cardinalis, subscripsi.

Ego, Gregorius, sancti Georgii ad velum aureum diaconus cardinalis, subscripsi.

Ego, Nicola, sancte Marie in Cosmidin diaconus cardinalis, subscripsi.

Ego, Bobo, sancti Theodori diaconus cardinalis, subscripsi.

Datum Laterani, per manum Censii, sancte Lucie in Orthea diaconi cardinalis, domini pape camerarii, idus Decembris, indictione xv, Incarnationis

---

[1] Au Ms. *Palforis.*

[2] Le Ms. est ici fautif. Le cardinal Jean a souscrit ainsi d'autres bulles : « Ego Johannes « episcopus Tuscanensis et Viterbiensis, S. « Clementis presbyter cardinalis, subscripsi. » (Paoli, *Cod. dipl.* t. I, p. 314.) « Ego Johan-« nes, tituli sancti Clementis cardinalis, Tus-« canensis episcopus, subscripsi. » (Paris. *Archives de l'Empire*, Section historique, L. 235, 1.)

Dominice anno mcxcvi°, pontificatus vero domini Celestini pape in anno sexto.

1197, 3 janvier. De Latran.

Célestin III, après avoir rappelé les circonstances dans lesquelles les évêchés latins furent institués dans l'île de Chypre et le chancelier Alain élu archevêque de Nicosie, annonce aux évêques que, sur la demande du chapitre de Nicosie, le saint siége envoie le pallium à l'archevêque.

Venise. Cartulaire de Sainte-Sophie, pièce n° 1. Cf. n° 3, 4, 5 et 6 [1].

Celestinus, episcopus, servus servorum Dei, venerabilibus fratribus Paphensi, Limiconiensi et Famaugustano episcopis, et dilectis filiis universis ecclesiarum prelatis et aliis clericis per Nicosiensem diocesim constitutis, salutem et apostolicam benedictionem. Inscrutabilis profunditas divini consilii, cujus nutu terrena et celestia disponuntur, supra petram esse statuit [2] ecclesie fundamentum, et beatum Petrum, quem ipsius ecclesie vicarium instituit et magistrum, cum Simon antea vocaretur, Petrum voluit, mutato nomine, appellare, ut ille qui ecclesie, cujus fundamentum supra petram, que Christus est, dinoscitur ordinatum, debebat, per preceptum dominicum, magisterium obtinere, Petrus nomine vocaretur, qui et populos in fundamento fidei solidaret, et ligandi atque solvendi haberet plenariam potestatem. Verum Dominus ac redemptor noster qui, quando vult et quomodo vult, inspirat de omnibus et disponit, dignatus est insulam Cypri, que a longis retro temporibus a magistra Sedis Apostolice facta fuerat aliena, ad ecclesie Romane gremium, que, dispositione divina, mater cunctarum esse dinoscitur generalis, nostris temporibus revocare, inspirans charissimo in Christo filio nostro A., illustri regi Cypri, ut a nobis, penes quem, licet immeritis, plenitudo residet potestatis, nuncio et litteris postularet quod in eadem insula una ecclesia que esset metropolis et tres sedes episcopales, de Sedis Apostolice auctoritate statuerentur; quibus ipse se dotes assignaturum proposuit competentes et in eisdem tales instituerentur prelati, qui populum Domini verbo salutis pascerent et predicatione assidua edocerent. Cujus utique pium in Domino propositum commendantes, de comuni fratrum nostrorum consilio, ejus petitioni annuimus, et A[lano], tunc cancellario pre-

---

[1] Les pièces n°s 3, 4, 5 et 6 sont des répétitions ou confirmations de cette bulle. Nous avons mis à profit diverses corrections qu'elles ont fournies pour améliorer la copie du texte n° 1, qui est la première pièce transcrite dans le cartulaire.

[2] Au Ms. *statum*; dans la pièce n° 3, *statuit*.

fati regis, nunc Nicosiensi archiepiscopo, et tibi, frater Paphensis episcope, tunc archidiacone Laudicensis[1], in ipsa insula legationis offitium exercentibus, plenam vobis secundum Deum ordinandi ecclesias et accipiendi dotes a predicto rege eisdem ecclesiis assignandas tribuimus potestatem. Ceterum Nicosiense capitulum, ad celebrandam ellectionem archiepiscopi canonice procedentes, eundem cancellarium in ipsorum archiepiscopum, voto unanimi, postularunt, et postmodum, de authoritate legationis qua ipse tecum, frater Paphensis episcope, ipse fungebatur, sicut vobis fuerat ab Apostolica Sede indultum, per venerabiles fratres nostros Nazarenum archiepiscopum, Betlehemitanum et Acconensem episcopos, munus ei fuerit consecrationis impensum. Et quia idem Nicosiense capitulum palleum[2] ab Apostolica Sede jamdicto archiepiscopo Nicosiensi concedi pariter et transmitti humiliter postularunt, ipsorum petitionibus inclinati, palleum per te, frater Paphensis episcope, principaliter, secundario vero per dilectos filios nostros Leonardum et Radulphum, canonicos Nicosienses, eidem archiepiscopo duximus transmittendum. Quocirca, universitati vestre per apostolica scripta mandamus quatenus ei debitam in omnibus obedientiam et reverentiam exhibentes, salubria ejus monita et precepta, omni contradictione postposita, suscipiatis et firmiter observetis. Datum Laterani, iiii nonas Januarii, pontificatus nostri anno sexto.

1197, 1er novembre.

Amaury, roi de Chypre, donne à Joscius, archevêque de Tyr, et à l'église de Tyr, le village de Livadi, et exempte de tous droits de sortie les récoltes de ce village et tous autres produits exportés de Chypre pour l'église de Tyr.

Venise. Cartulaire de Sainte-Sophie, n° 46.

In nomine sancte Trinitatis, Patris et Filii et Spiritus sancti, amen. Notum sit omnibus presentibus et futuris quod ego Aymericus, Dei gratia, rex Cipri, et regni Jerosolymitani comestabulus, dono, concedo et confirmo tibi, Joscio, ecclesie Tyrensis archiepiscopo, quamdiu vixeris, casale quod

---

[1] On ne sait rien de ce prélat qui, après avoir été archidiacre de Laodicée, en Syrie, était alors évêque de Paphos.

[2] Le pallium était une bande d'étoffe de laine blanche, ornée de croix, que le prélat portait autour du cou et sur les épaules, et dont les extrémités retombaient, l'une devant, l'autre par derrière. C'est le signe le plus élevé de la dignité épiscopale. Le pape ne l'accordait que très-exceptionnellement aux évêques; il était réservé aux patriarches et aux archevêques, et ne se mettait qu'à certaines grandes fêtes déterminées. Le pape seul pouvait et peut encore, car l'usage n'en est pas entièrement perdu, s'en revêtir quand il le juge convenable.

est in Cipro, quod dicitur Levadi[1], cum omnibus suis pertinentiis, libere et quiete habendo, tenendo et possidendo, in terris, aquis, villanis, pascuis et omnibus juribus et consuetudinibus eidem casali pertinentibus, quod Minas, turcopulus, tenuit. Dono etiam tibi libertatem de omnibus proventibus predicti casalis, et de omnibus rebus emptis et non emptis ad opus tuum et domus tue extra Cipri insulam deferendis, sine exactione aliqua vel drictura. Post decessum vero tuum, eo modo quo hec omnia tibi donavi, dono omnia Simoni, nepoti tuo, quamdiu vixerit; post decessum autem tuum et predicti Simonis nepotis tui, hec omnia predicta et prescripta que vobis donantur[2], ecclesie Tirensi dono et concedo deinceps, jure perpetuo, libere et quiete habenda, tenenda et possidenda[3]. Ut autem hec mea donatio et concessio rata firmaque et inconcussa permaneat, presentem paginam scribi et sigilli mei plumbei impressione muniri, ac subscriptorum virorum testimonio corroborari precepi. Quorum hec sunt nomina scripta : Aimericus de Rivet senescalcus Cipri, Reinerius de Biblio, Reinaldus de Suessione, Adam de Antiochia, Guillelmus de Balma, Rolandus de Balma frater ejus, Helias de Robore, Simon de Papho, Balduinus Usserius[4]. Factum fuit hoc anno Dominice Incarnationis MCLXXXXVII, mense Novembris. Data per manum Alani, Nicosiensis archiepiscopi et Cipri cancellarii, x kalendas Decembris[5].

[1] Il y a dans l'île plusieurs villages de Livadi ou Livadia, nom qui indique des terrains bas et voisins de la mer. Le casal donné par le roi Amaury à l'archevêque de Tyr est probablement l'un de ceux de la Messorée. L'archevêché de Nicosie racheta cette terre à l'église de Tyr, en 1221, par un acte que l'on trouvera plus loin, et en conserva la possession jusqu'au temps des Vénitiens. Voy. ci-dessus, p. 502, et ci-après, p. 617.

[2] Au Ms. qua nobis donamur.
[3] Au Ms. habendo, possidendo.
[4] Voy. ci-dessus, p. 599, n. 4.
[5] Le sceau est ainsi décrit : « Cui privilegio erat imposita vera bulla plumbea pendens cum filo serico rubeo, in qua sculpitus erat a parte una rex quidam, et erat scriptum : Aimericus rex Cipri; ab alia vero parte erat sculpta quedam civitas et erat scriptum : civitas Nicosie. »

III.

HUGUES Ier DE LUSIGNAN,

ROI DE CHYPRE.

1er AVRIL 1205. — FÉVRIER OU MARS 1218.

1217, octobre.

Le roi Hugues Ier confirme la fondation d'un service dans l'église de Nicosie pour le repos de l'âme de la reine Marie d'Ibelin, fondation faite par Philippe d'Ibelin, fils de la reine.

Venise. Cartulaire de Sainte-Sophie, n° 4o.

In nomine sancte et individue Trinitatis, Patris et Filii et Spiritus sancti, amen. Ego Hugo, Dei gratia, rex Cipri, notum facio omnibus presentibus et futuris quod dominus Philippus de Ybellino[1], ob salutem anime sue et inclite recordationis domine Marie, matris sue, centum bisantios albos et L modios frumenti et xxv mitretas vini pie in elemosinam contulit capellano quem ipse constituit ad serviendum et ad celebrandas missas in ecclesia Nicosiensi pro anima dicte domine Marie regine, matris sue. Hec autem omnia, scilicet supradicti c bisancii et L modii frumenti et viginti quinque metrete vini, percipienda sunt annuatim in redditibus casalis de Prestrona[2] quod est ejusdem Philippi. Si vero idem Philippus donaret, venderet, vel impignoraret, vel quocumque modo alienaret dictum casale, ille ad cujus manus deveniret, tenetur ad solvendum predictos c bisancios albos et L modios frumenti et viginti quinque metretas vini capellano qui in ecclesia Nicosiensi pro anima dicte regine missas celebrabit. Si vero nolet persolvere, debet compelli per me et heredes meos ad reddendum, et ipsa ecclesia potest eum cogere per excommunicationis sententiam ad solvendum. Ut autem hec

---

[1] Philippe d'Ibelin était frère de Jean d'Ibelin, connu dans les histoires d'outremer sous le nom du vieux sire de Beyrouth. Leur mère était Marie Comnène, laquelle, étant veuve du roi Amaury Ier de Jérusalem, avait épousé Balian II, sire de Beyrouth. Philippe d'Ibelin, qui fut père de l'auteur du Livre des Assises, prit, avec son frère Jean, une grande part au gouvernement de Chypre sous la minorité de Henri Ier de Lusignan.

[2] Il y a en Chypre plusieurs villages du nom de *Peristerona* ou *Peristeronari*. L'un est dans la Messorée, les autres sont dans le Morpho, et tous se trouvaient probablement dans les limites du diocèse latin de Nicosie, avant le rétablissement de l'évêché grec de Cérines, qui a eu lieu sous les Turcs.

suprascripta donatio rata et firma in perpetuum maneat, ego Hugo, Dei gratia, rex Cipri, hoc concessi, et hoc presens privilegium exinde factum, ad petitionem et preces ipsius domini Philippi de Ybellino, sigillo meo plumbeo et subscriptorum testium testimonio roborari feci, quorum hec sunt nomina : Johannes de Ybellino dominus Berithi[1], Galterus Cesariensis[2] Cipri comestabilis, Galterius de Betsam[3], Gormundus de Betsam, Petrus Chape, Jacobus de Rivet. Actum anno Dominice Incarnationis MCCXVII mense Octobris. Data per manum Rad[ulfi], venerabilis cancellarii regis Cipri, archidiaconi Nicosiensis[4].

---

[1] Au Ms. *Berthi.*
[2] Au Ms. *Cesarum.*
[3] Au Ms. *Bersam.*
[4] La pièce était scellée en plomb sur lacs de soie rouge. La bulle présentait d'un côté le roi avec la légende : « *Hugo, Dei gratia rex Cipri;* » de l'autre côté, un château et la légende : « *Castellum Nicosie.* »

Un savant et obligeant orientaliste, M. Defrémery, nous communique un passage d'Ibn-Alathir qui se rapporterait au règne de Hugues Ier de Lusignan, et qui nous fournit l'occasion de remarquer combien la sujétion de l'île de Chypre à l'empire de Constantinople, sous les Latins comme sous les Grecs, paraissait encore naturelle aux Orientaux : « Les Francs établis dans l'île « de Chypre prirent plusieurs vaisseaux de « la flotte d'Égypte et firent prisonniers ceux « qui les montaient. Mélic-Adil envoya un « message au prince d'Akka pour le sommer de rendre ce qui avait été pris. Nous « sommes en paix, lui fit-il dire, pourquoi « donc avez-vous agi traîtreusement envers « nos compagnons? Le prince d'Akka s'excusa « en disant qu'il n'avait aucune autorité sur « les habitants de l'île de Chypre et que ceux-« ci ne reconnaissaient d'autre pouvoir que « celui des Francs de Constantinople. Quelque « temps après, les Chypriotes se rendirent à « Constantinople (il faut sans doute lire Akka), « à cause d'une disette dont ils souffraient, et « le prince d'Akka recouvra son autorité sur « l'île de Chypre. Alors Mélic-Adil réitéra son « ambassade près de lui; mais rien ne fut « conclu. Adil partit de l'Égypte avec une « armée nombreuse et marcha vers la ville « d'Akka. Le prince de cette ville consentit « alors à satisfaire à ses demandes et relâcha « les prisonniers musulmans. » (Ibn-Alathir, année 604, 1207-1208 de l'ère chrétienne; Ms. de Constantinople, t. V, fol. 271 r°.)

IV.

HENRI Ier DE LUSIGNAN,

ROI DE CHYPRE, SEIGNEUR DU ROYAUME DE JÉRUSALEM.

FÉVRIER OU MARS 1218. — 18 JANVIER 1253.

1218, 12 juillet. De Rome.

Honorius III recommande à Pélage, évêque d'Albano, la reine de Chypre, Alix de Champagne, ses enfants et le royaume de Chypre.

Rome. Arch. du Vatican. Reg. orig. des lettres d'Honorius III. Ann. II, pag. 282. Epist. 1274.

Honorius, episcopus, servus servorum Dei, Albanensi episcopo[1], Apostolice Sedis legato. Memores devotionis illius quam, clare memorie, rex Cypri ad nos et Romanam ecclesiam noscitur habuisse, karissime in Christo filie relicte sue, Cypri regine illustris, ac suorum omnium non possumus oblivisci, et cum eandem reginam, sicut pro certo tenemus, pro morte regis predicti viri sui, eo fortius circumdent angustie, et dolor animum suum angat, quo sibi et liberis suis gravius ex hoc sentit imminere dispendium, ac regnum Cypri videt sine regimine periculosius fluctuare, ac, sicut nobis innotuit, quidam accensi malignitatis ardore, ipsam ejusque filios ac regnum predictum temere molestare presumant, qui deberent potius hoc necessitatis tempore, obmissis aliis, negotio intendere crucifixi, quod totus fere populus christianus, preferendo illud propriis utilitatibus, promovere laborat; nos, qui ejus vicem in terris gerimus qui est merentium consolator, et ex debito servitutis officio viduas, orphanos et pupillos oppressos tueri tenemur, tanto ei compatiendo benignius super dolore hujusmodi, quanto rumor obitus viri sui nos vehementius conturbavit. Valde super ipsius molestationibus angimur, non immerito formidantes, ne, si hec dissimulare velimus, districti judicis incurramus offensam, qui dissimulantibus injuriam talium quasi specialiter ad ipsum pertineat, imprecatur, presertim cum valde periculosum existeret, Christianis prosequentibus causam Christi, ut terra illa, dum ipsi crucis intendunt negotio, turbaretur. Ideoque fraternitati tue per apostolica scripta precipiendo mandamus, quatenus reginam eandem cum

---

[1] Pélage. Voy. le tome 1er de nos documents, p. 46, 65, n.

filiis suis habens in quibus cum Deo poteris propensius commendatam, eos nec non regnum predictum a malignantium protegas incursibus et defendas, ita ut ibi omnes sub tua manentes defensione securi ab hiis qui eos forte molestare presumpserint indebite non vexentur, et crucis negotium, quod per hoc possit impediri, de facili non turbetur. Nos enim omnibus qui contra eos aliquid juris se habere proponunt, exhiberi eis rationis plenitudinem faciemus. Datum Laterani, IIII idus Julii, anno secundo[1].

1220, mars. A Nicosie.

La reine Alix accorde à l'archevêque de Nicosie l'exemption des droits de mouture pour tous les grains destinés à l'usage de sa maison, que l'on porterait aux moulins de Kythrea.

Venise. Cartulaire de Sainte-Sophie, n° 62.

In nomine Patris et Filii et Spiritus sancti, amen. Ego Aeliys, Dei gratia, regina Cipri, notum facio tam presentibus quam futuris quod ego, ob redemptionem anime domini mei Hugonis regis et antecessorum meorum, dono et concedo in perpetuum domino Eustorgio, archiepiscopo, et ecclesie Nicosiensi liberam et absolutam et[2] quietam molturam in molendinis meis de Kethrie[3], ad usus domus sue, ita quod nichil pro sua moltura persolvere teneatur, sed, ut dictum est, libere molat et quiete, sine aliqua exatione vel drictura. Ut autem hujus libertatis donatio et concessio firma et inconcussa in perpetuum permaneat, presens privilegium sigillo meo sigillari feci, et testibus subscriptis corroborari, quorum hec sunt nomina : dominus Philippus de Ybellino bajulus Cipri, Almaricus[4] Cipri camararius, Guillelmus de Riveth, Laurentius de Morfo, Arneyus de Gibelet, Balduinus de Nores, Guillelmus Raymonz. Actum apud Nicosiam, anno Dominice Incarnationis MCCXX, mense Martio. Datum per manum Radulfy, regni Cipri cancellarii[5].

---

[1] Des lettres semblables furent adressées aux grands maîtres et aux chevaliers du Temple et de l'Hôpital.

[2] Au Ms. e.

[3] Kythrea, près de Nicosie, où sont toujours de nombreux moulins.

[4] Probablement Amaury de Bethsan.

[5] Le sceau est ainsi décrit : « Cui privi-« legio erat impositum sigillum unum cereum « de cera rubea et glauca, pendens cum filo « serico rubeo, in quo sculpta erat quedam « aquilla. Et erat scriptum : *Sigillum Aalis* « *regine Cipri.* » La pièce suivante est scellée comme celle-ci. Les archives de l'empire ont un sceau semblable de la reine Alix (J. 209, n° 18), au bas d'une charte de la reine de Chypre, relative à ses intérêts en Champagne.

1220, au mois d'octobre. A Limassol.

Convention entre Alix, reine de Chypre, le roi Henri, son fils, et les barons de Chypre, d'une part, l'archevêque et les évêques latins du royaume, d'autre part; dans laquelle les seigneurs, par la médiation du légat apostolique Pélage, évêque d'Albano, abandonnent au clergé les dîmes de toutes leurs terres, déchargent les serfs ecclésiastiques de toutes capitations et corvées dues au roi, affranchissent les prêtres et diacres grecs de toute servitude, sous la condition qu'ils obéiront aux évêques latins, et règlent les obligations et les ordinations des prêtres grecs.

Venise. Cartulaire de Sainte-Sophie, n° 84 [1].

1. Notum sit omnibus tam presentibus quam futuris quod ego, A. Dei gratia, regina Cipri, mater Henrici veri domini et heredis regni Cipri, de comuni voluntate et assensu baronum et militum ac hominum predicti filii mei et meorum, ad requisitiones et crebras ammonitiones venerabilis patris domini P[elagii[2]], Dei gratia, Albanensis episcopi, in partibus Orientis et Cipri Apostolice Sedis legati, mihi per ejusdem litteras factas, ad petitionem etiam et postulationem venerabilium patrum meorum domini Eustorgii, Dei gratia, Nicosiensis archiepiscopi, et dominorum Martini[3] Paphensis et R. Nimociensis et C. Famagustani episcoporum, concessi et assignavi eidem domino archiepiscopo et episcopis et, per ipsos, successoribus suis et omnibus ecclesiis eorundem decimas integre de omnibus redditibus regni Cipri et predictorum baronum, militum et hominum ejusdem filii mei atque meorum, secundum usum et consuetudinem regni Jerosolimitani.

2. Donavi nichilominus eisdem chevagia et dimos que debebantur michi et eidem filio meo a rusticis archiepiscopi et episcoporum Cipri et ecclesiarum suarum. Concessi etiam, de voluntate et assensu baronum et militum et hominum ejusdem filii mei et meorum, libertatem omnibus sacerdotibus et diaconibus[4] Grecis, ita quod de personis suis non dent chevagia, nec angarias faciant, sed canonicam obedientiam faciant predicto archiepiscopo et ecclesie sue, illi scilicet qui sunt et fuerint in diocesi sua; alii autem prout sunt et fuerint in diocesibus episcoporum predictorum, sint similiter obedientes in omnibus spiritualibus episcopis suis et ecclesiis eorumdem.

3. Et quoniam magna multitudo est modo sacerdotum et diaconorum

---

[1] Il est utile de rapprocher de cette convention l'accord du mois de septembre 1222. La présente transaction fut ratifiée par Pélage, le 16 mai 1221, à Damiette (cartulaire n° 82). Honorius III confirma ces divers accords le 21 janvier 1223. Voy. le t. Ier des documents, p. 45.

[2] Voy. le t. Ier de nos docum. p. 45, n. 4.

[3] Nommé au n° 95 du cartulaire.

[4] Les copies de cette pièce et de l'acte du 14 septembre 1222 portant plusieurs fois les mots *diaconibus, diacones*, je ne crois pas devoir les corriger.

Grecorum in regno Cipri, et scandalum posset oriri, si sacerdotes et diacones, relictis casalibus in quibus degunt, ad alia casalia se transferrent, volumus et statuimus ut, predicta multitudine eorum durante, permaneant in casalibus et terris in quibus presentialiter degunt; et si alias se transferent, teneantur ad casalia et terras a quibus recesserunt reddire.

4. Cum autem in antea aliquis de Grecis fuerit ordinandus, ordinari debet de assensu et voluntate domini sui; et si predicti archiepiscopus et episcopi qui sunt et pro tempore fuerint in Cipro aliquem de ipsis aliter ordinaverint, teneantur eque ita bonum rusticum reddere domino suo.

5. Et si aliquis de Grecis fraudulenter, ignorante domino, egressus fuerit de Cipro, et extra predictum regnum se fecerit ordinari; et postmodum, sic ordinatus, revertatur in Ciprum, episcopus suus suspendat eum ab officio suo sic furtive suscepto; et dominus ejus potest eum capere tanquam vilanum suum, et in pristinam licite valeat redigere servitutem.

6. Presbiteris autem et diaconibus Grecis amodo ordinandis, sicut superius est expressum, licitum sit sine filiis et filiabus suis, et salvo jure dominorum suorum, quocumque voluerint, de uno scilicet casali vel terra ad aliam ire cum licentia predicti archiepiscopi et eorundem episcoporum. Et tunc ab eisdem prelatis debet alius Grecus subrogari in loco predicto.

7. In abbatiis autem conventualibus Grecorum ubi abbates esse consueverunt, cum abbates debent substitui, debet canonica fieri electio, in qua dominus loci illius debet canonicum assensum habere; et talis canonica electio ab archiepiscopo seu episcopo loci predicto secundum Deum et statuta sacrorum canonum confirmetur; et sic electo munus benedictionis impendatur. Nec idem qui sic fuerit factus abbas debet ab abbatia sua removeri, nisi secundum formam et ordinem juris. Predicti autem abbates et monachi, in sacerdotali et diaconali ordine constituti, debent esse in omnibus spiritualibus obedientes archiepiscopo et episcopis memoratis, sicut sunt et fuerint in diocesibus eorundem, quilibet scilicet archiepiscopo et episcopo loci et diocesis sue.

8. Si quas autem elemosinas, possessiones et terras seu bona, a tempore dominorum Latinorum qui fuerunt et sunt in Cipro, habuerunt et habent ecclesie et abbatie Grecorum, ex concessione et dono dominorum Latinorum, liberas et francas, eas sibi similiter liberas et francas in antea habeant et possideant pacifice et quiete, salvis justiciis et consuetudinibus quas domini locorum consueverunt habere ratione temporalium in eisdem [1].

---

[1] Voy. ci-après, p. 621, art. 8.

9. Nullus autem de Grecis [fieri debet][1] monachus vel conversus sine voluntate et consensu domini sui; et si aliter presumpserit, dominus suus, si vult, potest capere eum et ad pristinam redigere servitutem[2].

10. Super possessionibus autem et terris seu locis que tempore Grecorum habuerunt ecclesie et abbatie et monasteria Grecorum in Cipro, idem archiepiscopus et episcopi memorati, vel successores eorum, vel eorumdem ecclesie, vel aliquis pro ipsis, nullam mihi et eidem filio meo vel heredibus suis et meis et predictis baronibus, militibus et hominibus suis et meis questionem seu querelam aut controversiam in posterum movere debent; sed in pace et in omni quiete, ego et dictus filius meus et heredes sui et mei, barones, milites et homines sui et mei in perpetuum, super predictis possessionibus, quieti et immunes erimus.

Ut autem hec concessio et assignatio imperpetuum firma maneat et inconvulsa, presens privilegium sigillo meo sigillari feci, et testibus subscriptis coroborari precepi. Quorum testium hec sunt nomina : Philippus de Ybellino, bajullus regni Cipri; Johannes de Ybellino, dominus Beritensis[3]; Galterus de Cesaria, dominus Cesarie et conestabilis Cipri; Galterus de Bethsam, Gormundus de Bethsam, Jacobus de Riveto, Guillermus de Riveto, frater ejusdem Jacobi carnalis; Aymericus Berllais, Laurentius de Morfo, Johannes Babin.

Factum autem fuit hoc instrumentum apud Nimocium, anno Incarnationis Dominice MCCXX, mense Octobris, et datum per manum Radulphi, regni Cipri cancellarii[4].

1220 - 1221.

Extrait du libelle produit par Érard de Brienne devant le cardinal Gilles, à l'effet de repousser la citation au tribunal du saint siége, qui lui avait été intimée par la comtesse de Champagne.

Paris. Arch. de l'empire. Trésor des chartes. J. 194, n° 61. Champagne. II. Orig.

In nomine Domini. Pro Erardo et Philippa, uxore ejus, et coadjutoribus suis.

---

[1] Au n° 82.

[2] Dans l'accord de 1222, art. 9, on régla que le nombre des religieux de chaque abbaye grecque serait dès maintenant limité, et que les admissions ne pourraient avoir lieu, à l'avenir, qu'au fur et à mesure des décès ou des translations.

[3] *De Beriten,* au n° 82; *Diruten,* au n° 84.

[4] Le sceau est ainsi décrit : « Cui privilegio sive instrumento suprascripto erat impositum sigillum unum cere rubee in quo sculpta erat aquilla una. Et erat scriptum : « *Sigillum. Aalix regina Cipri.* Et pendebat cum cera rubea non torta. »

[5] La date de ce document est renfermée entre le mois d'octobre 1220 et le mois de

Quum cujusque rei principium potentissima pars est, et in delictis maxime et in guerris initium est spectandum, ecce prima et principalia seminaria discordie inter dominam comitissam Campanie et Erardum de Brenna, quorum quoddam fuit initium occasionale ejusdem discordie et aliud principale et principium guerre subsecute. Erardus etenim crucesignatus in subsidium Terre Sancte licentiam petens a domino rege, sicut consuetudo est baronum, subjunxerit domino regi : « Dominus rex Jerosolimitanus est « consanguineus meus germanus, et si vellet mihi dare unam de filiabus « Henrici comitis Campanie, vellem eam ducere in uxorem de consilio ves- « tro. » Cui dominus rex respondit : « Nec per me duces eam, nec per me « dimittes eam, sed scias quod cuilibet et semper petenti justiciam exi- « bebo. » Cui Erardus grates egit et recessit. Ecce occasionale initium discordie et rancoris, quia domina comitissa, hoc audito, voluit Erardum inducere per amicos suos, per dominum Guidonem de Dominapetra et alios, ut ab hoc proposito recederet, quia erat contra ipsam ac filium ejus. Et Erardus, dissimulans ut prepararet se ad iter, et ut impedimenta effugeret, comitisse revera non acquievit; tamen pars adversa ad hoc in jure respondens dicit quod acquieverit; et ita confitetur illud initium de quo dixi, et quod non acquievit nec est verum nec verisimile.

Unde domina comitissa mandavit eidem Erardo per litteras et per nuncium quod non habebat eum pro homine suo, et ita ejecit eum a fidelitate sua, ut ipsum licentius impugnaret. Ecce secundum occasionale initium discordie. Cum igitur comitissa audiret quod Erardus peregre recederet, spoliavit eum crucesignatum, et ex hoc sub protectione apostolica constitutum, non admonitum, vel citatum, nec convictum de aliquo vel confexum, patrimonio suo et fere omnibus bonis suis fructus inde percipiens multis annis. Quod confitetur pars adversa, sed palliat factum istud, dicens quod hoc fecit comitissa pro debitis Judeorum suorum. Sed Erardus non confitetur debitum, nec etiam causa ista esset licita et honesta intuitu usurarum. Ecce reale initium guerre. Eadem fecit comitissa Erardum peregre proficiscentem capi Maxilie, tanquam latronem, per suas litteras sic loquentes, et

décembre 1221. La pièce fut produite au milieu des discussions auxquelles donna lieu la succession du comté de Champagne, pendant la minorité de Thibaut le posthume. (Voy. Tillemont, *Hist. de saint Louis*, t. Ier, p. 85, et le Ier volume de nos doc. p. 40, 41.)

Je n'en extrais que ce qui concerne la parenté et le voyage d'Érard de Brienne en Orient. Le libelle est intitulé, au dos du parchemin : « Allegationes Erardi nove coram « domino Egidio cardinali contradicentes « procuratori comitisse. »

per Lambertum de Castillione, militem suum, easdem litteras deferentem. Ecce grave et principale initium guerre.

Tercio, Erardum, redeuntem de partibus transmarinis, cum v militibus, quos ipse per manum suam ibidem fecerat in subsidium Terre Sancte, comitissa fecit detineri per v menses apud Januam, cum verecundia gravissima et dampnis inmodicis et expensis, per litteras suas, et per balivos suos Lambertum Lobochu et Petrum Cogon, fratrem ejus, et Johannem de Balphear de Sancta Menedar, militem, qui eum appellavit de homicidio, per monomaciam nomine comitisse. Sed aufugit in adventu nobilium et consilio generali.

Quarto, in eodem itinere, fecit eum capi tanquam proditorem, apud Podium, sive Anitium civitatem in calumpnia, per dominum regem; sed ab omnibus Dominus, in cujus erat servitio, exigente justitia, liberavit eundem[1].

1221, avril. A Nicosie.

L'archevêque Eustorge institue au village de Nicia ou Nisso, en Chypre, un prêtre chapelain dont l'établissement et l'entretien sont assurés par Guillaume Vicomte et par l'archevêque lui-même.

Venise. Cartulaire de Sainte-Sophie, n° 42.

Notum sit omnibus tam presentibus quam futuris quod nos E[ustorgius], Dei gratia, Nicosiensis archiepiscopus, attendentes devotionem dilecti in Christo filii Vuillelmi Vicecomitis et uxoris ejus Katherine, in Christo filie, domine vicecomitisse Nephyni[2], ad preces et instantiam eorunden, instituimus, de voluntate capituli nostri, quendam sacerdotem apud Niciam[3], qui ibi divinum officium tam pro vivis quam pro defunctis debeat in perpetuum celebrare, cui idem Vuillelmus uxorque ejus et heredes eorumdem tenentur annuatim dare, ex promissione nobis et capitulo nostro[4] facta, quinquaginta modios frumenti et totidem ordei et quinque modios leguminum, in mense Augusti. Insuper debent ei assignare in ipso casali capellani jardinum et domum cum curia competenti, in quibus sacerdos commode valeat commorari. Et nos, preter hoc, promisimus ei dare, de assensu et voluntate capituli nostri, triginta modios frumenti et triginta modios ordei et centum bisancios albos annuatim. Et ut hoc imperpetuum observetur, idem Vuillelmus et uxor

---

[1] Érard continue ensuite l'énumération de ses griefs contre Blanche de Champagne.

[2] Néphyn était une seigneurie de Syrie.

[3] Probablement Nisso, au sud de Nicosie, à l'ouest de Dali.

[4] Au Ms. *nostra*.

promiserunt, pro se et suo filio, fideliter laborare quod domina regina istud concedat sigilli sui munimine roborando; et illud privilegium debet tradere nobis et ecclesie nostre. Nos autem, volentes istud inviolabiliter observari, presentem paginam inde fieri fecimus, et sigilli nostri munimine roborari. Actum apud Nicosiam, anno ab Incarnatione Domini MCCXXI, mense Aprili [1].

1221, 15 mai. A Saint-Jean-d'Acre.

Simon, archevêque de Tyr, vend à Eustorge, archevêque de Nicosie, le village de Livadi, en Chypre, que possédait l'église de Tyr [2].

Venise. Cartulaire de Sainte-Sophie, n° 44.

Pelagius, miseratione divina episcopus Albanensis, Apostolice Sedis legatus, universis presentes litteras inspecturis, salutem in Domino. Universitati vestre notum facimus quod venerabilis pater Simon, Tyrensis archiepiscopus, in presentia reverendi patris R [adulphi] patriarche Hyerosolymitani, Bethleemitani, Valiensis episcoporum; magistri Hospitalis Ierosolymitani; Montis Sion, Templi Domini, Josaphat abbatorum, et aliorum quam plurium, vendidit, pro duobus millibus et ducentis bisanciis saracenatis, venerabili patri E [ustorgio] Nicosiensi archiepiscopo, et ecclesie sue, imperpetuum quoddam casale nomine Livadi, quod ipse Tirensis archiepiscopus in ecclesia sua habebat, tenebat et possidebat in Cipro, libere et quiete, ex donatione clare memorie regis Aimerici; de quo dictus Tirensis archiepiscopus, coram nobis et supra dictis testibus, Nicosiensem archiepiscopum, nomine suo et capituli, investivit, ut illud jure hereditario Nicosiensis ecclesia imperpetuum possideret. Magister vero Hospitalis se soluturum promisit Tirensi archiepiscopo quandocumque ab eo pecuniam peteret memoratam. Nos igitur, ad preces venerabilis patris Nicosiensis archiepiscopi, hoc scriptum in testimonium fieri fecimus, sigilli nostri munimine roboratum. Datum Accon, anno ab Incarnatione Domini M CC XXI, idus Maii [3].

---

[1] Scellé en cire verte sur lacs de soie rouge; autour la légende : *Eustorgius Nicosiensis archiepicopus*.

[2] Livadi avait été donné, en 1197, à l'église de Tyr, par le roi Amaury (voy. ci-dessus, p. 606). Pélage confirma la cession de cette terre à l'église de Nicosie, au mois de mai 1222 (cartul. n° 47), en disant que l'archevêque Simon s'était décidé à la vendre, pour acheter des biens plus rapprochés de la ville de Tyr avec les 2,200 besants d'or, produit de la vente.

[3] Le sceau du légat est ainsi décrit dans le cartulaire : « Huic scripto suprascripto erat « impositum quoddam sigillum cereum glau- « che cere pendens cum carta firma, in quo « scriptum erat : *Sigillum Pelagii Albanensis* « *episcopi*. »

1221, 16 décembre. De Latran.

Honorius III charge l'archevêque de Nicosie de réduire le nombre des oratoires privés existant dans son diocèse, en faisant fermer ceux qui ont été fondés sans l'autorisation métropolitaine, et ceux qui n'ont pas de dotation assurée.

Venise. Cartulaire de Sainte-Sophie, n° 66.

Honorius, episcopus, servus servorum Dei, venerabili fratri archiepiscopo Nicosiensi, salutem et apostolicam benedictionem. Significatum est nobis quod plures in propriis laribus, infra tuam diocesim, capellas et oratoria quarum indoctata sunt aliqua construxerunt. Harum igitur occasione, multi matricem contemnunt ecclesiam, nec verbum Dei audiunt, ut deberent. Volumus itaque, auctoritate tibi presentium injungentes, quatinus, prout saluti expedit animarum, superflua studeas ex hujusmodi capellis et oratoriis, presertim qui sine tuo seu predecessorum tuorum errecta consensu vel indoctata constituerint, removere; contradictores per censuram ecclesiasticam, appellatione postposita, compescendo. Datum Laterani, xvii kalendas Januarii, pontificatus nostri anno sexto.

1222, 20 janvier. De Latran.

Honorius III, sur la plainte des évêques de Chypre, charge l'archevêque de Césarée et l'évêque d'Acre d'obliger les Syriens, Jacobites et Nestoriens de l'île de Chypre à obéir aux prélats latins, sous peine d'excommunication [1].

Venise. Cartulaire de Sainte-Sophie, n° 35.

Honorius, episcopus, servus servorum Dei, venerabilibus fratribus archiepiscopo Cesariensi et episcopo Acconensi et dilecto filio, P. thesaurario Cesariensi, salutem et apostolicam benedictionem. Venerabilis frater noster archiepiscopus Nicosiensis pro se ac venerabilibus fratribus nostris suffraganeis suis, regni Cipri prelatis, in nostra fecit presentia recitari quod in diocesibus eorumdem Suriani, Jacobini, Nestorini et quidam alii commorantur, qui, nec ecclesie Romane, nec predictis archiepiscopo, prelatis, nec ecclesiis obediunt Latinorum, sed, tanquam acephali evagantes, suis sectis

---

[1] D'après l'index de la Vallicellane, cette bulle fut adressée aussi au patriarche de Jérusalem (voy. notre t. Ier, p. 45). Ses prescriptions ne furent pas, au reste, exécutées, comme le remarque Mansi dans les notes à Rinaldi (*Annal. eccles.* t. XX, p. 500). La lettre de 1223 du patriarche grec de Constantinople, Germain, montre que les dissidents de Chypre ne reconnaissaient pas encore la juridiction des évêques latins. Voy. Cotelier, *Mon. eccles. græc.* t. II, p. 462; Reinhard, *Hist. de Chypre*, t. Ier, pr. p. 16.

antiquis et erroribus innituntur [1]. Unde, prefatus archiepiscopus, pro se ac prelatis eisdem, humiliter postulavit a nobis ut aperire super hoc apostolice circunspectionis intuitum et providere salubriter dignaremur. Quocirca, fraternitati vestre, per apostolica scripta mandamus quatinus Surianos, Jacobinos et Nestorinos et alios supradictos ad obedientiam et reverentiam archiepiscopo ipsi et suffraganeis ejus, prout sunt et fuerunt in eorum diocesibus, impendendam, monitione premissa, per censuram ecclesiasticam, appellatione remota, cogatis; contradictores per censuram eamdem, appellatione postposita, compescendo. Quod si non omnes hiis exsequendis potueritis interesse, duo vestrum ex nichilominus exequantur, nonobstante constitutione consilii generalis qua cavetur ne quis ultra duas dietas extra suam diocesim per litteras apostolicas ad judicium trahi possit. Datum Laterani, XIII° kalendas Februarii, pontificatus nostri anno sexto.

1222, 14 septembre. A Famagouste.

Pélage, légat apostolique, ratifie la nouvelle convention intervenue, en présence des grands maîtres des ordres militaires, entre la reine, le roi et les barons de Chypre, d'une part, et les évêques latins du même royaume, d'autre part, touchant les dîmes générales de leurs terres, les obligations et la situation des serfs, des moines, des prêtres et des évêques grecs de l'île vis-à-vis de leurs seigneurs et vis-à-vis des évêques latins.

Venise. Cartulaire de Sainte-Sophie, n° 83 [2].

Pelagius, miseratione divina, Albanensis episcopus, Apostolice Sedis legatus, universis presentes literas inspecturis in verbo [3] salutari salutem. Cum discordia verteretur super decimis, possessionibus et rebus aliis inter A [elidem], illustrem reginam Cipri, matrem H [enrici], veri domini et heredis regni Cipri, et barones ac milites et homines memorati H. ex una parte, et venerabiles patres, Eustorgium, archiepiscopum Nicosiensem, Martinum [4] Paphensem, R. Nimociensem et C [esareum] Famagustanensem episcopos et eorum capitula ex altera; et tandem ad admonitionem nostram fuerit de consensu partium et voluntate sopita; quare tamen eadem concordia revocabatur in dubium, cum nos legationis officio fungentes veniremus in Ciprum, admonentes utramque partem ad concordiam memoratam

---

[1] Au Ms. *in utuntur.*

[2] La même convention, ratifiée par l'archevêque Eustorge, se trouve au n° 95, et fournit quelques variantes dont nous nous sommes servis. Cette convention expliquait et complétait l'accord arrêté à Limassol entre les barons et le clergé de Chypre, au mois d'octobre 1220, qui est imprimée précédemment.

[3] Au Ms. *vero.*

[4] Martin, évêque de Paphos, est nommé dans la confirmation, au n° 95.

servandam, tandem nobis et Templi et Hospitalis magistris mediantibus, de comuni utriusque consensu et voluntate ad hujusmodi concordiam pervenerunt.

1. Ut regina videlicet, barones, milites et homines alii regni Cipri archiepiscopo et episcopis memoratis et successoribus eorumdem et eorum ecclesiis decimas integre de omnibus terris, animalibus, apoctis[1] et de aliis etiam redditibus, secundum consuetudinem regni Jerosolimitani, sine diminutione persolvant.

2. Preterea, chevagia[2] et dimos que solvebantur regine et H. ejusdem filio a rusticis archiepiscopi et episcoporum Cipri et ecclesiarum, ipsa regina, tam pro se quam pro filio suo, remittit. Preterea omnibus sacerdotibus, diaconibus[3] Grecis libertatem donavit, ita quod de personis suis nec dabunt chevagia, nec angarias facient, sicut ante facere consueverant, sed canonicam obedientiam facient archiepiscopo et episcopis Latinis, ac ecclesiis eorumdem, cuilibet archiepiscopo vel episcopo in cujus diocesis morabuntur, et obedientes erunt omnibus in spiritualibus archiepiscopo et episcopis Latinis, ac ecclesiis suis, secundum quod in regno Jerosolimitano Greci sacerdotes et levite bene obediunt vel obediverunt Latinis episcopis, ab eo tempore quo Latini tam clerici quam laici ibi dominium habuerunt.

3. Quare vero numerosa multitudo sacerdotum et diaconorum Grecorum in Cipro reperitur ad presens, ita conventum est inter partes ut, multitudine predicta durante, permaneant in casalibus et terris in quibus degunt ad presens; et si alias se transferrent, ad casalia a quibus recesserant cogantur redire.

4. De cetero vero, si quis de vilanis Grecis fuerit ordinandus, ordinetur de assensu et voluntate domini sui; et si archiepiscopus vel episcopi Latini, qui pro tempore erunt in Cipro, aliter vilanum alicujus concesserint ordinari, cum, nonnisi de licentia archiepiscopi et episcoporum Latinorum debeat ordinari, alium eque bonum vilanum domino suo restituere teneantur.

5. Si quis vero de vilanis Grecis, ignorante domino suo, extra regnum se fecerit ordinari, et postea revertatur in Ciprum, episcopus diocesanus Latinus ipsum ab officio sic furtive suscepto suspendat, et ad consuetum servitium domini sui redire compellat, quod presumptuose presumpserat declinare. Vel si aliquis, sine licentia Latini episcopi et domini temporalis, a Greco episcopo in regno se fecerit[4] ordinari, Grecus episcopus qui eum

---

[1] Au n° 95, *apactis*.
[2] Au Ms. *chevalia*, plus loin, *chevagia*.
[3] Ainsi au Ms. Voy. ci-dessus, p. 612, n. 4.
[4] Au Ms. *fecit*.

taliter promovit in regno, ab officio conferendi ordines a Latino episcopo suspendatur, et taliter ordinatus[1] ad consuetum domini sui servitium reducatur.

6. Presbiteris autem et diaconibus Grecis amodo ordinandis, sicut superius est expressum, licitum sit, sine filiis et filiabus, et salvo jure dominorum suorum, quocumque voluerint, de uno scilicet casali vel terra ad aliam ire, cum licentia predicti archiepiscopi et eorundem episcoporum. Et tunc, ab eisdem prelatis, debet alius Grecus subrogari in loco predicto.

7. In abbatiis autem conventualibus Grecorum, ubi abbates esse consueverunt, cum abbates debent substitui, canonica debet fieri electio, in qua dominus loci canonicum debet assensum prestare; [et] talis canonica electio ab archiepiscopo vel episcopo loci Latini secundum Deum et statuta canonum confirmetur; et sic postea munus benedictionis impendatur eidem. Nec idem abbas, qui sic electus fuerit, debet ab abbatia sua removeri, nisi tale quid perpetraverit propter quod juxta[2] statuta canonum debeat amoveri. Predicti autem abbates et monachi, in sacerdotali vel diaconali ordine constituti, debent esse in omnibus spiritualibus obedientes archiepiscopo et episcopis Latinis, sicut sunt et fuerunt in diocesibus eorundem, secundum usum et consuetudinem regni Jerosolimitani, sicut superius est notatum.

8. Si quas autem elemosinas, possessiones et terras, seu bona, a tempore Latinorum dominorum qui fuerunt et sunt in Cipro, habuerunt et habent ecclesie et abbatie Grecorum, ex concessione et [dono] dominorum Latinorum, eas liberas et francas in posterum habeant et possideant, libere et quiete, salvis justiciis et consuetudinibus quas domini locorum consueverunt percipere ratione temporalium in eisdem.

9. Placuit etiam partibus, ut, in monasteriis Grecorum ubi abbates fuerunt, per venerabilem patrem Nicosiensem archiepiscopum, vel per aliquem episcoporum quem loco sui ad hoc statuerit, et per balium[3], seu alium ex parte regine, competens monachorum numerus taxetur, ita quod[4], multitudine que in ipsis ad presens est monasteriis per mortem vel translationem ad paucitatem redacta, ultra numerum pretaxatum, ab illis nullus admittatur in monachum; sed, uno decedente, alter qui voluerit de terra illius in cujus terra fuerit abbatia, sine contradictione domini admittatur.

10. Super possessionibus autem et terris seu locis que, tempore Grecorum, habuerunt ecclesie et abbatie et monasteria in Cipro, idem archiepi-

---

[1] Au Ms. *et taliter suspendatur ordinatus.*
[2] Au Ms. *justa.*
[3] Au Ms. *Dalium.*
[4] Au Ms. *ita quod* est après *redacta.*

scopus et episcopi memorati vel successores eorum vel eorumdem ecclesie, vel aliquis pro ipsis, nullam contra reginam vel filium ejus, vel eorum heredes, vel contra barones, milites vel homines eorum, questionem movebunt; sed regina, filii ejus et eorum heredes et homines super predictis possessionibus nullam molestiam seu controversiam in posterum substinebunt; sed eas quiete et pacifice possidebunt, salvis tam cathedralibus quam aliis Latinorum ecclesiis, casalibus, omnibus prestriis et possessionibus universis, quas inpresentiarum possident, vel quas in posterum, ex donatione regum vel aliorum de consensu regio, acquirere potuerunt, quibus contente debent esse ecclesie cum decimis, et aliis rebus superius memoratis.

11. Ad hec quatuor tantum episcopi Greci, qui, de consensu nostro et voluntate utriusque partis, semper remanebunt in Cipro, obedientes erunt Romane ecclesie et archiepiscopo et episcopis Latinis, secundum consuetudinem regni Jerosolimitani; qui habitabunt in locis competentibus inferius nominatis. Loca autem sunt, in diocesi Nicosiensi, in Solia [1]; in diocesi Paphensi, in Archino [2]; in diocesi Nimociensi, in Lefkara; in diocesi Famagustana, in Carpasio [3].

Nos autem concordiam hujusmodi, nobis mediantibus factam, auctoritate legationis qua fungimur, confirmamus.

Datum Famaguste, anno ab Incarnatione M CCXXII, decimo octavo kalendas Octobris.

1223, 10 mars. D'Antioche.

Décret sur divers points de droit et de discipline eccélésiastiques adressé au clergé de Chypre par le légat apostolique Pierre, cardinal de Saint-Marcel.

Rome, Arch. du Vatican, Reg. orig. d'Honorius III. Ann. VII, p. 74. Extrait de l'Ep. 225 [4].

Petrus, permissione divina, tituli sancti Marcelli presbyter cardinalis, Apostolice Sedis legatus, venerabilibus fratribus Nycosiensi archiepiscopo, Paphensi, Famagustano et Nimosiensi episcopis, et dilectis filiis capitulis et universo clero in Cypro constitutis, salutem in Domino. Ut officii nostri debitum sicut tenemur sollicite prosequamur, diligentem operam et operosam diligentiam impendere nos oportet, ut in ecclesiis et personis le-

---

[1] Au Ms. *isula*; au n° 95, *in Sullia*.
[2] Arsinoé.
[3] Ces dernières dispositions n'étaient point, comme on l'a vu, dans le premier accord du mois d'octobre 1220.

[4] La lettre 225 est une bulle d'Honorius III, datée de Signia le 14 des calendes d'août, année 7° (12 juillet 1223), laquelle confirme et reproduit purement et simplement le présent décret.

gationi nostre commissis ea corrigere studeamus que correctione noverimus indigere, juxta Deum et sanctiones canonicas statuentes que ad honorem Dei pertineant, animarum salutem procurent et religionem ecclesiasticam foveant et augmentent. Nunc autem que statuenda vel potius renovanda duxerimus, cum a longe retroactis temporibus a sacrosancta romana ecclesia statuta jam fuerunt et hactenus observata, [ne] processu temporis per insolentiam aut malitiam aliquorum in confusionem pristinam redigi, aut sub dissimulatione valeant vel transgressione aliqua preteriri, scriptorum testimonio que vive vocis similitudinem gerere consueverunt, ea duximus commendanda. In primis ergo de consilio vestro, dilecti in Domino fratres, venerabilis archiepiscope et episcopi, nec non et vestro, dilecti filii in Domino canonici, et aliorum etiam discretorum et prudentum virorum, statuimus ut prelati, qui sunt in Cypro vel pro tempore fuerint constituti, canonicis suis, relicto pro se in ecclesiis ipsis vicario competenti, adeundi scolas licentiam conferant, prebendarum suarum fructus eis in scolis in theologica facultate studentibus per quinquennium concedentes. Decet enim ecclesiasticos viros sic disciplinis scolasticis insudare, ut, scientie lumine illustrati, in ipsis ecclesiis tamquam candelabra resplendentes, minoribus suis viam possint ostendere veritatis, propheta testante qui ait : « Labia sacerdotis cus-
« todient scientiam, et legem ex ore ejus requirent, quia angelus Domini
« exercituum est[1]. » Consequenter statuimus ut si de canonicis aliquem casu sinistro et presertim in obsequio ecclesie sue ab hostibus capi contigerit, prebende sue fructibus interim non privetur, sed eos, sine aliqua diminutione, percipiat sicut presens, quod apud quosdam sic audivimus per contrarium hactenus fuerat observatum. Inhumanum enim censemus, et ab omni equitate ac misericordia potius alienum, afflictos duplici afflictione conterere quibus compassionis viscera caritate magistra tenemur potius aperire, dicente domino qui vinctis aperuit carcerem : « In carcere eram et venistis ad me[2]. » Sequenti etiam constitutione decernimus ut fructus prebende canonici decedentis, qui vivens tenebatur debitis obligatus, eo anno in solutionem eorum cedant, que necessitatis causa contraxerat debitorum. Creditoribus igitur satisfacto, de eo quod residuum fuerit ejus anniversarium celebretur. Sic enim et vivis consulitur et defunctis, et prelatis etiam de jure suo nichil credimus deperire, cujus rei exemplum Judas Machabeus nobis prebuit ab antiquo, qui, collatione facta, duodecim millia dramgmas argenti misit

---

[1] Malach. II, 7. — [2] Math. XXV, 36.

Ierhosolymis offerri pro peccatis mortuorum. Auctoritate quoque presentium prohibemus ne in subditos suos prelati presumant ferre sententiam juris ordine pretermisso, salvo eo quod de notoriis in canonico et civili jure cavetur, in quo nos instruens Dominus Ihesus Christus, quia mulierem in adulterio deprehensam nemo probaverat condemnandam, inquit : « Nemo te « condemnavit mulier, nec ego te condemnabo[1]. » Ad hec, quia nihil magis fulget in domo Domini quam in ecclesiasticis viris vite honestas et conversatio impolluta, et quosdam in partibus vestris quamquam dolentes audivimus ita carnis immunditiis deservire, ut in domibus propriis impudenter habeant concubinas; quidam vero, etsi non in domibus propriis, in aliis tamen eas publice teneant, ipsisque necessaria subministrent; sancte Romane Ecclesie, matris nostre, sequentes vestigia, districte precipimus, ut quicumque in sacris ordinibus constitutus in domo sua de cetero publice habuerit concubinam, prebende sue proventibus a diocesano episcopo biennio spolietur; quod si in aliena domo eam tenuerit publice, nichilominus proventibus unius anni modo simili spolietur. At si non ei sic dederit vexatio intellectum, sed tamquam jumentum in stercore suo putrescere[2], ut sordidus totus fiat, magis elegerit, quam in vocatione qua vocatus fuerat debitum Domino impendere famulatum, ex tunc quod canonicum fuerit statuatur. Specialiter autem ministrorum altaris preter lucernas ardentes in manibus lumbi debent esse precincti, ut intelligant sibi dictum : « Mundamini qui « fertis vasa Domini[3]. » Item prelatos in dilectione minorum, minores vero in devotione majorum, mutue caritatis vinculo sine murmuratione volentes astringi, et omnem ab eis dissentionis materiam resecari, sub excommunicationis pena districtius prohibemus, ne in prelatum suum aliqui audeant conspirare. Si quis autem contra prohibitionem nostram venire presumpserit, tandiu excomunicationis vinculo se noverit innodatum, donec a Romana ecclesia quandiu per nos presens fuerit in partibus cismarinis, vel ex tunc a metropolitano scilicet Nicosiensis sedis antistite absolutionis beneficium juxta formam ecclesie consequatur. Debet enim eos efficaciter deterrere pena in Chore, Dathan et Abyron, quia conspiraverant in Moysen et Aaron, divinitus irrogata. Item, cum ville et casalia multa in insula Cipri a cathedrali et a parrochiali ecclesia multum distent, et parrochiam exinde frequentare omittunt, divinis interesse officiis et ecclesiastica requirere sacramenta, ac per hoc multorum caritas plurimum refrigescat, et grave sepe possit discri-

---

[1] Joann. VIII, 10, 11. — [2] Cf. Joel. I, 17. — [3] Isai. LII, 11.

men accidere animarum : laicorum saluti providere volentes, et ecclesiarum jura nihilominus illibata servari, presentium auctoritate precepimus, ut cum nobilis quisquam, presertim quem zelus Domini moveat, a diocesano episcopo devote duxerit expetendum ut ei habere liceat capellanum, qui sibi et suis ministret ecclesiastica sacramenta, cui etiam ipse nobilis necessaria conferat, assensus ei facilis, sine matricis ecclesie ac alieni juris prejudicio, prebeatur; ne, si quis pie, quod absit, intentionis proposito duxerit obsistendum, ab eo discrimen quodcumque inde acciderit requiratur, comminante Domino per Ezechielem prophetam : « Si me dicente ad impium morte mo-« rieris, non annuntiaveris ei, ipse in peccato suo morietur, sanguinem au-« tem ejus de manu tua requiram[1]. » Si quis autem decimas que tributa sunt egentium animarum, et in utroque testamento ministris altaris reddi jubentur, indebite duxerit retinendas, aut eas quibus debet ecclesiis non exolverit sine fraude, statuatur quod canonicum fuerit contra eum, dicente Domino per prophetam : « Inferte omnem decimationem in horreum meum, ut sit « cibus in domo mea[2]. » Datum Antiochie, vi idus Martii.

1228, 4 août. De Pérouse.

Après avoir rappelé que le roi, la reine et les seigneurs de Chypre se sont engagés à exécuter le compromis arrêté précédemment entre eux et les évêques du royaume, au sujet des dîmes, aussitôt que ce compromis aurait reçu la confirmation apostolique, Grégoire IX déclare le roi et les seigneurs obligés d'observer fidèlement cet accord, l'acte en ayant été confirmé par le saint siége, et les objections élevées contre les formes de cette approbation n'étant point valables.

Venise, Cartulaire de Sainte-Sophie, extrait du n° 100.

Gregorius, episcopus, servus servorum Dei, venerabili fratri patriarche Jerosolimitano, Apostolice Sedis legato, salutem et apostolicam benedictionem. Venerabiles fratres nostri archiepiscopus Nicosiensis et suffraganei ejus, transmissa nobis petitione, monstrarunt quod inter ipsos, ex parte una, et carissimum filium illustrem regem et reginam matrem suam, quondam Philipum de Ybellino, balium ejus, nec non nobiles viros, comestabulum, barones, milites ac alios homines universos Cipri, ex altera, super quibusdam decimis, possessionibus et rebus aliis, mediante venerabili fratre nostro Albanensi episcopo, tunc fungente legatione in partibus Orientis, amicabilis compositio intervenit, hoc expresse adjecto quod, quantotius eam auc-

---

[1] Ezech. III, 18. — [2] Malach. III, 10.

toritate apostolica confirmari contingeret, statim deberet executioni mandari. Verum, licet ipsa sit per Sedem Apostolicam compositio confirmata, et, ad majorem rei evidentiam, litteris confirmationis tenor compositionis insertus, compositionem ipsam renuunt observare, occasionem frivolam mendicantes: tum ex eo quod in litteris apostolicis verbum confirmationis tenorem compositionis juxta stillum ecclesie Romane precedit, tum quare illa clausula consueta, scilicet sicut sine pravitate provide facta est, in eisdem litteris continetur. Cum igitur, nedum contra Deum et ecclesias, sed nec etiam contra privatas personas hujusmodi cavillosis diffugiis insistere debeant, universitatem eorum monemus et hortamur attente, non obstantibus prenotatis exceptionibus, cum sint frivole, compositionem observantes eandem, ipsam adimplere procurent; alioquin, ne contra justiciam deferre videamur personis, fraternitati tue per apostolica scripta mandamus quatinus, si rex et regina prefata, nobiles, milites ac homines memorati monitis nostris non acquieverint, tu, non obstantibus exceptionibus nominatis, compositionem ipsam executioni mandare procures, eam faciens appellatione remota firmiter observari; contradictores per censuram ecclesiasticam appellatione postposita compescendo, non obstante constitutione consilii generalis qua cavetur ne quis ultra duas dietas extra suam diocesim per litteras apostolicas ad judicium trahi possit. Datum Perusii, II nonas Augusti, pontificatus nostri anno secundo.

1229.

Texte français du traité de l'empereur Frédéric II avec le sultan d'Égypte pour l'occupation de Jérusalem, transmis au pape Grégoire IX par Gérold, patriarche de Jérusalem, qui joint ses observations à ce document [1].

Rome. Arch. du Vatican. Reg. orig. de Grégoire IX. Ann. III, p. 129. Ep. 35. — Paris. Bibl. imp. Ms. Recueil de La Porte du Theil, R. L. 10, pièce 30.

Transcriptum capitulorum treugue, que graviora videntur. Est autem translatum de sarracenico in vulgare, de verbo ad verbum; nec vulgare transferre voluimus in latinum, ne mutare aliquid videremur.

1. Primum capitulum. « Li soldans baille à l'empereour ou à ses baillis

---

[1] Rinaldi (*Annal. eccles.* 1229, § 15, t. XXI, p. 6) et M. Pertz (*Monum. hist. Germ.* t. IV, p. 260) ont publié une traduction latine du traité de Frédéric; M. Huillard-Bréholles (*Hist. diplom. Frederici II*, t. III, p. 86) a donné le texte français sans les observations du patriarche; j'ai cru devoir réunir ici le texte et la critique de ce document, objet de tant de récriminations de la part des chrétiens contre l'empereur Frédéric et des musulmans contre le sultan Melec-el-Kemel.

« Jerusalem, le exalchie, qu'il en face cho que ilh vora, de garnir ou autre
« chose. »

Notandum quod imperatori sive bajulis suis fit concessio, non facta de
ecclesia, vel Christianitate, vel peregrinis aliqua mentione; et ita apparet
quod, secundum formam treugue, nullus potest eam munire vel etiam retinere, nisi imperator vel bajuli sui. Item notandum quod soldanus de jure
non habuit potestatem concedendi, cum super hoc violentia inferatur soldano Damasci, qui eam possidebat, nec treuguam jurare voluit, nec ratam
dictam concessionem habere.

2. Capitulum secundum. « L'emperere ne doit douchier[1] la Gecmelaza,
« cho est le Temple Salamon, ne le Temple Domini[2], ne nule riens do tot le
« porpris; ne ne doit soufrir que nus Frans, de quelque generation qu'il soit,
« que ilh se mete sor les lius montit; mais ilh remandront, sens rien cangier,
« en la main et la garde des Sarrasins, qui le terront por lor orrisons faire et
« por lour loie crier, sens cho que defendu ne contredit ne lor iert nulle riens
« de cho. Et les clés des portes des porpris de ches lius qui moti sunt seront
« ès mains des chiex ki iki seront por les lius servir, et de lour mains tollues
« ne seront. »

Hoc est abusio manifesta, que expositione non indiget. Hec est conventio
Christi ad Belial. Per hoc apparet si frequentatio psalmi illius : « Deus, venerunt gentes[3], » cessare debeat, cum adhuc Templum sanctum polluant infideles. Item notandum quod, cum in locis adjacentibus civitati nulla sint
casalia restituta, et remaneant in manibus Paganorum, et longe major erit
multitudo Sarracenorum venientium causa orandi ad Templum Domini,
quam multitudo Christianorum venientium ad Sepulchrum; quomodo poterunt habere dominium Christiani usque ad decem annos sine discordia et
periculo personarum, cum, sicut predictum est, sibi vires retineant Sarraceni.

---

[1] « Imperator non occupabit attingetve « Geemalata. » Rinaldi, *Annal. eccles.* 1229, § 16, t. XXI, p. 6.

[2] Le Temple-Domini était la mosquée d'Omar, la mosquée de la coupole ou de la Sakhra, élevée sur l'emplacement de l'ancien temple des Juifs. Le temple Salomon était la mosquée El-Aksa, au sud de la première. Ces deux temples font partie d'un ensemble de constructions que les Musulmans appellent El-Haram. (Voy. *Bibl. de l'éc. des chartes*, 2ᵉ série, t. IV, p. 394.) Les rois de Jérusalem, successeurs de Godefroy de Bouillon, avaient habité le Temple-Domini, ainsi que les Templiers; nous apprenons ici (art. 4) que le patriarche de Jérusalem faisait également sa résidence dans ce monument ou ses dépendances. Mais, depuis que les chrétiens avaient en réalité perdu Jérusalem, c'est-à-dire depuis le règne de Guy de Lusignan, le patriarche, comme l'abbé du Temple-Domini et les autres prélats, résidaient à Saint-Jean-d'Acre.

[3] Ps. LXXVIII, 1.

3. Capitulum tertium. « Non sera defendu à nul Sarrazin qu'il ne voyse
« franchement en pelerinage en Bethleem. »

4. Capitulum quartum. « Et si yl y a acuns Frans qui ayt ferme creanze
« en la hautece e en la dignité del Temple Domini, e il vuelt le lou visiter, e
« fayre yki ses oresons[1], il les y puisse faire; e s'il ne croyit[2] en sa hautece e
« en sa dignité, non doyt estre soffers à entrer en tot le propris de leu. »

Mirum est quod etiam clausuram illam utriusque Templi nullus Christianus ingredi permittetur, nisi credat sicut Sarraceni credunt. Item mirum est quod ipsi possunt libere intrare Bethleem, locum scilicet orationis nostre, in infidelitate sua, sine omni examinatione, et nos Templum Domini, inimo nec clausuram, in fide et nomine Jesu Christi non poterimus nec permittemur intrare, nisi prius eis constet quod de Templo quod ipsi credunt, credamus. Item notandum quod Templum Domini fuit primo sedes episcopalis, que nunc patriarcalis facta est, et ibi nunc sedes est Machometi.

5. Capitulum quinctum. « Se acuns Sarrasins meffayit des estaianz en Jeru-
« salem à Sarrazins com' il est, doyit estre menez por l'esgart des Sarrazins. »

Ecce quod jurisdictionem habent in civitate, sicuti Christiani.

6. Capitulum sextum. « L'empereres non aydera nul Franc, kí ke il soyt,
« en nule maniere, per nule entention kil avent, de kelke diversité kil soyent,
« ne Sarrazin à combattre, ni à guerre fayre contre les Sarrazins, ky kel sunt
« en ceste trive moty, ni no mandera oeulz, ni ne segra nul de uls en nule[3]
« des partye ky motyes sunt por battaille fayre, ne no se asentyra à eulz en
« aucune maniere, ne no les soccoyra ne d'ost, ne d'avoyr, ne de genz. »

Istud sacramentum, quod in hac parte fecit soldano, quomodo servari poterit cum eo, quod fecit ecclesie de tenendis mille millitibus per biennium et de quinquaginta galeis pro quibus excommunicatus est, quia adimplere eadem non curavit?

7. Capitulum septimum. « L'empereres destornera toy cels qui auront en-
« tendement del mal fayre en la terre del soldan Melec-el-Kemel, e en la terre
« ke est motyes en la tryve, e les defendra à son ost, e à son avoyr, e à ses
« homes, e à tot, kante k'il aura de poer. »

Si bene notetur istud capitulum, et si nunquam in aliis deliquisset, non solum Deus, contra quem se specialiter obligavit, verum etiam totus mundus deberet insurgere contra eum, quia in hoc contra universam Christianitatem commisit in obprobrium et contemptum excellentie imperialis et totius Christianitatis dedecus non modicum et manifestum gravamen.

[1] Ms. de Paris, *mesons*. — [2] Ms. de Paris, *oroyit*. — [3] Aux Mss. *mile*.

Ire PARTIE. — DOCUMENTS.

8. Capitulum octavum. Penes idem, sed magis expressum.
« S'aucuns Frans, ki ke il soyt, a entendement de trapasser rien des fer-
« metez ke recordées ou motyes sunt en ceste trive, li empereres e sor li est
« de deffendre le soldan, e d'oster e destorner l'en, à son ost e à son avoyr
« et à ses homes. »

9. Capitulum nonum. « Triple e sa terre, le Chrach[1], Castelblanc, Tor-
« tose, Margat e Antioche, e kant ke est en la trive, se soyt en son estat, en
« guerre e en trive, e sor l'empereor soyt kil deffendra à ses genz, e à son
« ost, e as apendanz à li e à cels ki à li venrunt, Frans privés e enstranges,
« à li venanz la aye des segnors de cels leus motiz, sor nule entention k'il
« ayent en la terre de Sarrazins. »

Hoc nunquam accidit, sicut dicitur, in terra, nisi modo, quia quando in regno Hierosolymitano treugua habebatur, loca precedentia milites regni et alii Christiani indifferenter juvabant, et ea, modis quibus poterant, defendebant.

1231, 5 mars. De Latran.

Grégoire IX mande à l'archevêque de Nicosie de lancer l'excommunication contre Balian III d'Ibelin, qui avait épousé Échive de Montbéliard, veuve de Gautier de Montaigu, nonobstant la défense à lui faite en raison de sa parenté avec Échive, et qui avait contraint par ses menaces l'archevêque de Nicosie à se réfugier à Saint-Jean-d'Acre; l'archevêque devra excommunier aussi les moines grecs qui persistent à attaquer la doctrine catholique au sujet des azymes, si les uns et les autres ne réparent leurs fautes.

Venise. Cartulaire de Sainte-Sophie, n° 6.

Gregorius, episcopus, servus servorum Dei, venerabili fratri archiepiscopo Nicosiensi, salutem et apostolicam benedictionem.

Quod super hiis qui tibi aliquam dubitationem inducunt nostrum ducis consilium requirendum, et ad ea exequenda que officium exigunt pastorale Apostolice Sedis auxilium invocas, solicitudinem tuam dignis in Domino laudibus commendamus et postulationibus tuis grato animo respondemus. Per tuas siquidem nobis litteras intimasti quod cum dudum nobilis vir B[alianus[2]], filius domini Beritensis, cum nobili muliere E[chiva], filia

---

[1] Il s'agit ici du château du Crac ou Crach, *Castrum Curdorum*, à l'est de Tripoli. Il y avait d'autres villes et châteaux de ce nom dans le sud de la Syrie. Par cet article, l'empereur s'obligeait à empêcher tous ceux qui pouvaient reconnaître son autorité de porter secours aux seigneurs des diverses localités nommées dans le traité.

[2] Balian III d'Ibelin, fils aîné du vieux sire de Beyrouth. Il dut obtenir plus tard des dispenses, et mériter le pardon de l'église, car son mariage ne paraît pas avoir été dissous.

quondam nobilis viri G[ualterii] de Montebeliardo, nobilis viri G[erardi] de Monteacuto [1] relicta, que tertio et quarto gradu consanguinitatis attingit eundem, matrimonium seu contubernium potius, contra interdictum ecclesie, per te ac bone memorie quondam P[elagium], Albanensem episcopum, tunc Apostolice Sedis legatum in partibus Orientis, sub interminatione anathematis promulgatum, clandestine contrahere presumpsisset, in totius terre Transmarine scandalum et suarum periculum animarum; tu, tante temeritatis excessum dissimulare non valens, in illos et fautores eorum propter hoc excomunicationis sententiam promulgasti; sed ipsi, quasi equus et mulus in quibus non est intellectus [2], maledictionem bibentes ut aquam, disciplinam ecclesiasticam non formidant, et claves ecclesie vilipendunt, publice asserentes quod, sub spe dispensationis quam a nobis se autumant obtenturos, secure possunt hujusmodi sententiam substinere, et, ut jumenta in stercore suo liberius conputrescant [3], te minis et terroribus regnum Cipri exire, ac in Accon, ubi nostrum beneplacitum expectare proponis, fugere compulerunt.

Adjecisti preterea de quibusdam monachis Grecis, qui, male de fide catholica sentientes, publice protestantur non esse in altari nostro Eucharistie sacramentum, nec de azimo, sed de fermentato potius debere confici corpus Christi, alia plura enormia que errorem sapiunt manifestum publice proponendo; propter quod illos usque ad beneplacitum nostrum carceri deputasti, et diligenter a te moniti nolunt ab errore hujusmodi resilire absque sui consilio patriarche. Nos igitur, zelum et rectitudinem tuam in Domino commendantes, fraternitati tue per apostolica scripta precipiendo mandamus quatinus, si est ita, predictos nobiles cum fautoribus suis, per universam provinciam Nicosiensem et per totum etiam regnum Cipri, singulis diebus dominicis et festivis, pulsatis campanis et candelis accensis, tam auctoritate nostra quam tua, usque ad satisfactionem condignam excommunicatos facias publice nunciari, invocans ad hoc nichilominus contra eos auxilium brachii secularis, si videris expedire, contra predictos monachos sicut contra hereticos processurus, nullis litteris veritati et justicie prejudicantibus a sede apostolica perpetratis.

Datum Laterani, tertio nonas Martii, pontificatus nostri anno quarto.

---

[1] Gérard de Montaigu était neveu de l'archevêque de Nicosie, Eustorge. Sa veuve Échive était petite-fille du roi Amaury de Lusignan.

[2] Tobi. VI, 17.

[3] Toute cette phrase, comme on le voit, est formée de divers passages empruntés aux saintes Écritures.

1231, 19 juillet. A Saint-Jean-d'Acre.

Gérold, patriarche de Jérusalem, légat apostolique, sur les plaintes des évêques de Chypre, déclare le roi et les nobles du royaume obligés de se conformer à l'accord qu'ils ont conclu avec les prélats au sujet des dîmes, nonobstant l'appel qu'ils ont interjeté par devant le pape.

Venise. Cartulaire de Sainte-Sophie, n° 100.

Giroldus, miseratione divina patriarcha Jerosolimitanus humilis, et indignus Apostolice Sedis legatus, omnibus presentes litteras inspecturis salutem in Domino.

Mandatum domini pape recepimus sub hac forma :

[Suit le texte de la bulle de Grégoire IX, en date du 4 août 1228, imprimée ci-dessus.]

Sane venerabili fratre nostro J. Paphensi episcopo, pro se et pro capitulo suo et dilectis filiis Bonovassalo de Aldo et D. Albanes, canonico Nicossiensi, venerabilium fratrum nostrorum E [ustorgii] Nicosiensis archiepiscopi, T. Nimociensis, A. Famagustani episcoporum et capitulorum eorundem procuratoribus, nec non et procuratoribus partis adverse, quam ad nostram evocari presentiam peremptorie feceramus, in nostra propter hoc presentia constitutis; memoratorum regis, regine et aliorum procuratores a nobis sepius requisiti an iidem rex, regina scilicet et alii per se observare vellent compositionem eandem, obsequendo domini pape, qui super hoc eis scripserat monitis et mandatis, responderunt eos ad hoc aliquatenus non teneri, asserentes nos compositionem ipsam, quibusdam rationibus, et presertim cum non tenuerit et confirmatio non valuerit, exequi non debere, ad id rationes multiplices inducendo. Die autem partibus ad audiendam super premissis interlocutoriam assignata, dictorum regis, regine et aliorum procuratores antequam pronunciaremus, nullo expresso gravamine, Sedem Apostolicam appellarunt. Cui, de prudentium virorum consilio, non duximus sicut nec debuimus deferendi; sed, examinatis utriusque partis rationibus et plenius intellectis, presertim cum simus meri executores, exceptiones premissas non admissimus, ipsas frivolas reputando[1], nichilominus decernendo per nos compositionem jam dictam executioni mandari debere, non obstantibus exceptionibus prelibatis.

Actum Accon, in domo nostra, anno Incarnationis Dominice M CC tricesimo primo, XIIII kalendas Augusti.

[1] Au Ms. *reputandas*.

1232, 9 avril. De Riéti.

Grégoire IX, après avoir rappelé comment l'abbaye de Lapaïs, près de Cérines, a été agrégée à l'ordre de Prémontré, notifie à l'abbé de ce monastère qu'il doit obéir à l'archevêque de Nicosie, comme à son ordinaire.

Venise. Cartulaire de Sainte-Sophie, n° 36.

Gregorius, episcopus, servus servorum Dei, dilectis filiis abbati et conventui monasterii Episcopie, Nicosiensis diocesis, salutem et apostolicam benedictionem. Ex parte venerabilis fratris nostri Nicosiensis archiepiscopi nobis exstitit intimatum quod olim, sub nomine tuo, fili abbas, nobis suggestum [1] [fuit] quod monasterium ipsum quibusdam fratribus ibidem sub regula beati Augustini degentibus ab inclite recordationis rege Jerosolimytano [2] pia fuerat liberalitate concessum; ac postmodum, fratres ejusdem loci, de assensu bone memorie T. [3] archiepiscopi Nicosiensis, loci diocesani, Premonstracensem susceperant ordinem et actenus in omnibus observarant, eo dumtaxat excepto quod nondum incorporati fuerant ordini memorato in visitationibus, correctionibus, et aliis que idem ordo tanquam caput membris suis impendere consuevit; nos dilectis filiis, abbati et conventui Premonstratensis, nostris dedimus litteris in mandatis ut dictum monasterium unitati prefati ordinis ascribentes, eidem visitationis et reformationis officium et alia impendi facerent que consueverunt impendere membris suis, ut, sicut professione et habitu subjectum ordini erat antedicto, sic in ceteris esset ei connexum que ad ordinem ipsum spectant, diocesani archiepiscopi salvo jure de obedientia et juramento a te, fili abbas, eidem archiepiscopo prestitis, nulla facta penitus mentione. Quare fuit ex parte ipsius archiepiscopi nobis humiliter supplicatum ut, cum premisse littere preter voluntatem tuam fuerint impetrate, prout in litteris tuis patentibus plenius dicitur contineri, providere super hoc sibi et ecclesie sue misericorditer dignaremur. Unde nos venerabilibus fratribus nostris, patriarche Anthiocensi, Apostolice Sedis legato, et archiepiscopo Appamiensi, ac dilecto filio P., canonico Antiochensi, per scripta nostra mandamus ut, si premissis veritas suffragatur, denunciantes predictas litteras non valere, vobis ex parte nostra expresse inhibeant, ne utamini litteris memoratis; contradictores per

---

[1] Au Ms. *suggesto*.
[2] Sans doute Amaury de Lusignan.
[3] Probablement Thierry, *Terricus*, inconnu jusqu'ici, et dont la mention au 14 des calendes de juillet se trouve dans l'obituaire de Notre-Dame de Paris, publié par M. Guérard, *Cartul. de Notre-Dame*, t. IV, p. 174.

censuram ecclesiasticam, appellatione postposita, compescendo, non obstante constitutione de duabus dietis edita in consilio generali. Ideoque universitati vestre per apostolica scripta mandamus quatinus eidem archiepiscopo debitam obedientiam et reverentiam exhibeatis, ac curetis integre de suis juribus, ut tenemini, respondere; alioquin sententiam quam idem archiepiscopus in vos propter hoc rite duxerit promulgandam, ratam habebimus et faciemus, auctore Domino, usque ad satisfactionem condignam, appellatione remota, inviolabiliter observari. Datum Reate, v idus Aprilis, pontificatus nostri anno sexto.

1232, 4 octobre. A Saint-Jean-d'Acre.

Arbitrage des archevêques de Césarée et de Nazareth et autres prélats et des grands maîtres des ordres militaires entre les évêques de Chypre, d'une part, le roi et les barons du même royaume, d'autre part, au sujet des dîmes que les barons n'avaient pas payées à l'église, nonobstant la convention faite en présence du légat Pélage, qui les y obligeait.

Venise. Cartulaire de Sainte-Sophie, n° 87.

In nomine Patris et Filii et Spiritus sancti, amen. Nos P[etrus] Cesariensis et H. Nazareni Dei miseratione archiepiscopi, R[adulphus] Luddensis episcopus, frater A[rmandus] Petragoricensis magister Templi, et frater G[irinus] magister Hospitalis sancti Joannis Jerosolimitani, arbitri[1] compromissarii et amicabiles compositores electi in causa que vertebatur inter dominum E[ustorgium] Nicosiensem archiepiscopum et suffraganeos ejus, ex una parte, et dominum H[enricum] regem, barones, milites et alios homines regni Cipri, ex alia, occasione fructuum detentorum decimarum ejusdem regni et aliarum rerum que continentur in compositione inter eosdem[2] facta per, bone memorie, dominum P[elagium], Albanensem episcopum, tunc Apostolice Sedis legatum, a tempore scilicet compositionis ejusdem citra, pro quibus nobilis vir J[ohannes] de Ybellino, dominus Beriti, in nos compromisit, promittens se facturum et procuraturum[3] ita quod dictus rex barones, milites et alii homines regni Cipri nostrum preceptum et nostrum arbitrium firmiter observabunt hinc inde, pena duorum milium marcarum argenti, sub fide et stipulatione promissa.

1. Pronunciamus igitur, per arbitrium amicabiliter componentes, quod dictus rex, barones et alii homines regni Cipri, exceptis expulsis et exhere-

---

[1] Au Ms. *arbitrii*. — [2] Au Ms. *eisdem*. — [3] Au Ms. *procuratorum*.

ditatis de ipso regno [1], domina regina A [elide] matre ejusdem regis, et aliis qui prefatam compositionem ab initio servaverunt, solvant et solvere teneantur domino archiepiscopo Nicosiensi et suffraganeis suis pro tempore elapso a die compositionis prefate usque ad medietatem mensis Junii anni proxime preteriti duo milia marcharum argenti per terminos infra scriptos, scilicet per annos quinque a kalendis mensis Octobris presentis computandos, videlicet quolibet anno marchas cccc, id est de tribus mensibus in tres menses centum marchas; pro tempore vero elapso, a predicta medietate mensis Junii anni proximi preteriti usque ad kalendas Octobris anni presentis, idem rex pro se solvat et solvere teneatur incontinenti mille byzantios albos, inter omnes ecclesias dividendos; residuum vero ejusdem temporis, facta diligenter ratione de omnibus rebus et redditibus quos idem rex ab illo tempore citra recepit, solvat et solvere teneatur per terminos assignatos super prefactis duobus milibus marcharum argenti. Alii vero barones, milites et alii homines regni Cipri, qui juraverunt stare mandatis ecclesie pro decimis memoratis, domino archiepiscopo et suffraganeis suis solvant et solvere teneantur integre de omnibus secundum quod ipsi juraverunt a tempore medietatis mensis Junii proximi preteriti in antea; et hoc idem alii qui non juraverunt facere teneantur. Rex autem, a presentis kalendis Octobris in antea, solvat et solvere teneatur integre de omnibus secundum tenorem compositionis sepius memorate et privilegiorum dictorum archiepiscopi et regine.

2. Item, precipimus et pronunciamus quod, tam dictus rex, quam omnes alii supradicti sepe factam compositionem in omnibus et per omnia de cetero teneantur irrefragabiliter observare. Precipimus etiam et pronunciamus ut idem rex casale sive prestriam quod vel que Mendias [2] vulgariter appellatur, cum omnibus juribus et rationibus, rusticis et rebus aliis, eidem casali vel prestrie pertinentibus, et cum omnibus suis pertinentiis et divisis, domino Nicosiensi archiepiscopo et ejus ecclesie donnet in perpetuum et assignet, sine servitio aliquo, libere ac quiete; et inde faciat ei privilegium, secundum consuetudinem regni Cipri.

3. Item, pronunciamus et precipimus quod ecclesia Famagustana, post

---

[1] A la suite de la guerre des Lombards, plusieurs chevaliers chypriotes avaient été privés de leurs seigneuries et contraints de quitter le royaume.

[2] Mandia, à l'est de Nicosie, dans la Mes-sorée. Le roi de Chypre dut en cet article au moins satisfaire à l'arbitrage, car le village de Mandia était encore la propriété de l'archevêché du temps des Vénitiens. Voy. ci-dessus, p. 502.

mortem Johannis Raynel, a prestatione septingentorum byzantiorum alborum quos idem Johannes recepit et debet recipere in vita sua pro casali ejusdem ecclesie quod appellatur Coboche [1], sit libera et immunis, salvo tamen doario suo, scilicet ccc quinquaginta byzantiorum, uxori ejusdem Johannis Rainel, quos [2] nunc habet, scilicet in vita ipsius domine tantum de septingentis byzantiis memoratis. Et de hoc ecclesie Famagustane faciat rex privilegium secundum consuetudinem regni Cipri.

4. Ab aliis vero que dicti archiepiscopus et suffraganei sui petebant a memoratis rege, baronibus et militibus et aliis hominibus regni Cipri occasione detentorum fructuum decimarum, absolvimus ipsum regem et alios memoratos; precipientes et pronunciantes quod dominus Nicosiensis et suffraganei sui, de omnibus supradictis et singulis observandis, faciant privilegium dicto regi, baronibus, militibus et aliis hominibus regni Cipri, sigillo plumbeo ejusdem archiepiscopi sigillatum; et e converso idem rex, pro se et pro baronibus militibus, et aliis hominibus regni Cipri, eisdem archiepiscopo et suffraganeis suis faciat privilegium suo sigillo plombeo sigillatum de omnibus supradictis et singulis observandis, et specialiter de compositione sepedicta integraliter in posterum observanda, secundum quod continetur in litteris, bone memorie, domini pape Honorii factis super confirmatione compositionis ejusdem, et secundum tenorem privilegiorum dictorum archiepiscopi et regine; pronunciantes insuper quod dominus Nicosiensis archiepiscopus prefactam confirmationem domini Honorii pape tradat et assignet regi sepius memorato, ita quidem quod idem rex transcriptum ejusdem confirmationis tradat et assignet eidem archiepiscopo sigillo suo plumbeo et testimonio suo et suorum hominum roboratum, eadem confirmatione remanente in sequestro penes magistros Hospitalis et Templi, donec idem archiepiscopus transcriptum predictum ab eodem rege recipiat, sicut superius est notatum, videlicet usque ad festum beati Andree proxime venturum. Si vero idem rex, usque ad dictum terminum transcriptum supra dictum non traderet archiepiscopo memorato, tunc dicti magistri Hospitalis et Templi dictam compositionem eidem archiepiscopo reddere teneantur.

Hec sententia et amicabilis compositio lata et publicata fuit coram partibus, extra civitatem Acon, in vinea [3] Hospitalis que vocatur Mahomeric [4];

---

[1] Kouklia de la Messorée, près de Kalopsida, à l'ouest de Famagouste.

[2] Au Ms. *quam.*

[3] Propriété rurale.

[4] Les Francs désignaient en général sous le nom de *Mahomeries* ou *Machomeries* les mosquées et les lieux où avaient été des mosquées.

anno Incarnationis Dominice MCCXXXII, iv° nonas Octobris, testibus presentibus domino Odone conestabulo regni Jerosolimitani, J[ohanne] domino Cesarie, J[ohanne] de Ybellino, filio quondam domini Philippi de Ybellino, fratre A. de Monte Bruno domus Hospitalis marescalco, fratre G. de Broges, fratre B. de Benraiges domus Templi priore sancte Katherine, A. cantore et G. thesaurario et Jacobo canonico Cesariensibus, B. cantore Tripolitano, B. cancellario regni Cipri, Maineboef milite, et pluribus aliis [1].

1233, 30 septembre. A Saint-Jean-d'Acre.

Hugues, abbé du Temple-Domini, vend à Eustorge, archevêque de Nicosie, une presterie fondée autrefois en Chypre par le roi de Jérusalem, Guy de Lusignan [2].

Venise. Cartulaire de Sainte-Sophie, n° 43.

In eterni Dei nomine, amen. Dominice Incarnationis anno millesimo ducentesimo trigesimo tertio, inditione sexta, pridie kalendas Octobris. Notum sit omnibus tam presentibus quam futuris quod nos Hugo, abbas Dominici Templi, consensu et consilio fratrum nostrorum canonicorum Dominici Templi, videlicet Nicolai prioris et Johannis de Alvernia canonicorum et Johannis et Bartholomei laycorum conversorum et fratrum ipsius ecclesie; presentia quoque et auctoritate et consensu domini G[iroldi], Dei gratia patriarche Jerosolymitani, Apostolice Sedis legati, pro bono et utilitate dicte ecclesie, videlicet pro emendis quibusdam domibus que fuerunt Constantini Brictii, positis in Accon, in ruga Provincialium, vendimus et tradimus vobis, venerande pater domine, Eustorgio, Dei gratia archiepiscopo

---

[1] Les sceaux appendus à la charte sont ainsi décrits dans le cartulaire : « Huic sententie suprascripte erant quinque imposita sigilla cerea pendentia cum filo serico rubeo omnia, in quibus scriptum erat primitus, in uno : *Sigillum Petri Cesariensis archiepiscopi*; in alio : *Sigillum Henrici archiepiscopi Nazareni*; in alio : *Sigillum Raoulf Liddensis episcopi*; in alio : *Sigillum*.......; « in alio : *Frater Girinus, custos.* »

[2] Cette pièce donne lieu à quelques observations. Nous voyons d'abord que l'église latine, en quittant Jérusalem avec les Francs pour se transporter à Saint-Jean-d'Acre, avait conservé les noms et les titres de la plupart de ses établissements religieux. De même que les rois, fixés d'abord à Saint-Jean-d'Acre, obligés ensuite de se réfugier dans l'île de Chypre, maintinrent à leur cour les grands officiers du royaume de Jérusalem, de même l'église conserva pendant longtemps un patriarche de Jérusalem et plusieurs abbayes de Terre-Sainte, qui reçurent des possessions d'abord à Saint-Jean-d'Acre, puis en Chypre. C'est ainsi qu'il y eut à Nicosie même des monastères de Notre-Dame de Tyr et du Mont-Thabor. On aurait pu appeler ces prélats des abbés *in partibus infidelium*, s'ils n'avaient eu dans leur nouvelle résidence, soit dans le royaume de Terre-Sainte, soit dans le royaume de Chypre, une juridiction, des terres et des établissements semblables à ceux dont leurs prédécesseurs avaient joui. On a vu précédemment (p. 627, n.) que le Temple-Domini était le temple même de Salomon à Jérusalem.

Nicosiensi quamdam prestariam, quam dominus Guido, olim rex Jherusalem, bone memorie, edificavit; que est prope flumen, versus casale olim Guillermi de Balma, cum decem carucatis terre predicte prestarie circunquaque contiguis, cum omni jure et actione et proprietate et pertinentiis et adjacentiis suis; insuper, damus, cedimus et mandamus vobis, domine archiepiscope, nomine vestre ecclesie recipienti, omnia jura, omnesque actiones utiles et directas nobis pro dicta ecclesia Dominici Templi vel ipsi ecclesie in predicta vel de predicta vendita competentia et competentes; ut his omnibus et singulis vos, domine archiepiscope, predicta vestra ecclesia et vestri successores, et quibus dederitis, possitis agere et experiri contra omnem personam et locum, pro precio bisanciorum mille centum saracenorum ad pondus Accon, quos confitemur nos a vobis accepisse et habere, pro solvendo precio dictarum domorum que fuerunt Constantini Brictii, renunciando exceptioni non soluti precii; promittentes, nos dictus abbas, consensu et consilio prefati capituli nostri, et ipsum capitulum pro dicta ecclesia, vobis, domine archiepiscope, recipienti pro ecclesia vestra, ad penam dupli prefacte rei vendite nos pro dicta nostra ecclesia esse auctores et defenssores et disbrigatores de ipsa revendita et omni ejus pertinentia, ab omni persona et loco, cum propriis expensis dicte domus; vobis, domine archiepiscope, et vestris successoribus obligando nos et nostros successores et bona ecclesie nostre pro predictis omnibus et pena; asserentes, nos dicti abbas et capitulum ideo facere hanc venditionem quare parum proventum inde habebamus; et sic precipimus vobis possessionem omnium predictorum ingredi et nos pro vobis et vestro nomine constituimus possidere precario. Acta sunt hec Accon, in curia predicti domini patriarche, presentibus A. episcopo Liddensi, et N. decano Acconensi, et P. abbate Montis Thabor, et magistro Guillelmo Durando, canonicis Nicosiensibus, et fratre Johanne de Aaras, et fratre Guillelmo de Berbisi, et fratre Johanne priore Episcopie, testibus ad hoc rogatis. Ego Gerardus, quondam Benenati Cascinensis filius, imperialis aule et domini imperatoris postea judex et notarius, et comunis Pisani in Accon scriba publicus, prefatis omnibus interfui, ideoque, rogatu prefactorum contrahentium, hec omnia scribsi et firmavi. Et ad majorem rei firmitatem et confirmationem predictorum, hujus videlicet prestrie vendite, que est in Cypro prope Nicosiam, nos G[iroldus], patriarcha Hierosolymitanus, Apostolice Sedis legatus, et nos, Hugo abbas et capitulum Dominici Templi, cartam istam sigillorum nostrorum munimine fecimus roborari.

1234, juillet. A Nicosie.

Le roi Henri Ier de Lusignan échange une certaine quantité de terre de Maratha contre la presterie de Kavallari, et donne ce village à l'église de Nicosie.

Venise. Cartulaire de Sainte-Sophie, n° 60.

In nomine Patris et Filii et Spiritus sancti, amen.

Conue chose soit à tous ceulx qui sont present et qui sont advenir que je, Henri, par la grace de Dieu, roy de Cipre, doing et octroi et conferme à toy Guillaume, filz de Acharie, et aux hoirs que tu as et auras de ta femme espose x charruées de terres, qui sont ou terroir de Marathe, et se devisent devers levant au casal qui a nom Auramique, devers occident au casal qui a nom Marathe, devers boire au casal qui a nom Sandallari, et devers oistre au casal qui a nom Stillos; c'est assavoir en eschange de la prestrie qui a nom le Cavallari [1] que tu soloies tenir par le don que mon pere, de bone memoire, monseigneur Hugue, noble roi de Cipre, fist à ton pere Acarie, en creisseiment de son fié, si comme il se contient au previlege du devant dit roi Hugue mon pere de ce fait. La quelle prestrie j'ai donée à l'arcevesque de Nicosie et à l'eglise de Nicosie, pour ce que il disoit che elle estoit des [2] appertenances de Mendias. Les quelles dix charruées de terres devant nommées, je et mes hoirs somme tenus à toi et tes hoirs motis de garentir et de defendre contre toutes personnes, soit homme ou femme, de tous chalunges et de toutes requestes. Et se moi ou mon hoirs ne les puissions garentir et defendre à toi et à tes hoirs, nos les vos sommes tenus de restaurer à la valeur et à ton gré et de tes hoirs. Et pour ce que cestui mien don soit ferme et stable perpetuellement, je ai cestui privilege fait faire et garnir de mon seel de plomb. De ce son garent Jehan de Ybelim seigneur de Barruth, Jehan d'Ibelin son nepveu, Balian d'Ibelim, Bauduym d'Ibelim, Hugues d'Ibelim, Guillaume Visconte, Arneis de Gibelet. Ce fut fait en l'an de l'incarnation nostre Seigneur Jesus Christ mccxxxiiii. Donné à Nicosie, par la main de Bonvasal d'Aude, cancelier du reaulme de Cipre, au [3] mois de Juillet.

---

[1] *Cavallari* n'est pas marqué sur les cartes, et je ne l'ai pas rencontré sur ma route, mais ce village était la propriété de l'archevêché de Nicosie encore sous les Vénitiens (voy. ci-dessus, p. 502). La position d'*Auramique* est également incertaine. Quant à Maratha, Sandalari, Stylous et Mandia, autres localités mentionnées dans la charte, ce sont des villages connus de la Messorée, entre Nicosie et Famagouste.

[2] Au Ms. *de.*

[3] Au Ms. *du.*

Iʳᵉ PARTIE. — DOCUMENTS.

1234, août. A Nicosie.

Le roi Henri Iᵉʳ confirme la fondation perpétuelle d'un service de messe faite par Baudouin de Morpho, pour le salut de son âme.

Venise. Cartulaire de Sainte-Sophie, n° 41.

In nomine Patris et Filii et Spiritus sancti, amen. Ego Henricus, Dei gratia, rex Cipri, notum facio tam presentibus quam futuris quod Balduynus de Morfo, meus homo ligius, in mea presentia constitutus, consensu et voluntate mea donavit et concessit ecclesie Nicosiensi in elemosinam cxx bisancios albos in perpetuum, annuatim, per quatuor anni terminos, scilicet de tribus in tres menses xxx bisancios, persolvendos, videlicet super assisia sua mille bisanciorum alborum quam ego sibi donavi et assignavi super redditibus Sancti Sabe, in territorio Paphensi. Prefata vero Nicosiensis ecclesia, pro predicta elemosina, debet tenere unum sacerdotem pro remedio anime ipsius Balduini et predecessorum suorum, in perpetuum divina officia celebrantem. Quam donationem et concessionem ego, ad ipsius Balduyni precum instantiam, concedo in perpetuum et confirmo. Et si contingerit quod prelibata assisia bisanciorum mille ad me vel meos posteros revertatur, ego et heredes mei tenemur dare et solvere eidem Nicosiensi ecclesie, singulis annis, cxx bisancios supradictos, super redditibus Sancti Sabe. Si vero idem Balduinus, vel heredes ipsius, donarent, vel venderent, vel pignori obligarent, vel alio quocumque modo alienarent assisiam supradictam, ille ad cujus manus devenerit predictos cxx bisancios albos eidem ecclesie tenebitur ad solvendum scilicet per quatuor anni terminos, sicut superius est expressum ; quod si facere recusaret, tam ego quam heredes mei ipsum tenemur compellere ad prefactos bisantios integre persolvendos, et ipsa ecclesia nichilominus possit eum compellere per censuram ecclesiasticam ad solvendum. Ut autem predicta omnia imperpetuum plenum robur obtineant firmitatis, presens privilegium fieri feci, ac impressione sigilli mei plumbei communiri. Testes hujus rei sunt : Johannes de Ybellino dominus Beryti, Johannes de Ybellino junior, Balduinus de Ybellino, Hugo de Ybellino, Guillelmus Vicecomes, Arneisius de Gibelet. Datum Nicosie, per manum Bonvassali de Aldo, cancellarii regni Cipri, anno Incarnationis Dominice MCCXXXIIII, mense Augusti [1].

[1] A la fin, le copiste du cartulaire note que la pièce était scellée en plomb sur soie rouge. Le sceau portait d'un côté l'image du roi et l'inscription : *Henricus rex Cipri;* au revers, une ville et l'inscription : *Civitas Nicosie.*

1234, 7 août. D'Arona [1].

Grégoire IX engage Jean d'Ibelin, seigneur de Beyrouth, baile de Chypre, à réparer les torts qu'il a eus vis-à-vis de l'empereur Frédéric.

Rome. Arch. du Vatican. Reg. orig. de Grégoire IX. Ann. VIII, p. 199. Ep. 184.

Gregorius, episcopus, servus servorum Dei, nobili viro Johanni de Bellino, spiritum consilii sanioris. Ad aures nostras noveris pervenisse quod tu, iniqua suggestione seductus, carissimum in Christo filium nostrum, Fridericum, illustrem Romanorum imperatorem semper augustum, Jerusalem et Sicilie regem, gravissime offendisti, celsitudini imperiali non deferens, nec precavens tibi ipsi ut hujusmodi difficultatis articulum evitasses. Quia vero congrua est adhibenda vulneri medicina, nobilitatem tuam monemus et hortamur attente et tibi consulimus bona fide quatinus, cum consultius esse noscatur ut sibi per se, absque coactionis violentia satisfiat, per idoneos nuntios, quos ei transmittere non postponas, satisfactionem eidem ultroneus offeras de dampnis et injuriis irrogatis. Nos enim de securitate tua et tuorum, et te restituendo in gratiam suam curabimus, prout opportunum fuerit paterna sollicitudine providere. Quod si aliqua dubitatio a consilio nostro te forte retraxerit, saltem spontaneus te nostre ordinationi committens, offeras satisfacere imperatori predicto sicut ecclesia Romana duxerit disponendum. Alioquin, cum non possimus nec etiam debeamus ipsi deesse in justitia in qua sumus aliis debitores, exercere in te rigorem justitie, juxta commissum a Deo nobis officium, compellemur, et tu duritie tue poteris discrimina, que inde tibi evenerint, imputare. Datum apud Arronem, VII idus Augusti, anno octavo.

1237, 26 mai. A Viterbe.

Grégoire IX autorise le roi de Chypre et les membres de sa famille à entendre les offices divins et à recevoir la communion dans leur chapelle particulière, sans être astreints à se rendre à l'église mère de Nicosie.

Venise. Cartulaire de Sainte-Sophie, n° 67.

Gregorius, episcopus, servus servorum Dei, carissimo in Christo filio

---

[1] Voy. notre t. Ier, p. 59. Vers le même temps, ou en 1235, le pape engageait les chevaliers de l'Hôpital à ne point seconder Jean d'Ibelin et le peuple d'Acre, s'ils voulaient assiéger la ville de Tyr ou tout autre lieu dépendant de l'empereur, alors réconcilié avec le saint siége. Vertot, *Hist. des chev. de Malte*, in-4°, 1726, t. Ier, p. 613; Reinhard, *Hist. de Chypre*, t. Ier, pr. p. 37; Rinaldi, *Ann. eccles.* t. XXI, p. 130.

regi Cipri illustri, salutem et apostolicam benivolentiam. Cum, sicut tua nobis petitione monstrasti, tu ac familia tua recipiendis ecclesiasticis sacramentis ad matricem ecclesiam, a qua non modicum remoti existitis [1], accedere non possitis, tibi et eidem familie, ut a capellano capelle tue audire divina, communionem et alia sacramenta ecclesiastica recipere valeatis, sine juris alieni prejudicio, de speciali gratia, auctoritate presentium indulgemus. Datum Viterbii, VII kalendas Junii, pontificatus nostri anno undecimo.

1237, 17 novembre. De Rome.

Grégoire IX se plaint au roi et à la reine de Chypre de ce que les chevaliers du royaume, à leur exemple, ne payent point exactement les dîmes dues à l'église, qu'ils contractent des mariages à des degrés prohibés, qu'ils ne tiennent pas compte des excommunications et qu'ils remplacent souvent dans leurs terres les baillis latins par des baillis grecs et syriens, hommes hostiles aux intérêts de l'église latine.

Rome. Arch. du Vatican. Reg. orig. de Grégoire IX. Ann. IX, p. 336. Epist. 300.

Gregorius, episcopus, servus servorum Dei, karissimis in Christo filiis, regi et regine Cypri, illustribus. Sponsus ecclesie, Jhesus Christus, qui se in ministris suis honorari asserit atque sperni, tunc feliciter diriget actus vestros cum pia loca et viros ecclesiasticos, qui ejus obsequio sunt specialiter deputati, non solum pro ipsius reverentia et honore curaveritis diligere ac fovere, verum etiam abstinere penitus ab injuriis et gravaminibus eorundem. Cum enim Dominus sibi decimas in signum universalis dominii reservarit, vos et barones ac milites regni vestri, sicut venerabili fratri nostro archiepiscopo Nicosiensi et suffraganeis suis nobis innotuit intimantibus, decimas ecclesiis quibus de jure debentur solvere denegatis. Et cum iidem interdum in dictos barones ac milites et eorum balivos interdicti et excommunicationis sententias proferant, prout spectat ad officium eorundem, tum pro detentione decimarum ipsarum, tum etiam pro eo quod contra interdictum ecclesie in gradibus divina lege prohibitis matrimonia de facto contrahere non verentur, vos eos, quos divinus timor a malo non revocat, utpote per annum et apostoli hujusmodi sententias dampnabiliter contempnentes cohibere a peccato temporali disciplina, prout deceret, regalem

---

[1] Ces mots indiquent bien que le palais habité par les Lusignans au XIIIe siècle était à une assez grande distance de l'église de Sainte-Sophie. Cet éloignement est un nouvel indice que je ne puis négliger pour établir l'opinion que l'ancien palais royal de Nicosie était situé vers la porte de Paphos, au lieu même où le roi Pierre II fit construire le grand palais, pillé par les Égyptiens en 1425, et détruit en 1567 par les Vénitiens. *Correspondant*, février 1847, p. 524.

excellentiam non curatis; quin potius, sic ligati, admittuntur ad vestra et regni negotia pertractanda, et per eorum consilia diffinitive sententie proferuntur; propter quod ipsi, de impunitate securi, et premissa presumere ac alia jura ecclesiis subtrahere non formidant; balivos quoque Grecos et Surianos, amotis Latinis, in terris suis pro sua instituunt voluntate, ut Latinos et eorum ecclesias multipliciter aggravent et affligant. Preterea, vos et barones ac milites supradicti quicumque in remotis agentes, interdum occasione pignoris predia et possessiones vestras fratrum militie Templi vel Hospitalis Jerosolimitani aut aliorum religiosorum exemptorum custodie deputatis, qui decimas de illis ecclesiis quibus debentur de jure motu proprio non exolvunt, ut sic, ecclesiis ipsis decimis defraudatis, majores in redditus assequi valeatis, in grave detrimentum earumdem ecclesiarum, et ipsorum archiepiscopi et suffraganeorum suorum prejudicium et gravamen. Satagentes igitur et ecclesiarum indempnitati et saluti vestre juxta officii nostri debitum providere, serio vos rogamus, monemus et hortamur attente quatenus, ad Deum habentes puro corde respectum, et transitoriis eterna ut convenit preferentes, sic circa premissorum correctionem vos gerere studeatis, decimas et jura ecclesiis quibus debentur, et vos ipsi solvendo ac faciendo, ab aliis cum integritate persolvi, ac talibus personis taliter predia et possessiones excolendas committi, qui decimas ecclesiis integre absque contradictione persolvatis, detentores ad exhibitionem eorum potestate vobis a Domino tradita nichilominus compellendo, quod Deo gratum et nobis merito sit acceptum, vosque divinam gratiam uberius consequi mereamini, et nos sinceritatis vestre zelum possimus in Domino commendare. Datum Laterani, xv kalendas Decembris, anno XI [1].

1239, décembre. A Nicosie.

Le roi Henri confirme l'assise fondée dans l'église métropolitaine de Nicosie pour le repos de l'âme du roi Guy de Lusignan, seigneur de Chypre, son grand-oncle.

Venise. Cartulaire de Sainte-Sophie, n° 55.

In nomine Patris et Filii et Spiritus sancti, amen. Notum sit omnibus tam presentibus quam futuris quod ego, Henricus, Dei gratia, rex Cipri, con-

---

[1] Une bulle semblable fut adressée à l'abbé et au prieur de Lapaïs : « In eundem modum « abbati et priori Episcopie, Nicosiensis dio« cesis, usque : commendare. Quocirca mone« mus quatenus dictos regem et reginam ad « id moneatis attentius ac inducere procu« retis. » Nous ne connaissons que les rubriques de ces pièces données par les index de la Vallicellana et de La Porte du Theil. Voy. notre t. Ier, p. 61.

cedo et confirmo Deo et ecclesie Nicosiensi elemosinam que fuit instituta in eadem ecclesia pro anima patrui patris mei, domini Guidonis, inclite recordationis, regis Jherusalem illustris et domini Cipri, a tempore mortis sue, videlicet c bisantios albos annuatim, qui fuerunt assignati eidem ecclesie super omnibus redditibus testarie civitatis Nicosiensis, et si inde defuerint, super omnibus aliis meis redditibus melius apparentibus regni Cipri, scilicet de tribus in tres menses xxv bisantios, annis singulis persolvendos; et modios xl frumenti annuatim, per totum mensem Augusti, in domum sacerdotis qui per archiepiscopum in ecclesia Nicosiensi fuerit institutus ad hanc assisiam deferendos; et metras l vini annuatim per totum [1] mensem Novembris in domum ejusdem presbiteri similiter deferendas. Dictus vero archiepiscopus in ecclesia Nicosiensi instituet et tenebit perpetuo unum sacerdotem pro anima dicti regis, patrui patris mei, divina officia celebrantem. Ut autem predicta omnia plenum robur habeant firmitatis, presens privilegium fieri feci, ac sigillo meo plombeo sigillari. Hujus rei testes sunt Balianus de Ibellino dominus Beriti et comestabulus regni Cipri, Henricus filius principis Anthiocheni, Baldoinus de Ibellino, Guido de Ibellino, Baldoinus de Morfo, Robertus de Monte Gisardo, Arnisius de Gibeleto. Actum Nicosie, anno Incarnationis Domini mccxxxix, mense Decembris. Data per manum Bonivasali de Aldo, regni Cipri cancellarii.

1243, 14 juillet. A Anagni.

Innocent IV prend le monastère grec de Sainte-Marguerite d'Agro sous la protection apostolique, et l'exempte de la dîme, tant sur les terres possédées par le monastère avant le dernier concile général, et cultivées par les religieux eux-mêmes, que sur les produits divers nécessaires à la nourriture de leurs animaux.

Venise. Cartulaire de Sainte-Sophie, n° 107.

Innocentius, episcopus, servus servorum Dei, dilectis filiis abbati et conventui monasterii monachorum Grecorum sancte Margarite de Agros[2], ordinis sancti Basilii, Nicosiensis diocesis, salutem et apostolicam benedictionem. Sacrosancta Romana ecclesia devotos et humiles filios ex assuete pietatis officio propensius diligere consuevit, et ne pravorum hominum

---

[1] Au Ms. totam.

[2] Probablement Agro, entre le mont Troodos et le mont Machera, et sur les confins des diocèses de Nicosie et de Limassol, comme l'on voit dans une bulle du 25 janvier 1245, où Innocent IV charge le patriarche de Jérusalem, légat apostolique, de veiller à ce que les religieux grecs d'Agro ne soient plus inquiétés dans leurs personnes ou leurs biens par divers habitants des diocèses de Nicosie et de Limassol. (Cartulaire de Sainte-Sophie, n° 108.)

644   HISTOIRE DE L'ÎLE DE CHYPRE.

molestiis agitentur, eos tanquam pia mater[1] sue protectionis munimine confovere. Ea propter[2], dilecti in Domino filii, vestris justis postulationibus quanto [possumus] concurrentes assensu, personas vestras et monasterium ipsum in quo divino estis obsequio mancipati, cum omnibus bonis que inpresentiarum rationabiliter possidet, aut in futurum justis modis prestante Domino poterit adipisci, sub beati Petri et nostra protectione suscipimus; specialiter autem grangiam sancte Marie de Brilo[3], in capite de Cavata[4], Nemociensis diocesis, cum pertinentiis suis, possessiones et alia bona vestra, sicut ea omnia juste ac pacifice possidetis[5], et instrumentis vestris plenius dicitur contineri, vobis et per vos monasterio vestro auctoritate apostolica confirmamus, et presentis scripti patrocinio comunimus. Ad hec, cum Greci usque ad tempora consilii generalis[6] decimas solvere minime consueverunt, laborum vestrorum quos propriis manibus aut sumptibus colitis de possessionibus habitis usque consilium generale vel de vestrorum animalium nutrimentis, nullus a vobis decimas exigere vel extorquere presumat; de habitis post consilium quos propriis manibus aut sumptibus colitis, decimas exsolvetis. De hiis autem quas aliis conceditis excolendas, sive ante sive post consilium habitis, decime persolvantur. Nulli ergo, etc. Si quis hoc autem, etc. Datum Anagnie, II° idus Julii, pontificatus nostri anno primo.

1244, au mois de mars.

Boniface, abbé de Cîteaux, confirme l'autorisation donnée par l'archevêque de Nicosie à la comtesse Alix de Montbéliard, veuve de Philippe d'Ibelin, de fonder à Nicosie un couvent de religieuses de Cîteaux.

Venise. Cartulaire de Sainte-Sophie, n° 64.

Venerabilibus viris et discretis Eustorgio, Dei gratia archiepiscopo, et capitulo Nicosiensi, frater Bonifacius, dictus abbas et conventus Cistercii, eternam in Domino salutem. Per fide dignos intelleximus vos concessisse nobili mulieri domine A[elisie][7], relicte bone memorie domini Philippi de Ybel-

[1] Au Ms. *matri*.
[2] Au Ms. *et propter*.
[3] Dans la bulle du 25 janvier 1245, n° 108, citée précédemment, on lit *Sancte Marie de Stilo*.
[4] Le cap Gavata ou Gatta, près Limassol.
[5] Au Ms. *possedatis*.
[6] Le quatrième concile de Latran, en 1215.
[7] Elle est nommée Ælisia dans une pièce de 1232. (Paoli, *codice dipl.* t. Ier, p. 292.) Les lignages l'appellent la *contesse Aalis*, et nous apprennent qu'elle était sœur de Gautier de Montbéliard. (*Assises*, t. II, p. 452.) Elle était veuve de deux maris. Elle avait épousé d'abord le comte Bertot, et, en secondes noces, Philippe d'Ibelin, mort en 1228, qui avait gouverné comme baile le royaume de Chypre avec son frère, le vieux sire de Beyrouth.

lino, et super hoc vestras patentes litteras, domine archiepiscope, jamdudum recepimus, ut apud Nicosiam, inter domum fratrum Predicatorum et domum fratrum Minorum, monialium Cisterciensis ordinis constitueret abbatiam, salvo jure ecclesie Nicosiensis in decimis possessionum quas habent vel habiture sunt, et in sepulturis, et integre in quarta que debetur ratione sepulture. Cujusmodi concessionem gratam habemus et acceptam, presentes litteras sigillo nostro roboratas vobis super hoc in testimonium transmittentes. Datum anno Domini millesimo ducentesimo quadragesimo tertio[1], mense Martii[2].

1245, 30 juillet. De Lyon.

Innocent IV accorde pour cinq ans à l'archevêque de Nicosie la faveur de ne pouvoir être excommunié, interdit ou suspendu, par aucun légat apostolique, sans un ordre exprès du saint siége[3].

Venise. Cartulaire de Sainte-Sophie, n° 18.

Innocentius, episcopus, servus servorum Dei, venerabili fratri archiepiscopo Nicosiensi, salutem et apostolicam benedictionem. Apostolice Sedis ampla benignitas provide pensans merita singulorum, illos non immerito gratia prosequitur ampliori quos in sua devotione promptos invenerit et ferventes. Sincere igitur devotionis fervorem quem ad nos et Romanam ecclesiam habere dignosceris studiosius attendentes, ac per hoc te cupientes speciali prosequi gratia et favore, auctoritate tibi presentium indulgemus ut nullus delegatus a nobis vel subdelegatus ab eo, executor seu conservator, possit in personam tuam interdicti vel suspensionis vel excommunicationis sententiam promulgare, absque speciali Apostolice Sedis mandato faciente de indulgentia hujusmodi mentionem. Nulli ergo omnino hominum liceat hanc paginam nostre concessionis infringere, vel ei ausu temerario contraire. Si quis autem hoc attemptare presumpserit, indignationem omnipotentis Dei et beatorum Petri et Pauli apostolorum ejus se noverit incursurum, presentibus post quinquenium minime valituris. Datum Lugduni, III kalendas Augusti, pontificatus nostri anno tertio.

---

[1] Vieux style de France.

[2] Le sceau de l'abbé de Cîteaux est ainsi décrit : « Huic littere suprascripte erat impo- « situm sigillum unum cereum de cera glau- « ca, pendens cum filo serico rubeo, in quo « sculptus erat abbas quidam. Et erat scrip- « tum : *Sigillum abbatis Cisterciensis.* »

[3] Ce privilége de l'archevêque de Nicosie fut renouvelé en 1250 et 1251 par des bulles d'Innocent IV, adressées à l'abbé de Lapaïs : « Dilecto filio abbati Episcopie, Nicosiensis « diocesis. » Les bulles de confirmation se trouvent dans le cartulaire de Nicosie, sous les n°[s] 21 et 22.

1245, décembre. A Nicosie.

L'archevêque de Nicosie donne à cens certaines maisons construites sur l'emplacement de l'ancienne abbaye de Teupetomeno.

Venise. Cartulaire de Sainte-Sophie, n° 58.

Noverint universi presentem paginam inspecturi quod nos, Eustorgius, miseratione divina Nicosiensis archiepiscopus, de comuni voluntate et assensu nostri capituli, concedimus tibi Andronico et duobus fratribus tuis, Theodoro videlicet et Johanni, et sorori vestre que vocatur Fugna, filiis quondam Nicolai Teupetomeno, et tuis et dictorum fratrum heredibus et uxoribus legittimis procedentibus, domos quas pater vester et vos edificastis in curia ubi fuit olim abbatia que vocatur Teupetomeno[1], pro censu unius rotule cere, in festo Transfigurationis, nostre ecclesie anno quolibet persolvendo a vobis quatuor fratribus, vel a quocumque herede vel heredibus vestris, ad quem vel ad quos domus devenerint supradicte. Et nos promittimus vobis et heredibus vestris quod dictas domos defendemus, quantum de jure poterimus, ab alio censu dando a vobis et vestris pro illis. Et ut hec pagina majoris obtineat roboris firmitatem, ipsam duximus sigilli nostri plumbei munimine roborandam. Datum Nicosie, anno Domini MCCXLV, mense Decembris.

1246, 8 février. A Nicosie.

Georges, abbé du monastère de Lapaïs, reconnaît avoir reçu le legs que Roger le Normand, chevalier, a fait par son testament au monastère de Lapaïs, à la condition que l'abbaye entretiendra perpétuellement un de ses frères pour dire la messe des morts en faveur du testateur et de sa femme Alix, soit à Paphos, soit en tout autre lieu désigné par l'archevêque de Nicosie.

Venise. Cartulaire de Sainte-Sophie, n° 37.

In nomine Domini, amen. Anno ab Incarnatione Domini MCCXLVI, octava die mensis Februarii, in presentia testium subscriptorum. Nos frater Georgius, abbas, et conventus Episcopie, Nicosiensis diocesis, notum facimus omnibus presens instrumentum inspecturis quod cum Rogerius Normandus, miles, inter alia legata et fideicommissa que in suo eulogio reliquit, reliquerit etiam prefacte domui nostre Episcopie sexcentos bisancios saracenatos justi ponderis et unam crucem de ligno Dominico, insertam auro, hac condictione adjecta legato, ut nos et domus nostra debeamus perpetuo ordinare

---

[1] Cette abbaye paraît avoir été située dans l'intérieur de Nicosie même.

et constituere quendam sacerdotem de nostris fratribus vel de aliis secularibus in domo nostra quam habemus in civitate Paphensi, vel alibi, secundum ordinationem et arbitrium venerabilis patris nostri Nicosiensis archiepiscopi, diocesani et ordinarii nostri, qui ibidem perpetuo celebret missam de defunctis pro anima ipsius testatoris et domine Haelis, quondam uxoris sue, excepto alio sacerdote pro causa alia ibidem instituto; confitemur nos recepisse per manus venerabilis patris E[ustorgii], domini archiepiscopi Nicosiensis, prefatum legatum, scilicet predictos sexcentos sarracenatos et crucem, de voluntate et consensu et auctoritate executorum testamenti predicti defuncti; renunciantes exceptioni non numerate pecunie et auri non ponderati, et omnium legum auxilio, nobis in hac parte competenti et competituro. Promittimus etiam complere et attendere predictam conditionem, etc.[1]. Ad cujus rei evidentiam, et nostri sigilli munimine, et venerabilis patris domini Stephani Famagustani episcopi, et domini B. archidiaconi Nicosiensis, fecimus roborari. Actum Nicosie, in palatio predicti domini E[ustorgii], venerabilis archiepiscopi Nicosiensis, mense et anno pretitulatis. Ego, Robertus, cantor Nicosiensis, predictis interfui. Ego, Robertus, canonicus ecclesie Nicosiensis, testis sum. Ego, magister Guillelmus, canonicus Nicosiensis, interfui. Ego, Poncardus miles, executor predicti testamenti, interfui. Ego, frater Brianus, interfui.

1247, juin. A Nicosie.

Jean d'Ibelin, comte de Jaffa, vend à Eustorge, archevêque de Nicosie, quatre vergers qu'il avait à Nicosie.

Venise. Cartulaire de Sainte-Sophie, n° 49.

In nomine Patris et Filii et Spiritus sancti.

Sachent tous ceulx qui sont et qui advenir sont que je, Johanns d'Ibelin, conte de Japhe et seigneur de Rames[2], ay vendu et livré à nostre honorable pere, monseigneur Estorgue, per la grace de Dieu, archevesque de Nicosie, IIII jardins que j'ay à Nicosie, à tous ses droits et ses raisons, en terres et arbres, et en aigues, pour deux mille et cinq cens besans blans, lesquels jardins se tient[3] devers le soleil levant au jardin du seigneur de Barut et au

---

[1] Suivent des formules de ratification.
[2] L'auteur du grand ouvrage des *Assises de Jérusalem*, le même à qui est adressée la bulle de 1252, imprimée plus loin. Il était fils de Philippe d'Ibelin et de la comtesse Alix de Montbéliard, dont il vient d'être question, p. 644, n.
[3] Au Ms. *se neut*.

jardin du maini[1], et devers midi se tient au jardin de Notre Dame de Sur[2], et devers le soleil couchant au verger de mon ostel, et devers l'about au jardin de sire Johan Le Moine. Et cestui jardin devant dit vous ai je vendu en tel maniere que vos l'ayés et tenés francement et quietement et que vous le puissons donner et vendre et engagier à qui qu'il vous plaira, soit eglise ou maison de religion, ou à gens lais. Et je et mes hoirs sommes tenus de garentir le et deffendre à vous et à vos successeurs, et à celui ou à ceulx qui par vous ou pour vous l'averont ou tiendront. Et s'il advenoit que nous ne le peussions garentir et defendre, nous sommes tenus de restorer le à vous, ou à ceux qui l'auront ou tenront pour vous, au pris et à la vaillance, par la congnoissance de nos hommes, sur toutes mes rentes miaus aparans que j'ay en Cipre, sauf la desme, en telle maniere quel soit abatue au priser. Et pour ce que ce soit ferme et estable, j'ai fait garnir[3] cest present escript de mon seel de plumb[4]. De ce sont garans Gaultier de Sainct Bertin, Raimond d'Aguillar, Johan de Barut et Peroaut d'Aude, mes hommes. Ce fut fait à Nicosie, l'an de l'Incarnation nostre Seigneur Jhesu Crist M et CCXLVII, au moys de Juing.

1248, 26 février.

L'archevêque Eustorge achète, moyennant 12,000 besants d'or, une rente annuelle de 1,000 besants sur divers villages appartenant au comte de Jaffa.

Venise. Cartulaire de Sainte-Sophie, n° 48.

Nos Henricus, Dei gratia rex Cipri, notum facimus universis Christi fidelibus [quod] consanguineus noster Joannes de Ibellino, comes Jopensis[5] et dominus Ramatensis, nostra prehabita auctoritate et expresso assensu, reverendo patri nostro Eustorgio, Dei gratia Nicosiensi archiepiscopo, ementi pro se et ecclesia sua, in nostra presentia, vendidit et concessit, precio duodecim millium bisantiorum saracenatorum, ab ipso sibi numeratorum, ut dixit, coram nobis et legittime appensorum, mille bisancios saracenatos redditu ales annis singulis, quadringentos scilicet in casali suo quod dicitur l'Episcopia[6], sito in diocesi Nimosiensi, et trecentos in casali suo de Vassa[7], in

---

[1] Je conserve cette leçon, du manuscrit bien qu'elle me paraisse altérée. Au lieu de *jardin du maini*, il y avait probablement à l'original de la pièce : *jardin demaine*, ce qui désignait le jardin appartenant au domaine ou à la couronne.

[2] Abbaye de Nicosie.

[3] Au Ms. *gartur*.

[4] Au Ms. *bumb*.

[5] Au Ms. *Jospensis*.

[6] Piskopi, près de Limassol.

[7] Il y a un village bien connu de Vassa, à six lieues à l'est de Limassol, et tout à fait hors des limites du diocèse de Paphos. Peut-

diocesi Paphensi, et alios trecentos in casali suo de Presterona[1], sito in diocesi Nicosiensi, et in pertinentiis eorumdem casalium, ex nunc a dicto archiepiscopo et successoribus suis habendos et recipiendos, ab eodem Johanne et heredibus suis, seu ab alio vel aliis ad quem vel quos predicta loca in quibus facta est assisia contingeret in posterum devenire, libere et franche et sine onere, ad pondus Ancoonensis[2] [civitatis], videlicet ducentos quinquaginta sarracenatos de tribus in tres menses, etc. Et renunciavit omni exceptioni minoris[3] et non numerati pretii, et omni privilegio et indulgentie, juri et consuetudini atque assisie, quibus posset aliquo tempore veniri contra predictum emptionis et venditionis contractum, etc.[4]. Nos vero, ad petitiones eorum ipsorum, predicta voluimus et laudavimus et assensum prestitimus, atque rem venditam omni nostro dominio liberam predicto domino archiepiscopo et successoribus ejus promisimus nos et heredes nostros defendere et conservare et de predictis Johanne de Ibellino et uxore ejus, et ab omni alio inquietatore, si opus fuerit, promisimus garentire. Testes presentes et rogati interfuerunt hii : Philippus de Novaria, Paulus de Neapoli, Raimundus d'Aguilier, milites et homines ligii nostri. Et voluerunt etiam predicti Johannes et uxor quod reverendus pater Odo, Dei gratia Tusculanus episcopus, Apostolice Sedis legatus, presenti scripto sigillum suum apponeret. Actum anno Domini millesimo cc quadragesimo octavo, quarto die exeuntis mensis Februarii.

1252, 26 mars. A Pérouse.

Innocent IV confirme la donation du comté de Jaffa et d'Askalon faite par le roi de Chypre à Jean d'Ibelin.

Rome. Arch. du Vatican. Reg. orig. d'Innocent IV. Ann. X, p. 258. Epist. 608.

Innocentius, episcopus, servus servorum Dei, nobili viro Johanni de Ibellino, comiti Joppensi et domno Rametensi, devoto nostro. Licet ea que per reges de hiis que ad ditionem eorum pertinent rationabiliter conceduntur in se robur obtineant firmitatis ut tantum intemerata consistant quantum nostro fuerint presidio communita, interdum apostolico munimine ea non inutiliter roboramus. Cum igitur, sicut ex parte tua fuit propositum, coram

---

être s'agit-il ici de Lassa, dans l'ouest de l'île, au nord de Paphos, et près du couvent de Khrysoroghiatissa.

[1] Il y a plusieurs localités de ce nom. Voy. ci-dessus, p. 608.

[2] Pour *Acconensis*, Saint-Jean d'Acre.
[3] Au Ms. *in moris*.
[4] Je supprime ici et précédemment dans cette pièce quelques formules de ratification.

nobis carissimus in Christo filius noster, illustris rex Cypri, comitatum Joppensem et Ascalonensem ad collationem suam spectantem, in terra et in mari, cum omnibus suis dominiis et pertinentiis ac juribus, sive sint in civitatibus sive castris, burgis, villis, casalibus, castinis, proprietatibus, feudis, homagiis, hominibus, feminis et pueris, in terris laboratis et non laboratis, planis, montanis, nemoribus, pasturatis, aquis, molendinis, pedagiis, stratis et extra stratas, et in quibuscumque conditionibus gentium habitantium vel habiturarum, et cum omnibus aliis rebus integre cujuscumque nature sint et ubicumque sint, et si sint nominate vel non, tibi et heredibus tuis concesserit, prout in ipsius regis privilegio plenius dicitur contineri, nos, tuis devotis supplicationibus inclinati, concessionem hujusmodi ratam et gratam habentes, illam auctoritate apostolica confirmamus, etc., atque communimus. Nulli ergo nostre confirmationis, etc.[1]. Datum Perusii, VII kalendas Aprilis, anno x°.

[1] Ces abréviations sont dans le registre original du Vatican.

V.
HUGUES II DE LUSIGNAN,
ROI DE CHYPRE, SEIGNEUR DU ROYAUME DE JÉRUSALEM.

18 JANVIER 1253. — 5 DÉCEMBRE 1267.

1254, 29 janvier. De Latran.

Innocent IV charge l'évêque de Tripoli et l'archidiacre de Saint-Jean-d'Acre de prononcer sur le débat survenu entre l'ordre des religieux mineurs de Nicosie et l'archevêque de cette ville, au sujet d'un terrain vendu par ledit ordre aux moines de Cîteaux.

Venise. Cartulaire de Sainte-Sophie, n° 68.

Rescriptum de loco monasterii Belliloci [1].

Innocentius, servus servorum Dei, venerabili fratri episcopo Tripolitano et dilecto filio archidiacono Acconensi, salutem et apostolicam benedictionem. Ex parte venerabilis fratris nostri archiepiscopi Nicosiensis nobis est oblata querela quod minister et fratres ordinis fratrum minorum Nicosiensis quemdam locum in quo prius fuerant relinquentes, illum, qui juxta ipsius ordinis instituta ad eundem archiepiscopum tanquam loci diocesanum pervenire debuerat, quibusdam monachis Cisterciensis ordinis de facto, cum de jure nequiverint, vendiderunt, qui locum ipsum contra justiciam detinent occupatum, in ipsius archiepiscopi et ecclesie sue non modicum prejudicium ac gravamen; ideoque discretioni vestre per apostolica scripta mandamus, quatinus, vocatis qui fuerint evocandi, et auditis hinc inde propositis, quod canonicum fuerit, appellatione postposita, decernatis, facientes quod decreveritis per censuram ecclesiasticam firmiter observari. Testes autem qui fuerint nominati si se gratia, odio vel timore substraxerint, censura simili, appellatione cessante, cogatis veritati testimonium perhibere, nonobstante si aliquibus a Sede Apostolica sit indultum quod excomunicari, suspendi vel interdici non possint per litteras dicte sedis non facientes plenam et expressam de indulto hujusmodi mentionem. Quod si non ambo hiis exequendis potueritis interesse, alter vestrum ea nichilominus exequatur. Datum Laterani, iv kalendas Februarii, pontificatus nostri anno xi.

[1] L'abbaye de Beaulieu était située à Nicosie.

1255, 14 mai. De Naples.

Alexandre IV charge l'archidiacre de Saint-Jean-d'Acre de veiller à ce que Guy d'Ibelin, Philippe de Navarre et Robert de Montgesard, exécuteurs testamentaires du roi Henri Ier de Lusignan, remplissent les volontés du feu roi en réparant le tort qu'il avait causé à diverses églises du diocèse de Nicosie par la détention injuste des dîmes et autres revenus ecclésiastiques.

Venise. Cartulaire de Sainte-Sophie, n° 96.

Alexander, episcopus, servus servorum Dei, venerabili fratri episcopo et dilecto filio archidiacono Acconensi, salutem et apostolicam benedictionem. Sicut[1] nobis venerabilis frater noster archiepiscopus Nicosiensis conquestione monstravit quod cum, clare memorie, H[enricus], rex Cipri, sibi et Nicosiensi ac aliis quampluribus ecclesiis Nicosiensis diocesis quasdam decimas et alios proventus ecclesiasticos pro sua substraxerit voluntate, alias eis damnis gravibus et injuriis irrogatis[2], nobiles viri Guido de Ibellino, Philippus de Novaria et Robertus de Monte Gisartio, Nicosiensis civitatis et diocesis, quos dictus rex testamenti sui exequutores reliquit[3], de decimis et proventibus ipsis computare ac de illis necnon et de damnis et injuriis hujusmodi satisfacere archiepiscopo et ecclesiis eisdem hactenus denegarunt, in excusationem sui frivolam pretendentes quod de hiis in quibus idem rex tenebatur illis ipse dum viveret computavit[4], quamquam rex predictus, qui de quibusdam computationem minus sufficientem et aliis nullam fecit, de subtractis necnon et de damnis ac injuriis ab ipso quibuscumque illatis satisfieri per manus ipsorum in testamento eodem mandarit, et ad hoc etiam bona que ad manus eorum devenerunt sufficiant testatoris; unde eisdem nobilibus damus nostris litteris in mandatis ut, si est ita, prefatis archiepiscopo et ecclesiis de subtractis decimis et proventibus ipsis computationem integram facientes sibi de illis ac de dampnis et injuriis hujusmodi plenariam satisfactionem impendant. Cum autem eis non debeamus in justicia deficere in qua sumus omnibus debitores, discretioni vestre per apostolica scripta mandamus quatinus, si dicti nobiles mandatum nostrum neglexerint adimplere, vos eos ad id, monitione premissa, per censuram ecclesiasticam, appellatione remota, previa ratione, cogatis, non obstante si eis vel eorum alicui a Sede Apostolica sit indultum quod interdici, suspendi vel excomunicari, seu extra certa loca trahi non possint per litteras apostolicas non facientes plenam et expressam sive de verbo ad verbum de indulto hujusmodi mentionem, et constitutione

---

[1] Au Ms. *sic*.
[2] Au Ms. *irrigatis*.
[3] Au Ms. *reliquid*.
[4] Au Ms. *computatur*.

de duabus dietis edita in consilio generali. Quod si non ambo hiis exequendis potueritis interesse, verum alter ea nichilominus exsequatur. Datum Neapoli, II idus Maii, pontificatus nostri anno primo.

1263, 12 janvier. D'Orvieto.

Urbain IV écrit au baile et aux barons de Chypre pour les prémunir contre les projets de l'empereur Paléologue, qui, non content d'avoir repris la ville de Constantinople, paraît disposé à aller, avec l'assistance des Génois, attaquer les Vénitiens en Crète, et peut-être surprendre à l'improviste l'île de Chypre, qu'il considère comme appartenant à son empire [1].

Rome. Arch. du Vatican. Reg. orig. d'Urbain IV. Ann. II, p. 17. Epist. 5o.

Urbanus, episcopus, servus servorum Dei, balio ac universis baronibus, ceterisque nobilibus regni Cypri.

In supremo speculationis vertice, cui nos, licet indignos, apostolice dignitatis gradus pretulit, constituti, cogimur universa fere mala quibus terrarum orbis atteritur, quasi nostris subjecta conspectibus intueri, propter quod profunda frequenter suspiria et amara producimus, dum videmus quod sic jam seculum declinavit ad malum, quod, excrescentibus et invalescentibus in eo noxiis quasi vix locus in ipso salutaribus invenitur, et exclusa fere inde concordia, stabilem quodammodo habet ibi discordia mansionem. Forte nos sumus ad quos devenerunt seculorum fines, cui non solum gens contra gentem insurgat, non solum regnum regno minetur, sed armatur etiam temeraria filiorum procacitas in parentes, fratres sanguinis violato federe seviunt contra fratres, et generaliter indomita imbecillitatis humane superbia insatiabiliter furit in sanguinem, implacabiliter spirat in cedem, et insanabiliter gestit in mortem, sicque ubique mortales in concertationis insanam prorumpere dementiam quod gratis pacem odiunt socialem, et alterno studentes exitio, contra salutem et vitam videntur impie conspirasse cum morte. Victa jacet pietas, nec speratur hoc tempore posse resurgere, ac locum in gentibus obtinere. Quantum fallacia ubique jam viguit, funus invaluit, perstitit odium, crevit sevitia, pullulavit invidia, et ceca cupiditas habundavit! Hinc procedit et provenit quod sancta mater Ecclesia, hiis presertim diebus, et multiplicium infra se tribulationum pressuris atteritur, et persecutionum circumquaque insurgentium malleis flagellatur, cum non tantum hii qui nunquam eam matrem sue professione fidei cognoverunt, in ipsam vires

---

[1] Cette lettre nous était connue seulement par les index de la Vallicellana et par ce qu'en dit Rinaldi. Voy. le tome Ier de nos documents, p. 69, n. 2.

exerceant, sed quoniam multi etiam quos baptismatis regeneratione parturivit in filios, effecti jam degeneratione privigni, diversarum contra eam impugnationum armis insurgunt.

Nam quoniam detestabiles modos predictam ledendi ecclesiam populus Januensis, qui eam et condigna honorificentia prosequi ac sibi contra suos oppressores assistere consuevit, in favorem Paleologi scismatici, qui imperatorem Grecorum vocari se facit noviter adinvenerit, et quoniam dolosas machinas callida illius persuasione ac iniquitatis ejus fermento corruptus procuraverit in imperii Constantinopolitani immo verius ipsius ecclesie nocumentum, proximis jam innotuit et remotis. Idem namque populus, pretextu cujusdam discordie quam cum Venetis habere se asserit, dicto Paleologo quibusdam pactis seu confederationibus se astrinxit, sicque dicto Paleologo, tanquam eorundem Venetorum qui ad ipsius defensionem laborant imperii adversario, potenter et patenter suis collectis astitit viribus et assistit, intendens per hoc graviter eisdem obesse Venetis vel nocere. Quod per hoc indirectum revera directe dicto imperio inextimabile dampnum, in enormem offensam ipsius ecclesie intulit, adeo validum eidem Paleologo prebendo subsidium, quod idem Paleologus ipsius favore illam inclitam et imperialem urbem Constantinopolitanam, quam, felicis recordationis, Innocentius papa III, predecessor noster, ad unitatem et fidem catholicam, non sine multa effusione sanguinis fidelium, conquisivit, ejectis exinde carissimo in Christo filio nostro Balduino, illustri imperatore Constantinopolitano, ceterisque Latinis in illa morantibus, in perpetuum Latine gentis obprobrium occupavit. Verum, quia, sicut intelleximus, ipsius Paleologi superbia, faventis temporis tumefacta suffragio, occupatione dicte civitatis aliquatenus non contenta, in exterminium Latinorum existentium in ipso imperio ferventer anhelat; quia etiam dictus Paleologus, asserens regnum Cypri ad suum imperium pertinere, caute ac secrete nimis cum Januensibus ordinasse dicitur, ut, navali stolio congregato et conficto, quod illud velit transmittere ad Cretensem insulam quam dicti Veneti detinent expugnandam, stolium ipsum ad insulam Cypri directe transmittat, sperans non minus per Cyprensium grecorum auxilium, qui a jugo vestri dominii si possent colla libenter excuterent, quam per suam et dictorum Januensium potentiam, illam incautam et immunitam penitus occupare.

Nos, qui, ex injuncto nobis officio pastorali, super gregem dominicum vigiles observamus excubias, Grecorum insidias, suspectosque processus non immerito formidantes, machinationes hujusmodi ad hoc fore vobis providimus intimandas, ut vos illa que parantur contra vos jacula previdentes, sic circa custodiam vestram et terre vestre attentius et ferventius providere curetis, ut hujusmodi previsa jacula nullum vobis inferre valeant nocumentum. Ideoque, universitatem vestram sollicitandam attente duximus et hortandam per apostolica vobis scripta districte precipiendo, mandantes quatenus excusso penitus cujuslibet negligentie sompno, pro vestra et terre vestre conservatione cum omni diligentia vigiletis, ita quod non solum tales vitare possitis insidias, immo etiam, si contingat hujusmodi vestros inimicos occultos velle subito in vos irruere ac invadere terram ipsam, sic ad debellandum eos inveniamini preparati, quod in foveam quam vobis paraverant digne se doleant incidisse, vestraque probitas et vigilantia ubique per orbem condignis exinde laudum titulis attollatur.

Datum apud Urbem Veterem, ii idus Januarii, anno ii.

1263, 23 janvier. A Orvieto.

Urbain IV engage le régent de Chypre, Hugues d'Antioche, à seconder plus efficacement l'archevêque de Nicosie pour faire rentrer dans le devoir les Grecs et les Syriens schismatiques qui s'éloignent de ceux de leurs prêtres disposés à reconnaître la souveraineté de l'église latine et à obéir à l'archevêque, leur refusant les offrandes et dévastant leurs propriétés [1].

Venise. Cartulaire de Sainte-Sophie, n° 75.

Urbanus, episcopus, servus servorum Dei, dilecto filio nobili viro bajulo regni Cipri [2] salutem et apostolicam benedictionem.

Quamplures, ut accepimus, Greci et Siri layci regni Cipri eo amplius adversus Romanam ecclesiam in temeritatis audaciam eriguntur, quo eorum patientius insolentie tollerantur, tanquam non delictorum plenitudinem hujusmodi patientia, sed contemptum potius pariat apud ipsos, qui, cum equo et mulo lumine intellectus carentes, non vident quod eadem ecclesia justicie gladio, cujus in beato Petro sibi Dominus contulit potestatem, cer-

[1] Le 13 avril de l'année suivante (*idibus Aprilis*, ann. *III*), le pape écrivit d'Orvieto au baile et aux seigneurs de Chypre pour se plaindre de nouveau de ce qu'ils refusaient de seconder l'archevêque de Nicosie, qui voulait contraindre les Grecs chypriotes à obéir à l'église latine et à se soumettre à la constitution du pape Alexandre IV, rendue le 3 juillet 1260. Urbain IV blâme surtout les barons chypriotes de contester la juridiction de l'archevêque sur certains points de discipline, et d'abaisser ainsi la dignité du métropolitain, qui semble n'être plus qu'un simple prêtre. La lettre d'Urbain IV, donnée par extrait dans Rinaldi (*Annal. eccl.* 1264, § 66, t. XXII, p. 153), se retrouve en entier dans les Mss. de La Porte du Theil, Biblioth. imp. R. L. 31, fol. 423, et dans le cartulaire de Sainte-Sophie, n° 76.

[2] Hugues d'Antioche était alors régent du royaume de Chypre; il succéda au roi Hugues II.

vices potest concidere peccatorum, ut suas iniquitates ulterius non prolongent. Ecce siquidem ipsi Greci et Syri, nequiciei spiritu[1] ducti, quos presbiteros et clericos Grecos, pro eo quod ipsam ecclesiam omnium magistram et matrem fidelium venerantur et sanam ejus doctrinam recipiunt reverenter, ac super hoc salutaribus mandatis et monitis venerabilis fratris nostri Nicosiensis archiepiscopi acquiescunt, a sua communione repellere, ipsosque hereticos et scismaticos proclamare; ac eis, ab officiis divinis exclusis, consuetos redditus qui oblationes dicuntur, ex quibus sustentari solebant, ipsis subtrahere, eorumque domos demoliri, ac vineas extirpare presumunt; eos suis bonis et juribus spoliantes, ac alias ipsos eorumque ecclesias et familias afficientes gravibus injuriis et pressuris et ad paupertatem deducentes extremam, ut dictus archiepiscopus pietate cogatur, ne prefacti presbiteri et clerici suis persecutoribus nimis inhumaniter videantur exponi, eos interdum sua domo recipere ac ipsis continue alimenta prestare. Verum, licet adversus tante presumptionis audatiam, ad te ac dilectos filios nobiles viros ejusdem regni barones, sub quorum jurisdictione dicti Greci et Syri consistunt, idem archiepiscopus clamasse dicatur, tuum et baronum ipsorum super hoc auxilium implorando, nichil tamen vel modicum profuit, sicut dicitur, hujusmodi clamor suus.

Cum igitur te deceat, tanquam virum catholicum et ecclesie prefacte devotum filium, ecclesias et personas ecclesiasticas et precipue dictum archiepiscopum, spiritualem patrem tuum, honore congruo revereri, eosque in suis honoribus, juribus et libertatibus tradita tibi pietate tueri, atque pro fidei catholice ac libertate ecclesiastice fulcimento stare contra quoslibet; cum eisdem nobilitatem tuam rogamus, monemus et hortamur attente, per apostolica tibi scripta mandantes, quatinus dictos presbiteros et clericos a prefactis Grecis et Siris, tue jurisdictioni subjectis, pro[2] nostra et Apostolice Sedis reverentia, quantum in te fuerit protegas et defendas, et dicto archiepiscopo contra sepedictos Grecos et Siros et alios, presertim ubi de negocio fidei et libertatis ecclesiastice agitur, consilium, auxilium et favorem prompta voluntate impendas, quotiens ab eo fueris requisitus; ita quod ex hoc tua possit devotio merito commendari, et nos ad tua reddamur beneplacita promptiores. Nos autem eidem archiepiscopo nichilominus per litteras nostras injungimus ut, si est ita, prefatos Grecos et Syros, nostra auctoritate, per se vel per alium, ab hujusmodi temeritatibus studeat

---

[1] Au Ms. *nequiciem spirutu*. — [2] Au Ms. *per*.

cohercere, invocato ad id, si opus fuerit, auxilio brachii secularis; contradictores per censuram ecclesiasticam, appellatione postposita, compescendo, non obstante si aliquibus a Sede Apostolica sit indultum quod excommunicari vel eorum terre ecclesiastico interdicto supponi non possint per scripturas apostolicas, non facientes plenam et expressam de indulto hujusmodi mentionem.

Datum apud Urbem Veterem, x kalendas Februarii, pontificatus nostri anno secundo.

1264, 30 septembre. A Saint-Jean-d'Acre.

Thomas Bérard, grand maître du Temple, ratifie la transaction arrêtée entre l'ordre du Temple et l'archevêque de Nicosie, au sujet de certaines maisons de Nicosie.

Venise. Cartulaire de Sainte-Sophie, n° 51.

Noverint universi presentes litteras inspecturi quod nos, frater Thomas Berardi, Dei gratia pauperis militie Templi magister humilis, nosque totus ejusdem militie conventus, considerantes utilitatem ipsius domus et in nichilo exinde ipsam ledi [volentes], pro duobus milibus bisanciis albis de Cipro a te Bonacurso notario nobis inpresenti datis, solvente pro reverendo patre domino H[ugone], archiepiscopo Nicosiensi [1], et capitulo et ecclesia Nicosiensibus et ejus vicariis, nomine transactionis et pro transactione habita inter nos, ex una parte, et providum virum fratrem G., abbatem Episcopie, vicarium archiepiscopi antedicti, ex altera, secundum tenorem instrumenti scripti per Robertum et Garnerium notarios dicte transactionis facte de quibusdam domibus sitis in civitate Nicosie, contiguis domibus Johannis Martini, militis, et domibus Nicolai de Sancto Florentino, militis, et vie publice, juxta domum Nimociniensis episcopi, vel si que ei sunt latera; omne jus, si quid in eis nobis competit, remittimus et quietamus tibi, dicto Bonacursio, pro predictis domino archiepiscopo et capitulo et ecclesia Nicosiensi; quarum domorum occasione inter nos et ecclesiam Nicosiensem controversia vertebatur coram venerabili viro domino archidiacono Acconensi, ratione donationis inter vivos nobis facte de ipsis a Nicolao, quondam canonico Nicosiensi, seu jure legati nobis in sua ultima dispositione relicti. Quam transactionem firmam perpetuo tenere et contra

---

[1] La bulle d'Orvieto du 13 avril 1264, citée précédemment (p. 655, n.), rappelle qu'à cette date l'archevêque de Nicosie, dont le nom n'est pas marqué, se trouvait en Italie : «Accedens, non absque multis periculis et laboribus, ad Apostolicam Sedem venerabilis frater noster Nicosiensis archiepiscopus.» (Cartul. n° 76.)

non venire tibi jam dicto Bonacursio pro predictis stipulanti promittimus, alioquin penam dupli dicte quantitatis solvere, ac damna et expensas et interesse reficere etiam post penam commissam; nichilominus transactionem servare obligantes pro hiis, jure pignoris, bona omnia nostre domus. In cujus rei testimonium, presentes litteras scribi fecimus et appensione bulle nostre plombee et cum tuba[1] roborari. Datum Accon, anno Domini millesimo ducentesimo sexagesimo quarto, pridie kalendas Octobris.

1267, 3o janvier. A Limassol.

Rescrit du patriarche de Jérusalem, portant que les exécuteurs testamentaires sont tenus de payer en premier lieu les dîmes dues par les défunts; que les cultivateurs syriens sont obligés de payer également les dîmes aux églises latines; et qu'enfin, si une personne frappée d'excommunication ne vient pas à résipiscence, on devra engager l'autorité laïque à la contraindre par la saisie de ses biens à se soumettre.

Venise. Cartulaire de Sainte-Sophie, n° 106.

Guillermus, miseratione divina, sacrosancte Jerosolomitane ecclesie patriarcha, Apostolice Sedis legatus, venerabili in Christo patri J. Famagustano episcopo, et dilectis in Christo filiis Lanfranco tesaurario et magistro Bertrando, canonico et vicario ecclesie Nicosiensis, salutem in Domino sempiternam. Vestris satisfacientes consutlationibus, et petitionibus prout possumus annuentes, respondemus quod executores testamentorum, inter cetera defunctorum debita, primo ad solvendum Deo debitum, scilicet decimas quas defuncti ecclesiis debebant tempore mortis sue, sunt previa ratione cogendi; et si bona que penes executores remanserint predictos ad

---

[1] *Tuba.* Le copiste du cartulaire décrit ainsi le sceau qui était appendu à la charte : « Huic « scripture seu littere suprascripte erat impo- « sita quedam bulla plumbea, pendens cum « filo serico videlicet albo et nigro, in qua « erat scriptum a parte una: *Sigillum militum,* « et alia parte erat scriptum : *De Templo* « *Christi.* » J'ai essayé de prouver ailleurs que le mot *tuba* désignait la coupole du Temple de Jérusalem. Il ne peut s'agir, en effet, de l'église du Saint-Sépulcre, qui n'a pas de coupole apparente à l'extérieur, et sur laquelle les Templiers n'ont eu jamais la moindre prétention, mais de la belle coupole du Temple, près duquel les Templiers avaient résidé et d'où ils avaient pris leur nom, aujourd'hui la mosquée d'Omar. *Roborari cum tuba* me paraît donc signifier qu'on fit authentiquer la présente charte par l'apposition du sceau de l'ordre, portant la coupole, indépendamment de l'apposition du sceau du grand maître. (*Bibl. de l'École des chartes,* 2ᵉ série, t. IV, p. 398.) Notre texte donne le mot *tuba* en entier et sans aucun signe d'abréviation, de même qu'un sceau original des archives de l'Empire. Cette circonstance nous confirme encore dans la pensée que, parmi les explications proposées, celle qui substitue *tumba* à *tuba,* et voit le Saint Sépulcre sur le sceau des Templiers, s'éloigne le plus de l'ordre d'idées où il faut chercher l'explication de ce mot.

integram solutionem faciendam non sufficiant, ad defunctorum heredes habeant recursus, et ad satisfaciendum canonice compellantur. Ad hec Surianos in diocesibus vestris terras aut possessiones alias excolentes ad solvendas ad quas decimas tenentur, ex antiqua consuetudine et secundum consuetudinem [1] olim inter prelatos et illustrem regem ac alios nobiles regni Cipri habitam; abbates etiam et monachos ac presbiteros Grecos ad obedientiam ad quam, juxta ordinationem apostolicam inter prelatos Latinos et Grecos dicti regni dudum [2] habitam, ipsis prelatis tenentur, per excomunicationis sententiam aut aliam districtionem canonicam compellatis. Si vero, propter aliquam manifestam causam de predictis, aut etiam propter manifestum incestum, aliquis excomunicationis sententia a vobis canonice innodetur, et ipsam excomunicationis sententiam per annum animo sustinuerit indurato, vicecomitem, ballium, castellanum seu prepositum loci in quo idem excomunicatus moratur, monitione premissa, simile districtione, cogatis ut ipsum excomunicatum per occupationem bonorum suorum redire compellant ad ecclesie unitatem; ut saltem quos Dei timor a malo non revocat, pena coherceat temporalis. Datum Nimocii, die lune penultima mensis Januarii, anno Incarnationis Domini millesimo ducentesimo sexagesimo septimo.

---

[1] Les accords arrêtés entre les évêques et les seigneurs de Chypre, sous le règne du roi Henri. Voy. ci-dessus, p. 612, 619.

[2] La bulle d'Alexandre IV, du 3 juillet 1260, qui réglait les droits et les rapports des deux églises en Chypre (voy. ci-dessus, p. 325, n.). Elle a été publiée par Rinaldi, *Annal. eccles.* t. XXII, p. 65; Mansi, *Concil.* t. XI, col. 1037; Reinhard, *Hist. de Chypre*, t. Ier, pr. p. 53; et séparément par Riccardi, sous le titre de *Constitutio Cypria*, in-folio, Rome. 1636.

VI.

HUGUES III D'ANTIOCHE-LUSIGNAN,

ROI DE CHYPRE, PUIS DE JÉRUSALEM.

DÉCEMBRE 1267. — 26 MARS 1284.

1270, octobre. A Nicosie.

Le roi Hugues, du consentement de l'archevêque élu de Nicosie, institue dans l'église métropolitaine le service de deux prêtres chargés de célébrer quotidiennement les offices pour le repos de l'âme des princes de la famille royale, en assurant leur entretien sur les revenus des vergers du domaine royal à Nicosie, et après la mort de Philippe de Scandelion, à qui le roi a donné viagèrement le village d'Enia Melias, sur les revenus de ce village.

Venise, Cartulaire de Sainte-Sophie, n° 56.

Nos Hug[ue], par la grâce de Dieu, xiiᵉ roy de Jherusalem latin et roi de Cipre, faisons assavoir à tous ceulx qui cest privilege liront ou orront que nos, por[1] nous et por noz successeurs, donnons, octroions et confermons en perpetuel aulsmone, pour l'ame de nous et de madame Yzabel[2], nostre mere, et de Johan d'Ibelin[3] le jeusne, jadis seigneur de Baruth, que Dieu pardoint, et por les ames de nos predicesseurs et de noz successeurs, à vos maistre Bertrand, par la grace de Dieu ehlit et doien de l'eglise de Nicosie et à vous le capitre de la devant dicte esglize, recevant cest don et ceste aumosne pour la devandicte eglise et en son nom, cinc cens besanz blans chacum an, assenés à recepvoir sur toutes les rentes de notre caseau Enia Melias[4], per quatre termines de l'an, de trois en trois mois, à chacune paie cent et vint et cincq besanz; et se de là failloit, sur toutes noz rentes des jardins de Nicosie; et se delà deffailoit sur toutes noz aultres rentes de notre reaulme de Cipre, mieulx apparens. Pour les quelz cinq cens besanz, vous, le dessudis, avés promis et prometés, pour vous et pour vostre eglise, et estes tenus, à nous et à nos hoirs et à nos successeurs, à tenir en la ditte

---

[1] Au Ms. *par*.

[2] Isabelle de Lusignan, fille du roi Hugues Iᵉʳ, qui avait épousé Henri d'Antioche, frère de Bohémond V. Elle était morte en 1264.

[3] Jean II d'Ibelin, mort aussi en 1264.

[4] Plus loin *Eniamelias*. Il y a un village de *Mia-Milia*, près de Nicosie, mais la position d'Enia Melias ne m'est pas connue.

eglise perpetuelement deux prestres aïans chacum deux cens et cinquante besanz blans l'an, lesquels, pour l'ame de nous et de nostre dessudis mere et Johan d'Ibelin desusdis et de nos predicesseurs et de nos successeurs, i chanteront chacum jours messes de Requiem et les autres offices tels comme il convient[1], l'ung à l'autel Notre-Dame et l'autre à l'autel noeuf qui est faict en l'onneur de monsieur Sainct George, tenant au pilier qui est prochain au lieu où ledit Johan d'Ibelin gist[2], et encontre l'autre pilier par devers boire, où l'autier de Sainct Nicolas est; sauf les dimenches et les festes solemnelles et doubles et les samedis, auquelz nous voulons qu'il puissent chanter, s'il leur plaist, les propres services des festes et de Notre Dame, faisant propre commemoration pour l'ame de nous et des dessusdis. Et par ainsi que nous et nos hoirs aions en ces deux prestres plain droit de patronnage comme gens laies, c'est assavoir que nous, au commencement et à chacune fois que d'aulcun des dis prebstres defauldra, soit par mort naturel o par aultre maniere que ce soit, peusions presenter autre prestre en son lieu, et que vous et vostre ditte eglise et ses ministres soient tenus de le recepvoir, se ainsi estoit qu'il n'i eust cas apert pourquoi nous le peusions ou deusiés refuser; et adonc se le cas i fust, que nous ou nos hoirs ou successeurs peusions autre, une fois ou pluseurs fois, presenter, tant que nostre volenté en fut paracomplie; et tout aultre maniere de droit et de patronaige y aions; et se il advenist, par aulcune maniere quelquelle fust, que les desusdis prestres ne fusent tenus en la ditte eglise en la forme desus devisée, et que ce fust pour le default de la ditte eglise ou des ministres qui y venroient[3], que nos les devant dis cinc cens besanz de nostre propre auctorité, sans nulles mesprisure, puissons prendre, saisir et rapeler et donner en aultre lieu, ou tenir à nous, comme la nostre propre chose à nostre volunté.

Et pour ce que nous avons donné à notre homme Philippe de Scandalion le devant dit caseau Eniamelias, à aver et posséer tout sa vie, nous voluns que le devant dit assenement soit paié tres l'orres jusques à son deces des assenemens desus nommés c'est assavoir sur nos rentes des jardins de Nicosie; et se de là defalloit, sour toutes nos aultres rentes de Cipre mieulx apparans. Et apres le[4] deces du dit Philippe de Scandalium, volons qu'il soient paié de nostre devant dit caseau Eniamelias, par la maniere dessus divisée.

Et de ces choses desusdittes de garder, tenir et acomplir, selonc la forme

---

[1] Au Ms. *souvient*.
[2] Au Ms. *guist*.
[3] Au Ms. *verroient*.
[4] Au Ms. ici et précedemment, *se* pour *le*.

desus divisée, nous vous [avons] doné cest nostre privilege, bolé de plomb, empreint en nos drois coins[1] de nostre reaulme de Cipre, ou la garentie de partie de nos homes qui y furent presens, dont sensievent les noms : Simon deu For, Johan de Sansons, Philippe de Scandelion, Joham deu For, Gaultier de Luxier et Jofrey Balin.

Et les premiers prestres que nous vous avons presentés si ont estés nos chappelains sire Pere et sire Simon. Et vos nous en avés donné semblable privilege a cestui, scélée du sceau de[2] plomb de vostre capistre; et nous prometés[3] à bonne foi que, si tost come il potra et aura prelat en vostre eglise, [vos] nous en ferés[4] avoir à nous ou à nos hoirs leur privilege bollé de plombe, de la tenore de celui que vous nous avés donné séelée du seau du capitre, par lequel vos recognoissiés et octroiés toutes les choses qui sont en cest privilege.

Ce fut fait à Nicosie, en l'an de l'Incarnation notre Seigneur Jhesus Crist mil et cc et septante, au moy d'Octobre. Donné por la main de Pierre, evesque de Baphe et cancelier du reaulme de[5] Cipre[6].

1282, 18 février. Au château de Néphin, près Tripoli.

Relation par-devant notaire, en présence du prince d'Antioche et de nombreux témoins, des trois tentatives faites, à l'instigation du Temple, par Guy de Gibelet, pour enlever la ville de Tripoli au prince d'Antioche[7].

Paris. Arch. de l'Emp. Sect. hist. J. 973, n° 2 bis. Orig.

Sachent tos ceaus qui ce present instrument publique verront et orront

[1] Au Ms. *comme.*
[2] Au Ms. *du.*
[3] Au Ms. *prometons.*
[4] Au Ms. *ferons.*
[5] Au Ms. *et de.*
[6] Le sceau suspendu à ces lettres patentes représentait au revers une île au milieu de la mer : « Cui privilegio suprascripto erat « imposita vera bulla plumbea pendens cum « filo serico albo et celesti, in qua scultus « erat a parte una rex quidam, ab alia parte « erat sculpta quedam insula. Scriptum erat : « *Hugo Dei gratia rex Cipri quintus. Insula* « *Cipri et civitas et castra.* »
[7] M. Michaud a publié une traduction de ce document (*Hist. des croisades*, 5° édit. t. V, p. 555) dont l'original mérite d'être connu. La ville de Gibelet, l'ancienne Byblos, en Syrie, avait été enlevée peu de temps auparavant aux chrétiens. Antioche fut prise en 1289, Saint-Jean-d'Acre en 1291. Le présent acte et la pièce du 27 juin 1286, que je donne plus loin, nous montrent à quel misérable état de confusion et de guerre civile était réduit le royaume de Palestine, au moment où il aurait eu le plus besoin de s'unir pour résister aux Arabes. Divisés d'action, les seigneurs du pays, les chefs des Croisés et les ordres militaires, le Temple surtout, où régnait un esprit d'orgueil et de faction, méconnaissaient entièrement l'autorité du roi de Chypre. En 1283, comme le roi Henri de Lusignan se rendait de Beyrouth à Tyr, ses chevaux furent enlevés aux environs de Sidon par les Arabes, que les Templiers avaient prévenus de leur passage. (Sanudo,

que, en la presence dou tres noble princes d'Antioche et conte de Triple et de mei, notaire publique, et des garens dessout motis, sire Gui, jadis seignor de Gibelet, dist et confessa que il emprist par ɪɪɪ fois de venir à prendre Triple. Et le commencement de sa premiere emprise fu tel.

Que ɪ chevalier qui a nom sire Pol Elteffaha, home lige dou Temple et dou dit seignor de Gibelet, porta unes letres de creance au dit seignor de Gibelet de par frere Guillaume de Beaujuec, maistre dou Temple, esqueles se contenoit que le sire de Gibelet deust croire ce que le dit sire Pol li direit et faire sans delai, et que s'il nel' faiseit, n'en eust plus esperance d'avoir ne l'aye ne la maintenance de lui, ne de sa maison. Les paroles de la creance dou dit sire Pol furent tels : « Le maistre vos mande que vos empreniés « d'aler prendre Triple, et il li semble qu'il se puet bien faire. Car le prince « et ceaus de Triple n'en se gaitent, ne ne pensent que ce se puisse faire. Et « vos dessendrés soudainement en la ville, ovec la gent que vos ovés et cele « que le maistre vos mandera, et vos aurés ausi assent en la vile ; avant que « le prince soit esveillié et armé vos aurés fait vostre besoignie. » Le sire de Gibelet li respondi que ne li sembloit que se peust faire ; nequedent, puisque le maistre le voloit, se il li dorreit aye et esfors de gent, il la emprendroit. Et sire Pol li respondi qu'il torneroit tantost à Acre et li menroit gent assés ; et que entretant il s'apareillast et mandast à Triple por aveir assent de ceaus de Triple, car le maistre avait mandé à sire Gui de Montolif,[1] qui est home lige dou prince et est riche chevalier, et il l'aveit promis d'estre en ceste besoignie, si que à sa retornée peussent faire la besoignie.

Le dit sire Pol s'en ala à Acre. Et le sire de Gibelet manda à Triple au dit sire Gui de Montolif, et ot son assent et de plusors autres chevaliers, si come sire Henri Mamol, sire Franceis d'Arches, sire Pierre Francart, et sire Pierre Jaque, et de plusors autres chevaliers et borgeis, selonc le mandement que sire Gui li fist, et li manda le dit sire Gui qui li fist asavoir sa venue et il seroit appareillié à gent à chevau et à pié, et tenroit la porte de saint Michel jusque à tant qu'il dessendissent en terre, à ce que nul n'en poist corre sur eaus quant il dessendroyent des vaisseaus. Sire Pol retorna d'Acre et mena o lui ᴄ aubalestrieres et ᴄ homes armés à fer. Et apres que sire Pol fu venu, le sire de Gibelet, ovec tote sa gent, monta sur ses vais-

---

Lib. secret. lib. XIII, part. XII, p. 229.) Une semblable conduite ne rendait que trop nécessaire la destruction de cet ordre ambitieux et insoumis.

[1] Les Montolif, comme les Giblet, étaient des familles qui appartenaient à la fois aux deux royaumes de Chypre et de Jérusalem, où elles avaient des terres et des dignités.

seaux, et estoient v saities et ix que columbeaus que grans barches; et ot adonques en sa compagnie plus de vi⁰ homes[1] desques cc estoient lanciers, por ce qu'il n'en menoyent adonques nule beste, et se dotéent que gens à chevau ne lur corust dessus, et vindrent pres de Triple à iiii ou à v aubalestrées, et devaient dessendre à la marine dou Temple.

Le dit sire Pol se parti d'eaus dedens i columbel avant qu'il fussent aprochiés de Triple, et s'en vint au Temple por parler à sire Franceis d'Arches et à sire Pierre Francart et à prestre Johan Arobe, qui estoit o le Temple, qui li devoient faire à savoir tote la besoignie et la condition de Triple; et s'il trovast la chose appareilliée, il lur devoit faire mostre ovec i fusil[2], et le sire de Gibelet devait venir o tos les vaisseaus et arriver en terre. Le dit sire Pol vint et parla o les ii chevaliers et o le prestre dessus dis, et trova que la chose estoit appareillée et il fist la mostre, laquele avoyent ordenée, et cuidoit bien que eaus deussent venir et les atendoit. Le sire de Gibelet dist qu'il ne vit la mostre. L'avant dit sire Pol vit qu'il n'en venéent, s'emparti por aler querre les; et prist le chemin vers le Calamon, et les autres estoient de ceste partie de ça, si que n'en plost à Deu qu'il les deust trover. Sur ce l'aube apparut, et il se doterent et s'empartirent, et alerent arieres, et troverent sire Pol o son columbel entre Nefin et le Pui[3]; et li demanderent coment aveit tant demoré et où aveit esté; et il lur respondi qu'il les aloit querrant, et qu'il aveit fait l'entreseignie qu'il deussent dessendre en terre, que la besoignie estoit appareilliée, et le sire de Gibelet dist qu'il n'aveit veu l'entreseignie. Et ce fu l'achaison por quoi il n'en dessendirent la premiere fois qu'il vindrent; et dit que le prior dou Temple de Triple saveit tote la besoigne, et la traiteit; lequel prior a nom frere Johan de Breband.

La seconde fois que le susdit sire de Gibelet vint, quant le prince estoit si durement malades, fu ensi. Un frere du Temple qui a nom frere Stiene, et le susnomé prestre, Johan Arobe, dou Temple, manderent letres au dit sire de Gibelet, et li firent à savoir que le prince estoit durement ataint, et qu'il s'en venist hastivement à Triple, car tote la gent de la vile le voloit, et qu'il troveroit à la maison dou Temple et à la rive gent à cheval et à pié assés qui l'atendroient, et qu'il venist seurement. Le dit sire de Gibelet, reçeues les nomées letres, arma tantost sa galée et une saitie et plusors

---

[1] Au Ms. c homes vi desques cc.
[2] *Fusil*, tube à lancer le feu grégeois. (Note de M. Michaud.)
[3] Le Puy du Connétable, localité entre Néphin et Batroun, en allant de Giblet à Tripoli.

autres vaisseaus, et menoit o lui xvi bestes et bien cccc homes d'armes. Quant il furent pres de Triple, à ii liues, une estoile se leva, et les mariniers cuiderent que ce fu l'estoile du jor, et ne leur sembloit qu'il peussent ariver à Triple devant jor; et por cele dote, il s'en tornerent arieres, et ce fu miracle de Dieu, car il estoit poi plus de demie nuit. Sur ce, sire Pol avoit doné à entendre au dit maistre et à ses freres que por le sire de Gibelet estoit demoré et por ceaus de sa compaignie jà ii fois d'avoir Triple. De quoi le maistre fu durement esmeu, et manda letres de creance par frere Ferrant, compaignon de frere Ruidecuer, comandor de Triple, au sire de Gibelet, esqueles se conteneit qu'il deust creire et faire sans faille ce que sire Pol li direit; et que s'il nel' faisait, il n'aureit plus ne s'aye ne sa maintenance. Et Ruidecuer, comandor de Triple, mandeit de ses freres et de ses homes souvent à Gibelet, faisant à saveir audit sire de Gibelet totes les noveles de Triple et les besoignes dou prince; et avoit ausi colons[1] messagiers qui aléent à Gibelet totes les fois qu'il voleit mander à Gibelet nule novele hastive.

Apres ce, vint frere Artaud, comandor des chevaliers d'Acre, et frere Symon de Farabel à Gibelet, et saluerent le sire de Gibelet de par le dit maistre; et li distrent que le maistre les aveit là envoyés por savoir et enquerre si por lui estoit demoré de prendre et avoir Triple, car plusors l'avoyent doné à entendre. Que se il eust volu, jà ii fois auroit il eu Triple : « et verayement sachiés que si nos trovons que vos puissiez prendre Triple, « et il demuere en vos, que vos n'en aurés dou maistre ne de ceaus de la « maison ne aide ne maintenance plus. Et je m'en vais à Triple, et serai là, « et vos ferai à saveir de jor en jor les noveles de Triple et tot l'estre et la « condition de la ville. Et quant je vos manderai de venir, venés seurement, « que la besoigne sera tote appareillée. Et sire Pol s'en vient apres moi, « qui meine aubalestriers et autres gens que nos avons sodoyé por estre o « vos à ceste besoignie. » Et se parti, et vint à Triple.

Le sire de Gibelet manda par frere Domingue Peque, comandor dou Temple à Gibelet, son cheval à Triple, et par frere Stiene et Guiot, vallet du chastelain de Tortose, frere Aymar, le cheval de son frere et un autre cheval, et i grant turqueman[2] d'armes mena o lui le nomé frere Symon de Farabel. Lesquels iiii bestes furent plusors jors à Triple en la maison dou

---

[1] Pigeons. C'était un usage général en Orient, surtout chez les Arabes d'Égypte et de Syrie.

[2] *Turqueman* est pris ici dans le sens général de Turcople, et désigne un homme de guerre.

Temple, en la garde dou comandor, à ce que, quant le sire de Gibelet venist à Triple, les trovast fresches et reposées.

Le jor meehmes que frere Artaud et frere Symon vindrent à Triple, manderent letres au sire de Gibelet et li firent à savoir que le prince estoit alé à Nefin, et qu'il deust mander hastivement por sire Pol qu'il deust venir o la gent qu'il avoit retenue, car ores estoit la saizon de parfaire la besoigne. Et le sire de Gibelet fist letres de colons, et les manda à Sayete [1], et manda I message par terre qui a nom Jaquemin, hastant sire Pol qu'il s'en deust venir. Lequel message trova sire Pol entre Sayette et Barut qui s'en venoit hastivement, por ce qu'il savoit les noveles que le sire de Gibelet avoit mandé par les colons, et menoit o lui Raymund Pignac, o sa maistrie d'aubalestriers, et Galande et Franceis Bes, o gens armés à fer.

Et por ce que le comandor de Triple, Ruidecuer, mandeit sovent letres de colons à Gibelet, faisant à savoir les noveles dou fait de la venue dou sire de Gibelet, et se dotoit que les colons n'en fussent pris, et la chose fust descoverte, il avoit mis certe entreseignie entre eaus qui estoient teus. Le dit comandor escriveit au sire de Gibelet ensi come il escrireit au chastelain de Tortose. Et por ce que à Tortose est savonerie, les paroles de l'entreseignie de sa venue estéent teus : « Mandés les deniers, que l'eule [2] est appareilliée; » et estoit à dire : « Venés vos ent, que la besoigne est tote preste. » Et li avoyent doné à entendre les dis II comandors des chevaliers et de Triple qu'il seroyent o lui, et qu'il auroyent que de leur gent que de ceaus de la vile de XXX jusque à XXXVI homes à cheval covers, et bien VI cens homes à pié, et qu'il les troveroit tos appareillés à son dessendre à la porte dou Temple. Et li manderent le jor qu'il vint III letres de colons, hastant le de venir, l'une à tierce, l'autre apres none et l'autre avant que le soleil fu cochiés. Adonques se recuilli-il por venir à Triple, et ot o lui I galée et II columbeaus et XIX bestes en plusors autres vaisseaus, et pres de VI cens homes d'armes entre Sarasins et Crestiens, et li manderent les només II comandors loant et conseillant que en lur venir deussent ferir en terre et briser la galée et tos les autres vaisseaus, à ce que nul n'eust esperance de retorner as vaisseaus, et feissent que vaillans gens. Et quant les II comandors sorent certainement sa venue, il s'en alerent hors de la ville; celui des chevaliers ala par mer, sout achaison d'aler à Tortose, et s'aresta à l'isle de saint Thomas, et le comandor de Triple s'en ala à Mont Cucu.

---

[1] Sidon. — [2] *Eule* me paraît signifier ici, non pas l'huile, mais la marmite.

Quant le sire de Gibelet vint, comanda à celui qui estoit au tymon qu'il s'en alast droit briser à terre et brisast, cuidant trover là les comandors et les gens qui li avoyent empromis. Et adonques hurterent en terre et briserent la galée et une des saities. Quant il descendit à terre, et n'en trova les II comandors et les gens qui li avoyent empromis, il se tint à traï; et si la galée fust esté saine, il seroit retorné arieres. Adonques entra au Temple, et l'on li mena son chevau et totes les autres bestes qui estoient layens covertes et appareillées, et monterent et s'en vindrent en la besoignie. Et dist ausi que par plusors fois manda il preant ledit maistre, et il en personne vint jusque à Sayete, et li prea que, por Deu, il feist ensi que il peust aveir sa pais o le prince, et qu'il li rendroit Gibelet et guerpieroit tote la terre et istroit hors dou païs et vivroit au meaus que il poist, mais qu'il fust certains que ses heirs n'en fussent deserités apres lui; et li maistre ne li vost onques otroyer, ains l'aloit tos jors debotant et delеant de paroles. Et dit ausi que par comandement dou dit maistre se mist à guerroyer les Pisans et à dérober les, car il n'avoit nule chose à faire à eaus, ains li empesoit. Et retraist ausi que le dit maistre li avoit mandé et forment et orge por sa sustenance et de sa gent.

De ce sont garens l'ennorable pere en Crist, frere Hue de l'ordre des freres menors, evesque de Gibelet; dans Pierre l'Aleman, abbé de la maison de Beaumont, de l'ordre de Cisteaux, devant Triple; son compaignon, dans Symon de Triple; frere Stienne de Barres, prior provincial de freres preschors en la Terre sainte; son compaignon, frere Hue Provensal, prior des només freres à Triple; frere Mathé, vicaire dou menistre de freres menors en la terre Sainte; son compaignon, frere Jaque d'Antioche, gardien des susdits freres à Triple; l'ennorable pere, frere Jeremie, patriarche des Maronins; ses compaignons, frere Abraham, arcevesque de Villejargon et frere Yahanna, arcevesque de Resshyn; sire Pierre Orland de Valmoton, vicaire de Triple; sire Johan Frangepan et sire Stienne de Ryet, chanoines de Triple; sire Robert, chanoine de Gibelet; sire Stiene, prior de la maison dou Sepulcre à Triple; sire Gille, maistre de decres, assis[1] de l'iglise de Triple; les nobles homes sire Meillor de Ravendel, seignor de Mareclée, sire Rostain, seignor dou Botron, sire Guillaume de Farabel, conestable de Triple, sire Johan d'Angeville, sire Johan de Hasard, sire Gui dou patriarche, sire Johan Lanfranc....[2], Daufin de Cremone, et plusors autres chevaliers.

---

[1] Jouissant d'un bénéfice ou assise. — [2] Lacune au Ms.

Ce fu fait au chasteau de Nefin, au conté de Triple, en l'an de l'Incarnation nostre Seignor Jhesu Crist mil et deus cens et quatre vins et deus, à vint et vi jors de Fevrier, en l'onzime indiction. Et je, Guillaume de Triple, par l'autorité de la sainte iglise de Rome, notaire publique, fu present au dit et confession dessus escrit, et à la préere et à la requeste del susmoti tres noble prince d'Antioche et conte de Triple, en ai escrit ce meehme instrument publique, et l'ai signé de mon signau.

VII.

JEAN IER DE LUSIGNAN,

ROI DE JÉRUSALEM ET DE CHYPRE.

26 MARS 1284. — 20 MAI 1285.

VIII.

HENRI II DE LUSIGNAN

ROI DE JÉRUSALEM ET DE CHYPRE.

20 MAI 1285. — 31 MARS 1324.

§ I.

20 MAI 1285. — MAI 1306.

1286, janvier. A Nicosie.

Le roi Henri fonde en l'église de Sainte-Sophie une messe quotidienne de *Requiem* pour le repos de l'âme du connétable Baudouin d'Ibelin, son oncle.

Venise. Cartulaire de Sainte-Sophie, n° 57.

En nom du Pere, et du Fil, et du Sainct-Esperit, amen. Nous, Henris, par la grace de Dieu, xiiie roi de Jherusalem latin et roi de Cipre, faisons assavoir à tous ceulx qui cestui present privilege liront ou orront que nos, pour nous et pour nos successeurs, donnons, otroions et confirmons en perpetuel ausmone, pour l'ame de nostre chier et amé oncle Bauduin d'Ibelin [1], conestable des roys jadis des roiaumes de Jherusalem et de Cipre, dont Dieu ait l'ame, à vous, maistre Lanfranc, doyen de l'eglise de Nicosie et vicaire de l'ehlit [2] de ladite eglise, et à vous le capitre de la meisme eglise,

---

[1] Le connétable Baudouin d'Ibelin, mort encore jeune, était frère d'Isabelle d'Ibelin, mère du roi Henri II, et de Philippe d'Ibelin, sénéchal de Chypre, qui défendit constamment le roi contre son propre frère, Amaury de Lusignan, prince de Tyr.

[2] Sans doute Jean Ier, élu archevêque, et confirmé seulement par le pape en 1288.

recevant cestui don et cest aulmosne pour la devant dite eglise et en son nom, deux cens besanz blans chacum an, assenés à recepvoir sur les rentes de nos bains nors[1], qui furent jadis de sire Aymeri Barlais; et se de là deffalloit, sur toutes les rentes de nos cayseaus Arasse et Quindenari[2]; et se de là deffalloit, sur toutes nos aultres rentes de nostre reaulme de Cipre miaus[3] apparans; à paier par quatre termines de l'an, de trois en trois mois, à chacune paie cinquante besans. Pour lesquels dessusdis besans vous les dessusdis avés promis et prometés, pour vous et pour votre eglise, et estes tenus à nous et à nos hoirs et à nos successeurs à tenir en ladite eglise perpetuelement ung prebstre ayant chacun an cent et sectante et cincq besans blans, lequel, pour l'ame dudit conestable nostre oncle, cantera chacun jour messe de Requiem, en l'autel noeuf que nous avons faict faire desoubs le letrin de votre eglise à l'honneur de monseigneur saint François[4]. Et de ces choses dessus dictes garder et tenir et acomplir selonc la forme desus devisée, nous vous avons donné cestui notre privilege, bullé de plomb empraint en nos drois coins de notre reaulme de Cipre, ou la garantie de partie de nos hommes qui y furent presens, desquelx ce sont les noms : Balien d'Ibelin, senecal du reaulme de Cipre; Gaultier d'Antioche, chambrelain dudit reaulme; Baudoin de Nores, Johan le Tor, Pierres de Nores, Brimont de Brie, Hugue d'Aguilier et plusieurs aultres. Et le premier prestre que nous avons présenté est sire Estienne Durant l'Auvergnas, nostre capellain. Et vos nous avés donnés privilege de ce, seelé du seau de vostre capitre; et nos prometés à bonne foi que, si tost come il y aura prelat en vostre eglise, vous en ferez avoir à nous ou à nos hoirs son privilege bullé de plomb, de la teneur de celui que vous nos avés donnés, seelé du seau du capitre, per lequel vous recongnoissiés et ottroiés toutes les choses qui sont en cestui privilege. Ce fut fait à Nicosie, en l'an de l'Incarnation Notre Seigneur Jhesus Crist M CC LXXX et VI, au moy de Janvier[5].

---

[1] Les bains noirs de Nicosie avaient probablement été confisqués sur Aimery ou Amaury Barlas, un des chevaliers du parti de l'empereur, sous Henri I*er*.

[2] Arasse et Quindenari sont probablement *Arasi* et *Chiendinari*, dans le bailliage de Lapithos. Voy. p. 510.

[3] Au Ms. *mains*.

[4] A la suite, se trouvent quelques clauses semblables à celles qu'on a vues dans les autres fondations.

[5] Le sceau du roi est ainsi décrit à la fin de la pièce par le copiste : « Cui privilegio « suprascripto erat imposita quedam bulla « vera plumbea, pendens cum filo serico, « videlicet albo et celesti, in qua scultus erat « a parte una rex quidam, et erat scriptum « circumquaque : *Henricus Dei gratia rex Jherusalem et rex Cipri.* Ab alia vero parte erat « sculta quedam insula et mare cum navibus, « et erat scriptum circumquaque : *Insula Cipri et civitates et castra.* »

1286, 27 juin. A Saint-Jean-d'Acre.

Le roi Henri de Lusignan constate devant témoins, et par acte public, l'offre qu'il fait aux Français détenant le château royal à Saint-Jean-d'Acre de leur garantir toute sécurité, s'ils consentent à évacuer les lieux, et de leur rendre le château, si le roi de France déclare que la place doit être occupée par ses gens [1].

Paris. Arch. de l'Emp. Sect. hist. J. 456, n° 27. Orig.

In Dei nomine, amen. Anno Incarnationis ejusdem M° CC° LXXX° VI°, mense Junii, die XXVIIª mensis ejusdem, inditione XIIIIª. In presentia mei notarii infrascripti et testium subscriptorum, dum reverendi patres et viri religiosi, domini, Dei gratia, Gaufridus Ebronensis, Gaufridus Liddensis et Matheus Famagustanus episcopi, fratres Guillelmus de Bellojoco magister Templi, Brocardus magister domus Alemannorum, Jacobus de Taixi magnus preceptor domus Hospitalis Sancti Johannis, tenens locum magistri, et major pars conventuum domorum predictarum, Martinus abbas Templi Domini, Mansellus subprior Predicatorum, Gelebertus custos Minorum, et quamplures fratres eorumdem ordinum, necnon et plures alii milites, clerici, laici et seculares essent congregati in domo quondam domini Tyrensis [2], in Accon, ubi inclitus dominus Henricus, Dei gratia Jerusalem et Cypri rex, erat hospitatus, magister Richardus de Brandusio, jurisperitus, nomine et pro parte serenissimi regis predicti, ipso rege presente, dixit et proposuit in gallico verba que in presenti continentur instrumento, in hunc modum :

« Beaus seignors, plusors foiz vos a dit monseignor le roy qui ci est com-
« ment son entendement est que sa venue a esté à l'onor de Deu, au profit
« et au bon estat de la Terre Sainte et de tote la Crestienté deça mer, et
« coment sa volanté ne son proposement ne fu ne est de rioter, ne d'avoir
« contenz à neluy. Voirs est que amprés ce que il fu descenduz en terre, où
« il fu receuz à tel honor, à tel devotion et à tel reverence com vos veistes
« communement de tout le puipple et de totes les genz de ceste vile, o
« grans processions qui le condurent jusques à la mere yglise, où il rendi

---

[1] Hugues de Pélichin, qui commandait à Saint-Jean-d'Acre un corps de Français au nom de Charles d'Anjou et du roi de France, s'était fortifié dans le château et avait refusé de recevoir le roi de Chypre, venu à la Saint-Jean en Palestine pour se faire couronner roi de Jérusalem. Henri II fit aussitôt cerner le château, et l'aurait inévitablement réduit par la famine ou par la force, si les défenseurs n'avaient accepté les propositions et la sommation que leur notifia la pièce que je publie ici. Maître du château, le roi Henri alla, suivant l'usage, recevoir la couronne de Jérusalem à Tyr. Voy. Sanudo, *Lib. Secret.* lib. XIII, part. 12, p. 229.

[2] Jean de Montfort, mort en 1283.

« graces à Nostre Seignor, si com les princes Crestiains sont usé de faire,
« quant premierement vont en lur terres et en lor seignories, son entende-
« ment estoit d'aler habergier en sa maison, c'est assavoir ou chasteau lequel
« avoit esté maison de son pere et de ses autres ancestres, roys et seignors
« dou reaume de Jerusalem; mas il li fu dit que genz estoient entrez dedenz,
« qui l'avoient garni et ne sofriroient qu'il y entrast. Quant il entendi c'on
« li deffendoit sa maison, et que l'on ne sofroit qu'il y aberjast, molt li des-
« plost, et proposa d'aler là maintenant o tot son pooir, et faire si à son
« pooir que il en sa maison peust abergier. Mas quant il entendi que la gent
« de monseignor le roy de France estoit dedenz, il ne vost porsivre celui
« proposement, ainz manda là à ceaus qui estoient dedenz le chasteau prelaz
« et autres bonnes genz, requerant qu'il li deussent vuidier sa maison. Co-
« ment il respondirent orgoillousement et outrajeusement, vos le savez, et
« por ce ne vos en dirai riens[1]. Celuy jor meysmes, vos venistes à monsei-
« gnor le roy, la vostre merci, et il vos retraist ce que ces gens estoient en-
« trez en sa maison et ne la voloient vuidier. Vos li priastes que il se depor-
« tast de ceste chose, tant que vos lor eussez parlé. Et il le fist à vostre priere.
« Vos parlastes à eaus plusors feiz, et lur respons quels il fu, vos le savez
« bien. Quant monseignor le roy vist lor folie et lor outraige, coneissant que
« ce que il fasoient de deffendre li sa maison estoit encontre volanté et com-
« mandement et deffensse de monseignor le roy de France, il mena en tel
« maniere le fait que vos coneissez bien le point et estat en qui il sont et
« que il ne se pevent longuement deffendre ne tenir[2]. Voirs est que il fist
« crier le ban[3] yer et huy, et devant le chasteau et par la vile, que toz les
« François qui estoient dedenz le chasteau s'en yssissent hors sauf et seurs
« eaus et lor choses, et que nul ne fust si hardi en poine dou cors et de
« l'avoir qui deist ne feist outraige ne villainie à nul des genz dou roy de
« France, ne à nul François. Ore, seignors, tout soit il que monseignor le
« roy saiche si com est dessus dit que ce que il font est contre le comman-
« dement dou roy de France, et que quant il le saura il li desplaira, tote

[1] Les archives de l'Empire possèdent l'acte authentique par lequel l'évêque de Famagouste et l'abbé du Temple Domini constatèrent le refus de ceux qui occupaient le château d'Acre d'ouvrir les portes du fort au roi Henri de Lusignan. J. 511. Sicile, n° 6.

[2] Ils capitulèrent le cinquième jour, après que le roi de Chypre eut cerné le château. Sanudo, loc. cit.

[3] Une expédition originale de cette proclamation, en date du 24 juin 1286, se trouve aux archives de l'Empire, J. 433, n° 6. Une copie en a été insérée dans les Mss. Dupuy. Le texte a été publié par M. Beugnot, Assises de Jérusalem, t. II, p. 357.

« voies, porceque il a volanté en totes choses porter honor et reverance à
« monseignor le roy de France comme à cil que il tient et por seignor et por
« ami, il euffre ci en vostre presence que se ces qui ci sont dedenz le chas-
« teau li veulent rendre, il est aparoilliez de mander au roy de France, et
« faire li savoir toz les arremenz dou fait, et vos meysmes li faites savoir. Et
« se le dit roy de France mande que ce que ces ont fait est par son comman-
« dement, et que il veaut que le chasteau soit baillié en ses mains, monsei-
« gnor le roy le rendra à son commandement, et de ce veaut estre tenuz. Et
« de ce vos prie mon seignor le roy que vos soiez garanz, et que ès chartes
« que cestui notairs fera de ce, vos metez vos seaus. »

In cujus rei testimonium, predictus dominus rex presens instrumentum fieri exinde mandavit per subscriptorum, mei notarii infrascripti et predictorum, sigilla muniri. Et ego Guido Burgundus, de Sancto Leodegario, auctoritate apostolica publicus notarius, presentibus omnibus interfui, et de mandato prefati domini regis presens publicum instrumentum scripsi, meoque signo assueto signavi, rogatus [1].

1287, 1er mai. [A Nicosie.]

Compromis de Jean de Verny, seigneur d'Agridia, et de Gérard, archevêque de Nicosie, entre les mains d'arbitres choisis par eux pour prononcer sur les droits respectifs des villages d'Agridia et d'Ornithi.

Venise. Cartulaire de Sainte-Sophie, n° 90.

Nous, Gerard, par la grace de Dieu, archevesque de Nicosie, et nous, Nicolas, doyens, et tout le chapittre de laditte eglise, et nous, Johan de Verni, chevalier, seignour de la Gride [2], faisons assavoir à tous ceulx qui verront et orront cest presente lettre que, com ce soit chose que contens a esté et est entre nous du droit que est entre l'Orniphe, casau de ladicte eglise, et la Gride, casau de nos ledit Johan de Verni, pourquoy nos ledit archevesque, et nos, Nicolas déens et tout ledit chapittre, d'une part, et nous,

---

[1] La pièce fut scellée de neuf sceaux sur cire et queue de parchemin. Quelques-uns des sceaux sont aujourd'hui brisés. Celui de l'évêque de Famagouste, en cire verte et de forme ovale, comme ceux des évêques de Lidda et d'Hébron, est encore intact. Il représente le prélat en costume épiscopal et bénissant; au-dessous, en petit, un moine agenouillé, souvenir de la première condition de l'évêque Mathieu. On lit autour, entre deux grènetis : [s.] FRIS. MATHI. D. ORDIE. MIOR. DI. GRA. FAMAGUSTAI. EP., *Sigillum fratris Mathei de ordine Minorum, Dei gratia, Famagustani episcopi*. Dans le champ : SANTVS NICOLAVS, patron de la cathédrale de Famagouste.

[2] Agridia (*la Gride*) et Ornithi (*l'Orniphe*) sont deux villages voisins l'un de l'autre, au sud-est de Nicosie, dans la plaine de la Messorée.

Johan de Verni, d'autre part, sur ledit contens de l'avant nommée tere nos nous mettons en mise, et comprometons as venerables homes et discres mesire Nicolas, déens de l'eglise de Nicosie, sire Gerard d'Antioche et maistre Bauduim, canoine de icelle mesme eglise, et as nobles chevaliers, mesire Amfrey de Scandelyon, mesire Johan Larsie et mesire Henri de Verni. Et nos ledit archevesque, par nostre procureur, sur nostre arme, et nos ledit Johan de Verni personellement avons juré à Dieu et sur les evangilles que bien et layaument, sans art et sans engin [1], moustrerons [2] chacun de nous ce que nos cuidons avecque de raison et de droit teneure à laditte terre de nos et de nos ancestres; et que nos, ne autre pour nos, ne donnerons, ne promettrons, ne avons donné, ne promis de donner à nulle personne que à nulle des parties puisse venir à dommaige; et ne dirons ne pourchasserons à privés ne à palés chose nulle, avant ne apres, pour laquel nulle des parties viengne ne puisse avenir à maing de la raison; et que nos les susdites parties loyaument et en bonne foy puissons par toute [3] maniere de preuves, volés [4] par privileges ou par aultre raison, prouver nostre entendement. Et volons encores et octroyons que les susdis arbitres jureront [5] sur les sainctes evangiles de Dieu, que bien et leaulment et en bonne foy enquerront la verité doudit contens, là où il cuideront mieulx et plus leaulment trouver la vérité, sans fallasse et sans faintise. Et nous les desusdites parties [6] octrions et promettons de tenir ferme et stable ce que les susdis arbitres, misors et comprometors feront deu droit dou contens [7] de laditte terre. Et nous, ledit archevesque avecque nostre dit capitre, prometons et nous obligeons, pour nous et pour nos successeurs, et nos ledit Johan de Verni, prometons et nous obligeons, pour nous et pour nos hoirs, de garder et maintenir et faire mantenir de non aler à l'encontre par nous ni aultre por noz ce que lesdits arbitres diront et prononciaront sur ledit contens de laditte terre. Et à gregneur servir seureté et fermeté [8] de laditte besoigne [9], contens, compromis et mise acomplir, maintenir et faire mantenir à tous jours ferme et estable, nous, le susdit archevesque et Nicolas, doyen, et tout ledit chapitre, et nos ledit Johan de Verni, metons et avons mis en cest presente chartre patente ouverte [le temoignage] de nos ceaux de cire pen-

---

[1] Au Ms. *egin.*
[2] Au Ms. *mousterons.*
[3] Au Ms. *tante.*
[4] *Volés* ou *veuillés* est souvent pris dans le sens alternatif de *soit.*
[5] Au Ms. *jurerent.*
[6] Au Ms. *partiens.*
[7] Au Ms. *contes.*
[8] Au Ms. *et ferme et.*
[9] Au Ms. *bersoigne.*

dans. Ce fut fait en l'an de l'Incarnation nostre Seigneur Jhesus Christ mil cc et LXXXVII, au primier jour du mois de Mai, en la garentie des discres hommes mesire Johan de Saverni, mesire Johan de Enhault, chantres de Baphe, et sire Philippe Pellisson, assis de l'eglise de Nicosie, et de plusieurs aultres.

1292, 10 septembre. A Nicosie.

Acte de vente de la maison d'un chanoine de Nicosie à l'archevêque Jean, dressé par un notaire, en présence du vicomte et des jurés de Nicosie, réunis à l'archevêché en cour des Bourgeois.

Venise. Cartulaire de Sainte-Sophie, n° 52.

In nomine Domini, amen. Anno Nativitatis ejusdem millesimo ducentesimo nonagesimo secundo, indictione quinta, die decimo mensis Septembris. Noverint universi presens publicum instrumentum inspecturi et etiam audituri [1] quod, in presentia mei notarii et testium subscriptorum, ad hoc specialiter vocatorum et rogatorum, dominus Gerardus de Antiochia, canonicus Nicosiensis, non vi nec dolo inductus, nec metu coactus, sed cum suo consilio et provisione munitus, vendidit et venditionis titulo tradidit reverendo patri domino fratri Johanni, de ordine Minorum, Dei gratia, Nicosiensi archiepiscopo, ementi et recipienti, pro parte et nomine et ad opus ecclesie sue predicte, quandam domum suam, positam in Nicosia, cum omnibus juribus et pertinentiis suis, subscriptis finibus limitatam, videlicet : ab oriente et ab occidente domus est Marini; a septentrione, papa Nicola Abutis, canonicus Sancti Barnabe; et a meridie, via publica, pro bisanciis albis de Cipro duobus millibus et octingentis, quos bisancios duo milia et octingentos idem dominus Gerardus venditor recepit et habuit ab eodem domino archiepiscopo et judice [2] Christophoro, yconomo vel actore ordinis fratrum Minorum in Nicosia, solvente pro parte et nomine dicti domini archiepiscopi et ecclesie sue pro dictis fratribus Minoribus et ecclesia eorum, de precio bisanciorum alborum de Cipro quatuor millium, quos dictus dominus archiepiscopus habuit et recepit a conventu fratrum Minorum de Nicosia, de venditione cujusdam domus sue, quam vendidit fratribus Minoribus supra dictis, secundum quod apparet per quoddam publicum instrumentum confectum manu mei notarii infrascripti. De quibus bisanciis duobus milibus et octingentis sibi solutis a predictis personis, nomine venditionis ejusdem, pro parte predicti archiepiscopi et ecclesie memorate, de

---

[1] Au Ms. *et etiam inspecturi audituri*. — [2] Mot douteux.

precio predictorum bisanciorum quatuor milium redacto, ex venditione dicte domus quam dictus archiepiscopus et capitulum ejus vendiderunt dictis fratribus Minoribus, ut superius dictum est, dictus dominus Gerardus se bene solutum, contentum et pacatum se vocavit.

Renuncians exceptioni predictorum bisanciorum non habitorum et non perceptorum, non numeratorum et non ponderatorum; transferens in eundem dominum archiepiscopum et ecclesiam suam dominium et possessionem dicte domus, cum omnibus juribus et pertinentiis suis; dans et concedens, ex causa predicta, eidem domino archiepiscopo et ecclesie sue ac suis successoribus plenam et liberam licentiam, potestatem intrandi et capiendi tenutam et possessionem ejusdem domus, et ejus dominium nanciscendi, tenendi, possidendi, gaudendi, alienandi, et de ea et in ea faciendi velle eorum tanquam de aliis rebus et similibus pertinentibus ad memoratam ecclesiam; promittens eidem domino archiepiscopo, legittime stipulanti, domum predictam cum juribus et pertinentiis suis defendere et disbrigare ab omnium inquietatione et molestia, a quibuscumque personis in judicio et extra judicium, et venditionem et alienationem eamdem omni tempore ratam et firmam habere et tenere, et nullo unquam tempore contrafacere vel venire, sub pena dupli quantitatis ejusdem, et totiens comitatur et exigatur cum effectu quotiens actum esset contra premissa vel aliquod premissorum; et pena predicta commissa soluta vel non nichilominus omnia et singula supradicta in suo robore perseverent; et resarcire sibi et ecclesie sue omnia damna et expensas ac interesse que contingeret ipsum aut ecclesiam suam predictam incurrere occasione predicta; obligando proinde sibi et ecclesie sue omnia bona sua habita et habenda.

Et ad majorem cautelam dictorum fratrum, predicta venditio et omnia et singula supradicta celebrata fuerunt secundum assisias et consuetudines regni Cipri, coram vicecomite et juratis civitatis Nicosiensis, ad hoc specialiter tanquam curia convocatis. In cujus rei testimonium, et tam ad cautelam predictorum et predicti domini archiepiscopi et ecclesie sue, et ut possit in posterum de predicta venditione liquere, quam ad cautelam fratrum Minorum, ut constet in posterum quod predicti II^{m} et VIII^{c} bisantii albi, redacti ex precio venditionis domus antedicte Nicosiensis ecclesie, vendite fratribus Minoribus predictis, conversi sunt eo modo ut predicitur in utilitatem ecclesie antedicte, facta sunt inde duo publica instrumenta consimilia, quorum unum esse debet penes archiepiscopum supradictum et ecclesiam suam, et alterum penes fratres supradictos.

Actum Nicosie, in magna camera domus archiepiscopalis, presentibus dominis reverendo patre domino Nicola Hungaro, Dei gratia Paphensi episcopo, Andrea de Neapoli vicecomite civitatis Nicosie, Johanne de Bitunes, Balduino Eltardo, juratis curie dicti vicecomitis [1], presbitero Petro magistro capellano Nicosiensis ecclesie predicte, aliisque pluribus ad hoc vocatis testibus et rogatis. Ego Petrus Bonus de Regio, imperiali auctoritate notarius publicus, hiis omnibus et singulis supradictis interfui, audivi, et ea rogatus scripsi, et in hanc publicam formam reddegi, meoque signo signavi [2].

1304, 10 juin. A Lajazzo, en Arménie.

Quittance notariée du connétable d'Arménie au consul vénitien de Lajazzo d'une somme de 1,214 dirhems, due au consul des Pisans pour indemnité des dommages que lui avaient causés les hommes de deux galères vénitiennes, en s'emparant de l'un des châteaux de la ville de Lajazzo [3].

Venise. Arch. génér. *Commemoriali*, I, fol. 115 v°.

In nomine Domini, amen. Noverint universi presentis instrumenti publici seriem inspecturi et audituri, quod baronus Tarocius, conestabuli-ducha pro domino rege Armenie, hodie in Lajacio, secundum quod recitavit de lingua armena ad latinam Guillelmus, drugomanus curie, dixit et confessus fuit Johanni Permarino, hodie bajulo burgensium Venetorum de Lajacio,

---

[1] Ces deux jurés et le vicomte pouvaient constituer la cour des bourgeois.

[2] J'ai retrouvé aux archives de Venise, dans les *filze* ou pièces détachées, l'original de l'acte suivant, passé en 1274 devant la cour des Bourgeois de Saint-Jean-d'Acre : « Nos, Guilleaume de Flori, visconte d'Acre « au jor, et nos Johan Jordain, Reimont « Odde, Jofrès de Tabarie, Pierre le Hongre, « Marc dou Chastiau, Gile de Conches, André « le Berton, Martin de Nefin, Pelerin Coque- « riau, Guilleaume des II chevaus, Hugue « Blanchon, Gui de Laon, jurés de la cort « des borgeis d'Acre, faisons assavoir à tos « ceaus qui sont et seront que dame Margue- « rite, espouse qui fu de sire Nicole de la « Monée, vint en nostre presence et dist que « ele metoit totes les rentes des maisons que « ele avoit à Accre en la garde et ou poeir de « frere Johan Sas, tresorier à Acre de la mai- « son de l'Hospital de Nostre Dame des Ale- « mans, por ses dettes paier, sauf ssessante « besans de rente que ele en retenoit chas- « cun an por son vivre; et ensi se dessaisi la « dite Marguerite des rentes de ses dites mai- « sons, et en saisi le dit tresorier de la maison « des Alemans. Et por ce que nos volons que « chascun sache que la dite comande en la « maniere come ele est dessus devisée fu faite « en nostre presence, avons nos fait faire ceste « presente chartre seeler de nostre seel de « cire pendant. Escrite por le main de Bien- « venu, nostre escrivain. Ce fu fait en l'an de « l'Incarnation Nostre Seignor Iehsu Crist, « M et CC LXXIIII, à XIIII jors del meis de « Huitovre. » Arch. de Venise, 1er départ. 1re division, sect. V°.

[3] Je donne ici et dans le chapitre suivant quelques documents concernant l'Arménie, à cause des relations de parenté et de commerce existant alors entre ce royaume, l'île de Chypre et les diverses nations européennes qui fréquentaient les ports chrétiens d'Orient.

quod, de mandato domini regis Armenie et baronorum Ligossi et Galozani, capitaneorum de Lajacio, habuit et recepit ab eodem Johanne Permarino, bajulo, solvente pro burgensibus Lajacii, deremos novos Armenie mille ducentos xiiii, pro dare et solvere Bindoni Secimerende, hodie consuli Pisanorum, pro emendatione dampni eidem Bindoni facti in castro de terra per bajulum, mercatores et marinarios duarum galearum Venetorum[1], que ceperunt castrum Lajacii de terra et deraubaverunt, in tempore proxime preterito; et in quibus galeis erant Andreas Senutus, Paulus Mauresinus, Pantalon Moresinus et plures alii mercatores; quem vero Bindonem Sechamarendam, consulem, de predicto dampno sibi facto primo jurare fecit quod tantum fuerat, ut dixit dictus ducha, habuisse in mandatis de predictis omnibus a predicto domino rege et capitaneis. Et abrenuntiavit dictus ducha omni exceptioni et juri que et quam contra in aliquo predictorum dicere aut apponere posset, et predictorum deremorum non habitorum et non receptorum ut supra, et omni juri; et, ad peticionem domini Johannis Permarini, dictus ducha, de predictis, me, notarium infrascriptum communis Januensis et domini regis Armenie, deberem conficere publicum instrumentum in testimonium predictorum, in quo suum sigillum apponere promisit et testatum et factum bullavit. Hoc fuit actum in Lajacio, in castro de terra, ante portam, loco ubi curia tenetur, anno Domini Nativitatis M° CCC° IIII°, indictione secunda, die decima Junii, circa terciam. Testes interfuerunt vocati et rogati : predictus Guillelmus, drugomanus curie; Ugo Roçerii Vasillius, tabernarius; Thomas, censarius; Johannes Gema, bastonarius communis Venetici; Georgius Averoni Januensis, et Benetonus Ansellus Januensis. Ego Gabriel de Perono, notarius publicus communis Janue et domini regis Armenie, quum predictis interfui rogatus, scripsi, meoque consueto signo[2], more solito, consignavi.

---

[1] Au Ms. *Venotorum.* — [2] Au Ms. *signis.*

§ II.

AMAURY DE LUSIGNAN,

PRINCE DE TYR,

GOUVERNEUR DU ROYAUME DE CHYPRE.

MAI 1306. — 5 JUIN 1310.

1306-1310.

Lettres d'Amaury de Lusignan, prince de Tyr, gouverneur du royaume de Chypre, à Jacques II, roi d'Aragon, au sujet de l'envoi d'ambassadeurs chypriotes en Occident et de l'achat de chevaux d'Espagne.

Barcelone. Arch. de la couronne d'Arag. *Cartas reales*, Règne de Jacques II. *Legajo* XXXIX et XLI. Orig.

I.

[1306-1310.] 16 mars. De Nicosie.

Serenissimo principi, domino Jacobo, Dei gratia Aragonum, Valencie, Sardinie et Corsice regi illustri, comiti Barcilonensi, ac sancte Romane Ecclesie vexilifero, amirato et capitaneo generali, Amauricus, olim regis Jerhusalem et Cipri filius, Tyrensis dominus, ac regni prefati Cipri gubernator, salutem et amoris perpetui firmitatem. Sincera mentis affectione felicitatem vestre excellentie ac puris intuitibus diligentes, ad ipsam cum expedit possumus recurrere confidenter. Cum igitur Gerardum, latorem presentium, nunciumque nostrum, pro emendo equos ad partes miserimus transmarinas, idemque nuncius per terras regnumque vestrum, pro expeditione dicti negocii, velud sibi injunximus, transire debeat, altitudinem vestram presentium tenore rogamus quatenus prelibato nuntio, ad celsitudinis vestre presenciam accesuro, sex equos, amore nostro, extrahendi pro nobis velitis licentiam elargiri[1]. Porro, si qua pro vobis vestrisque fieri vultis in partibus cismarinis, omni fervore semper nos invenire poteritis preparatos. Datta Nicossie, die xvi Marcii.

---

[1] J'ai remarqué dans les registres de la chancellerie royale de la couronne d'Aragon de nombreuses autorisations pour l'extraction de chevaux d'Espagne destinés à l'île de Chypre, par le port de Barcelone. Reg. 199-200, fol. 107; reg. 203, fol. 175; reg. 204-205, fol. 34 et suivants; reg. 216-217, fol. 45; reg. 859, fol. 206. Ces autorisations s'étendent, dans ces registres, depuis l'année 1301 jusqu'à l'année 1336, et l'exportation continua, sans aucun doute, après cette dernière époque.

II.

[1308-1310.] 25 avril. De Nicosie.

Serenissimo principi, domino Jacobo Dei gratia Aragonum, Vallencie, Sardinie ac Corssice regi illustri, comitti Barzellone, vexiliffero, amirato et sancte Romane Ecclesie capitaneo generali, Amauricus, olim bone memorie Jerusalem et Cypri regis filius, dominus Tyri, ac prefati regni Cypri gubernator et rector, salutem felicibus successibus affluentem. Olim, post sanctissimi patris et domini nostri summi pontificis[1] promotionis solempnia, super statu et conditionibus regni Cypri, Terre Sancte negotiis, ac quibusdam aliis comunem causam fidei Christiane tangentibus, que inter alios principes orbis terre infixa memorialiter cordi vestro firma credulitate tenemus, solempnes ambaxiatores, religiosos videlicet et quosdam milites, ad ipsius summi pontificis ac vestram presentiam cum certis informationibus mitebamus, qui, sicut Domino placuit, submersa galea, inopinato nauffragio perierunt[2]. Nichilominus tamen de illius cujus negotium agitur miseratione sperantes, prosequi quod incepimus prout possibile nobis erit intendimus[3]. Majestatem igitur vestram, quam puro corde diligimus, et de qua sperat Christianus ille populus, de Seracenorum ore gladii reservatus, Jerusalem insuper et alia terra Dominica, que tactu poluta canum, pressa jacet velut indigena viduata, requirimus et attente rogamus, sicut qui continue videmus obprobria et oppressorum sentimus angustias, quatenus, circa eundem dominum nostrum impertiri dignemini opem et operam efficacem, ut ad partes cismarinas occulo pie considerationis intendat. Et si quid est hactenus negligencia dispendiosa deperditum, per solempnis providencie studium restauretur. Ceterum si qua per nos in Cismarinis partibus fieri vult regia celsitudo, voluntarios nos semper inveniet ad quecumque, utpote qui de felici continentia status vestri, de quo, cum facultas nunciorum occurrerit,

---

[1] Clément V, élu en 1305.

[2] Au mois de novembre 1307, la galère des ambassadeurs que le prince de Tyr envoyait au pape et aux cardinaux avec de riches présents se perdit sur les côtes de l'île de Lango, près de Rhodes. Parmi les personnes de l'ambassade qui périrent, Amadi nomme deux religieux cordeliers et deux chevaliers, Hugues Pisteal et Guillaume de Villiers. *Chron.* fol. 237.

[3] Amaury secondait les dispositions du saint siége contre l'ordre du Temple, et sollicitait en retour la confirmation de son autorité. Après le naufrage de ses premiers ambassadeurs, il avait envoyé à cet effet, à Avignon, Hayton, seigneur de Gorhigos, qui revint en Chypre au mois de mai 1308, peu satisfait de sa mission. (Amadi, *chron.* folio 252.) Hayton est peut-être le même que le religieux de Lapaïs. Voy. p. 544.

satis avide petimus per vestras litteras recreari, animorum quadam participacione lettamur, maxime cum dudum felicis recordationis progenitores nostri fraterna se quasi caritate dilexerint, se mutuis litteris visitando. Data Nicossie, die xxv mensis Aprilis.

1306-1310.

Extraits de la chronique dite de François Amadi, relatifs aux courses des pirates génois sur les côtes de l'île de Chypre, et à la conquête de l'île de Rhodes par les chevaliers de l'Hôpital de Saint-Jean de Jérusalem, établis alors à Limassol, en Chypre.

Ms. de Venise, fol. 143. — Ms. de Paris, fol. 222.

1306.

Il meze de zugno, capitò al porto de Limisso uno Genovese chiamato Vignol, barba de Andrea Moresco, con una gallia armada; et prese avanti el porto una barca, et mandò a dire al maestro del' Hospital per uno de li homini della barca che le voleva parlar, per cose del honor suo et augumento della casa del' Hospital de san Joanne, et che non voleva descender al porto per li respetti che haveva, havendo fatto molti despeti et danni a questa isola, per il che il re fece prender una gallia di corsari Genovesi, et fece apender tutti de quella gallia in la città de Famagosta avanti la porta della marina, et tra li altri fu impiccato messer Andrea Moresco, nepote di costui; et egli, per questa stizza, uscite fora, et fece molti danni a li viandanti in Cypro et a li proprii paesani: et ancor che il re fece più volte armada et mandò a seguitarlo per prender et impiccarlo, tamen sempre è stà avisato da' Genovesi ch' erano in Cypro; et però, quando usciva l'armada de Cypro, et lui andava al porto de Rhodi, et in li altri porti de Romania, et disarmava; et come ritornava le gallie de l'armata et disarmavano, et lui avisato, armava et vegniva immediate in le acque de Cypro et dannizava come di sopra. Et per questa causa, et per altri oltragii che li Genovesi facevano in Cypro, et etiam per alcune instantie bisare et injuste che li Genovesi mandorono a dimandar al re de Cypro per el suo ambassator Salvet Pessagne et gli furono negate, per il che se adirorono grandemente, insuperbiti maxime per la vittoria che haveno contro Venetiani, et comandò esso ambassator a tutti li mercadanti et borgesi Genovesi che si dovessen partir da l'isola de Cypro perchè volevano cominciar a far guerra col re. Et il re fece cride per tutte le città de Cypro che alguno non ardisse comprar beni de Genovesi de alguna sorte, ne mobile, ne stabile, ne recever in raccomandatione alcuna roba de Genovesi, et mandò per tutti li rivagi a devedar che non fussen lassato passar alguno Genovese, ne robe de Genovesi, eccetto l'imbassador et quelli che ha menato secco. Et fece retenir tutte le mercantie de Genovesi, mercadanti che alhora se trovavano in Cypro. Et in questo mezo, el signor de Sur tolse el governo al re, il che se non fosse stato, el re haveria abassato l'orgoglio de li Genovesi et fatto far a suo modo.

1307-1310.

Et per tornar a preposito, questo corsaro Vignol venne a Limisso, et messe in terra, lontan dal porto do miglia. Et el maestro del' Hospital che era Fulco de Villeret, Provenzal, et una parte del suo convento andorno a parlar con questo Vignol. Il qual promesse al maestro et a tutti li prodi homini del suo ordine de darghe l'isola de Lango et quella de Rhodi. Il che inteso, el maestro et altri soi compagni si consigliorono che questa impresa li poteva esser de grande honor; et potendo haver queste doe isole, saria grande proficuo della sua religion, et loro sariano honorati et apreciati da tutti li re, principi et baroni Christiani[1].

El dì de san Martin, nel mese di novembrio[2], havendo el castellan de Filermo battuto uno suo servitor greco, egli sdegnato venii secretamente la notte agli Hospitalieri, et li riferite come li Greci havevano fornito quel castello, et messo per suo soccorso 300 Turchi, et lui haveva il modo di darghelo per el despeto che il castellan li haveva fatto. Il maestro, datoli fede, mandò homini de arme a piedi con lui, et egli andò dove sapeva; et gli Hospitaglieri, seguendolo, introrno dal loco che vi entrò lui, et preseno il ditto castello, et messeno a la spada li 300 Turchi Saracini che trovorno dentro; et li altri homini, done et putti se misseno in le chiese per salvar la sua vita. Questa presa del castello li ha confortati molto, imperochè il castello de Rhodi era assai forte et non lo potevano cosi facilmente prender, onde steteno doi anni, et speseno gran thesoro in tegnir galie et homini de arme al suo stipendio. El castello era ben fornito, et haveva assai valente homini che lo deffendevano, et poi li Hospitaglieri non lo volevano agravar

---

[1] Le chroniqueur raconte ensuite avec détail les premières attaques des Hospitaliers contre Rhodes.

[2] Ces derniers évènements se rapporteraient à l'an 1310, puisque c'est en 1310 seulement que les Hospitaliers parvinrent à s'emparer du château de Rhodes. Notre auteur dit, plus loin, que les chevaliers employèrent deux années entières dans leur entreprise.

molto, che si ruinasse, havendo pietà di quelli che erano dentro, quali erano Christiani; ma con desterità convenevole fevano la prova de l'haverlo et però durò l'assedio tanto.

Accadete interim che l'imperator de Constantinopoli ha recepute lettere da quelli de Rhodi che domandavano soccorso de arme et vituarie. Et egli nolizò una nave Genovese, et cargola di frumento et arme, et la mandò con quel Rhodioto che li haveva portato le lettere. La qual nave, siando in le acque de Rhodi, hebbe un pocho di tempo contrario; et etiam havendoghe data la cazza XII gallie de li Hospitaglieri che havevano trovate da Provenzali, da Genovesi et da Cypro, la nave si lassò scorrer in Cypro, et prese el porto de Famagosta. Onde un cavaglier Cyprioto, ditto messer Piero el Giovene, il quale haveva un piccol legno armato del' Hospital et venne da Rhodi in Cypro, stando al porto et apresso la ditta nave, vide in barca el mercadante Genovese et lo conobbe, et immediate preseno la nave et la menò detto messer Piero al maestro del' Hospital, a Rhodi, onde per paura di morte, costui procurò et tratò talmente con quelli di Rhodi, dicendoli per parte de l'imperator et per molti contrasegni che li sepe dar che si reseno a fidanza le persone et l'haver suo. Et cosi reseno le chiave in libertà del maestro del' Hospital, et el maestro, essendo homini del' imperator et Christiani, li ha mantenuti loro et la facultà sua; et alhora et da poi in perpetuo, i qual Rodioti andorono a stantiar al borgo de Rhodi, et li ricevete per soi homini el maestro.

Et a questo modo, fu obviato il modo de li mercadanti falsi Christiani, che andavano conducendo cose devedate a li inffedeli; imperochè Rhodi è la chiave de tutta la pagania. Et rendendo gratia a Dio, li Hospitaglieri[1] cominciorono a lavorar et fortificar el ditto castello, et trovar valente homini, et far galie, per guardar quel loco. Che Dio li dia gratia di guardarlo[2] gran tempo, a honor de esso Idio, et proficuo della Cristianità!

1307.

Quittance du connétable d'Arménie, au nom du roi d'Arménie, pour toutes indemnités qui pouvaient être dues au roi par les Vénitiens.

Veniso. Arch. génér. *Commemoriali*, I, fol. 115 v°.

Exemplum seu forma securitatis facte Venetis.

Nous, le grant seignor, donons l'escrit de nostre main, de par nostre

---

[1] Au Ms. *Li Templieri*. — [2] Au Ms. *gualderlo*.

seignor le roy, qui nos a donné poier et liberauté de fair doner l'escrit de la main de nostre seignor le roy et de par nous as Veneciens, que de toutes quereles qui aient esté jusques au jor de huy entre nous et yaus, que nos les aquitons, et que plus ne soit dit ne ne retraist de cest endroit entre nous, car nous avons eu nostre paiament. Et que por seurté de se, avons fait cest escrit en que avons mis l'escrit de nostre main. Escrites à xxx jors dou més de May, en l'an qui cort Ermines de v et de la grant carnacion VIIe LVI, et l'an de Crist M CCC VII. Et encores de se[1] pevent venir et aler, sans nulle doute, par nostre seurté, selonc les convenances que nos avons emsemble.

1307.

État des sommes réclamées au nom du roi d'Arménie pour dommages et frais occasionnés à lui ou à ses sujets par les gens des galères vénitiennes d'André Sanudo et de Paul Morosini, qui s'étaient emparé du château de Lajazzo[2].

Venise. Arch. génér. *Commemoriali.* I, fol. 115 v°.

Questa si è la domandason de lo re de Armenia.

I.

1. In primis pro baldechinis, de eo quod acceptum fuit illis de Castro regis per galeas Venetorum, deremos XVIII^m D XXXV.

2. Item acceptum fuit de gaçena regis, per dictas galeas Venetorum, baliste a pectore, deremos C.

Item baliste de cornu II, deremos L.

Item arcus I a sagittis, deremos XV.

Item fraxetti II de bocaranno, deremos XL.

Item fraxettus I de coton, deremos XX.

Item fraxetti III de canevaça, deremos XLV.

Item sopraensegna I, deremos XV.

Item curaçe V de canevaça, deremos CL.

Item pançere V, deremos CC.

Item piloni III^m, deremos CCCC LX.

Summa, deremos M LXXXXV.

3. Item solvit rex Andree Senuto et Paulo Maureceni, propter moram

---

[1] Ainsi au Ms. pour *desà, deçà*.

[2] Déjà en 1304, comme on l'a vu précédemment, les Vénitiens avaient payé aux Pisans une indemnité de 1,214 dirhems à l'occasion du pillage du fort de Lajazzo, par les hommes de deux galères.

galearum predictarum tribus diebus, et pro ambaxiata quam ad regem ipsum miserunt, deremos vi[m] dcc lvii.

II.

Istud est quod acceptum seu derobatum fuit burgiensibus regis de Castro per dictas galeas.

4. In primis uni mulieri nomine Rita, bessaçia i, deremi viii.
Item denarii, deremi ccc.
Item in tacolinis c, sunt deremi lxxvii.
Item çupa una, deremi xv.
Item camisia una de cotone, deremi viii.
Item cossinus unus, deremi xv.
Item unchi[1] de borro de seta, deremi v.
Item pannus unus de borro de seta, braça xii, deremi xxiiii.
Item tevagloni[2] ii, deremi ii. [etc.[3]]

Summa, deremi cccc lxxxx.

5. Istud acceptum fuit Georgio Guardiani.
In primis in denariis, deremi cc.
Item vestimentum unum a presbytero, deremi xv.
Item manipulus i, deremi v.
Item cossinus unus de borro de seta, deremi ii.
Item gonella una de çalono[4] ab uno puero, deremi xx.
Item persuti ii, deremi vi.
Item sovagli argentei xxx, deremi xv. [etc.]

Summa, deremi ccc xl.

6. Item acceptum fuit uni nomine Tros Johaïm.
Item mantellus unus niger a femina, deremi l.
Item camisie due de tela a femina, deremi l.
Item çupa una de coton, deremi xii.
Item çupa una de Ciprio[5], deremi xx.

---

[1] J'ignore ce qu'étaient les *unchi*, probablement en bourre de soie.

[2] Au Ms. *Tevaglon*, ailleurs *Tovaglon*, probablement *touaillons*, toiles, serviettes ou nappes.

[3] J'omets dans l'énumération fort longue de ces réclamations quelques articles sans intérêt.

[4] Une gonelle ou tunique d'enfant pour salon, c'est-à-dire pour l'appartement, pour l'intérieur.

[5] En étoffe de Chypre, probablement étoffe

Item balista una de cornu, deremi L.
Item çupa una de çendato ab uno puero, deremi xx. [etc.]

Summa, deremi cc lxviii.

7. Item acceptum seu derobatum fuit Theros Paidarus per dictas galeas.
Item aurigleri[1] II laborati, deremi xx.
Item pignata[2] una de rame, deremi x. [etc.]

Summa, deremi ccc li.

8. Stephano Cosseri, acceptum fuit per dictas galeas.
Item brachia xxx tele, deremi lxxxx.
Item coopertorium unum de Cypro, deremi lxxx.
Item camissia una laborata, deremi xv. [etc.]

Summa, deremi cc lxxxxv.

9. Item Gregorio Gazat acceptum fuit per galeas.
In primis marsupium unum laboratum de seta, deremi xxx. [etc.]
Item anuli duo aurei, deremi xl.
Item capellus unus fereus, deremi xx.
Item cerveleria una, deremi viii.

Summa, deremi clxxxviiii.

10. De debito Marini Signoli fuimus in concordia cum barone Ossino Bassilien, pro diremis xiiii^m.

11. Ser Bindo Sechamarenda, per sepedictas galeas.
Item canelle xvi auri filati, deremi xviii.
Item colleare unum argenteum, deremi x.
Item cultellus unus a feriendo, deremi xx.
Item çambellotus unus a femina, deremi l.
Item bursa una de samito, deremi ii. [etc.]

Summa, deremi m c xxxiiii.

de coton à dessins, comme celles que l'on teint encore aujourd'hui à Nicosie. Les fabriques de cotonnades n'existent cependant plus en Chypre. L'île expédie ses cotons bruts, et fait venir d'Europe, principalement de Liverpool, ses pièces de coton blanches.

[1] Oreillers.
[2] Marmite.

12. Bertucio, per galeas jam dictas.

Summa, deremi xiiii.

13. Vasilli, presbitero.
Item sclavina una, deremi xvi.
Item carpeta una, deremi x.

14. Baroni Ossino, domino Cabam, fratri regis, pro suis apautatoribus.
In primis corda una de campo, deremi xxi.
Item manere iii, deremi vi.
Item saccus unus de canevaça, deremi v.

Summa, deremi xxxii.

15. Yeusef de Baldaco.
Chabanus unus de bordo, deremi xxv.

16. Ista sunt debita inferius notata. In primis debet Pantaleonus, quondam Quirini, Theroso Janni deremos ccc. De hoc habet dictus Theroso : coopertorium unum album et guarnaciam unam de çambelloto a femina, unam çupam de çendato carmesi a puero et choncham unam de rame, una messara.

Item debet idem Pantaleonus Quirinus, [etc.] Summa, quod dictus Pantaleo dare debet, deremi cccc lxvii.

Debet dare ser Paulus Maurocenus Messori Aurani pro affictu magaceni, deremos xxx.

1307, 20 mai. A Sis.

Privilége commercial de Léon IV, roi d'Arménie, aux Vénitiens [1].

Venise. Arch. génér. *Patti*, III, fol. 48. — *Commemoriali*, I, fol. 115.

1. En nom dou Pere et dou Fils et dou Sante Sperit. Lyon, en Crist feable, roy de tote Ermenie, fis dou Crist amant et bien aorant roy de toute Hermenie, Lyon en Crist, repose des puisans et haus Ropinans, faisons à savoir à tous vos qi presens estes et qi estes à venir, car si com est usage des roys bien aorans et en Crist feels nos ancestres et nos de henorer chascun par liberaus dons, les estrangers et privés, por laquel chaison la nostre

---

[1] Ce document a été cité dans le premier volume des preuves, p. 106.

royauté a doné au grant honorable et amé comun des Veniciens, à la requesta dous tres honorable et descret duc, sire Piere Gradonico, par la man del honorable message sire Dolfin de Dolfin, l'enorable previlige de la nostre royauté, que il aient licence et seurté alant et venant par tote nostre terre, et avons doné à tous Veneciens, que seront Veneciens fils de Veneciens, qui sont et qui à venir sont, que tos les merchaans et homes Veneciens qui sunt outremer et desà, et venront en nostre terre, seront sans penser et sans doute de nos et des tous les nos en tous lieux où il seront et où que il soit, sos nostre royauté, de leur persones et de toutes leur cheuzes, alant, demorant et retornant, vendant et achatant, sans rien doner; auront franchise en pors et en cités, en pons et en yssues de tous leus, sauf les Veneciens qui demorant sont desà mer, ce il passent par la Portella[1], que il soient tenus de paier droiture, si com est usage dou leuc.

2. Mais tous les Veneciens qui porterunt or et argent et vodrunt congner bezans ou monée, si donront la droiture ansi com ceaus qui à Acre donoient droiture de bezans ou de monée. Et ce l'or ou l'argent n'en se congne bezans ou monoye, non donront nulle droiture.

3. Et si vassiaus de Veneciens brissent en toute nostre terre, en rive de mer ou en mer, tout quant que seront delivré de la mer, soit homes ou autres chozes, ou vasiau, tout sera sans doute et sans panser de nos et de nos subjés[2]. Et ce homes d'autre nation seront au vasiau que brisera, seront à nostre commandement. Et ce autre mainere de vasiaus brisent, en qui soient Veneciens, les Veneciens soient frans et sans penser leur et toutes leur choses, lequelles il proveront qui soient sues; et li vasiau e les homes d'autre nation demoreront à nostre commandement aveuc le leur, et les Veneciens vasiaus ne autre cheuze ne prenderont en leur, ou delivreront cum de leur.

4. Et ce aucuns des Veneciens vodra passer de nostre terre en autre de Cristiens ou de Sarraçins où nos aions pais et saremens, il pevent aler et revenir eaus et toute leur merchandise sans arestement. Et ce aucun daumage avient à ceus Veneciens qui iront, nos nos penerons et en tel mainere procurarons cum de la nostre chose à recovrier.

5. Et ce il avient que Venecien meurt en nostre terre, et vodra de soues chozes fair testament, et che Veneciens soit au leuc et voudra metre à la main

---

[1] La Portelle, aujourd'hui Demir-Kapou, était un lieu de péage sur la route d'Arménie en Syrie. (Sanudo, *Lib.* ap. Bong. t. II, p. 244.)

[2] C'est-à-dire que les Vénitiens naufragés n'auraient rien à craindre ni du roi ni de ses sujets. Voy. notre t. Ier, p. 39, n.

de Venecien ou d'autre, celui testament reçeu sera en droit[1]. Et ce il avien que il meurt sans testament, et que Veneciens soit au leuc, les chozes deu meurt demorent à la main de cel Venecien. Et ce de Venecien ne soit là, et meurt avec testament ou sans testament, toutes les soues chozes veignent à nos mains et à nostre guarde, jusques à tant que nos aurons letres dou duc des Veneciens, ou dou baill qui sera en Hermenie des Veneciens, et qi soient les letres d'um d'eaus ceelées; si com aura ordené en celes letres le duc ou le baill, si sera faite de la choze deu mort.

6. Et ce entre deus Veneciens ou plusours sera contens en nostre terre, le baill des Veneciens qui sera en Hermenie faze la raizon. Et ce contens sera entre Veneciens et Ermins, ou homes d'autre nation qui n'en soient Veneciens, où ce face laresin, ou sanc, ou meurtre, la raizon de ce en la nostre royal aute cort se face. Encement, ce entre les Veneciens, que de deus parties soient Veneciens, ce face murtre, ou sanc, ou laresin, la rayson de ce en la nostre royal cort ce face. Et ce contens sera entre deus Veneciens, et que Veneciens ne soient à acorder les ensemble, par la rayzon de l'arsevesque de Sis s'adrissent.

7. Et les Veniciens seront tenus, ce nul des Veneciens yssent de leur comun, tantost nos le feront à savoir : « Tel est partis de nostre comun, » et à nomer leur noms, che nos les poissons savoir.

8. Et ce Veneciens fassent nulle faute as homes demorant à nostre terre, ou à autre stranger, le comun doat amender le doumage qui oc fait, sauve ceaus homes che n'en demorent en Venesie, ou en autre leuc que le poier de Veneise non se peut joindre, et que nulle de nostre mercandie ne soit en alant avec Veneciens[2], et ne soit armé lein[3] de deniers de Veneciens, la defaute que avendra, le comun ne sera riens tenu de paxer nos, car nos et aus n'acordarons. Mais ce il avient que l'ome entre arier au poier de Veneciens, il nos doivent rendre l'ome, que nous soions pagé de nostre domage.

9. Encement, ce nul home, demorant en nostre terre ou à autres strangeres, veulent emprunter ou recomandé diniers à Veneciens, doivent fair primierement assavoir au baill de Veneciens. Se le baill dit que l'ome est bon et coneu, et que il die : « Pruntés li, » il li empruntera et nostre chevitaine fera escrire le fait au carturaire, et prendront chartre dou baill por ce

---

[1] Aux pactes : *reçeu seroit et droit.*

[2] Ainsi aux pactes et aux commémoriaux, mais on a très-anciennement corrigé les pactes de cette manière : « Et che riens de sa « mercandise ne doie aler au Veneciens. »

[3] *Lein,* navire.

fait. Mais ce le baill dit que l'ome soit trobolior¹ et laron : « Ne le empruntés, ne recomandés. » Sur ce, ce il li done, bien li en sovegne².

10. Encement, si fors de Leyas, par tout Hermenie, vodra homo riens prunter o recommander à Veneciens, les chevitaines de celui leuc les devent mander devant le chevitaine et devant le baill, et que ceaus deivent regarder leur fait, ce il sera por imprunt, que il soit escrit au carturaire, et prendre chartre dou baill.

11. Et nos otroions et donons une yglise en la cité de Leyas à Veneciens, et que il teignent prestre qui sert l'iglize en remenbrance de nos et de nos mors. Et les maisons que nostre pere leur avoit doné, nos leur otroions.

Et à greindir, nos avons escrit le royal haut escrit de nostre man et l'avons garni de nostre bolle d'or, en l'an d'Ermenie set sens et sinquante sinc, indision quinte, ou més de May, vicesine jors. Et ce fu fait à Sis, la cité, par la man de Gregoire, chanselier, en l'an de Nostre Seignor Jesu Criste mill et treissens et set. Et l'a escrit Paumier, le escrivain, par le commandement dou roy.

1308.

Extraits de la chronique de François Amadi, relatifs à l'arrestation et au supplice des Templiers³.

Ms. de Venise. fol. 160. — Ms. de Paris, fol. 253.

I.

In questo anno regnava el papa Innocentio quinto, che non volse mai andar a Roma, ma stantiava in Avignone et a Burdiago. Costui mandò a chiamar a si fra Jacobo de Maula, maestro del Tempio, il quale essendo andato, si portò mal scarsamente verso el papa e li soi gardenali, perchè era avaro for di misura. Per il papa, lo ricevete a bella ciera. El maestro poi fu andato a Paris in Francia, et richese al trisorer del Tempio el conto della

---

¹ Aux pactes, *treboillor*.
² Aux commémoriaux, *bien li en conveigne*.
³ J'apporte ici une pièce aux actes du procès des Templiers : c'est la déposition d'un témoin indépendant et sincère, au moins en apparence, lequel, tout en blâmant l'avarice du grand maître, tout en désapprouvant la désobéissance et la fierté qu'il montra à l'égard du roi de France et du pape, soutient chaleureusement son innocence et proteste contre les accusations dont Jacques de Molay et son ordre furent l'objet. Ce témoignage nous a été conservé dans la chronique dite de François Amadi, écrite au xvᵉ ou au xvɪᵉ siècle; mais il émane, comme on le verra, d'un contemporain même, d'un homme qui a connu personnellement les Templiers, qui a vécu avec eux et qui peut-être a porté leur habit. Ce serait là l'explication de son attachement à leur ordre.

sua administration, nel quale trovò ch'el trisorier haveva imprestato al re di Franza una gran suma di danari, si dice 400 millia fiorini d'oro, ma non so se furon manco, et andò in colera grande contra del ditto trisorier, et lo spogliò del habito, et lo caciò della religion; il quale vene al re de Franza, a cui spiaque molto questo atto, che per sua causa li habia levato l'habito, et mandò un grande homo de Franza al maestro, pregandolo che, per amor suo, li dovesse restituir l'habito et quel che doveva dar a la casa restituirlo voluntiera. Per il che il ditto maestro non volse far niente, et respose altramente di quel che doveva a la rechiesta de un tal personagio come è il re di Franza.

Et quando vide il re che non voleva far per le sue preghiere, mandò al papa pregandolo ch'el dovesse mandar da parte sua al maestro del Tempio ch'el volesse restituir el mantello de l'habito della religion del Tempio al trisorier; et il ditto trisorier in persona portò la ditta lettera del papa al maestro del Tempio. Il qual non volse far niente per il papa, anzi disseno che il maestro buttò la lettera al foco che era in un camin della sua camera. El re de Franza l'hebe grandemente a male; et apresso alquanti giorni, el papa chiamò el maestro, et andò da Paris a lui; et il papa li domandò la regula dello suo ordine over religion del Tempio in scrittura, et il maestro gliela dette et la lesse. Et da poi, i ha parlato da più persone et in diversi modi molte cose contro ditta regula della religion del Tempio, in modo che io non scio dir qual sia la verità di quanto fu ditto, ma di quel che fu fatto publicamente, io posso ben scriver, zoè che, da poi fu examinata da homini litterati et savi religiosi, ditta regulla fu disfatta, et ruinata la sua religion, et furon brusati xxxvii a Paris. Et diceno coloro che li hanno visto, che mentre potevano parlar, quando ardevano, sempre cridavano ad alta voce che li corpi soi erano del re de Franza, et l'anima de Dio.

Et medemamente all'ultimo, el maestro et el comandator de Guascogna furon menati a Paris in presentia de tutto el populo, dove erano radunate molte persone; et erano dui gardenalli per el papa, quali feceno lezer uno scritto della sua regula, nel quale conteniva che loro l'havevano confessato et ditto di sua bocca; ma mercadanti che erano là diceno ch'el maestro si voltò verso el populo, et disse, a voce tanto alta che si ha inteso, che tutto quello che in ditto scritto si conteniva era falso, et lui tal cosa non haveva ditto ne confessato, anzi erano boni Christiani; et sopra queste parole un servitor li dete con un palmo a la bocca, che non possete più dire, et fu strassinato per li cavelli et buttato in una capella, et lo vardavano lì fin che tutta la gente andò via. Et poi el ditto maestro et il comandador di Guascogna furon posti in una barcha e passati in l'isola che è infra il fiume[1], et là era el foco alluminato, et lo maestro li pregò che l'indusiasseno ch'el dicesse la sua oration, la qual disse a Dio, et poi deliberò che li facesseno della persona la sua voluntà, et così loro lo preseno, et messeno al foco et l'arseno. Et Iddio omnipotente, che cognosse et sa le cose secrete, sa che se lui fu innocente di quella imposition che fu imposta a lui et a li altri, et lui et quelli sono arsi, sono martiri appresso Iddio; et se son tali che l'hanno meritato, i sono puniti. Ma io ardisco dire che a le opere io li ho cognossuti per boni Christiani, et devoti nelle sue messe, nella sua vita; et specialmente el maestro che fu avanti di questo, fra Guielmo de Belge[2], fece molte et grande helemosine a molte persone privatamente, come lo sa chi lo cognosse[3].

Noms et titres de quelques seigneurs d'Arménie du temps de Henri II et de Hugues IV de Lusignan, rois de Chypre[4].

Venise. Arch. génér. Patti, III, fol. 79, 81.

De Hermenia.

Aytonus, dominus Nigrini, capetanus curie regis Hermenie.

Aytonus, conestabilis Hermenie.

Hoissinus[5] de Alticovanti, genere Ruppinorum, Armenie rex.

Alienat, filius quondam regis Armenie, dominus Lambri, Montis Livonis Cogelaqui et Roisso[6].

Alinoch, regis frater et quondam serenissimi regis filius.

---

[1] Notre chroniqueur rapporte ici des événements qui appartiennent à l'an 1314. Le supplice du grand maître et de son compagnon eut lieu à Paris, au mois de mars de cette année. Un arrêt du roi, du même mois de mars, inscrit dans les Olim, porte que l'exécution eut lieu « in insula existenti in « fluvio Secane, juxta pointam jardini nostri. » (T. II, p. 599.) Godefroy de Paris assista à l'exécution et l'a racontée dans sa chronique. (Coll. Buchon, t. IX, p. 219.)

[2] Guillaume de Beaujeu, grand maître du Temple de l'an 1273 à l'an 1291.

[3] L'auteur de la chronique entre ensuite dans des détails très-circonstanciés au sujet de l'arrestation des Templiers de Chypre et de la saisie de leurs biens. Nous ne pouvons reproduire ces passages trop étendus de son récit.

[4] Ces noms sont extraits de deux listes de rois et de seigneurs insérés dans les pactes de Venise. Voy. notre t. I, p. 136, et les *Archives des missions scientifiques*, t. II, p. 270.

[5] Le roi Oschim, qui seconda les projets de son beau-frère Amaury de Lusignan, prince de Tyr, contre Henri II, roi de Chypre. Il régna de 1307 à 1320.

[6] Peut-être *Coisso* ou *Toisso*.

Frater Johannes, ordinis fratrum Minorum, primogenitus quondam serenissimi regis Hermenie [1]. Mortuus.

Leo, rex Armenie [2].
Aytonus, seneschalchus regni Armenie.
Aytonus de Negrino, camberlanus et gubernator regni Armenie.

§ III.

HENRI II DE LUSIGNAN,

ROI DE JÉRUSALEM ET DE CHYPRE,

DE RETOUR D'ARMÉNIE.

AOUT 1310. — 31 MARS 1324.

[1313-1327[3].]

Lettres d'amitié ou de remercîments du roi Henri II de Lusignan, des princesses ses sœurs, de Philippe d'Ibelin, leur oncle, et de divers autres personnages résidant à la cour ou dans le royaume de Chypre, à Jacques II, roi d'Aragon.

Barcelone. Arch. de la couronne d'Aragon. *Cartas reales.* Règne de Jacques II. Legajos XXXVII-XLIV. Orig. [4].

I.

[1313?] 25 septembre. De Nicosie [5].

Le confesseur du roi de Chypre au roi d'Aragon.

Magnifico et excellenti principi domino Jacobo, Dei gratia illustri regi Aragonum, Valencie, Sardinie et Corsice, comitique Barchinone, ac Sancte

---

[1] Cet article est effacé, et le mot *mortuus*, qu'on lit à la suite, en donne probablement le motif.

[2] Probablement Léon V, qui régna de 1320 à 1344.

[3] Je renferme sous cette période, dont le premier terme me paraît fixé par l'indiction de la première pièce, et le dernier par l'année de la mort de Jacques II, onze lettres sans dates précises, adressées de l'île de Chypre au roi Jacques II, en Aragon. Aucune de ces pièces n'a trait à des événements considérables. La troisième et la quatrième concernent des marchands catalans venant en Chypre; les cinquième, septième et dixième ont un rapport bien éloigné aux troubles du règne de Henri II. La sixième pourrait appartenir au règne de Hugues IV.

[4] Les quatre premières lettres sont de la liasse ou *legajo* XXXVII.

[5] D'après l'indiction et le quantième du mois marqués à la fin, cette lettre pourrait être de l'an 1297, 1313 ou 1327. Je la crois plutôt de 1313, parce que l'on voit par la troisième pièce que Sanche d'Aragon, chevalier de Rhodes, dont il est ici question, apporta plusieurs lettres du roi d'Aragon en Chypre, de 1300 à 1315.

Romane Ecclesie vexillario, amirato et capitaneo generali, ejus domino, frater Rodulphus, de ordine Minorum, illustris regis Jerusalem et Cypri confessor, vester in Christo serviens et devotus, sui recomendacionem et paratam ad vestra beneplacita voluntatem. Gloriose vestre magnificentie tenore presentium innotescat quod ego recepi vestras venerandas apices per venerabilem et religiosum virum fratrem et consiliarium vestrum, fratrem Sanchcium de Aragonia, ordinis Hospitalis Sancti Johannis Jerosolimitani, et nobilem militem, dominum Symonem de Lauro, vicarium Barchinone et Valencie, ac prudentem virum ser Petrum de Solerio, notarium vestrum, nuncios vestros ad dominum meum regem Jerusalem et Cypri. Et intellexi que in dictis vestris litteris continebantur ad me de fide et credencia predictorum. Et ante omnia majestati vestre regracior de eo quod dignata fuit me suis rogaminibus visitare. Deinde, noveritis quod ea que dicti vestri nuncii mihi pro parte vestra dicere voluerunt graciose et fideliter intellexi, et ea, quantum cum Deo potui, studui ad gloriam et exaltacionem partium fideliter adimplere. Ita quod, per nuncios quos ad vos ilico est dictus meus dominus super tractatu ipso transmissurus, sentire poteritis quantum fuere diligens in vestris beneplacitis exequendis; et licet, sacram majestatem vestram, omni virtutum preheminentia redimitam, karitatis affectu succensus, rogo quod mentem vestram usque ad adventum nunciorum domini mei prefati nullius permittatis relacionibus conquassari, sed votivum exitum, Deo faciente, firmiter atendatis[1]. Valeat vestra magnificencia per tempora longiora. Data Nicossie, die xxv mensis Septembris, indiccionis xi.

II.

[1314?] 31 janvier. De Nicosie [2].

Philippe d'Ibelin, sénéchal de Chypre, au roi d'Aragon.

Magnifico et excellenti principi domino Jacobo, Dei gratia illustri regi Aragonum, Valencie, Sardinie et Corsice, comitique Barchinnone, ac sancte Romane Ecclesie vexillario, amirato et capitaneo generali, Philippus de

---

[1] Il s'agit peut-être des négociations du mariage du roi d'Aragon avec la sœur du roi de Chypre, Marie de Lusignan, mariage conclu en 1315.

[2] Cette lettre, de la 12ᵉ indiction, ne peut être que de l'an 1299 ou de l'an 1314, d'après les limites chronologiques de la vie de Jacques II et de Philippe d'Ibelin. Je la croirai plutôt de la dernière année, 1314, et de l'époque où le sénéchal de Chypre, Philippe d'Ibelin, était complétement chargé du soin des affaires du royaume, dont le roi Henri II, son neveu, atteint d'une cruelle maladie, ne pouvait s'occuper.

Ibelino, regni Cipri senescalcus, salutem et prosperos ad vota successus. Vestre magnificentie litteras per nuncios vestros, quos ad illustrem dominum meum regem Jerusalem et Cipri misistis, recepi et intellexi que continebantur in eis de fide et credentia predictorum. Et super hiis que ipsi retulerunt me, pro honore partium, exerqui diligenter. Et super hiis idem dominus rex nepos meus ad vos suos dirigit nuntios spetiales, ex quorum, facto faciente Deo, vota partium votivius poterunt adimpleri. Si qua autem vultis per me fieri in hiis partibus, mandate libenter, et fideliter impletur. Data Nicosie, die ultimo mensis Januarii, indictione XII.

III.

[1300 ou 1315], 8 octobre. De Nicosie.

Philippe d'Ibelin, sénéchal de Chypre, au roi d'Aragon.

Magnifico et excellenti principi domino Jacobo, Dei gratia illustri regi Aragonum, etc.[1]. Noverit vestra magnificentia quod ego recepi vestras litteras quas michi misistis per venerabilem et religiosum virum fratrem et consiliarium vestrum fratrem Sanchium de Aragonia, ordinis Hospitalis Sancti Johannis Jherosolimitani, nobilem militem, dominum Symonem de Lauro, vicarium Barchinone et Valentie, et prudentem virum ser Petrum de Solerio, nuncios majestatis vestre, ad inclitum principem dominum meum Jherosolimitani et Cypri regem directos. Et intellexi que in dictis vestris apicibus dicebantur, et ea que dicti vestri nuncii michi pro parte vestra dicere voluerunt. Et super hiis, vestre magnificentie innotescat[2] quod omnia et singula que ad vestrum et domus vestre comodum cederent et honorem, quantum mihi foret possibile, procurarem, et feci et facerem super hiis que vestri nuncii procurarunt quidquid boni potui pro parte qualibet comuniter novit Deus[3]. Et per nuncios quos prefatus dominus meus ad vos dirigit, scire vestra excellentia poterit si me in iisdem negociis exercui ut votive procederent et debitum sortirentur effectum. Ceterum, super eo quod per alias vestras litteras michi misistis, quod ego haberem nobilem virum Bernardum de Marimundo, familiarem vestrum, recomendatum in suis negociis, vestrorum precaminum interventu, noveritis quod dictum Bernardum, et omnes alios vestros fideles ac familiares, semper in suis negociis recomendatos habui et habebo; et per eundem Bernardum scire poteritis quam graciose ipsum vi-

---

[1] Comme à la lettre précédente. Celle-ci, d'après son indiction, est de 1300 ou 1315.
[2] Au Ms. *ignocescat*.
[3] Ainsi au Ms.

dimus in suis negociis peragendis. Si qua alia vel circa predicta vult vestra magnificentia in hiis partibus me facturum, mandet parato pro posse libenti animo adimplere. Data Nicossie, die VIII mensis Octobris, indictione XII.

IV.

[1300 ou 1315], 10 octobre. De Nicosie.

Le roi de Chypre au roi d'Aragon.

Magnifico principi, domino Jacobo, Dei gratia regi Aragonum, Valencie, Sardinie et Corsice, comitique Barchinonie, ac sancte Romane Ecclesie vexillario, amirato et cappitaneo generali, Henricus, eadem gratia Jerusalem et Cypri rex, salutem et prosperos ad vota successus. Noverit amititia vestra quod nos recepimus vestras litteras per Bernardum de Marimundo [1], familiarem vestrum, et intelleximus que in ipsis litteris continebantur de recomendatione prefati Bernardi, et rerum suarum, ut ipsum sub nostra protectione et custodia haberemus. Et licet omnes qui ad partes nostras cum mercimoniis debite advenirent haberemus sub nostra protectione et custodia merito commendatos, prelibatum tamen Bernardum reciperemus, vestrorum rogaminum interventu, specialiter commendatum, et recepimus ut mandastis. Et quia de vobis et vestris partibus bonos rumores libenter audimus, rogamus vos quod, quando vobis adest commoditas portitorum, ipsos nobis placeat intimare. Et si de nobis scire placet, in confectione presentium, Dei gratia, fruebamur corporea sospitate. Data Nicossie, die x Octobris XIIe indiccionis.

V.

31 janvier. De Limassol.

Sanche d'Aragon, chevalier de Saint-Jean de Jérusalem, au roi d'Aragon [2].

Serenissimo ac magnifico principi, domino suo karissimo, ymmo patri et benefactori continuo, domino Jacobo, Dei gratia Aragonum, Valentie, Sardinie et Corsice regi illustrissimo, Barchinone comiti, et sacrosancte Romane Ecclesie vexillario, ammirato ac capitaneo generali, fratrum suorum humillimus, frater Sanccius de Aragone, sancte domus Hospitalis Sancti Johannis Jerosolimitani, in Nimocii conventu degens, se ipsum, cum subjectione et humili recomendatione, regales manus humiliter osculando.

---

[1] Le même dont parle le sénéchal dans la lettre précédente. — [2] Cette lettre est de la liasse XXXVIII.

Domine, regio culmini per presentes cupio declarari quod regias litteras credentie, mihi noviter directas per religiosum, honestum et providum virum, fratrem Petrum de Solerio, domus predicte, venerabilem castellanum Emposte [1], recepi grata manu, ylari vultu, et ea qua decuit reverentia et honore. Et audito de felici statu regio clarissime domine regine Aragonum [2], una cum liberis, animus meus inenarrabili fuit gaudio recreatus; et non inmerito, quia in prosperitate vestra prosperor, et in felicitate et in dierum vestrorum longanimitate resulto, humiliter rogans illum qui dat salutem regibus, quod, per sue dulcedinis infusionem, statum et successus vestros felices ac prosperos faciatque jocundos. Preterea, noscat regia celsitudo quod a dicto castellano recepi vestram helemosinam mihi missam, videlicet duo millia turonensium argenti, de quibus assurgo strenuitatem regiam ad infinitas gratiarum actiones; supplicans humiliter, affectione qua valeo proniori, quatenus pietatis intuitu et regie serenitatis consideratione, quod mei dignemini, si libet, reminisci, taliter quod ex quo opus sum et factura, quod vestro subsidio, favore et auxilio mediantibus, negotia mea, ymmo vestra, finem suscipiant salutarem. Domine, et quia vereor ne scriptura prolixa in regalibus auribus fastidium generaret, sic ordinavi ad presens sub compendio preterire; potissime quia tam de statu meo quam de rumoribus harum partium, utinam melioribus! per dictum castellanum poterit regia claritudo penitus informari; eidem supplicans, quod ad omnia que dictus castellanus ex parte mea sibi duxerit reseranda, dignetur, si placet, aures credulas adhibere. Valeat et vigeat bene et diu mansuetudo regia, me admittens ad cuncta genera mandatorum. Ultimo, me vestre gratie humiliter recomendo. Data Nimocii, in regno Cipri, die ultima Januarii.

VI.

23 février. De Nicosie [3].

Jean de Laodicée, lieutenant du grand maître de Saint-Jean de Jérusalem, en Chypre, au roi d'Aragon.

Excellentissimo principi ac potenti domino suo carissimo domino Jacobo, Dei gratia Aragonum, Valencie, Sardinie et Corsice regi illustri, comitique strenuissimo Barchinone, ac sacrosancte Romane Ecclesie vexillario, ami-

---

[1] Emposte ou Amposta, châtellenie de l'ordre de Rhodes, était située en Aragon.

[2] Il s'agit très-probablement dans cette lettre de la reine d'Aragon, Marie de Lusignan, et de ses enfants; dès lors la date est de plusieurs années postérieure à l'an 1315. Voy. la lettre du 8 novembre 1315.

[3] Extrait de la liasse XL.

ranto et capitaneo generali, suus humilis et devotus ffrater Johannes de Laodicia, sancte domus Hospitalis Sancti Johannis Jhierosolimitani domini magistri Hospitalis in Cipro humilis vices gerens, se ipsum promptum ad cuncta sui beneplaciti et mandata cum omni reverencia et honore. Magnifice magestatis vestre, serenissime domine, cum ea reverencia qua decuit, honorabiles literas me jocundanter noveritis acceptasse, inter alia precipuum continentes qualiter vestra regalis et potestas strenuissima meas receperat literas super illo negocio responssum completum minime refferentes. Super quo excellentissimam et magnificam dominacionem vestram devote et humiliter reddo protinus cerciorem quod hoc est domino regi Jherusalem et Cipri merito imputandum et non michi, qui super hoc, cum ea deliberatione qua potui, multis et excogitatis noctibus ac cura vigili meditavi; nam dominus rex cum magna maturitate et magno studio vult procedere in suis agendis et disponendis negociis quandocumque [1]; et ego, responso habito congruenti, per ffratrem Matheum, ffratrem nostrum, sepedictam illustrem magestatem vestram, ut cicius potui, duxi reverenter et humiliter in scriptis, de verbo ad verbum, seriatim prout de facto accidit, informandam. Et placeat altissimo pio patri, qui omne negocium ducit fine congruo ad effectum, quod hujusmodi negocium consumare dignetur, prout ego juxta honorem et exaltacionem vestram et regni vestri et tocius fidei orthodoxe intendo honorabiliter consumare. Regalis magestas et dominacio vestra cum honore valeat per tempora longiora, michi semper precipiens cuncta sua beneplacita et mandata. Data Nicossie, in regno Cipri, xxiii^a die mensis Februarii.

VII.

29 avril.

Henri II, roi de Chypre, à Jacques II, roi d'Aragon [2].

Excellentissimo ac potenti principi, karisimo amico suo, domino Jacobo, Dei gratia regi Aragonum, Majorice [3], Valencie et Barchilonie comiti, Henricus, eadem gratia Jherusalem et Cypri rex, salutem et paratam ad ejus

---

[1] Cette lettre semblerait appartenir plutôt au règne de Hugues IV. Henri II, par suite de la maladie dont il était atteint, fut peu propre au gouvernement, et laissa toujours la direction des affaires en d'autres mains; Hugues IV, au contraire, son successeur, se fit remarquer par cette circonspection et cette vigilance que le lieutenant du grand maître de Rhodes signalait chez le roi de Chypre. On ne voit pas d'ailleurs à quelles circonstances la lettre se rapporte.

[2] Liasse XLI.

[3] Si le nom du roi Henri II de Lusignan, exprimé dans la ligne suivante, ne l'établis-

beneplacita voluntatem. Quoniam statum vestrum ut semper prosperum et jocundum affectamur audire, excellenciam vestram rogamus quatenus dictum statum vestrum et rumores partium vestrarum, quociens vobis affuerit copia nunciorum, nobis significare velitis, quia ipsos libenter audiemus. De statu nostro noveritis quod, illo favente qui regibus dat salutem, plena vigebamus corporis sanitate. Rumores vero partium nostrarum magnitudini vestre non scribimus, quia per illos qui de partibus nostris ad partes vestras veniunt, et specialiter per Symonem Richardi, hominem vestrum, poterit vestra celsitudo scire ordinate veritatem. Data die penultima Aprilis.

VIII.

[1316 ou 1322], 18 mai [1].

Alix de Lusignan, princesse de Galilée, sœur du roi Henri II, à Jacques II d'Aragon, son beau-frère [2].

Al excellent et puissant prinsse, seignor Jaque, par la grace de Dieu roy d'Aragon, de Valence, de Sardenye et de Corsce, conte de Barchelone, et de la sainte yglise de Rome confanounier, admirail et capitan general, Aalis de Leseignian [3], princesse de Galilée et dame de Thabarie, et fille dou puissant roy de Jerusalem et de Chipre, de bone memoyre, vostre seurelle, salus. Sache, sire, vostre noblece que je ay rreseu vos honorables letres, et moult lyeement entendues; et ay grant joye de vostre santé et bon estat, lequel je desirée moult à oir. Et vos pri, sire, que sovent me le faites à saver, vos bones noveles. Et se de moy, sire, vos plaist à saver, et de Jaquet [4], mon fis, il est sain, Dieu merci, et vos salue c^m salus [5]. De ce, sire, que je ne vos ay mandé le respons de vos letres, sachés, sire, que le mesage ce hastet; mais je vos le manderay ave autre mesage. Vos plaisirs me mandés, lequels je acomplira moult volentiers. Data le mardi, à xviii jors de May.

---

sait surabondamment, on trouverait ici, dans la mention du royaume de Majorque parmi les états du roi Jacques II, la preuve que la lettre est antérieure à l'année 1327, dans laquelle ce dernier prince renonça à toute possession directe sur les Baléares.

[1] Cette lettre, sans millésime, se renferme entre l'année 1315, où Jacques II d'Aragon épousa Marie de Lusignan, sœur d'Alix, et l'année 1327, date de la mort de ce prince. On voit même, d'après le jour et la quantième du *mardi 18 mai*, qu'elle doit être nécessairement de l'année 1316 ou de l'année 1322.

[2] Liasse XLII.

[3] Alix avait épousé Balian d'Ibelin, prince de Galilée, d'abord partisan du prince de Tyr, mais réconcilié en 1310 avec le roi Henri, son beau-frère.

[4] Les Lignages d'outre-mer ont oublié ce jeune enfant dans la descendance du roi Hugues III de Lusignan et des princes de Galilée.

[5] Mon fils Jacquet *vous salue* ou *vous envoie cent mille saluts*.

IX.

[1315-1324], 26 mai. De Nicosie.

Héloïse de Lusignan, sœur du roi Henri II, à Jacques II d'Aragon, son beau-frère [1].

Magnifico et potenti principi domino Jacobo, Dei gratia regi Aragonum, Valentie, Sardinie et Corsice, comitique Barchenone, ac sancte Romane Ecclesie vexillario, ammirato et capitaneo generali, cognato ejus charissimo, Helluis de Lisiniaco, filia quondam bone memorie domini Hugonis Jerushalem et Cipri regis [2], salutem in eo qui est omnium vera salus. Quia de vobis et vestris partibus bonos rumores frequenter audire desideramus, majestatem vestram rogamus quod, quando vobis est ad comodum, libeat intimare. Si de nobis scire placet, in confectione presentium fruebamur, Dei gratia, corporea sospitate. Valeat vestra magnificentia per tempora longiora, mandans nobis fiducialiter quicquid possumus quod cedat in vestrum servitium et honorem. Et quia sigillum proprium non habemus, sigillo domine regine matris nostre presentes vobis mittimus sigillatas. Datta Nicossie, die xxvi Maii.

X.

[1310-1324], 26 mai. De Nicosie.

Jean de Giblet à Jacques II d'Aragon [3].

Magnifico et excellenti principi domino Jacobo, Dei gratia illustri regi Aragonum, Valentie, Sardinie et Corsice, comitique Barchinone, ac sancte Romane Ecclesie vexillario, ammirato et capitaneo generali, Johannes de Gibleto [4],

---

[1] Liasse XLII.

[2] Le roi Hugues III d'Antioche-Lusignan. Sa fille Héloïse, de qui émane la présente lettre, ne paraît pas avoir contracté de mariage. Tout ce que nous savons de cette princesse, c'est qu'elle vivait encore en 1324, quand mourut son frère, le roi Henri II. (*Assises de Jérusalem*, t. I, p. 3.) Leur mère, Isabelle d'Ibelin, dont Héloïse emploie le sceau pour sceller sa lettre, mourut le 2 juin 1324, deux mois après le roi son fils.

[3] Liasse XLII.

[4] Pendant plus de cent ans, des personnages du nom de Jean de Giblet, appartenant à la grande famille de Giblet, venue de Syrie, ont marqué dans l'histoire et les documents de Chypre. Il n'est point facile de distinguer toujours ces chevaliers les uns des autres et de leur attribuer les actes ou les monuments qui leur sont propres. Je crois que la présente lettre émane de Jean de Giblet, l'un des témoins du traité conclu, en 1306, par le prince de Tyr avec le doge de Venise. (T. Ier de nos documents, p. 103.) Ce Jean de Giblet est, je pense, le même que le fils de Henri de Giblet qui prit le parti du prince Amaury de Lusignan contre le roi Henri II, son frère (Amadi, *Chron.* fol. 230, 240, 328); le même qui, à la mort d'Amaury, fut momentanément exilé à Rhodes (Amadi, fol. 360) et vit ses biens confisqués, mais qui recouvra ensuite ses propriétés et les

devotus miles ejus, subjectionis promptitudinem et se ipsum. Regalis celsitudinis litteras cum prona suscipiens reverentia, majestati regie de tanta benignitate quod michi devoto suo dignata est scribere, corpore inclinato et corde quasi[1]... et valeo, ago gratias reverenter, me licet minimum, in ejus fidelitatem et devotionem corde et animo offerendo. Sane quod in numero consiliariorum suorum dominus meus, dominus Henricus, Dei gratia Jerushalem et Cipri rex illustris, me agregare sua beningnitate et providentia circumspecta providet, non meis meritis, scilicet sola ejus dignatione munifica, quam circa suos fideles et subditos effundit jugiter, hoc contingit; quare, licet sim homo suus ligius, ac per hoc quicquid sum dominio suo cedat, tamen quadam obnoxietate precipua ejus propter hoc fidelitati ligatus, a qua nullo possem turbine, nullis unquam valerem eventibus quibuscumque convelli; et quoniam majestas vestra, Deo providente, vinculis affinitatis ejus sic firmiter est unita, sicut sibi, sic vestre sum et esse volo altitudini de cetero in quovis obsequendi genere, subligatus, supplicans quod michi dignemini vestra beneplacita imperare, quia effectum sorcientur procul dubio imperata. Datta Nicossie, die xxvi Maii.

XI.

17 juillet. De Famagouste.

Le lieutenant du grand maître de l'Hôpital dans la commanderie de Chypre au roi d'Aragon [2].

Serenissimo principi domino Jacobo, Dei gratia Aragonum, Barsalone ac Sardinie regi, et sancte Romane Ecclesie vexillario, suo spetiali domino, Albertinus de Nigro Castro, dictus Alamandus, sancte domus Hospitalis Sancti Johannis Jerhusilimitani in preceptoria regni Cipri locum tenens magistri, cum recomendatione debita et devota. In splendore serenitatis, ornatibus virtutum regalium insignite, nos qui ejus exaltationem tota mente diligimus, jocunditatis plenitudinem delectamus. Precelsi quidem fama nominis vestri diffusa per orbem, consendens gestis laudibus in excelsum, laudari inivit apud Deum, extolli laudibus populorum, cum in vobis gentes inveniant adfabilitatem, magnificentiam, gratiam, caritatis astuciam et alte providentie majestatem. Sane quia vestrarum altitudo virtutum et felicis

---

bonnes grâces du roi. Ces dernières circonstances, rappelées par un article du traité de 1338 avec Gênes (t. Ier des docum. p. 174), expliqueraient la reconnaissance particulière à l'égard de Henri II que Jean de Giblet exprime dans cette lettre.

[1] Lacune au Ms.
[2] Liasse XLIV.

preeminentia status multipliciter cedunt exaltationis augmentum, desideramus ipse pariter altissimus in vobis dona gratie celestis adaugeat, suique amoris vos ubertate fecundet. Ceterum vestre regie celsitudini pateat quod hic in Cipro negotiis et honore vestris toto posse operatus fui [1], prout frater Pierus Martini de Orosio novit, et vobis exponere potest; quicquid possum vobis ofero, ad vestri promotionem honoris, cum solita puritate cordis cum vixerimus exponendi, paratus semper ad omnia que duxeritis nostre solicitudini comendandi. Data Famagoste, die xvii Julii.

[1315], 8 novembre. De Marseille.

Lettre adressée au roi d'Aragon par le châtelain d'Emposte, Martin de Pierre de Ros, revenant de Chypre, au sujet du mariage de Marie de Lusignan, sœur de Henri II, avec Jacques, roi d'Aragon.

Barcelone. Arch. de la cour. d'Aragon. *Cartas reales.* Règne de Jacques II. *Legajo* XXXVII. Orig.

Serenissimo principi domino Jacobo, Dei gratia regi illustrissimo Aragonie, Valencie et Sardinie, ac comiti Barchinonie, sacrosancte Romane Ecclesie vexillario, admirato et capitaneo generali, suus humillimus, frater Martinus Petri de Ros, castellanus Emposte, terre osculum ante pedes. Scit etenim vestra regia celcitudo, ut[2] credimus, moram per nos contractam in Sicilia, in principio presentis viagii tunc incepti; et a dicta insula Sicilie recedendo, in festo Penteconstensi dudum lapso, insulam Cipri applicavimus; itaque negociis regiis contractando, illustris domina Maria, die xv junii fuit honorifice desponsata[3]. Die vero xviii julii, a Famagosta recessimus; et die xxiii augusti civitati Messane, insule Sicilie, applicando; et recedendo de Messana, licet fortunas impias et alia diversa contraria multa passi, obviavimus Symoni de Loro, regio nuncio, galeam unam regiam deducendo, sic quod civitatem Palermetaneam intravimus. Et ab ea recedendo, continue navigantes, die septima presentis mensis novembris, Massiliam applicavimus, sani et ilares, divina gratia largiente. Quid vero ab inde regia celcitudo preceperit me facturum, licet festinancius quam possimus veniamus, ordinet. Et me ac mea exellencie regie humiliter recomendans. Scripta Massilie, die viii mensis Novembris, xiiiie indictionis.

---

[1] Au Ms. *fuit.*

[2] Au Ms. *ne.*

[3] C'est très-exactement ce jour, 15 juin 1315, que fixe aussi la chronique d'Amadi pour la date du mariage par procureurs de Marie de Lusignan, sœur du roi Henri II, avec le roi Jacques II d'Aragon, célébré dans la ville de Nicosie.

[1316], 24 mai. De Nicosie.

Lettre adressée au roi Jacques II d'Aragon par Pierre le Jaune, chevalier chypriote, de retour en Chypre, revenant d'Aragon, où il avait accompagné Marie de Lusignan, sœur du roi Henri II, mariée au roi d'Aragon.

Barcelone. Arch. de la cour. d'Aragon. *Cartas reales*. Règne de Jacques II. *Legajo* XXXVII. Orig.

Illustrissimo principi et domino Jacobo, Dei gratia dignissimo regi Aragonum, Valencie et Sardinie et Corsigue, et comiti Barsalone, et confaninerio et amiratio generali Ecclesie sancte Romane, Petrus le Jaune[1], miles regni Cypri, minimus servitorum vestrorum, cum omni reverencia tam debita quam devota, se recumendat dominationi vestre. Sciatis, domine, quod nos applicuimus in regno Cipri, Famaguste, xix° die mensis aprilis, xiiii^e indictionis; et ibi scivimus mortem conostabuli fratris domine mee regine[2]. Et xxii° die ejusdem, fuimus coram rege, et invenimus quod infirmatus fuerat graviter; sed modo, cum Dei adjutorio, est sanus; et nos ascultavit libenter quantum sibi retulimus honorem factum domine regine et nobis omnibus, et amorem quem diligebatis eam. Quare, domine, ubicumque sim, sum vester; vestra mandata mihi mandetis, quia ea paratus sum adimplere. Jhesus Christus vobis crescat vitam. Data Nicossie, die xxiiii mensis Madii, xiiie indictionis.

[1316], 29 mai. De Famagouste.

François des Forn rend compte à Jacques II, roi d'Aragon, de la mission dont il avait été chargé auprès du roi de Chypre, pour réclamer le solde de la dot de Marie de Lusignan, reine d'Aragon; il donne au roi des renseignements sur la santé du roi de Chypre, sur sa cour, et sur la situation du pays.

Barcelone. Arch. de la cour. d'Aragon. *Cartas reales*. Règne de Jacques II. *Legajo* XLII. Orig.

Molt alt et poderos senyor, rey d'Arago.

Senyor, yo Francesch des Forn, besan vostres mans et peus, me coman en vostra gracia. Senyor, le galees del rey de Xipre partiren de la playa de Barchinona dimecres, x dies de mars, a l'entrada, et fom en Xipre a xix jorns d'abril, que fo dimarts, x dies apres Pasqua, et axi trigam a passar xl jorns.

Senyor, lo dia que presem port a Famagosta, que fo a xix[3] d'abril et fo

---

[1] J'ai retrouvé son tombeau à Nicosie, dans la petite mosquée d'Arab-Achmet. Voy. *Bibl. de l'Éc. des chartes*, 2ᵉ série, t. II, p. 521.

[2] Sans doute Camérin de Lusignan.

[3] Il faut lire xx, au lieu de xix; autrement cette lettre serait de l'an 1300, date impos-

dimarts, lo digous apres, fuy a Nicossia, hon era lo rey, et nol pogi veer tro lo disapte a vespre apres vinent, quem trames misatge; que no es sa usansa que mitsage negu de negun rey, ne d'altre, li vaya d'avant, fins que ell ho trameta a dir. Senyor, sapia la vostra senyoria que fuy d'avant lo rey, et doneli vostres cartes, et reebeles ab gran pleer, segons que parec et dix li vostres saluts et de madona la reyna; et demana de vos et de madona la reyna fort en breus paraules, que es senyor de fort flaca persona[1] et de poc parlar; preguelo quem deges assignar dia com a ell plages, perque yo li poges parlar, et dix que si faria que el me trametria misatge, et trigaho VIII dies, ora per ora.

Un disapte a vespre, tramesme misatge, et fuy devant ell, et dixli vostres saluts et de madona la reyna. Dixli com vos, senyor, m'aviets trames a ell ab aquelles cartes, les quals creya que avia enteses, et que m'aviets manat de paraula que yol deges pregar de part vostra, axi com a car frare que vos lo tenits, de II coses : la primera era que de so qui romaina a pagar a vos, senyor, per madona la reyna[2], eñ quantitat de CL mille beszans en dues pages per los temps enpreses entre vos senyor et ell que fos tot 1ª paga, et l'altra que fos en lo terme primer, o abans si ser ho podia, et que asso li tendriets vos, senyor, en gran pleer et servii. Et ell respos que faria per lo rey d'Arago axi com per especial frare, et que avria son acort et faria tot so que poges per vos; e yo pregelo que fos son pleer que con abans poges me resposes sobre asso, per que yo poges escriure a vos, senyor, certament, et que nos maravellas com yo hi era anat abans de temps del pagament, que feya ho fer II coses, la primera gran fiansa que vos aviets en ell, et la segona com, ab la volentat de Deu, vos aviets en cor de metre ho eñ manera que sera honor de vos, senyor, et de aquells qui vostres amichs serien, et en profit et be de vostres jens et de tot vostre regne. Et respos que ja me avia dit quey faria tot aso que fer hi poges.

E apres asso, estegui VIII dies que nol pogui veer ne parlar ab ell, per

sible, puisqu'elle nous reporterait à quinze années en avant des mariages de Marie de Lusignan, sœur du roi Henri II, avec Jacques II, roi d'Aragon, et d'Isabelle d'Ibelin avec Fernand Ier, infant de Majorque, mariages auxquels la lettre entière se réfère. En admettant le mardi XX avril comme jour de l'arrivée de Des Forn à Famagouste, le millésime de la lettre est de 1316, date qui satisfait à toutes les données historiques, et qui seule, en outre, concorde avec le départ de Barcelone, au mercredi 10 mars.

[1] *Flaca persona*. L'état maladif du roi Henri II fut la principale cause des difficultés de son règne.

[2] Marie de Lusignan, dont il a été souvent question dans ces lettres, après avoir épousé par procuration Jacques II, roi d'Aragon, à Nicosie, le 5 juin 1315, s'était rendue en Aragon la même année.

neguna res del mon. E a cap del viiiᵉ jorn, yo parle ab ell, et pregelo quem responges. Et dix que no sera acordat, et nom dix als. Et a cap de iii jorns, ell me feu demanar cubertament per i seu avocat[1] si yo avia volentat de pendre mercaderies; et yo respus que no, ne mercaderies ne diners. Et ell dixme que almenys que percassas companyies qui me donassen a Ponent. Et yo respus que no era mercader, ne conexia companyia de negu; et que no y era sino per donar aquelas cartes al rey et per fer saber al rey mon senyor la volentat del rey de Xipre et la resposta quem faria. Et d'aquesta rao matexa me feu somonre al bisbe de Famagosta et al senescal, avonclo del rey[2], et a misser Ugo Badui[3], cadaün per si et per son dia. Et tota vegada, trobarenme en una rao. Puys me feu dir a son avocat ques maravellava molt, que ell avia hordenat et enpres ab en P. des Soler et ab lo bisbe de Famagosta que de vostra terra hi fariets anar, vos senyor, mercaders qui pendrien mercaderies per la dita quantitat, et que d'asso se pesava que ages parlat ab vos et tractat lo bisbe de Famagosta. Et yo respus que non sabia res. Et entre tant yo agui estat xv dies que yo no agui vist lo rey ne parlat, per neguns pregadors que metes ne de madona la reyna ne de frare Meric, frare menor, qui es gran re de son cor et de tot son conseyl, en axi que son avonclo et misser Ugo Badui et tots sels de la cort me deyen via a frare Eymeric.

Senyor, don Ferrando[4] trames i misatge seu a son sogre per reebre l mille besans qui li romanien a pagar del exovar, et lo misatge fo abans que yo en Xipre de iii setmanes; et reebuda la moneda, prega lo rey que li prestas iᵃ galea et que la armaria de so del seu, et trigali a retre respost be vi setmanes, en axi que li atorga la galea, et es hi anada la senescalquessa, sogra d'en Ferrando; et per aquesta rao, yo mene gran pressa. Et passats los xv dies que no l'avia pugut veer, tramesme a dir que anas a ell. Et com fuy al palau, feu me demanar a ser Ugo Badui et a son avocat qui a nom Gusti[5], yo que demanava; et yo dix que volia parlar ab mosenyor lo rey. Demanaren

---

[1] Justin des Justini, l'un de ses conseillers, que des Forn nomme plus loin.

[2] Philippe d'Ibelin, sénéchal du royaume de Chypre, oncle et conseiller intime du roi Henri II.

[3] Hugues Bédouin, l'un des fidèles chevaliers de Henri II et l'un des otages laissés en Arménie lors de la délivrance du roi. Il devint amiral de Chypre.

[4] Fernand Iᵉʳ de Majorque, qui avait épousé, en 1315, Isabelle d'Ibelin, fille de Philippe d'Ibelin, oncle du roi Henri II, dont il est question dans cette lettre. Fernand Iᵉʳ fut père de Fernand II, gendre de Hugues IV, roi de Chypre, qui fut si maltraité à la cour de Nicosie par son beau-père. Voy. le tome Iᵉʳ de nos documents, p. 180, n. 182, n.

[5] Voy. sur ce personnage notre tome Iᵉʳ des documents, p. 202, n. 272.

per que; et yo dix perque volia aver resposta sobre so que havia dit, ne ell pres acort. Et els demanaren si yo avia carta de creensa ne de procuracio, que vostres cartes que yo avia aportades non parlaven en res; et yo dix que no, et que noy era vengut per res a pendre ne aministrar, sino tan solament que certificar a vos senyor, de so quel rey me diria com pus cuytosament poges. Ab aytant els anaren al rey, et puys feren mi venir. Et com fuy davant lo rey, dixli : « Mosenyor, aquesta galea s'en va a n'Ferrando, et vos « digesme quem respundriets als precs que mon senyor lo rey d'Arago vos fa « en ses cartes et yo vos he pregat de sa part; ara si aquesta galea [era] par- « tida, yo no li pore escriure; et seram gran falla que per so cor Jenoveses « no venen [en terres] de vostra senyoria no ha leny negu qui vaga a Ponent, « et axi sere caut en gran falla. » Et ell respos que en vostres cartes no par- lava que res me deges dar ne dir de paraula; et axi que nom faria negun respost de boca, pus no avia carta de creensa; mas que ell vos respondria per sa carta, et que lam daria et yo que la recaptas, et dixli : « En nom de « Deu, per que, senyor, vos certifiquarets per la carta. »

Senyor, fort es estranya cort, que al dia que ell me feu aquesta resposta, avia I mes que yo li vengi davant ab vostres cartes, que nol avia vist, mas III vegades, en manera que li parlas. Vos, senyor, si a Deu plau, veurets la resposta, que yo nom se que ses, et yo tendrel aprop aytant com pore.

Altres noves no ha en la terra, salvant quel regne es molt bo et ric, si era abitat de bones [persones]. Creats, senyor, quel rey viu ab molta de paor et d'angoxa, que no sap en qui se puga fiar; que con cavalqua, li van en torn entro a L homens tots ab espahes tretes. Et segons que diu madona sa mare ne tots los officials de sa caza, es fort pobre de moneda, que encara no ha pagat so qui li fo prestat con madona la reyna s'en ana, mas que ha molt sucre et coto.

Prec Deus queus do longa vida et salut. Senyor, cert sia a vos que tota la cuberta quel rey de Xipra ha feyta, que no ma respost de paraola, no es estat per al re mas que no enten a fer vos altre servi de la moneda, salvant queus atendra certament so que promes vos ha, et que per res non falira dia que no creu que negun senyor sia pus pobre de diners ne de conseyl que ell es, segons que he entes per alcuns qui ho saben certament, et per homens de son conseyl qui mo han dit secretament. Senyor lo dia que aquesta resposta me dona, me feu parlar yo que men anas; et respus que no sabia, per que mas si ell me deya la resposta que fos ab recapte que men iria, en altra manera no era mon enteniment que partis de la terra fins que tot so qui a complir saria a vos, senyor, fos complit. Et axi nom feu resposta sobre asso, mas dixme que recaptas les letres. Et yo dix quen feessen IIes o III, per que per diverses persones et partides vos en poges trametre, per manera que vengessen en vostra ma. Et ferenne IIes. Placia a Deu que sien recaptades, que tramet ne en Clarensa et en Venecia.

Comanme, senyor, besan vostres mans et vostres peus, en vostra gracia. Feyta en Famagosta, hon era vengut per recaptar les cartes, disapte XXIX dies de Mag.

[Vers 1324], 11 mars. De Naples.

Le consul catalan, résidant à Naples, écrit au roi d'Aragon pour se plaindre de ce que le roi de Naples a fait mettre en prison les patrons d'un navire de Mayorque portant des pèlerins en Terre sainte, sous prétexte que ce navire était destiné aux Sarrasins d'Égypte [1].

Barcelone, Arch. de la cour. d'Aragon. Cartas reales. Règne de Jacques II. Legajo XXXIX. Orig.

Al molt alt e molt poderos senyor, en Jacme, per la gracia de Deu, rey d'Arago, de Valencia, de Sardenya, de Corsega, e comte de Barcelona, e de la santa esgleya de Roma ganfanoner, almirayl et capitani general, Guillem Nagera, consol dels Cathalans en Napols, sotsmes vostre, besan la terra davant los vostres peus, me coman en vostra gracia. E com io, senyor, sia tengut que dels trebayls e mal quis faça als vostres sotsmeses navegant en Napols, a la vostra altea et senyoria signific et fas saber que com en G. Estorç, alcayt dels Crestians de les terres del rey de Tiremec[2], fos en Napols, ab una nau d'en Julia Sescala de Malorcha, lo qual, segons que dix, vulia anar al sant Sepulcre ab la dita nau, e agues noliegades robes d'omens de Barcelona et de Malorcha per posarles en Xipre, segons que apar per cartes del noliegament, e agen dat a entendre al molt alt senyor rey Robert que aquela nau era pera Sarrayns comprade, e que anava en Alexandria; e daquesta rao, el se sia vulgut certificar, feu jurar tots los mercaders e patrons,

---

[1] On avait dit à Robert, roi de Naples, et cela faussement, d'après le consul catalan, que le navire mayorcain, destiné en apparence à porter des pèlerins en Terre sainte et quelques marchandises en Chypre, avait été acheté en réalité pour les Sarrasins d'Égypte, et devait, à cet effet, se rendre à Alexandrie. Le roi, croyant à ces faits, qui constituaient un cas de contrebande avec les infidèles depuis longtemps prohibé (voy. le tome Ier de nos documents, p. 125), avait donné l'ordre de mettre en prison tous les gens du navire. La lettre du consul se rapporte à la fin du règne de Henri II, roi de Chypre, ou au commencement du règne de Hugues IV, Jacques, roi d'Aragon, étant mort en 1327.

[2] Tlemcen, aujourd'hui en Algérie, fut la capitale d'un royaume arabe très-florissant. Voy. Biblioth. de l'École des chartes, 2e série, t. III, p. 517, et la savante traduction de l'Histoire des Beni-Zeiyan, rois de Tlemcen, par M. l'abbé Bargès; Paris, 1852.

e trobaren per lur sagrament et per les cartes qu'en eren ja feites que anaven en Xipre, e a aquests sagraments el no aia vulgut creure, ne dar fe als fets, metre tots en preso, los quals no ha vulgut dar a manlevar dentro sus que ells diguen la veritat de ço que ell es estat infformat. E com jo, senyor, me sia certifica, ab savis et ab bons homens de la ciutat de Napolls, sobre aquest feit, e diguen que prenen gran tort, escriu ne a la vostra altea et senyoria que les vostres gens no prenguen tort, e qu'en escrivats al senyor rey Robert. Data en Napols, a xi dies de Març.

IX.

HUGUES IV DE LUSIGNAN,

ROI DE JÉRUSALEM ET DE CHYPRE.

31 MARS 1324. — 24 NOVEMBRE 1358. — 10 OCTOBRE 1359.

1324-1326.

Lettres de Frédéric II, roi de Sicile, et de Pierre II, son fils et son lieutenant, à Jacques II, roi d'Aragon, et à son fils Alphonse, comte d'Urgel, à l'occasion du départ de religieux dominicains, chargés d'entretenir les princes d'Aragon des projets de mariage concernant Constance d'Aragon, reine de Chypre, veuve du roi Henri II de Lusignan, fille du roi Frédéric II.

Barcelone. Arch. de la cour. d'Aragon. *Cartas reales.* Règne de Jacques II. *Legajo* XXXVII. Orig.

I.

[1324], 16 décembre. De Trapani.

Pierre II, lieutenant du roi Frédéric II de Sicile, à Jacques II d'Aragon, son oncle.

Serenissimo principi, domino Jacobo, illustri regi Aragonum, Valencie, Sardinee et Corsice, comitique Barcinone, ac Sancte Romane Ecclesie vexillario, admirato et capitaneo generali, reverendo et karissimo patruo suo imo patri, Petrus secundus[1], Dei gracia rex Sicilie, serenissimi domini domini Friderici reverentissimi patris sui regis ejusdem regni in ipsius administracione generaliter locumtenens, cum filialis dileccionis integritate salutem, et votivorum successuum incrementa. Predictus dominus pater noster, frater vester, mittit ad celsitudinis vestre presenciam religiosum fratrem Dominicum Turpini[2], ordinis Predicatorum, devotum suum et nostrum cum certis

---

[1] Pierre d'Aragon, qui succéda à son père Frédéric II, roi de Sicile, en 1337, était associé à sa royauté depuis 1321.

[2] Dominique de Turpin, confesseur de la reine de Chypre Constance, paraît avoir été chargé de se rendre d'abord seul de Sicile en Aragon par le roi Frédéric II, père de Constance, pour s'occuper de son mariage. C'est de cette première mission qu'il est question dans la présente lettre et dans les pièces de la 2ᵉ série des 4 et 12 mai 1325. On voit dans les lettres de cette dernière date que le frère Dominique, retardé par diverses circonstances, arriva en Aragon au mois d'avril 1325, présenta ses lettres de créance au roi Jacques II, à Valence, le 20 de ce mois, et dut repartir peu après pour retourner en Sicile. En 1326, il fut envoyé de

literis dicti domini patris nostri in catalanico scriptis ei traditis super negocio serenissime domine Constancie, inclite regine Jerusalem et Cipri, sororis nostre karissime, neptis vestre imo filie, vobis pro parte dicti domini patris nostri per eum propterea assignandis; propter quod reverendam paternitatem vestram affectuose rogamus quatenus, honore vestro et contemplacione dicti domini patris nostri et nostri dicteque neptis imo filie vestre, sororis nostre, in premissis, benigne dictum fratrem Dominicum audientes super tenore predictarum literarum, si placet, dignemini eidem fratri Dominico credere et mandare sibi expedicionem opportunam et facilem exhiberi; scientes quod, per graciam Jhesu Christi, votive fruimur beneficio sospitatis, quod de vobis et aliis regalibus vestris ipsarum parcium omnibus illud idem audire avide affectamur. Et si forte, quod absit, dictus frater Dominicus venire tardaverit, placeat reverende paternitati vestre predicte in eisdem procedere juxta informacionem quam habere poteritis per similes literas in catalanico scriptas, quas serenitati vestre nunc mittit dictus dominus pater noster. Data Trapani, xvi° Decembris, viii° indiccionis [1].

II.

[1326], 13 mai. De Catane.

Frédéric II, roi de Sicile, à Jacques II d'Aragon, son frère.

Serenissimo principi domino Jacobo illustri regi Aragonum, Valentie, Sardinie et Corsice, comitique Barchinone, ac Sancte Romane Ecclesie vexillario, admirato et capitaneo generali, reverendo et carissimo fratri suo ut patri, Fredericus, Dei gratia rex Trinacrie, cum fraterne dilectionis integritate, salutem et prosperorum successuum incrementa. Cum providerimus noviter ad celsitudinis vestre presenciam religiosos fratrem Dominicum Turpini, ordinis Predicatorum, inclite domine Constancie, illustris regine Cypri, filie nostre carissime, confessorem, et fratrem Pach, priorem conventus Cathanie, ejusdem ordinis, devotos nostros, exhibitores presencium, nuncios, destinare, ut vos, quem in patrem nostrum et filiorum nostrorum procul dubio reputamus, super honorabili matrimonio habendo et tractando

---

nouveau à la cour d'Aragon, de concert avec le prieur de Catane, frère Pach, appartenant comme lui à l'ordre de saint Dominique, et dont il commence à être question dans la lettre du 13 mai 1326.

[1] La 8° indiction, d'après le calcul byzantin, suivi à Naples et en Sicile, s'ouvrit le 1ᵉʳ septembre 1324, et se termina, par conséquent, le 31 août 1325. La présente lettre est donc de l'année 1324.

pro eadem filia nostra dignanter et spetialiter consulatis eisdem, paternam fraternitatem vestram omni qua possumus afeccione rogamus ut, honore vestro, si placet, intuytu nostro et contemplatione regine neptis vestre, filie nostre predicte, dictos fratres in premissis recomendatos suscipientes, ac hiis que ipsi fratres eidem paterne fraternitati vestre ex parte nostra vive vocis oraculo dixerint, fidem, si placet, credulam adhibentes, ad requisitionem ipsorum illud quod pro predicta regina et ad opus ejusdem honorabiliter decencius et melius vobis fore videbitur eisdem, si complacet, consulatis. Datta Catanie, xiii Maii, none indictionis[1].

III.

[1326], 20 mai. De Catane.

Frédéric II, roi de Sicile, à Alphonse d'Aragon, comte d'Urgel, son neveu.

Inclito et spectabili domino infanti Alfonso, serenissimi principis domini regis Aragonum primogenito et generali procuratori, ac egregio comiti Urgellensi, carissimo nepoti suo ut filio atque fratri Fridericus, Dei gratia rex Trinacrie, cum sincere dilectionis integritate, salutem et prosperorum successuum incrementa. Per gratiam Jhesu Christi, quo vivimus que regnamus, una cum serenissimis domina Elyonora, inclita regina Trinacrie, carissima consorte nostra, illustri rege Petro secundo primogenito cum consorte ejus et aliis regalibus nostris, benefitio fruimur sospitatis optate, quod de vobis et aliis nostris ipsarum partium audire noster animus indesinenter affectat; atque ideo vos rogamus quod, quociens vobis occurrat, spectabilitati vestre placeat in nostri solatium de continentia status vestri ac predictorum aliorum nostrorum ipsarum partium per vestras nos reddere litteras cerciores. Et quia religiosos fratrem Dominicum Torpini, ordinis Predicatorum, confessorem et capellanum inclite regine Cipri, carissime filie nostre, et fratrem Pach, priorem loci Cathaniensis, ejusdem ordinis, devotos nostros, exhibitores presencium, ad serenissimum principem dominum regem Aragonum memoratum, patrem vestrum, reverendum et carissimum fratrem nostrum, super aliquibus nos tangentibus, ambassatores nostros et nuncios destinamus, ipsos, si complacet, tam super tractandis per eos pro parte nostra,

---

[1] La 9ᵉ indiction, en Sicile comme à Constantinople, s'étendit du 1ᵉʳ septembre 1325 au 31 août 1326. La présente lettre et la suivante sont donc de l'année 1326. On voit que ces pièces, différant seulement d'une unité avec la précédente sur le quantième de l'indiction, en sont éloignées de deux années pour le millésime.

quam super expeditione ipsorum velitis, nostro intuytu, favorabiliter suscipere comendatos. Datta Cathanie, xx Maii, none indictionis.

1325-1326.

Lettres de Jacques II, roi d'Aragon, à Frédéric II, roi de Sicile, son frère, et à différents membres de leur famille, en Sicile, en Aragon et en France, au sujet des divers partis recherchés pour marier la reine de Chypre, Constance d'Aragon, veuve de Henri II de Lusignan, nièce du roi Jacques II et fille du roi Frédéric II [1].

Barcelone. Arch. de la cour. d'Aragon. Reg. de la chancellerie n° 339, fol. 363 et suiv. Copies du temps.

I.

1325, 4 mai. De Valence.

Le roi d'Aragon au roi de Sicile, son frère.

Excellenti principi, Ffrederico, Dei gratia regi Trinacrie, fratri carissimo nostro, Jacobus, per eandem rex Aragonum, etc., fraterne dilectionis plenitudinem et votive felicitatis augmentum.

Car frare, fem vos saber que dissapte, a xx dies del prop passat mes d'abril, vench devant la nostra presencia, en la ciutat de Valencia, lo religios frare Domingo Turpi, de la orde dels Preycadors, quins aporta II letres vostres, una de creença en paraules latines, et altra en chathalanesc; las quals nos agradasament veebem et entessem axi ço que les letres contenien, com ço quel dit frare de part vostra sobrels fets de la molt alta dona Constança, reyna de Xipre, filla vostra, et neboda nostra molt cara, la qual amam et tenim com a filla, de la qual ell es confessor, nos volch dir et recomptar. A las quals coses vos responem que la fiança vostra que habets sobre aço es certana et vera quels vostres fets et de vostres fills et filles nos tenim en compte de nostres et de nostres fills ; et tota vegada quens en façats

---

[1] Les huit pièces suivantes sont groupées, avec la lettre du 13 janvier 1327, qui les suit, sous ce titre particulier dans le 339° registre de la chancellerie royale : « Super facto domine Constantie, uxoris regis Cipri quondam, et filie domini regis Frederici, quando venit ad dictum regem (Jacobum), ex parte dicti regis Frederici, frater Dominicus Turpini, ordinis Predicatorum. » La septième de ces pièces, adressée au seigneur de Lunel, en Languedoc, par le roi d'Aragon, son parent, donne les détails les plus confidentiels sur la triste santé du feu roi de Chypre Henri II et la situation de la reine veuve Constance, vierge depuis comme avant son mariage. On pensa pour elle, comme on le verra dans ces lettres, à des partis bien divers : à Humphroy de Montfort, seigneur chypriote; au roi de Castille; au fils aîné du roi d'Angleterre; au fils aîné de Philippe de Tarente; au comte de Ribagorça, fils du roi d'Aragon; enfin à Charles d'Évreux, frère de la reine de France. Elle finit par épouser, vers 1329, Léon V, roi d'Arménie.

res saber, hi farem e y consellarem lo mellor, al nostre parer. Quant a ço que deyts del primer tractament quius en fo mogut, havem entes com passa. Quant al matrimoni de quels missatgers del rey de Xipre, qui ara es, vos han mogut, per persones miganes, ço es que plauria al dit rey de Xipre, si a vos plahia, que la dita filla vostra hagues a marit i noble jove de Xipre, per nom Anfru de Muntfort[1], nebot del dit rey novell, les condicions del qual et ço que ha et del loc don ve nos fees saber; et encara ço que la dita reyna vostra filla ha et quant; aytambe aço que deyts' que a nos plagues querre et fer cercar, en aquestes parts de Ponent, a la dita filla vostra marit covinent, et que aviats entes quel rey de Castiella[2] no ha muller, ne el primogenit del rey d'Anglaterra[3], vos responem que, sobre aquestes coses, nos ab l'infant n'Amfos[4], molt car primogenit nostre, nebot vostre, et ab alcuns pochs secrets del vostre consell haguem acort et rahonament diligent. Et tuyt fom en aquest enteniment et d'aquest acort pensan que en les cases dels dits reys et en les altres que son deçe, en ques pogues convinentment maridar, no trobam, ne veem persona alguna ab qui ella pogues haver maridatge, pensades les conditions que son en lo fet. E encara veen gran difficultat a ella de esperar si per aventura per avant hauria cas en alcu que li covengues, lo qual ara no veen a nos et al infant et als d'amunt dits de nostre consell, fo et es viiares ço mateus que deyts, que par a vos et a vostre consell, que pus en aquestes partides no trobam ne veem negun matrimoni a ella convinent, que es cosa quasi necessaria quel dit matrimoni de Xipre se haja a fer; nens es viares que per aquella raho de la antiga enemistat[5] deja romanir, que, merce de Deu, be pot passar uny mes com vos sabets. Be veem, car frare, que y ha quacom de misma que ella, qui es estada reyna de Xipre, prena a marit baro daquell regne meteix, mas pero guardades totes les conditions del fet, no entenem que deja romanir per axo pus a vos parega bo. A aço que deyts que sobre aquest fet vos haguessem respost fins a Paschua de la Resurreccio de nostre Senyor lavors vinent et ara passada, vos responem que no s'es pogut fer, cor lo dit frare Domingo, embargat de temps et de malaltia, segons que ell pus largament

---

[1] Humphroy de Montfort était seigneur de Beyrouth et connétable de Chypre; il mourut sur ces entrefaites, le 24 juin 1326. (Amadi, fol. 407.)

[2] Alphonse XI, qui, âgé de dix-huit ans en 1328, épousa Marie, fille du roi de Portugal.

[3] Édouard, qui succéda, en 1327, à son père Édouard II. Il avait quinze ans en 1325.

[4] Alphonse d'Aragon, qui succéda à Jacques II, son père, en 1327.

[5] Il y a là probablement quelque allusion à des faits personnels qui ne nous sont pas connus.

vos pora recomptar, no poch venir a nos tro al temps d'amunt dit. Creem que vostre procurador de cort de Roma vos haja escrit l'empeyiment que es esdevengut en la dispensacio que requerien sobre aquest fet los missatgers de Xipre, quel dit vostre procurador ne ha escrit a nos; et nos havem ne informat lo dit frare Domingo quius ho dira, per que dubtam molt que la dita dispensacio se puxa haver, esguardant de qual part ve l'empeyiment. E axi es ops, car frare, que vos metats consell en lo fet de vostra filla, neboda nostra, cor aytal dona, com aquella es, no es segura cosa de estar en terra estranya, en aytel balança; per que conselariem que, si veets quel dit matrimoni nos puxa fer per l'empeyament d'amunt dit, que la dita reyna filla vostra ordonassets que vengues a vos, cor estant en la vostra casa, moltes bones coses li porien exir que no podren tambe, estant tan luny ne tan separada de vos et de nos.

Datta Valentie, III nonas Madii, anno Domini MCCCXXV.

Bernardus de Aversone, mandato regis, cui fuit lecta. Expedita ut pro curia.

II.

1325, 4 mai. De Valence.

Le roi d'Aragon à Éléonore d'Anjou, reine de Sicile, sa belle-sœur.

Excellenti carissime sorori nostre, domine Alionore, Dei gracia regine Trinacrie, Jacobus, per eandem rex Aragonum, etc., salutem et votive felicitatis augmentum. Litterarum vestrarum, noviter per manum religiosi fratris Dominici Turpini, ordinis Predicatorum, receptarum, continentia cor nostrum ad gaudia renovavit, dum per illam statum excellentis regis Ffrederici viri vestri, ac inclitorum regis Petri primogeniti, regine Elisabet ejus consortis[1], aliorumque liberorum vestrorum, fratris et nepotum carisimorum nostrorum esse prosperum nunciastis. Et quia in eis de dicto fratre Dominico, quem dictus rex Ffredericus, super aliquibus tangentibus illustrem dominam Constantiam, Jherusalem et Cipri reginam, filiam vestram, neptemque nostram, quam habemus et amamus ut filiam, ad nos misit, verbum fecistis, precando ut super oportuna expeditione ejus paternum ostenderemus affectum, vestre magnificentie respondemus quod, habentes eam et alios filios vestros ut nostros proprios, dictum fratrem audivimus et

---

[1] Pierre II d'Aragon, associé à la couronne de Sicile, dès l'an 1321 et à l'âge de seize ans, par le roi Frédéric, son père, avait épousé Élisabeth de Carinthie.

expedivimus prout melius cognovimus oportunum, sicuti plenius, per litteras quas dicto regi Ffrederico transmittimus, vestra serenitas poterit informari. Ceterum etc., de statu. Datta ut supra. Ydem ut supra.

Expedita ut supra.

III.

1325, 4 mai. De Valence.

Le roi d'Aragon à son neveu Pierre II, lieutenant du roi de Sicile Frédéric II.

Magnifico principi, Petro secundo, Dei gratia regi Sicilie, excellentis Ffrederici patris sui, nostri carissimi fratris, regis ejusdem regni in ipsius aministratione generaliter locum tenenti, carissimo nepoti nostro ut filio, Jacobus, per eandem rex Aragonum, etc., salutem et cum sincere dilectionis affectione votive felicitatis augmentum. Recepimus noviter per manum religiosi fratris Dominici Turpini, ordinis Predicatorum, litteram vestram, et intelleximus plenarie continentiam ejus; magnificentie vestre presentibus defferentes quod memoratum fratrem remittimus super illis pro quibus missus extitit quantum oportunum potuimus expeditum, sicuti per eum vestra poterit magnificentia plenius informari. Intellectis etiam que nobis exposuit dictus frater pro vestra parte ex credentia comissa sibi super quibusdam tangentibus nobilem virum, dilectum fratrem nostrum Meliadum, respondimus quod jam ipsum expediveramus negotium et miseramus etiam scripta nostra dicto patri vestro et vobis, ut per ea potuistis seu poteritis reddi certiorem. Ceterum, etc. de statu. Datta ut supra. Idem ut supra.

Expedita ut supra.

IV.

1325, 12 mai. De Segorbe, au royaume de Valence.

Le roi d'Aragon au roi de Sicile, son frère.

Regi Ffrederico. Recepimus per manum Petri Fivellerii, botellarii et familiaris vestri, litteram vestram et quedam capitula super negotio illustris domine Constantie, Jherusalem et Cipri regine, vestre filie neptisque nostre, ut filie nobis carissime, et tam littere quam capitulorum tenores intelleximus diligenter. Significantes fraternitati vestre quod jam venerat ad presentiam nostram religiosus frater Dominicus Turpini, ordinis Predicatorum, pro eodem negotio et cum littera vestra seriosius continente negotium prout nunc per dicta capitula transmisistis, fecimusque vobis responsionem nostram plenariam dicto fratri traditam, prout in litteris nostris et ex relatu ipsius fratris vestra poterit serenitas informari. Datta Sugurbi, IIII idus Madii, anno predicto.

Bernardus de Aversone, mandato regis.

V.

1326, 4 mai. De Barcelone.

Le roi d'Aragon au roi de Sicile, son frère.

Illustri principi, carissimo fratri nostro Ffrederico, Dei gratia regi Trinacrie, Jacobus, per eandem rex Aragonum, etc., salutem, etc. Vidimus litteram vestram et tenores quarundam litterarum in ea interclusarum super tractatu matrimonii illustris domine Constantie, filie vestre, regine Cipri, carissime nobis neptis ut filie, cum inclito[1]... primogenito incliti Philippi principis Tarentini; et tam littere vestre quam dictarum formarum tenoribus intellectis, fraternitati vestre rescribimus nos habere multum pro utili tractatum premissum, si Domino placuerit, ad effectum posse produci, per formam quam significastis, videlicet vel non per vos vel regem Robertum promoveretur, scilicet per alios tractatores; et ex inde posset in tractatibus pacis agendis inter nos et dictum regem premissum matrimonium multum congruum provenire. Ordinavimusque propterea ut venerabiles et dileccti consiliarii nostri Gasto, episcopus Osce, cancellarius noster et Berengarius de Sancto Vincentio, quos ad vos proximo destinamus, vobis inde loquantur, et prout vos volueritis et reputaveritis expedire promoveant negotium cum rege et principe supradictis, sic quod provideatis qualiter agendum fuerit in premissis. Datta Barchinone, IIII nonas Madii, anno Domini MCCCXX sexto.

VI.

1326, 15 septembre. De Barcelone.

Jacques II, roi d'Aragon, à Pierre d'Aragon, comte de Ribagorça et d'Ampurias, son fils.

En Jaume, per la gracia de Deu rey d'Arago, al molt car fill nostre l'infant en Pere, comte de Ribacorça et de Empuries, salut et benediccio de pare. Ffill, fem vos saber que reebem vostra letra, en la qual, entre las

---

[1] Robert, fils aîné de Philippe de Tarente, prince d'Achaïe, empereur titulaire de Constantinople. Robert épousa, en 1347, Marie de Bourbon, veuve de Guy de Lusignan, prince de Galilée, et c'est de cette alliance que naquirent les prétentions de la maison de Bourbon au royaume de Chypre. Voy. notre tome I*r, p. 144, n.

altres coses, nos fees saber que a vos plahia molt lo matrimoni de la reyna de Xipre; mas com a vos o a vostres affers sia molt necessari acabament d'alcum bon matrimoni, et idaçosament per ço havets tractat et escoltat lo matrimoni d'Anglaterra[1], per tal que si la i matrimoni dels d'amunt dits venya menys[2], que poguessets pendre l'altre; et si avidosos venen be que pressessets aquell que nos tendriem per mellor. E entes cumplidament aço et tot l'als qui en la dita letra era contengut, vos responem que, pensat et acordat en aço, havem provehit e tengut per be que aquestes II Preycadors, missatgers del rey Ffrederic, vagen a vos, per saber clarament vostre enteniment : si vos, mentre nos farem nostre poder ab nostres missatges o vostres sobre obtenir dispensacio del dit matrimoni vostre et de la dita reyna de Xipre, vos abstendrets et cessarets de tot en tot de fer cap de vos mateix en altre matrimoni; cor si aço volets fer[3], los frares tornaran a nos et nos punyarem en totes guises quens parega de haver et de obtenir la dispensacio d'amunt dita. E si vos aço no entenets a fer, deyts ho altressi clarament als frares; cor en aquest cas, si fer non entenets, nos los trametem en altres parts per procurar marit a la dita reyna. Cor no seria honor nostra, ne de la dita reyna, ne del rey et de la reyna, pare et mare della, si s'esdevenia cas que, lexat lo seu, feessets altre cap de matrimoni. Per que, fill, digats als dits frares clarament vostre enteniment en les coses d'amunt dites; cor la volentat et l'acort nostre es segons que d'amunt es contengut. Dada en Barchinona, diluns a xv dies del mes de Setembre, en l'any de Nostre Senyor de MCCCXXVI.

Bernardus de Aversone, mandato regis.

[1] Il est probable que le comte de Ribagorça recherchait alors en mariage une des filles d'Édouard II, roi d'Angleterre, sœurs d'Édouard, héritier de la couronne, à qui l'on avait pensé pour la jeune reine de Chypre Constance. Pierre se conforma aux désirs de son père et songea à épouser la reine de Chypre, qui était venue en Aragon. Mais, au mois de février 1329, Jean XXII notifia au roi d'Aragon l'opposition du saint siége à ce mariage, attendu que la reine Constance était nièce du comte de Ribagorça, et que, d'autre part, son père Frédéric, roi de Sicile, était ligué avec Louis de Bavière, ennemi de l'Église. Le prince se soumit encore et épousa Jeanne, fille de Gaston, comte de Foix. (Rinaldi, Annal. ecclesiast. 1329, §§ 88-91, t. XXIV, p. 460; Zurita, Ann. de Aragon, lib. VII, cap. xiv.) Ce Pierre de Ribagorça, oublié par les auteurs de l'Art de vérifier les dates parmi les enfants de Jacques II d'Aragon, fut père d'Éléonore d'Aragon, qui épousa le roi de Chypre Pierre Ier. Devenu veuf, le comte Pierre de Ribagorça prit l'habit de religieux de Saint-François et remplit diverses missions en Chypre pour la cour d'Aragon et pour le saint siége, sous le règne de Pierre II de Lusignan, son petit-fils. Voy. Wadding, Ann. Min. t. VIII, 137, 238, 274.

[2] Venia menys ou meyns, venait à moins, c'est-à-dire si le mariage d'Angleterre ne réussissait pas.

[3] C'est-à-dire si l'infant comte de Ribagorça consentait à épouser la reine de Chypre et abandonnait la poursuite d'un autre mariage.

VII.

1326, 16 septembre. De Barcelone.

Le roi d'Aragon à son parent Alphonse d'Espagne, seigneur de Lunel, lieutenant du roi de France, en Languedoc.

Jacobus, Dei gratia rex Aragonum, etc., egregio viro, caro consanguineo nostro, Alfonso de Ispania, domino de Lunello[1], locum tenenti illustris regis Ffrancie et Navarre, carissimi consanguinei nostri, in partibus Occitanis, salutem et sincere dilectionis affectum. Pro hiis que ocurrunt nobis, scientes debitum sanguinis quo jungimini nobis, et sinceram affectionem quam ad nos geritis, vobis libenter scribimus expeditionem et directionem eorum quantum in vobis sit votivam et utilem fiducialiter expectantes. Deffinimus itaque nobilitati vestre nos neptem habere, carissimam nobis ut filiam, illustrem dominam Constantiam, reginam Jherusalem et Cipri, ex illustribus parentibus suis Ffrederico rege et domina Alyonora regina Trinacrie, ejus conjuge, fratre et sorore nostris carissimis, natam, consanguineam vestram, relictamque illustris Henrici, bone memorie, Jherusalem et Cipri regis, que, quantum est de alto sanguine ex utroque latere notum universis existit; scimus eam etiam claris virtutum gratiis et comendandis moribus insignitam, et in annis juvenilibus constitutam; de qua tenetur indubie et firmissimum creditur sue virginitatis florem habere, ex deffectu dicti quondam regis mariti sui, qui, ex supervenientibus sibi multis infirmitatibus, omnimode impotens factus fuit[2]. Habetque pinguem dotem, videlicet jocalia et mobile suum, ita utile et honorabile quemadmodum aliqua reginarum; et etiam perceptionem annuam et rendualem in regno Cipri, in valore librarum XII mille barchinonensis monete. Et quia, ut prediximus, illam habemus in filiam amantissimam, quia ejus etas hoc exigit, obtamus et paterno desideramus affectu eam posse in loco decenti sibi matrimonialiter collocari. Et cogitantes in hiis, ad vos, ex premissis causis, veluti qui in regno Ffrancie, in quo receseritis, inter nos et bonis debitis inter domos Ffrancie et nostram sistentibus eam esse pocius affectamus, quarumcumque personarum notabilium, et inter alias dicte domui Ffrancie jungtarum, illarumque conditionum, facultatum et aliorum qui in talibus requiruntur,

---

[1] Alphonse, petit-fils d'Alphonse le Sage, roi de Castille, s'était retiré en France depuis l'an 1284 et l'avénement de son oncle Sanche IV, qu'il considérait comme une usurpation de ses droits. Voy. Dom Vaissète, *Hist. de Lang.* liv. XXX, ch. xv, 2ᵉ éd. t. VII, p. 90.

[2] Les chroniques n'avaient pas aussi bien précisé ces faits.

plenam habens notitiam, direximus intuitum mentis nostre; circunspectionem et discretionem vestram intima cordis affectione rogantes quatenus pensare velitis et certificare inde nos, per vestram litteram rescriptivam, cursori nostro presentium latori tradendam, quem vobis mittimus spetialiter hac de causa, si in regno Ffrancie sunt ad presens alique persone notabiles, precipue de jungtis sanguine cum domo Ffrancie [1], vel, eis deficientibus, persone alie notabiles et decentes cum quarum altera dicta regina Cipri, cum satisfactione honoris et status ejus, posset honorifice in matrimonium copulari. Et inter alia certificetis nos utrum per vos aut per quam personam esset tractatus futuri matrimonii promovendus, et qualiter, et quando, nec non etiam de conditionibus ipsarum personarum, etatibus et facultatibus, et de aliis omnibus et singulis que pensare poteritis posse ad expeditionem votivam principii, medii et finis istius negotii utilia profutura, prout melius et plenius provise discretioni vestre nos esse viderit informandos, ut nos extunc, vestra habita informatione hujusmodi, negotium agredi et prosequi modo congruo valeamus. Igitur sic velitis, honore nostro, circa premissa interponere vestre meditationis et sollicitudinis partes, ut res hec, quam vehementer ex predictis abpetimus, votivum et utilem sorciatur effectum. Placebitis autem plurimum ex hoc nobis, et habebimus valde gratum. Datta Barchinone, xvi calendas Octobris, anno Domini mcccxx sexto.

Bernardus de Aversone, mandato regis.

VIII.

1326, 31 octobre. De Barcelone.

Le roi d'Aragon au roi de Sicile, son frère.

Illustri et magnifico principi, Ffrederico, Dei gratia Trinacrie regi, carissimo fratri nostro, Jacobus, per eandem rex Aragonum, etc., cum fraterne dilectionis plena sinceritate salutem et affluentiam successuum prosperorum. Super negotio, frater charissime, matrimonii illustris regine Cipri, nate vestre, pro quo, religiosi viri prior Catanie et ffrater Dominicus Turpi de ordine Predicatorum, ejusdem regine confessor, ad nos missi fuerunt nuper, fraternitati vestre meminimus rescripsisse qualiter inclitus infans Petrus, Rippacurcie et Impuriarum comes, filius noster, qui in adventu

---

[1] Alphonse d'Espagne répondit qu'il ne connaissait en France d'autre parti convenable à la reine Constance que le fils du comte d'Évreux, frère de la reine de France. Voy. ci-après, en 1327, la lettre de Bernard d'Averson, secrétaire du roi d'Aragon.

dictorum fratrum absens erat a nobis, post auditam legationem eorundem fratrum ad predictum matrimonium, per nos paternis exortationibus ferventer inductus, nobis responsum dederat se ad nostram presentiam breviter accessurum, et finaliter super eodem matrimonio facturum quod nostris affectibus complacetur. Subsequenter vero, post diuturnam ejusdem infantis infirmitatem, ob quam adventum ejus ad nos opportuit retardari, idem infans nostram adivit presentiam; et nos de dicto matrimonio cum eo plenum habuimus colloquium et tractatum. Et demum in hoc deliberatio nostra resedit quod, tam nos quam dictus infans, matrimonium ipsum placidum et gratum habemus. Et ut effectualiter compleri valeat efficacem operam dare volentes, ordinavimus in proximo ad Romanam curiam nostros mittere nuncios, pro obtinenda dispensatione perfeccioni dicti matrimonii opportuna, et retinuimus dictum fratrem Dominicum Torpi, ut ad magnificentiam vestram redeat cum finale negotiorum certitudine. Prefatum vero priorem Catanie excellentie vestre remittimus ut, ex serie presentium, et plenius ex relatione ipsius, cum aliqua scriptis comitti non possent, de eo in quo nunc consistunt negotia sitis plenarie informatus. Ceterum excellentiam vestram latere nolumus dictos religiosos fratres negotia supradicta cum maxima sollicitudine et diligentia et cum circumspecta maturitate prosequtos fuisse et pro eis plurimum laborasse. Dilationi autem negociorum infirmitas dicti infantis causam prebuit, nec ipsorum fratrum necligentie potest aliquatenus imputari, quinimo ex actis per eos retributionis gratiam promerentur; sic quod eosdem, nostri intuitu, in sinu vestre gratie recomendatos habere velitis. Super hiis igitur et aliis, presens negotium tangentibus, dicti prioris relatibus vestra magnificentia fidem credulam poterit adhibere. Datta Barchinone, II calendas Novembris, anno Domini MCCCXX sexto. Ffrancicius de Bastida.

1326, 1ᵉʳ août. A Barcelone.

Le roi d'Aragon accorde à un marchand de Barcelone, moyennant une amende payée à son trésor, la remise des peines qu'il a encourues pour s'être rendu, nonobstant les défenses, dans les états du sultan d'Égypte, et y avoir fait le commerce; ladite grâce ne s'étendant pas au transport d'objets prohibés qui aurait pu être fait dans les terres des Sarrasins [1].

Barcelone. Arch. de la cour d'Aragon. Reg. de la chanc. royale, n° 229, fol. 163.

Nos, Jacobus etc. Cum presenti carta nostra, perpetuo valitura, absolvi-

---

[1] On trouvera plus loin des rémissions analogues à celle-ci, aux 18 mai 1335 et 8 avril 1338. J'ai eu l'occasion de m'occuper assez longuement dans mon premier volume

mus, diffinimus, remittimus et relaxamus vobis Jacobo Dolvan, oriundo de Berga, nunc civi Barchinone, omnem actionem, questionem, petitionem, et demandam et omnem penam civilem et criminalem et aliam quamlibet quam adversus vos et bona vestra possemus nos seu offitiales nostri facere, proponere vel movere, aut etiam infligere, pro eo quia fuistis accusatus quod, anno proxime preterito, millesimo ccc vicesimo quinto, contra inhibitionem nostram et preconitzaciones etiam ex parte nostra, ac etiam alias factas, ivistis et navigastis cum rebus et mercibus vestris ad partes dominio soldani Babilonie subjectas, et cum Sarracenis ipsarum partium comertia contraxistis, recedendo de civitate Barchinone in cocha G. de Olivella, mercatoris dicte civitatis, usque ad partes Cipri, et de partibus Cipri in alio vassello ivistis et navigastis ad partes predictas subjectas dominio dicti soldani, et comercia et res vestras vobiscum ad dictas partes portastis, et etiam in diversis vassellis ibidem transmisistis; de quibus partibus recedendo, ad partes Cipri rediistis, et ab inde in dicta cocha G. de Olivella recessistis, et ad partes Majorice, anno presenti millesimo ccc vicesimo sexto, apulistis, vobis tantum de predictis contrarium asserente. Hanc autem absolutionem, diffinitionem, remissionem et relaxacionem facimus vobis et vestris perpetuo, sicut melius dici potest et intelligi, ad vestrum vestrorumque salvamentum et bonum intellectum. Ita quod, sive in predictis culpabilis fueritis, sive non, vos seu bona vestra, ratione predicta, non possitis per nos seu offitiales nostros capi, detineri, impediri, inquietari seu in

(p. 125 et suiv.) de cette interdiction du commerce avec l'Égypte. La surveillance des rapports des chrétiens avec les Arabes d'Égypte et de Syrie fut une des grandes difficultés du saint siége aux xiiie et xive siècles. Maintenir la prohibition du commerce avec les Sarrasins, c'était ruiner les villes maritimes de l'Occident. Aussitôt que le saint siége l'autorisait, tout en défendant l'exportation des armes, du fer et du bois, les Génois et les Aragonais organisaient la contrebande et approvisionnaient l'Égypte des articles défendus de préférence aux autres, parce qu'ils étaient mieux payés. On trouve dans Rinaldi un grand nombre de documents concernant ces faits extraits des registres apostoliques. En 1326, Jean XXII, cédant aux sollicitations des Génois, qui ne pouvaient commercer avec Alexandrie, les autorise pour deux ans à commercer avec la Syrie, à partir de Laodicée, et probablement en descendant vers le sud, afin qu'ils puissent porter sur cette côte les marchandises qu'y venaient acheter les Persans, les Tartares, les Indiens et les autres peuples avec lesquels les relations étaient permises. (Rinaldi, t. XXIV, p. 329.) En 1348, Clément VI, ne pouvant punir tous les infracteurs des prohibitions, leur permet de racheter leur faute en consacrant le gain illicite de leur commerce à la guerre contre les Turcs. Deux lettres du saint père sont adressées à cet effet, l'une aux Aragonais, l'autre aux Danois, aux Suédois et aux Norwégiens. (Rinaldi, t. XXV, p. 474.) En 1359, Innocent VI fait renouveler dans toute la chrétienté la défense de vendre aux infidèles les marchandises dès longtemps prohibées. (Rinaldi, t. XXVI, p. 46.)

aliquo conveniri in juditio vel extra; immo sitis inde vos et bona vestra perpetuo absoluti. Per hanc tamen diffinitionem et absolutionem nostram, non intendimus vobis remittere, si forte ad dictas partes vel alias prohibitas aliquas res per nos seu predecessores nostros expresse prohibitas portastis seu portari fecistis. Mandamus itaque per presentem cartam nostram procuratori, vicariis, bajulis, curiis, inquisitoribus, judicibus et aliis offitialibus nostris, presentibus et futuris, quatenus presentem absolutionem, diffinitionem, remissionem et relaxationem nostram hujusmodi firmam perpetuo habeant et observent, et non contraveniant nec aliquem contravenire permittant aliqua ratione. Pro hujusmodi autem diffinitione et remissione tribuistis et solvistis fideli thesaurario nostro Petro Marti, ipsos recipienti pro parte curie nostre, duos mille quingentos solidos Barchinone. In cujus rei testimonium, presentem cartam nostram vobis fieri jussimus, nostri pendentis sigilli munimine roboratam. Datta Barchinone, calendis Augusti, anno Domini millesimo ccc vicesimo sexto.

Nicholaus Samoresii, mandato domini regis.

1327, 13 janvier. De Barcelone.

Bernard d'Averson, secrétaire de Jacques II, roi d'Aragon, écrit à frère Dominique de Turpin, de la part du roi, pour lui faire savoir que le pape a refusé les dispenses nécessaires au mariage de la reine de Chypre Constance avec le comte de Ribagorça, et qu'Alphonse d'Espagne a répondu au roi ne voir en France que Charles d'Évreux, frère de la reine Jeanne, qui puisse épouser Constance d'Aragon.

Barcelone. Arch. de la cour. d'Aragon. Reg. n° 339, fol. 364 v° [1].

Honorabili et religioso viro, domino fratri Dominico Turpini, ordinis Predicatorum, Bernardus[2] de Aversone, illustrissimi domini regis Aragonum notarius, salutem et paratam ad ejus beneplacita voluntatem. Noveritis quod dictus dominus rex, volens vos certum reddi de negocio illustrissime domine Constantie, regine Cipri, de quo, ut scitis, tam in Romana curia quam

---

[1] Cette lettre dépend de la collection dont il a été parlé antérieurement (p. 712, n.). Elle est précédée dans le registre de la note suivante, émanée de l'un des secrétaires du roi Jacques, dans laquelle il est question de la dernière lettre, du 31 octobre 1326, et de la présente lettre, datée du 13 janvier 1327 : « Littera de qua in predicta dicitur jam fuisse missam, non fuit « expedita cum sigillo communi, et ideo hic « registrata non est. Recepta per dominum « regem a predicto Alfonso de Ispania, cui « scriptum fuerat, ut in antecedente carta « continetur, littera responsali, receptisque « litteris a nunciis missis domino pape, ut « inferius continetur, inter alia pro dispensa- « tione matrimonii infrascripti, Bernardus « de Aversone, mandato domini regis, scrip- « sit fratri Dominico Turpini ut sequitur. »

[2] Au Ms. Bernardo... notarii.

alibi agebatur, injunxit michi ut vobis per meam litteram intimmare ea que ipse dominus rex post recessum vestrum et noviter scire potuit super eo. Sic quod prudentie vestre notifico quod dominus papa dispensationem petitam pro dicta domina regina, super matrimonio ejus et domini infantis Petri, penitus denegavit, ne eam concederet ullo modo; de quo dictus dominus rex auditum nunc habuit spetialem a nunciis quos miserat propter hoc ad dictum dominum papam. Quantum ad id pro quo fuit missum ad dominum Alfonsum de Ispania[1], sicut scitis, dominus meus rex ab ipso domino Alfonso recepit noviter responsivam, per cursorem qui missus fuerat, in effectu taliter continentem quod non est aliquis, consideratis omnibus, infra regnum Ffrancie, excepto domino Carolo de Ebroycis[2], fratre germano domine regine Ffrancie, qui non intendat contrahere cum aliqua extra regnum Ffrancie; et habet in redditibus usque ad vi millia librarum turonensium in anno[3], quod multum exiguum est in partibus illis. Et quod, in partibus Ffrancie, nescit ducem, aut comitem, neque ducis vel comitis filium ad hoc aptum. Hec igitur vobis significo, de mandato et expressa voluntate dicti domini mei regis, ut superius continetur. Scripta Barchinone, Idus Januarii.

1329, 13 mai. A Nicosie.

Guy d'Ibelin, sénéchal de Chypre, établit dans l'église de Nicosie quatre assises, dont le payement est assuré sur les rentes que le fondateur a reçues du roi à Sivouri, en se réservant héréditairement le droit de nomination et de patronage sur les quatre prêtres chargés du service religieux.

Venise. Cartulaire de Sainte-Sophie, n° 113.

In nomine Domini, amen. Anno Nativitatis ejusdem M° CCC° XXIX, indictione XII, die XIII mensis Maii, pontificatus sanctissimi in Christo patris et domini domini Johannis pape XXII, per presens publicum instrumentum pateat universis presentibus et futuris quod, in presentia mei notarii infrascripti et testium subscriptorum ad hoc specialiter vocatorum et rogatorum, magnificus vir dominus Guido de Ybellino, senescalcus regni Cipri, ex certa

---

[1] La lettre du roi d'Aragon à Alphonse d'Espagne, seigneur de Lunel, est imprimée ci-dessus, p. 718.

[2] Charles d'Évreux, comte d'Étampes, frère (et non père, comme dit l'Art de vérifier les dates) de Jeanne d'Évreux, troisième femme de Charles le Bel. Il était fiancé déjà avec Marie de la Cerda de Lara, qu'il finit par épouser. Il mourut en 1336.

[3] Cette somme de 6,000 livres tournois, qui était en France, au xiv° siècle, un mince revenu pour un prince, vaudrait aujourd'hui en valeur absolue 45,000 francs, et en valeur relative environ 250,000 francs.

scientia, dixit, narravit, ordinavit et fecit pro se et heredibus suis, in perpetuum, in omnibus et per omnia, ut hic inferius in galico continentur.

« Con ce soit chose que le tres hault et puissant roi Hugue, de Jherusalem « et de Chippre, donnast liberaument et franchement à messire Gui de « Ybellin, senescal du reaulme de Cipre, mil besanz chacun an, assenés sur « les rentes du casal de Sivorie[1], que il les peut amohener et faire tous ses « grés et volentés de tout ou de partie, si come il li pleust ou volsist, ensi « come il appartient par le don et escrist qui fut faict de ce, veullant le dit « senechal pourveir de ce à l'ame de luy et de ses ancesseurs et successeurs, « ordene et devise et faict de la dite monée pour amohne en la magniere « desous devisée. C'est assavoir que il fait et ordene cinq assize de prestres, « c'est assavoir de iie besanz chacune que montent lesdits mil besanz chacum « an; et veant que les dittes assises et dis prestres se doient payer chacum « an perpetuellement de la dite soue rente des mil besanz que le dit seigneur « roy li a donné, par la magniere et termines qui apert par li don que se « doivent faire les paiées et ordonés. Et veult que il, tant com il sera en vie, « et ses hoirs perpetuellement, ordenent et facent et constituissent en les « dictes assizes tels prestres come il voldront, estant chacum prebtre si come « il ordeneront en sa vie en la dicte assise et servise; et pour ce il ordene et « veult que les dis prebtre qui seront ordonés par lui et ses hoirs recevent « chacum la ditte quantité de iie besans à la secrete du roi, des rentes de Si- « vorie, si come il est ordené par le dit don; et de ce il les mette et ordonne « en son lieu que, si come il les peult et doibt recevoir par le dit don, ensi « chacun des dis prebtres puisse et doie recepvoir la dite quantité, si come « il est dit dessus et ordonné; et que telle raison, demande et requeste il « puissent avoir comme le dit senescal ha ou ses hoirs peussent avoir chacune « année par le dit don, et veult que les dis prebtres déent chanter leur messes « et office faire en la vie continuellement, là où il plaira au dit senescal. Et « apres le deces dou dit senescal, que il déent chanter et faire le dit office « en la capella[2] que il a fait massonner au jardin de son ostel de Nicosie « perpetuellement. Pourquoi en la ditte besongne le dit senescal à soi et à « ses hoirs reserve raisson de patronaige entierement, comme celui qui du « sien propre, pour aulmosne et pour l'ame de lui, pour reverence de Dieu, « a ordonné et ordonne cest chose. Et se il advenist que aulcun des desus dis « prebtres moroit, que ledis senescal ou ses hoirs deust presenter au dit ar- « cevecque, ou à ses successeurs, le prebtre qui fut à ordonner; le quel le

---

[1] Dans la Messorée ou Messarée. — [2] Ainsi au Ms.

« dit archevecque soit tenu de ordonner, se il sera souffizant à ce. Et veult que
« de cest chose nulle personne ne se doie traveillier se non seulement lui et
« ses hoirs, comme dit est. Et veut et ordonne que se il advenist que ses hoirs
« fussent negligens de ordenner d'aulcuns des dis prebtres quant il defalist,
« que pour celle fois l'archevesque et le chapittre desdis de Nicosie qui seront
« par le temps qui est à advenir, le doient ordonner en leuc des dis hoirs
« pour celle fois que ils fussent negligens, come dit est; et que puis la raison
« et l'ordonement tourne à ses dis hoirs perpetuellement, come dit est. E le
« tens de la dicte negligence se entende de trois mois, c'est assavoir du jour
« que il defailist d'aulcun desdis prebtres. Et se il advenist que il defailist
« des hoirs du dit senescal, c'est assavoir que nul ne fut des descendens de
« luy, ne mal ne femelle, il veult et ordonne que adons l'ordination desdis
« prebtres appartiengne perpetuanment à l'arcevesque et à ses successeurs et
« au chapitre de l'eglise de Nicosie, sans representation d'aulcune persone,
« par ainsi que les dis prebtres asquels se doient donner les assizes soient
« convenables. »

De predictis autem omnibus et singulis, idem dominus senescalcus rogavit me notarium infrascriptum quod publicum conficerem instrumentum; quod quidem instrumentum in testimonium premissorum mandavit sui sigilli appensione muniri.

Acta fuerunt hec Nicosie, in domo prefati domini senescalci, in quadam camera ipsius domini senescalci, presentibus nobilibus viris dominis Anselmo de Bria, Johanne de Furno, Johanne de Monteolivo, Raimundo de Conchis, Johanne de Coquelies, Guidone l'Amirail, Guidone Coste, militibus, et venerabili viro domino Petro Frissione, canonico Famagustano et assisio ecclesie Nicosiensis, et sapienti et discreto viro domino Matheo de Pascalibus, judice domini Jherusalem et Cipri regis illustris, et domino Paulo Medici, testibus ad predicta vocatis specialiter et rogatis. Et ego Johannes de Galiana, publicus imperiali auctoritate notarius, predictis presens fui, et ea rogatus scripsi et in hanc publicam formam redegi, signoque meo consueto signavi.

[Vers 1332.]

Documents sur le projet de croisade formé par le roi de France Philippe VI.

Paris. Arch. de l'Empire. Sect. dom. Copies des anciens mémoriaux de la Chambre des comptes, P. 2289, fol. 700, 703, 714.

Ces documents, dressés et rédigés par le conseil privé du roi, sont au nombre de trois. Ils se rapportent au projet qu'avait conçu le roi Philippe VI d'entreprendre une nouvelle croisade à l'exhortation de Pierre de la Palu, patriarche de Jérusalem, de retour d'Orient[1].

Le premier contient l'énumération des subsides concédés par le pape pour être appliqués aux frais de l'expédition. Ces subsides étaient le dixième pendant six ans du revenu des bénéfices ecclésiastiques, à l'exception des bénéfices appartenant aux ordres de chevalerie et de tous autres biens régulièrement exemptés; les sommes données pour rachat de vœu de croisade, le produit des indulgences, les dons et legs faits aux églises avec des conditions incertaines ou obscures, enfin, le produit de certaines amendes et confiscations.

La seconde pièce est un mémoire étendu et sagement motivé sur les deux voies qui se présentaient au roi pour effectuer le passage, soit par terre, en suivant la route des premiers croisés; soit par mer, à l'exemple de saint Louis. Le conseil engage le roi à préférer à tous égards la voie de mer, comme moins longue, moins périlleuse et offrant, en outre, cet avantage de laisser les Sarrazins dans l'ignorance du point précis où se portera la première attaque des chrétiens. Seulement, au lieu de suivre entièrement l'itinéraire de saint Louis et de se rendre comme ce prince directement de France en Orient, le roi ferait mieux de se séparer du corps de son armée qui se rendrait outre-mer et de côtoyer l'Italie jusqu'à Naples, avec les prélats et les hauts barons. De cette manière, il pourrait visiter les peuples d'Italie, sans leur inspirer aucune crainte, les engager à se joindre à sa croisade, visiter le saint père et les tombeaux des saints apôtres, à Rome, et s'entendre enfin avec le roi de Naples, son oncle, Robert d'Anjou, qu'on appelait toujours à la cour de France roi de Sicile.

Le troisième document est une notice très-sommaire des différents passages outre-mer effectués jusque-là par les princes chrétiens, en commençant par celui de Charlemagne, dont les chroniques de Saint-Denis avaient accrédité la faussse tradition.

1333, 10 novembre. [En Arménie.]

Privilége commercial de Léon V, roi d'Arménie, aux Vénitiens.

Venise. Arch. génér. Patti, III, fol. 49.

In nomine Patris et Filii et Spiritus sancti, amen. Leo, Dei gratia adjutorioque ejus rex omnium Armenorum, filio[2] in Christo quiescentis regi Armenorum Ossini, potens et sublimis de Rubinis.

---

[1] Voy. le second continuateur de Guillaume de Nangis, t. II, p. 131. Le roi de France songeait sérieusement à préparer une grande expédition pour l'Orient. Il annonça publiquement son dessein en 1332, fit prêcher la croisade en 1333, et envoya Jean de Cepoy outre-mer afin d'examiner les lieux et juger des ressources que pourrait trouver l'armée. (Nangis, t. II, p. 134, 135, 145.) La guerre avec les Anglais empêcha la réalisation de ces projets.

[2] Cet acte renferme de nombreuses fautes,

Iʳᵉ PARTIE. — DOCUMENTS.

A la demande du grand et glorieux duc de Venise, François Dandolo, demande que nous a remise son ambassadeur, Jacques Trévisani, nous avons accordé à tous Vénitiens ces nouvelles faveurs, indépendamment de celles que renferme notre cyrographe, scellé de notre bulle d'or : 1. Que tous les Vénitiens puissent librement venir dans nos terres. 2. Que tous Vénitiens demeurant à Venise, en Crète, à Négrepont, à Coron, à Modon, ou en tous autres lieux soient traités et protégés comme il est déclaré dans nos priviléges. 3. Que les Vénitiens adonnés à la fabrication des camelots, « texitores pannorum de zambelotis », habitant dans nos terres, soient, eux et leurs enfants, libres de tous droits royaux pour leur art, « pro artis suis »; et que personne ne leur fasse tort. 4. Que les Vénitiens tenant des tavernes de vin dans nos terres ne payent plus le droit « exactio » d'un tacolin par semaine, qu'ils ont acquitté jusqu'ici à nos officiers. Mais s'ils ne vendent pas le vin suivant la juste mesure établie « taxata », ou s'ils se font des mesures particulières pour le débiter, nos officiers pourront les punir. 5. Quand les Vénitiens achetaient ou vendaient dans la ville soit du moût, soit du vin, ils payaient un dirhem par mesure, « pro quolibet vegete unum deremum novum »; quand ils apportaient le moût ou le vin hors de la ville, ils payaient deux dirhems nouveaux par mesure; qu'aucun de ces droits ne soit à l'avenir exigé d'eux. 6. Que les Vénitiens soient dorénavant exempts des droits qu'ils payaient autrefois à l'entrée et à la sortie de notre port de Tarsous, sur les pelleteries et les cuirs. 7. Que tous Vénitiens puissent librement acheter et exporter hors de notre terre la laine à fabriquer les camelots, « lanam de zamelotis », et toutes autres marchandises. 8. Qu'ils soient dorénavant exempts du droit payé jusqu'ici sur chaque balle « ballam » de draps mesurés. 9. Qu'aucun Vénitien ne puisse être obligé par nos officiers à recevoir en payement d'une chose vendue soit du blé, soit du sel ou quelqu'autre chose; qu'il ne puisse être obligé à travailler malgré lui. 10. Si une personne se rend coupable d'un vol à l'égard d'un Vénitien, qu'elle soit arrêtée et mise en prison par nos officiers, « per nostram curiam »; que l'objet volé soit restitué à son maître, et que le voleur reste sous l'autorité de notre cour; si un de nos sujets, débiteur d'un Vénitien, est mis en prison, qu'il ne soit rendu à la liberté qu'après avoir payé ou donné caution.

Datum anno Incarnationis Domini M° CCC° XXX° III°, et [secundum] computationem Armenorum septingentesimo octuagesimo II°, mensis Novembris die Xᵃ, sub cancelaratu honorabilis viri domini Johannis.

Leo, rex omnium Hermenorum[1].

---

qui proviennent sans aucun doute de l'inhabileté du rédacteur arménien dans la langue latine.

[1] Ces mots étaient écrits probablement en cinabre et en lettres arméniennes sur la pièce originale, qui fut munie d'un chrysobule, comme il est annoncé par les mots suivants avant la date : « Apposuimus ciro- « graphum nostrum, et sigillavimus nostre « regie majestatis aurea bulla. »

[1334, 13 juin. De Narbonne [1].]

Plainte adressée à Pierre de La Palu, sénéchal de Carcassonne et de Béziers, par divers marchands de Narbonne et de Montpellier, dont les navires avaient été pillés, en se rendant en Chypre et en Romanie, par des Catalans, des Majorquains et des Génois.

Paris. Bibl. imp. Mss. Collection Doat. t. LII, fol. 200 v°. Cop. mod.

Vobis, nobili et potenti viro, domino Petro de Palude, militi, domino Varambonis, consiliario domini nostri regis ejusque senescallo Carcassonæ et Biterris, significant lacrimabiliter et cum reverentia qua decet Petrus de Lauracho, mercator et Ramundus Ricolti, parator [2], Narbonæ, pro se et sociis suis et omnibus aliis quibuscumque sibi adhærentibus seu adhærere volentibus in hac parte, quod, anno præsenti et annis proxime præteritis, plures mercatores de Narbona et de Montepessulano, et nonnulli degentes seu habitantes in senescallia Carcassonæ et senescallia Bellicadri et in aliis locis regni Franciæ, tam pro utilitate rei publicæ totius regni et specialiter dictarum senescalliarum, et ob propria commoda, cum diversis navigiis per se, vel factores, procuratores, inscitores et socios suos miserunt pannos laneos, telas et plures ac diversas alias merces, tam in Ciprum quam in Romaniam et Ciciliam, et in partes alias transmarinas, ad finem quod ex preciis inde habendis et redigendis in dictis partibus transmarinis emerentur ibidem zuchare, gingiber, piper, bladum et alia victualia, et plures aliæ res et merces necessariæ et opportunæ ad usum et victum cotidianum totius rei publicæ regni prædicti et incolarum ejusdem.

Item, quod cum Bernardus de Rogano, Arnaldus Sicredi, Benedictus de Podullis, Guillelmus Radulphi et Johannes Isarni et plures alii mercatores de Narbona et de Montepessulano et de Carcassona et diversis aliis locis

---

[1] Ce libelle est extrait de la lettre du sénéchal de Carcassonne, en date du 13 juin 1334, qui renvoyait l'examen de l'affaire des marchands dont il est ici question à trois commissaires choisis par lui et désignés ainsi : «Significatio tradita per Petrum de «Lauracho, mercatorem, et Ramundum «Ricolti, paratorem Narbonæ, pro se et qui-«buscumque aliis sibi adhærentibus seu ad-«hærere volentibus in hac parte, tradatur «discretis viris Bernardo Folquini, custodi «portuum, et magistris Guillelmo Chausse-«rii, ac Ramundo Vitalis, jurisperitis Nar- «bonæ et eorum cuilibet.» La lettre du sénéchal est elle-même insérée dans l'exposé général que les plaignants adressèrent aux commissaires délégués, le 6 juillet 1334. (Doat. LII, fol. 198.)

[2] Pareur de draps. Un ancien élève de l'École des chartes, aujourd'hui archiviste de Maine-et-Loire, M. Célestin Port, a parlé de la fabrication et de la teinture des draps de Narbonne dans son intéressant *Essai sur l'histoire du commerce maritime de Narbonne* (p. 56), couronné par l'Académie des inscriptions et belles lettres.

prædictarum senescalliarum onerassent apud Ciprum, in portu Famagoste, in quadam coqua cujus[1] erant patroni Petrus Troni, Venetus, et Petrus de Auriacho, mercator Montispessulani, plures et diversas merces, ut portarentur seu transveherentur ad portum Aquarum Mortuarum et ad alia loca regni Franciæ; et dicta coqua dicessisset, et esset longe a portu Famagustæ prædicto per triginta miliaria, vel circa, veniendo et navigando apud portum Aquarum Mortuarum, venientes Guillelmus Biterris et Guillelmus Columbi de Majoricis et multi alii Catalani, eorum complices in hac parte, cum duabus coquis et duabus limbis armatis, et irruentes contra coquam prædictam et patronos ejusdem et mercatores et nautas in ea existentes, more hostili seu piratico, ingressi fuerunt violenter coquam prædictam, invitis et contradicentibus patronis et mercatoribus antedictis, et ab ipsis mercatoribus extorserunt per vim seu metum sex milia florenos; pro quibus receperunt violenter de dicta coqua centum septem pondo piperis, extimando quodlibet pondo sexaginta quinque florenos auri; et ultra, mala malis acumulantes, habuerunt et receperunt de dicta coqua, invitis patronis et mercatoribus prædictis, plura armamenta seu instrumenta ipsius coquæ sibi ad navigandum necessaria, necnon et panem, vinum et plura alia parata ad victum[2] cotidianum ac usum necessarium ipsorum patronorum et mercatorum prædictorum et nautarum et omnium aliorum qui cum eis erant in dicta coqua; et insuper fregerunt violenter tecas dictorum mercatorum et aliorum qui cum eis erant, abstrahendo inde et recipiendo pecunias, jocalia, arma et alia quæ in ipsis tecis reperierunt et omnes alias armaturas quæ erant in ipsa coqua; quæ omnia sic extorta, rapta et per vim seu violentiam occupata prædicti Guillelmus Biterris et Guillelmus Columbi, et alii, eorum in hac parte complices, sibi appropriarunt et in usus suos converterunt, contractando eadem, et de dicta coqua in alias coquas et limbos prædictos transferendo et cum eis postea recedendo. Et horum occasione, prædicta coqua, spoliata armamentis seu instrumentis propriis et sibi ad usum navigationis necessariis et victualibus et armis seu armaturis prædictis, prædicti patroni, mercatores, nautæ et cæteri omnes in ipsa coqua existentes, necnon et merces ac res universæ in ipsa coqua inmissæ seu oneratæ ex tunc subjacuerunt et adhuc subjacent periculo maris et piratarum, taliter quod timetur verisimiliter quod dicta navis et mercatores, nautæ et universæ res ac merces in ea existentes, ex adversa fortuna seu tempestate

---

[1] Au Ms. *citius*. — [2] Au Ms. *vinum*.

maris vel insidiis piratarum seu raptarum [1] pereant in solidum vel in parte, quod tamen Deus avertat!

Item, quod dicta centum septem pondo piperis et alia quæ de dicta coqua rapta et occupata fuerunt per dictos Guillelmum Biterris et Guillelmum Columbi valebant comuniter et comuni extimatione duodecim milia regales auri vel circa.

Item, quod cum Petrus Nicholay de Narbona, patronus cujusdam coquæ, Bernardus Pelati et Raimundus Bedocii et plures alii mercatores de Narbona et de Montepessulano et alii regnicolæ domini nostri regis onerassent, tam in Romania quam in Esclavonia, blada, piper, gingiber, ceram, coria et quamplures alias res et merces deferendas seu transvehendas ad portum Aquarum Mortuarum prædictum et ad alia loca regni Franciæ, dictaque coqua delata seu transducta fuisset ad maria Ceciliæ, in loco vocato lo Far de Messina, venientes Berengarius de Borriana, Catalanus, de Barchinona, subditus et justiciabilis illustris domini regis Aragonum, et Raimundus Martini, Catalanus, de Majoricis, subditus et justiciabilis domini regis Majoricarum illustris, una cum pluribus aliis Catalanis, suis complicibus in hac parte, Deum præ oculis non habentes, sed suggestione diabolica inflammati, cum duabus coquis armatis, more hostili seu piratico, irruentes contra dictam coquam et contra dictum Petrum Nicholai et alios in dicta coqua existentes invaserunt eosdem; et cum diversis armis hostiliter expugnaverunt ipsam coquam et mercatores, nautas et quoscumque alios in ipsa coqua existentes, capiendo et maletractando eosdem seu plures ex eis; et his non contenti, et mala malis cumulantes, dictum Petrum et alios mercatores et nautas qui erant in ipsa coqua quæstionibus seu tormentis subjesserunt, ipsos et eorum quemlibet severiter torquendo, tamdiu donec ipsi, torti vi tormentorum, confessi fuerunt quod res et merces quas vehebat dicta coqua erant Januensium.

Item, quod, his peractis, prædicti Berengarius de Borriana et Raymundus Marini et alii eorum complices in hac parte expulerunt de dicta coqua violenter prædictum Petrum et quamplures alios mercatores et nautas qui erant in dicta coqua, rapiendo et occupando coquam prædictam ac res et merces universas quæ ibi erant et sibi appropriando et cum eis recedendo.

Item, quod, occasione predictorum, dictus Petrus et alii mercatores ad quos pertinebant res et merces existentes in dicta coqua sunt et fuerunt

---

[1] Ainsi au Ms. probablement pour *raptorum*.

usque nunc dampnificati in duobus miliis[1] regalibus auri vel circa, ultra pretia seu extimationem rerum et mercium ibi existentium.

Item, significant quod nonulli Catalani, subditi et justiciabiles tam regi Aragonum quam regi Majoricarum illustribus, et nonulli Januenses et Saonenses, et quidam alii non subditi dicti domini nostri regis, temporibus præteritis, cum diversis navigiis armatis, more hostili seu piratico, per maria incedentes, quamplures alias violentias, rapinas et deprædationes piraticas fecerunt de rebus et mercibus pertinentibus ad quosdam mercatores de Narbona, de Montepessullano et ad quosdam alios regnicolas et subditos dicti domini nostri regis; et in ipsis rapinis seu deprædationibus, violentiis ac piraticis, nonnunquam prædictos mercatores et regnicolas ac subditos ejusdem domini nostri regis seu eorum aliquos verberarunt, vulnerarunt, incarceraverunt, tormentis seu quæstionibus subdiderunt, et membris mutilaverunt, et alias diversimode male et atrociter tractaverunt, et nonnunquam quosdam ex eis gladio peremerunt, et plures alias atroces injurias commiserunt in præmissis et circa præmissa, enormiter delinquendo, plura enormia et neffanda crimina comittendo.

Item, significant quod plures Catalani, subditi et justiciabiles tam regis Aragonum quam regis Majoricarum prædictorum[2], adhuc quotidie et incessanter ac studiose dant operam ad deprædandum seu derobandum per mare et per terram mercatores de Narbona, de Montepessullano et alios regnicolas et subditos dicti domini nostri regis, et ad spoliandum eosdem violenter et more hostili seu piratico rebus et mercibus suis et ad personas eorum invadendum, vulnerandum et alias maletractandum, taliter quod dicti mercatores de Narbona, de Montepessullano et alii regnicolæ dicti domini nostri regis, occasione præmissorum, retrahuntur a navigando et vix possunt seu audent tute vel secure commeari vel incedere per maria et loca maritima navigando, mercando et negociando more solito.

Unde, cum prædicta omnia et singula cedant tam in magnum contemptum et vituperium ac dedecus regiæ majestatis dicti domini nostri regis, et in diminutionem emolumentorum consuetorum percipi per ipsum dominum

---

[1] Ainsi, pour *millibus.*

[2] Les ports de Sardaigne et de Sicile recélaient aussi de nombreux corsaires. Vers 1350, le roi de France Jean II prie Louis, roi de Sicile, de faire rendre justice à Guillaume Pellicier, marchand de Narbonne, dont le navire, venant de Famagouste avec un chargement d'épiceries, avait été pillé par les navigateurs ses sujets. Le roi de France déclare que si Pellicier n'est satisfait, des lettres de marque lui seraient délivrées pour qu'il s'indemnisât lui-même sur les Siciliens. Voy. *Ordonn. des rois de France,* t. IV, p. 425; et notre tome I, p. 204, n.

nostrum regem seu ejus receptores, tam pro leudis seu pedagiis quam aliis deveriis et redibentiis quæ exsolvi consueverunt de rebus et mercibus transvectis extra regnum Franciæ et aliis ad illud delatis seu illatis, quam etiam in grande dampnum et detrimentum rei publicæ totius regni, et specialiter dictarum senescalliarum Carcassonæ et Bellicadri, et singulorum locorum seu villarum in eis sitarum, et singulorum incholarum ipsius regni, necnon in evidentem et enormem jacturam mercatorum prædictorum et aliorum ad quos res et merces olim et acthenus raptæ et per rapinam, [et] violentiam occupatæ pertinebant; qui de divitibus facti sunt pauperes ac inopes, et eorum etiam in quos verbera, quæstiones, vulnera, membrorum mutilationes, cedes et quamplures aliæ atroces injuriæ illatæ et comissæ fuerunt, seu etiam perpetratæ; idcirco prænominati Petrus de Lauraco et Ramundus Ricolti, qui[bus] supra nominibus, suplicant humiliter et cum qua decet reverentia vobis domino senescallo prædicto quatinus super premissis omnibus et singulis et super aliis articulis tradendis per eos, quibus supra nominibus, et per illos regnicolas et subditos dicti domini nostri regis, qui alias et acthenus deprædati seu derobati aut aliter læsi seu dampnificati fuerunt quomodocumque per Catalanos, Januenses vel quoscumque alios non subditos dicti domini nostri regis, vobis, seu commissario vel commissariis a vobis deputandis, super factis similibus, informationes summarias summatim et de plano faciatis, seu fieri faciatis, vel jam factas recipiatis, et, eis factis seu receptis, ipsisque visis, tam ipsis supplicantibus, quibus supra nominibus, quam aliis deprædatis seu derobatis vel aliter læsis seu dampnificatis, exhibeatis breve justiciæ complementum.

1335, 18 mai. A Valence.

Alphonse IV, roi d'Aragon, absout le patron et l'équipage d'une coque marchande des peines qu'ils avaient encourues pour avoir accompagné, sans avoir la permission de commercer avec les Sarrasins, un autre navire autorisé à faire le voyage de Beyrouth [1].

Barcelone. Arch. de la cour. d'Aragon. Reg. de la chanc. royale, n° 489, fol. 124.

Nos Alfonsus, et cetera. Quia intelleximus per partem consiliariorum et proborum hominum civitatis Barchinone quod due coque Bayonese que, hoc anno, in mense novembris proxime preterito, recesserunt insimul a plagia Barchinone, quarum una erat d'en Olivella, que debebat exonerare

---

[1] On verra de semblables lettres de rémission aux 1ᵉʳ août 1326 et 8 avril 1338.

in partibus Cippri, et altera Bernardi Simonis, absoluta a summo pontifice
et a nobis, et que debebat exonerare in partibus Surie, cum fuerunt in
dictis partibus Cippri, in civitate de Famagosta, habuerunt nova quod galee
Januensium, inimicorum nostrorum, expugnaverant aliquas cocas Cathalanorum; sic quod, metu dictarum galearum et duarum navium Januensium, que esse dicebantur in illis partibus, patroni, mercatores, marinarii
et alii subditi nostri qui erant in dictis duabus coquis exoneraverunt dictam
cocam d'en Olivella in dicta civitate de Famagosta, ubi conventum fuerat;
que coca vacua et sine aliquibus mercibus associavit dictam cocam absolutam
Bernardi Simonis usque ad portum de Barut, ibique, depositis seu exone-
ratis mercibus que erant in ipsa coca absoluta Bernardi Simonis, quia ipse
coque non poterant tute inibi residenciam facere, retrocesserunt causa exiver-
nandi ad dictam civitatem de Famagosta. Et subsequenter, dicta coca d'en
Olivella carricavit in civitate prefata, et cum dicto carrico, simul cum alia
coca Bernardi Simonis absoluta, redierunt ad dictum portum de Barut, in
quo loco fuit onerata dicta coca Bernardi Simonis, et insimul, causa salvitatis et non ex fraude seu maxinacione alia, dicte coque insimul debent
venire ad dictam civitatem Barchinone. Quare, cum patronus, scriptor,
mercatores, marinerii et alii nostri subditi qui in dicta coca d'en Olivella
non absoluta fuerunt ad dictum portum de Barut, timeant per nos seu ofi-
ciales nostros contra ipsos seu eorum bona procedi, idcirco, confitentes
tenore presencium dictos patronum, scriptorem, mercatores, marinerios et
alios qui in dicta coca d'en Olivella erant, si premissa veritatem contineant,
dictum binum accessum ad dictum portum de Barut bono zelo et ex causa
salvitatis fecisse, et pro nostris servicio et bono, tenore presentis carte nostre,
concedimus et statuimus quod, ratione premissa, contra ipsos patronum,
scriptorem, mercatores, marinerios et alios qui in dicta coca erant et ipsorum aliquem, seu eorum bona, nunquam, per nos vel nostros, vel aliquem
pro nobis vel nostris, possit moveri seu fieri civiliter vel criminaliter peticio
aliqua seu demanda, et non obstantibus inhibicionibus super hiis per Sedem
Apostolicam et nos factis, et penis in eisdem appositis, a quibus ipsos et
ipsorum quemlibet decernimus perpetuo absolutos. Mandantes per presentes
procuratori nostro ejusque vices gerentibus, nec non vicariis, bajulis, aliisque
officialibus nostris presentibus et futuris, vel eorum loca tenentibus, quod
predictam concessionem et statutum observent et observari faciant ut superius continetur, et non contraveniant, seu aliquem contravenire permittant
aliqua racione. In cujus rei testimonium presentem cartam nostram inde

fieri jussimus, nostro pendenti sigillo munitam. Data Valentie, xv kalendas Junii, anno Domini M. CCC. XXX quinto[1].

1338, 8 avril. A Barcelone.

Pierre IV, roi d'Aragon, moyennant une amende payée à son trésor, remet à un marchand de Barcelone les peines qu'il a encourues pour s'être rendu de l'île de Chypre à Damas et autres lieux de Syrie, afin de faire le commerce avec les Sarrasins[2].

Barcelone. Arch. de la cour. d'Aragon. Reg. de la chanc. royale, n° 863, fol. 205.

Nos Petrus, et cetera. Tenore presentis carte nostre, per nos et nostros, absolvimus, definimus, remittimus et relaxamus vobis, Guillelmo Campis, mercatori civi Barchinone et bonis vestris et vestrorum, licet absenti, omnes actiones, questiones, peticiones et demandas, et omnes etiam penas civiles et criminales et alias quaslibet quas contra vos et bona vestra et vestrorum possemus facere, proponere seu movere, ac etiam infligere, pro eo quia vos, ut dicitur, hoc anno preterito, de civitate Ffamaguste, regni Cipri, ad quam civitatem recedendo de civitate Barchinone apulistis, et fuistis in cocha Raimundi Cucuy, mercatoris et civis Barchinone, et sociorum, et exinde, contra mandatum et inhibiciones nostras et preconitzaciones inde factas, transfretastis ad partes Surie prohibitas, cum rebus et mercibus vestris, videlicet ad civitatem Domasci, seu ad alias partes soldano subjectas, et in ipsis partibus, cum Sarracenis comercia habuistis et contraxistis, seu contrahi fecistis, etc. Data Barchinone, sexto idus Aprilis, anno Domini millesimo trecentesimo tricesimo octavo[3].

1338, 26 avril. A Barcelone.

Sauf-conduit du roi Pierre IV pour un marchand de Tarragone se rendant en Chypre.

Barcelone. Arch. de la cour. d'Aragon. Reg. de la chanc. royale, n° 863, fol. 237.

Nos Petrus et cetera. Tenore presentium guidamus et asecuramus vos Berengarium Solerii, mercatorem civem Therracone, qui ad partes Cipri

---

[1] Note du secrétaire : « Bartholomeus de « Vallo, mandato regis facto per Bonanatum « de Petra. »

[2] J'ai donné dans les pages précédentes quelques rémissions semblables accordées par les rois Jacques II et Alphonse IV. On trouve, en outre, dans le livre vert des archives de la municipalité de Barcelone (t. I, fol. 355), des lettres du roi Pierre IV, en date du mois de novembre 1338, à Valence, pardonnant d'une manière générale, mais pour cette fois seulement, à toutes les personnes qui avaient fait le commerce avec Alexandrie ou avec les autres terres du sultan d'Égypte.

[3] Note du secrétaire : « Bernardus de Tor- « rente, mandato regis facto per nobilem « Blasium Maça de Vergna, consiliarium. »

estis in proximo accessurus, necnon pecuniam, res et merces vestras et societatis vestre, in eundo, stando et redeundo per universa et singula loca terre et ditioni nostre subjecta; sic quod, absque metu alicujus marche vel pignoracionis que sit vel esse possit, ex causa preterita vel presenti, inter nos seu officiales aut subditos nostros ex parte una, et reverendum Terrachone archiepiscopum et offitialis Terrachone et Campi aut subditos ecclesie Terrachone, ex altera, vel alia occasione, que sit vel esse possit, inter nos et supradictos, possitis ire, stare et redire, salve pariter et secure, nec bona, res aut merces vestra vel dicte societatis vestre possint pignorari, marchari, detineri, impediri pro aliquo debito seu delicto, nisi vos in eis essetis principaliter aut fidejussorio nomine obligati. Nos enim per presentes mandamus universis et singulis officialibus et subditis nostris quod guidaticium nostrum hujusmodi, quod durare volumus et teneri per duos annos a data presencium in antea continue numerandos, teneant firmiter et observent, et non contraveniant nec aliquem contravenire permittant aliqua ratione. In cujus rei testimonium, presentem fieri jussimus sigillo nostro munitam. Data Barchinone, vi° kalendas Madii, anno Domini m° ccc° xxx° viii° [1].

1341, 15 mars. A Barcelone.

Lettres publiques de recommandation des magistrats de Barcelone pour les patrons d'un navire catalan faisant le voyage de Chypre [2].

Barcelone. Arch. de la municipalité. *Reg. ordinationum*, 1340-1343.

Als honrats, savis e discrets, tots e sengles, patrons de coches e altres vexells, e altres quals que quals, als quals les presents letres pervendran, los consellers e prohomens de la ciutat de Barchinona salut, e apparellats als vostres bons plaers. A la vostra discrecio fem saber per les presents que la nau o cocha bayonesa d'en Johan de Quart e d'en Bernat Çavall, ciutadans de la dita ciutat, e patrons de la dita nau, deu partir e parteix de present de la plaja de la ciutat de Barchinona, per anar e navegar, volent Nostre Senyor, a les parts de la ylla de Xipre, e puys, viatge no mudat, tornar a la ciutat de Barchinona, la ajuda de Nostre Senyor Deus mijançant. Per que la vostra discrecio e cara amistat carament pregam que a la dita nau o coche negun enuig, embarch o violencia no fassats ne donets; ans, per amor

---

[1] A la fin : « Bernardus de Podio, mandato regis facto per vicecancellarium. »

[2] Capmany a publié une pièce semblable, du 17 février 1341, pour d'autres navires allant également en Chypre. (*Memorias*, etc. t. II; *Coleccion diplom.* p. 111.)

nostra e de la dita ciutat, donets als dits patrons et altres mercaders, e mariners de la dita nau, o coche, tota favor e ajuda que puxats, com per los dits patrons ne siats pregats o requets, sabents que d'aço farets a nos e a la dita ciutat plaer fort assenyalat. E nos som apparellats de fer per vos e cascun de vos semblants coses e majors; e si negunes coses vos plaen de nos o de la ciutat, fats nos ho saber françozament. Scrite en Barchinona, a xv dies del mes de Març, del any de Nostre Senyor mil ccc xl[1].

1345, 16 juillet. A Avignon.

Clément VI donne à l'archevêque de Nicosie le pouvoir d'absoudre les personnes qui avaient encouru l'excommunication pour avoir visité le saint sépulcre sans l'autorisation du saint-siége[2].

Venise. Cartulaire de Sainte-Sophie, n° 115.

Clemens, episcopus, servus servorum Dei, venerabili fratri Philippo, archiepiscopo Nicosiensi, salutem et apostolicam benedictionem. Sincera devotio et affectus benivolus quibus nos et Romanam revereris ecclesiam promeretur ut illa tibi liberaliter concedamus per que animarum saluti proficere valeas aliorum. Hinc est quod nos, tuis supplicationibus inclinati, ut quascumque personas de Cipro que ad hoc humiliter petierint ab exco-

---

[1] Barcelone faisait alors un grand commerce avec Chypre et l'Arménie. Les rubriques de Bruniquer, relevées sur d'anciens documents et conservées aujourd'hui aux archives de Barcelone, indiquent plusieurs nominations de consuls catalans, vers cette époque, pour ces deux derniers pays. (T. III, cap. xc, fol. 253.)

[2] Les pèlerinages des chrétiens en Terre Sainte rapportant des profits considérables aux Sarrasins, le saint siége, à l'époque où l'on espérait encore voir se former une nouvelle croisade pour la délivrance du saint sépulcre, avait prohibé ces voyages d'une manière générale, et frappé de l'excommunication les fidèles qui visitaient les saints lieux sans son expresse et exceptionnelle permission. Raymond de Nabinal, du Périgord, parent de l'archevêque de Nicosie, Hélie, et Pierre de Milhet, citoyen de Toulouse, avaient encouru cette peine, quand, en 1337, Benoît XII chargea l'évêque de Famagouste de les absoudre. (Baluze, Vitæ pap. Aven. t. I, p. 836.) Wadding a publié d'intéressants documents concernant la construction, commencée vers cette époque, et qui se poursuivait en 1354, d'un hospice pour les pèlerins auprès du couvent des frères Mineurs, sur le mont Sion, dans la ville de Jérusalem. C'est à une noble dame de Florence, Sophie, fille de Philippe de Archangelis, qu'est due cette pieuse fondation. Innocent VI permit à Sophie de Archangelis de faire transporter en Syrie tous les matériaux qui seraient nécessaires à la construction de l'hospice, en recommandant de veiller à ce qu'il n'en fût fait mauvais usage, c'est-à-dire vente aux Sarrasins, à qui il était défendu d'apporter des fers et du bois. (Voy. notre tome I, p. 125.) Enfin il autorisa en cette occasion, et nonobstant les prohibitions antérieures, le pèlerinage de Terre Sainte pour deux cents chrétiens, et notamment pour Sophie, qui put emmener avec elle diverses personnes de son choix. Voy. Annal. Minor. t. VIII, p. 456.

municationis et aliis sententiis quas ex eo quod Sepulcrum Dominicum et alia loca sancta ultramarina, absque Sedis Apostolice licencia, causa devotionis visitarunt, incurerunt, hac vice dumtaxat, auctoritate apostolica, juxta formam ecclesie consuetam, absolvere, ac eisdem personis singulariter singulis injungere penitentiam salutarem quam, secundum Deum, animarum suarum saluti videris expedire, et alia que de jure fuerint injungenda; et cum personis eisdem super irregularitate, si quam alique ex ipsis hujusmodi ligate sententiis, celebrando divina vel se immiscendo eisdem, vel alias occasione premissa, non tamen in contemptum clavium, contraxerunt, dispensare valeas, plenam fraternitati tue concedimus tenore presentium facultatem. Datum Avinione, xvii kalendas Augusti, pontificatus nostri anno quarto[1].

1345, 16 juillet. A Avignon.

Clément VI donne à l'archevêque de Nicosie le droit de conférer l'office de notaire apostolique à des clercs non mariés et non ordonnés, en faisant prêter aux récipiendaires le serment inséré dans la présente bulle.

Venise. Cartulaire de Sainte-Sophie, n° 120.

Clemens, episcopus, servus servorum Dei, venerabili fratri Philippo, archiepiscopo Nicosiensi, salutem et apostolicam benedictionem.

Ne contractuum memoria deperiret inventum est tabellionatus officium, quo contractus[2] legittimi ad cautelam presentium et memoriam futurorum manu publica notarentur. Inde interdum Sedes Apostolica predictum officium personis que ad illud reperiuntur ydonee concedere consuevit, ut illud prudenter et fideliter ubilibet exequantur, et ad eos in hiis que ad officium ipsum pertinent fiducialiter recurratur. Tuis itaque supplicationibus inclinati, fraternitati tue concedendi auctoritate apostolica predictum officium, sed clericis non conjugatis nec in sacris ordinibus constitutis, quos ad illud post diligentem[3] examinationem ydoneos esse repereris, juramento prius ab eorum quolibet juxta formam presentibus annotatam recepto, plenam et liberam concedimus tenore presentium facultatem.

Forma aut[em] juramenti quod quilibet ipsorum prestabit clericorum talis

---

[1] Par une bulle du même jour, 16 juillet 1345, Clément VI autorisa l'archevêque de Nicosie à visiter personnellement le saint sépulcre et les autres saints lieux de Palestine, en emmenant avec lui le nombre de compagnons qu'il jugerait convenable de s'adjoindre. (Cartul. de Sainte-Sophie, n° 119.)

[2] Au Ms. *contracti*.

[3] Au Ms. *diligenter*.

est : « Ego, clericus non conjugatus, nec in sacris ordinibus constitutus, ab
« hac hora in antea fidelis ero beato Petro et sancte Romane ecclesie, ac
« domino meo Clementi pape VI et successoribus suis Romanis pontificibus,
« canonice intrantibus. Non ero in consilio, auxilio, consensu, vel favore ut
« vitam perdant aut membrum, vel capiantur mala captione. Consilium quod
« mihi per se vel litteras aut nuncium magnifestabunt, ad eorum damnum
« nemini pandam. Si vero ad meam noticiam aliquid devenire contingat quod
« in periculum Romani pontificis aut ecclesie Romane vergeret, seu grave
« damnum, illud pro posse impediam; et si hoc impedire non possem,
« procurabo bona fine id ad noticiam domini pape referri. Papatum Ro-
« manum et regalia sancti Petri et jura ipsius ecclesie, specialiter si qua
« eadem ecclesia in civitate vel terra de qua oriundus sum habeat, adjutor
« eis ero ad defendendum[1] et retinendum seu recuperandum contra omnes
« homines. Tabellionatus officium fideliter exercebo. Contractus in quibus
« exigetur consensus partium fideliter faciam, nil addendo vel minuendo,
« sine voluntate partium, quod substantiam contractus immutet. Si vero, in
« conficiendo aliquod instrumentum, unius solius partis sit requirenda vo-
« luntas, hoc ipsum faciam, ut scilicet nil addam vel minuam quod immutet
« facti substantiam, contra voluntatem ipsius. Instrumentum non conficiam
« de aliquo contractu in quo sciam intervenire seu intercedere vim vel frau-
« dem. Contractus in prothocollum redigam; et postquam in prothocollum
« redegero, maliciose non differam contra voluntatem illorum vel illius
« quorum est contractus super eo conficere pubblicum instrumentum, salvo
« meo justo et consueto salario. Sic me Deus adjuvet et hec sancta Dei
« evangelia. »

Datum Avinionis, xvii kalendas Augusti, pontificatus nostri anno quarto.

1345, 16 juillet. A Avignon.

Clément VI prie le roi de Chypre d'obliger les nobles de son royaume à payer les dîmes qu'ils doivent aux églises, et qu'ils refusent d'acquitter nonobstant l'excommunication dont ils ont été frappés par l'archevêque de Nicosie.

Venise. Cartulaire de Sainte-Sophie, n° 129.

Clemens, episcopus, servus servorum Dei, carissimo in Christo filio Hugoni, regi Cipri illustri, salutem et apostolicam benedictionem. Nuper ad audientiam nostram fide digna relatione pervenit quod nonnulli de regno tuo

---

[1] Au Ms. *deferendum*.

tam nobiles quam alii ex eo quod decimas debitas ecclesiis recusabant solvere et recusant vel aliis, per venerabilem fratrem nostrum Philippum, archiepiscopum Nicosiensem, vel ejus suffraganeos, aut eorum officiales, rite excomunicationum sententiis innodati existunt; quas quidem sententias damnabiliter vilipendunt, in animarum suarum periculum et scandalum plurimorum. Cum igitur dignum sit ut quos divinus timor a malo non revocat temporalis coherceat disciplina, excellentiam regiam rogandam duximus et ortandam quatinus sic eosdem nobiles et laicos, ob reverentiam Apostolice Sedis et nostram, ut, premissa satisfactione condigna, ad ecclesie redeant unitatem, temporali cohertione compellas, quod a Deo acquiras premium, nosque devotionem regiam dignis exinde in Domino laudibus attolamus. Datum Avinionis, xvii kalendas Augusti, pontificatus nostri anno quarto.

1347, 19 septembre. A Avignon.

Clément VI accorde cent jours d'indulgences à ceux qui contribueraient par leurs offrandes à l'achèvement ou à la réparation de l'église de Sainte-Sophie de Nicosie.

Venise. Cartulaire de Sainte-Sophie, n° 114.

Clemens, episcopus, servus servorum Dei, universis Christi fidelibus presentes litteras inspecturis, salutem et apostolicam benedictionem. Ecclesiarum fabricis manum porrigere adjutricem pium apud Deum et meritorium reputantes, frequenter Christi fideles ad impendendum ecclesiis ipsis auxilium nostris litteris exhortamur, et ut ad id eo fortius animentur quo magis ex hoc animarum commodum se speraverint adipisci, nonnunquam pro hiis temporalibus suffragiis spiritualia eis munera, videlicet remissiones et indulgentias, elargimur. Cum itaque, sicut pro parte venerabilis fratris nostri Philippi, archiepiscopi Nicosiensis, nobis extitit intimatum, ecclesia Nicosiensis pro parte complenda seu reparanda existat opere non modicum sumptuoso, ac propterea sint ad id pie fidelium elemosine oportune, universitatem vestram rogamus, monemus et hortamur attente, vobis in remissione peccaminum injungentes, quatinus de bonis vobis a Deo collatis ad ipsius ecclesie reparationem seu consumationem operis hujusmodi pias elemosinas ac gratta caritatis subsidia erogetis, ut per subventionem vestram hujusmodi opus ipsum valeat consumari, et vos per hec et alia bona que, Deo inspirante, feceritis, ad eterne beatitudinis gaudia pervenire possitis. Nos enim de omnipotentis Dei misericordia et beatorum Petri et Pauli apostolorum ejus auctoritate confisi, omnibus vere penitentibus et confessis qui manus ad hoc porrexerint adjutrices centum dies de injunctis eis penitentiis misericorditer relaxamus, presentibus post viginti annos minime valituris, quas mitti per questores districtius inhibemus, eas, si secus actum fuerit, carere juribus decernentes. Datum Avinionis, xiiii kalendas Octobris, pontificatus nostri anno vi°.

1348, 24 septembre. A Avignon.

Clément VI, sur la demande de l'archevêque de Nicosie, permet à ce prélat d'accorder douze dispenses de mariages en Chypre, à cause des difficultés qu'il y a pour certaines personnes à faire venir les dispenses de la cour apostolique ou à se marier convenablement dans l'île.

Venise. Cartulaire de Sainte-Sophie, n° 125.

Clemens, episcopus, servus servorum Dei, venerabili fratri Philippo, archiepiscopo Nicosiensi, salutem et apostolicam benedictionem. Personam tuam, tuis claris exigentibus meritis, paterna benivolentia prosequentes, votis tuis quantum cum Deo possimus libenter annuimus, illaque tibi concedimus gratiose per que te possis aliis reddere gratiosum. Sane pe[ti]tio tua nobis nuper exhibita continebat quod in regno Cipri sunt multe notabiles et potentes ac alie inferiores persone utriusque sexus, que in dicto regno personas quibus decenter se possent copulare matrimonialiter minime reperiunt; quare pro hujusmodi matrimoniis ad circumpositas nationes et gentes, pro eo quod infideles sunt, recurrere non presumunt, et Sedem Apostolicam pro dispensationis gratia obtinenda, ex eo quod regnum ipsum ab eadem sede non modico spacio maris distat, facile adire non possunt. Quare nobis humiliter supplicasti ut, cum multum expediat modicum illud [regnum,] quod in partibus illis christianitas obtinet, in caritate ac unitate invicem conservari, providere super hoc oportuno remedio dignaremur. Volentes igitur tuis votis favorabiliter in hac parte tuis supplicationibus inclinari, cum sex viris et totidem mulieribus, qui quarto consanguinitatis vel affinitatis gradu conjuncti, hujusmodi tamen consanguinitatis vel affinitatis ignari, matrimonia invicem alias legitime contraxerunt, quod in hujusmodi matrimoniis remanere, et cum totidem aliis viris et mulieribus dicti regni simili consanguinitatis vel affinitatis gradu conjunctis volentibus invicem matrimonialiter copulari, quod hujusmodi matrimonia contrahere ac in eis postquam contracta fuerint licite remanere valeant, simul vel successive dispensandi, prout id in Deo salubriter cognoveris expedire, prolem susceptam et suscipiendam ex hujusmodi matrimoniis legittimam decernendo, paternitati tue plenam concedimus hac vice auctoritate apostolica, tenore presentium, facultatem. Datum Avinionis, viii kalendas Octobris, pontificatus nostri anno vii.

X.

PIERRE IER DE LUSIGNAN,

ROI DE JÉRUSALEM ET DE CHYPRE.

10 OCTOBRE 1359. — 17 JANVIER 1369.

1362, 6 février. A Paris.

Charte d'hommage de Jean de Morpho, maréchal de Chypre, au roi de France.

Paris. Arch. de l'Empire. Section hist. J. 621, n° 64. Orig.

Je Jehan du Morf[1], chevalier et mareschal du roy de Cipre, confesse avoir fait hommage au roy de France monseigneur, à Beaulne en Bourgoigne, le xxiiie jour de Janvier, l'an soixante et un, pour cause de cinq cenz livres de tournois de rente que ledit monseigneur le roy de France m'a donné à prendre chascun an, ma vie durant, tant sur les proufiz et emolumens d'Aiguesmortes comme sur la recepte de Biauquere, et tout en la forme et maniere qu'il est contenu ès lettres royauls sur ce faites. Et en promez à faire au dit monseigneur le roy de France le service, en la maniere qu'il appartendra. En tesmoing de laquelle chose, j'ay mis mon scel à ces presentes, qui furent faictes à Paris le xe jour de Fevrier, l'an dessusdit[2].

---

[1] Jean de Morpho avait été chargé de diverses missions en Europe. Il se distingua dans l'expédition d'Égypte, et fut créé comte de Roha ou Edesse lors de la prise d'Alexandrie par le roi Pierre de Lusignan. Il manqua à la reconnaissance envers ce prince, et fut accusé d'entretenir de secrètes relations avec la reine Éléonore d'Aragon, durant le second voyage en Italie de Pierre Ier, circonstance qui hâta le retour du roi en Chypre et occasionna sa mort. Le comte d'Édesse eut une grande influence sous le règne de Pierre II. (Strambaldi et Amadi, ann. 1365, 1373.)

[2] Scellé et contre-scellé en cire verte sur queue de parchemin. La cire est brisée. On distingue encore du côté du grand sceau un cavalier l'épée nue; derrière lui sont des arbres. Autour on lit, en haut : JEHAN DV; au bas : [M] ORF CHE [VALIER]. Sur le caparaçon du cheval est un lion. Le petit sceau est octogone. Il porte au centre un écu burelé, chargé d'un lion; au-dessus sont les lettres A M, complétées sans doute par les lettres E N, dans la partie brisée. On lit sur la légende : ✠ S. IOA....... CHIPR, *sigillum Johannis de Morf, marescalli regni Chipri.* Au revers du parchemin se trouve cette note de la chambre des comptes de France : « Littera homagii facti domino « nostro regi per dominum Johannem de « Morf, militem, marescallum regis Cipry, « pro quingentis libris redditus, de quibus

1363, 11 octobre et 29 novembre. De Venise.

Le doge de Venise, en annonçant au roi de Chypre la révolte de l'île de Crète, prie le roi d'empêcher ses sujets de communiquer sous aucun prétexte avec l'île; le doge avise ensuite le prince que les navires nécessaires à son passage ne pourront être à Venise pour le mois de mars, mais, qu'aussitôt après avoir soumis l'île de Crète, la république emploiera, comme elle l'a promis, tous les navires dont elle dispose pour l'expédition du roi [1].

Florence. Bibl. de M. le marquis Capponi. Ms. n° 142. *Liber secretorum*, fol. 32 v° [2].

I.

Sicut ad vestre majestatis potuit pervenisse noticiam, pheudati nostri insule Crete, quos semper tanquam filios et fratres tractavimus, ex quadam insolentia, rebellionem contra nostrum statum in eadem insula excitarunt. Quia vero, inter alia, provisum est nobis ut circa et contra ipsam insulam galearum potens stolium habeamus, quod ad eorum danna continuo immoretur, quodque prohibeat atque turbet ne quis ad eos ire vel inde exire possit sub spe mercandi vel aliter conversandi, et quod de rebus suis non extrahatur inde, vel de alienis portetur ad eos vel alias quodlibet sibi prestetur auxilium sive favorem, majestatem vestram affectuose rogamus quatenus vobis placeat per vestras efficaces litteras imponere et mandare cunctis vestris fidelibus et subjectis quod, durante novitate premissa, ab eundo, mittendo vel conversando ad insulam antedictam abstineant, et ab omni favore et auxilio prorsus desistant; set pocius nobis et gentibus nostris favorabiles et propicios se prebeant. Potest enim vestra sapientia satis elicere quod novitas ipsa multum impedimenti posset afferre sancto vestro proposito, circa passagium ineundum, nisi, sicut firmam spem gerimus, velox ipsius reformatio subsequatur. Data die XI Octubris [3].

« mentio habetur in albo. Et hec littera « sigillata fuit sigillo marescallie Cipry, ac « proprio sigillo dicti militis contrasigillata, « ipso presente in camera compotorum Pa- « risius, anno Domini M°. CCC°. LXI°, X^a die « Februarii. N. de Villenis. »

[1] J'ai donné, dans le tome 1er des documents, p. 250, la lettre datée de Londres, le 24 novembre 1363, dans laquelle le roi de Chypre, à la nouvelle de la révolte de Candie, offrait au doge de passer dans l'île avec ses forces pour soumettre les insurgés.

[2] Ce manuscrit est une copie du XIVe siècle des lettres officielles des doges Laurent Celsi et Marc Cornaro, depuis le 25 mai 1363 jusqu'au 25 juin 1366. Il paraît avoir été exécuté à la chancellerie de Venise même, et porte pour titre : « Liber secretorum, sub illustri « et excelso domino domino Laurentio Celsi, « inclito Venetiarum duce, inceptus 1363, « indictione prima. »

[3] Des lettres à peu près semblables aux présentes furent adressées à tous les princes chrétiens de l'archipel et de la Méditerranée. Le registre renferme, fol. 31 v°, le texte de la dépêche écrite par le doge au baile de Chypre, en lui envoyant les lettres pour la reine de Chypre et le prince d'Antioche,

II.

Majestatis vestre litteras datas Calexii xx Octubris, super laudabili dispositione quam in nobilibus partium Francie, Alemanie et aliis regionibus invenistis ad servicium Dei quod intenditis, et deliberatione vestra veniendi Venecias pro transfretandi in mense Marcii proximi cum electorum nobili comitiva, grata mente recepimus; et de hiis et aliis que in augmentum fidei Christiane et honorem vestrum quomodolibet cederent multipliciter colletamur. Sed, quia excellentia vestra subjungit ut, ad afferendum subsidia et favores, juxta nostram promissionem, nos disponere debeamus, vestre celsitudini rescribimus quod, pridie, habito novo inoppinati eventus rebellionis insule nostre Crete, vestro cancellario[1] tunc Veneciis presente nobiscum illico casum ipsum vobis per nostras speciales litteras amicabiliter intimare decrevimus, volentes, sicut tenemini, nostra omnia participare vobiscum. Cum autem circa recuperationem ipsius insule totis viribus intendamus, et potentes exercitus maritimum et terrestrem parari faciamus, ad quos transvehendos, cum vitualibus et aliis apparatibus opportunis, necessaria nobis erunt tot navigia armata et disarmata, sicut vestra sapientia considerare potest, quod non videmus qualiter sola nostra navigia possint ad dictas expediciones sufficere, hec omnia vobis notificare curavimus, ut sciatis voluntatem et dispositionem quam ad sanctum passagium in nobis alias invenistis non deesse, sed promptiorem et ferventiorem in [nobis] fore, nisi nos hic inauditus casus astringeret, contingens tam medulitus statum nostrum. Speramus tamen in gratia Jhesu Christi et justitia quam fovemus, nec non in favore vestro et aliorum amicorum nostrorum, quod in brevi finem optatum in recuperationem ipsius insule consequemur. Quo facto, sicut alias vobis obtulimus, nos et communitatem nostram invenietis promptos et dispositos ad cuncta que possibilia nobis sint, pro felici executione vestri sancti propositi, velut qui singulari et ardenti desiderio afficimur ad ea que fidei exaltationem et honoris nostri vestri[2] respiciunt incrementum. Data xxviiii Novembris, secunde indictionis[3].

---

gouverneur du royaume. Le consul vénitien était probablement Pierre Justiniani, que le doge, sur l'avis du sénat, autorise par sa lettre du 2 septembre 1364, à rentrer à Venise, bien que son successeur ne fût pas encore arrivé en Chypre. Ms. fol. 123.

[1] Philippe de Maizières.
[2] Ainsi au Ms.
[3] Ces lettres furent envoyées en double copie au consul de la république en Flandre, afin que cet agent les expédiât au roi de Chypre par deux courriers différents.

1364, 29 janvier et 22 février. De Venise.

Extraits des lettres du doge de Venise au roi de Chypre au sujet de la révolte de l'île de Crète et du transport en Orient des chevaliers qui avaient pris les armes pour se joindre à la croisade du roi.

Florence. Bibl. Capponi. *Liber secretorum*, fol. 60 v° et 71 v°.

I.

Domino regi Cipri.

Nunc autem vestre celsitudini denotamus quod, die xiii^a hujus mensis, recepimus litteras a venerabile archiepiscopo Cretensi[1] et cancellario vestro[2] datas Cremone vi° mensis ejusdem, continentes qualiter accedebant Bononiam pro consumanda pace inter ecclesiam et dominum Bernabovem[3] per vos et vestro nomine feliciter procurata, inde venturi Venecias, ad passagium inveniendum pro vobis et nobilibus in proximum venturis vobiscum; quodque comitem Sabaudie[4], pro sancto passagio facientem non modicum apparatum, invenerant dispositum cum suis gentibus primo et ante omnia velle contra rebelles nostros Cretenses procedere, et inde suum continuare passagium; subjungentes et magnis nos instanciis exorantes ut taliter provideremus quod vestrum sanctum passagium adimpleri posset. Nos autem, multa perplexitate coacti, hinc nos recuperatione supradicte insule pro statu nostro et etiam pro passagio ipso prorsus necessitate stimulante, inde pii operis reverentia vestrique amoris vinculo impellente, tandem, Christi nomine invocato, deliberavimus et sic eis respondimus : Quod licet jam soldaverimus et paraverimus exercitum nostrum terrestrem equitum mille et peditum duorum millium, et usserios ac navigia necessaria pro eisdem, tamen, pro reverencia Dei et amore vestro, parati eramus expectare usque medietatem mensis Marcii proximi; et si possent solicitare et facere quod de gentibus dicti comitis Sabaudie, vel aliis gentibus dispositis ad passagium, essent usque dictum terminum Veneciis in numero sufficienti, cum armis, equis et furnimentis suis, parati eramus cum illis navigiis in quibus

---

[1] Pierre de Thomas, patriarche de Constantinople, légat apostolique. Voy. le tom. Ier de nos documents, p. 281, n. 282.

[2] Philippe de Maizières.

[3] Voy. tom. Ier, p. 282.

[4] Dans une lettre que l'archevêque de Crète et le chancelier de Chypre écrivirent en commun au roi de Hongrie, au mois de mars 1364, pour lui faire connaître les dispositions favorables témoignées par le doge dans sa lettre au roi de Chypre, du 22 février précédent, il est aussi parlé des préparatifs du comte de Savoie pour se joindre à la croisade du roi de Chypre. Ms. fol. 74 v°.

transfretare debuisset noster exercitus, ipsos in Cretam conducere[1], ubi intendere nobiscum deberent, ut offerunt, ad recuperandum statum et dominium nostrum ibi; quo facto, quod cum Dei gracia cito et faciliter futurum speramus, ipsos conduci faciemus in Cyprum, vel alio quo voluerint, pro passagio supradicto; et nichilominus vos et alii nobiles subsequenter venturi Venecias invenire et haberi poteritis postea, de tempore in tempus, de aliis navigiis pro passagio vestro. Data xxviii Januarii, secunde indictionis.

II.

Post alias litteras majestati vestre pridie per nos scriptas, sub data xix Januarii, et postea replicatas, fuerunt ad nostram presentiam venerabiles domini archiepiscopus Cretensis et cancellarius vester, cum quibus super multis et multis collatione habita, tandem ipsis petentibus a nobis pro parte vestra passagium pro ii^m equitibus, eisdem respondimus in hac forma : Quod, ob reverentia Dei et Sedis Apostolice, et singularem vestre persone intuitum et amorem, non habentes respectum ullum ad necessitates nobis incumbentes, satis notorias, contenti sumus requisitioni vestre complacere illariter et libenter. Et ut nostra bona voluntas appareat evidenter, parati sumus de tota summa equorum et gentium que in presenti transibunt vobiscum usque ad quantitatem ii^m, sicut dixerunt, vel abinde infra, si pauciores transirent, facere levari de partibus Otranti medietatem, usque medietatem mensis Junii proximi, salvo justo impedimento, et ipsos cum eorum armis et victualibus opportunis, pro equis, pro viagio et pro tribus mensibus, pro personis, facere transduci et deponi ad terras infidelium, contra quas est indictum passagium, ubi vobis melius placuerit, absque solutione alicujus nabuli. Pro reliqua vero medietate gentium et equorum et aliorum necessariorum, diximus quod ipsi possent naulizare de nostris navigiis sicut eis placeret ; quare parati essemus

---

[1] Le 28 janvier 1364, le doge écrivait à Pierre de Thomas et à Philippe de Maizières, pour que mille croisés vinssent à Venise et pussent passer ensuite dans l'île de Crète, qu'il importait avant tout de soumettre : « Domino archiepiscopo Cretensi et cancella- « rio domini regis Cipri. Receptis litteris « vestris et providi viri Desiderati, notarii « nostri, datis Bononie die 24 Januarii, qui- « bus plene intellectis, rescribimus dilectioni « vestre quod, examinata conditione status « nostri, sumus contenti et placet nobis quod « detis ordinem quod, ad terminum nobis « dictum per ipsum Dexideratum, scilicet « usque medietatem mensis Marcii proximi, « veniant usque mille equites de gentibus « passagii pro eundo ad partes Crete, pro « recuperatione insule nostre, tantum neces- « sarie passagio supradicto, et non ultra, « quare non habemus navigia parata ad pre- « sens pro majori quantitate. Data 28 Janua- « rii, secunde indictionis. » Ms. fol. 64.

eciam in eo dare sibi omne consilium et favorem possibilem. De aliquibus autem galeis quas petierunt posse armare in Veneciis vestris expensis, pro transitu vestro et baronum venturorum vobiscum, respondimus eis quod, licet gentes nostre essent nobis plurimum opportune, sicut considerari potest, tamen, amore vestri, contenti eramus ut armari possent usque tres vel quatuor galee sicut petebant. Hec autem vestre serenitati denotare curavimus, ut de nostra dispositione et voluntate vestra excellentia sit plenius informata, et ut vos etiam de vestro proposito et intencione sic ad tempus nos certos reddatis quod, pro parte vestra et nostra, possit in agendis tempore et ordine debito provideri. Data xxii Februarii, iie indictionis.

[1364, 26 février. De Venise.

Le doge écrit au pape Urbain V que la république de Venise, nonobstant les difficultés au milieu desquelles elle se trouve par suite de la révolte des Candiotes, est disposé à faire tout ce qui lui sera possible pour faciliter le transport en Orient des hommes d'armes qui se sont croisés avec le roi de Chypre.

Florence. Bibl. Capponi. *Liber secretorum*, fol. 72.

Sanctissimo domino pape.

Postquam sanctitati vestre, ego meaque communitas, pridie scripserimus casum rebellionis insule nostre Crete, et quod, intenti ad recuperationem ipsius, dubitabamus non posse circa facta passagii attendere sicut fuerat votum nostrum, reverendus in Christo pater dominus [Petrus], archiepiscopus Cretensis et egregius miles dominus Philippus de Mazeriis, cancellarius domini regis Cipri, pace Lombardie prius per eos feliciter consumata, de mense presenti februarii Venecias accesserunt, multa magnaque nobis referentes de immensa benignitate et singularissima caritate quam ad hanc communitatem nostram clemencia vestra gerit; quod quidem cum hactenus multis rerum argumentis cognoverimus, et cotidie in melius cognoscimus, non habentes inde dignis graciis tanto beneficio satisfacere valeamus, oramus eum qui est plenus omnium retributor quod, insufficienciam nostram supplens, vobis in presenti vita letos successus accumulet, et in futura beatitudinem glorie sempiterne. Subsequenter, predicti viri laudabiles, vereque laudabiles et magno digni toto orbe preconio, qui tam ferventer pro hoc pio servicio laborarunt et indefesse laborare non desinunt, narraverunt nobis zelum quem habet sanctitas vestra ad istud sanctum passagium prosequendum, requirentes, pro parte vestra et domini regis predicti, ut navigia pro transitu ii^m equitum, cum ipso rege iturorum in proximo, habere possent a nobis suis sumptibus et expensis. Nos autem in multa perplexitate positi, ex una parte cogente nos recuperatione dicte insule nostre nedum statui nostro, sed etiam passagio plurimum opportune, ex altera vestra reverentia et dicti regis amore nos nimium attrahente, tandem, rejectis cunctis necessitatibus nostris, que multe magneque sunt sicut extat notorium, deliberavimus, Spiritus sancti gratia invocata, ob reverentiam Dei et ecclesie sue sancte, vestreque persone intuitum specialem et amorem regis ipsius, utique honorabilis et precordialis amici nostri, requisitionibus vestris et suis complacere ylariter et libenter, nedum in eo quod petebant, sed ultra, ut mundus totus ex hoc capere possit exemplum hoc pium et sanctum propositum ferventius adjuvandi[1]. Data xxvi Februarii, secunde indictionis.

1364, 24 décembre. A Venise.

Instructions du doge Laurent Celsi à François Bembo et Zacharie Contarini, chargés de se rendre comme ambassadeurs auprès du doge de Gênes pour contribuer au rétablissement de la paix entre la république de Gênes et le roi de Chypre[1].

Florence. Bibl. Capponi. *Liber secretorum*, fol. 133.

Nos, Laurencius Celsi, Dei gracia dux Veneciarum, etc., comittimus vobis nobilibus viris, Francisco Bembo et Çacharie Contareno, dilectis civibus et fidelibus nostris, quod, occasione discensionis et discordie que dicitur orta esse inter serenissimum dominum Petrum, Dei gratia regem Cipri et Jerusalem, ex una parte, et dominum ducem et commune Janue, ex altera, ire debeatis in nostros ambaxatores solennes ad prefatum dominum ducem et commune; quibus, facta salutatione decenti, exponatis quod, dolentes in intimis de dicta discordia, propter singularem benivolenciam et amorem quem ad utramque partem gerimus et habemus, ac considerantes

---

[1] Le doge fait ensuite connaître au pape les dispositions qu'il annonçait au roi de Chypre dans sa lettre du 22 février, imprimée ci-dessus. Caroldo s'est assez longtemps arrêté au premier voyage du roi de Chypre en Europe, et a rappelé sa correspondance avec le doge de Venise : «In Paris, il re di «Cipro hebbe lettere dalla ducal signoria «delle offerte che quella gli faceva di prove-«der per il passaggio di cavalli 2^m per il mese «di zugno, alla qual sua maestà fece riposta «alli 16 Febraro 1364, ringratiandola, ma «che non la si potrebbe trovar a Venetia sino al «mese di Agosto, per cagione della morte del «re di Franza.» Ms. de Florence, fol. 365 v°. Jean-Jacques Caroldo, secrétaire du conseil des Dix, a écrit au commencement du xvie siècle une histoire de Venise, sur d'anciennes relations. Les deux Ms. de sa chronique que je connais, l'un à Paris (Bibl. Imp. n° 9959-3), et l'autre à Florence (Bibl. Capponi, n° 140), s'arrêtent à l'an 1382.

[2] La paix fut enfin conclue entre le roi et la république par le traité du 18 avril 1365, que j'ai donné dans le tom. Ier des documents, p. 254.

quanta mala atque danna, si novitates predicte procederent, sequi possent in dannum et jacturam utriusque partis, ac optantes summopere quod inter eos sequi possit bonum regratiacionis[1] et pacis, elegimus et misimus vos ad eos, ad offerrendum, pro parte nostra, nos interponere, procurare et facere toto posse pro bono pacis et concordii supradicti, cum hiis et aliis verbis decentibus que vobis circa hoc, pro honore nostro et bono negocii, utilia videbuntur. Et dabitis operam de senciendo et trahendo ab eis quicquid poteritis de causis discordie et differencie predictarum, ac de intencionibus et disposicionibus ipsorum; et interponetis vos et tractetis et operemini quecumque poteritis pro bono concordii supradicti.

Preterea, quare de juribus prefati domini regis et intencione sua estis plenius informati, non videmus quod super hoc aliam informacionem, ultra suam, dare valeamus vobis, nisi quod de vestra providencia confidenter relinquimus in libertate vestra, secundum ea que inveneritis et habueritis, tractandi et procurandi totum id quod poteritis cum honore nostro, inter partes predictas, ut ad pacem et concordiam perveniant, ut optamus.

De reddeundo autem Venecias, ambo vel alter vestrum, seu remanendo, vel scribendo, relinquimus in libertate vestra disponendi et faciendi in iis prout pro honore nostro et votivo fine negociorum vobis commissorum discretioni vestre melius videbitur. Et non potestis ullo modo tractare de recipiendo vel habendo, per vos vel alios, provisionem, vel donum, aut gratiam ab ipsis dominis, vel communibus, ad quos pro ambaxatoribus mittimini, sub pena dupli ejus quod deberetis accipere vel habere, seu, si receperetis contra id quod dictum est, et essendi extra omnia officia, regimina et consilia, per quinque annos. Potestis expendere omni die, in omnibus expensis quomodocumque occurentibus, ducatos quinque pro quolibet, et habere unum notarium cum uno famulo, unum expensatorem, unum chochum et famulos quatuor pro quolibet. Tenemini videre omni die vel omni tercia die ad longius omnes expensas per vestrum expensatorem factas, et ipsas vestra manu summare.

Insuper, quare multe violencie, novitates et injurie facte sunt et cottidie fiunt nostris civibus et fidelibus per potestatem Peyre[2], sicut continetur in litteris nostrorum bajuli et consiliariorum Constantinopolis et querela nostrorum civium, quorum copiam vobis fecimus exhiberi, committimus vobis quod, expedito primo et importanti fine negociis principalibus pro quibus vaditis, de ipsis violenciis, novitatibus et injuriis faciatis exposicionem

---

[1] Au Ms. *regaliacionis*. — [2] Le podesta génois de Péra, à Constantinople.

domino duci et suo consilio, aggravando eas sicut videritis convenire, et rogantes ipsos quatenus, cum dicte violencie, novitates et injurie sunt insolite et contra bonum utriusque partis, et quod non dubitamus sibi displicere, placeat scribere et mandare dicto suo potestati et officialibus suis quod novitates predicte removeantur et debite reformentur, et quod ablata restituantur predicto nostro bajulo et consiliariis; et quod similia in posterum non occurrant, et quod nostri tractentur per suos favorabiliter et benigne, sicut per nos tractati sunt et tractantur sui. Et procuretis super hoc habere litteras a predicto domino duce et commune duplicatas pro predictis que dirrigantur potestati suo predicto, quas vobiscum aportetis, ut eas mittere valeamus.

Jurastis honorem et proficuum Veneciarum, eundo, stando et reddeundo.

Data in nostro ducali palacio, die xxiiii° Decembris, tercie indictionis.

1365, 25 juin. De Venise.

Le doge de Venise charge les ambassadeurs de la seigneurie résidant à Avignon de se plaindre au pape de ce que, dans une question concernant le droit d'envoyer quarante vaisseaux marchands dans les états du sultan d'Égypte, droit acheté par la république du vicomte de Turenne, un auditeur apostolique veut procéder contre la république au nom des ayants cause du vicomte de Turenne pour obtenir le solde du prix d'achat de cette permission, bien que la république n'ait pu envoyer que six galères au pays des Sarrasins, par suite de la défense de commercer avec les infidèles prononcée par le pape Innocent VI, et bien que la seigneurie ait accepté pour terminer ce différend l'arbitrage amical du souverain pontife.

Florence. Bibl. Capponi. *Liber secretorum*, fol. 156 v°.

Raphaino[1], et in ejus absentia Neapoleoni.

Sicut scitis, sub anno Domini mccc...[2], nomine nostri communis, empta fuit in Avinione a quodam Stephano de Batuto, procuratore vicecomitis Turenensis et uxoris sue, quedam gratia de xxx galeis et x navibus mittendis ad terras soldani, olim eis concessa per felicis memorie papam Clementem VI, pro precio ducatorum xii^m solvendorum in certis terminis, de quibus solvimus ducatos iii^m. De ipsa vero gratia nusquam usi fuimus nisi vi galeis, quare antequam possemus uti reliquis, dominus papa Innocentius hanc et omnes alias hujusmodi gratias revocavit. Subsequenter, te, Raphaino, in curia extante, dum domini[3] Tutellensis[4] et Bellifortis[5] nobis scripsissent pro

[1] Raphain Caresino, chancelier de la république et continuateur de la chronique de Dandolo.
[2] Lacune au Ms.
[3] Au Ms. *dominus*.
[4] Probablement l'évêque de Tulle, alors Laurent d'Albiac.
[5] Sans doute le cardinal de Beaufort, qui devint pape en 1370 sous le nom de Grégoire XI.

solutione residue pecunie, tuque eis fecisses pro parte nostra responsum quod nec de equitate nec de honestate tenebamur ad eam, ymo remanebamus de dicta gratia valde lesi, ipsi procurarunt apud dominum papam Innocentium predictum in recompensationem dicte gratie revocate quod dicto vicecomiti et uxori sue facta fuit gratia de quatuor navibus ad viagium antedictum, et fuerunt in tractatu tecum vendendi tibi ipsas naves pro certo pretio et quictandi te de pecunia prime gratie, sicut hec omnia utrique nostrum notoria satis sunt; nunc vero ipse comes venit Venecias, requirens a nobis viii^m ducatos pro residuo solutionis prime gratie, et subjungens quod si nobis placebat erat contentus ubicumque nobis melius videretur quod res ista cognosceretur. Nos vero, confidentes in sanctitate et equitate domini nostri pape, et non dubitantes quod ejus petitio sibi videbitur inhonesta, respondimus quod contenti eramus quod ipse dominus papa solus, et non alii ullo modo, audiret jus suum et nostrum, et tanquam mediator et amicabilis compositor provideret et deliberaret id quod sibi justum et honestum videretur. De qua responsione ipse remansit contentus et acquievit ac consensit, sicut superius dictum est. Post que videtur quod ipse presentavit vicario episcopi Castellani quasdam litteras cujusdam auditoris domini pape per quas ipse auditor videtur precipere eidem vicario quod pro hoc facto nos citare debeat quod in xlv dies a citatione numerandos per nos vel procuratorem nostrum compareamus coram eo. De quarum litterarum missione et presentatione facta per istum, rebus extantibus in terminis quos supra diximus, multum mirati et gravati sumus; et videtur nobis quod dominus noster papa ad magnam sibi debet injuriam reputare, postquam fueramus contenti et ipse etiam stare determinationi sue, quod ipse presumpserit has litteras presentare, dato quod, nec per dictum vicarium neque per alios, aliqua citatio nobis hucusque facta fuerit.

Et propterea volumus quod, quanto citius esse poterit, de predictis omnibus eidem domino pape, dominis Avinionensi et Tolosano, et aliis qui vobis videbuntur consciam faciatis, et procuretis quod eidem auditori imponatur et precipiatur, sicut justum est, quod, postquam nos et ipse reliquimus factum istud in dispositione domini nostri pape, ipse auditor vel aliquis alius de facto ipso se ulterius non intromittat nec ullam faciat novitatem.

Data xxv Junii, tercie indictionis.

1365, 26 et 27 juin. De Venise.

Extrait des lettres du doge au capitaine du golfe de Venise, chargé de faire suivre en mer l'armée du roi de Chypre partout où elle irait, et de notifier sans retard à la seigneurie le lieu où débarquerait le roi, ce qu'il aurait entrepris, et, autant que possible, ce qu'il se proposait de faire.

Florence. Bibl. Capponi. *Liber secretorum*, fol. 154, 155, 159 v°.

I.

Capitaneo culphy [1].

Per nos et nostra consilia, minus, rogatorum, et XL [2] et additionem, captum est, et sic vobis mandamus, quod tres ex galeis culphy, vobis commissis, associent dominum regem Cipri vel usque Rodum, vel usque Sataliam, ad quem istorum locorum sibi magis placuerit, ita tamen quod, ipso statim applicato ad locum ad quem ire voluerit, illico ipso in terram deposito, ipse nostre galee inde recedant et veniant ad faciendum ea que debent.

Insuper, quare dominus rex presens instanter peciit a nobis quod in via sua, antequam applicet ad aliquem dictorum loquorum, si sentiret aliqua nova dubiosa de partibus Crete vel Romanie tangentia statum nostrum, quod sit in libertate sua, quando sibi videbitur, licentiandi dictas galeas, et faciendi de eis sicut sibi utile et melius videbitur, complacuimus de hoc majestati sue, et volumus quod hoc remaneat in arbitrio suo; verum volumus quod, occurrente dicto casu, faciatis nichilominus fieri toto posse vestro quod galee nostre predicte associent eum usque Rodum, et facta experiencia possibili, si pur vellet etiam licentiare galeas predictas pro bono status nostri, sitis de hoc contenti. Data XXVI Junii [3].

II.

Quia, per nova que habentur de partibus Romanie et Turchie, dubitandum est de galeis nostris Romanie, mandamus vobis cum nostris consiliis, minore, rogatorum, XL et additione, quod, associato domino rege Cipri secundum formam partium captarum et missarum vobis super hoc, vel licentiato ab ipso domino rege, statim, accellerando viam vestram quantum plus poteritis, cum galeis vestris, excepta galea ser Nicolai Polani, cui de-

---

[1] Probablement André Zane, qui était capitaine du golfe en 1364. Ms. fol. 95.
[2] La Quarantie ou conseil des Quarante.
[3] Avis de cette décision fut donné le même jour au duc et aux provéditeurs de Crète.

dimus intencionem nostram[1], venire debeatis usque Mothonum vel usque infra ad inveniendum galeas nostras Romanie. Data xxvii Junii, tercie indictionis.

III.

Quia avidi sumus continuo scire et informati esse de progressibus domini regis Cipri, qui hodie mane recessit de Veneciis[2], et ad quem locum descendere et ire velit, et cum qua intencione, mandamus vobis, cum nostris consiliis, minore, rogatorum, et xl ac additione, quatenus de die in diem, et de tempore in tempus, nos continuo informare debeatis de progressibus dicti domini regis, et ad quem locum vel loca descendat et iverit cum gente sua, et de intencione ejus, ut simus de predictis informati ad plenum; notificando vobis quod ordinavimus et mandavimus duche, consiliariis et provisoribus nostris Crete et castellanis nostris Coroni et Mothoni, quod post vos mittant duo ligna vel griparias, que semper vos cauto et dextro modo sequantur, occasione predicta; et quod galedelus[3] Candide[4], statim descenso domino rege in terra cum gente sua, recedat et veniat ad nos, informatus de omnibus; et quod galedelus Mothoni et Coroni remaneat, et stet ad videndum qualiter procedent et prosperabunt facta ipsius domini regis, et postea statim ad nos redeat et veniat de omnibus informatus. Que vobis pro vestra informacione curavimus denotare. Data xxvii Junii, tercie indictionis.

1365, 3 juillet. De Venise.

Le sénat charge les provéditeurs de Crète, dans le cas où le roi de Chypre irait attaquer quelque partie de la Turquie en paix avec les Vénitiens, de donner avis à l'émir du pays, de même qu'aux Turcs employés au service de la seigneurie en Crète, que cette expédition a lieu sans le consentement de la république.

Florence. Bibl. Capponi. *Liber secretorum*, fol. 159 v°.

Jacobo Bragadino et sociis provisoribus Crete.

Quia posset occurrere quod dominus rex Cipri iret ad feriendum cum suo

---

[1] Polano était sopracomis général du golfe sous les ordres du capitaine. Le sénat le chargeait, après avoir accompagné le roi de Chypre avec la grosse galère qu'il montait, d'aller prendre en Crète une galère légère et de rejoindre au plus tôt le capitaine du golfe et les galères de Romanie. Ms. *Lib. Secret.* fol. 154 et v°.

[2] Nous trouvons ici la justification de ce que nous avions dit sur l'époque du départ du roi de Chypre. Machaut met l'embarquement de Pierre Ier au mois de mai; nous avions pensé que le roi ne prit la mer qu'à la fin de juin. Tom. Ier, pag. 241, n.

[3] Petit navire ou aviso.

[4] De la ville de Candie.

exercitu ad partes Turchie, in locis cum quibus habemus pacta de novo pro bono insule nostre Crete, et utile sit habere provisionem super hoc, ut, occurrente dicto casu, sinistrum aliquod non occurrat factis nostris, reducimus vobis ad memoriam, cum nostris consiliis, minori, rogatorum, et XL et additione, quod videretur nobis bonum et utile, si sentiretis ipsum dominum regem ferivisse vel dampnificasse aliquem locum vel loca Turchie de predictis cum quibus habemus pacta, quod statim mittetis ad illum dominum vel dominos Turchie cum illis bonis verbis que vobis viderentur, ad excusandum nos, et ad dandum intelligi quod hoc non sit de conscia vel scitu nostro; et quod similia verba etiam dicerentur illis Turchis qui essent ad nostrum servitium in partibus Crete. Sed nichilominus, quia estis presentes factis, relinquimus hoc in libertate vestra, cum simus satis certi quod, occurrente ipso casu, providebitis ita et taliter quod erit securitas et bonum agendorum nostrorum. Data die tercio mensis Julii, tercie indictionis.

1366, 29 janvier. De Venise.

Lettre de crédit du doge de Venise autorisant François Bembo et Pierre Soranzo, ambassadeurs de la république envoyés au sultan d'Égypte, à emprunter en tout lieu et de toutes personnes les sommes qui leur seront nécessaires.

Florence. Bibl. Capponi. *Liber secretorum*, fol. 182.

Littera aperta pro ambaxiatoribus ad soldanum.

Marcus Cornario, Dei gratia, dux Veneciarum, etc.; universis et singulis presentes litteras inspecturis notum fieri volumus per presentes quod plenam potestatem damus et concedimus, presencium per tenorem, nobilibus et sapientibus viris, Francisco Bembo et Petro Superantio, civibus et fidelibus nostris dilectis, ac ambaxiatoribus nostris solemnibus ad partes Alexandrie, possendi recipere mutuo, per cambium et ad presam et per quemcumque alium modum, super nostrum commune, pecuniam in illa quantitate seu quantitatibus et semel et pluries, sicut eis videbitur, a quibuscumque personis; promittentes facere reddi et solvi per nostrum commune ad terminos conventos illam pecuniam quam per dictum modum receperint. In premissorum autem fidem et evidentiam pleniorem presentes litteras nostras fieri mandavimus et bulla nostra pendente plumbea communiri. Data die xxviii° Januarii, quarte indictionis, MCCCLXV°.

1366, 6, 14 et 25 juin. De Venise.

Extraits des dépêches du sénat de Venise aux ambassadeurs de la république auprès du saint-siége, concernant le nouveau traité conclu par la république avec le sultan d'Égypte, les efforts de la seigneurie pour hâter la conclusion de la paix entre le sultan, le roi de Chypre et l'ordre de Rhodes, enfin la nécessité pressante d'obtenir du souverain pontife l'autorisation de commercer avec les états du sultan d'Égypte.

Florence, Bibl. Capponi. *Liber secretorum*, fol. 185 v°, 187, 188.

I.

Ambaxatoribus ad dominum papam.

Significamus vobis, ad consolationem vestram, quod nuper recepimus litteras ab ambaxatoribus nostris missis ad soldanum, facientes mencionem de concordio facto inter nos et ipsum, sicut in copia litterarum ipsarum, quam pro informacione vestra mittimus hic inclusam, plenius continetur. Quare committimus vobis, cum nostris consiliis, minore, rogatorum, et XL ac additione, quatenus, informantes de novis predictis dominum papam et cardinales et alios qui vobis videbuntur, per illum modum et sicut sapientie vestre videbitur esse melius pro factis nostris, debeatis toto posse vestro procurare amodo expedicionem vestram et intencionem nostram, que est quod possimus navigare ad partes Alexandrie et alias terras soldano subjectas, sicut omnino requirit condicio status nostri. Ultra predicta, ad habundantem cautelam, et quare non potest obesse, sed prodesse, ordinatum est per dicta nostra consilia de scribendo domino nostro pape substantialiter et sub brevitate novum predictum habitum ab ambaxatoribus nostris predictis, sicut in copia litterarum predictarum quam mittimus domino pape hic inclusam plenius continetur. Et volumus, et sic terminatum est per dicta nostra consilia, quod sit in vestra libertate presentandi dictas litteras ipsi domino pape vel non presentandi, sicut vobis melius et utilius apparebit.

Reddimus etiam vos previsos in casu quo dominus papa vel aliquis ex cardinalibus vobis deputatis dicerent de volendo differre adhuc et prestollari pro senciendo de factis regis Cipri et quid secutum est de eo, quod respondeatis et dicatis quod nostri ambaxatores missi ad soldanum, facto nostro concordio, statim et sine mora iverunt ad regem Cipri predictum pro concordando eum cum soldano, et quod non dubitamus quod concordium sequatur inter eos, attento quod istud specialiter procedit de voluntate et beneplacito soldani; et dicere quod nos deberemus prestollari, et tali modo sinistrare statum nostrum, non esset aliud dicendum nisi quod perderemus navigare ad illas partes pro anno presenti cum notabili damno tocius terre nostre, quod dominus papa nec domini cardinales velle deberent de nobis, devotissimis ecclesie sancte Dei et singularibus amatoribus summe benignitatis sue. Et subjungetis quod concordium predictum amodo est in manibus domini regis Cipri predicti, nec defficiet nisi pro eo, sicut in copia litterarum ambaxiatorum nostrorum predictorum plenius denotatur. Et notificabitis etiam qualiter non sentimus quod ambaxiata regis Cipri vel illorum de Rodo sit ventura ad curiam Romanam.

Si vero de illis de Rodo ulla mencio vobis fierit, dicatis et respondeatis quod per ea que clare et manifeste habuimus ab ambaxatoribus nostris predictis et a consule nostro Alexandrie, qui fuit in Rodo veniendo modo Venecias, disposicio soldani et illorum de Rodo similiter est optima ad concordium, et quod non dubitamus quod, cum gratia Dei, illi etiam de Rodo includentur in concordio predicto.

Et si de pactis que fecimus cum soldano vobis amplius ulla mencio fieret, respondeatis cum illis verbis que vobis utilia videbuntur quod ipsa pacta sunt pacta sollicita fieri et optineri per nos temporibus preteritis, in quibus nichil aliud continetur nisi quantum et quod solvere debemus in mercationibus nostris in partibus antedictis. Et si pur dominus papa et cardinales vellent certificari de hoc, et videre ipsa pacta, debeatis illa sibi monstrare, sicut in copia ipsorum pactorum hic inclusa videbitis contineri. Et si nostram intencionem, cum Dei gratia, obtinebitis, ut speramus, reddeatis Venecias quanto cicius esse poterit, facta primo recommendacione de nobis et statu nostro domino pape et cardinalibus. Si vero nostram intencionem obtinere non possetis aliqua de causa vel aliquo deffectu, scribatis expedite in quo casu remanebunt servicia nostra et nostrum consilium, et expectetis nostrum mandatum. Super omnia oneramus vobis quantum plus possumus quatenus, si obtinebitis nostram intencionem, statim et presenti scribatis nobis omnia per plures manus et nuncios confidentes, ut non perdamus tempus in factis nostris. Andream, notarium nostrum, misimus in cetero servicio nostro per paucos dies, qui venire nequivit cum presenti mandato nostro. Data die sexto Junii, iv^e indictionis.

II.

Ambaxatoribus nostris in curia Romana.

Scripsistis nobis, vos, Marinus Venerio et Johannes Fuscarenus, quod vestre oppinionis erat quod totum impedimentum quod habuistis in curia

Romana super factis nostris, fuit occasione litterarum missarum in curiam per magistrum Guidonem[1] olim medicum regis Cipri; quare cum hic eciam vulgaricetur quod per alios etiam scripta fuerunt aliqua in curia Romana que similiter fuerunt causa impedimenti vestri, mandamus vobis, cum nostris consiliis, minore, rogatorum, et XL, quatenus de omnibus predictis qui scripserunt in curiam contra honorem nostrum et expeditionem vestram, et specialiter ad quorum peticionem scripte fuerunt prime littere misse nobis per dominum nostrum papam, in quibus continebatur quod aliquem tractatum non faceremus cum soldano, nec observaremus, si factum esset absque licentia Sedis Apostolice, etc.[2], vos per omnem modum quo poteritis, informetis et nobis rescribatis quanto citius esse poterit, ut superinde providere possimus, prout exiget honor noster. Data die 14 Junii, 4ᵉ indictionis.

III.

Littera missa ambaxatoribus ad dominum papam.

Sicut amodo scire potuistis, pridie, habito novo Alexandria ab ambaxatoribus nostris missis ad soldanum, statim, sine mora et per nuncium proprium, et postea per providum virum Andream, notarium nostrum, vobis scripsimus ordinate omnia que habuimus et intencionem nostram. Et licet certi simus quod amodo negocia nostra obtinuerunt bonum effectum, considerata bona dispositione soldani ad concordium, et quod in manibus domini regis Cipri pendit solum concordium antedictum, nec potest defficere nisi pro eo, tamen, ad habundantem cautelam et pro danda responsione ad ultimas litteras vestras nobis missas, datas 29 Maii, scribimus et mandamus vobis, cum nostris consiliis, minore, rogatorum, XL et additione, quatenus, per omnem modum et viam que vobis melior videbitur et expedicior, qui estis presentes factis nostris, procuretis toto posse vestro de obtinendo quod possimus navigare ad terras et partes subjectas soldano, cum beneplacito ad minus domini pape; et hoc obtento, Venecias reddeatis quanto citius esse poterit, facta primo recommendatione de nobis et statu nostro domino pape et cardinalibus, habentibus vobis respectum de non faciendo aliquam obligationem que posset esse causa turbandi intentionem nostram predictam. Licet alias vobis scripserimus ad plenum quod non senciebamus ambaxiatam domini regis Cipri nec illorum de Rodo esse venturam ad curiam Romanam, tamen, ad cautelam, iterum denotamus quod postea nullatenus potuit presentiri quod aliqua dictarum partium sit missura

---

[1] Guy de Bagneul. Voy. notre t. Iᵉʳ, p. 254, n. — [2] Ainsi au Ms.

ambaxiatam ad curiam Romanam; de quo suo loco et tempore poteritis informare dominum papam et alios qui vobis videbuntur pro bono agendorum nostrorum et expedicione vestra. Informamus etiam vos quod, licet soldanus sit optime dispositus ad concordium, et quod in manibus domini regis Cipri pendeat totum factum, ut dictum est, tamen nostra intencio est, sicut bene incepimus, ita continue perseverare et procurare toto posse nostro quod concordium sit inter dictum regem, illos de Rodo et soldanum, et circa hoc laborare et facere quicquid boni poterimus pro bono partium predictarum; de quo etiam poteritis informare dominum papam et alios, sicut vobis melius videbitur pro factis nostris et expedicione vestra. Solicitamus etiam vos quantum plus possumus quatinus solicite nobis scribatis et de presenti omnia que sequentur per plures manus, ut de omnibus plenam noticiam habeamus. Data die xxv Junii, 4ᵉ indictionis.

1368, 29 mai. De Montefiascone.

<small>Urbain V, ayant appris du roi Pierre de Lusignan qu'un grand nombre d'habitants de la ville de Nicosie, nobles et bourgeois, au mépris des droits de l'église métropolitaine, faisaient baptiser leurs enfants, célébrer les mariages et les offices divins dans l'intérieur de leurs maisons; étant informé, en outre, que beaucoup de femmes latines de toute condition fréquentaient les églises grecques et suivaient dans leurs dévotions le rit des Grecs, charge l'archevêque de Nicosie de s'opposer sévèrement à ces abus, tout en respectant les priviléges accordés aux chapelles particulières pourvues de prêtres et de dotations suffisantes.</small>

<small>Venise. Cartulaire de Sainte-Sophie, n° 131.</small>

Urbanus, episcopus, servus servorum Dei, venerabili fratri archiepiscopo Nicosiensi, salutem et apostolicam benedictionem.

Gravis procul dubio excessus est et oportuno discipline remedio cohercendus noxios abusus inducere, et non levis est culpa nec impunitati aut silentio relinquenda laude dignas consuetudines et observantias pretermittere salutares. Sane nuper, carissimo in Christo filio nostro Petro, Cipri rege illustri, nobis expositione querula referente, non sine materia meroris accepimus quod, licet ad Nicosiensem ecclesiam metropoliticam preditam dignitate reges Cipri qui fuerunt pro tempore aliique de domo regia eorundem, omnesque catholici christicole de civitate Nicosiensi pro divinis audiendis officiis dominicis et festivis diebus, pro ecclesiasticis sacramentis, personaliter ire aut mittere consueverunt, in casibus opportunis, processiones etiam ad eam fieri solitas sequi devote, ecclesiam ipsam sacramentalem eorum matrem debite honorando, prout etiam adhuc per dictum regem et ejus domum atque familiam, more catholico ac laudabili, observatur; tamen, proh dolor! instigante diabolo, quamplures barones, milites et burgenses in dicta civitate morantes, orthodoxe fidei professores utinam, venerabilem hujusmodi laudabilem consuetudinem transgredi non verendo, eorum filios et filias in suis propriis et prophanis domibus faciunt baptizari, matrimoniorum solemnizari contractus, et in domibus ipsis eorumque cameris missas et alia officia divina celebrari, dictam ecclesiam diebus dominicis et festivis quasi orbatam spiritualibus filiis et vacuam relinquendo; quodque magna pars nobilium et plebearum mulierum de civitate prefata, fidem catholicam, quam voce profitentur, contrariis moribus et operibus impugnando, Grecorum et scismaticorum frequentant ecclesias, juxta eorum dissonum a Romane ecclesie forma ritum, in eisdem ecclesiis audiendo divina, in prejudicium et eversionem sepe dicte fidei et fidelium consistentium in partibus Orientis. Quare, pro parte dicti regis, nobis fuit humiliter supplicatum ut providere super hiis paterna diligentia curaremus. Nos igitur, cupientes morbos hujusmodi, ne perniciose ulterius serpere valeant, congruis antidotis subveniri, fraternitati tue, in virtute sancte obedientie et sub excomunicationis pena, tenore presentium, districte[1] precipiendo, mandamus quatinus omnes et singulas utriusque sexus personas de predicta et aliis civitatibus regni Cipri aut eorum districtibus constitutas, que catholice fidei professionem censentur, a prefatis abusibus, quantum cum Deo poteris, retrahere et revocare procures; penam canonicis sanctionibus constitutam vel aliam tue discretionis arbitrio imponendo[2], regis Cipri pro tempore existentis auxilio ad hoc, si opus fuerit, invocato; easque compelles ut suas ecclesias pro divinorum auditione ac pro ecclesiasticis sacramentis in opportunis casibus adeant, [et] ad illas recurrant; ita tamen quod rex prefatus, domus ejus et quidam de prefato regno Cipri barones, capellas solemnes habentes, sufficienter dotatas et sacerdotibus fulcitas[3], secundum tue prefate discretionis arbitrium[4], missam et alia dicta officia licite diebus audire valeant feriatis; non obstante si aliquibus comuniter vel divisim a Sede Apostolica sit indultum quod interdici, suspendi vel excomunicari non possint per litteras apostolicas, non facientes plenam et expressam ac de verbo ad verbum de indulto hujus modi mentionem.

Datum apud Montem Flasconem, Balneoregensis diocesis, iiii kalendas Junii, pontificatus nostri anno vi.

---

[1] Au Ms. *distrete*.
[2] Au Ms. *imponendam*.
[3] Au Ms. *fulcras*.
[4] Au Ms. *arbitrii*.

XI.

PIERRE II DE LUSIGNAN,

ROI DE JÉRUSALEM ET DE CHYPRE.

17 JANVIER 1369. — 13 OCTOBRE 1382.

1380, 3 septembre. Du monastère de Poblet, en Aragon.

Pierre IV, roi d'Aragon, écrit au sultan d'Égypte pour le prier de rendre à la liberté le roi d'Arménie, Léon VI de Lusignan, fait prisonnier avec sa famille [1].

Perpignan. Arch. de la ville. Reg. 987, fol. 152.

En Pere, par la grasia de Deu rey d'Arago, et cetera al molt alt et molt poderos princep, solda de Babilonia, salut e compliment de tota bona ventura.

Gran compassio havem, princep molt alt, a tots aquells que sabem en captivitat e en preso, axi com aquell qui per deute de humanitat sentim en nostre cor alguna dolor en les aflicions de cascun; mas molt major compassio havem als reys e als princeps e altres persones d'alt estament presoners e catius, e per conseguen sentim major passio en les adversitats daquells. On, princep molt alt, nos, per aquesta raho, desijants et havents molt a cor lo deliurament del rey d'Ermenia et de la reyna sa muller e de lurs infants, losquals vos tenits presos et en vostre poder, havem sobre aço escrit diverses vegades a la vostra magnificencia, segons que en les nostres havets pogut veure; e ara, per relacio d'en Francesch Çaclosa, mercader e patro de nau de Barchinona, feel sotsmes nostre, loqual, per aquest fet e

---

[1] A la suite de cette pièce, dont je dois la communication à M. de Bonnefoy de Perpignan, se trouve une autre lettre que Pierre IV écrit à l'amiral d'Égypte pour l'intéresser à la délivrance de Léon. Je donne seulement le premier document, M. de Bofarull ayant publié les deux d'après le texte des archives de Barcelone. (*Coleccion de doc. ineditos del archivo general de la corona de Aragon*, t. IV, pag. 370.) Le roi d'Arménie, délivré de sa captivité, grâce surtout aux instances du roi Pierre IV, se rendit d'abord en Aragon, et se fixa ensuite à Paris, où il mourut en 1393. (Voy. notre t. Ier, p. 311, n.) Presque tous les rois d'Occident l'assistèrent dans sa détresse. En 1383, comme il rendait visite à Charles II, roi de Navarre, ce prince lui donna une riche nef d'argent contenant 2,000 florins d'Aragon; 15 florins furent remis en même temps au bouffon ou jongleur (yuglar) qui accompagnait le roi, et 20 à son héraut. Voy. José Yanguas y Miranda, *Diccionario de antiguedades del reino de Navarra*; t. III, p. 131. Pampelune, 1840, in-8°.

per altres, haviem trames a la vostra presencia, havem antes que per vos, princep molt alt, es estat atorgat e promes que si nos, per aquest fet, vos trametiem nostre ambaxador ab nostres propries letres, vos, per amor e honor nostra, deliurariets los dits rey e reyna, ab lurs infants. De la qual cosa havem haut subiran plaer, e aquella vos regraciam tant com podem. E com de cascu, e majorment de princep, se pertanya attendre e complir ço que atorga e promes e mes avant de haverse benignament e piadosa vers aquells los quals la fortuna per batallas et fets d'armes, o en altra manera, li sotsmes, car en semblants coses benignitat e humilitat son en princep e gran senyor molt loades et li tornen a gran creximent de sa gloria e honor, pregamvos tan carament com podem que, per reverencia et amor de nostre senyor Deu, per lo qual los reys regnen e per especial esguart nostre, qui tantes vegades vos havem escrit e pregat e quiu havem subiranament a cor, vos placia los dits rey e reyna, ab tots lurs enfants, companyes e bens, deliurar e restituir a la libertad en que eren ans de lur preso. Et sera cosa de que servirets a Deu, en farets a nos singular plaer e honor; per lo qual e per los altres que fets nos havets, vos prometem, e hajats per ferm, que, en semblant cas e en tot altre, fariem semblants coses e totes altres que poguessem per vostre plaer e honor. E per tal que mils conegats que lo dit deliurament havem singularment a cor, trametemvos nostre embaxador, ço es l'amat conseller nostre en Bonanat Çapera, cavaller, qui us presentara aquesta nostra letra, informat plenerament sobre aquest fet de tota nostra intencio. Per loqual vos trametem familiarment algun petit do de nostres joyes, preganvos, on pus affectuosament podem, que lo dit nostre embaxador vullats reebre graciosament, e lo dit do plasentment en regonexença de bona amistad, no guardant lo do, mas la bona affeccio daquel qui'l vos tramet. Et no res menys, vos placia dar plena fe a tot ço quel dit ambaxador vos dira de nostra part sobrel dit fet, axi com si nos personalment vos ho dehiem, e aquell esplegar d'aço per que va, e haver lo recomanat mentre atur en aquestes partides. Et si algunes coses vos plaen, princep molt alt, que nos puscam fer per vostre plaer, rescrivits nos en ab plena fiança.

Dada en lo monastir de Poblet, a III dies de Setembre, en l'any de la Nativitat de Nostre Senyor M. CCC. LXXX. Rex Petrus[1].

---

[1] Note du secrétaire : « Guillermus Calderoni, mandato Regis facto per dominum « Infantem Martinum, domini Regis natum. »

1381, 22 décembre. A Tortose.

Pierre IV, roi d'Aragon, assure une pension viagère de 2,000 florins d'or à Éléonore d'Aragon, reine de Chypre, sa cousine germaine, à la condition que la pension cesserait d'être payée si la reine retournait en Chypre, si elle allait fixer sa résidence hors du royaume d'Aragon, ou si les rentes qu'elle possède en Chypre, et qu'on retient, venaient à lui être payées.

Barcelone. Arch. de la cour. d'Aragon. Reg. de la Chancell. roy. N° 939, fol. 23 v°.

In Dei nomine. Pateat universis quod nos, Petrus, Dei gratia rex Aragonis et cetera, quia nonnunquam ignotos beneficiorum nostrorum facimus participes, ageremus indigne si personas quas nobis propinqua junctura regalis sanguinis adunitas conspicimus gratie nostre relinqueremus expertes. Merito igitur regie munificencie janua, cum interdum extraneis pateat, non admittit repagulum circa suos. Hinc est quod cum vos, illustris Alienora[1], regina Jhierusalem et Cipri, consanguinea nostra carissima, soli natalis et ample vestri generis parentele ducta affectu, aliisque mota de causis que vos ad hoc rationabiliter induxerunt, nostrum noviter, relicto regno Cipri, veneritis ad regnum, animo in eo perpetuo residendi, et ad sustentandum vestrum reginalem statum proprie non suppetant facultates; cum redditus, bona et jura que habetis et vobis pertinent in dicto regno Cipri nequeatis ad presens, more solito, recipere et habere; dignum profecto, imo debitum reputamus, premissis et aliis attentis, quod vobis, ad ipsius sustentacionem status, subvencionis nostre auxilium liberaliter impendamus. Quamobrem, gratis et ex certa scientia ac spontanea voluntate, per nos et nostros heredes et successores, damus et ex causa et titulo donacionis concedimus vobis dicte regine et quibus volueritis ad violarium[2], sive ad vitam vestram, duos mille florenos auri de Aragone, annuales et rendales habendos et percipiendos per vos, aut quem seu quos volueritis loco vestri, ab hac die in antea, annis singulis, solucionibus et terminis inferius expressatis, quamdiu vixeritis, de

---

[1] Éléonore d'Aragon, restée veuve du roi Pierre Ier de Lusignan, brouillée déjà avec ses beaux-frères, finit par devenir suspecte à son propre fils. Quand le roi Pierre II eut acquis la certitude qu'elle engageait les Génois, maîtres de Famagouste, à s'emparer de l'île entière, l'éloignement de la reine devint indispensable. Elle partit de Cérines pour retourner en Aragon au mois d'octobre 1380. (Strambaldi, Ms. fol. 323.) Elle mourut fort âgée à Barcelone, le 26 décembre 1417. (Carbonell, *Chronica de Esp.* fol. 214.) Son corps fut inhumé au couvent des frères mineurs de saint François d'Assises, où il est resté jusqu'en 1835, année dans laquelle une troupe, appelée le bataillon de la blouse, envahit et pilla le couvent. Quelques livres et quelques tombeaux furent sauvés et transportés au couvent de la Miséricorde. Le tombeau de la reine de Chypre est de ce nombre.

[2] Rente viagère.

et super censibus, proventibus et aliis universis et singulis redditibus et juribus quos et que nos habemus et recipimus, habereque et recipere consuevimus et debemus in civitate Xative[1], ac in terminis et territoriis ejusdem. Ita quod vos, dicta regina, seu quem vel quos volueritis loco vestri, presentis nostre donacionis vigore, petatis, habeatis et recipiatis de et super dictis censibus, proventibus, redditibus et juribus universis dictos duos mille florenos auri, annis singulis et illis terminis et solucionibus quibus et prout nos redditus et jura ipsa soliti sumus recipere et habere, etc.[2].

Retento nobis expresse quod, statim post obitum vestrum, et etiam ubi forte contigerit vos dictam reginam quandocumque regredi ad dictum regnum Cipri, vel alibi extra terras et dominacionem nostram morari, et ubi eciam contingat vos redditus et fructus que in dicto regno Cipri habetis recipere et habere prout antea solebatis, hiis casibus et quolibet eorum, presens donacio sit inefficax atque nulla, et careat prorsus viribus et effectu; et vos teneamini reddere, absolvere et difinire nobis dictos duos mille florenos rendales et possessionem eorundem, et eciam restituere instrumentum presentis donacionis et omnia instrumenta et alias scripturas facientes pro eadem. Sicque sub dicta condicione seu retencione, convenimus et promittimus in nostra fide regia et per nos et nostros vobis dicte regine, nec non et nostro secretario et notario infrascripto, tanquam publice persone, pro vobis et nomine vestro et aliorum quorum interest et interesse potest ac poterit, hec a nobis recipienti et paciscenti ac legitime stipulanti, ac eciam juramus per Deum et ejus sancta quatuor evangelia, corporaliter per nos tacta, presentem donacionem et omnia et singula in ea contenta tenere et firmiter observare et observari facere inviolabiliter, et contra ea in aliquo non facere vel venire, aliqua racione, etc.

Et nos, dicta regina, referentes vobis dicto domino regi grates uberes de hujusmodi donacione per vos vestri gracia liberaliter nobis facta, acceptamus eam, sub retencione seu condicione premissa, cui expresse consentimus; et eam laudamus et firmamus, ac promittimus et juramus per Dominum Deum et ejus sancta quatuor evangelia, nostris manibus corporaliter tacta, in posse secretarii et notarii subscripti, hec a nobis stipulantis, nomine vestri dicti domini regis et aliorum omnium quorum intersit vel possit ac poterit interesse, illam et omnia in ea contenta prout expressa sunt superius attendere et complere, et nullatenus contrafacere vel venire jure aliquo sive causa.

---

[1] Xativa, près de Valence.
[2] Je ne donne que les parties utiles du dispositif de l'acte; je supprime ici et plus loin de longues formules de confirmation.

Iʳᵉ PARTIE. — DOCUMENTS.

In cujus rei testimonium, presens publicum instrumentum fieri jussimus nos dictus rex, et nostro sigillo appendicio communiri. Quod est datum et actum in castro regio Dertuse, die XXII Decembris, anno a Nativitate Domini M CCC LXXX primo, regnique nostri dicti regis quadragesimo sexto. Narcissus promotor. Signum ✠ Petri, et cetera, qui hec laudamus, firmamus et juramus. Rex Petrus. Signum ✠ Alienore, Dei gratia regine Jherusalem et Cipri, que predictis consentimus, eaque laudamus, firmamus et juramus. Testes hujus rei sunt, videlicet firme dicti domini regis, nobiles Arnaldus Dorcau, majordomus, Hugo de Sancta Pace, Raymundus de Villanova, milites camerlengi, et Jacobus de Vallesicca, licenciatus in legibus, consiliarii dicti domini regis. Et firme dicte domine regine fuerunt testes predicti et Jacobus Fivallerii, civis Barchinone, et frater Bernardus de Vilagut, de ordine Minorum. Fuit clausum per Bartholomeum Sirvent, secretarium domini regis[1].

1382, 8 juin. De Valence.

Pierre IV, roi d'Aragon, écrit au roi Pierre II de Lusignan, son neveu, pour le remercier des informations qu'il lui a envoyées sur les mauvais procédés qu'avait éprouvés en Chypre la reine Éléonore d'Aragon, sa cousine; il le prie de faire terminer les difficultés que rencontre la reine au sujet de ses propriétés dans l'île, et lui annonce le départ d'un ambassadeur spécial, Humbert de Fovollar, chargé de se rendre auprès du pape Urbain VI et de différents princes d'Italie, pour chercher les moyens de le faire rentrer en possession de la ville de Famagouste que lui ont enlevée les Génois. — Autres lettres du roi d'Aragon à divers personnages du royaume de Chypre pour leur demander de veiller à ce que la reine Éléonore obtienne prompte satisfaction dans ses réclamations, et les prier d'engager le roi de Chypre à montrer à l'égard de la reine les sentiments d'affection qu'il doit avoir pour sa mère[2].

Barcelone. Arch. de la cour. d'Aragon. Reg. de la chancell. roy. n° 1274, fol. 73 v° à 75.

I.

Le roi d'Aragon au roi de Chypre.

Rey molt alt, e car nebot, come a fill. Vostra letra havem reebuda, per

---

[1] La phrase suivante a été ajoutée par le secrétaire Barthélemy Sirvent, après la transcription de l'acte original sur le registre de la chancellerie royale : «Dominus Rex mandavit mihi Bartholomeo Sirvent, in cujus posse ipse et dicta domina Regina firmaverunt et juraverunt.» Le secrétaire ou le notaire archiviste indique ainsi la plupart du temps que l'acte original lui fut envoyé par le roi pour être enregistré.

[2] Le roi Pierre IV a écrit lui-même une chronique de son règne, mais elle s'arrête à l'an 1380, avant le retour d'Éléonore en Aragon, dont le roi son cousin aurait certainement parlé. M. Antoine de Bofarull, l'un des employés des archives de la couronne d'Aragon, à Barcelone, a publié une édition très-estimée du texte catalan de cette chronique, avec une traduction espagnole. 1 vol. in-8°; Barcelone, 1850.

la qual havem entesa la escusa que axi com a bon fill havests feta de la malvestat que alcuns havien tractada e imposada a la reyna vostra mare, cosina germana nostra, a nos cara com a sor. E aximateix havem reebut lo proces de la informatio que haviets feta reebre sobre la dita malvestat; la qual informatio per nos semblantment es estada vista e regoneguda. E mes avant havem hauda largament relacio de totes les dites coses per lo feel conseller nostre en Jacme Fivaller, lo qual nos per embaxador vos haviem trames. Enteses les dites coses, responem vos que daquelles havem haut sobiran plaer, e regraciam vos molt, com axi vos sots volgut haver en saber la veritat de la dita malvestat, e com havets fet ço que bon fill deu fer vers bona mare, e aytal com es la dita reyna. Perque, car nebot, pregam vos affectuosament que hajats la dita reyna mare vostra per recommanada en totes coses, e en special en lo batliu[1] de la dita reyna, et que façats que en la questio que ella ha ab lo empletor[2] de la illa de Xipre, per rao d'alcuns casals que la dita reyna havia empletats, se faça justicia breument e espatxada; sabent que d'açons farets agradable e assenyalat plaer, e farets ço que devets e sots tengut vers la dita reyna mare vostra, qui continuament treballa e insta per vos e per vostra honor. E de fet nos, per la bona amor e affectio que havem a vos e a la dita reyna mare vostra, a instancia sua, havem trames nostre ambaxador, es assaber l'amat conseller nostre e majordom de nostre car primogenit lo duch[3], mossen Ombert de Fovollar a papa Urba, al rey d'Ongria, al comu de Genova, et al comte de Savoya e a altres en les parts de Italia, per tal que vos puxats esser reintegrat, e cobrets la vostra ciutat de Famagosta, la qual tenen occupada injustament les Genovesos. E grahim vos, molt car nebot, lo bon aculliment que fet havets al dit en Jacme Fivaller, ambaxador nostre. E sia tostemps la gracia del Sant Sperit, car nebot, en guarda vostra. Dada en Valencia, sots nostre segell secret, a VIII dies de Juny, del any M CCC LXXXII. Rex Petrus[4].

II.

Le roi d'Aragon à l'auditeur de Chypre.

Lo rey d'Arago. Auditor[5], nos escrivim al rey de Xipre, car nebot nostre,

---

[1] Voy. la page suivante 765, n. 3.

[2] Peut-être ce nom catalan désignait-il le grand bailli de la secrète de Chypre.

[3] Le duc de Gironne, Jean, qui succéda au roi Pierre IV, son père, en 1387.

[4] A la suite de la pièce sont ces deux notes du secrétaire : « Dirigitur Regi Xipri. Dominus rex misit signatam. »

[5] Jean Gorab, seigneur de Césarée, était alors auditeur de Chypre.

per letra de la tenor seguent[1]. E com nos axi per relacio del dit nostre ambaxador, com en altra manera hajam entesa la bona affectio que havets hauda fins al dia de huy, e havets encara en endreçar los fets de la dita reyna, cosina nostra, per ço regraciant vos lo bon servey que fet li havets, pregam vos affectuosament que per honor e reverencia de la dita reyna e de nos, qui los seus fets reputam e tenim per nostres, continuets la dita bona obra e façats en tot cas que breument e espatxada la dita reyna haja justicia del empletor d'aço, que demana per los casals que havia empletats de la dicta reyna, sabent que d'açons farets assenyalat plaer e servey que molt vos grahirem. Dada en Valencia, sots nostre segell secret, a VIII dies de Juny del any de la Nativitat de Nostre Senyor M CCC LXXXII. Rex Petrus[2].

III.

Le roi d'Aragon à Thomas Archophileta.

Lo rey d'Arago. Micer Thomas[3], per relacio del feell conseller nostre en Jacme Fivaller, lo qual per embaxador haviem trames a nostre car nebot lo rey de Xipre, havem entes que vos sots un dels principals servidors que nostra cara cosina germana la reyna de Xipre, mare del dit rey, ha en la dita illa, e que nons tardats a fer tot ço que tocha la sua honor; de la qual cosa havem haut gran plaer, e graim vos ho molt, pregants vos affectuosament que axi com fet havets tro açi, vullats d'açi avant continuar vostre bon servey, sabents que d'açons farets assenyalat plaer e servey, com per lo gran deute e acostament que la dita reyna e lo dit rey han ab nos e ab tots los reyals de nostra casa, entrels quals es principal lo dit rey de Xipre, nos reputem los affers del dit rey e reyna axi com a nostres propis. Dada en Valencia, sots nostre segell secret, a VIII dies de Juny del any de la Nativitat de Nostre Senyor M. CCC. LXXXII. Rex Petrus.

Al amat nostre micer Thomas Archophileta, batliu del regne de Xipra[4].

IV.

Le roi d'Aragon au confesseur du roi de Chypre.

Lo rey d'Arago. Confessor, per relacio del feell conseller nostre en Jacme

---

[1] Suit le texte de la lettre précédente.

[2] Note du secrétaire : « Dominus rex misit « signatam. »

[3] Ce Thomas, qui était grec, avait été choisi par la reine Éléonore elle-même pour administrer ses propriétés en Chypre quelque temps avant que la reine ne quittât l'île. On lui donne au bas de la pièce le titre de bailli du royaume. Amadi l'apelle Cartophylax; Strambaldi, Chartofilaca. « Et a messo « sua madre guovernator nelli suoi casali « don Thomas Chartofilaca. » Stramb. ann. 1377, fol. 319.

[4] Note : « Dominus rex misit signatam. »

Fivaller, loqual per ambaxador havem trames a nostre car nabot lo rey de Xipre, havem entesa la bona affeccio que havets en servir a nostra cara cosina germana la reyna de Xipre, mare del dit rey; e per obra havetz mostrat que amavets e amats la sua honor, car de consell de vos entrels altres lodit rey ha volguda saber la veritat de la malvestat que alcuns havien tractada e imposada; laqual cosa vos regraciam, pregants vos affectuosament que continuant lo bon servey que fet havets tro açi, consellets d'aci avant per tal guisa lo dit rey, nabot nostre, que ell haia la dita reyna, mare sua, en bona amor e que li aport aquella reverencia que s'pertany, car en aço fara lo dit rey ço que bon fill deu far vers bona mare, e aytal con es ella, qui molt li pot fer e fa tant com pot en sos afers. E d'aço donam a vos special carrech, car sabem que y havets bon cor, et hi podets molt fer. Dada en Valentia, sots nostre segell secret, a VIII dies de Juny del any de Nostre Senyor M CCC LXXXII. Rex Petrus [1].

V.

Le roi d'Aragon à l'archevêque de Nicosie.

Lo rey d'Arago. Reverent pare en Christ [2], gran plaer hauriem que de vostre sanitat e de vostre bon estament sabessem noves certes e bones. Et per ço car entenem quen hauretz plaer, certificam vos que nos e nostra cara companyona la reyna, e nostres fills et filles, et lurs infants nostrets nets, e totç los altres de nostra casa reyal som, per la gratia de Deu, sans e en bon estament de nostres persones. E con lo ben avenir e lo regiment e tots los afers de nostre nabot lo rey de Xipre, a nos car com a fill, hariam sobiranament a cor, axi com los fets nostres propis, pregam vos afectuosament quell dit rey tingats a prop, e en tots sos fets lo vullats aconsellar, e no res menys lo batliu e tots los altres fets de nostra cara cosina germana la reyna de Xipra, mare del dit rey, a nos axi com a sor, vullats haver per recomanats, sabents que d'açons farets assenyalat plaer, lo qual vos grahirem molt. Dada en Valentia, sots nostre segell secret, a VIII dies de Juny del any de Nostre Senyor M CCC LXXXII. Rex Petrus [3].

---

[1] Note du secrétaire : « Dirigitur Petro de « Roma, confessori regis Xipri. »

[2] Probablement l'archevêque Raymond de la Pradèle, mort vers ce temps.

[3] A la fin de la pièce est la note suivante du secrétaire : « Dirigitur archiepiscopo Ni-« cocie. Dominus rex misit signatam. »

XII.

JACQUES Ier DE LUSIGNAN,

ROI DE JÉRUSALEM, DE CHYPRE ET D'ARMÉNIE.

OCTOBRE 1382. — 30 SEPTEMBRE 1398.

1382, 22 décembre. A Tortose.

Pierre IV, roi d'Aragon, donne la ville de Valls, près Tarragone, à Éléonore d'Aragon, reine de Chypre, sa cousine.

Barcelone. Arch. de la cour. d'Aragon. Reg. de la chancell. roy. n° 939, fol. 19.

In Dei nomine. Pateat universis quod nos, Petrus, Dei gratia rex Aragonis et cætera. Quia nonnunquam ignotos beneficiorum, etc.[1].

Quamobrem, gratis et ex certa sciencia ac spontanea voluntate, per nos et nostros heredes et successores, damus et titulo donacionis concedimus ex causa predicta vobis dicte regine et quibus volueritis ad violarium, sive ad vitam vestram, villam de Valls[2], in campo Terracone situatam, cum edificiis, fortaliciis, terminis, territoriis, feudis, feudatariis hominibus et mulieribus in dicta villa et ejus terminis et territoriis habitantibus et habitaturis, cujusvis legis, condicionis et status existant, et cum mero et mixto imperio et omnimoda jurediccione, alta et baxia, civili et criminali, et cum venacionibus, mineriis et trobis, redditibus, exitibus et proventibus, molendinis, furnis, peytis, questiis, subsidiis et adempriviis, serviciis, servitutibus, regalibus, personalibus, hostibus et cavalcatis et eorum redempcione, potestatibus et emparis, et cum omnibus aliis juribus in dicta villa et ejus terminis et territoriis nobis pertinentibus et pertinere debentibus de jure, et usaticis, usibus et consuetudinibus, aut alio quoquomodo; et etiam cum omnibus redditibus et emolumentis ecclesiasticis, ac aliis juribus quos et que nos, nomine camere Apostolice, seu alias racione nostre indiferencie vel aliter, quomodocumque nunc recipimus in villa predicta et terminis ac territoriis ejusdem, deductis tamen omnibus oneribus que exinde habeant supportari. Hanc itaque donacionem facimus vobis dicte regine et quibus volueritis ad violarium, sive ad vitam vestram tantum, sicut melius dici

---

[1] La suite du préambule comme à la donation du 22 décembre 1381.

[2] La ville de Valls est à cinq lieues au nord de Tarragone.

potest et intelligi ad vestri salvamentum, et sanum ac sincerum intellectum, etc.

Mandantes, tenore hujus instrumenti publici, gerentis vices epistole in hac parte, universis et singulis feudatariis hominibus et mulieribus, cujuscumque legis et condicionis existant, in dictis villa et terminis et territoriis ejusdem habitantibus et habitaturis, quatenus vos dictam reginam, toto tempore vite vestre, pro domina dicte ville et eorum et aliorum omnium predictorum, habeant et teneant, etc.

Retinemus tamen nobis et successoribus nostris, et sub hac condicione et retencione presentem donacionem vobis facimus, videlizet quod statim post obitum vestrum, et eciam ubi forte contigerit vos dictam regredi ad dictum regnum Cipri, vel illic aut alibi extra terras et dominacionem nostram morari, et ubi eciam contingat fructus et redditus quos in dicto regno Cipri habetis vos recipere et habere prout antea solebatis, hiis casibus et quolibet eorum, presens donacio sit inefficax atque nulla, et predicta que vobis damus nobis aut dictis heredibus et successoribus nostris remaneant et penitus revertantur, vosque teneamini illa et eorum possessionem seu quasi nobis reddere, absolvere, etc.

Et nos, dicta regina, referentes vobis dicto domino regi grates uberes de hujusmodi donacione, per vos vestri gratia liberaliter nobis facta, acceptamus eam, sub retencione seu condicione premissa, cui expresse consentimus, et eam laudamus et firmamus, ac promittimus et juramus per Dominum Deum et ejus sancta quatuor evangelia, nostris manibus corporaliter tacta, in posse secretarii et notarii subscripti, hec a nobis stipulantis nomine vestri dicti domini regis et aliorum omnium quorum intersit vel possit ac poterit interesse, illam et omnia contenta in ea prout expressa sunt superius attendere et complere et nullatenus contrafacere vel venire jure aliquo sive causa.

In cujus rei testimonium presens publicum instrumentum nos dictus rex fieri jussimus et nostro sigillo appendicio communiri. Quod est actum et datum in castro regio Dertuse, vicesima secunda die Decembris, anno a Nativitate Domini M° CCC° LXXX° secundo, regnique nostri dicti regis quadragesimo sexto. Narcisus promotor. Signum ✠ Petri, et cetera, qui hec laudamus, firmamus et juramus. Rex Petrus. Signum ✠ Alienore, Dei gratia regine Jhierusalem et Cipri, que predictis consentimus, eaque laudamus, firmamus et juramus. Testes hujus rei sunt, videlizet firme dicti domini regis, nobiles Arnaldus Dorcau, majordomus, Hugo de Sancta Pace, Raimundus de Villanova, milites camerlengi, et Jacobus de Vallesicca, licenciatus in legibus, consiliarii dicti domini regis. Et firme dicte domine regine fuerunt testes predicti et Jacobus Fivallerii, civis Barchinone, et frater Bernardus de Vilagut, de ordine Minorum. Fuit clausum per Bartholomeum Sirvent, secretarium domini regis[1].

1383, 5 mai. A Montalvan.

Pierre IV d'Aragon prie le pape Urbain VI d'accorder une pension de cinq mille florins à Éléonore d'Aragon, reine de Chypre, qui ne jouit plus des revenus qu'elle avait en ce royaume.

Barcelone. Arch. de la cour. d'Aragon. Reg. de la chancell. roy. n° 1278, fol. 8.

Sanctissime pater. Inter alia opera caritatis, illud credimus precipuum pii manum auxilii personis extendere indigenis generis claritate fulgentibus, et illis potissime que ex regali descendunt prosapia, et regii sunt honoris fastigio insignite. Cum autem illustris Alienora, Jherusalem et Cipri regina, consanguinea nostra carissima, que de regno Cipri ad has partes rediit, hic intendens ex nunc continue demorari, non habeat unde possit suum reginalem sustentare honorem, nisi solum ex quibusdam patrimonialibus nostris redditibus, quos sibi ad vitam duximus concedendos, cum de redditibus et juribus que in regno Cipri habet et erat recipere solita non fuerit a quodam citra tempora sibi responsum, beatitudini vestre propterea supplicamus quatenus, divini numinis intuitu et nostri respectu honoris, qui istud recipiemus in graciam specialem, dignemini de quinque mille florenis annuis sibi misericorditer subvenire, et illos habendos et recipiendos de et super redditibus beneficiorum ecclesiasticorum, sistencium in nostro dominio, sibi dum vixerit assignare, et bullas inde concedere oportunas. Almam personam vestram conservare dignetur Altissimus incolumem sue sancte Ecclesie per tempora longiora. Datum in villa Montisalbi, sub nostro sigillo secreto, quinta die Madii, anno a Nativitate Domini M° CCC° LXXXIII°. Rex Petrus [2].

---

[1] Note de Sirvent, secrétaire : « Dominus « rex mandavit mihi Bartholomeo Sirvent, in « cujus posse ipse et dicta domina firmave-« runt et juraverunt. »

[2] Note du secrétaire : « Domino Urbano. « Dominus rex mandavit michi Bartho-« lomeo Sirvent. » Par une seconde lettre du même jour, insérée au même registre, le roi d'Aragon prie le pape d'abandonner à la reine Éléonore la part qui revient à l'église de Tarragone sur la juridiction de la ville de Valls, indivise entre l'église de Tarragone et la couronne d'Aragon, cette ville ayant été récemment donnée à la reine. Les revenus annuels de la juridiction pouvant revenir à l'archevêque de Tarragone sont évalués par le roi à 50 florins de Florence environ.

1383, 18 mai. De Monson, en Aragon.

Pierre IV d'Aragon, prie le pape Urbain VI de ne pas accorder les dispenses qu'on pourrait lui demander pour Marguerite de Lusignan, si on voulait marier cette princesse autrement que sa mère, Éléonore d'Aragon, le désire.

Barcelone. Arch. de la cour. d'Aragon. Reg. de la chancell. roy. n° 1278, fol. 8 v°

Sanctissime pater. Nos admodum cupientes infantissam Margaritam, illustris quondam Hugonis[1], regis Jherusalem et Cipri filiam, inclitam consanguineam nostram carissimam, jam in etate nubili constitutam, honorabili matrimonio collocari, procurare decrevimus et in brevi, concedente Domino, ducere ad effectum quod predicta infantissa tali in istis partibus matrimonio collocetur, volentibus et consencientibus illustri domina Alienora, Jherusalem et Cipri regina, matre sua, consanguinea nostra precara, et ejus avunculis et amicis, quod suo congruet statui et honori, et inde nostris et dicte sue matris ac ipsius avunculorum et amicorum affectibus satisfiet. Cumque posset fortassis contingere quod nonnulli, contra vota materna et nostra et aliorum eciam predictorum, de ipsa infantissa disponere aliter attentarent, quod certe gereremus valde molestum, volentes hiis modis omnibus quibus possimus viam precludere, sanctitati vestre supplicamus humiliter et ex corde ne matrimonio cuicumque quod de predicta infantissa contra sue matris ac nostri et aliorum superius contentorum consensum expressum per quospiam fieri tentaretur, velitis per viam dispensacionis nec alias dare locum, immo illud dignemini penitus devitare et super hiis relatibus credere religiosi et dilecti nostri fratris Francisci Ferrarii, ordinis Minorum, latoris presentis, de intencione nostra et dicte regine inde plenius

---

[1] *Hugonis* au lieu de *Petri*, est une erreur manifeste du copiste de la chancellerie d'Aragon. Il s'agit dans ces documents de Marguerite de Lusignan, fille du roi Pierre Ier et d'Éléonore d'Aragon, qu'on avait voulu marier précédemment à Charles Visconti (voy. notre tom. Ier, p. 370). Elle épousa, vers 1385, son cousin germain Jacques de Lusignan, comte de Tripoli, fils de Jean de Lusignan, prince d'Antioche : « Et la ditta Lio«nora haveva una bella figliola, nominata «Margarita, sorella del re Pier, et dopo la «morte del suo fratello re Pier, hanno dato «licentia; et si ha maridata con il figliolo del «principe, suo cugino germano, Zaco de Lu- «sugnan, principe de Antiochia. » Strambal. fol. 319. Amadi, fol. 297. On trouvera, plus loin, quelques lettres d'amitiés que Martin, roi d'Aragon, fils de Pierre IV, adresse, en 1397, à sa cousine Marguerite, comtesse de Tripoli. Srambaldi, à la suite du passage que je viens de citer, rappelle le départ de la reine Éléonore : « Tamen ha comandato il re, et «hanno menato sua madre a Cerines per «imbarcarla su la nave, per andar con Dio. «Et vedeva le donne che havevano figlioli, «et glie diceva : vi piace il re mio figliolo ? «assai cattiva compagnia vi fara lui e sa «moglie. »

informati, quem ad vestre sanctitatis presenciam mittimus hac de causa; et reputabimus istud, pater sanctissime, ad graciam specialem. Almam personam vestram conservare dignetur Altissimus incolumem sue sancte Ecclesie feliciter et longeve. Datum in villa nostra Montissoni, sub nostro sigillo secreto, xviii die Madii, anno a Navitate Domini m° ccc° lxxxiii°. Rex Petrus [1].

1383, 11 juin. A Gènes.

Promesses de mariage, par devant le doge de Gènes et le roi de Chypre, entre Janot de Norès et Andriola de Campo Frégoso [2].

Gènes. Arch. du gouvern. *Collegio. Diversorum. Filza* ou liasse I. 1375-1409. *Ex foliatio M. Antonii de Credentia*, 1391-1398. Copie du temps.

In nomine Domini, amen.

In presentia serenissimi et illustrissimi principis et domini domini Jacobi, Dei gratia Jerusalem et Cypri regis, presentis, volentis, consencientis et super infrascriptis auctorizantis, in presentia multorum suorum hominum ligiorum presentium et consenciencium.

Nobilis juvenis Janotus de Nores, Cyprius, natus quondam egregii militis domini Jacobi de Nores,

Et Andriola, filia egregii viri domini Petri de Campo Fregoso, civis Janue, in presentia, auctoritate et consenssu dicti ejus patris,

Conferunt matrimonium per verba de presenti.

Interrogante magnifico domino L.[3] duce, etc., si placebat, etc.

Actum Janue, in capitulo ecclesie beati Dominici, ordinis Predicatorum, die undecima Junii, in vesperis, millesimo tricentesimo octuagesimo tertio.

Testibus, egregio domino Spineta, marchione Malaspina, sapiente viro; domino Dominico de Viterbio, legumdoctore, vicario dicti magnifici domini ducis; nobilibus militibus, D. auditore regni Cypri, et D [4].

---

[1] Notes du secrétaire : « Domino Urbano. « Dominus rex mandavit mihi Bartholomeo « Sirvent. » A la suite se trouve une lettre adressée au cardinal de Sainte-Sabine, que le roi d'Aragon prie de s'intéresser à l'affaire dont il entretient le saint-père. Reg. fol. 9.

[2] La pièce suivante n'est que la minute orignale de l'acte d'épousailles, *sponsalia*, ainsi que l'indique l'omission des formules et des noms de divers témoins. Ces lacunes durent être remplies dans l'ampliation de l'acte que dut expédier le notaire Antoine de Credence, chancelier de la république de Gènes, après la célébration religieuse de l'union, qui seule, à Gènes comme dans le reste de l'Europe chrétienne, donnait sa validité au mariage. A la présente minute est annexée une pièce du 19 juin 1383, relative aux intérêts du jeune marié.

[3] Léonard de Montaldo.

[4] Ces noms ne sont pas remplis.

1383, 20 août. A Monson.

Pierre IV, afin qu'Éléonore d'Aragon, reine de Chypre, sa cousine, puisse exercer l'entière juridiction sur les chevaliers et les hommes nobles de la ville de Valls qui lui a été donnée sa vie durant, nomme la reine son lieutenant dans ladite terre.

<small>Barcelone. Arch. de la cour. d'Aragon. Reg. de la chancell. roy. n° 976, fol. 189.</small>

Nos Petrus, et cetera. Ut vos, illustris Elionora, Jherusalem et Cipri regina, consanguinea nostra carissima, que villam de Vallibus, in campo Terracone sistentem, cum jurediccione, redditibus et juribus omnibus nobis et eciam Apostolice camere pertinentibus in eadem ac in terminis et territoriis ejusdem, ex nostri concessione, tenetis, tanto melius villam eandem et habitantes in ea regere valeatis, et in tranquillo tenere, et alias eis preesse utiliter ac prodesse, quanto majori fueritis potestate suffulta, tenore presentis, ex premissis inducti, et quia reginalis vester status nexusque sanguinis quo estis nobis conjuncta hoc exigunt, constituimus et facimus vos eandem reginam locumtenentem nostram in exercenda jurediccione civili et criminali, alta et baxia et alia quacumque nobis pertinente in militibus, hominibus de paratico seu generosis in villa predicta et ejus territoriis et terminis habitantibus ac eciam habitaturis, et in eis delinquentibus et contrahentibus seu ad eam declinantibus quovismodo. Sic quod vos, dicta vestra concessione durante, ex potestate plenaria quam inde vobis conferimus, possitis, tanquam nostra in hiis locumtenens, per vos et quos ad hoc deputandos duxeritis, de predictis militibus, hominibus de paratico seu generosis, ac de quibuscumque questionibus sive causis et actibus eos tangentibus, civiliter vel criminaliter, seu alias quomodocumque, cognoscere et illos corporaliter et peccuniarie condempnare, ac in personis et bonis punire vel absolvere, aut imposita eis crimina et defectus remittere graciose, et alias uti jurediccione predicta, et illam plenissime exercere, et alia omnia facere que et prout in premissis et circa ea seu occasione eorum facere nos possemus; ponentes in hiis vos et deputandos a vobis in locum nostrum, ac decernentes et volentes quecumque vos et deputandi predicti egeritis presentis vigore tantum valere ac si a nobis personaliter essent facta. Et habeatis et recipiatis et vestris utilitatibus applicetis omnia emolumenta et jura proveniencia quomodolibet ex premissis. Mandamus itaque supradictis militibus, hominibusque de paratico et generosis, presentibus et futuris, sub debito fidelitatis et naturalitatis quo sunt nobis astricti, quod vobis dicte regine et deputandis a vobis, in usu et exercicio jurediccionis predicte respondeant, obediant et attendant in omnibus tanquam nobis. Injungimus etiam firmiter et expresse inclito et magnifico infanti Johanni, primogenito nostro carissimo, ac generali gubernatori in regnis nostris et terris, ejusque vicesgerenti in Cathalonia, et aliis universis et singulis officialibus nostris, qui nunc sunt et pro tempore fuerint, quatenus vos dictam reginam pro locumtenente nostra predicta habeant ubique, et deputandis a vobis, ut pretangitur, in usu et exercicio jurediccionis jamdicte, assistant, si et prout ac quociens inde fuerint requisiti, consilio, auxilio et favore, et contra predicta non veniant quavis causa. In cujus rei testimonium hanc fieri jussimus, nostro pendenti sigillo munitam. Data in villa Montissoni, vicesima die Augusti, anno a Nativitate Domini M CCC LXXX tercio, regnique nostri quadragesimo octavo. Rex Petrus [1].

1386, 6 novembre. A Barcelone.

Éléonore d'Aragon reçoit le droit de pleine et entière juridiction sur les chevaliers et tous hommes nobles de sa maison.

Barcelone. Arch. de la cour. d'Aragon. Reg. de la chancell. roy. n° 948, fol. 102 v°.

Nos Petrus, et cetera. Ut vos, illustris Elienora, regina Jherusalem et Cipri, consanguinea nostra carissima, nunc in nostro dominio residens, militibus et hominibus de paratico domus vestre, presentibus et qui pro tempore fuerint, dominari et preesse melius valeatis, jurediccionem civilem et criminalem et aliam quamlibet nobis in personis et bonis ipsorum militum et hominum de paratico pertinentem et exercicium ejus vobis dicte regine ad vitam concedimus et donamus. Ita quod hujus nostre donacionis vigore vos ipsa regina habeatis ex nunc jurediccionem predictam in dictis militibus et hominibus de paratico domus vestre, presentibus et futuris; et possitis eandem jurediccionem predictam in dictis militibus quos ad hec valeatis constituere, ponere et tenere, destituere et etiam revocare quociens vobis placuerit, et per illos etiam quos volueritis exercere plenarie et potenter in personis et bonis ipsorum, capiendo, cognoscendo, sentenciando, judicando, puniendo et alias, et in cunctis aliis modis quibus et prout nos poteramus ante concessionem presentem et possemus, illa non facta, nunc et etiam postea quandocumque. Mandantes de certa sciencia et expresse militibus et hominibus de paratico supradictis presentibus et futuris et cuilibet eorundem, sub debito fidelitatis et naturalitatis quo sunt nobis astricti, et etiam sub ire

---

[1] Note du secrétaire archiviste : « Dominus rex mandavit mihi Bartholomeo Sirvent. »

et indignacionis nostre incursu, quatenus vobis dicte regine, dum vixeritis, ut prefertur, et officialibus vestris, seu quibus volueritis, in exercicio jurediccionis predicte, obediant et attendant in omnibus et per omnia, prout nobis ante concessionem presentem obedire et attendere tenebantur. Mandamus ulterius sub pena mille morabatinorum auri, et etiam nostre gracie et mercedis, universis et singulis officialibus nostris et subditis presentibus et futuris quod vos dictam reginam, officialesque vestros, in usu et exercicio jurediccionis predicte nequaquam impediant vel perturbent, imo assistant vobis et dictis officialibus vestris super premissis solicite et eficaciter, consilio, auxilio et favore, quociens et prout fuerint requisiti; adimentes nichilominus eis et eorum cuilibet ad cautelam potestatem omnimodam contrarium faciendi. In cujus rei testimonium hanc jussimus fieri, sigilli nostri appensione munitam. Data Barchinone, sexta die Novembris, anno a Nativitate Domini millessimo ccc° lxxx° sexto, regnique nostri quinquagessimo primo. Raimundus cancellarius[1].

1391 et 1394. A Gênes.

Tarifs des prix de nolis des marchandises à transporter de Gênes à Famagouste, arrêtés par les commissaires délégués du doge.

Gênes. Arch. du gouvern. *Collegio. Diversorum. Filza* I. 1375-1409. *Ex foliatio Antonii de Credencia*, 1391-1398.

I.

Millesimo tricentesimo nonagesimo primo, die decima septima Februarii.

Naula quæ nos officiales electi super negociis Cipri per magnificum dominum ducem Januensem et ejus consilium dari eligimus navibus Famagustam ituris.

Pro pecia pannorum granæ[2], florenorum sexaginta [et] supra, libram 1, soldos 5.

Pro pecia pannorum sine grana, florenorum quadraginta et supra, soldos 18.

---

[1] Notes des secrétaires : «Dominus rex «mandavit mihi Bartholomeo Sirvent. Domi-«nus rex habuit eam pro visu. Bartholomeus «de Avellaneda.»

[2] Draps écarlates. Gênes fabriquait une si grande quantité de draps rouges, que les ouvriers adonnés à cette industrie formaient un corps nombreux et distinct parmi les fabricants de draps, sous le nom de *gli pur-pureri*. (Serra, *Storia di Genova*, t. IV, p. 93, *Discorsi*, I, 49, Capolago, 1835.) Les fabriques génoises étaient très-actives au xiii° siècle et étaient signalées par Frédéric II dans ces vers :

Plaz mi cavalier Franzes,
E l'ovrar del Genoes,
Lo cantar Provenzales.

Voy. Serra, d'après Nostradamus, *loc. cit.*

Pro pannis de Malignes et de Florencia, florenorum triginta in quadraginta, soldos 16.

Pro pannis de Virvi[1] et Cotrei[2] et similibus, soldos 14.

Pro pannis de Janua bassis[3] et [de] Beovais[4] [et] de Barchinonia, ac sortibus similibus, soldos 11.

Pro pecia saye[5], soldos 2, denarios 6.

Pro cantario tellarum de Rens[6], libras 2, soldos 10.

Pro cantario tellarum Campanie, et similibus sortibus, libram 1, soldos 10.

Pro cantario tellarum de Novo[7] et similibus sortibus, libram 1.

Pro cantario canavaciorum[8], soldos 10.

Pro cantario fillato[9], soldos 10.

Pro cantario corallorum de labore[10], libram 1, soldos 15.

Pro cantario corallorum sortis minute, libram 1.

Pro ferro, soldos 5.

Pro stagno in virgis, soldos 8.

Pro speciebus.

Pro cantario piperis et aliarum specierum sine cotono, libram 1.

Pro cantario zucari et alterius raube incotonate, libram 1, soldos 4.

Pro cantario pulveris zucari[11], soldos 14.

Pro cantario cotonorum fillatorum[12], libram 1, soldos 5.

Pro cantanario cotonorum[13], libram 1, soldos 10.

Pro cantanario bocassinorum, libram 1, soldos 10.

Pro pecia clamelotorum torticiorum[14] Famaguste et Nicossie bissanciorum quadraginta in plus, soldos 4.

Pro pecia sortis clamelotorum torticiorum Nicossie bissanciorum triginta in quadraginta, soldos 3.

---

[1] Verviers, près de Liège, célèbre encore par ses manufactures de drap.

[2] Probablement Courtrai, en Flandre.

[3] *Panni bassi*, draps de qualités inférieures.

[4] Beauvais, en France.

[5] Saye ou sayette, étoffe de laine claire et non foulée, véritable serge.

[6] Reims, en Champagne.

[7] Noyon, en France.

[8] Le quintal de canevas.

[9] Le quintal de fil.

[10] Gros corail propre à être travaillé.

[11] Poudre de sucre ou cassonade, article de l'industrie agricole de l'île de Chypre très-souvent cité dans nos pièces commerciales. Voy. Doc. t. I, p. 95, 136 n.

[12] Fils de coton.

[13] Il s'agit, je crois, ici d'étoffes de coton.

[14] J'ignore ce qui distinguait cette sorte de camelots.

Pro pecia malaba [1], soldos 2.

Pro pecia [2] pilonorum, taxillorum et brachiorum sexdecim, soldum 1, denarios 6.

Pro centanario librarum camocatorum, frisiorum, pannorum auri, auri fillati [3], jocalium, argenti et auri, soldos 15.

Navigantes totam dictam raubam in itinere Janue, Roddi et Famaguste a kalendis februarii usque in kalendas jullii, et de reditu Famaguste, postquam navis appulerit Famaguste usque ad kalendas januarii usque ad complementum. Volentes etiam quod dicta navis se onerare non possit cotono quousque erunt species. Volentes insuper quod navis Antonii Morandi habeat homines nonaginta, et navis Johannis Todeschi habeat homines octuaginta.

II.

Navis Lercarie [4] pro Famagusta.

In nomine Domini, amen. Illustris et magnificus dominus Anthonius de Montaldo, Dei gratia Januensium dux et populi deffensor, et suum venerandum consilium dominorum quindecim sapientum antianorum, in sufficienti et legiptimo numero congregatorum, etc. [5]

Videlicet pro singula pecia panni de grana, valoris florenorum sexaginta vel plurium, soldos viginti quinque januinorum.

Pro singula pecia pannorum sine grana, valoris florenorum quadraginta vel plurium, soldos decem octo januinorum.

Pro singula pecia pannorum de Malignes, vel de Florencia, valoris florenorum a triginta in quadraginta, soldos sexdecim januinorum.

Pro qualibet pecia pannorum de Virvi vel de Cotrays, vel similium pannorum, soldus quatuordecim januinorum.

Pro qualibet pecia pannorum de Janua bassorum, vel de Beovays, vel de Barchinonia, vel similium sortium, soldos undecim januinorum.

Pro qualibet pecia saye, soldos duos et denarios sex januinorum.

Pro singulo cantario tellarum de Rens, libras duas et soldos decem januinorum.

Pro singulo cantario tellarum Campanie et similium sortium, soldos triginta januinorum.

---

[1] Le *Malaba* était aussi, je crois, une espèce de camelot.

[2] *Pecia,* parait avoir ici le sens de partie, assortiment. Les *Piloni* sont, sans doute, des pelotes ou balles à jouer; *Taxilli,* des dés.

Nous ne voyons pas la signification qu'a ici le mot *Brachia.*

[3] Or, ou cordonnet de Chypre.

[4] De la maison Lercari.

[5] Ainsi au Ms.

Pro quolibet cantario tellarum de Novo et de consimilibus sortibus, soldos viginti januinorum.

Pro quolibet cantario canabaciorum, soldos decem januinorum.

Pro quolibet cantario fillati, soldos decem januinorum.

Pro quolibet cantario corallorum de laborerio, libram unam et soldos quindecim januinorum.

Pro singulo cantario corallorum sortis minute, soldos viginti januinorum.

Pro quolibet cantario ferri, soldos quinque januinorum.

Pro quolibet cantario stagni in virghis, soldos octo januinorum.

Pro quolibet cantario piperis et aliarum specierum sine cotono, soldos viginti januinorum.

Pro singulo cantario zuchari et alterius cujuslibet raube incotonate, libram unam et soldos quatuor januinorum.

Pro quolibet cantario pulveris zuchari, soldos quatuordecim januinorum.

Pro quolibet cantario cotonorum fillatorum, libram unam et soldos quinque januinorum.

Pro quolibet cantario cotonorum, soldos triginta januinorum.

Pro quolibet cantario bochassinorum, soldos triginta januinorum.

Pro singula pecia clamelotorum torticiorum de Famagusta vel de Nicossia, valoris bissantiorum quadraginta vel plurium, soldos quatuor januinornm.

Pro qualibet pecia sortis clamellotornm torticiorum de Nicossia, valoris bisantiorum a triginta in quadraginta, soldos tres januinorum.

Pro singula pecia clemellotorum[1] malaba, soldos duos januinorum.

Pro qualibet pecia pillonorum, taxillorum et de brachiis sexdecim, soldum unum et denarios sex januinorum.

Et pro singulo centenario librarum, sive pro singulis centum libris januinorum, valoris et precii omnium camocatorum, frixiorum, pannorum aureorum, auri fillati, jocalium, argenti et auri, soldos quindecim januinorum, salvo et reservato, etc.[2].

Actum Janue, in salla parva capelle veteris palacii ducalis comunis Janue, ubi consilia celebrantur, anno Dominice Nativitatis millesimo tricentesimo nonagesimo quarto, indicione prima secundum cursum Janue, die Martis, vigesima octava Aprilis, in vesperis, præsentibus testibus ad hæc vocatis specialiter et rogatis, Morruolo Cigala, Illario Lecarellum, civibus Janue, et Aldebrando de Corvaria, notario et cancellario comunis Janue.

---

[1] Ainsi au Ms. — [2] Ainsi au Ms.

1392, 12 septembre. A Barcelone.

Vidimus d'un acte par lequel le roi Pierre II de Lusignan donne à sa mère Éléonore d'Aragon quatre fiefs, en compensation des 42,000 besants de sa dot.

Barcelone. Arch. de la cour. d'Aragon. Reg. de la chancell. roy. n° 1904, fol. 65 v°.

In civitate Barchinone, die duodecima Septembris, anno a Nativitate Domini M° CCC° nonagesimo secundo, fuerunt apposita signum, sigillum et decretum domini regis in quodam translato autentico sumpto a quadam carta pergamenea, serenissimi regis Cipri, ejusque bulla plumbea in filis sirici albis et lividis inpendenti comunita, in vulgari gallico scripta, nondum clauso sed claudendo per Johannem de Bossegays, scriptorem domini regis. Continet autem dicta carta donacionem per dominum regem Cipri illustrissime domine Helonori, ejus matri, factam de IIII°ʳ feudis in dicta carta nominatis, in compensacionem XLII^m talentorum sive besants dotis dicte domine regine. Cujus quidem decreti tenor talis est[1].

Signum ✠ Johannis, Dei gratia regis Aragonis et cetera, qui huic translato de nostri quidem mandato sumpto ab ejus originali, non viciato, non cancellato, nec in aliqua sui parte suspecto, et cum eodem de verbo ad verbum fideliter comprobato, nostram auctoritatem interponimus, pariter et decretum appositum hic in civitate Barchinone, die duodecima Septembris, anno a Nativitate Domini M° CCC° nonagesimo secundo, manu fidelis scriptoris nostri Johannis de Bossegays. Et in premissorum testimonium, sigillum nostrum apponi jussimus in pendenti. Guillelmus de Vallesica[2].

[1393, 19 avril. A Gênes[3].]

Requête adressée au doge de Gênes, Antoine de Montaldo, et au conseil des anciens, par Damien Catanéo, capitaine de galères de guerre, réclamant de la république de Gênes la restitution d'une somme de 2,000 florins qui lui avait été assignée par l'amiral Pierre de Campo Frégoso, en récompense de sa coopération à la prise de Famagouste, en Chypre; Catanéo ayant été obligé, par suite de la haine qu'avait contre lui le feu doge Antoniotto Adorno, à payer cette somme de 2,000 florins à la république avant même de l'avoir reçue en entier.

Gênes. Arch. du gouvern. Collegio. Diversorum. Filza I. 1375-1409. Ex foliatio Antonii de Credentia, 1391-1398.
Copie du temps.

Vobis, illustri et magnifico domino domino Anthonio de Montaldo, Dei

---

[1] Le document n'a pas été transcrit au registre.

[2] Note du secrétaire : «Johannes de Bossegays, ex provisione facta per vicecancella- rium.»

[3] Cette date n'est pas précisément celle

gracia Januensium duci et populi deffensori, vestroque prudenti consilio dominorum quindecim antianorum, reverenter exponit Damianus Cataneus, miles, quod patroni gallearum armatarum contra Cyprum, quarum fuit admiratus dominus Petrus de Campo Fregoso, volentes remunerare dictum Damianum de multis serviciis et consiliis per ipsum ejus industria et pericia eis inpensis, et non esse ingrati de predictis, eorum motu, proprio nomine, per dictum Damianum super hujusmodi requisiti, ordinaverunt, voluerunt et consenserunt, de voluntate et consensu dicti domini Petri tunc admirati, quod per massarios dictarum gallearum scriberentur in ratione dicti Damiani, de racione dictorum patronorum, floreni duo millia, ad racionem de florenis quinquaginta pro qualibet gallea; quos florenos dictus Damianus non habuit numeratos, ymo assignatos in certis burgensibus Famaguste, propter quorum impotenciam dictus Damianus revera vix exegit ab eis florenos mille quingentos, ymo verius minus.

Et verum fuit quod dictus Damianus fuit capitaneus septem gallearum quæ primo iverunt ad obsidionem insule Cipri et trium gallearum parcium Romanie, in quo capitaneatu stetit per menses circa septem. Et post aplicionem dicti domini admirati, fuit factus capitaneus maris plurium gallearum et omnium navium ad expugnacionem civitatis Famaguste ex parte maris; in quo capitaneatu stetit quousque inimici, videntes introducionem et inpoxicionem ceterarum gallearum in portu Famaguste, opera et industria dicti Damiani, quod fore possibile non credentes, et inde propterea tradiderunt sibi sub certis pactis castrum Famaguste, nomine dicti domini admirati et dicte armate. Et postea remansit ad consilium dicti domini admirati. In quibus factis, stetit mensibus viginti tribus, absque aliquo salario et provixione, habendo dumtaxat cibum et potum et aliquas vestes.

Cum autem fuit reversus Januam, et proviso dicto domino admirato sicut moris est, et multi benevoli dicti Damiani instarent quod dicto Damiano provideretur pro laboribus quos fuerat passus occasione dicti capitaneatus,

de la requête de Catanéo, mais celle de la décision du conseil des anciens, dans laquelle la requête du plaignant est insérée, et d'où je l'extrais. La supplique n'a pas de date particulière. Sur le rapport favorable de l'une des commissions des comptes de la république, nommée dans la procédure *officium patrum comuni et revisorum rationum comunis Janue*, à qui la pétition avait été renvoyée, le doge et les anciens donnèrent gain de cause à Catanéo, et le déclarèrent fondé à revendiquer du trésor public le remboursement des 2,000 florins qu'Adorno l'avait forcé de payer. La décision est ainsi intitulée : « Declaratio ad favorem Damiani Catta« nei, quod condemnari non potuit ad restitu« tionem pecunie que eidem fuerat data pro « premio laborum per ipsum latorum uti ca« pitaneum plurium triremium in obsidione « Cipri et alibi. »

dominus Dominicus de Campo Fregoso, tunc dux, respondit quod, providendo dicto Damiano et non aliis consiliariis, esset eis magna confuxio, et bene sufficiebant dicto Damiano dicti floreni duo millia quos habuerat a patronis.

Contingit quod dominus Anthoniotus Adurnus statim incepit presidere huic civitati[1]. Magno sucensus hodio contra dictum Damianum, et sine aliqua racionabili causa, fecit dictum Damianum animose inquietare et molestare ab officialibus camere Orientis, nec non inique et contra Deum et jusjiciam condemnare; et quod pejus fuit, non permisit dictum Damianum prosequi appelacionem interpositam a dicta iniqua, voluntaria et injusta condemnacione; sed omnino, ut impleret suum iniquum propositum, fecit exigi a dicto Damiano indebite et injuste et contra Deum, justiciam et omnem equitatem, integros dictos florenos duo millia, ex quibus revera non exegerat mile quingentos, quos florenos duo millia ab ipso Damiano exactos vertit in comunem Janue, in magnum dapnum et prejudicium dicti Damiani.

Quare, cum indecens sit et injustum dictum comunem Janue, cui numquam fuit dicta peccunia [numerata a dicto comuni[2]] aliqualiter detracta, debere locupletari cum aliena jactura, et ducalis celsitudo vestra, cujus status super jure et justicia est fundatus, sit proclivis, more cujuslibet justi judicis, quod cuicumque jus petenti reddatur, quod fieri non[3] [potest nisi] de ipso prius de modo debito cognoscatur; eapropter dictus Damianus humiliter suplicat celsitudini vestre, vestroque memorato consilio, quod, intuitu justicie et veritatis, dignemini facere videri, examinari et cognosci si dictus Damianus, qui, obstante potencia dicti domini Anthonioti, non potuit libere uti sua deffensione, fuit de jure et cum justicia condemnatus et exactus ut supra, necne; et in quantum fuerit cognitum quod non fuerit juxte condemnatus et exactus, dignemini declarare et pronuntiare dictam peccuniam restituendam esse dicto Damiano et ad ipsam restituendam eidem Damiano dictum comunem et sindicum dicti comunis sive aliter condepnari.

Petens, etc.[4].

---

[1] Antoniotto Adorno fut élu doge de Gènes en 1384.

[2] *Numerata a dicto comuni.* Nous mettons entre crochets ces mots qui se trouvent, probablement par erreur, dans le texte, et qui dénaturent complétement le sens de la phrase.

[3] Le papier est percé à la suite de ce mot; nous suppléons les mots *potest nisi*.

[4] Ainsi au Ms.

1ʳᵉ PARTIE. — DOCUMENTS. 781

1395, 23 juin. A Gènes.

Requête adressée au doge et au conseil des Anciens de Gênes par Clément de Prémentorio, génois, à l'effet d'être admis à fournir ses preuves et à poursuivre ses droits contre le roi de Chypre, qui refusait de mettre Prémentorio en possession d'un fief de soudées de mille besants, acheté par lui de Simon de Montolif[1].

Gênes. Arch. du gouvern. *Collegio. Diversorum. Filza* I. 1375-1409. *Ex foliatio M. Antonii de Credentia*, 1391-1398. Expédition du temps.

Ducali magnificentie ejusque venerando antianorum consilio reverenter exponitur pro parte Clementis de Prementorio, civis Janue, quod, cum, per serenissimum principem dominum regem Cipri, concessum fuerit dicto Clementi et heredibus suis in feudum perpetuum habendi et percipiendi mille bissancios annis singulis, assignatos per eum videlicet, in et super tintoria civitatis Famagoste, bissancios quingentos nonaginta quinque et dimidium, et super bulla[2] clamelotorum dicte civitatis Famaguste, bissancios quadringentos octo et dimidium, recipiendos secundum soluciones fieri usitatas. Et quod feudum acquisivit dictus Clemens nomine cambii a Symone de Monteollivo[3], ex eo quia dictus Clemens solverat bissancios sex milia de Nicosia numeratos pro dicto Symone, et ut de predictis apparet in quodam privilegio dicti domini regis cum bulla plombea, et de solucione predicta apparet scriptura publica. Et qui Clemens fuerat missus in possessionem dicti feudi seu quasi per dictum dominum regem, et jam perceperat per procuratorem suum certam quantitatem dicti feudi.

[1] Je détache cette requête de l'acte ducal qui reçut non-seulement Prémentorio à exhiber ses preuves, mais, les preuves ayant été produites, reconnut les droits du réclamant et lui concéda la faculté, admise encore par le droit international, de se rendre justice lui-même sur les biens du roi de Chypre et sur les Chypriotes, en se conformant, est-il dit, aux statuts. L'acte est du 25 août 1395, et porte la rubrique de : *Concessio represaliarum adversus regem Cipri ad instantiam Clementis de Prementorio*. C'était la concession de lettres de *marque,* dites aussi *Laudes* ou *Represaliæ,* usage sur lequel on peut voir la 55ᵉ dissertation de Muratori (*Antiq. italic.* t. IV), et les justes observations de Philippe de Maizières, dans le Iᵉʳ volume de nos preuves, pag. 385. La plupart des statuts des villes maritimes déterminaient les cas dans lesquels les représailles étaient permises. L'exercice des lettres de marque de Prémentorio, du 25 août 1395, fut suspendu le 28, jusqu'à ce que la notification de la concession eût été faite au roi de Chypre; mais le 3 mars 1396 le conseil de Gênes, informé de la notification, lève la suspension et confère pleine et nouvelle force aux premières lettres de représailles dont Prémentorio put se servir dès ce moment contre le roi. On ne trouve pas quelle suite eut cette affaire. Une des pièces de la procédure constate qu'en 1374 Jacques de Saint-Michel était vice-chancelier du royaume de Chypre.

[2] Le plombage.

[3] Simon de Montolif, peut-être le camérier de Chypre en 1360. Tom. Iᵉʳ, p. 230.

Quod feudum comune Janue, tempore pacis inite inter dictum dominum regem, ex una parte, et comune Janue, ex altera[1], non permissit dictum Clementem gaudere seu usufructuare dictum feudum. Et cum, vigore pacis predicte, actum et conventum fuerit inter comune Janue, ex una parte, et dominum regem, ex alia, quod dictus dominus rex « teneatur et debeat omnibus « et singulis Januensibus restituere et restitui facere omnia et singulla feuda « infra ipsum regnum assignata, et permittere ipsos Januenses gaudere et « possidere dicta feuda[2]. » Erat tamen licitum dicto domino regi, vigore dicte pacis, « redimere ipsa feuda et recuperare a dictis Januensibus, pro eo quo « dicti Januenses dicta feuda acquisivissent, cum proventu quinque pro cen- « tanario in anno, a tempore quo ipsa feuda non gaudiverint usque ad tem- « pus quo recuperabunt possessionem ipsorum feudorum; et hoc, infra annos « quatuor, computandos a die qua dictus rex aplicavit in dicta insula[3]. » Cavebatur etiam in dicta pace quod si dictus dominus rex non redimeret in dictum tempus dicta feuda, « quod ipse dominus rex ipsa feuda assignare « teneatur et debeat dictis Januensibus in dicta civitate Famaguste, et in alliis « rebus quam in concessis comuni Janue, si in dicta civitate fuerint res vel loca « extra predicta[4], in quibus dicta assignacio fieri possit. Et si intra dictam ci- « vitatem non fuerit locus vel res in quo vel qua dicta assignacio fieri possit, « fieri debeat per ipsum dominum regem intra territorium illarum duarum « leucarum datarum et concessarum comuni Janue ab Famagusta[5], si infra « dictos confines fuerit res vel locus in quo vel in qua dicta assignacio fieri « possit, extra res vel jura in dicto territorio concessas et concessa comuni « Janue. Et si intra territorium dictarum duarum leucarum non fuerit res « vel locus, extra dictas res vel jura comuni Janue tradita et concessa, in quo « vel in qua dicta consignacio fieri possit, quod ipsa assignacio fieri debeat

---

[1] Après le traité général de paix et de commerce, dressé à Gênes le 19 février 1383, pour régler les conditions auxquelles Jacques de Lusignan, alors en otage à Gênes, reviendrait en Chypre, où la mort de son neveu Pierre II l'appelait à la couronne. Ce traité a été publié par Sperone, *Real grandezza di Genova*, p. 116.

[2] Les parties guillemetées ici sont la reproduction presque textuelle des termes du traité de 1383, que Prémentorio invoquait. Sperone, pag. 126.

[3] Sperone, pag. 126-127.

[4] *Vel loca extra predicta*, mots fournis par Sperone, p. 127. Notre texte portait ici : *et loca extra predictam*, ce qui anticipe sur les dispositions de la phrase suivante. Il ne s'agit encore dans cette première phrase que des biens ou revenus situés dans l'intérieur de Famagouste, à l'exception de ceux dont il vient d'être parlé *extra predicta*, c'est-à-dire de ceux qui appartenaient à la république et sur lesquels l'assignation pouvait être faite.

[5] Sperone porte : *apud Famagustam;* mais *ab Famagusta* peut être maintenu, les deux lieues de territoire concédées aux Génois par le roi Jacques, dans le traité de 1383, partant de Famagouste.

« in alliis locis sui regiminis bonis et ydoneis[1], » prout et sicut in articulo pacis plenius continetur, ad quem se reffert.

Et cum intra dictum tempus, nec postea, dictus dominus rex dictum feudum redemerit, seu recuperaverit; et cum, ad instantiam dicti Clementis, per dominos duces preteritos scripte fuerint multe littere dicto domino regi, continentes quatenus dictus dominus rex dicto Clementi deberet de dicto feudo assignacionem in locis predictis facere prout in articulo pacis continetur; ac etiam datum fuit in mandatis et in tractatu capitaneis qui iverunt ad dictam civitatem Famaguste quatenus deberent dictam requisicionem facere nomine dicti Clementis dicto domino regi. Qui capitanei fecerunt dictam requisicionem dicto domino regi prout in comissione et mandatis habuerunt.

Qui dominus rex semper denegavit velle facere dictam assignacionem, vel solvere dictum debitum dicto Clementi; ymo, quod plus est, scripsit domino Francisco Justiniano, tunc duci[2], quod dicto Clementi nihil habebat de petito per eum facere, prout et sicut in dicta littera continetur; quare, cum dictus dominus rex indebite et injuste denegaverit solvere dictum debitum dicto Clementi, seu dictam assignacionem seu solucionem facere dicto Clementi, tam pro tempore preterito quam de venturo, et sic denegaverit justiciam facere dicto Clementi; et dictus Clemens, propter justiciam denegatam, intendat acquirere jura sua et ipsa prosequi contra dictum dominum regem et ejus subditos et bona ipsorum, prout postulant ordo et capitula civitatis Janue, et intendat super predictis suas probaciones facere ad verificacionem predictorum; eapropter dignetur magnificencia prelibata et ejus consilium committere domino vicario ducalli et sapientibus comunis Janue quatenus recipiant et recipere debeant quascumque probaciones voluerit facere dictus Clemens super predictis; et receptis dictis probacionibus, dicte probaciones transmictantur officialibus mercantie secundum formam capituli de hoc loquentis, et hoc in exibicione justicie et pro observacione capituli antedicti.

Millesimo tricentesimo nonagesimo quinto, die vigesima tertia Junii.

---

[1] Sperone, *Real grand.* pag. 127.
[2] François Justiniani prit et abdiqua deux fois le pouvoir ducal à Gènes dans les seules années 1393 et 1394.

1395, 28 août. A Gênes.

Adjudication pour un an, et pour le prix de 37,700 besants blancs, de la ferme des douanes de Famagouste, à Conrad Cigala. Conditions de la vente renfermant le tarif et le règlement de la douane de cette ville [1].

<small>Gênes. Arch. du gouvern. *Collegio. Diversorum. Filza* I. 1375-1409. *Ex foliatio Antonii de Credentia*, 1391-1398.</small>

Venditio comerchii Famaguste.

I.

In nomine Domini, amen. Illustris et magnificus dominus dominus Anthoniotus Adurnus, Dei gratia Januensium dux et populi defensor, et consilium dominorum decem octo antianorum, in sufficienti et legiptimo numero congregatorum, et illorum qui interfuerunt nomina sunt hec : Anthonius de Aqua loco prioris, D. Seguranus de Nigro legum doctor, Constantinus

---

[1] On trouve dans les *Filze* encore quelques autres ventes des gabelles de Famagouste. Le 25 août 1396, le fermage est adjugé pour 27,550 besants blancs ; le 3 juillet 1397, pour 34,133 besants et 8 carats ; le 5 juillet 1398, pour 34,000 besants. Si nous avions des données semblables, et surtout des documents détaillés pareils à celui que je publie, pour des intervalles assez rapprochés depuis le commencement du xiv° siècle jusqu'à la fin du xv°, nous pourrions suivre avec beaucoup de précision le mouvement commercial de Famagouste pendant la période la plus curieuse de son développement et de sa décadence. Nous devons, à cette occasion, remarquer que Maizières et Piloti, en signalant les causes générales de la décroissance du commerce de Famagouste, ont peut-être exagéré ce qu'ils ont dit du monopole établi par les Génois dans ce port, car nous voyons ici, dans l'acte de 1395, que les Vénitiens jouissaient, à Famagouste, du tarif même des Génois. Les marchandises des Vénitiens comme celles des propres sujets de la république de Gênes, n'acquittaient, en entrant ou en sortant, à la douane de Famagouste qu'un droit de 1 pour cent, tandis que les Sarrasins payaient 10 pour cent. Les Turcs, les Chypriotes, les Catalans, les Provençaux et tous autres commerçants, est-il dit dans les conditions de la vente, « payeront « suivant l'usage, ainsi qu'il a été réglé depuis « 1390. » D'après ces seules indications, il n'est pas facile d'évaluer d'une manière exacte le chiffre total des importations et des exportations de Famagouste à cette époque. En prenant comme moyenne du tarif pour tout le commerce du port le taux de 5 pour cent, taux qui nous paraît plutôt exagéré que trop faible, attendu que Gênes et Venise devaient à elles seules faire plus de la moitié du commerce ; en prenant ainsi le taux uniforme de 5 pour cent, et tenant le prix de la vente 37,700 besants, comme représentant seulement le chiffre des recettes de la douane, chiffre toujours supérieur au prix de fermage, on voit que le mouvement d'entrée et de sortie du port de Famagouste représentait encore en 1395, et pour le moins, un capital de 754,000 besants blancs, ou de 1 million 131,000 francs, valeur absolue, répondant à 7 millions de francs. Aujourd'hui le commerce total de l'île de Chypre, pour ses importations et ses exportations réunies, n'atteint qu'un chiffre de 3 millions 300,000 fr. Famagouste entre à peine pour le 40° dans cette somme. Presque tout le commerce maritime de l'île est, en effet, concentré maintenant dans le port de Larnaca. Limassol fait quelques expéditions en Égypte, et Cérines en Caramanie.

Ventus, Nicolaus de Ferremora de Pulciffera, Georgius Lomelinus Vincentii, Benedictus de Auria Andreoli, Carlotus Spinula, Dominicus de Cornilia notarius, Damianus Embriacus, Hector Marocellus, Badasal Picamilius, Johannes Bosius de Staiano, Augustinus Adurnus et Petrus de Laveosa de Vulturo. Scientes quod nobiles et discreti viri Gregorius de Negrono, Martinus Justinianus, duo de dicto consilio antianorum, Conradus Burgarus et Thomas Imperialis, duo ex octo officialibus de moneta comunis Janue, de commissione et mandato ipsorum magnifici domini ducis et consilii, exposuerunt venalem introytum comerchii Famaguste, pro anno uno, inchoando ut infra; et considerantes quod ipsi supernominati quatuor officiales et commissarii per plures dies dictum introytum publice et alta voce fecerunt incalegari[1] et subastari per publicos cintracos seu precones comunis Janue, in bancis[2] et in dugana comunis, colligendum et exigendum secundum formam clausularum dicti introytus subscriptarum, et quod subsequenter, Conradus Cigala, civis Janue, in empcione dicti introytus, pro dicto anno uno, obtulit majus precium se daturum, scilicet bisancios triginta septem millia septingentos albos ex currentibus in Famagusta, solvendos per quatuor pagas ut infra continetur; et volentes prefati magnificus dominus dux et consilium, in observacione et execucione ordinatorum per dictos commissarios, dicto Conrado vendicionem facere per publicum instrumentum de comerchio seu introytu comerchii supradicto pro dicto tempore anni unius et sub clausulis infrascriptis; agentes nomine et vice comunis Janue et pro ipso comuni, vendiderunt et titulo et ex causa vendicionis cesserunt, dederunt et traddiderunt, seu quasi, eidem Conrado Cigale, civi Janue, presenti, ementi, stipulanti et recipienti, pro se, et habente vel habituro seu habentibus vel habituris causam ab eo, comerchium seu introytum comerchii civitatis Famaguste, sive jus colligendi, exigendi, percipiendi et habendi, seu colligi et exigi faciendi per se vel collectorem seu collectores suos, per annum unum complectum, incipiendum immediate finito tempore vendicionis dicti comerchii facte anno proxime preterito Leonardo Grillo per comune Janue, sub modis, formis et tenoribus clausularum ejusdem introytus infra descriptarum, et in omnibus et per omnia prout in ipsis clausulis lacius et plenius continetur; pro precio et finito precio dictorum bisanciorum triginta septem millium septingentorum alborum ex currentibus in

---

[1] *Incalegari*, vendre aux enchères. Voy. les observations de M. de Sacy, *Notices et extraits des Mss.* t. XI, p. 23, n. On lit dans un traité de Tunis avec Florence de l'an 1424 : « Vendere ad calegam seu a l'incanto. »

[2] La *piazza di Banchi*, où est la Bourse.

Famagusta, quorum quartam partem dictus Conradus emptor tenetur et debet ac solempniter promisit prefatis magnifico domino duci et consilio, et ad cautellam michi Anthonio de Credentia, notario et cancellario infrascripto, tamquam publice persone, officio publico stipulantibus et recipientibus, nomine et vice dicti comunis Janue, dare et solvere, seu dari et solvi facere massariis dicti comunis in dicta civitate Famaguste, ad ipsorum massariorum liberam voluntatem, cum primum hee due galee grosse passagii Cypri de proximo recedendo de portu Janue, sive dictus Conradus emptor, sive etiam alius collector ipsius aplicuerint Famagustam, et singulis tribus mensibus proxime secuturis et immediate postea computandis, unam quartam partem precii supradicti perficiendi finitis novem mensibus dicti anni.

Renunciantes prefati magnificus dominus dux et consilium, dicto nomine, exceptioni dicte vendicionis dicti comerchii, seu juris colligendi ipsum comerchium, sub clausulis infrascriptis et pro dicto precio solvendo ut supra, non facte rei ut supra et infra sic non geste, vel aliter, seu non sic se habentis, doli mali in factum, actioni, condicioni sine causa vel ex injusta causa, et omni juri.

Et si plus vallet dictus introytus, seu jus percipiendi et colligendi dictum comerchium, precio supradicto, scientes ipse dominus duc et consilium dicto nomine veram extimacionem ipsius, illud plus, quantumcumque foret, dicto Conrado emptori presenti et recipienti, mera, pura et libera donacione inter vivos, que jure ingratitudinis vel alio quovis jure vel modo revocari non possit, donaverunt et libere remiserunt.

Renunciantes, dicto nomine, legi qua subvenitur deceptis ultra dimidiam justi precii et omni juri; promittentes et solempniter convenientes ipse illustris dominus dux et consilium, nomine quo supra, prefato Conrado emptori, presenti et solempniter recipienti, dictum introytum seu jus colligendi dictum comerchium eidem, et habenti vel habituro seu habituris causam ab eo, pro dicto anno hujus vendicionis, numquam subtrahere vel advocare, seu subtrahenti vel advocanti aut subtrahere vel advocare volenti consentire, sed pocius deffendere, auctorizare et disbrigare ab omni persona, corpore, collegio et universitate, propriis expensis ipsorum vendentium, dicto nomine seu dicti comunis Janue; remisa in predictis prefato emptori et habenti, vel habituro seu habituris causam ab eo, neccessitate denunciandi et interpellandi, ac qualibet alia juris solempnitate.

Quamquidem vendicionem, omniaque demum et singula super et infrascripta, prefati magnificus dominus dux et consilium, nomine et vice dicti comunis Janue, promiserunt et solempniter convenerunt dicto Conrado emptori, presenti et ut supra stipulanti et recipienti, ratam, gratam et firmam, et rata, grata et firma habere perpetuo et tenere, attendere, complere et observare, et contra in aliquo non facere vel venire, aliqua racione, causa, modo vel ingenio, de jure vel de facto, sub pena dupli dicti precii, cum restitucione dampnorum, interesse et expensarum, quæ propterea fierent litis et extra, stipulata solempniter et promisa; ratis manentibus supradictis, et sub ypotheca et obligacione omnium bonorum ipsorum vendentium, dicto nomine, seu dicti comunis Janue, habitorum et habendorum.

Insuper, dictus Conradus emptor, acceptans dictam vendicionem, promisit dictum precium per quatuor pagas, et per super limitatos terminos, solvere seu solvi facere dictis massariis, vel cui solvi debuerint, sub ypotheca et obligacione omnium bonorum ipsius presentium et futurorum. Et pro eo solempniter intercesserunt et fidejusserunt versus præfatos magnificum dominum ducem et consilium, et ad cautellam me dictum notarium et cancellarium, stipulantes et recipientes nomine dicti comunis, videlicet Marzochus Cigala et Obertus Squarzaficus, ambo pro una quarta parte dicti precii; Cataneus Cigalla, pro dimidia tocius dicti precii; et Anthonio Pelegrinus, pro reliqua quarta parte; omnes cives Janue, sub ypotheca et obligacione bonorum eorum et cujuslibet eorum habitorum et habendorum; renunciantes juri de principali primo conveniendo, legi *Sanccimus, C. de fidejussoribus*[1] et omni alii juri.

II.

Tenor autem clausularum dicte vendicionis ita subsequitur.
Vendicio introytus comerchii Famaguste fit in hunc modum:

1. Primo, videlicet quod quelibet persona Januensis, vel que pro Januense distringatur[2], solvat unum pro centanario valoris et extimationis rerum, de omnibus rebus, rauba, mercibus et mercanciis, que conducentur seu portabuntur ad portum Famaguste, vel ad aliquem locum insule Cypri de quo sit consuetum solvi comerchium Famaguste, sive dicte rauba, merces et mercancie exonerentur in dicto portu et civitate Famaguste, vel in alio loco dicte insule de quo consuetum sit solvi dictum comerchium, sive non exonerentur. Et quod res, rauba, merces et mercancie exonerate in dicto portu,

---

[1] Cod. Lib. VIII, tit. xli, l. 26. — [2] Sur ces expressions, voy. t. Ier, p. 51, n. 4.

vel civitate Famaguste possint extrahi de dictis civitate et portu, ipsarum dominio non mutato, non solvendo quicquid aliud. Et similiter, solvatur unum pro centanario de omnibus et singulis rebus, rauba, mercibus et mercanciis que extrahuntur de dictis civitate et portu Famaguste, sive de aliquo loco dicte insule de quo consuetum sit solvi dictum comerchium.

2. De corporibus autem navium, gallearum, navigiorum, seu vaxorum navigabilium, magnorum vel parvorum, Januensium, vel aliarum nactionum quarumcumque, non solvatur dictum comerchium, nisi prout consuetum est solvi.

3. Item, quod de auro, argento et jocalibus, solvatur per Januenses tercium, sive tercia pars unius pro centanario, tam pro introytu quam exitu, modo quo dictum est in capitulo precedenti.

4. Item, quod omnes et singuli Veneti, et qui pro Venetis tractantur seu tractentur, solvant dictum comerchium prout Januenses.

5. Item, quod omnes et singuli Januenses, et qui pro Januensibus distringuntur, seu aliqua alia persona pro ipsis, cujuscumque generis vel nationis sint, teneantur et debeant solvere unum pro centanario de omnibus rebus, rauba, mercibus et mercanciis; et de auro, argento et jocalibus, tercium unius pro centanario, que onerabuntur et discarigabuntur in Syria, videlicet a Jaffa usque Borbonelum[1], ipsis locis comprehensis, et in quolibet loco existenti infra dicta loca seu confines. Sane semper intellecto, quod rauba, merces et mercancie que solverint unum pro centanario in Famagusta, non plus solvere teneantur, quamvis venirent in Syriam, intra supradictos confines; et quod predicti Januenses, vel qui pro Januensibus distringuntur, compelli possint per quemlibet magistratum Januensem ad solvendum ipsum comerchium dicto collectori, ut superius dictum est.

6. Item, quod quilibet patronus cujuscumque navigii seu vaxis navigabilis, parvi vel magni, cujuscumque generis vel nationis sit, sive Januensis, sive extraneus, qui, intra dictos confines Syrie, onerasset vel exonerasset raubam, merces, seu mercantias aliquorum Januensium, vel qui pro Januensibus distringantur, vel aliarum personarum nomine Januensium, possit compelli per quemlibet magistratum Januensem ad requisitionem dicti collectoris ad manifestandam[2] raubam, merces et mercantias quorumlibet Januensium, seu qui pro Januensibus reputentur, sub vinculo sacramenti.

---

[1] *Borbonelum* était un petit port du golfe d'Alexandrette, au sud de la ville d'Alexandrette et au nord du cap Ras el Khanzir.

[2] Déclarer en détail les marchandises, d'où est venue l'expression *manifeste d'un navire*.

7. Item, quod omnes et singuli negotiorum gestores seu ochili Januenses, seu qui pro Januensibus reputantur, existentibus in partibus Syrie, intra supradictos confines, vel in aliquo loco insule Cypri, seu alio, de quo colligi deberet presens introytus, compelli possint per quemlibet magistratum, seu consulem Januensem illius loci, in quo talis negotiorum gestor seu ochili fuerint, ad requisitionem dicti collectoris vel procuratoris ejus ad dicendum et manifestandum dicto collectori, seu procuratori suo, omnem raubam, merces et mercantias Januensium, seu qui pro Januensibus reputantur, seu aliarum personarum pro Januensibus antedictis.

8. Item, quod omnes et singuli Saraceni, subditi domini soldani Babilonie, solvant de omnibus rebus, rauba, mercibus et mercanciis pro introytu civitatis et portus Famaguste, vel alicujus loci dicte insule Cypri, de quo consuetum sit solvi dictum comerchium, decem pro centanario; et de exitu dicti portus et civitatis, sive insule, secundum quod solitum est solvi pro comerchio supradicto; et de auro, argento et jocalibus, more consueto.

9. Item, quod omnes et singuli Turchi et alii Saraceni qui accesserint ad portum et civitatem Famaguste, vel ad aliquem locum dicte insule de quo sit consuetum comerchium solvi, solvant, tam pro introytu, quam pro exitu, pro dicto comerchio Famaguste, de omnibus rauba, mercibus et mercanciis, auro, argento et jocalibus prout solitum est solvi.

10. Item, quod omnes et singuli subditi domini regis Cypri tractentur ad dictum comerchium prout soliti sunt tractari.

11. Item, quod omnes et singuli Catalani qui accesserint ad civitatem et portum Famaguste, vel ad aliquem locum dicte insule de quo consuetum sit solvi dictum comerchium, tractentur et tractari debeant ad dictum comerchium prout tractati fuerunt a millesimo trecentesimo nonagesimo citra, tam pro introytu, quam pro exitu.

12. Item, quod omnes et singule alie persone, cujuscumque generis et nationis exceptis supranominatis existant, que accesserint ad civitatem Famaguste, vel ad aliquem locum dicte insule de quo consuetum sit solvi dictum comerchium, teneantur et debeant sòlvere, tam pro introytu, quam pro exitu, prout sunt consuete solvere comerchium supradictum.

13. Item, quod liceat et licitum sit dicto collectori dicti introytus dicti comerchii accipere a qualibet persona contrafaciente et sic condemnata esse intelligatur ipso facto ad solvendum, de uno duodecim, tocies quocies repertum fuerit contrafecisse.

14. Item, quod qui emet seu colliget dictum comerchium possit esse et

sit baylus dicti comerchii, cum illa potestate et baylia quam alii bayli precessores soliti sunt habere, et ad omnia et singula supradicta.

15. Item, quod quilibet emptor dicti comerchii teneatur et debeat solvere libras viginti quinque impositas per comune Janue pro stagia dicti comerchii quolibet anno, intellecto quod, licet essent plures emptores, non propterea solvant nisi unicas libras viginti quinque inter omnes, singulo anno.

16. Item, quod dictus collector non possit compellere aliquam personam ad solvendum dictum introytum de rauba, mercibus et mercanciis, et de aliis rebus supra specificatis, unum pro centanario, prout supra dictum est, pro introytu, usque ad menses tres proxime venturos postquam dicte rauba, merces et mercancie et alia supradicta applicuerint in portu Famaguste seu exonerate fuerint in dicta civitate Famaguste; teneatur tamen dictum collectorem tutum et cautum facere de solvendo dictum introytum, lapsis dictis tribus mensibus, et ad id compelli debeant ad instantiam dicti collectoris. De exitu vero predictarum raube, mercium et aliorum supradictorum teneatur quelibet persona solvere dicto collectori ipsum comerchium ad numeratum, ita quod de predictis fiat prout moris est et solitum solvi in dicta civitate.

17. Item, quod omnes et singuli Provinciales[1] qui accesserint ad portum et civitatem Famaguste, vel aliquem locum dicte insule, tractentur et tractari debeant ad dictum comerchium prout tractati fuerunt a millesimo trecentesimo nonagesimo citra, tam pro introytu quam pro exitu.

18. Item, quod dictus collector dicti comerchii teneatur solvere quartam partem precii emptionis dicti comerchii quando incipiet colligere introitum supradictum, et reliquas tres partes dicti precii solvere teneatur de tribus mensibus in tres menses, prout solitum est solvi cabelas Famaguste.

19. Item, quod omnes et singuli patroni, massarii et scribe quorumcumque navigiorum Januensium vel extraneorum, seu quarumcumque nationum, teneantur manifestare et dare in scriptis res, merces et mercancias obligatas solutioni, que adducerentur, vel apportarentur ad dictam civitatem Famaguste, vel ad aliquem locum dicte insule, seu de dictis locis vel aliquo ipsorum extraherentur, seu extracte forent, de quibus debeat dictum comerchium solvi; et personas, seu nomina personarum, quarum essent, vel quorum nomine essent onerate, et aliarum, quibus consignate forent. Et

---

[1] Les Provençaux et en général tous les habitants de l'ancienne Narbonnaise.

ad id compelli possint, tam vinculo juramenti, quam aliis remediis opportunis.

20. Item, quod quelibet persona, cujuscumque conditionis existat, ad instantiam collectoris dicti introytus possit compelli ad jurandum de veritate, et ad manifestandum de omnibus pertinentibus, seu que pertinere possent ad comerchium supradictum.

De quibus omnibus supradictis illustris et magnificus dominus dominus dux prefatus et consilium mandaverunt, et dictus Conradus rogavit confici debere publicum instrumentum per me jamdictum Anthonium de Credentia, notarium et cancellarium comunis Janue infrascriptum, presentibus et ad predicta omnia consencientibus infrascriptis septem ex octo officialibus provisionis communis Janue, quorum nomina sunt hec : Bartholomeus Pindebeni de Vernacia, notarius, Stephanus Cataneus, Leonardus Gentilis, Clemens de Facio, Clemens de Prementorio, Leonardus de Auria et Batistus Lomelinus.

Actum Janue, in palacio ducali, videlicet in camera cubiculari prefati magnifici domini ducis juxta turrim, anno Dominice Nativitatis millesimo tricentesimo nonagesimo quinto, indictione secunda secundum cursum Janue, die sabati, vigesima octava mensis Augusti, inter terciam et nonam. Interfuerunt etiam ibi pro testibus septem de officio provisionis superius nominati, ad hec vocati et rogati.

1397, 15 juin. A Barcelone.

Martin, roi d'Aragon, recommande à Jacques Ier, roi de Chypre, les intérêts de sa tante Éléonore d'Aragon, veuve du roi Pierre Ier.

Barcelone. Arch. de la cour. d'Aragon. Reg. de la chancell. roy. n° 2239, fol. 23 v°.

Rey, molt car cosi. Per ço com sera cosa en que trobarem placer molt gran, vos pregam affectuosament que tota vegada queus sera avinent nos vullats certificar de la salut et bon stament vostra et de nostra molt cara cosina la reyna, vostra muller. E per ço que som certs quen haurets placer, vos certificam que, per gracia de Deu, nos e la reyna nostra muller e el rey de Sicilia, nostre car fill[1], segons letres quen havem haudes, som ben sans e en bona disposicio de nostres persones. Rey, molt car cosi, pregam vos affectuosament que los affers de nostra cara tia[2], la reyna de Xipre, haiats

---

[1] Martin, roi de Sicile, nommé comme son père, mort avant lui, en 1409.

[2] Éléonore d'Aragon, que les documents qualifient quelquefois du terme général de cousine, était en réalité tante, tia, de Martin, roi d'Aragon.

per recomanats axi com si fossen nostres propris; car, faent a ella bones obres, nos les pendrem a tant com si les fahiets a nos propriament. Axi mateix vos pregam carament que nostra molt cara cosina la infanta de Xipre [1] haiats per recomanada, et li façats tals obres que nos et tots et sos parents vos haian que grahir. Si algunes coses, rey, molt car cosi, vos plaen que nos puxam fer, escrivits nos en ab fiança de complir. La gracia del Sant Sperit sia ab vos. Dada en Barchinona, sots nostre segell secret, a xv dies de Juny del any de la Nativitat de Nostre Senyor M. CCC. XC. VII. Rex Martinus.

Lo rey d'Arago. A nostre molt car cosi, en Jacme, per la gracia de Deu, rey de Jherusalem et de Xipre [2].

1397, 15 juin. A Barcelone.

Lettre d'amitié de Martin, roi d'Aragon, à Marguerite de Lusignan, comtesse de Tripoli [3].

Barcelone. Arch. de la cour. d'Aragon. Reg. de la chancell. roy. n° 2239, fol. 23 v°.

Molt cara cosina. Per ço com sabem que haurets plaer, vos certificam que, gracia de Deu, nos et la reyna nostra cara muller et lo rey de Sicilia, nostre molt car fill, segons letres quen havem haudes, som ben sans et en bona disposicio de nostres personnes. Desijant saber la vostra sanitat et bon estament, perqueus pregam quens en vullats certificar ab les galees, o ab en G. de Casasage, et fer nos nets asseyalat plaer. E si algunes coses, molt cara cosina, volets que nos puxam fer, scrivits nos en ab fiança de complir. E sie en vostra guarda l'Esperit Sant. Dada en Barchinona, sots nostre segell secret, a xv dies de Juny del any de la Nativitat de Nostre Senyor MCCCXCVII. Rex Martinus.

Lo rey d'Arago. A nostra molt cara cosina Margarida, infanta de Xipra et comtessa de Triple [4].

---

[1] Marguerite de Lusignan, comtesse de Tripoli, à qui le roi écrit le même jour.

[2] Note du secrétaire : « Dominus rex mandavit mihi Guillelmo Poncii. » Le 12 août 1393, Jean Ier, roi d'Aragon, prédécesseur du roi Martin, voulant faciliter le règlement des affaires pour lesquelles une personne de confiance se rendait en Chypre au nom d'Éléonore d'Aragon, avait autorisé les notaires de son royaume à recevoir, sous l'autorité impériale, tous actes concernant les affaires de la reine. « Volumus et nobis placet, ac licenciam plenariam elargimur cuicumque notario seu notariis dominii nostri, imperialem auctoritatem habentibus, quod, absque alicujus pene incursu, libere possint auctoritate imperiali predicta recipere et conficere ac claudere instrumenta jamdicta. » Regist. 1924, fol. 183 v°.

[3] Voy. ci-dessus, p. 770, n.

[4] Note du secrétaire : « Dominus rex mandavit mihi Guillelmo Poncii. »

1397, 20 juillet. De Barcelone.

Lettres d'amitié du roi d'Aragon au roi de Chypre, à la reine de Chypre et à la comtesse de Tripoli.

Barcelone. Arch. de la cour. d'Aragon. Reg. de la chancell. roy. n° 2239, fol. 48.

I.

Serenissime princeps et consanguinee nobis carissime. Scire de statu et incolumitate vestre persone necnon illustrissime consortis et prolis vestri nova letifica intimo cum desiderio postulantes, serenitatem vestram rogamus attente quatenus de predictis velitis quociens possibilitatis casus affuerit, vestris nos apicibus jocundari. Ceterum quia illud idem audire de persona nostri, necnon illustrium consortis et regis Sicilie, carissimi nati nostri, vocetenus affectatis, serenitati vestre hujus serie reseramus quod nos et alii premissi sanitate corporea in expedicione hujusmodi, per Dei gratiam, fruebamur, dispositi ad queque vestra beneplacita; confidenter serenitatem vestram affectuose precantes quatenus relatibus fidelis naturalis et subditi nostri Bernardi de Santo Saturnino, decretorum doctore, quem informavimus de nostra intencione plenarie super quibusdam negociis illustris regine Elienore, amite nostre carissime, relicte ab illustrissimo Petro, bone memorie, rege Cipri et Jherusalem, per quorum direccione votiva e vestigio illuc tendit, vobis placeat fidem credulam adhibere, et operari taliter super eis quod negocia dicte nostre amite succedant et disponantur prospere et valiter ut optamus. Et regraciabimur ista, princeps serenissime, vobis multum, qui queque vobis placibilia faceremus liberaliter ut prefertur. Data Barchinone, sub nostro sigillo secreto, die xx Julii, anno a Nativitate Domini MCCCXCVII. Rex Martinus.

Rex Aragonis. Serenissimo principi Jacobo, Dei gratia, regi Jherusalem, Cipri et Armenie, consanguineo nostro carissimo [1].

II.

Serenissima principissa et consanguinea nostra carissima [2]. Scire de statu et incolumitate persone vestre nova letifica intimo cum desiderio postulantes, serenitatem vestram rogamus attente quatenus de predictis quociens possi-

---

[1] Note du secrétaire : Dominus rex mandavit mihi Guillelmo Poncii.

[2] Héloïse de Brunswick, reine de Chypre, fille de Philippe, mort dans l'île.

bilitatis casus affuerit, vestris nos apicibus jocundari. Ceterum quia illud idem audire de persona nostri, necnon illustrium consortis et regis Sicilie, carissimi nati nostri, vocetenus affectatis, serenitati vestre hujus serie reseramus quod nos et alii premissi sanitate corporea in expedicione hujusmodi, per Dei gratiam, fruebamur, dispositi ad queque vestra beneplacita confidenter. Data Barchinone, sub nostro sigillo secreto, die xx Julii, anno a Nativitate Domini, M CCC XCVII. Rex Martinus.

Rex Aragonis. Serenissime principisse, Dei gratia, regine Jherusalem, Cipri et Armenie, consanguinee nostre carissime[1].

III.

Similis litera, mutatis mutandis, ommissa illa clausula incipienti : *Dispositi*, fuit expedita sub eisdem signo et mandato et directa inclite ac magnifice principisse Margarite, comitisse de Tripol, consanguinee nostre carissime [2].

1397, 14 août. A Barcelone.

Martin, roi d'Aragon, donne à sa tante Éléonore d'Aragon, reine de Chypre, une pension viagère de 2,000 florins d'or à percevoir sur la part des dîmes ecclésiastiques du diocèse de Tarragone, que le pape a concédée au roi d'Aragon.

Barcelone. Arch. de la cour. d'Aragon. Reg. de la chancell. roy. n° 2313, fol. 1 v°.

Nos Martinus, Dei gratia, rex Aragonis et cetera. Quia non minus regalis prosapia, de qua, idemptitate nostri sanguinis, vos illustris Alionora, regina Jherusalem et Cipri, consanguinea nostra carissima, prodire [noscitis, et] deffectus reddituum seu peccuniarum, qui circa sustentacionem vestri status multipliciter vos tenet, necnon regalis clemencia quam rex regum sua inefabili largitate infundere menti nostre dignatus est, nos inducunt ut ad vos manum liberalitatis nostre munificam extendamus, ideo, tenore presentis, de certa sciencia et consulto, moti ex causis premissis et aliis rationabilibus atque justis, damus et concedimus vobis dicte regine duos mille florenos auri de Aragone annuales et rendales, in quibus tamen includantur illi mille floreni annuales et rendales quos serenissimus dominus rex Johannes, memorie recolende, frater noster, antequam ad dignitatem regiam fuisset assumptus, cum carta sua data in loco de Albelda, xv die

---

[1] Note du secrétaire : « Dominus rex mandavit mihi Guillelmo Poncii. »

[2] Marguerite de Lusignan. Voy. ci-dessus, p. 770, n.

Marcii, anno a Nativitate Domini mccc octuagesimo quarto, vobis dicte regine dedit et concessit toto tempore vite vestre. Quos quidem duo mille florenos habendos et percipiendos per vos et quem seu quos volueritis, annis singulis, dum vitam duxeritis in humanis, assignamus vobis super quacumque pecunia proventura ex decimis civitatis et campi Terracone, que nobis solvi debebunt in ipsis civitate et campo per archiepiscopum et alias quascumque ecclesiasticas personas ecclesie Terracone, ex concessione inde noviter nobis facta et de [novo] fienda per dominum summum pontificem graciose. Ita quod vos, dicta regina, et quem seu quos volueritis loco vestri, quamdiu vixeritis, ut est dictum, per vos vel procuratores aut nuncios vestros, petatis, exigatis, recipiatis et habeatis anno quolibet, ut prefertur duos mille florenos predictos a collectoribus sive receptoribus ad ipsas decimas assignandis, in civitate et campo jamdictis, vigore hujusmodi donacionis et assignacionis, quas vobis facimus pure, libere et absolute, sicut melius et utilius ad vestri bonum et sanum intellectum possit intelligi sive dici. Quasquidem donacionem, assignacionem promittimus in nostra bona fide regia et etiam juramus per Dominum Deum et ejus sancta quatuor Evangelia, manibus nostris corporaliter tacta, habere ratas et gratas, easque tenere et observare ac teneri et observari facere, et in nullo contrafacere vel venire, jure aliquo, causa vel etiam racione, volentes ac de certa scientia et consulte decernentes donacionem hujusmodi tanquam pro divine magestatis amore ac pietatis intuitu et reverentia culminis regii plenissimam obtinere in judicio et extra roboris firmitatem, nonobstantibus quibuscumque privilegiis, statutis, etc. Mandamus itaque de certa scientia et expresse, sub ire et indignacionis nostre incursu, universis et singulis ad predicta per nos vel alias quomodolibet depputtatis et deputandis quatenus dictos duos mille florenos quolibet anno, vobis vel cui volueritis loco vestri, persolvant, deliberent atque tradant, quocumque obstaculo quiescente, et omni excepcione remota. Recuperent tamen illi qui predicta solverint, in qualibet solucione, apocam[1] in quarum prima hujus tenor inseratur, in aliis vero de illa fiat mencio specialis; quoniam per hanc districte mandamus magistro racionali curie nostre[2], vel alii cuicumque a dictis receptoribus seu collectoribus vel aliis hec vobis solventibus compotum audituro, quatenus quicquid vobis harum donacionis et assignacionis vigore persolverint, in eorum compoto recipiat et admitat ipsis, ei restituentibus apocas supradictas. In cujus rei

---

[1] Quittance. — [2] Au maitre des comptes de la cour.

testimonium, presentem vobis fieri jussimus nostro sigillo ducali, cum nondum sigilla nostra regia sint facta[1], impendenti munitam. Data Barchinone, quarta decima die Augusti, anno a Nativitate Domini MCCCXC septimo. Rex Martinus[2].

[1] Martin était cependant monté sur le trône depuis plus de deux ans.

[2] Note du secrétaire : « Dominus rex mandavit mihi R° de Cumbis. » Le registre 2313 de la chancellerie royale renferme encore quelques pièces relatives à la rente de 2,000 florins que le roi Martin assurait à sa tante. Le 28 septembre 1397, le roi notifie la concession de la pension aux receveurs des deux parties des dîmes ecclésiastiques du diocèse de Tarragone accordées par le saint-siége à la couronne d'Aragon. (*Reg.* fol. 2 v°.) Le 10 décembre de la même année, apprenant que les payements de la reine de Chypre pouvaient souffrir quelques retards par suite d'autres assignations faites sur les mêmes revenus, le roi mande aux collecteurs de prendre, au défaut de ces revenus, le surplus de la pension de la reine sur les dîmes de Lérida. (*Reg.* fol. 9.) Le 24 octobre 1399, le roi Martin étant à Saragosse adresse aux receveurs une nouvelle recommandation pour le service exact de la rente de 2,000 florins à la reine de Chypre (*Reg.* fol. 35).

XIII.
JANUS DE LUSIGNAN,
ROI DE JÉRUSALEM, DE CHYPRE ET D'ARMÉNIE.

30 SEPTEMBRE 1398. — 28 JUIN 1432.

1402, 17 octobre. De Valence.

La reine d'Aragon prie le pape Boniface IX de prendre intérêt à la situation d'Éléonore, reine de Chypre, veuve du roi Pierre Ier, afin que cette princesse puisse dignement suffire à ses besoins [1].

Barcelone. Arch. de la cour. d'Aragon. Reg. de la chancell. roy. n° 2354, fol. 18.

Beatissime pater. Quia serenissimus dominus rex, vir et dominus noster carissimus, per suas affectuosas literas vestre nunc supplicat humiliter santitati ut circa necessitates illustrissime domine Elionore, regine Xipri, consanguinee nostre carissime, dignemini sic manus dirigere gracie apostolice adjutrices quod ipsa regina, considerata sui alti prosapia generis et regali fastigio quo incessit, possit decenter eis que sibi sunt necessaria habundare, nos, qui eidem regine et necessitatibus quoque suis premissis attentius compatimur, supplicamus quo humilius et affectuosius possumus vestre beatissime santitati quatenus supplicaciones et vota memorati domini regis viri nostri et hec nostra dignetur benigne suscipere, et premissis taliter providere quod memorata regina, in suis necessitatibus, per beneficia munificencie apostolice adjuvetur. Hoc enim, beatissime pater, habebimus in donum gracie singularis; et proinde refferemus vestre beatitudini, quam juxta votum conservet altissimus, dignas laudes. Data Valencie, sub nostro sigillo secreto, XVII die Octobris, anno a Nativitate Domini MCCCCII. La Reyna [2].

---

[1] La reine d'Aragon était Marie Lopez de Luna. Elle s'était associée aux mesures du roi pour assurer à la reine de Chypre le payement de la pension de 2,000 florins. Le roi Martin le rappelle dans sa lettre du 24 octobre 1399 : « Visis aliquibus contentis in quadam litera « illustris Marie, regine Aragonis, consortis « nostre carissime, vobis directa,... quam- « obrem vobis mandamus quatenus prefate « regine Cipri, respondeatis annis singulis,... « nec aliis quibuscumque literis seu provi- « sionibus et emparis nostris et dicte consortis « nostre.... obsistentibus ullo modo. »

[2] Note du secrétaire de la chancellerie : « Domina regina mandavit mihi Guillelmo « Poncii. »

1408, 4 février. A Gênes.

Le conseil des anciens autorise un emprunt pour secourir la ville de Famagouste [1].

Gênes. Arch. de la banque de Saint-Georges. Reg. XXXIV, fol. 315 v°.

M CCCC VII, die quarta Februarii.

Magnificus miles, dominus Ugho Choleti, locumtenens etc. Consilium ancianorum et officium provisionis communis Janue in sufficientibus et legittimis numeris congregata, deliberaverunt quod imponi possit et imponatur unum mutuum inter cives Janue de libris xxxvi millia, quarum librarum seu ex quibus libris xxviii millia computate libre, ii millia jam alias per dictum officium deliberatis, converti et errogari possint in expensis subsidii deffensionis et tutelle Famaguste, ea scilicet condicione et pacto quod dictis mutuantibus sive solventibus quidquam pro dicto mutuo fieri possit et debeat solucio usque ad concurrentem quantitatem soluti in eo et seu de eo quod Mahonenses et seu protectores et participes Mahone veteris Cipri contribuere solvere et seu conferre debebit seu debere terminabitur dictis expensis et etiam de quacumque pecunia quam quovismodo aut causa continget haberi a rege Cipri; et si habenda ut supra solucio dictis duobus modis aut casibus seu altero ipsorum non sufficeret ad complementum solucionis dictis mutuantibus debite possint et eis liceat ac eis ex nunc prout ex tunc concessum sit excusare per se se et alios residuum seu quicquid restarent tunc ad habendum ex dicto mutuo in addicione fienda avarie ordinarie de mccccviiii, sive anni proxime venturi. Relique vero libre viii millia, ad complementum dicte somme librarum xxxvi millia, converti, expendi et errogari possint in expensis subsidii [2] Corsice, excusande in additione fienda prime, proxime avarie ordinarie anni presentis, et hoc per se ipsos mutuantes et alios pro eis, ut jam superius dictum est. Et super contentis in dicta deliberacione, habito inter ipsos officiales maturo examine, deliberavit et consensit, repertis lapillis omnibus septem albis, nullo nigro, quod de pecunia communis expendi possint in dictis agibilibus defensionis et tutelle Famaguste usque in quantitatem librarum xxvi millia, ultra aliam deliberacionem per eos non dudum factam de aliis libris ii millia. Et quod de dictis libris xxviii millia ac aliis viii millia deliberatis pro provisione agendorum et subsidii Corsice,

---

[1] Famagouste était tenue sans cesse en alerte par les fréquentes attaques du roi Janus d'une part, et des galères catalanes de l'autre. J'avais déjà indiqué, t. Ier, p. 483, la pièce que je donne ici en entier.

[2] Au Ms. *subsii*.

que due quantitates capiunt summam librarum xxxvi millia, possit imponi et imponatur inter cives Janue unum mutuum, ea tamen lege et conditione servata quod dictum mutuum, sicut supra dictis occasionibus imponendum, exigi non possit nisi solum pro dimidio donec et nisi prius sit cognitum et terminatum qui et si qui debent vel tenentur conferre et contribuere cum commune Janue ad dictas expensas deffensionis et tutelle Famaguste an non. Et quod civibus in eo mutuantibus, tam pro toto, quam pro parte ab eis exigenda, secundum quod solvi continget, fiat restitucio et assignacio de qua et secundum quod in dicta proposita continetur.

1408, 8 février. A Barcelone.

Martin, roi d'Aragon, ordonne aux collecteurs des dîmes appartenant à la couronne dans les diocèses de Tarragone et de Lérida, de payer exactement la pension assurée à la reine de Chypre, Éléonore, nonobstant l'opposition faite par Jean de Zamora.

Barcelone. Arch. de la cour. d'Aragon. Reg. de la chancell. roy. n° 2313, fol. 69 v°.

Martinus, Dei gratia, rex Aragonis, et cetera. Dilectis nostris subcollectoribus decimarum in diocesi Terrachone et Ilerdensis ordinatis vel eorum locatenentibus et utrique eorum, salutem et dilectionem. Quia, prout accepimus relacione illustris Elionoris, regine Cipri, consanguinee nostre carissime, vos recusatis eidem exsolvere id quod sibi restat, pertinet et debetur ex decimis memoratis, juxta declaracionis literam per nos sibi concessam, data Barchinone sub nostro sigillo minori xxiiii die Januarii anno subscripto, eo quia, prout asseritis, fuit nobis presentata quedam requisitio et protestacio per Johannem de Çamora, nomine et pro parte creditorum et partem habencium in censualibus contractus vocati den Luqui Scaramp et den Ffrancesch Dande, ut regine eidem minime responderetis, prout in dicta requisicione continetur, quod in non modicum ipsius regine prejudicium atque damnum cernitur redundare; idcirco, instante et supplicante nobis dicta illustri regina, dicimus et mandamus vobis expresse et de certa sciencia quatenus, non obstante dicta requisicione vel alia in contrarium fienda, curretis eidem regine vel suo procuratori de sua assignacione quam hec super dictis decimis juxta literam supradictam ac concessionnem aliasque provisiones per nos super hiis ei concessas integre respondere, quibusvis per nos factis litteris aut fiendis in contrarium obsistentibus nullo modo. Data Barchinone, viii die Ffebruarii, anno a Nativitate Domini mccccviii. Rex Martinus [1].

[1] Note du secrétaire : « Arnaldus Mangosa, « mandato domini regis, facto per Guillelmum « Raimundi, decanum Dertuse, consiliarium « et promotorem, qui hanc vidit. »

1415, 23 décembre. A Barcelone.

Les magistrats de la commune de Barcelone nomment Raphael du Puy, Génois, consul des marchands catalans en Chypre [1].

Barcelone. Arch. de la municipalité. *Liber notularum.* Ann. 1410-1423.

Die Lune, xxiii mensis Decembris, anno a Nativitate Domini mccccxv°. In Dei nomine, noverint universi quod nos Marcus Turrelli, Johannes Fivallerii [2], Arnaldus de Torrente, Galcerandus Carbonis, Johannes Buçoti, consiliarii hoc anno civitatis Barchinone, de certis nostris scientiis, autoritate privilegiorum nobis et dicte civitati Barchinone, per illustrissimos dominos reges Aragonis et comites Barchinone indultorum et confirmatorum, quorum unum est insertum inferius ad cautelam, quia, prout nonnullorum fide dignorum relatione percepimus, nullus pro nunc civitatis Famagoste Cathalauorum officio justo titulo presidet consolatus, quinimo vaccat per obitum illius qui dictum officium ultimo obtinebat, et non deceat ipsum officium in dicta civitate Famagoste, qua sepius quamplures mercatores Cathalani et alii domini nostri regis Aragonis subditi cum eorum lignis et mercibus declinant et conveniunt, absque suo debito preside amplius remanere; idcirco indempnitati dicti officii et aliorum subditorum dicti domini nostri regis prout convenit intendentes, de certis nostris scientiis, de probitate et sufficientia vestri, venerabilis Raphaelis de Podio, mercatoris Janue, quem juxta informacionem per nos a fide dignis habitam ad regimen dicti officii, cui lapsis temporibus, dum vacabit, ut predicitur, quod amodo sine aliqua provisione nostri vel nostrorum predecessorum ad quos pertinuit et pertinet virtute dictorum privilegiorum, vos immiscuistis ibidem, ac laudabiliter habuistis, sufficientem et idoneum reputamus atque scimus erga nacionem dictorum Cathalanorum et ejus utilitatem publicam et directionem non modicum affectatum, tenore presentis carte nostre, sicut instrumenti publici utique firmiter valituri, eligimus, ponimus et constituimus vos, dictum venerabilem Raphaelem de Podio, in dicta civitate Famagoste et ejus territorio et districtu, in consulem Cathalanorum tam mercatorum, patronorum, lignorum et marineriorum, quam omnium aliorum de regnis, terris

---

[1] La pièce est biffée sur le registre. La raison en est peut-être que la nomination de Bernard du Puy fut ajournée ou annulée.

[2] Jean de Fivaller est un des magistrats municipaux dont le souvenir est resté le plus cher aux habitants de Barcelone. Sa statue a été récemment élevée dans cette ville à côté de celle du roi Jayme Ier le Conquérant, à la porte du nouveau palais de la commune.

et insulis ac dominacione serenissimi domini nostri regis Aragonis ad dictam civitatem Famagoste et ejus territorium et districtum navigantium, euntium et declinantium, ac ibidem residentium seu moram trahentium, tam in terra quam in maribus et aqua dulci dicte civitatis et locorum sui districtus, et omnium eorum mercium, bonorum et rerum. Concedentes et comittentes eadem auctoritate vobis, dicto venerabili Raphaeli de Podio, quod vos et non alius sitis in dicta civitate Famagoste et ejus districtu consul Cathalanorum et aliorum naturalium et fidelium dicti domini nostri regis Aragonis ibidem existencium seu confluentium, ac illuc navigantium seu euntium quomodocumque, et ibi presideatis eis omnibus; et super eorum causis et negociis, tanquam consul, tam in audiendo omnes eorum questiones et controversias et causas, et de eis cognoscendo, illasque decidendo et determinando, quam alias in et super personis, mercibus, rebus, bonis, negociis et causis eorum ordinandis, dirigendis, regendis et administrandis, et exhibenda ac administranda justicia inter eos, habeatis et exerceatis omnem illam seu similem jurisdictionem quam et prout alii consules qui preteritis temporibus ipsum rexerunt officium melius et plenius habuerunt, seu habere et exercere consueverunt, autoritate sui officii consulatus, gerendo tamen semper omnia ad fidelitatem et honorem dicti domini nostri regis Aragonis, et utilitatem ac bonum statum suorum fidelium subditorum.

Nos enim, autoritate qua supra, requirimus omnes et singulos Cathalanos et alios subditos et naturales dicti domini nostri regis Aragonis de dictis suis regnis, terris et insulis, ad dictam civitatem Famagoste et ejus districtum navigantes seu aplicantes, aut in eis mercantes, negociantes seu residentes, et ipsis eadem autoritate injunximus cum presenti quatenus vos, dictum venerabilem Raphaelem de Podio, habeant et teneant in dicta civitate Famagoste et ejus districtu pro consule suo, et ad vos tanquam consulem in partibus supradictis recurrant, vobisque obediant, pareant et attendant in et de omnibus pertinentibus ad ipsum consulatus officium; necnon respondeant et satisfaciant vobis de salariis et juribus, prout vobis quamdiu ante dictam hujusmodi provisionem, dum dictum rexistis consulatus officium, ut predicitur, respondere et satisfacere consueverunt. Presentem autem concessionem durare et valere volumus quamdiu de nostri vel successorum nostrorum consiliariorum dicte civitatis Barchinone beneplacito processerit et non ultra.

Tenor vero predicti privilegii regii, de quo supra fit mentio, sequitur sub his verbis : « Nos, Jacobus, Dei gratia rex Aragonis, Majoricarum et
« Valencie, comes Barchinone et Urgelli, ac dominus Montispessulani, con-

« cedimus et donamus integram licentiam et potestatem vobis consiliariis et
« probis hominibus Barchinone, tam presentibus quam futuris, quod pos-
« sitis ponere et eligere consulem vel consules quem et quos volueritis in
« partibus ultramarinis et in terra de Romania, et in quibuslibet aliis par-
« tibus in quibus naves vel ligna Barchinone navigaverint. Electionem autem
« quam de dictis consulibus feceritis laudamus, concedimus et confirmamus;
« mandantes omnibus illis qui per vos in consules electi fuerint quod reci-
« piant dictum consulatum et non contraveniant ullomodo. Mandamus in-
« super vicariis et bajulis Barchinone, presentibus et futuris, quod jamdictis
« consulibus per vos electis nullum impedimentum faciant vel contrarium.
« Volumus insuper et mandamus quod omnes subditi [tam] nostri quam alii
« teneantur firmare et respondere in posse dictorum consulum per vos elec-
« torum de omnibus questionibus et demandis per eos proponendis, et
« teneantur etiam eis in omnibus obedire. Data Terrachone, octavo idus
« Augusti, anno Domini millesimo ducentesimo sexagesimo octavo. »

In quorum omnium et singulorum fidem et testimonium, presens publicum instrumentum per infrascriptum notarium et scribam fieri et sigillo
consilii dicte civitatis Barchinone impendenti fecimus comuniri. Quod est
actum Barchinone, vicesima tercia die mensis Decembris, anno a Nativitate
Domini millesimo quadringentesimo quinto decimo. Signa nostri Marchi
Tourelli, Johannis Fivallerii, Arnaldi de Torrente, Galcerandi Carbonis et
Johannis Buçoti, consiliariorum predictorum, qui hec, nomine et auctoritate
predictis, laudamus, concedimus et firmamus. Testes hujus rei sunt venerabilis Galcerandus de Usellio et Raphael Ferrarii, mercator, cives Barchinone.

1424, 23 août et 1er octobre. A Gênes.

Délibération du conseil des anciens de Gênes, portant que le gouverneur de la ville, conformément à l'avis des sages de la république, sera prié de remettre Jean d'Andrée, Génois,
en possession de la charge de capitaine gouverneur de la ville de Famagouste, ou de lui
accorder une indemnité, ledit Jean d'Andrée ayant été empêché d'exercer l'office de capitaine auquel il avait été nommé. — Décision du gouverneur de Gênes confirmant la délibération des anciens, et remettant la satisfaction due à Jean d'Andrée à l'appréciation des
sages de la république.

Gênes. Arch. du gouvern. *Collegio. Diversorum. Filza* III. 1423-1424. *Ex foliatio Jacobi de Bracellis*, 1424-1431.

I.

Millesimo quadringentesimo vigesimo quarto, die vigesima tertia Augusti.
Magnificus dominus locumtenens gubernatorius Januensium, etc., et spec-

tabile consilium dominorum antianorum civitatis Janue, in sufficienti et legitimo numero congregatum, audita supplici requisitione Johannis de Andrea, civis Janue, in effectu continente quod, cum alias electus fuisset per magnificos dominos tunc presidentes in Janua pro illustrissimo et excelentissimo domino domino nostro duce Mediolani, domino Janue, etc.[1], consilium antianorum et officium provisionis Romanie, ad officia capitaneatus et massarie civitatis Famaguste; in quo loco Famaguste idem Johannes se transtulit ad exercendum dicta officia, et jam inceperit exercere; et quoquo pacto res se habuerit impeditus fuerit dicta officia exercere, in grave damnum et præjudicium ipsius Johannis, non tamen ob culpam aliquam ipsius Johannis; ob quam rem pecierit se ad dicta sua officia restitui, vel in locum officiorum sibi dari salaria et obventiones que et quas verisimiliter percipere potuisset, si toto tempore contento in litteris suis dicta officia exercuisset, vel aliter providere indemnitati sue; et presertim, cum per sapientes comunis cognitum fuerit nihil dictum Johannem demeruisse, aut culpam comisisse, quominus deberet dicta sua officia exercere, et consuluisse ipsum debere restitui ad dicta officia, cum salariis et omnibus emolumentis consuetis, et prout in dictis suis litteris continetur; omni via, jure, modo et forma quibus melius potuerunt et possunt, deliberaverunt, decreverunt et ordinaverunt quod illustris dominus gubernator Januensium solus possit ac dignetur et velit, attentis premissis, sive ex gratia, sive ex debito, suscipere eundem Johannem propicius recommissum, sibi providendo, donando, retribuendo et concedendo prout et sicut immense benignitati, discretioni et equitati ejusdem illustris domini gubernatoris videbitur et placuerit. Dantes in his supradicto illustri domino gubernatori soli plenam potestatem et bailiam quam ipsi domini locumtenens et consilium habent, non obstantibus aliquibus ordinibus vel statutis, vel aliis obstantiis quibuscumque, aliqualiter in contrarium facientibus vel disponentibus, quibus ex certa scientia derogaverunt, et vigore presentis decreti intelligunt fuisse derogatum. Johannes Stella, cancellarius.

II.

Millesimo quadringentesimo vigesimo quarto, die primo Octobris. Illustris dominus et ducalis Januensium gubernator, in executione litterarum illus-

---

[1] Philippe-Marie, duc de Milan, était maître de Gênes depuis l'an 1421. L'archevéque de Milan avait le titre de gouverneur de la ville et y commandait en son nom, comme autrefois Boucicaut y avait commandé pour le roi de France.

trissimi domini nostri et ducis Mediolani, etc., eidem scriptarum ad supplicationem Johannis de Andrea, civis Janue, et visis consilio[1] sapientum comunis super differentia tunc vertente inter sindicum comunis et dictum Johannem, occasione capitaneatus et massarie Famaguste, alias sibi collate, ac arbitrio et bailia sibi super inde datis et concessis per spectabile consilium antianorum Janue, vigore deliberationis signate manu Johannis Stelle, die vigesima tertia Augusti proxime preteriti; omnibus modo, via, jure et forma quibus melius potuit et potest, ratificavit et approbavit, ac ratificat et approbat quicquid per dictos sapientes comunis dictum et consultum est super dicta differentia, ac in omnibus et per omnia, prout et quemadmodum in dicto consilio continetur. Albertus.

1430, 11 mars. A Gênes.

Requête présentée au conseil des anciens de Gênes par Valeran Spinola, marchand de Chio, dont le navire avait été capturé par les sujets du seigneur turc de Stalimuri, près de Chypre; et lettre du conseil des anciens au capitaine de Famagouste, que l'on charge de seconder Spinola dans ses réclamations.

Gênes. Arch. du gouvern. *Collegio. Diversorum.* Filza V. 1418-1431. *Ex foliatio Jacobi de Bracellis*, 1429-1431, n° 6.

I.

Jhesus. Reverendissime dominacioni vestre et venerando consilio dominorum ancianorum civitatis Janue exponitur pro parte Valarani Spinulle quod, dum erat mercator, moram habens in Chio, et habebat certas merces super quadam naveta, patronizata per Antonium de Vintimilia, venientem de Baruto Chium, fuit dicta naveta cum mercibus capta per quosdam Theucros, homines et subditos cujusdam domini qui vocatur Grancalamus, cujusdam loci Stalamuri[2], juxta insulam Cipri; et in eodem loco fuit conductus quidam gripus, patronizatus per Nicolam Spata de Elgio, qui fuerat captus per quemdam alium Theucrum, qui se reducxit in dicto loco. In quo gripo ipse Valaranus habebat certas res et merces. Verum, quia ipse Valaranus indempnitati sue non potest providere, nixi in loco Famaguste sibi provideatur pro indempnitate sua, idcirco, supplicat dominacioni vestre ut dignemini committere dicto domino capitaneo Famaguste, pre-

---

[1] Je n'ai pas trouvé ce *conseil* ou avis particulier des sages de la république, qu'invoquent également les anciens dans leur précédente délibération du 23 août, et que le gouverneur de Gênes confirme dans le présent décret.

[2] Aujourd'hui Anamour, sur la côte de Caramanie. Voy. t. I, 216, et ci-dess. 48, n.

senti et futuris, quod, habita summaria informacione de dampnis illatis ipsi Valarano, provideat indempnitati ipsius per detemptionem et arestacionem hominum et bonorum subditorum dominio dicti Theucri, etiam confirmando quicquid antea fuisset factum per dictum nunc capitaneum ad providendum indempnitati ipsius Valariani.

II.

B. sancte Mediolanensis ecclesie archiepiscopus[1], ducalis Januensium gubernator, consilium antianorum et officium provisionis Romanie, nobilibus et egregiis viris capitaneis Famaguste, presenti et futuris. Carissimi, vir nobilis, Valaranus Spinula, carissimus civis noster, porrexit nobis supplicationem, cujus copiam jussimus, ad uberiorem informationem vestram, his litteris includi. Volumus autem, ac vobis expresse committimus ut, sumptis informationibus eorum quæ in supplicatione narrata sunt, dicto Valarano, et cuicumque ejus procuratori, ministretis favorabile justicie complementum; ita demum ut quicquid pro ejus indempnitate fieri potest ac debet, juris remediis fiat favorabiliter, ut decet. Data Janue, millesimo quadringentesimo, die undecima Martii.

1432, 17 mai. De Thonon.

Lettre du duc de Savoie aux sires de Montmayeur, d'Aix et du Saix, chargés de se rendre en Chypre pour épouser Anne de Lusignan, fille du roi Janus, fiancée au comte de Genève[2].

Turin. Arch. de la cour. *Regno di Cipro*, mazzo 1°. Extr. du n° 7. Copie du temps.

A nos chers, bien amez et feaulx conseillers, le sieur de Montmeur, mareschal de Savoye, le sieur d'Aix et Glaude de Saix, president de la chambre de nos comptes, le duc de Savoye.

Chers, bien amez et feaulx conseilliers, nous vous saluons de bon cuer. Nous avons receu les lettres que, à vostre partir de Venise, par Myonas nous avez envoyées, et ouy toutes les chouses qu'il nous ha rappourté de part vous. Quant au fait du mariage de nostre tres cher filz, le conte de Genève, et l'aisnée fille de nostre tres cher seigneur et frere le roy de Chipres, il est

---

[1] Barthélemy Capra, archevêque de Milan, gouvernait Gênes, au nom du duc Philippe-Marie Visconti.

[2] J'ai donné déjà plusieurs documents sur ce mariage, principe de l'alliance des maisons de Savoie et de Lusignan, dans le tom. Ier, p. 535, et dans ce présent volume, p. 10-23. La célébration définitive de l'union n'eut lieu qu'en 1434, à Chambéry. Voyez ci-dessus, p. 12, n.

vray que si toust que Symonin du Puy fut alés par devers luy, il formast et conclust ledit mariage, selon le povoir que par nous audit Symonin avoit esté donné, comme ilz appart par l'instrument dudit contract que ledit Symonin nous ha apporté, duquel et de ce que audit roy rescrivons, por vostre plainniere instruccion, vous envoyons les copies cy dedans encluses. Sy nous ha rappourté ledit Symonin que ledit roy luy avoit ordonné d'aller premierement à Rome, par devers nostre cousin messire le cardinal, son frere[1], ouquel il avoit donné toute puissance de moyenner et conclure sur trois pointz, pour lesqueulx passer et acourder avoit donné plain pouvoir tant audit Symonin, comme à l'evesque d'Angolisme[2], lequel evesque bien toust devoit estre cy par devers nous. Lesqueulx pointz sont teulx.

Le premier, que nostredit filz le conte de Geneve ratiffie tout ce que en son nom en ceste matiere a esté fait.

Le second, que nous faisons semblables plaiges, submissions et seurtés, que voullons que pour la partie dudit roy nous soyent faictes.

Le tier, que veuillons estre content que la venue de madite fillie soit prolonguée jusques au prochain moys d'avril.

Si avons disposé à la venue dudit evesque de passer et fere les deux premiers poinctz, car il sont licites et raysonnables. Et voullons que, se par la partie dudit roy en estiés requis, que semblablement les passés et oultroyés, car à ce fere, vous avés plain pouvoir, tant de nous comme de nostre dit filz. Mais quant au tier poinctz, de la prolongacion de la vennue de sa fillie et la nostre, vous savez les causes et consideracions par lesquelles nous et nostre pays desirons l'aceleracion de sadite venue. Et pour ce, instés en toutes les meillieures manieres que vous pourrés qu'elle vienne quant retournerés, à ce que la puissiez acompagner et conduyre. Et se d'aventure, pour la mutacion de ce qu'il nous la devoit rendre à Nyce, et despuis avons deliberé comme vous savés qu'elle veinne par Venise, aviet aucune alteracion de la dispense où aultrement, ne laissiés pas sur ce de y moyenner et conclurre tout ainsy que bon vous semblera ; car se vous estiés de par deça, se en escrierons nous à vostre deliberacion et conseil. Et que plus est, se tous ses habilliemens n'estoient prest, et aussy le premier payement des xx^m ducas qu'il doit fere à l'annel[3], ne laissez semblablement pour cela de l'amener, pourvoir que vous asseurés le mieulx que fere se pourra d'avoir yceulx habilliemens et

---

[1] Le cardinal Hugues de Lusignan.

[2] Jean, V° du nom, ou Robert de Montheron.

[3] *A l'anneau*, c'est-à-dire lors de la cérémonie des épousailles.

payement dedans ledit prochain moys d'avril, ou dedans aultre temps convenable, tel et si brief que obtenir le pourrés. Et se vous voyés qu'il ne soit aulcunement possible d'amenner avecques vous nostredite fillie, qui moult grief nous seroit, en celluy cas, oultroyés audit roy le retardement de sa vennue jusques audit prochain moys d'avril, en donnant ordre et prennant tel recept sur sadite vennue que, au pleisir de Dieu, elle puisse entrer en mer par tout le moys de may[1].

Escript à Thonon, le xxviie jour de May M. IIIIe XXXII.

[1] Le duc insiste ensuite, comme son conseil avait insisté dans les instructions du 3 avril 1433, pour que les procureurs n'accèdent point à la célébration des fiançailles avant d'avoir la certitude d'emmener la princesse de Chypre en Savoie.

NOTES SUPPLÉMENTAIRES.

DE DEUX LETTRES DE BARZIZA

QUE L'ON CROIT ADRESSÉES AU ROI JANUS DE LUSIGNAN.

Le Ms. n° 6 du pupitre ou *pluteus* XLVIII de la bibliothèque Laurentienne à Florence renferme, dans les mélanges qui le composent, une pièce (6° article du Ms.) intitulée : *Gasparini Barzizii ad regem Cypri orationes II*. Gasparino, né en 1378 à Barziza, près de Bergame, mourut à Milan à la fin de l'année 1430, ou au commencement de 1431. Les discours copiés dans le Ms. de Florence, s'ils étaient réellement adressés à un roi de Chypre, seraient donc un document du règne de Janus de Lusignan, et nous apporteraient un nouveau témoignage de la culture d'esprit de ce prince et de son amour pour les lettres. Barziza remercie son royal bienfaiteur des secours qu'il a daigné accorder à sa famille, et particulièrement à lui et à son frère, afin d'aider l'un et l'autre à perfectionner leurs études dans les universités de Paris, de Bologne et de Padoue. Barziza, dans l'élan de sa reconnaissance, aurait bien pu dire au roi Janus : « Tu pater patriæ, tu clementissimus tutor protectorque civium tuorum « semper fuisti. O felicem ac fortunatam insulam nostram, etc. » Mais s'il eût parlé à un prince occupé pendant la plus grande partie de son règne d'expéditions militaires et de préparatifs de guerre, comme le fils de Jacques Ier, il n'aurait pu ajouter : « Tu hoc regnum tuum hoc « tempore, quo totus fere orbis terrarum bellis ac odiis ardet, solus in perpetua pace atque in « summo ocio tua virtute ac sapientia contines; te regnante, nulla ab externis hostibus « sensimus nobis aliqua ex parte inferri bella. » Ces considérations ont certainement frappé les auteurs du Catalogue des Mss. Arundel du British Museum à Londres; aussi, décrivant le Ms. 138, où se trouve l'un des discours attribués à Barziza (fol. 123 v°), les rédacteurs font observer que le document et l'éloge, destinés suivant les uns au roi de Chypre, seraient adressés, suivant une autre opinion, bien plus probable, à Alphonse V, roi d'Aragon, de Sicile et de Naples, non par Barziza, mais par Antoine Becadelli, de Palerme, qui fut lecteur d'Alphonse V. (*Catalog*. Londres, 1840, index, p. 25.)

HISTOIRE DE L'ÎLE DE CHYPRE.

Il existe dans le registre 2620 de la chancellerie d'Aragon à Barcelone (fol. 82) une lettre de ce dernier prince, du 8 octobre 1453, donnant à Hugues Podochator, ambassadeur chypriote, la faculté de conférer à dix personnes de son choix les insignes de l'ordre de l'Étole et de la Jarre. Cette pièce trouvera ici par occasion sa place : « Alfonsus, Dei gratia rex « Aragonum, Sicilie citra et ultra Farum, Valentie, Hierusalem, Hungarie, Majoricarum, « Sardinie et Corsice, comes Barchinone, dux Athenarum et Neopatrie, ac etiam comes « Rossilionis et Ceritanie, viro magnifico, Ugoni Podocator, serenissimi regis Cipri oratori, « militi, devoto nobisque dilecto, salutem et dilectionem. Quoniam, ut relatu habuimus « vestro, nonnulle generose persone, apud regnum Cipri degentes, affectant amprisia nostra « Stole et Jarre, quam in honorem gloriosissime virginis Marie, diebus sabatiniis et aliis, juxta « statuta hujusmodi amprisie, gestare solemus, decorari et donari a nobis, sicuti quotidie « complures nobiles milites et generosi decorantur et donantur; volentesque devocioni perso- « narum ipsarum morem gerere, vobis, dicto magnifico Ugoni, qui jamdudum dicta amprisia « Stole et Jarre a nobis decoratus non immerito extitistis, presentium tenore licenciam conce- « dimus et facultatem plenariam imperpetuum quod, vice, loco et nomine nostris, eandem « ipsam amprisiam Stole et Jarre decem personis generosis, utriusque sexus, conferre et eas « illa decorari et donari possitis et valeatis, exacto prius ab illis juramento de tenendis et ob- « servandis statutis seu capitulis sub quibus ejusmodi amprisia fundata et ordinata est; quorum « quidem capitulorum copiam vobis tradi fecimus, committentes vobis super premissis vices « et voces nostras plenarie per presentes. Data in nostris felicibus castris, apud Campum La- « cium, die VIII° Octobris, anno M° CCCC LIII. Rex Alfonsus. Dominus rex mandavit michi, « Arnaldo Fovolleda. » Hugues Podochator, dont nous avons vu précédemment les ambassades, dut se rendre en Aragon en quittant l'Italie. (Ci-dessus, p. 61, 72, n.)

NOTE

SUR LES BAILLIS, CAPITAINES, CIVITAINS, CHÂTELAINS, CATAPANS ET AUTRES MAGISTRATS MENTIONNÉS DANS LE LIVRE DE LA SECRÈTE DE NICOSIE, DE L'AN 1468-1469.

Quelques-unes des ordonnances insérées dans la première partie du registre de la secrète royale de Chypre, publié dans le présent volume de nos preuves, constatent que les magistrats ou délégués royaux dont elles notifient la nomination à la cour de la secrète avaient prêté au roi une somme d'argent déterminée, avant d'obtenir leur charge. Ces magistrats sont : le chevetaine ou civitain de la contrée de Pendaïa, le civitain de Chrysocho, le civitain d'Avdimo et le bailli de la douane de Nicosie [1]. D'après un mandement du 7 janvier 1469, on voit que presque tous les officiers du domaine royal étaient soumis à ce versement préalable, qui paraît avoir été exigé d'eux comme une sorte de cautionnement pour la fidélité de leur gestion [2]. L'ordonnance désigne notamment, parmi les fonctionnaires qui ont satisfait à cette obligation, les baillis, les capitaines et les civitains ou chevetaines.

---

[1] Voy. ci-dessus, les actes de nomination de ces magistrats, p. 204 et suiv. — [2] Voy. ci-dessus, p. 239.

Ces officiers sont appelés, dans les pièces rédigées en italien, *ballivi, capitani* et *civitani;* dans les ordonnances grecques, καπετάνοι, τξιβιτάνοι et παρατξιβιτάνοι. Néanmoins ce dernier nom, ainsi que son étymologie l'indique, s'applique plutôt aux délégués ou lieutenants des civitains qu'aux civitains eux-mêmes.

Quels que fussent leurs titres distinctifs, les *baillis, capitaines* ou *civitains* avaient, dans l'intérieur du district à la tête duquel ils étaient placés, des fonctions à peu près semblables entre elles et analogues à celles du vicomte de Nicosie. Ils étaient chargés de l'administration et de la police civile. De même que le vicomte de Nicosie présidait la cour des bourgeois de Nicosie, ils présidaient eux-mêmes la cour des jurés de leur résidence; ils veillaient à l'exécution des mandements de l'autorité supérieure et avaient une certaine juridiction personnelle. Les baillis paraissent avoir été supérieurs aux capitaines, et peut-être faut-il remarquer, comme un indice de prééminence, que la nomination de l'un de ces magistrats se trouve[1] dans les actes de la haute cour, tandis que celle des autres officiers est notifiée par un simple mandement royal[2]. Il semble que les capitaines eussent aussi une autorité plus étendue que les civitains; ils gouvernaient du moins des districts plus importants.

Dans la hiérarchie administrative du royaume de Chypre, les civitains se trouvent ainsi les derniers des magistrats chargés de l'ensemble d'un district. Le nom de leur dignité indiquait seulement, par antonomase, comme dit Lusignan[3], qu'ils étaient les premiers citoyens de la contrée. Bien que les civitains, comme les capitaines et les baillis, fussent chargés de l'administration de la justice, leur juridiction ne pouvait atteindre les ecclésiastiques, qui avaient leurs tribunaux particuliers, ni les nobles, qui dépendaient seulement de la haute cour, ni les serfs des terres nobles, dont les affaires étaient jugées soit par les seigneurs, soit par la haute cour dans les questions de propriété féodale. On appelait du jugement de chacun de ces chefs de district à la cour des bourgeois de Nicosie, présidée par le vicomte.

Le registre de 1468 nous fait connaître le titre et la résidence de quelques-uns de ces officiers, sous le roi Jacques le Bâtard. Il y avait alors un bailli à Limassol[4], un autre au Karpas[5] et un autre à Chrysocho[6]. Il y avait en outre un civitain dans cette dernière contrée[7]. Un capitaine commandait à Sivori pour toute la Messorée[8]; des civitains ou chevetaines administraient le Pendaïa et l'Avdimo.

Notre registre ne mentionne ainsi que six officiers différents; mais, en augmentant ce nombre des deux vicomtes de Nicosie et de Famagouste, nous acquérons la certitude que, sous les derniers Lusignans, huit au moins des douze départements de l'île étaient régis par un magistrat spécial. Il est très-vraisemblable et presque constant, en outre, que les quatre autres districts du royaume avaient aussi à leur tête, à la même époque, un délégué ou préfet particulier. Ces districts sont ceux du Masoto, des Salines ou de Larnaka, de Cérines, enfin celui de Paphos, une des contrées les plus importantes de l'île par ses productions, son commerce et par son évêché.

Au-dessous des baillis et des civitains, chargés de l'un des douze grands cercles administratifs et résidant au chef-lieu, il y avait, dans l'intérieur du district, des magistrats de même nom, mais d'une autorité moindre, répondant aux châtelains ou paracivitains qui existèrent du

---

[1] Voy. ci-dessus, p. 274.
[2] Voy. ci-dessus, p. 204.
[3] *Hist. de Cypre*, fol. 217 v°.
[4] Ms. fol. 128 v°.
[5] Ms. fol. 141.
[6] Ms. fol. 71.
[7] Voy. ci-dessus, p. 205.
[8] Ms. fol. 52, et ci-dessus, p. 243.

temps des Vénitiens. Les *catapans* ou *catepans*, nommés en divers endroits du registre de la secrète, paraissent avoir été aussi des magistrats de l'ordre administratif, de rang et de pouvoirs analogues à ceux des baillis et des civitains.

La plupart des bourgs et des villages un peu considérables de l'île étaient régis par des officiers semblables sous les Lusignans. On voit, en effet, que Lefkomiati, près de Nicosie, village aujourd'hui détruit et qui n'a jamais dû réunir de nombreux habitants, avait un chevetaine ou civitain[1]. Trakonas, près de Lefkomiati, Gourri, dans le Kilani, étaient également administrés par un magistrat de même nom[2]. D'après une ordonnance du 4 mars 1468[3], on pourrait croire même que dans presque tous les centres de population de l'île se trouvaient des civitains et des paracivitains.

Les plus petites localités, des hameaux, de simples lieux-dits, avaient même des baillis royaux, quand le domaine royal, qu'on appelait en Chypre la *régale*, y possédait des terres. Mais ces officiers étaient de simples gérants ou régisseurs, et ne devaient point participer à l'action administrative.

Le nom de bailli, en effet, a été donné presque indistinctement dans le royaume de Chypre, à des fonctionnaires et employés de tous rangs appartenant au domaine royal. Indépendamment des grands bailliages des terres de la couronne, dont le nombre s'élevait à plus de vingt vers la fin du règne des Lusignans[4], les villages et les petits casaux formant ces bailliages avaient des préposés royaux portant eux-mêmes le titre de bailli. Le hameau de Porchades, dans le Limassol[5], et la terre ou ferme d'Ys tous Potamous, dans l'Akamas[6], étaient régis par des baillis, véritables *villici* des capitulaires de nos anciens rois de France.

Un nom, qui, en se généralisant aussi ne s'était pas moins affaibli en Chypre, que celui de bailli, est le nom de *catapan* ou *catepan*, mentionné précédemment.

Sous le Bas Empire, le *catapan* était le délégué impérial qui gouvernait au nom du prince une grande province. Un catapan commandait à toute l'Italie méridionale, lorsque les Normands y arrivèrent dans la première moitié du XIe siècle. A cette même époque et dans le siècle suivant, tant que l'île de Chypre appartint aux empereurs de Constantinople, le catapan était le vice-roi ou légat impérial chargé de l'administration du pays avec la plénitude des pouvoirs souverains; il prenait aussi le nom de duc. Tel était Isaac Comnène, qui s'arrogeait même le titre d'empereur, quand les croisés abordèrent à Limassol en 1191. Le pouvoir de ce magistrat suprême était assez semblable à l'omnipotence des anciens pachas sous les Turcs : « *Princeps illius insulæ quem Katapan, hoc est secundum dominum, vocant*[7]. » Ces hautes fonctions disparurent entièrement lors de l'établissement des Français en Chypre. Rien dans le mode de gouvernement féodal des croisés ne les rappela; mais le mot resta en usage dans l'île. Il perdit peu à peu sa valeur et sa signification première, et n'indiqua plus que des magistrats inférieurs de l'ordre civil, ou des préposés aux terres de la couronne ayant des attributions semblables à celles du châtelain[8]. En 1468, il y avait des catapans aux localités de Porchades[9] et de Polemidia[10], dans le district de Limassol, et dans le petit village d'Hagios Demetis, près de Nicosie[11]. Les

---

[1] Voy. ci-dessus, p. 209.
[2] Voy. ci-dessus, p. 209.
[3] Voy. ci-dessus, p. 192.
[4] Voy. ci-dessus, p. 504 et suiv.
[5] Voy. ci-dessus, p. 299 et 300.
[6] Voy. ci-dessus, p. 290.
[7] Vie de saint Lietbert, évêque de Cambrai, au milieu du XIe siècle. Cap. 41. Ce texte est cité par du Cange dans le glossaire latin, au mot *Catapan*.
[8] Voy. ci-dessus, p. 301, 303.
[9] Voy. ci-dessus, p. 301 et suiv.
[10] Voy. ci-dessus, p. 249.
[11] Voy. ci-dessus, p. 297.

I™ PARTIE. — DOCUMENTS. 813

droits de catapanages sur lesquels le roi assigne souvent des pensions ou des payements à faire, sont des droits et revenus des terres du domaine royal, que percevaient ordinairement les catapans et les châtelains [1].

Les attributions de ces magistrats différaient ainsi essentiellement de celles des anciens châtelains du royaume de Jérusalem, officiers principalement chargés de la garde militaire des châteaux [2], et des châtelains qui commandèrent les forts de Famagouste, de Cérines, de Limassol et de Paphos, sous les rois Lusignan et sous les Vénitiens.

L'île de Chypre, protégée par la mer, ayant plus de sécurité que le royaume de Jérusalem, ne se trouva pas dans la nécessité d'entretenir une surveillance armée aussi développée pour défendre ses approches; par suite son gouvernement perdit beaucoup du caractère militaire qui avait dominé dans le régime des premières assises, et laissa se développer davantage les institutions civiles.

Quelques circonstances fournies par le registre de la secrète sembleraient indiquer que certaines formes administratives et judiciaires, imitées de la cour des bourgeois de Nicosie, étaient étendues jusque dans les plus petits bourgs de l'île. Letinvou, village du district de Paphos, comptant à peine aujourd'hui cinquante feux, et Alona, hameau du rang de presterie, dans le district de Morpho, avaient des jurés répondant aux bourgeois de la cour du vicomte [3]. Ces magistrats, choisis et nommés par le roi parmi les habitants notables de la localité, jouissaient de la prérogative d'assister le chef du pays, bailli ou civitain, dans la distribution de la justice inférieure.

Les deux exemples de Letinvou et d'Alona ne suffisent peut-être pas pour nous autoriser à croire que cet état de choses était généralement et régulièrement appliqué dans toute l'île. Mais on peut considérer comme un fait certain qu'il y avait en Chypre des assesseurs auprès de chacun des magistrats préposés aux douze grandes contrées du royaume, et que ces assesseurs formaient avec lui le tribunal ou cour de justice du district. La première cour des bourgeois, celle de Nicosie, à laquelle ressortissaient toutes les autres, avait ainsi douze jurés que présidait au nom du roi le vicomte de la ville. La présence de ces douze conseillers n'était d'ailleurs nullement nécessaire pour former la cour. De même que deux chevaliers hommes liges de la couronne, réunis devant le roi ou sous la présidence de son délégué, constituaient la haute cour, de même deux jurés et le vicomte avaient toute compétence pour juger et recevoir tous actes comme cour des bourgeois [4].

Telle était, en ce qui concerne les offices secondaires, l'organisation à la fois judiciaire et politique du royaume de Chypre à la fin du xv° siècle, avant la prise de possession vénitienne, et telle qu'elle résulte pour nous des renseignements conservés dans le registre des remembrances ou mémoriaux de la secrète.

J'ignore l'époque où ce régime administratif fut institué dans l'île. Tout porte à croire que son établissement fut l'œuvre de plusieurs princes et le résultat de plusieurs créations ou modifications successives. Il ne remonte pas aux règnes de Hugues IV et de Pierre Ier son fils. On voit dans les ordonnances du xiv° siècle que sous ces princes, du moins sous le règne du premier, quatre baillis suffisaient au gouvernement du royaume, indépendamment des hautes magistratures siégeant à Nicosie et des grands officiers de la couronne. Le premier de ces

[1] Voy. ci-dessus, p. 239, n. 249, 274, 275, n. 297.
[2] Assises de Jérusalem, t. Ier, p. 408.
[3] Voy. ci-dessus, p. 234, 235.
[4] Voy. le tome Ier des documents, 417, n. et ci-dessus, 31, n.

baillis résidait à Famagouste, ville qui avait également un reïs pour les Syriens; l'autre bailli résidait au *Chief* ou au Karpas, l'autre à Limassol et le dernier à Paphos [1]. Le bailli de Famagouste fut ensuite élevé au rang de vicomte. Il est toujours désigné sous ce titre dans la chronique de Georges Bustron, et peut-être l'avait-il reçu dès le xiv° siècle, avant que les Génois ne s'emparasssent de la ville.

Les douze districts, groupés en quatre provinces et gouvernés par quatre magistrats au temps de Hugues IV, durent être successivement démembrés pour recevoir des chefs distincts. Comme on l'a vu, le registre de la secrète seul nous fournit la preuve que huit de ces districts formaient des départements séparés sous le règne de Jacques le Bâtard, et indique que les quatre autres districts avaient aussi une administration particulière. Il en fut certainement ainsi peu de temps après la mort de Jacques le Bâtard. Dès que le gouvernement vénitien est établi en Chypre, on voit, en effet, que chacun de ses douze districts est régi par un magistrat spécial.

NOTE

SUR LA FAMILLE DE CATHERINE CORNARO, REINE DE CHYPRE, ET SUR LA FAMILLE DES CORNARO, SEIGNEURS DE PISKOPI, EN CHYPRE.

Les membres de l'illustre famille des Cornaro, aujourd'hui éteinte, élevèrent, au xvi° siècle, la prétention de descendre de la *gens Cornelia* de Rome, et affectèrent depuis lors de s'appeler dans les actes publics du nom de *Cornelius*. Sans contester ni admettre une si haute origine, nous nous bornerons à dire que, suivant Capellari, auteur du *Capitole vénitien*[2], la famille Cornaro était une des plus anciennes de la noblesse vénitienne. Établie d'abord à Padoue, elle passa, dit-on, dans les lagunes dès les premiers siècles où la république de Venise se constitua. Elle y acquit peu à peu des richesses et de l'influence. Dès le xiv° siècle, elle eut constamment plusieurs de ses membres au sénat et dans les charges les plus élevées; elle fournit en outre à l'État un doge, vingt-deux procurateurs, des capitaines généraux et des ambassadeurs; à l'église, elle donna des prélats, neuf cardinaux et de nombreux commandeurs de Chypre, la grande commanderie de l'île ayant été affectée à cette famille peu après l'abdication de la reine. On lui doit la fondation de l'église de Saint-Mathieu à Murano, et de l'église des Saints-Apôtres à Venise même, où le corps de Catherine Cornaro fut d'abord inhumé avant d'être transféré à l'église de Saint-Sauveur. La famille Cornaro posséda à Venise de magnifiques palais; elle eut au dehors de grandes seigneuries, à Argos, à Napoli et autres lieux de Morée, à Arbo en Dalmatie, à Scarpanto dans l'Archipel, à Négrepont, enfin à Piskopi en Chypre.

Dans le nombre des branches qui sont sorties de la première souche, deux ont marqué principalement : ce sont les Cornaro, propriétaires de Piskopi, et la branche des Cornaro,

---

[1] *Assises de Jérus.* t II, p. 377; cf. p. 323.

[2] *Il campidoglio Veneto, in cui si hanno l'arme, l'origine, la serie degli huomini illustri e gli arbori della maggior parte delle famiglie, tanto cittadine quanto forastiere, che hanno goduto o che godono della nobiltà patrizia di Venezia*, fatica di Girolamo Alessandro Capellari Vivari, Vicentino. Mss. de 4 vol. grand in-folio, à la Bibl. de Saint-Marc, class. vii, cod. 15-28. Volumineux et précieux ouvrage pour l'histoire de la république de Venise, qui ne peut, par sa nature, être exempt d'erreurs.

Ire PARTIE. — DOCUMENTS.

où naquit plus tard la reine Catherine. On ne voit pas à quelle époque les deux familles commencèrent à se séparer. La distinction est bien sensible cependant dès le commencement du xve siècle; elle devient plus apparente et se maintient dès le mariage de Catherine Cornaro avec le roi de Chypre. Depuis cet événement, qui donna à la famille Cornaro une illustration telle que la noblesse entière et la république de Venise elle-même s'en trouvaient honorées [1], on distingua toujours les Cornaro propriétaires de la seigneurie de Piskopi en Chypre, qu'on appelait *Cornaro della Piscopia* ou *Cornaro Piscopia*, en français les *Corniers de la Piscopie*, des Cornaro, parents immédiats de la reine de Chypre, qu'on nomma *Cornaro della regina* ou *Cornaro della ca grande*, les Cornaro de la grande maison. Le mot vénitien *ca*, contraction du toscan *casa*, est resté fixé à certains noms de familles vénitiennes comme celles de *Ca da Mosto* et *Ca Doro*; il est fréquemment conservé aussi devant le nom des Pesaro, dont les membres s'appellent *da Ca da Pesaro*. Quant au nom de famille de la reine de Chypre, *Cornaro* en est la forme italienne, la forme littéraire et relevée; mais l'ancien nom populaire et vraiment vénitien est *Corner*. On sait qu'il y a dans le dialecte de Venise, né et développé avec la république au milieu des lagunes, des mots d'une constitution toute particulière. Tandis que dans le reste de l'Italie les noms propres finissent généralement par les lettres *o*, *a* ou *i*, qui les adoucissent en les prolongeant; à Venise, au contraire, beaucoup de noms et de mots du dialecte vulgaire sont terminés d'une manière plus ferme par des consonnes, comme *Tron*, *Vendramin*, *Molin*, *Malipier*, *Dolfin*, *Falier*, *Giustinian*, *Venier*, *Bragadin*, *Badoer*, *Navagier*, *Corner*. On dit de même en vénitien : *San Cassan* et non *Santo Cassiano*; *pan*, *vin*, *carbon*, et non *pane*, *vino*, *carbone*.

Les Cornaro Piscopia demeuraient à Venise sur le grand canal et sur la paroisse de Saint-Luc. L'antique palais [2] où ils reçurent le roi Pierre Ier de Lusignan et plus tard la fiancée de Pierre II, existe encore avec sa frise et sa porte latérale sculptées aux armes du roi de Chypre et de l'ordre de l'Épée, que le prince avait conférés à Frédéric Cornaro. Ce palais, après avoir appartenu aux Lorédano, est aujourd'hui la propriété de la famille Campagna Peccana [3]. Tout semble indiquer que les membres de la famille Cornaro mentionnés dans les documents de notre histoire jusqu'à l'époque d'André et de Catherine se rattachent pour la plupart à la famille des propriétaires de Piskopi ou des Cornaro de Saint-Luc; il se peut néanmoins, mais rien ne nous permet de préciser et de suivre cette distinction avant cette époque, que quelques-uns fussent, comme Marc et André, parents immédiats de la reine dans la branche des Cornaro de Saint-Cassien. Les personnages suivants appartiennent incontestablement à la famille des Cornaro Piscopia.

Frédéric Cornaro, hôte du roi Pierre Ier, en 1365 et 1368, et propriétaire de Piskopi, prêta une somme de 60,000 ducats au roi pour les besoins de la guerre, et reçut de lui, avec l'ordre de chevalerie, le droit de porter les armes des Lusignans unies à l'épée et à la devise. *Pour loyauté maintenir* [4]. Capellari rapporte que Frédéric fut chargé, l'an 1378, d'épouser, au nom du roi Pierre II de Lusignan, Valentine Visconti, fille du duc de Milan, et de con-

---

[1] Voy. précédemment l'extrait de Malipiero, p. 183, et divers documents de la république, p. 316, 330, 333.

[2] Ce palais, de style byzantin et l'un des plus vieux de Venise, remonterait en grande partie au xie siècle, d'après l'avis de savants antiquaires vénitiens.

[3] Voy. notre tome Ier des documents, p. 243, et la *Biblioth. de l'École des chartes*, 1re série, t. V, p. 422.

[4] *Bibl. de l'École des chartes*, 1re série, t. V, p. 421, 422.

duire la jeune reine en Chypre. Valentine accepta aussi l'hospitalité de Cornaro dans son beau palais de Saint-Luc avant de s'embarquer. Frédéric, de retour à Venise, se distingua au milieu des événements de la guerre de Chioggia et s'occupa ensuite des négociations de la paix entre les Génois et le roi de Chypre[1]. Il fut inhumé dans l'église des Frari, où se voit encore son épitaphe.

Jean Cornaro, fils de Frédéric, eut quelques difficultés avec le domaine royal à l'occasion de la seigneurie de Piskopi et des rentes qu'il possédait sur Morpho[2]. La république de Venise mit en cette occasion, comme dans toutes les circonstances semblables, la plus grande sollicitude à défendre les intérêts de sa famille. Jean est peut-être le même que Jean-Marc Cornaro, qui figura dans les scènes sanglantes survenues à Famagouste lors du sacre de Pierre II, à l'occasion de la préséance entre les Génois et les Vénitiens[3].

Pierre Cornaro, autre fils de Frédéric, épousa en 1383 Marie d'Enghien, princesse d'Argos et de Napoli, en Morée, et dame d'une partie de Négrepont. Pierre étant mort peu après sans laisser d'enfants, Marie, veuve et orpheline, céda toute sa seigneurie à la république de Venise, par acte du 12 décembre 1388, dans la crainte que ces terres ne tombassent au pouvoir des Turcs[4].

Jean-Baptiste Cornaro Piscopia, procurateur de Saint-Marc, fils de Jérôme, petit-fils de Jacques-Louis, adressa au doge de Venise, en 1680, un mémoire justificatif pour établir les droits de sa maison au cavaliérat héréditaire, distinction très-recherchée, et accordée par la république de Venise à un très-petit nombre de familles, telles que les Contarini de Jaffa et les Querini[5].

Il paraît que les Piscopia avaient négligé le droit de porter les insignes de l'ordre des chevaliers de l'Épée; peut-être doit-on induire de ces circonstances que la concession primitive du roi Pierre de Lusignan n'avait pas été faite à leur aïeul à titre héréditaire. Quoi qu'il en soit, le procurateur Jean-Baptiste réclama le rétablissement de cet ancien privilége au doge

---

[1] Documents, t. Ier, p. 378, 379.

[2] Ibid. p. 434, 503.

[3] Ibid. p. 355.

[4] Une copie de ce document, intitulé *Acquisitio Arghos et Neapolis*, se trouve dans les papiers Tiepolo de M. Rawdon Brown, à Venise, portefeuille de Chypre.

[5] M. le comte Daru a connu le mémoire de Jean-Baptiste Cornaro aux affaires étrangères à Paris, où s'en trouve une copie (*Hist. de Venise*, édit. 1853, t. VII, p. 389). J'ai consulté un exemplaire provenant de la famille Tiepolo et conservé aujourd'hui à Venise par M. Rawdon Brown. La famille Tiepolo avait reçu en héritage ce mémoire, et divers autres documents concernant l'île de Chypre que j'ai eu l'occasion de citer, du dernier Cornaro Piscopia.

M. Emmanuel Cicogna a donné l'extrait suivant d'un ouvrage manuscrit de Pierre Gradenigo, écrit en 1738, et intitulé *Esposizione sopra il cavalierato della Veneziana repubblica*, où les réclamations infructueuses de Jean-Baptiste sont ainsi rappelées : « Giambatista Cornaro dall' Episcopia, «procurator di S. Marco nel cadente secolo, dis- «cendente del famoso Federico, commendato dal «Caroldo nel libro XI, intraprese con grande ar- «dore di spirito l'impegno di stabilire nella sua «posterità, *che ora è mancata*, il splendor caval- «leresco. Uni egli la serie di molti famosi monu- «menti, così delle cose passate tra suoi maggiori «ed il re di Cipro, Pietro Lusignano, come dei do- «cumenti riguardanti il merito e l'interesse dei «antenati suoi con li re medesimi, ed espose le «memorie visibili che tuttavia esistono scolpite «nella facciata del suo antico palazzo a S. Luca, «dove stanno pure incise le armi Lusignane, e «presentossi a pie della signoria, con supplica che «restò accolta sin sotto li 3 luglio 1680, onde, col «pubblico beneplacito, stabilire nella sua casa «l'ereditario fregio. L'esame su questa comparsa «andò a lungo; succedette in seguito la morte del «supplicante; niente fu decretato » *Inscrizioni veneziane*, t. IV, p. 444.

Contarini, en rappelant les relations de sa famille avec les rois de Chypre pendant plusieurs siècles, et la collation du droit de chevalerie par Pierre Ier à Frédéric Cornaro, l'un de ses auteurs directs.

Jean-Baptiste cite, parmi les témoignages qu'il réunit à l'appui de sa requête, le décret des Prégadi, du 15 septembre 1472, ordonnant la restitution au roi de Chypre d'un précieux collier engagé par les prédécesseurs de ce prince à la famille Cornaro, document qui a été imprimé précédemment dans le texte de nos preuves (p. 516), et l'extrait suivant du testament de Frédéric, en date du 16 mai 1378 : « Prima voglio che al luogo de' Frari minori sia fatta « una capella, etc. E s' el piacerà a Dio, come io spero, che'l se scodar li denari che si die aver « da la maestà lo re de Cipro, la più parte voglio che sia in libertà delli miei commissarii di « metter alcun dener alla camera degl' imprestidi per officiar in la detta capella. »

Cornaro mourut en 1692, sans avoir obtenu la faveur qu'il sollicitait de la république. Ses goûts littéraires, le noble usage qu'il faisait de sa fortune et de sa bibliothèque, lui valurent l'honneur d'être inscrit par plusieurs Académies au nombre de leurs protecteurs, et engagèrent plusieurs savants à lui faire hommage public de leurs œuvres [1]. Le P. Coronelli lui a dédié ainsi sa carte de l'île de Chypre, où se trouvent gravés les emblèmes héraldiques des Lusignans qui décorent la façade du palais de Saint-Luc [2].

Hélène-Lucrèce Cornaro Piscopia, à qui ses contemporains donnèrent les titres d'*incomparable*, d'*héroïne* et de *Minerve*, était la digne fille du procurateur Jean-Baptiste. Elle mourut avant son père, en 1684, âgée de trente-huit ans; docteur en théologie, membre des plus illustres Académies, connaissant les langues mortes, parlant plusieurs langues vivantes, entre autres le français et l'arabe; poëte, musicienne, femme d'une grande beauté et d'une vertu accomplie. Elle avait refusé les plus brillants partis pour se vouer entièrement aux lettres; elle prononça les vœux de virginité et obtint l'autorisation de porter sous ses habits séculiers le froc des bénédictins. On lui a élevé une statue à l'Académie de Padoue.

La branche des Cornaro Piscopia s'éteignit à la fin du xviie siècle ou au commencement du xviiie. En 1738, d'après le témoignage de Pierre Gradenigo, il n'en restait plus aucun représentant vivant [3].

Les Cornaro ascendants de la reine Catherine avaient un palais sur la paroisse Saint-Paul, appelé aujourd'hui palais Mocenigo-Corner, et une autre habitation, également sur le grand canal, mais dans la paroisse Saint-Cassien, au delà du pont de Rialto. Catherine Cornaro, lors de son mariage, habitait le palais de Saint-Paul; après son abdication et son retour à Venise, elle demeura de préférence au palais de Saint-Cassien, qui, rebâti au xvie siècle par Sansovino, a retenu le nom de palais de la Grande-Maison ou palais de la Reine. Les membres de cette famille que nous appellerons les Cornaro de Saint-Cassien sont nettement détachés de la maison des seigneurs de Piskopi dès le xive siècle.

Voici, d'après les tableaux dressés par Capellari dans le Capitole vénitien, l'arbre généalogique de la reine de Chypre :

---

[1] Cicogna, *Inscrizioni venet.* t. IV, p 443.
[2] *Isolario* de Coronelli, vol. I, p. 288. Voy. *Bibl. de l'École des Chartes*, 1re série, t. V, 422.
[3] Voy. Cicogna, *Inscrizioni veneziane*, t. IV, p. 444, et ci-dessus, l'extrait de l'ouvrage de Gradenigo, p. 816, n. 4.

HISTOIRE DE L'ÎLE DE CHYPRE.

Famille Cornaro *della ca grande*, ou *della regina*.

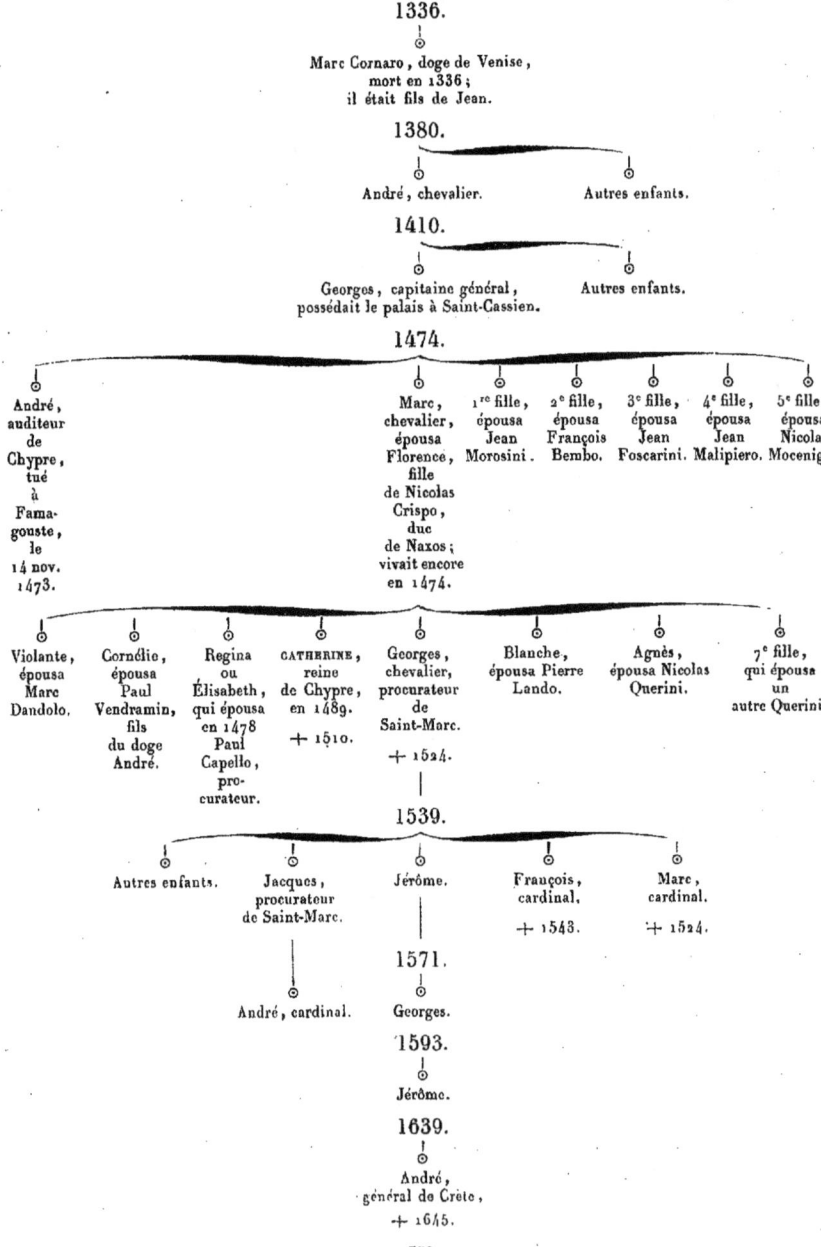

Nous savons peu de chose de Marc Cornaro, père de la reine Catherine. Il s'occupait de grandes affaires commerciales, et paraît avoir fait souvent, à cette occasion, le voyage de Chypre; se trouvant dans cette île en 1449, il y conclut un achat considérable de blé récolté sur les terres de l'ordre de Rhodes[1]. Revenu ensuite à Venise, il remplit diverses magistratures, et fut, en 1452, l'un des cinq provéditeurs choisis par le sénat pour accompagner l'empereur Frédéric III pendant son séjour à Venise[2].

Nous le trouvons ensuite en Chypre à la mort du roi Jean II, en 1458, avec son frère André[3]. Il se prononça d'abord comme lui contre les vues ambitieuses du prince bâtard. On le soupçonna même d'avoir agi du vivant de Jean II dans le but de faire retirer à Jacques, appelé alors l'Apostole, l'archevêché de Nicosie que lui avait donné le roi son père, pour faire passer la dignité à son propre frère, André Cornaro. Georges Bustron, contemporain du roi Jacques, est très-formel à cet égard[4]; aussi est-il permis de douter que ce soit Marc Cornaro qui, la même année 1458, ait conseillé et favorisé le départ pour l'Égypte du prince bâtard, comme le crut la cour de Rome[5]. Mais dès que Jacques, revenu du Caire, eut été proclamé roi de Chypre, Marc Cornaro, s'il n'était déjà secrètement l'ami du jeune roi, ne tarda pas à le devenir publiquement et à lui prêter l'appui de son expérience et de sa fortune. Il lui fit l'avance, dit-on, en plusieurs occasions, de grandes sommes d'argent, et une pièce des archives de Venise témoigne de ses bonnes relations avec le roi bien avant qu'on ne songeât probablement au mariage de sa fille. Le 13 août 1464, le sénat accuse réception des lettres du 30 mai, dans lesquelles le roi Jacques exprimait à la seigneurie de Venise ses sentiments d'attachement et son désir d'accroître les priviléges des Vénitiens en Chypre. Les Prégadi, disposés à traiter de ces choses avec les ambassadeurs annoncés, disent au roi qu'ils voient déjà une preuve bien évidente de ses dispositions favorables pour la république dans ce qu'il fait à l'égard de leur concitoyen Marc Cornaro[6]. La lettre ne précise pas quelle faveur récente avait été accordée à Cornaro. En 1468, Marc était ambassadeur de la république en Lombardie; il remplit ensuite une mission auprès du pape Sixte IV.

On s'occupait alors du mariage de sa fille Catherine, adoptée par la république, avec Jacques le Bâtard, devenu paisible possesseur du royaume. Après le mariage et le départ de Catherine, son père demanda la faveur d'aller voir sa fille à Nicosie, entourée des honneurs et de l'éclat de la royauté; cette satisfaction lui fut refusée. La république ne permit à Cornaro de se rendre en Chypre qu'après la mort du roi Jacques et la mort de son fils Jacques III, en le chargeant alors, par ses instructions du 11 novembre 1474, d'apporter des consolations à la reine et de l'aider, de concert avec les conseillers nommés par le sénat, dans le gouvernement de l'île, au milieu des difficiles circonstances où elle se trouvait. On ne sait quand Marc Cornaro revint à Venise, et je ne vois pas l'époque de sa mort. Il fut inhumé à Venise, dans l'église des Saints-Apôtres, où Pierre Contarini prononça son oraison funèbre. Il avait épousé Florence, fille de Nicolas Crispo, seigneur de Naxos. Crispo avait eu lui-même pour femme Valence, fille de Jean Comnène, empereur de Trébizonde, qui lui donna un fils, François, et huit filles, mariées la plupart comme Florence, à des nobles vénitiens[7].

---

[1] Voy. ci-dessus, p. 60.
[2] Capellari, *Campidoglio veneto*.
[3] Lusignan, *Hist. de Cypr.* fol. 162.
[4] Chron. Ms. de Londres, fol. 20 v°.
[5] Voy. ci-dessus, p. 156, n.

[6] Arch. de Venise, *Secreti*, XXII, fol. 31.
[7] Violante fut mariée à Catherino Zen, Marie à Jacques Priuli, Lucrèce à Léon Malipiero, Valence ou Lucie à Jean Lorédano, Petronille à Jean Priuli, une autre fille à Nicolas Balbi. La famille

La destinée d'André Cornaro, frère de Marc et oncle de Catherine, est plus intimement liée à l'histoire de Chypre. On ignore cependant si cet André Cornaro est le personnage du même nom qui figure en 1432 dans nos listes des consuls de Chypre et qui fut quelque temps dans les charges créées pour veiller aux intérêts du commerce vénitien en Orient. On sait seulement que l'oncle de la reine Catherine fut à une certaine époque exilé de Venise et confiné dans l'île de Chypre[1]. Il paraît fixé dans le royaume dès le règne du roi Jean II, père de Charlotte de Lusignan et de Jacques le Bâtard[2]. Il s'attacha au gouvernement du pays qui lui donnait asile, et fut investi de l'office d'auditeur du royaume. La mort du roi Jean II arriva quand il occupait cette charge. Comme la plupart des chevaliers et des hauts dignitaires de la couronne, André demeura fidèle à la reine Charlotte. Il se renferma même avec la princesse dans le château de Cérines, quand Jacques le Bâtard revint d'Égypte à la tête des mameloucs, qui le rendirent maître du pays[3].

Après le départ des princes légitimes et la capitulation de Cérines, André Cornaro fut recherché par le roi Jacques, et réintégré dans ses fonctions d'auditeur de Chypre.

Il tomba ensuite en disgrâce, à l'occasion de la mort d'une fille du roi fiancée à Sor de Naves, et vit toutes ses propriétés confisquées. C'est peut-être dans ces circonstances qu'André demanda à l'ordre de Rhodes les lettres de sauve-garde que nous avons vu lui être accordées le 17 octobre 1465[4]. Les vrais motifs de sa défaveur momentanée auprès du roi Jacques sont d'ailleurs inconnus; mais au moment où il perdait cet appui, il semble que Cornaro fut rentré entièrement en grâce auprès de son gouvernement. En deux circonstances différentes, le 18 mai et le 20 juillet 1469, la seigneurie de Venise charge le capitaine général et l'ambassadeur de la république de s'interposer l'un et l'autre en faveur d'André Cornaro auprès du roi de Chypre[5]. Déjà la réconciliation était opérée et tous ses biens avaient été rendus à Cornaro, ainsi que le constate un mandement royal adressé à la secrète, le 23 juillet 1468[6]. Les projets de mariage entre le roi de Chypre et sa nièce Catherine, dont André Cornaro eut le premier la pensée et poursuivit la réalisation, achevèrent de lui concilier la bienveillance de la république et du roi.

André avait fait, de concert avec son frère Marc, des prêts considérables à Jacques de Lusignan[7]. Nos documents nous ont montré qu'il prenait part ainsi que lui aux affaires de négoce, et qu'il afferma plusieurs des gabelles publiques de l'île[8]. Nommé par le roi l'un de ses exécuteurs testamentaires et en même temps l'un des gouverneurs du royaume, il assuma sur lui la haine des populations qu'aigrit la conduite des Vénitiens après la mort de Jacques II. Il périt au mois de novembre 1473, massacré par le peuple de Famagouste en révolte.

---

grecque des Crispo posséda en seigneurie les îles de Naxos, Paros et Milo. Elle fut inscrite en 1265 sur le livre d'or des maisons patriciennes de Venise, à cause du dévouement qu'elle avait témoigné à la république contre Michel Paléologue. Flattés de cet honneur, les Crispo s'allièrent depuis par de nombreux mariages avec les familles vénitiennes. En 1537, ils perdirent Naxos, que leur enleva Barberousse; en 1570, chassés du reste de leurs États par les Turcs, ils se retirèrent à Venise, où ils se sont éteints en 1600. Ils portaient pour armes un champ d'or à trois losanges de sable, surmontés de trois croix recroisetées de sable.

[1] Sanudo, *Vite dei duchi di Venez.* ap. Murat. *Script. Ital.* t. XXII, col. 1185. Navagiero, *Stor. Venez.* t. XXIII, col. 1137 et ci-dessus, p. 182, n. 2.
[2] Florio Bustron, Ms. de Londr. Lusignan, *Hist. de Cyp.* fol. 162, et nos documents, ci-dessus, p. 77.
[3] Florio Bustron, Ms. de Londres, fol. 187.
[4] Ci-dessus, p. 165.
[5] Ci-dessus, p. 310 et 315.
[6] Ci-dessus, p. 231.
[7] Ci-dessus, p. 183, n. 221, 249, etc.
[8] Ci-dessus, p. 277.

Georges Cornaro, frère de Catherine, fut chargé par la république de se rendre en Chypre en 1488, pour déterminer la reine à déposer la couronne et à quitter l'île, sans qu'on fût obligé d'employer des moyens de contrainte[1]. Après cette mission, qu'il remplit avec beaucoup de ménagements et un succès complet, Georges Cornaro reçut de la république les quatorze villages qui formaient la petite commanderie de Rhodes en Chypre; il fut pourvu de hautes charges dans l'État, et vit deux de ses fils élevés au cardinalat. La grande commanderie de Chypre étant venue peu après à vaquer, la république, du consentement de l'ordre de Rhodes, attribua exclusivement ce riche bénéfice à la famille Cornaro, dont le chef porta depuis le titre de grand commandeur de Chypre[2]. Georges Cornaro occupa ensuite deux fois le poste d'ambassadeur de Venise auprès de la cour de France; en 1503, il fut podestat de Padoue; en 1507, provéditeur général du Frioul lors de la guerre de l'empereur Maximilien; en 1508, provéditeur général à l'époque de la ligue de Cambrai; cette même année il fut élevé à la dignité éminente de procurateur de Saint-Marc; en 1517, il fut provéditeur général de terre ferme; en 1521, il concourut au dogat. Il mourut en 1524, âgé de soixante-dix ans, et fut inhumé dans l'église des Saints-Apôtres.

Indépendamment de François et de Marc, fils de Georges Cornaro, dont nous venons de parler, et qui furent créés cardinaux à la demande de la république, le doge fit accorder la pourpre à plusieurs autres membres de la famille de la reine. Louis Cornaro, fils de Jean, fut chevalier de Malte, grand commandeur de Chypre, puis élu cardinal le 20 décembre 1551. Louis donna de grandes sommes d'argent à l'État lors de l'attaque de l'île de Chypre par les Turcs, et mourut à Rome le 10 mai 1584, âgé de 67 ans. Frédéric Cornaro, fils de Marc-Antoine, fut aussi chevalier de Malte, prieur et grand commandeur de Chypre, évêque de Trau, puis de Bergame et de Padoue, enfin cardinal de Saint-Étienne en 1560; il mourut à Rome le 4 octobre 1590. François Cornaro, évêque de Trévise, autre fils de Marc Antoine, également cardinal, mourut en 1598; il offrit à la république une somme de mille ducats lors de la guerre de Chypre. Frédéric Cornaro, évêque de Bergame, créé cardinal en 1626, mort en 1651, et Marc-Antoine Cornaro, fils du doge François Cornaro, qui régna vingt jours, portent encore dans le Capitole vénitien le titre honorifique de grands commandeurs de Chypre, bien que l'île eût été conquise par les Turcs en 1570. Dans le nombre des autres membres de cette famille, nous devons rappeler Flaminio Cornaro, auteur d'un ouvrage considérable sur l'histoire des églises de Venise.

Le dernier descendant de la famille de la reine de Chypre et le dernier représentant direct de la maison Cornaro, M. Catherino Corner, est mort au commencement de ce siècle, après avoir légué le beau palais de Saint-Cassien au pape Pie VII, qui le réunit au domaine pontifical. Le pape Grégoire XVI, né à Bellune et attaché aux Vénitiens comme à des compatriotes, donna cet hôtel aux abbés Cavagnis, pieux ecclésiastiques qui ont consacré leur temps et une fortune considérable à l'éducation des enfants pauvres. Trouvant la demeure des Cornaro trop vaste et d'un entretien trop dispendieux pour leur fondation, MM. Cavagnis l'ont

---

[1] Voy. les instructions et les dépêches du conseil des Dix publiées, p. 692 et suiv. Je ne puis m'empêcher de remarquer ici combien Capellari est loin de la vérité, en disant que Georges Cornaro, fut appelé par les barons de Chypre à ceindre la couronne royale, honneur qu'il refusa.

[2] Colbertaldi, *Vie de Catherine Cornaro*, Ms. de Venise, fol. 63. Les Cornaro et les Lippomani étaient les seules familles à qui la république eût permis d'entrer dans l'ordre de l'Hôpital de Saint-Jean de Jérusalem.

cédée à la municipalité de Venise, et ont transféré leur établissement dans une autre partie de la ville. Le palais des Cornaro est devenu depuis le Mont-de-piété de Venise. De récentes et mauvaises peintures rappellent, dans ses salles, les principales scènes de la vie de la reine de Chypre.

Les Cornaro de la grande maison avaient pour armes un écu mi-parti d'or et d'azur auquel fut réuni, depuis le mariage de Catherine, l'écu royal des Lusignans.

DU DÉCRET

QUI ORDONNA L'ÉTABLISSEMENT EN CHYPRE DE CENT FAMILLES NOBLES DE VENISE.

Le 3 mars 1478, le sénat de Venise rendit un décret portant que cent citoyens nobles, choisis par les sénateurs parmi les patriciens qui se feraient inscrire à cet effet à la chancellerie, iraient s'établir, avec leurs familles, dans l'île de Chypre, où ils recevraient des terres et des fiefs au nom de la république [1]. Ce décret, voté déjà l'année précédente (1477), puis ajourné, fut encore différé en 1478, et ne reçut jamais son exécution. Voici, d'après le résumé qu'en a donné Malipiero, les dispositions prises par le sénat dans ses différentes délibérations au sujet du choix des patriciens désireux d'aller se fixer en Chypre et des avantages qui leur étaient promis : «A 20 de Settembrio 1477, è stà deliberà de far elettion de cento nobeli «nostri che vada in Cipro, ad habitar con le so famegie. I capi della parte presa è questi.

«Quei che vorà esser balotai sè dia in nota alla cancelaria, in termene de otto zorni ; i quali «passadi, i consegieri sia obligai chiamar el consegio de Pregai per balotar quei che sarà «notai. Quei che passerà la mità del consegio, o haverà più balote de i altri, s'intenda ro-«masi, fin al numero de cento.

«Non possano esser eletti più de quattro per famegia ; li eletti non possa permutar con altri «el so luogo. In luogo de quei che vacherà, sia eletti altri col medemo ordene.

«Habbiano de provision, over de feudo 300 ducati d'oro all' anno ; cento cinquanta in con-«tadi, dalla camera regal de Cipro, el restante in vini, formenti, et altre cose necessarie al «viver della fameglia. Chi vorà casali per 300 ducati d'intrada, ghe siano dadi.

«Siano tegnudi haver de continuo do cavalli, capi de lanza, o boni piati, uno per la persona «loro, l'altro per un servidor, con le arme necessarie. Li padri non possino metter i fioli in «luogo di servidori.

«Del numero delli cento, 25 habbino a star in Famagosta, 25 a Cerines, e 50 in la città de «Nicossia. Se li mesi del caldo vorranno andar alle possession, per rispetto dell' aere, possino «andar, con obligo de presentarse a li ministri della signoria. A primo d'Ottubrio diebbano far «le so mostre, de sie mesi in sie mesi.

«No possano partirse de Cipro per cinque anni continui, sotto pena de privation del feudo, «nè con licentia, nè senza. Passati li cinque anni, possino haver licentia per uno anno, vo-«lendo venir in questa città de Venetia, volendo andar in altri luoghi per sie mesi, e non «più, lassando sempre qualch' un della so famegia in so luogo a far le fattion, che son obli-«gadi. Se staran absenti più del termine, perdino 10 ducati al zorno, i quali ghe siano te-

---

[1] Délibérations du conseil des Prégadi. *Secreti*, XXVIII, fol. 82.

« gnudi delle so provision. No possino alienar i feudi in modo algun, per 15 anni; e quei
« passadi, non possino esser alienati ad altri, che a nobeli nostri.

« È stà fatto la balotation a 13 de Marzo 1478, e ne son romasi solamente 88; e la so par-
« tida è stà suspesa, e prese de scorrer [1]. »

Ce projet, s'il se fût réalisé, aurait contribué à rendre l'aisance au pays, et eût pu arrêter l'é-
migration des Chypriotes. Mais ce fut avec beaucoup de peine, malgré la promesse d'un fief
de 300 ducats d'or de revenu annuel, que l'on parvint à réunir quatre-vingt-huit noms de personnes décidées à aller demeurer en Chypre. Navagiero, en mentionnant le décret de 1478
dans sa chronique, a donné la liste des quatre-vingt-huit élus. Leurs noms appartiennent aux
premières maisons de la république; on y voit des membres des familles Cornaro, Contarini,
Morosini, Bembo, Zane, Soranzo, Marcello, Barbo, Querini, Diedo, Loredano, Faliero, da
Mosto, Barbaro, Venier, Trevisani, Priuli, Pasqualigo, Minio, Molin, Gradenigo, Sagredo,
Malipiero, Donato [2].

Au reste, ces mesures furent inutiles et ne purent jamais être appliquées, comme je l'ai
dit. L'insuffisance des revenus publics de l'île de Chypre, épuisée par vingt années de
troubles; l'insalubrité de Famagouste et de diverses autres localités, par suite de leur dépeuplement; enfin le peu d'empressement des Vénitiens eux-mêmes à seconder les projets du
gouvernement forcèrent le sénat de laisser en suspens toutes les décisions qu'il avait prises à
cet égard. Les habitants des terres vénitiennes plus rapprochées de l'île de Chypre montraient
aussi peu de dispositions à aller se fixer dans une île dépeuplée et fiévreuse. En 1478,
quand la république consentit, pour obtenir la paix de Mahomet II, à rendre aux Turcs la
ville de Scutari, elle offrit des terres, des rentes et le passage aux Scutariotes qui voudraient
se rendre en Chypre. Aucun n'accepta. Effrayés de ce qu'on disait de l'insalubrité de l'île, ils
préférèrent passer en Italie, où ils furent placés dans les magistratures et les garnisons de la
seigneurie [3].

La république de Venise s'était déterminée à prendre possession de l'île de Chypre bien
moins dans l'intérêt de son commerce qu'à cause de sa guerre contre les Turcs. La prospérité de
son industrie maritime était assurée tant qu'elle conserverait, par ses bonnes relations avec
les sultans mamelouks, le transport des marchandises de l'Inde. Son établissement en Chypre
ajoutait peu à la facilité de ses communications avec l'Égypte, mais il lui donnait un boule-
vard contre ses ennemis les plus directs et les plus à craindre. En devenant maîtresse des ports
et des arsenaux de Chypre, où elle faisait venir à sa convenance des troupes et des provisions
de guerre, elle prenait une position on ne peut plus favorable pour inquiéter les provinces
méridionales des Ottomans et entretenir des relations avec les Persans, dont la coopération
était d'une si grande importance.

L'occupation de l'île de Chypre par les Vénitiens fut donc avant tout une occupation militaire;
aussi Venise, déjà menacée dans son commerce d'Égypte par les découvertes des Portugais
autour de l'Afrique, ne put ramener le travail et les richesses qui s'éloignaient de l'île avec la
sécurité. Chypre dépérit rapidement sous son règne; les fabriques furent presque anéanties,
le commerce languit, la population aisée émigra, les écoles se fermèrent, les propriétaires

---

[1] *Ann. Ven.* publ. par M. Sagredo, t. II,
p. 606. J'ai profité de quelques variantes fournies par le Ms. n° 9960 de la Bibliothèque impériale de Paris.

[2] *Storia Veneziana*, ap. Murat. *Script. Ital.*
t. XXIII, col. 1150.

[3] Navagiero, col. 1162.

abandonnèrent leurs terres, les cours d'eau envahirent les terrains bas et se convertirent en marécages infects; de toutes parts les ressources particulières et les ressources publiques diminuèrent insensiblement.

Les témoignages historiques attestent le dépérissement général de tous les éléments qui avaient fait la prospérité de l'île sous les anciens rois, et l'insuffisance des moyens que Venise employait de temps à autre pour y porter remède. Le 7 avril 1486, les Prégadi décrétèrent que tous les possesseurs de bénéfices en Chypre devraient aller habiter dans l'île même, qu'ils fussent clercs ou laïques, sous peine de perdre la moitié de leurs revenus [1]. Au mois de juin 1487, en renouvelant l'obligation de la résidence, les sages de terre ferme font décider qu'il serait prélevé sur le clergé chypriote une somme de 8,000 ducats, et sur le domaine de Chypre une somme de 4,000 ducats, indispensables pour subvenir au payement d'un corps de Stradiotes chargé de la défense de l'île [2]. Cette année même, un voyageur français, en quelques mots qui indiquent un mal profond, signale le misérable état du pays, le mauvais entretien des gens d'armes, cause inévitable de désordres, et les fréquentes émigrations des habitants, qui préféraient passer en Asie Mineure et aller vivre au milieu des Turcs que de rester dans le pays : « Cypre est aujourd'huy soubz les Vénitiens; et sont en danger de la perdre brief-
« ment, car les soudars ou gendarmes qu'ilz ont ne sont paiés et si n'ont de quoy vivre que en
« chestiveté et en grant desplaisir. Partir ne peut quelque homme sans congé; par quoy plu-
« sieurs qui ici ont demeuré, aulcunes voix s'en vont avec les Turcs soy rendre, comme pour
« eviter ce lieu et la jurisdiction [3]. » Le 17 mars 1488, le sénat, sur la demande de la reine de Chypre, décida qu'on prierait le pape d'envoyer en Chypre un provincial et des personnes en état de remplir dignement les bénéfices vacants, afin de pouvoir éclairer de la foi orthodoxe les habitants schismatiques. L'envoi d'un provincial instruit, *magnæ doctrinæ*, est d'autant plus nécessaire, avait dit la reine dans sa lettre au sénat, que le royaume de Chypre ne possède plus d'hommes instruits et versés dans les saintes Écritures : « Cum predictum regnum exaustum
« sit hominibus doctis et sacras litteras profitentibus [4]. » En 1489, la république faisait publier à Corfou et dans ses possessions de Morée que tous les habitants disposés à aller habiter la ville de Famagouste, en Chypre, y seraient transportés gratuitement, recevraient des vivres et auraient des secours d'argent [5]. On alla même jusqu'à autoriser les Chypriotes bannis pour crime d'homicide à rentrer dans l'île, pourvu qu'ils n'habitassent pas la ville même où ils s'étaient rendus coupables du meurtre [6]. Il ne paraît pas que beaucoup aient répondu à ces invitations. La supplique des habitants de Famagouste, à laquelle le doge Barbarigo répond par la lettre du 2 août 1491 qu'on a vue précédemment, n'est qu'une longue plainte sur la misère des habitants de Famagouste, de Limassol et de l'île entière, auxquels la république de Venise était obligée de donner de temps en temps quelques secours pour assurer leurs moyens d'existence [7].

Il est aisé de comprendre ce qu'ont dû ajouter à un état devenu déjà si malheureux les trois cents ans d'incurie et d'oppression de l'administration turque.

---

[1] Navagiero, *Stor. Ven.* ap. Murat. *Script. Ital.* t. XXIII, col. 1193.

[2] Malipiero, *Ann. Ven.* t. II, p. 608.

[3] Voyage à Jérusalem, en 1487, de Nicole Le Huen, professeur de théologie au couvent des carmes de Pont-Audemer, Lyon, 1488, in-fol.

[4] Colbertaldi, *Hist. di Cath. Cornaro*, Ms. de Ven. fol. 119 ; Ms. de Lond. fol. 112.

[5] Voy. ci-dess. la commission du 27 août 1489, art. 16, p. 459.

[6] Voy. 27 août 1489, art. 17, 18.

[7] Voy. ci-dessus, p. 487, art. 2.

NOTE

SUR LES CONSEILS ET LES MAGISTRATURES DE LA RÉPUBLIQUE DE VENISE, DONT IL EST QUESTION DANS LES DOCUMENTS DE L'HISTOIRE DE CHYPRE.

La nature des rapports de Venise avec l'île de Chypre depuis le mariage du roi Jacques II de Lusignan et de la fille adoptive de la république, et la part considérable que la seigneurie prend au gouvernement du royaume dès la mort de ce prince, m'engagent à réunir ici quelques notions sur les attributions des différents corps et des divers magistrats vénitiens de qui émanent les documents de cette époque, ou qui s'y trouvent nommés.

Je ne me propose point de donner dans ces courtes explications une idée complète de l'ensemble du gouvernement de Venise. Je me borne aux renseignements qui me paraissent indispensables pour connaître avec quelque exactitude la constitution et le rôle des divers organes administratifs par lesquels la république communiquait le plus habituellement avec les pays étrangers, et en particulier avec l'île de Chypre, avant que cette île ne fît partie de son domaine. Je m'attache surtout aux traits qui peuvent éclairer les événements et les documents de mon histoire pendant cette période.

1. Grand conseil.

Depuis le XIIIe siècle, où l'omnipotence des doges de Venise avait été détruite, la souveraineté de la république résidait dans le grand conseil, *maggior consiglio, majus consilium*, corps politique dont les membres étaient environ de 7 ou 800 au XVe siècle, et se trouvaient dans les derniers temps au nombre de 1,600. Tout Vénitien noble, inscrit au livre d'or[1], dès qu'il atteignait l'âge de vingt-cinq ans, entrait de droit au grand conseil, s'il n'y avait eu déjà accès par suite des tirages au sort qui annuellement y appelaient un certain nombre de jeunes patriciens ayant de vingt à vingt-cinq ans. Une assemblée aussi nombreuse n'eût pas exercé le pouvoir suprême sans difficulté et sans danger. Elle le délégua au sénat, qui peu après concentra toute l'autorité politique et administrative, ne laissant plus au premier corps pour principale attribution que le droit de conférer la noblesse ou la nationalité vénitienne, et le soin d'élire les membres des divers conseils, les magistrats et fonctionnaires de la république. Le sénat enleva même au conseil et se réserva la présentation ou la nomination directe à certaines charges considérables, comme à celles d'ambassadeur, de capitaine général et de provéditeur de la flotte.

Le grand conseil se réunissait au moins une fois par semaine, le dimanche, dans le palais ducal, au son de la cloche de Saint-Marc. Le doge, et à son défaut les conseillers du doge, en étaient les présidents; le chancelier de la république y faisait les fonctions de secrétaire. On y parlait toujours le vénitien; dans l'exorde seul, les orateurs pouvaient employer le langage toscan. Il était défendu à ses membres d'entrer armés dans la salle des délibérations; mais à côté de la pièce destinée aux séances, était une salle d'armes où les patriciens déposaient leurs épées, et auraient trouvé au besoin les armes nécessaires à leur défense pour le cas d'une insurrection. Le conseil des Dix avait aussi une salle d'armes.

Le système employé dans les élections et les votes du grand conseil avait été compliqué à

---

[1] Ce registre, destiné à conserver l'état civil des familles nobles, fut institué en 1319.

dessein, afin de prolonger les séances et d'occuper l'assemblée sans l'agiter [1]. Avant de procéder au vote général pour une nomination, il fallait que le candidat fût élu et proposé par des commissions particulières que le sort avait désignées et qui se réunissaient pour leurs votes dans des chambres séparées. Chacune de ces commissions se nommait *une main d'élection, manus electionis*. Pour certaines charges, il fallait avoir été présenté par deux mains; pour d'autres, par quatre mains d'élection. De là les expressions d'*electus per quatuor manus*; ou *electus per duas manus electionis, electus utriusque manus, sapientes utriusque manus*, que l'on a remarquées dans les décisions concernant les ambassadeurs, les consuls et dans quelques autres pièces de nos preuves.

Des urnes, déposées aux pieds de la seigneurie, renfermaient des boules dorées ou argentées. Le patricien qui retirait une boule dorée était électeur et faisait partie d'une chambre ou main d'élection. Les urnes s'appelaient *chapeaux, capeli*, probablement de l'antique usage de déposer les boules dans un chapeau aux premiers temps de la république. C'était de grands vases de cuivre, recouverts de velours cramoisi. Appeler au chapeau, *clamare ad capellum, chiamare a capelo*, dans le langage administratif de Venise, signifiait être appelé à participer au vote ou aux chances du tirage au sort; *expelli a capello*, être privé du tirage, et, en général, être obligé de s'abstenir dans une affaire, abstention imposée la plupart du temps pour cause de parenté avec d'autres conseillers ou avec la personne intéressée directement à la décision [2].

A l'exception des hautes fonctions de procurateur et de chancelier, dignités auxquelles on était nommé à vie, la plupart des charges de la république de Venise étaient données pour un temps assez limité : quelques-unes pour six mois, beaucoup pour un an ou dix-huit mois; les fonctions de consuls ou de *bailes* à l'étranger, comme celles du baile de Chypre et du baile de Constantinople, étaient généralement d'une durée de deux ans. Les provéditeurs étaient nommés pour trois ans, le capitaine du golfe pour quatre. Ordinairement, le fonctionnaire public sortant de charge ne pouvait être réélu au même emploi, ou appelé à une autre dignité, avant un certain laps de temps, qui était souvent égal à la durée de sa dernière fonction. Ce délai s'appelait *contumace*; mais fréquemment le grand conseil ou le sénat, dans son élection, affranchissait le sujet désigné par le scrutin de l'obligation de la contumace.

On ne peut méconnaître les avantages qu'eut, dans le gouvernement aristocratique et jaloux de la république de Venise, l'usage de limiter ainsi la plupart des charges à une durée de quelques mois, pour établir entre les patriciens, presque tous capables, dévoués et expérimentés, une permutation et une surveillance incessantes. Mais dans les fonctions secondaires, surtout pour les finances et la police, ce principe aurait eu de grands inconvénients, principalement hors de Venise, et aurait privé l'administration des avantages que donnent l'habitude, la tradition et la pratique suivie des hommes. Aussi a-t-on vu un syndic général, de retour d'une inspection en Chypre, demander qu'on ne renouvelât pas si souvent les employés de la chambre des comptes ou secrète de ce pays, et qu'on en revînt aux usages de l'ancienne administration française [3].

---

[1] Le grand conseil admettait quelquefois aux séances d'élections les ambassadeurs étrangers et les princes qui se trouvaient à Venise. En 1574, Henri III, se rendant de Pologne en France, fut prié d'assister et de voter à une réunion où il s'agissait de nommer un procurateur. Le roi donna sa voix à Jacques Contarini, qui fut élu à l'unanimité.

[2] Voy. ci-dessus, p. 686.

[3] Voy. ci-dessus, p. 550.

2. Conseil des Prégadi ou Sénat.

Le grand conseil, n'accomplissant pas lui-même les actes de la souveraineté, en avait transmis le droit au sénat ou conseil des Prégadi, en vénitien, *Pregai* ou *Pregadi*; dans les textes latins, *consilium Rogatorum*. Ce conseil était ainsi appelé parce qu'originairement il était formé seulement des patriciens que le doge choisissait à sa convenance et envoyait chercher pour l'assister dans l'expédition des affaires importantes. Dès le XIIIe siècle, le conseil des Prégadi, bien qu'issu du grand conseil et nommé par lui, s'empara de toutes les décisions politiques et administratives de l'État : il adoptait ou rejetait les traités préparés par le collége; il déclarait la guerre; il nommait les ambassadeurs et leur remettait, au nom du doge, ses propres instructions; il recevait leurs rapports; il arrêtait les réponses qui devaient être faites aux princes étrangers; il pouvait prendre directement connaissance des communications ou des réclamations de leurs ambassadeurs, quand il le jugeait convenable.

Le sénat était composé de soixante patriciens âgés au moins de trente-cinq ans, en outre d'un nombre variable et assez considérable de fonctionnaires ayant droit d'y siéger, comme les conseillers du doge, les procurateurs de Saint-Marc, les membres du conseil des Dix, les trois avogadors en charge, les trois avogadors sortants, les quarante membres du tribunal criminel et autres magistrats. Aux soixante membres ordinaires, on réunit dès le XIVe siècle une commission permanente de vingt membres adjoints; ce nombre fut porté à quarante au commencement du XVe siècle et à soixante au milieu de ce siècle. Cette commission ou junte se nommait *la zonta, giunta*; en latin, *additio*. L'expression si fréquente *in Rogatis cum additione* annonce une délibération du sénat prise dans une séance à laquelle assistaient les membres adjoints; mais cette mention n'est pas marquée sur les registres toutes les fois que la junte siégeait avec les Prégadi [1]. Dans nos documents, le nombre des membres présents au sénat ne s'élève jamais, la junte présente, au delà de cent soixante ou cent soixante-dix. Après le XVe siècle, ce nombre alla jusqu'à deux cent cinquante et même à trois cents.

Le sénat votait quelquefois comme le grand conseil, par deux et par quatre mains d'élection, ou par la *banque*, mode d'élection combiné avec le système des chambres et du scrutin; mais la plupart du temps, et pour le courant des affaires, il employait le simple procédé du scrutin à la majorité des membres présents. Le résultat du vote, soit sur une proposition, soit sur la rédaction d'une réponse ou d'une instruction diplomatique, est consigné presque toujours à la suite de la délibération en cette forme : *de parte*, c'est-à-dire votes favorables à la proposition ou partie; *de non*, votes contraires. Les abstentions ou les votes qui auraient eu pour objet de modifier soit la proposition, soit la rédaction, sont précédés des mots *non sinc.*, quelquefois écrits *non sinceri* (*calculi, lapilli*) et d'autres fois *non sincere* (*balle* ou *ballote*).

Les décisions du sénat n'ont été appelées *décrets* et *sénatus-consultes* que par les historiens, ou dans les derniers temps de la république. A l'époque de nos documents, au XIIIe, XIVe et XVe siècles, c'est toujours sous le nom de *pars, pars capta*, ou seulement *capta*, qu'on désignait un ordre voté par le sénat. L'annonce de la décision ou ordonnance décrétée est, en général, exprimée dans les documents par les mots *vadit pars*. Le nom de *pars* se donnait aussi à une décision des autres conseils de la république ou à un mandement du doge; et, en général, on appelait du même nom toute proposition faite ou adoptée par l'un des conseils ou

---

[1] C'est par erreur qu'il a été parlé d'une commission spéciale du Sénat à propos d'un document de 1366 (t. I, p. 285 n.); il s'agit dans cette pièce de la commission ordinaire et permanente.

des hauts magistrats du gouvernement. Un avis contraire, ou tendant à modifier la question mise en délibération, s'appelait *scontrinum*, *scontrino*. Une fois votées, les décisions du sénat n'étaient soumises à aucune autorité et devenaient irrévocables. Les avogadors de la république seuls pouvaient y former l'opposition qu'on appelait *intromissio*, quand le décret leur paraissait contraire aux lois de l'État.

Les Prégadi titulaires étaient nommés par le grand conseil, les adjoints étaient présentés par le sénat et confirmés par le grand conseil. Les membres titulaires, comme les autres, n'étaient nommés que pour un an; mais ils étaient immédiatement rééligibles, sans contumace. A la faveur de cette disposition, les mêmes familles se perpétuèrent pendant plusieurs siècles au sénat et passèrent successivement au collége, dont les membres étaient presque exclusivement à leur choix.

3. Du doge et de la seigneurie.

Le doge avait tous les honneurs, la pompe et les apparences extérieures de la souveraineté. Tous les édits, les traités, toutes les lettres ou dépêches se promulguaient et s'expédiaient en son nom; il avait de droit la présidence de tous les conseils de la république; il jouissait, en outre, du privilége de nommer le primicier et les chanoines du chapitre de Saint-Marc. Mais il n'en était pas moins en réalité le dignitaire de la république le plus assujetti et le plus surveillé. Il ne pouvait sortir de la ville sans la permission du grand conseil [1]; il n'avait d'autre influence sur les affaires publiques que celles que lui donnaient ses qualités et sa considération personnelles. Aussi disait-on du doge de Venise qu'il était prince par son costume, sénateur devant le sénat, simple citoyen devant la loi [2]. Quand il prenait la parole au grand conseil, il se levait, se découvrait et nommait le conseil : « sérénissime grand conseil, maître de la république et notre maître » [3]. La seule prérogative qu'il eût alors était de parler de sa place, sans être obligé d'aller à la tribune, qu'on appelait *aringa*. Quand on lui adressait la parole, on le nommait *sérénissime prince*; mais, dans les actes publics, il prenait toujours le titre de doge, *illustrissimus dominus dominus dux*, en vénitien, *dose*; il avait auprès de lui, comme assesseurs, six conseillers élus annuellement par le grand conseil, avec participation du sénat.

Ces conseillers, nommés *consiglieri di sopra*, conseillers d'en haut, pour les distinguer des membres de la quarantie criminelle, appellés *consiglieri di basso*, formaient avec le doge ce que l'on appelait la seigneurie : *illustrissima signoria*; dans les textes latins, *dominium*. La réunion des conseillers portait le nom de conseil privé ou petit conseil, *consiglio minore*. Le conseil assistait le doge dans toutes les affaires et préparait ce qui devait être soumis au collége et au grand conseil. Il avait le droit d'ouvrir les dépêches adressées au doge en l'absence du prince même, qui ne pouvait, quant à lui, en prendre connaissance sans la présence au moins de l'un de ses conseillers. Quand le doge était empêché, les conseillers présidaient en son nom le sénat et le grand conseil.

4. Du collége.

Le conseil du doge dont il vient d'être question prenait le titre de *collége* ou plein collége,

---

[1] Cf. le tome Ier de nos documents, p. 247.
[2] « In habitu princeps, in senatu senator, in foro civis. »
[3] « Serenissimo mazor conseio, paron de la republica e paron nostro »

pien collegio dès que les trois chefs de la quarantie criminelle et les seize sages siégeaient avec lui. Le nombre de ses membres pouvait être plus considérable encore, le collége convoquant souvent les fonctionnaires propres à éclairer ses discussions par leur expérience, comme les procurateurs de Saint-Marc et les avogadors. En quelques circonstances, il appelait même à prendre part à ses délibérations tous ceux qui avaient été sages de première classe ou grands sages. On le nommait alors la *consulte noire*, parce que les anciens grands sages s'y rendaient en costume noir.

Dans sa composition la plus ordinaire, le collége comptait seize membres. Toutes les affaires importantes de l'État et de l'administration s'élaboraient dans ce conseil. Chaque matin, après la messe, les seize sages se rendaient au palais ducal et entraient en séance avec le petit conseil. On donnait d'abord audience aux ambassadeurs étrangers; le doge remettait les dépêches qu'il avait reçues; en même temps on apportait celles qui étaient adressées directement au collége ou au sénat. Les réponses et les intsructions se préparaient dans la séance : si la matière était trop grave, si la réponse soulevait des avis contraires, on en réservait l'adoption au sénat. Souvent, nous en avons remarqué plusieurs exemples [1], les conseils renvoyaient au collége le choix des agents à l'étranger, la dernière rédaction des actes ou la décision des affaires les plus importantes; mais les instructions, les commissions et les réponses se donnaient toujours au nom du doge. Les délibérations du collége pouvaient continuer en l'absence du doge et de ses conseillers.

Le collége était, on le reconnaît, le ressort de tout le gouvernement de Venise. C'est entre ses conseillers, et plus particulièrement entre les seize sages, que se concertaient toutes les mesures politiques et administratives qui devaient être discutées au sénat. C'est de là que l'impulsion se communiquait à tous les corps et à tous les fonctionnaires de l'État. Bien que le conseil des Prégadi conservât une souveraine autorité dans le vote, le collége, par l'expérience consommée de ses membres, avait la plus grande part à la direction générale des affaires, qu'il préparait à loisir et qu'il venait défendre devant le sénat. Il avait le titre d'*excellentissime*.

Le mot de *collége*, à part la désignation précise et déterminée que nous venons d'expliquer, avait aussi, à Venise, la signification générale de commission ou comité, et se donnait même à des commissions temporaires ou extraordinaires. On avait créé un collége des seigneurs de nuit, un collége de la milice de mer, un collége sur les eaux. Il y avait aussi des colléges criminels, *collegii criminali*, au conseil des Dix et à la quarantie criminelle. C'était des commissions ou comités particuliers chargés d'instruire l'affaire que devaient juger les conseils.

5. Des sages.

Les sages, *savii, sapientes*, étaient, comme on vient de le voir, les membres les plus actifs et les plus influents du collége et du gouvernement. Au collége, ils avaient l'initiative de toutes les mesures qui leur paraissaient utiles; ils en demandaient l'adoption dans le conseil des Prégadi; ils en surveillaient ensuite l'exécution, comme ministres de la république chargés du pouvoir exécutif. Les sages étaient divisés en trois ordres ou trois classes. Le premier était celui des seize grands sages, *savii grandi*, ou sages du conseil, choisis par le sénat,

---

[1] Ci-dessus, p. 154, 310, 336, 371, 390.

parmi ses membres les plus expérimentés dans les affaires publiques, et renouvelés partiellement tous les six mois. Ils veillaient surtout aux affaires de la politique extérieure. Les cinq sages de terre ferme, *savii di Terra ferma*, étaient plus particulièrement préposés à l'administration. Un de ces sages, sous le titre de *savio cassiere*, sage-caissier, était chargé du trésor public; le sage aux écritures, *savio alla scritura*, était ministre de la guerre et s'occupait de toutes les troupes régulières employées par la république; le sage aux ordonnances, *savio alle ordinanze*, créé au XVI° siècle, s'occupa seulement des milices locales ou nationales, *cernede*; le sage aux brefs, *savio ai brevi*, veillait aux affaires ecclésiastiques; le sage au cérémonial, *savio ai cerimoniali*, présidait à la réception des princes et des ambassadeurs; enfin, un sage nommé *savio ai damo* [1] était pour l'exécution des décrets d'urgence.

Les cinq sages des ordres, *savii agli ordini*, s'appelaient aussi sages de la navigation, sages de la mer, sages de la marchandise, *savii alla mercanzia*. C'étaient de jeunes patriciens de vingt-cinq ans qui se préparaient dans l'administration aux grandes affaires publiques. Ils étaient chargés particulièrement de l'arsenal, de l'armement des galères, de la correspondance commerciale avec les consuls, et de tout ce qui concernait les objets de commerce et les commerçants vénitiens à l'étranger. Ils devaient assister exactement aux séances du collége, où ils n'avaient que par exception voix délibérative, et aux séances du sénat, où ils soutenaient la discussion contre les sénateurs adjoints. Quand les propositions du collège soulevaient des objections de la part d'un sénateur en titre, un sage de terre ferme se chargeait de les écarter; si l'opposition venait d'un ancien grand sage, d'un procurateur, de l'un des conseillers du doge ou d'un autre haut magistrat, c'était un grand sage, et généralement le grand sage de semaine, qui se levait pour répondre.

En dehors des délibérations du collége, les sages avaient la faculté d'apporter directement des propositions au sénat. Nous avons vu que divers articles furent ainsi ajoutés, sur leur avis, aux instructions des conseillers envoyés en Chypre après la mort du jeune roi Jacques III, en 1474 [2]. Les propositions pour établir en Chypre un nouveau gouvernement après le départ de Catherine Cornaro furent de même présentées au sénat par les seize sages, en 1489 [3]. La confiance qu'on avait en leur expérience était si grande et leurs droits si étendus, qu'ils pouvaient faire suspendre immédiatement les séances du sénat quand une discussion leur paraissait inopportune ou dangereuse. Ils devaient garder du reste la plus inviolable réserve sur les affaires de l'État, et il leur était expressément interdit d'entretenir des relations privées avec les ambassadeurs étrangers.

6. Conseil des Dix.

Le conseil des Dix, *consiglio de dieci*, *conseio de diece*, *consilium decem*, institué en cour prévôtale et temporaire au commencement du XIV° siècle pour rechercher les complices de Bajamont Tiepolo, rendit de si grands services, qu'il fut maintenu et devint définitif en 1335. Il veillait à la sûreté générale de l'État et jugeait sans contrôle, sans appel et en l'absence des accusés. Les événements de Chypre, à la fin du XV° siècle, lui fournirent la première occasion éclatante d'étendre son action sur les affaires étrangères. C'est lui, comme nous l'avons vu, qui prend alors en main les intérêts de l'État et le dénouement de cette difficile situation.

---

[1] Littéralement *savio ai decreti da momento*, du moment.

[2] Ci-dessus, p. 609, 610.

[3] Voy. Cicogna, *Incriz. Venez.* t. V, p. 229.

Il fait enlever de Chypre les enfants naturels du feu roi, sa mère et tous les hommes inquiétants; il fait avancer le généralissime près de l'île avec la flotte de la république, et quand le moment propice lui paraît arrivé, il lui envoie l'ordre d'amener de gré ou de force la reine de Chypre à Venise, en arborant définitivement l'étendard vénitien dans l'île. Son autorité s'accrut à la suite de ces événements, et dès le XVIe siècle il envahit la direction de l'administration et du gouvernement, en faisant peser son influence sur le collége lui-même. Sa prépondérance exorbitante fut cependant diminuée au XVIIe siècle.

Le conseil des Dix était composé de dix membres ordinaires, tous sénateurs, et non parents, en outre, du doge et de ses six conseillers. Pour les affaires les plus graves, comme lors du jugement de Rizzo de Marin, ancien ambassadeur de Chypre[1], le conseil s'adjoignait une commission particulière, ou *zonta,* de douze à quinze membres, choisis spécialement par lui. Cet usage cessa au XVIe siècle. Tous ces magistrats avaient voix délibérative. Quand la junte était convoquée, les avogadors de la commune, les grands sages, les sages de terre ferme et le chancelier assistaient aussi presque toujours au conseil des Dix; ils pouvaient prendre part à la discussion, mais ne votaient pas. Les procurateurs y étaient aussi quelquefois appelés. Le nombre des membres présents aux délibérations du conseil pouvait s'élever alors de trente à trente-cinq. Les dix conseillers titulaires étaient renouvelés chaque année par le grand conseil et ne devaient être réélus qu'après une contumace de deux ans.

Le conseil avait le titre d'*eccelso,* ou d'*excellentissimo;* un arrêt ou décret ainsi désigné, *decreto dell'eccelso,* était un décret des Dix. Le conseil avait trois présidents ou chefs, *cai de diece,* qui changeaient chaque mois. Quand il tenait ses séances, des barques armées et marquées de ses lettres, C. D. X., stationnaient toujours dans le canal, entre les prisons et le palais ducal où il siégeait, prêtes à exécuter immédiatement ses ordres; une fuste de guerre était toujours disposée au même effet dans l'arsenal. Le chef de ces gondoliers, qui avait le titre de capitaine des barques du conseil des Dix, fit sortir de nuit Rizzo de Marin de sa prison pour le conduire dans la salle d'armes du conseil des Dix, où il fut pendu[2].

On a vu fonctionner dans le procès de Rizzo un collége criminel qui l'interrogea et le mit à la torture; les membres de ce collége devinrent ensuite les inquisiteurs d'État, dont le rôle commence à marquer dans le gouvernement de Venise à la fin du XVe siècle, et dont il est nécessaire de dire quelques mots.

7. Inquisiteurs d'État.

Ils étaient au nombre de trois, tous élus par le conseil des Dix. Deux étaient pris parmi ses propres membres et s'appelaient, à cause de leur costume, les *inquisiteurs noirs;* le troisième, dit *inquisiteur rouge,* était choisi parmi les six conseillers du doge. Réunis aux trois chefs du conseil des Dix, ils constituaient ce qu'on appelait le *tribunal,* juridiction extra-légale et indéterminée, à laquelle le conseil des Dix donna des pouvoirs sans limites pour toutes les affaires concernant le salut public et les mœurs. Sous cette vague et générale dénomination, le tribunal pouvait tout atteindre dans le gouvernement, dans l'administration et dans la société. Rien n'était à l'abri de ses perquisitions; il pouvait pénétrer dans le secret des correspondances et de la vie privée; il provoquait et récompensait pour cela la délation et la trahison; il appelait

---

[1] Voy. ci-dessus, p. 713. — [2] Ci-dessus, p. 716.

devant lui qui il voulait, patricien ou homme du peuple, et le questionnait par la plus cruelle torture; il jugeait sans s'assujettir à aucune forme de procédure, avec ou sans le conseil des Dix; il pouvait appliquer aux simples délits, quand un exemple lui paraissait nécessaire, la plus grave pénalité; il faisait secrètement enlever ou mettre à mort ceux qu'il avait condamnés. La seule condition mise par le conseil des Dix à ses sentences, c'est qu'elles fussent prises à l'unanimité. Les inquisiteurs ayant droit de contrôle sur le gouvernement et la politique, pouvaient exiger, quand ils le voulaient, des ambassadeurs de la république, de correspondre directement avec eux. Ils n'épargnaient point les admonestations aux procurateurs de Saint-Marc; le doge lui-même était soumis à leurs investigations et à leurs censures; ils venaient lui adresser des remontrances dans son palais et l'obligeaient souvent à garder les arrêts. Le tribunal tenait habituellement ses séances au palais ducal, près de la salle d'armes du conseil des Dix; mais il pouvait se transporter subitement partout où il lui convenait.

L'inquisition d'État de Venise, instituée à la fin du xve siècle, fut développée et constituée définitivement au xvie.

8. Avogadors.

Il y avait trois magistrats du nom d'*Avogadori di Comun*, nommés chaque année par le grand conseil sur la désignation du collège et du sénat. Ils étaient chargés du ministère public dans les affaires de l'État et dans les causes privées. Ils avaient en cette qualité entrée au grand conseil, au sénat, au conseil des Dix et aux quaranties. Ils faisaient, en outre, partie intégrante du sénat et y avaient voix délibérative. Ils devaient veiller partout à l'exécution des lois et des formes; ils avaient droit de surveiller les magistrats et les agents de la république; ils poursuivaient d'office les délinquants, quelles que fussent leur position et leurs fonctions; ils pouvaient s'opposer, par un acte nommé *intromissio*, à la promulgation des décrets du sénat et du grand conseil, si ces décisions leur paraissaient contraires aux statuts de la république. Enfin ils étaient chargés de la conservation du *Livre d'or*, sur lequel s'inscrivaient les noms des patriciens, et de l'examen de toutes les questions concernant les preuves de noblesse. A l'époque où le conseil des Dix commença ses empiétements sur les attributions des autres corps de l'État, il eut à lutter contre les résistances de ces magistrats, défenseurs des anciens statuts; mais le conseil prit bientôt le dessus, et finit par faire décréter des peines sévères contre les avogadors qui oseraient attaquer son autorité ou celle des inquisiteurs. Il put, à sa convenance, leur interdire la parole dans ses délibérations.

9. Quaranties.

La quarantie, *Quarantia*, dite aussi *Quarantie criminelle*, était un tribunal qui jugeait les affaires criminelles de Venise et quelquefois celles du dehors. Son nom venait des quarante juges qui la composaient; elle participait à la politique, puisqu'elle prenait séance au sénat, et ses trois présidents avaient en outre le droit de siéger au conseil du doge.

Au xve siècle, on institua un autre tribunal de quarante juges pour les affaires civiles, et à la fin du même siècle une deuxième quarantie civile. La première se nomma dès lors la *civil vecchia*; elle connaissait des appels de Venise et du dogat. La seconde se nomma la *civil nova*; elle jugeait les appels de terre ferme, de la Dalmatie, de l'Albanie, de l'Istrie, du Frioul et du Levant. Les juges nommés par le conseil à la quarantie neuve, passaient, après huit mois de séance, à la quarantie vieille, où ils siégeaient aussi huit mois, et entraient ensuite au criminel pour huit mois. Chaque quarantie avait trois présidents qui changeaient tous les deux mois.

10. Procurateurs.

Après le doge, les dignitaires les plus considérés de la république étaient les procurateurs, et particulièrement les procurateurs de Saint-Marc. Il y avait neuf magistrats décorés du nom de procurateurs, tous élus par le grand conseil et à vie : trois étaient appelés procurateurs *de citra*, c'est-à-dire pour la partie de la ville de Venise en deçà du grand canal; trois, procurateurs *d'ultra*, c'est-à-dire d'au delà du grand canal, et trois, procurateurs de Saint-Marc ou procurateurs de *sopra*. Ils avaient tous un logement aux frais de la république sur la place Saint-Marc, dans le palais que l'on appelait *Procuratie nuove*, aujourd'hui palais du gouverneur. Les procurateurs de *citra* et ceux d'*ultra* étaient chargés de la tutelle des orphelins et des gens interdits; tout citoyen pouvait les choisir pour ses exécuteurs testamentaires. Les procurateurs de Saint-Marc administraient les biens de l'église métropolitaine et avaient la garde du trésor. Ils connaissaient seuls, et sous le sceau du plus inviolable secret, le lieu où était inhumé le corps de saint Marc, que la république de Venise conservait comme le palladium de la ville depuis qu'on l'avait transporté d'Égypte. Leurs attributions étaient étrangères au gouvernement même, et ne concernaient en général que des intérêts particuliers ou municipaux[1]; mais les procurateurs avaient presque toujours, à d'autre titre, accès dans les affaires publiques. Les *procuraties* étant surtout des charges honorifiques, on y appelait, comme marque de distinction, les plus hauts personnages de l'État, les anciens capitaines généraux, les provéditeurs, les ambassadeurs, les anciens grands sages; souvent les procurateurs étaient pourvus de nouveau de l'une des hautes fonctions politiques qu'ils avaient remplies. Le doge était ordinairement choisi parmi les trois procurateurs de Saint-Marc. Nous avons vu Pierre Mocénigo, généralissime des flottes en 1473 et 1474, arriver ainsi à la première procuratie, et puis à la suprême magistrature.

11. Capitaine général de mer.

On ne nommait généralement à cet emploi que lorsqu'une guerre maritime était sur le point d'éclater. Le sénat, qui ne pouvait y appeler qu'un gentilhomme vénitien, choisissait presque toujours le nouveau chef parmi ceux de ses membres que recommandaient déjà de grands services, et le présentait ensuite à l'élection du grand conseil. La seigneurie remettait en grande pompe au capitaine général dans l'église métropolitaine l'étendard de la république, de satin cramoisi, avec le lion de Saint-Marc, et l'accompagnait à sa galère. Après la campagne, le capitaine général venait rendre compte des opérations dans le sein du conseil des Prégadi. Lors de ses guerres en Italie, la république nommait un capitaine général de terre, qu'elle prenait toujours parmi les officiers étrangers de grande réputation. Carmagnole, qui périt si malheureusement, et Colléoni, qui passe pour avoir un des premiers employé l'artillerie de campagne, occupèrent ce poste.

Le capitaine général de mer s'appelait aussi *provéditeur général* ou *généralissime*. On ne le nom-

---

[1] Il a été question des procurateurs dans une pièce de 1467, ci-dessus, p. 179.

mait pas *amiral*. Ce dernier nom ne désignait point, à Venise, un officier de guerre, mais l'intendant de l'arsenal, dont les fonctions principales étaient de faire construire les navires, galères et agrès, sous la surveillance des sages des ordres. L'amiral était spécialement préposé à la garde du *Bucentaure*; et le vaisseau ne sortait de l'arsenal que sur l'autorisation de l'amiral lui-même, qui en était de droit le pilote.

La charge de capitaine général n'avait rien de commun avec celle du *capitan grande*, lieutenant de police, ou chef des archers de Venise, nommé aussi *missier grande*.

12. Provéditeurs. Capitaine du golfe. Supracomis.

Avec le capitaine général de mer partaient un ou deux provéditeurs, particulièrement chargés de l'argent nécessaire pour la solde, l'entretien et les autres dépenses de la flotte. Les provéditeurs assistaient aussi le généralissime dans toutes les opérations militaires comme ses lieutenants et ses conseillers. On a vu Victor Soranzo suppléer Mocénigo au milieu des circonstances les plus difficiles des campagnes de 1473 et 1474. Si le capitaine général venait à mourir, l'un des provéditeurs le remplaçait de droit. La charge de provéditeur de la flotte était une charge permanente, et se conférait habituellement pour trois ans. En temps de paix, le provéditeur résidait à Corfou, et avait autorité sur tous les établissements vénitiens des échelles d'Orient. On l'appelait aussi *capitaine du Levant*. Il y avait, en outre, un *capitaine du golfe*, patricien nommé ordinairement pour quatre ans, avec mission spéciale de veiller à la sécurité du golfe Adriatique et d'éloigner les corsaires de ses eaux.

Les supracomis, *sopracomiti*, *soracomiti*, étaient les capitaines de galères et de fustes.

13. Collatéral. Camerlingues. Syndics. Auditeurs.

Le collatéral général était le payeur des troupes à cheval et à pied. Il avait sous ses ordres des vice-collatéraux.

Les camerlingues ou camériers de la république *camerlenghi di comun*, nommés pour dix-huit mois par le grand conseil, étaient préposés à la garde du trésor public, *camera*. Ils avaient de droit voix délibérative au sénat, s'ils n'étaient pas sénateurs. Les recteurs, lieutenants et tous autres officiers commandant dans les villes de terre ferme, dans les places ou les îles du Levant, devaient tous les six mois envoyer aux camerlingues de Venise l'argent qu'ils avaient reçu au nom de la république, après avoir fourni aux dépenses de leur gouvernement respectif.

Les syndics étaient des inspecteurs choisis par le sénat, que la république envoyait tous les cinq ans faire la visite des provinces de terre ferme et du Levant. Ils avaient, pendant leur mission, la même autorité que les avogadors de la commune, chargés du ministère public. Sanudo le jeune, qui visita les provinces de terre ferme en cette qualité pendant l'année 1483, a laissé, parmi ses nombreux écrits, une relation de son inspection [1].

Les auditeurs étaient des juges nommés pour connaître de certaines affaires de moyenne importance dont il avait été appelé aux quaranties civiles. Il y eut à cet effet, à Venise, dès le

---

[1] Cette relation, publiée avec commentaires par M. Rawdon-Brown, est intitulée : *Itinerario di Marin Sanuto per la Terra-Ferma veneziana nel anno 1483*, in-4°; Padoue, 1847.

milieu du xiv° siècle, trois magistrats choisis parmi les patriciens et nommés *auditori delle sentenze*. Au commencement du xv° siècle, quand la république étendit ses possessions en terre ferme, on décida la création de trois autres auditeurs, que l'on appela auditeurs nouveaux, *auditori novi*. Les uns et les autres étaient renouvelés tous les seize mois par élection du grand conseil. Les premiers, désignés sous le nom d'auditeurs vieux, se bornèrent à connaître des appels interjetés dans la ville de Venise même. Les auditeurs nouveaux jugèrent les appels des possessions vénitiennes en terre ferme et au Levant. Quand ils n'étaient pas unanimes dans leur sentence, l'affaire revenait au tribunal de la nouvelle quarantie civile, appelée la *civil nova*.

Tous les trois ans, les auditeurs nouveaux étaient envoyés en tournée dans les places de terre ferme et dans les îles de la Méditerranée. Ils avaient alors une autorité égale aux syndics et aux avogadors. Ils ne se bornaient pas à juger sur les lieux les appels qui leur étaient déférés; ils avaient mission expresse d'inspecter le gouvernement des recteurs et le service des agents de la république.

On a remarqué [1] qu'ils pouvaient aller jusqu'à faire remise quelquefois aux fermiers des gabelles des sommes dues par eux à l'État. Ils dénonçaient aux conseils ou à la quarantie criminelle les fonctionnaires qu'ils trouvaient en faute, et les poursuivaient d'office.

14. Chancelier.

Le chancelier de Venise, dit grand chancelier de la république, ou chancelier de la cour ducale, était nommé à vie par le grand conseil. C'était toujours un des notables bourgeois de Venise, appartenant déjà au corps des secrétaires de la république, et recommandable par ses talents. Raphain Caresino, continuateur de la chronique du doge Dandolo, occupa cette charge au xiv° siècle. De même que le doge était à la tête de la noblesse, le chancelier était le chef et le patron de la bourgeoisie. L'aristocratie vénitienne, maîtresse absolue du pouvoir, semblait avoir à cœur de faire oublier à l'ordre plébéien sa déchéance politique, en prodiguant à son représentant des prérogatives et des honneurs extraordinaires. L'élection et les funérailles du chancelier étaient l'occasion de solennités aussi pompeuses que celles du doge; comme le prince, le chancelier avait accès dans tous les conseils de l'État, seulement, il est vrai, avec voix consultative; son élection le faisait chevalier, et lui donnait le privilége de porter des éperons d'or. Dans les cérémonies publiques, il avait la préséance sur le sénat et tous les autres corps; les procurateurs de Saint-Marc et les conseillers du doge seuls marchaient avant lui. Il restait couvert devant le doge, et comme lui, il était vêtu de pourpre. Dans les actes, on lui donnait le titre de *magnifique;* en lui adressant la parole, on le nommait *excellence*, et *seigneur* ou *domine;* le doge ayant le double titre de *domine domine*, et les sénateurs ou patriciens le titre seul de *messere*.

Sa fonction principale était de veiller à l'expédition de la correspondance du gouvernement avec ses agents, à l'enregistrement des délibérations prises par les différents conseils, à la rédaction des traités, des réponses et des instructions qu'ils arrêtaient. Nous avons vu un exemple où il parle lui-même à la première personne dans une note insérée aux commémoriaux relative à l'ambassade que le gouvernement de Chypre envoya à Venise, pendant l'exil

---

[1] Voy. ci-dessus, p. 731, art. 22.

de Henri II[1]. Ces actes divers étaient inscrits sur les registres de la seigneurie existants encore, et qui forment la partie la plus importante des archives de la république de Venise, anciennement appelées la *secrète*[2].

Un régent et un vice-régent de la chancellerie ducale et cent secrétaires, divisés en deux classes, se trouvaient sous les ordres du chancelier. Chaque conseil avait, en outre, un archiviste et des secrétaires particulièrement attachés à ses travaux.

Les quatre premiers secrétaires de la première classe étaient secrétaires du conseil des Dix, les vingt suivants étaient détachés auprès de la seigneurie, du collége et du sénat; d'autres servaient auprès du grand conseil et des quaranties. Les ambassadeurs, les capitaines généraux, les provéditeurs avaient quelquefois auprès d'eux, sous le nom de chancelier ou de notaire, un des secrétaires mêmes de la république pour leur correspondance avec la seigneurie. Les secrétaires étaient tous à l'élection du conseil des Dix, après information du chancelier sur leur capacité et leur moralité; ils étaient tenus au plus grand secret sur ce qu'ils entendaient dans les conseils. On choisissait toujours pour ces fonctions des hommes versés dans la connaissance des langues anciennes et modernes.

A leurs talents littéraires, les secrétaires joignaient souvent une grande expérience des négociations et des affaires publiques. Les résidents vénitiens, envoyés auprès de certaines cours étrangères étaient toujours pris dans la classe des secrétaires, et beaucoup d'entre eux ont rempli les plus importantes missions diplomatiques. En 1467 et 1469, les secrétaires Dominique Stella et Clément Thealdino[3] négocièrent directement au nom de la seigneurie avec les rois de Chypre. En 1489, quand l'ambassadeur vénitien mourut au Caire, la république n'hésita pas à remettre ses pleins pouvoirs au secrétaire venu avec lui en Égypte, Jean Borghi, écrivain distingué, qui termina heureusement la difficile négociation dont Pierre Diédo avait été chargé[4].

15. Recteurs des places et des îles.

La république de Venise envoyait dans les villes et les îles qu'elle possédait sur terre ferme, dans l'Adriatique et dans le Levant, des officiers investis en son nom du gouvernement ou *regimento* du pays[5]. Ces officiers étaient toujours des patriciens nommés par le grand conseil, à deux ou quatre mains, quelquefois sur la présentation ou après adoption du sénat. La durée de leur charge était ordinairement de seize ou dix-huit mois, pour les places de terre ferme; de deux ou trois ans, pour les villes maritimes et les îles. On les appelait généralement *recteurs*; mais suivant les lieux où ils résidaient, ils portaient les titres particuliers

[1] Tom. Ier, p. 117.
[2] «Tous lesquelx registres, dit un écrivain du «milieu du xvie siècle, sont en parchemin bien «escriptz, et mys par ordre en celle manière que «sans difficulté il se treuve par escript tout ce qui «a été fait tout le temps passé voir de ive et v{e} ans» *Description ou traité du gouvernement de Venise,* Ms. de la Bibl. imp. n° 10126, fol. 45. Ce traité, très-bien fait, et que nous avons consulté avec beaucoup de fruit pour la rédaction de ces notices, paraît avoir été rédigé d'après des renseignements italiens. L'auteur parle, dans un autre passage, des lettres écrites de l'étranger par des ambassadeurs ou autres personnages, et ajoute: «Toutes les lettres qui sont envoyées au duc et à la «seigneurie sont gardées avec grand ordre; telle«ment que se quelqu'un veult veoir une lectre qui «fust escripte oultre le temps de ive ans et plus, il «la trouveroit sans point de difficulté.» Ms. fol. 39.
[3] Voy. ci-dessus, p. 176 et 314.
[4] Voy. ci-dessus, p. 472, n.
[5] Un Ms. de la Bibliothèque de Saint-Marc, où l'on a inscrit au xviiie siècle le nom des officiers et magistrats envoyés ainsi au commandement des places étrangères de la république, est connu sous le nom de *Libro dei regimenti.*

de duc, comte, lieutenant, podestat, provéditeur, baile, général, conseiller, capitaine ou châtelain. Quand ils étaient seuls dans leur gouvernement, ils réunissaient l'autorité militaire aux attributions politiques, financières et judiciaires. Dans les postes les plus importants, la seigneurie plaçait à côté d'eux d'autres magistrats chargés d'une partie de l'administration, en laissant le gouvernement général au chef supérieur, duc, lieutenant ou podestat. Ces magistrats auxiliaires étaient ordinairement des conseillers, pour la justice; des camerlingues, pour la gestion financière; un capitaine, pour la garde et le service militaire.

Au xve et au xvie siècles, la république entretenait ainsi :

A Padoue, 1 podestat, 1 capitaine et 2 camerlingues;

A Spalatro, 1 comte et 1 capitaine;

A Zara, 1 comte et 1 capitaine;

Plus tard, dans le Frioul et en Dalmatie, 1 général ou provéditeur général;

A Corfou, 1 baile, 1 capitaine et 1 camerlingue;

A Candie, 1 duc, 1 capitaine, 2 conseillers et 2 camerlingues.

Après la prise de possession de Chypre, Venise envoya dans l'île 1 lieutenant, 2 conseillers, 2 camerlingues, tous résidant à Nicosie, et 1 capitaine de l'île, résidant à Famagouste.

Indépendamment des officiers adjoints aux gouverneurs, qui étaient les véritables délégués de la république, puisqu'ils étaient choisis et nommés par elle, les gouverneurs des places importantes avaient à leur nomination divers officiers, tels qu'un vicaire ou un conseiller pour les assister dans les actes de leur juridiction privée, un ou deux chevaliers pour les accompagner, un chancelier ou secrétaire pour la rédaction de leur correspondance et de leurs ordres, enfin un connétable pour commander les hommes d'armes à pied.

Nous avons vu que le capitaine de Famagouste avait aussi auprès de lui un chevalier nommé *commilito*.

A leur retour à Venise, les recteurs rendaient compte de leur gouvernement au sénat ou au collège, de vive voix ou par écrit, et proposaient les mesures qui leur paraissaient le plus avantageuses à l'administration du pays où ils avaient résidé. Une grande partie des rapports remis ainsi par les recteurs existent encore aux archives de Venise.

16. Ambassadeurs.

Venise n'a jamais entretenu d'ambassadeurs en résidence auprès des rois de Chypre. Depuis l'envoi de Vital Michéli, en 1306 [1], jusqu'à l'époque où la république s'allie avec le roi Jacques le Bâtard, en 1468, les ministres qualifiés d'ambassadeurs, syndics ou nonces, chargés par elle de se rendre en Chypre, avaient eu des missions déterminées et temporaires, dont l'objet était de conclure des traités de commerce [2], de réclamer, dans quelques circonstances extraordinaires, en faveur des priviléges et des possessions des Vénitiens [3], ou d'apporter les félicitations de la seigneurie aux nouveaux rois lors de leur avénement au trône [4]. Le mariage de Jacques II avec Catherine Cornaro fut l'occasion d'ambassades d'une nature toute nouvelle pour hâter la conclusion de cette union, en plaçant le roi de Chypre sous la protection de Venise et pour accompagner la nouvelle reine en Chypre [5]. Après la mort

---

[1] Voy. t. 1er, p. 102.
[2] Voy. t. 1er, p. 102, 142.
[3] Voy. t. 1er, p. 404, 416, 434.
[4] Voy. t. 1er, p. 137, 228, 358.
[5] Voy. ci-dessus, les pièces de l'année 1469, p. 311 et suiv.

du roi Jacques, la république, considérant l'île de Chypre comme une dépendance de ses domaines, n'y délégua plus de chargés de pouvoirs : elle fit assister la reine par deux conseillers et par ses propres officiers, capitaines généraux ou provéditeurs.

Les ambassadeurs étaient choisis ordinairement par le sénat, qui faisait presque toujours confirmer ses nominations par le grand conseil, du moins au xiv° siècle; ils recevaient leurs instructions des Prégadi, et, à leur retour à Venise, ils venaient rendre compte de leur mission d'abord au collége et puis au sénat. Ils justifiaient des dépenses faites pendant leur voyage à l'office dit des *Comptes nouveaux* ou *Raisons nouvelles, Rason nove*, chargé de recevoir les comptes des dépenses de tous les agents de la république, consuls, provéditeurs, syndics ou recteurs qui exerçaient leurs fonctions ou leur mission hors de Venise. Les ambassadeurs, comme il a été dit précédemment, emmenaient toujours avec eux un ou plusieurs secrétaires de la chancellerie ducale[1].

17. Consuls ou bailes.

Des consuls permanents étaient chargés de représenter la république en Chypre, de veiller à l'observation des franchises assurées par les traités, et de rendre la justice aux sujets vénitiens et aux protégés vénitiens ou Vénitiens blancs. On a vu, dans les documents de cette histoire[2], comment leur juridiction, par les concessions successives des rois de Chypre, s'était étendue hors des premières limites des assises, et avait fini par enlever entièrement aux cours de justice chypriotes la connaissance des affaires où étaient intéressés les Vénitiens, tant au civil qu'au criminel. Dans les cas les plus graves même, la culpabilité d'un Vénitien devait être établie par son consul, et le délinquant ne pouvait être soumis à la pénalité des assises. Les consuls de Venise et les Vénitiens se montrèrent dignes du reste, par leur sage conduite, des faveurs dont ils furent l'objet de la part des rois de Chypre. Jusqu'à l'époque de Jacques le Bâtard, où les circonstances les amenèrent à prendre parti pour ce prince contre Charlotte de Lusignan, ils s'étaient abstenus de s'immiscer dans les affaires politiques du pays, et quand des troubles graves avaient éclaté, comme sous Henri II, ils avaient constamment prêté leur appui à l'autorité royale. Tant que Famagouste demeura au pouvoir des rois de Chypre, les consuls vénitiens résidèrent en cette ville, centre principal du commerce de l'île; après l'occupation de Famagouste par la république de Gênes, ils se transportèrent à Nicosie, où ils avaient déjà des établissements et un vice-consul[3].

Le consul de Chypre, comme celui de Constantinople, portait le titre de *baile*, tandis que ceux d'Alexandrie et de Damas étaient seulement appelés consuls. Il était toujours choisi parmi les patriciens et nommé par le grand conseil, à quatre mains d'élection. Il recevait un traitement fixe de la république. Il lui était interdit de se mêler, sous aucun prétexte, à des opérations de commerce. Il emmenait avec lui un chapelain, qui faisait quelquefois les fonctions de secrétaire ou notaire, un chevalier assesseur et un nombreux personnel pour son service. Un règlement de 1390, entrant dans le détail des prescriptions relatives à sa maison, exige qu'il ait toujours en Chypre six chevaux au moins à sa disposition[4]. Il trouvait

---

[1] Dans les derniers siècles, la république de Venise avait comme ministres résidents, des ambassadeurs à Paris, Vienne et Madrid; un nonce à Rome, un baile à Constantinople, des secrétaires à Naples, Turin, Milan et Londres.

[2] Tom. Ier, p. 52, n. 230, n.

[3] Tom. Ier, p. 420. Cependant, dans les temps de paix, Venise eut ensuite un agent à Famagouste.

[4] Tom. Ier, p. 418.

en outre, dans l'île, trois bâtonniers[1] attachés au consulat et payés sur les droits du sceau ou du louage des maisons appartenant à la république. Il lui était enjoint de célébrer solennellement en Chypre la fête nationale de saint Marc, sur les fonds de la république, et au besoin par une contribution prélevée sur les marchandises des résidents vénitiens ou des Vénitiens blancs. Les bailes de Chypre étaient généralement nommés pour deux ans; mais ils ne pouvaient quitter leur poste, à moins de circonstances particulières, qu'après l'arrivée de leur successeur. Revenus à Venise, ils rapportaient au collége des sages, et pour les affaires importantes au sénat même, tout ce qui pouvait intéresser leur gestion; ils faisaient en même temps vérifier leur comptabilité par les maîtres des comptes des *rason nove*. L'office devait examiner avec soin si le consul, pendant tout le temps de ses fonctions, avait entretenu sa maison sur un pied convenable, et digne de la seigneurie dont il avait été le représentant.

Auprès du baile de Chypre, comme auprès des autres consuls de la république, se trouvait un conseil qui assistait ces magistrats dans leurs fonctions judiciaires et arrêtait en commun avec lui toutes les mesures utiles à la nation. Ce conseil, auquel il est fait souvent allusion dans nos documents[2], se nommait le *conseil des douze*. Ses membres étaient choisis par le baile parmi les Vénitiens ayant droit d'entrer comme patriciens au grand conseil de Venise, qui se trouvaient alors en Chypre, et, à leur défaut, parmi les résidents vénitiens non nobles. Deux des conseillers avaient mission d'assister le baile dans la tenue des comptes du consulat[3]. Les délibérations du conseil des douze équivalaient à une décision du sénat et devaient être toujours exécutées provisoirement; on les soumettait ensuite à l'approbation même des Prégadi de Venise et, une fois sanctionnées, elles devenaient définitives. Quand le consul avait un différend avec un de ses nationaux, le conseil nommait un vice-baile qui le présidait en son nom; le conseil, ainsi constitué, jugeait la cause. Un vice-baile était élu de même dans le cas d'absence du consul.

Le Ms. de la bibliothèque Saint-Marc intitulé *Regimenti*[4], où se trouvent les noms des magistrats qui ont rempli les divers gouvernements de la république de Venise en terre ferme, dans l'Adriatique et en Orient, donne la liste suivante des bailes de Chypre. J'ajoute à cette liste et à celles que l'on trouvera plus loin quelques noms nouveaux fournis par mes documents.

Bailes vénitiens en Chypre.

1307. Simon Adventurato.
1308. Marin Micheli.
1337-1338. André de Molino.
1349. Paul Loredano.
1349. Nicolas Micheli.
1360. Nicolas Barbarigo.
1360. Pierre Baseio.
1364. Pierre Justiniani.

1366. Louis de Molino, fils de Marc.
1372. Pantaléon Gezo.
1386. Marc Faliero, fils de Nicolas.
1388. Jacques Soriano.
1405. Paul Querini, fils de Roméo.
1406. André Zane.
1408. Marc Venier.
1410-1412. Marin Cocco, l'aîné.

---

[1] C'étaient les gens de service attitrés qu'on appelle aujourd'hui cavas en Orient. Munis de grands bâtons ou cannes à pomme d'argent, ils précèdent les consuls dans leurs sorties officielles.

[2] Voy. t. Ier, p. 228, 235, n. 358, 361.

[3] T. Ier, p. 222.

[4] Classe VII, cod. 198. Ce manuscrit, dont il a été déjà question, n'a pas de caractère officiel, mais les listes qu'il renferme ont été formées avec soin sur les documents des archives.

1414. Jacques Riva, chevalier.
1416. Marc Navagiero, fils d'André.
1418. Jacques Micheli, l'aîné.
1420. Jacques Zorzi, fils de Fantin.
1421. André Capello, fils de Maffio.
1423. André Cornaro, l'aîné (*mazor*), fils de Philippe.
1425. Esmerio Querini, l'aîné.
1430. Marc Venier, fils de Renier.
1432. Autre André Cornaro, qui fut provéditeur au Cottimo de Damas.
1435. Dardi Foscarini, l'aîné.
1437. Luc Zorzi, fils de Fantin, chevalier.
1439. Jean Valaresso, l'aîné.
1441. Dardi Moro, fils de Barthélemy.
1443. Pierre Contarini, fils de Luc.
1446. Laurent Moro, fils d'Antoine.
1448. Dona Tron, fils de Luc.
1449. Dona Cornaro, fils de Paul.

1452. Orsato Justiniani, fils de Dona.
1455. Nicolas Gritti, fils de Fantin.
1457-60. Pierre Arimondo, fils de Nicolas.
1460. Luc Vidor, fils de Maffio.
1462. Paul Erizzo, fils de Marc.
1466. Pierre Pizzamano[1], fils de Fantin.
1467. Louis Gabriel, fils de Benetto.
1469. André Lion, fils de François.
1470. Antoine Erizzo, fils de Marc.
1471. Pierre Diedo, fils de Nicolas.
1472. Nicolas Pasqualigo, fils de Marin.
1474. Marc Querini, fils de Pierre.
1477. Louis Moro, fils de Jean.
1478. Jean Diedo, fils de Marc.
1480. Jean Mosto, fils de Marc.
1481. Lauro Contarini, fils d'Antoine.
1483. Luc Taiapiera, fils de Barthélemy.
1486. Jacques Micheli, fils de Thomas.
1489. François Priuli, fils de Jean.

NOTE

SUR LES MAGISTRATURES DE L'ÎLE DE CHYPRE SOUS LE RÈGNE DE CATHERINE CORNARO ET PENDANT LA DOMINATION VÉNITIENNE.

Le gouvernement de l'île de Chypre comprenait trois attributions principales : l'administration générale du pays, la gestion des finances et le commandement des troupes qui était réuni presque toujours à la garde des places fortes.

Tant que la république de Venise ne prit pas la résolution d'occuper nominativement l'île de Chypre, elle laissa la reine Catherine y régner seule sous les dehors de la souveraineté, en plaçant auprès d'elle des magistrats vénitiens chargés de diriger toutes les affaires de la politique et du gouvernement, conformément aux instructions du sénat. Durant cette période, renfermée entre les années 1474 et 1489, Venise considérait encore l'île de Chypre comme un état indépendant quoique protégé, et la reine comme une puissance amie, mais non sujette; aussi la seigneurie ne cessa-t-elle pas d'envoyer dans le royaume le baile ou consul qu'elle avait toujours entretenu auprès des anciens rois. Le consul, représentant la majesté même de la république, avait la préséance sur tous les autres magistrats vénitiens, bien que ceux-ci fussent en réalité investis d'une autorité supérieure à la sienne. Quand ces apparences disparurent par la retraite de Catherine Cornaro et l'érection de l'étendard de Saint-Marc à Nicosie, il n'y eut plus de motif pour conserver un consul dans le pays et pour couvrir en-

---

[1] Pierre Pizzamano, Pizzimano ou Pichimano, figure encore comme baile des Vénitiens en Chypre dans diverses pièces de 1468 et 1469. Voy. ci-dessus, p. 304, 306, 320.

core les actes de l'administration vénitienne du nom de la reine. L'île de Chypre fut dès lors gouvernée ostensiblement et directement par les agents de la république de Venise, comme les îles de Candie, de Corfou et les autres possessions maritimes l'étaient déjà. Il est donc nécessaire de distinguer parmi les magistrats vénitiens qui ont participé sous différents titres et à différents degrés au pouvoir public dans l'ancien royaume des Lusignans, ceux qui furent envoyés pendant que la reine Catherine régnait encore comme héritière des droits de ces princes, et ceux qui les remplacèrent quand l'île devint définitivement une province vénitienne.

I.

Magistrats vénitiens envoyés en Chypre avant la prise de possession de l'île, de 1474 à 1489.

1. Conseillers de la reine.

Dès le soulèvement de Famagouste et le meurtre d'André Cornaro, oncle de Catherine, événements qui suivirent de près la mort du roi Jacques le Bâtard, la république de Venise, incertaine des vraies dispositions de la reine, résolut d'établir auprès d'elle une autorité qui la surveillât, qui réglât tous les actes de son administration et lui prêtât, au besoin, les forces nécessaires pour résister à une nouvelle tentative des partis. Le sénat institua à cet effet deux magistrats, avec le nom de *conseillers de la reine*, qui reçurent leurs instructions le 4 juin 1474[1]. Ils devaient suivre la princesse dans toutes ses résidences[2], lui laisser la plus grande liberté personnelle; mais ne point permettre qu'elle fît aucun acte de souveraineté ou d'administration publique sans leur assentiment préalable. Ils avaient en outre à s'occuper particulièrement des intérêts du trésor royal, négligés depuis la mort de Jacques[3]. Il leur était expressément enjoint, à cet effet, de faire rentrer au domaine public toutes les terres indûment concédées, de réduire les pensions trop facilement accordées, de recouvrer exactement le produit des gabelles, soit en les affermant, soit en les faisant percevoir au nom de l'État. On leur recommandait de satisfaire avec la plus stricte économie aux dépenses générales, sans négliger de payer la solde des troupes envoyées dans l'île pour la garde des châteaux et des places fortes. Les institutions politiques et administratives du royaume devaient du reste être maintenues dans l'état où elles étaient avant leur arrivée. La justice devait toujours se dispenser, au nom de la reine, par les mêmes magistrats, sous les lois et les formes accoutumées, c'est-à-dire dans la haute cour et conformément aux assises, afin que la noblesse crût toujours participer elle-même au gouvernement du pays et que, assurée d'être ainsi protégée dans ses privilèges et dans ses biens, elle se rattachât sincèrement aux intérêts de la seigneurie[4]. Dans toutes les occasions où ils auraient à se montrer, les conseillers devaient agir et parler pour le service de la reine, de manière que le peuple ne remarquât aucun changement extérieur dans le gouvernement et se considérât toujours comme soumis au pouvoir et à la volonté de la reine elle-même[5].

Les conseillers étaient renouvelés tous les deux ans; mais leur nomination ne coïncidait pas,

---

[1] Voy. leur nomination ci-dessus, p. 372; leurs instructions, p. 382, et les instructions supplémentaires, p. 386.

[2] Art. 18 des premières instructions et art. 7 des nouvelles instructions.

[3] Art. 6. et suiv. des instructions premières; art. 4 des secondes.

[4] Art. 4 et 14 des instructions.

[5] Le sénat insiste et revient souvent sur cette dernière recommandation. Voy. art. 5, 8, 12.

afin qu'un ancien restât toujours en fonctions avec un nouveau. Un secrétaire de la chancellerië ducale était placé sous leurs ordres; un autre secrétaire était mis à la disposition du provéditeur[1]. Il était défendu à tous ces officiers, ainsi qu'aux autres agents de Venise, de prendre aucun intérêt dans les affaires de négoce. Les conseillers avaient la préséance sur le provéditeur; mais le baile de la république, dont l'office n'était plus qu'une charge honorifique, conservait cependant la préséance sur tous les magistrats de l'île. Les conseillers de la reine furent supprimés en 1489, lors du départ de Catherine Cornaro.

Les fonctionnaires que nous connaissons comme ayant été revêtus de cette dignité, sont les suivants :

1474. François Minio et Louis Gabriel ✣[2].
1475. Pierre Diedo et Jacques Querini.
1477. François Priuli et Vincent Garzoni ✣[3].
1478. Ambroise Contarini et Antoine Erizzo, fils de Marc.
1480. Marc Lezze, fils de François, et Laurent Gritti, fils de Pierre.

1482. Benoit Tiepolo, fils de Thomas, et Christophe Venier, fils de François.
1483. Jacques Mosto, fils de Barthélemy.
1484. Droilo Malipiero, fils de Marin.
1486. Nicolas Micazzo, fils de Pierre.
1487. Nicolas Micheli, docteur.
1488. Mathieu Loredano, fils de Jean.
1489. Fuscardo Moro, fils de Dardi.

2. Provéditeur de Chypre.

A côté des conseillers qui dirigeaient le gouvernement supérieur du royaume, le sénat mit un provéditeur chargé spécialement du commandement des troupes, de la garde des villes et châteaux forts et de toutes les affaires militaires. Le provéditeur avait expressément le droit de prendre part aux délibérations des conseillers dans les questions qui se rattachaient à son service; les conseillers devaient, en outre, l'appeler dans leurs réunions pour arrêter une résolution quand ils ne se trouvaient pas d'accord sur des affaires d'intérêt général.

Dans le détail des prescriptions concernant sa charge, on lui recommandait de veiller surtout à ce que la citadelle de Famagouste fût toujours munie de troupes et commandée par un officier dévoué à la seigneurie. Il ne pouvait nommer à ce poste et en général investir du commandement de l'un des châteaux de l'île personne qui ne fût sujet vénitien et qui ne s'engageât à obéir aux seules autorités de la république[4]; cependant on lui enjoignait de rendre toujours la justice militaire au nom de la reine et de son fils, quand ce prince vivait encore. Il devait aussi faire appeler ou relever les gardes en leur nom et laisser la bannière royale, portant la croix de Jérusalem et le lion des Lusignans, sur toutes les places fortes. Le provéditeur n'était point tenu à une résidence fixe; il avait à inspecter les garnisons de l'île, à diriger sur tous les points le service militaire, à régler les mouvements, les logements et la solde des troupes. Il était nommé, comme les conseillers de la reine, pour deux ans.

---

[1] Art. 20 des instructions, et voy. p. 455.
[2] Ce signe, dans le Ms. *Regimenti* et dans les listes suivantes, indique que l'officier ou magistrat dont il accompagne le nom est mort dans l'exercice de sa charge. Louis Gabriel mourut en Chypre le 27 août 1474.

[3] Il paraîtrait, d'après un de mes documents, que Louis Donato ou Dominique Georgio remplaça, en 1477, Vincent Garzoni. Voy. ci-dessus, p. 413, n. 3.
[4] Article 3 des instructions au provéditeur, Victor Soranzo. Ci-dessus, p. 382.

Voici les noms des officiers qui ont rempli cette charge.

1474. Jean Soranzo.
1476. François Justiniani[1].
1478. Pierre Lorédano, fils de Jacques.
1479. Louis Querini, fils de Marc.
1480. Jean Marcello, fils d'Antoine.

1482. Zacharie Barbaro, fils de Mathieu ✠.
1483. André Sanudo, fils de Mathieu.
1483. Ferigo Justiniani, fils de Nicolas.
1486. Pierre Lion, fils de Maffio.
1487. Jérôme Pisani, fils de Pierre.

La charge vaqua quelque temps après 1488 ou 1489 et fut remplie par le capitaine de Famagouste. Rétablie postérieurement à l'abdication de la reine Catherine, elle reçut les modifications nécessitées par le nouveau régime de l'île.

3. Camériers.

Bien que les conseillers de la reine eussent la surveillance et la direction spéciale des finances du royaume, ils ne pouvaient eux-mêmes s'occuper de la gestion des recettes et des dépenses. Des trésoriers étaient chargés de ce soin sous leurs ordres. En 1479, le grand conseil de Venise décida qu'à la place des trésoriers alors en fonctions, il serait fait élection de deux patriciens, qui se rendraient en Chypre pour tenir les comptes des revenus du royaume, avec le titre de *camériers*, et que ces fonctionnaires seraient renouvelés tous les deux ans[2]. Indépendamment du contrôle des conseillers et du proviseur, les camériers, comme tous les autres magistrats vénitiens de l'île sans exception, étaient soumis à l'inspection des auditeurs nouveaux et des syndics que la république envoyait en tournée dans ses établissements du Levant, les premiers tous les trois ans, et les seconds tous les cinq ans.

4. Capitaine de Famagouste.

La république de Venise, sentant l'importance du château de Famagouste, qui lui assurait la soumission de la ville et la disposition du port principal du royaume, fit occuper la place dès la mort du roi Jacques II. Elle y entretint depuis deux gentilshommes vénitiens avec le titre de châtelains et un corps de fantassins, sous les ordres du proviseur de Chypre. En 1480, on nomma au-dessus des châtelains un *capitaine de Famagouste* particulièrement responsable du service militaire du château et de la ville. Je trouve seulement le nom de trois officiers comme ayant été pourvus de ces fonctions :

1480. Jean Diedo, fils de Marc.
1483. Daniel Bembo, fils de Léon.
1488. Mathieu Barbaro, fils d'Antoine.

En 1489, les attributions du capitaine de Famagouste reçurent encore plus d'extension : le commandant devint un des principaux chefs du gouvernement de l'île, et fut appelé *capitaine de Chypre*.

---

[1] Dominique Georgio fut peut-être proviseur de Chypre dans l'année 1477. Voy. ci-dessus, p. 413, n. 3.

[2] Archives de Venise. *Maggior consilio*, registre dit *Regina*, 1455-1479, fol. 188, décision du 16 mai 1479.

HISTOIRE DE L'ÎLE DE CHYPRE.

II.

Magistrats chargés du gouvernement de l'île de Chypre, au nom de la république de Venise, après la prise de possession, de 1489 à 1570.

Le pouvoir législatif qui résidait autrefois en Chypre dans la haute cour par l'union de la royauté et de la noblesse, passa de fait à la république de Venise dès la mort du roi Jacques le Bâtard. Nul acte, emportant caractère de souveraineté, ne pouvait être accompli par la reine Catherine Cornaro, s'il n'avait reçu d'abord l'approbation de la république ou des conseillers de la reine, qui la représentaient.

Lorsque Catherine Cornaro remit la couronne de Chypre à la seigneurie de Venise, la situation existant déjà en réalité dans le royaume, prit le caractère public et légal qui lui avait seul manqué. Chypre resta sous l'autorité législative du sénat et du grand conseil de Venise comme les autres îles de la république. Le pouvoir judiciaire que le sénat avait laissé par ménagement à la haute cour de Nicosie depuis 1474, lui fut enlevé et passa aux magistrats envoyés dans l'île.

Le nouveau gouvernement de l'île de Chypre fut institué peu de temps après l'arrivée de Catherine Cornaro à Venise et l'abdication de la reine. On le composa d'un lieutenant, de deux conseillers du lieutenant et d'un capitaine qui réunit d'abord à ses fonctions celles de provéditeur. Ces magistrats furent chargés de la direction supérieure de l'administration, de la justice, des finances et de l'armée. Malipiero et Sanudo rappellent ainsi leur création :

« A 28 de lugio 1489 è stà deliberà de far un luogotenente in Cipro, e un capitanio, per
« scortinio e 4 man d'elettion, con 3,500 ducati all' anno per un de salario, lassando in
« camera la mità [1]; e siano per 2 anni, e no habbino contumaccia, e possino esser eletti
« procuratori de san Marco. Tegnino otto famegi e otto cavalli de 30 ducati l'un; e habbiano
« per le spese de tutto 'l viazo 80 ducati. E sia eletto do consegieri con 2,400 ducati all' anno,
« e con le condition ditte de sopra, con cargho de 4 famegi e 4 cavalli; et habbino 60 ducati
« per le spese de tutto 'l viazo. E stia el luogotenente, e consegieri in Nicossia, e 'l capitan
« in Famagosta [2]. »

« È da saper il luogotenente de Cypri fo electo (1489) con ducati 3,500 a l'anno, a raxon
« de bisanti [8] per ducato, con la condition de la parte de la metà. Siano senza contumacia,
« et possino esser electi procuratori; tegni 8 cavali et 8 famegii, chei siano da ducati 30 a
« pezo; habbi per pasajo ducati 90; et compido el rezimento, habbi la mità da salario per mezi
« do. E stagino a Nicosia, dove li si fazi la real. Li consieri habino ducati 2,400 a l'anno per
« uno, con la condition de la metà ut supra; tigni 4 cavali et 4 famegii, et habino ducati
« 60 per uno per pasazo. El capitanio de Famagosta, con salario......[3]. »

D'autre part, nous lisons dans Florio Bustron, à la fin de son histoire des Lusignans, les détails suivants sur le gouvernement vénitien de l'île de Chypre : « In Cipro all' hora fu com-
« minciato andare in Nicosia un locotenente et doi consiglieri, che rappresentano l'alta corte,
« et giudicano li feudati et gentilhuomini; et duoi camarlenghi, che ricevano et dispenzano
« tutte l'intrade del regno, con bollette sottoscritte dalli predetti locotenenti et consiglieri. A

---

[1] Voy. ci-dessus, p. 379, n. 4.

[2] Malipiero, *Annale veneti*, publ. par M. le comte Sagredo, t. II, p. 611.

[3] Il y a, à la suite de ces mots, une lacune au Ms. des *Vite de' duchi di Venezia*, de Sanudo, Ms. de la Bibl. S.-Marc, t. III, fol. 315.

« Famagosta si manda un capetanio et duoi castellani. A Baffo un capetanio, a Cerines un cas-
« tellano o sia capetanio, e alle Saline un capetanio. Li rettori solamente ponno for sangue per
« tutta la isola, eccetto a Famagosta, Massaria et Carpasso, dove il capetanio di Famagosta,
« chiamato capetanio del regno, ha libertà sol di giudicare et condennare a morte aquelli ch 'l
« meritano. Et in Nicosia è restato l'ufficio del visconte a' Ciprioti. A Limisso capitanio; a
« Pendaia, Avdimo, Masoto et Crussocho, civitani, mandati da Nicosia, eletti nel conseglio
« del' università et tratti per tessara delli rettori. Et alla Messaria un capetanio, et al Carpasso
« un bailo, imbossolati et tratti per il capitanio di Famagosta. Li giuditii de' quali hanno
« appellatione, di quelli di Nicosia al regimento, et di quelli di Famagosta al capitanio del regno.
« Et le sentenlie del regimento et del capitanio hanno appellatione a Venetia, quando importano
« ducati cento et ultra. Et a questo modo, li Ciprii sono retti et governati con somma equità et
« giustitia dalli signori Venetiani, nel quale governo desiderano essere in tuti li seculi venturi [1]. »

Un patricien, dans une chronique inédite signalée par M. Cicogna, a rendu compte de la séance du sénat où l'on s'occupa de cette organisation [2]. L'auteur a fait observer que les propositions pour confier l'administration de l'île de Chypre à un lieutenant, deux conseillers et un capitaine, furent apportées dans le sein des Prégadi par les seize sages du conseil de terre ferme et des ordres. Un membre émit l'avis de transférer le siége du gouvernement de Nicosie à Famagouste, mesure que les habitants de cette dernière ville sollicitaient depuis longtemps de la république [3]; mais le sénat ne crut pas devoir changer ce qui existait à cet égard. Nicosie resta la capitale administrative de l'île, et Famagouste le siège principal de sa défense militaire. La plupart des offices locaux furent conservés dans les douze districts de l'île à peu près tels qu'ils étaient sous le régime antérieur et sous les rois Lusignans.

1. Lieutenant de Chypre et ses conseillers. Grand conseil.

Le lieutenant était le vice-roi de Chypre. Assisté de ses deux conseillers qui formaient son conseil privé, il représentait la république de Venise dans l'île, et constituait le gouvernement, ou *regimento*. On appelait communément ces trois magistrats du nom de recteurs, *rettori*.

Le lieutenant et ses conseillers réunissaient tous les pouvoirs qu'exerçaient autrefois dans l'île le roi et la haute cour, sauf le pouvoir législatif et le recours en appel réservés à la métropole. Les Vénitiens, en supprimant la royauté dans l'île de Chypre, ne pouvaient conserver un corps qui avait participé avec elle à l'indépendance et à la souveraineté. Toutes les attributions politiques et judiciaires de la haute cour passèrent donc aux recteurs; le corps de la noblesse chypriote se transforma et devint le grand conseil de Nicosie, formé à l'image du grand conseil de Venise, mais ayant une participation encore moindre dans le gouvernement. Tout noble citoyen de Chypre, âgé de vingt-cinq ans, faisait partie de ce conseil, qui était loin de répondre par sa composition mélangée à l'ancienne cour féodale du royaume des Lusignans. Le nombre des vieilles maisons françaises étant beaucoup diminué depuis l'usurpation de Jacques le Bâtard, le sénat de Venise avait décidé que tous les patriciens de Venise qui viendraient se fixer dans l'île, entreraient de droit au conseil, et, en outre, que tout sujet de la république, de quelque état et condition qu'il fût, originaire soit de Venise, soit de ses possessions de terre ferme ou du Levant,

---

[1] F. Bustron, *Istoria di Cipro*, Ms. de Londres, British Mus. *Additional Mss*. n° 8630, fol. 216 v°.
[2] *Inscrizioni Veneziane*, t. V, p. 229.
[3] Voy. ci-dessus, p. 487, art. 1.

pourvu qu'il passât cinq ans en Chypre, sans exercer de profession mécanique, serait déclaré noble et membre du grand conseil[1]. Diverses familles de Brescia, de Vérone et de Bergame passèrent à cette occasion pour s'établir en Chypre, et acquirent ainsi la noblesse. Le P. Lusignan estime qu'entre les familles anciennes et nouvelles de l'île, il pouvait y avoir ainsi, à la fin de la domination vénitienne, cent quarante-cinq personnes inscrites comme appartenant au grand conseil[2]. L'ennoblissement et le droit d'être nommé aux fonctions réservées pour les gentilshommes étaient presque les seuls avantages de cette position. On laissa cependant à l'assemblée le droit d'envoyer quelques-uns de ses membres siéger comme délégués de la noblesse auprès des recteurs dans leurs jugements, et le soin d'élire à certains offices réservés aux Chypriotes, comme les civitanéats et capitanéats de Limasol, Masoto, Avdimo et Pendaïa. Mais le conseil n'avait aucune action ni sur le gouvernement ni sur l'administration. L'autorité réelle appartenait au lieutenant et à ses conseillers. Les trois recteurs réunissaient de plus au pouvoir que l'ancienne haute cour tenait des assises les attributions et la juridiction de la Secrète ou chambre royale des comptes chargée du domaine public[3]. Ils présidaient au gouvernement général de l'île, à la direction des finances et des troupes, à l'administration de la justice; ils recevaient les hommages des feudataires au nom de la république.

Les assises de Jérusalem furent conservées cependant comme lois du pays; mais l'usage de la langue française devint de plus en plus rare, et quand la république fit traduire les assises en italien, dans l'année 1531, il y avait déjà quelque temps que les plaidoiries et le prononcé des jugements se faisaient en italien.

La juridiction des recteurs s'étendait sur tous les gentilshommes de l'île et sur tous les possesseurs de fiefs ou de pensions féodales, que l'on appelait *provisionati*. Les matières de fiefs venaient toutes à leur connaissance, ainsi que les affaires criminelles concernant les serfs ou pariques de l'île entière. Les seigneurs, en effet, n'avaient droit de juger leurs serfs que dans les affaires civiles, ou au criminel, quand la pénalité n'allait pas jusqu'à effusion de sang. Les recteurs jugeaient, en outre, de concert avec la cour du vicomte de Nicosie, les procès criminels pouvant emporter peine de mort des bourgeois de Nicosie, du centre et de l'ouest de l'île; enfin ils connaissaient des appels au civil et au criminel du vicomte, des civitains, des capitaines et des autres chefs de districts du centre et de l'ouest de l'île; la partie orientale du pays, depuis la ville de Famagouste et la Messorée jusqu'à l'extrémité du Karpas, était seule distraite de leur ressort et réservée au capitaine de Famagouste. On appelait de leurs sentences aux tribunaux de Venise, soit à la quarantie criminelle, soit à la nouvelle quarantie civile, ou aux auditeurs nouveaux pour les affaires de cent ducats et au-dessus.

Le lieutenant et les conseillers de Chypre étaient élus au scrutin par le grand conseil de Venise, sur la présentation du sénat; ils étaient toujours choisis parmi les patriciens et nommés pour deux ans. Leur renouvellement était successif et effectué de manière qu'il se trouvât toujours auprès d'un nouveau gouverneur un ou deux conseillers mis en charge avant lui. Ils étaient vêtus de robes longues.

Le lieutenant, à son retour à Venise, comme le capitaine de Chypre, venait faire un rapport sur son gouvernement dans le sein du sénat, et faisait examiner sa comptabilité à l'office des *Raisons nouvelles*.

---

[1] Lusignan, *Hist. de Cypre*, fol. 78 v°, 81 v°, 216 v°; édit. italienne, fol. 81 v°.

[2] Édit. italienne, fol. 82 v°.

[3] Nous avons vu une décision de 1496, rendue par le lieutenant et ses conseillers, siégeant comme cour de Secrète.

a. Lieutenants de Chypre.

1489. François Barbarigo, fils de Jacques.
1491. Jérôme Pesaro, fils de Luc.
1493. Jean Donado, fils de Louis.
1495. André Barbarigo, d'abord sage de terre ferme, fils du doge Augustin.
1497. Côme Pasqualigo, fils de Paul.
1500. André Venier, fils de Léon[1].
1501. Nicolas Priuli, chef du conseil des Dix, fils de Jean.
1503. Pierre Balbi, conseiller du doge, fils de Louis.
1505. Christophe Moro, conseiller du doge, fils de Laurent.
1507. Laurent Justiniani, conseiller du doge, fils de Bernard, procurateur.
1509. Nicolas Pesaro[2], conseiller du doge, fils d'André.
1511. Paul Gradénigo, fils de Just.
1514. Donato Marcello, conseiller du doge, fils d'Antoine.
1516. Fantin Micheli, conseiller du doge, fils de Jérôme.
1518. Louis Armer, chef du conseil des Dix, fils de Simon.
1519. Sébastien Moro, conseiller du doge, fils de Damien.
1522. Jacques Badoer, conseiller du doge, fils de Sébastien, chevalier.
1523. Dominique Capello, chef du conseil des Dix, fils de Charles.
1525. Donato Lezze, fils de Priam.
1527. Silvestre Minio, fils d'Antoine.
1529. François Bragadino, capitaine à Beyrouth, fils de Victor.
1531. Marc-Antoine Trevisani, conseiller en 1524, doge en 1553.
1533. Étienne Tiepolo, fils de Paul.

1535. Jean Moro, provéditeur à Corfou, fils d'Antoine.
1536. Dominique Mosto, fils de Nicolas.
1539. François Badoer, fils de Jacques.
1541. Christophe Capello, ambassadeur en France, fils de François, chevalier.
1543. Louis Riva, provéditeur à Corfou, fils de Bernardin.
1545. Charles Capello, chevalier, duc à Candie, fils de François, chevalier.
1547. Victor Barbarigo, lieutenant à Udine, fils d'André.
1548. Salvador Micheli, fils de Luc.
1550. Alexandre Contarini, baile à Constantinople, fils d'Impérial.
1551. François Capello, fils de Marc.
1553. Marc Grimani, fils de Nicolas.
1555. Jean-Baptiste Donado, fils d'André.
1557. Jean Renier, capitaine de Famagouste, fils de Frédéric.
1559. Jean Barbaro, chef du conseil des Dix, fils de Daniel.
1561. Pierre Navagiero, capitaine de Famagouste, fils de Bernard.
1563. David Trevisani, fils de Pierre.
1565. Marin Gradenigo, fils de Jean. Il mourut avant son départ pour Chypre.
1565. Pandolfe Guoro, capitaine de Famagouste, fils de Just.
1566. Nicolas Querini, fils de Marc.
1566. Augustin Barbarigo, chef du conseil des Dix, fils de Jean.
1567. Nicolas Dandolo, baile à Corfou, fils de Jérôme. Tué lors de la prise de Nicosie par les Turcs le 9 septembre 1570.
1569. Sébastien Venier, fils de Moïse, d'abord grand sage et provéditeur général à

---

[1] André Venier figure comme lieutenant de Chypre dans un jugement des recteurs du mois de novembre 1497 (ci-dessus, p. 537). Probablement Venier remplaça Côme Pasqualigo dès cette année.

[2] Pisani, dans le Ms. des Regimenti.

848 HISTOIRE DE L'ÎLE DE CHYPRE.

Corfou, provéditeur général de Chypre en 1570, doge en 1577.

1570. Daniel Barbarigo, duc à Candie, fils de Laurent. Il n'était pas encore parti pour se rendre en Chypre, quand on apprit la perte de l'île.

b. Conseillers du lieutenant de Chypre.

1490. François Lion, fils de Simon.
1492. Barthélemy Minio, fils de Marc.
1493. Laurent Contarini, fils de Georges ✠.
1494. Louis Moro, fils de Jean.
1494. Robert Venier, fils de François.
1495. Dona Rimondo, fils de Prosdocimo.
1496. Ambroise Contarini, fils de Benetto.
1497. Barthélemy Pesaro, fils de Luc.
1498. Pierre Moro, fils de Jean.
1500. Nicolas Pisani, fils d'André.
1501. Nicolas Cornaro, fils d'Antoine.
1502. Nicolas Pesaro, fils de Bernard.
1503. Antoine Morosini, fils de Michel.
1504. Jérôme Marin, fils de Jean.
1505. Jérôme Badoer, fils de Sébastien.
1506. Pierre Basadonna, fils d'Antoine.
1507. Louis Contarini, fils de François.
1507. Pierre Loredano, fils de Louis ✠.
1508. Olivier Contarini, fils de Jean.
1508. Dona Lezze, fils de Priam.
1508. Louis Armer, fils de Simon.
1510. Antoine Bon, fils de Fantin.
1510. Nicolas Cornaro, fils d'Antoine.
1512. Moïse Lion, fils de Damien. Mort avant son départ.
1512. Marin Gritti, fils de Triadan.
1513. Nicolas Micheli, docteur, sénateur.
1514. Jean Dolfin, fils de Daniel.
1515. Sébastien Badoer, fils de Jacques.
1515. Louis Cornaro, fils de Dona ✠.
1516. André Pesaro, fils de Barthélemy ✠.
1516. François Malipiero, fils d'André.
1519. Pierre Balbi, fils de Benetto.
1521. Sébastien Foscarini, fils de Pierre.
1522. Dominique Mosto, fils de Nicolas.
1523. Pierre Venier, fils de Dominique.
1524. Marc-Antoine Trevisani, lieutenant en 1531, doge en 1553.
1526. Marc Querini, fils de François.
1526. Jérôme Marcello, fils d'André.
1531. Second Pesaro, fils de Nicolas.
1531. Bernard Venier, fils de Jean.
1533. Marc-Antoine Calbo, fils de Jacques.
1533. Marc Balbi, fils de Benetto ✠.
1534. Marc-Antoine Cornaro, fils de Paul.
1535. François Bembo, fils de Jérôme.
1536. Sébastien Querini, fils de Charles.
1537. Marc Barbo, fils de Marc ✠.
1538. Antoine Calbo, fils de Jérôme.
1538. Jean-Baptiste Donado, fils d'Antoine.
1540. Michel Tron, fils d'Hector.
1541. Fantin Dolfin, fils de Pierre.
1542. Anzolo Nadal, fils de Bernard.
1543. Bernard Pesaro, fils de Pierre.
1544. Gaspard Bembo, docteur.
1545. Gaspard Contarini, fils de A. Louis.
1546. Bernard Marcello, fils de Laurent ✠.
1547. André Contarini, fils de Marc [1].
1548. Marc Pesaro, fils de Jérôme.
1549. Mathieu Soranzo, fils de Zacharie.
1549. Zacharie Barbaro, fils de Daniel.
1551. Louis Ponte, fils d'Antoine.
1551. Alexandre Zorzi, fils de Louis.
1553. Jérôme Navagiero, fils de Louis.
1553. Augustin Canale, fils de Paul ✠.
1554. Antoine Zane, fils de François.
1555. Nicolas Mula, fils d'Anzolo.
1556. Louis Minotto, fils de François.

[1] Un Bembo, peut-être Gaspard, conseiller en 1544, occupait encore cette charge en 1547. (Voy. ci-dessus, p. 537-538.) Garzoni, nommé comme vice-conseiller dans la pièce du mois de mars 1547, remplaçait probablement Marcello, mort dans sa charge.

Iʳᵉ PARTIE. — DOCUMENTS. 849

1557. Jean Bragadino, fils de Marc ✠.
1558. Louis Capello, fils de Jérôme ✠.
1558. Laurent Pisani, fils de Sylvestre ✠.
1558. Bernard Morosini, fils de Marc.
1560. Bernardin Bellegno, fils de Benetto.
1561. Jérôme Malipiero, fils de Vincent.
1562. Marc Cicogna, fils de Louis.
1563. Antoine Zorzi, fils de Gabriel. Mort avant son départ.
1564. Benetto Contarini, fils de Nicolas.
1564. Jacques Ghisi, fils de Jacques.
1565. Nicolas Loredano, fils d'Hector.
1566. Benetto Mulla, fils de Jérôme.
1568. Pierre Pisani, fils de Benetto ✠.
1568. Marc-Antoine Priuli, fils d'André ✠.

Ces deux derniers furent tués par les Turcs, lors de la prise de Nicosie.

2. Capitaine de Famagouste ou capitaine de Chypre.

La république de Venise ayant agrandi les fortifications de Famagouste et concentré dans ses murs une force armée permanente, ne s'était plus contentée des deux châtelains qu'elle entretenait dans la ville; elle y avait nommé, en 1480, un capitaine qui prit le titre de *capitaine de Chypre* ou *capitaine du royaume*, lors de l'établissement du nouveau gouvernement en 1489. Le nom de ce magistrat n'indique point que sa charge fut exclusivement militaire; c'était, au contraire et principalement un officier civil, comme les civitaines et capitaines des divers districts de l'île. Mais la république ayant cessé pendant quelque temps d'envoyer un provéditeur en Chypre, le capitaine de Famagouste joignit à ses fonctions administratives et judiciaires celles de provéditeur, qui lui donnaient juridiction sur tous les hommes d'armes et le droit d'inspecter le service militaire des forteresses de l'île. Quand l'office de provéditeur de Chypre fut rétabli, ses propres attributions furent moins étendues.

Dans l'exercice de ses fonctions ordinaires, le capitaine gouvernait avec une autorité analogue à celle des recteurs, toute la partie orientale de l'île, comprenant le Karpas, la ville de Famagouste et la Messorée. Comme le lieutenant, il jugeait, assisté de deux conseillers vénitiens, qui participaient avec lui aux autres actes de son administration. Il avait droit de condamner à mort; il jugeait en première instance les causes de la ville de Famagouste et des deux lieues de territoire environnant considérées comme la banlieue de la cité. Les appels formés sur ses jugements allaient non à Nicosie, mais directement à Venise; on se pourvoyait à son propre tribunal contre les sentences du capitaine de Sivouri et du bailli du Karpas [1].

Toutefois, une partie considérable du pouvoir judiciaire échappait à sa compétence, dans l'intérieur même de son gouvernement, les nobles, les possesseurs de fiefs et les pariques n'étant justiciables, comme on l'a vu, que des recteurs de Nicosie. Il lui était seulement recommandé de veiller à ce qu'on n'emmenât pas les serfs hors de l'île [2]. Il n'avait point de trésor ou chambre des revenus publics; le produit des impôts et des gabelles perçus dans les limites de ses districts devait être envoyé aux camériers de Nicosie [3].

La commission de Balthazar Trévisani, nommé capitaine de Chypre en 1489, fait connaître quelques particularités de son installation et des devoirs de sa charge. Le capitaine était nommé par le sénat de Venise tous les deux ans. On lui défendait de prononcer aucune harangue [4] en prenant possession de son emploi, prohibition qui s'étendait probablement aux recteurs, comme

---

[1] Voy. ci-dessus la commission du capitaine Balthasar Trévisani, en date du 27 août 1489, art. 30, 31, 32.
[2] Commission de Trévisani, art. 12, 13, 14.
[3] Commission de Trévisani, art. 33.
[4] Commission, art. 57.

celle de faire le commerce[1]. Il devait, une fois au moins pendant son gouvernement, faire la tournée de l'île et visiter tous les châteaux forts[2]. Il ne lui était point permis de placer ses armoiries sur les monuments réparés par ses ordres[3], et on lui interdisait d'une manière expresse, pour un temps de guerre, de traiter de la reddition de la ville ou de l'île, de recevoir même aucune dépêche des ennemis, à moins qu'il n'y fût expressément autorisé d'avance[4]. Il avait auprès de lui, comme secrétaire, un des rédacteurs de la chancellerie ducale de Venise; il emmenait, en outre, un chevalier d'honneur et une nombreuse maison.

Le Ms. des *Regimenti* donne une série de quarante-neuf capitaines de Chypre, depuis Jean Diédo, nommé en 1480, jusqu'à Marc-Antoine Bragadino, écorché vif en 1571 par les Turcs, après une défense digne des plus beaux temps et une capitulation qui lui garantissait la vie sauve.

Indépendamment du capitaine du royaume, Famagouste avait un gouverneur de la ville, deux châtelains, un vicomte comme Nicosie, et quatre capitaines d'hommes d'armes, avec une garnison de 500 hommes en temps de paix. Les deux châtelains, nommés pour trente-deux mois, se relevaient dans leur garde de mois en mois; celui qui était de service ne pouvait sortir de la forteresse ni de nuit ni de jour. En 1562, on supprima l'un de ces officiers, et Famagouste n'eut plus qu'un châtelain. André Bragadino, parent de Marc-Antoine, capitaine de la ville, occupait ce poste en 1571; il fut massacré, après la capitulation, devant Mustapha-Pacha avec les autres chefs de l'armée.

Voici la liste des quarante-neuf capitaines de Chypre :

1480. Jean Diedo, fils de Marc.
1483. François Cicogna, fils de Marc.
1485. Daniel Bembo, fils de Lion.
1488. Mathieu Barbaro, fils d'Antoine.
1489. Balthazar Trevisani, fils de Paul.
1491. Nicolas Foscarini, fils de Louis.
1493. Côme Pasqualigo, fils de Paul.
1495. Nicolas Priuli, fils de Jean.
1497. Barthélemy Minio, fils de Marc.
1499. Troilo Malipiero, fils de Marin.
1501. Jérôme Bon, fils de François. Mort avant son départ.
1501. Laurent Contarini, fils de Georges.
1503. Paul-Antoine Marin, fils de Jacques.
1505. Dominique Benetti, fils de Pierre.
1507. Benetto Sanudo, fils de Mathieu.
1509. Pierre Lion, fils de Maffio.

1511. Louis Contarini, fils d'André.
1514. Jean Centani, fils de Marc.
1516. Vincent Capello, fils de Nicolas.
1518. Barthélemy Mosto, fils de Jacques.
1520. Zacharie Loredano, fils de Luc.
1522. Nicolas Dolfin, fils de Marc.
1525. André Donado, fils d'André.
1526. Marc-Antoine Canale, fils de François.
1527. Anzolo Trevisani, fils de Louis ✠, mort au mois de décembre 1530.
1530. Antoine Soriano, ambassadeur en France, fils de Michel.
1532. Thomas Contarini, fils de Georges.
1532. François Bernardo, fils de Daniel.
1534. Dominique Contarini, chevalier.
1535. Lunardo Venier, fils de Louis.
1537. Maffio Pisani, le censeur.

---

[1] Commission, art. 28, 58.
[2] Commission, art. 34. Ce soin n'était probablement prescrit au capitaine de Chypre qu'aux époques où il remplissait les fonctions de provéditeur.
[3] Commission, art. 59.
[4] Ces dernières prescriptions sont ajoutées à la Commission de Jean Contarini de 1538, dont j'ai donné un extrait, ci-dessus, p. 471. n.

1538. Jean Gritti, podesta de Vérone.
1538. Jean Contarini, fils de Louis.
1540. Nicolas Justiniani, fils de Bernard.
1540. Marchio Micheli, fils de Thomas.
1542. Nicolas Justiniani.
1544. André Dandolo, fils de Louis.
1546. Jean-Mathieu Bembo, fils de Louis.
1548. François Grimani, fils de Nicolas.
1550. Marc Loredano, fils de Louis.
1552. Jean Renier, fils de Ferdinand.
1554. Corneille Barbaro, fils de Louis.
1556. Pierre Navagiero, fils de Bernard.
1558. Dominique Trevisani, fils d'Étienne.
1560. Pandolfe Guoro, fils de Just.
1562. Nicolas Gabriel, fils de Louis.
1564. Laurent Bembo, fils de Jean Mathieu.
1566. Marc Micheli, fils de Thomas.
1569. Marc-Antoine Bragadino, fils de Marc ✠. Écorché par les Turcs.

3. Provéditeur général de Chypre.

Le provéditeur était un officier de robe courte et d'épée, préposé au service et à la défense militaire de l'île. En général, on ne pourvoyait à cet emploi que dans les moments difficiles, lorsque des troubles ou la guerre extérieure étaient à craindre. Quand le poste n'était pas occupé, le capitaine de Famagouste en remplissait les fonctions. Le provéditeur, nommé aussi provéditeur général de Chypre, était élu par le grand conseil de Venise pour deux ans. Pendant la durée de sa charge, il était considéré comme investi de la seconde autorité de l'île; il marchait avant les conseillers du gouvernement, et suivait immédiatement le lieutenant. Il avait juridiction sur les gentilshommes et sur les possesseurs de fiefs pour tout ce qui concernait les obligations militaires auxquelles étaient tenues leurs terres. Il réglait aussi le service des hommes-liges ayant des assignations sur le domaine public que l'on appelait autrefois les *assenés*, et du temps des Vénitiens, les pensionnés, *provvisionati*. Le provéditeur commandait, en outre, à toutes les forces d'infanterie et de cavalerie à la solde de la république.

Les hommes de pied étaient sous la conduite de capitaines et de connétables; la cavalerie se composait de turcoples, ancienne milice existant du temps des rois, et de Stradiotes ou Albanais, cavaliers armés à la légère, particulièrement préposés à la garde des côtes. «Que si «les navires des pirates s'approchoient près de terre, dit le P. Lusignan, celle bande d'Alba-«nois les costoyoit sur le rivage jusques à la prochaine bande et capitaine; et iceluy de rechef «jusques à un autre, et ainsi tousjours jusques à ce qu'ils eussent passé l'isle et fussent «partis. Quand ils estoient plusieurs navires ensemble, tous les capitaines plus proches s'a-«massoient au lieu près duquel elles passoient, ou auquel elles venoient; et s'il sembloit «nécessaire, le proviseur sortoit de Nicossie avec tous les gentils-hommes et soldats, tant «du païs que gagez, et venoient tous à cheval où ils pensoient estre l'assemblée.[1]»

Ont été nommés à cet office :

1520, 2 mai. Zacharie Loredano, capitaine-podesta de Crème, fils de Luc.
1537, 9 février. François Bragadino, qui avait été lieutenant en Chypre, fils de Victor.
1551, 12 mars. Sébastien Venier, lieutenant de Chypre en 1569, nommé de nouveau provéditeur en 1570.
1561, 14 juillet. Mathieu Bembo, chef au conseil des Dix, fils de Louis. Fut dispensé.

---
[1] Lusignan, *Hist. de Cypre*, fol. 218, et cf. ci-dessus, p. 238, n.

1562, 27 septembre. Bernard Sagredo, baile et providiteur général à Corfou, fils de Jean Angelo.

1564, 21 décembre. Nicolas Zeno, chef au conseil des Dix, fils de Catherin. Il fut dispensé de la mission en raison de son grand âge.

1564, 22 janvier. Antoine Bragadino, fils de Nicolas.

1566, 20 janvier. François Barbaro, membre de la commission du conseil des Dix, fils de Louis.

1568, 20 août. Laurent Bembo, capitaine de Famagouste, fils de Mathieu ✠.

1570, 17 juin. Sébastien Venier, précédemment provéditeur et lieutenant de Chypre. Il ne put retourner dans l'île occupée par les Turcs. Il fut alors nommé capitaine général de mer, et commanda la flotte vénitienne à Lépante. Élu doge en 1577.

4. Camerlingues.

Deux patriciens, nommés pour deux ans, étaient chargés, sous la direction des recteurs, de la gestion du trésor de l'état, *camera,* dont le siége était à Nicosie. On les appelait camerlingues, camériers ou chambellans. Ils concentraient toutes les recettes publiques; ils payaient les magistrats, officiers et soldats, et envoyaient le reste des deniers publics à Venise, avec leur comptabilité. Tous leurs mandats de dépense et de payements, pour être acceptés par le fonctionnaire chargé de tenir la caisse du trésor, devaient être revêtus de la signature des recteurs. Les camériers de Chypre, magistrats essentiellement civils, portaient des robes longues de couleur violette.

5. Collatéraux.

L'an 1495, le Sénat établit à Famagouste un collatéral pour le payement des troupes de l'île. L'auteur du Ms. *Regimenti* dit, que cet office fut supprimé en 1505 [1]. Je trouve, cependant, un payeur de l'armée parmi les officiers tués au siége de Famagouste en 1571 [2]. Quand la charge n'était pas remplie, le soin de pourvoir à la solde concernait sans doute les camerlingues. On voit les noms suivants des collatéraux de Chypre dans le Ms. *Regimenti*.

1495. Sébastien Badoer, fils de Jacques.
1497. Antoine Malipiero, fils de Dominique.
1499. Jean Faliero, fils de Barthélemy.
1500. Louis Badoer, fils de Jacques.

1501. Luc Pesaro, qui fut châtelain à Famagouste, fils de Louis.
1503. Louis Barbaro, fils de Lunardo.
1604. Jean Paruta, fils de Louis.
1505. Marc Cicogna, fils de François.

6. Vicomtes, mathesseps et raïs de Nicosie et de Famagouste.

L'ancien office chypriote du vicomte de Nicosie fut maintenu sous les Vénitiens. Au lieu d'être nommé par le roi, le magistrat fut au choix des recteurs. Il devait toujours être pris parmi les chevaliers feudataires de l'île, conformément aux prescriptions des assises, conservées comme lois du pays. Il restait deux ans en fonctions.

Le vicomte demeura président de la cour inférieure ou cour des bourgeois. Deux des asses-

---

[1] Ms. des *Regimenti*, fol. 238. — [2] Lusignan, *Hist. de Cypre*, fol. 286.

seurs ou jurés, élus par le peuple et choisis parmi les bourgeois notables de Nicosie, grecs ou latins, constituaient ce tribunal dès qu'ils étaient réunis sous la présidence du vicomte ou de son délégué. La cour connaissait en première instance des procès de Nicosie et du territoire de trois lieues de rayon autour de la ville qu'on appelait le Vicomté. Elle ne pouvait, au criminel, condamner qu'à la perte du nez ou des oreilles; pour les crimes emportant peine de mort ou des galères, la sentence devait se rendre avec participation des recteurs. Bien que les causes des gentilshommes et des feudataires fussent en dehors de sa compétence et appartinssent à la haute cour, la cour des bourgeois, par une exception fondée sur les assises, connaissait de toutes les questions relatives aux dots et aux douaires tant des bourgeois que des nobles. L'appel de ses jugements, en toutes matières, était porté à la cour des recteurs ou haute cour de Nicosie.

Le vicomte était, en outre, le lieutenant de police de la capitale et le *seigneur de nuit*. Il avait juridiction sur tous ceux qui étaient trouvés dans les rues contrairement aux ordonnances deux heures après le coucher du soleil, nobles ou bourgeois; il pouvait les punir de la prison ou du supplice qu'on appelait l'estrapade. Le vicomte devait veiller à tenir la ville toujours approvisionnée de blé et des vivres nécessaires à la population. Quand il sortait à cheval dans les rues, il portait un bâton doré terminé par deux boules, signe de son office; vingt archers l'accompagnaient.

Le *mathessep* ou *mactasib*, était le lieutenant du vicomte. On avait laissé la nomination de ce magistrat à l'élection du peuple. Il surveillait dans les marchés les poids, les mesures et le prix des denrées; il présidait au placement des bornes entre les héritages ou biens fonciers. Au civil, le mathessep ne pouvait condamner à une amende dépassant un ducat. En police correctionnelle, il pouvait faire appliquer le fouet, les verges, ou faire suspendre à l'estrapade. La marque distinctive de son office, dont le nom vient des arabes d'Égypte [1], était un bâton argenté.

La cour du vicomte étendait sa juridiction sur tous les bourgeois de Nicosie et du vicomté, qu'ils fussent latins ou grecs. Les autres habitants de l'île, de nations diverses, comme les Syriens, les Maronites, les Cophtes et les Ibériens, moins habitués au langage et aux formes de l'administration franque, avaient eu, du temps des rois, un juge particulier pour connaître leurs différends en première instance. Ce juge se nommait *raïs*, d'un nom syriaque. Les Vénitiens maintinrent cet office spécial auquel tenait beaucoup la population asiatique de Nicosie, bien que le magistrat qu'on en investissait fût le plus souvent de race franque. Sous les Vénitiens, il était à la nomination des recteurs. On appelait de ses sentences au jugement du vicomte, puis aux recteurs.

Famagouste avait, comme Nicosie, un vicomte et un mathessep. La juridiction du vicomte était un peu moins étendue que celle du vicomte de Nicosie, et ne comprenait que la ville de Famagouste avec les deux lieues de territoire environnant.

7. Magistrats préposés aux différents districts de l'île.

Parmi les magistrats qui prirent part au gouvernement de Chypre sous les Vénitiens, les uns avaient une autorité générale sur les affaires de l'île entière ou d'une partie considérable

---

[1] Voy. ci-dessus, p. 206, n.

de l'île, tels que les recteurs, le provéditeur, le capitaine de Famagouste, les camériers ou collatéraux; les autres n'exerçaient leurs fonctions que dans les limites d'un district. Ces derniers magistrats, comme les vicomtes de Nicosie et de Famagouste, étaient les chefs administratifs et judiciaires des douze districts ou départements de l'île. Ils étaient chargés de maintenir le bon ordre et de veiller à la police dans l'étendue de leur contrée, ils étaient tous, à cet effet, assistés d'un mathessep ou lieutenant. Au criminel, ils ne pouvaient juger que les délits les moins importants; au civil, leur juridiction était plus étendue, sans comprendre cependant les causes des nobles et des serfs, réservées à la haute cour des recteurs. On appelait de leur jugement, suivant le ressort, soit aux recteurs de Nicosie, soit au tribunal du capitaine du royaume à Famagouste. Les chefs des districts étaient, en général, nommés pour deux ans. Les titres sous lesquels ils exerçaient leurs fonctions étaient assez divers.

Les villes de Nicosie et de Famagouste, avec leur territoire, étaient régies, comme nous l'avons dit, par des vicomtes.

Le Karpas avait un *bailli*, nommé aussi *civitain*; et la Messorée, où se trouvait le château-fort de Sivouri, un *capitaine*, que l'on désignait plus souvent sous le nom de capitaine de Sivouri. Ces deux magistrats, choisis ordinairement parmi les notables de Famagouste, étaient à la nomination du capitaine de Famagouste, au tribunal duquel revenaient les appels formés sur leurs jugements.

Les districts de Paphos, de Cérines et des Salines avaient des *capitaines*, tous nobles vénitiens, à la nomination des recteurs. On appelait de leurs décisions comme du jugement des officiers suivants à la cour de Nicosie.

Le Limassol était administré par un *capitaine*, la plupart du temps noble chypriote, élu par le grand conseil de Nicosie, et confirmé par les recteurs.

L'Avdimo, le Chrusocho, le Pendaïa et le Masoto avaient des *civitains* chypriotes, désignés comme le capitaine de Limassol, par le grand conseil, et institués par les recteurs.

Au-dessous de ces magistrats se trouvaient, dans la plupart des villages, d'autres civitains, paracivitains ou sous-civitains et des châtelains chargés de suppléer le chef du district et d'assurer l'ordre public.

Le civitain de village ou *paracivitain* avait surtout des fonctions de police et d'administration : « L'office duquel, dit Lusignan, estoit d'advertir le magistrat auquel ils estoient sub-« jects de tout ce qui estoit nécessaire pour la conservation de la paix[1]. » Il avait le droit de faire mettre les délinquants en prison ou d'exiger une garantie pour leur mise en liberté. Le *châtelain*, dont l'emploi paraît répondre à celui de catapan du temps des Lusignans, veillait aux droits et aux revenus particuliers du domaine public ou du seigneur à qui le village appartenait : « Il avoit la charge de prendre garde et faire ce qui étoit nécessaire pour le service du « seigneur du bourg ou du village[2]. » Il tenait les comptes de la seigneurie, et veillait à l'acquittement des dîmes dans l'intérêt de l'église[3]. Ces châtelains, comme l'on voit, n'avaient rien de commun que le nom avec les commandants des châteaux-forts. C'était de simples régisseurs pris parmi les bourgeois, et le plus souvent parmi les affranchis du pays.

---

[1] *Hist. de Cypre*, fol. 217 v°. Voyez aussi la 1re édition italienne, fol. 81 v°.

[2] *Hist. de Cypre*, fol. 217 v°.

[3] Voyez ci-dessus, p. 492, une sentence des recteurs extraite du cartulaire de Nicosie, en date du 6 octobre 1496.

Tel fut le gouvernement de l'île de Chypre pendant la domination vénitienne, de 1489 à 1570, depuis l'abdication de Catherine Cornaro jusqu'à la conquête du pays par les Turcs. Deux noms seuls sont restés de ce siècle, ceux de Bragadino et de Baglione, les défenseurs de Famagouste. Tout le reste de son histoire s'écoule assez obscurément et sans intérêt. Les lieutenants du royaume ne pouvaient prendre assez d'initiative, ils se succédaient d'ailleurs trop vite pour qu'on eût le temps de s'attacher à leur vice-royauté de deux ans, et les circonstances firent que l'île de Chypre ne fut pendant leur administration le théâtre d'aucun événement mémorable. Une seule fois la population grecque s'émut. Vers 1546, une voix s'éleva de son sein, qui en rappelant les grands souvenirs de la Grèce antique, faillit soulever la population, toujours désireuse de changer de maître. Mais Venise étouffa bien vite le danger, et Jacques le Crétois, qu'on avait surnommé le *Didascalos,* paya de la vie ses ambitieux projets. Gratiani, évêque d'Amélia, auteur d'une histoire estimée de la guerre de Chypre, a raconté les aventures du Didascalos, dans un opuscule resté inédit jusqu'à ces derniers temps et qu'a publié M. le cardinal Maï, dans le tome huitième de son Spicilège romain. C'est peut-être l'événement et l'écrit le plus remarquable de l'époque vénitienne jusqu'à la guerre des Turcs.

A la pauvreté des faits de cette période répond une pénurie presque complète d'historiens originaux; car Florio Bustron, bien que les Vénitiens fussent établis depuis plus de cinquante ans en Chypre lorsqu'il écrivit sa chronique, s'est borné à l'histoire des Lusignans. Quant à la domination turque, il lui faudra de grands efforts pour faire oublier en Chypre, comme ailleurs, les trois premiers siècles de son gouvernement. Après les peuples de l'antiquité, dont les œuvres et la mémoire dominent l'histoire de l'île de Chypre tout entière, c'est encore la France qui a marqué le plus heureusement son passage dans ce pays; et ce n'est pas une des moindres satisfactions du voyageur de retrouver aujourd'hui dans toutes les parties de l'île les témoignages irrécusables de son génie actif et bienfaisant.

TABLE CHRONOLOGIQUE

DES DOCUMENTS.

XIV. JEAN II DE LUSIGNAN.

1432, 8 juillet. À Nicosie. — Le roi Jean, fils du roi Janus, donne procuration au cardinal Hugues de Lusignan, évêque de Palestrina, son oncle, pour s'occuper de tout ce qui pourrait intéresser le royaume de Chypre, et pour se rendre au concile de Bâle.. 1

1432, vers la Toussaint. — Récit d'une ambassade envoyée au grand Karaman Ibrahim-Beg par le nouveau roi de Chypre. — Extrait de la relation du voyage outre-mer de Bertrandon de la Brocquière.................................. 3

1433, 13 janvier. De Rome. — Lettre de Badin de Norès, maréchal de Jérusalem, au duc de Savoie, sur le mariage projeté d'Anne de Lusignan, sœur du roi Jean II, avec le comte de Genève... 10

1433, 20 mars. De Naples. — Le cardinal de Chypre, Hugues de Lusignan, substitue les évêques de Rennes et d'Uzès à la procuration qu'il avait reçue du roi Jean, son neveu, pour se rendre au concile de Bâle........................ 11

1433, 3 avril. — Instructions du conseil du duc de Savoie pour le héraut envoyé à Venise et pour les ambassadeurs envoyés en Chypre, au sujet du mariage projeté entre Anne de Lusignan, sœur du roi de Chypre, et le comte de Genève..... 12

1433, 23 avril, 1449, novembre. A Rhodes. — Extraits des statuts et établissements de l'ordre de l'Hôpital relatifs aux commanderies de Chypre et de Lango.... 15

1433, novembre. De Venise. — Rapport, en forme de journal, des ambassadeurs de Savoie chargés de se rendre en Chypre pour épouser Anne de Lusignan, sœur du roi, depuis le 17 septembre jusqu'au 16 novembre 1433.............. 17

1435. — Libelle renfermant les plaintes adressées par le cardinal de Chypre, Hugues de Lusignan, à la république de Gênes, contre le capitaine de Famagouste et les autres officiers de la république, en Chypre........................ 23

1444-1448. A Rhodes. — Pièces diverses relatives à la grande commanderie des Hospitaliers, en Chypre... 27

1447, 11 mars. A Gênes. — Notification et confirmation par la république de Gênes du traité intervenu, en 1441, entre le roi de Chypre et l'office de Saint-Georges... 28

1446, 10 octobre. A Rhodes. — Ratification de l'accord conclu devant la haute cour de Nicosie entre le roi de Chypre et Jacques Accaiuoli, envoyé du grand maître de Rhodes, au sujet du remboursement des avances faites par l'ordre pour la rançon du feu roi Janus... 30

TABLE CHRONOLOGIQUE.

1447, 8 juillet. A Gênes. — La république de Gênes cède pour vingt-neuf années la colonie de Famagouste à l'office de Saint-Georges.................................... 34

1448, 28 août. De Rhodes. — Jean de Lastic, grand maître de l'Hôpital, annonce au roi de Chypre que, dès l'arrivée de son ambassadeur à Rhodes, il a envoyé le commandeur de Troyes auprès du grand Karaman Ibrahim-Beg, pour prier ce prince d'arrêter l'expédition préparée contre Gorhigos et contre l'île de Chypre; le grand maître promet les secours de l'ordre au roi Jean................. 48

1448, 28 août. De Rhodes. — Lettre de créance du grand maître de Rhodes pour le commandeur de Troyes, envoyé au grand Karaman Ibrahim-Beg........... 49

1448, 28 août. A Rhodes. — Instructions du grand maître et du conseil de Rhodes au commandeur de Troyes, envoyé au grand Karaman........................ 50

1448, 20 novembre. De Rhodes. — Le grand maître, apprenant la reddition du château de Gorhigos, engage le roi de Chypre à demander des secours au sultan d'Égypte, son suzerain, ou à faire la paix avec le grand Karaman........... 53

1448, 20 novembre. De Rhodes. — Lettre du grand maître de Rhodes à Malec-al-Daher-Djacmac, sultan d'Égypte, pour l'engager à secourir le roi de Chypre, son vassal, contre le grand Karaman.................................. 55

1449, 21 janvier. A Gênes. — Le doge et le conseil des anciens de la république de Gênes, afin de remédier à la dépopulation de Famagouste, autorisent les protecteurs de Saint-Georges à racheter immédiatement, pour raison d'utilité publique et nonobstant l'opposition des fermiers concessionnaires, un impôt établi depuis quatre ans à Famagouste.................................. 56

1449, 22 février. A Rhodes. — Instructions du grand maître et du conseil de l'ordre de Rhodes à frère Louis de Rilliac, prieur de la Salvetat d'Auvergne, envoyé en Chypre.. 59

1450, 16 mars. A Famagouste. — Accord entre les envoyés du roi de Chypre et le capitaine podesta de Famagouste, dans lequel les commissaires royaux reconnaissent que la juridiction des Génois blancs de Chypre appartient au capitaine de Famagouste et aux protecteurs de Saint-Georges....................... 60

1450, 7 septembre. — Traité de paix entre le roi de Chypre et Louphtou-Bey, émir de Candelore, en Caramanie.. 64

1450, 17 septembre. A Gênes. — Traité de paix entre la république de Gênes et le duc de Savoie, à la suite duquel la république s'engage, pour un laps de temps de dix années, à permettre au duc de Savoie d'armer à Gênes une flotte de guerre destinée à la conquête de l'île de Chypre; en outre, à fournir les galères et une partie des sommes nécessaires à leur équipement............ 67

1450, 17 septembre. A Gênes. — Arbitrage du comte de Lavagna, Jean-Philippe de Fieschi, sur le nombre de galères et la somme d'argent que la république de Gênes était tenue de prêter au duc de Savoie pour son expédition en Chypre. 71

1453, 19 septembre. De Florence. — La république de Florence écrit au pape Nicolas V que l'ambassadeur du roi de Chypre, venu en Toscane, a insisté sur la nécessité de pacifier l'Italie pour résister aux Turcs; elle prie sa sainteté, à la demande de l'ambassadeur, d'accorder au fils du roi Jean de Lusignan l'archevêché de Nicosie.. 72

1456, 29 novembre. — Al-Malec-al-Aschraf-Aboul-Nasr-Inal, sultan d'Égypte, répondant aux félicitations que le roi Jean II de Lusignan lui avait adressées sur son avénement au trône, fait remise, à cette occasion, de l'arriéré du tribut que l'île de Chypre devait annuellement aux sultans........................... 73

1458. — Extraits du voyage en Orient, de Capodilista....................... 76
Fin des chroniques de François Amadi et de Diomède Strambaldi relatives au règne du roi Jean II.. 78

XV. CHARLOTTE DE LUSIGNAN ET LOUIS DE SAVOIE.

1458. — Extraits de la chronique de Georges Bustron relatifs à l'avénement de la reine Charlotte et aux premiers dissentiments survenus entre cette princesse et son frère Jacques le Bâtard.. 82

1458-1474. — Pièces diverses concernant les relations, les possessions et les récoltes de sucre de l'ordre des Hospitaliers, en Chypre, sous le règne de Charlotte de Lusignan et de Louis de Savoie..................................... 86

1464, 26 avril. De Rhodes. — Ventes des récoltes de sucre de Kolossi............. 88

1459, 10 février. A Nicosie. — Éléonore de Lusignan vend à Louis de Magnac, grand commandeur de l'Hôpital, en Chypre, une maison qu'elle possédait à Rhodes.. 94

1459-1460. De Rhodes. — Instructions du grand maître de Rhodes, Jacques de Milly, à Jean Dauphin, commandeur de Niciro, envoyé au sultan pour hâter un arrangement entre Jacques le Bâtard et le roi Louis de Savoie.................. 96

1460, au mois d'avril. — Instructions de Louis, duc de Savoie, à Thomas de la Brigue, chargé de se rendre à Gènes pour réclamer du gouverneur de la république des secours contre Jacques le Bâtard, qui menaçait d'attaquer le royaume de Chypre avec l'aide du sultan.. 99

1460, 4 avril. De Venise. — Lettres du sénat de Venise au roi de Chypre et à Pierre Arimondo, baile des Vénitiens en Chypre, portant que le baile, nonobstant les désirs du roi, ne peut être prorogé dans ses fonctions, et qu'il ne doit en rien s'occuper des affaires du royaume.. 102

1460, 13 mai. A Venise. — Décision du conseil des Prégadi ou sénat de Venise notifiant à l'ambassadeur du duc de Savoie qu'on ne peut permettre l'expédition par Venise de munitions destinées à l'île de Chypre, en raison des rapports d'amitié existant avec le sultan, et déclarant, en outre, que la république ne peut, en ces circonstances, autoriser son baile à se rendre auprès du sultan, au nom du roi Louis... 103

1460, 11 octobre. De Rhodes. — Instructions du grand maître de Rhodes à Nicolas de Corogne, commandeur de Trévise, et à Jean de Chailly, commandeur d'Auxerre, chargés de se rendre en Chypre pour recevoir le roi Louis à bord de la galère de l'ordre, si le prince se décidait à quitter son royaume....... 104

1460, 18 octobre. De Rhodes. — Instructions du grand maître de l'ordre pour le lieutenant du grand commandeur de Chypre, au cas que le capitaine de l'armée égyptienne ou le roi Jacques demandât, soit l'occupation, soit l'hommage du château de Kolossi, chef-lieu de la grande commanderie, en Chypre.......... 107

1460, 6 novembre. De Rhodes. — Le grand maître de Rhodes, en rappelant au châtelain d'Emposte et aux prieurs de l'ordre les événements survenus naguère dans l'île de Chypre et dans l'Archipel, établit une responsion extraordinaire sur toutes les commanderies de l'Hôpital, et réclame des secours instants pour résister aux Turcs et aux Égyptiens.................................... 108

1461, 5 novembre. De Rome. — La reine Charlotte demande un sauf-conduit à la république de Florence pour se rendre en Savoie........................ 114

1462. — Demandes présentées par la reine Charlotte au duc et à la duchesse de Savoie pour secourir le roi Louis, son mari, renfermé dans Cérines, et recouvrer son royaume.. 115

1462, 2 février. A Lausanne. — Le capitaine Sor de Naves s'engage vis-à-vis du roi et de la reine de Chypre à faire armer sa galère, et à se tenir prêt à mettre à la voile du port de Villefranche, près Nice, et à partir du 15 du mois de mars jusqu'à la fin du mois d'octobre.................................. 117

1462, 17 février. A Lausanne. — Instructions de la reine Charlotte à Guillaume d'Allinges, seigneur de Coudray, et à Jacques Lambert, chargés de se rendre auprès du nouveau grand maître de Rhodes, alors à Barcelone, et auprès du roi d'Aragon, afin d'engager ces princes à entreprendre une grande expédition pour le ravitaillement de Cérines et le recouvrement du royaume de Chypre ; les ambassadeurs se plaindront, en outre, au roi d'Aragon, des secours de tout genre que ses sujets ne cessent de donner au Bâtard de Chypre, et prieront le roi de leur défendre de rester ou d'entrer à l'avenir à son service......... 118

1463, 22 septembre. A Rhodes. — Lettres de recommandation pour Guillaume Darras, se rendant auprès de la reine Charlotte, en Chypre..................... 124

1463, 13 octobre. A Rhodes. — Pierre-Raymond Zacosta, grand maître de Rhodes, accorde l'exemption des corvées et autres faveurs à un serf du domaine de Phinika, en Chypre.. 125

1463, 8 novembre. A Rhodes. — Lettres de sauf-conduit et de sauvegarde pour divers Chypriotes réfugiés à Rhodes.. 126

1465, 6 juin. A Venise. — Décision du sénat de Venise sur la réponse à faire aux ambassadeurs du roi de Chypre et du duc de Savoie, venus à Venise avec des lettres du roi de France et du duc de Bourgogne pour appuyer les réclamations de la reine de Chypre et de Sor de Naves dévalisés près de Rhodes par des Vénitiens, et pour se plaindre de ce que la république paraissait favoriser le Bâtard de Chypre.. 129

1466. — Réponses de Louis de Savoie, roi de Chypre, aux plaintes du duc de Savoie Amédée IX, son frère, sur les dépenses excessives qu'avaient occasionnées à leur père et au duché de Savoie son mariage avec Charlotte de Lusignan et la défense de ses droits en Chypre....................................... 132

1466, 22 décembre. De Rome. — Pierre Raymond Zacosta, grand maître de Rhodes, informe la reine Charlotte qu'elle peut en toute sécurité se rendre à Rhodes, et que dans le cas où les personnes de sa suite se marieraient dans l'île pendant son séjour, elles seraient libres de se retirer ensuite avec elle, quelles que puissent être les lois présentes et futures du pays....................... 144

1466, 22 décembre. A Rome. — Lettres de sauvegarde du grand maître de Rhodes pour dom Vélasquez Gil Mony et sa femme, Éléonore de Lusignan, fille de Phébus de Lusignan... 146
1467, 12 janvier. A Rome. — Le grand maître de Rhodes promet de faire indemniser certains citoyens d'Ancône, lésés par Sor de Naves, connétable de Chypre, sur les biens que le connétable possédait à Rhodes........................ 147
1469, 26 février. A Rhodes. — Le grand maître Jean-Baptiste des Ursins ordonnance le payement d'une somme de trente florins par mois, pour les dépenses de la reine de Chypre, alors à Rhodes..................................... 148
1478, 9 août. De Venise. — Le sénat de Venise charge Antoine Vinciguerra, son ambassadeur en Toscane, de se rendre à Rome pour montrer à la reine Charlotte de Lusignan les lettres interceptées qu'on écrivait de Gênes à la princesse : l'ambassadeur fera savoir à la reine que toutes les menées de ses partisans seront déjouées, et l'engagera à suivre les conseils de la république; enfin, si l'occasion paraît favorable, et si la reine consent à venir habiter sur les terres de Venise, il est autorisé à lui faire l'offre d'une pension annuelle de 5,000 ducats d'or.. *Ibid.*
1484, 16 mars. De Florence. — Extrait d'une dépêche du conseil extraordinaire des Huit de Florence à Guidantonio Vespucci, ambassadeur de la république à Rome, sur le projet, agréé par le roi de Naples, d'envoyer la reine Charlotte en Chypre avec une escadre génoise pour enlever l'île aux Vénitiens............ 151
1485. — Documents relatifs à la cession de la couronne de Chypre par la reine Charlotte au duc de Savoie, Charles Ier, son neveu.......................... *Ibid.*

XVI. JACQUES II DE LUSIGNAN, DIT JACQUES LE BATARD.

1461, 18 juillet. A Venise. — Le sénat de Venise, en accordant des lettres de passage aux envoyés de Jacques le Bâtard pour se rendre à Rome, décide qu'il ne leur donnera pas le titre d'ambassadeurs du roi de Chypre, et qu'il ne les recommandera pas au pape.. 153
1461, 3 octobre. A Florence. — Compte rendu de l'ambassade envoyée à Florence par le roi Jacques de Lusignan pour exposer à la seigneurie les événements survenus en Chypre depuis la mort du roi Jean, les droits du roi Jacques à la couronne, et son désir de conserver de bonnes relations avec les Florentins; réponse du gonfalonier de la république....................................... 154
1462-1473. — Sauf-conduits divers accordés par le roi de Chypre et l'ordre de Rhodes.. 164
1462, 13 septembre. A Gênes. — L'office de Saint-Georges, vu les nécessités de la république, avance les sommes que l'état aurait dû fournir pour la défense de la ville de Famagouste, assiégée par le roi Jacques le Bâtard.............. 166
1464, 6 janvier. A Nicosie. — Le roi Jacques confirme, dans le sein de la haute cour, les conditions proposées par les Génois de Famagouste pour la reddition de la ville.. 170
1466, 11 novembre. A Venise. — L'archevêque de Nicosie étant venu en ambassade à

Venise au nom du roi de Chypre pour offrir la coopération du prince dans la guerre des Turcs, assurer en même temps la seigneurie de ses bonnes dispositions à l'égard des Vénitiens commerçant en Chypre, et demander les conseils de la république au sujet de son mariage, le sénat décide qu'il sera répondu à l'ambassadeur que la république remercie le roi de ses favorables sentiments, qu'elle l'engage à s'allier par un mariage à la famille du despote de Morée, et qu'enfin elle lui recommande les réclamations de divers négociants vénitiens.. 173

1467, 11 novembre. A Nicosie. — Déclaration du roi Jacques à l'ambassadeur de la république de Venise au sujet des réclamations de divers Vénitiens......... 176

1468. — Fragment sur les fiançailles du roi Jacques le Bâtard et de Catherine Cornaro, célébrées à Venise... 182

1468-1469. — Actes enregistrés à la secrète royale de Nicosie, ou Livre des remembrances de la secrète pendant l'année 1468-1469 :
    Note préliminaire... 184

Ier LIVRE. — COMMANDEMENTS DU ROI.

Exemptions ou diminutions du payement de la rate. Appointements de divers employés de la maison du roi................................ 189
Ordre pour conduire à Nicosie ou renvoyer chez leurs maîtres les serfs qui ont quitté leurs villages... 192
Pensions en nature et soldes en besants accordées ou augmentées à diverses personnes par le roi.. 193
Défense aux officiers du roi de racheter les assignations de denrées sur le domaine royal... 201
Donations de serfs faites à divers par le roi............................ 202
Nominations des civitains de Pendaïa, de Chrysocho et d'Avdimo, du mathessep de Limassol, du grand bailli et de divers officiers de la secrète, et du bailli de la douane de Nicosie................................ 204
Donations et mandements divers relatifs aux églises et aux monastères.... 209
Commission pour la fourniture du poisson à la maison du roi............ 214
Grâces, remises et donations diverses faites par le roi.................. Ibid.
Mandement relatif au droit de maréchaussée........................... 217
Ordonnances diverses concernant le raffinement et la vente des sucres du domaine royal... 218
Ordre relatif aux revenus de la ferme de Kiti........................... 221
Ordonnnances concernant les villes de Famagouste et de Cérines......... 222
Rescrit du roi au sujet des serfs mariés appartenant à différents maîtres.... 226
Mandements relatifs au droit ou impôt du sel exigé des serfs et francomates.. 227
Mandement relatif à l'entretien d'un phare............................ 230
Le roi annule l'affranchissement par lui fait antérieurement des serfs des villages d'André Cornaro, pendant que ces villages étaient sous la main royale. 231
Comptes avec l'ordre de Rhodes..................................... Ibid.
Résiliation du bail à ferme des droits de fonde du blé, à Nicosie........... 232
Mandement sur les apodixes.. 233

TABLE CHRONOLOGIQUE. 863

Avis d'hommage...	234
Droit payé par les serfs du roi pour devenir prêtre ou juré................	Ibid.
Exemptions et compensations de la dîme royale accordées par le roi.........	235
Ordonnance de payement du prix de diverses étoffes et de blé achetés par le roi..	236
Ordre pour le guet de Capouti..	238
Mandement du roi au sujet des sommes prêtées par les officiers publics.....	239
Ordre pour la nourriture de la lionne du roi...............................	Ibid.
Confiscations et restitutions de fiefs.......................................	240
Réunions et suppressions de bailliages......................................	242
Ordre pour travaux à faire à la ferme du domaine royal du village de Trapeza.	243
Ordre pour le payement des vivres et de la solde aux gens d'armes.........	244
Ordre pour la distribution de camelots, camocas et autres étoffes.........	Ibid.

IIᵉ LIVRE. — ACTES DE LA HAUTE COUR.

Échanges de fiefs..	245
Obligations du roi aux officiers de l'ordre de Rhodes pour le payement de ses dettes...	248
Dons, ventes et échanges de serfs...	251
Donations, accroissements et confirmations de fiefs........................	255
Donations et actes divers concernant les églises, les monastères et autres établissements religieux..	262
Affranchissements et actes relatifs aux éleftères..........................	269
Donation d'une terre en censive..	272
Remise du droit de cens..	273
Nomination d'un bailli de Chrysocho...	274
Échange de revenus...	Ibid.

IIIᵉ LIVRE. — APAUTS.

Bail à ferme pour quatre ans d'un moulin de Kythrea.......................	276
Adjudication du courtage pour la vente du vin..............................	277
Fermages de droits divers..	278
Adjudication du pesage du poisson et de l'aguafres, à Nicosie.............	279

IVᵉ LIVRE. — PAYEMENTS ET QUITTANCES.

Détail des rentes foncières acquittées au nom de divers propriétaires par-devant la Secrète...	280

Vᵉ LIVRE. — VENTES, DONS, GAGIÈRES ET AUTRES ACTES.

Ventes..	285
Donations..	288
Baux emphytéotiques à culture perpétuelle..................................	290
Résiliation de bail, nouveau bail et état des lieux arrêté pour le jardin de Tenpefcou...	291

864 TABLE CHRONOLOGIQUE.

Bail d'une partie des terres de Papolaqui.	293
Bail des vignes de Tou Farmaca.	*Ibid.*
Bail de certaines terres à Evrikou.	295
Échange de serfs.	*Ibid.*
Louage d'une maison et d'un enclos à Saint-Demetis.	296
Bail à culture pour dix années.	297
Compensation établie entre le droit de défaut dû par Catherine Miral et les revenus de la terre de Porchades qu'elle rend au roi, après une estimation faite du produit de ce domaine pendant les années 1466 et 1467.	299
Reconnaissance de divers Chypriotes comme sujets vénitiens.	304
1469, 18 mai. A Venise. — Le sénat de Venise, apprenant que le roi de Naples cherchait à détourner le roi Jacques du mariage projeté avec Catherine Cornaro, écrit au roi de Chypre qu'il ne peut se dégager d'une alliance contractée publiquement à Venise par son ambassadeur, et le prie de faire venir au plus tôt la reine, son épouse, en Chypre.	307
1469, 3 juin. A Venise. — Le sénat charge le collége d'écrire à l'ambassadeur de la république, à Rome, pour que l'archevêché de Nicosie ne soit pas donné à un Catalan.	310
1469, 9 juin. A Venise. — En raison de ce qui se dit, nonobstant le mariage arrêté du roi de Chypre et de Catherine Cornaro, le sénat décide qu'un ambassadeur sera élu pour se rendre en Chypre quand la seigneurie le jugera opportun. Choix de Dominique Gradenigo.	311
1469, 20 juillet. De Venise. — Les bruits d'un nouveau mariage du roi Jacques prenant plus de consistance, le doge de Venise, au nom du sénat, charge Dominique Gradenigo de se rendre en Chypre, afin d'exposer au roi l'extrême importance que la république de Venise attache à cette affaire, à laquelle son honneur est aujourd'hui engagé; et, pour représenter au prince que, lié en apparence avec Catherine Cornaro seule, il est en réalité obligé à ce mariage vis-à-vis de la république de Venise elle-même; ordre est donné à l'ambassadeur de placer le roi de Chypre sous la protection de la république, conformément aux conditions arrêtées par le sénat.	312
1469, 4 octobre. A Nicosie. — Manifeste par lequel Dominique Gradenigo, ambassadeur vénitien, reçoit Jacques de Lusignan et le royaume de Chypre sous la protection de la république de Venise.	316
1471, 25 octobre. A Venise. — Décision du sénat sur la réponse à faire à l'ambassadeur Chypriote qui s'était plaint de ce que la république de Venise n'avait point nommé le roi Jacques parmi ses alliés dans les traités récemment signés avec le roi de Naples et les princes d'Italie; autres réponses sur ce qu'avait dit l'ambassadeur des secours donnés par le roi de Chypre au seigneur de Candelore contre les Turcs, de son désir de recevoir des renforts de la Morée ou de la Crète, et d'être compris expressément dans le traité de paix que la république pourrait conclure avec les Turcs ottomans.	320
1472. A Rome. — Bulle de Sixte IV défendant aux évêques grecs, arméniens, nestoriens et jacobites de l'île de Chypre d'exercer aucun acte de la juridiction ecclé-	

TABLE CHRONOLOGIQUE. 865

siastique ailleurs que dans les lieux de Solia, Arsinoé, Lefkara et Karpasso, qui avaient été anciennement désignés comme siéges de leur résidence.......... 325

1472, juillet-septembre. A Venise. — Décisions diverses du sénat et du collége de Venise concernant l'ambassade d'André Bragadino, qui devait accompagner Catherine Cornaro en Chypre... 330

1472, 15 septembre. Venise. — Le sénat ordonne la restitution au roi de Chypre d'un collier engagé, pour 4,000 ducats, par l'aïeul de ce prince, dans les mains de la famille Cornaro Piscopia... 331

1472, 19 septembre. A Venise. — Instructions de Nicolas Tron, doge de Venise, à André Bragadino, ambassadeur de la république, chargé d'accompagner Catherine Cornaro en Chypre et d'assister au mariage de la reine, reconnue fille de la république de Venise. L'occasion favorable se présentant, l'ambassadeur entretiendra le roi de la guerre des Turcs, et, en passant à Rhodes, il recommandera au grand maître de préparer ses galères pour le printemps prochain.. 332

1472, 19 septembre. A Venise. — Les ambassadeurs du roi de Chypre ayant exposé à la seigneurie de Venise que le roi, lors de la prise de Candelore par les Turcs ottomans, avait ouvert avec eux des négociations de paix, afin de temporiser, et demandant les conseils de la république pour ses déterminations ultérieures, le sénat charge le collége de répondre aux ambassadeurs en approuvant ce qu'a fait le roi, l'engageant à prolonger encore les négociations, et toutefois, comme il est certain que les Turcs équipent une grande flotte dans l'Hellespont, lui recommandant d'armer pendant ce temps toutes ses galères, afin de les réunir, au printemps prochain, à la flotte de la république et de ses alliés.......... 335

1473, 17 et 27 avril. De Famagouste. — Dépêche de Josaphat Barbaro, ambassadeur de la république de Venise, envoyé auprès d'Ouzoun-Khassan, sofi de Perse, rendant compte à la république des difficultés élevées par le roi de Chypre à l'entrée des galères de la seigneurie dans le port de Famagouste, de la scène violente qui a eu lieu, à ce sujet, au palais du roi, et des regrets qu'en a ensuite exprimés le prince. Autre dépêche au sujet des plaintes que le diodar du sultan d'Égypte avait portées au roi de Chypre contre les Vénitiens, et de la médiation proposée par le roi.................................... 336

1493, 12 juillet. Famagouste. — Extrait d'une dépêche de Josaphat Barbaro à la république de Venise concernant la mort du roi de Chypre.................. 343

1473. — Extrait de la chronique de Georges Bustron, relatif au testament du roi Jacques le Bâtard... 345

XVII. CATHERINE CORNARO ET JACQUES III DE LUSIGNAN, SON FILS.

1473, 24 août. De Venise. — Le sénat de Venise, à la nouvelle de la mort du roi Jacques, ordonne au capitaine général Pierre Mocénigo et aux provéditeurs de se transporter immédiatement en Chypre avec la flotte de la république pour veiller à la sécurité de la reine et du pays; après avoir assuré la défense du royaume, le généralissime reprendra la mer afin de suivre les événements de la guerre contre les Turcs; il retournera en Chypre avec toute la flotte, s'il apprend que l'amiral de Naples veut se rapprocher de l'île................. 348

1473, 2 et 7 novembre, 21 et 26 décembre. A Venise. — Extraits des dépêches et des décisions du sénat transmises au capitaine général de mer et aux provéditeurs de la flotte, relativement aux affaires de Chypre....................... 351

1473, 15 novembre. De Famagouste. — Dépêche de Josaphat Barbaro rendant compte à la république de Venise du soulèvement des Chypriotes contre les Vénitiens, à Famagouste, du meurtre d'André Cornaro et de Marc Bembo, oncle et cousin de la reine Catherine, de Paulin Zappe, son conseiller, et de Gabriel Gentile, son médecin; enfin de l'audience donnée par la reine à l'ambassadeur du roi de Naples, dans la journée du 15 novembre..................... 353

1473, 20 décembre. De Venise. — Le sénat, à la nouvelle du meurtre de l'oncle de Catherine, et dans la prévision de nouveaux événements, recommande au capitaine général et aux provéditeurs de la flotte de veiller avant tout aux affaires de Chypre, de maintenir la reine et son fils en possession du trône et d'empêcher, par tous les moyens à leurs dispositions, qu'aucune puissance étrangère ne s'établisse dans le pays, en réunissant sous leurs ordres toutes les forces qui leur paraîtront nécessaires, et en faisant occuper les forteresses de l'île par des Vénitiens... 362

1474, 5, 10 et 15 janvier. De Venise. — Extraits des dépêches du sénat au généralissime et aux provéditeurs de la flotte. Le sénat, en louant la circonspection qu'ils ont montrée au milieu des événements survenus en Chypre, engage ces officiers à rattacher aux intérêts de la reine le capitaine Pierre Davila et le comte d'Edesse; il leur ordonne d'éloigner ou de capturer tous les bâtiments napolitains qui paraîtraient autour de Chypre, et de ne permettre à personne d'aborder dans l'île ou d'en sortir.. 364

1474, 10 février. A Famagouste. — La reine Catherine Cornaro retire par échange le comté de Jaffa et d'Askalon des mains des héritiers de Jean Perez Fabrice et le donne à son propre cousin germain, Georges Contarini, en créant Contarini premier comte du royaume de Chypre....................................... 366

1474, 28 mars. A Venise. — Le sénat, considérant les troubles survenus en Chypre et la gravité des circonstances, décide que deux conseillers et un provéditeur vénitiens résideront désormais en Chypre, pour assister la reine dans le gouvernement, et pour commander toutes les forces de la république.......... 370

1474, 28 mars. De Venise. — Le sénat félicite le généralissime et les provéditeurs du pacifique dénoûment des affaires de Chypre, et leur recommande de faire occuper les forteresses de Famagouste et de Cérines par des hommes sûrs qui ne reconnaissent d'autre supérieur que la seigneurie de Venise............... 371

1474, 4 juin. A Venise. — Instructions du doge et du sénat à François Minio et Louis Gabriel, envoyés comme conseillers en Chypre........................ 372

1474, 4 juin. A Venise. — Instructions du doge et du sénat à Jean Soranzo, envoyé comme provéditeur en Chypre.. 382

1474, 29 juillet. A Venise. — Nouvelles instructions du sénat aux conseillers et au

TABLE CHRONOLOGIQUE. 867

provéditeur de Chypre, concernant l'armement des forteresses, la gestion des revenus publics et le gouvernement général du royaume.................. 386

1474, 24 septembre. De Venise. — Dépêche du sénat aux conseillers et au provéditeur de Chypre, pour engager la reine Catherine à envoyer immédiatement le tribut au sultan d'Égypte avec un ambassadeur qui justifie la reine sur les retards mis au payement, et qui prie le sultan de faire saisir Rizzo de Marin, s'il venait en Égypte... 391

XVIII. CATHERINE CORNARO, SEULE.

1474-1476. — Ordres du Conseil des Dix de Venise, concernant la surveillance, l'arrestation ou la mise à la torture de divers Chypriotes, après la mort du roi Jacques III... 394

1474, 11 novembre. De Venise. — Instructions du doge et du sénat de Venise à Marc Cornaro, père de la reine Catherine, chargé de se rendre en Chypre pour consoler sa fille de la mort du jeune roi Jacques III, et concourir au gouvernement du royaume; en passant à Rhodes, Cornaro se plaindra, au nom de la république, de l'assistance que l'ordre continue à accorder aux ennemis de la reine Catherine.. 398

1474, 28 décembre. A Venise. — Ordre du sénat au capitaine général chargé de rechercher, pour les livrer au supplice, les gens qui ne cessent de faire des courses sur les côtes de l'île de Chypre et les états du sultan d'Égypte, à l'instigation des ennemis de la reine..................................... 402

1475, 15 juin. De Venise. — Extrait d'une dépêche du sénat à Jacques Querini et Pierre Diédo, conseillers de Chypre, et à François Justiniani, provéditeur de l'île, sur les dispositions qui paraissaient arrêtées par le roi de Naples, pour tenter une entreprise contre le royaume de Chypre, de concert avec la reine Charlotte de Lusignan.. 404

1476, 10 mai. — Le sultan d'Égypte, en réponse à l'ambassade que lui avait envoyée Catherine Cornaro, félicite la reine d'avoir triomphé de ses ennemis, l'excuse du retard mis depuis deux ans au payement du tribut dû à l'Égypte, et lui annonce qu'il l'a reconnue comme reine de Chypre, et qu'il a fait mettre en liberté son dernier ambassadeur.. 405

1476, 30 mai. A Venise. — Décret du sénat de Venise ordonnant la restitution du comté de Jaffa et d'Askalon à Georges Contarini, en changeant les conditions de la première concession de cette seigneurie........................ 407

1476, 30 octobre. A Venise. — Le conseil des Dix ordonne à Antoine Lorédano d'amener à Venise la mère et les enfants naturels du feu roi, ainsi que la famille de plusieurs Chypriotes accusés de rébellion........................... 408

1476, 31 octobre. A Venise. — Le conseil des Dix prescrit à ses membres le plus rigoureux secret sur toutes les délibérations concernant les affaires de Chypre. 410

1477, 9 janvier. De Venise. — Le conseil des Dix décide que la femme et les enfants de Jacques Saplana seront rendus à la liberté dès leur arrivée à Venise, pour être remis au roi de Sicile, qui s'est intéressé à eux.................. 411

1477, 9 et 16 janvier. A Venise. — Décrets du conseil des Dix concernant la surveillance et l'entretien de la famille du roi Jacques II et des Chypriotes expulsés de l'île.. 412

1477, 28 août. A Venise. — Extrait des instructions données par le doge et le sénat aux conseillers et au provéditeur de Chypre.......................... 413

1479, 4 juin. De Venise. — Le doge de Venise écrit aux conseillers et au provéditeur de Chypre de laisser toute faculté à la reine Catherine d'aller à Cérines, à Famagouste ou ailleurs, et de veiller, quelle que soit la résidence de la princesse, à ce que les vivres nécessaires pour sa maison lui soient fournis, et sa pension de 8,000 ducats exactement payée.................................... 414

1487, 21 février. A Venise. — Extrait d'un décret du sénat, ordonnant d'arborer l'étendard de Saint-Marc, en Chypre. Ajournement de la décision................ 416

1488, 18 octobre. A Venise. — Le conseil des Dix décide que Jean Contarini et Nicolas Mocénigo s'abstiendront momentanément de prendre part aux séances du conseil, la reine de Chypre étant leur nièce........................... 417

1488, 22 et 23 octobre. A Venise. — Le conseil des Dix arrête que la reine Catherine Cornaro doit quitter l'île de Chypre, et remet l'exécution de cette mesure jusqu'à la réception de plus amples renseignements, demandés au capitaine général de la flotte.. Ibid.

1488, 22 octobre. De Venise. — Lettre du conseil des Dix à François de Priuli, capitaine général de la flotte, concernant le contenu des papiers saisis sur Rizzo de Marin et Tristan de Giblet, et approuvant les mesures prescrites par le généralissime... 419

1488, 28 octobre. A Venise. — Le conseil des Dix décide que la reine Catherine doit quitter l'île de Chypre sans autre délai, et arrête les instructions à donner au capitaine général de la flotte pour l'exécution immédiate de ses ordres, lors même que la reine refuserait d'y acquiescer; le conseil décide, en outre, que Georges Cornaro, frère de la reine, sera prié de se rendre en Chypre, pour engager la princesse à condescendre à la volonté de la république........... 420

1488, 3 novembre. De Venise. — Dépêche du conseil des Dix annonçant à François de Priuli que le frère de la reine de Chypre, Georges Cornaro, se rend avec lui auprès de la princesse pour l'engager à se conformer aux ordres de la république, et chargeant le capitaine général d'envoyer sans retard un ambassadeur au Caire, afin d'expliquer au sultan que le départ de la reine est dû à sa libre détermination, et que l'érection de la bannière de Saint-Marc, en Chypre, a surtout pour effet de protéger l'île contre les Turcs..................... 425

1488, 3 novembre. De Venise. — Lettre du conseil des Dix, exposant à la reine de Chypre la nécessité de son départ, et lui annonçant qu'elle jouira à Venise des mêmes revenus qu'elle a en Chypre..................................... 428

1488, 8 novembre. De Venise. — Le conseil des Dix, après le départ de Georges Cornaro, apprenant que la reine Catherine paraissait avoir la pensée de s'enfuir à Rhodes, où la sœur de Tristan de Giblet l'avait déjà précédée, expédie l'ordre au capitaine général de toucher d'abord à cette île avant de se rendre en Chypre, et de tenter, soit par les instances de Georges Cornaro, son frère, soit par l'intervention du grand maître, de déterminer la reine à obtempérer à la volonté de la république ; s'il ne peut y réussir, le capitaine général se rendra en Chypre, et attendra les ordres du conseil............................ 429

1488, 8 novembre. A Venise. — Le conseil des Dix ordonne au collége criminel d'interroger, et au besoin de mettre à la question, Rizzo de Marin et ses domestiques.. 431

1489, 10 mai et 5 juin. A Venise. — Décrets divers du sénat relatifs à l'arrivée de la reine Catherine Cornaro à Venise...................................... 432

1489, 13 mai. A Venise. — Texte des procès-verbaux du conseil des Dix, assisté des commissions, décidant la mise à mort en secret de Rizzo de Marin, et autorisant les conseillers présents à la condamnation à porter des armes pour leur sûreté personnelle.. 433

1488-1489. — Extraits de la chronique originale de Marin Sanudo le jeune, concernant les tentatives de Rizzo de Marin pour marier la reine Catherine Cornaro à un fils naturel du roi de Naples, et les autres événements qui déterminèrent la république de Venise à éloigner la reine Catherine de l'île de Chypre..... 435

Extraits de la vie de Catherine Cornaro, par Antoine Colbertaldi d'Asolo....... 445

Extrait du journal de Marin Sanudo le jeune, sur la mort de Catherine Cornaro. 449

XIX. DOMINATION VÉNITIENNE.

1489, 20 juin. A Venise. — Donation de la terre d'Asolo à la reine Catherine Cornaro, par lettres patentes du doge Augustin Barbarigo, au nom de la république de Venise.. 452

1489, 27 août. A Venise. — Commission et instructions du doge Augustin Barbarigo, au nom de la république de Venise, pour Balthazar Trévisani, nommé capitaine de Chypre... 454

1489, 10 septembre. A Venise. — Instructions du doge Barbarigo à Pierre Diédo, envoyé en ambassade au Caire pour expliquer au sultan les motifs qui avaient engagé la reine Catherine Cornaro à quitter le royaume de Chypre, et déterminé la république de Venise à arborer ses bannières dans l'île, en signe de prise de possession définitive.. 472

1490, 9 mars. — Déclaration des commissaires égyptiens, au nom du sultan Al-Malec-al-Aschraf Kaïtbaï, reconnaissant la république de Venise comme maîtresse de l'île de Chypre, à condition qu'elle payera exactement le tribut dû par l'île aux sultans d'Égypte.. 478

1490, 11 mars. — Quittance d'un à-compte de 4,000 ducats sur les tributs de l'île de Chypre délivrée par le trésorier du sultan............................ 481

1490, mars. — Le sultan d'Égypte écrivant au doge de Venise, Augustin Barbarigo, confirme la déclaration des commissaires, et lui envoie des présents......... 481

Après 1489-1490. — Extrait des statuts de l'inquisition d'état de Venise, ordonnant de noyer en secret ceux qui prétendraient que les descendants des frères de la reine de Chypre élèvent des réclamations au sujet de la couronne de Chypre, et ceux qui oseraient dire que les droits de la république de Venise sur ce pays n'ont d'autres fondements que la prise de possession même, en attaquant la légitimité des droits de Catherine Cornaro, de qui la république tient le royaume.. 484

1491, 2 août. A Venise. — Réponse du doge Augustin Barbarigo à une supplique des habitants de Famagouste demandant le rétablissement de divers priviléges de la ville... 485

1496, 6 octobre. A Nicosie. — Sentence du lieutenant et des conseillers de Chypre, siégeant comme tribunal de la secrète, qui oblige les personnes devant annuellement des dîmes à l'archevêque et aux évêques latins à les payer exactement, et qui ordonne aux baillis, châtelains, écrivains ou autres officiers chargés de tenir ces comptes, de fournir à chaque évêque l'état fidèle de tous les biens et revenus de son diocèse sur lesquels il y a lieu de prélever les dîmes........ 492

Fin du xv° siècle. — Documents statistiques sur la population, le nombre des villages, la quotité des récoltes, les produits divers, le revenu des principaux seigneurs, les possessions du clergé, les commanderies de l'ordre de Rhodes et les terres du domaine public en Chypre.. 493

1510, 24 septembre. A Nicosie. — Sentence des recteurs de Chypre portant que l'abbaye Blanche des religieux Prémontrés de Lapaïs, près Cérines, doit obéissance à l'archevêché de Nicosie... 513

1530, 11 mars. — Dépêche de l'évêque d'Yvrée, rendant compte au duc Charles III de Savoie de la mission dont il avait été chargé, avec le comte de Piozasque, auprès de la république de Venise, pour revendiquer le royaume de Chypre.... 514

1530, 19 mars. De Venise. — Lettre de l'ambassadeur espagnol à Venise, rendant compte au roi d'Espagne d'une démarche faite par ses ordres, dans l'intérêt du duc de Savoie, auprès de la république de Venise.......................... 515

1531. — Pièces relatives à la traduction des Assises de Jérusalem en langue italienne.. *Ibid.*

Vers 1540. — Extraits d'un mémoire sur l'île de Chypre, par François Attar...... 519

1547 et années précédentes. — Documents divers concernant les droits de l'archevêché de Nicosie.. 537

1553, juillet. A Rome. — Bulle de Pie IV affranchissant un serf, fils du papas d'Ornithi, en le laissant soumis au droit de maréchaussée...................... 539

1562. — Extraits du rapport adressé au sénat de Venise par Bernard Sagredo, à son retour de l'île de Chypre, où il avait été envoyé comme provéditeur général... 540

Avant 1570. — Note sur des ouvertures qui furent faites au duc de Savoie de la part du sultan de Constantinople, peu de temps avant la guerre de Chypre, au sujet de la restitution du royaume de Chypre.. 557

XX. DOMINATION TURQUE.

Après 1570. — Instructions du duc de Savoie à un ambassadeur envoyé à Constantinople.. 559

1575-1585. — Notions sur les revenus et les dépenses du sultan en Chypre, com-

parés aux revenus et aux dépenses de la république de Venise dans le même pays............	560
1578, 1ᵉʳ octobre. De Paris. — Extrait d'une dépêche de Jean de Vargas Mexia, ambassadeur de Philippe II, roi d'Espagne, en France, relative aux prétentions de M. de Lanzac, le jeune, sur le royaume de Chypre............	563
1583, 20 juillet. De Paris. — Un Chypriote, nommé Eugène Penachi, propose au duc de Savoie, Charles-Emmanuel Iᵉʳ, de préparer à Constantinople l'ouverture de négociations diplomatiques pour la cession du royaume de Chypre à la maison de Savoie, à la condition que l'île payera comme autrefois un tribut au sultan.	565
1600, 2 décembre. — Note sur la situation de l'île de Chypre et ses revenus du temps des Latins, remise par l'archevêque grec de Nicosie à François Accidas pour le duc de Savoie............	566
1601. — Capitulation ou articles des franchises promises aux Chypriotes par le duc de Savoie Charles-Emmanuel Iᵉʳ, pour le cas où il rentrerait en possession du royaume de Chypre............	570
1601, peu après le 11 avril. De Turin. — Rapport de François Accidas, Grec de l'île de Rhodes, à Charles-Emmanuel Iᵉʳ, duc de Savoie, sur la mission confidentielle dont il avait été chargé pour préparer les voies à une expédition projetée par le duc contre l'île de Chypre............	574
1611, 6 avril. De Nicosie. — Lettre de Christodoulos, archevêque de Chypre, au comte de Monbasile, gentilhomme ordinaire de la chambre du duc de Savoie, Charles-Emmanuel Iᵉʳ............	576
1632, 8 juillet. De Paris. — Lettre et mémoire adressés de Paris au duc de Savoie pour l'engager à faire la conquête de l'île de Chypre............	Ibid.
1668, 1ᵉʳ décembre. — Renseignements transmis au duc de Savoie par Pierre Senni de Pise, sur la situation de l'île de Chypre et la possibilité de faire la conquête de ce pays............	578
1670, 17 juillet. A Turin. — Interrogatoire de Louis de Barrie, Chypriote, envoyé à Turin avec des lettres de divers Chypriotes pour le duc de Savoie.........	580
1670 ou 1671. — Note de M. le marquis de Saint-Maurice, ambassadeur du duc de Savoie, en France, rendant compte à son altesse royale d'une ouverture que lui fit au nom du roi de France, à Saint-Germain-en-Laye, le maréchal de Bellefonds, au sujet d'une expédition à entreprendre, sans en donner connaissance aux Vénitiens, dans le but d'enlever l'île de Chypre aux Turcs et de la rendre au duc de Savoie............	586

SUPPLÉMENT.

I. GUY DE LUSIGNAN.

1191-1196. — Extraits d'une nouvelle continuation de Guillaume de Tyr, d'après un manuscrit de Florence............	591

II. AMAURY DE LUSIGNAN.

1195, 29 septembre. — Amaury de Lusignan, seigneur de Chypre, donne divers terrains et une chapelle situés dans l'intérieur de la ville de Nicosie à l'abbé du Temple-Domini, dont il reçoit un rubis précieux...................... 598

1196, 20 février. De Latran. — Bulle de Célestin III prévenant le clergé, les grands et le peuple de Chypre, qu'à la demande d'Amaury, seigneur de l'île, le saint-siége a délégué l'archidiacre de Laodicée et Alain, chancelier de Chypre, pour régler tout ce qui pouvait concerner l'établissement et la dotation de l'église catholique en ce pays, jusqu'ici schismatique.................... 599

1196, 13 décembre. De Latran. — Grande bulle de Célestin III confirmant les droits, les prérogatives et les possessions de l'archevêché de Nicosie.............. 601

1197, 3 janvier. De Latran. — Célestin III, après avoir rappelé les circonstances dans lesquelles les évêchés latins furent institués dans l'île de Chypre et le chancelier Alain élu archevêque de Nicosie, annonce aux évêques que, sur la demande du chapitre de Nicosie, le saint-siége envoie le pallium à l'archevêque. 605

1197, 1ᵉʳ novembre. — Amaury, roi de Chypre, donne à Joscius, archevêque de Tyr, et à l'église de Tyr, le village de Livadi, et exempte de tous droits de sortie les récoltes de ce village et tous autres produits exportés de Chypre pour l'église de Tyr.. 606

III. HUGUES Iᵉʳ DE LUSIGNAN.

1217, octobre. — Le roi Hugues Iᵉʳ confirme la fondation d'un service dans l'église de Nicosie pour le repos de l'âme de la reine Marie d'Ibelin, fondation faite par Philippe d'Ibelin, fils de la reine................................. 608

IV. HENRI Iᵉʳ DE LUSIGNAN.

1218, 12 juillet. De Rome. — Honorius III recommande à Pélage, évêque d'Albano, la reine de Chypre, Alix de Champagne, ses enfants et le royaume de Chypre. 610

1220, mars. A Nicosie. — La reine Alix accorde à l'archevêque de Nicosie l'exemption des droits de mouture pour tous les grains destinés à l'usage de sa maison, que l'on porterait aux moulins de Kythrea.................................... 611

1220, au mois d'octobre. A Limassol. — Convention entre Alix, reine de Chypre, le roi Henri, son fils, et les barons de Chypre, d'une part, l'archevêque et les évêques latins du royaume, d'autre part; dans laquelle les seigneurs, par la médiation du légat apostolique Pélage, évêque d'Albano, abandonnent au clergé les dîmes de toutes leurs terres, déchargent les serfs ecclésiastiques de toutes capitations et corvées dues au roi, affranchissent les prêtres et diacres grecs de toute servitude, sous la condition qu'ils obéiront aux évêques latins, et règlent les obligations et les ordinations des prêtres grecs............................. 612

1220-1221. — Extrait du libelle produit par Érard de Brienne devant le cardinal

Gilles, à l'effet de repousser la citation au tribunal du saint-siége, qui lui avait été intimée par la comtesse de Champagne...................... 614

1221, avril. A Nicosie. — L'archevêque Eustorge institue au village de Nicia ou Nisso, en Chypre, un prêtre chapelain dont l'établissement et l'entretien sont assurés par Guillaume Vicomte et par l'archevêque lui-même..................... 616

1221, 15 mai. A Saint-Jean-d'Acre. — Simon, archevêque de Tyr, vend à Eustorge, archevêque de Nicosie, le village de Livadi, en Chypre, que possédait l'église de Tyr... 617

1221, 16 décembre. De Latran. — Honorius III charge l'archevêque de Nicosie de réduire le nombre des oratoires privés existant dans son diocèse, en faisant fermer ceux qui ont été fondés sans l'autorisation métropolitaine, et ceux qui n'ont pas de dotation assurée... 618

1222, 20 janvier. De Latran. — Honorius III, sur la plainte des évêques de Chypre, charge l'archevêque de Césarée et l'évêque d'Acre d'obliger les Syriens, Jacobites et Nestoriens de l'île de Chypre à obéir aux prélats latins, sous peine d'excommunication... Ibid.

1222, 14 septembre. A Famagouste. — Pélage, légat apostolique, ratifie la nouvelle convention intervenue, en présence des grands maîtres des ordres militaires, entre la reine, le roi et les barons de Chypre, d'une part, et les évêques latins du même royaume, d'autre part, touchant les dîmes générales de leurs terres, les obligations et la situation des serfs, des moines, des prêtres et des évêques grecs de l'île vis-à-vis de leurs seigneurs et vis-à-vis des évêques latins....... 619

1223, 10 mars. D'Antioche. — Décret sur divers points de droit et de discipline ecclésiastiques adressé au clergé de Chypre par le légat apostolique Pierre, cardinal de Saint-Marcel... 622

1228, 4 août. De Pérouse. — Après avoir rappelé que le roi, la reine et les seigneurs de Chypre se sont engagés à exécuter le compromis arrêté précédemment entre eux et les évêques du royaume, au sujet des dîmes, aussitôt que ce compromis aurait reçu la confirmation apostolique, Grégoire IX déclare le roi et les seigneurs obligés d'observer fidèlement cet accord, l'acte en ayant été confirmé par le saint-siége, et les objections élevées contre les formes de cette approbation n'étant point valables... 625

1229. — Texte français du traité de l'empereur Frédéric II avec le sultan d'Égypte pour l'occupation de Jérusalem, transmis au pape Grégoire IX par Gérold, patriarche de Jérusalem, qui joint ses observations à ce document......... 626

1231, 5 mars. De Latran. — Grégoire IX mande à l'archevêque de Nicosie de lancer l'excommunication contre Balian III d'Ibelin, qui avait épousé Échive de Montbéliard, veuve de Gautier de Montaigu, nonobstant la défense à lui faite en raison de sa parenté avec Échive, et qui avait contraint par ses menaces l'archevêque de Nicosie à se réfugier à Saint-Jean-d'Acre; l'archevêque devra excommunier aussi les moines grecs qui persistent à attaquer la doctrine catholique au sujet des azymes, si les uns et les autres ne réparent leurs fautes. 629

1231, 19 juillet. A Saint-Jean-d'Acre. — Gérold, patriarche de Jérusalem, légat apostolique, sur les plaintes des évêques de Chypre, déclare le roi et les nobles du royaume obligés de se conformer à l'accord qu'ils ont conclu avec les prélats au sujet des dîmes, nonobstant l'appel qu'ils ont interjeté par devant le pape.. 631

1232, 9 avril. De Riéti. — Grégoire IX, après avoir rappelé comment l'abbaye de Lapaïs, près de Cérines, a été agrégée à l'ordre de Prémontré, notifie à l'abbé de ce monastère qu'il doit obéir à l'archevêque de Nicosie, comme à son ordinaire... 632

1232, 4 octobre. A Saint-Jean-d'Acre. — Arbitrage des archevêques de Césarée et de Nazareth et autres prélats et des grands maîtres des ordres militaires entre les évêques de Chypre, d'une part, le roi et les barons du même royaume, d'autre part, au sujet des dîmes que les barons n'avaient pas payées à l'église, nonobstant la convention faite en présence du légat Pélage, qui les y obligeait..... 633

1233, 30 septembre. A Saint-Jean-d'Acre. — Hugues, abbé du Temple-Domini, vend à Eustorge, archevêque de Nicosie, une presterie fondée autrefois en Chypre par le roi de Jérusalem, Guy de Lusignan................................. 636

1234, juillet. A Nicosie. — Le roi Henri Ier de Lusignan échange une certaine quantité de terre de Maratha contre la presterie de Kavallari, et donne ce village à l'église de Nicosie... 638

1234, août. A Nicosie. — Le roi Henri Ier confirme la fondation perpétuelle d'un service de messe faite par Baudouin de Morpho, pour le salut de son âme..... 639

1234, 7 août. D'Arona. — Grégoire IX engage Jean d'Ibelin, seigneur de Beyrouth, baile de Chypre, à réparer les torts qu'il a eus vis-à-vis de l'empereur Frédéric... 640

1237, 26 mai. A Viterbe. — Grégoire IX autorise le roi de Chypre et les membres de sa famille à entendre les offices divins et à recevoir la communion dans leur chapelle particulière, sans être astreints à se rendre à l'église mère de Nicosie. *Ibid.*

1237, 17 novembre. De Rome. — Grégoire IX se plaint au roi et à la reine de Chypre de ce que les chevaliers du royaume, à leur exemple, ne payent point exactement les dîmes dues à l'église, qu'ils contractent des mariages à des degrés prohibés, qu'ils ne tiennent pas compte des excommunications et qu'ils remplacent souvent dans leurs terres les baillis latins par des baillis grecs et syriens, hommes hostiles aux intérêts de l'église latine........................... 641

1239, décembre. A Nicosie. — Le roi Henri confirme l'assise fondée dans l'église métropolitaine de Nicosie pour le repos de l'âme du roi Guy de Lusignan, seigneur de Chypre, son grand-oncle.. 642

1243, 14 juillet. A Anagni. — Innocent IV prend le monastère grec de Sainte-Marguerite d'Agro sous la protection apostolique, et l'exempte de la dîme, tant sur les terres possédées par le monastère avant le dernier concile général, et cultivées par les religieux eux-mêmes, que sur les produits divers nécessaires à la nourriture de leurs animaux... 643

1244, au mois de mars. — Boniface, abbé de Cîteaux, confirme l'autorisation donnée par l'archevêque de Nicosie à la comtesse Alix de Montbéliard, veuve de Philippe d'Ibelin, de fonder à Nicosie un couvent de religieuses de Cîteaux..... 644

1245, 30 juillet. De Lyon. — Innocent IV accorde pour cinq ans à l'archevêque de

TABLE CHRONOLOGIQUE. 875

Nicosie la faveur de ne pouvoir être excommunié, interdit ou suspendu, par aucun légat apostolique, sans un ordre exprès du saint-siége............. 645

1245, décembre. A Nicosie. — L'archevêque de Nicosie donne à cens certaines maisons construites sur l'emplacement de l'ancienne abbaye de Teupetomeno......... 646

1246, 8 février. A Nicosie. — Georges, abbé du monastère de Lapaïs, reconnaît avoir reçu le legs que Roger le Normand, chevalier, a fait par son testament au monastère de Lapaïs, à la condition que l'abbaye entretiendra perpétuellement un de ses frères pour dire la messe des morts en faveur du testateur et de sa femme Alix, soit à Paphos, soit en tout autre lieu désigné par l'archevêque de Nicosie... *Ibid.*

1247, juin. A Nicosie. — Jean d'Ibelin, comte de Jaffa, vend à Eustorge, archevêque de Nicosie, quatre vergers qu'il avait à Nicosie........................ 647

1248, 26 février. — L'archevêque Eustorge achète, moyennant 12,000 besants d'or, une rente annuelle de 1,000 besants sur divers villages appartenant au comte de Jaffa.. 648

1252, 26 mars. A Pérouse. — Innocent IV confirme la donation du comté de Jaffa et d'Askalon faite par le roi de Chypre à Jean d'Ibelin..................... 649

V. HUGUES II DE LUSIGNAN.

1254, 29 janvier. De Latran. — Innocent IV charge l'évêque de Tripoli et l'archidiacre de Saint-Jean-d'Acre de prononcer sur le débat survenu entre l'ordre des religieux mineurs de Nicosie et l'archevêque de cette ville, au sujet d'un terrain vendu par ledit ordre aux moines de Cîteaux................... 651

1255, 14 mai. De Naples. — Alexandre IV charge l'archidiacre de Saint-Jean-d'Acre de veiller à ce que Guy d'Ibelin, Philippe de Navarre et Robert de Montgesard, exécuteurs testamentaires du roi Henri Ier de Lusignan, remplissent les volontés du feu roi en réparant le tort qu'il avait causé à diverses églises du diocèse de Nicosie par la détention injuste des dîmes et autres revenus ecclésiastiques... 652

1263, 12 janvier. D'Orvieto. — Urbain IV écrit au baile et aux barons de Chypre pour les prémunir contre les projets de l'empereur Paléologue, qui, non content d'avoir repris la ville de Constantinople, paraît disposé à aller, avec l'assistance des Génois, attaquer les Vénitiens en Crète, et peut-être surprendre à l'improviste l'île de Chypre, qu'il considère comme appartenant à son empire. 653

1263, 23 janvier. D'Orvieto. — Urbain IV engage le régent de Chypre, Hugues d'Antioche, à seconder plus efficacement l'archevêque de Nicosie pour faire rentrer dans le devoir les Grecs et les Syriens schismatiques qui s'éloignent de ceux de leurs prêtres disposés à reconnaître la souveraineté de l'église latine et à obéir à l'archevêque, leur refusant les offrandes et dévastant leurs propriétés. 655

1264, 30 septembre. A Saint-Jean-d'Acre. — Thomas Bérard, grand maître du Temple, ratifie la transaction arrêtée entre l'ordre du Temple et l'archevêque de Nicosie, au sujet de certaines maisons de Nicosie............................ 657

1267, 30 janvier. A Limassol. — Rescrit du patriarche de Jérusalem, portant que les exécuteurs testamentaires sont tenus de payer en premier lieu les dîmes dues par les défunts; que les cultivateurs syriens sont obligés de payer également les dîmes aux églises latines; et qu'enfin, si une personne frappée d'excommunication ne vient pas à résipiscence, on devra engager l'autorité laïque à la contraindre par la saisie de ses biens à se soumettre.................... 658

VI. HUGUES III D'ANTIOCHE-LUSIGNAN.

1270, octobre. A Nicosie. — Le roi Hugues, du consentement de l'archevêque élu de Nicosie, institue dans l'église métropolitaine le service de deux prêtres chargés de célébrer quotidiennement les offices pour le repos de l'âme des princes de la famille royale, en assurant leur entretien sur les revenus des vergers du domaine royal à Nicosie, et après la mort de Philippe de Scandelion, à qui le roi a donné viagèrement le village d'Enia Melias, sur les revenus de ce village... 660

1282, 18 février. A Néphin. — Relation par-devant notaire, en présence du prince d'Antioche et de nombreux témoins, des trois tentatives faites, à l'instigation du Temple, par Guy de Gibelet, pour enlever la ville de Tripoli au prince d'Antioche.. 662

VII. JEAN Ier DE LUSIGNAN..................................... 669

VIII. HENRI II DE LUSIGNAN.

§ I. PREMIERS TEMPS DE SON RÈGNE.

1286, janvier. A Nicosie. — Le roi Henri fonde en l'église de Sainte-Sophie une messe quotidienne de *Requiem* pour le repos de l'âme du connétable Baudouin d'Ibelin, son oncle... *Ibid.*

1286, 27 juin. A Saint-Jean-d'Acre. — Le roi Henri de Lusignan constate devant témoins, et par acte public, l'offre qu'il fait aux Français détenant le château royal à Saint-Jean-d'Acre de leur garantir toute sécurité, s'ils consentent à évacuer les lieux, et de leur rendre le château, si le roi de France déclare que la place doit être occupée par ses gens.............................. 671

1287, 1er mai. A Nicosie. — Compromis de Jean de Verny, seigneur d'Agridia, et de Gérard, archevêque de Nicosie, entre les mains d'arbitres choisis par eux pour prononcer sur les droits respectifs des villages d'Agridia et d'Ornithi....... 673

1292, 10 septembre. A Nicosie. — Acte de vente de la maison d'un chanoine de Nicosie à l'archevêque Jean, dressé par un notaire, en présence du vicomte et des jurés de Nicosie, réunis à l'archevêché en cour des Bourgeois.......... 675

1304, 10 juin. A Lajazzo. — Quittance notariée du connétable d'Arménie au consul vénitien de Lajazzo d'une somme de 1,214 dirhems, due au consul des Pisans pour indemnité des dommages que lui avaient causés les hommes de deux galères vénitiennes, en s'emparant de l'un des châteaux de la ville de Lajazzo. 677

TABLE CHRONOLOGIQUE. 877

§ II. AMAURY DE LUSIGNAN,

PRINCE DE TYR, GOUVERNEUR DE CHYPRE.

1306-1310. — Lettres d'Amaury de Lusignan, prince de Tyr, gouverneur du royaume de Chypre, à Jacques II, roi d'Aragon, au sujet de l'envoi d'ambassadeurs chypriotes en Occident et de l'achat de chevaux d'Espagne................ 679

1306-1310. — Extraits de la chronique dite de François Amadi, relatifs aux courses des pirates génois sur les côtes de l'île de Chypre, et à la conquête de l'île de Rhodes par les chevaliers de l'Hôpital de Saint-Jean de Jérusalem, établis alors à Limassol, en Chypre... 681

1307. — Quittance du connétable d'Arménie, au nom du roi d'Arménie, pour toutes indemnités qui pouvaient être dues au roi par les Vénitiens............... 683

1307. — État des sommes réclamées au nom du roi d'Arménie pour dommages et frais occasionnés à lui ou à ses sujets par les gens des galères vénitiennes d'André Sanudo et de Paul Morosini, qui s'étaient emparés du château de Lajazzo. 684

1307, 20 mai. A Sis. — Privilége commercial de Léon IV, roi d'Arménie, aux Vénitiens... 687

1308. — Extraits de la chronique de François Amadi, relatifs à l'arrestation et au supplice des Templiers... 690

Noms et titres de quelques seigneurs d'Arménie du temps de Henri II et de Hugues IV de Lusignan, rois de Chypre.................................. 692

§ III.- HENRI II,

DE RETOUR D'ARMÉNIE.

1313-1327. — Lettres d'amitié ou de remercîments du roi Henri II de Lusignan, des princesses ses sœurs, de Philippe d'Ibelin, leur oncle, et de divers autres personnages résidant à la cour ou dans le royaume de Chypre, à Jacques II, roi d'Aragon... 693

1315, 8 novembre. De Marseille. — Lettre adressée au roi d'Aragon par le châtelain d'Emposte, Martin de Pierre de Ros, revenant de Chypre, au sujet du mariage de Marie de Lusignan, sœur de Henri II, avec Jacques, roi d'Aragon........ 702

1316, 24 mai. De Nicosie. — Lettre adressée au roi Jacques II d'Aragon par Pierre-le-Jaune, chevalier chypriote, de retour en Égypte, revenant d'Aragon où il avait accompagné Marie de Lusignan, sœur du roi Henri II, mariée au roi d'Aragon... 703

1316, 29 mai. De Famagouste. — François des Forn rend compte à Jacques II, roi d'Aragon, de la mission dont il avait été chargé auprès du roi de Chypre, pour réclamer le solde de la dot de Marie de Lusignan, reine d'Aragon; il donne au roi des renseignements sur la santé du roi de Chypre, sur sa cour, et sur la situation du pays... Ibid.

Vers 1324, 11 mars. De Naples. — Le consul catalan, résidant à Naples, écrit au roi d'Aragon pour se plaindre de ce que le roi de Naples a fait mettre en prison les patrons d'un navire de Mayorque portant des pèlerins en Terre sainte, sous prétexte que ce navire était destiné aux Sarrasins d'Égypte.................. 707

IX. HUGUES IV DE LUSIGNAN.

1324-1326. — Lettres de Frédéric II, roi de Sicile, et de Pierre II, son fils et son lieutenant, à Jacques II, roi d'Aragon, et à son fils Alphonse, comte d'Urgel, à l'occasion du départ de religieux dominicains, chargés d'entretenir les princes d'Aragon des projets de mariage concernant Constance d'Aragon, reine de Chypre, veuve du roi Henri II de Lusignan, fille du roi Frédéric II...... 709

1325-1326. — Lettres de Jacques II, roi d'Aragon, à Frédéric II, roi de Sicile, son frère, et à différents membres de leur famille, en Sicile, en Aragon et en France, au sujet des divers partis recherchés pour marier la reine de Chypre, Constance d'Aragon, veuve de Henri II de Lusignan, nièce du roi Jacques II et fille du roi Frédéric II..................................... 712

1326, 1er août. A Barcelone. — Le roi d'Aragon accorde à un marchand de Barcelone, moyennant une amende payée à son trésor, la remise des peines qu'il a encourues pour s'être rendu, nonobstant les défenses, dans les états du sultan d'Égypte, et y avoir fait le commerce; ladite grâce ne s'étendant pas au transport d'objets prohibés qui aurait pu être fait dans les terres des Sarrasins.... 720

1327, 13 janvier. De Barcelone. — Bernard d'Averson, secrétaire de Jacques II, roi d'Aragon, écrit à frère Dominique de Turpin, de la part du roi, pour lui faire savoir que le pape a refusé les dispenses nécessaires au mariage de la reine de Chypre Constance avec le comte de Ribagorça, et qu'Alphonse d'Espagne a répondu au roi ne voir en France que Charles d'Évreux, frère de la reine Jeanne, qui puisse épouser Constance d'Aragon....................... 722

1329, 13 mai. A Nicosie. — Guy d'Ibelin, sénéchal de Chypre, établit dans l'église de Nicosie quatre assises, dont le payement est assuré sur les rentes que le fondateur a reçues du roi à Sivouri, en se réservant héréditairement le droit de nomination et de patronage sur les quatre prêtres chargés du service religieux... 723

Vers 1332. — Documents sur le projet de croisade formé par le roi de France Philippe VI.. 725

1333, 10 novembre. En Arménie. — Privilége commercial de Léon V, roi d'Arménie, aux Vénitiens.. 726

1334, 13 juin. De Narbonne. — Plainte adressée à Pierre de La Palu, sénéchal de Carcassonne et de Béziers, par divers marchands de Narbonne et de Montpellier, dont les navires avaient été pillés, en se rendant en Chypre et en Romanie, par des Catalans, des Majorquins et des Génois.................. 728

1335, 18 mai. A Valence. — Alphonse IV, roi d'Aragon, absout le patron et l'équipage d'une coque marchande des peines qu'ils avaient encourues pour avoir

TABLE CHRONOLOGIQUE. 879

accompagné, sans avoir la permission de commercer avec les Sarrasins, un autre navire autorisé à faire le voyage de Beyrouth.................... 732

1338, 8 avril. A Barcelone. — Pierre IV, roi d'Aragon, moyennant une amende payée à son trésor, remet à un marchand de Barcelone les peines qu'il a encourues pour s'être rendu de l'île de Chypre à Damas et autres lieux de Syrie, afin de faire le commerce avec les Sarrasins................................. 734

1338, 26 avril. A Barcelone. — Sauf-conduit du roi Pierre IV pour un marchand de Tarragone se rendant en Chypre..................................... *Ibid.*

1341, 15 mars. A Barcelone. — Lettres publiques de recommandation des magistrats de Barcelone pour les patrons d'un navire catalan faisant le voyage de Chypre. 735

1345, 16 juillet. A Avignon. — Clément VI donne à l'archevêque de Nicosie le pouvoir d'absoudre les personnes qui avaient encouru l'excommunication pour avoir visité le saint sépulcre sans l'autorisation du saint-siége............... 736

1345, 16 juillet. A Avignon. — Clément VI donne à l'archevêque de Nicosie le droit de conférer l'office de notaire apostolique à des clercs non mariés et non ordonnés, en faisant prêter aux récipiendaires le serment inséré dans la présente bulle.. 737

1345, 16 juillet. A Avignon. — Clément VI prie le roi de Chypre d'obliger les nobles de son royaume à payer les dîmes qu'ils doivent aux églises, et qu'ils refusent d'acquitter nonobstant l'excommunication dont ils ont été frappés par l'archevêque de Nicosie... 738

1347, 19 septembre. D'Avignon. — Clément VI accorde cent jours d'indulgences à ceux qui contribueraient par leurs offrandes à l'achèvement ou à la réparation de l'église de Sainte-Sophie de Nicosie............................. 739

1348, 24 septembre. A Avignon. — Clément VI, sur la demande de l'archevêque de Nicosie, permet à ce prélat d'accorder douze dispenses de mariages en Chypre, à cause des difficultés qu'il y a pour certaines personnes à faire venir les dispenses de la cour apostolique ou à se marier convenablement dans l'île..... 740

X. PIERRE Ier DE LUSIGNAN.

1362, 10 février. Paris. — Charte d'hommage de Jean de Morpho, maréchal de Chypre, au roi de France... 741

1363, 11 octobre et 29 novembre. — Le doge de Venise, en annonçant au roi de Chypre la révolte de l'île de Crète, prie le roi d'empêcher ses sujets de communiquer sous aucun prétexte avec l'île; le doge avise ensuite le prince que les navires nécessaires à son passage ne pourront être à Venise pour le mois de mars, mais, qu'aussitôt après avoir soumis l'île de Crète, la république emploiera, comme elle l'a promis, tous les navires dont elle dispose pour l'expédition du roi.. 742

1364, 29 janvier et 22 février. De Venise. — Extraits des lettres du doge de Venise au roi de Chypre au sujet de la révolte de l'île de Crète et du transport en Orient des chevaliers qui avaient pris les armes pour se joindre à la croisade du roi.. 744

1364, 26 février. De Venise. — Le doge écrit au pape Urbain V que la république de Venise, nonobstant les difficultés au milieu desquelles elle se trouve par suite de la révolte des Candiotes, est disposé à faire tout ce qui lui sera possible pour faciliter le transport en Orient des hommes d'armes qui se sont croisés avec le roi de Chypre... 746

1364, 24 décembre. A Venise. — Instructions du doge Laurent Celsi à François Bembo et Zacharie Contarini, chargés de se rendre comme ambassadeurs auprès du doge de Gênes pour contribuer au rétablissement de la paix entre la république de Gênes et le roi de Chypre................................ 747

1365, 25 juin. De Venise. — Le doge de Venise charge les ambassadeurs de la seigneurie résidant à Avignon de se plaindre au pape de ce que, dans une question concernant le droit d'envoyer quarante vaisseaux marchands dans les états du sultan d'Égypte, droit acheté par la république du vicomte de Turenne, un auditeur apostolique veut procéder contre la république au nom des ayants cause du vicomte de Turenne pour obtenir le solde du prix d'achat de cette permission, bien que la république n'ait pu envoyer que six galères au pays des Sarrasins, par suite de la défense de commercer avec les infidèles prononcée par le pape Innocent VI, et bien que la seigneurie ait accepté pour terminer ce différend l'arbitrage amical du souverain pontife............. 749

1365, 26 et 27 juin. De Venise. — Extrait des lettres du doge au capitaine du golfe de Venise, chargé de faire suivre en mer l'armée du roi de Chypre partout où elle irait, et de notifier sans retard à la seigneurie le lieu où débarquerait le roi, ce qu'il aurait entrepris, et, autant que possible, ce qu'il se proposait de faire.. 751

1365, 3 juillet. De Venise. — Le sénat charge les provéditeurs de Crète, dans le cas où le roi de Chypre irait attaquer quelque partie de la Turquie en paix avec les Vénitiens, de donner avis à l'émir du pays, de même qu'aux Turcs employés au service de la seigneurie en Crète, que cette expédition a lieu sans le consentement de la république. 752

1366, 29 janvier. De Venise. — Lettre de crédit du doge de Venise autorisant François Bembo et Pierre Soranzo, ambassadeurs de la république envoyés au sultan d'Égypte, à emprunter en tout lieu et de toutes personnes les sommes qui leur seront nécessaires... 753

1366, 6, 14 et 25 juin. De Venise. — Extraits des dépêches du sénat de Venise aux ambassadeurs de la république auprès du saint-siége, concernant le nouveau traité conclu par la république avec le sultan d'Égypte, les efforts de la seigneurie pour hâter la conclusion de la paix entre le sultan, le roi de Chypre et l'ordre de Rhodes, enfin la nécessité pressante d'obtenir du souverain pontife l'autorisation de commercer avec les états du sultan d'Égypte............. 754

1368, 29 mai. De Montefiascone. — Urbain V, ayant appris du roi Pierre de Lusignan qu'un grand nombre d'habitants de la ville de Nicosie, nobles et bourgeois, au mépris des droits de l'église métropolitaine, faisaient baptiser leurs enfants, célébrer les mariages et les offices divins dans l'intérieur de leurs maisons; étant informé, en outre, que beaucoup de femmes latines de toute

XI. PIERRE II DE LUSIGNAN.

1380, 3 septembre. De Poblet. — Pierre IV, roi d'Aragon, écrit au sultan d'Égypte pour le prier de rendre à la liberté le roi d'Arménie, Léon VI de Lusignan, fait prisonnier avec sa famille...................................... 759

1381, 22 décembre. A Tortose. — Pierre IV, roi d'Aragon, assure une pension viagère de 2,000 florins d'or à Éléonore d'Aragon, reine de Chypre, sa cousine germaine, à la condition que la pension cesserait d'être payée si la reine retournait en Chypre, si elle allait fixer sa résidence hors du royaume d'Aragon, ou si les rentes qu'elle possède en Chypre, et qu'on détient injustement, venaient à lui être exactement payées...................................... 761

1382, 8 juin. De Valence. — Pierre IV, roi d'Aragon, écrit au roi Pierre II de Lusignan, son neveu, pour le remercier des informations qu'il lui a envoyées sur les mauvais procédés qu'avait éprouvés en Chypre la reine Éléonore d'Aragon, sa cousine; il le prie de faire terminer les difficultés que rencontre la reine au sujet de ses propriétés dans l'île, et lui annonce le départ d'un ambassadeur spécial, Humbert de Fovollar, chargé de se rendre auprès du pape Urbain VI et de différents princes d'Italie, pour chercher les moyens de le faire rentrer en possession de Famagouste. — Autres lettres du roi d'Aragon à divers personnages du royaume de Chypre pour leur demander de veiller à ce que la reine Éléonore obtienne prompte satisfaction dans ses réclamations, et les prier d'engager le roi de Chypre à montrer à l'égard de la reine les sentiments d'affection qu'il doit avoir pour sa mère...................................... 763

XII. JACQUES Iᵉʳ DE LUSIGNAN.

1382, 22 décembre. A Tortose. — Pierre IV, roi d'Aragon, donne la ville de Valls, près Tarragone, à Éléonore d'Aragon, reine de Chypre, sa cousine.......... 767

1383, 5 mai. A Montalvan. — Pierre IV d'Aragon prie le pape Urbain VI d'accorder une pension de cinq mille florins à Éléonore d'Aragon, reine de Chypre, qui ne jouit plus des revenus qu'elle avait en ce royaume.................... 769

1383, 18 mai. De Monson. — Pierre IV d'Aragon, prie le pape Urbain VI de ne pas accorder les dispenses qu'on pourrait lui demander pour Marguerite de Lusignan, si on voulait marier cette princesse autrement que sa mère, Éléonore d'Aragon, le désire...................................... 770

1383, 11 juin. A Gênes. — Promesses de mariage, par devant le doge de Gênes et le roi de Chypre, entre Janot de Norès et Andriola de Campo Frégoso.......... 771

1383, 20 août. A Monson. — Pierre IV, afin qu'Éléonore d'Aragon, reine de Chypre, sa cousine, puisse exercer l'entière juridiction sur les chevaliers et les hommes nobles de la ville de Valls qui lui a été donnée sa vie durant, nomme la reine son lieutenant dans ladite terre... 772

1386, 6 novembre. A Barcelone. — Éléonore d'Aragon reçoit le droit de pleine et entière juridiction sur les chevaliers et tous hommes nobles de sa maison...... 773

1391 et 1394. A Gênes. — Tarifs des prix de nolis des marchandises à transporter de Gênes à Famagouste, arrêtés par les commissaires délégués du doge........ 774

1392, 12 septembre. A Barcelone. — Vidimus d'un acte par lequel le roi Pierre II de Lusignan donne à sa mère Éléonore d'Aragon quatre fiefs, en compensation des 40,000 besants de sa dot.. 778

1393, 19 avril. A Gênes. — Requête adressée au doge de Gênes, Antoine de Montaldo, et au conseil des anciens, par Damien Catanéo, capitaine de galères de guerre, réclamant de la république de Gênes la restitution d'une somme de 2,000 florins qui lui avait été assignée par l'amiral Pierre de Campo Frégoso, en récompense de sa coopération à la prise de Famagouste, en Chypre; Catanéo ayant été obligé, par suite de la haine qu'avait contre lui le feu doge Antoniotto Adorno, à payer cette somme de 2,000 florins à la république avant même de l'avoir reçue en entier... Ibid.

1395, 23 juin. A Gênes. — Requête adressée au doge et au conseil des anciens de Gênes par Clément de Prémentorio, Génois, à l'effet d'être admis à fournir ses preuves et à poursuivre ses droits contre le roi de Chypre, qui refusait de mettre Prémentorio en possession d'un fief de soudées de mille besants, acheté par lui de Simon de Montolif... 781

1395, 28 août. A Gênes. — Adjudication pour un an, et pour le prix de 37,700 besants blancs, de la ferme des douanes de Famagouste, à Conrad Cigala. Conditions de la vente renfermant le tarif et le règlement de la douane de cette ville.. 784

1397, 15 juin. A Barcelone. — Martin, roi d'Aragon, recommande à Jacques Ier, roi de Chypre, les intérêts de sa tante Éléonore d'Aragon, veuve du roi Pierre Ier. 791

1397, 15 juin. A Barcelone. — Lettre d'amitié de Martin, roi d'Aragon, à Marguerite de Lusignan, comtesse de Tripoli................................... 792

1397, 20 juillet. De Barcelone. — Lettres d'amitié du roi d'Aragon au roi de Chypre, à la reine de Chypre et à la comtesse de Tripoli.......................... 793

1397, 14 août. A Barcelone. — Martin, roi d'Aragon, donne à sa tante Éléonore d'Aragon, reine de Chypre, une pension viagère de 2,000 florins d'or à percevoir sur la part des dîmes ecclésiastiques du diocèse de Tarragone que le pape a concédée au roi d'Aragon.. 794

XIII. JANUS DE LUSIGNAN.

1402, 17 octobre. De Valence. — La reine d'Aragon prie le pape Boniface IX de prendre intérêt à la situation d'Éléonore reine de Chypre, veuve du roi Pierre Ier, afin que cette princesse puisse dignement suffire à ses besoins..... 797

TABLE CHRONOLOGIQUE.

1408, 4 février. A Gênes. — Le conseil des anciens autorise un emprunt pour secourir la ville de Famagouste.... 798
1408, 8 février. A Barcelone. — Martin, roi d'Aragon, ordonne aux collecteurs des dîmes appartenant à la couronne dans les diocèses de Tarragone et de Lérida, de payer exactement la pension assurée à la reine de Chypre, Éléonore, nonobstant l'opposition faite par Jean de Zamora.... 799
1415, 23 décembre. A Barcelone. — Les magistrats de la commune de Barcelone nomment Raphael du Puy, Génois, consul des marchands catalans en Chypre. 800
1424, 23 août et 1er octobre. A Gênes. — Délibération du conseil des anciens de Gênes portant que le gouverneur de la ville sera prié de remettre Jean d'Andrée, Génois, en possession de la charge de capitaine de la ville de Famagouste, ou de lui accorder une indemnité, ledit Jean d'Andrée ayant été empêché d'exercer l'office de capitaine auquel il avait été nommé. — Décision du gouverneur de Gênes confirmant la délibération des anciens.... 802
1430, 11 mars. A Gênes. — Requête présentée au conseil des anciens de Gênes par Valeran Spinola, marchand de Chio, dont le navire avait été capturé par les sujets du seigneur turc de Stalimuri, près de Chypre, et lettre du conseil des anciens au capitaine de Famagouste, que l'on charge de seconder Spinola dans ses réclamations.... 804
1432, 17 mai. De Thonon. — Lettre du duc de Savoie aux sires de Montmayeur, d'Aix et du Saix, chargés de se rendre en Chypre pour épouser Anne de Lusignan, fille du roi Janus, fiancée au comte de Genève.... 805

NOTES SUPPLÉMENTAIRES.

De deux lettres de Barziza que l'on croit adressées au roi Janus de Lusignan.... 809
Note sur les baillis, capitaines, civitains, châtelains, catapans et autres magistrats mentionnés dans le livre de la Secrète de Nicosie de 1468-1469.... 810
Note sur la famille de Catherine Cornaro, reine de Chypre, et sur la famille des Cornaro, seigneurs de Piscopi, en Chypre.... 814
Du décret qui ordonne l'établissement en Chypre de cent familles nobles de Venise.... 822
Note sur les conseils et les magistratures de la république de Venise dont il est question dans les documents de l'histoire de Chypre.... 825
Note sur les magistratures de l'île de Chypre sous le règne de Catherine Cornaro et pendant la domination vénitienne.... 840

FIN DE LA TABLE CHRONOLOGIQUE.

GLOSSAIRE.

ABRÉVIATIONS.

Diss. — Renvoi aux dissertations de la fin du second volume.
Fr. — Français.
It. — Italien.
Lat. — Latin.
Rom. — Roman, provençal ou catalan.
Vén. — Vénitien.

A

Abatre, fr. Retrancher, diminuer, II, 226.

Abbas populi, lat. Abbé du peuple, l'un des chefs du gouvernement de Gênes, avant la création des doges, I, 166.

Abeverges, Abevreyce, fr. Voy. *Beverges.*

Abillier, Habiller, fr. Préparer, disposer. « Leurs galées abillierent, » I, 207, 277.

About, fr. Paraît désigner le soleil levant, II, 648.

Absolvere se, lat. Se décider. « Absolvens se « ad ballotollas, » voter, I, 493.

Achazoinn, Achazon, Achaizon, fr. Occasion, II, 189, 288.

Acuillir, fr. Recevoir, compenser, recevoir en compensation, II, 211, n. 236, 246, 247, 275.

Adapides, lat. Pirates, coureurs de mer, I, 299, n. 300. Ce mot, dérivé peut-être de 'Ἀλαπάζω, semble être le même qu'*Asapi*, employé dans quelques chroniques : « Doe « galie cypriote preseno doe fuste de Asapi, « che corsegiavano l'isola. » Amadi, Ms. de Paris, fol. 412. « Le galere del Zeno pre- « sero un legno d'Asapi. » Chinazzo, ap. Murat. *Script. It.* t. XV, col. 750. « Gianiz- « zeri e Axapi. » Sanudo, ap. Mur. *Script.* t. XXII, col. 1200.

Additio, lat. *Zonta*, vén. *Giunta*, it. Désigne, dans les textes de Venise, une commission ou junte, ajoutée occasionnellement à certains conseils et particulièrement au sénat, I, 285, n. 364; II, 392, 412, 751, et les dissert. 827, 831.

Ademprivium, lat. Droit féodal qui paraît une sorte de taille, II, 767.

Adjude, fr. Aide, II, 104.

Advocare, lat. Citer, appeler en justice, II, 786.

Advocator, ou Advocatus communis, lat. Avogador de la commune, à Venise, II, 131, 457, et les dissert. 832.

Afier, fr. Fiancer, lier par promesses de mariage. « Se hune servoite se trouveyt afié « aveuq hun serf d'un autre cazal, etc. » II, 226.

Aguafrès, fr. Peut-être de la glace, II, 279, n. 5.

Ahtes, fr. Actes, pièces. « Les ahtes de la « haute cour, » II, 252.

Aiguares, fr. Mot inexpliqué, II, 219.

Airre, Aire, Are, fr. Aire ou sol à battre le blé, d'où le temps des Airres pour l'époque des moissons, II, 248, 254, 264. On lit dans une pièce de 1239 du cartulaire de Sainte-Sophie, n° 54 : « Tempore Area-« rum, videlicet per totum mensem Au-« gusti. »

Alcayt, rom. Caïd, II, 707.

Allogiamentum, lat. Logement, II, 384.

Altea, rom. Altesse, II, 707, 708.

Amandoles, fr. Amandes, I, 499.

Amenere, lat. Amener de force, I, 286.

Amenuiser, fr. Diminuer, I, 160.

Amermer, fr. Retrancher, diminuer, II, 190, 199, n. 17.

Amoiner, Amonoir, Amohner, fr. Donner, donner en aumône, I, 397, 398; II, 253, 254, 724.

Amprisia, lat. Emprise (voy. du Cang.), signifie plutôt dans notre texte emblème, II, 809, 810.

Analoyon, fr. Lutrin, II, 269.

Ancillare, lat. Asservir, I, 63.

Ancoragia, lat. Droit d'ancrage, I, 43.

Angarie, Anguarie, fr. *Anguaria, Anguara, Anguaria*, lat. *Anguari*, it. *Anguario*, vén. Désigne une corvée, et particulièrement la corvée de chevaux et de voitures pour les transports exigés des serfs, II, 125, 180, n. 231, 254, 270, 520, 612.

Annel, fr. Anneau. « A l'annel, » aux épousailles, II, 806, n.

Annuier. Voy. *Ennuier.*

Antes, Entes, rom. Entendu, appris ; participe d'Antendre, entendre, II, 760.

Apactus, Apoctus, lat. « De terris, animali-« bus, apactis, etc. » II, 620. Dans un texte semblable, du Cange substitue *apaltibus* (louages et baux) au mot *apactis. Gloss. lat.* I, 309.

Apaus, apaut, fr. Bail à ferme, II, 186, 276. L'Apaut est aussi un droit payé par les serfs, II, 254, 267, 270.

Apauter, fr. Ordinairement signifie louer, affermer, II, 222, etc. — A le sens aussi d'échoir, être adjugé : « L'apaut..... dou « vin apauta à sire Andrea, » 277, 278.

Aplicio, lat. Contraction d'*applicatio*, arrivée, II, 779. D'*applicare*, aborder.

Apoca, lat. Quittance, II, 795. Voy. *Apodixe.*

Apoctus, lat. Voy. *Apactus.*

Apodixe, fr. *Apodixia, Apodisia, Apoca*, lat. A le sens indéterminé de charte, instrument, police, pièce probante, mais signifie le plus souvent quittance, déclaration, II, 187, 195, 196, 201, n. 207, n. 210, 225, 228, 231, 233, n. 264, 275, 277, 365. Sperone, *Real grandezza*, p. r36.

Apostoile, fr. Le pape, I, 171, etc.

Apostole, fr. Signifiant *Postulé, Élu*, surnom donné à Jacques II de Lusignan depuis sa promotion à l'archevêché, II, 76, n. 4, 82, n. 129, n. *Apostulle*, 106. *Postalato*, 97. *Apostolerius*, 166.

Apostoli, lat. Lettres autorisant un appel, I, 520, n.

Appareiller, fr. Entretenir, I, 399,

Arcolto, vén. Récolte, II, 392, n.Voy. *Ricolta.*

Are, Area. Voy. *Airre.*

Arenga, Aringa, vén. Tribune de l'orateur au sénat de Venise, II, 828.

Arenga, lat. Discours, harangue, II, 411, 469.

Arengare, lat. Discourir, discuter, parler, II, 419.

Arménique, Arminesque, fr. Voy. *Vigne.*

Arnesiæ, lat. Harnais, équipements, bagages, I, 373.

Arrata, it. Voy. II, 215, n. et le mot *Rate*.
Arréement, fr. Avec ordre, I, 277.
Aseter, fr. Accepter, recevoir, II, 233.
Asio, vén. Aise, convenance, I, 394, n.
Assamblea, lat. Réunion, chapitre, II, 108, 113.
Assené, fr. *Assenatus*, *Assignatus*, lat. et dans les textes italiens *provvisionato*, la personne jouissant d'un assènement, I, 434, n. II, 246, 256. «Assegnati de merce.» Voy. les explications, II, 179, n. 851.
Assènement, Assenacion, fr. *Assignamentum*, lat. Assignation d'une rente ou d'un certain revenu en argent ou en nature sur un domaine. II, 197, 210, 275, 281, 283, etc. Voy. *Assise*.
Assener, fr. Assigner, établir, I, 8.
Assignamentum, lat. I, 435. Voy. *Assènement*.
Assis, fr. *Assisius*, lat. Clerc jouissant d'une assise ou bénéfice, II, 667, 675, 725. «Ph. Pelisson, Assis de l'église de Nicosie.» Cartul. de Sainte-Sophie, n° 90. «Dare licentiam quinque presbiteris, quos in ea ecclesia Assisios ordinavit.» Cartul. n° 109.
Assise, fr. *Assisia*, lat. Indépendamment de son sens général de loi et ordonnance, ce mot signifie aussi, dans les textes d'Orient, rente, *assènement* ou assignation d'un certain revenu pour une fondation pieuse, ou une prébende pour un ecclésiastique, I, 38. «Redditus qui Assisia dicitur,» 219, 396, 398, 399; «assise de prestre,» II, 724; «capellania seu Assizia,» Cartul. de Sainte-Sophie, n° 130, II, 282, 639, 643, 649. Dans ce dernier acte, *Assisia* est employé avec les deux sens de loi et d'assènement.

Atalassi, it. Peut-être des tentures ou tapisseries, II, 406.
Aturar, rom. Demeurer, séjourner. «Mentre «atur,» tandis qu'il demeure, II, 760.
Auditor, lat. Auditeur du royaume, l'un des grands-officiers, en Chypre, I, 372, 420, 428; II, 346.
Auditores, lat. Auditeurs, magistrats de Venise, II, 433, 731, 834, 835.
Aumucéement, fr. Secrètement, I, 192, 198.
Auriglerus, lat. Oreiller, II, 686.
Aurum fillatum, lat. *Or fillé*, Or de Chypre, fr. Fils et passementeries en or, I, 447, n. 448, 451; II, 776, 777.
Avantazare, lat. Augmenter, améliorer, I, 228, 358.
Avarie, fr. *Avaria*, lat. Rente, redevance, payement, contribution, II, 276, 798.
Avayne, Aveine, fr. Avoine, I, 499, 500.
Avéement, fr. Assistance, secours, I, 171.
Avicare, fr. Vicaire, prieur, II, 282.
Avier, fr. Aider, I, 276.
Avizement, fr. Avis, II, 238.
Avoir de pois, fr. Marchandise qui se pèse, opposé à avoir de mesure, I, 279, 330. «Marchands d'avoir de poids,» dans le sens de marchands en détail. Ord. des rois de France, t. III, p. 151. Voy. *Havere*.
Avogadori, vén. Magistrats chargés du ministère public à Venise, II, 832. Voy. *Advocator*.
Avol, rom. Mauvais, I, 209.
Aye, fr. Aide, assistance, I, 170.
Azarbesar, it. Voy. II, 442, 444.

B

Βαχλιοτης. Chevalier, homme lige, II, 82.
Baglia (Gli otto di), it. Conseil de Florence, ainsi nommé, II, 151, n.

Bailia, Balia, Baylia, lat. Pouvoir, autorisation, I, 406, 407, 412; II, 168, 790, 803, 804.

Bailivus taliæ, lat. *Bali de la teaille*, fr. Bailli chargé de la perception de la taille, I, 158; II, 190.

Bailivus secretæ, lat. I, 142, 144, 158, etc. Voy. *Secrète*.

Bailli, fr. Dans l'ordre de l'Hôpital n'était pas autrefois un fonctionnaire particulier, mais désignait tout dignitaire élevé, I, 89.

Baillie, fr. *Bajulia*, lat. Dans l'ordre de l'Hôpital désigne quelquefois une commanderie, I, 90, 376, 502; II, 86, 108, 112. — En Chypre, bailliage du domaine royal, II, 274, etc.

Bajulus, lat. Baile ou consul vénitien en Orient, I, 104; II, 181, et les dissertat. 838. Voy. *Batliu, Baylus*.

Baldekinus, lat. *Baldekyn*, fr. Drap d'or, I, 247; II, 684.

Baldeza, vén. Franchise, confiance, II, 342, n.

Balenerium, lat. *Ballemei, Balemée*, fr. Baleinier, sorte de navire léger, II, 124; 129, n.

Balestriers, Balestiers, fr. Arbalétriers, I, 269, 270.

Bali, fr. Voy. *Bailivus*.

Balia, Voy. *Bailia*.

Baliazium, lat. Certain revenu des terres, II, 464.

Balistæ, lat. Sortes diverses d'arbalètes, II, 102.

Balla, lat. Balle, ballot, II, 727.

Ballivus, lat. Bailli du domaine royal en Chypre, II, 810. Voy. *Bailivus, Bajulus*.

Ballotolla, Ballota, Balla, lat. Boule dont on se servait pour voter au scrutin, I, 493; II, 827.

Bambacium, lat. Coton, I, 136. Voy. *Cotonus*.

Bambillonia, it. Espèce de sucre, II, 89, n.

Bancus, Banchus, lat. Banc, étal des changeurs et des banquiers, II, 785 et n.

Banniero, vén. Garde, magistrat inférieur, II, 546.

Barater, fr. Échanger, troquer, II, 142.

Bardi, Pardi, it. Maison de commerce de Florence, I, 98, n. 105, 147, 164.

Baretre, fr. Sorte de vaisseau, II, 129, n.

Bassus, lat. Bas de qualité inférieure, II, 775, n.

Bastonerius, lat. Bâtonnier, appariteur, huissier, I, 105, 269, 295, 362, 419; II, 839.

Batliu, rom. Bailli, II, 764.

Baucassin, fr. *Bocassinus, Bacassinus*, lat. Étoffe, probablement commune, I, 402, 451, 478, 482.

Baylus, lat. Maître, patron, propriétaire, II, 790. Voy. *Bailia, Bailivus*.

Bellement, fr. Doucement, I, 334.

Benzui, it. Benjoin, II, 406; 483.

Bergantina, lat. Sorte d'arme, II, 101.

Berquil, fr. Peut-être bercail, II, 288, 292.

Beverges (A), Abeverges, ou À bevreyce, fr. Expressions inexpliquées. « Trois muées de « terain à beverges, » II, 216, 295, n. Peut-être était-ce un terrain où se trouvait de l'eau. En vénitien, *Beverara* est un endroit creux où l'on fait réunir les eaux pour abreuver les animaux.

Βίγλαι (αἱ). Gardes, vigies, II, 205, 206, n. 238, n.

Bischaynæ, lat. Sorte de navire, II, 101.

Bisoqus ou Bizochus, lat. en Italie *Fraticello*, en France *Bizet*. Frère appartenant à une secte particulière des Mineurs. « Quidam « Bisoqus, vocatus Michael, » I, 199.

Bizantin, fr. Besant, monnaie, I, 169. Voy. *Talentum*.

Blaveta, lat. Couleur bleue, I, 402.

Blés ystes, fr. Certaine qualité de blé, II, 291, n.

Blinges, fr. Mot inexpliqué, II, 219.

Bocassin. Voy. *Baucassin*.

Boire, fr. Nord, septentrion, II, 638, 661. En vénitien, *Bora* est le vent du Nord, Borée.

Bolète, fr. Voy. *Bulleta*.

Bonneler, fr. Borner, limiter une terre, II, 258.

Bordats. Voy. *Bourdatis.*

Bordus, lat. Le bord d'un vaisseau et le vaisseau lui-même. « Chabanus de bordo, » caban de bord, II, 687.

Borrus ou Borrum, lat. Bourre, II, 685.

Bourdatis, Bordats, fr. Sorte de draps communs, II, 220, n. En espagnol *lana burda,* laine grossière; *carnero burdo,* mouton dont la laine est rude, *merino,* celui dont la laine est fine.

Bournelies, fr. Plante, II, 292, n.

Boutres, fr. Mot inexpliqué, désigne peut-être les cannes à sucre, ou les tonneaux (Botus, Botulus) renfermant le sucre brut, II, 218, n. 219, 249, n.

Bouverie, fr. Les bœufs d'une ferme. Ce mot peut désigner aussi la ferme même ou la métairie d'une terre, II, 221, 222, n. 260.

Brachium, lat. Mot inexpliqué, II, 776, n.

Braier (Le), fr. Les braies, I, 276.

Brevèce, Breveyce. Voy. *Beverges.*

Bucassinus. Voy. *Baucassin.*

Bulla clamelotorum, lat. Le plombage des camelots, II, 781. Voy. *Camelot.*

Bulleta, Buleta, Bulletinum, lat. *Bolète,* fr. Lettre scellée et servant de passe-port ou de laissez-passer, I, 231, n. 234, 262, 380; II, 25 et n. 458.

Burgensatica, lat. Bourgeoisie, I, 408.

C

Ç. Voy. *S* et *Z.*

Ca et Cha, vén. Mot abrégé par la prononciation de *casa,* maison, famille, employé même en latin à Venise, II, 314, 331, 364, 386, 492, 815.

Cabela, lat. Pour gabella, gabelle, II, 790.

Cadi, juge musulman, I, 293, 319.

Caffetino, ital. Espèce de sucre, II, 89, n.

Cafis, fr. Mesure de contenance pour les grains et les denrées sèches, I, 498, n. II, 191, n.

Calamele, fr. Canne à sucre, I, 499, 500.

Calega, lat. Enchère, II, 785, n.

Caloiera, it. Religieuse grecque, II, 586.

Camelot, Chamelot, fr. *Clameloti, Clemelloti, Zameloti, Zambelloti,* lat. et it. Étoffe de poil de chèvre ou de chameau, I, 402, 447, 448, 451, 478; II, 244, etc. 727. *Zameloti Molesini,* peut-être des camelots de Mossoul, II, 75, n. *Clameloti torticii,* 775, 777. *Clameloti Malaba,* 776, 777. *Bulla Clamelotorum,* 781, ailleurs nommée *Tamoga Camelotorum.* Sperone, *Real grandezza,* p. 144. C'était le plomb (*bulla*) que l'on apposait sur chaque pièce de camelot vérifiée et mesurée.

Camera, lat. *Camera,* it. Domaine, possession territoriale, II, 87 et n. 94, 112, 125, 380. — Le Trésor public, II, 414, 834, 852.

Camera parlamentorum, Camera paramenti, lat. Salle des délibérations, I, 505. « Donc « se départirent-ils de la chambre de parement et du conseil, » Froissart, liv. III, ch. XXVIII.

Camerarii, lat. *Camerlenghi,* vén. Camériers ou trésoriers, II, 834, 837, 843, 852.

Camire, fr. Semble signifier boutique, II, 256, n. 263, n. 273, 303, n.

Camocatum, lat. *Camuhas,* fr. Camocas, étoffe, II, 244, 776, 777.

Campus, lat. Pays, territoire, II, 795.

Cane, fr. Canne, mesure de longueur en Chypre, II, 214, 236.

Canevaça, vén. *Canavacium, Canabacium,* lat. Canevas, grosse toile, II, 684, 775, 777.

Cantarium, lat. Quintal, II, 775.

Capella, lat. Paroisse, I, 96, n.

Capellania, lat. Prébende, assise. Voy. *Assisia.*

Capellus, lat. *Capelo,* vén. Urne où l'on déposait à Venise les boules du scrutin « Expelli a capello, » être privé du vote, II, 417, 826.

Capitale, lat. Quantité, somme, I, 298.

Capitaneus generalis maris. Capitaine général de la flotte, à Venise, II, 833.

Capitaneus Gulfi. Capitaine du golfe Adriatique, II, 834.

Capitaneus Cypri, Capitaneus regni, Capitaneus Famagustæ. Magistrat vénitien en Chypre, II, 843, 849.

Capitano, it. Capitaine, magistrat chypriote, II, 810, 845, 854.

Capitule, Capitle, fr. *Capitulum*, lat. Article, I, 138, etc. II, 385.

Capsa, lat. Caissier, II, 463.

Capta, lat. Sous-entendu *Pars*. Décision prise, décret du sénat à Venise, II, 181, 418. « Captum sit, » 395; « pars capta, » 751, 827. Voy. *Pars*.

Carazina, lat. Sorte d'arme, II, 101.

Carestie, fr. Cherté, de l'italien *Caristia*, II, 233.

Cariage, fr. Bagage, I, 430.

Carida, lat. Navire marchand, I, 203.

Carmesi, lat. Cramoisi, II, 687. Voy. *Harmesin*.

Caroube, Careube, Carouble, fr. *Caroubla*, lat. Caroube ou karoube, fruit du caroubier et espèce de monnaie, I, 499; II, 293 et suiv. 300 et suiv. « Per caroublas, » au prorata, en proportion, I, 298. Le même que *Karatum*, I, 152, 423, 435, et *Bibl. de l'Éc. des chartes*, 1re série, t. V, 124. *Quiratum*, II, 93.

Carpeta, lat. Probablement une tunique ou gonelle, *Carpetta* en italien, II, 687.

Carvane, Cavarne, fr. Caravane, II, 3. Bernard le Trésorier, Ms. de l'Arsenal, n° 677, fol. 15, v°.

Casal, Chasal, fr. *Casale*; lat. *Casal*, rom. Village, I, 3, 79, etc. II, 176, 192, etc. 764.

Casie, Cassie, fr. Caisse, d'où *encasier, encassier*, encaisser, II, 221, 232.

Casier, Caser, fr. Casser, supprimer. « Faites « casier les sodées, » II, 189, 243.

Cassia fistula, lat. Casse en bâtons, I, 136, n.

Castellano, it. Châtelain, magistrat chypriote, II, 812, 814, 845, 854.

Castina, lat. Gâtine, terre en friche, II, 650. Voy. *Guastes, Guastine*.

Catapan, Catepan, fr. Magistrat chypriote, II, 297, n. et les dissert. 811, 812.

Catepanage, fr. *Catepenazo*, vén. Droit perçu sur les serfs, II, 239, n. 249, 250, 262, n. 264, 274, 275, 520.

Cathena, lat. Port, chaîne du port, I, 43.

Caut, rom. Peut-être chu, tombé. « Sere « caut en gran falla, » II, 706.

Cautelle, fr. Ruse, I, 326.

Cavaletta, Chavaleta, it. Sauterelles qui ravagent les moissons, I, 529, n. II, 78, 392, 405.

Cel, fr. Pour sel, II, 189, 195, 205, n.

Cendatum, lat. Cendat, étoffe de soie, II, 686. « Cendatum cramesi, » cendat cramoisi, 687. Voy. *Harmesin*.

Censal, Censar, Censerage, fr. Voy. *Semsar*.

Censevare, fr. Épiceries, II, 199 et n.

Cercha, lat. Recherche, I, 262. Voy. *Serchier, Circa*.

Cerkays, fr. Circassien, II, 4.

Cernede, vén. Milices nationales ou indigènes, II, 536.

Cerveleria, lat. Casque, cervelière, II, 686.

Cha. Voy. *Ca*.

Chabanus, lat. Caban, tunique avec capuchon. « Chabanus de bordo, » probablement caban de bord, à l'usage des marins, II, 687.

Chalonge, fr. *Zalonza*, vén. Revendication, retrait, II, 517, n. 638.

Chambre, fr. Trésor. « Payer à la chambre « dou roi, » II, 298. Voy. *Eschanbre*.

Chamelot. Voy. *Camelot*.

Char, fr. Charrue, I, 90, art. 4.

Charais, fr. Animaux destinés au charroi, bêtes de somme, II, 217, n. 222, n. 260.

GLOSSAIRE.

Charé, fr. Charrié, transporté, II, 225.
Chasal. Voy. *Casal.*
Châtel, fr. Maison d'habitation. « Le chatel « et tout autre que o dit jardin apartient, » II, 266.
Châtelain, fr. Magistrat chypriote, II, 812, 813, 845, 854.
Chavaleta. Voy. *Cavaletta.*
Chenele, fr. Peut-être chenevis, I, 499.
Chevage, fr. *Chevagium,* lat. Droit de capitation payé par les serfs, II, 254, 270, 612, 620.
Chevetaine, fr. *Civitanus,* lat. *Civitano,* it. Officier royal en Chypre, II, 204, 458, 810, 845, 864.
Chevetanie, fr. District régi par un chevetaine, II, 209.
Chevir, fr. Parvenir, réussir, I, 237.
Chevols, fr. Mot inexpliqué, I, 499.
Chièvre, fr. Outre, I, 431.
Choncha pour *Concha,* lat. « Choncha de « rame » pourrait être une trompette, mais est plus probablement un vase ou ustensile de cuivre, concave et fermé, II, 687.
Ciffalchus, Siffalchus, lat. Gerfaut, I, 285, n.
Cintracus, lat. Crieur public, II, 785.
Circa, lat. Inspection, II, 458. Voy. *Serchier.*
Civimentum, lat. « Via civimentorum, » explications sur cette expression, II, 167.
Civitanus, lat. Voy. *Chevetaine.*
Clameloti, lat. Voy. *Camelot.*
Clavarie, fr. Recette et garde des revenus d'une ville, II, 142, n.
Clazoule, fr. Pacte, article. « Selon les cla- « zoules, » II, 223.
Cleuvier, fr. Mot inexpliqué, II, 292.
Climata, fr. Treilles, II, 292, n.
Cocha, lat. *Coque,* fr. *Coqua Bayonesa,* rom. Sorte de navire marchand, I, 155, 170, etc. II, 732, 735.
Cofin, Coufin, fr. Couffe ou manne, I, 499; II, 188, 224, 300. *Assises,* t. II, 181, § 40.
Cohli, Cohlie, fr. Mot inexpliqué, II, 245.

Coin, fr. Sceau. « Privilége bullé de plomb « en nos drois coins, » II, 670.
Colaina, lat. Collier, II, 332.
Collac, fr. *Collacum,* lat. Mot employé dans les documents de l'ordre de l'Hôpital et paraissant désigner une maison d'habitation commune, II, 33, n. 108.
Collateralis, lat. Collatéral, II, 834, 852.
Colleare, lat. Peut-être pour *cochleare,* cuiller, II, 686.
Collegium, lat. *Collegio,* it. *Collége,* fr. L'un des conseils de la république de Venise, II, 154, n. et les dissert. 828. — Avait aussi le sens particulier de commission. « Quod faciatur collegium, » II, 395, 396. — Désignait la commission du conseil des Dix, qui devint l'Inquisition, II, 431, 829. — Signifiait aussi le chapitre d'une église, I, 398; II, 281.
Colonna, Columna, Colonnante, lat. Voy. les explications données sur ces mots, I, 368, 369. On appelait encore *Colonna,* à Gènes, la somme qu'un armateur confiait au capitaine de vaisseau au moment de son embarquement comme réserve à laquelle il ne devait toucher qu'en un cas extrême, ou pour réparer une avarie. Les lettres de crédit ont rendu de nos jours ces dépôts inutiles.
Colons, fr. Pigeons, II, 665, 666.
Comerchium, Comarchum, Comercio, lat. *Commerque, Commerc, Comarch, Coamerq,* fr. *Comerchio,* it. La douane, les droits de douane et l'office même où ces droits s'acquittaient, I, 93, 104, 220, 257, 270, 295, 296, n. 297, 320, 326, 353, n. 5, 403, 452; II, 127, 208. « Venditio co- « merchii, » II, 784.
Commilito, lat. Assistant ou suppléant donné à certains magistrats vénitiens, II, 455, n. 837.
Commune, Commun, Coumu, fr. *Communitas,* lat. On appelait ainsi, en Orient, les républiques d'Italie dont les sujets

étaient adonnés au commerce, I, 107, 117, 119, 167, 292, 303, 355; II, 286, n.

Compera, Compra, Comperistæ, lat. Voy. les explications, I, 368, 369; II, 168.

Compliement, fr. Entièrement, I, 174.

Concha. Voy. *Choncha*.

Confesion, fr. Déclaration, quittance, II, 187.

Connétable, Condestable, Conostable, Condostable, fr. Chef de soldats ou hommes d'armes à la solde, II, 194, 346, n. 354. Cf. Ms. franç. de la Bibl. imp. 10126, fol. 143.

Conpartir, fr. Répartir, II, 243.

Conserva, lat. Conserve, convoi, réunion de plusieurs vaisseaux qui naviguaient ensemble pour leur sécurité, I, 134.

Conscia, lat. Connaissance, communication, II, 750.

Consiliarii reginæ. Conseillers vénitiens mis auprès de Catherine Cornaro, II, 841.

Consilium, lat. Avis, délibération, II, 804, n.

Consilium. La haute cour de Chypre, I, 194. Cf. II, 845, et voy. *Alta curia*.

Consilium Decem. Conseil des Dix. Voy. les dissert. II, 830.

Consilium Duodecim. Conseil auprès des consuls à l'étranger, II, 839.

Consilium majus, lat. *Maggior consiglio*, it. Le grand conseil à Venise, II, 825.

Consilium minus, Consilium privatum, lat. Conseil du doge, II, 828.

Consilium Quadraginta, lat. La Quarantie à Venise, II, 832.

Consilium Rogatorum, lat. Sénat de Venise. Voy. *Rogati*.

Consulatus, lat. Dans le sens général de droit de juridiction. « Consulatus, videlicet li-« bera curia », I, 39, 51.

Contraordo, contrabanum, lat. Désobéissance, contravention, I, 134, 373, II, 454, 462.

Contrasignum, lat. Signe particulier d'intelligence, II, 376, art. 13.

Contrata, lat. District, contrée, II, 462. Voy. *Encontrée*.

Contte (La), fr. Le compte, II, 231.

Contumacia, lat. Obligation pour certains magistrats vénitiens de rester pendant un certain temps sans emploi avant d'être pourvus de nouvelles charges, II, 454, n. et dissert. 826. — Signifie aussi absence, défaut. « In contumatia reverendi abbatis, « licet citati », II, 538.

Convenableté, Convenabilté, fr. Convenance, I, 138.

Conventualis, lat. Indique, dans l'ordre de Rhodes, une terre ou un revenu appartenant en commun à l'ordre, II, 87, n.

Conzar, vén. Terminer, apaiser, régler. « Fo conze le cose. » II, 342, 451.

Corallum, lat. Corail. « Corallum sortis mi « nute. » Petit corail; « corallium de labore « ou de laborerio, » gros corail propre à être travaillé, II, 775, n. 777.

Corseger, Corsegier, fr. Courir la mer en pirate, faire la course, I, 171, 177; II, 595, 596.

Corozosi, Scorrozosi, vén. Gens vêtus de noir, institués pour accompagner le corps du doge défunt jusqu'à son ensevelissement. Les *Corozosi* figurèrent aux funérailles de Catherine Cornaro, II, 450.

Cossiera, vén. Cuissard, I, 109.

Cotimum, lat. *Cotimo, Cottimo*, vén. Contribution que les consuls vénitiens avaient le droit d'imposer aux vaisseaux et aux marchands de leur nation dans le Levant, I, 419, n. 420, art. 7 et 9; II, 479. Il y eût, en outre, à Venise une magistrature commerciale, particulière au commerce de Damas, d'Alexandrie, et plus tard de Londres, dont les membres se nommaient *Provéditeurs au Cottimo*, II, 840.

Cotonus, Gothonus, lat. Coton, I, 222, 373; II, 268, 775 et suiv. Voy. *Bambacium, Incotonatus*.

Cotta, vén. Charge, impôt, corvée, II, 177.

GLOSSAIRE. 893

Coumerch, Coumerq. Voy. *Comerchium.*
Coufin. Voy. *Cofin.*
Cour, Courch, fr. Le sens de l'expression : « comme Cour, » I, 417, n.; II, 31, n.
Coutonnine, fr. Étoffe de coton, II, 268.
Creseman, fr. Sorte de grain ou de légume, I, 499, 500.
Cresevious, fr. Sorte de grain, II, 236.
Creu, fr. Surenchéri, augmenté, II, 280.
Crida, lat. Ban, ordonnance, I, 105.
Cridari, lat. A Venise, signifiait être proclamé comme coupable, II, 467, n.
Croissiance, fr. Augmentation, II, 189, 194, 198, 239.
Cuilir, fr. Percevoir, II, 232, n. 233.
Cuillète, Ceuillète, fr. Recette, II, 195, 197, 246. Voy. les explications de la note 5, p. 217.
Cuillour, Culliour, fr. Receveur, II, 217, n. 225, n. 228, n. 236.

Cularato, Culeurato, fr. « Le culeurato des « sodées; » sens incertain de cette expression, II, 225, n.
Culale, Caulale, it. Cire de mauvaise qualité, II, 494, 535.
Çupa, lat. Jupe, II, 685.
Cupare, vén. Désirer, demander, II, 392.
Curaça, lat. Cuirasse, II, 684.
Curia, lat. Juridiction consulaire, I, 43. — Terrain, emplacement, II, 646.
Curia (Alta), lat. La cour féodale ou cour des chevaliers, I, 162, 194, 339, n. 417, n. 420; II, 31, n. 172, etc.
Curtis, lat. Terre, domaine, II, 598. Voy. *Curia.*
Cute, fr. Cuite. « Sucre de deux ou plusieurs « cuttes, » II, 219, 220, 250.
Cyprus. *Botrus Cypri* désigne la grappe du Henné et non le raisin de Chypre, I, 35, n. 212, n.

D

Dadier, fr. Probablement palmier, dattier, II, 268, 269.
Damo, vén. Pour « da momento, da questo momento, » dans le moment, immédiatement, II, 150, 830.
Danguer, fr. Droit féodal, II, 267. Voy. du Cange, *Dangerium.*
De, fr. Signifiant que; « faire grâce de peuce, » II, 286. En vénitien : « Disse de quella « poteva, » 362.
Decatum, lat. Du grec Δεκάτη. Droit proportionnel imposé sur les marchandises, I, 414, 416, 421. Voy. du Cange au mot *Decatia.*
Deceurance, fr. Mot inexpliqué, II, 268.
Défaut, fr. C'était en Chypre la somme que les seigneurs, particulièrement les femmes nobles, devaient payer en certains cas à la couronne, en compensation des devoirs féodaux ou du service militaire, II, 262, n. et 275 n. 299, n.

Dehantié, fr. Privé de sens, de connaissance, II, 290, not. 1.
Delier, fr. Mois de Décembre, I, 425.
Delivrement, fr. Librement, I, 172.
Demaine, Demene, Demane, fr. Domaine, et particulièrement le domaine royal. « Terres demanes, vignes demaine, etc. » terres ou vignes du domaine, II, 260, 288, n. 300, n.
Demanar, rom. Demander, II, 704, 705, 706.
Deplaier, fr. Repousser, I, 276.
Deremus, lat. Dirhem, monnaie d'Arménie, II, 684, 685.
Desbarater, fr. Vaincre, mettre en fuite, I, 332.
Desijar, rom. Désirer, II, 759, 792.
Desiner, fr. Finir, II, 222.
Desiple, fr. Aide, employé, remplaçant, II, 190.
Despacher, Despachier, fr. Expédier, décla-

rer, reconnaître. De l'italien *Dispacciare*, I, 231; II, 304, 306. En rom. *Espaxar*, II, 764.

Destrum, lat. Avantage, profit, opposé à *Sinistrum*, I, 185.

Detrier, fr. Tarder, prolonger, I, 322.

Deverium, lat. Droit, devoir féodal, II, 732.

Devéer, fr. Défendre, prohiber. « As lieus « deveés, » I, 173. Autrefois, en italien, *Devedar, Divedar*, avait le même sens. Amadi, *Chron.* Ms. fol. 222, 292, 308, 322. « Robe « devedate, » choses prohibées, *Ibidem*, fol. 225.

Devetum, lat. Défense, prohibition, I, 263. Voy. *Bibl. de l'Éc. des chartes*, 2ᵉ série, t. V, p. 139.

Devise, fr. Détail, I, 424.

Deviser, fr. Disposer, partager. « Il ordène et « devise, » II, 724.

Dieta, lat. Journée de marche, I, 122, 123.

Dimidii (Pars). Voy. II, 379, n. *Medietatis*.

Dimois, fr. *Dimus*, lat. Droit payé par les serfs. « Chevages, anguaries, dimois, » II, 254, 270; « chevagia et dimos, » II, 612, 620.

Diodar, ministre des princes musulmans, II, 342, n. 393.

Discresatus, lat. Affaibli, I, 194.

Dispensator, lat. Économe, II, 148.

Dispense, fr. Dépense, II, 17.

Dominium, lat. Seigneurie de Venise, composée du doge et de son conseil privé, II, 828.

Drahti, fr. « Cinq Drahti et un trief; » mots inexpliqués, II, 292.

Domente, vén. De manière que, II, 418.

Don, Dom, titre de politesse, I, 2, n.

Donmaschino, ital. Espèce de sucre, II, 89, n.

Douzil, fr. Conduit d'eau, II, 267.

Duare, fr. Douaire, II, 281.

Ducat de chambre, II, 137.

E

Éleftère, Élevtère, fr. Affranchi, II, 272. Voy. *Franguomate*.

Elemosina, lat. Employé comme synonyme d'*assisia*, fondation, II, 643.

Ellargare, lat. Permettre, I, 482. Cf. *Larger*.

Embargar, Enbargar, rom. Empêcher, II, 713. — *Embarch*, embarras, difficulté, II, 735.

Empara, lat. Défense, droit, II, 767, 797, n.

Empeser, fr. Pour *en peser*. Coûter, faire à regret, II, 667.

Empletor, rom. Littéralement acheteur, peut être le grand bailli, II, 764, n. 765.

Encaser, Encassier, fr. Mettre en caisse, encaisser, II, 221.

Encontrée, fr. Contrée, province, district, II, 224. Voy. *Contrata*.

Encoper, fr. Inculper, soupçonner, I, 327.

Endicum, lat. *Endego*, it. Indigo, I, 136; II, 535.

Engrez, fr. Méchant, I, 6.

Ennuier, Annuier, fr. Peser, être à charge, nuire, II, 593, 596.

Enrate, fr. Voy. II, 215.

Ensiguant, fr. Ensuivant, I, 147.

Entériner, fr. Effectuer, satisfaire. *Enterinement*, payement, I, 445.

Entes, rom. Voy. *Antes*.

Entrée, fr. Recette, revenu, II, 300 et suiv.

Entreseignie, fr. Signe, moyen d'intelligence secrète, II, 666.

Entrisique, fr. Particulière. « Entrisiques afaires, » II, 207.

Enventoyre, fr. Inventaire, I, 270.

Erminesque, fr. Voy. *Vigne*.

Erraument, fr. Immédiatement, I, 18.

Errhes, fr. Arrhes, II, 13.

Eschanbre, Chanbre, fr. Chambre, dans les ordonnances grecques πξάπρα, trésor du

GLOSSAIRE. 895

roi, II, 193, 197, 206, 220, 235, 236, 243, 244.

Escheriement, fr. Petitement, pauvrement, I, 5, 15.

Escondire, fr. Refuser, s'excuser, II, 595.

Escrivanie, fr. Enregistrement, inscription. « Le service de l'escrivanie de la cu- « sine, » le service de l'employé chargé d'écrire les dépenses de la cuisine, II, 190.

Esfort, fr. Armée, force, II, 592.

Esguardium, lat. Esgard, II, 87.

Esmaius, fr. Émaux, II, 268.

Esmer, fr. Estimer, I, 324.

Espaxar, rom. Expédier, satisfaire, II, 764, 765. Voy. *Despacher*.

Espaha, rom. Épée, II, 706.

Esparanier, fr. Épargner, excepter, II, 228.

Especiæ ou Especæ. Voy. *Species*.

Esplage, fr. Plage, I, 170.

Essue, fr. Sortie, I, 410.

Estagant, Estajent, fr. Demeurant, II, 202, 252, 253.

Estament, Stament, rom. État, situation, santé, II, 759, 766, 791, 792.

Estendre, fr. Suffire. « Se il advenist que du « raemenant de besans n'estenderont à « paier, » I, 399; « les sodées que il a o « jour n'en estende, » ne suffisent pas, II, 194; « et les lieus n'estendirent, » ne suffirent pas; et non, comme il a été dit dans la note, ne furent pas précisés, 233. —

Dans le passage suivant, *estendre* peut encore avoir le sens de suffire, « et celes « dites guardies n'estendront de luy paier, » 205.

Estalvar, rom. Arriver, advenir, I, 209.

Estoire, fr. Flotte, I, 3.

Estourmir, fr. Réveiller, I, 334.

Estrapassament, fr. Trépas, mort, I, 137.

Estre, fr. En outre, sans compter, I, 8. Voy. *Extra*.

Eule, fr. Marmite, *olla*, II, 666.

Eulogium, lat. Testament, II, 646.

Evre, fr. Voy. I, 90, n. 2.

Exarmatio, lat. Désarmement des galères, « agens super exarmatione, » II, 424.

Excelsus, lat. *Eccelso*, vén. Haut, titre du conseil des Dix, II, 831.

Excepter, fr. Payer. « Faire exepter et paier, » II, 195. « Vollons que soit excepter et con- « segnier, » 225.

Exceptacion, fr. Le sens de ce mot est incertain. Peut-être désigne-t-il un droit perçu par le trésor royal; peut-être, au contraire, certains payements ou appointements qui étaient à sa charge. « Faire la « razoin de la exceptacion, » II, 224; « tant « pour les sodées conme de la excepta- « cionn, » 225 et n. « les diniers que notre « eschanbre a exceptacion, » 243 et n.

Exesiter, fr. Exercer, remplir. « Faire et exesiter ladite servize. » II, 208.

Extra, lat. Excepté. II, 782, n. Voy. *Estre*.

F

Fabrica, it. Corvée pour les constructions, II, 549.

Faction, vén. Charge, corvée, II, 177.

Factor. Voy. *Faizour*.

Factoria, lat. Soins et offices du facteur, I, 298.

Factura, lat. Sortilége, envoûtement, I, 189.

Faizour, fr. *Factor*, lat. *Fator*, vén. Facteur, agent, I, 268, 272, 298, 363, 425; II, 356.

Fasiano, fr. Faséole, légume, I, 499.

Fatuitas, lat. Sottise, folie, I, 188.

Fel, fr. Faux, I, 6.

Ferour, fr. Maréchal ferrant, I, 91.

Feullie, fr. Feuille. « Une feullie de pau- « pier, » II, 220.

Fevier, fr. Fieffer, I, 174, n.

Fiés arestés et Fiés joins, fr. Semble désigner un droit payé pour les fiefs confisqués et qui étaient ou pouvaient être réunis au domaine, II, 246, 256, 260, 261, 264.

Fier, fr. Figuier, II, 292.

File de Marag, fr. Expression inexpliquée, II, 278.

Fillatum, lat. Fil. « Aurum fillatum, cotonus « fillatus, » or et coton filé, II, 775, 777.

Fin, fr. Accord, convention, II, 301, n.

Fin en tant, fr. Jusques à ce que, II, 251.

Fonde, Founde, fr. Entrepôt, II, 224, 232, n. 279.

Fondigue, Fondouc, fr. *Fundicus, Fundus,* lat. En Orient, maison commune, appelée aussi khan, où les voyageurs et les marchands demeuraient avec leurs marchandises. En Europe, c'était plus souvent un simple entrepôt, I, 43, 87, 294, n. 306, n.

Forinferus, lat. Exilé, banni, II, 459.

Forisporta, lat. Extérieur, I, 96, n.

Fornire. Voy. *Fulcire.*

Fortune, fr. Tempête, I, 176.

Franci. Dans les documents de Chypre ne doit quelquefois s'entendre que des Francs chypriotes, et non des Occidentaux, I, 104, n.

Frahte, Frahti, fr. De φράκτη, haie, signifie enclos, II, 293, n. 297, 298.

Franguomate, Francomate, fr. Affranchi, II, 217, 228, etc. 520, 541. Voy. *Eleftère.*

Fraxettus, lat. « Fraxettus de coton, fraxettus « de canevaça. » Mot inexpliqué, II, 684.

Frayer, fr. Dépenser. « Fu par moy frayé, » I, 450.

Fré menor, fr. Frère mineur, religieux franciscain, II, 209.

Fremece, fr. Force, valeur, I, 232.

Fuer, fr. Prix. « A nul fuer, » à tout prix, I, 326.

Fulle, feullie, fr. Feuille, « Fulle de paupier, » II, 244, 245.

Fulcire, Fulgire, lat. Armer, munir, approvisionner. « Naves fulcite, fulcimentum « fortiliciorum, fulcire arcem, » I, 362 ; II, 349, 376, 377, 383, 387, 466, 468. A le même sens que *munire,* 364. En italien, *fornire,* 358. En français, *furnir,* 13. — Signifie aussi pourvoir, « ca- « pellas sacerdotibus fulcitas, » II, 758.

Fundicus, lat. Voy. *Fondique.*

Fundus, lat. A le sens de *Fundicus,* I, 43.

Furnimentum, lat. Équipement, II, 744.

Furnire, lat. *Furnir,* fr. Équiper, armer, « une galée furnie, » I, 222 ; II, 13, 105. — Secourir, approvisionner, II, 119. Voy. *Fulcire.*

Fusil, fr. Tube à lancer le feu grégeois, II, 664. Voy. du Cang. *Fugillus.*

Fuytif, fr. Fugitif, enfui, II, 192.

G.

Gaçena, lat. Peut-être arsenal, II, 684.

Gagier, fr. Saisir, grever, I, 18.

Gagière, Guagière, fr. Engagement d'une propriété, II, 186, 285, n.

Galedelus, lat. Galiote, aviso, petite galère, II, 752.

Galea viagiorum, lat. Galère pour les voyages, II, 363, où il faut supprimer la virgule entre *galearum* et *viagiorum.*

Gardaroba, lat. Vestiaire, pièce du palais où l'on resserrait les costumes et les étoffes, I, 188, 191. — Office chargé de la confection et de la garde de ces vêtements, I, 247.

Garnison, fr. Provision, I, 90, art. 5.

Garsona, it. Serve, II, 203.

Generatio, lat. Nation, race, I, 306.

Girella, lat. Cric à arbalète, II, 102.

Giunta. Voy. *Additio.*

Gothonus. Voy. *Cotonus.*

Grayne, Grène, fr. *Grana,* lat. et it. Écar-

GLOSSAIRE.

late, teint en cochenille, I, 136, 448; II, 244, 774, 776.

Gripparia, lat. Petit navire, II, 752. Voy. *Guipparée.*

Gripus, lat. Petit navire, II, 804.

Guadia, lat. Engagement, I, 98.

Guardie, fr. Garde, guet, vigie, II, 205, n. 238, n.

Guarnacia, lat. Pelisse ou robe longue, II, 687.

Guastes (Terres), fr. Terres en friche, II, 285, 287, 294.

Guastine, fr. *Castina*, lat. Friche, I, 399; II, 650.

Guiagium, Guidagium, Guidaticium, lat. Sauf-conduit, lettres de sécurité, II, 127, 146, 165, 735.

Guidare, lat. Protéger, assurer la sécurité, II, 734.

Guier, fr. Gérer, administrer. « Le faire guier « et gouverner » II, 243, n.

Guipparée, fr. Sorte de navire, le même probablement que la gripparée, *gripparia*, II, 129, n.

H

Habiller. Voy. *Abillier.*

Harmesin, fr. Étoffe en soie cramoisie, II, 268; de même que *Purpura*, désignait une étoffe rouge. «Cendatam Carmesi, » cendat cramoisi, 687.

Haubeler, fr. Peut-être agiter, ballotter. « Al- « ler haubelant par la mer, » I, 3.

Hauberion, fr. Cotte de mailles, I, 8.

Havere, lat. et it. Avoir, marchandise. « Ha- vere casselle, » marchandises en caisses, II, 136. Voy. *Avoir.*

Herre, fr. Voyage, I, 6.

Heuvre (Mettre en), fr. Employer, exécuter, II, 190, 205, 209, 214, etc.

Hofesien, fr. Officier, employé, II, 207.

Honestare, lat. Justifier, II, 104, 366.

Hostil, fr. Hôtel, I, 398.

Hrosomillie, fr. Oranger, II, 292.

I

Idaçosament, rom. En conséquence, II, 717.

Ieronimonaio, Ieromonaio, it. Religieux grec non marié, II, 584.

Impresia, lat. Charge, mission. « Casu quo « nollet recipere hanc impresiam, » II, 363, 424.

Improperer, fr. Reprocher, II, 136, 142.

Incalegare, lat. Mettre aux enchères, II, 785, n.

Incaparare, lat. Accaparer, I, 223.

Incarnassion, fr. Signalement, I, 231, n.

Incotonatus, lat. « Rauba incotonata. » Signifie probablement une marchandise recouverte d'une toile ou canevas de coton, II, 777. Il était d'usage d'envelopper ainsi les caisses de sucre d'une toile de canevas. En cet état, Pegolotti les appelle « casse incanovacciate, » *Della merc.* p. 365.

Inde (Semence d'), fr. Probablement la graine de l'indigo, I, 499.

Indempnitas, lat. Dommage, tort, nécessité, II, 800, 803, 804.

Indenet, Yndenet, fr. Fécule de l'indigo, I, 499, n.

Indifferentia, lat. Concession, ou accord, transaction. « Redditibus ecclesiasticis quos « ratione nostræ indifferentiæ recipimus, » II, 767.

Inel, Ysnel, fr. Disposé, I, 323.

Ingistarra et Ingiestarra, vén. Mesure pour le vin, semblable au *bocale* de Venise, II, 538.

Instessi, vén. Pour *istessi*, ceux-ci, II, 392.

Intromissio, lat. Pouvoir qu'avaient à Venise les avogadors de suspendre les délibérations d'un conseil ou la promulgation d'un décret comme contraires aux statuts de l'État, II, 828, 832.

Intromittere, lat. Saisir, arrêter. «Merca- «tiones quæ fuerant intromissæ,» I, 402; II, 403, 467.

Issue, Yssue, fr. Dépense. «L'escrivain des «yssues,» II, 190, 300 et suiv.

J

Jardin, fr. Comprenait maisons, terres, berquil, parafguacies, II, 266, 288.

Januenses. Génois. Sens des expressions «Ja- «nuenses et dicti Januenses,» employées dans les traités, I, 51, n. 257, n. «Januenses extrinseci,» 152, 153. «Januenses albi;» voy. *Veneti albi.*

Jhachi, it. Mot inexpliqué, I, 355.

Jorbe, fr. Gerbe, II, 236.

Jourgoman, fr. Mot inexpliqué, II, 220.

Judex, fr. Juge, procureur fiscal, I, 97, 98.
— Paraissant signifier docteur ou jurisconsulte, I, 99, 103, 208. — Conseiller. «Legum doctor et judex regis,» I, 230; II, 725. — Secrétaire. «Notarius et judex, «judex cancellariæ,» I, 158, 441, 495; II, 95.

Juramentum. Voy. *Sacramentum.*

Jus (En), fr. En bas, au-dessous. «De hun «besant en jus,» II, 277.

K

Karatum. Voy. *Caroube.*

Κουμεσάριδες, en fr. *Coumersaries.* Exécuteurs testamentaires, II, 345, n. 346.

Kyr, Kir, Quir, gr. Seigneur. Mot réuni souvent au nom propre par les Occidentaux, I, 2, n.; II, 196, 244, 288, 289, etc.

L

Laborerium, lat. Travail, ouvrage, II, 777. Voy. *Corallum.*

Labourein, fr. Travailleur, employé, II, 224.

Lapillus, lat. Pierre, boule employée pour les votes, II, 798, 827.

Larger (Se), fr. De l'italien *largare*, s'ouvrir, se confier, II, 115.

Lasie, fr. Legs testamentaire, II, 211.

Laudes, lat. Lettres de marque, II, 781, n.

Lavors vinent, rom. Alors venant, prochain, II, 713.

Lebech, fr. *Lebeccio*, it. Nom de l'un des vents, employé figurativement comme signifiant par ruse, I, 327, n.

Lecielle, fr. Nom de graine inconnu, I, 499.

Lehtenant, fr. Lieutenant, II, 289, 290, 295.

Lein, fr. Navire, II, 689.

Leopardus, lat. Levrier, I, 215 et n. «Dui «Liopardi con collar di veluto.» L'Aliprandina, Murat. *Antiq. Ital.* t. V, col. 1188.

Leporarius, lat. Levrier, I, 201.

Lèves, fr. Voy. *Papiers.*

Leuq, fr. Lieu, place, II, 288.

Leus et Leums, fr. Légumes, «Le blé et les «leus.» I, 90, art. 5.

Lever, fr. Confisquer, II, 240.

Liberauté, fr. Liberté, autorisation, II, 683.

Librata, lat. Livrée. «Librata terræ,» I, 42, n. 50, n. 59.

Lie, fr. Lieue, II, 223.

Liou, fr. Lieu, II, 281.

Lobia. Voy. *Logia.*

Locus, lat. *Luogo*, it. Action de cent livres

GLOSSAIRE.

dans une entreprise industrielle, ou dans la ferme d'un impôt à Gênes. Voy. les explications données sur ces mots, I, 367, 368, 406; II, 167, 168, n.

Locumtenens. Lieutenant, premier magistrat vénitien en Chypre, II, 845.

Logia, lat. Loge, maison et quelquefois seulement salle commune de chaque nation dans les Échelles du Levant où résidait ordinairement le consul, et où se rendait la justice, I, 94, 184, 263. — *Lobia* pour *Logia*, I, 364.

Loya, lat. « Per loyas domus suæ. » Galerie, I, 197.

Luiage, fr. Louage, loyer, I, 399.

Lumière (la), fr. Semble désigner un phare, II, 230.

Luogo. Voy. *Locus*.

M

Ma, vén. Plus, II, 358, etc.

Magazenus, lat. *Mahzen*, fr. Magasin, I, 403; II, 221.

Magistralis (Camera), lat. Terre appartenant au grand maître de Rhodes, II, 87, n. 112, 125.

Mahomerie, fr. Mosquée, II, 635.

Mahona, lat. *Mahone*, fr. Société de commerce. Voy. la dissertation, I, 367. Ce mot, veut bien nous dire M. Reinaud, est emprunté à la langue arabe, où il signifie aide, secours, association.

Mahonenses, lat. *Mahons*, fr. Sociétaires d'une mahone, I, 367; II, 352, 798.

Mahzen, fr. Voy. *Magazenus*.

Main, fr. Contraction pour matin, I, 334.

Malaba. Voy. *Camelot*.

Male, fr. Mot inexpliqué. « Staches avec males, » II, 292.

Mamoluci, lat. Mamelouks, jeunes enfants transportés en Égypte, I, 119, 120, 127, 129. — Appelés quelquefois *Turqui*, I, 128.

Manal, fr. L'explication proposée est douteuse, II, 269, n. *Manal* est peut-être un pupitre ou lutrin portatif.

Manaze, vén. Menaces, II, 341.

Mandatum, lat. Lavement des pieds du Jeudi-Saint, I, 187.

Manera, lat. et vén. Hache, cognée, II, 687.

Maneria, lat. Manière, I, 167.

Mangiaria, lat. Mangerie, exaction, impôt perçu au moyen d'un garnisaire, I, 263.

Manlevar, rom. Donner caution ou des répondants, II, 708.

Manifestare, Magnifestare, lat. Déclarer, II, 738, 788, n. 789, 791.

Manuer, fr. Manoir, maison de l'ordre de l'Hôpital, I, 91.

Manus, lat. Main, tour ou chambre de scrutin à Venise. Voy. les explications données sur ce mode d'élections. « Per quatuor manus, » I, 228, 418; II, dissert. 826. — Dans le sens ordinaire, main, secrétaire. « Per plures manus, » I, 222; II, 755, 757.

Marcha, Marchare, lat. Saisie, saisir. II, 735.

Marchandablement, fr. Suivant les conditions et l'usage du commerce, des marchands, II, 221.

Marchelce, fr. Maréchale, dame du maréchal, II, 275.

Marcher, fr. Confiner, être limitrophe, I, 238.

Marchio, vén. Melchior, II, 443, n. est aussi un diminutif de Markos, 83, n.

Marcio, vén. Gâté, tourné, « vino marcio, » II, 548.

Marechaussée, Marechaucie, Marzason, fr. Droit féodal, II, 197, 234. Voy. les explications, 217, n. 239, n. Dans les textes latins, *jus marzasonis*, 217, 539, 549, n. 561. En grec, Μαρτζάσιο, 223, n. En vénitien, *Marzason*, I, 339, n. où il est dit par erreur *mariage*.

Marechaussier, fr. Paraît être le même officier que le marechoier, II, 369.

Marechoier, fr. Officier chargé du registre des hommages et de ce qui concernait le droit de maréchaussée, II, 188, 234.

Marexin, vén. Mer agitée, II, 445.

Marina, lat. Le rivage, la côte. « Ad custo- « diendas marinas, » II, 180.

Maritagium, lat. *Maridazzo,* it. Droits divers concernant le mariage, I, 111, n. 5, 112.

Marque (Lettres de) autorisant les représailles individuelles, I, 385 ; II, 781, note.

Marsumi, it. Peut-être grains qui se sèment en mars, II, 75, n. 6.

Marsupium, lat. Objet, peut-être vêtement brodé de soie, II, 686.

Marzaso, lat. *Marzason,* fr. *Marzason,* vén. Μαρτζάσιο, gr. Voy. *Marechaussée.*

Massaria, lat. Possession territoriale, I, 92.
— Office ou administration financière chargée d'une gestion de recettes et de dépenses, II, 46, n. 803, 804.

Massarius, lat. Fonctionnaire ou employé chargé des comptes, I, 368, 406, 467 ; II, 29, 779, 786, 788.

Mate, fr. Calme, I, 276.

Materas, fr. Matelas, I, 431.

Mathessep, Mahtacep, Mactasib, fr. Lieutenant, remplaçant, II, 206, n. 852-853.

Mavromariés, fr. Expression inexpliquée, II, 217.

Maxinatio, lat. Fraude, II, 733.

Mecher, fr. Peut-être interversion pour *Chemer,* semer, II, 291, n.

Medietatis (Conditio solvendæ), lat. I, 222, et les explic. II, 379, n. 4, 454, 456. « La « parte de la metà, » 844.

Menistier, fr. Donner, accorder, faire, de l'italien *ministrare,* II, 233.

Mérant, fr. Méritant, I, 378.

Merche, fr. Marchandise, I, 171, 172, 234.

Merme, fr. Mineur, II, 297, n.

Mestiguer, fr. Métier, besoin. « Que fera de « mestiguer, de partre les o quit, » qu'il sera nécessaire d'avoir, en faisant le partage au quint, II, 298.

Messara, lat. Paraît être un ustensile domestique, peut-être un vase de bois, II, 687.

Metà, vén. Moitié. *Parte de la metà,* II, 379, n. 4, 844.

Mète, fr. Mise, impôt, contribution. Voy. les explications sur la *mète du sel,* II, 189, 195, 205, n. 228, n. 246.

Metra, Metreta et Mitreta, lat. Mesure de capacité pour les liquides, II, 608, 643.

Mijançar, rom. Aider, être propice, II, 735.

Mils, rom. Mieux, II, 760.

Mise, fr. Dépense, frais, I, 449. — Arbitrage, compromis, II, 674.

Misors, fr. Arbitres, II, 674.

Missa, it. Impôt établi en Chypre sur les navires étrangers pour l'entretien des galères de garde autour de l'île. Pegolotti, *Della mercat.* p. 72. Cf. *Mète.*

Mitreta. Voy. *Metreta.*

Modus imperialis. Sens de cette expression en chronologie, I, 442, n.

Molonus, lat. Paquet, liasse, I, 182, n.

Morabatinus, lat. Marabotin, Monnaie, II, 774.

Morzar, vén. Apaiser, II, 356.

Motizare, lat. Parler confidentiellement d'une chose, II, 310.

Muda, lat. Voyage, départ, I, 373. Voy. *Muete.*

Muée, fr. Étendue de terre ensemencée par un muid de grain, II, 216.

Muete, fr. Départ, I, 2. Voy. *Muda.*

Mulaces, fr. Bêtes mulaces, I, 91.

Munire. Voy. *Fulcire.*

Muscera, it. Espèce de sucre, II, 89, n.

Musa paradisiaca, it. Bananier, II, 76.

GLOSSAIRE. 901

N

Navie, fr. Flotte, I, 6.
Neragie, Nerangie, fr. Sorte d'oranger, II, 292, n.
Néroforo, fr. Employé chargé de la visite des fontaines et sources publiques, I, 504; II, 188.

Nolier, fr. Noyer, II, 292.
No res menys, rom. Néanmoins, II, 760, 766.
Notire (Faire), fr. Faire connaître, II, 272, 278.
Noviligier, fr. Noliser, fréter, I, 452.

O

Ochilus, lat. Intermédiaire, agent d'affaires, II, 789.
Offense, fr. Attaque, I, 129. De même, *Offendre*, attaquer, 177, 235.
Official, fr. Officier royal, I, 175, 234, 235. Voy. *Hofecien*.
Oistre, fr. Sud, midi, II, 638.
Ordène, fr. Ordre, disposition, II, 211.

Ordinos, fr. Nom d'arbre inconnu, II, 292.
Ordriz, fr. Outres, vases, I, 431.
Orguane, fr. Orgue, II, 269.
Ouke, fr. Oque ou okia, poids de Chypre, I, 499, n. 500.
Outréement, fr. Facilement, I, 278.
Ovriour, fr. Laborieux. « Ententifs et ovriours « en nostre servize, » II, 189.

P

Παβετζιον. Bouclier, I, 537, n.
Padre, it. Ne signifie pas toujours père, II, 231, n. 2.
Paix, fr. Pacte, accord, traité, I, 167.
Panatica, lat. Provision de blé pour le pain, I, 262.
Pançera, lat. Probablement *pancière*, sorte de cuirasse, II, 684.
Panfle, fr. Navire principalement pour la guerre, I, 170.
Papiers et leves, fr. Expression inexpliquée, II, 274.
Papirus, lat. Papier, I, 471.
Para, Parra, vén. Paire. « Boi para, » paire de bœufs, II, 494, 538.
Paracivitain. Magistrat chypriote, II, 854.
Parafguacies, fr. Terres défrichées, II, 285, n. 4, 287, 288, 294.
Paramentum, Parlamentum, lat. Voy. *Camera*.
Paraschennus, lat. Table ou estrade, II, 432, n.

Paraticum, lat. Noblesse. « Homines de pa- « ratico, » chevaliers, II, 772, 773.
Parator, lat. Pareur de draps, II, 728, n.
Paratrohio, fr. Mot emprunté au grec, paraît signifier collation, II, 302, n. 304.
Parclose (A la), fr. A la fin, I, 278.
Pardi. Voy. *Bardi*.
Paricus, Parichus, lat. *Paricho, Parrico,* it. Serf, II, 125, 340, n. 389, n. 494, 520, 541.
Parichia, lat. Servitude, II, 125.
Parizo, vén. Semblable, de même. « Torai el parizo, » II, 473.
Pars, lat. *Parte,* it. Dans le gouvernement de Venise signifie ordre, décision de l'un des conseils, I, 222, 285, n. 400; II, 467, art. 47, et les dissert. 827. De là l'expression, « vadit pars, » il est décidé, la proposition est adoptée, I, 222, 228, 235, 312, 362; II, 396, 403, etc. « pars capta, » I, 285; « forma partis, » teneur de la dé-

cision, II, 370, 751; «forma della parte «presa,» II, 415, 822. — Avis, proposition, II, 411, 418. «Diversitas partium,» 411. *De parte,* indique les votes favorables à la proposition, et qui lui donnent le caractère de décision, I, 360; II, 102, 132, 312, 325, 336, etc. 827. — Objet, matière, II, 373, art. 4; 374, art. 5, 6, 7; 383, art. 4; 387, art. 3, 4. — Et dans le sens ordinaire partie, nombre, «major pars,» II, 385, etc.

Pars dimidii ou medietatis. Décision concernant le traitement de certains magistrats. Voy. les explications données sur cette expression, I, 222; II, 379, n. 4, 454, art. 3, 456, art. 5, 844.

Partitum, lat. *Partito* et *Partio,* vén. Condition, convention, moyen, parti, II, 462, 545.

Partizon, Partizoin, Partison, fr. Partage, et généralement partage des fruits de la terre entre le propriétaire et le colon, II, 273, 300, n. «Partizon o tiers,» 301; «partizon «du quint,» 298;» partizon dou sys,» 291, n. — «Le temps de la partizoin,» 264, c'était au mois d'octobre. Rapport de B. Sagredo; Bibl. imp. Ms. Suppl. fr. 787, fol. 15 v°.

Partrait, fr. Extrait, relevé, état authentique, I, 425.

Partre, fr. Partager. «Partre o quit,» II, 298.

Pasche, fr. Pacte, II, 13.

Pascor, fr. Printemps, I, 16.

Passagium, lat. *Passage,* fr. Départ, voyage outre-mer, I, 80, 146, 450; II, 786. — Croisade, I, 119 et suiv. 242, 284; II, 726, 744 et suiv.

Paste, fr. Nourriture, repas, II, 239.

Pastorali, lat. Les Pastoureaux, I, 131.

Pattico, vén. Voy. *Prattico.*

Paumerée, fr. Enclos, verger, I, 11, n.

Paupier, fr. Papier, II, 220, 244.

Pecia, lat. Partie, assortiment, II, 776, n.

Pesco, fr. Pin, II, 292.

Pejurer, fr. Détériorer, II, 292, 294.

Percassar, rom. Rechercher. «Que percassas «companies,» II, 705.

Perpire, fr. Hyperpère, monnaie byzantine, I, 174.

Persutus, lat. Probablement jambon. Du vénitien, *Persuto* pour *Prosciuto,* II, 686.

Pes, fr. Poids, II, 279, 280.

Pesar, rom. Penser, II, 705.

Pesians, fr. Sorte de graine ou de légume, I, 499.

Petravlacotis dexamenis, expression grecque employée en français. Voy. II, 292, n.

Peyta, lat. Cens, redevance, II, 767.

Piatti, vén. Grandes gondoles à rames, II, 183, 822.

Pieresele, vén. Pierres, cailloux, II, 354.

Pignata, lat. Marmite, II, 686.

Pilonus, lat. Javelot ou épieu, II, 684. — Pelote, balle à jouer, II, 776, n. 777.

Pis, fr. Poitrine, I, 265, n.

Pison, fr. Poisson, II, 279.

Pitare, fr. Tonneau, II, 256, 285, 287, 293, n. 294.

Piui, vén. Plus. II, 339, n.

Platta, lat. Gantelets pour les tournois, I, 247.

Pleçerie, fr. Garant personnel, caution, I, 232.

Plevir, fr. Promettre, I, 322.

Podicea, lat. Mandat, ordonnance de payement, II, 148. Voy. *Apodixe.*

Poier, fr. Pouvoir, I, 170.

Polisia et Apodisia, lat. Contrat, police, I, 365.

Pondo, lat. Livre en poids, II, 729 et suiv.

Pontifique, fr. Pontificat, I, 144, 148.

Poq, fr. Peu, II, 242.

Porcas, fr. Provision, profit. De l'italien, *procaccio,* I, 90, art. 4. Cf. *Pourchais.*

Porcelana, it. Porcelaine, II, 406.

Porchasser, Pourchacier, fr. Rechercher, s'efforcer de, I, 170, 242.

GLOSSAIRE.

Portarius, lat. Huissier, I, 188.

Porta, lat. *Porte*, fr. Octroi, I, 418, 422, 436; II, 177, n. 197, 209, n. 243.

Portenæ opus, fr. Agrès, I, 43, n.

Portulanus, fr. Maître ou commandant de port, I, 80, 97. « Portulanus mallacus, » 97, n.

Portus, lat. Port, abordage, relâche, I, 395. Sur l'expression *Portus non fiendi*, I, 403, n. 457, n. 476, n. 482, n. 496, 503, n. II, 37.

Posse, lat. Pouvoir, garde, présence, II, 762 et 763, n. 768, 769, n. 802.

Postulato. Voy. *Apostole*.

Potentia (Fatene ultimo de), it. Faites en sorte de pouvoir aller, II, 98.

Potestas, lat. Podesta, nom sous lequel on désignait quelquefois les consuls génois, I, 158, 257 et suiv.

Pourchais, fr. Provision, redevance, II, 267. Cf. *Porcas*.

Poursuir. Voy. *Prosuir*.

Pourveour, Proveour, fr. *Provedador, Prohedador*, it. Provéditeur, bailli, officier de la secrète de Chypre, II, 188, 200, 203, 207, 274, 275, 276, 278. Voy. *Provisor*.

Πράκτωρ (ὁ), paraît être le bailli de la secrète, II, 223 n.

Prastio, it. Hameau ou ferme dépendant d'un village, I, 110; II, 502, n. 508. Cf. *Prestria*.

Pratica (Gli otto di), it. Conseil de Florence, II, 151, n.

Pratico, Praticho, Pattico, vén. Recensement des terres et des serfs, II, 465, n. 551, 552, n. 553.

Preceptor, lat. Commandeur dans l'ordre de l'Hôpital, I, 498, 500 et n.

Preceptoria, lat. Commanderie, I, 498, 500, n. II, 88, 91, 108.

Pregadi, Pregai. Voy. *Rogati*.

Prejenetours, fr. Progéniteurs, ancêtres, II, 227.

Presa, lat. Charte d'emprunt, II, 753.

Presantasion, Presantasioun, fr. Proposition, ouverture, II, 115.

Presenter (Se), fr. S'ouvrir, faire des propositions, II, 115.

Presenti (De), lat. Actuellement, immédiatement, II, 313, n. 332, 771.

Presterie, fr. *Prestria, Prestia*, lat. Village ou hameau, le plus souvent dépendant d'un autre village, comme les *prastii*, II, 191, 234, 253, 296, 813. « Qui ont cazaus « et Presteries, » 252; « Prestiam quam « edificavit, » 598; « Casale sive Prestria, » 634. Voy. *Prastio*.

Prestizoin, fr. Prestation, corvée, II, 216.

Pridie, lat. Signifiant plusieurs jours auparavant, II, 745.

Prison, fr. Prisonnier, I, 319. Le *prisounyer* était le geôlier. *Assises*, t. II, p. 372.

Processio, lat. Revenu, I, 81.

Proclama, lat. Publication, II, 457.

Procrastinacion, fr. Délai, retard, remise, II, 144.

Procurantia, lat. Procuration, I, 286.

Procuratia, lat. Dignité de procurateur, à Venise, II, 454, 833.

Procuratori de citra. Procurateurs de Venise, II, 179, 833.

Procurrèce, fr. Religieuse économe d'une abbaye, II, 284.

Prosome, fr. Prud'homme, II, 297.

Prosuir, fr. Poursuivre, exécuter, accomplir, II, 191. *Poursuir*, a le même sens, 196.

Protectores, lat. Titre des administrateurs de la banque de Saint-George, à Gênes, I, 368; II, 168.

Protocolo, fr. Acte, charte, II, 288.

Protoghero, it. Ancien, magistrat municipal, II, 751.

Protoquiporo, fr. Employé du domaine chargé de l'inspection des enclos, vergers et jardins, II, 188, 292, n.

Proudomie, fr. Honnêteté, loyauté, II, 207.

Proveditor. Voy. *Provisor.*
Proveour. Voy. *Pourveour.*
Prover, fr. Prêtre, II, 269.
Provinciales, lat. Habitants de l'ancienne Narbonnaise, I, 270, n. 284, n. II, 790.
Provisio, lat. *Provision,* vén. Solde, salaire, fief en argent et en denrées, II, 405, 822, 823.
Provisionati, Provvisionati, lat. et it. Hommes d'armes nobles au service et à la solde du roi ou de la république, les mêmes que les *assenés* ou *assignati,* II, 338, 358, 405, 536, 547, 822, 846, 849, 851.
Provisor, lat. *Proveditore,* it. Provéditeur, officier supérieur à Venise, II, 832, 836 et suiv., et les dissertat. 833, 834, 842, 851.

Provisor regni, en Chypre, le même que le camérier du royaume, I, 421.
Pulvis, Pulveres Cypri, Pulveres zuchari, lat. *Polvere,* it. Poudres de sucre, cassonade, I, 95, n. 136, 403, 424, n. 478; II, 175, 176, 775, 777. « Capsæ pulveris, » caisses de cassonade, I, 483; «polvere dezamburade,» II, 88, n.
Punyar, rom. Se peiner, s'efforcer, tâcher. «Nos punyarem,» II, 717.
Pur, it. Néanmoins. Ce mot est quelquefois employé à Venise dans les rédactions latines : «Tamen, si pur post consumma-«tam,» II, 426; «si pur vellet», 751; «si pur dominus,» 755.
Purpurero, it. Ouvrier fabriquant les draps rouges, II, 774, n.

Q

Quacom, rom. Quelqu'un, II, 713.
Quadraginta (Consilium), lat. *Quarantia,* it. La quarantie à Venise, II, 751 et les dissert. 832.
Quaternum, lat. Cahier, livre de commerce, I, 435.
Queq, fr. Cuisinier, I, 91.

Querir, fr. Avoir cours, courir, I, 323.
Questia, lat. Corvée, redevance, II, 767.
Quintar, fr. Quintal ou kantar, I, 499, 500.
Quiparisia, fr. Cyprès ou pin, II, 269.
Quir. Voy. *Kyr.*
Quiratum, lat. Caroube, karat, II, 93.
Quis, fr. Cherché, I, 242.

R

Raïs, magistrat chypriote, II, 853.
Ramentevoir, fr. Rappeler, remémorer, II, 138.
Ranponer, fr. Se plaindre fortement de quelqu'un, presque le sens de maudire, I, 18.
Rason, Razon nove, Razon vecchie, vén. Offices des comptes à Venise, II, 838, 839. Voy. *Ratio.*
Rasonati, vén. Maîtres des comptes, II, 553.
Rata, lat. et it. *Rate, Raite, Reite,* fr. Retenue ou contribution proportionnelle, II, 181, art. 22, 189, 191, n. 215, n. 467.

— Quelquefois synonyme de rente, II, 191, n. Voy. *Anrata.*
Ratio, lat. *Raizon, Razon, Razoun,* fr. Compte, droit, revenu, I, 221, 420, 424; II, 194, 244, 280, 301, 468. — *Magister rationalis,* maître des comptes, I, 92; II, 795.
Razon, fr. et vén. Voy. *Rason* et *Ratio.*
Rauba, Roba, lat. et it. Chose, objet, marchandise, I, 196; II, 775, 777. Voy. *Incotonatus.*
Réal. Voy. *Régale.*
Reansoner, fr. Ravoir, récupérer, I, 170.
Reçapt, fr. Acte de recevoir, réception. «Luy

« donner reçapt, » lui livrer, II, 219. — Recept, disposition, garantie, II, 807.

Recolligencia, lat. Retraite, asile, I, 408.

Recomptar, rom. Rapporter, raconter, II, 712, 714.

Rectores, lat. Rettori, vén. Magistrats vénitiens, II, 836, 845.

Recueure, fr. Bon accueil, assistance, II, 596.

Refacion, fr. Dédommagement, indemnité, II, 271.

Refiner, Refineour, fr. Rafiner, rafineur. « Refineour de sucre, » II, 218, 249.

Reformacion, fr. Cession, acte de cession. « La vente et reformacion du jardin, » II, 287.

Refrechir, fr. Ravitailler, I, 171, 172.

Refermer, fr. Raffermir, confirmer, II, 255.

Regalea, lat. Don, présent, II, 455.

Régale, Régualle (la), Réal (le), fr. *Regalis, Regia*, lat. *Reale*, it. Ῥεγάδα, et Ῥεγάλλα, gr. Le domaine royal, I, 383, n. 436; II, 180, 193, 201, 212, 222, 223, 245, 247, 319, n. 368, 374, 377, 380, 388, 407, 413, 414, 422, 812.

Regalis, lat. Imposition ou dîme royale, I, 436.

Regimen, Regimentum, lat. *Regimento, Rezimento*, vén. *Regiment*, prov. Gouvernement, administration, I, 209, 222; II, dissert. 836 et n. 845.

Relaisser, fr. Relâcher, I, 177.

Remembrances, fr. Mémoires, mémoriaux, II, 184 et suiv.

Rementever, fr. Rappeler, remémorer, I, 173.

Rendue, fr. Action de rendre, résiliation. « La rendue de l'apaut, » II, 232, 291.

Repairer, fr. Demeurer, I, 177.

Represaliæ, lat. Représailles, II, 781, n.

Reservoir, fr. Recevoir, II, 247, 254.

Responsion, fr. *Responsio*, lat. Contribution, quote-part que chaque commanderie de l'ordre de l'Hôpital payait annuellement au trésor commun, II, 16, n. 92, 108, n. 113, 232. — Rente, II, 53, 55.

Restituir, fr. Rétablir, I, 174.

Retrait, fr. Produit, revenu, II, 219, 250.

Ricolta, lat. Récolte, II, 466. Voy. *Arcolto*.

Rivière, fr. Rivage, I, 3.

Rodaquinie, fr. Pêcher, II, 292, n.

Rogati, lat. *Pregadi, Pregai*, vén. Les sénateurs, et par suite le sénat de Venise, I, 285; II, 331, etc. 751, et les dissertations, 827.

Rotl, fr. *Rotolo*, it. Poids de Chypre, I, 499, n. II, 250.

Ruga, lat. Rue, II, 636.

S

Sacramentum ou Juramentum. « More prela« torum, more regio, in animam regis, » etc. Voy. sur ces expressions, I, 265, n. 291, n. 372, n.

Saffren d'ort, fr. Safran métallique, I, 279.

Sage, fr. Expérimenté, habile, I, 324.

Sages (les). Ministres de la république à Venise, II, 829. Voy. *Sapientes*.

Saint-Grayel, fr. Vase sacré, II, 268, n.

Salis (Impositio), lat. II, 177, n. 3; 180, n. Voy. *Mète*.

Salonus, lat. Salon, II, 685.

Samitum, lat. Samit, riche étoffe, II, 686.

Samsar, Sanserage, Sensal. Voy. *Semsar*.

Sapientes, lat. *Savii*, vén. Divers ministres de la république à Venise, I, 135; II, 176, n. 381 et n. 2, et les dissertations, 829. « Sapientes consilii », ou « Savii grandi. » 176, 419. « Sapientes utriusque manus, » 424, 826.

Sason, vén. Opportunité, II, 476.

Savii. Voy. *Sapientes*.

Saya, lat. Saye, sorte de serge, II, 775, n. 776.

Scadre, fr. Escadre, navire, II, 224, 228, 235.

Scamnous, fr. Siéges, II, 269.

Scapha, lat. Mesure, peut-être corbeille, panier. « Panis a scapha, » pain à la mesure, c'est-à-dire en gros et non en détail, II, 459.

Schiopetieri, it. *Sclopeterii,* lat. Arquebusiers et plus tard fusiliers, II, 338, 352, 354, 387.

Sclavina, lat. Robe longue, II, 687.

Scontrinum, lat. Avis tendant à modifier une proposition, II, 828.

Secreta, Secreta regia, lat. *Secrete, Segrete,* fr. Cour chargée des comptes, du domaine et du trésor royal en Chypre, I, 147, 148, 153, n. 163; II, 396, n. 423, 447, 492, 724, et les dissert. 184, 810, 826. — « Secreta archiepiscopalis, » office chargé des comptes et du domaine de l'archevêché, I, 144.—Archives, à Venise, II, 836.

Sedula, lat. Billet, lettre, I, 193.

Segretains, fr. Employés de la segrète ou secrète royale, II, 189 et suiv. 276.

Sel (La mète du). Voy. *Mète.*

Semblantment, fr. Conformément, semblablement, II, 764.

Semsar, Samsar, Sensal, Censal, fr. Courtier, II, 277, n. Voy. *Sensarus.*

Semsarage, Samserage, Censerage, Senserage, fr. L'office et le droit de courtier. Voy. les explications données, II, 277, n. 278.

Sementire, fr. Cimetière, II, 210.

Senefiance, fr. Capacité, expérience, II, 207.

Sensarus, Censarus, lat. Courtier, I, 93, 94. Voy. *Semsar.*

Ser, abrégé de *Messer, Messire.* Employé en italien et en latin, I, 2, n. 134, 230, 503; II, 371, 404, 434, 449.

Serchier, fr. Chercher, inspecter, faire la visite, I, 231. Voy. *Cercha, Circa.*

Sert, fr. Certain, II, 231, 233. « Serte somme, » 237.

Servoite, fr. Serve, II, 253, 254.

Sessa (Peze de), vén. Peut-être pour *seda,* II, 483.

Seu (Le), fr. Su, la connaissance, II, 277.

Siboline, fr. Oignon, I, 499, 500.

Sicaminie, fr. Mûrier, II, 292.

Sicères, fr. Pois chiches, I, 499.

Siffalchus, lat. Gerfaut pour la chasse au vol, I, 285, n.

Signuum, lat. L'Ave-Maria, I, 486.

Sinabasso, vén. Peut-être une étoffe d'Orient, II, 483.

Sincerus (Calculus non). Vote nul, II, 827.

Sinistrare, lat. Nuire, faire dommage, II, 754.

Sinistrum, lat. *Sinistro, Senestro,* it. opposé à *destro.* Tort, dommage, perte, difficulté, I, 223, 288; II, 319, n. 461, 753.

Sitle, fr. Vase pour l'eau bénite, II, 269.

Societas, lat. Pariage, I, 79.

Sodées, fr. Soldats ou hommes d'armes à la solde du roi. « Les connétables de nos so- « dées à pié, » II, 194.

Solarium, lat. Étage, I, 263.

Somonre, rom. Adresser, diriger, semondre, II, 705.

Sopracomito, vén. Sopracomis, officier supérieur dans la marine de Venise, chargé particulièrement des soldats et de tous les hommes d'armes, II, 320, etc., 834. Voy. *Supracomitus.*

Sopraensegna, lat. Peut-être étendard, II, 684.

Soracomito, le même que Sopracomito.

Sors, ou plutôt *sortis,* lat. Espèce, sorte, II, 775, 777.

Sortir, vén. Arriver, aborder. « Ha sorto, » est arrivé, II, 359.

Soude, fr. Chambre, II, 269.

Soufrir, fr. Permettre. « Ce fut souffert à « faire, » II, 287.

Soustènement. Voy. *Sustènement.*

Sous-vas, fr. Arrière-vassal, I, 174.

GLOSSAIRE.

Souvrestan, fr. De l'italien *soprastante*, surveillant, surintendant, II, 218. *Subrestant*, 219.

Sovagli, lat. Mot inexpliqué. « Sovagli argen-« tei, » II, 685.

Species, Especiæ, lat. Épiceries, I, 119, 461, 478; II, 775.

Spina, lat. Bonde du tonneau. « Vinum a « spina, » vin en tonneau, II, 459.

Stache, fr. Mot inexpliqué. « Staches avec « males, » II, 292.

Stado, vén. État, sort. « El me ne va el « stado, » il y va de mon sort, de mon royaume, II, 338.

Stament. Voy. *Estament*.

Start. Voy. *Tartres*.

Stima. Pour *Stiva;* voy. ce mot.

Stipendiati, ital. *Stipendiarii*, lat. II, 180, n. 849. Voy. les explications des mots *assegnati*, *assenés*.

Stiva, lat. La cale du navire où se déposent les marchandises. « Cocha de stima (corr. *stiva*) botarum v^e, » coque de 500 tonneaux; « caricare ad totam stivam, » charger en remplissant la cale, I, 373.

Stola louroti, fr. Étole de forme antique, II, 268, n.

Stratiota, lat. *Stradioto*, it. Cavalier grec, ordinairement tiré de l'Albanie, I, 394; II, 353, 520, 540, 824. « Societas ad stra-« tiotam, » 464, n.

Strata, lat. Chemin public, route, II, 650.

Stratia, it. Contribution imposée aux vilains en Chypre pour l'entretien des Stradiotes, II, 520, 540.

Strictura, structura, lat. Défense, sanction, peine, II, 379, 457.

Stridare, lat. Appeler, citer devant la justice. « Stridati et minime comparentis. » II, 538.

Supracomitus, lat. Au pluriel, *supracomiti* et *supracomites*. Sopracomis, II, 130, 389, 410, 834. Voy. *Sopracomito*.

Surquetant, fr. A compte, I, 159.

Sursiu ou Sursin, fr. Mot inexpliqué, II, 279.

Survains (Agues), fr. Peut-être eaux dormantes, II, 256.

Survallie, fr. Redevance, rente. « Le pourchais, survallie, vin, » II, 267.

Suseman, fr. Sésame, I, 499.

Suspecevous, fr. Soupçonné, douteux, I, 410.

Sustenement, fr. Entretien, II, 195, 200. *Soustènement*, 219.

Syndicus, lat. *Syndaco*, it. Syndic. Magistrat vénitien, II, 834, 835.

T

Tables, fr. Ais, planches, I, 451.

Tacolinus, lat. Tacolin, monnaie d'Arménie, II, 685, 727.

Taforèse, fr. Vaisseau plat pour le transport de la cavalerie, I, 277, n.

Talentum, lat. Talent, employé comme signifiant bezant, II, 778.

Tallier, fr. Supprimer, « avons taillé la rate, » II, 190.

Tamoga. Voy. *Camelot*.

Tansare, lat. Régler, fixer, déterminer, II, 44, n. « Usque ad quantitatem pro quoli-« bet assisio jam ordinatam et tanssatam. » Cartul. de Sainte-Sophie, n° 109. Voy. *Tanser* et *Taxare*.

Tanser, fr. Confirmer, établir, peut-être payer, I, 447.

Tanturrerie, fr. *Tenzaria*, it. *Tintoria*, lat. Teinturerie, II, 244, 537, 781.

Tapecium, lat. Tapis, I, 136.

Tartres, fr. *Start*, it. Ces mots semblent désigner une certaine nature de terres, II, 247, n. 3; 367, n. 3; 368, n. 1.

Taxare, lat. Régler, établir. *Mensura taxata*, II, 727. Voy. *Tansare*.

Teaille, fr. Taille, imposition, II, 190.

Te igitur (Sacramentum in), I, 265, n.
Tempester, fr. Mal mener, I, 316.
Temporal, fr. Temps, durée. « Le temporal « dou dit apaut, » II, 277.
Tenzaria. Voy. *Tanturerie.*
Terel, fr. Territoire, II, 288, 289, 294.
Terreta, lat. Taride, navire, I, 122.
Tertiana, lat. Droit perçu sur les navires, I, 43.
Testagium, lat. Contribution qui se paye par tête, II, 125, 126, n. — *Testaria* paraît avoir le même sens, II, 643.
Testeria, it. Paraît être pour *Tesseria* ou *tessaria*, les métiers à tisser, II, 561. Cf. cependant, *Testaria*, 643.
Tevagloni, lat. Toiles de table, II, 685.
Tiers, fr. Redevance, charge, II, 277.
Tintoria. Voy. *Tanturerie.*
Touallie, fr. Toile, II, 268.
Toudis, fr. Toutefois, I, 230, 232.
Tradafillie, fr. Rosier, II, 292, n.
Trafici triremes, lat. Galères marchandes, II, 132.
Tragédie, fr. Histoire lamentable, I, 386.
Trahter, fr. Pour *tracter.* Traiter, II, 208 et suiv.
Traillie, fr. Sarment de la vigne, II, 303.
Traire, fr. Recevoir, accueillir, II, 275 et suiv.
Traite, fr. Impôt sur l'exportation du blé, II, 250.
Tramettre, fr. Transmettre, exposer, représenter, II, 227.
Traversains, fr. Chaînes, I, 6.
Tres ores, fr. Dès maintenant, I, 398.
Tresque, fr. Jusques à, I, 15.
Treu, Treuage, Trus, Truage, fr. Contribution, péage, charge, I, 317, n. 321, 332; II, 288.
Treut (Se), fr. Se trouve, II, 255.
Tribunale, lat. Commission du conseil des Dix de Venise qui devint l'inquisition d'État, II, 831.
Tricoplier, fr. *Tricoplerius*, lat. Voy. *Turcoplier.*
Trief, fr. Mot inexpliqué, II, 268, 292.
Trigar, rom. Tarder, retarder, II, 703, 704, 705.
Troba, lat. Trouvaille, II, 767.
Trobolior, Treboillor, fr. Mauvais sujet, voleur, II, 690. En rom. *Trebollairé*, agitateur, qui trouble.
Triminio, fr. Terme. « Le premier, le se- « gond triminio, » II, 222, 249.
Troit (Se), fr. Se trouve, II, 228.
Trouq, fr. Franc, quite, « Ledit apaut le donna « trouq, sans nulle crossiance, » II, 277.
Trus. Voy. *Treu.*
Tuba, lat. Coupole, « Roborari cum tuba, » II, 658, n.
Turcople, Turquople, Turcopole, fr. *Turcopulus*, lat. Homme d'armes à cheval qui n'était pas chevalier. Les turcoples étaient des hommes de guerre pris très-souvent parmi la population indigène d'Orient, et engagés, moyennant une solde, au service du roi ou de l'ordre qui les employait, I, 8; II, 607.
Turcoplier, Tricoplier, Tricopier, Tricople, fr. *Tricopulerius*, *Turchoplerius*, lat. L'un des grands officiers de la couronne en Chypre qui commandait aux Turcoples, I, 291, 292, 302, 308, 323, 328, 393, 410, 412, 467.
Turqueman, fr. Désigne quelquefois tout homme de guerre, II, 665, n.
Turqui, lat. Synonyme quelquefois de Mameloucs, I, 128.

U

Usbergo, vén. Cuirasse de fantassin, I, 109.

Userius, Usserius, lat. Huissier, navire plat pour le transport des troupes, II, 744.

GLOSSAIRE.

V

Vadium, lat. Gage, I, 462.
Vausir, fr. Aider, I, 170.
Vaxis, au pluriel *vaxa*. Navire, II, 788.
Vayletus, lat. Valet, I, 200.
Veliart, fr. Vieillard, II, 196.
Velizare, lat. Faire voile. *Velizamentum*, navigation, II, 117.
Veneti albi, *Venetiani bianchi, Januenses albi*, etc. Vénitiens et Génois blancs, Orientaux admis par faveur à la nationalité vénitienne ou génoise, I, 419, 477; II, 18, n. 60, n. 304, n. 457, n. 546, 838.
Venteger, fr. Vendanger, II, 302, 304.
Verci, lat. Bois de teinture, dit aussi *Brésil, Brasile* ou *Versino*, I, 136, 482.
Verti (Homines). Voy. II, 180, n.
Vetitum, lat. Défense, I, 135, n.
Veulliés, Volés, fr. A le sens alternatif de soit. « Veulliés le bon tens, veulliés la ca-« restie, » II, 199, 674.
Viares, Viiares, rom. Avis, II, 713.
Viaticum, lat. Voyage, I, 208.
Vicecomitatus, lat. Vicomté, juridiction. Les corps de nations européennes commerçant en Orient avaient quelquefois des vicomtes et des consuls. Ceux-ci s'occupaient surtout des affaires commerciales. « Consules et vicecomites, » I, 51, 55.
Victouallies. Voy. *Vitouallies*.
Vigne, fr. *Vinea*, lat. Propriété rurale, comprenant des terres, jardins et maisons, II, 286, n. 287, 635. — Vigne ermi-nesque ou arménique, fr. Peut-être vigne d'Arménie, II, 289, n.
Violarium, lat. Rente viagère, « Concedimus « ad violarium. » II, 761, 767.
Virotonus, lat. Vireton, flèche à arbalètes, II, 102.
Vitouallies, Victouallies, fr. Vivres, denrées, rentes ou pensions en nature, II, 194, 199, 248. Souvent en opposition avec *diniers*, argent : « Tant les vitouallies « conme les diniers, » II, 194, 208.
Viva, lat. Rue, I, 201.
Voir, fr. Vrai, I, 326.
Volés. Voy. *Veulliés*.
Voltizar, vén. Louvoyer, II, 439.
Vulgariçare, lat. Répandre, dire. « Cum vul-« garicetur, » comme il se dit, II, 756.

Y

Ygaument, fr. Également, I, 169.
Ysnel. Voy. *Inel*.
Ynde, Yndenet. Voy. *Inde*.
Ypopantis, lat. Fête de la Purification de la Vierge, II, 602.
Yssues. Voy. *Issues*.

Z

Ζαβοκολίκι (τὸ). Étable à bœufs, II, 222, n.
Zaffare, vén. Saisir, embrasser. « Zaffavano « li pilastri, » I, 355.
Zago, Zagho, vén. Clerc tonsuré, II, 542, 546.
Zalonzare, vén. *Chalonger*, fr. Revendiquer, racheter par droit de retrait, II, 517, n. 638.
Zambelloti, Zameloti, it. Voy. *Camelot*.
Zambiera, vén. Jambière, arme défensive, I, 109.
Zambour, fr. *Zamburo*, it. Extrémité du pain de sucre, II, 89, n. 249, n.
Zardachana, vén. Désigne en général toute armure défensive, I, 109.

Zegni, vén. Signes, II, 357.
Zenseverata, it. *Censevare,* fr. Épiceries, II, 199, n.
Zizifié, fr. Jujubier, II, 292.
Zobia, vén. Jeudi, II, 367.
Zonta, Junte. Voy. *Additio.*
Zubon, vén. Espèce de tunique, I, 341, n.

Zucharus, lat. Sucre, I, 95, 136, 403, 478, 482; II, 728, 775, 777. Voy. *Pulvis.*
Zupa, Çupa, lat. Jupe, II, 685.
Zurmæ, Çurmæ, lat. La chiourme, les hommes qui ramaient aux galères, II, 132.

FIN DU GLOSSAIRE.

La table générale des matières se trouvera à la fin de l'ouvrage.

La carte de l'île de Chypre, dressée au 250.000ᵉ et actuellement à la gravure, sera livrée séparément.

www.ingramcontent.com/pod-product-compliance
Lightning Source LLC
Chambersburg PA
CBHW070801020526
44116CB00030B/951